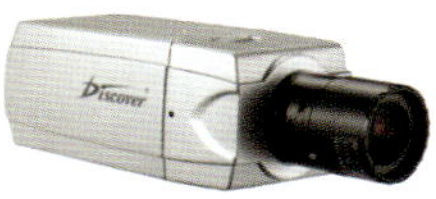

SHENSHIYIN

智慧的典范
成就品味生活

Nonesuch of wisdom, achieve life with taste

目标是前行者的方向标，唯有意志坚定者，方能笑傲江湖。
源于欧洲技术的意美家，
从一开始，就不做平凡的角色。
因为他知道，
只有精致、专注、投入、专业方为英雄本色。

所有这一切，
都源自于意美家执着的目标主义，
执着的超越理念。
因为他知道，
前行者，需要勇气和气度。

意美家作为欧洲主义的极力倡导者，
本着专业的理念，
潜心数年，
开发出具有纯欧洲风味的经典至尊型、典雅大方型、
简约时尚型木门产品，演绎不同的欧洲传奇。

意美家，您梦开始的地方……

意美家EMG
EMEGO EMEGO
chinsun 中国群升集团

DNAKE 狄耐克

楼宇对讲专业生产厂商

About Us

厦门狄耐克电子科技有限公司是加拿大Xingtel集团在国内投资的一家专业从事小区楼宇智能化系统产品的开发、生产和销售的公司。

作为全球知名的数字通讯产品生产厂家，Xingtel集团在通讯领域的技术优势和产品制造实力享誉海内外，狄耐克公司借助Xingtel集团15年专业通讯产品的研发和制造优势，将数字通讯领域最稳定的程控交换机技术和计算机通信领域最稳定的TCP/IP技术应用到楼宇对讲领域，先后开发出一系列小区楼宇智能化产品。

狄耐克在全国设立了40多个直属办事处，产品销售网络遍及全国80多个城市及周边地区，在全国完成了上千个成功工程案例，在多年的发展中，已在国内众多知名地产商如：深圳中海、大连万达、广州保利、浙江金都、浙江中天、浙江宋都集团、福建融侨、香港鸿基、香港信和、香港融汇、上海利嘉、上海滨江置业、中体奥林匹克花园、长虹置业、江苏中南地产、厦门宝龙、厦门明发等开发的大型项目中应用。在外销市场上，产品远销英国、瑞典、德国、西班牙、法国、捷克、波兰、阿联酋、沙特、土耳其、叙利亚、加拿大等国。

公司产品荣获“2007、2008、2009年度中国市场十大住宅智能化产品品牌”、“全国绿色生态示范项目推荐产品”、“2009年十大楼宇对讲品牌”、“国家建设部智能化示范小区推荐产品”、“国家建设部居住小区多网融合示范工程选用产品”、“中国房地产工程采购联盟常务理事单位”、“中国房地产工程采购联盟2009年度战略供应商”、“2009年中国安防楼宇对讲类最具影响力十大品牌”、“中国楼宇对讲产业联盟常务理事单位”、“2009年度中国安防十大新锐产品奖”、“2009中国国际公共安全博览会金鼎奖”、“全国30家金牌诚信安防供应商”等。

贴片车间

模具车间

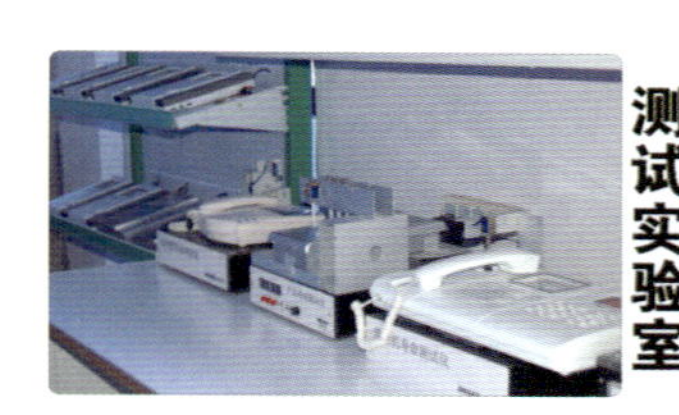

测试实验室

行政办公区

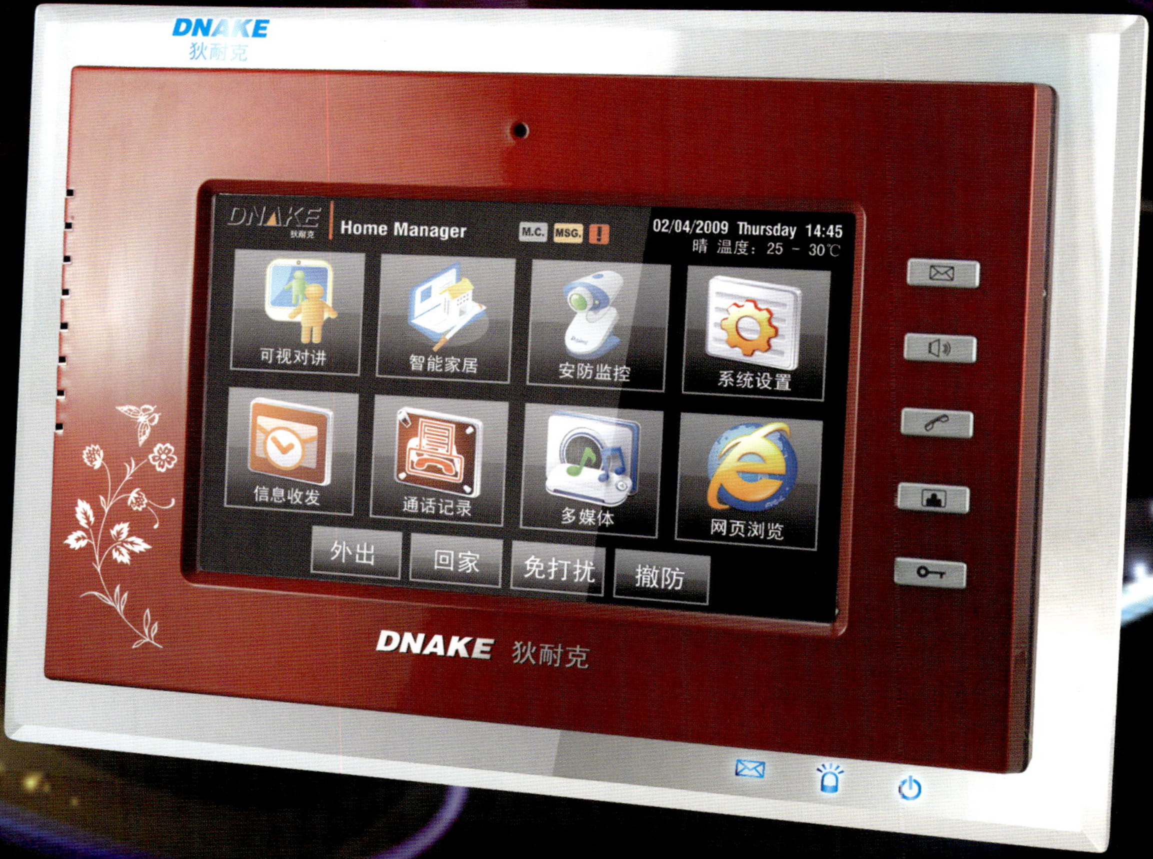

企业荣誉

- ★ 2009年十大楼宇对讲品牌
- ★ 全国绿色生态示范项目推荐产品
- ★ 国家建设部智能化示范小区推荐产品
- ★ 2009年中国安防楼宇对讲类最具影响力十大品牌
- ★ 中国楼宇对讲产业联盟常务理事单位
- ★ 中国房地产工程采购联盟常务理事单位
- ★ 07/08/09年中国市场十大住宅智能化产品品牌
- ★ 国家建设部居住小区“多网融合”示范小区选用产品
- ★ 中国房地产工程采购联盟战略供应商“2009战略供应商”
- ★ 中国地产品牌最佳供应商
- ★ 全国30家诚信安防供应商
- ★ 2009年度中国安防十大新锐产品奖
- ★ 2009中国国际公共安全博览会金鼎奖

部分经典案例

西安中海国际社区一、二期	总建筑面积135万M2	（中海地产）
南昌居住主题公园	总建筑面积130万M2	（利嘉地产）
太原奥林匹克园一、二、三期	总建筑面积120万M2	（大唐地产）
石家庄燕赵财富中心	总建筑面积 96万M2	（上海滨江置业）
西安融侨紫薇馨苑（5840户）	总建筑面积 88万M2	（融侨集团）
西安御锦城	总建筑面积330万M2	（香港恒基兆业）
大连圣岛海岸B组团	总建筑面积150万M2	（建设部智能化三星级示范社区）

常熟中南世纪城	（3598户）	（中南集
西安万达国际社区	（2139户）	（万达集
蚌埠宝龙城市广场	（2200户）	（宝龙集
重庆融汇半岛二期	（1769户）	（融汇集
浙江金都九月洋房	（1062户）	（金都集
成都凯丽美域	（1471户）	（蓝光集
武汉保利圆梦城	（12000户）	（保利集

LianTong sincerely welcomes friends from home and abroad for cooperation in creating a top brand.

企業簡介

扬州联通线缆电器有限公司位于风景秀丽的历史文化古城－扬州。首期投资 1.3 亿人民币，占地面积 71000 平方米园林式标准厂区，现有职工 580 人，各类专业技术工程师 68 人，系江苏省特级信用企业。

公司成立于 1996 年，专业从事安防、电力、通信、网络、电子电器、工业控制等行业应用的电线电缆研发、制造、销售与服务为一体的高科技企业。于 2000 年通过了 ISO9001 质量管理体系认证，并获得全国工业产品生产许可证、国家强制性产品 3C 认证、外观专利设计等各种证书和各种产品检验报告。经过十余年不懈的搏击，已在行业内树立了良好的品牌形象，并建立了现代化的生产基地，积累了丰富的管理经验和雄厚的技术力量，引进国内外先进的生产设备，完善的产品检测设备，严格的生产过程控制。销售渠道遍布全国、服务体系完善快捷，先后在北京、上海、深圳、南京、成都、杭州、南昌、青岛、西安、沈阳、厦门等三十多个城市设立全资的分支机构。使企业产品遍布华夏九洲，赢得了广大用户的普遍好评。

公司坚持以人为本、以管理促效益，结合企业自身实际，全面实施了 ERP、CRM 管理系统，形成了自己特色管理手段，在业内处于领先水平。

为提高对新市场需求的适应性，参与国内外市场竞争，联通人肩负着继续开拓现代化线缆业的历史使命，将继续以市场为导向，以社会效益为目的，立足高起点，扩大工程项目线缆综合配套能力，以满足种类工程配套需要。竭诚国内外朋友广泛合作，打造电线电缆行业领先品牌，为人类社会走向兴旺发达做出不懈的努力！

打防结合、预防为主，保持社会治安大局平稳。要以平安建设为载体，抓住影响人民群众生命财产安全的突出治安问题进行排查整治。要把北京奥运会安保工作的成功经验运用到社会治安防控体系建设中去，深入推进社会治安防控体系建设的社会化、网络化、信息化，深入推进社会治安综合治理各项措施的落实，提高对社会治安局势的控制力。

——摘自周永康同志 2008 年 12 月 17 日在全国政法工作会议上的讲话

要加强以县（市、区）为单位、人防物防技防相结合的治安防控体系建设，总结推广奥运安保成功经验，加强群防群治队伍建设，健全专群结合、警民联防的治安防控网络。

——摘自周永康同志在中央综治委 2009 年第一次全体会议上的讲话

要坚持专群结合、打防结合，着力构建点线面结合、人防物防技防措施完善的社会治安防控网络，最大限度地减少防范管理盲区，最大限度地挤压违法犯罪活动空间。

——摘自孟建柱同志在 2008 年全国公安厅局长会议上的讲话

要加快信息化建设，促进信息互通共享，进一步健全完善社会治安防控体系，积极构建融打防管控于一体、全面覆盖网上网下的立体化社会治安防控体系，着力提高对动态社会的管控能力。要进一步加强和改进应急处置工作，在建立健全统一指挥、反应灵敏、协调有序、运转高效的应急指挥机制上下功夫，在提高现场指挥水平上下功夫，着力提高处置重大突发事件能力。

——摘自孟建柱同志 2009 年在全国公安厅局长座谈会上的讲话

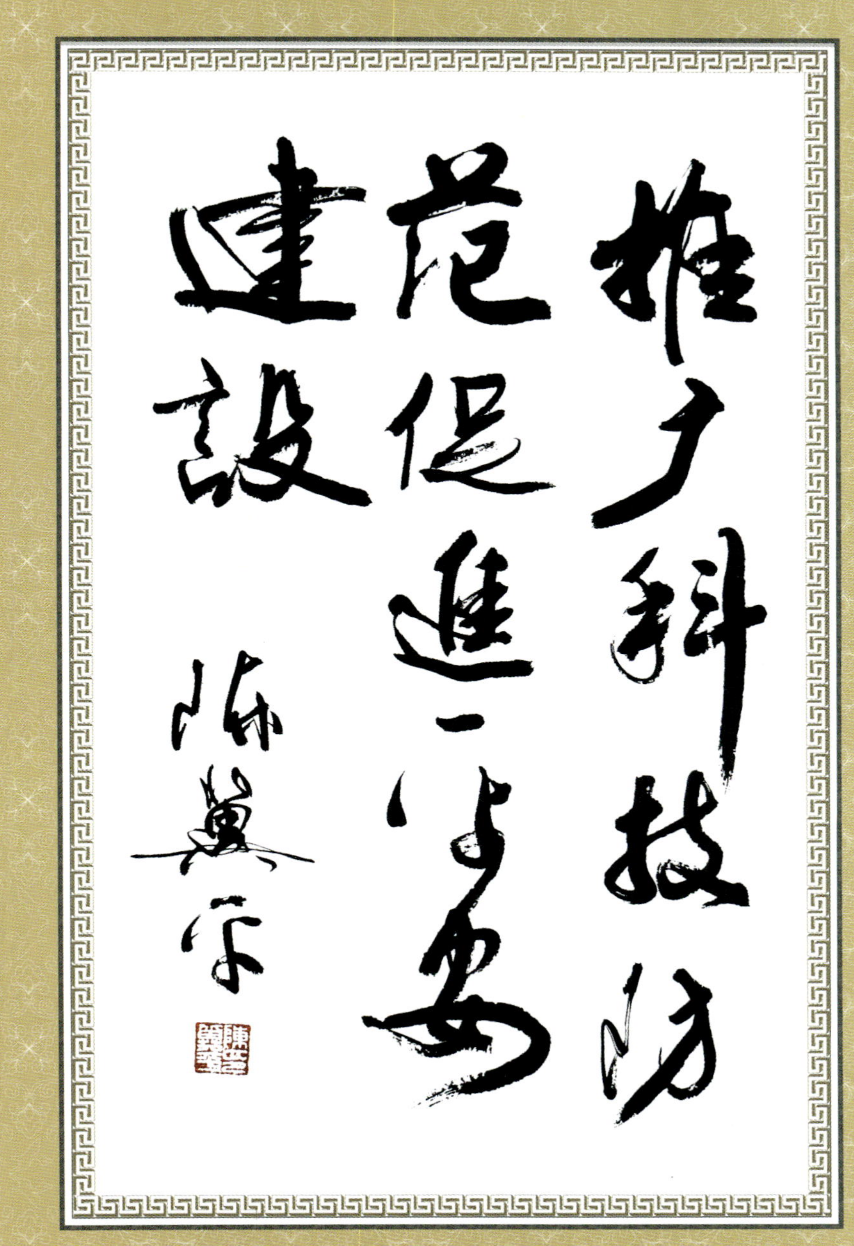

推广科技防范 促进平安建设

中央综治委副主任、中央政法委副秘书长、中央综治办主任　陈冀平

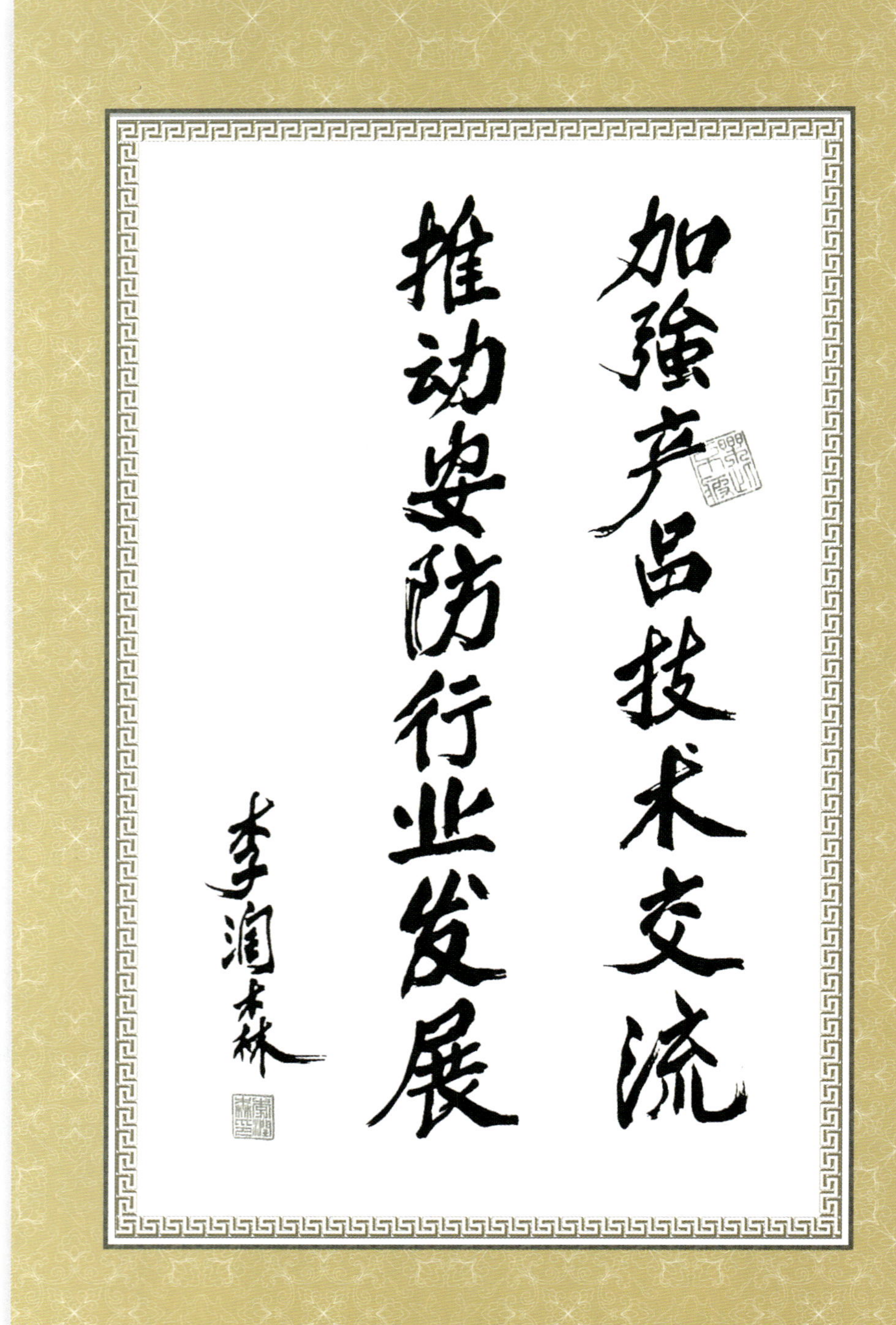

加强产品技术交流 推动安防行业发展

公安部科学技术委员会主任、中国安全防范产品行业协会名誉理事长　李润森

中国安全防范行业年鉴

2009版

中国安全防范产品行业协会

京新登字第117号

图书在版编目（CIP）数据

中国安全防范行业年鉴：2009版/中国安全防范产品行业协会编著。——北京：解放军出版社，2010.4

ISBN 978-7-5065-6044-3

Ⅰ.中… Ⅱ.中… Ⅲ.①安全装置-工业企业-中国-2009-年鉴 Ⅳ.①F426.63-54 ②F426.4-54

中国版本图书馆CIP数据核字(2010)第065222号

中国安全防范行业年鉴

（2009版）

主管单位　中华人民共和国公安部科技信息化局

主办单位　中国安全防范产品行业协会

承办单位　中国安防行业网

解放军出版社出版

（北京地安门西大街40号　邮政编码100035）

中国人民解放军军事医学科学院印刷厂印刷

2010年4月第1版　　2010年5月第1次印刷

广告经营许可证　　京西工商广字第0156号

网　络　支　持　　中国安全防范行业网

（www.21csp.com.cn）

开本：889×1194　1/16k　印张38　字数1200千字

ISBN 978-7-5065-6044-3　　成本价：120.00元

《中国安全防范行业年鉴》编辑委员会

顾　　问：李润森　王　俭

主　　任：柳晓川

副 主 任：谭晓准　廖晓村　靳秀凤　陈朝武

委　　员：邓　刚　史奇中　宁惠君　刘人刚　刘铭威　孙　非　牟晓生　张金山　李建平　李明甫　李桃天　杨和声　陈　雷　郑孙满　施巨岭　胡志昂　赵锡廷　栗　萍　秦嘉黎　曹国辉　蒋乐中　薛宏伟

（委员按姓氏笔画排序）

主　　编：柳晓川

副 主 编：靳秀凤　李建平　李明甫

《中国安全防范行业年鉴》编辑组

执行主编：李建平　王　巍　安福东　刘存信　焦金山

编　　辑：李　琴　刘　萍　游晓秀　王忠凯

审　　稿：朱俊云　黄校垣　王树林　马英山　聂　蓉　许志斌　沈　蒙

美术制作：李　丽　王朝飞

技术支持：王学磊　吴海枫

资料采集：许金龙　乔　阳　郭　军　李　丹　金绍鸿　王文闻　朱小雪　高　倩　张书新　郝美晶　杨会娟

《中国安全防范行业年鉴》

合作协办单位

（排名不分先后）

群升集团有限公司
厦门狄耐克电子科技有限公司
四川东虹安防科技有限公司
天津市亚安科技电子有限公司
英格索兰安防技术
北京汉邦高科数字技术有限公司
TCL新技术（惠州）有限公司
泰科消防保安（天津）有限公司
北京市智鑫安盾科技有限公司
上海道肯奇科技有限公司
金三立视频科技（深圳）有限公司
英特韦特公司
北京声迅电子有限公司
广州美电贝尔电业科技有限公司
常州市明景电子有限公司
佳乐电器（福建）有限公司
浪潮集团有限公司
恒业国际控股集团有限公司
佛山市力士达电锁厂
浙江红苹果电子有限公司
宁波永发集团有限公司
成都亚光电子股份有限公司
新太科技股份有限公司
天津市嘉杰电子有限公司
泉州市科立信安防电子有限公司
上海格瑞特科技实业有限公司
北京中盛益华科技有限公司
北京快鱼科技有限公司
加创安防系统（中国）有限公司
广州市伟昊科技电子有限公司（天津三星泰科光电子有限公司）
广东安居宝数码科技股份有限公司
深圳市博康科技发展有限公司
金瑞智科技（瑞典固力保出入口控制中国区总代理）
厦门立林科技有限公司
北京威迪视安科技有限公司
北京蛙视通信技术有限责任公司
联视电子工程（深圳）有限公司
敏通企业股份有限公司
深圳市翔飞科技有限公司
上海联腾信息技术有限公司
上海卓奥智能电子科技有限公司
中国船舶重工集团公司第七一八研究所
苏州科达科技有限公司
杭州中威电子技术有限公司
浙江大华技术股份有限公司
杭州海康威视数字技术股份有限公司
天津天地伟业数码科技有限公司
北京国通创安报警网络技术有限公司
深圳市英特安防实业有限公司
山东神戎电子股份有限公司
深圳市金积嘉电子工业有限公司
PELCO
南宁奥特数码科技有限公司
洛阳花都金柜集团有限公司
广东金腾电子有限公司
北京先进视讯科技有限公司

GUNNEBO
For a safer world®
瑞典固力保出入口控制公司
被誉为
“安防通道产品之父”
一次通过一人，
有效防尾随
世界五百强企业首选品牌
全球每天有超过0.5亿人
在成功使用固力保产品

序

我们编辑和出版《中国安全防范行业年鉴》(以下简称《年鉴》)如今已经是第八个年头了。每编辑出版一本《年鉴》，我们都对改革开放的中国当代历史有新的认识，都为不断发展与进步的中国安防行业感到由衷的自豪。摆在大家面前的这本2009年度《年鉴》再次让我们重复了这种喜庆与快乐，激情与自信，骄傲与自豪。

就是在这个特别的2009年，我们为庆祝中华人民共和国建国六十周年在北京举办了规模盛大的阅兵仪式，我们怀着喜悦，共同重新回顾了中国改革开放三十年的伟大历史；在中国共产党的英明领导下，我们励精图治，有中国特色的社会主义建设不断取得进步，经济发展取得了举世公认的惊人跨越，人民生活从贫困迈向小康，教科文卫等事业迎来了新的发展。所有这些，无不彰显出中华民族的伟大和繁荣昌盛!

也是在这一年，席卷全球的国际金融危机，给世界经济带来了冲击，但给中国带来更多的是考验和成长。“保增长、保民生、保稳定”策略的积极应对，4万亿投资及“十大产业振兴”规划的政策扶持……中国对于经济危机的从容应对和有效控制，得到了世界的认可和赞赏。

同样是在祖国六十华诞之际，中国安防行业迎来了持续发展的第三十个周年，这使2009年的中国安防行业具有独特的历史意义：回顾自“全国刑事技术预防专业工作会议”后政府管理的巩固和完善；以全国安全防范报警系统标准化技术委员会建立为起点的中介及社团组织的建立和健全；以文博安防应用为起点的市场应用的推广和延伸；以探测、报警及实体防护为起点的产品与企业的发展和壮大……历史事件，今犹在目，无不印证了中国安防产业发展的历史必然!

回顾历史，展望未来，面对安防前辈的佳绩，2009年的安防工作更值得思考和总结：政府推进“平安建设”深入开展；城市报警与监控系统建设试点成果开始推广应用，并推出了城市报警与监控系统建设标准体系；公安部召开“城市报警与监控系统建设经验交流暨农村技防工作现场会”并对农村技防工作进行部署；安全技术防范管理行政法规项目列入国务院2009年立法工作计划；与行业自律管理相关的各项工作深入开展；“2009年中外安防产品采购洽谈会”的成功举办；为“平安城市”建设推荐优秀工程企业活动得到了业界的积极响应与认可；公安部重点攻关项目《防爆技术标准体系研究》圆满结题；安防“十一五”国家科技支撑计划项目取得阶段性重大成果；市场应用的推广、产业规模的增长、企业的发展和进步……林林总总，为中国安防行业发展献上了第三十个年度的辉煌！

作为《年鉴》的编辑人员，我们能够有幸站在回顾历史的高度、展望未来的起点，去记录2009年中国安防行业的全面发展史实，倍感责任重大。多年来，我们一直努力使《年鉴》成为一部客观、真实地记录中国安防行业年度发展概况的大型出版物，也力图将其成为中国安防行业从业单位和人员相互交流，中国社会各界以及世界各国了解中国安防行业的平台，更要尽力将其成为中国安防业界认可的权威、实用的大型工具书。《年鉴》（2009版）继续秉承“为行业发展服务、为社会安全服务、为用户服务、为企业服务”的宗旨，继续打造“权威工具书”和“年度编年史”。本版《年鉴》，在公安部科技信息化局领导和业务主管部门的高度重视和领导下，在《年鉴》编委会的策划和指导下，中国安全防范产品行业协会领导直接组织了资料征集、编辑修改、征求意见、稿件审查等环节的工作。特别值得一提的是，根据编委会决定，已按自然年度收编本版《年鉴》的内容。

在此，我们对多年来一直关注和呵护着《年鉴》工作的中国安防业界同仁表示衷心的感谢！特别是对全国各地公安技防管理部门和安防协会以及安防标准化组织、安防认证与检测机构等单位给予《年鉴》工作的直接支持与帮助，表示诚挚地感谢！

《中国安全防范行业年鉴》编辑组
二〇一〇年三月十五日

Contents

综述篇

政府篇

第三章　公安技防管理工作 …… 37

协会篇

质量篇

科技篇

市场篇

企业篇

用户篇

国际篇

附 录

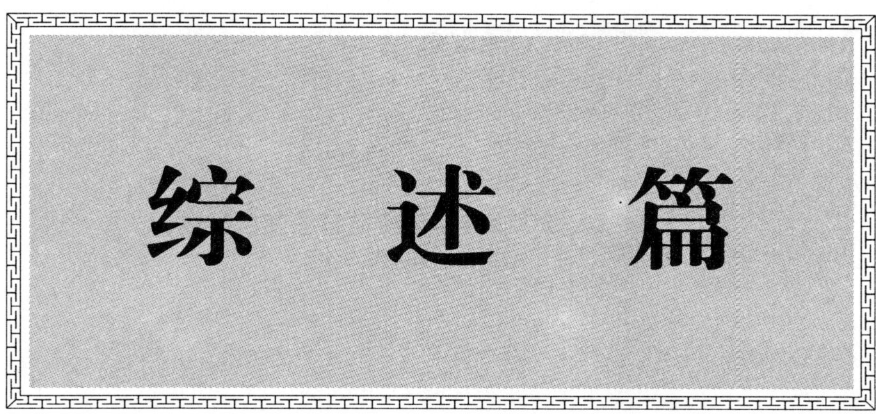
综 述 篇

第一章　2009 年中国安防行业发展综述

《中国安全防范行业年鉴》编辑组

2009 年，是中华人民共和国历史上十分重要的一年。中国各族人民隆重庆祝新中国成立 60 周年，为伟大祖国的发展进步感到无比自豪，决心在新的起点上把中国特色社会主义事业继续推向前进。面对国际金融危机的严重冲击，中国各族人民坚定信心、迎难而上、万众一心、共克时艰，坚持把保持经济平稳较快发展作为经济工作的首要任务，统筹做好保增长、保民生、保稳定各项工作，实现了经济总体回升向好。中国改革开放和社会主义现代化建设取得新的显著成就，人民生活继续改善，社会保持和谐稳定。中国积极参加应对国际金融危机、气候变化等问题国际合作，扩大同世界各国交流合作，为世界和平与发展作出了新的贡献。

年内，我国经济在世界金融危机的巨大冲击下，各项重要经济指标均明显下滑，2009 年一季度 GDP 增长率降到了最低点 6.1%。为应对危机，党和政府果断采取应对措施，推出了 4 万亿投资及“十大产业振兴”规划等政策，下半年经济增长明显呈现了复苏势头，国务院总理温家宝在 2009 年政府工作报告中指出 2009 年国内生产总值达到 33.5 万亿元，比上年增长 8.7%；财政收入 6.85 万亿元，增长 11.7%；这些成就的取得，使我国经济基本摆脱了金融危机的影响，在全面建设小康社会道路上又迈出坚实的一步。

2009 年，是全体安防业界共同庆祝中国安防行业 30 年辉煌发展历程的一年。30 年来，伴随我国改革开放的步伐，在主管部门的正确领导和推动下，在全行业同仁的共同努力下，“安全防范”从一个单纯技术概念，经过了“起步、发展、壮大”三个阶段的跨越式发展，成长为一个初具规模的国民经济朝阳产业，谱写了我国行业发展史上一段辉煌篇章。

2009 年，也是安防行业充满机遇和挑战的一年。年初受全球金融危机影响，国际市场出口受到冲击，国内经济增长缓慢，使得我国安防行业受到比较严重的影响。在国家及时出台的一系列扩大内需政策的拉动下，行业的各项管理措施不断完善；行业自律性管理逐步得到了行业的认可并开始发挥作用，市场风气开始向好的方向转化；金融、交通、教育、军队等行业和领域受国家相关政策的影响，对安防产品和系统依旧保持着旺盛的需求势态；2009 年第二季度，我国安防行业景气指数止跌回升，到了第三季度，国内安防行业加快复苏，景气度大幅回升，基本走出了金融危机的阴影。第四季度更显示出强劲的发展势头，在经济环境如此不好的时期，安防行业能有如此成绩，实属不易。

回顾 2009 年的中国安防行业发展，概括描述如下：

一、城市报警与监控系统建设情况

2009 年，全国各地平安城市建设如火如荼。年内，公安部在郑州组织召开了“城市报警与监控系统建设经验交流暨农村技防工作现场会”，会议明确提出要在全国“全面推进城市报警与监控系统建设工作”。这一会议对今后一个时期我国城市报警与监控系统建设工作的总体目标提出了新要求，并部署了下一步的具体举措：一是初步建成城市报警与监控系统的地区，要增点扩面．连接成网，建设监控报警管理平台，完善公安监控中心和报警服务中心；二是尚未建设城市报警与监控系统的地区，应按照公安部的要求，积极创造条件，参照试点地方的成功经验和模式开展建设。公安部门的政策导向明确表示我国城市报警与监控系统建设将向纵深方向发展，这必将掀起新一轮的安防系统建设热潮，也将成为推动安防行业发展的巨大动力。

各级公安机关按照公安部统一部署，在地方党委、政府和社会各界的支持下，按照“以人为本、锐意创新、统筹协调、正确引导、注重实效”的原则，大力开展了城市报警与监控系统建设和应用工作，明显提升了社会治安的防控水平，显著提高了公安机关的“四个能力”和“两个水平”。

截止 2009 年底，在公安机关的统一部署和组织领导下，全国基本完成了第一、二批 477 个试点单位（其中 26 个部级试点单位）的报警与监控系统建设任务；各级公安机关制定了 2000 多个涉及建设、运行、维护、值守、培训、奖惩等相关内容的管理制度；组织各类培训 130 余次，培训人员近万人，总结提炼了以“电子巡逻”为代表的报警监控系统实用技战法 100 余套；建立了包括 18 个标准在内的城市报警与监控系统建设标准体系，并颁布了其中的 14 个；中国安全防范产品行业协会（以下简称“中安协”）副理事长单位公安部第一研究所继续带领相关参研单位，深入研究并按时完成《社会治安动态预警、综合防控技术体系研究与示范》国家“十一五”科技支撑计划项目，从 2009 年 8 月至 2010 年 1 月，公安部科技信息化局相继在北京主持召开了国家科技支撑项目“社会治安动态预警、综合防控技术体系研究与示范”子课题验收会，各子课题均通过验收。其中视频采集、信息传输交换和综合集成平台等成果已经取得了良好的应用效果。

综上所述，城市报警与监控系统建设引导了社会的安全需求，带动了安防行业的跨越式发展，激发了安防行业自主创新的活力与潜能。安防企业通过参与建设，进一步把握了市场需求，并通过技术创新，提高了企业竞争力，在中、低端产品市场中占有明显的竞争优势，在某些高端产品领域或具有国际领先水平或占有了一席之地，从而促进了整个行业的繁荣和发展。

二、农村地区技防建设工作

我国有13亿人口，其中农村常住人口7亿多人，农户2.4亿，近年来随着城市化进程加速，农村劳动力转移人员较多，出现了大量的妇、老、童等弱势群体，加上农村地域广袤、警力不足，安全隐患日益显现，因此，迫切需要依靠技术手段来加强安全防范工作。

农村技防需求较多的地区主要为：一是人员相对混杂的城乡结合部，二是社会治安案件高发区，三是农村工商业较为集中的地区。从防范的重点看：一是社会公共财物（如变压器、油管线等），二是农民固定资产（如农机具、耕牛等），三是入室盗窃、抢劫等。从防范的技术手段看：既有普及农户的防盗报警技术产品，也有重点控制案件高发区、商业区、治安卡口、重要交通路口的视频监控技术产品；既可以利用简易设备以现在电信、互联网为基础，结合语音广播、无线、断线报警、入侵和周界报警等技术，实行小范围组网或现场报警。

针对近年来农村地区社会治安形势出现的新情况、新问题，按照中央关于开展社会主义新农村建设的精神和公安部《关于实施社区和农村警务战略的决定》的要求，从2006年起，公安部科技局逐步探索开展针对农村地区的安全技术防范工作。为进一步研究经济社会发展给农村地区社会治安带来的新情况、新问题，准确把握农村地区广大群众对技术防范工作的新期待、新要求，更好地为社会主义新农村建设和公安部党委“三项建设”战略部署服务，公安部科技信息化局于2009年3月对各地开展农村技防工作的情况进行了调研，初步掌握了各地开展农村技防工作的相关情况，并有针对性地对河南省开展农村技防工作的情况及成效总结形成了专题调研报告。在对各地情况充分了解后，公安部科技信息化局同时部署了启动工作，通过召开“城市报警与监控系统建设经验交流暨农村技防工作现场会”，初步总结了各地的农村技防建设情况，重点交流了部分工作开展较好、较扎实地方的建设经验，组织实地参观了郑州附近的农村技防建设情况，提出了今后开展农村技防建设的工作方向、主要内容、具体举措和原则要求。

三、安防行业管理工作

随着安全技术防范在社会公共安全领域的作用日益增强及安防产业的快速发展，安防行业管理工作薄弱的状况亟待改善。2009年，国家层面上，行业立法工作取得新突破；地方管理上，规范和制度逐渐完善与健全；行业标准化及认证、检测等合格评定体系工作，逐步走向制度化、规范化；行业自律管理和统计调查，切实推进并初见成效。进一步制定和完善市场秩序规则，反对垄断和不正当竞争，保证市场竞争机制有效运行。经过扎实有效的工作，整体市场环境有所净化，行业风气开始朝着好的方向转变。

（一）行业法规

2000年以来，在国务院法制办的领导下，公安部主管部门组织相关专家加强了安防立法的研究和起草工作，在借鉴各地立法实践及日本、英国、美国、德国、新加坡等国安全技术防范报警服务行业立法经验的基础上，研究起草了《社会治安技术防范条例》，并列了入国务院2009年立法工作计划，这意味着安全技术防范管理工作将进一步走向规范化、制度化和科学化。

（二）地方法规与规范

为更好满足2010年上海世界博览会安保工作需求，以及适应安全技术防范工作需要，上海市公安局技术防范办公室在2009年陆续颁布了《2010年上海世界博览会安全技术防范工程专用硬盘录像机技术要求》、《综合型数字录像设备补充技术要求（试行）》、《张力式电子围栏入侵探测装置技术要求》等文件，为2010年上海世界博览会的召开奠定了坚实的安保基础。为维护公共安全，加强轨道交通安全保障，北京市颁布《DB11/ 646－2009 城市轨道交通安全防范技术要求》地方标准，于2009年8月1日起实施。为规范公共安全图像信息、安全技术防范产品、安防设施系统建设的管理，提高预防和处置突发公共事件的能力，《广东省公共安全视频图像信息系统管理办法》自2009年4月1日起施行；《重庆市社会公共安全视频图像信息系统管理办法》自2009年12月11日起施行。为了加强公共安全技术防范监督检查工作，规范监督检查行为，保障相关法规的实施，内蒙古自治区公安机关印发《公共安全技术防范监督检查规定（试行）》；《四川省公共安全技术防范管理条例》由四川省第十一届人民代表大会常务委员会第十一次会议于2009年9月25日通过，自2010年1月1日起施行。

（三）标准化工作

近年来，我国安防标准化工作有了长足发展。截至2009年12月，全国安全防范报警系统标准化技术委员会（SAC/TC100）已完成现行国家标准和行业标准共109项，其中国标38项，行标71项。这些标准涉及入侵与反劫报警、视频监控、出入口控制、实体防护、防爆安检、安防工程等多个专业技术领域。

2009年，SAC/TC100组织起草并由政府标准化主管部门批准发布了10项涉及入侵探测器、安全防范报警设备、城市监控报警联网系统、痕量毒品/炸药探测仪、民用爆炸物品、防砸复合玻璃、振动入侵探测器类产品的国家标准或行业标准。年内，SAC/TC100积极组织优秀标准的申报奖励工作，将GB50348－2004《安全防范工程技术规范》、GB50394－2007《入侵报警系统工程设计规范》、GB50395－2007《视频安防监控系统工程设计规范》和GB50396－2007《出入口控制系统工程设计规范》四项国家标准打包申报“2009年中国标准创新贡献奖”，经公安部科技信息化局初选及国家标准委组织的严格评选，最终被评为该奖项的一等奖。近期，SAC/TC100完成《安全防范监控数字视音频编解码技术要求》标准的报批工作，该标准的制定符合安全防范监控数字系统应用的需要，同时制定具有我国自主知识产权的安防监控视音频编解码标准，对社会治安防控体系的建设具有重要的意义，可以解决目前安全防范监控报警联网系统中视音频编解码标准不统一和在安全防范监控报警领域采用广电标准而无法满足安全防范监控中特殊需求的问题，也可以避免安防数字系统中存在的专利风险，更有利于我国安全防范监控报警市场的良性、健康发展。

（四）安防产品及工程检测工作

2009年，国家级安防检测中心的工作也可谓如火如荼，围绕安防业务的各项工作取得了不菲的成绩。国家安全防范报警系统质量监督检验中心（北京）在本年度完成了检测项目8100余项，同比2008年报告总量（5318项）增长52%，完成4项行业监督抽查工作，完成公安部、各地省厅的招标检测、委托检测等工作2700项；受中安协、北京市安防行业协会委托，对近538家安防工程公司的资质评审进行了专家审核；通过本年度中国合格评定国家认可委员会实验室监督评审，通过认可的检测范围达到212种；加强与美国安全检测实验室（UL）的合作关系，将UL294读卡器、UL639移动探测器、UL2058高安全性电子锁确定为今年扩增的UL标准检测培训项目。为全力配合公安业务及2010年世界博览会活动，国家安全防范报警系统产品质量监督检验中心（上海）2009年启动了新建非传统安防实验室，开展了防爆安检产品方面的检验工作；积极与上海市公安局技防办及相关专家进行技术探讨，制定了一系列专用于世博场馆、世博村周界、视频安防监控、出入口控制门禁等系统和电子围栏的检验规范和实施细则，为世博安防产品及系统把好质量关，经过努力，该中心获得了国家认证认可监督管理委员会的高度评价。

（五）产品认证工作

2009年，产品认证业务稳步前进，在防盗锁、防盗安全门产品以及部分物证鉴定和警用通信产品等方面都有了积极的进展。其中，防盗锁产品自愿性认证工作取得初步进展，已对3家企业的产品实施了认证，共计颁发证书13张；经过努力，2009年下半年，国家认监委同意将防盗安全门产品纳入2010年新开展认证项目研究计划。

（六）行业自律管理

配合政府管理部门，开展好行业自律性管理是行业协会非常重要的工作任务和职能。中安协及各地方行业协会，通过有效措施深入开展了安防工程资质评定、安防职业培训、创新产品推荐、协助反垄断调查等行业自律性管理工作，为促进行业规范有序发展和形成良好风气做出了积极的贡献。

安防工程企业资质评定试点工作取得丰硕成果。按照公安部科技局指导意见和部署，在各地安防协会、技防管理部门密切配合下，截止到2009年底，中安协为北京、天津、上海、江苏、福建、湖北、广西、四川、贵州九省市区1100余家安防工程企业颁发了《安防工程企业资质证书》。其中网上办理资质评定的企业900余家，覆盖全国30个省市区，且呈现日益上升的趋势。资质评定及其结果已经引起许多地区政府采购部门、招标代理机构、建设单位的广泛关注或采纳信任，逐步形成依托评定结果的相关运作机制。

积极做好行业职业培训与技能鉴定各项准备工作。2009年，中安协职业培训课题组编写了《安全技术防范行业实施专业技术人员职业资格制度的可行性论证报告》（征求意见稿）。通过分析论证，并在得到相关部门大力支持和充分认可的情况下，争取将安全防范设计评估师纳入国家专业技术人员管理序列，建立安全技术防范行业的专业技术人员职业资格制度；完成了安全防范设计评估师（一级、二级、三级）的职业技能鉴定试题库建设；完成了《安全防范系统安装维护员培训教程》（基础、初级、中级）的编写并将陆续出版。

开展推荐优秀安防工程企业的工作。为持续开展“扶优、推荐”活动，促进行业骨干企业快速成长，同时也为配合公安部“全面推进城市报警与监控系统建设”，中安协在为“平安城市”建设推荐优秀安防产品工作的基础上，于2009年在全国范围内继续开展了推荐优秀安防工程企业的工作，评选工作共收到申请企业资料370份，经过认真整理、核实、计算、分析及专家评议，最终全国有179家工程企业荣膺优秀工程商称号。

协助商务部进行反垄断调查及时反映会员诉求。2009年，中安协分别收到商务部反垄断局《关于征求SAFRAN集团收购通用电气国土保护公司81%股份案反垄断审查意见的函》以及《关于请协助对亚萨合莱亚洲收购盼盼门业案进行反垄断调查的函》后，组织相关专家进行调研，编写了反馈意见文字材料，均以公文形式提交商务部反垄断局，及时反映了相关会员单位的诉求。

（七）行业统计调查工作

为全面深入了解行业发展情况，研究存在的问题，引导行业健康、快速发展，更好地为广大企业和用户提供咨询服务，经主管部门同意，中安协于2009年对会员企业开展了统计信息调查工作。调查工作共收回调查问卷823份，通过对企业的基本情况、人员状况、资产规模、生产经营情况、经济效益、科技进步等经济数据的调查，最终形成《当前我国安防产业发展现状、问题及对策》统计报告。

四、安防产业发展情况

（一）基本情况

国际金融危机爆发以来，国外、国内安防消费需求持续减弱，我国安防行业经济发展逐月减速放缓，行业景气指数与企业家信心指数双双大幅下挫，连创新低。特别是在2009年第一季度达到了历史最低点，随着国家宏观政策调控与刺激，2009年二季度，安防行业整体形势开始缓慢回升，到三至四季度，开始出现大幅回升，并且进入高位运行阶段。根据中安协《中国安防》2009年我国安防行业景气度调查数据显示，2009年安防产业发展情况如下：

第一季度：安防行业景气指数又进一步下行探底，企业业务量萎缩，盈利急剧减少，部分企业生产经营难以维继。企业生产销售规模出现萎缩，销售收入进一步下降，企业主营业务收入平均仅增长3%，部分企业收入跌幅甚至达到30%以上。出口业务继续滑坡，价格、赢利双双下降。

第二季度：在国家一系统政策措施的刺激下，内需挖潜初见成效，行业景气指数提高，生产、销售升温，部分指标已恢复到2008年四季度水平，已经度过了最为困难的时期，好于全国整体情况，也好于预期。同时，投资大幅度增加，后续潜力较大，出口业务微有好转，成本价格趋稳，赢利提高。

第三季度：在国家强有力投资政策拉动下，经济增长呈现了明显的复苏势头，安防行业发展明显加快，企业家信心指数、行业景气指数较大提高，行业恢复发展情况在全国各业中处于领先水平。多数企业已经走出或正在走出金融危机的影响，生产规模有了不同程度的扩大，生产升温，销售趋旺，库存下降，资金状况有所好转。

第四季度：在国家“保增长”政策指引下，随着4万亿投资及十大行业振兴规划措施的逐步到位，各级财政及社会资金层面较为宽松，安防市场表现出旺盛的需求，企业家信心迅速增长。生产规模扩大，销售旺盛，企业经营情况正常，赢利增长，特别是在投入上进一步稳定和扩大。

（二）技术创新

网络化、智能化、集成化、移动化推动着安防技术的发展。产品、系统升级换代步伐加快，新产品、新技术层出不穷。

视频监控领域，最核心的变化体现在——网络视频监控从概念走向了应用，这是网络视频监控即将进入高速增长期的重要标志。网络视频监控的优势正在逐步延伸并扩展到具体的应用层面——NVR、高清、整合和无线，这些应用从根本上体现了网络视频监控所带来的可体验的客户价值创新，从而推动网络视频监控获得快速认知和普及。

入侵报警领域，专业应用市场及民用市场的差异化将主导报警产品的发展方向。目前，专业应用市场产品继续以稳定为主，成熟的技术和产品模式促使安防市场在稳定中求发展。2009年，业界提出了融报警+监控于一体的第五代防盗报警方案，引起了业内人士的关注。民用入侵报警市场对产品的需求与专业市场相比，有较大的差异，主要表现在科技含量、专业性、操作性、产品价格等方面。

防爆安检领域，在国内巨大防爆安检市场需求刺激下，国产防爆安检产品已经具有较高的市场占有率，在技术服务领域也有企业涉足。目前，许多防爆安检产品研发、生产企业在消化吸收国外技术的基础上，针对国内市场特点，自主创新研发出一批能够满足国内大型活动以及民航、铁路、城市轨道交通、公路客货运等行业特定需求的探测、防护、处置类产品，已初步扭转了国外此类产品在中国市场的高占有率的局面。

国家“十一五”科技支撑计划项目“社会治安动态预警、综合防控技术体系研究与示范”是安防行业的第一个国家科研项目，该项目的各项研究成果，将对社会治安动态预警、综合防控技术体系建设起到积极推进作用，将会有效提升整体治安防范和公安综合研判能力，将有力促进全国公安警用信息化建设和警用视频信息综合集成应用。

（三）市场空间

纵观2009年国内安防市场，平安城市、道路交通、金融、教育．军队等领域由于受到国家相关政策的影响，对安防产品和系统依旧保持着旺盛的需求势态，应用领域已逐渐从重点区域、重点部门需求，发展到经济与社会的许多方面，商业化程度有了很大提高，这使得广大安防企业获得了许多发展的机遇。其中，值得关注的有：

轨道交通安防市场前景广阔。目前，北京、上海等15个城市共有约50条，1154公里轨道交通线路在建。全国有约27个城市正在筹建城市轨道交通，其中22个城市轨道交通建设规划已获国务院批复。各地城市轨道交通建设迅猛发展，大量的安防产品和系统被应用于轨道交通领域，给广大安防企业带来了巨大商机。

校园安防市场潜力巨大。近年来，随着“平安校园”建设的不断推进，直接拉动了学校对安防产品的需求。越来越多的学校将改造原有的安防设施，或者建造新一代的安防系统工程；校园监考系统、“家校通”类越来越受到教育行政部门的青睐，从而给广大安防企业带来发展机遇。

银行监控联网蕴含商机。2009年银行安防市场依然保持着平稳上升的势头。随着国家标准《银行报警监控联网系统技术要求》的出台，必将推动银行业对现有安防系统的大规模升级改造，相应的安防投资已成为必然。随着银行业下一步将大规模展开的报警监控联网建设，对于广大安防企业来说，无疑是一个难得的契机。

军队安防需求逐渐凸显。2009年6月，“2009军事物流信息化交流展”与“2009军事物流安防技术论坛暨交流展”在北京举行。此次交流会上，众多安防企业向军方代表展示了监控摄像系统、智能行为分析、周界报警系统等领域的最新技术与解决方案，引起了军方许多单位的关注，并表示了进一步交流的意向。

（四）企业发展

年内，我国安防企业持续发展。一些企业规模有所扩大，资产及从业人员增加，研发能力增强，整体盈利水平提高；许多企业深入挖潜、苦练内功，采取了现代化企业的管理体系和管理方法，管理更加科学、规范；越来越多的企业自主知识产权及创新意识加强，积极申报国家科技与基金项目，以增加效能和核心竞争力，其品牌意识、专利意识、创新意识、服务意识逐步增强。

特别值得一提的是，我国安防企业的资本运作也日益活跃，一些企业相继上市，如：继大华股份登陆深圳证券交易所后，大立科技紧随其后于2009年2月18日上市，威创股份于2009年11月27日在深圳证券交易所中小板上市；一些企业并购活动依旧频繁，如：惠普27亿美元鲸吞3Com华三将并入惠普体系，作为3Com旗下最具盈利能力的子公司，杭州华三通信技术有限公司（简称华三、H3C）也将同时并入惠普体系。CSST再掀并购潮全面进军数字化城市，在2009年11月宣布6家业内企业并购后，共计并购或达成战略合作公司已多达28家；中星电子并购上海贝尔监控系统业务；加创在华成功并购北京先进视讯。

五、发展中的问题

目前，从可持续发展的角度分析，安防行业依然面临一些问题：一是安防行业的发展受国际金融危机的影响和国内“大形势”制约，全面恢复还需要一个必经过程；二是当下安防行业较高的发展速度主要来自于“热点”市场的拉动，而可持续发展则需要识别和开拓“长线”需求市场；三是现阶段许多安防高技术产品的还不是中国“芯”，尚没有完成从“中国制造”到“中国创造”的转变，提升行业科技自主创新能力，优化产业结构势在必行。

六、结语

回顾2009年，安防行业的同仁们仍然在金融危机的风雨中执著前行，我们共同得到了一条重要启示：只有不断进行科技创新，掌握核心技术，企业的产品才能不断更新换代，产业才能不断升级，行业才能真正实现经济发展方式转型和产业结构调整，从而走上可持续发展的坦途。

（参编人员：李建平、安福东、刘存信、李琴、聂蓉）

政　府　篇

第二章　法律、法规、规范性文件

第一节　新颁布法律、法规、规范性文件

（2008 年 9 月 1 日 –2009 年 12 月 31 日）

1.1 国家法律、法规、规范性文件

保安服务管理条例

中华人民共和国国务院令第 564 号

《保安服务管理条例》已经 2009 年 9 月 28 日国务院第 82 次常务会议通过，现予公布，自 2010 年 1 月 1 日起施行。

总理　温家宝

二〇〇九年十月十三日

第一章　总　则

第一条　为了规范保安服务活动，加强对从事保安服务的单位和保安员的管理，保护人身安全和财产安全，维护社会治安，制定本条例。

第二条　本条例所称保安服务是指：

（一）保安服务公司根据保安服务合同，派出保安员为客户单位提供的门卫、巡逻、守护、押运、随身护卫、安全检查以及安全技术防范、安全风险评估等服务；

（二）机关、团体、企业、事业单位招用人员从事的本单位门卫、巡逻、守护等安全防范工作；

（三）物业服务企业招用人员在物业管理区域内开展的门卫、巡逻、秩序维护等服务。

前款第（二）项、第（三）项中的机关、团体、企业、事业单位和物业服务企业，统称自行招用保安员的单位。

第三条　国务院公安部门负责全国保安服务活动的监督管理工作。县级以上地方人民政府公安机关负责本行政区域内保安服务活动的监督管理工作。

保安服务行业协会在公安机关的指导下，依法开展保安服务行业自律活动。

第四条　保安服务公司和自行招用保安员的单位（以下统称保安从业单位）应当建立健全保安服务管理制度、岗位责任制度和保安员管理制度，加强对保安员的管理、教育和培训，提高保安员的职业道德水平、业务素质和责任意识。

第五条　保安从业单位应当依法保障保安员在社会保险、劳动用工、劳动保护、工资福利、教育培训等方面的合法权益。

第六条　保安服务活动应当文明、合法，不得损害社会公共利益或者侵犯他人合法权益。

保安员依法从事保安服务活动，受法律保护。

第七条　对在保护公共财产和人民群众生命财产安全、预防和制止违法犯罪活动中有突出贡献的保安从业单位和保安员，公安机关和其他有关部门应当给予表彰、奖励。

第二章　保安服务公司

第八条　保安服务公司应当具备下列条件：

（一）有不低于人民币 100 万元的注册资本；

（二）拟任的保安服务公司法定代表人和主要管理人员应当具备任职所需的专业知识和有关业务工作经验，无被刑事处罚、劳动教养、收容教育、强制隔离戒毒或者被开除公职、开除军籍等不良记录；

（三）有与所提供的保安服务相适应的专业技术人员，其中法律、行政法规有资格要求的专业技术人员，应当取得相应的资格；

（四）有住所和提供保安服务所需的设施、装备；

（五）有健全的组织机构和保安服务管理制度、岗位责任制度、保安员管理制度。

第九条　申请设立保安服务公司，应当向所在地设区的市级人民政府公安机关提交申请书以及能够证明其符合

本条例第八条规定条件的材料。

受理的公安机关应当自收到申请材料之日起15日内进行审核，并将审核意见报所在地的省、自治区、直辖市人民政府公安机关。省、自治区、直辖市人民政府公安机关应当自收到审核意见之日起15日内作出决定，对符合条件的，核发保安服务许可证；对不符合条件的，书面通知申请人并说明理由。

第十条 从事武装守护押运服务的保安服务公司，应当符合国务院公安部门对武装守护押运服务的规划、布局要求，具备本条例第八条规定的条件，并符合下列条件：

（一）有不低于人民币1000万元的注册资本；

（二）国有独资或者国有资本占注册资本总额的51%以上；

（三）有符合《专职守护押运人员枪支使用管理条例》规定条件的守护押运人员；

（四）有符合国家标准或者行业标准的专用运输车辆以及通信、报警设备。

第十一条 申请设立从事武装守护押运服务的保安服务公司，应当向所在地设区的市级人民政府公安机关提交申请书以及能够证明其符合本条例第八条、第十条规定条件的材料。保安服务公司申请增设武装守护押运业务的，无需再次提交证明其符合本条例第八条规定条件的材料。

受理的公安机关应当自收到申请材料之日起15日内进行审核，并将审核意见报所在地的省、自治区、直辖市人民政府公安机关。省、自治区、直辖市人民政府公安机关应当自收到审核意见之日起15日内作出决定，对符合条件的，核发从事武装守护押运业务的保安服务许可证或者在已有的保安服务许可证上增注武装守护押运服务；对不符合条件的，书面通知申请人并说明理由。

第十二条 取得保安服务许可证的申请人，凭保安服务许可证到工商行政管理机关办理工商登记。取得保安服务许可证后超过6个月未办理工商登记的，取得的保安服务许可证失效。

保安服务公司设立分公司的，应当向分公司所在地设区的市级人民政府公安机关备案。备案应当提供总公司的保安服务许可证和工商营业执照，总公司法定代表人、分公司负责人和保安员的基本情况。

保安服务公司的法定代表人变更的，应当经原审批公安机关审核，持审核文件到工商行政管理机关办理变更登记。

第三章 自行招用保安员的单位

第十三条 自行招用保安员的单位应当具有法人资格，有符合本条例规定条件的保安员，有健全的保安服务管理制度、岗位责任制度和保安员管理制度。

娱乐场所应当依照《娱乐场所管理条例》的规定，从保安服务公司聘用保安员，不得自行招用保安员。

第十四条 自行招用保安员的单位，应当自开始保安服务之日起30日内向所在地设区的市级人民政府公安机关备案，备案应当提供下列材料：

（一）法人资格证明；

（二）法定代表人（主要负责人）、分管负责人和保安员的基本情况；

（三）保安服务区域的基本情况；

（四）建立保安服务管理制度、岗位责任制度、保安员管理制度的情况。

自行招用保安员的单位不再招用保安员进行保安服务的，应当自停止保安服务之日起30日内到备案的公安机关撤销备案。

第十五条 自行招用保安员的单位不得在本单位以外或者物业管理区域以外提供保安服务。

第四章 保安员

第十六条 年满18周岁，身体健康，品行良好，具有初中以上学历的中国公民可以申领保安员证，从事保安服务工作。申请人经设区的市级人民政府公安机关考试、审查合格并留存指纹等人体生物信息的，发给保安员证。

提取、留存保安员指纹等人体生物信息的具体办法，由国务院公安部门规定。

第十七条 有下列情形之一的，不得担任保安员：

（一）曾被收容教育、强制隔离戒毒、劳动教养或者3次以上行政拘留的；

（二）曾因故意犯罪被刑事处罚的；

（三）被吊销保安员证未满3年的；

（四）曾两次被吊销保安员证的。

第十八条 保安从业单位应当招用符合保安员条件的人员担任保安员，并与被招用的保安员依法签订劳动合同。保安从业单位及其保安员应当依法参加社会保险。

保安从业单位应当根据保安服务岗位需要定期对保安员进行法律、保安专业知识和技能培训。

第十九条 保安从业单位应当定期对保安员进行考核，发现保安员不合格或者严重违反管理制度，需要解除劳动合同的，应当依法办理。

第二十条 保安从业单位应当根据保安服务岗位的风险程度为保安员投保意外伤害保险。

保安员因工伤亡的，依照国家有关工伤保险的规定享受工伤保险待遇；保安员牺牲被批准为烈士的，依照国家有关烈士褒扬的规定享受抚恤优待。

第五章 保安服务

第二十一条 保安服务公司提供保安服务应当与客户单位签订保安服务合同，明确规定服务的项目、内容以及双方的权利义务。保安服务合同终止后，保安服务公司应当将保安服务合同至少留存2年备查。

保安服务公司应当对客户单位要求提供的保安服务的

合法性进行核查，对违法的保安服务要求应当拒绝，并向公安机关报告。

第二十二条 设区的市级以上地方人民政府确定的关系国家安全、涉及国家秘密等治安保卫重点单位不得聘请外商独资、中外合资、中外合作的保安服务公司提供保安服务。

第二十三条 保安服务公司派出保安员跨省、自治区、直辖市为客户单位提供保安服务的，应当向服务所在地设区的市级人民政府公安机关备案。备案应当提供保安服务公司的保安服务许可证和工商营业执照、保安服务合同、服务项目负责人和保安员的基本情况。

第二十四条 保安服务公司应当按照保安服务业服务标准提供规范的保安服务，保安服务公司派出的保安员应当遵守客户单位的有关规章制度。客户单位应当为保安员从事保安服务提供必要的条件和保障。

第二十五条 保安服务中使用的技术防范产品，应当符合有关的产品质量要求。保安服务中安装监控设备应当遵守国家有关技术规范，使用监控设备不得侵犯他人合法权益或者个人隐私。

保安服务中形成的监控影像资料、报警记录，应当至少留存30日备查，保安从业单位和客户单位不得删改或者扩散。

第二十六条 保安从业单位对保安服务中获知的国家秘密、商业秘密以及客户单位明确要求保密的信息，应当予以保密。

保安从业单位不得指使、纵容保安员阻碍依法执行公务、参与追索债务、采用暴力或者以暴力相威胁的手段处置纠纷。

第二十七条 保安员上岗应当着保安员服装，佩带全国统一的保安服务标志。保安员服装和保安服务标志应当与人民解放军、人民武装警察和人民警察、工商税务等行政执法机关以及人民法院、人民检察院工作人员的制式服装、标志服饰有明显区别。

保安员服装由全国保安服务行业协会推荐式样，由保安服务从业单位在推荐式样范围内选用。保安服务标志式样由全国保安服务行业协会确定。

第二十八条 保安从业单位应当根据保安服务岗位的需要为保安员配备所需的装备。保安服务岗位装备配备标准由国务院公安部门规定。

第二十九条 在保安服务中，为履行保安服务职责，保安员可以采取下列措施：

（一）查验出入服务区域的人员的证件，登记出入的车辆和物品；

（二）在服务区域内进行巡逻、守护、安全检查、报警监控；

（三）在机场、车站、码头等公共场所对人员及其所携带的物品进行安全检查，维护公共秩序；

（四）执行武装守护押运任务，可以根据任务需要设立临时隔离区，但应当尽可能减少对公民正常活动的妨碍。

保安员应当及时制止发生在服务区域内的违法犯罪行为，对制止无效的违法犯罪行为应当立即报警，同时采取措施保护现场。

从事武装守护押运服务的保安员执行武装守护押运任务使用枪支，依照《专职守护押运人员枪支使用管理条例》的规定执行。

第三十条 保安员不得有下列行为：

（一）限制他人人身自由、搜查他人身体或者侮辱、殴打他人；

（二）扣押、没收他人证件、财物；

（三）阻碍依法执行公务；

（四）参与追索债务、采用暴力或者以暴力相威胁的手段处置纠纷；

（五）删改或者扩散保安服务中形成的监控影像资料、报警记录；

（六）侵犯个人隐私或考泄露在保安服务中获知的国家秘密、商业秘密以及客户单位明确要求保密的信息；

（七）违反法律、行政法规的其他行为。

第三十一条 保安员有权拒绝执行保安从业单位或者客户单位的违法指令。保安从业单位不得因保安员不执行违法指令而解除与保安员的劳动合同，降低其劳动报酬和其他待遇，或者停缴、少缴依法应当为其缴纳的社会保险费。

第六章 保安培训单位

第三十二条 保安培训单位应当具备下列条件：

（一）是依法设立的保安服务公司或者依法设立的具有法人资格的学校、职业培训机构；

（二）有保安培训所需的师资力量，其中保安专业师资人员应当具有大学本科以上学历或者10年以上治安保卫管理工作经历；

（三）有保安培训所需的场所、设施等教学条件。

第三十三条 申请从事保安培训的单位，应当向所在地设区的市级人民政府公安机关提交申请书以及能够证明其符合本条例第三十二条规定条件的材料。

受理的公安机关应当自收到申请材料之日起15日内进行审核，并将审核意见报所在地的省、自治区、直辖市人民政府公安机关。省、自治区、直辖市人民政府公安机关应当自收到审核意见之日起15日内作出决定，对符合条件的，核发保安培训许可证；对不符合条件的，书面通知申请人并说明理由。

第三十四条 从事武装守护押运服务的保安员的枪支使用培训，应当由人民警察院校、人民警察培训机构负责。承担培训工作的人民警察院校、人民警察培训机构应当向所在地的省、自治区、直辖市人民政府公安机关备案。

第三十五条 保安培训单位应当按照保安员培训教学大纲制订教学计划，对接受培训的人员进行法律、保安专业知识和技能培训以及职业道德教育。

保安员培训教学大纲由国务院公安部门审定。

第七章　监督管理

第三十六条　公安机关应当指导保安从业单位建立健全保安服务管理制度、岗位责任制度、保安员管理制度和紧急情况应急预案，督促保安从业单位落实相关管理制度。

保安从业单位、保安培训单位和保安员应当接受公安机关的监督检查。

第三十七条　公安机关建立保安服务监督管理信息系统，记录保安从业单位、保安培训单位和保安员的相关信息。

公安机关应当对提取、留存的保安员指纹等人体生物信息予以保密。

第三十八条　公安机关的人民警察对保安从业单位、保安培训单位实施监督检查应当出示证件，对监督检查中发现的问题，应当督促其整改。监督检查的情况和处理结果应当如实记录，并由公安机关的监督检查人员和保安从业单位、保安培训单位的有关负责人签字。

第三十九条　县级以上人民政府公安机关应当公布投诉方式，受理社会公众对保安从业单位、保安培训单位和保安员的投诉。接到投诉的公安机关应当及时调查处理，并反馈查处结果。

第四十条　国家机关及其工作人员不得设立保安服务公司，不得参与或者变相参与保安服务公司的经营活动。

第八章　法律责任

第四十一条　任何组织或者个人未经许可，擅自从事保安服务、保安培训的，依法给予治安管理处罚，并没收违法所得；构成犯罪的，依法追究刑事责任。

第四十二条　保安从业单位有下列情形之一的，责令限期改正，给予警告；情节严重的，并处1万元以上5万元以下的罚款；有违法所得的，没收违法所得：

（一）保安服务公司法定代表人变更未经公安机关审核的；

（二）未按照本条例的规定进行备案或者撤销备案的；

（三）自行招用保安员的单位在本单位以外或者物业管理区域以外开展保安服务的；

（四）招用不符合本条例规定条件的人员担任保安员的；

（五）保安服务公司未对客户单位要求提供的保安服务的合法性进行核查的，或者未将违法的保安服务要求向公安机关报告的；

（六）保安服务公司未按照本条例的规定签订、留存保安服务合同的；

（七）未按照本条例的规定留存保安服务中形成的监控影像资料、报警记录的。

客户单位未按照本条例的规定留存保安服务中形成的监控影像资料、报警记录的，依照前款规定处罚。

第四十三条　保安从业单位有下列情形之一的，责令限期改正，处2万元以上10万元以下的罚款；违反治安管理的，依法给予治安管理处罚；构成犯罪的，依法追究直接负责的主管人员和其他直接责任人员的刑事责任：

（一）泄露在保安服务中获知的国家秘密、商业秘密以及客户单位明确要求保密的信息的；

（二）使用监控设备侵犯他人合法权益或者个人隐私的；

（三）删改或者扩散保安服务中形成的监控影像资料、报警记录的；

（四）指使、纵容保安员阻碍依法执行公务、参与追索债务、采用暴力或者以暴力相威胁的手段处置纠纷的；

（五）对保安员疏于管理、教育和培训，发生保安员违法犯罪案件，造成严重后果的。

客户单位删改或者扩散保安服务中形成的监控影像资料、报警记录的，依照前款规定处罚。

第四十四条　保安从业单位因保安员不执行违法指令而解除与保安员的劳动合同，降低其劳动报酬和其他待遇，或者停缴、少缴依法应当为其缴纳的社会保险费的，对保安从业单位的处罚和对保安员的赔偿依照有关劳动合同和社会保险的法律、行政法规的规定执行。

第四十五条　保安员有下列行为之一的，由公安机关予以训诫；情节严重的，吊销其保安员证；违反治安管理的，依法给予治安管理处罚；构成犯罪的，依法追究刑事责任：

（一）限制他人人身自由、搜查他人身体或者侮辱、殴打他人的；

（二）扣押、没收他人证件、财物的；

（三）阻碍依法执行公务的；

（四）参与追索债务、采用暴力或者以暴力相威胁的手段处置纠纷的；

（五）删改或者扩散保安服务中形成的监控影像资料、报警记录的；

（六）侵犯个人隐私或者泄露在保安服务中获知的国家秘密、商业秘密以及客户单位明确要求保密的信息的；

（七）有违反法律、行政法规的其他行为的。

从事武装守护押运的保安员违反规定使用枪支的，依照《专职守护押运人员枪支使用管理条例》的规定处罚。

第四十六条　保安员在保安服务中造成他人人身伤亡、财产损失的，由保安从业单位赔付；保安员有故意或者重大过失的，保安从业单位可以依法向保安员追偿。

第四十七条　保安培训单位未按照保安员培训教学大纲的规定进行培训的，责令限期改正，给予警告；情节严重的，并处1万元以上5万元以下的罚款；以保安培训为名进行诈骗活动的，依法给予治安管理处罚；构成犯罪的，依法追究刑事责任。

第四十八条　国家机关及其工作人员设立保安服务公司，参与或者变相参与保安服务公司经营活动的，对直接负责的主管人员和其他直接责任人员依法给予处分。

第四十九条 公安机关的人民警察在保安服务活动监督管理工作中滥用职权、玩忽职守、徇私舞弊的，依法给予处分；构成犯罪的，依法追究刑事责任。

第九章 附 则

第五十条 保安服务许可证、保安培训许可证以及保安员证的式样由国务院公安部门规定。

第五十一条 本条例施行前已经设立的保安服务公司、保安培训单位，应当自本条例施行之日起6个月内重新申请保安服务许可证、保安培训许可证。本条例施行前自行招用保安员的单位，应当自本条例施行之日起3个月内向公安机关备案。

本条例施行前已经从事保安服务的保安员，自本条例施行之日起1年内由保安员所在单位组织培训，经设区的市级人民政府公安机关考试、审查合格并留存指纹等人体生物信息的，发给保安员证。

第五十二条 本条例自2010年1月1日起施行。

（资料提供：公安部科技信息化局技防工作指导处）

1.2 地方法规、规范性文件

1.2.1 四川省公共安全技术防范管理条例

四川省第十一届人民代表大会常务委员会公告
第31号

《四川省公共安全技术防范管理条例》（NO：SC112391）已由四川省第十一届人民代表大会常务委员会第十一次会议于2009年9月25日通过，现予公布，自2010年1月1日起施行。

四川省人民代表大会常务委员会
2009年9月25日

第一章 总 则

第一条 为了加强公共安全技术防范管理，维护公共安全和社会治安秩序，保护公民人身权益，保护公民、法人及其他组织的财产权益，根据国家有关法律法规的规定，结合四川省实际，制定本条例。

第二条 四川省行政区域内公共安全技术防范产品的生产、使用和公共安全技术防范系统的设计、安装、使用、维护、运营等活动及其管理，适用本条例。

第三条 本条例所称公共安全技术防范，是指运用公共安全技术防范产品、公共安全技术防范系统等技术手段，预防、发现、制止违法犯罪和治安事故，维护公共安全和社会治安秩序的活动。

本条例所称公共安全技术防范产品，是指用于防入侵、防盗窃、防抢劫、防破坏以及防爆安全检查等公共安全所需的特种器材或者设备。

本条例所称公共安全技术防范系统，是指运用公共安全技术防范产品和其他相关产品所构成的入侵报警系统、视频监控系统、出入口控制系统、防爆安全检查系统等，或者由这些系统为子系统组合、集成的系统或网络。

第四条 公共安全技术防范产品或者系统的生产、设计、安装、使用等应当遵循合法建设、合理使用和防护适当的原则。

第五条 县级以上地方人民政府组织领导有关部门实施公共安全技术防范管理工作。

公安机关是公共安全技术防范工作的主管部门，负责公共安全技术防范工作的规划、管理和监督。

质量技术监督、安全生产监督、建设、工商、保密等有关行政部门应当在各自的职责范围内开展公共安全技术防范管理工作。

第六条 公共安全技术防范行业组织应当推动行业自律，规范行业从业行为，维护市场秩序，发挥技术保障和评价服务等方面的作用，配合公安机关等有关部门开展公共安全技术防范管理工作。

第七条 县级以上地方人民政府应当采取多种方式，宣传普及公共安全技术防范知识，增强全社会的公共安全防范意识，鼓励使用科学管理方法和先进技术设备。

第八条 公民、法人和其他组织应当自觉增强防范意识，履行防范义务，在公安机关指导下做好公共安全技术防范工作。

第二章　公共安全技术防范产品或者系统的安装范围

第九条　下列重点单位和重要部位应当由所属单位或者责任单位按照有关技术标准安装公共安全技术防范产品或者系统：

（一）研制、生产、销售、储存危险物品或者实验、保藏传染性菌种、毒种的单位和武器、弹药的专用存放场所；

（二）重要的教育、科研、医疗单位以及国家或者省统一考试的命题及试卷印刷、存放场所；

（三）电信、邮政、金融单位和广播电台、电视台、通讯社等重要新闻单位；

（四）机场、港口、大型车站等重要交通枢纽，公共交通工具和高速公路、城市快速路、城市主干路的重要路段、路口，地铁、隧道、大型桥梁的重要部位；

（五）博物馆、纪念馆、展览馆等集中陈列、存放重要文物、资料和贵重物品的场所和重点文物保护单位；

（六）集中存放重要档案资料的馆、库和重要计算机系统运行及信息储存场所；

（七）国防科技工业重要产品的研制、生产单位；

（八）国家重点建设工程的重要部位；

（九）大型能源动力设施、水利设施和城市水、电、燃气、热力设施的重要部位；

（十）国家重要物资储备场所、大中型商贸中心和大型农贸市场的重要部位；

（十一）宾馆、公共文化娱乐场所及体育比赛场馆的出入口、主要通道、客运索道及其他重要部位；

（十二）县级以上地方人民政府确定的其他治安重点保卫单位的重要部位。

第十条　国家机关、大型企业、居民住宅区和其他单位的财务室、机要室、档案室、配电室、收银台、出入口等重要部位，根据实际情况安装符合标准的公共安全技术防范产品或者系统。

第十一条　禁止在他人区域或者宾馆客房、公共宿舍、公共浴室、更衣室、卫生间等涉及他人隐私的场所安装视频音频等监控系统。

第十二条　任何单位和个人不得擅自在社会公共区域安装公共安全技术防范产品和系统，确需安装的，应当向所在地公安机关申请批准。

第十三条　在社会公共区域安装公共安全技术防范视频监控系统的，所属单位或者责任单位要有标识。

第十四条　安装、使用公共安全技术防范产品或者系统不得危害国家安全、泄露国家秘密、损害公共利益；不得泄露或者违法使用用户和他人的信息；不得非法获取他人商业秘密、侵害他人隐私及其他合法权益。

第三章　公共安全技术防范产品管理

第十五条　公共安全技术防范产品的管理实行工业产品生产许可证制度、安全认证制度。

对未能纳入工业产品许可证制度、安全认证制度管理的公共安全技术防范产品，符合国家相关规定条件的，可以实行生产登记制度。

对同一类公共安全技术防范产品的管理，不重复适用上述三种制度。

实行工业产品生产许可证制度和安全认证制度的公共安全技术防范产品的管理，按照国家有关规定执行。

第十六条　企业申请公共安全技术防范产品生产登记的，应当提交下列材料向所在市（州）公安机关提出申请，由省级公安机关批准：

（一）生产登记申请书；

（二）营业执照、组织机构代码证和法定代表人身份证明复印件，技术人员职称证复印件；

（三）符合法定要求的产品生产标准、使用说明书；

（四）产品质量保证体系、售后服务措施文件；

（五）具备相应资质的检验机构出具的符合国家规定的检验报告。

第十七条　市（州）公安机关自收到申请之日起 15 日内完成初审，初审合格的，报省级公安机关审批。省级公安机关在 7 日内完成审查，审查合格的发放生产登记批准书；审查不合格的做出不批准决定，书面说明理由通知申请人。

第十八条　公共安全技术防范产品的生产应当执行相关产品质量标准。有下列情形之一的，禁止生产、安装、使用：

（一）不符合产品质量标准；

（二）无企业产品质量检验合格证；

（三）无生产许可证、无安全认证证书和认证认可标识、无生产登记批准书之一的。

省级公安机关应当定期将生产、安装公共安全技术防范产品单位的备案名录向社会公布。

第四章　公共安全技术防范系统管理

第十九条　公共安全技术防范系统的设计、安装、验收应当符合有关国家标准、行业标准和地方标准。

第二十条　应当安装公共安全技术防范系统的新建、改建、扩建建设工程，建设单位应当将公共安全技术防范系统与建设工程综合设计、同步施工、独立验收。

第二十一条　新建、改建、扩建建设工程需要安装公共安全技术防范系统的，其设计方案应当报县级以上公安机关审核。审核不合格的，不得施工。公共安全技术防范系统的竣工验收应当由建设单位会同公安机关共同组织。验收不合格的，责令限期整改。

前款规定以外的其他需要安装公共安全技术防范系统的，其设计方案应当报县级以上公安机关审核，并由所属单位或者责任单位会同公安机关共同组织竣工验收。

第二十二条　安装公共安全技术防范系统的单位，应当具备同公安机关联网的条件。因公共安全需要，可以与公安机关相关设备、系统进行系统链接。

第二十三条　对公共安全技术防范系统按照国家和省规定实行分级管理。

第二十四条　从事公共安全技术防范系统设计、安装、维护、运营的单位应当到县级以上公安机关备案，并接受公安机关按照国家有关规定进行的监督管理。

省外单位进入本省开展公共安全技术防范系统的设计、安装、维护、运营活动的，应当向省级公安机关备案。

受理备案的公安机关应当及时将审查合格的从事公共安全技术防范系统设计、安装、使用、维护和运营的单位列入备案名录，并定期向社会公布。

第二十五条　公安机关应当对公共安全技术防范系统的设计、安装、使用、维护和运营的情况进行监督检查，落实公共安全技术防范责任，指导开展公共安全技术防范工作。

第二十六条　公共安全技术防范系统的设计、安装、维护、运营资质证书不得伪造、涂改、出租、出借和转让。

第二十七条　不得安排有下列情形之一的人员从事公共安全技术防范系统的设计、安装、维护、管理：

（一）无民事行为能力或者限制民事行为能力的；

（二）有故意犯罪记录或者有违法行为不宜从事公共安全技术防范工作的。

第二十八条　公安等司法机关使用、调取相关公共安全技术防范系统的信息资料应当依照法定程序进行，公民、法人及其他组织应当如实提供。

为了国家利益、社会利益，在紧急情况下，公安机关可以依法直接使用相关的公共安全技术防范系统，也可以将该系统接入公安机关指定的公共安全技术防范系统。

第二十九条　公共安全技术防范系统的使用管理单位应当履行下列义务：

（一）制定公共安全技术防范系统的使用、保养、维护、更新制度；

（二）确定专门人员负责公共安全技术防范系统使用，并实行使用登记制度；

（三）保障公共安全技术防范系统的正常运行；

（四）按照规定对投入使用的公共安全技术防范系统进行定期合格评定；

（五）建立信息资料管理制度，保证信息资料的真实性和完整性并对有关信息资料采取保密措施；

（六）建立健全值班制度和紧急处置预案。

第三十条　任何单位和个人不得有下列行为：

（一）破坏公共安全技术防范系统的运行程序和记录以及隐匿、毁弃系统采集的信息资料；

（二）擅自改变公共安全技术防范系统的主要用途和范围；

（三）泄露公共安全技术防范系统的秘密以及买卖、散发、非法播放公共安全技术防范系统采集的信息资料；

（四）利用公共安全技术防范系统侵犯他人隐私以及其他合法权益。

第三十一条　公共安全技术防范系统的设计、安装、使用、维护单位应当妥善保管系统图纸和其他信息资料，建立资料档案，承担保密义务，对员工进行业务培训和保密培训。

第五章　法律责任

第三十二条　有下列行为之一的，由颁发资质证书的机关撤销公共安全技术防范系统设计、安装、维护、运营资质证书：

（一）提供虚假材料取得资质证书的；

（二）出租、出借和转让资质证书的；

（三）承建系统工程出现质量问题造成严重后果的；

（四）单位及主要管理、技术人员有严重违法、违规行为不宜再从事公共安全技术防范系统设计、安装、维护、运营的；

（五）法律、法规规定的其他情形。

第三十三条　有下列行为之一的，由县级以上公安机关责令限期改正；拒不改正的，对单位处以1万元以上3万元以下罚款，对直接负责的主管人员和其他直接责任人员处以1千元以上3千元以下罚款：

（一）应当安装公共安全技术防范产品或者系统，拒不安装的；

（二）公共安全技术防范系统的设计方案未经论证或者论证未通过、系统未经验收或者验收不合格即投入使用的；

（三）投入使用的公共安全技术防范系统未按规定进行定期合格评定的。

第三十四条　违反本条例第十一条规定的，由县级以上公安机关责令改正；拒不改正的，予以强制拆除，对单位处以1万元以上3万元以下罚款；对个人处以1千元以上3千元以下罚款。

第三十五条　违反本条例第十二条规定的，非法安装、使用公共安全技术防范产品或者系统的，由县级以上公安机关责令改正；拒不改正的，予以强制拆除，可并处2千元以下罚款。

第三十六条　违反本条例第二十四条规定，从事公共安全技术防范系统的设计、安装、维护、运营，由县级以上公安机关责令改正并没收违法所得；拒不改正的，处以1万元以上3万元以下罚款。

第三十七条　违反本条例第二十七条规定的，由县级以上公安机关责令改正。

第三十八条　违反本条例第二十九条规定的，由县级以上公安机关予以警告，责令限期改正；逾期不改正或者造成一定危害后果的，对单位处以3千元以上1万元以下罚款；对主要责任人员和其他直接责任人员处以5百元以上3千元以下罚款。

第三十九条　违反本条例第三十条规定的，由县级以上公安机关予以警告，责令限期改正；逾期不改正的，对单位处以2万元以上5万元以下罚款，对主要责任人员和其他直接责任人员处以2千元以上5千元以下罚款。

第四十条 公安机关及其工作人员有下列行为之一的，依法给予行政处分；构成犯罪的，依法追究刑事责任：

（一）违反规定颁发公共安全技术防范产品生产登记批准书；

（二）指定公共安全技术防范产品生产单位或者公共安全技术防范系统的设计、安装、维护单位；

（三）参与公共安全技术防范企业经营活动或者利用职权牟取不正当利益；

（四）其他滥用职权、玩忽职守、徇私舞弊行为。

第四十一条 违反本条例规定，法律、行政法规已经作出行政处罚规定的，从其规定。违反本条例规定应当承担其他行政责任、民事责任和刑事责任的，按照有关法律、行政法规的规定处理。

第六章 附 则

第四十二条 本条例自2010年1月1日起施行。

（资料提供：四川省公安厅安全技术防范管理办公室）

1.2.2 重庆市社会公共安全视频图像信息系统管理办法

重庆市人民政府令

第230号

《重庆市社会公共安全视频图像信息系统管理办法》已经2009年11月9日市人民政府第54次常务会议通过，现予公布，自2009年12月11日起施行。

市长 王鸿举

二〇〇九年十一月十二日

重庆市社会公共安全视频图像信息系统管理办法

第一条 为加强现代城市管理，提高公共服务能力，规范社会公共安全视频图像信息系统建设和管理行为，保障公共安全，保护人身、财产安全，依据有关法律法规，结合实际制定本办法。

第二条 本市行政区域内社会公共安全视频图像信息系统的建设、使用和维护适用本办法。

第三条 本办法所称社会公共安全视频图像信息系统（以下简称公共视频系统）是指利用图像采集、传输、控制、显示等设备和控制软件组成的对一定区域的公共场所进行监控和信息记录的视频系统。

第四条 县级以上人民政府应当加强对本行政区域内公共视频系统建设和管理工作的组织领导，将公共视频系统的建设、使用和维护纳入社会治安综合治理目标管理。

第五条 公安机关负责对本行政区域内公共视频系统建设、使用和维护进行指导、管理和监督。

发展改革、经济信息、质监、规划、建设、交通、市政、安监、通信、文化广电等行政主管部门应当在各自职责范围内协同做好公共视频系统建设和管理的相关工作。

供电、电信运营、广播电视等单位应当配合做好公共视频系统建设、使用和维护的相关工作。

第六条 公共视频系统的建设、使用和维护应当遵循统一规划、统一标准、统筹建设、资源共享、合法利用的原则。

建设、使用和维护公共视频系统不得泄露国家机密和商业秘密，不得侵犯个人隐私及其他合法权益。

第七条 根据社会公共安全需要，公安机关应当会同发展改革、经济信息、交通、市政等行政主管部门编制本行政区域内公共视频系统建设规划，报同级人民政府批准后组织实施。

全市各级人民政府应当按照建设规划统筹本行政区域内的公共视频系统建设，并充分利用和整合现有资源，避免重复建设。

第八条 下列涉及公共安全的场所和区域应当安装公共视频系统：

（一）国家机关和电台、电视台、报社等新闻单位的要害部位；

（二）电信、邮政、金融单位和国家重点建设工程单位的要害部位；

（三）研制、生产、销售、储存危险物品单位的要害部位；

（四）大型能源动力设施、水利设施和城市水、电、燃气、热力供应设施的要害部位；

（五）高速公路、国省干道、城市道路、地铁、轻轨的重要路段和要害部位；

（六）重要科研单位、学校、医院、旅游景区、公园、机场、港口、码头、车站、停车场、公共汽车的要害部位；

（七）大型物资储备单位、大型文化体育场所、大型广场、重点文物保护单位、博物馆、档案馆、会展中心、市政地下通道、步行街、住宅小区等的公共通道和出入口；

（八）大型商业网点、大型餐饮场所、大型影剧院、娱乐场所、旅馆、互联网上网服务营业场所的公共通道和出入口；

（九）易发或者频发刑事、治安案件的地段和区域；

（十）其他法律、法规规定建设的场所和区域。

第九条　下列场所和区域禁止安装公共视频系统：

（一）旅馆和饭店客房、娱乐场所包房；

（二）集体和个人宿舍；

（三）浴室、更衣室、卫生间、哺乳室等；

（四）金融、保险、证券机构内可能泄露客户个人信息的操作区域；

（五）选举箱、投票点等附近可以观察到个人意愿表达情况的区域；

（六）其他涉及个人隐私的场所和区域。

第十条　公共场所安装的公共视频系统应当设置明显的标识，做到摄像设备的位置固定、摄像头指向方位固定、镜头所及范围固定。

第十一条　城市的主要出入口、大型广场和城市道路的重要路段、重要交通路口等公共场所和区域的公共视频系统由政府组织建设和维护。

其他应当建设公共视频系统的公共场所和区域由所有者与使用者或者经营者约定建设和维护的责任主体；没有约定的，由所有者负责。公共场所和区域所有权属于国家的，由其使用者或者经营者负责。

其他任何单位和个人不得擅自在涉及公共安全的场所和区域建设公共视频系统。

第十二条　建设公共视频系统应当符合国家、行业和地方的强制性标准，鼓励采用先进标准。

市质量技术监督行政主管部门会同市公安、经济信息、交通等行政主管部门共同制定本市公共视频系统建设和维护标准。

第十三条　新建、改建、扩建建设项目应当安装公共视频系统的，公共视频系统应当与项目主体工程同时设计、同时施工、同时投入使用。

第十四条　公共视频系统建设单位可以自主选择合格的视频监控产品和视频监控系统的设计、施工和维修单位。相关行政主管部门不得指定产品的品牌和销售单位，不得指定设计、施工和维修单位或者利用职权牟取不正当利益。

第十五条　公共视频系统建设单位应当将公共视频系统设计技术方案和检测、验收的有关材料送公安机关备案。

本办法实施前已建成的公共视频系统，其使用单位应当自本办法实施之日起30日内向公安机关备案。

第十六条　按照合法、安全和规范的要求，公安机关应当牵头对政府投资建设的公共视频系统进行资源整合，并根据实际工作需要，实现跨部门视频图像信息的共享。具体负责建设和维护公共视频系统的行政主管部门应当予以配合。

社会投资建设的公共视频系统，公安机关应当与使用单位协商一致，在确保信息安全的前提下可以与其进行系统链接。

第十七条　根据维护公共安全的需要，公安机关调取、接入或者直接使用相关单位的公共视频系统，应当经县级以上人民政府公安机关负责人批准。

发生突发事件时，具有突发事件调查、处置权的行政主管部门可以查阅、复制或者调取有关公共视频系统的信息资料。

其他行政主管部门因执法工作需要查阅、复制或者调取本部门以外的公共视频系统的信息资料，应当依据有关法律法规的规定执行。

第十八条　公安机关和其他行政主管部门的工作人员根据本办法第十七条规定使用公共视频系统的信息资料时，应当遵守下列规定：

（一）不少于2人；

（二）出示工作证件；

（三）出示县级以上人民政府公安机关负责人的批准文件或者所在单位出具的证明文件；

（四）履行登记手续；

（五）遵守信息资料的使用、保密制度。

法律、法规另有规定的，从其规定。

第十九条　公共视频系统使用单位应当遵守下列规定：

（一）建立信息保密、值班监看、运行维护、安全检查等制度；

（二）对公共视频系统的监看和管理人员进行培训和监督管理，并将监看人员的个人基本信息送公安机关备案；

（三）不得擅自准许与视频信息监看工作无关的人员进入监看场所；

（四）对信息资料的录制人员、调取人员、调取时间、调取用途以及去向等情况进行登记；

（五）发现涉及公共安全的可疑信息或者因工作需要移动公共视频系统设施、设备的，应当及时向公安机关报告；

（六）定期维护保养公共视频系统，保持图像画面清晰；

（七）公共视频系统应当全天运行，不得无故中断，如因故障中断运行的，应当立即修复；

（八）信息资料的有效存储期一般不少于30日；涉及公共安全的重要信息资料交由公安机关储存，有效存储期不少于2年。

第二十条　任何单位和个人不得有下列行为：

（一）盗窃、损毁公共视频系统的设施、设备；

（二）改变公共视频系统的用途或者摄像设备的位置、摄像头指向方位、镜头所及范围，将其用于采集涉及国家机密、商业秘密或者个人隐私及其他合法权益的信息；

（三）删改、破坏留存期限内的公共视频系统信息资料的原始记录；

（四）故意隐匿、毁弃公共视频系统采集的涉及违法犯罪活动的信息资料；

（五）非法买卖、散发、播放视频图像信息资料；

（六）未经依法批准，擅自复制、回放、浏览视频图像信息资料；

（七）拒绝、阻碍公安机关和其他行政主管部门依法使用公共视频系统及其信息资料；

（八）其他影响公共视频系统正常运行的行为。

第二十一条 公共视频系统使用单位为侦破重大刑事、治安案件提供关键证据和线索或者有其他突出贡献的，有关部门应当给予单位和有关人员表彰、奖励。

第二十二条 公安机关应当加强公共视频系统安装范围、日常运行、合法使用、信息安全等情况的管理和监督，发现问题及时依法处理。

质量技术监督、经济信息、保密、通信等主管部门应当对公安机关的管理和监督活动予以协助。

第二十三条 违反本办法第八条规定，由公安机关责令限期改正；逾期不改正的，由公安机关按照国务院《企业事业单位内部治安保卫条例》和《娱乐场所管理条例》规定予以处罚。

第二十四条 违反本办法第九条、第十一条第三款规定安装公共视频系统的，由公安机关责令立即拆除；拒不拆除的，由公安机关依法强制拆除。单位设置的，对单位处1000元以上3000元以下罚款，对主管人员和直接责任人员处500元以上1000元以下罚款；个人设置的，处500元以上1000元以下罚款。

第二十五条 违反本办法规定，有下列情形之一的，由公安机关责令限期改正；逾期未改正的，对单位处1000元罚款，对个人处500元罚款：

（一）未将公共视频系统的设计技术方案和检测、验收的有关材料报公安机关备案的；

（二）拒绝公安机关调取、接入或者直接使用公共视频系统，或者拒绝具有突发事件调查、处置权的行政主管部门查阅、复制、调取公共视频系统信息资料的；

（三）违反本办法第十九条规定的；

（四）具有本办法第二十条第（二）、（三）、（四）、（五）、（六）、（八）项规定行为的。

第二十六条 违反本办法规定构成违反治安管理行为的，依照《中华人民共和国治安管理处罚法》予以处罚；构成民事侵权的，依法承担民事责任；涉嫌犯罪的，移送司法机关处理。

第二十七条 公安机关和其他行政主管部门及其工作人员有下列情形之一的，由上级行政机关或者监察机关责令改正，对主管人员和直接责任人员依法给予处分；构成民事侵权的，依法承担民事责任；涉嫌犯罪的，移送司法机关处理：

（一）在公共视频系统管理工作中不依法履行职责，致使个人人身遭受损害，个人财产和公共财产遭受损失，或者有其他玩忽职守、滥用职权行为的；

（二）指定视频监控产品的品牌和销售单位，指定设计、施工和维修单位的；

（三）不按照规定开展或者配合开展公共视频系统的资源整合和信息共享工作的；

（四）未经批准调取、接入或者直接使用公共视频系统的；

（五）在使用公共视频系统信息资料时未遵守有关规定的。

第二十八条 本办法自2009年12月11日起施行。2006年7月12日市人民政府发布的《重庆市社会公共安全视频图像信息系统管理办法》（重庆市人民政府令第196号）同时废止。

（资料提供：重庆市公安局社会公共安全行业管理办公室）

1.2.3 广东省公共安全视频图像信息系统管理办法

广东省人民政府令
第132号

《广东省公共安全视频图像信息系统管理办法》已经2009年1月15日广东省人民政府第十一届24次常务会议通过，现予发布，自2009年4月1日起施行。

省　长　黄华华
二〇〇九年二月二十五日

广东省公共安全视频图像信息系统管理办法

第一章　总　则

第一条　为规范公共安全视频图像信息系统的规划、建设、管理和应用，维护公共安全，保障社会稳定，根据有关法律、法规，结合本省实际，制定本办法。

第二条　本省行政区域内公共安全视频图像信息系统的规划、建设、管理和应用，适用本办法。

本办法所称公共安全视频图像信息系统，是指采用视频监控技术设备，对涉及公共安全的场所和区域进行图像信息采集、传输、显示、存储和管理的系统。

第三条　县级以上人民政府公安机关具体负责本行政区域内公共安全视频图像信息系统建设与应用的管理、监督和指导工作。

发展改革、经济贸易、科技、建设、交通、信息产业、水利、质量技术监督和通信管理等部门，按照各自职责做好相关工作。

供电、电信运营、广播电视等单位配合做好相关工作。

第四条　公共安全视频图像信息系统应当遵循统一规划、统一标准、统筹建设、资源共享、合法使用的原则。

公共安全视频图像信息系统的建设和应用，不得泄露国家秘密和商业秘密，不得侵犯公民的个人隐私及其他合法权益。

第二章　规划与建设

第五条　地级以上市人民政府应当根据本行政区域公共安全的需要，编制本行政区域公共安全视频图像信息系统的建设规划，并按照规划进行统筹建设。

建设公共安全视频图像信息系统，应当充分利用现有的网络资源，避免重复建设。

第六条　下列涉及公共安全的场所和区域应当建设公共安全视频图像信息系统：

（一）武器、弹药，易燃、易爆、剧毒、放射性物品，易制毒化学品的生产、存放或者经营场所以及实验、保藏传染性菌种、毒种的单位的重要部位；

（二）国家重点科研机构，集中存放重要档案资料的馆、库；

（三）博物馆、纪念馆、展览馆等集中陈列、存放重要文物、资料和贵重物品的场所和重点文物保护单位的重要部位；

（四）金库，货币、有价证券、票据的制造或者集中存放场所，票据、货币押运车辆，金融机构的营业和金融信息的运行、储存场所；

（五）广播电台、电视台、通讯社，电信、邮政及大型能源动力、供水、供电、供气等单位的重要部位或者经营场所；

（六）机场、港口、大型车站、码头、停车场的重要部位，高速公路、城市快速干线、城市道路、中心城镇和地铁的重要路段、路口、隧道，大型桥梁的重要部位；

（七）旅馆、公共娱乐场所、互联网上网服务场所的大厅、通道、出入口等重要部位；

（八）大型物资储备单位、大中型商贸中心、商业街和大型农贸市场的重要部位；

（九）体育比赛场馆、公园、大型广场、医院、学校、幼儿园等公众活动和聚集场所的重要部位，住宅小区的出入口和周界；

（十）城市公共交通、客运车辆和客轮等公共交通工具；

（十一）江河堤防、水库、人工湖、重点防洪排涝区域及其他重要水利工程设施；

（十二）法律、法规、规章规定需要建设公共安全视频图像信息系统的其他场所和区域。

以上所称重要部位、重要路段，是指涉及公共安全的部位或者路段。

第七条　禁止在旅馆客房，劳动者、学生等宿舍，公共浴室、更衣室、卫生间等涉及公民个人隐私的场所和区域安装视频监控设备。

第八条　城市道路的重要路段、重要交通路口、城市主要出入口和大型广场等公共场所的公共安全视频图像信息系统由政府组织建设，其他单位和个人不得擅自在上述场所和区域建设公共安全视频图像信息系统。

各级人民政府应当将前款规定公共安全视频图像信息系统的建设和管理费用列入本级财政预算。

第九条　按照本办法规定应当建设公共安全视频图像信息系统的场所和区域，其公共安全视频图像信息系统的建设和管理，除由政府负责的以外，可以由该场所或者区域的所有权人与使用权人、经营权人约定责任主体；没有约定的，由所有权人负责。所有权属于国家的，由依法取得使用权或者经营权的使用权人或者经营权人负责。

第十条　城市拆迁改造需要移动、改建公共安全视频图像信息系统的设施、设备的，所需费用应当纳入城市拆迁改造预算。

第十一条　新建、改建、扩建建设项目应当安装公共安全视频图像信息系统的，公共安全视频图像信息系统应当与项目主体工程同时设计、同时施工、同时投入使用。

第十二条　建设公共安全视频图像信息系统，应当符合有关标准和技术规范。

建设公共安全视频图像信息系统，应当预留与报警接收中心和应急指挥系统联通的接口。

第十三条　建设公共安全视频图像信息系统，建设单位可以自主选择合格的安全技术防范产品和安全技术防范系统的设计、施工和维修单位。公安机关以及其他行政管理部门不得指定产品的品牌和销售单位，不得指定设计、施工和维修单位或者利用职权牟取不正当利益。

第十四条 公共安全视频图像信息系统的设计技术方案应当按照国家标准进行论证，公共安全视频图像信息系统应当通过法定检验机构检验。

本办法第六条第一款规定的场所或者区域，属于《广东省安全技术防范管理条例》规定范围的，其公共安全视频图像信息系统工程项目的竣工验收按照《广东省安全技术防范管理条例》的规定执行。

本办法第六条第一款规定的场所或者区域，不属于《广东省安全技术防范管理条例》规定范围的，建设单位应当在系统工程项目竣工验收后60日内，将系统设计技术方案、系统检测和竣工验收的有关材料，报所在地县级以上人民政府公安机关备案。本办法施行前已经建成的，使用单位应当自本办法施行之日起60日内将有关材料报所在地县级以上人民政府公安机关备案。

第十五条 因客观条件发生变化，不再属于本办法第六条第一款规定应当建设公共安全视频图像信息系统的范围的，公共安全视频图像信息系统的使用单位可以拆除公共安全视频图像信息系统的有关设施、设备，但应当在拆除后30日内报所在地县级以上人民政府公安机关备案。

第十六条 在公共场所安装公共安全视频图像信息系统的，应当设置明显的标识。

第三章 管理与应用

第十七条 公共安全视频图像信息系统的使用单位应当采取下列措施，保障公共安全视频图像信息系统安全运行：

（一）建立值班监看、运行维护、安全检查等制度；

（二）对公共安全视频图像信息系统的监看和管理人员进行岗位技能和保密知识培训；

（三）确保与监看工作无关人员不得擅自进入监看场所；

（四）不得擅自改变公共安全视频图像信息系统的设施、设备的位置和功能。

第十八条 公共安全视频图像信息系统的使用单位应当遵守下列规定：

（一）建立信息资料安全管理制度；

（二）对公共安全视频图像信息系统的监看和管理人员进行监督管理；

（三）对信息资料的录制人员、调取人员、调取时间、调取用途以及去向等情况进行登记；

（四）发现涉及公共安全和其他违法犯罪行为的可疑信息，及时向公安机关报告；

（五）信息资料的有效存储期不少于15日，涉及公共安全和其他违法犯罪行为的重要信息资料的有效存储期不少于两年。法律、法规另有规定的，从其规定。

第十九条 公共安全视频图像信息系统的使用单位及其监看和管理人员不得有下列行为：

（一）改变公共安全视频图像信息系统的用途，将其用于采集涉及国家秘密、商业秘密或者公民个人隐私及其他合法权益的信息；

（二）删改、破坏留存期限内的公共安全视频图像信息系统信息资料的原始记录；

（三）故意隐匿、毁弃公共安全视频图像信息系统采集的涉及违法犯罪活动的信息资料；

（四）拒绝、阻碍有关行政管理部门依法使用公共安全视频图像信息系统及其信息资料；

（五）向本办法规定以外的单位、个人提供公共安全视频图像信息系统的信息资料。

第二十条 任何单位和个人不得有下列行为：

（一）盗窃、损毁公共安全视频图像信息系统的设施、设备；

（二）买卖、非法复制、传播公共安全视频图像信息系统的信息资料；

（三）其他影响公共安全视频图像信息系统正常运行的行为。

第二十一条 对政府组织建设的公共安全视频图像信息系统，地级以上市人民政府应当指定部门，按照合法、安全和规范的要求进行资源整合，为有关行政管理部门使用公共安全视频图像信息系统及其信息资料提供条件。

负责具体管理公共安全视频图像信息系统的行政管理部门应当予以配合。

第二十二条 公安机关和国家安全机关因执法工作需要，可以无偿查阅公共安全视频图像信息系统的信息资料；需要复制或者调取有关信息资料的，应当经县级以上人民政府公安机关或者国家安全机关负责人批准。

其他行政管理部门因执法工作需要查阅、复制或者调取公共安全视频图像信息系统的信息资料的，应当经系统所在地县级以上人民政府公安机关批准。

发生突发公共事件时，具有突发公共事件调查、处置权的县级以上人民政府行政管理部门可以无偿查阅、复制或者调取有关公共安全视频图像信息系统的信息资料。

根据维护公共安全和社会治安秩序的需要，经县级以上人民政府公安机关负责人批准，公安机关可以无偿接入或者直接使用相关单位的公共安全视频图像信息系统。

第二十三条 有关行政管理部门工作人员根据本办法第二十二条规定查阅、复制或者调取公共安全视频图像信息系统信息资料时，应当遵守下列规定：

（一）工作人员不少于两人；

（二）出示工作证件；

（三）出示公安机关的批准文件或者所在单位出具的证明文件；

（四）履行登记手续；

（五）遵守公共安全视频图像信息系统信息资料的使用、保密制度。

公安机关和国家安全机关工作人员根据本办法第二十二条第一款规定查阅公共安全视频图像信息系统的信息资

料时，无须提供前款第（三）项规定文件。

第二十四条　公安机关应当采取下列措施，加强对公共安全视频图像信息系统及其信息资料的管理：

（一）对公共安全视频图像信息系统的日常运行、维护和信息资料的安全管理情况进行监督检查，发现问题及时督促整改；

（二）规范公共安全视频图像信息系统及其信息资料的使用审批制度，加强公共安全视频图像信息系统及其信息资料的使用管理；

（三）加强对公安机关工作人员的保密教育和工作规范，防止泄密事件发生。

第二十五条　公共安全视频图像信息系统的使用单位和个人，为侦破重大刑事、治安案件或者抓获重要犯罪嫌疑人提供重要证据或者线索的，公安机关应当按照有关规定给予表彰、奖励。

第四章　法律责任

第二十六条　违反本办法规定，有下列行为之一的，由县级以上人民政府公安机关给予警告，并责令限期改正；逾期不改正的，对单位处2000元以上10000元以下罚款，对直接负责的主管人员和其他直接责任人员处200元以上500元以下罚款：

（一）违反本办法第六条第一款规定，应当建设公共安全视频图像信息系统而不建设的；

（二）违反本办法第十四条第三款规定，不按时将公共安全视频图像信息系统建设的有关资料报送备案的；

（三）违反本办法第十五条规定，拆除公共安全视频图像信息系统有关设施、设备后不按时报送备案的；

（四）违反本办法第十七条规定，未采取保障公共安全视频图像信息系统安全运行的管理措施，影响系统安全运行的；

（五）违反本办法第十八条规定，未建立或者违反信息资料安全管理制度的。

法律、法规另有规定的，从其规定。

第二十七条　违反本办法第七条、第八条第一款规定安装公共安全视频图像信息系统和其他视频监控设备的，由县级以上人民政府公安机关责令限期拆除；拒不拆除的，由公安机关强制拆除。单位设置的，对单位处5000元以上30000元以下罚款，对直接负责的主管人员和其他直接责任人员处200元以上500元以下罚款。

第二十八条　违反本办法第十九条、第二十条规定的，由县级以上人民政府公安机关按照《中华人民共和国治安管理处罚法》、《广东省安全技术防范管理条例》等法律、法规的规定予以处罚。

第二十九条　在使用公共安全视频图像信息系统及其信息资料时，侵犯公民、法人或者其他组织的合法权益的，有关单位和个人应当依法承担相应的法律责任。

第三十条　公安机关和其他行政管理部门及其工作人员有下列情形之一的，由其上级机关或者监察机关责令改正，对直接负责的主管人员和其他直接责任人员依法给予处分；构成犯罪的，依法追究刑事责任：

（一）违反本办法第十三条规定，在公共安全视频图像信息系统的建设和管理中，指定产品的品牌和销售单位，指定设计、施工和维修单位或者利用职权牟取不正当利益的；

（二）违反本办法第二十一条规定，不按照规定开展或者配合开展公共安全视频图像信息系统的资源整合工作的；

（三）违反本办法第二十二条规定，不依法审批或者使用公共安全视频图像信息系统及其信息资料的；

（四）违反本办法第二十三条规定，在使用公共安全视频图像信息系统信息资料时未遵守有关规定的；

（五）违反本办法第二十四条规定，未依法履行监督管理职责的；

（六）接到公共安全视频图像信息系统使用单位的警情报告后，不依法履行职责，致使公民、法人或者其他组织的合法权益遭受损害的；

（七）其他玩忽职守、滥用职权、徇私舞弊行为的。

第五章　附　则

第三十一条　本办法自2009年4月1日起施行。

（资料提供：广东省公安厅安全防范管理办公室）

1.2.4 上海市公安局技术防范办公室 关于印发《2010年上海世界博览会安全技术防范工程专用硬盘录像机技术要求》的通知

各公安分局、崇明县公安局、市局各有关单位、各公安处（局）技防办，各硬盘录像机生产、销售企业，各技防工程从业单位：

为了适应2010年上海世界博览会安全技术防范工作需要，根据《2010年上海世界博览会园区临时展览场馆及周边配套设施安全技术防范工程基本要求和办事程序》的规定，市局技防办对上海世博会安防工程中所使用的硬盘录像机（以下简称“世博专用机”）制定了《2010年上海世界博览会安全技术防范工程专用硬盘录像机技术要求》（以下简称《世博专用机技术要求》，详见附件），是世博专用机检测、世博会安防工程评审验收的主要依据之一。与世博会相关的重点单位重要部位、居民小区可参照执行。

即日起，凡在本市生产、销售的世博专用机，应持有法定检测机构按照《世博专用机技术要求》检测合格的型式检验报告；国内生产的还应持有《安全技术防范产品生产登记批准书》。

特此通知。

上海市公安局技术防范办公室
二〇〇九年十月二十一日

（资料来源：上海市公安局安全技术防范办公室）

1.2.5 上海市公安局技术防范办公室关于印发《上海综合型数字录像设备补充技术要求（试行）》的通知

各公安分（县）局技防办，各硬盘录像机产品生产、销售企业，各技防工程从业单位：

近年来，随着数字压缩技术、网络技术的发展，不同于传统 DVR 的数字录像设备正逐步应用于安防领域。虽然，国家标准《视频安防监控数字录像设备》（GB20815－2006，以下简称《国标》），根据数字录像设备的功能和用途，将其分为基本型、专业型、综合型 3 类，但对综合数字录像设备的相关技术要求未作详细规定，在一定程度上制约了数字录像设备的向集成化、规模化发展的趋势，从而影响了视频安防监控系统进一步向网络化、数字化、智能化方向发展现实要求。

为了适应科技发展和安防行业实际需求，现根据《国标》，并结合实际情况，制定了《综合型数字录像设备补充技术要求（试行）》（以下简称《补充要求》，详见附件）。

自即日起，凡在本市生产、销售的综合型数字录像设备（Ⅲ类机）的，应持有法定检测机构按照《国标》和《补充要求》检测合格的型式检验报告；国内生产的还应持有《安全技术防范生产登记批准书》。

特此通知。

上海市公安局技术防范办公室
二〇〇九年七月十七日

（资料来源：上海市公安局安全技术防范办公室）

1.2.6 上海市公安局技术防范办公室关于贯彻实施《重点单位重要部位安全技术防范系统要求第 9 部分：零售商业》的补充通知

各公安分（县）局技防办，各技防工程从业单位，各相关单位：

《重点单位重要部位安全技术防范系统要求第 9 部分：零售商业》（以下简称《标 9》）自 2008 年 10 月 1 日颁布实施以来，作为本市零售商业系统单位技防设施建设、设计、施工和验收的主要依据，得到了较好的贯彻执行。但在具体执行过程中，对于一些条款的理解，零售商业单位、技防工程设计施工单位未能形成统一认识。为进一步明确相关技术要求，便于各单位操作实施，现结合《上海市大型商场反恐防范指导性意见》通知如下：

一、大型商场是指经营面积达到或超过 5000 平方米的大型超市、仓储会员店、购物中心、百货店、商品交易市场。

二、大型商场作为治安保卫重点单位，技防设施建设除达到《标 9》中的强制性条款外，还应达到以下要求：

1. 财务室应安装彩色摄像机，并监视无盲区；

2. 已明确位置的收银柜台应至少安装 1 台彩色摄像机；

3. 收银区每两个收银柜或收银通道应至少安装 1 台摄像机；

4. 大型商场地面一层设有商铺，且商铺出入口可直接通往大型商场的，这些出入口均属于“商店（场）与外界相通的出入口”，均应安装彩色摄像机（若商铺通往外界的出入口已经安装彩色摄像机的，可不重复安装）；

5. 大型商场内主要通道、电梯轿厢内均应安装彩色摄像机；

6. 员工工作区通向商品区的出入口、员工考勤处应安装彩色摄像机；

7. 大型商场内各楼层楼梯出入口、自动扶梯口、电梯厅应作为各楼层通往大型商场的出入口，均应安装彩色摄像机。

特此通知。

上海市公安局技术防范办公室
二〇〇九年六月二十五日

（资料来源：上海市公安局安全技术防范办公室）

1.2.7 上海市公安局技术防范办公室关于贯彻执行国家标准《脉冲电子围栏及其安装和安全运行》的通知

各公安分（县）局技防办，各技防从业单位及有关单位：

近日，国家监督检验检疫总局和国家标准化管理委员会联合印发了国标《脉冲电子围栏及其安装和安全运行》（GB/T7946—2008）。为贯彻执行该标准，现结合本市实际，提出以下实施意见：

一、在本市技防工程设计施工中，应保证脉冲电子围栏的最下端的导线（包括与围墙间隙最小的）应带有高压脉冲。

二、脉冲电子围栏的任意相邻二根导线间，应至少一根带有高压脉冲，且具有短路报警功能。

三、上述技术指标将在技防工程验收检测时予以测试。

四、自2009年6月15日起，凡申请型式检验的脉冲电子围栏产品应同时符合国标和市公安局技防办印发的《本市安防工程用高压电子脉冲探测器基本技术要求》【沪公技防（2008）0013号，以下简称《基本要求》】的要求，不符合要求的将按伪劣产品处理。

国标与《基本要求》相悖处，按《基本要求》执行。已按《基本要求》通过型式检验的产品，为减轻企业负担，从2010年5月1日起执行上述要求。

五、用于外省市技防工程项目的脉冲电子围栏产品，可仅依据国家标准要求进行型式检验。

特此通知

上海市公安局技术防范办公室
二〇〇九年六月八日

（资料来源：上海市公安局安全技术防范办公室）

1.2.8 上海市公安局技术防范办公室关于印发《张力式电子围栏入侵探测装置技术要求》的通知

各公安分（县）局技防办，各技防从业单位及有关单位：

自2007年8月，市局技防办下发《关于在居民住宅小区等技防工程中推广使用电子围栏周界报警系统的通知》［沪公技防（2007）005］文件以来，张力式电子围栏也和高压脉冲电子围栏一样，具有误报率低且实体防护功能强的优势。而且，由于其前端不带电，特别适用于一些周界围墙比较低或不易安装脉冲式电子围栏的场所。

为了进一步规范和提高张力式电子围栏入侵探测装置的制作、安装质量，切实保障公私财产和人身安全，市局技防办现制定了《张力式电子围栏入侵探测装置技术要求》（以下简称《技术要求》，详见附页）。自2009年5月1日起，凡在本市生产、销售的张力式电子围栏入侵探测装置，都应持有法定检测机构按照《技术要求》检测合格的型式检验报告，国内企业还应取得《安全技术防范生产登记批准书》。

特此通知。

上海市公安局技术防范办公室
二〇〇九年年三月三十日

（资料来源：上海市公安局安全技术防范办公室）

1.2.9 重庆市人民政府关于加强社会公共安全视频信息管理系统建设的意见

渝府发〔2009〕107号

各区县（自治县）人民政府，市政府有关部门，有关单位：

为认真贯彻落实《中共重庆市委重庆市人民政府关于建设平安重庆的决定》（渝委发〔2009〕8号）精神，加快建设全市社会公共安全视频信息管理系统（以下简称视频管理系统），建立统一、高效的可视化城市管理和社会治安防控体系，提升政府应急管理能力和城市综合管理水平，按照《重庆市社会公共安全视频信息系统管理办法》（重庆市人民政府令第230号）的要求，现提出如下意见：

一、指导思想

以中国特色社会主义理论为指导，深入贯彻落实科学发展观，按照“平安重庆”、“畅通重庆”建设总体要求，总体规划、确定目标、分步实施、有序推进，全面加强全市视频管理系统建设。通过共建共享、互联互通，实现视频资源全面整合、综合应用，全力打造“数字城市”、“信息重庆”，增强政府应急管理、城市管理和社会治安防控能力，提高政府社会管理和公共服务效能，把重庆建设成为社会安全稳定、经济环境良好、人民群众安居乐业的安全区、放心区。

二、总体目标

按照市委、市政府的总体部署，用3年左右的时间，建立全市城市地区“横向到边、纵向到底”的视频管理系统，到2012年年底，全市视频管理系统建设的总体目标是：

——增加总量，扩大视频管理系统覆盖面。通过新建、扩建视频镜头，系统集成、升级改造现有视频镜头系统，增加视频镜头数量，提高视频质量，全市视频镜头总量达到49.7万个（不含涉密镜头），实现整体布局网络化、局部区域闭合化、重点路口全摄入、重要部位全覆盖。

——统一规范，实现视频资源整合共享。以互联互通、整合共享为目标，充分利用视频网络信息化先进技术，建成统一编解码标准、统一联网协议、统一控制协议、统一编号规则、统一图像标注、统一位置标识的数字视频系统，逐步实现各类视频资源的联网、整合、共享，最大限度地降低行政成本。

——综合运用，提高公共管理和服务水平。建设全市视频管理系统，实现互联互通、整合共享，拓展系统智能应用，实现城市管理、治安防控和应急处置“指挥点对点可视化、系统运行数字化、应对决策扁平化、公共服务可视化”，使我市城市管理和公共服务信息化水平与经济社会发展相适应。

三、建设原则

（一）属地为主，分级负责。按照“谁所有，谁建设、使用、维护”的要求，以属地管理为主，分级负责组织实施视频管理系统建设、管理和维护。市、区县（自治县）人民政府及有关部门负责本地区、本行业视频管理系统建设与整合，所需经费分别由市、区县（自治县）财政和社会单位负责。

（二）统一规划，统一标准。根据经济社会发展、城市管理和公共服务需要，市政府组织制定全市视频管理系统建设规划。重庆市社会公共安全视频图像信息系统建设领导小组办公室（以下简称市视频办）制定全市视频管理系统整体规划、技术规范。采用国内外成熟和先进适用技术，充分考虑视频管理功能和性能的先进性和发展前景，统一视频管理系统接口规范和整合要求，实现视频管理系统标准化建设、规范化管理。

（三）分步实施，有序推进。按照视频管理系统统一规划，各区县（自治县）、市政府有关部门、有关单位负责组织分步实施。针对各类视频管理系统自成体系、技术模式不统一、信息资源难以共享等问题，由市视频办实行统筹安排，有序推进，降低行政成本，避免重复建设和资源浪费。

（四）整合资源，共建共享。视频管理系统作为政府公共管理的重要基础性资源，实行互联互通、全面整合、共建共享。以市、区县（自治县）、乡镇三级政府为主导，有关部门支持配合，由公安部门牵头整合视频管理系统资源，实现市、区县（自治县）、乡镇（街道）及有关部门视频管理系统资源共享。

（五）政府主导，社会参与。充分发挥政府的主导作用，把政府管理与社会参与有机结合起来，全面引入市场机制，不断完善视频管理系统的公共服务功能，调动社会各方力量参与视频管理系统建设，形成政府与社会力量共同投入的良性互动机制。

四、主要建设任务

全市视频管理系统建设由视频镜头，三级视频管理系统及传输专网、政府部门和社会单位视频管理系统构成。主要建设任务如下：

（一）做好视频镜头建设、改造、整合工作。一是由市、区县（自治县）人民政府投资，新建一批公共场所视频镜头，改造现有不合格视频镜头，整合现有合格视频镜头。二是由政府部门、社会团体、企事业单位投资新建一批视频镜头，改造现有不合格视频镜头。新建、改造的视频镜头全部纳入整合（见附件）。

（二）建设三级视频管理系统和视频传输专网。依托市公安局建立全市视频管理系统中心，各区县（自治县）公安（分）局建立覆盖本地区的视频管理系统分中心，公安派出所建立视频管理系统前端汇聚平台。在此基础上形成市、区县（自治县）、乡镇（街道）及部门的三级视频管理系统。以现有公安光纤网络和公共通信网络资源为传输通道，以全市空间地理信息平台为载体，建设视频传输专网，实现市、区县（自治县）、乡镇（街道）及部门互联互通。

（三）整合政府及部门视频管理系统。市、区县（自治县）人民政府有关部门要按照统一规划和标准，建设整合本部门、本系统的视频管理系统。市政府应急平台与市公安局视频管理系统中心专线联接，实时查看、调用相关视频信息。市政、交通、安监、教育、卫生等政府有关部门，在完成本部门、本系统视频管理系统建设改造的基础上，通过租用专线电路等方式整合接入视频传输专网，实现政府部门视频资源的整合共享和综合应用。

（四）整合重点单位、要害部位视频系统资源。对各类重点单位、要害部位视频系统资源，按照属地、行业（部门、系统）就近整合接入视频传输专网。对视频管理系统自成体系的部门和单位，可通过租用专线统一接入市公安局视频管理系统中心。重点单位、要害部门要负责做好内部视频管理系统建设、改造和升级工作。其他社会单位、居民小区等，应按照统一的技术规范完成内部视频管理系统建设、改造和升级，由公安机关通过多种方式整合接入视频传输专网。

（五）实现视频资源综合应用，提升社会综合管理能力。一是做好卡口视频管理系统建设应用。完善高速公路、公路干道、水路等各类卡口视频镜头的布点，纳入有关部门视频管理系统实行统筹规划建设。通过卡口视频信息系统，实现人流、物流的管理控制，全面提升社会综合管控能力。二是对宾馆、旅馆、商场、广场、网吧、娱乐场所等治安复杂场所视频信息进行整合调用。按照统一的技术规范，全市所有的宾馆、旅馆、商场、广场、网吧、娱乐场所等负责建设、改造和升级自身视频管理系统，通过专线、公众网络等方式接入视频传输专网，增强社会治安防控能力。三是实现三级视频管理系统与其他公安业务应用系统的关联应用。将视频管理系统与110接处警、警用GIS、警用GPS、交通管理等公安业务系统进行关联，建成集约高效的扁平化指挥体系，提高公安打击、防范、管理、控制、服务能力。四是视频管理系统智能化应用。充分利用视频技术和信息技术的新成果，积极开展城市管理、应急管理、安全防范、指挥调度、辅助决策等视频信息智能化开发应用，满足政府及部门视频信息的综合运用，全面提升社会管理和公共服务水平。五是加强应用示范工作。全市各级政府、有关部门要充分利用视频管理系统，改进公共服务方式，做好视频系统建设应用示范工作，公安、科技、应急管理部门要确定应急示范项目，以示范带动建设应用，降低使用成本，增强视频管理系统的综合使用效益。

五、职责分工

公安部门：负责视频管理系统建设日常工作，牵头制定视频管理系统规划、技术规范和管理制度；负责组织开展视频管理系统建设的指导、监督和管理工作。

发展改革部门：负责将视频管理系统建设纳入国民经济和社会发展计划，纳入重点项目建设，做好项目立项审批工作。

政府应急管理部门：负责应急资源的统筹协调，配合公安部门做好视频管理系统建设的组织实施工作；负责政府应急平台与公安局视频管理中心（分中心）互联互通，实现视频管理信息的共享共用，满足政府应急管理和突发事件应急处置的需要。

经济信息部门：负责协调维护视频管理系统安全和系统安全保障体系建设；负责协调跨行业、跨部门的视频管理系统互联互通，指导监督政府部门、重点行业视频管理系统的安全保障工作，参与协调处理视频管理系统信息安全的重大事件。

城乡建设部门：负责将视频管理系统规划和建设纳入工业和民用建筑、建筑市场、重点工程、城市基础设施、城市轨道交通、住房建设和房地产开发建设等同步规划建设和监督实施。

国土房管部门：负责将视频管理系统规划和建设纳入土地矿产资源管理、地质勘查和地质环境保护、地质灾害预防和治理、城乡土地、房屋权属确认和登记发证等同步监督实施。

规划部门：负责将视频管理系统建设规划纳入城乡总体规划、市域城镇体系规划，研究提供全市空间地理信息，参与视频管理系统建设工作。

文化广电部门：负责文化艺术、广播电影电视、文物博物馆、重大文化活动、公共文化产品生产单位，重点文化设施建设和基层文化设施建设、非物质文化遗产以及文化艺术经营活动场地的视频管理系统监督实施；协调相关单位提供视频传输管道、网络。

工商部门：负责规范安防、图像监控行业市场经营秩序。

质监部门：负责视频管理系统产品质量监督管理。

安监部门：指导督促安全生产视频管理系统建设工作，负责安全生产领域重点行业、重点部位以及重大危险源等视频管理系统规划、建设和整合工作。

卫生部门：负责医疗卫生机构、食品安全机构视频管理系统建设工作，指导开展各类医院、各类突发事件医疗救援现场视频传输和整合工作。

交通部门：负责道路、水路视频管理系统建设，指导督促重点路段、重点水域、高速公路、桥涵、码头、客运站场、公共客运车船的视频管理系统完善整合工作。

市政部门：负责城市供水、节水、排水、热力、燃气、环卫、道路、桥梁、隧道等市政基础设施视频管理系统建设和整合工作；协调提供市政管网用于视频管理系统建设整合。

科技部门：负责视频管理系统科技支撑工作，纳入科研重点项目研究开发，会同公安部门、政府应急管理部门确定示范项目建设。

财政部门：负责落实本级政府承担的视频管理系统建设、维护资金，并将其纳入重点项目建设专项资金和年度财政预算。

通信管理部门：负责协调相关单位、通信网络运营商按照成本价建设视频管理系统专网，指导本部门、本行业做好视频管理系统整合工作。

市政府新闻部门：负责组织开展视频管理系统建设的宣传报道工作。

监察、督查部门：负责对视频管理系统项目建设进行监督、检查。

教育、商业、水利、林业、旅游、民防、海关、海事等部门和单位：按照各自职责，负责做好本系统、本部门、本行业视频管理系统建设的督促、检查和整合工作。

六、工作步骤

（一）组织动员阶段（2009 年 11 月 15 日至 12 月 31 日）。各区县（自治县）人民政府、市政府有关部门和单位要做好组织动员工作，分解任务，落实责任，确定所需新建、改建、接入、整合的视频管理系统，制定系统建设规划，并由具备资质的专业设计单位进行规范设计。各区县（自治县）、市政府有关部门和单位完成前期工作，于 2009 年 12 月底前，将视频管理系统建设规划和实施方案报市视频办，经审核同意后，方可组织实施。

（二）组织实施阶段（2010 年 1 月 1 日至 2012 年 6 月 30 日）。

1. 2010 年 6 月底前。主城各区完成公共部分（即政府投资部分）的视频镜头改造、建设、整合工作；建成区公安分局视频管理系统分中心和公安派出所视频管理系统前端汇聚平台；完成区公安分局至本行政区域公安派出所的视频传输专网建设，并向市公安局视频管理系统中心传送图像。

2. 2010 年 12 月底前。主城区外的其他区县（自治县）完成公共部分的视频镜头改造、建设、整合工作；建成区县（自治县）公安（分）局视频管理系统分中心和公安派出所视频管理系统前端汇聚平台；完成区县（自治县）公安（分）局至本行政区域公安派出所的视频传输专网建设，并向市公安局视频管理系统中心传送图像。

3. 2011 年 6 月底前。有关部门、社会单位完成单位内部视频镜头改造、建设和系统升级工作；各区县（自治县）公安（分）局建成视频管理系统资源整合系统；各类重点单位、重要部位以及社会单位的视频信息整合接入公安机关视频传输专网。

4. 2012 年 6 月底前。完成市政府应急平台、市公安局指挥中心升级改造和视频管理系统中心建设；完成市公安局至各区县（自治县）公安（分）局视频传输专网建设；建成市政府部门视频资源整合共享系统；全市除军事单位和保密法规定的保密单位或保密部位外，完成所有规划布点视频镜头的建设、改造工作；各类视频管理系统资源整合接入视频传输专网，实现视频资源整合共享。

（三）检查验收阶段（2012 年 7 月 1 日至 12 月 31 日）。由市视频办牵头，组织对全市视频管理系统进行四级考核验收（甲乙方合同验收、第三方检测公安验收、社会治安综合治理验收、“平安重庆”建设考核验收），全面投入运行使用。

七、工作要求

（一）加强组织领导，精心组织实施。全市各级人民政府、有关部门要充分认识视频管理系统建设在“平安重庆”、“数字重庆”、“信息重庆”建设中的重大意义，增强工作使命感、紧迫感和责任感，将视频管理系统建设作为政府履行社会管理和公共服务职能的一项重要任务，切实加强组织领导，精心组织实施。要把视频管理系统建设作为“平安重庆”建设的一项重要工程，认真抓好抓紧抓实，严格实行政府、部门和单位责任制；要按照建设目标任务，制订阶段性工作计划，落实具体工作措施；要把各项建设任务分解到部门、单位，明确目标任务和工作责任，建立完善检查考核机制；要定期总结经验，修改完善工作措施，不断加快项目建设进度。

（二）建立投入机制，多方筹集资金。要建立以政府投入为主、社会筹集为辅的多元化投入机制，全面引入市场机制，实行多渠道、多方式筹集视频管理系统建设资金。坚持“整体推进、突出重点、分级负担、分级建设”的原则，市级财政负责市级视频管理系统建设资金的落实。市政府有关部门和单位要结合“平安重庆”和其他公共安全项目建设，打捆使用，确保视频管理系统建设资金落实到位；各区县（自治县）人民政府要按照分级负担的要求，安排落实好视频管理系统建设专项资金，督促有关部门、社会单位、企业投资建设视频管理系统，鼓励社会单位、个人出资，多渠道、全方位筹集建设资金；有关部门应为视频管理系统建设的税费减免等提供优惠政策。视频管理系统建成后，运行维护经费纳入同级财政和社会单位年度经费预算予以保障。各区县（自治县）人民政府、市政府有关部门视频管理系统建设资金，按照原有渠道申请报批。

（三）加强舆论引导，广泛宣传发动。全市各级人民政府、市政府有关部门要通过多种形式、全方位、多层面宣传视频管理系统在政府应急管理和城市管理中发挥的重要作用。要广泛宣传，全面发动，提高全市各级人民政府、有关部门对加强视频管理系统建设的认识，做到思想统一、行动一致。有关部门和单位要充分利用媒体，做好典型案例的宣传报道，营造政府重视、社会公众参与视频管理系统建设的良好舆论氛围。

（四）建立工作机制，严格奖惩考核。要形成“政府主导、公安牵头、部门配合、社会参与”的工作机制。各区县（自治县）人民政府、市政府有关部门、有关单位要加强协作、密切配合，形成工作合力。市公安局要会同市发展改革委、市财政局等有关部门尽快完成市级视频管理系统项目建设规划和审批工作，市政府有关部门和单位要落实专人完成视频管理系统建设和整合任务。要将视频管理系统建设纳入各区县（自治县）人民政府、市政府有关部门和单位领导班子年度目标考核内容，纳入“平安重庆”建设和社会治安综合治理目标考核，并实行“一票否决”。对成绩突出的区县（自治县）、部门（单位）和个人，市政府将给予通报表彰奖励；对未完成任务的，将追究相关领导和责任人的责任。社会单位、企业要结合实际，切实做好视频管理系统建设工作，相关行业主管部门应纳入工作目标考核，予以推进落实。要建立视频管理系统项目建设管理制度，严格项目立项、审批、招投标、监理程序。有关部门和单位要建立专业化的运行维护队伍和监看队伍，保证视频管理系统发挥最大使用效益。

全市视频管理系统建设是一项涉及面广、整合难度大的系统工程，全市各级人民政府、有关部门要按照市政府的统一部署，扎扎实实做好各项工作，按时保质完成建设任务，为“平安重庆”建设作出新的更大贡献。

二〇〇九年十一月十二日

（资料来源：重庆市公安局社会公共安全行业管理办公室）

1.2.10 重庆市人民政府办公厅关于明确全市视频系统建设有关事项的通知

渝办发〔2009〕354号

各区县（自治县）人民政府，市政府各部门，有关单位：

为认真贯彻落实《重庆市社会公共安全视频图像信息系统管理办法》（重庆市人民政府令第230号）和《重庆市人民政府关于加强社会公共安全视频信息管理系统建设的意见》（渝府发〔2009〕107号），进一步明确当前全市视频系统建设工作重点，经市政府领导同意，现将有关事项通知如下：

一、明确全市视频系统的建设模式

为深入贯彻中央经济工作会议关于“稳增长、调结构，加快经济发展方式转变”的要求，增强重庆经济发展的核心竞争力，市委、市政府决定在视频系统建设中引进具有实力的国际知名公司，实行项目建设BT（工程总承包）模式，通过视频系统建设项目资源招商引资，尽快实现重庆经济战略转型。目前，市政府正与多家世界500强企业开展合作会谈，以确定全市统一的视频系统建设项目工程总承包商。全市各地、各有关部门务必将思想认识统一到市委、市政府的战略决策上来，充分认识视频系统建设项目实行BT（工程总承包）模式对促进重庆经济发展的重要意义，服务服从于全市大局，为把重庆打造成中西部地区IT高地，助推全市GDP总量达到2万亿元作出应有的贡献。

二、明确各区县（自治县）当前工作重点

按照全市视频系统建设的整体安排，当前各区县（自治县）工作重点是为本地视频系统建设做好前期准备工作，包括深入调研、掌握需求、制定技术规划等，但暂不开展商务谈判。具体建设工作需市政府确定全市视频系统建设项目工程总承包商、下发相关技术方案后，再在全市统一的BT（工程总承包）模式框架下，结合本地实际，选择具体承建商展开商务谈判，签署商务合同，启动建设项目。

三、明确相关时间节点

鉴于目前全市视频系统建设模式及时间要求已经发生变化，市政府决定将原各区县（自治县）视频系统建设领导小组与市视频系统建设领导小组签订的《社会公共安全视频信息管理系统建设责任书（第一阶段）》中关于“完成商务谈判，确定承建商，签署商务合同，制定视频管理系统建设规划和实施方案并报经市视频办审核同意”的工作任务时间节点从2009年年底前向后顺延。顺延后，完成第一阶段责任书工作内容的时间节点另行通知。

二〇〇九年十二月十一日

（资料来源：重庆市公安局社会公共安全行业管理办公室）

1.2.11 重庆市社会治安综合治理委员会关于强力推进社会公共视频图像信息系统建设的意见

渝综治委［2009］18 号

各区县（自治县）综治委，北部新区综治委，市综治委各成员单位：

为深入贯彻落实《中共重庆市委、重庆市人民政府关于建设平安重庆的决定》（渝委发［2009］8 号），按照《重庆市社会公共安全视频图像信息系统管理办法》（渝府令 196 号）的有关要求，现就强力推进全市社会公共视频图像信息系统建设提出如下意见：

一、深刻认识社会公共视频图像信息系统在平安重庆建设中发挥的重要作用

市委、市政府作出建设平安重庆的决定，提出把重庆建设成为治安秩序良好、人民安居乐业、投资者安全放心的直辖市。当前，全市各级、各部门和广大人民群众，正在全面深入开展平安重庆建设，努力为贯彻落实“314”总体部署和国务院 3 号文件精神，推进统筹城乡改革发展，加快建设内陆开放高地提供坚强保障。强力推进视频图像信息系统建设，就是运用科技手段，夯实平安基础，提高公共服务和管理能力，不断满足人民群众对社会和谐稳定和长治久安的更高要求。

（一）强力推进全市社会公共视频图像信息系统建设，是“平安重庆”建设的明确要求。《平安重庆建设规划》（渝平安组［2009］3 号）明确要求“大力推进全市公共视频图像信息系统建设。深入贯彻落实市政府 2006 年第 196 号市长令，强力推进公共视频图像信息系统建设和资源整合，2009 年监控镜头数量递增 70% 以上，2012 年全市达到 40 万以上，并在基层公安机关配备足够的视频监控巡控员，专司视频监看工作。”强力推进社会公共视频图像信息系统建设是提高技防能力的重要措施，是平安重庆建设的重要内容和明确要求。

（二）强力推进全市社会公共视频图像信息系统建设，是提高城市综合管理服务职能的重要手段。推进社会公共视频图像信息系统建设，不断增加视频覆盖面，努力实现“全时段、全天候、全方位”的视频图像信息收集和运用，是整合资源，提高行政效能的有效途径；是从一线着手，抓好社会安全、生产安全、食品药品安全、居住安全、交通安全的必要措施；是建设“数字重庆”，实施“可视化管理”，提高城市综合管理服务职能的重要手段。

（三）强力推进全市社会公共视频图像信息系统建设，是提高治安防控和打击能力，增强群众安全感的重要措施。推进社会公共视频图像信息系统的建设，是运用技术手段，完善社会治安打、防、管、控网络，维护社会秩序，震慑和控制违法犯罪，保障人身和财产安全，增强群众安全感的重要措施。

二、基本原则和总体目标

基本原则是：深入开展平安重庆建设，认真贯彻落实市委、市政府关于加快社会公共视频图像信息系统建设步伐的指示精神，坚持“政府主导、社会参与、统一规划、统筹建设、突出重点、广泛覆盖、整合资源、共建共享、技术领先、节约成本”的建设原则。

总体目标是：确保“2009 年年底前全市视频监控镜头突破 30 万个、2012 年达到 40 万个”的总体目标。通过新建扩建、整合资源、升级改造和系统集成等途径，建成“西部领先，全国一流”的全市社会公共视频图像信息系统。通过技术集成和信息共享，建设服务党委政府的应急联动指挥系统、服务公安机关的治安动态视频图像信息系统、服务各行各业的远程视频管理系统、服务入网用户的技术防范系统、服务人民群众的公共安全保障系统，实现城市可视化管理，维护社会稳定、促进经济发展。

三、组织领导

为切实加强对全市视频图像信息系统建设的组织领导，市综治委成立由市委常委、政法委书记、综治委主任刘光磊任组长，副市长、综治委副主任刘学普为副组长，相关综治委成员单位为成员的社会公共视频图像信息系统建设领导小组。领导小组在市公安局设立办公室（简称视频办），由市公安局一名副局长任办公室主任，相关综治委成员单位为办公室成员。办公室抽调部分综治成员单位人员集中办公。领导小组及其办公室负责全市视频图像信息系统建设的具体组织、协调、规划和督促指导工作。市综治委相关成员单位，各、区县（自治县）要成立专门的领导班子和工作机构，负责本系统、本辖区视频图像信息系统建设的具体组织、协调、规划和督促指导工作。

四、落实责任，强力推进

按照市政府 196 号令的规定，县级以上人民政府应当将社会公共视频图像信息系统的建设、使用和管理的情况纳入社会治安综合治理目标管理，加强对视频图像信息系统管理工作的组织领导。各级社会治安综合治理委员会及其办公室要当好党委、政府的参谋和助手，把社会公共视频图像信息系统建设作为重要内容，纳入“平安建设”的总体规划和年度计划。

各级社会治安综合治理委员会成员单位，应当充分发挥职能作用，积极参与和支持社会公共视频图像信息系统建设。各级领导小组成员单位在领导小组的统一领导下，既要做好本单位、本系统的规划和建设，又要充分发挥职能作用，指导和督促本地区社会公共视频图像系统建设，并在人、财、物和技术上给予强有力的保障。

今年，各地要按照《2009 年社会公共视频图像信息系统建设新增摄像头任务分配表》（附后）确定的建设任务，层层落实责任，逐个落实任务，保质保量完成建设目标。（市级各部委办局和企事业单位视频建设任务另行分配下发。）

市综治委将把社会公共视频图像信息系统的建设、使用和管理情况，纳入对各地和市综治委各成员单位的平安建设暨社会综合治理年度工作考评，加大考核力度，对不能按期完成任务的单位，在采取重点督办和限期整改的同时，严格实行责任倒查，严肃追究有关单位和负责人的责任。

二〇〇九年九月二日

（资料来源：重庆市公安局社会公共安全行业管理办公室）

1.2.12 重庆市公安局办公室
关于规范全市公安 GPS 卫星定位报警指挥调度系统建设与管理的通知

渝公办［2009］67 号

各分局、区县（自治县）局，各专业公安机关，市局直属各单位：

GPS 卫星定位报警指挥调度系统，是新时期公安机关扁平化指挥调度的有效技术保障之一，也是“金盾工程”二期建设“警用地理信息基础应用平台”的重要应用内容。为了统一规范该系统的建设、应用和管理，2000 年 12 月和 2001 年 1 月，市局两次召开局长办公会议，确定了“统一规划、统一设计、统一管理”的原则，由市局统筹考虑建立 GPS 监控系统，以避免多头建设，重复投资，有效利用各种资源。根据市局局长办公会议精神，由科通处牵头，相关单位配合，按照公安部 GPS 系统建设的统一要求和标准，经过反复调研论证，于 2001 年建成了具有卫星定位报警，指挥调度且覆盖全市范围的蓝盾 GPS 系统，并将该系统与交警指挥中心 122 集成，实现了实时联网。蓝盾 GPS 系统推广应用以来，在接处警、快速交通处置、指挥调度以及跨地区的重大安全保卫和警卫任务、侦查破案等方面发挥了有效作用。

为了进一步规范公安信息化建设与应用，规范全局 GPS 卫星定位报警指挥调度系统的建设与管理，根据市局党委确立的“统一领导、统一规划、统一标准、统一管理、统一审批”的“五统一”原则，避免多头重复投资，确保集约、规范、高效和公安业务事项的安全、保密，现将有关问题通知如下：

一、市局已建成的蓝盾 GPS 系统能满足各级公安机关、各警种以及从事保安服务的特殊企业的业务需求，各单位在建设 GPS 系统和配置 GPS 车载终端时应统一进入该系统，不再另建其他系统，以保证技术标准的统一性和接处警、巡逻防控、侦查破案等警务活动的规范性、时效性。

二、各单位在具体建设 GPS 时，应将建设方案报送市局“金盾工程”领导小组办公室审核，确保统一规划、统一标准。

三、市局科技通信处作为蓝盾 GPS 系统建设的牵头单位，要按照公安部标准和规范统筹规划，进一步拓展业务功能，深化实战应用，并提供优质高效的服务和保障。

特此通知

二〇〇九年一月二十四日

（资料来源：重庆市公安局社会公共安全行业管理办公室）

1.2.13 内蒙古自治区公安厅 关于印发《内蒙古自治区公安机关公共安全技术防范监督检查规定（试行）》的通知

各盟市、呼铁、大林公安局：

为进一步加强和规范全区公安机关公共安全技术防范监督检查执法工作，自治区公安厅依据《内蒙古自治区公共安全技术防范管理条例》，结合自治区实际情况，广泛征求意见，制定了《内蒙古自治区公安机关公共安全技术防范监督检查规定（试行）》，现印发给你们，请遵照执行。执行过程中有何问题请及时报公安厅科技处。

附件：

1、内蒙古自治区公共安全技术防范监督检查法律文书（09版式样）

2、法律文书使用填写说明

二〇〇九年八月五日

内蒙古自治区公安机关公共安全技术防范监督检查规定（试行）

第一章 总 则

第一条 为了加强公共安全技术防范监督检查工作，规范监督检查行为，保障相关法规的实施，依据《内蒙古自治区公共安全技术防范管理条例》（以下简称《条例》），制定本规定。

第二条 本规定适用于公安机关公共安全技术防范管理部门（以下简称“公安技防管理部门”）依法对机关、团体、企事业单位、个人等遵守公共安全技术防范管理法律法规情况进行监督检查。

第三条 盟市公安技防管理部门负责本辖区安全技术防范工作的监督检查，确定本辖区公共安全技术防范重点单位，并结合本地实际情况对本辖区的违反《条例》行为实行分级管理。上级公安技防管理部门对下级公安技防管理部门实施安全技术防范监督检查的活动进行监督和指导。

第四条 公安技防管理部门从事技防监督检查的人员应当经过自治区公安厅技防办统一培训、考试，取得公共安全技术防范执法证后持证上岗。

第二章 检查对象及方法

第五条 公安技防管理部门进行公共安全技术防范监督检查的对象主要有：

（一）对应当安装技防产品或技防系统的单位（场所）进行监督检查；

（二）对实行生产登记制度的技防产品生产企业进行检查；

（三）对技防产品的销售单位或个人进行检查；

（四）对使用公共安全技术防范系统的单位（场所）进行日常检查；

（五）对从事公共安全技术防范系统设计、施工、监理和维修单位进行检查；

（六）对影响技防系统使用的行为进行查处；

（七）对非法安装、使用技防产品、技防系统，侵害公民、法人和其他组织合法权益行为进行查处；

（八）对举报、投诉、移交的违反《条例》行为进行查处；

（九）对其他需要安装公共安全技术防范产品或系统的场所进行检查。

第六条 公安技防管理部门应当根据本地区的特点，结合重大节日、重大活动等安全保卫需要，将检查活动分为日常检查和集中检查。

自治区公安技防管理部门可以根据需要组织统一检查。

第七条 公安技防管理部门对被检查单位和个人进行监督检查时，可以事先通知。

第三章 检查的内容

第八条 公安技防管理部门进行监督检查，应包括下列内容：

（一）对应当安装技防产品或技防系统的单位（场所）进行检查，检查其是否按要求安装了符合标准的技防产品或技防系统，是否按照《条例》的规定进行了技防工程技术方案论证、竣工检测、验收；

（二）对实行生产登记制度的技防产品生产企业进行检查，检查其是否按规定进行了生产登记备案；

（三）对技防产品的销售单位或个人进行检查，检查其是否建立进货验证制度，销售单位或个人是否备案登记，销售的实行生产登记制度的技防产品是否经公安机关批准生产登记；

（四）对使用公共安全技术防范系统的单位（场所）进行的日常检查按照《公共安全技术防范系统检查记录表》（一）、（二）的检查内容进行；

（五）对从事公共安全技术防范系统设计、施工、监理和维修单位进行检查，检查其是否具备法律、法规规定的条件，是否向自治区公安厅备案登记；

（六）对影响技防系统使用的行为按照《条例》第二十四条规定的内容进行查处；

（七）对非法安装、使用技防产品、技防系统，侵害公民、法人和其他组织合法权益行为进行查处；

（八）对群众举报、投诉、或有关单位移交的违反《条例》行为进行查处；

（九）根据需要进行的其他公共安全技术防范监督检查；

第四章 监督检查程序

第九条 公安技防管理部门进行监督检查时，技防监督检查人员不得少于两人，应当着制式警服，并出示执法身份证件。

第十条 公安技防管理部门接到群众的举报、投诉，或者有关单位移交的案件应当在4个工作日内进行核查。情况属实的，应当按照本规定进行处理。核查、处理情况应当及时告知举报、投诉人；无法告知的，应当在《公共安全技术防范违法行为接报查处情况记录》上注明。

公安技防管理部门接受技防违法行为的举报、投诉及其他部门移交的案件，应当填写《公共安全技术防范违法行为接报查处情况记录》，对于属于违反《条例》的行为应当受理。

第十一条 公安技防管理部门的检查人员对本规定第五条第一项、第四项、第五项规定的和其他需要检查前通知的情形，应当填写《公共安全技术防范（系统）检查通知书》并送达被检查单位（场所）。

第十二条 公安技防管理部门的检查人员对本规定第五条第一项、第四项、第五项规定的地点（场所）进行检查时，需填写《公共安全技术防范（系统）检查证》并在检查时出示。

第十三条 公安技防管理部门的检查人员对本规定第五条所列的检查对象进行检查时，应填写《公共安全技术防范检查记录》。检查完毕后，应当由协助检查人员或被检查人阅后签名（盖章）；对记录内容有异议或者拒绝签名的，监督检查人员应当注明情况。

第十四条 公安技防管理部门在监督检查时，发现有违反《条例》行为，能够当场整改的，应当责令立即整改，不能够当场整改的，应当责令限期整改。

第十五条 对于应当限期整改的，公安技防管理部门应当制作《责令限期整改通知书》，自检查之日起4个工作日内送达。限期整改应当根据实际情况，确定合理整改期限和整改方式。涉及复杂或者疑难技术问题的，应当在确定前组织专家论证。组织专家论证的，可以延长10个工作日送达相应的通知书。

在整改过程中，整改单位应当采取确保安全、防止事故发生的措施。

第十六条 公安技防管理部门应当自整改期满次日起4个工作日内对整改情况进行复查，自复查结束之日起3个工作日内制作并送达《复查意见书》。

依据《条例》，对逾期不整改的，依法予以处罚。

第十七条 公安技防管理部门实施警告、罚款、没收非法产品和违法所得等处罚时，应当依据《公安机关办理行政案件程序规定》，作出处罚裁决，建立行政处罚案卷。

对当事人逾期不履行行政处罚决定的，公安技防管理部门可以依照《公安机关办理行政案件程序规定》办理。

第十八条 公安技防管理部门在监督检查时，发现违法行为构成犯罪的，应移交刑侦部门按照《公安机关办理刑事案件程序规定》办理。

第十九条 公安技防管理部门必须严格按照《法律文书使用填写说明》填写依照本规定制发的法律文书，并按照规定程序签发。

公安技防管理部门实施技防监督检查的法律文书和记录，应当统一存档备查。

第二十条 公安技防管理部门及其人员在技防监督检查工作中违反本规定，滥用职权、玩忽职守、徇私舞弊，尚不构成犯罪的，应当依法给予直接责任人员和直接负责的主管人员行政处分。

本规定自下发之日起施行。

内蒙古自治区公共安全技术防范监督检查法律文书（09版式样）目录

1.《公共安全技术防范违法行为接报查处情况记录》
2.《公共安全技术防范（系统）检查通知书》及存根
3.《公共安全技术防范（系统）检查证》及存根
4.《公共安全技术防范检查记录》
5.《责令限期整改通知书》及存根
6.《复查意见书》及存根
7.《送达回执》及存根

（资料来源：内蒙古自治区公安厅公共安全技术防范管理办公室）

1.2.14 内蒙古自治区人民政府办公厅关于印发自治区视频监控报警联网系统建设方案的通知

各盟行政公署、市人民政府，自治区各委、办、厅、局，各大企业、事业单位：

经自治区人民政府同意，现将《内蒙古自治区视频监控报警联网系统建设方案》印发给你们，请结合实际，认真组织实施。

二〇〇九年十二月十一日

内蒙古自治区视频监控报警联网系统建设方案

为深入贯彻自治区党委、政府《关于扎实推进平安内蒙古建设的意见》（内党发〔2009〕14 号）精神，进一步落实全区科技防范暨监控报警系统建设现场会和全国城市报警与监控系统建设经验交流暨农村技防工作现场会精神，充分发挥视频监控报警技术在开展“平安城市”建设中的重要作用，尽快使全区视频监控报警联网系统建设规模化、规范化、标准化，努力夯实预防和应急处置自然灾害、事故灾难、社会安全等突发公共事件的防控基础，提高城市管理水平，特制定本方案。

一、指导思想

在各级党委、政府的领导下，以邓小平理论、“三个代表”重要思想为指导，深入贯彻落实科学发展观，按照构建社会主义和谐社会的要求，以保障国家和人民群众生命财产安全为出发点，紧密结合各地开展的平安创建活动，依据全国城市报警与监控系统建设经验交流暨农村技防工作现场会的总体设计，以提升普及应用为核心，以强化管理为手段，遵循因地制宜、分类指导、突出重点、整体推进、科学建设、规范管理的建设方针，组织动员社会各方力量，开展全区视频监控报警联网系统建设，逐步建设覆盖全区社会面的视频监控报警网络，构建以视频监控报警联网系统为依托的防控体系，提高各级政府处置应急突发事件和公安机关预防、发现、制止、打击违法犯罪活动的能力，促进社会公共安全管理的科学发展，切实增强城市的安全性。

二、建设目标

以预防犯罪、创建“平安内蒙古”为总体目标，强力推进全社会的视频监控报警联网系统建设，使其成为提高政府应对突发事件和社会管理能力的重要技术保障，成为夯实社会治安防控体系基础的重要技术支撑，成为社会的基础性建设，建成覆盖全区社会面的自下而上的视频监控报警联网系统，努力实现“控得住、查得清、调得出、用得上”的应用目标。通过 3 年时间，力争实现全区监控摄像机数在现有基础上翻三番，到 2012 年底建成 40 万台联网监控摄像机，城镇、市区摄像机覆盖率达到平均每 100 人设置 3 台摄像机，农村牧区摄像机覆盖率达到平均每 100 人设置 1 台摄像机。通过政府引导、扶持，积极培育和发展社会视频监控报警运营服务业，做好非警情事件的直接处置及警情事件的辅助处置工作，力争用 3 年时间把视频监控报警运营服务业发展到所有盟市及旗县，达到增加社会就业、缓解警力不足、有效利用社会资源的目标。在统一接口、整合资源、规范管理的基础上，解决社会监控资源为政府部门所用的问题。开展网上巡逻，实现人防与技防、人巡与网巡的有机结合，实现社会各部门的有机联动，更好地为政府处置突发事件服务、为公安机关实战服务、为社会有效应急服务。

三、组织领导及职责分工

视频监控报警联网系统建设是社会建设的一项基础工作，人力、物力、财力投入大，涉及面广，影响长远，为确保系统建设及使用工作的顺利进行和整体效益的发挥，形成自上而下齐抓共管的工作局面，自治区人民政府决定成立自治区视频监控报警联网系统建设领导小组（以下简称领导小组）。

（一）领导小组组成人员如下：

组　长：连　辑　自治区副主席
副组长：赵黎平　自治区主席助理、公安厅厅长
陶　建　自治区党委政法委副书记、综治办主任
孙惠民　自治区人民政府副秘书长
成　员：周黎明　自治区公安厅副厅长
刘国君　自治区综治办副主任
乔　木　自治区发展改革委副主任
杨茂盛　自治区财政厅副厅长
吴　龙　自治区建设厅副厅长
马　强　自治区科技厅副厅长

领导小组办公室设在自治区公安厅，办公室主任由自治区公安厅副厅长周黎明兼任，办公室副主任由自治区公安厅副巡视员孙凤鸣担任。

（二）职责分工

1. 领导小组主要职责：研究确定全区视频监控与报警联网系统建设的思路和政策；审议系统建设的重大决策；审议系统建设规划、计划及相关规章制度等重大事项；协调领导小组各成员单位，并对各成员单位的工作进行指导和监督。

2. 领导小组成员单位主要职责：

自治区公安厅：提出全区视频监控与报警联网系统建设思路和政策；按照领导小组安排，组织编制系统建设规划、计划；组织专家起草各类建设标准；制定系统建设、使用及管理运行的规章制度等政策性文件；召集领导小组会议，落实领导小组审议的决定、决议；负责系统建设考核评比工作，通报有关情况；向领导小组汇报系统建设和使用有关情况、提交工作报告等。

自治区综治办：将系统建设纳入“平安城市”建设及综治目标管理责任考核范围，每年予以考核，推动各项措施和工作的落实。

自治区发展改革委：将全区视频监控报警联网系统建设作为社会公共安全项目纳入自治区国民经济和社会发展“十二五”规划。

自治区财政厅：建立全区视频监控报警联网系统维护运行和维修经费保障机制，对由政府出资建成的视频监控

报警联网系统所需维护运行和维修经费，要按照“分级管理、分级负担”的原则，视地方财力情况，纳入同级财政预算。

自治区科技厅：把解决系统建设中遇到的关键性技术问题作为科研项目予以立项，抓好系统建设的典型科技示范工作，总结经验在全区推广，协助完成规划、论证、验收等工作。

自治区建设厅：按照《内蒙古自治区公共安全技术防范管理条例》有关规定，把视频监控报警系统作为在审批新开工的需要安装视频监控报警系统的建设项目时的必建项目，纳入审批范围。

交通、教育、文化、卫生、煤炭、水利、电力、金融、农牧业、电信等部门及各企事业单位：负责本部门、本行业视频监控报警系统的建设、联网整合、使用和管理等工作，配合完成系统联网工作。

四、建设思路和原则

树立全区视频监控报警联网系统建设是为社会服务，为保护人民群众生命财产安全服务，为政府科学执政实现精确、高效的城市管理服务，为全区各级政府应对突发事件和社会治安防控实战服务，为各行业、各领域领导决策、指挥作战服务的理念，将视频监控报警联网系统建设纳入各级政府社会基础建设和“平安城市”建设中。

（一）系统建设的总体思路是政府拉动、多元投入；各尽其职、分散建设；突出重点、分步实施；划分类别、联网运行；分层存储、分级管理；统一授权、按需调用。

（二）系统建设要坚持统一领导、统一规划、统一标准的原则；坚持前瞻性与实用性并重的原则；坚持以人为本的原则。

五、建设任务及进度安排

（一）按照国家统一标准，全力推进覆盖重点单位、要害部位、重要区域、交通道路、公共场所、城市重要基础设施等社会面的视频监控报警联网系统建设。主要包括：

1. 重要单位、部位，即党政机关、新闻单位、国家机关所在地和驻地；教育、科研、医疗单位和大型文化体育场所及博物馆、档案馆和重点文物保护单位的场馆、场地、设施、建筑物及其周边地区；城乡结合部、社区和大型商贸市场、食品生产厂；危险物品生产、销售、存放处和涉枪单位；停车场（库）；其他社会治安重点保卫单位、地区和城市管理重点部位。

2. 公共场所，即大型活动场所、金融营业场所、重要城市设施、宾馆、饭店、餐饮、文化娱乐场所、大型广场、商场、医院、学校、幼儿园、居民住宅区、集市、商贸市场等涉及公众聚集的场所、涉及公共安全的地点和区域。

3. 道路交通，即高等级公路、城市主干路、重点路段和主要路口、卡口等。

4. 城市重要基础设施和高危行业，即邮政、电力、煤炭、水利、通信网络运营部门、供水、供气、供热、油库、加油站、广播电视等关系国计民生的重要设施，机场、火车站、汽车站及其他交通枢纽，公交车辆、长途客车、出租车等公众交通工具。

利用3年时间，实现上述单位的中心区域、主要出入口、重点部位、重点区域90%以上安装视频监控报警联网系统，旗县完成80%以上的安装，全面纳入监控范围。

2010年，各盟行政公署、市人民政府所在地完成40%的重点单位、重要部位和主要道路交通系统建设，完成30%的公共场所和城市重要基础设施系统建设；旗县人民政府所在地完成20%的区域系统建设。

2011年，各盟行政公署、市人民政府所在地再完成40%的重点单位、重要部位和主要道路交通系统建设，完成30%的公共场所和城市重要基础设施系统建设；旗县人民政府所在地完成30%的区域系统建设。

2012年，各盟行政公署、市人民政府所在地完成剩余20%的重点单位、重要部位和主要道路交通系统建设，完成30%的公共场所和城市重要基础设施系统建设；旗县人民政府所在地完成30%的区域系统建设。

（二）构建全区视频监控报警联网系统三级平台及三级监控中心，实现行业纵向贯通、横向集成、互联互通互控的共享系统。自治区平台实现对各盟市监控报警系统视频、音频的显示、存储、调用及研判分析，盟市、旗县平台实现对本地区的监控报警系统资源进行综合管理和应用，包括显示、存储、删除、调用、研判以及与其他信息系统的整合应用等。

1. 对于一类点，如特别重点部位、线路的监控报警系统，可直接接入当地公安机关的110指挥中心。

2. 对于二类、三类点，如一般重点部位、线路及公共场所、城市重要基础设施、居民社区等因公安网络安全和带宽有限难以入网的监控信息，可通过各行业、单位建立的监控中心或通过视频监控报警运营服务企业，分别接入自治区、盟市、旗县三级社会视频监控报警联网管理共享平台。

3. 对于公交车、长途客车、出租车等有线方式难以实现的场所和区域，应建设无线监控报警联网系统。

4. 各级政府及行业主管部门依托各级监控中心网络，在授权范围内可以调用、控制图像信息，为领导决策、指挥调度、取证等服务。图像信息的使用，执行《视频图像信息使用管理办法》的规定。

2010年至2011年，完成各行业监控中心建设及公安视频监控平台建设。监控中心同样采取上述第一、第二种方式接入，尤其是对于不宜直接接入公安指挥中心的视频图像，应先接入监控中心。

2011年至2012年，完成自治区、盟市、旗县三级社会视频监控报警联网管理共享平台建设。

（三）培育发展社会视频监控报警运营服务业。为配合视频监控报警联网系统建设，根据《国务院关于加快服务业发展的若干意见》（国发〔2007〕7号）精神，按照政府引导、公安监管、社会运作的方式，强力培育、扶持、发展全区各地的视频监控报警运营服务业。通过各方的融合和协作，逐步形成以大型联网监控报警企业为龙头的安防产业链条，使安防行业的资源配置更趋合理、服务成本降低、管理水平提高。通过3年时间，使视频监控报警运营服务业逐步发展到覆盖所有盟市及旗县，逐步成为维护国家安全、驾驭社会治安局势及各级政府职能部门进行社会管理的辅助力量。报警运营服务企业的监控中心，应接入各级公安机关的监控中心。

2010年至2011年，基本实现每个盟市扶持、发展1家视频监控报警运营服务企业。2011年至2012年，每个旗县（市、区）人民政府所在地发展1家视频监控报警运营服务企业。

（四）利用视频监控报警联网系统，开展网上巡逻及视频图像高端应用。充分发挥各行业监控中心及监控报警服务业的作用，在公安机关的监管下，组建专业网上巡逻队，实现人防与技防、人巡与网巡的有效结合。普及培训实战操作技能，普及推广实用技战法，扶持和指导社会应用。加强与指挥调度工作的融合，加强图像侦查工作，加强图像信息研判预警。系统建设逐步向目标检测跟踪、人脸检测跟踪、异常行为检测报警、规律性图像抽取分析研判等综合高端应用发展，加强监控报警系统与公安业务信息系统的整合应用，加强无线移动监控系统的研究和应用。

（五）开展科技防范进百校活动。针对中小学校住宿学生多、年龄小、自我防御能力差、安全隐患多、犯罪迅速增长等特点，通过政府引导、公安机关牵头、社会安防企业捐赠、学校自筹等方式，利用3年时间实现全区每个旗县至少有1所中小学校建成视频监控报警系统等技防系统，利用科技手段加强中小学校安全防范，有效解决中小学校的安全问题。（六）开展农村牧区技防系统建设。根据我区农村牧区地域和治安状况特点，结合推进社会主义新农村新牧区建设，积极开展农村牧区的安全防范技术建设及应用工作。利用有线、无线联网方式，采取视频监控系统、多户联防设备、简易报警系统等多种形式，初步构建适合我区农村牧区的安全技术防范系统，力争3年内村级技防覆盖率达到50%。开展农村牧区安全防范技术集成应用、联网系统综合应用、简易设备复合应用等应用工作，以用促建。探索农村牧区技防工作机制，逐步建立农村牧区技防建设、应用、管理及考核等机制。

六、建设模式及资金筹措

针对不同行业、不同部位、不同区域，可采用以下4种建设模式开展视频监控报警联网系统建设。

（一）政府出资建设。政府出资建设主要包括党政机关、要害部位、道路交通等公共区域的监控报警系统以及监控中心和系统联网。建立经费保障机制，对应由政府出资建设的视频监控报警联网系统建设经费，要按照分级负担的原则，视地方财力情况，纳入同级政府年度投资计划。

（二）单位、社区等自筹资金建设。对于各行业、单位、社区等的监控报警系统建设，按照“谁主管谁负责、谁经营谁负责、谁受益谁出资”的原则建设，也可采取市场化运作的方式融资建设。

（三）委托公司建设、使用方租赁。前端设备、传输网络、系统平台建设全部由社会公司投资建设并维修、维护，政府部门及使用方使用并支付租金。

（四）其他社会化运营建设模式。通过社会报警运营服务企业与用户签订服务协议，出资建设和维护，提供有偿服务。

七、保障措施

（一）提高认识，加强领导。视频监控报警联网系统建设是提高政府应对突发事件和社会管理能力的重要技术保障，各地区、各部门和单位要高度重视，按照自治区的统一部署，大力推进全区视频监控报警联网系统建设和发展视频监控报警运营服务业，使行政管理工作由人力密集型向知识集约型、科技效能型方向发展。各地区、各部门和单位要建立相应的领导机构，精心组织，周密安排，推进本地区、本行业的视频监控报警联网系统建设。

（二）统一行动，各司其职。各地区、各部门和单位要按照本方案的部署，在自治区领导小组的统一指导下，各司其职，各尽其能，在规定时间内统一行动、整体推进系统建设。领导小组各成员单位间要加强协作配合，确保实现预期目标。公安机关要充分发挥视频监控报警联网系统建设与管理主力军的作用。

（三）建立机制，强化考评。各地要建立经费保障、故障监控、岗位培训等运营机制；建立日常检查、绩效考核、奖惩激励、效益评估、监控资源管理数据库等管理机制；建立可视化指挥、图像研判、警视联动等警务机制。自治区领导小组及其办公室应通过上述机制，加强对各地区、各部门和单位系统建设的管理和监督检查。各地区、各部门和单位要加强对本地区、本部门和单位系统建设的监管，及时向自治区领导小组汇报情况。

（四）加强宣传，进行市场化运作。积极宣传建设视频监控报警联网系统的重要性，使更多地区、部门、企业及个人主动参与视频监控报警联网系统建设。充分运用市场机制，调动社会力量，使国内更多知名技防企业参与到我区视频监控报警联网系统建设中，投身到视频监控报警运营服务业发展中。通过社会导向，吸纳更多专业技术人员充实到视频监控报警运营服务行业，促进行业的健康发展。通过营造社会舆论，使广大群众认知和接受视频监控报警运营服务业，接受“安全”这一特殊商品，主动寻求此项服务。

（五）政策引导，加强专业技术人才队伍建设。通过出台引导性政策措施，加强对视频监控报警联网技术人才的引进、培养和使用，并建立长效管理机制。进一步加强安防人才队伍建设，确保我区视频监控报警联网系统建设的可持续发展。

（资料来源：内蒙古自治区公安厅公共安全技术防范管理办公室）

第二节　已颁布法律、法规、规范性文件

（截止 2008 年 8 月 31 日）

说明：由于历年法律、法规、规范性文件的信息变动不大，本版《年鉴》对原有法律、法规、规范性文件只刊登其目录，详情请用以下方式查阅：《年鉴》2009 版电子版（即光盘）、中国安防行业网资讯中心法规政策版块 www.21csp.com.cn/html/zxzx/list_ 144.shtml。

2.1 国家法律、法规、规范性文件

序号	名　　称	颁布机构	实施日期
1	中华人民共和国行政许可法	第十届全国人民代表大会常务委员会	2004 年 07 月 01 日
2	中华人民共和国建筑法	第八届全国人民代表大会常务委员会	1998 年 03 月 01 日
3	中华人民共和国就业促进法	全国人民代表大会常务委员会	2008 年 01 月 01 日
4	中华人民共和国认证认可条例	中华人民共和国国务院	2003 年 11 月 01 日
5	企业事业单位内部治安保卫条例	中华人民共和国国务院	2004 年 12 月 01 日
6	民用爆炸物品安全管理条例	中华人民共和国国务院	2006 年 09 月 01 日
7	娱乐场所管理条例	中华人民共和国国务院	2006 年 03 月 01 日
8	国家突发公共事件总体应急预案	中华人民共和国国务院	2006 年 01 月 08 日
9	建设工程勘察质量管理办法	中华人民共和国建设部	2003 年 02 月 01 日
10	建筑智能化系统工程设计管理暂行规定	中华人民共和国建设部	1997 年 10 月 20 日
11	工程造价咨询企业管理办法	中华人民共和国建设部	2006 年 07 月 01 日
12	娱乐场所治安管理办法	中华人民共和国公安部	2008 年 10 月 01 日
13	安全技术防范产品管理办法	国家质量技术监督局和公安部	2000 年 09 月 01 日
14	金融机构营业场所和金库安全防范设施建设许可实施办法	中华人民共和国公安部	2006 年 02 月 01 日
15	邮电局（所）安全防范规定	中华人民共和国邮电部 中华人民共和国公安部	1997 年 09 月 24 日
16	国务院对确需保留的行政审批项目设定行政许可的决定	中华人民共和国国务院	2004 年 07 月 01 日
17	中华人民共和国公安部关于规范安全技术防范行业管理工作几个问题的通知	中华人民共和国公安部	2004 年 08 月 03 日
18	关于公安机关实施《安全技术防范产品管理办法》有关问题的通知	中华人民共和国公安部	2000 年 09 月 26 日
19	关于贯彻实施《安全技术防范产品管理办法》有关问题的补充通知	中华人民共和国公安部科技局	2001 年 06 月 20 日
20	关于加强对列入强制性产品认证目录内的安全技术防范产品质量监督管理的通知	中华人民共和国公安部	2002 年 05 月 01 日
21	中华人民共和国国家质量监督检验检疫总局令（第 5 号）——《强制性产品认证管理规定》	国家质量监督检验检疫总局	2002 年 05 月 01 日

序号	名　　称	颁布机构	实施日期
22	中国国家认证认可监督管理委员会公告（2006 年第 3 号）——认证技术规范管理办法	中国国家认证认可监督管理委员会	2006 年 03 月 01 日
23	中国国家认证认可监督管理委员会公告（2001 年第 1 号）——《强制性产品认证标志管理办法》	中国国家认证认可监督管理委员会	2002 年 05 月 01 日
24	中华人民共和国国家质量监督检验检疫总局和中国国家认证认可监督管理委员会公告（2001 年第 33 号）——《第一批实施强制性产品认证的产品目录》	中华人民共和国国家质量监督检验检疫总局、中国国家认证认可监督管理委员会	2001 年 12 月 03 日
25	中华人民共和国国家质量监督检验检疫总局和中国国家认证认可监督管理委员会公告（2004 年第 62 号）——《第二批实施强制性产品认证的产品目录》	中华人民共和国国家质量监督检验检疫总局、中国国家认证认可监督管理委员会	2004 年 06 月 01 日
26	中国国家认证认可监督管理委员会公告（2005 年第 23 号）	中国国家认证认可监督管理委员会	2005 年 09 月 12 日
27	中国国家认证认可监督管理委员会公告（2004 年第 20 号）——《安全技术防范产品强制性认证实施规则》	中国国家认证认可监督管理委员会	2004 年 06 月 24 日
28	中国国家认证认可监督管理委员会公告（2004 年第 23 号）	中国国家认证认可监督管理委员会	2004 年 07 月 29 日
29	中国国家认证认可监督管理委员会（国认法函［2006］83 号）——关于协助做好强制性产品认证行政执法工作有关问题的通知	中国国家认证认可监督管理委员会	2006 年 05 月 23 日
30	公安部关于严格执行《国务院关于取消第二批行政审批项目和改变一批行政审批项目管理方式的决定》的通知	中华人民共和国公安部	2003 年 03 月 20 日
31	关于外商独资企业从事安防工程建设有关事项的通知	中华人民共和国公安部	2002 年 06 月 14 日
32	关于查处无证生产、销售技防产品加强市场监督管理的通知	中华人民共和国公安部科技局	2002 年 03 月 28 日
33	国家认证认可监督管理委员会关于进一步加强监督管理规范使用认证标志有关问题的通知	国家认证认可监督管理委员会	2007 年 03 月 05 日

（资料来源：公安部科技信息化局技防工作指导处）

2.2 地方法规、规范性文件

序号	名　　称	颁布机构	实施日期
1	北京市安全技术防范管理规定	北京市人民政府	2000 年 01 月 01 日
2	北京市公共安全图像信息系统管理办法	北京市人民政府	2007 年 04 月 01 日
3	北京市公共安全图像信息系统备案管理规定（试行）	北京市人民政府	2007 年
4	上海市社会公共安全技术防范管理办法	上海市人民政府	2001 年 04 月 01 日
5	天津市安全技术防范管理条例	天津市人民代表大会常务委员会	2006 年 12 月 01 日
6	重庆市社会公共安全视频图像信息系统管理办法	重庆市人民政府	2006 年 09 月 01 日
7	河北省公共安全技术防范管理规定	河北省人民政府	2004 年 04 月 01 日
8	山西省安全技术防范监督管理办法	山西省人民政府	1998 年 10 月 20 日
9	内蒙古自治区公共安全技术防范管理条例	内蒙古人民代表大会常务委员会	2007 年 07 月 01 日
10	辽宁省公共安全技术防范管理规定	辽宁省人民政府	1999 年 10 月 01 日
11	辽宁省公共安全视频图像信息系统管理办法	辽宁省人民政府	2008 年 01 月 01 日

序号	名　　称	颁布机构	实施日期
12	吉林省公共安全技术防范管理规定	吉林省人民政府	1997年12月31日
13	黑龙江省公共安全技术防范管理规定	黑龙江省人民政府	1996年01月01日
14	浙江省公共安全技术防范管理办法	浙江省人民政府	2005年12月27日
15	安徽省公共安全技术防范管理规定	安徽省人民政府	2002年02月01日
16	福建省安全技术防范管理规定	福建省人民政府	2004年07月07日
17	福建省安全技术防范产品管理办法	福建省公安厅	2001年04月10日
18	江西省公共安全技术防范管理规定	江西省人民政府	1999年04月16日
19	湖北省公共安全技术防范管理规定	湖北省人民政府	2007年11月28日
20	湖南省公共安全技术防范管理规定	湖南省人民政府	2002年12月01日
21	山东省公共安全技术防范管理办法	山东省人民政府	2004年12月01日
22	山东省安全技术防范产品管理规范	山东省公安厅	2005年
23	山东省安全技术防范工程管理规范	山东省公安厅	2005年
24	河南省安全技术防范管理规定	河南省人民政府	2003年05月01日
25	广东省安全技术防范管理条例	广东省人民代表大会常务委员会	2002年08月01日
26	广西壮族自治区安全技术防范管理暂行规定	广西壮族自治区人民政府	2000年02月01日
27	四川省公共安全技术防范管理办法	四川省人民政府	1999年03月23日
28	贵州省安全技术防范管理条例	贵州省人民代表大会常务委员会	2004年03月01日
29	云南省公共安全技术防范管理办法	云南省社会治安综合治理办公室 云南省公安厅	2007年12月01日
30	陕西省安全技术防范条例	陕西省人民代表大会常务委员会	2006年10月01日
31	新疆维吾尔自治区社会公共安全技术防范管理暂行规定	新疆维吾尔自治区人民政府	2004年10月11日
32	天津市人民政府办公厅《转发市公安局关于加强我市技术防范网络体系建设意见的通知》	天津市人民政府办公厅	2006年09月04日
33	重庆市公安局办公室关于进一步规范视频图像监控系统建设的通知	重庆市公安局技防办	2008年
34	关于印发《内蒙古自治区公共安全技术防范管理条例实施细则》的通知	内蒙古自治区公安厅	2007年04月20日
35	关于认真贯彻《内蒙古自治区公共安全技术防范管理条例实施细则》的通知	内蒙古自治区公安厅	2007年07月25日
36	关于印发《内蒙古自治区公共安全技术防范系统设计、施工和维修单位备案等级评定办法》的通知	内蒙古自治区公安厅	2007年07月20日
37	关于加强安全技术防范工程检测、验收工作的通知	内蒙古自治区公安厅	2007年08月03日
38	关于进一步加强安全技术防范管理工作的通知	内蒙古自治区公安厅	2006年04月18日
39	浙江省公安厅关于扩大生产登记批准书发证范围的通知	浙江省公安厅	2006年09月15日
40	浙江省安全技术防范系统日常安全检查工作规范	浙江省公安厅	2007年12月12日
41	浙江省安全技术防范管理操作规程	浙江省公安厅	2003年
42	关于确认省人民政府规章设定的六项行政许可事项继续实施的决定	湖北省人民代表大会常务委员会	2006年12月25日
43	湖北省公共安全技术防范管理规定实施细则	湖北省公安厅	2008年01月16日

序号	名　　称	颁布机构	实施日期
44	中共云南省委办公厅 云南省人民政府办公厅转发《省社会治安综合治理委员会关于加强城市报警和监控系统建设的意见》的通知	云南省公安厅	2007年11月01日
45	云南省城市报警和监控系统建设实施意见	云南省社会治安综合治理工作办公室	2007年11月06日

（资料来源：各地公安厅（局）科技处（技防办））

第三章　公安技防管理工作

第一节　公安部技防管理工作

公安部科技信息化局技防工作指导处

一、城市报警与监控系统建设工作情况

（一）2009 年主要工作举措

1. 表彰先进。开展城市报警与监控系统建设成绩突出集体和个人的评选表彰工作。2009 年 4 月，公安部政治部下发《关于对全国公安机关城市报警与监控系统建设成绩突出集体和个人予以表扬的通报》（公人传发［2009］105 号），通报表扬了各地在城市报警与监控系统建设试点工作中涌现出的成绩突出的 40 个集体和 100 名个人。

2. 规范建设。为保证城市报警与监控系统建设的科学规范和实用有效，总结、归纳、提炼了一套建设、管理、应用规范性文件，包括《城市报警与监控系统建设模式分类指南》、《城市报警与监控系统建设安全风险与防护工作指南》、《城市报警与监控系统建设安全使用工作规范》、《城市报警与监控系统建设前端选点、设置程序与办法》、《城市报警与监控系统建设实战应用指南》，用以加强对各地开展城市报警与监控系统建设、管理和应用工作的宏观指导；2009 年 10 月份在成都召开全国城市监控报警联网系统系列标准宣贯师资培训班，宣贯了对城市报警与监控系统建设各环节工作具有普遍指导意义的 14 个标准，初步建立起一支宣贯培训的师资力量。

3. 实地调研。采取多种形式，对天津、安徽合肥、福建福州、河南洛阳、湖北武汉、青海乐都县等地的城市报警与监控系统的应用情况进行了考察，总结、归纳了当地经验，用以推进全国报警与监控系统建设应用工作的开展。四是深化应用。在郑州召开“城市报警与监控系统建设经验交流暨农村技防工作现场会”，总结了建设情况，部署了下一步工作。

截至目前，基本完成了全国第一、二批 477 个试点单位（其中 26 个部级试点单位）的报警与监控系统建设任务；各级公安机关制定了 2000 多个涉及建设、运行、维护、值守、培训、奖惩等相关内容的管理制度；组织各类培训 130 余次，培训人员近万人次，总结提炼了以“电子巡逻”为代表的报警监控系统实用技战法 100 余套；建立了包括 18 个标准在内的城市报警与监控系统建设标准体系，并颁布了其中的 14 个；组织开展了国家“十一五”科技支撑项目，其中视频采集、信息传输交换和综合集成平台等成果已经取得了良好的应用效果。

（二）取得的成效

各级公安机关按照公安部统一部署，在地方党委、政府和社会各界的支持下，按照“以人为本、锐意创新、统筹协调、正确引导、注重实效”的原则，大力开展城市报警与监控系统建设和应用工作，明显提升了社会治安的防控水平，显著提高了公安机关的“四个能力”和“两个水平”。

1. 丰富了公安机关防范打击违法犯罪的手段，提高了防范打击的能力。一是震慑犯罪分子，预防案件发生。二是实现实时监控，有效地打击违法犯罪。三是协助案件侦查，取得明显成效。四是锁定目标、固定证据，依法处置突发事件。

2. 增强了公安机关驾驭动态社会治安局势的能力，强化了对社会面的控制。一是织密了防控网络，提升了防范效能。二是人防、物防、技防有机结合，社会治安掌控能力明显提升。三是形成全天候、全方位的立体防控体系，驾驭动态社会治安局势的能力得到提升。

3. 促进了公安机关警力的合理配置，提高了工作效率。一是为合理有效地配置警力，提供了技术支持。二是注重城市报警与监控系统战术、战法的总结、推广应用及信息研判，提高了工作效率。

4. 提高了公安机关的社会管理水平，进一步服务了民生。各地城市报警与监控系统的建立，拓展了公安机关服务群众的手段，促进了服务质量和水平的提高，使城市报警与监控系统在服务政府相关职能部门、服务人民群众等方面发挥了更大的作用。

5. 强化了执法监督，有效维护了人民警察的合法权益。各地公安机关充分利用城市报警与监控系统的相关资料，开展执法监督。同时，利用监控图像资料为事后调查取证提供依据，改变了过去群众投诉民警无法甄别的被动状况，提高了投诉调查处理的效率，使民警的合法权益得到切实维护。

6. 促进了安全技术防范行业的快速发展。城市报警与监控系统建设引导了社会的安全需求，带动了安防行业的跨越式发展，激发了安防行业自主创新的活力与潜能。安防企业通过参与建设，进一步把握了市场需求，并通过技术创新，提高了企业竞争力，在中、低端产品市场中占有明显的竞争优势，在某些高端产品领域或具有国际领先水平或占有了一席之地，从而促进了整个行业的繁荣和发展。

（三）成功的经验

城市报警与监控系统建设和应用工作之所以能取得显著成效，主要得益于各地党委、政府的高度重视和大力支持，得益于注重管理和机制建设，得益于贴近业务、围绕实战。

1. 争取政府支持，确保稳步推进。城市报警与监控系统建设试点工作得到了党委、政府和相关职能部门的重视和支持，并被纳入政府平安创建的总体规划，作为社会治安综合治理的重要举措，形成了“政府重视、多方参与、协同运作、整体推进”的良好局面，确保了系统建设的健康、有序和全面推进。

2. 注重指导服务，确保规范建设。试点城市公安机关制定了符合当地社会经济发展和社会治安形势的报警与监控系统建设整体规划，并有计划、有步骤、有保障地开展建设。各级公安机关科技管理部门依据国家、行业有关标准规范，加强技术服务和督导检查，确保了系统建设的实用性、科学性和可靠性。

3. 注重机制建设，确保健康发展。“三分建设，七分管理”。各地在开展城市报警与监控系统建设试点过程中，都分别制定了应用、维护、人员管理等一系列的制度，探索建立了符合本地实际的建设保障、管理运行、应急联动等机制，为城市报警与监控系统的可持续发展提供了必要的保障。

4. 注重实战应用，确保效能发挥。各地始终坚持“建为用、用为战”的原则，突出和强调系统的应用效果，不断积累和总结出一大批报警监控系统与公安业务紧密结合的技战法，推动了警务工作模式的现代化进程，实现了城市报警与监控系统建设投资效益的最大化，形成了建设、应用的良性循环。

二、启动农村地区技防建设工作

1. 初步摸清情况。为进一步研究经济社会发展给农村地区社会治安带来的新情况、新问题，准确把握农村地区广大群众对技术防范工作的新期待、新要求，更好地为社会主义新农村建设和公安部党委“三项建设”战略部署服务，科技信息化局于3月份对各地开展农村技防工作的情况进行了调研，初步掌握了各地开展农村技防工作的相关情况，并有针对性地对河南省开展农村技防工作的情况及成效总结形成了专题调研报告。

2. 部署启动工作。通过召开“城市报警与监控系统建设经验交流暨农村技防工作现场会”，初步总结了各地的农村技防建设情况，重点交流了部分工作开展较好、较扎实地方的建设经验，组织实地参观了郑州附近的农村技防建设情况，提出了今后开展农村技防建设的工作方向、主要内容、具体举措和原则要求。

三、积极组织安防领域关键技术攻关

1. 组织公安部科技专项研究。

组织河南省公安厅科技处作为部级科研重点项目“农村地区安全技术防范体系研究”的承担单位，协调其他已开展农村技防建设的有关省市共同参与，对农村技防工作的体系构成、工作规范、制度建设、机制建设、管理应用等方面进行研究。

2. 推动国家科技支撑项目科研工作。继续指导国家“十一五”科技支撑项目“社会治安动态预警、综合防控技术体系研究与示范”各课题组的科研工作，组织了其中5个课题的验收，并组织对部分课题的研究成果进行了示范建设。

四、“全国公安民警大走访”爱民实践活动情况

根据公安部党委2008年12月25日召开的“全国公安民警大走访”爱民实践活动电视电话会议精神，为更好地服务经济建设，积极构建和谐警民关系、警企关系，促进社会和谐、稳定、健康发展，我局从2008年12月到2009年3月底，在全国公安机关科技（技防）管理部门组织开展了安全技术防范行业大走访的爱民实践活动。

各级公安机关技防管理部门采取了宣教结合，依靠媒体，广泛宣传等多种形式走进企业，走进群众，了解困难、掌握问题。使各级公安机关技防管理部门在查找防范漏洞、强化服务公安工作能力，规范安防市场、强化服务意识，积极争取政府支持、引导企业开拓新市场，加强培训、提高民警整体素质等方面取得了显著成效。

截止3月底，参与走访的全国技防管理部门专、兼职民警1万多人次，以各种形式走访安防企业3302家，系统使用单位2998家，开座谈会248场，发放各类宣传资料3万余份，累计反馈意见和建议200余条，其中2/3立即得到了落实，正在对照整改的有50余条。

五、“实践科学发展观，为安全技术防范工作献计策”征文情况

为深化公安技防部门学习实践科学发展观活动，不断提高安全技术防范工作的能力与水平，2009年2月到10月，科技信息化局组织开展了“实践科学发展观，为安全技术防范工作献计策”征文活动，全国有26个省级公安机关、78个地市级公安机关及4个公安部直属单位和10个安防公司参与，共提交论文237篇。

历时一年的征文活动在各级领导的关心下，在各地广大干警的踊跃参与下，在各界安防同仁的大力支持下取得了圆满成功。征文活动评出一等奖3个、二等奖7个、三等奖24个、鼓励奖27个，并有6个单位获组织奖。

此次“实践科学发展观，为安全技术防范工作献计策”活动是科技信息化局举办的首届安防领域的征文活动，对推动安防领域的理论研究、构建安防理论体系具有重大意义。安防行业是伴随着改革开放发展起来的一个新兴产业，从三十年前开始萌芽的以机械防范为主到现在数字化、网络化、智能化安防大潮的来临，从公安部126所成立的技术预防室到公安大学成立安全技术防范系和安全防范技术与风险评估公安部重点实验室，公安技防管理队伍也从几百人壮大到上万人，从由其他部门干警兼职到现在各地技防办拥有专职的技防管理干警，并建立了一套科学的管理体系和工作机制，技防管理工作取得了另人瞩目的成绩。安

防公司也从几十家到发展到现在的上万家，从最初的依赖进口到现在拥有自主知识产权，并有越来越多的公司走向了国际市场。此次征文活动的开展，为安防理论研究提供了一个很好的平台，广大技防管理干警和各界安防同仁以此为契机，多视角、全方位地对技防管理工作和安防行业发展状况进行了梳理、总结和提炼。如对城市报警与监控系统的深度应用和农村技防建设方面的研究，紧密结合了当前社会治安状况和我局工作部署；拓宽了研究领域，将精细化管理理论、情景犯罪理论、统计学理论、系统论、数据挖掘技术等在安防领域的应用为研究重点，为安防行业的可持续发展提供了理论基础。

第二节　地方公安机关技防管理工作

2.1 北京市技防管理工作

北京市公安局内部单位保卫局保安和技术防范管理处

自2008年9月以来，首都技防管理工作在北京市公安局党委的领导下，以决战决胜的姿态，坚持最高工作标准、最佳精神状态、最强工作措施、最优工作效率、最实技术保障，以实现“平安北京”为目标，以确保完成建国60周年安保技防工作为中心任务，以推进科技创安工程为重点，突出政府监管职能，固化奥运工作机制，通过继续推动对全市社会公共安全图像信息系统的建设、使用、备案等环节的管理工作，强化技防行业监管和行政审批，加强全市技防系统的日常检查和执法，营建了人机联动、动态高效的技防应用社会环境，为圆满完成国庆60周年庆祝活动安保工作提供了重要技术支撑。

一、国庆60周年安保工作为核心，强化技防监管工作机制

北京市公安局以确保“全市治安保卫重点单位、国庆60周年庆祝活动区域的技防系统正常运行100%、有效维护保养100%、值机人员专业培训上岗100%”为目标，制定了《关于加强首都国庆60周年庆祝活动技防监管工作的意见》，为国庆安保技防监管工作提供方向指导和检查依据。同时，在内部单位保卫局设立庆祝活动技防监管工作办公室，负责全市技防监管工作的指导、检查、监督和协调工作。各分县局内保部门、各技防服务企业根据工作意见分别成立相应的工作机构，共制定工作方案96个，在全系统搭建起了日常工作与国庆安保工作相结合，顺畅高效的技防监管工作运行体系。根据市局国庆安保工作部署，内部单位保卫局以庆祝大会核心区、警戒区、控制区及其区域内社区、单位和场所、庆祝晚会活动区域、群众游园活动场所、成就展场所、游行彩车制作和存放场所、直接为国庆庆祝活动服务的单位的技防系统情况为重点，组织各分县局内保部门开展了为期3个月的国庆安保技防大检查。2009年7至9月份，内保系统共出动警力9018人次，检查重点单位10588个，国庆相关场所334个，发现问题隐患165件，当场整改97件，限期整改68件（主要涉及技防设施改造，要求单位在未整改完毕前必须加派人力安保）。其中，内部单位保卫局各业务处、东城、西城、朝阳、海淀分局重点对东起国贸桥西至新兴桥的长安街沿线的216个单位进行了检查，共检查摄像机18310个、报警探测器22321个、值机人员1024人、保安员2300余名。内部单位保卫局保安和技术防范管理处加强对分县局内保部门督导工作，随机抽取72家单位进行现场抽查，督促落实技防系统运行状况、备案情况、图像存储容量、时钟误差、值机人员持证上岗、熟练操作及处突流程、监控室值班记录及物防措施、公共区域图像监控标识、系统维保等工作措施，确保在国庆安保技防环节实现最优安全防范效果。

二、以科技创安建设为重点，推动技防系统的建设与应用

北京市公安局牢牢把握科技创安对首都技防工作深化发展的重要牵动作用。2009年8月，首都综治办成立首都综治委科技创安协调委员会，市委常委、市公安局局长马振川任主任，市政府各职能部门任成员，委员会主要职责是统筹全市科技创安工作。年内，制定并发布《首都科技创安2009－2011三年计划》，明确指出未来三年首都科技创安工作的发展方向及预定目标。2009年12月，首都综治办组织市局内部单位保卫局、市局信通处、人口处对全市各区县的科技创安工作进行深入基层的检查工作，共检查18个分县局、35个派出所、16个街道办、24个小区。统计数据如下：全市现有小区6909个，共75981栋楼房，29万个单元楼门，437.7万个房门，地下空间出租房屋16.5万间。安装使用技防设施的小区4026个，占小区总数的58.3%，其中，3352个小区安装监控探头6.7万个，992个小区安装了周界报警系统，有13.6万个楼房单元门安装了楼宇对讲系统，占总数的46.9%；全市城区和郊区镇共涉及10.9万个街巷，有118.7万个平房院，175万住户，安装监控探头

1.5万个，覆盖的平房院5.8万个占总数的4.9%。平房院安装门禁系统的1.4万个，占总数的1.2%。安装门磁报警器的7.3万户，占4.2%；农村地区现有自然村4286个，安装监控探头的605个村，占14%；内部保卫单位14000余个，共安装摄像头26万余个，报警器约近4万个，门禁2万余个。治安重点保卫单位图像系统安装率达到100%；城八区内小区、街道图像系统覆盖率基本达到100%，其它各区县的小区、街道图像系统覆盖率也在逐年上升；图像系统联网率各个区县都有不同程度的上升。

三、以标准规范编制为基础，完善北京技防标准化体系

北京在“平安城市”建设的推动下，平安校园、平安医院、平安社区、平安商市场以及许多的博物馆、银行系统、政府机关、商业酒店、城市道路交通等治安防范系统工程建设速度与规模不断加大。目前，北京安防工程建设总规模达到70多亿。在这样高速建设中，工程质量的管理和控制对安防建设系统效能的发挥起着至关重要的作用，而安全技术防范工程竣工验收后能够正常运行、发挥效能，安全技术防范系统工程维护、维修达到标准化和规范化，进一步加强和规范安防工程企业质量管理体系建设工作，业已成为保障安防工程质量，保证安防系统正常运行的必由之路。为了进一步规范北京安防行业市场，内部单位保卫局组织北京安全防范行业协会和有关企业共同承担对《北京安防工程监理规范》、《安全技术防范系统维护保养服务规范》、《安全防范系统检验规范》等地标进行的制定。期间共召开20余次商讨会，邀请专家参与讨论、研究，并参考向社会公开征求的意见，认真修改标准内容并完成送审稿。同时，根据公安部科技信息化局要求，积极参与公安部《安全技术防范管理条例》的起草工作。

四、以强化日常检查为手段，规范技防行业监管工作

紧紧围绕“规范业务行为、促进业务提升”的主题，开展技防管理规范化建设工作，编制出《技防工作规范》和《安全检查工作流程》，进一步明确全局技防管理岗位民警的职责任务、工作方法和完成标准，为提高民警队伍整体素质起到了推进作用。首都技防监管部门深入开展爱民实践活动，主动推出便民利民措施，自2009年3月起，为了给安全技术防范产品生产企业办理行政许可提供更多的便利，进一步延长接待办公时间。许可受理接待大厅中午时段增设值班民警，每个工作日从8：30至17：00提供不间断的咨询接待服务。将办理行政许可“安全技术防范产品生产审批”的时限，由原先规定的二十个工作日缩短至十五个工作日。同时，内部单位保卫局指导北京安全防范行业协会开展了首届北京安全防范行业优质安防工程评选工作，以及诚信企业的评选活动，指导北京安全防范行业协会配合公安机关开展保卫干部和技防值机员岗位的培训。依据《安全技术防范产品管理办法》，经许可受理、材料审核、现场考核、抽样封样、型式检验等许可环节，2009年全年共审核批准新申办《安全技术防范产品生产登记批准书》43项、共计43种型号安全技术防范产品；审核并批准通过《安全技术防范产品生产登记批准书》年检44项、共计64种型号安全技术防范产品。深入贯彻落实《北京市公共安全图像信息系统管理办法》、《图像信息管理系统技术规范》，在全市推动开展了公共安全图像采集区域标志设置工作，加大检查执法力度，以巡查、抽查相结合的方式对全市公共安全图像信息系统、图像信息系统备案情况进行检查。目前全市已在公安机关进行图像信息系统备案的单位达到14482家，共有摄像头264672个，期间共处罚100余家未按规定建设图像信息系统的单位。

2.2 天津市技防管理工作

天津市公安局安全技术防范管理办公室

一、稳步扎实推进，进一步深化技防系统网络体系建设

天津市公安局科技处（以下简称“科技处”）以天津市中心城区、滨海新区为重点，进一步扩大网络覆盖范围。全市在用技防系统达到12000余个，社会面监控摄像头达到22万余个；全市互联互通、资源共享的摄像头达到3000余个，机动车号牌抓拍识别联网比对报警系统前端点达到100余处。在全面推进的基础上，科技处指导天津中新生态城、地铁2、3、5、6、9号线、天津站后广场交通枢纽、天津滨海高新园区等重大技防系统的规划、设计工作，并及时跟踪、跟进，确保了天津市各重点工程技防系统建设能够按照全市统一规划进行设计、施工。

二、创新工作思路，通过执法提升全市技防系统使用效能

为确保社会各类技术防范系统在新中国成立60周年安保期间发挥重要作用，科技处按照全局整体工作部署，依据各项法律法规的有关规定，组织各分局相关部门，结合公安部“安全技术防范系统普查系统”，对全市12000余个技防系统的开工竣工时间、是否经过行政许可审批、是否完好使用等信息进行了全面地梳理、分析，对于没有经过行政许可审批，以及不能发挥系统正常效能的单位，及时敦促其进行了整改。执法调查了65起违规建设技防系统的案件，通过对个案的查处，教育和影响了其他的单位，收到良好效果。检查中，针对部分新建住宅小区存在违规建设技防系统的现象，科技处按照市局“三步式”的执法要求，对行政执法相对人开展了技防相关法律、法规的宣传教育。面对部分单位最初的不配合，科技处结合《天津市安全技术防范管理条例》以及相关法律、法规的要求，细致、耐心地向有关单位进行宣教，最终使相关责任单位认识到开展技防监督检查工作的重要性，同意按照要求进行相关整改工作。通过“以点带面‘地开展工作使物美超市、万科地产等规模大、影响力强的企业负责人得到教育，并保证了在今后的技防工程中按照国家标准严格审核。截至目前通过上述执法模式已督促65起违规建设技防系统案件中的61起案件进行了整改，通过了质监部门的技术检验，消除了违规状态，保障了技防系统的质量。为全面提升天津市的社会治安防控水平，确保各类技防系统在预防和打击犯罪活动中能够正常发挥作用提供了保障。

三、深入有关单位，确保全市各重点项目技防系统工程质量

为确保天津市重点建筑设施技防系统工程质量，确保各重点建筑技防系统能够正常发挥作用，科技处创新工作思路，先后数十次深入有关单位，指导天津中新生态城、地铁2、3、5、6、9号线、天津站后广场交通枢纽、天津滨海高新园区等重大技防系统的规划、设计工作，确保了各重点工程的技防系统建设按照全市统一规划、统一标准进行，确保了各重点建筑设施的技防系统工程质量。

期间，科技处按照天津市政府办公厅2006年9月下发的《转发市公安局关于加强我市技术防范网络体系建设意见的通知》有关内容，要求天津中新生态城、滨海高新区等重点项目单位在监控系统工程设计、建设中，严格履行行政许可审批手续，并向相关责任单位下发了关于在技防系统建设中严格行政许可审批的函。推动过程中，面对相关责任单位由最初的敷衍应付到主动咨询配合，由简单应付接待到认真积极整改，科技处克服了种种困难，耐心地向有关单位宣讲相关法律法规，并认真就出现的问题提供支持和服务。同时，为帮助项目相关部门及时办理完成行政许可审批，避免在系统建设中出现资源浪费和信息孤岛等问题，科技处进一步深化服务，多次就办理行政许可审批相关程序，以及天津市技防建设总体规划，对相关责任单位进行了详细指导，确保了全市各重点工程能够按照统一标准规划进行设计、安装，提升了全市的社会治安防控水平，为各重点项目的安全稳定做出了贡献。

四、开展重大项目研究，并通过专家验收

为全面提升天津市地下空间体系安全技术防范水平，加强预防处置反恐防暴、防灾减灾等各种紧急突发公共事件的能力，科技处开展了“地下空间安全技术防范”研究，并取得成果。

研究过程中，科技处对2006年发布实施的天津市强制性地方标准《地铁安全防范系统技术规范》（DB12/289-2006）进行了全面修订，从加强防恐、消防、防灾、治安等方面对地铁运营安全进行了综合考虑，首次提出“大安全防范”的概念，并率先在全国对地下交通的安全管理系统、视频监控系统、报警系统、出入口控制系统、消防安全系统、防雷设施、电子档案等建设内容，提出了完整的技术要求，进一步确保了天津市地下交通技防系统工程建设的高标准、高水平。为深化天津市地下空间体系技防系统建设，科技处开展了天津站交通枢纽安防工程设计及示范建设工作。在该示范建设中应用了机动车号牌抓拍识别联网比对报警系统、智能化综合消防安全系统等大量先进的安防、消防产品，不仅有效提升了天津站交通枢纽处置各类突发事件的能力，而且对天津市乃至全国地下空间体系安全防范建设起到了积极的指导作用。同时，科技处还开发完成了“地下空间安全虚拟仿真系统”，该系统不仅可以向广大人民群众进行防灾与自救的科普宣传，同时可以用于公安机关反恐处突人员知识普及和模拟训练，有效提升了人民群众的治安防范素质与公安机关处置各类突发事件的能力与水平。

2009年12月4日，天津市科委组织专家组组织对该项目进行审查验收。经审查，专家组认为，该项目制作的地下空间虚拟仿真模拟训练、指挥系统，在平时训练以及处置紧急突发事件过程中具有很强的实战意义。同时，该项目结合了天津市社会治安防控体系的整体要求，对以地铁为代表的地下空间体系安全防范进行了深入研究，在国内外首次编制完成集治安、反恐、防火等针对地下轨道交通的安全防范系统技术规范，并开展了安全防范地下空间体系示范建设，具有重大的社会效益。

2.3 重庆市技防管理工作

重庆市公安局社会公共安全行业管理办公室

重庆市的城市报警与监控系统建设于2006年进入快速发展阶段，经过3年的建设，在其运用和管理上已见成效。充分发挥了在打击犯罪、维护稳定、提高治安防控能力方面的作用，已成为社会治安防控体系的重要组成部分。

一、政府主导、依法推进全市报警与监控系统建设

2006年重庆颁布施行了《重庆市社会公共安全视频图像信息系统管理办法》，这是全国第一个省级政府发布的视频监控系统建设的政府规章质。2009年，根据发展态势和实际需要，公安机关牵头对原办法进行了修订，经2009年11月9日市人民政府第54次常务会议通过，自2009年12月11日起施行《重庆市社会公共安全视频图像信息系统管理办法》（渝府令第230号），新政府令出台的意义在于，使视频系统建设由单个部门的工作，上升为党委政府的工作；由行政事务性工作，转变为法律执行工作；由单个部门单打独斗的工作，变为全社会以法律手段共同参与推进的工作。早在2006年7月《重庆市社会公共安全视频图像信息系统管理办法》（渝府令第196号）颁布之际，重庆市公安机关为了配合市长令的实施，统一建设标准，规范技术接口，抓紧起草了《社会公共安全视频图像信息系统技术规范》，经重庆市质量技术监督局审核，报经国家技术监督局批准，在2006年11月发布施行，这是全国第一个规范视频监控系统建设的地方强制性标准（DB50/216-2006）。

随着“平安重庆”建设的全面启动，全市各单位、各部门高度重视报警与监控系统建设，形成了由政府主导，市综治办组织，市公安局牵头的良好发展态势。重庆市委办公厅、市政府办公厅于10月20日联合下发了成立重庆市社会公共安全视频图像信息系统建设领导小组的通知，市政府下发了〈关于加强社会公共安全视频信息管理系统建设的意见〉，市政法委综治委下发了《关于强力推进社会公共视频图像信息系统建设的意见》。42个区县（自治县）按照市委、市政府要求，成立了专门的领导班子和工作机构，负责本系统、本辖区的视频图像信息系统建设的具体组织、协调、规划和督促指导工作。为凸显对视频监控系统建设的领导力度，重庆市公安局成立了“社会公共视频图像信息系统建设领导小组及办公室”，从加强领导、建立机构、明确职责上强力推进重庆市社会公共安全视频图像系统建设工作。

二、以用促建、充分发挥报警监控系统的效能

目前，重庆市范围内包括公共复杂场所、银行、保险、证券行业、百货大楼、交易市场以及居民小区等社会单位在内建设的监控镜头总量已超过30万个；全市42个公安分局、区县（自治县）公安局已全部建成视频图像监控系统。仅主城11区就建成监控镜头3000个，建立了监控室的派出所达到133个，占总数的78.24%。其中渝中区分局18个派出所、沙坪坝区分局24个派出所视频监控室建设全部完成。视频监控基本覆盖了全区重点复杂地区及易发案路段、部位。交警总队在全市各交通要道、主要路口建立了近400路摄像镜头，为维护重庆市的交通畅通、纠正交通违法起了重要作用。

公安机关以强力推进视频图像监控系统建设为契机，要求各单位积极推进基层勤务制度改革，将图像监控纳入指挥调度体系，精确实施“打防控管”，将其作为治安防控的“前沿阵地”，确保监控室24小时的值班力量，实现“网上巡逻”与路面巡逻有机结合，不断提高警力投向的精确性，有效提高了社会治安综合防控能力。沙坪坝公安分局以此为依托，制定了动态布警、弹性工作的实施方案，初步实现了从“坐等报警”到“现场处警”，从“被动应付”到“主动出击”的根本性转变，在建成系统的派出所辖区内，刑事发案下降了26.4%，破案上升了16.7%，一些街面实现了“零发案”。江北区公安分局在观音桥商业圈周围的三个派出所先后建起了以实战应用为核心，集监控、报警、指挥调度功能于一体的视频图像监控信息系统，实现了电话报警、技防报警与视频图像监控联动的功能。渝中区公安分局依托视频图像监控系统构建了“扁平化”指挥体系，在接处警、警力投放、精确打击等方面发挥了高效顺畅、快捷指挥的重要作用，实现了社会治安“人防与技防”的有机结合，群众安全感得到增强，“平安渝中”建设取得了明显成效。大渡口分局自建系统以来，通过视频监控系统处置群体性事件有20件，处置闹事苗头或事件有50件，侦破刑事案件30件，化解矛盾纠纷90件。

实践充分证明，城市报警监控系统建设为公安机关“打防控管”增添了新的科技手段，为推动“平安重庆”建设发挥了积极作用。

三、结合实际、制定报警与监控系统发展规划

按照重庆市委、市政府《建设平安重庆重要措施任务分解》的要求，公安机关将建立集报案受理、查询监督于一体的城镇街头“阳光警务服务平台”，设立农村报警电话服务网点，开通手机短信报警服务平台，方便群众报警。到2012年，全市治安防范力量达到万分之四十以上，重点单位和公共复杂场所人防、物防、技防面达到100%。在技防设施建设上，按照中共重庆市委政法委员会下发的《重庆市社会治安综合治理委员会关于强力推进社会公共视频图像信息系统建设的意见》确定的总体目标：“2009年年底前全市视频监控镜头突破30万个、2012年达到50万个”。与此同时，按照管理出效益，管理出战斗力的要求，公安机关出台了相关的制度强化全市视频图像信息系统的管理。2009年先后下发了《关于规范全市公安GPS卫星定位报警指挥调度系统建设与管理的通知》（渝公办［2009］67号）、《关于印发社会公共安全视频图像信息系统监控镜头信息数据维护管理规定的通知》（渝公发［2009］436号）等系列文件。一是加强报警监控管理制度建设。各级图像监控中心均建立完善值班备勤、内务管理、工作规范、突发事件处置、系统维护等涉及各环节的一整套运行管理制度，从制度上确保视频图像信息系统使用、管理的规范化、标准化。二是建立起考核奖惩机制。各区县党委、政府把视频图像信息系统的建设、使用和管理等纳入综治年终考评和平安建设考评内容，严格检查验收。

2.4 山西省技防管理工作

山西省公安厅安全技术防范管理办公室

一、根据公安部《关于开展城市报警与监控技术系统建设工作意见》要求，继续做好全省视频监控系统建设的

指导工作。配合建国六十周年，对全省视频监控系统进行了全面的检查指导。

二、按照公安部《关于上报农村技防工作调研报告的通知》（公科信传发［2009］40号）的要求，山西省公安厅科技处积极开展工作，转发了公安部的通知，对全省所属的市、县（区）的农村技防工作展开了调研。经过调研认为：加强农村技防工作是一项基础性、长远性、社会性的民心工程，对于提高农村治安防控能力，切实改善农村治安状况，维护农村社会稳定，构建和谐社会关系具有重要的意义。要实现农村的长治久安、保一方平安，必须推行建立以科技防范为主导的综合防范体系，建立“党政搭台、部门联动、公安主导、群众参与”的农村技防建设格局。建立人防、物防和技防互为补充的综合防范网络是巩固农村社会治安防控体系建设的解决办法。目前山西省农村技防工作情况如下：

（一）农村地区对技防工作的需求情况

改革开放以来，随着党的各项富民政策的落实及深入实施，农村地区发生了一系列的巨变，农村经济状况不断好转，农民生活水平不断提高。与此同时，大量青壮年农民都外出务工，农村人口发生了结构性变化，农民的思想和人生价值观多元共存，农村社会治安稳定出现了一些不和谐因素。加强农村技防工作刻不容缓，主要原因有以下几点：

1. 部分大中型厂矿企业建立在城乡结合部，机场、公路、水库与农村毗邻，农村与上述重点部位犬牙交错，安全防范隐患突出，且人员流动性强，社会治安复杂。虽然各地组建了多支流动治安巡逻队伍，由于城郊结合部位较多，安全防范工作任务十分繁重。

2. 盗窃农村基础设施等案件多发，给农村生产造成极大损失，尤其是农村电力设施被盗和受破坏的现象屡禁不止，不仅给供电企业造成很大的经济损失，也严重危及了农村的正常生活、生产秩序。

3. 盗窃牲畜等犯罪对农村稳定影响巨大。农民饲养的牛、猪被盗，窃贼偷走的不单是农民的“血汗钱”，更偷走了农民发展生产的“希望”，严重扰乱了农业生产和农民的正常生活。

4. 农忙季节单位和个人对家庭财产的保护和防范能力比较薄弱。

5. 农村人口结构性改变，导致一些新问题出现。农村中妇女、老人和儿童的比例增多，使得一些流窜作案分子有向农村地区转移的趋势。另外，由于老人、孩子无法应对突发性事件而引起的家庭纷争和社会矛盾成为影响农村安定和谐的一个重要因素。

针对这些日趋复杂的农村社会治安问题，要掌控农村治安局势的主动权，急需加大技防力度，建立以科技防范为主导的综合防范体系，人防、物防、技防形成互补，保稳定，促和谐，让科技防范成为构筑平安农村、创建和谐社会的有力武器和坚强保障。

（二）农村地区技防工作的现状

1. 经济发展的不平衡导致技防设施的使用情况不同。由于山西省各市、县（区）经济水平发展不平衡，技防工作的开展也有很大程度的不平衡。有的地方人口稠密，有的地方地广人稀，因此，即使在富裕的地方农民使用了简单的家庭技防设施，也只是对技防工作有初浅的了解，而在贫困地区还是依靠家庭养狗等土办法来保平安，部分贫困县基本没有任何技防设施，对技防知识一无所知。经济条件好的在建设发展上也有很大程度的不同。目前已经开展工作的主要做法是：

统一思想，提高认识，强化领导。为了切实提高农村治安防范水平，提高农村、农户的主动自防能力。各县综治部门专门下发了关于加强治安防控建设的实施意见等具体文件，召开了专门会议安排部署开展农村技防建设工作，专门成立了技防建设领导小组，并制定了具体的实施细则，对农村治安防范工作提出了具体意见和要求，利用县区电视台有关平安创建栏目、政法综治宣传月等宣传平台，广泛深入地进行了宣传，各乡镇（办事处）干部深入一线，与村干部联合，走访农户，讲解通俗易懂的技术知识，逐渐打消群众的疑虑，深入宣传技防工作的重要性，提高广大群众的防范意识。

精心组织、狠抓落实。此项工作是一项涉及面广、投资大，见效快的工程，为切实把好事办好、实事办实，各县区在建设中公开招投标，保质保量实施，同时组织相关部门无条件支持配合搞好这项公益事业，经济情况好的县区先在各乡镇（办事处）安装了电视闭路监控设备，在经济条件比较好的农村安装监控，在农村大量推广“十户联防”报警器和“气死贼”报警器，经济适用，效果好。去年潞城市在部分村率先试行实施“居家卫士“网络，得到了广大群众的认可。

强化管理、保证实效。在农村实施技防建设工作，重点要加强管理和维护，让其切实发挥效用。各县区技防建设领导小组（以综治部门牵头）不定期下乡督查指导，并把技防建设任务完成情况纳入每年度各乡镇（办事处）平安建设目标绩效考核的主要内容，对没有完成任务的乡镇（办事处）和村取消其评先授奖资格。制定了相应的管理办法和严密的工作制度，实行专人专管，保障整个系统的有效使用。提升了实时打击犯罪的效能，提升了社会公众的安全感。

2. 警力资源有限，警民联防脱节。由于县区的警力有限，有的农村派出所的正式民警只有一人，所以造成了群众很难见到警察的情况。另一方面，由于受传统防范意识的影响，村里很少有义务巡逻队，家家只能靠养狗来保自家平安，公安民警形成单打独斗的局面。

3. 农村群众自防意识还比较淡漠，自防能力较差。改革开放以来，随着党的多项惠民、为民政策的深入实施，农村地区发生了一系列的积极变化，农村经济状况不断得到好转，农民生活水平不断得到提高。与此同时，大量青壮年农民走进城市务工，使农村人口发生了结构性变化，常年在家的是一些老弱妇幼，这些群体的自防能力比较差。另一方面，在城乡接合部的农村由于住房相对宽松，租房便宜，交通便利，往往成为流动人口居住的最佳选择，造成社会治安隐患层出不穷。

4. 农村技防薄弱，犯罪手段日益多样化。受对外开放和经济因素的影响，农民的思想和人生价值观念多元共存，农村社会稳定出现了一些不和谐因素，剩余主要劳力外出打工，容易给犯罪分子留下作案空隙，形成治安防范盲区。而且”两抢一盗“侵财案件逐渐向防范松散、容易攀爬、极易逃脱的农村渗透，主要盗窃农机具、牲畜、电器等物品。在农村被盗配电变压器、电力设施被破坏严重，刚刚安装的无功补偿箱一夜之间全部丢失，给供电企业和农村水利设施造成很大的经济损失，严重危及了农村的正常生活、生产秩序；还有农民饲养的牛、驴、羊、猪被盗，窃贼偷走的不单是农民的“血汗钱”，更偷走了农民发展生产的“希望”，严重扰乱了农业生产和农民的正常生活

5. 农村群众对技防知识的缺乏。由于受经济条件的限制，绝大部分农村群众很少接触技防设施，对其了解有限，所以制约了技防的应用和推广。通过细致调研，农村技防的需求主要集中在一些农资物品存放地、牲畜群圈养地、流动人口集散地、村办厂矿企业，大约有 80% 的群众认为有必要安装技防设备。一些人口集散地、村办厂矿企业、农村主干道、十字路口需要安装率达 90% 以上。但由于资金缺乏和对技防设施的了解不够，在远郊以及贫困县区大多是养家犬、乡村治保组织等传统人防手段进行局部防范，而在近郊部分富裕村庄、厂矿企业、基本是简单的技防设施设备。

（三）做好农村地区技防工作的思路与措施

1. 以服务群众为主线，加大宣传工作力度，切实改变人民群众治安防范意识淡薄的思想。广泛开辟宣传阵地，创新宣传模式，针对农村农民的特点，利用群众喜闻乐见的形式，如发标语、贴传单、举办讲座等，在造势、借势、用势中把对外宣传工作搞上去，让更多的寻常百姓走近技防，了解技防，安装技防。

2. 要立足实际，因地制宜，按照投资少、见效快、群众满意的原则，严把产品质量关，注重应用效果。尊重群众的意愿，争取投入渠道多元化，可以采取上级拨一点、让安防生产企业先期免费提供技防设备，在集体单位和农户政府投一点、村委筹一点、农户出一点的办法，逐步推开工作局面。条件成熟、具备大面积普及的县区，可以由政府出面，家中进行试用，逐步引导农民转变观念，推广技防。在建设模式上切忌搞一刀切，更不能搞摊派，防止好事没办成，造成群众有意见。

3. 要扎实工作，稳步推进。发挥公安机关的主导作用，积极规划，加强研究，制定建设标准，摸索出一套农村技防建设的相关模式、规范、建设标准，例如推行“公司+保险+农户”，“商户+保险”等多种形式；在技术上，推广“十户联防型”、“无线遥控型”、“变压器防盗器”、“机动车电瓶防盗器”和“农村平安大喇叭”，“警铃一线牵，家家保平安”方法，借鉴其他地市开展农村技防工作的先进做法与经验，努力构建人防、技防、物防相结合的打、防一体化农村技防网络。对于部分经济条件好的村组，可安装视频监控系统，并与派出所联网；在经济条件一般的村组，可安装电子报警设备；在经济条件较差的村组，可安装简便的断线报警器。对于乡镇沿街门店，要以选择“平安套餐”（红外报警器）为主，并与派出所联网。制定出自防自救、组防组救、群防互助设备的配备标准，逐步形成地方标准、行业标准直至上升为国家标准一些具有地方特色的经验要归纳，边建设、边应用、边总结，并加以推广。

4. 创新人防、技防、物防相结合的警务模式，克服顾此失彼现象。在全力推广农村技防工作的同时，决不可过分依赖于此，技防也难免有其弊端，犯罪分子在作案的同时保持着高度的警惕，加之作案工具的现代化和手段的信息化。因此，应当不定期地对重点区域巡逻，及时掌握流动人口信息，从源头上对违法犯罪进行打击。

5. 创新群防群治的大格局，弥补警力不足问题。当前，应不断丰富治安防范教育形式，结合“大走访”爱民实践活动，积极开展义务送法进村、学校宣传活动，使老百姓内心深处认识到搞好治安防控工作与自身利益息息相关，从而增强群众的自我防范意识，树立正义感，使其自觉投入到治安防控的工作中。从本地治安热点问题入手，充分发动和依靠群众，多方出力、共同建设，大力开展技防进农村、入农户工作，逐步在试点区域内建立人防、技防和物防互为补充的综合防范网络。

6. 科学指挥，整体规划，全力做好农村技防攻坚战。通过推进技防进农村、入农户，创新农村技术防范工作机制，破解长期困扰农村社会治安的难题，使农民得到实惠，使广大群众爱技防、喜技防。按照政府牵头，公安主导，市场运作，群众参与，统筹兼顾的原则，结合本地经济社会发展和社会治安的总体状况，逐步推广科技含量高、适应农村特点的技术防范手段，坚持走市场化和社会化发展道路，初步形成具有山西省农村技防特色的工作新格局。

2.5 内蒙古自治区技防管理工作

内蒙古自治区公安厅公共安全技术防范管理办公室

一、全区视频监控与报警系统建设全面推进，重点工作取得突破

经过近一年的反复调研、论证、修改、征求意见，编制了《内蒙古自治区视频监控报警联网系统建设方案》，作为今后三年全区系统建设的纲领性指导文件，经积极协调汇报，已于 12 月 11 日以自治区政府办公厅名义印发全区执行。

编制了《内蒙古自治区“十二五”视频监控与报警联网系统建设规划》，经积极申报，列入了自治区“十二五”发展规划中，确保了系统建设有序、科学、可持续地发展。

开展了第二批10个自治区视频监控与报警系统试点建设，发挥典型示范带动作用，推动各地建设。

视频监控报警联网系统建设作为社会治安防控体系建设的一部分被列入今年全区十项民生工作中。为抓好建设，建立了每季度各地系统建设进展情况月报通报制度，及时掌握、监督各地进展情况。全区各盟市所在地已不同程度地建成视频监控报警系统，旗县（市区）政府所在地60%初步建设了该系统，实现了中等城市以上和环京地区主要道路、卡口、治安复杂场所、易发案区域及重点单位、重要部位的监控覆盖。

研究建立视频监控与报警技术新技战法，使视频监控技术逐渐成为了侦查破案的一项重要技术手段。通过公安网站强化宣传典型案例，强力推进系统应用工作，在全区监控报警系统覆盖的范围内，可防性案件明显减少，治安、刑事案件发案率与同期相比均显著下降。

筹备召开了在自治区第一次举办的中国IP视频监控技术发展战略研讨会暨“平安北疆·和谐内蒙古”安防高峰论坛，有力地促进了自治区乃至全国视频监控技术的广泛应用及规范化发展。公安部科技信息化局党委书记王俭等领导出席会议并致辞。

二、创新性地启动了“科技防范进百校”活动，利用科技手段加强中小学校安全防范能力

成立了以内蒙古革命老区建设促进会会长（自治区政府原副主席）王凤岐为名誉主任、公安厅副厅长周黎明为常务副主任的活动领导委员会及办公室，制定了详细的实施方案。

科技处牵头发起安防企业无偿捐赠了431万元的安防设备、器材、软件及施工，在中小学校建设视频监控与报警系统等科技防范系统。

举办了影响大、规格高的活动捐赠启动仪式。自治区党委常委、政法委书记邢云，公安部信息化局党委书记王俭，赵黎平厅长、周黎明副厅长等领导出席了启动仪式并为捐赠企业颁发牌匾。四是组织捐赠企业实地设计施工，完成了土左旗第六小学等第一批活动试点建设。

编写了活动专刊，宣传、通报活动进展情况，号召更多的企业参与到此项义举中来。

三、首次开展依据《内蒙古公共安全技术防范管理条例》的技防执法工作，完善了技防工作的监督检查

制定了《内蒙古公安机关公共安全技术防范监督检查规定（试行）》印发全区，从制度上进一步加强和规范全区技防执法工作。

编制了09版技防执法检查法律文书，印制180套下发各盟市，避免执法的随意性，使技防执法工作走上法制化、规范化轨道。

制作了内蒙古公共安全技术防范执法证，凭证执法，规范了技防的执法主体。

建立了《公共安全技术防范监督检查月报表》制度，实时掌握监督全区技防执法检查情况。

配合自治区人大常委会完成了对全区贯彻落实《内蒙古公共安全技术防范管理条例》情况的执法检查。自治区人大副主任柳秀和常委会内司委主任荣院院分别带队深入盟市开展检查。赵黎平厅长代表自治区政府向人大常委会作了工作汇报。检查得到了各地政府的高度重视，有力推动了《条例》的实施。

开展了“迎国庆·保稳定”全区安全技术防范系统、设施专项检查活动，共检查各类场所3264个，下发《责令限期整改通知书》524份，取缔了3家违反《条例》规定销售技防产品的销售网点。通过集中检查，监督相关单位整改了一批隐患，确保了大庆期间重点单位、部位、场所的技防系统能够正常工作，发挥了其在预防、打击违法犯罪活动中的特殊作用。

四、举办内蒙古第六届公共安全产品与技术设备展博会，创新技防交流平台

自治区党委常委、政法委书记邢云等领导出席展博会开幕式并剪彩。展博会的举办展示了安防技术在开展“平安城市”建设中的重要作用及当今和未来发展方向，加强了宣传，规范了市场，促进了交流合作，提高了社会对公共安防的认知度和普及度。

五、广泛开展了技防调研，加强技防工作理论研究

组织工作组深入基层开展了技防执法调研工作，为全区规范执法奠定基础；开展了农牧区安全技术防范工作情况调研，推进自治区农牧区的技防建设；开展了“实践科学发展观，为安全技术防范工作献计策”征文活动，增强技防工作服务公安工作、服务人民群众的能力与水平。共收集全区公安机关上报的论文17篇，择优8篇上报公安部，其中1篇获三等奖；开展了全区视频监控与报警系统建设现状及前景调研，提升了自治区技防工作的理论研究。

2.6 吉林省技防管理工作

吉林省公安厅安全技术管理办公室

一、强力推进全省城市报警与监控系统建设，采取多种形式加快建设步伐

2008年9月至2009年末，吉林省城市报警与监控系统建设在吉林省公安厅党委的高度重视下，科技处进一步强化各项措施，积极组织、督导各地加大工作力度，按照省厅印发的《全省城市报警与监控系统建设工作方案》要求，积极落实任务目标，继续抓深化、抓推进。

（一）加快推进全省城市报警与监控系统建设工作，确保按计划完成各项建设任务

采取电话督导、组织专人深入基层进行实地指导、实行月通报制度、下发通知等多种措施，积极协调各级网通公司等建设工程厂商，督导各市（州）科技管理部门加快组织推进全省城市报警与监控系统建设工作，确保按计划完成各项建设任务。2008 年三季度，为组织、督促、指导各地按照《全省城市报警与监控系统建设工作方案》要求，努力实现建设目标，以省厅文件形式向全省印发了《全省城市报警与监控系统视频监控点建设任务指标》的通知和《关于规范选用视频监控前端编解码功能相关设备的通知》等文件，积极指导各地结合本地实际，认真抓好落实，切实打好全省城市报警与监控系统建设。2009 年 3 月初向全省各市、州公安局下发了《关于加强城市报警与监控系统建设有关工作及情况报送的通知》，设计制作了各项建设数据统计表格，要求各市（州）公安局汇总本地建设情况，及时报送统计数据，并形成月报制度。科技处对各地建设工作进展情况定期进行调查统计，认真进行分析研究，积极发现查找工程建设和管理方面存在的问题，每月汇总编发情况通报全省。截至目前共编发情况通报 8 期，指出存在的问题，提出下一步工作要求，有力地推动了各地建设工作地开展。

（二）及时与各地建设部门沟通情况，协调省联通公司做好监控中心建设的保障工作

经常性地与各地在电话中交流建设情况，掌握建设中出现的问题，进行及时的指导。同时积极协调省联通公司，多次召开例会研究建设中出现的问题，在报警监控专网搭建、审批建设计划、拨付设备、升级改造等建设中出现的各类问题进行沟通、督促，及时解决出现的各类问题，有力地保障了各地的建设。并且多次与省联通公司、中兴公司的技术专家一同赴省内各市（州）进行调研，实地解决问题，有力地保障了各地的建设。

（三）对传输平台软件进行测试，进一步完善平台功能和应用

省厅科技处组织厅指挥中心、省联通公司、中兴公司以及四平市公安局 5 家单位，按照《吉林省城市报警与监控系统技术指南》的各项技术要求及国家相关标准，对中兴传输平台软件进行测试。经过测试，中兴力维城市报警与监控系统软件基本能够实现各项功能。结合测试情况，向全省下发了《关于对城市报警与监控系统功能测试情况的通报》，要求各市（州）、县（市、区）公安局组织相关人员对本地新建的系统进行相应的测试，对出现的问题及时组织整改和向上级机关反映，对中兴传输平台软件进行完善。目前，中兴公司已经形成了专门供公安机关使用的视频传输系统平台软件。

（四）进一步完善城市报警与监控系统建设规范性工作机制

按照公安部《城市报警与监控系统建设、管理、应用规范性文件》，加大规范建设、管理和应用力度，将《城市报警与监控系统管理制度模板汇编》登载在公安厅科技处网页的报警监控建设工作专栏中，同时将光盘分发各地，对如何抓好落实工作提出明确要求，进一步完善城市报警与监控系统相应的管理制度和应用工作机制。

（五）召开了公安信息化建设推进会

2009 年 8 月 6 日，吉林省公安厅在松原市召开了公安信息化建设推进会。会议对前段工作进行了总结，对下一阶段全省公安信息化建设工作进行动员部署。厅党委副书记、常务副厅长韩英俊出席会议并作重要讲话。公安部科技信息化局副巡视员孙丕龙出席会议并讲话。各市（州）、县（市、区）、长白山、省森林公安局分管公安信息化工作的领导、“金盾办”和科技信通部门负责人，厅机关相关部门和警种负责同志参加会议。松原市公安局等七个单位在会上发言，从不同方面介绍信息化建设工作经验。会议由厅党委委员、副厅长贺电主持。参会人员还实地观摩了松原市公安局指挥中心城市报警监控系统演示、前郭县公安局网上办案和宁江一分局民主派出所信息采集情况。就如何全面推进城市报警与监控系统建设，进一步提升社会治安综合防控能力，厅党委副书记、常务副厅长韩英俊强调，一是要在经费保障上抓落实。努力形成“政府主导、综治协调、多方出资、市场运作”的建设格局。二是要在促成合力上抓落实。加强城市报警与监控系统建设是全警责任，要按照《全省城市报警与监控系统建设工作方案》要求，层层分解落实工作任务，各警种、各部门分头抓好落实。三是要在严格执行技术标准上抓落实。严格按照省厅《全省城市报警与监控系统建设技术指南》所设定的标准进行规划、设计和建设，既要重数量，形成规模，也要重质量，保证效果。四是要在建立健全管理制度上抓落实。各地公安机关要边建设、边应用、边完善，把各项工作规范和规章制度健全起来，保证报警与监控系统建设持续健康发展。

（六）组织全省安全技术防范标准宣传贯彻培训班

2008 年 11 月 27 日至 29 日在长春召开了安全技术防范标准宣传贯彻培训会议，同时举办了安防标准宣贯培训班，聘请了全国安防界的专家及吉林省气象局防雷办的高级工程师授课。参加会议及学习的有全省的安防行业从业单位的技术管理人员以及各市、州公安机关主管城市报警监控系统建设和技防管理部门的同志，共计三百余人。

目前，全省城市报警与监控系统建设取得较快进展，正在逐步形成互联、互通、互控的大网络格局，各地基础设施建设投入很大。全省共建设完成 86 个县级以上监控中心，视频监控点建设总数为 96868 个，已超过年初制定的全省建设任务指标。全省 VPN 虚拟专网建设已经完成，各地区公安监控中心已经全部与省公安厅监控中心联通，前端监控点的接入工作正在进行，目前各地接入到省厅监控中心的点数已达 1960 个。全省各地区接入到本地监控中心视频监控点数已达 9178 个。并在预防、打击犯罪，推进平安吉林建设方面发挥了不可替代的作用。

二、抓好农村技防工作情况调研，为开展农村技防工作提供科学依据

为深入研究经济社会发展给农村地区社会治安带来的新情况，准确把握农村地区广大人民群众对技防工作的新要求、新期待，更好地为社会主义新农村建设和“五大建设”服务，科技处对全省农村技防工作的开展情况进行了专门调研，对全省农村技防工作情况进行了深入了解，基本摸清了农村技防工作的现状和需求，研究提出了下一步工作意见，并形成了《吉林省农村技防工作调研报告》，为启动农村技防工作提供科学依据。

三、依法加强安全技术防范行业行政管理和质量监督工作

2009年，完成了省政务大厅转来的8项安全技术产品生产登记批准书的审批工作任务，完成了27项技防工程的委托检测工作。完成了吉林省消防与安全产品质量监督检测站年检工作。今年上半年，先后组织召开了2009吉林第七届国际社会公共安全产品博览会、吉林省社会公共安全产品行业协会会员代表大会，为全省技防行业的广大企业提供政策、技术、信息的交流平台。还充分发挥吉林省社会公共安全产品行业协会的桥梁、纽带作用，积极开展工作，协助支持会员单位举办了新产品、新技术交流推广会。配合中国安全防范产品行业协会开展为“平安城市”建设推荐优秀安防工程企业的活动。

2.7 黑龙江省技防管理工作

黑龙江省公安厅科技信息化处技防科

黑龙江省安全技术防范建设是在中央政法委关于打造各级“平安城市”建设和公安部《关于深入实施科技强警战略的决定》大力推广“城市报警与监控系统建设”的关键时期迅速开展起来的。黑龙江省委、省政府主要领导给予此项工作高度重视，2007年1月省委、省政府印发了《黑龙江省安全技术防范建设三年规划》，并成立了以省委常委、政法委书记为组长的省安全技术防范建设领导小组，各地市也相应制订了规划和成立了领导小组。文件的出台和组织机构的成立为黑龙江省做好此项工作打下了坚实的基础。几年来，在各级领导的支持下，全省安全技术防范建设工作取得了较好的成效，特别是已建成的安全技术防范设施在防范打击违法犯罪、强化社会管理，以及重大活动安全保卫等方面均发挥了重要作用。但工作目前还存在一些问题和不足，需要进一步加强：

一、加快建设步伐，按期完成全省各地安全技术防范设施建设任务

从黑龙江省技防管理情况看，由于受经济环境等因素的制约，远落后于发达省份，各市地建设进展参差不齐，发展不平衡。一些市地的建设还没有形成规模，满足不了实际防范的需求，个别地方进展缓慢，极个别市县还没有启动建设。为更好的完成建设任务，在今后工作中应做好如下几点：

（一）做好组织领导

安全技术防范建设是一项系统工程，涉及面广，协调的方面多，各地主管领导要高度重视此项工作，把安全技术防范建设摆在重要位置，切实加强组织协调、工作指导和检查督促，扎实推进各项建设措施的落实。特别是涉及争取政策、资金支持等问题，要亲自出面、亲自汇报、亲自协调，解决实际问题。这样工作才能有条不紊、按部就班的开展下去。

（二）进一步落实责任

有了明确的建设目标，关键就是要抓好落实的每个环节，要完成确定的各项任务目标，就需要把指标明确到位，任务落实到人，建立以责任定位、责任分解和责任追究为主要内容的责任机制。要进一步明确各成员单位、各部门在安全技术防范系统建设中的职责和任务，加强协调配合，发挥整体合力，形成齐抓共建的良好局面

（三）各级政法委、综治办的领导，是做好建设工作的前提和保障

安全技术防范建设涉及党委、政府各有关部门和社会各个方面，是政府行为，是全社会工程，是全局性工作。在前期工作中，各地政法委、综治办的领导主动牵头，积极指导，亲自参与，在建设工作中发挥了主要作用。也使这项工作呈现出良好的发展势头。黑龙江省的实践证明，政法委、综治办领导给予此项工作的支持和帮助，是做好建设工作的前提和保障。

（四）要确保资金到位

安全技术防范系统建设需要大量资金投入，资金不能保障，建设就无从谈起。各级主管部门，要着眼长远，克服困难，要更深刻理解此项工作是保一方平安的利民工程，在党委政府领导的支持下，主动与发改委、财政等部门沟通协调，最大限度的争取资金支持。同时，要努力探索安全技术防范系统建设的新路子，大力推动合作、租赁、承包、受益者出资等市场化社会化运作模式，多渠道、多方式筹集建设资金。

二、抓好应用，确保已建安全技术防范系统设施发挥功效

安全技术防范系统建设的目的是应用，重点也是应用。在整个系统建设过程中投入了大量人力、物力和财力，必须要把系统的优势充分运用起来，效益充分发挥出来，价

值充分体现出来，为此必须做好以下几点：

（一）确保系统建设质量

系统建设质量是保证应用的前提。目前，全省个别地方存在着技防设施建设标准不高、质量差影响使用的问题。各地主管部门，在今后必须严格执行技术标准，严把建设质量关。对正在建设的系统，主管部门要提前介入，指导督促建设商，按标准建设。对已经建成的系统，要委托法定检验部门进行检测，对达不到标准要求的要责令限期整改，质量不合格坚决不予验收。

（二）扩大系统建设规模

系统规模小，就无法满足应用的要求。为此在今后还要加大建设资金的投入，达到更好的应用效果。为最大限度的节约建设资金，必须要加强对已经建成的各行业部门安全技术防范资源的整合联网，特别是对关系国计民生部门和公共要害部位的监控资源，更要尽快实现资源的跨级、跨部门共享，通过共享，使技防设施尽快形成规模效应，更好的为社会治安防控和管理服务。

（三）完善工作机制

只有强化管理，完善机制才能充分发挥应用效能。安全技术防范系统建成后，对其实施有效的管理是确保其发挥作用的关键环节。各地应根据本地系统建设的实际，研究建立系统管理运行机制，把设备操作、资源管理、警情处置、安全维护等各个环节全部纳入规范化管理。同时，还要探索建立安全技术防范系统运行管理责任制度，培训好专业技术人员，提高其操作，维护和管理系统的能力水平，确保系统正常运转。

（四）做好系统强化应用工作

通过强化应用，把已建系统的优势充分体现出来，争取党委、政府的更大支持和更多的资金投入。通过加大支持和投入，来进一步推动建设进度，实现系统建设的良性循环和可持续发展。在强化应用中，重点要抓住如下几个方面：、一是在确保重点要害部位安全上充分发挥作用；二是在提升公安机关快速处置各类重大案件能力上发挥作用；三是在侦查破案，精确打击各类犯罪活动上充分发挥作用；四是在控制和震慑治安复杂地段违法犯罪上充分发挥作用；五是在重大活动安全保卫上充分发挥作用；六是在提高服务人民群众和管理社会能力上充分发挥作用。在应用中还要深入研究安全技术防范的战术和谋略，将实践中的好经验、好做法总结提炼出来，更好的指导和服务实战应用。做好安全技术防范建设工作，是技防办的工作职责和任务。

2.8 江苏省技防管理工作

江苏省公安厅技术防范管理办公室

2009年，全省公安机关按照建设更高水平的平安江苏和争当全国公安战线排头兵的总要求，紧紧围绕国庆60周年安保这根主线，以打造“技防江苏”品牌、建设技防省份为目标，继续大力推进技防监控建设、管理与应用工作，取得了新的进展，巩固发展了技防工作在全国的领先优势。

2009年，全省技防工作的主要情况是：

一、抓规划部署，着力提升“技防江苏”的层次水平

江苏省公安厅按照打造“技防江苏”品牌的目标，坚持“高端统筹、统一规划、规范建设、科学推进”的建设思路，对全省技防工作进行了总体谋划。一是规划部署技防入户工程建设，加强设防单元技防建设，织密技术防范网络。省厅与省综治办联合下发了《关于全面推进技防入户工程建设的意见》，提出将沿街商户、城镇老旧小区、独栋居民楼、农村居民户等犯罪高风险部位作为重点，积极开展技防改造与建设，力争经过4年的努力，实现全省技防入户率达70%以上的总体目标。二是规划部署技防城建设，推动资源整合和机制建设，提高社会面科技防控水平。2009年3月，省厅会同省综治办提出在全省73个市县110接警区中联合推进技防城建设，通过综合运用多种技术手段，加强对各类治安要素的网络化动态防控，全面建设“防范技术融合应用、防控时空无缝衔接、防控目标全程追踪、防控区域全网覆盖”的技防城，并与省科技厅联合下发了《技防城建设标准（试行)》，明确“两道电子防线”、“六张网”、“五大工作机制”和“一个实战应用平台”建设指标，指导各地科学建设。三是规划部署今后一个时期技防工作目标和主要任务。2009年11月，省厅联合省综治办在江阴召开全省技防工作推进会，对今后一个时期全省技防工作进行部署，并就综治、公安两部门分工负责、密切配合，打造“技防江苏”品牌，建设设防省份提出明确要求，进一步推动了全省技防工作的持续快速发展。

二、抓整体推进，努力探索具有地方特色的技防模式

根据省厅统一部署要求，各地公安机关紧贴本地实际，坚持典型开路，鼓励大胆创新，形成了不同层次、不同类型、具有本地特色的技防建设模式。南京市局统筹考虑硬件建设、机制建设及深度应用，研究提出了开展科技防范“天网（3654）工程”建设，即建设完善由城市“三道电子防线”；建设完善道路监控网、易发案场所（部位）技防网、社区技防网等“六张网”；建立健全网上巡逻、人机互动等“五大工作机制”，深入推进技防监控系统在预防发案、支撑打击、维稳处突、服务管理等“四个方面实战应用”，织牢全市科技防控网络，实现对人、车、物、路等社会治安关键要素的网络化动态防控。徐州、连云港等地把出省道路监控建设作为重点，开展了“环省电子监控圈”建设，有效实施了“监控关门”行动。南通市公安局为适

应“港桥时代”要求，在全市15座桥梁上建设一套集摄像、抓拍、存储、传输为一体的高清晰治安卡口监控系统，构建了闭合式防控体系。在推进建设过程中，扬州、常州等地将老旧小区、散居楼等防范薄弱部位的技防改造作为安民惠民工程，将技防建设纳入政府工作大局，形成了齐抓共管的格局。盐城建湖、镇江新区等地主动向党委政府汇报，积极筹措资金，有效解决了技防城建设经费问题。昆山市局积极推广“户村接警”系统建设，宜兴大力开展重点单位技防、技防村（社区）、家庭住户技防等“七大技防工程”建设，常熟市局全面推进以治安监控为龙头，以联网报警、电话报警等技防手段为支撑和补充的农村技防建设，统筹城乡治安，形成了城乡一体化的技防网络体系。启东、宿迁宿豫区等地将传统的“十户联防”与“警铃入户”、电话报警等手段相结合，构建了农村治安防范新机制。

三、抓实战应用，着力提升服务中心、服务大局的能力

（一）积极参与专项打防行动

各地按照省厅部署，主动参与“防盗抢、防诈骗”百日行动和全国社会治安整治行动，深入开展打防竞赛，充分利用治安监控系统的独特优势，结合信息研判和四色预警，强化对高发案地段、时段的实时监控，开展全天候的网上视频治安巡逻，进一步挤压犯罪空间，提高对动态社会治安的管控能力。南京、徐州、盐城等地主动参与“关城门”实战演练，充分发挥技防监控在快速反应机制建设中的重要作用。盱眙县局还在县局及各派出所成立视频网上巡逻小组，对辖区重点部位开展视频网上巡逻，仅两个月时间就抓获各类违法犯罪嫌疑人42人，破获各类案件80余起。

（二）主动介入治安热点整治

各地进一步加强对社会治安特点和发案规律的分析研判，及时跟进落实技防监控措施手段，有效提高了打防工作的针对性和实效性。针对一些带有春季特点的治安问题开始冒头，“两抢一盗”等侵财性案件明显反弹的实际，全省科技技防部门开展了为期3个月的技防监控系统“天眼”春季行动。为控制入室盗窃案件高发势头，江苏省公安厅在深入调研的基础上，两次下发通知，要求各地加强城镇社区和农村居民家庭的安全防范工作，充分利用技防手段压降入室盗窃案件。苏州、连云港、泰州等地及时对金银、珠宝饰品店技防监控设施进行专项整治，落实防控措施，有效控制了抢劫、抢夺金银、珠宝店案件多发势头。

（三）深入开展技防普及宣传

针对人民群众技防知识、手段认知度较低，严重制约技防建设推进这一实际情况，全省公安机关及时调整工作思路，把技防宣传作为基础性工作，努力加大宣传普及力度。不少地方把技防宣传作为基层派出所和社区民警的一项日常工作，积极组织开展技防宣传进集市、社区、农村、单位、企业、家庭等“六进”活动。昆山等地在派出所、警务室专门开辟技防知识和产品宣传栏，主动向前来办事的群众宣传相关知识。南京六合、宿迁宿豫等地还组织开展送技防产品活动，收到了较好的社会效果。

四、抓机制建设，着力提升“技防江苏”软实力

（一）开展网上巡逻，实现监巡对接、人技结合

南京建邺、苏州园区、扬州广陵、无锡滨湖、江阴、锡山等地运用技防监控系统重塑勤务工作机制，实现了监控、研判、指挥、处置的流程化整体联动。昆山市局在全市部署推进派出所监控中心标准化建设工作，专门研究制定各项规章制度，推动了派出所监控中心规范化、流程化运行。南通、常州等地加强监控值守力量，南通达到了每个派出所都有4名以上值守人员的标准。

（二）狠抓运行管理

根据厅领导关于切实加强维护管理，保障系统正常功能的批示要求，江苏省公安厅专门研究下发《关于加强社会治安监控系统运行维护工作的通知》，理顺运行维护关系，建立健全长效管理机制。南京、苏州、徐州、宿迁、连云港等地把定期巡查和不定期检查相结合，推动运行维护常态化，系统运行质态明显提升。昆山市公安局专门按照系统设备总投资8%的标准落实维护经费，保证损毁设备及时更新。

（三）积极修订技防建设地方性标准

针对目前重点单位、部位技防系统建设缺乏统一标准，建设推进存在一定盲目性的情况，江苏省公安厅科技处主动与省质监局、发改委协调沟通，将技防建设标准修订工作纳入2009年江苏省地方标准项目计划，开展了系统标准修订工作。目前，已完成了加油站、停车场两个标准编制任务。此外，省厅科技处会同厅经文保处研究制定了《江苏省金银珠宝营业场所安全防范工作规范（试行)》、《江苏省单位财会室安全防范工作规范（试行)》等一系列规范性文件，为各地开展防范工作提供有力指导。四是积极推动《江苏省社会公共安全图像监控系统管理办法》出台。为进一步规范和加强社会公共安全图像监控系统管理，提高维护稳定、打击犯罪、行政管理和服务群众能力，2009年4月，江苏省公安厅正式将《江苏省社会公共安全图像监控系统管理办法》报送省政府提请审议，目前已进入报送程序。

2.9 浙江省技防管理工作

浙江省公安厅安全技术防范管理办公室

2008年下半年至2009年底，在全省各级技防管理部门的共同努力下，浙江省技防管理工作取得了较显著的成绩。

一、狠抓社会治安动态视频监控系统建设

2008年8月，浙江省委办公厅、省政府办公厅转发了《省公安厅、省综治办关于加强全省社会治安动态视频监控系统建设的意见》（浙委办［2008］85号）。此后，全省各地各有关部门高度重视，结合实际，认真落实各项措施，大力推进社会治安动态视频监控系统建设和系统的应用，并取得了一定的成效。

（一）将社会治安动态视频监控系统建设工作列入各级党委、政府的重要议事日程

全省各级党委、政府及有关部门通过传达文件精神、开展专题讨论等形式，进一步统一思想，深刻认识社会治安动态视频监控系统建设的重要性、迫切性，把这项工作摆上重要议事日程，落实责任，强化保障，统筹协调，加强指导检查，推动工作措施的落实。各市、县（市、区）专门成立或调整了由党委、政府分管领导任组长，综治、公安、城管、环保等相关职能部门负责人为成员的领导小组，形成了党政统一领导、综治督促指导、公安全力主抓、相关部门积极配合、社会各界共同参与的工作格局。一些市、县（市、区）从本地实际出发，纳入“科技强市”、平安建设的重要内容，给予高度重视和较大的投入。

（二）进一步完善了社会治安动态视频监控系统建设的规划和方案，使其更具科学性、实战性

各地认真调查研究，结合本地实际，按照有关技术规范，增点扩面，及时制定完善社会治安动态监控系统建设规划。杭州、宁波、温州、湖州、嘉兴、绍兴、金华、台州和丽水等市积极组织有关专家，对全市的社会治安视频监控系统方案进行总体评审和研究，对原有方案及时作了调整和修改，分别制定了全市的建设和实施方案，并明确了监控系统布点标准。绍兴市已将社会治安动态监控系统建设列入城市建设、数字城管、道路建设及重点项目建设的总体规划，同步设计、同步施工、同步验收、同步使用。

同时健全机制，狠抓落实，推动了社会治安动态视频监控系统和共享平台建设更具规模化。各地党委、政府和综治、公安、财政等部门在政策、资金等方面给予倾斜，大力保障治安动态视频监控系统和共享平台建设。目前，全省县（市、区）已全部建立了社会治安动态视频监控系统。截止2009年底，全省中心城镇、公共场所和治安混乱地段的社会治安动态视频监控系统建设，累计建设视频监控摄像机87093只，2009年新增31002只，完成了2009年度省平安办新增1.5万只的建设任务。具体数据是：全省由政府出资、公安机关组织建设的社会治安动态视频监控摄像机87093只，与去年56091只相比新增31002只。其中公安自建32158只，与去年22644只相比新9514只；基于公共运营商建设54935只，较去年33447只新增21488只。全省11个市已全部完成了市级视频信息共享平台的建设并实现与省级视频信息共享平台的联网，有91个县（市、区）基本完成视频信息共享平台的建设，其中有90个已完成与市级平台联网。

同时，为妥善解决因监控区域照明不足导致监控图像模糊、目标难以辨认的问题，浙江省公安厅下发了《全省社会治安动态视频监控系统“白昼工程”建设实施方案》，推动了各地辅助光源建设。

（三）健全机制，完善制度，提高管理水平，使动态视频监控系统的应用更具实效性

各地结合当地实际，认真研究系统运行、维护、管理、警务等规律和特点，从实战出发，建立健全了工作运行机制。宁波市出台了系统运行维护管理规定、系统管理与应用工作手册，对视频监控系统布局选点、日常管理、人机互动、后台监看、监控破案、服务社会、应用考核等提出了明确要求。台州市根据浙江省有关标准实施了《台州市“天网工程”设备编码及用户权限分配规范》，制定了视频监控中心处警工作规范、处置突发案事件预案、值机人员岗位职责，提高了视频监控作战技能和管理水平。

为总结近年来社会治安动态视频监控系统的建设、实战应用、运行管理和工作机制建设情况，进一步推进和深化全省社会治安动态视频监控系统建设与应用工作，2009年9月中旬，浙江省省综治办和省公安厅联合在台州市路桥区召开“全省社会治安动态视频监控系统建设与应用现场会”。

各地从实战出发，建立健全系统运行、维护、管理的长效机制，依托社会治安动态视频监控系统提高治安防控水平。以指挥中心与图像监控中心为核心，以路面巡防力量为支撑，将监控巡查与路面巡逻有机结合，进一步提高了快速反应和精确打击的能力。综合各类信息，对视频数据可以进行查询、分析、统计、比对、碰撞和研判，强化了信息研判能力。2009年底，全省利用视频监控系统共现场抓获犯罪嫌疑人18381人，查处治安案件38077起，协破刑事案件25793起（其中协破命案302起，协破五类案件1825起，协破两抢案件2830起），另外公安警务督察部门还利用视频监控有效维护了民警合法权益554起。

二、贴近现实，加强技术防范管理工作

（一）积极开展了“全国公安民警大走访”爱民实践活动

面临国内的经济态势，根据浙江省特点，技防管理部

门采用“问卷调查、召开座谈会、电话咨询、现场交流”等多种形式，及时向安防企业征求对公安机关科技（技防）管理部门和对安防范管理部门的意见、建议，同时及时掌握企业的运行状况和在市场经营中遇到的主要问题及困难，尽可能地调整工作方式和有关的工作政策，努力增添和谐因素。

（二）政策倾斜与行政审批改革并举，为企业提供了更优质的服务

在安全技术防范产品生产登记批准书的发放和日常管理工作中，除了开展正常的年检工作外，浙江省还适度放宽了某些产品的生产登记范围的审批，至2009年底已发放生产登记批准书220份，比去年增加了60%。此外，根据省政府电子政务工作的统一部署，浙江省的安全技术防范产品生产登记批准书已实现了网上申请和网上审批，为企业提供了更优质的服务。

三、立足长远，开展了课题研究和标准制定

（一）课题研究取得明显实效

完成了浙江省科技厅关于《长三角社会治安监控系统联网共享研究和应用》课题研究任务并通过了验收，转化研究成果，推动全省视频信息共享平台建设。目前全省11个市已完成了异构视频共享管理平台的联网工作，实现了省、市、县三级视频监控系统的调用、回放和云台控制等功能，为视频信息的共享奠定了技术基础。

（二）标准化工作成果显著

DB33/768－2009《安全技术防范系统建设技术规范》地方性系列标准由13个部分组成，以后可根据需要增补。其中“危险物品存放场所”、“汽车站与客运码头”、“公共供水场所”、“供变配电场所”、“燃油供储场所”、“城镇燃气部分”和“住宅小区”等7个部分作为强制性标准，其他如“一般单位重点部位”、“商业批发与零售场所”、“旅馆业”、“学校”、“医院”和“文化娱乐场所”等6个部分作为推荐性标准，这些标准通过专家审定、报批、网上公示等流程，已公开发布，并于2010年1月1日起开始执行。另外，经省技术监督局同意，又有《安全技术防范工程运行维护技术规范》等4项标准立入2009年地方标准修订计划，目前已完成了3个标准的初稿。

四、指导安防协会开展工作

指导协会开展了下列工作：一是组织了9期安防从业人员培训班，参加人员985名，其中971名通过了考试；二是举办了浙江省安全技术防范行业协会第三次代表大会，省政法委副书记、综治办主任巫波伦和厅党委副书记、副厅长张景华参加了会议并分别讲话；三是对安防工程一、二级企业进行了实地考评，规范了行业自律，充分体现公平、公正和公开的原则，2009年度新增三级企业76家，晋升二级企业19家，晋升一级企业8家。四是积极开展安防宣传、推广、科技研究及标准制定工作。

2.10 安徽省技防管理工作

安徽省公安厅安全技术防范管理办公室

2009年，安徽省技防管理工作以推进社会治安视频监控系统建设和应用为重点，取得了显著成效。

一、全省社会治安视频监控系统建设和应用取得了显著成效，顺利实现了大会战提出的工作目标，得到了各级领导的充分肯定

（一）安徽省公安厅科技处技防办组织召开了全省社会治安视频监控系统建设和应用推进大会

2009年5月13日，在合肥组织召开了全省社会治安视频监控系统建设和应用推进大会，对全省公安机关继续开展社会治安视频监控系统建设大会战进行再动员、再部署。会议全面总结了近年来全省社会治安视频监控系统建设和应用情况，并对下一步建设和应用提出了明确的要求。徐立全书记亲自出席会议并作重要讲话。为更加直观地反映全省的建设和应用情况，技防办还组织人员制作了专题片《天眼显威，技防创安》在会上播放，收到了很好的效果。

（二）开展社会治安视频监控系统建设和应用大检查

2009年9月中下旬，遵照徐立全书记的指示，结合国庆安保工作的需要，安徽省公安厅科技处技防办会同厅直有关单位组成三个检查组对全省17个市社会治安视频监控系统建设和应用情况进行了检查，全面了解和掌握了全省社会治安视频监控系统的建设和应用情况，对大会战实施情况进行了督查。检查结束后，各检查组对检查情况进行了会商，在此基础上，技防办对检查情况进行认真汇总，起草了情况通报，并对下一步的工作提出了要求，以省公安厅名义下发。

（三）完成了全省城市报警与监控系统“3111”试点单位的验收工作

2006年，安徽省公安厅确定了合肥、马鞍山、铜陵3市公安局和淮北相山等19个县（区）公安（分）局为全省城市报警与监控系统“3111”试点单位，通过近3年的建设和应用，达到了预期的目标，自2008年底开始，根据安徽省公安厅科技处统一安排，技防办陆续组织了对试点单位的验收工作，并通过验收认真总结了试点工作的经验，为此项工作的全面推进奠定了良好的基础。

（四）社会治安视频监控系统建设和应用成效明显

据统计，截止2009年底，全省建设由公安机关管理、使用的监控摄像机15000余台；社会单位、居民小区等共建

设备类用于治安防范的监控摄像机35万余台，其中重点单位和住宅小区技防设施建设和完好率均在95%以上；视频监控系统在治安防范、侦查破案和城市管理中发挥着越来越重要的作用。

二、举办2009安徽国际社会公共安全产品展览会

2009年5月14日，2009安徽国际社会公共安全产品展览会在安徽国际会展中心隆重开幕。安徽省委常委、政法委书记、公安厅厅长徐立全宣布展览会开幕，省公安厅常务副厅长陈小平致开幕辞，省公安厅副厅长郑建新主持开幕仪式。省人大副主任张俊，省政协副主席赵韩，中国安全防范产品行业协会副秘书长李建平，省综治办副主任张兵，省科技厅副厅长王洵等领导以及全省社会治安视频监控系统建设和应用推进大会会议代表、厅直有关单位负责人出席了开幕式。展会同期，还举办了公共安全新技术、新产品研讨会。

三、强化服务意识，技防管理工作依法规范开展

（一）依法开展安全技术防范行业管理，扶持行业发展

一是按照执法规范化的要求，严格做好安全技术防范产品生产、销售行政许可工作，2009年技防办受理的所有行政许可项目全部规范开展，提前办结，绝大部分都是受理当场发证，大大方便了企业，得到了服务对象的认可；二是安全技术防范工程管理进一步规范开展，全省各级公安机关2009年开展工程方案论证、竣工验收二百余项；三是组织开展了社会治安视频监控大规模组网和智能化应用等关键技术的研究和应用工作，为推进系统建设和应用提供了技术支撑。

（二）组织开展了农村技防工作调研

为深入研究在金融危机的冲击下安徽省农村地区治安形势的变化，准确把握农村地区广大人民群众对技防工作的新要求，更好的为社会主义新农村建设服务，2009年上半年，技防办在全省组织开展了农村地区技防工作调研活动，分析了安徽农村地区治安基本情况，归纳了安徽农村地区治安的特点，根据安徽农村技防工作的现状，剖析了农村技防工作存在的问题，明确了全省下一步农村技防工作的思路，并推进全省农村技防工作起草相关工作意见。

（三）指导和强化安防协会工作

一是根据协会章程的规定，组织召开了协会第二届常务理事会、理事会会议；二是切实做好安全技术防范从业技术人员培训，提高了行业从业队伍的整体水平；三是开展安全技术防范资信等级评定，有效地规范了行业从业行为，加强了行业自律；四是根据形势发展的需要，对协会章程和资信等级评定办法组织了修订。目前安徽省安防协会发展势头良好，工作开展规范，得到了省民间组织管理局和协会会员、行业用户的一致肯定。

2.11 福建省技防管理工作

福建省公安厅安全技术防范管理办公室

一、积极组织落实开展“全省公安民警大走访”活动

为深入贯彻公安部“全国公安民警大走访”爱民实践活动会议精神，按照福建省公安厅科技处领导统一部署，拟定《福建省公安科技（技防）管理部门开展“全省公安民警大走访”爱民实践活动实施方案》（闽公科［2009］2号），组织全省各地从1月起至3月底分阶段组织开展安全技术防范行业大走访的爱民实践活动。在科技处领导的带领下，分三个走访组，从2月16日开始，分别赴福州、厦门、泉州三个设区市开展走访活动，共走访了福建省冠林电子、福建省凯特智能装饰工程、厦门立林科技、万安电子、柏事特信息科技、泉州佳乐电器、亚太工程、天马电子、隆泰科技、安达电子有限公司等10多家安防企业。实地了解了企业的发展状况和在市场经营中遇到的主要问题及困难，征集对福建省开展技防工程企业资质评定试点工作和对各级公安机关技防管理部门工作的意见和建议。走访中，走访组还慰问了厦门市公安局科技处遇到困难的民警。为广泛征集安防从业企业意见和建议，制定《“全省公安民警大走访”活动安防企业调查问卷》，通过互联网“海西安防网”就安防从业企业概况、福建省安防协会工作、安防执法等三个方面的内容开展问卷调查，共征集意见、建议10多条。

二、参与完成“6·18”海峡公共安全与警用装备项目博览会（以下简称海峡安博会）的协调、组织、招展及布展等相关工作

根据福建省委、省政府的要求，在中国·海峡项目成果交易会组委会办公室的大力支持、指导下，由福建省公安厅主办的第七届中国·海峡项目成果交易会暨第二届“6·18”海峡社会公共安全项目产品博览会（以下简称海峡安博会）于6月18日至20日在福州金山展览城举办。

三、积极推进安全技术防范立法工作

多次协调福建省政府法制办法规处，协调组织2场《福建省安全技术防范管理规定》修订座谈会，积极向省政府法制办领导汇报法规修订的意义，解释相关修订条文的依据，做好《福建省安全技术防范管理规定》修订工作。

四、组织开展技防设施（系统）专项监督检查工作

为加强国庆60周年庆典活动期间福建省的安全防范，充分发挥安全技术防范设施（系统）在预防、打击违法犯罪活动中的特殊作用，提前做好并夯实国庆期间和年底福建省社会公共安全技术防范工作，9月10日至30日组织在全省范围内集中开展为期一个月的技防设施（系统）专项监督检查工作。从9月25日至30日，在科技处领导的统一领导下技防科组织技防专家组成的督查组分赴福州、泉州、厦门开展现场抽查工作。在三地技防办的配合下，抽查组依据公安部《安全技术防范系统日常安全检查工作手册》要求。按照突出重点兼顾一般原则，分别对中国民生银行福州分行、福州火车站，兴业银行泉州分行、南安市官桥镇派出所、厦门农村信用合作联社、湖里区金山社区等6个单位的技防设施建设、管理质量、应用效能进行监督抽查。针对现场抽查工作中发现的个别问题，督查组当即依据执法规定，分别对相关技防设施管理主体和辖区公安技防办，提出了限期整改落实和跟踪督报反馈的指导性意见。

五、举办全省安全技术防范培训班

2009年11月12日至13日，福建省安全技术防范培训班在泉州南安市举办。通过举办培训班，宣贯城市监控报警联网系统系列标准，总结福建省开展城市报警与监控系统建设工作情况，指出了全省开展该项工作所取得的成效、成功经验及存在的问题；并结合宣贯公安部“全国城市报警与监控系统建设经验交流暨农村技防工作现场会”河南郑州会议精神，提出福建省深化城市报警与监控系统建设，积极开展农村技防工作的具体落实要求。

六、指导福建省安防协会开展各项工作

（一）分别举办十多期技防工程资质企业技术员培训班和二期造价员培训班，有近3000千多名企业技术员及300多名造价员参加培训考试。

（二）指导开展技防工程企业资质评定试点工作，组织协会对150多家技防工程企业进行资质评审。

2.12 湖南省技防管理工作

湖南省公安厅技防管理工作办公室

在公安部的直接指导和关怀下，湖南省这两年多来大力开展了城市报警与监控系统建设（为贴近民意，已更名为“城市治安电子防控系统”）。在湖南省委、省政府的高度重视下，湖南省城市治安电子防控系统建设2008年、2009年连续两年被省委、省政府确定为湖南省为民办实事项目。两年来，根据湖南省委、省政府为民办实事办的总体要求和部署，在省综治部门和公安机关的共同努力下，各地“建设办”较好地完成了城市治安电子防控系统建设的目标任务。全省已建成了覆盖14个市州、123个县（市、区）城区的城市治安电子防控系统，并探索和同步建立起了城市治安电子防控系统运行维护、管理应用工作机制，城市治安电子防控系统在维护社会治安稳定、预防打击犯罪，保护人民生命财产安全方面成效显著，得到了广大群众的拥护和社会各界的赞扬。

一、全省城市治安电子防控系统建设初具规模

两年来，湖南省城区公共部位共安装摄像机17904个，全省14个市州、123个县市区及主要城区派出所都建立了监控中心或监控室，已有100个县市区完成了与市州监控平台两级联网建设。超额完成了省实事办下达的两年完成安装摄像机12000个的任务目标。各市州、县市区及城区主要派出所都相应的建立了系统管理制度、运行维护制度和操作应用制度，共配备系统管理人员232人，系统运行维护人员241人，系统值机人员1400人。

二、城市治安电子防控系统建设成效显著

各市州“建设办”按照湖南省实事办、省综治办的统一部署，在地方政府大力支持下，在相关责任单位的积极配合下，大力开展城市治安电子防控系统建设和应用工作，公安机关社会治安的防控水平明显提升，防范打击犯罪的能力明显提高，一些公共复杂区域地段社会治安秩序明显好转。

（一）对违法犯罪预防和震慑作用显著，老百姓的安全感明显增强

系统的建成有效地实现了预警和威慑功能，既预防了大量案件特别是“两抢一盗”案件的发生，又对违法犯罪分子形成了强大的震摄。近两年来，安装了摄像机的地方“两抢一盗”案件有了明显下降，老百姓的安全感明显增强，许多老百姓主动要求公安机关多装摄像机。

（二）为公安机关提供了打击犯罪的新手段，有效提高了公安机关防范打击能力

现在，一旦发案特别是发生在街面、车站、广场等公共场所的案件，公安机关办案民警首先想到的就是调看、查阅案发地段及附近的视频监控图像记录，以寻找与案件相关的线索。视频监控技术已逐渐成为继刑事技术、行动技术、网侦技术之后的第四种技术手段，为侦查破案、调查取证、固定证据提供了有力的技术支撑。据不完全统计，两年来，湖南省公安机关直接或间接利用电子防控系统，破获治安刑事案件8789起。如2009年6月26日，益阳市

中心城区发生一起抢夺现金11万元的重大抢夺案件，公安机关通过调取全市监控点视频资料，及时锁定了犯罪嫌疑人的体貌特征及逃跑路线，使此案在案发不到10天得以成功告破。又如株洲市公安局利用系统成功破获流窜团伙砸汽车玻璃盗窃财物的案件。2009年2月4日下午17时许，株洲市嵩山派出所监控值机人员通过监控探头发现位于长江北路金牛王西餐厅前停车坪内有4名青年男子围绕着停留的汽车四处观探，行迹十分可疑，值机人员立即向值班所长报告，派出所随即调集警力跟踪监视，在这伙嫌疑人即将动手作案时将其擒获，从而破获了这起作案十余起的流窜团伙盗窃案。又如今年张家界市永定公安分局利用城市治安电子防控系统速破的一起持枪杀人案。2009年6月19日晚，常德安乡人刘贤平（男，46岁）被发现在该市子午公园内被人枪击身亡。案发后，永定公安分局即调取6月19日子午公园周围的电视监控图像记录资料，发现死者与一女子同进入子午公园内，而后该女子又单独步出公园，专案组据此锁定犯罪嫌疑人罗兴云（系刘之情人），并于6月21日，将罗兴云抓获，短期内成功破获了一起恶性杀人案。

（三）增强了公安机关掌控社会动态能力，并提高了快速反应能力

城市治安电子防控系统的应用，有效的提高了公安机关监控社会面和公共复杂场所的能力，还促使了不少市州创新警务机制、出警模式。不少地方以报警监控中心为核心，以路面巡防力量为支撑，将监控巡查、路面巡逻有机结合，初步形成了报警监控与路面警力相互策应、相互联动的防控格局，提高了快速反应能力，创新了社会治安立体防控的警务机制。同时，城市治安电子防控系统的建立，扩大了治安防控范围，重点加大了治安管理空白区域和死角地区的监控，节省了警力的投入，充分发挥了技防管理的优势。

（四）促进了公安通信指挥系统的完善和城市监管水平的提高

事实上，在开展城市治安电子防控系统建设的过程中，城市治安电子防控系统建设不仅单纯是作为公安机关城市报警与监控建设项目，它已成为了全省公安机关信息指挥系统甚至政府城市信息管理系统建设的推手。城市治安电子防控系统作为各级党委、政府的民生工程，立足于“政府投入、综治牵头、公安实施、多方参与”的原则。各级政府和公安机关充分利用城市治安电子防控系统建设列入为民办实事这一重大契机，将政府城市信息管理系统和公安机关信息指挥系统建设一并列入建设规划。如株洲、岳阳等市的建设以市政府挂帅，明确提出了建设“数字株洲”和“数字岳阳”的建设思路，将城市治安电子防控系统作为城市管理系统骨架，扩展到建设城市交通、城管、园林、公用事业等全方位管理系统，以提高城市整体管理水平。全省绝大部分市、州级公安机关充分利用城市治安电子防控系统建设的契机，将公安网络升级改造和指挥中心建设纳入系统建设整体规划，跨跃式地提升了公安网络和指挥中心建设水平。长沙、岳阳、常德、郴州等市公安局利用此次机会将公安指挥中心重新规划、重新建设，实现了公安指挥系统的升级改造。

三、明年工作任务

根据公安部科技信息化局8月6日郑州《全国城市报警与监控系统建设暨农村技防工作现场会》精神，下一步治安电子防控系统建设要向农村重点集镇复杂地区延伸、扩大履盖范围，结合今年9月科技处联合省综治办，组织的对全省14个市州和部分县市区的城市治安电子防控系统建设督查工作的情况，从湖南省实际出发，拟定明年全省治安电子防控系统建设的重点是：

（一）完善系统建设与管理，扩大监控覆盖面

完善城区派出所监控室（中心）建设和系统管理维护，保障运行，深化应用，更好地发挥已建系统效益；城乡结合部和治安状况复杂的乡镇开展治安电子防控系统建设；全省增装摄像机5000个，以扩大监控覆盖面。

（二）实现系统监控全省联网，提高系统智能化水平

开展系统省、市（州）、县（市区）三级联网，实现图像信息实时调度共享；积极开发和引进新技术，优化系统性能，提升系统智能化水平。

（三）加强保障和长效机制建设

抓好系统建设管理保障机制建设，各地要将系统运行维护经费、管理人员和值机人员工作经费列入财政预算，保障系统管理应用运维必要的经费开支，建立长效的保障机制，确保系统效益的发挥。

2.13 河南省技防管理工作

河南省公安厅安全技术防范管理办公室

2004年，河南省按照公安部的统一部署，在全省18个县（市、区），149个街（区）铺开了城市报警与监控建设“3111”试点工程建设，经过三年初步建设，各地对深入推进达成了共识。在此基础上，2008年，河南省公安厅党委决定在提炼经验，固化规律的基础上，坚持“因地制宜、布点合理、管理规范、应用深化”的原则，在全省城市全面铺开城市报警与监控系统建设与应用工作，从2008年开始力争通过三年建设，在全省城市形成覆盖网络，建立健全各项系统运行工作机制，充分发挥科学技术在预防和打击犯罪、应急和处置突发事件中的积极作用。全省各级公安机关克服了基础差、底子薄、发展水平低等不利因素，紧紧依靠党委、政府的支持，初步形成了党委、政府重视、多方参与、协同运作、齐抓共管的建设局面。截止目前，全省已累计投入9.7亿元，相继完成了18个省辖市公安局监控平台、94个县（市）和45个区监控平台、320个城市派出所、191个农村派出所监控平台，共建设前端监控点近3万个，覆盖全省大部分县级以上城市的重点单位（部位）、人口密集地段、案件高发地段，商贸繁华地段、居民小区等重点区域。

在开展城市报警与监控系统建设的同时，2006年，河南省公安厅党委根据河南省省情，确立了从河南的实际出发，构建一个具有鲜明河南特色的农村技防建设体系的总体目标。通过深入广大农村地区调研，明确了农村技防建设体系的基本框架：按照“党政搭台、综治牵头、公安主导、群众参与、市场运作”的工作思路，坚持因地制宜、多方挖潜，典型示范、整体推进，实现全覆盖、无缝隙的建设目标；坚持人机互动、户户联防、专群结合、打防并举，实现对农村社会治安动态防控的目标，用“大技防”促进农村地区的“大平安”，确保农村地区的安全、和谐、稳定。经过为期三年的攻坚战，目前全省46374个行政村已有45331个安装了技防设施；185992个自然村已有165949个自然村安装了技防设施；20923612户农户安装了技防设施，技防设施覆盖率分别达到97%，89%和74%。

全省城乡技防建设的快速发展，为河南省的平安建设再添利剑。可以说，依靠“大技防”体系，警力运用更灵活、更具针对性，公安机关对社会治安的驾驭掌控能力更强。全省城市报警与监控系统的运行，充分发挥了视频监控技术在发现、控制、打击、震慑犯罪的积极作用，实现了及时预防和制止犯罪功能，全省可防性案件显著下降，通过锁定侦查方向和固定证据直接、间接破获了一批重特大案件（如郑州市管城分局破获“7·11”女婴案、郑州市金水区破获“4·30”特大杀人案、洛阳西工分局破获“10·11”杀人案、新野县公安局破获省厅督破系列抢劫案、西峡县公安局破获“1·27”重大盗窃案件、洛阳市西工公安分局智擒砸车盗窃帮、镇平县公安局快速破获“4·8”抢劫案、邓州市公安局破获“4·17”抢劫杀人案、新乡市公安局成功侦破“5·28”故意杀人案等），违法犯罪活动的空间被大大压缩，基本实现了从“坐等报警”到“现场处警”，从“被动应付”到“主动出击”的转变，公安机关快速反应能力和对社会面精确打击、防范、控制、管理的能力大大提高，社会整体防控水平和群众安全感明显增强。郑州市截止目前共利用监控系统破获刑事案件864起、治安案件1624起，抓获违法犯罪嫌疑人1576人，提供线索协助破获刑事案件823起、治安案件1641起、抓获违法犯罪嫌疑人637人。洛阳市08年以来通过监控系统直接破获案件596起，为侦查破案提供线索823起，预防案事件495起，抓获嫌疑人1550多人。南阳市各类可防性案件呈下降趋势，今年上半年全市共立刑事案件6431起，较去年同期下降28%，其中可防性侵财类案件立4687起，较去年同期下降31%，累计利用技防设施共提供各类破案线索66条，破获刑事案件84起，抓获犯罪嫌疑人49名。平顶山市今年利用监控系统共现警情300余起，抓获各类犯罪嫌疑人33名，提供命案破案线索6起，支持事故取证120余起，提供破案线索100多条，破获各类现行刑事案件60多起，“两抢一盗”等街面犯罪大幅下降。

通过加强农村技防建设，一是为全省农村地区加上了一道安全的屏障，有效提升了群众的安全感。2007年，在全国以及河南省刑事案件发案数整体上升的情况下，全省技防试点乡镇的10类可防性案件平均下降9.5%，农村农民群众最关注的盗窃案件同比下降近三成，人民群众对公安机关满意度达到91.53%。2008年，随着技防覆盖面的扩大，河南省农村12类主要刑事案件发案数由2007年的16万起下降至10.5万起，下降幅度达34.8%，特别是涉农的重大、恶性、串案明显减少，河南省公众安全感达到94.01%，创历史新高。在专项打击犯罪斗争中，技防的成效更加突出。统计数字表明，只要被联网报警系统覆盖的农电设备，基本杜绝了被盗的可能性。如安阳内黄县曾经是变压器被盗重灾区，高峰时一个月被盗30多台，2009年2月，全县农电联网报警平台建成后，接入的1500台变压器至今无一被盗，受到了百姓的交口称赞。二是使农村地区的有限警力最大限度地发挥了效益，进一步推进了警务机制的变革。依托农村技防建设，通过技防联网系统，民警能够在案事件发生的第一时间了解基本案情，并可以依靠巡防和群防队伍对案事件进行预处理，提高了处警效率和效果；依托农村技防建设，为优化人防配置提供了有力支持，大大提高了人防巡防的针对性。在漯河、洛阳等市农村发生的多次突发案事件中，通过监控、联网报警等技防系统，公安机关对现场情况及时掌控，最大限度地实现警务前移，提高了快速打击能力。三是有力地促进了公安机关“三项建设”的开展，进一步构建起了和谐的警民关系。农村技防建设是信息化建设的重要内容，运用技防手段实现对违法犯罪的有效防控，有效提升了公安机关维护社会治安工作的科技含量；农村技防建设还与执法规范化建设密切相关，通过充分运用技防手段，及时发现犯罪及犯罪线索，并及时固定犯罪证据，为公安机关执法提供了客观、准确证据，从而使公安机关的执法进一步规范、高效。河南省洛阳市利用技防系统固定证据作用，在30多起治安案件中，50多名嫌疑人以“零口供”被依法处理；农村技防建设更是加强和谐警民关系建设的重要手段，技防系统的推广应用，顺应了人民群众的呼声和要求，加强了公安机关与群众的沟通和交流，公安机关通过技防系统及时响应、解难救危，为群众报警求助提供了方便、快捷的服务，得到了人民群众的广泛赞誉，警民关系进一步融洽。在河南省广大农村地区，技防系统已经成为一些留守家庭、孤寡老人危险时刻的“保护神”、紧急时刻的“生命线”。

两年多来，在河南省广大农村地区，通过技防系统向群众提供服务 11000 多次，先后救助近 13000 人。

2.14 广东省技防管理工作

广东省公安厅安全防范管理办公室

2008 年 9 月以来，广东省各级公安机关技防管理部门坚持科技强警战略，不断提高技防管理工作力度，加强技防工程、技防产品监督管理，确保了技防工程和产品的质量，积极推进平安城市建设，大力组织重点单位加强安全报警技术、视频监控技术、出入口控制技术、防爆安检技术和实体防范技术建设，努力构建技防、人防、物防相结合的社会安全防范网络，使安全技术防范工作成为社会治安工作的有力手段，为维护广东省社会治安的稳定做出了应有的贡献。

一、大力开展安防建设工作，构建新型社会治安防控体系

（一）开展视频监管一网控工作

广东省从 2005 年 8 月开始大规模开展社会治安视频监控系统建设。2008 年 9 月，为进一步推进视频监控系统建设，广东省公安厅党委决定在全省公安机关全力推进、加快实现“视频监管一网控”构建工作。“视频监管一网控”就是通过建立覆盖重点区域、重点部位、重点场所的视频监控网络和重要道路上的治安卡口系统，建立省、市、县（区）三级联网的视频监控中心，实现全省视频监控系统“资源共享，互联互控”、“一点布控，全网响应”，达到对社会治安动态掌控和对违法犯罪精确打击的目标，构建新型社会治安防控体系，全面提升公安机关防范控制、打击犯罪和维稳处突能力。“视频监管一网控”工作开展以来，广东省公安机关技防管理部门紧紧围绕构建全省“视频监管一网控”工作，走访多个地市进行调研，先后制定下发了《全省社会治安视频监控系统建设三年规划（2008——2010 年）》、《构建新型社会治安防控体系加快实现视频监管一网控工作方案》，明确了全省“视频监管一网控”的工作目标、具体工作任务、时间要求，有力地指导了全省的建设工作。同时，针对前期调研了解到的各地实际情况和困难，进行分类指导，并通过简报、评优等多种方式有力的推动了全省的建设应用工作。经过不懈地努力，截止目前，全省共建成视频监控镜头 103.6 万个，公安机关可直接调控的一类点监控镜头 7.49 万个。全省 80% 以上的城市派出所、珠三角地区 90% 以上的派出所建立了视频监控室，并实现与值班室的“两室合一”，87% 的县（区）公安（分）局和 86% 的地市公安局已完成或基本完成监控（分）中心建设，省级监控中心也正在筹建中。一张覆盖全省的全天候、多层次的视频监控网络正初步形成。

（二）开展农村技防建设

广东省公安机关技防管理部门采取分类指导、分步实施、稳步推进的原则，积极推动农村技防工作。一是重点组织开展城乡结合部的技防建设工作。积极主导和强力推动，在治安环境复杂、经济条件较好的城乡结合部，以现有技防设施为基础，大力开展视频监控、防盗报警、出入口控制等安全防范技术的集成、联网建设和应用。二是在城乡结合部技防建设取得成效的基础之上，对较为偏远、治安相对复杂的农村地区，原则上利用语音广播、无线发射、断线报警、入侵探测和周界报警等技术，逐步实现小范围组网、多户联防报警或现场报警，加强对农村地区技防系统建设的科学推进。此外，在农村技防建设中，各地不断创新，拓展思路，探索了一些新的富有成效的安全技术防范模式，例如深圳市公安局罗湖分局将居住证与“门禁 + 视频”捆绑，解决了“城中村”案件高发的治安难题。

（三）开拓创新加强分类指导

广东省公安机关技防部门有针对性地加强对高校、金融、文博等场所安防工作的指导和支持，推动技防“进校园、进社区、进家庭”。6 月份，广东省公安机关技防部门与教育系统保卫部门联合召开“高校创安安防工作会议”，部署了在全省范围内深入开展“高等学校科技创安活动”，并制定了相应的活动方案，提出了确保 2010 年底全省 80% 以上的高等学校完成技防系统建设和工作机制建设的工作任务，并就进一步加强全省高等院校安全技术防范工作，促进高校安全技术防范措施落实提出了具体要求。会后，与广东省质量监督局共同进行充分调研、科学论证的基础上，以地标的形式出台了《高等院校安全防范工程技术规范》。《高等院校安全防范工程技术规范》是我国首部高校安防建设的标准规范。

二、积极开展技防管理工作，促进安防行业健康发展

（一）落实有关法规规范，把好行政管理关

广东省公安机关技防管理部门各级公安机关加强对《广东省安全技术防范系统设计、施工、维修资格证》和《安全技术防范产品生产批准书》两证的管理，确实保证了《广东省安全技术防范系统设计、施工、维修资格证》、《安全技术防范产品生产批准书》的含金量，逐步将技术含量低，管理落后的技防从业单位淘汰。截止 2009 年底，全省具有《广东省安全技术防范系统设计、施工、维修资格证》的企业共 1867 家，从事安防产品生产的企业共有 403 家，已经发放《安全技术防范产品生产批准书》的产品有 1099 个。

（二）加强技防工程的监督管理，把好工程质量关

广东省公安机关技防管理部门根据相关法规规范和技

术标准，一方面，加强对重点场所、重点区域安防工程质量把关。严格开展技防工程的方案审核、验收工作，确保工程建设质量。2009 年 3 月，广东省公安厅科技处与广东省安防协会成立广东省安全技术防范专家库，进一步加强了安全防范工作的技术支撑，加强了对安防工程的质量监督。另一方面，加大了安防检验质量控制、监督的力度，要求三家检测机构严格遵守国家相关实验室管理制度，立足于为客户服务，按照“科学、公正、准确、快速”的原则开展工作。各检测机构根据相关要求，加强自身建设，完善内部管理制度，加强技术手段建设，提高检测水平，确保检测质量。

（三）加强技防执法工作，净化安防市场

广东省公安机关技防管理部门积极开展技防执法工作，在做好前置性行政审批工作的同时，加强事中监督和事后检查，努力引导和规范安防市场和安防行业。2009 年下半年，全省公安机关技防管理部门根据实际情况，在分析总结广东省目前安防行业存在的一些问题，梳理技防执法要点，健全执法配套措施的基础上，部署了在全省开展技防执法活动。目前，具备较好执法条件的广州、深圳、珠海、江门、清远等地均开展了技防执法工作。

（四）加强对行业协会的指导，促进安防行业健康发展

为进一步加强对广东省公共安全防范协会（以下简称协会）的指导，推动广东省安防行业的发展，广东省公安机关技防管理部门不断加强对协会的监督指导工作，要求协会要紧紧围绕“服务会员、服务政府、服务行业、服务社会”的宗旨，积极发挥桥梁纽带作用，为企业多办实事、办好事。2008 年 9 月以来，广东省公安厅技防办在指导协会进一步完善组织架构、建设工作平台的基础上，指导协会举办了金融系统安防技术讲座、选型面对面－－安防设备选型知识讲座、广东安防互惠大联盟等一系统活动。活动增强了安防企业与有关部门、单位的沟通，为企业创造了一定的商机，收效良好，好评如潮。随着协会影响力的逐渐扩大，许多安防知名品牌的企业纷纷加入了协会的大家庭，截止 2009 年底，协会会员总数已达到了 527 家，较 2008 年底的 382 家增加了 145 家。

三、2010 年工作重点

（一）加大力度推进“平安广东”建设

一是将以亚运安保安防工作为重点，继续完善广东省的安防系统建设；二是继续推进视频监管一网控工作。加快社会治安视频监控系统联网和省、市、县三级卡口建设，实现全省视频监控系统的互联互控。三是继续加强分类指导，有针对性地加强重点安全保护单位安防工作，推动“平安广东”建设的纵深发展。四是继续积极推动农村技防工作。

（二）加强技防管理

广东省公安机关技防管理部门将继续以加强监督检查作为着力点，在严格控制市场准入的同时，强化事中和事后的监督管理，有效地开展全方位的技防监管工作。要严把《广东省安全技术防范设计、施工、维修资格证》、《安防生产登记批准书》两证的审核关，进一步推进技防审批一网办工作，为企业提供便加便捷的办证渠道，提高审批效率，提高办证的公正公平度。同时，要继续加大对不合格企业和产品的打击力度，通过打击假冒伪劣产品和少数的不法企业，净化技防市场，为企业提供一个优良市场环境。

2.15 海南省技防管理工作

海南省公安厅技防办

2009 年海南省公安厅机关机构改革后，科技处与信通处合并，未设立技防专门管理部门，由科技管理科承担其职责。

一、技防管理工作的现状

海南省持有《海南省安全技术防范工程设计、施工、维修资格证》、《海南省安全技术防范产品生产证》、《海南省安全技术防范产品准销证》的安防企业近 200 家，从业人员 4000 余人，通过行业技术培训人员 1790 人。经过对 100 家从业单位的不完全统计，2008 年海南省企业承建技防项目 1300 项，工程总额 4.17 亿元。

2004 年 7 月 1 日《行政许可法》颁布前，技防管理工作根据《安全技术防范管理办法》（公安部 12 号令）等文件、规定，对海南省从事技防系统工程施工并符合条件的企业，颁发《海南省安全技术防范工程设计、施工、维修资格证》（分为一级、二级、三级、临时三级四个等级，有效期至 2004 年 12 月 31 日止），获证企业凭证开展技防业务，持证企业共有 75 家。行政许可法实施后，按照规定技防行业《资格证》审批事项不属于法律允许设定的行政许可事项范围内。由于没有统一的技防管理法规，全国各省各自为政对技防工作的管理形式各异，陕西、贵州、内蒙古等省市通过当地技防管理条例继续颁发资格证；北京、湖北、天津等则由技防协会管理签发。海南省由于没有执法依据致使《资格证》停止办理。为了继续履行对行业的指导、监管职能，方便企业承接工程，对持失效资格证的老企业、参加过行业技术人员培训的新公司，依其申请出具临时性的《备案证明》。

二、专项工作（农村地区安全技术防范工作调研）

按照公安部《关于上报农村技防工作调研报告的通知》（公科信传发［2009］40号）要求，海南省立即组织召开了专题会议研究部署落实此项工作的具体措施。科技处领导亲自率队带领技防科的同志，深入琼中、五指山等市县乡镇农村基层单位，对农村技防工作的开展情况进行调研。

（一）农村地区对技防工作的需求情况

海南岛位于祖国最南端，陆地总面积3.54万平方公里。全省共有18个市县，按地理形式划分为东、西、中部三个地区，总体经济发展相对落后。

自2005年9月公安部开展“城市报警与监控系统”建设试点工作以来，海南省在各地党委政府的高度重视和大力支持及省厅科技处的指导协助下，各市县以科学发展观为指导，以维护社会治安稳定、严厉打击违法犯罪活动为目标，结合本地实际，逐步开展了城市报警与监控系统建设，有效地打击了违法犯罪活动，使广大人民群众认识到开展技防工作的重要性和必要性。但由于海南省经济发展较落后，国家级、省级贫困县较多，大部分市县财政困难投入资金有限，致使全省“3111”工程建设规模较小，大都集中在县（市）城区，广大农村基层单位技术防范应用建设基本空白。

海南省的经济发展相对落后，农民收入较低，农村基层基础建设投入严重不足。近年来，随着改革开放的不断深入，城乡经济进一步发展，各类治安问题也逐步凸现出来，农村在山林、土地、水源、社会保障等方面问题引发的纠纷和群体性上访事件不断增多。城镇建设的快速发展，使农村各类违法犯罪案件增长迅猛，社会治安呈现复杂化趋势，特别是各类盗窃等侵犯公民财产的案件发案数增加，使群众的意见很大。此外，由于农村地区外出务工人员增多，家庭留守人员多为老、幼、病、弱，安全防范能力较差，致使治安形势出现了新情况、新问题。海南省农村在公安局派出所的指导下，运用群防群治的方式提高安全防范能力预防各种违反犯罪，但传统的、形式单一的人防却远远不能满足农村当前复杂的社会治安现状。另外，据已开展城市报警监控系统建设的县、镇单位反应，自系统投入使用后，对维护本地区社会治安稳定起到很大的作用，特别是有利于发现嫌疑、锁定目标、搜集证据，对违法犯罪起到震慑作用。但“两抢一盗”违法犯罪活动却逐步转移到未安装视频监控系统的部位继续作案。

综合上述调研情况，海南省农村治安情况特点是：东、中线以财产盗窃案件为主，西线以抢劫等刑事案件为主。东、中部重点在于集体和个人财产保护，养殖的水产和种植的水果、农机器具及耕牛的报警监控；西部重点在于监控政府机关、银行、邮局、商场及交通要道的情况，着力于防止犯罪分子暴力犯罪及流窜作案。目前海南省影响社会稳定的绝大因素都发生在农村，只有进一步遏制和打击农村的违法犯罪，才能为构建和谐社会服务创造良好的氛围。

因此，在农村开展技防工作是十分必要的。

（二）农村地区技防工作的现状

海南省农村技防工作开展较缓慢，只有个别有条件的农村派出所，在当地镇政府及相关单位的大力支持下，开展了小规模的技防系统建设。基层单位及村干部、广大农民群众虽然已经意识到技防的重要性，但由于资金的问题，无法开展技防建设。具体建设情况如下：

1. 农村地区技防工作开展情况

五指山市南圣镇离五指山市市区约10公里，是个山区小镇，常住人口以黎族、苗族为主。酒后滋事、盗窃案件发生较多。2006年初，派出所在海南省公安厅科技处和市公安局的指导协助下，主动向镇政府汇报了公安部对技防“3111”试点工程建设工作的部署和要求，得到了镇政府的重视和支持。镇政府经过多方筹措投入4万余元，在辖区主干道出入口、镇小学等主要部位安装了6台监控摄像机，建成了南圣镇辖区内主要部位监控系统。该系统在维护社会治安稳定中起到了一定的作用，大大节省了警力。据初步统计，自系统建成使用后，打架斗殴、酒后滋事、盗窃、赌博等违法犯罪案件比同期减少了50%以上。同时，系统的监控资料还为交警部门正确处理一起交通事故提供了依据。随着社会治安形势的明显好转，辖区群众对派出所的工作也表示满意。

琼中县海石、阳江国营农场党委高度重视技防工作，于2007年投入12、13万元开展技防视频监控系统建设，在农场机关办公楼和重要部位安装了15台监控摄像机，包括两台360度全方位旋转摄像机。系统使用后，大大缓解了派出所警力不足的局面，有效的遏制了犯罪。系统安装前盗窃等治安案件平均每月3件，安装后真正实现了盗窃发案率零的目标，有效地威慑了违法犯罪嫌疑人。

2. 采取的具体措施

（1）积极主动向乡镇政府、农场领导汇报开展此项工作的重要意义，得到镇政府和农场的重视和支持。

（2）夯实基础，推动农村技防建设工作。为了营造共同参与的气氛，针对广大群众对技防建设作用缺乏了解的客观实际，派出所等有关单位的人员积极采取走访入户等方式向群众宣传技防的手段、优势和基本常识，使群众认识到技防建设对确保辖区治安稳定的重要作用，赢得了人民群众的理解和支持，争取形成共同参与“你出钱，我出力”的良好局面。

（3）宣传到位，扩大推广应用。为了让广大群众更直接、零距离的接触、了解和认识城市报警与监控系统，技防管理机构组织举办了安防科普宣传展，向广大人民群众全面介绍了涉及百姓民生的公共安全技术防范各个技术领域、各种防控系统基本知识，使得人们群众真正体会到技防创安。

（4）举办技防研讨会。邀请技防专家就“固定目标防盗、防劫报警系统”、“社会治安综合监控系统”等技防技术进行介绍、演示，使广大人民群众充分了解技防系统的重要作用，促使更多的人们群众使用和参与农村技防工作。

3. 存在问题

（1）建设经费严重不足。海南省有自然村23000余个，农村人口占全省总人口的70%，经济发展落后，城镇化水平低，农民收入少，建设经费难以募集。领导即使有较高的“花钱买平安”的技防意识，但经费严重不足致使农村技防基础工作难以开展。个别农村派出所虽然开展了基础技防建设，却由于后期运行、维修、保养所需经费无法落实，致使系统不能有效地正常运转。

（2）开展技防工作重要性的认识，有待进一步提高。个别市县领导到目前为止对“3111”试点工作的认识都还不到位，对建设的意义和作用还不够理解，更不要谈加强农村技防工作的重要性。因此，还需结合当地实际情况进一步加大宣传力度，统一思想，提高认识，促使技防工作得到发展。

三、做好农村地区技防工作的思路与措施

做好农村地区技防工作的思路首先是进行广泛地宣传，让各级领导了解技防工作在维护社会稳定工作中的意义；其次，根据农村地区的技防需求差别，研制推广适合农村现状和农民经济条件的技防手段，尤其是技术要求不高但实用耐用的手段；第三，增强农村警务力量，特别是技术人员的数质量，要大力提倡青年警员到一线锻炼成长。

措施：

1. 积极向有关部门汇报、沟通，争取地方党委政府的重视和支持。

2. 加强宣传，争取社会各界和广大农民群众的支持和参与。

3. 在农村技防建设中，要始终坚持与警务室建设紧密结合起来，通过深入推进技防建设，把警务室建成与技防报警监控一体化中心，直接接受群众报警求助，就近出警，进一步发挥警务室快速、有效服务群众的作用。

4. 学习外省市农村技防工作的经验，准确把握农村技防工作在科技强警战略中的地位和作用，初步研究农村技防支撑社会治安防控体系的手段、方法和途径，积极探索新形势下的农村警务模式，制定配套的值班巡逻、督导检查、考核奖惩措施，建立长效工作机制，把服务群众、服务基层、服务一线、服务实战贯穿于整体工作，实现人防与技防的有机结合。

5. 指导试点市县多途径、多方式的引进社会资源，积极开展农村技防工作，建立农村技防工作机制。海南省公安技防管理部门将积极主动开展农村地区技防工作，充分发挥基层公安机关的主观能动性，按照公安部的部署，及时汇报沟通，争取党委政府的重视和支持，加大宣传力度，争取广大农民群众的参与，开展好农村地区的技防工作，为建设社会主义新农村服务，为构建和谐社会服务。

2.16 广西壮族自治区技防管理工作

广西壮族自治区安全技术防范管理办公室

一、推进依法行政工作

一是制订依法行政工作计划，明确行政执法的工作任务、组织保障和工作要求。

二是清理规范性文件，废止了“自治区公安厅关于印发《广西壮族自治区公安机关实施〈广西壮族自治区安全技术防范管理暂行规定〉细则》的通知”（桂公通［2000］33号，2000年4月5日发布），确认《关于进一步规范全区安全技术防范行业管理工作几个问题的通知》（桂公通［2005］40号，2005年2月7日发布）继续有效。

三是进一步推进行政审批标准化工作，依据工作职能，完善和规范一项行政审批项目（安全技术防范产品生产、销售行政审批）和两项非行政审批项目（安全技术防范工程设计、施工方案论证和工程验收；承担技术防范工程的设计、施工单位备案）内容，配合广西自治区人民政府开展政务大厅服务工作要求，修改完善审批操作规范和审批流程图，进一步明确审批项目的范围、依据、主体、条件、申请材料及申办流程，统一审批标准和程序，压缩审批时限，下放了两项非行政审批项目的审批权限。

四是推进公安技防管理政务信息公开制度。按照国务院《政府信息公开条例》的规定，建立健全我处政务信息公开制度，编制、完善和及时更新政务公开信息，完善信息发布机制，及时在互联网上的“广西安防信息网”和公安专网上的“广西公安厅科技处”网站上予以公布。畅通各项监督渠道，完善信访、申诉、举报等各项制度。

二、开展广西自治区第一批科技强警示范县（市、区）验收考核工作

6月至9月，广西技防办与科技厅联合组织专家组对15个示范建设县（市、区）进行了科技强警示范创建工作现场验收考核。在为期两年的创建工作中，各地党委政府高度重视，成立了县主要领导任组长的领导小组，在政策、经费等方面给予了大力支持，创建工作取得了明显成效，公安工作现代化、信息化水平显著提升。各地党委政府均派出了主要领导参加验收活动，有效加深了对公安科技工作的认识，为进一步推进科技强警战略的实施创造了条件。经考核，15个单位全部通过了示范创建验收。11月5日，广西自治区公安厅、科技厅联合发文《关于确定武鸣县等15个县（市、区）为“科技强警示范县（市、区）”的通知》（桂公通［2009］262号）正式确定武鸣县等15个县（市、区）为“科技强警示范县（市、区）”。2010年1月14日，召开了建设工作总结表彰会，充分发挥示范单位的辐射引领作用。

三、推进社会治安监控报警系统建设与应用工作

1. 以广西自治区公安厅名义转发了公安部科技信息化局关于印发城市报警与监控系统建设、管理、应用规范性文件的通知，并要求各地结合本地系统建设、管理与应用的实际情况，对照规范性文件要求，找出差距与不足，特别是与规范不相符的地方，要采取有效措施加以改善，切实提高系统建设质量和管理、应用水平，进一步推动系统建设与应用的规范管理机制建设。

2. 组织开展广西自治区市、县（市、区）两级2008年度技防工程（社会治安监控报警系统）检查考评工作。根据自治区综治办关于开展全区市、县两级平安建设单项内容检查评分的要求，按照自治区公安厅的统一部署，于2008年12月19日至31日组织开展全区市、县（市、区）两级2008年度技防工程（社会治安监控报警系统）检查考评工作。广西自治区公安厅科技处肖增敏处长亲自带队，深入百色、钦州、玉林和贵港四市，对2008年度社会治安监控报警系统的检查考评工作进行督促检查指导。

3. 组织专家对百色市平安城市监控系统及电子警察系统技术方案以及钦州市城区报警与电子网络监控系统二期方案进行评审；对钦州市平安港区报警与电子网络监控系统工程进行验收。

4. 组织广西自治区相关单位和个人申报全国城市报警与监控系统建设工作成绩突出集体和个人的活动，玉林市公安局和黄宁宁等4人荣获全国城市报警与监控系统建设工作成绩突出集体和个人表彰。

5. 按照部科技信息化局的统一部署，认真开展全区农村地区技防工作调研活动，形成调研报告上报部科技信息化局。

四、开展“全国公安民警大走访”爱民实践活动

充分发挥公安科技管理特别是安全技术防范管理工作在服务经济发展、保障民生工作中的重要作用，积极构建和谐的警民关系，促进社会和谐稳定。

1. 深入全国科技强警示范市-柳州市以及部分创建全区科技强警示范县（区、市）的单位进行调研，全面了解创建科技强警示范建设的得失经验，面对面的了解基层民警对科技强警建设的实际需求，听取他们对公安科技管理工作的意见与建议。

2. 召开了广西自治区安全技术防范行业主要企业负责人、用户代表座谈会，深入基层、深入群众，面对面地进行沟通、交流，推动实际问题的解决。

五、召开广西自治区公安技防管理工作座谈会

2009年9月10日至11日，在南宁市召开了全区公安技防管理暨城市报警与监控系统建设应用工作座谈会，传达贯彻全国城市报警与监控系统建设经验交流暨农村技防工作现场会议（“郑州会议”）精神，部署下一步城市报警与监控系统建设应用、农村技防及行业管理工作。各市公安局技防管理部门负责人、城市报警与监控系统建设与应用工作负责人共50余人参加了会议。

六、推进安防工程企业资质评定试点工作

为了进一步转变政府职能，推进安防行业管理的改革，加大行业自律的工作力度，公安部科技局确定广西自治区为开展安防工程企业资质评定工作的第二批试点地区。从2007年底技防办启动了资质评定试点工作。2009年度，举办了3期519名专业技术人员参加并通过了中国安全防范产品行业协会的考试，举办了1期97名工程核算人员参加了工信部定额站举办的造价员执业资格考试，共评定了2家1级、9家2级、30家3级企业，截止2009年底，广西自治区共有95家从业公司获证，进一步促进了自治区安防行业自律竞争格局，保障自治区安防行业的健康发展。

七、依法履行行业管理工作

1. 履行安防产品日常管理职能，协助广西自治区安防产品企业送公安部检测中心进行型式检验，颁发生产登记批准书；转发了公安部关于社会公共安全产品认证结果信息的通报。

2. 履行安防工程日常质量监督职能，协助公安部授权的安防工程检测机构（广西产品质量监督检验院）进行年检；协助广西文物局等单位对安全技术防范系统工程进行验收。

3. 受中国安全防范产品行业协会的委托，组织部署广西自治区优秀安防工程企业申报“平安城市”建设优秀安防工程企业的活动，经过初审，共向中国安全防范产品行业协会推荐了9家安防企业，共有4家工程企业获得了此项殊荣。

2.17 四川省技防管理工作

四川省公安厅安全技术防范管理办公室

2009年，四川省公安厅技防办遵循“科技强警”和信息化建设的总体思路，围绕“公安爱民实践大走访”和“三项建设”，重点落实安防立法、“天网”建设应用和规范行政执法工作，圆满完成了全年目标任务。全体同志团结协作，在工作中服从命令，听从指挥，将全心全意为人民服务宗旨贯穿整个工作，巩固了积极向上、团结奋进的优良作风。具体工作情况是：

一、全力以赴做好安全技术防范立法工作

公共安全技术防范是社会治安防控体系建设的重要组成部分，指导和推动技术防范是公安机关的重要职责之一。为了使公安机关技防管理工作有法可依，四川省公安厅技防办于2007年启动了技防立法工作，起草了《四川省公共安全技术防范管理条例》（草案稿），经多次讨论修改，草案于2008年9月通过省政府常务会议审议，报送省人大常委会。2009年9月25日省十一届人大十一次会议表决，高票通过《条例》，该条例明确了公安机关在技防工作中的管理监督职责、任务，为规范和广泛动员社会力量参与安全技术防范工作提供了法律依据和准绳，进一步推动了四川省社会治安防控体系建设，为维护社会治安稳定和推进“两个加快”发挥积极作用，同时也为执法规范化奠定了坚实基础。

这一年的时间里，为了使《条例》能够尽快出台，四川省公安厅技防办全力以赴，重点解决立法中的三大难题：

（一）解决设立行政审批事项的难题

2005年《行政许可法》实施后，四川省人大对设立行政审批事项进行了严格的控制，也对《条例》（草案）中设立行政审批项目提出了质疑。技防办根据蒋巨峰省长提出的“建议对安全技术防范采取行政审批管理，必要时组织进行论证”的要求，会同省政府法制办和省人大内司委、法工委，对《条例》中设定的行政审批项目进行专题调研，走访了基层单位、从业企业和省内外公安技防管理部门，协调了省建设厅、质量技术监督局等单位意见，最终确定了4个行政审批项目，即“资格证”备案管理、安防设计方案审批和竣工验收审批，保留了“生产登记批准书”管理。由于调研细致、理由充分，这4个项目均在《条例》中得以保留，成为公安机关加强安全技术防范管理的有力武器。这在四川的立法史上是非常少见的。

（二）解决安装范围的难题

根据目前安全技术防范发展的情况，不少单位甚至个人建设了视频监控系统，这些系统是否侵犯个人隐私，如何纳入公安机关管理是一直思考的问题。在《条例》中，将系统分为三类进行管理：第一类是社会重点单位和重要部位，列入必须安装安全技术防范设施系统的范围。第二类是提倡安装安全技术防范设施系统的单位，包括出租车、单位财务室等。第三类是禁止安装的场所和部位，包括浴室、卫生间等。通过分类，解决了管理上的难题，保护了公民隐私，体现了“人文执法”的精神。

（三）解决公安机关合法利用社会资源的难题

为做好防范工作，公安机关应广泛动员社会力量开展技防建设。为了能够充分利用社会资源，《条例》规定公安机关可以合法使用、调取社会安防系统的信息资料，在紧急情况下可以依法直接使用系统。这一规定为公安机关利用社会资源进行治安防控提供了法律依据。

2010年1月1日《条例》正式实施，2009年12月按照四川省法制宣传活动的安排部署，四川省公安厅技防办积极组织，派出相关人员深入人民群众中进行《四川省公共安全技术防范管理条例》的宣贯工作。此次的宣贯工作是全省大范围推行《四川省公共安全技术防范管理条例》的一个前奏，是向普通群众普及条例内容的一个良好契机。工作人员们冒着寒风耐心解答群众提出的各种问题，详细讲解了条例的意义以及大致内容，并向大家发放了条例手册，受到了人民群众的热烈欢迎。

二、强力推进城市报警与监控系统（“天网”）建设工作

“天网”系统是公安信息化工作的重要组成部分，为公安工作提供宝贵的影像资料，也为侦查办案提供大量证据和线索。据统计，四川省2009年利用“天网工程”发现抓获犯罪嫌疑人2500余名，为治安、刑事、交通事故等各类案件提供破案证据和线索21523条。成都甲型H1N1流感集中医学观察点全面监控、“6·5”公交车案、成都车娅婷被害案、泸州仁和路伤人案、锦江区袭警案等都是通过监控图像提供犯罪线索，最终锁定犯罪嫌疑人的典型案例。

2009年，四川省公安厅技防办紧紧抓住“推进建设、深化应用”这一主线，完成“天网”建设应用中的四大项工作：

（一）推进建设，鼓励有条件的市、州增加监控点位，提高监控密集度

四川省今年共新建监控点1万余个，监控点总数达到78000余个，超额完成了年初确定的目标任务。四川省公安厅技防办在工作中还积极为市（州）提供技术支持和服务，提出夜间监控、重点目标监控、车辆号牌识别等解决方案。

（二）把藏区“天网工程”建设应用作为重中之重抓实抓好

为了切实发挥“天网工程”在维护藏区稳定、国庆安保工作中的重要作用，四川省公安厅技防办积极落实相关措施确保两州“天网工程”正常运行。

（三）开展藏区“天网”二期建设试点工作

根据四川省委政法委和厅党委的要求，四川省公安厅技防办积极开展藏区“天网”二期试点工作，已取得一定成效。

（四）贴近实战需要，挖掘“天网”系统的深层次应用

针对目前存在的“天网”系统与公安实战要求存在差距的现状，四川省公安厅技防办在处长带领下到先进地区调研，学习应用的新理念、新思路，为下一步开展“天网”深层次应用打下基础。

三、规范安全技术防范行政执法工作

（一）规范行政审批

2009年，按照省政府“两集中、两到位”的要求，四川省公安厅技防办将涉及安全技术防范管理的4项行政审批事项集中到省政务服务中心办理。按照规范化的要求，编制了办理条件、程序和审批流程等。在行政审批工作中，按照“严格执法、热情服务”的要求，既对企业产品质量严格要求，又积极为他们提供技术服务。全年共核发“生产登记批准书”40份，其中新办证33次，年审7次，抽样49次。由于技防办在办证过程中程序规范，服务热情，受

到了安防企业的广泛好评。

（二）清理规范性文件

根据《关于进一步做好规范性文件清理工作的通知》，四川省公安厅技防办于2009年4月开始进行规范性文件的清理工作，安排专人到公安厅档案馆查询了科技处归档的所有文件，对文件内容进行了认真细致的研究，提出了清理意见。清理废止了《四川省公安机关安全技术防范行政执法程序规定》和《四川省公共安全技术防范管理办法实施细则》。为了防止出现管理真空，科技处在清理相关文件的同时，积极制定适应新形势的行政管理规定。对保留的行政执法，分类细化了自由裁量权。

四、结合“公安爱民实践大走访”活动，为地震灾区居民安置点建设技防系统

“5·12”汶川特大地震发生后，四川省公安科技民警针对灾区灾民安置点防范设施简陋、各类人员混杂、治安管理困难的情况，结合“公安民警大走访”爱民实践活动，把加快安置点技防设施建设作为深入推进大走访活动的重要工作加以落实。技防办集中力量建设了都江堰青山锦苑安置点技防系统，包括视频监控、紧急报警援助、电子巡查等，可满足派出所对整个板房区的视频实时监控、居民紧急报警援助及加强巡逻队伍管理等需要。《人民公安报》1月30日头版以《给灾区安置点“上保险”》为题、2月11日，四川电视台在晚7：30“联播四川”栏目以“人防技防双保险、板房居民更安心”为题对都江堰青山锦苑安置点技防系统建设应用情况进行了详细报道，对技防办开展的“大走访”活动给予了充分的肯定。

五、完成上级交办的其他工作

根据总体安排，四川省公安厅技防办人员服务命令，听从指挥，并发挥所有人员的专业优势，参与了公安部标准培训班的会务工作等。总之，通过2009年的工作，四川省公安厅技防办锻炼了队伍，提高了能力，完成了任务，为10年的工作打下了很好的基础。

2.18 云南省技防管理工作

云南省公安厅科技信息化处

2008年9月至2009年12月，云南省技防管理工作在云南省公安厅党委和科技信息部门的领导下，以学习实践科学发展观为统领，以服务实战、服务基层、服务全警为宗旨，紧紧抓住“三基”工程和“金盾工程”建设有利时机，从城市报警与监控系统建设着手，不断推进技防手段的广泛应用，有效的促进了全省安全技术防范管理工作的开展，使云南省公安科技、技防工作得到进一步发展。

一、云南省城市报警监控系统建设

云南省城市报警与监控系统建设工作在各级党委、政府的高度重视下，各级公安机关积极行动，不断将系统建设、应用工作推向深入，使系统的建设和应用工作取得新的成效，在各地的综治维稳工作中发挥了积极的作用。

（一）领导重视，措施有力

云南省各州市的城市报警与监控系统建设工作在前期取得阶段性成果的基础上，各级党委、政府和公安机关始终把系统的建设作为重点工作来抓，将系统的建设纳入治安防控体系建设之中，努力克服经费困难，采取以政府投资建设为主，公安自筹资金、以租带建、市场化运作为辅等多种方式有效解决了资金不足的问题，再建成了一批系统。为促进系统建设，省综治办年初在听取公安厅信息通信处有关城市报警与监控系统建设工作汇报时就指出，将把该项工作纳入考核，以促进系统建设。公安厅在制定《云南省公安厅“先进平安县（市、区）”考核细则》和《云南省公安厅派出所等级评定实施细则》时，也对城市报警与监控系统的建设工作提出具体要求。

（二）系统建设工作稳步推进

由于各级党委、政府和领导的高度重视，云南省城市报警与监控系统建设工作始终稳步推进，截至目前，有近30个县（区、市）新建了系统，新增前端摄像机约2000台，全省129个县（区、市）已有107个建成了系统，共布设前端摄像机12704台。按照公安信息系统建设要达到互联互通、信息共享的要求，各州市公安机关正在开展整合各县城市报警与监控系统的工作，2009年，昆明、玉溪、曲靖、红河、文山、保山、迪庆7个州市已整合了所辖县（区、市）的系统，并在州市公安局建立了监控中心。云南省公安厅对全省城市报警与监控系统的整合工作也已启动。

（三）系统应用工作深入开展

随着云南省各地城市报警与监控系统逐步建成并投入使用，如何使系统在公安机关掌控社会治安和打击犯罪斗争中发挥最大效用，各地公安机关在摸索中不断强化应用工作。首先，建立完善的系统使用管理制度，以制度促应用。2009年，云南省公安厅及时将公安部编辑的《城市报警与监控系统建设、管理、应用规范性文件汇编》转发给各地，指导各地系统应用制度建设。之后，云南省公安厅于年内举办了一期培训班，对来自全省16个州市和129个县（区、市）公安机关专门从事系统建设和应用的骨干民警进行培训，邀请国内著名企业的专家，分专题讲授了城市报警与监控系统所涉及的各种技术原理，通过熟悉系统技术来指导应用。再者，已建系统的公安机关在云南省公

安厅倡导下，积极开展相互之间的应用经验交流，有的还走出省，虚心向先进和发达地方的公安机关学习。通过抓系统应用工作，系统应用于公安实战所取得的成效逐步显现。例如，曲靖市公安局通过抓系统应用，2009年以来，系统共预防案、事件1133起，其中破获各类刑事案件269起，治安案件263起，抓获犯罪嫌疑人288人，提供各类案件线索956件。各地已建系统在公安机关日常治安维护、各类大要案件侦破中也发挥了显著的作用。城市报警与监控系统这一新型的科技手段，已逐步成为了公安机关维护社会治安、打击犯罪的利器。

云南省城市报警与监控系统建设和应用工作在各级党委、政府的领导下，在公安机关的积极推动下，2009年取得了新的成绩，昆明市公安局科技处、曲靖市公安局和大理市公安局的各1名同志被公安部政治部评为城市报警与监控系统建设成绩突出集体和个人，受到通报表扬。

（四）系统考核顺利开展

2009年12月，云南省综治维稳委对全省各州市的综治维稳工作进行考核评分，并将城市报警与监控系统建设情况、报警监控中心建设情况、报警监控系统整合情况及报警监控系统的应用成效纳入了考核评分范围，且首次对技防建设是否纳入城乡建设5年规划提出了新的考核要求。同时，在对云南省各州市申报的41个“先进平安县（市、区）”的考核评分工作中，也将城市报警与监控系统的建设情况作为考核评分的重要依据之一。

基于云南省公安厅科技部门所做的大量前期工作，云南省综治维稳委将2009年度全省综治维稳委考核中涉及城市报警与监控系统及技防建设的考核评分工作交由公安厅信息通信处负责。

云南省综治维稳委对城市报警监控系统建设、应用的考核评分工作，进一步体现出了云南省综治维稳委对城市报警与监控系统建设及技防建设工作的重视，是云南省城市与报警监控系统及技防工作在公安实战工作中发挥重要作用的体现，使云南省各州市公安机关进一步提高了对加强城市报警与监控系统建设的重要性和紧迫性的认识，加快推进了云南省城市报警与监控系统及技防建设的步伐。

二、云南省技防立法工作情况

云南省于1994年制订出台了《云南省安全技术防范管理规定》（省政府第16号令），2004年国家行政许可法颁布实施后，该规定被废止。云南省安全技术防范管理部门通过多次调研，并结合云南省实际情况，于2007年组织起草了《云南省公共安全技术防范管理办法》、该办法由省综治办和省公安厅联合下发。但《云南省公共安全技术防范管理办法》受到发文范围和发文形式的限制，该管理办法不属于行政规章，只是内部规范性文件。由于缺乏管理依据，国家和行业出台的涉及安全技术防范工作的标准得不到有效的贯彻执行，一些新出现的社会技防服务方式得不到应有的管理和规范，各种应用于安全技术防范工程的产品质量得不到有效保障，一些应该采用安全技术防范手段进行保护的重要单位和部位而未采用，社会各界对该行业缺乏有效监管反应强烈。因此，为了促进我省技防行业的规范、健康发展，确保安防工程质量和产品质量，充分发挥安全技术防范手段的治安防控功效，云南省安全技术防范管理部门于2009年提出了制定《云南省安全技术防范管理》的立法申请，此次立法申请订立我省安全技术防范管理行政法规，拟从使用范围、从业要求、安装运营、信息使用、监督检查、法律责任等方面设立相关的条目，以解决行业管理混乱、安装运营管理法律缺位以及信息不当使用等问题。

三、云南省农村地区技防工作情况

云南省整体社会经济发展情况极不平衡，其中以昆明、玉溪、曲靖、红河、大理为代表的州、市，整体经济状况较好，根据调研和日常工作掌握，在靠近中心城市的周边农村地区对技防工作有一定的需求。例如昆明市附近的一些农村，由于村民大量建盖出租房，原有村子实际已经形成各种人员的聚居地，由于居住人员鱼龙混杂，导致治安和刑事案件的多发，当地的村民和租房人员为保护自身安全和财产安全，都有一定的防范需求，但多数采取人防、物防相结合的办法。对技防手段，一是不了解；二是认为花钱多；三是实施技防手段的条件受限；近几年，村委会或社区居委会从构建安全社区的角度出发，逐渐认识到安全防范工作的重要性，也在探索通过建设社区电视监控系统来有效管理社区，维护社区安全的方式。但云南省绝大部分农村地区，由于经济发展落后，交通不便，居住人员相对固定，一则发案较少，二则环境条件制约技防手段的应用，因此，技防需求基本没有。

云南省农村地区技防工作存在发达地区和落后地区略有差异的情况。昆明市的农村地区，特别是靠近主城区的城郊结合部的农村，基本已经城镇化，所处其中的金融、商业、居民住宅小区都大量的采用报警、电视监控等技防手段，部分村委会或社区也都在公共区域安装了电视监控系统。近2年，昆明市投入大量资金建设城市报警与监控系统，其系统监控范围已基本覆盖了主城区附近的农村和各区、县、市城区附近的农村，今后将逐步向偏远的乡镇和村庄扩展。与昆明市相类似的曲靖、玉溪、大理、红河等州市，农村地区的技防工作情况也和昆明差不多。云南16个州、市，除上述几个州、市外，其余州市农村地区的技防工作基本是一片空白，除极少数在农村设立的金融机构（如农村信用社）建设有报警与监控技防设施外，技防工作并未进入农村。

针对云南农村地区的实际情况，做好技防工作应因地制宜，要考虑到农村地区的经济和社会环境状况的不同，在推动技防工作中区别对待。如云南省绝大部分农村，经济落后、环境闭塞、交通不发达、居住人员相对固定，较少发案，即使发案，也主要是偷盗生产工具，再有就是纠纷导致的急情杀人。再者，云南省大量农村属少数民族聚居地，少数民族民风淳朴，视偷盗等违法行为为可耻，因此，在这一类农村地区推广或开展技防工作，从现实来说不迫切，意义也不大；但对于处于交通要道、城市周边、镇连镇、相邻乡、村靠村这样一些农村地区，因其区位优势，经济较为发达，城镇化水平较高，人居较复杂，影响社会治安稳定的因数多，各类案件发案率较高，应大力宣传安全技术防范工作，采取个人、家庭、单位、社区、政府各出资金，各负其责，共同建设覆盖全区域、由点及面的以不同报警手段和全天候的视频监控为主的安全技术防范系统，充分发挥安全技术防范系统的功能，为预防和打击犯罪、维护社会治安提供一种有效的手段。

2.19 陕西省技防管理工作

陕西省公安厅安全技术防范管理办公室

2009 年，陕西省公安厅安全技术防范管理办公室（省公安厅科技处）在公安部科技局和陕西省公安厅党委的正确领导下，以科学发展观为统领，认真按照《2009 年全省公安科技管理工作要点》的思路，坚持与时俱进，开拓创新，以“争先恐后，勇创一流”的精神，深入贯彻落实《陕西省安全技术防范条例》，认真履行对安全技术防范行业的监管职能，以推进城市报警与监控系统“3111”试点工程建设为抓手，大力加强执法规范化建设，有力地促进和带动了全省安全技术防范工作依法规范和健康有序发展。

一、成功召开全省安全技术防范工作千人大会，掀起城市报警与监控系统建设新高潮

城市报警与监控系统建设既是公安部关于技防系统建设的总体规划，也是社会公共安全防范的“一揽子”工程。2008 年底陕西省开展的延安市全国第二批城市报警与监控试点建设和西安市碑林区等全省十个省级系统建设试点工程已基本结束。为及时总结系统建设试点工作的经验和教训，树立先进典型，推动城市报警与监控系统建设的全面开展，陕西省公安厅党委决定召开全省安全技术防范工作会议。2009 年初，在陈里副厅长的领导下，技防办开展了深入细致的会议筹备工作。一是根据陕西省人大技防条例执法调研报告，积极请示省政府，以政府牵头召开此次会议，后经多方协调确定了由陕西省公安厅、省综治办联合召开的会议形式。二是开展了广泛的技防调研工作。为深入掌握全省技防工作情况，陈里副厅长亲自带队，多次深入基层开展技防工作调研，指导各地开展报警城市建设。技防办组织于 2 月召开了关中六市（区）科技创安工作座谈会，总结城市报警与监控系统试点建设经验，出台了《陕西省公安厅关于进一步加强“3111”建设工作的意见》。三是结合实际，起草了《关于加强安全技术防范建设的意见》、《安全技术防范建设考核评比办法》等一系列会议文件。

在陕西省政法委的高度重视下，在陕西省公安厅党委的正确领导下，在厅直工处、办公室、研究室、宣传处等兄弟处室的有力支持和协作下，经过为期半年的紧张筹备，7 月 7 日，全省安全技术防范工作会议在西安胜利召开。会议全面总结了全省安全技术防范工作和城市报警与监控试点建设，科学分析了技防工作面临的形势和任务，对深入贯彻《陕西省安全技术防范条例》，全面推进城市报警与监控系统建设作出了工作部署。陕西省综治委部分成员单位和有关方面的负责同志，各市（区）综治办主任、公安局主管副局长、技防部门负责人，全省和各市城市报警与监控系统建设试点单位负责人，陕西省公安厅的党委成员、厅内各部门负责同志，以及部分基层公安民警共计 1200 余人参加了大会。陕西省政协副主席、省综治委副主任周一波出席会议并讲话。陕西省公安厅党委书记、厅长王锐作了题为《抢抓机遇真抓实干强力推动全省技防建设工作迈上新台阶》的工作报告。厅党委委员、副厅长陈里宣读了《陕西省公安厅关于表彰全省城市报警与监控系统建设试点单位的决定》。陕西省委政法委副书记刘自成主持会议，并就贯彻落实工作提出了具体要求。在陕各大媒体和互联网 10 多个网站对此次会议进行了集中宣传报道，形成了良好的社会反响。这次会议组织头绪多，任务重，但圆满完成，陕西省综治委领导和陕西省公安厅党委予了充分肯定。

“7·7”会议后，各市区公安机关迅速行动，积极争取当地党委、政府的重视支持，结合平安创建活动和“三项建设”工作，采取有力措施，积极推进城市报警与监控系统建设和《陕西省安全技术防范条例》的贯彻落实。目前全省多数县（区）已经建成或正在建设城市报警与监控系统，许多地方已经筹备进行二期或三期甚至是四期的建设工作。2009 年，技防办组织专家对西安市碑林区等 6 个区（县）的技防系统工程进行了竣工验收，对宝鸡市等 8 个市（县）的技防系统建设方案进行了评审论证并对我省文物保护重点工程法门寺监控报警系统建设方案进行了评审。据不完全统计，截止目前全省已安装监控摄像机 8 万余台，合计投入资金近 8 亿元，其中公安机关安装社会面治安监控视频摄像机近万台。全省各地城市报警与监控系统的陆续建成和投入使用，实现了对社会治安的全方位、多层次、全覆盖的动态监控，形成了“人防、物防、技防”相结合的全天候巡防工作机制，有效提升了打防控整体效能，公安机关的实战能力和服务群众能力明显增强。全省治安、刑事案件特别是街头“两抢”和打架斗殴等治安案件明显下降。

全省技防工作会议确定了将城市报警与监控系统建设全面纳入平安创建活动的工作方针，系统建设成为党委政府的惠民工程，被列上重要的议事日程。形成了政府领导、公安主导、部门协同、社会参与的良性发展局面。可以说，此次会议规模空前，是陕西省公安技防管理工作开展20年来召开的最重要的一次会议，把陕西技术防范工作推向正规化、规范化、法制化的新高潮。

二、优化程序，变管理为服务，大力加强执法规范化建设

根据《条例》的规定，登记备案工作自2007年开展以来，陕西省安全技术防范管理工作逐渐步入了法制化、规范化的轨道，结束了长期以来省、市许可交织的混乱局面，极大地减轻了企业负担，为企业的成长提供了良好的发展环境，深受广大企业欢迎和好评。

2009年以来技防办大力加强执法规范化建设，优化程序，变管理为服务，在原有规定的基础上制定了许多优化改进措施：一是严格办事程序，所有办事依据、条件、程序、制度、时限等一律上墙公示，自觉接受群众监督；二是制作了反腐倡廉警示牌，警钟长鸣，主动向群众公布厅纪委和厅警务督察总队举报电话，时刻把自己置于纪检部门和群众的监督之下，杜绝违法违纪问题的发生；三是规定了登记备案办理时限；四是加强领导，严格了办证审批程序。以上几项措施大大简化了企业的办事手续，方便了群众，拉近了政府部门与安防企业的距离，密切了警民关系，受到了广大安防企业的绝口称赞。技防办全年共赴160余家安防企业进行了实地考查，办理工程登记备案证共358份，办理销售登记备案证共59份，办理生产登记批准书共15份，为安防企业出具各类证明函111份。

三、举办2009年中国（西安）国际社会公共安全产品博览会，安防协会工作取得新成绩

1. 2009年中国（西安）国际社会公共安全产品暨警察反恐技术装备博览会在陕西省公安厅党委的高度重视和陈里副厅长的精心指导下，在厅机关各处室的大力支持下，经过近8个月的认真筹备，于5月6日至8日在西安曲江国际展览中心成功举办。本届博览会以“平安陕西，安防做保障”为主题，分技防产品、警用装备、消防器材、交通设备4个展区，并在博览会开幕期间进行了警用直升机和反恐车辆表演，展示了陕西公安科技的强大实力，吸引了来自国内外的450余家安防企业参展。陕西省委常委、政法委书记宋洪武，省人大副主任罗振江，省委第一巡视组组长陈再生，中国安全防范产品行业协会理事长柳晓川，省公安厅厅长王锐和在家的厅党委成员，以及省政法、科技、财政部门的领导出席了博览会开幕式。各行各业前来参观的观众达到5万余人次。中、省、市各大媒体都进行了宣传报道。博览会同期还举办了“平安陕西”第三届西部安防行业工程商大会、反恐技术装备演示与技术讲座。博览会取得交易意向300余项，合同额达20亿元。这次博览会是技防办承办安防展以来规模最大、规格最高、层次最多、效果最佳的行业盛会，展会规模是继深圳、北京安防展之后在全国同类型展会中排名第三位，成为陕西省公安科技事业发展历史性飞跃的一个标志，受到陕西省公安厅领导和广大群众的一致好评。副厅长陈里批示：“科技处今年以来在抓队伍建设、抓业务工作上取得较好的成绩。特别是公共安全产品博览会办的非常成功，多方面反映很好。下一步在科技创安和科技创新推广上加大力度，争取取得更大的成绩”。

2. 召开陕西省安全技术防范产品行业协会全体会员代表大会，完成换届工作，明确理事分工，制定了年度工作计划，协会工作注入新活力、展现新面貌。举行百家安防企业诚信公约签约仪式，组织300多家会员企业签约，并在网上公示，接受行业监督；开展了2008年度诚信安防企业评选活动，28家年度诚信单位脱颖而出，引导企业合法经营、正当竞争，推动安防企业健康发展；陕西安防网建设不断加强，影响力逐渐扩大，目前总点击量超过100万人次，网站的作用日益显现。在“大走访”活动期间，充分发挥协会的桥梁和纽带作用，组织了多次安防企业座谈会，广泛征求意见，积极帮助企业解决困难，密切了警民关系。

3. 积极开展学习实践科学发展观活动。按照陕西省民政厅和厅职工处的部署，安防协会在开展新社会组织学习实践科学发展观活动中，以灵活的学习方法、充足的学习时间、科学的学习内容，使学习实践活动落到实处、贴近工作，进一步增强了协会的凝聚力、号召力。

四、组织技防管理干部赴兄弟省市考察学习，充分借鉴技防管理工作先进经验

2009年10月31日至11月13日，组织全省九市公安局技防管理部门的主要负责人和技防专干共25人赴广东、浙江、江苏、上海进行了考察学习，观摩了深圳宝安区、杭州下城区和南京市的城市报警与监控系统建设与应用情况，并与当地公安技防管理部门进行了座谈交流。这是陕西省公安技防管理部门第一次组织如此规模的考察学习活动。

本次活动由科技处处长彭功民亲自主抓，处领导班子成员密切配合。在筹备阶段，根据厅领导意见专门对本次考察学习活动做了认真的组织工作，制订了详细的工作计划和行程安排，提出了纪律要求。

在活动的整个过程中考察组成员能够相互理解，团结互助，克服困难，用心听讲，做好笔记。大家都能够虚心向兄弟单位请教，广泛探讨共同关心的问题。一些同志还就本单位本地区在开展技防工作中遇到的疑难问题向兄弟单位寻求解决办法。每个同志都能主动积极挖掘各自感兴趣的东西，有的搜集了有关法规、行政管理文件，有的搜集了基层实战材料和培训教材，有的还拷贝了电子文档等。考察组成员一致认为这次南方考察学习活动内容丰富、安排紧凑、贴近工作实际。

整个活动期间考察组能够严格执行“五条禁令”，遵纪守法，认真开展调研考察工作，未发生任何安全责任事故，圆满地完成了预定的任务。

五、大力开展业务技能和法律法规培训

2009年12月3日至4日，在临潼区举办了全省第七期《陕西省安全技术条例》、《安全技术防范工程国家标准》宣贯培训班，共有从事安全技术防范工程设计、施工、监理、检测以及技防产品销售的负责人和技术人员228人参加了培训，全部通过了考试并获得了培训合格证。这次培训对于确保我省安全技术防范工程的建设质量，提高陕西省安防从业人员的专业技能和法律知识水平将起到积极的推动作用。

2009年12月6日至11日，在临潼区举办了全省第一期、第二期“全省公安技防管理干部行政执法证培训班”，共有400余名公安技防管理干部参加了培训，全部通过了省法制办组织的考试并获得了《陕西省安全技术防范行政执法证》。

这次培训工作是在陕西省政府法制办领导下，采取条块结合的方式，分批组织实施的。省政府法制办委派具有丰富教学经验的领导和教师进行授课，并以《依法行政理论与实务》和《依法行政法规文件选编》这两本教材为主要内容拟定试题，同时派人监考。阅卷工作由省政府法制办组织进行，考试成绩在陕西政府法制网公布。考试合格者最后由省法制办发放《陕西省安全技术防范行政执法证》，确认其执法资格，持证上岗执法，确保执法民警具备所在执法岗位的法律素质和执法技能。今后，该证件将作为公安技防管理干部上岗、执法和进行检查的必备证件。

展望新的一年，技防办将以进一步深入学习贯彻《条例》为契机，不断解放思想、转变观念、改变作风、发挥优势、奋发向上，扎实工作，努力开创陕西省公安技防管理工作新局面，为“建设平安陕西、构建和谐社会”做出新的、更大的贡献。

2.20 兵团技防管理工作

兵团公安局科技信通处

兵团农八师石河子市（以下简称“师市”）城市报警与监控系统工程建设是“平安八师、和谐石城”的重点项目。该系统工程自建设以来，得到了师市党委、政府的大力支持下，2007年、2008年、2009年市人大连续三年将石河子市城市报警与监控系统工程列为政府为百姓做的十件实事之一，目前三期工程已全部竣工，累计投入920余万元，共建成市局监控中心1个、DLP大屏幕显示系统1套、城区分局、开发区派出所二级监控中心2个、数字监控平台7个、前端监控点302个，出城治安卡口8个（其中改造交警监控卡口2个），基本覆盖城区内主要路口、重点部位及治安复杂场所。监控系统的建成，提高了公安机关动态管理水平，在维护社会治安、打击刑事犯罪，维护交通秩序，创建平安和谐社会中发挥了巨大作用。

一、城市报警与监控系统建设工程三期建设情况

2009年，师市拨款300万元用于三期工程建设，为了确保将有限的资金用好，确保监控系统发挥效用，市公安局多次召开党委会，研究制定了2009年城市报警与监控系统建设规划。目前三期工程已全部竣工，并顺利经过验收：

（一）公开招标，优中选优，认真做好监控三期工程合同签订工作

在借鉴一、二期工程建设经验的基础上，市公安局采取竞争性谈判的方式，在师市政府采购办的监督下，选定由中国电信石河子分公司承建市区106个前端监控点及6个治安卡口的建设，合同金额共计228万元，由中国移动石河子分公司承建开发区派出所辖区36个前端监控点的建设，合同金额31万元；全部前端监控点的立杆工程仍由石河子市市政工程养护管理处承建，合同金额40万元，并聘请了天一监理公司对工程施工进行全程监督，监理费用8000元。

（二）科学选点，周密部署，确保了前端监控点的布局更加合理有效

为了保证前端监控点的选点科学，使城市报警与监控系统发挥实效，能直接服务于侦察破案，满足震慑、遏制犯罪的需要，市公安局抽调专门人员与施工单位、辖区派出所，组成勘查小组，深入辖区治安复杂场所、案件易发区域、辖区主要路口、大型商场超市门口等地进行实地勘察，对前端监控点进行反复论证，力求布局更加合理有效。勘查组成员冒着酷暑，历时二十余天，完成了市区8个派出所142个前端监控点、6个出城治安卡口的选址工作，设计人员制作了详细的勘点资料，并绘制了立杆图纸。“7·5”事件发生后，为了加强对少数民族聚居地的管控，市公安局又在清真寺、老街六十亩地增设了4个监控点位。

（三）多方协调，彻底解决监控前端取电难的问题

2009年5月6日，王新民副政委一行来市公安局调研座谈时，得知部分前端监控点因供电问题无法正常使用，当即作出重要指示，要求将无法正常供电的前端监控点统一接入天富电力供电公司，由政府支付电费。会后，市公安局立即行动起来，积极与天富电力公司协商解决监控前端供电问题。目前，天富电力公司已与市公安局签订了用电协议，并指定专人配合施工单位完成了一、二、三期前端监控点的接电点的定位工作。

（四）调研取经，科学规划，完成监控系统二级中心建设

为了确保监控系统建成后易于管理，且适应当前打击犯罪的需要，经市公安局党委研究决定，不再建派出所分控中心，而在城区公安分局建设二级监控中心，将监控系统纳入城区分局统一管理，统一聘用职机人员，此举大大节约了建设资金，同时也节省了警力。城区分局党委对此项工作给予了大力支持，在办公室极其紧张的情况下，专门腾出会议室，用于建设城区分局监控中心。并将原有四个派出所分控中心与今年新建的三个派出所分控中心的后端设备全部移至城区分局，施工人员历时一个月的时间于

十一国庆前完成了城区分局监控中心建设。已建成的监控中心内有64台监视器，已接入图像240路。

（五）精心组织，完成监控系统三期工程的验收工作

施工单位加班加点，克服工期短、任务重的困难，于9月30日完成三期工程建设。经过一个月的试运行，10月30日，市公安局专门邀请了师市发改委、师市财政局的五位专家对城市报警与监控系统三期工程进行了验收。验收中专家们首先听取了承建单位、建设单位及监理公司的汇报，接着从文档资料、工程建设以及资金使用情况三个方面进行了检查验收，最后专家们赴城区分局控制中心对前端监控点及治安卡口的车辆识别软件进行了实地测试。经过半天的验收专家们对工程建设中的一些先进做法和经验给予了充分肯定，对建设中存在的一些问题提出了相应的整改意见。验收结束后，专家组组长宣布了验收结论：石河子市公安局城市报警与监控系统三期工程顺利通过验收。

二、城市报警与监控系统建设工程初见成效

城市报警与监控系统的建成，一是提升了实战效能，进一步拓宽为破案打击提供有效线索和证据的信息来源；二是提升打防水平，进一步完善全区社会治安防控体系，为一线实战单位提供精确打击的平台；三是提升交管水平，规范执法行为，为实现无人交通管理提供新的手段。四是提升应用层次，进一步增强公安机关实时高效的指挥能力，为重大警务活动提供现场指挥调度。截止目前，通过视频监控系统，已经侦破刑事案件35起，通过监控信息，现场抓获犯罪嫌疑人18名，抓拍各类交通违法行为1250余起。学校周边、商业街犯罪案件大幅下降，市民的安全感和对人民警察的信任度大大增强。

三、城市报警与监控系统建设工程2010年规划

根据市监控系统建设的总体规划，结合师市维稳工作的新形势及处置突发事件的需要，市公安局拟于2010年开展监控工程四期建设，在前期建设的基础上，增大监控前端的覆盖率，将监控触角延伸到社区和治安重点地区，预计在市区内再建250个前端监控点，以满足打击、震慑犯罪的需要。

2.21 辽宁省技防管理工作

辽宁省公安厅科技处

辽宁省公安厅技术防范办公室设在辽宁省公安厅科技处，具体负责全省安全技术防范管理工作。随着群众安全意识的提高，全社会对于技术防范的认知也在不断增强，企业规模在逐步扩大，技防工程数量迅速增长，目前，已在辽宁省公安厅备案的全省从事安全技术防范的企业有864家。2009年为了全面贯彻落实公安部的各项指示精神和各项工作任务，全省各级公安机关技防管理人员以科学发展观为指导，全面完成了各项技防管理工作任务。

一、组织全省公安机关技防管理部门开展爱民大走访活动

为了贯彻落实公安部科技信息化局关于在《全国公安机关科技管理部门开展“全国公安民警大走访”爱民实践活动工作方案》的要求，结合辽宁省实际制定了《全省公安机关技防管理部门开展“公安民警大走访爱民实践活动”实施意见》。从2009年1月6日起到3月15日，全省各级公安机关技防管理部门的领导干部带头深入企业，走访企业300余家，向企业宣传安全技术防范知识，提高企业的安全防范意识。与企业领导、职工面对面地进行沟通、交流，帮助企业解决实际问题。通过大走访活动，进一步推动了安全技术防范工作的发展，构建和谐的警民关系，促进社会和谐稳定。

二、强化技防管理职能作用，广泛开展安全防范知识宣传活动

全省各级技防管理部门为强化职能，充分利用电台媒体、网络和展板等形式，开展安全技术防范知识的宣传活动，让技防知识走进机关单位、社区民宅、大街小巷，提高广大人民群众的安全防范意识，为维护社会治安稳定起到了巨大的促进作用。辽宁省公安厅科技处田振宇副处长2009年9月22日做客辽宁电台直播间，在“民生”节目中宣讲家庭安全防范知识。大连市公安局在全市公共场所集中开展宣传工作，出动警力2100人，设立了15个宣传会场进行宣传。朝阳市公安局在朝阳电视台“今晚关注”栏目播出“联网报警走近千家万户”节目，广泛宣传安全技术防范知识。广泛开展的宣传活动，使老百姓从中受益，对构建和谐警民关系起到了积极的推动作用。

三、全力提升监控效能，增强侦查破案能力

辽宁省公安厅科技处技防办组织各市技防管理部门，充分宣传视频监控在侦查破案中的作用，指导各市利用视频监控系统破获了一批诈骗、盗窃、交通事故等有影响的案件，有力打击了各类犯罪，维护社会稳定，确保了社会治安的稳定。如丹东市公安局成功监控到群体性上访现场情况，为领导决策提供依据；辽阳灯塔市公安局应用监控系统为破获杀人案件提供线索和有力证据；朝阳市公安局利用位于市委附近的监控点及时发现部分离退休职工因自身利益问题到市委群体上访并有意直接闯入市委办公楼的企图，为成功处置这一突发事件赢得先机。盘锦市公安局

应用视频监控等科技手段，在该市民警的全力侦破下，被列为盘锦市1号案件的“9·15”金银首饰柜台抢劫案告破。一年来，据不完全统计，全省利用视频监控系统为各警种提供各类证据资料32108份，其中治安案件8515起、刑事案件20252起，交通案件2181起，其他案事件1484起，视频监控系统应用成果显著。

2.22 贵州省技防管理工作

贵州省公安厅科技处

2009年，贵州省公安厅技防办在贵州省公安厅党委的领导和公安部科技信息化局的指导下，以邓小平理论和“三个代表”重要思想为指导，坚持以科学发展观为统领，认真贯彻党的十七届四中全会、贵州省第十届全会和全国公安厅局长会议等会议精神，立足贵州“平安城市”创建活动，紧紧围绕服务公安中心工作、服务基层、服务大局，全面落实“三项建设”各项要求，努力推进贵州省城市报警监控系统建设与应用，加强技防管理执法执勤规范化建设，全面推进贵州安全技术防范管理工作。

一、推进安全技术防范管理工作规范化建设

（一）重新修改完善技防管理规章制度

自2008年12月份以来，贵州省公安厅技防办以落实本单位学习实践科学发展观整改措施为契机，以公安部“三项建设”的要求为依据，按照《贵州省安全技术防范管理条例》的规定，重新审理了《贵州省公安机关安全技术防范管理执法执勤规范》，废除与《条例》不符合的备案条款。2009年3月重新印发了《规范》。

（二）积极参与省厅电子监察系统建设与应用，推进技防管理电子警务建设

二、做好安全技术防范工作，强化城市报警与监控系统建设与应用，推进“平安贵州”创建活动

（一）抓好全省城市报警与监控系统的项目建设，督促各地抓建设

2009年来，贵州省公安厅技防办先后下发指导性文件，指导各地抓建设、抓应用，并通过将城市报警与监控系统建设任务与管理要求纳入公安信息化建设与应用年度目标考核任务范畴，推进了全省城市报警监控系统的建设进程。

（二）抓好全省城市报警与监控系统信息收集与汇报工作

2009年，贵州省公安厅技防办分别开展了全省城市报警与监控系统基础信息、应用案例、效能发挥等方面的情况收集工作，为全省两节两会和国庆60周年等重大期间的安全保卫工作提供服务。

（三）加强请示汇报，协调关系，全面推进贵州省城市报警与监控系统新一轮建设与应用高潮

为贯彻《中共贵州省委办公厅贵州省人民政府办公厅转发<省社会治安综合治理委员会关于进一步加强社会治安综合治理基层基础建设的意见>的通知》（黔党办发［2009］12号）文件精神，全面推动我省城市报警与监控系统建设工作，今年下半年，贵州省公安厅技防办在全面梳理全省城市报警与监控系统前期建设情况的基础之上，分析了各地动态，查找了存在不足，提出了下步努力方向，认真撰写《贵州省城市报警与监控系统建设情况报告》。9月份，贵州省公安厅技防办多次召开“城市报警与监控系统建设”工作座谈会，广泛征求省委政法委和厅治安、信通、指挥中心的意见，听取基层公安机关的建议，借鉴省外做法，学习城市报警监控系统建设系统标准，研究各地实际需求，制定了《贵州省城市城镇报警与监控系统建设总体规划（草案）》，旨在统一全省城市报警与监控系统建设和应用，实现全省各系统互联互通、资源共享，推进全省社会治安防控体系建设。

2.23 上海市技防管理工作

上海市公安局安全技术防范办公室

一、制定标准、规范技防行业

完成了上海地方标准《居民住宅小区安全技术防范系统要求》修订工作；上海市地方标准《重点单位重要部位安全技术防范系统要求》第14部分“燃气行业”、第15部分“公交车站及公交专用停车场（库）”的编制工作，并印发了《2009年安全防范技术文件汇编》，有效规范了技防行业，为贯彻《内保条例》提供了支撑。

二、多策并举加强世博园区技防建设

在组建世博技防专家库的同时，组织世博园区安防范工程评审；组织制定了《世博园区硬盘录像机技术要求》等世博技防工作规范，并有针对性的进行重要场馆安全技术防范工程技术指导。

三、开展技防工程和产品的年度审验工作

对上海市已领取《核准证书》的585家从业单位资质进行核准。共29家企业生产的39种型号的技防产品通过年检。

四、组织完成上海市政府实事项目“完善500个封闭型小区技防设施”建设工作

由政府出资，在500个小区的出入口和机动车库出入口安装监控系统。

五、组织开展加油（气）站视频监控系统安装工作

截至2009年1月25日，804家加油（气）站中，有698家安装了视频监控系统，占总数的86.8%。

2.24 河北省技防管理工作

河北省公安厅安全技术防范管理办公室

一、制定了《河北省公共安全视频图像信息系统管理办法》

该办法的出台对于促进河北省安全防范系统建设，规范行业发展具有重要意义。目前已经上报省政府法制办，拟以政府令形式出台。

二、办理了“安全技术防范产品生产、销售审批”和“安全技术防范系统设计、安装、维修”两项行政许可

三、开展了正定县农村视频监控试点工作

正定塔元庄试点经过一期、二期工程建设，监控系统运行状况良好，对维护当地治安稳定、保护群众生命财产安全起到重要作用，为今后开展农村科技防范工作提供了经验。

四、举办“2009第八届河北社会公共安全产品博览会”

五、组织了“2009中国安防报警服务业战略研讨高峰会（邯郸）”，受到各界的好评

4月9日至4月10日，2009中国安防报警服务业战略研讨高峰会在邯郸市隆重召开。公安部科技局局长王俭，河北省公安厅副厅长万书君，河北省政法委副书记、综治办主任王会平和邯郸市委常委、政法委书记周国江先后致辞。李润森主任等14位领导、专家及企业代表分别就大力发展报警服务业作主题演讲，会议全面分析了安防报警服务业面临的市场环境、建设现状、技术趋势和发展机遇，就如何进一步规范服务市场，引领行业健康深入发展进行了深入研讨。会议讨论并签署了《中国安防报警服务业邯郸宣言》，成立了中国安防报警服务业诚信联盟，并现场观摩邯郸公安局技防报警中心。

六、组织了全省安防企业的设计、施工、维修技术培训

从2009年5月份开始，针对全省安防行业专业技术水平参差不齐的现状，河北省公安厅技防办与省安全技术防范学会联合组织了安防设计、施工、维修技术培训。培训的内容涉及安全技术防范法规、标准、设备、技术、安装调试等。

2.25 甘肃省技防管理工作

甘肃省公安厅科技处安全技术监督科（技防办）

2009年，甘肃省公安厅技防办对全省公安机关开展的城市监控与报警系统建设工作基本情况进行了初步的调研和检查。通过调研和检查，摸清了甘肃省社会公共场所视频监控系统建设情况，同时对基层公安机关开展监控与报警系统建设情况有了初步的了解，掌握了基层公安机关监控与报警系统的使用运行现状，为下一步规范开展监控与报警系统建设奠定了基础。

2009年，甘肃省公安厅技防办结合公安机关开展爱民实践大走访活动，按照技防管理业务工作范围，对甘肃省部分安全技术防范企业进行了走访，征求了其对公安机关安全技术防范管理工作的意见和建议，调研了安防企业动态，同时宣传了安全技术防范管理工作的相关知识。

2009年，根据公安部科技信息化局《城市报警与监控系统建设、管理、应用规范性文件》，结合甘肃省实际并按照《甘肃省社会治安防控体系建设2009—2011年工作规划》的要求，甘肃省技防办起草了《甘肃省社会治安视频监控系统建设指南》、《甘肃省社会治安视频监控系统建设安全风险与防护工作指南》、《甘肃省社会治安视频监控系统实战应用指南》、《甘肃省社会治安视频监控系统工作规范（试行）》等四个文件。通过反复征求基层公安机关和相关业务部门的意见，以甘肃省社会治安综合治理委员会、甘肃省公安厅文件下发全省执行，为规范全省社会治安视频监控系统建设和应用奠定了基础。

2.26 青海省技防管理工作

青海省公安厅安全技术防范管理办公室

一、筹备成立青海省公共安全技术防范协会

为适应全国技防形势发展和全国公安技防管理工作要求，积极架构政府与企业之间的桥梁，进一步推进青海省安全技术防范事业的健康有序发展，经青海省公安厅党委同意，青海省技防办积极筹备成立青海省公共安全技术防范协会。其间，召集全省安防企业代表共计50余人次，召开意见征求会议5次。2009年3月，经过技防办积极同民政厅、民间组织管理局等部门协调，青海省民政厅于2009年3月16日，批复成立青海省公共安全技术防范协会。

二、组织召开青海省公共安全技术防范协会第一次会员代表大会及成立大会

2009年6月16日，青海省技防办组织召开青海省公共安全技术防范协会第一次会员代表大会及成立大会。参加会议的有青海省公共安全技术防范协会的理事及会员单位，共88个企业的代表110人，收到全国公安科技管理部门的贺信达10余份。

三、开展2009年全省“科普活动周”活动

为推进全省“三项建设”，切实做好青海省公安科普活动周活动，技防办制定了《青海省2009年公安科普活动周活动实施方案》，并上报公安部科技局，经批复后组织开展了“2009年全省科普活动周”活动。

四、开展对2009年度科技成果试用工作

根据公安部信息化局《关于发布2009年公安科技成果试用推荐目录并开展试用工作的通知》要求，青海省公安厅技防办积极组织协调西宁市公安局开展对2009年度科技成果试用工作，现已选型通过，并进入试用阶段。

五、开展对安防产品生产、销售市场的监督检查工作

青海省公安厅技防办会同省质量技术监督局，在全省范围内开展对安防产品生产、销售市场的监督检查工作。

六、开展优秀企业评选工作

根据中国安全防范产品行业协会《关于为“平安城市”建设推荐优秀安防优秀工程企业的通知》精神，积极组织青海省公共安全技术防范协会，努力开展全省优秀企业评选工作，按照要求遴选出符合条件的5家企业，并上报中安协。

七、开展安全技术防范设施系统安全检查工作

为了配合做好国庆60周年安全保卫工作，结合当前社会治安和藏区维稳斗争的形势需要，切实维护社会稳定，青海省技防办会同相关部门于2009年8月20日至9月20日，对西宁地区的党政机关、重点单位等24个单位的安全技术防范设施系统进行了安全检查。

八、举办青海省安防行业标准规范宣贯培训班

根据部科技信息化局要求，2009年11月16日至18日，青海省公安厅技防办组织举办了青海省安防行业标准规范宣贯培训班，此次培训班共培训学员148名，其中128名顺利通过考试。

2.27 新疆维吾尔自治区技防管理工作

新疆维吾尔自治区公安厅治安管理总队基层基础处（技防办）

近年来，新疆自治区各级党委、政府和综治、公安等部门认真贯彻落实《中共中央办公厅、国务院办公厅转发〈中央政法委员会、中央社会治安综合治理委员会关于深入开展平安建设的意见〉的通知》（中办发〔2005〕25号），积极开展平安县（市、区）、平安州、市、地的创建活动，推进“自治区平安”建设，并将安全技术防范系统项目建设（含城市报警与监控系统）、治安保卫重点单位技防设施建设列入自治区平安县（市、区）考核评分标准的内容。要求完善和落实重点要害单位、部位、治安复杂场所等的技防设施建设。

开展平安城市建设，推进重点要害部位的安全技术防范设施建设，应积极整合社会监控资源，建立统一的监控技术平台，延伸防范触角，织密防控网络，实现社会服务与警务工作的联动，逐步形成紧急专用报警监控网络，进一步提高防范效能。但是，新疆自治区报警与监控系统建设发展还不平衡，规格标准不统一，质量和效能得不到保证。在“7·5”事件的处置过程中，凡是按照规范标准安装的视频监控设施，都发挥了重要作用，没安装的地方或不按规范、质量较差的设备，都很难取得有效证据。因此，新疆自治区报警与监控系统建设和管理急需建立一套比较完善的办法和法规，具体规范建设和管理工作，确保质量和效能。

2009 年 9 月，新疆自治区技防办参照外省市有关城市报警与监控系统建设方面的条例、政府令等法律、法规，起草了《新疆维吾尔自治区报警与监控系统建设管理办法》，于 2009 年 12 月上报自治区人民政府审核。

2.28 宁夏回族自治区技防管理工作

宁夏回族自治区公安厅安全技术防范管理办公室

按照宁夏自治区政府和公安厅《关于加强和改革公安厅行政审批工作的通知》的文件要求，宁夏公安厅技防办于 2008 年 8 月停止了对安防企业登记备案项目的办理。

为保障宁夏安防行业能够继续健康发展，也为了维护企业合法利益，方便群众办事，宁夏公安厅技防办根据公安厅领导的指示，就“宁夏公共安全技术防范从业单位登记备案管理进入自治区政务中心办理”事项向自治区政府法制办发函进行请示。经公安厅法制处与自治区政府法制办积极协调，自治区政府法制办于 2009 年 3 月正式复函；同意将公共安全技术防范从业单位登记备案管理列入政府公共服务事项进驻自治区政务中心统一办理，并提出具体建议和要求。

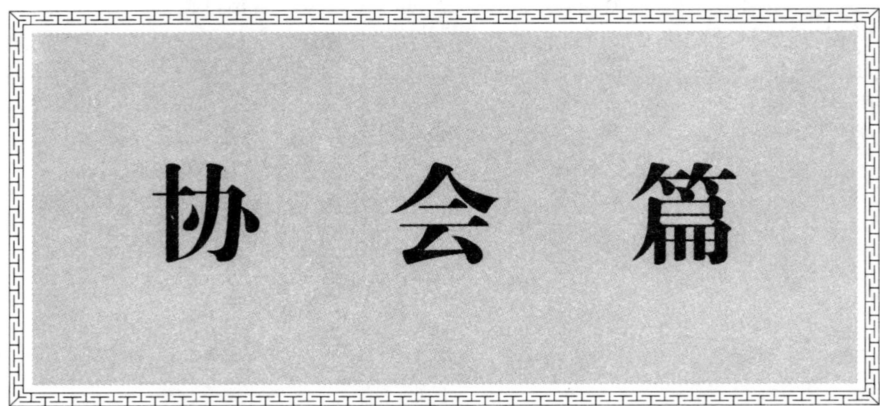
协 会 篇

第四章　中国安全防范产品行业协会工作

第一节　日常工作

1.1 会议动态

中国安全防范产品行业协会秘书处文秘部

1.1.1 中国安全防范产品行业协会第四届理事会第五次会议在海南召开

2009 年 3 月 10－11 日，中国安全防范产品行业协会（以下简称“中安协”）第四届理事会第五次会议在海南三亚召开。中安协名誉理事长蒋先进、李润森，理事长柳晓川，副理事长廖晓村、司同军、程琳、陈朝武，副理事长兼秘书长靳秀凤，副秘书长李建平，吉林省社会公共安全产品行业协会名誉理事长、公安厅副厅长郑玉良，贵州省安全技术防范行业协会会长、公安厅常务副厅长杨广生以及来自北京、河北、黑龙江、吉林、辽宁、浙江、安徽、福建、河南、湖北、广东、陕西、四川等省、自治区、直辖市安防协会的领导和中安协副理事长、常务理事、理事单位的 150 余位代表出席了会议。

柳晓川代表理事会作了《2008 年协会工作和 2009 年工作要点》报告。他指出，2008 年中安协在主管部门的正确领导下，在广大会员单位的大力支持下，认真学习领会国家宏观调控的有关方针、政策，围绕公安中心工作和年初确定的各项计划，在为企业服务、开展自律管理、加强内部建设等方面狠下功夫，比较顺利地完成了全年的任务，并在开拓工作过程中积累了经验、锻炼了队伍，为今后更好地发展打下了基础。

对于 2009 年中安协的二作，柳晓川强调，2009 年对安防行业和安防协会来讲都是十分重要的一年。受世界金融危机的影响，我国面临着经济下行压力加大、企业困难加剧等突出问题，安防行业也将同样面临重大考验，在这种形势下，中安协应紧紧围绕中央“保增长、保民生、保稳定”的总体要求，认真学习领会孟建柱部长在全国公安厅局长会议上的讲话精神，更加努力务实地工作，为主管部门、为行业、为企业做好服务。

中国社会科学院李向阳教授、北京蓝色星际软件技术发展有限公司肖刚董事长、杭州海康威视数字技术有限公司胡扬忠总经理分别从金融危机发展前景、对行业影响以及企业应对策略等方面做了专题报告。

与会代表对 2008 年中安协工作给予了充分肯定，同时对 2009 年及今后工作也提出了许多新的希望，尤其是希望中安协在金融危机困难时期，能够加强调查研究和行业规划，做好行业统计、信息咨询以及为企业减负等方面的工作，为行业健康快速发展作出更大的贡献。

1.1.2 全国地方安防行业协会工作座谈会在山西召开

为及时了解国家有关社团组织及行业协会的立法动态和相关政策，积极促进安防行业和协会工作的健康发展，加强中安协与地方安防协会的交流与合作，2009 年 7 月 2－6 日，中安协组织各地方安防协会在山西省太原市召开了“全国地方安防行业协会工作座谈会”。中国工业经济联合会副会长顾家麒，中安协理事长柳晓川、秘书长靳秀凤、副秘书长李建平，中国安全技术防范认证中心主任赵锡廷，山西省公安厅科技处处长李国元以及来自全国各省、市安防行业协会的 40 余名领导出席了会议。

中国工业经济联合会顾家麒副会长作了《行业协会立法以及推行社会责任报告制度》等方面的专题报告。他指出，行业协会必须转变思想，树立按市场化原则规范和发展的新观念，一定要克服依赖政府的思想，用自己的服务赢得政府的支持、企业的拥护、社会的认可，真正成为非盈利性社会民间组织。他强调，行业协会已经成为市场经济中的重要角色，国务院发布的“若干意见”为行业协会的立法创造了必要条件。

《中国安防》杂志社执行主编刘存信就“关于建立安防统计调查工作体系”以及“为‘平安城市’建设推荐优秀安防优秀工程企业”专项工作进行了说明。他强调了开展安防行业统计调查工作的必要性和重要性，向与会代表全面介绍了中安协开展统计调查工作的进展情况，并希望各地方安防协会积极组织会员企业参加。同时，他还介绍了“为‘平安城市’建设推荐优秀安防工程企业”专项工作的进展情况。

李建平副秘书长在发言中提出了中安协与各地方安防协会在行业宣传和专项工作方面建立长效合作机制的倡议。他指出，为使我国安防行业舆论导向形成合力，应建立“全国安防行业协会媒体合作联盟”，联盟成员应配合开展信息采集、报道及读者意见反馈等工作。他同时强调，根据公安部科技信息化局的要求，中安协每年开展的行业性专项工作越来越多，因此需要得到各地方安防协会的大力支持与配合，并构建相应的工作机制，共同配合完成好专项工作。

靳秀凤秘书长在会上就安防行业职业培训工作进展对大家进行了说明，中国安防行业网总经理安福东也就《中国安全防范行业年鉴》编辑工作向会与者进行了汇报。

柳晓川理事长在总结发言中指出，行业统计工作十分重要，行业自律需要数据支持，没有数据则无法制定好的管理策略和规划，所以统计工作应该是中安协的基础工作，也可以说是今后行业协会工作的第一要务。希望尚未成立协会的各地区能够尽快建立起行业自律的管理体系，各地方安防协会能够以集体会员的名义参与到中安协的各项事务中来。

1.1.3 中国安全防范产品行业协会专家委员会委员工作会议在吉林召开

中安协专家委员会于2009年8月28日，在吉林市召开了委员工作会议。协会理事长、专家委员会主任委员柳晓川，协会副理事长、专家委员会副主任委员司同军、陈朝武，协会秘书长、专家委员会副主任委员靳秀凤，协会副秘书长、专家委员会副主任委员李建平，公安部科技信息化局总工程师马晓冬，公安部科技信息化局技防工作指导处处长李明甫，各专业组负责人和专家委员共15人出席会议。吉林省公安厅贺电副厅长、吉林省安防协会领导、吉林江机厂领导列席了会议。

会议期间，经专家委员会秘书处提名，大会表决通过，增补马晓东、朱俊云、黄校垣、李嘉洪、童新轮、安福东、刘存信、巩宪国、沈蒙、谢福元、王兴全、田宝中、刘刚、韩锦坤、鲍逸明、代建国、曹国辉共17人为中安协专家委员会专家；增补公安部第三研究所科研处长郑健为技术组副组长，李建平副主任委员兼任防爆安检组组长，清华同方威视技术股份有限公司安检部总经理彭华为防爆安检组副组长，中国安防技术有限公司曹国辉为战略组副组长，北京蓝盾世安信息咨询有限公司张莹为培训组副组长。

大会还听取了李建平副主任委员作的《专家委员会2009年上半年工作总结和下半年工作要点》的工作报告。

会议指出，专家委员会上半年工作成效令人鼓舞，在下半年的工作中应加强横向联系，推动行业标准化进程，特别是组织引导行业科技型企业积极申报国家科技创新与基金项目，全面提高协会专家组织的服务水平。

1.2 专家委员会工作

中国安全防范产品行业协会专家委员会秘书处

2009年，中安协专家委员会根据年初印发的《关于2009年工作要点的意见》组织开展了各项工作，特别是面对金融危机造成的负面影响，能够勇于面对挑战、善于抓住机遇，开创新局面，并取得显著成效。

一、《防爆技术标准体系研究》项目通过验收结题

公安部重点攻关项目《防爆技术标准体系研究》是协会首次承担的部级重点科研项目。6月26日，公安部科技信息化局组织召开了项目验收评审会，中国工程院院士徐更光等7名专家组成了验收评审专家组到会评审，给出了以下验收意见：

项目完成情况：中安协项目组依据《公安部重点攻关计划项目合同书》，完成了既定的科研任务，所提交的科研成果符合项目考核指标的要求。

项目成果及特点：《防爆技术标准体系研究综合调研报告》首次较全面、系统地从管理、技术、产品、标准化等方面分析了国内外的现状与发展趋势；《防爆技术标准体系》在国内属于首创，与美国等西方发达国家的相应技术标准体系比较，在科学性、完善性方面具有中国特色；《防爆产品合格评定的通用技术规则》及两种产品的检测细则，能对防爆产品的第三方合格评定起到规范和指导作用；《防爆产品信息数据库》所能提供的特定信息服务属国内首例。

会后，公安部科技信息化局行文批准该项目结题，并同意在该成果得到一定推广、应用，条件相对成熟时，申报部级科技进步奖。

二、继续完成安防“十一五”科技支撑项目课题

专家委员会技术组以国家“十一五”科技支撑项目主要承担单位公安部第一研究所、北京蓝盾世安信息咨询有限公司、北京中盾安全技术开发公司等为依托，组织业内

专家继续针对全国“城市报警与监控联网系统”和“平安城市”建设中的关键技术，继续深入开展项目研究。参研专家按照“统一目标、分类实施、交叉促进、突出优势”的原则，重点突破了《安防“十一五”科技支撑项目中的技术创新》；《数字智能视频技术发展与应用创新》；《风险评估技术及应用的发展趋势》等课题，并取得了显著的研究成果。目前，该项目进展情况良好，自验收已完成，7个子项目正在陆续通过国家验收。

三、为陕西展会举办反恐防爆产品演示活动

专家委防爆安检组应陕西省安全防范产品行业协会邀请，组织了15家会员单位为西安展览会举办了反恐防爆产品演示和技术交流演讲活动，陕西省的主管领导和省公安厅领导观看了产品演示；省公安厅80余名从事该项专业的民警听取了技术交流演讲，本次活动收到了较好的效果。

四、派专家参加北京地铁安检设备工程验收会

专家委防爆安检组应邀派出防爆安检专家，参加了“北京地铁公司加装安检设备工程验收评审会议”，就北京地铁安检设备配置标准和今后长期运行需要在运行管理、设备维护和培训等方面形成长效机制等问题，并提出了具体的评审意见。专家委专家发言得到了与会者的一致赞同，也展示了防爆安检专家组成立近一年来所达到的学术水准。

五、应商务部要求，及时提交反垄断审查意见

6月，中安协接到商务部反垄断局《关于征求SAFRAN集团收购通用电气国土保护公司81%股份案反垄断审查意见的函》。10月，商务部反垄断局再次来函要求协会协助对国外企业收购我国名牌防盗门企业“盼盼门业”案提供相关情况。针对这两次反垄断调查工作，协会专家委员会秘书处根据协会领导的要求，组织相关专家进行了调研，编写了反馈意见文字材料，及时反映了相关会员单位的诉求。这些工作得到了商务部反垄断局的好评。

六、举办“申报企业自主创新科技和基金项目研讨咨询会”

为了抓住当前政府主管部门支持科技型企业加大投入力度的难得机遇，中安协专家委员会向业内300多家企事业单位发出书面通知，号召安防科技型企业积极向政府主管部门申报与自身条件相对应的科技项目，以期获得项目、政策、资金等方面的支持。

2009年11月22日，专家委在北京召开了“申报企业自主创新科技和基金项目研讨咨询会”。来自北京、天津、上海、广东等地，有申报国家自主创新项目意向的33家安防科技型企业代表，共55人出席了会议。会议邀请了国家科技部、中国技术市场协会的专家，就安防行业从业企业如何申报国家创新科技计划项目的问题进行了研讨，专家们还与参会企业代表作了面对面的咨询解答。

七、完成了委员、专家阶段性调整和换发、新发专家《聘书》工作

关于委员、专家阶段性调整工作。根据《中国安全防范产品行业协会专家委员会章程》规定程序，一是增补专家委委员4名；二是经调整，现聘专家中1人不再担任副主任委员，2人不再担任委员；三是调整了防爆安检组组长，战略组、技术组、培训组、防爆安检组分别增补副组长1名；四是决定新增补专家17人。

关于换发、新发专家《聘书》和调整《聘书》证面信息工作。一是对2006年底之前所聘任专家全部换发专家聘书，共计55人；二是对2009年新聘任专家发放证书，共计17人；三是对2007、2008年发放专家证书的，在持证专家的配合下，调整其《聘书》的证面信息，共35人。这些工作共涉及联系专家107人，制作或调整专家《聘书》107张。

1.3 安防工程企业资质评定工作

中国安全防范产品行业协会资质管理中心

在公安部科技局的正确指导之下，安防工程企业资质评定试点工作自2006年6月正式启动，迄今已有三年半时间。中安协资质管理中心积极组织资质评定试点工作，在推动建立全国统一的安防工程企业资质评价体系方面，取得了新进展。

一、继续开展北京、福建等六个试点地区资质评定工作。

中安协资质管理中心继续在北京、福建等六个试点地区坚持按照“五个统一”原则，积极组织为企业提供资质评定和年审服务，新增获证（资质证书）企业395家，514家企业通过年审，资质得以保持。为了完善制约机制，资质管理中心聘用了两位业内专家负责终评审定工作，提高了工作效率，保证了评定质量。

二、进一步探索和完善中安协直接受理评定的运作模式。

在各省市技防管理部门的支持下，中安协资质管理中心根据评价体系文件相关规定，从2008年开始探索以直接受理评定的方式为企业提供资质评定服务，到2009年又有了新的进展。7月初，在江苏省公安厅科技处的大力支持下，中安协在南京市成功举办了江苏省安防工程企业资质评定现场咨询会，有60家企业的80余人参加。中安协资质管理中心制定了直接受理评定程序，培训、使用当地评审资源，建立专用网上平台，从而提高了评定作业的规范性和工作效率，保证了评定质量，满足了企业需求，降低了企业支付的费用。仅仅几个月的时间，江苏省便有91家企业派出技术人员参加中安协组织的专业考试，121家企业进行网上办理委托及评定，已有二十几家企业获得中安协颁发的资质证书。此外，上海市和四川省的5家企业也先后以此种方式获得资质证书。

三、组织召开资质评定试点工作领导小组会议。

为加强各试点地区之间评定信息的沟通与交流，促进资质评定试点工作顺利进行，2009年7月27日，安防工程企业资质评定试点工作领导小组工作会议在北京召开。试点地区领导小组成员以及相关省、自治区、直辖市公安厅科技处、协会领导近20人参加了会议。与会同志介绍了各地试点进展情况并就所遇到的问题进行了认真讨论，统一了指导思想，做出了相应的改进决定：取消逐级晋升的规定；对委托评定一级资质的企业，应严格执行评定标准，允许各地对委托评定三级资质的企业适当降低其竣工业绩条件，严肃查处提供虚假信息的事件；规范资质年审作业，研究制定评定收费调整办法；重视并加强评定队伍建设，采取有效措施改善资质评审员管理、继续培训和能力评价；责成中安协资质管理中心对资质评价体系文件进行必要的调整。

四、加强队伍建设，改善对评审员管理与评价。

资质评审员负有现场调查、报告结论的职责，是影响评定质量甚至评定工作成败的重要因素。为持续保持和提高评审员的业务水平和综合素质，中安协资质管理中心策划组织了首次资质评审员继续培训活动，就标准的理解和把握、评审作业要求等进行了有益的交流和讨论。根据现有试点地区的实际需求，以及满足直接受理评定的评审资源要求，中安协资质管理中心举办了09－1期资质评审员培训班。参加培训的人员达到30名，其中有12名来自上海市和河南省，为中安协在上海市和河南省的直接受理评定储备了评审资源。

截止到2009年底，北京、福建、江苏等9省市区已经有1100余家安防工程企业获得中安协颁发的《安防工程企业资质证书》，网上办理资质评定委托的企业900余家，覆盖全国30个省市区，且呈现日益上升的趋势。资质评定及其结果已经引起许多地区政府采购部门、招标代理机构、建设单位的重视和广泛关注，为逐步形成依托评定结果的长效工作机制，推动将评定结果纳入招标工作提供了基本条件。

1.4 媒体资讯服务

1.4.1《中国安防》杂志

《中国安防》杂志编辑部

2009年，《中国安防》杂志编辑部在中安协领导的关心帮助下，在大家的共同努力下，紧紧围绕主管部门及协会中心工作，努力适应行业企业及广大读者的需求，扩充了新的栏目内容，杂志品质及可读性有了进一步提升，确立了行业权威主流媒体的地位，同时内部加强制度管理，培训锻炼队伍，保障了业务工作的稳定开展，取得了新的进步。

一、综合版

2009年综合版各项工作更加规范，使得杂志品质内容及在业内的影响力处于相对稳定与提高阶段。一是紧密围绕主管部门及中安协中心工作，围绕“平安城市”建设、“农村技防”等进行了大量宣传报道，配合公安部科技信息化局中心工作专门开辟了《“安防征文—实践科学发展观，为安全技术防范工作献计策》专栏；二是通过深入策划专题，加强重大事件的宣传报道等措施全面提升杂志品质以及在行业中的影响力，结合金融危机、3G元年、Mifare卡密钥破解、绿色安防等，有不少研究带有前瞻性、创新性，发挥了舆论导向作用，受到了行业各方面的好评。

二、市场版

市场版栏目内容在去年改版的基础上，针对安防市场中的热点、焦点问题加强了重点策划和组稿工作，在丰富性及可读性方面都有了较大提高。下半年又调整增加了新栏目，减少了一般性的资讯内容，增加了“安防服务商”、“专家专栏”、“决策信息”等栏目。按季度进行的“行业景气调查”及发布的调查报告，帮助企业决策提供前瞻性市场分析，愈来愈受到企业的关注和好评。

三、编辑出版了《走向辉煌——献给中国安防行业蓬勃发展30年》一书。

为全面反映30年来我国安防行业建设的巨大成就，梳理分析我国安防产业发展、行业管理、产品技术、市场需求等演变轨迹及未来趋势，推动行业文化建设，在协会领导的直接领导下，组织杂志社及相关人员，编辑出版了《走向辉煌——献给中国安防行业蓬勃发展30年》一书。该书共50余万字，分为“回顾、产业、企业”三篇。较为全面地回顾了30年来影响我国安防行业发展的重大事件；收录了有关行业管理、产业发展理论与实践问题的重点研究报告；分不同领域对重点技术发展轨迹进行了阐述；对安防技术产品在不同领域市场应用情况进行了系统分析；作为不同时期的缩影，选择了32家具有代表性企业，再现了其成功创业的风采。

1.4.2 中国安防行业网

中国安防行业网编辑部

中国安防行业网（www. 21csp. com. cn 以下简称：行业网）是由公安部科技信息化局支持，中安协主办的行业权威媒体，是中安协资讯与信息服务的网络平台。2009年行业网在网站建设、刊物出版、国际交流、贸易服务等工作上取得了较好的成绩，不断加强与完善资讯服务功能。

一、深化网站基本建设

（一）中文网站：为适应互联网技术发展趋势，2009年行业网的主要工作除了继续加强网站内容可读性、实效性外，在网站栏目和技术使用上进行了较大的调整

栏目调整：经与网站各个部门的沟通与意见征询，编辑部于2009年初开始对整个网站栏目进行全方位的评估和推敲，删除部分不适合的栏目，大量增加有深度、有看点的栏目。使新版网站可读性大大提升。

版式更新：为提升网站的整体美观度及各个栏目放置的合理性，对网站的协会版块、资讯版块、产品版块以及职业培训版块风格进行了重新设计和合理布局，目前职业培训版块已经上线运行，其他版块将在2010年3月份全新亮相。

技术改进：为提高访问速度、加大网站访问量、增强安全性等，网站技术部进行了大量的技术优化工作，如：构建静态页面生成机制，使页面更容易被检索；采用SQL存储过程技术；增加网站友好性；SQL数据库的备份和恢复机制，保证数据的安全性等。

（二）英文网站：2009年，英文平台经过一年的运营与发展，取得了长足的进步，在内容和功能上也大大提高

内容上：增加全球优质采购商、供应商名录；增加《中国安防产品采购指南》在线版；增加四类企业个性化主页模板等功能，全面增强对国内外安防企业和采购商的服务。

功能上：简化用户注册程序；加强审核环节；新增注册邮件通知功能、企业域名功能以及留言询价功能，从细节处提升对网站用户的服务。

二、编辑发行相关出版物

（一）《中国安全防范行业年鉴》出版与推广

2008版工作：根据年初的宣传推广计划，网站派出大量的人员到达深圳、济南、武汉、西安、上海及山西等地参加展会，对《年鉴》进行全面地推广与宣传。

2009版工作：为提早做好《年鉴》2009版的编辑工作，《年鉴》编委会会议于2009年4月27日召开，根据会上编委们提出《年鉴》应记录一个自然年的意见，为保证内容的完整性，2009版出版日期延后至2010年4月，目前各项编辑工作正在紧张进行中。

（二）中安协《简讯》编辑与发行

2009年，行业网共完成中安协《简讯》共11期的编辑印刷工作，每期发行量1100多册，以邮递的方式寄送给会员单位及安防相关单位人员。通过中安协《简讯》的寄送，向各相关单位全面地报告了行业协会的最新工作动态，达到了很好地信息沟通作用。

三、参与组织国际交流活动

为加强安防行业国内外沟通与交流，2009年由中安协外联部分别组织安防企业前往俄罗斯、美国、加拿大进行参观与考察活动。同时，邀请印度、英国等国外企业及相关单位组织到访我国进行交流。行业网外贸部参与协会该项工作，提供相关服务。

四、加强对外贸易服务

2009年8月，由中安协主办，《中国安防》杂志编辑部、全球安防贸易网承办的“第二届中外安防产品采购洽谈会”在北京举办。中国安防行业网配合其相关工作。贸易洽谈会的举办，不仅成功地宣传了协会的外贸服务，而且使行业网英文平台在国际上的知名度迅速提高，为将来的贸易服务工作打下坚实的基础。

五、配合协会专项工作

在完成自身建设和工作的基础上，2009年，行业网协助中安协完成了安防行业统计调查、为平安城市推荐优秀工程商评选、2010年北京安博会招展以及职业培训筹备等工作。

2010年，行业网将本着“继续加大、夯实对会员、对行业企业、用户服务的原则”，加强资讯服务、信息交流以及国际贸易等各项工作，力争再创佳绩。

1.4.3《简讯》

中国安全防范产品行业协会秘书处文秘部

中安协《简讯》由中安协秘书处编写，每月一期，月末出版。

《简讯》内容立足于中安协工作，反映各项工作动态，分为："协会工作、行业简讯、重要公告"等版块。协会工作，涵盖协会当月召开的重要会议、组团出访情况、协会各部门当月工作重点与进展信息，便于读者了解协会工作以及行业动向；行业简讯，收录本月重点资讯，回顾本月要闻，洞察行业大事；重要公告，用于发布重要信息等。

每期《简讯》分别报公安部、民政部相关管理机构；送各省、自治区、直辖市公安厅（局）技防办，各地安防协会、相关行业协会以及中国安全技术防范认证中心、全国安全防范报警系统标准化技术委员会、中国国家安全防范报警系统产品质量监督检验中心（北京、上海）、中安协理事长、副理事长、副理事长单位及代表人、秘书处领导、常务理事单位、理事单位、会员单位、个人会员、专家委员会成员等。

《简讯》内容力求简练及时，使各级领导和各相关单位以及所有会员单位及时了解协会工作，了解行业动向。

2009年，中安协《简讯》共编辑发行11期，每期发行量1100多册，共报道协会相关新闻事件52条，为会员及时了解协会工作动态提供了及时的信息服务。

1.5 会员服务

中国安全防范产品行业协会秘书处会员服务部

一、加强组织建设、促进会员发展、壮大会员队伍

2009年，中安协会员队伍不断壮大，新增会员单位近百家，协会会员总数已达830多家。目前，理事会由2008年的248家企业，发展到270家，其中副理事长单位45家，常务理事单位100家，理事单位125家。同时，中安协还吸纳各地方行业协会组织以团体会员身份入会，现已有15家地方协会成为团体会员，其中有6家协会已成为中安协理事单位。

二、加强信息交流，提高为会员服务意识

中安协始终把为会员服务和维护会员合法权益作为协会工作主线之一，坚持以服务工作为基础，真正体现想会员之所想，急会员之所急，谋会员之所求，帮会员之所需。为了加强协会与会员的信息交流沟通，中安协定期为会员单位提供《中国安防》杂志及《简讯》，能够使会员单位及时了解安防行业相关政策、法规及信息动态，为会员单位提供了有效的服务。同时，中安协利用行业网平台，及时发布信息，做好日常工作，加强行业自律管理。行业网是沟通交流的桥梁，是协会信息宣传的平台，是加强自律管理的宣传窗口之一。通过网络平台，协会提高了日常工作的办事效率，使会员及时了解新动态和新政策。协会坚持为行业服务、为会员服务、为政府部门服务的"三服务"宗旨，做好会员登记和发展新会员工作，建立协会理事、企业会员、个人会员资料库，并不断完善更新资料信息。为更好地为会员提供服务和帮助，协会采取"随时申请，随时帮助"的服务方式，对有需要出具证明的企业，一旦企业提出申请，经协会了解并核查情况后，及时为企业开出证明材料。满足企业的要求。

三、开展形式多样的文艺活动

为推动安防行业文化建设，提高从业人员文化素质，中安协举办了首届安防行业"和谐杯"唱歌比赛和摄影作品征集与展示活动。这两项活动得到了各地方安防协会和广大会员单位的积极响应和支持。通过开展唱歌比赛和摄影作品展示活动，给会员单位提供展示文艺才华及交流的平台。此举也将作为弘扬中国安防行业文化的一项重要举措长期坚持下去。

第二节　专项工作

2.1 展会及论坛

中国安全防范产品行业协会展览部

2008－2009年，中安协继续致力于提高服务能力，增强服务功能，在原有业务领域的基础上不断进行开拓和创新，特别是在组织展会及论坛交流活动上，不断探索新的领域与方式。

一、成功举办“2008年中国国际社会公共安全产品博览会”

经中华人民共和国公安部、科技部批准，中安协主办、承办的“2008年中国国际社会公共安全产品博览会”于2008年12月9－12日在北京中国国际展览中心举行。本届展会以“引领发展，再创辉煌”为主题，在“专业策划、规范管理、高效服务、求新务实”等方面努力求索，全力打造具有专业性、引导性、国际化特点的“行业全盛会，国际大舞台”。

本届博览会规模空前，占用中国国际展览中心旧馆全馆10个场馆，总面积达60744平方米，展位数量达到3112个，吸引了来自中国、美国、俄罗斯、英国、法国、德国、意大利、日本、澳大利亚、印度、瑞典、西班牙、马来西亚、新加坡、韩国、以色列、香港和台湾等18个国家和地区的近700家安防企业参展。除国际展区外，展会划分为监控展区、门禁展区、社区安防展区、报警展区、综合展区和浙江展区，并通过醒目鲜艳的主体造型，凸显了各个分区的专业特色。展会历时四天，现场观众人数超过10万人次，其中有55个国家和地区的近千名海外专业采购商到会采购。展览期间，组织2008中国安防国际高峰论坛”、“中国安防之夜”、“贸易洽谈会”、“创新产品评奖”等活动，并有18场技术交流活动，内容涉及新产品介绍、新技术应用、工程解决方案等。

本次展会首次开通展会网络管理互动平台，提供网上报名、展品网上展览、展商信息同步更新等服务新项目，为展商提供更为便捷的信息服务。

二、承办“2009军事物流安全防范技术论坛”

为搭建安防企业与军队国防行业用户供需平台，拓展行业应用领域，2009年6月1－2日，中安协作为支持单位参与了“2009军事物流信息化高峰论坛暨交流展”，并牵头承办了“2009军事物流安全防范技术论坛”，有针对性地组织部分相关安防企业参加论坛和展示活动。

论坛活动以“军民融合，开创现代军事物流仓储新局面”为主题，采用论坛、产品展示、现场采购、企业参观等多种形式，为企业厂商与军队国防行业用户搭建采购、装备与系统集成等合作供需平台，起到了桥梁和纽带作用。

活动主论坛规模约400人，技术论坛约150人，保密论坛约50人，小型产品展示共计25家企业参展。会后，来自总后、总装、空军、海军、二炮、军工集团等后勤、装备、科技、安全、信息化的领导与各军兵种的后方仓库主任，与企业进行了面对面的供需洽谈。

此次活动中，安防企业表现踊跃，共有6家涉及周界报警、门禁、监控、平台等产品的优秀企业参加了安防技术论坛演讲；共有11家企业参与会场大堂小型展示；还有部分企业参加了保密论坛。

三、联合主办首届“中国轨道交通安防发展论坛”

近年来，我国各大城市轨道交通建设获得了快速发展，同时有关轨道交通安全方面的问题也引起了各级政府和相关机构的高度重视，被提上了重要议事日程。许多专家和学者开始着力从轨道交通安全能力提升、安全体系建立、安全评价方法和指标，以及安全防范技术标准等方面，多角度地探索解决轨道交通的安全问题。

对安防企业而言，在轨道交通领域更是遇到了前所未有的市场新机遇。为了探讨轨道交通产业安防系统的投入、建设、发展情况，满足企业了解轨道交通相关市场、技术、标准、评价等方面的需求，培养轨道交通安防文化，搭建有效的沟通与交流平台，推进中国轨道交通安防事业的发展，2009年8月21日，中安协联合中国地铁建设40年成果展示及发展论坛组委会在北京共同主办了首届“中国轨道交通安防发展论坛”。

中安协理事长柳晓川、秘书长靳秀凤、中国地铁建设40年成果展示及发展论坛组委会副秘书长丁永平出席会议。来自轨道交通领域的设计、建设、运营机构，以及安防生产、集成企业及相关行业的专家学者、企业家，计130余位参加了论坛。论坛达到了预期效果，得到了与会企业、专家好评。

四、联合举办“2009首届中国文化遗产安全对策高峰论坛暨首届中国文化遗产安全卫士表彰大会”

2009年11月5日，中安协与中国文物信息咨询中心、中国文物保护基金会、中国博物馆学会等单位在北京联合举办了“2009首届中国文化遗产安全对策高峰论坛暨首届中国文化遗产安全卫士表彰大会”。

来自文物管理部门、文物保护单位、博物馆及参与文化遗产安全防范工程的企事业单位代表100多人参加了论坛，就文物安全中的“人防、物防、技防”等，从不同角度进行了阐述与交流。会上还介绍展示了最新文化遗产安全防范技术和设备。如澎达自控公司展出的 PDWW－文物标定检测仪以其高精密的性能引来了不少人驻足观看。中安协希望通过与文博系统的交流与合作，帮助安防企业投入到文博安防建设中去。

在当前我国文化遗产安全保护面临前所未有挑战的情况下，主办单位希望通过论坛进一步协调各级政府文化遗产部门、文物保护部门和博物馆单位之间关系，使文化遗产得到全面有效保护。2009 中国文化遗产安全卫士表彰大会也同时召开，大会表彰了为我国文化遗产保护工作付出辛勤劳动、作出过突出贡献的先进人物，提高全民的保护文化遗产意识。

与会者一致认为：遗产保护，安全为先。随着博物馆免费开放政策的实施，参观量的大幅度提升，加之气候环境越来越复杂、地震等自然灾害频发、信息安全问题日趋严重、不法分子的犯罪手段越来越高明，这一切都使当前的遗产安全工作变得更加复杂、任务艰巨。因此，在不断提高从业人员的业务素质、安全意识的同时，必须充分发挥科学技术在安全防范中的作用。

2.2 防爆技术标准体系研究项目

中国安全防范产品行业协会专家委员会防爆安检组

公安部重点攻关项目《防爆技术标准体系研究》（以下简称“本项目”）是中安协首次承担的部级重点科研项目。经过一年多努力，项目组带领参与攻关的各企事业单位和全体参研人员，克服了工作基础薄弱、信息资料少、内容涉及面广、归纳难度大、参与单位多、协调难度大等诸多方面困难；采取抓住难点、合理分工、集中力量、协同作战、集思广益、突出重点的方法，解决了主要技术难点，实现了项目合同书提出的具体目标，按时圆满完成任务。该项目于 2009 年 6 月 26 日通过了公安部科技信息化局组织的验收评审。

一、参与策划，受领任务，签署合同

为确保任务完成，在项目合同签署之前，中安协领导及早介入，积极参与项目立项阶段的策划工作。2007 年 12 月 10 日，公安部重点攻关项目《防爆技术标准体系研究》合同签署生效，柳晓川担任项目负责人，中安协专家委员会具体组织实施，并成立了项目工作组，李建平担任组长，邀请业内多名专家参加项目科研工作。

项目组分析了科研攻关的主要任务，识别了攻关的主要难点，明确了以调研为切入点，依托部属科研单位、检测机构和广大从业企业，抓住构建标准体系这一核心，探讨贯彻和验证手段，建立网络信息平台，最终形成了相互依存、有机结合、相对完整的“防爆技术标准体系”研究工作思路。

二、分解目标，组成团队，配置资源

2007 年底，项目组制定了《项目目标分解方案》，按工作内容和资源情况进行任务分解，并划分了承担单位。根据项目任务书，项目组分别成立了 4 个小组：综合调研组以公安部科技信息所和公安部第三研究所警装中心为依托，主要任务是完成综合调研报告及相关附件；数据库组以中国安防行业网为依托，任务是承担《防爆产品信息数据库》网络运行平台的开发研制工作；标准体系组以安防标委会与警标委两个秘书处为依托，负责起草防爆技术标准体系，编写相应的明细表和编制说明；合格评定组以北京、上海两个安防质检中心为依托，负责起草《防爆产品合格评定通用准则》和两种产品的《检测实施细则》。

项目工作组还根据各小组承担的具体任务，分配了启动经费，安排多位业内知名专家配合各小组工作。

三、启动项目，各方协调，逐步推进

项目组召开项目启动会，向各参研单位宣布工作分组及任务分解方案，并提出《综合调研方案》。2008 年 4 月 20 日，项目组在上海召开了“全国部分防爆安检从业企业会议”，有近 30 家企业 70 余人参加会议。这次会议为项目攻关承担单位和从业企业提供了面对面的交流机会，广泛征求了企业意见和建议。2008 年 5 月 5 日，项目组组织参研企业专家会同辽宁省公安厅相关部门共同举办了“反恐防爆安检技术交流会”，有 15 家企事业单位的技术人员介绍了部分防爆技术及产品性能，并做了实物演示。有 300 余名在一线从事奥运安保工作的民警参加了交流活动。这次活动为项目研究收集了用户和企业等多方面第一手资料。

上述两次活动，为本项目的全面启动，奠定了良好基础。

2008 年 6 月 20 日，项目组在北京召开项目工作会议。会上，公安部科技局主管处领导听取了项目进展情况汇报，各工作小组分别汇报了项目启动情况，30 余名参研专家和资深学者反复讨论了项目定位、主要难点和研发技术路线等问题，提出了相应的解决方案。

四、主要科研活动及成果

（一）调研走访，科学分析，逐步形成《综合调研报告》和《论文集》

项目综合调研组制定了项目综合调研方案，明确了调研范围、方向和方式，先后对北京、上海、广州、沈阳、深圳、南京等地从业企业和厂家进行了调研；访问了参加

北京国际警用装备展“防爆安检产品展区”的部分展商，汇总了50余家厂商企业信息。综合调研组还实地走访了30余家安防产品制造厂商和部分地区承担防爆安检任务的公安实战部门；“2008中国安检排爆技术国际研讨会”期间，该组还与参加会议的部分警方专家进行了交流。

综合调研组在对我国防爆安检行业调研的基础上，提出了分析意见：一是从行业现状看，随着需求增加，从业企业竞相开辟市场，行业管理和标准化工作亟待规范；二是从技术应用与发展看，国内掌握的相关技术并不落后，但基础研究力量薄弱，企业发展后劲不足；三是从产品生产与应用看，国内常规产品可以满足市场需求，但高新技术应用尚不普及；四是从标准化方面看，相应标准制修订逐步开展，合格评定工作已初具规模，但相应的产品检测标准和评定规则缺乏。

据此，综合调研组起草了题为《防爆技术标准体系研究》的综合调研报告。该报告立足国内情况，分析了防爆安检行业的现状与发展趋势，对我国防爆技术及产品今后的发展方向做了充分论述。报告有4个附件，分别从技术原理、防爆产品、技术标准及合格评定等方面做了分析。

与此同时，结合项目课题调研工作，编辑出版了我国第一部《防爆安检技术论文集》。这部论文集共收集我国防爆安检行业在科学原理、技术应用、产品研发、产品制造和市场服务等方面的论文38篇，从不同角度体现了我国防爆安检行业在技术研发、产品制造和应用服务等方面的现状和取得的最新进展。

（二）综合分析用户需求，构建《防爆产品信息数据库》网络运行平台

数据库组在反复征求参研单位意见基础上，一是分析和确认了相关用户的需求；二是确认了数据库的内容和功能，其内容突出了企业、产品信息，同时还包括相关政策法规、标准化与产品合格评定等信息，其功能设定为政府、企业、用户和中介机构共享；三是完成了数据库的系统建立、软件开发和部分数据录入工作；四是进行了数据库的系统调试及使用手册编写等工作；五是采取逐步推进的办法，形成了具有三个用户等级（公安、企业、普通用户），包括产品信息、企业信息、供求信息、最新行业动态、政策法规、国外新产品新技术、国内企业相关信息（包括核心技术、经营状况、研发产品情况）招投标信息等多种信息的网络互动平台。该数据库和平台今后还将在实际运行中不断补充和完善。

（三）反复研讨，科学论证，构建防爆技术标准体系

标准体系组结合《综合调研报告》提出了防爆产品技术标准体系的起草原则和框架结构，进而形成了《防爆技术标准体系》，该体系由标准体系框架图、标准明细和编制说明三个部分组成。《防爆技术标准体系》突破了三个主要难点：一是跨专业构建出了防爆技术标准体系框架；二是跨学科划分出了防爆技术标准的组成部分、门类和层次；三是根据调研结果，给出了一批“防爆技术标准体系研究”项目规划的制修订标准明细框架。

（四）研制产品合格评定通则及两种产品评测方法

合格评定组根据两个安防质检中心对相关产品检测的经验和积累的数据，从分析具体产品入手，并且要结合公安业务、安保工作一线应用实际，对具体产品进行科学分类，从而归纳出共性要素，制定了《防爆产品合格评定通用准则》。该通则能与相关国际标准和国家标准接轨，定位在第三方产品合格评定上，描述出适宜的产品评价模式及程序，并给出应贯彻的带有共性的技术要求。

在此基础上，该组依据国家标准《微剂量X射线安全检查设备》和行业标准送审稿《基于离子迁移谱技术的痕量毒品/炸药检查仪》，分别起草了《微剂量X射线安全检查设备检测实施细则》和《离子迁移谱技术的痕量炸药探测仪检测实施细则》。这两个细则对今后逐步完善的具体产品的合格评定标准和检测细则起到示范作用。

五、《防爆技术标准体系研究》成果介绍（详见附录）

2.3 职业培训和技能鉴定的筹备工作

中国安全防范产品行业协会专家委员会培训组

2005年3月至今，在安全技术防范行业开展职业培训和技能鉴定筹备工作已有近5年时间。由于国务院清理规范各类职业资格工作尚未结束，以及原人事部与劳动和社会保障部合并成为人力资源和社会保障部后其内部管理职能的调整，原计划中的职业培训和技能鉴定的开展时间也要做相应调整。

2008年年底以前，职业培训工作组已先后完成了安全防范设计评估师、安全防范系统安装维护员列入国家新职业；《国家职业标准——安全防范设计评估师》、《国家职业标准——安全防范系统安装维护员》的发布实施；《国家培训教程——安全防范设计评估师》全套四册教程出版，共计150多万字；辅助教材《安全技术防范原理与工程实践》出版，共计48万字；安全防范设计评估师职业技能鉴定试题库试题初稿的编写；《安全防范设计评估师》培训大纲（草案）的编制；职业培训质量管理体系文件（草案）研究制定；初步建立了一支由行业专家组成的职业培训教师队伍。

在此基础上，2009 年培训工作组又进行了如下工作：

一、继续积极协调，做好各方面政策准备工作

培训工作组在等待国务院清理规范各类职业资格工作结束的同时，积极与人力资源和社会保障部相关司与公安部人事训练局联系和协调，并按照其要求，在掌握国内外大量资料的情况下，编写《安全技术防范行业实施专业技术人员职业资格制度的可行性论证报告》（征求意见稿）。通过分析论证，并在得到相关部门大力支持和充分认可的情况下，争取将安全防范设计评估师纳入国家专业技术人员管理序列，建立安全技术防范行业专业技术人员职业资格制度。

该制度的建立不仅有利于提高从业专业技术人员的职业能力和职业素养，促进行业的规范化发展；还有利于提高安全技术防范产品质量和安全技术防范系统工程防范效果，推进社会治安防控体系建设；有利于促进经济发展，构建和谐社会。

二、进一步完善安全防范设计评估师职业技能鉴定试题库建设

由中国人民公安大学安全防范系承担，中安协参加的部级应用创新计划项目——安全防范行业题库建设课题已基本完成。该课题是在已编制试题基础上，按照人力资源和社会保障部题库建设要求，进一步完善、充实试题，使其达到人力资源和社会保障部精品试题库的要求。

三、《国家培训教程——安全防范系统安装维护员》编写基本完成

2009 年《安全防范系统安装维护员培训教程》编写出版工作已全面启动，计划全部教程由四册组成（基础、初级、中级、高级）。教程编写组是由行业中具有安全防范系统工程理论与实践特长的专家、学者、企业高级技术人员组成。目前《安全防范系统安装维护员培训教程》（基础、初级）编写、编辑工作已完成，近期将出版；《安全防范系统安装维护员培训教程》（中级）已编写完成，并交付出版社。

2.4 为“平安城市”建设推荐优秀安防工程企业

中国安全防范产品行业协会秘书处

作为安防产业的重要组成部分，工程商在行业发展中发挥着不可或缺的作用，其发展也一直备受业界关注。近年来，随着安防行业的不断快速发展，安防工程企业迅速成长。奥运安保、“平安城市”建设，处处都活跃着他们的身影。

为配合公安部“全面推进城市报警与监控系统建设”以及各地如火如荼的“平安城市”建设工作，有效发挥协会在政府、企业、用户之间的桥梁与纽带作用，经公安部科技信息化局批准，中安协在为“平安城市”建设推荐优秀安防产品工作的基础上，于 2008 年 12 月至 2009 年 9 月在全国范围内继续开展了推荐优秀安防工程企业的工作，以进一步推荐一批优秀工程企业参与到“平安城市”建设中去，为地方政府、有关部门和用户进行科学决策提供依据。

本次推荐评价的对象主要为从事视频监控、防盗报警等安防设施的设计、安装、系统集成及维修服务的工程企业。评价本着企业自愿申请与各省（市）协会（公安技防部门）推荐相结合的原则；本着公开、公平、客观的原则。

参照推荐产品企业的评价方法，建立了“市场评价、质量评价、发展评价”的评价指标体系，选用了能够反映企业实力、经营、质量、技术等情况的 15 项指标；计算指标须确定评价的基础值和基础值得分。

本次评价活动按照制定的为“平安城市”建设推荐优秀工程企业工作方案”成立了专门工作组，由柳晓川理事长担任组长；成立了由来自政府部门、产品企业、行业协会、认证检测等机构 16 人组成的评价专家组。中安协通过中国安防行业网以及各种通讯方式尽可能通知到企业，在各省（市）协会（公安技防部门）的大力推荐、支持下，共收到申请企业资料 370 份，经过认真整理、核实、计算、分析及专家评议，最终全国有 179 家工程企业入选“为‘平安城市’建设推荐优秀安防工程企业”名录（详见附录）。

2.5 行业市场统计调查

中国安全防范产品行业协会秘书处

我国安防行业经过 30 年快速发展，已形成了一个拥有近 2 万家企业、100 万从业人员的国民经济朝阳产业。目前，安防产品被广泛应用于国家要害部门、重要场所和居民社区，为维护国家安全和社会治安稳定发挥了重要作用。

然而，安防行业的信息统计工作却十分薄弱，难以满足政府主管部门和行业组织制定管理政策和发展规划的需要，也难以满足为企业经营决策提供咨询服务等方面的需求。

为全面深入了解行业发展情况，研究存在问题，引导行业健康、快速发展，更好地为广大企业和用户提供咨询服务，经主管部门同意，中安协于 2009 年 5 月 – 8 月对会员企业开展了统计信息调查工作。

调查范围及对象为：

1. 中安协会员单位；
2. 所有在中国从事安防产品生产、工程设计及施工、经销代理、报警运营服务等安防企业。

调查内容及资料来源：

调查内容主要为 2007 年、2008 年企业基本情况、人员状况、资产规模、生产经营情况、经济效益、科技进步等。指标来源主要取自上报统计部分的企业报表。

统计调查工作小组根据收集到的 848 份统计调查表，将所有信息按产品及经营性质进行分类整理，分析相关指标和数据，最终撰写完成《当前我国安防产业发展现状、问题及对策》（统计报告）。（详见附录）。

2.6 中外安防产品采购洽谈会

《中国安防》杂志编辑部、全球安防贸易网

2009 年 7 月 16 – 17 日，继 2008 年中国国际社会公共安全产品博览会期间成功举办“首届中外安防产品采购洽谈会”之后，由中安协主办，《中国安防》杂志和全球安防贸易网共同承办的“第二届中外安防产品采购洽谈会”在北京举办。

中安协理事长柳晓川、副理事长兼秘书长靳秀凤、副秘书长李建平，中国安全技术防范认证中心主任赵锡廷，公安部科技信息化局安防工作指导处副处长王巍，北京安全防范行业协会秘书长栗萍，北京安全防范行业协会副秘书长韩锦坤，全国安全防范报警系统标准化技术委员会秘书长施巨岭，国家安全防范报警系统产品质量监督检验中心（北京）副主任李秀林，英国驻华使馆商务处候蔚，加拿大驻华大使馆商务专员原萍，菲律宾大使馆警务联络官 Col. MelchorA. FAJARDO，PNP、商务参赞 SimeonL. HERNANDEZ. Jr 等领导和嘉宾出席会议。

本次贸易洽谈会邀请了包括加拿大、俄罗斯、印度等 23 个国家和地区的 25 家国际采购商参加，其中大部分都是国际知名的分销采购商。各国采购商意向采购产品极其丰富，覆盖视频监控、报警、门禁出入口控制等 20 余类安防产品，采购数量也比上届有所增加，其中一家外商的采购量就有 2000 万元。另一方面，国内供应商也表现了极大的参与热情，有多达 58 家国内企业带来自己最新产品和最尖端的技术，为交流和洽谈做了充分准备。

洽谈会采取多种措施：一是了解采购商意向，有针对性邀请采购目标，提高采购洽谈成功率；二是充分了解双方供求，提前进行贸易配对，提高成交率；三是积极联络中国科学器材进出口总公司，为部分没有出口能力的中小安防企业提供出口贸易服务和咨询；四是针对部分企业缺少外语人才问题，调动业内专家资源，为企业翻译产品说明和企业介绍以及进行现场翻译服务；五是对国际采购商展开广泛联络，除本次邀请来京的采购商外，还将为国内企业提供近 300 家的采购商名单；六是本次洽谈会编写出版的《贸易洽谈会会刊》，将免费刊登企业及产品的介绍，并将在海外推广。

本次洽谈会的亮点是：形式创新、技术创新、效果显著。

形式创新：在会议形式上增加了企业产品展示平台和到生产企业实地参观考察环节，大大提高了交易成功率。在本次会议中达成采购意向的企业中有 75% 是在会议上有产品展示平台和外商参观过的企业。

技术创新：全球安防贸易网为此次会议专门开发了一套软件系统，通过使用这个系统完成了极其复杂的贸易洽谈配对工作，在有限的时间内合理有效地安排供需双方的洽谈时间。

效果显著：本次会议国内参会厂家数量为 58 家，与采购商实际达成交易的共计 28 家，占参会厂家数量的 48.27%。会上达成的意向合同约 2500 万元人民币。会议期间成交额约为 80 多万元人民币。

洽谈会旨在搭建国内安防企业与国际采购商的交流平台，并通过贸易配对服务，使国内企业扩大出口，掌握国际市场动态，获取最新需求信息，制定长期发展战略；使国外分销商在有限的时间旦找到最合适的供应商，并通过平台充分了解中国安防市场和相关政策，找到进入中国安防市场的捷径。充分体现了中安协为企业服务的宗旨，提高了协会声誉，吸引更多的安防企业参加协会的工作。

贸易洽谈会受到了各相关机构的大力支持，得到了国内外安防企业的积极拥护和参与。中安协将不断地改进和完善这一交流会，使之长期发展下去，成为行业内规模大、品种全、技术高、理念新的服务平台，相信通过这个集中展示和交流平台，一定能为中国安防企业找到更好的开拓国际市场的途径，从而推动中国安防行业更好的前进与发展。

2.7 协助商务部反垄断调查

中国安全防范产品行业协会专家委员会秘书处

2009年，中安协先后两次协助商务部反垄断局为涉及安防行业的反垄断审查提供情况，收集企业意见。

2009年6月，中安协接到商务部反垄断局《关于征求SAFRAN集团收购通用电气国土保护公司81%股份案反垄断审查意见的函》。10月，商务部反垄断局再次来函要求中安协协助对国外企业收购我国名牌防盗门企业“盼盼门业”案，提供相关情况。针对这两次反垄断调查工作，协会领导明确由协会专家委员会组织相关专家进行调研，编写反馈意见文字材料，以公文形式提交该局，反映相关会员单位的诉求。

一、向商务部提供SAFRAN集团收购通用电气国土保护公司81%股份案反垄断审查意见

中安协接到《关于征求SAFRAN集团收购通用电气国土保护公司81%股份案反垄断审查意见的函》后，向有关专家及会员单位发出调查函并及时收集反馈意见，结合正在开展的“防爆技术标准体系研究”项目的调研资料，编制了专题报告重点反映了以下情况：一是关于国内危险物品探测业务的总体情况、发展趋势，市场竞争态势；二是关于国内危险物品探测（包括微量探测）业务的细分市场及各种市场间替代关系的基本情况；三是此次并购可能对国内安检行业产生的影响。同时，在该报告中也表明了中安协引导本行业经营者依法竞争，扶持我国自主知识产权品牌，促使我国安检行业的高科技厂商能把握机遇，逐渐跻身国际同业一流企业的行列之中的基本态度。该报告报送商务部反垄断局后，得到了该局的高度重视。

二、协助商务部做好亚萨合莱亚洲收购盼盼门业案的反垄断调查工作

中安协收到商务部反垄断局《关于请协助对亚萨合莱亚洲收购盼盼门业案进行反垄断调查的函》后，专家委员会立即组织开展调研工作，广泛联系了国内防盗安全门行业的专家，重点联系了行业排名前20名的企业，并与国家安防产品检测中心（北京、上海）、全国安防标委会，以及10余家地方安防协会进行了沟通。

2009年10月23日上午，协会专家委员会在协会会议室召开了“亚萨合莱亚洲收购盼盼门业案反垄断调查研讨会”，重庆“美心”、辽宁“盼盼”、北京“日上”、天津“龙甲”、湖北“永和安”等业内大企业派来了代表，天津、深圳、湖北安防协会和北京、上海安防质检中心、安防标委会等也派人参加了会议。

会上，“盼盼”公司的代表简要介绍了企业的情况，阐述了收购对“盼盼”发展将带来的益处。安防产品检测中心（北京）领导，代表行业合格评定机构发表了见解。“美心”等公司的代表在讨论中相继发言，参会代表们在会议主持方的引导下展开了热烈地讨论，从不同的角度各抒己见，共同探讨了防盗安全门产品行业的产业结构调整与可持续发展等问题。

中安协领导在会上发言中指出：长期以来，中安协始终认为包括防盗安全门在内的整个安防行业的发展要坚持改革开放，合理合法引进外资和先进技术。一方面不断推进行业自律，引导本行业经营者依法竞争；另一方面也致力于支持国有品牌发展，维护市场竞争秩序，主张在公平竞争的原则下，扶持还相对弱小的自主知识产权品牌。希望通过政府的宏观调控，营造良性的竞争环境，鼓励我国防盗安全门行业的高端品牌厂商把握机遇，积极参与国际市场的竞争。

会后，中安协专家委员会结合20余家企业反馈的《反垄断调查意见表》，向商务部反垄断局提交了《关于对亚萨合莱亚洲收购盼盼门业案进行反垄断调查意见的报告》，并进一步交换了意见，为该局办理此案提供了行业信息方面的协助。

2.8 参加全国性行业协会商会评估

中国安全防范产品行业协会秘书处

2009年9月，民政部组织开展了第二批全国性行业协会商会评估工作。中安协经业务主管部门同意后，按照民政部民间组织管理局下发的申报文件要求，参加了此次评估活动。

这项活动的评估专家小组和评估委员会由政府部门、研究机构、律师事务所、会计事务所和行业协会商会负责人组成，依照民政部研究确定的“行业协会商会评估体系”和评估工作程序，围绕基础条件、内部治理、工作绩效和社会评价等四个方面，对在民政部注册的全国性行业协会商会进行严谨细致地评估。

协会首先开展了自评工作，对照评估指标和评估材料目录，围绕着基础条件、内部治理、工作绩效和社会评价四个方面，各业务部门和分支机构认真归纳、整理档案资料，提供符合性证据。经过近一个月紧张准备，我会完成填写《行业协会商会评估申报表》和评估材料整理工作，并按时报送民政部民间组织服务中心进行参评资格审核。

2009年11月，民政部民间组织管理局王文处长带领评估组对我会进行了实地考察，公安部人事训练局候玲利处长和科技信息化局王巍副处长也参加了评估考察。在考察过程中，民政部评估组听取了协会工作的全面介绍，实地调阅并审核了各项参评材料，并提出了内部建设、工作绩效等方面的问题。我会各部门充分配合评估组考察工作，积极提供各项资料，对评估组提出的问题给予了认真回答。考察结束后，评估组专家一致认为，我会管理机制健全、开展活动规范、工作业绩突出且富有成效，并在加强行业自律制度的系统化建设、拓展对外宣传渠道等方面提出了改进意见。

2010年2月，国家民间组织管理局正式通知：我会荣获了民政部“4A等级”协会称号，并获得民政部颁发的“AAAA”奖牌及证书。这是公安部直属行业协会首次参加民政部的此项活动并获得4A等级。

通过参加民政部组织的评估活动，中安协加强了自身建设，提高了整体工作水平和自我管理能力，推动了协会工作的规范化建设。评估工作也提高中安协的社会公信力和品牌影响力，提升协会的综合实力。

背景资料：2008年8月以来，民政部先后组织开展了两次全国性行业协会商会评估活动。参评对象是在民政部注册的全国性行业协会和商会，评估结果分为5个等级，依次为5A、4A、3A、2A和1A级。在首次评估活动中，43家协会被授予4A以上评估等级；在第二次评估中，18家协会被授予4A以上级单位。

第五章　地方协会工作

第一节　北京市安全防范行业协会工作

北京市安全防范行业协会

2009年，中国经济遭遇的艰难前所未有，安防行业面临的复杂形势也前所未有。北京安全防范行业协会（以下简称“北安协”）深入贯彻落实中央和国务院“扩内需、促增长”的大政方针，在北京市公安局内保局和北京市民政局的指导帮助下，坚持科学发展观，坚持“四服务”工作宗旨，坚持求真务实开拓创新的工作思路，充分发挥桥梁纽带作用，为行业健康平稳发展和北京“平安城市”建设做出了新贡献。

一、推出品牌建设，进一步提升北京安防行业企业影响力

2009年，北安协积极推行品牌发展战略，通过一系列工作措施，帮扶企业树立北京安防产品和安防工程企业的优秀品牌，使之在激烈的市场竞争中占领制高点和主动权。

（一）*启动优质工程评选工作*。为提升和扩大北京安防工程企业及建设项目的影响力，北安协在北京市公安局内保局的指导和公安部第一研究所、检测中心、认证中心等相关部门的支持下，在广大会员企业和工程建设方的响应配合下，组织开展了首届北京安全防范行业优质安防工程评选工作。经过8个月的细致工作，北京安防优质工程评选活动圆满结束，在上报的34项工程中，共评选出9项优质安防工程。在11月25日召开的2009年度全市安防系统总结表彰大会上，与会领导为9项安防优质工程甲乙双方颁发了奖牌证书。

在本项工作中，北安协主要做法如下：

1. 把握北京特点，启动工程评选

在政府推动的“平安城市”建设，以及北京奥运会、60周年大庆、上海世博会、广州亚运会、深圳大运会等大型活动的带动和吸引下，全国安防行业进入安防设施建设的高潮期。为引导北京安防行业企业抓住商机，北安协于2009年初认真分析形势，认为随着珠江三角洲和长江三角洲区域因为劳动力成本上升、工商企业布局饱和、能源不足等因素导致发展空间的限制。以北京、天津为中心的环渤海地区安防产业中心格局正在逐步形成并快速发展。北京以政治、经济、文化中心的优势，以及一线城市大批安防建设刚性需求，练就了北京安防工程和集成商相当丰富的工程经验，在北安协900多家会员企业中，安防工程企业达800多家，占会员比例近90%。但是北京安防行业的“集成中心”影响力，一大批优质工程的品牌影响力，在社会的知名度并不高，亟待宣传推广。为此，北安协于2009年4月至11月开展了“2009年优质安防工程评选工作”。

2. 周密组织准备，科学划分类别

在政府主管部门的指导和监督下，北安协加强组织领导，一律聘请国内和北京市权威专业机构和专家担任各小组组长和评审专家，成立了由北安协专家委、公安部第一研究所、检测中心、认证中心以及北京市电子产品质量检测中心，中国人民公安大学、中国电子科技集团第三研究所等20位业内知名专家组成的评定工作领导小组。下设管理办公室、专家评审组、综合评定组和监督仲裁委员会，体现出评选工作的权威性和先进性。

在评选工作开展之初，北安协专家委员会经过认真调研、周密准备，专门制订了优质安防工程奖评选办法、通用评定标准、评选流程图、现场评审程序、资料评审表、用户满意度调查表、综合评分记录表等系列文件，为体现工程特色，申报项目分为高风险工程、普通风险工程、城市联网报警工程三大类。以上评选文件交由业内专家多次修改和多方论证，并上网公示，保证了评选文件的科学性和严谨性，为之后开展深入细致的评审工作奠定了坚实的基础。

3. 评选一丝不苟，确保公平公正

专家小组严格按照制定的评审程序和标准，先行对申报工程资料进行评审，对未按要求提交资料的均予以退回。每个工程都安排5位以上专家参与评审。对每一项参评工程，专家组都到现场对企业建设的前端设备安装、传输系统、监控中心施工质量、监控中心技术水平等逐项进行评审打分，并召开座谈会向用户了解使用情况和维保满意度，在此基础上进行综合评分，再由专家评审组签署意见，最后报评定工作小组批准，经过上网公示，确定获奖工程。整个评选过程由监督仲裁委员会派人全程监督，专家参与现场评审由协会统一随机安排。每次专家评审不管地方再远、时间再晚都由北安协统一安排就餐；每个企业每张评审表均由专家本人填写并归档保存；企业得分的每一个小数点都能追溯其根源所在，切实保障整个评选工作的客观、公正性。

经过8个月的细致工作，北京安防优质工程评选活动圆满结束。北安协总结其意义和作用，有以下三个方面：

一是展示了北京安防工程企业的专业实力，赢得了用户的支持信赖。从企业提交的工程资料、创新报告以及专家在现场看到的施工现状，绝大多数企业都能做到资料齐全、施工规范、系统稳定、维护及时、用户满意，体现出北京市安防工程建设的整体水平。例如北京鑫德安安全防范系统集成有限公司承建的建行总行的安防工程项目、北京富盛星电子有限公司承建的天安门地区视频监控系统改扩建工程项目，都是北京市安防工程的优秀典范。同时，建设使用方都积极为评审提供条件、安排工程主要负责人配合评审各个环节，充分肯定和支持此项活动。通过参加工程评比，建设方进一步了解了施工安防企业的实力，为今后系统的运行和升级打下了更加良好的基础。

二是探索实践了动态的安防工程的评估模式，改进了北安协诚信建设管理工作方法。此项工程评比采取的资料审查与现场检查相结合、系统运行与维修维护相结合、自我评价与用户反映相结合的方法，受到了参与评审专家的好评。专家一致认为此方法打破了目前多数同类评比活动仅通过在办公室审查自报资料的单一形式，保证了评比结果的客观、公正和真实性。同时，北安协通过此项活动，对全市安防工程质量有一个整体把握，对加强行业自律管理积累了工作信息。

三是找出了安防工程建设不足方面，促进了安防企业提升水平。虽然北京安防工程企业的建设施工在全国为一流水平，但通过此次评选工作，也发现了部分企业在施工设计方面还存在一些问题，例如：部分企业对于工程项目的设计任务书、现场勘查记录、图纸资料以及竣工验收报告等资料归档整理不及时，需要进一步完善；少数工程企业的工程施工质量与行业标准之间还存在一定差距。这些都有待协会配合有关部门督促改进。

（二）继续开展资质评审和诚信体系评价。为使安防工程企业资质评定工作更加规范，协会在全面调研的基础上，经中安协批准，采取定期检查培训评审员，增加安防工程现场见证，力争从环节、制度上保证上报材料的真实性。全年协会新受理企业资质评定委托158家，其中一级资质企业58家，二级资质企业42家，三级资质企业58家。经审核批准发证138家。受理企业资质年审委托380家，已通过年审企业293家。同时，协会根据《北京安全防范行业企业诚信评价体系》和《北京安全防范行业协会企业诚信评价管理办法》，再次与中国市场学会信用工作委员会共同合作，本着政府引导、社团组织、会员企业自愿参加、第三方评价的原则，评选出2009年诚信安防企业131家。为加强宣传，协会将诚信优秀企业名录和简介制作成册，在年度全市安防系统总结表彰大会、《北京安防》杂志和网站上推出和宣传。

（三）组织开展技术交流和产品推介。2009年，协会一方面全力支持有关会员企业在北京举办产品推介会，提供各方面帮助，协助其举办。另一方面，继续加强与同行业之间的技术交流，应邀参加了河北、西安、天津、海南等地举办的安防展会和安防论坛。12月8日，协会协助北京市科委、莫斯科市政府在北京主办了中俄城市安全技术交流会，参加交流的企业分别向俄方介绍了产品特点、典型工程案例及企业实力，受到了俄方的关注，为下一步深入交流奠定了基础。

（四）开展优秀北京安防人评选。为了向社会各界展示北京安防企业和安防人服务北京“平安城市”建设做出的贡献，宣传北京安防行业的引领者和优秀人才，北安协和《北京安防》杂志开展了2009年度“北京安防优秀企业家”、“北京安防优秀技术总监”、“北京安防优秀项目经理”评选活动。评选活动采取公开报名、网上投票、北安协专家评审组打分、网上公示等形式综合评选，充分体现公开、公正的原则，评选结果将在2010年1月《北京安防》杂志、北安协网站上推出，并在2010年度北京安防行业春节联欢晚会上进行颁奖。

二、着力“平安城市”建设，进一步配合科技创安工作开展

（一）参与公安保卫及安防标准制定。为公安工作服务，为“平安城市”建设服务，是北安协始终坚持的工作宗旨。为发挥标准工作为科技强警和安防行业发展的基础性作用，协会坚持主动介入，积极参加，配合公安机关争取标准的立项、制定和宣贯实施。全年参与标准制定6项，其中立项2个，立项调研4个，完成2008年标准立项申请报告5个。2009年将发布实施的《北京市大中型商、市场治安防范建设规范与安全防范工程监理规范》，将为公安内保工作和安防建设发挥重要的作用。

（二）优质服务政府和用户工程。北安协专家委有效发挥行业专家作用，全年参加重点安防工程评审验收30项，组织提供专家近百人次，有天安门沿线安保系统改造工程，彩车制作区域安防工程，内保防控网二期建设工程，世贸大厦安防工程等，专家们以公平、公正、规范的服务赢得了政府部门和用户的好评与信赖。

（三）新开展保卫干部培训。为做好建国60周年庆典活动保卫工作，提高单位保卫人员综合素质和专业水平，北安协配合公安机关大力开展保卫干部培训。培训部精心组织课程，新增加了如何开展安全检查、网络犯罪预防、技防基础知识和模拟操作，受到了广大保卫干部欢迎。全年举办保卫干部培训班11期，1523人。由于报名踊跃，安防培训超出计划的15%。同时，全年培训监控室值机员和安防工程技术人员55期，7921人。值机员持证上岗已成为用户单位的共识。

三、开展文化建设，进一步打造北京安防人良好的精神风貌

2009年，北安协努力建设科学、积极、健康、诚信的行业文化体系，不断提高安防行业从业人员专业素质和精神内涵，推动首都安防行业、安防人向更和谐、更美好的境界迈进。

（一）不断加强安防资讯服务。为加大北京安防行业的宣传力度，协会积极加强行业资讯建设，努力提升首都安防行业的品牌地位。自2008年10月开始自行承办《北京安防》杂志以来，目前已出版7期。《北京安防》充分利用政府、协会和企业综合资源，积极传播政府对安防工作的方

针政策，社会和用户对安防的需求。全力宣传安防新产品、新技术和北京安防人的新风采。同时，协会2009年还投资对网站后台服务做了进一步改进，使网站的服务功能和档次进一步提升。为方便新会员入会，提高工作效率，协会新增添了企业入会网上报名、会员年审网上填报等网络方式，颇受会员企业好评。受政府主管部门委托，协会开通设立了北京保安网，进一步加强宣传人防、物防、技防相结合的成效。据权威排名网站ALEX统计，北安协网站日均独立TP由2008年的200左右，上升至2009年的600多。协会网站和《北京安防》刊物已成为北京安防行业不可或缺的文化阵地和宣传平台。

（二）*组织专业讲座和专业培训*。为帮扶企业应对金融危机，2009年初，北安协组织数家北京市安防企业与兴业银行北京朝外支行、美国高汉国际投资公司进行座谈，交流咨询安防企业上市融资事宜，使到会企业领导和高管对境内外上市融资知识和途径有了全面了解，为企业融资发展提供帮助。

针对一些企业反映不了解近两年新颁布安防标准和相关招标新要求的情况，北安协联系公安部标委会，邀请业内标准专家授课，组织企业相关人员学习新标准、新政策，受到了工程技术人员的欢迎。

（三）*开展文化体育竞赛活动*。2009年，借助国庆60周年的良好氛围，北安协积极举办文化体育竞赛活动。6月中旬，北安协组织开展了第二届“瑞华赢”杯羽毛球联赛，会员企业积极报名，共有32支代表队近两百人参赛。9月中旬北安协举办了以“推动行业发展、唱响和谐旋律”为主题的北京安防行业首届歌唱比赛。会员企业积极响应，最终13个节目分别获得独唱组和合唱组一、二、三等奖。同时北安协还开展了“海康特杯”摄影比赛，参赛作品达数百幅。通过众多企业的积极参与，丰富了行业文化内涵，展示了安防人良好的精神风貌，进一步增强了协会的凝聚力。

四、加强自身建设，进一步增强秘书处“四服务”能力水平

2009年，北安协一直把加强协会内部建设放在重要位置，改善办公条件、强化组织领导、注重民主议事、规范工作流程，努力提高服务水平。

（一）*注重协调沟通和调查研究*。为了解行业发展现状，提高服务会员的工作水平。北安协秘书处领导先后走访调研了声迅电子、导航者、同方泰德、中星微等一批安防企业，听取了安防企业在业务发展、企业文化等方面的介绍，并就北安协近期开展的工作与企业进行了沟通交流。针对企业关心的重点问题和工作建议，及时向政府主管部门反映和提出建议，并落实到协会的工作重点中，使协会的工作努力贴近行业发展和企业需求。

（二）*加强员工学习教育*。2009年，北安协乔迁新址，硬件设施更加完善规范。为提高员工业务水平和责任心，协会秘书处加强职员日常教育和专业培训，严格执行绩效管理，严格考核，与奖金挂钩。全体员工始终保持着良好的精神风貌和工作进取心，保障了协会各项工作的顺利开展。

（三）*定期召开协会各类会议*。为充分发扬社团民主制度，协会年内如期召开北安协副理事长会议、理事大会，研讨协会重要工作和行业经营发展形势。理事大会在监票小组公开、公正的监督下，增选新的理事单位、常务理事单位和副理事长单位，不断充实壮大协会领导层力量。秘书处领导坚持每周办公会、加强工作研究和思想交流，保证理事会决议和计划的落实。

（四）*完成理事会换届选举*。为做好换届选举工作，北安协秘书处周密安排，认真准备，提前做好理事会换届选举各项准备工作。此次理事换届会议是协会成立以来参会人数最多、组织工作最复杂的一次会议。会议播放了协会成立四年来的工作总结多媒体片；进行了协会新章程的表决和第二届理事会、监事会的投票选举；经会员通讯表决和与会表决通过了新章程修改草案；选举产生了协会新一届理事会领导班子。标志着协会工作继续向前发展。

2010年，北安协将以中央经济工作会议基本方针为指导，帮助和配合北京安防企业在促进增长方式转变，开拓新的市场领域、稳固现有品牌，坚持诚信经营，推动行业文化建设等方面，深入开展调研，加强协调攻关，积极搭建平台，努力为北京安防行业发展做出更大的贡献。

五、协会当前存在的一些问题

在为成就欣喜的时候，北安协也清醒的看到在前进道路上遇到的困难和问题，以及工作中存在的不足。主要表现在：一是协会在发挥政府、社会和企业之间的桥梁纽带作用方面还有一定差距；二是协会在为会员企业提供全方位、深层次的服务方面还需要不断提高；三是协会秘书处工作人员的综合素质与所承担的工作要求尚需努力提升。总体来看，协会工作发展仍处在初级阶段，需要不断在政府政治体制改革和市场经济中成熟和完善。

第二节　内蒙古自治区公共安全技术防范行业协会工作

内蒙古自治区公共安全技术防范行业协会

内蒙古自治区公共安全技术防范行业协会（以下简称“内蒙安协”）成立于2006年，始终坚持以邓小平和“三个代表”重要思想为指针，深入贯彻科学发展观，接受内蒙古自治区民政厅和公安厅的监督管理与业务指导，严格按照《内蒙古自治区公共安全技术防范行业协会章程》开展各项工作。内蒙安协经过工作人员和全体会员的共同努力，各方面都得到了锤炼，各项职能逐渐完善。2008－2009年度，是内蒙安协快速成长的一年。

一、召开内蒙安协第一届第三次常务理事会议

2008年8月22日，内蒙安协第一届三次常务理事会议在呼和浩特市召开。协会理事长邱成刚对上半年工作开展和完成情况做了阶段性总结。秘书长郝晓敏在会议上第一次提出了《内蒙古自治区公共安全技术防范行业协会会员管理办法》、《内蒙古自治区公共安全技术防范行业诚信企业评定办法》、《内蒙古自治区公共安全技术防范行业优质工程评定办法》和《内蒙古自治区公共安全技术防范行业专家库专家管理办法》的各项草案。其中《内蒙古自治区公共安全技术防范行业诚信企业评定办法》和《内蒙古自治区公共安全技术防范行业优质工程评定办法》对内蒙古自治区企业更好的贯彻执行《内蒙古自治区公共安全技术防范管理条例》，逐步引导企业走以诚信为根本、以质量求生存的可持续发展之路起着积极的作用。

常务理事单位作为内蒙安协的决策者和工作开展的践行者，对草案进行了认真研究和讨论，持肯定态度的同时也提出了部分修改意见，秘书处对修改意见做了认真记录。

二、门户网站功能进一步完善

内蒙安协网站于2008年3月开通运行，初期根据会员需要设立了行业协会、行业资讯、行业指南、产品信息、工程信息等版块，基本信息一目了然。随着网站点击率的增加，为了方便会员的注册和浏览，网站又增设了部分版块，如用户登录、展会信息、政策法规等版块。今后还将随着信息量的日益增加，适时做出调整，充分发挥网站的强大功能。

三、秉持为会员服务的宗旨，以多种形式服务会员企业

（一）出台相关办法，进一步规范安防行业

2009年4月21日，内蒙安协第一届第二次理事扩大会议在呼和浩特市召开。按照理事长选举程序，经过理事会的举手表决，一致选举内蒙古自治区公安厅科技处处长孙秀峰为协会理事长，主持协会工作。新领导班子的组建，将协会求真务实、开拓创新的要求提高到了一个新层面。

会上还正式下发了《内蒙古自治区公共安全技术防范行业协会会员管理办法》、《内蒙古自治区公共安全技术防范行业诚信企业评定办法》、《内蒙古自治区公共安全技术防范行业优质工程评定办法》和《内蒙古自治区公共安全技术防范行业专家库专家管理办法》的试行文件。

这些办法一经出台，许多会员便积极申报。截至2009年底，经审核通过的共有8家AAA级诚信企业、5项优质工程，并吸纳30位安防行业专家。

（二）成功承办内蒙古第六届安防展博会

2009年7月6日，内蒙古第六届公共安全产品与技术展博会在内蒙古国际会议展览中心召开。本届展博会由内蒙古自治区公安厅、中国公共安全杂志社主办，内蒙安协承办。公安部科技信息化局书记王俭，自治区主席助理、公安厅党委书记、厅长赵黎平，公安厅副厅长周黎明，副巡视员孙凤鸣等领导参加。

本届安防展博会较第五届在规模和技术含量上都有明显提高，同期活动又分为三大部分：展博会开幕式暨“科技防范进百校”活动捐赠启动仪式、IP视频监控报警技术发展战略研讨会暨“平安北疆和谐内蒙古”安防高峰论坛和2009内蒙古自治区安防行业人才招聘活动。本届展博会主要特点是内容丰富，亮点突出。

（三）内蒙安协秘书处计划分地区走访会员

内蒙安协成立三年多来，会员范围从原来的个别盟市发展到全区各个盟市。协会与会员间通常采用网站、简讯和电子通讯工具进行交流。为了更加深入了解会员反映的问题，与会员面对面沟通，协会秘书处经研究决定，计划从自治区12个盟市逐个进行走访、开会，让协会成为一个流动的会员之家。2009年11月份，协会秘书处首先走访鄂尔多斯市会员。通过对当地6家会员的随机走访，了解到会员对协会所做的工作是满意的，对协会这样的工作方式非常赞同，并提出一些对协会建设极具参考性的建议，此举可以说是一次成功的尝试。

（四）鼓励成立地级市安防协会

2009年12月3日，内蒙古自治区公安厅科技处副处长滕晓林和内蒙安协秘书长郝晓敏应邀参加锡林郭勒盟公共安全技术防范行业协会（简称锡盟安防协会）的成立仪式。锡盟安防协会是随着当地会员数量陡增应运而生的，它也是继内蒙古自治区内呼和浩特市安防协会、包头市安防协会和呼伦贝尔市安防协会的第四个地级市安防协会。这些协会在对进一步规范当地的安防市场秩序方面做出了不小的贡献。

四、参加中国安全防范产品行业协会各项活动

组织自治区企业参加中安协为“平安城市”推荐优秀安防工程商的活动。

2008年1月18日，中安协开展关于为“平安城市”建设推荐优秀安防工程商的活动。活动将在全国范围内评选出100－200家优秀工程商。内蒙安协积极响应，并按照通知内容认真组织区内符合申报条件的会员，共有6家会员经协会初审被推荐。中安协经过专家组的考核，内蒙安协最终有2家会员获得殊荣，这为自治区企业走出内蒙古、走向全国迈出了有力的一步。

第三节 吉林省社会公共安全产品行业协会工作

吉林省社会公共安全产品行业协会

2009年吉林省社会公共安全产品行业协会（以下简称“吉林安协”）在主管部门的正确领导下，在广大会员单位的大力支持下，更加努力务实的工作，比较顺利地完成了全年的任务。

一、开展行业自律管理体系建设工作

（一）不断发展会员单位，壮大行业队伍

随着“平安城市”建设的深入，吉林省的安防队伍也不断壮大。协会最初创立时只有80余家会员单位，截至到2009年底全省会员单位已达到393家，增加了360%。吉林安协为会员单位办理资信等级证书，其中许多获证单位在外省承揽了安防工程，为吉林省创造了经济效益。吉林安协开展资信等级评定工作，一方面为安防工程企业开拓市场提供了资信服务，另一方面也得到了政府有关部门和用户的认可与接受，越来越得到行业各方面的积极响应和好评，相信随着工作的不断深入，会有更多的企业从中受益。

（二）开展安防行业标准宣贯培训

吉林安协分别于2008年11月27日至2008年11月29日、2009年12月12日至2009年12月14日在长春召开了两期安全技术防范标准宣传贯彻培训会议，同时举办了安防标准宣贯培训班，聘请了全国安防界专家刘希清、鲍世隆研究员，及吉林省公安厅科技处处长刘敏、消防与社会公共安全产品质量监测中心工程师储晓鹏、气象局防雷办高继才高级工程师授课。参加会议及学习的有吉林省安防行业从业单位的技术管理人员以及省内各市、州公安机关主管城市报警监控系统建设和技防管理部门的同志，共计500余人。

二、不断提高为会员单位服务的能力

（一）举办“2009年吉林省第七届国际社会公共安全产品博览会”

由吉林安协主办的“2009吉林第七届国际社会公共安全产品博览会”于2009年4月15－18日在长春国际会展中心举行，本届博览会展出的产品包括安全技术防范、消防、警用装备等类产品和技术。各市、州公安局技防工作管理人员，金融、企事业单位保卫人员，行业单位从业人员及众多群众参观了展会。本届展会的举办，对推动吉林省“平安城市”建设起到了积极作用。

（二）为企业搭建网络平台

吉林安防网自开通以来，及时准确的发布安防信息，为吉林安协会员单位提供最新的安防动向，为企业搭建了网络平台，发挥了舆论导向作用，受到了行业各方面的好评。

（三）组织编辑上报2009版《中国安全防范行业年鉴》材料

按照《年鉴》组委会的要求，吉林安协组织编辑了吉林省安防行业2009《中国安全防范行业年鉴》的上报材料，内容包括吉林省城市报警监控建设、吉林省安防行业发展情况、吉林省从事安防工程施工以及安防产品生产企业的名录等方面的材料，现在行业年鉴已经出版。

（四）协助支持会员单位举办安防新产品、新技术推广会

吉林安协在2008、2009年先后支持吉林省会员单位举办了三洋电子、霍尼韦尔、蓝色星际、LG、CNB等品牌安防新产品、新技术交流推广会，协助举办单位发布信息，组织会员单位参加学习、研讨。

（五）为会员单位出谋划策，提供帮助，协调会员单位与各方面的关系

在这一年的工作中，无偿的为需要帮助的单位出谋划策，在合理合法范围内给会员单位提供帮助，做会员单位与政府及各行业的纽带和桥梁，给会员单位创建交流的平台，增加会员单位之间的互助机会，促进行业更好的发展。

三、召开吉林省社会公共安全产品行业协会会员代表大会

2009年6月2日，吉林省社会公共安全产品行业协会第二届理事会第一次会议在长春市省建行培训中心召开。协会理事长邓瑞予、副理事长刘敏、副理事长兼秘书长赵顺仁及来自吉林省内的30余名常务理事、理事单位代表出席了会议。

协会理事长邓瑞予主持会议，副理事长兼秘书长赵顺仁代表上届理事会作了《2008年度协会工作报告》，报告中指出，2008年吉林安协在主管部门的正确领导下，在广大会员单位的大力支持下，认真学习了国家及省有关方针、政策，围绕年初确定的各项计划，在为会员单位服务、开展自律管理、加强内部建设等方面狠下功夫，较好地完成了全年的任务，并在工作过程中积累了经验为今后更好地发展打下了基础。

会议还选举产生了新一届协会领导机构，颁发了副理事长、常务理事、理事证书。并讨论通过《关于调整协会会员会费收取有关问题的意见》及《吉林省社会公共安全产品行业行为规则》。

四、协助中安协在吉林市召开了中国安全防范产品行业协会专家委员会委员会议

2009年8月28日，中国安全防范产品行业协会专家委员会委员会议在吉林省吉林市召开。出席会议的有中安协理事长、专家委员会主任委员柳晓川，专家委员会副主任委员靳秀凤、李建平、司同军、陈朝武。出席会议的还有公安部科技信息化局总工程师马晓冬，公安部科技信息化

局三处处长李明甫等包括正、副主任在内的委员和顾问10余人、还有各组专业副组长及部分特邀专家、列席代表等共计20余人。

本次会议由中国安全防范产品行业协会理事长、专家委员会主任委员柳晓川主持，吉林省公安厅贺电副厅长到会并作了讲话，他代表吉林省公安厅和吉林安协，对本次会议在吉林省召开表示欢迎和祝贺。吉林安协理事长邓瑞予，副理事长兼秘书长赵顺仁也参加了本次会议。

第四节　安徽省安全技术防范行业协会工作

安徽省安全技术防范行业协会

2008年以来，在安徽省公安厅、省民政厅的领导和支持下，依靠全体会员的共同努力，安徽省安全技术防范行业协会（以下简称“安徽安协”）在强化行业自律、推动行业发展、促进合作交流、服务全体会员等方面较好地完成了各项工作任务，实现了既定的工作目标。

一、积极投身平安建设，引导行业健康发展

安防行业提供的产品和服务就是“安全”。为广大用户提供最好的产品和服务，构建平安和谐社会是每一个安防企业应尽的责任，也是安徽安协工作最重要的目标。2008年以来，各级党委、政府和综治、公安等部门大力推动安徽省城市报警与监控系统建设，为安防行业提供了更为广阔的舞台。

安徽安协根据平安建设的需要，积极引导会员单位参与其中，推动了行业的健康发展。目前，这项工作成效显著。据统计，截止到2009年11月，全省用于安全防范的监控摄像机安装总量超过35万台，其中政府累计投入2.5亿余元，建成由公安机关管理、使用的监控点1.5万余个；全省联网报警用户数量9000余户，重点要害单位和新建居民小区技防设施安装率均在95%以上。具体工作有：

（一）开展优秀工程商、产品推荐。2008年，结合中国安全防范产品行业协会开展的为“3111”试点工程、平安建设推荐优秀工程商和产品的活动，安徽安协秘书处积极组织省内优秀企业开展申报，经专家组严格审查，合肥极光、安徽继远、安徽三联、安徽四创、安徽讯飞智元、安徽安兴高科等企业均榜上有名。

（二）组织平安建设新产品、新技术研讨活动。根据安徽省城市报警与监控系统建设的需要，在省公安厅的领导和支持下，2009年结合安徽国际社会公共安全产品博览会举办之机，安徽安协组织省内外知名安防产品企业，邀请综治部门、公安机关以及电信运营商等单位，成功举办了平安建设的专场技术和产品研讨会，对城市报警与监控系统建设模式、架构、产品、网络以及运行管理机制等进行了广泛的讨论与交流，取得了很好的效果。另外，在协会理事会、常务理事会召开的同时，均就相关议题组织会员进行了讨论、研究。

（三）为平安建设提供专家支持。城市报警与监控系统是一项复杂系统的工程，为了切实保证建设和应用取得实效，根据安徽省公安厅部署，由安徽安协组织专家多次对各地公安机关的建设和技术方案开展论证以及参与系统竣工验收，在技术上、产品上以及系统架构上结合当前安防行业的发展情况提出了许多中肯的意见，得到了各地公安机关的好评。

（四）组织研究平安建设关键技术攻关项目。2008年、2009年，安徽省科技厅结合科技强警工作的需要安排专项经费用于相关项目的研究，其中社会治安视频监控系统的关键技术研究是其中的主要内容。2008年，安徽安协作为项目承担单位，与部分会员单位合作承担了社会治安视频监控系统大规模组网建设试点项目，得到了安徽省科技厅拨付的340万元经费支持、用于在全省科技强警示范县（市、区）开展社会治安视频监控系统大规模组网项目研究与应用，为协会工作服务平安建设提供了更加深入的平台。2009年，又争取了350万元，经安徽安协组织相关专家认真细致地探讨当前平安建设的迫切需求，最终确定了在图像的智能化处理以及系统运行管理研究等方面开展技术攻关，为行业技术的发展指明了方向。

在上述工作中，安徽省安防行业的同仁们把社会效益和经济效益放在同等位置，承担了更大的社会责任，为安徽的平安建设、社会稳定和经济发展作出了重要贡献。

二、开展企业资信评定，行业自律卓有成效

规范会员行为，推动行业诚信建设，组织实施行业自律是安徽安协担负的重要职责之一。协会以开展行业资信等级评定为主，充分发挥协会自律管理的职能，为安防行业的健康发展创造良好环境。

（一）建立和完善了资信等级评定制度。第一，印发了资信等级评定办法。2006年初，协会根据第一届理事会第四次会议的决议，针对行政审批制度改革后安防工程设计、施工资质管理上的空白，经调研，制定发布了《安徽省安全技术防范行业资信等级评定办法（试行）》，明确了资信等级评定的具体程序和要求，开始在全省组织开展安防工程从业单位资信等级评定工作。第二，建立了资信等级评审人员数据库。资信等级评定是安徽省开展行业自律的重要载体，此项工作伊始，协会就确定了公平、公正、公开的原则，参加评审的人员全部是经相关单位的推荐，从协会会员、管理部门和行业用户中产生，真正体现了资信等

级评定工作的行业自律属性。第三，完善了相关的配套制度。鉴于协会在各地无分支机构，为扩大资信评定的公信力，协会委托各市公安机关技防管理部门牵头开展资信等级的初评工作，并制定了采取量化打分形式的评审表格，明确了评审要求。协会秘书处还起草制定了《安徽省安全技术防范行业不良行为记分办法（试行）》，经协会第二届常务理事会第二次会议通过予以发布，进一步规范会员单位的从业行为。

（二）规范开展资信等级评定工作。根据《安徽省安全技术防范行业资信等级评定办法》，省安防行业资信等级评定工作每季度集中评定一次。对此，安徽安协秘书处严格按照要求进行，规范评定工作程序，保证了评定工作的公开、公平、公正。首先，加强对各市评审工作的监督。要求各市评审小组认真开展实地检查，按照评审表格严格打分，提出初评意见；同时通过向部分参评企业的征询，了解初评工作的情况，及时发现存在的突出问题并督促改正。其次，严格开展资信评定复审。协会秘书处每季度从资信等级评审人员数据库中轮流抽调人员参加复审，按照秘书处制定的复审表格逐项过关，对不符合要求的或缺少相关材料的及时提出整改意见，整改不到位的，坚决不予发证。同时，对复审结果，由协会秘书处在网站进行公示，对公示发现的问题及时进行调查了解，确认满足要求后才予通过。再次，强化对从业企业的监督。一方面，对企业使用资信等级证书的情况加强了解掌握，最大限度地防止违规使用证书现象的发生。另一方面，由于资信等级证书按季度换发，对一些未能及时进行换证的企业在不违反规定的前提下，给予出具相关证明，满足他们开展业务的需要。据统计，截至到 2009 年 12 月，安徽安协核发的尚在有效期内的《安徽省安全技术防范行业资信等级证书》共有 523 家，其中一级 86 家，二级 127 家，三级 310 家。

（三）资信证书得到了行业用户的一致认可。资信等级评定制度是行业自律的重要举措，其证书从法律上讲并没有强制力，对此，安徽安协在规范评定程序，公开评定信息，保证评定结果的公平公正，着力提高资信等级证书公信力的基础上，通过广泛宣传等举措使此项工作得到了行业用户的广泛认可。其一，积极向有关行业用户进行大力宣传，使他们了解资信等级评定的程序、要求，不断扩大资信等级证书的采信范围。几年来的实践表明，在安徽省安防行业，资信等级证书已经成为了行业从业单位的一项重要招牌，很多单位都是由于在参加安防项目招投标过程中缺少此证书而回头再来申请资信等级证书的。其二，协会秘书处定期及时将有关资信等级评定情况向有关用户单位通报，并通过办公电话、网络接受社会查询，方便大家了解相关信息。其三，针对当前企业人员流动频繁，经营状况不断变化的情况，着手建立起动态的资信等级评定机制，在积极实行安防从业单位不良行为记分制度的同时，加强与有关部门、单位的联系、沟通，如通过上门走访建设、工商等管理部门以及金融、文博等用户单位，接受群众举报等方式，及时了解掌握相关单位的从业信息和状况，并将其纳入资信等级评定的参考内容。通过与管理部门、用户单位的互动，资信等级评定结果被行业用户接受和采纳的程度更进一步得到提高。

三、强化人员培训，从业水平稳步提高

安防产品和工程质量直接关系到人民群众生命财产安全，安防行业的相关技术和标准也在不断发展和变化，因此，推动行业从业技术人员掌握相关标准、促进新技术应用、提高全行业的从业水平始终是安徽安协工作的重心之一。在这方面，协会作为一个中介组织，积极组织强化了从业技术人员培训等相关工作。

（一）加强了培训师资力量的建设。2008 年初，中国安全防范产品行业协会先后在北京和杭州举办了 2 期安全防范设计评估师师资培训班，协会先后组织了 11 名业内骨干参加了培训班。这 11 名同志通过半个月的紧张学习，系统学习了安防基础、设计、施工、评估等各个环节的关键知识和授课要点，并全部顺利地通过了严格的考核测试，取得了培训教师资格，为安徽省的安防从业技术人员培训师资增加了新鲜血液。

（二）及时调整充实培训内容。近年来，安防行业呈现迅猛发展势头，国家和行业出台了大量针对安防工程的新标准。据了解，到 2009 年底，已经发布实施的安防相关的国家和行业标准共有 100 项。针对这一情况，协会秘书处及时对培训教材进行数次修订、编印，通过培训加大对安防工程设计、施工相关标准的宣贯力度，切实提高了从业技术人员理解和贯彻标准的能力和水平。同时，协会秘书处还积极地向培训人员征求意见和建议，开展培训效果的测评和调查，针对他们的需求，重点在设计、施工实际经验等培训内容上给予了加强，得到了培训学员的充分肯定。

（三）培训工作取得显著成效。自 2006 年以来，协会秘书处已先后举办了 30 余期技防工程从业技术人员培训班，为会员单位培训从业技术人员近 3000 人，收到了良好的效果。其一，培训组织工作精心细致，已经形成了较为固定的培训模式，全部的培训班都顺利举办，未出现任何安全事故。其二，培训工作得到了从业单位乃至用户单位的认可。很多从业单位尽管在培训人数上已经达到了对应资信等级要求的数量，但仍然派员参加，将协会组织的安防技术培训作为企业培训安防工程技术人员的重要途径。安徽省监狱管理、金融等一些用户单位为了了解安防相关技术和标准，提高安防使用人员的素质，也积极组织相关人员参加培训。其三，提升了行业的整体从业水平。通过安防从业技术人员培训工作的开展，受训人员普遍认为在安防理念上得到了提升，对安防设计、施工过程中的相关要素更加熟悉，对安防相关法律、法规和标准也更加了解，从而也推动了安防工程质量的提高。其四，促进了管理部门素质的提高。几乎每一期都有公安科技、技防部门的同志参加学习。

四、举办专业展览，合作交流走向深入

安徽省作为一个经济欠发达地区，与兄弟省市相比，安防行业的发展无论是从业单位数量和规模，还是产品生产种类等方面都相对较弱，加强会员间的交流和与发达地区的合作，学习他们的先进经验就显得尤为必要。

（一）举办两届公共安全产品展览。2009 年 5 月 14 日 –16 日，安徽安协举办 2009 安徽国际社会公共安全产品博览会，省委常委、政法委书记、公安厅党委书记、厅长徐立全书记、省人大副主任张俊、省政协副主席赵韩、省综治办副主任张兵、省科技厅副厅长王洵、省公安厅党委副书记、常务副厅长陈小平、省公安厅副厅长郑建新、中国安全防范行业协会副秘书长李建平等领导亲自出席展会开幕式并参观展览。

（二）采取“走出去”的办法，扩大合作交流的广度。2009 年 11 月，中国公共安全产品博览会在深圳举办，协会秘书处积极与组委会联系，组织协会全体常务理事单位赴深圳参观展览，学习、了解国内外安防先进技术和产品。在此期间召开了协会常务理事会第四次会议，会上邀请了深圳市安防协会和部分深圳安防从业单位介绍深圳安防行业发展情况、企业发展思路等，引起了与会常务理事单位的共鸣。

（三）采取“请进来”的办法，强化合作交流的深度。在“走出去”加强与发达地区交流联系的同时，安徽安协秘书处还采取“引进来”的办法，吸收了苏州科达、深圳洪迪、广州王牌等国内较有影响力的安防企业加入协会，把他们好的发展思路和理念带到安徽来，为安徽省安防从业单位与其面对面直接交流和合作创造了机会，也进一步激发和增强了协会工作的活力，创新了协会的工作模式。

五、规范自身建设，服务能力显著增强

随着社会对安防需求的日益强烈，安防行业发展迅猛，从业队伍逐渐壮大，将行业内绝大部分从业单位和人员吸收进入协会，使协会能够真正代表行业从业者的利益，既是安徽安协的重要工作之一，也对协会自身建设提出了更高的要求。

（一）按照章程规定定期召开相关会议。根据协会章程的规定，协会秘书处先后组织召开协会理事会 2 次，常务理事会 4 次，对协会的工作及时进行阶段性总结，分析问题，寻找对策，并结合安防行业发展现状和特点提出工作重点，保障了协会工作的有效运转。

（二）规范财务管理制度。协会财务收支情况每年经相关审计机构进行严格审计，没有任何违规现象发生，并顺利地通过民政部门的年度检审。

（三）加强协会自身建设。首先，加强了协会的制度建设。对协会的工作制度等进行了进一步完善，使各项工作切实做到有章可循。其次，加强协会网站建设，为会员交流提供良好的平台。2009 年，根据协会自身发展的需要，协会秘书处组织人员对协会网站进行了全面的改版；同时，对网站的维护工作，专门聘请人员进行负责，将行业发展的相关信息、协会的相关工作及时通过网站进行发布。再次，研究协会工作的新机制。为进一步增强协会工作的凝聚力，提高会员单位参与协会工作的积极性，加强对协会的领导，参照外省经验，秘书处就增设协会副理事长单位等议题进行了广泛的调研，并在协会第二届常务理事会第六次会议上进行了充分讨论，拟提请第三次会员代表大会对协会章程进行修订，增设协会副理事长单位，让行业中的佼佼者能够在协会发展中发挥更大的作用。

（四）推动行业队伍的不断壮大。近年来，随着安防的普及应用，从事安防行业的企业越来越多，很多原来从事系统集成、建筑装饰等领域的单位都致函、致电协会秘书处主动申请成为协会会员。对此，协会秘书处依据协会理事会和常务理事会的授权，严格按照协会章程的要求办理新会员入会手续，既热情服务，又认真把关。对不具备入会条件的单位要求其必须整改完善后才给予发放协会会员证书，既促进了会员队伍的稳步壮大，又保证了会员单位的质量。同时，一些行业内较有影响力的单位在成为协会团体会员后，也积极要求加入协会，协会秘书处更是认真筛选、严格审核，对基本符合条件的按照章程的规定由秘书处向协会理事会提交提案进行表决。据统计，截至到 2009 年底，协会会员数量已达 530 余家，较 2006 年初增长 3/4。其中常务理事 22 人，理事（包括常务理事）70 人。安徽省 95% 以上的安防行业从业单位已成为协会会员，这也为协会进一步开展行业自律、创造行业良好发展环境和协会工作的科学发展奠定了坚实的基础。

（五）不断强化提高服务社会、服务会员的能力和水平。服务是协会工作永恒的主题，协会秘书处以促进行业发展为目标，强化服务意识，提高服务社会、服务会员、服务用户、服务全行业的能力。一方面认真听取、收集会员、从业单位和用户的意见和建议，接待了大量的来访、来电，解答有关政策咨询、技术咨询、产品、工程等方面的实际问题，处置对不正当竞争现象及工程商工程质量售后服务的投诉；另一方面协助政府管理部门积极宣传有关技防管理的政策法规，及时向政府主管部门反映行业情况，为政府部门开展行业管理出谋划策。

几年来，经过全体会员的共同努力，协会工作取得长足的进步，但是与全体会员的要求、与时代的要求和形势的发展、与兄弟省市安防行业的发展仍然存在一定的差距，特别是在开展协会活动的广度、深度，为技防企业的发展提供支持和服务质量、增强协会的活力和凝聚力等方面还有待进一步提高。相信面对我国安防行业的大好发展形势，在全体会员的共同努力下，协会工作必将取得更大的成绩。

第五节　湖北省安全技术防范行业协会工作

湖北省安全技术防范行业协会

湖北省安全技术防范行业协会（以下简称“湖北安协”）继续坚持以邓小平理论和“三个代表”重要思想为指针，深入学习贯彻落实党的十七大精神，坚持科学发展观，在湖北省公安厅的业务指导和湖北省民政厅的监督管理下，坚持“服务、保护、协调、进步”的宗旨，全体职工齐心协力、团结奋进、共谋发展、与时俱进、开拓创新，坚持全心全意为会员企业服好务、办实事，做了许多有益会员企业的工作，充分发挥了政府与企业间的桥梁和纽带作用。湖北安协在2008年9月1日至2009年12月31日之间，主要做了如下工作：

一、成功召开三次会议和“湖北省安防产业发展高峰论坛”，成立湖北省安全技术防范行业专家委员会

（一）2008年12月29日，湖北安协组织召开第二届第四次常务理事会暨2009年迎春茶话会

会议邀请到中国安全防范产品行业协会（以下简称“中安协”）副理事长兼秘书长靳秀凤同志参加会议。靳秘书长就中国安防行业现状及发展趋势、中国安防企业如何应对全球金融危机的冲击等作重要讲话。湖北省公安厅科技处副处长庞晓洪、省公安厅安全技术防范管理办公室（以下简称“省厅技防办”）主任余连清、省信息产业厅科技处张波处长代表陈莎女士讲话。湖北安协常务副会长兼秘书长陈元开同志做工作总结报告。武汉兴图新科电子有限公司总经理程家明先生、武汉鑫丰易科技发展有限公司总经理宋艳莉女士发言。与会其他代表进行了热烈讨论。

会议汇报了湖北安协2008年工作总结和2009年工作设想；审议通过增补武汉长软华成系统有限公司为协会第二届理事会常务理事单位；宣读湖北安协2008年财务审计报告。

（二）2009年3月27日，湖北安协召开第二届第四次会员代表大会

湖北省公安厅科技处、省厅技防办领导，湖北安协领导和百余会员单位代表出席大会。会议主要总结协会2008年秘书处、网站、资质评定中心几个部门的重要工作；安排部署2009年工作要点；会上还宣读了“关于开展第二次湖北省安防行业AAA级诚信企业评定活动的通知”。

（三）成功召开“湖北省安防产业发展高峰论坛”

2009年3月27日会员代表大会之后，由湖北安协与湖北省公安厅技防办联合举办的“湖北省安防产业发展高峰论坛”召开。中安协靳秀凤秘书长到会并发表题为《传统安防与现代安防变革与发展》精辟而前端的演讲。靳秘书长独到的分析给现场企业人员、技防管理人员带来大量信息，并提出很多思考。同时，对安防行业在金融风暴下，中部安防迎来挑战和机遇的分析，更给现场各位代表们给予了鼓舞，让大家对湖北省安防产业的发展增添信心。

论坛上，湖北省公安厅科技处领导发表了热情洋溢的致辞；湖北省信息产业厅领导、长江大学计算机科学学院教授、武汉兴图新科电子有限公司、湖北华奥电子有限公司等代表，分别从不同角度发表了演讲。

会议最后陈元开同志讲话，号召与会代表们一同携手奋进，努力拼搏，共同为行业迎战金融危机做足准备。

（四）2009年11月18日，成立湖北省安全技术防范行业专家委员会

专家委员会在湖北省公安厅技防办和湖北安协领导下开展工作。湖北省公安厅科技处副处长、省厅技防办、湖北安协等同志出席会议。专家委员会成员来自武汉大学、湖北省电子产品质量监督检验院、湖北省质量技术监督局、湖北省公安厅信通处、湖北省公安厅网监总队等部门的高级工程师、教授。会上选举产生专家委员会领导成员，并审议通过专家委员会管理办法。

（五）2009年12月8日，湖北安协在湖北武昌召开第二届第三次理事会

湖北省公安厅科技处和技防办领导，湖北安协领导以及协会常务理事、理事会员代表，以及来自全国80余家安防产品商代表，全国行业媒体和本土媒体记者朋友，共计250余人出席会议。

会议把2010年中国（武汉）公共安全产品、反恐技术设备和警用装备展览会作为一个重要议题，专门召开新闻通气会（详见第四条）；会上宣读了湖北安协成立6周年工作回顾、2009年工作总结及2010年工作设想；会议审议通过了艾维通信集团有限公司、长江三峡能事达电气股份有限公司、武汉警官职业学院加入协会成为协会副会长单位，北京四星展览服务有限公司加入协会常务理事单位；会上授予7家企业荣获2008－2009年度“AAA级诚信企业”。并宣读了湖北安协2009年财务审计报告。

最后，湖北安协举行了成立6周年文艺演出。

二、举办2009第十届中国（武汉）国际公共安全技术及设备展览会

2009年3月26－28日，2009第十届中国（武汉）安防展在武汉国际会展中心举行。湖北省公安厅副厅长喻春祥同志出席开幕式并参观展览。为行业内先进安防理念、技术产品、品牌企业等搭建起一个汇集交流的良好平台，从而大大推动了应用市场的合作与交流，为促进湖北省安防行业的长远发展贡献力量。

三、为认真办好武汉安防展，面向全国公开招标，择优选择优秀展览公司—北京四星展览服务有限公司承办2010中国（武汉）安防展，并举办新闻通气会

武汉安防展办展10年，但展会规模始终做不大。距离湖北省公安厅领导关于“认真组织，办就办好”的指示相差太远。为此，作为武汉安防展的主办方，湖北安协多方走访、四处调查资料，向其他兄弟省市展会发展情况，学习陕西西安、安徽合肥、内蒙等省市，采取公开竞标形式从全国范围内选择最优秀的展览公司承办展会，经湖北省公安厅领导同意，2009 年 9 月湖北安协采取市场化运作模式，委托湖北省人民政府采购办指定招投标公司，面向全国公开招标，选择优秀单位来承办 2010 年武汉安防展。9 月 18 日，经专家评审，北京四星展览服务有限公司一举中标，获得展会承办权。同时，湖北安协解除了与原承办单位湖北省中科会展公司的合作关系。

为提请全国各安防产品企业、安防工程企业及相关单位，谨慎参展，湖北省公安厅技防办和湖北安协联合发表通知，并在楚天安防网以及安防行业其他媒体公开提醒，现在唯一授权认可 2010 中国（武汉）安防展的承办单位是北京四星展览服务有限公司，展会时间是 2010 年 3 月 10－12 日，展址在武汉科技会展中心。

12 月 8 日在湖北安协第二届第三次理事会议上，专门召开 2010 年中国（武汉）安防展展会新闻通气会，全国各大安防行业媒体，湖北省、市 9 家大众媒体记者朋友参加会议。陈元开同志宣读新闻通稿。湖北省公安厅技防办主任余连清同志在会上发表讲话，并通报了 2009－2010 年湖北省“平安城市”建设整体状况。湖北省 2010 年底将完成 70 万个视频监控摄像头，包括公安可控 A 类（重点要害部位和公共复杂场所）摄像头 7.5 万个，社会投资建设 B 类（各内保单位自建）摄像头 63 万个。

目前，湖北省 A 类和 B 类工程均有一半未完成，强大的市场空间吸引全国众多安防厂商前来参展，加之公安机关的大力支持，优秀承展公司的扎实工作，目前已经招展 400 余个展位，规模远超同期往届。

四、按照安防工程企业资质评定试点模式，继续推进安防工程企业资质评定工作，并选派评审员到北京参加再学习

湖北安协从 2006 年 12 月底经公安部科技局批准，被中安协授权，成为首批开展安防工程企业资质评定试点工作以来，始终坚持按资质评价体系文件和程序文件开展评定工作，对委托评定的企业层层把关，逐级审核。截止 2009 年 12 月 31 日止，湖北省共颁发安防工程企业资质 264 家，其中一级证 46 家、二级证 93 家、三级证 125 家，还有部分企业正在评审过程中。同时，资质证每年的年审工作日常进行。

2009 年 7 月 26 日，中安协在北京召开资质评定试点工作领导小组会议，湖北安协副秘书长兼技术专家易琪波同志参会，掌握最新工作精神，听取靳秀凤秘书长对试点工作提出的新要求、新指示，坚持资质评定试点工作的发展趋势。

根据最新资质评定试点工作会议的精神，2009 年 7 月 28 日，湖北安协派选四位专职评审员到北京参加安防工程企业资质评审员的继续培训学习，以提高协会日常评审工作效率。

五、为满足安防工程企业资质评定需要，帮助企业完成专业技术人员、造价员的培训辅导、考试工作

2008 年 9 月 1 日至 2009 年 12 月 31 日，湖北安协对 102 家企业专业技术人员进行培训辅导考试，833 人获得资格证。至今湖北省 405 家企业 3527 人获得专业技术人员资格证。

2009 年 11 月 6－11 日，协助北京蓝盾世安信息咨询有限责任公司和信息产业部电子标准定额站完成湖北省第七期全国建设工程造价员（电子）资格证培训班工作，共 72 人（50 家企业）参加培训考试。至今，湖北省已有 386 家企业 596 人考取了造价员资格证。

六、积极配合省厅技防办各项工作，共同为湖北省安防行业的发展贡献力量

（一）推荐优质安防产品和“平安城市”解决方案

湖北省公安厅副厅长喻春祥同志出席 2009 年武汉安防展会开幕式后，曾在观展时现场指示，由省厅技防办、湖北安协组成专家评审小组，从这次展会参展安防产品中，为湖北“平安城市”建设推荐一批优质安防产品和“平安城市”解决方案。

根据省厅领导的要求，湖北安协当即从协会专家库和武汉 4 家工程商中抽调 7 名熟悉安防产品的专业技术人员组成评审小组逐个展位开展调研，选出优质的安防产品推荐给湖北省公安厅及湖北“平安城市”建设。

（二）配合湖北省公安厅技防办完成湖北省安防标准宣贯培训班各项工作

为了保障城市报警与监控系统建设的科学化、规范化，提高系统建设质量，加大安全防范行业标准贯彻执行力度，确保湖北省安全技术防范工程的施工质量。湖北省公安厅技防办开展全省防盗安全门产品类相关标准培训班、全省城市监控报警联网系统相关技术标准培训班。湖北安协安排专人配合省厅技防办做好每一次培训班工作。

（三）配合湖北省公安厅技防办完成湖北省社会治安视频监控系统共享平台测试会各项工作

2009 年 9 月 7 日－10 月 23 日，湖北省公安厅技防办召开湖北省社会治安视频监控系统共享平台测试会。来自北京、深圳、杭州、成都、武汉等地的 11 家软件商和 30 余家产品商，近 200 箱货品参与测评。从 9 月 7 日开始，湖北安协安排四位同志配合省厅技防办从准备会议起，全程配合此次测评会各项工作。从产品进场到出场，湖北安协配合工作认真仔细、准确无误。

（四）配合湖北省公安厅技防办完成湖北省社会治安视频监控系统建设规范培训班工作

为进一步规范全省视频监控系统建设，实现全省社会治安视频监控系统“互联互通、资源共享”打好坚实的基础。2009 年 10 月 16－19 日，湖北省各地、市、州 150 余名技防管理部门干警、湖北省网络运营商（湖北电信、移动、联通、广电公司等）代表 80 多人，进行了湖北省社会治安视频监控系统建设规范培训，并参观模拟测试平台现场。湖北安协派遣专人负责配合两次培训会场各项会务工作。

七、关心行业发展、坚持为会员企业服务的宗旨，以多种形式服务企业

（一）关心行业发展，出席企业产品发布会、交流会

2009年1月15日，湖北安协领导出席由西部数据香港有限公司、伟仕电脑香港有限公司、武汉博世天烨信息技术有限公司联合举办的西数监控专用硬盘武汉交流会，并发表讲话欢迎西部数据进入湖北市场。

2009年5月6日，湖北安协领导应邀参加2009年三星泰科光电子监控系统产品全国巡回武汉站新品发布会，并发表致辞，欢迎三星这样的国际知名大公司、大品牌来湖北发展，以促进湖北省安防市场的长远发展。

（二）开展多种形式为会员企业服务

1. 为企业牵线搭桥，为企业争取政府资金支持

2009年1月7日，湖北安协领导陪同武汉兴图新科电子科技有限公司总经理，来到湖北省信息产业厅科技处汇报公司发展情况，争取信产厅政策和资金支持。该公司新产品“openVone安防软件开发引擎”在2008年中安协举办的北京安防展上一举获评创新产品。这一安防“中间件”如果能得到政府支持，将给湖北中部区域的安防产业发展带来更好态势。

2. 推荐会员企业参加湖北举办的“知本创业”活动，并在196家报名企业中脱颖而出，荣获40强

2009年6月23日开始，由湖北省高新技术发展促进中心、武汉市科技局、武汉市商务局特别支持，《武汉晚报》、武汉企业联合会、武汉青年国民经济研究所、汉网联合发起“交通银行？知本创业行动”活动，以帮助创业企业摆脱过于依赖政府基金、国家扶持的创业思路，挖掘创业企业项目投资潜力，引导扶持中小企业做大做强。

这一行动得到湖北安协积极响应，推荐武汉兴图新科电子有限公司报名参加。通过申报后，经历初审、复审后，该公司从全省196家报名企业中角逐晋级，并成功进入40强。

3. 为企业提供技术咨询

2009年10月28 –30日，湖北安协从专家库选调五位专家一同赴宜昌，担任“三峡枢纽安防监控指挥中心控制系统技术方案及招标技术文件”审查会会议指导。此次指导工作给湖北安协带来良好的社会声誉。

4. 开展免费为会员企业建设网站服务

凡有网站的会员企业，都可将自己的网站免费链接到楚天安防网、安防商铺网上。为了帮助会员企业全面提高网络使用意识，从2008年9月开始，湖北安协秉承为会员企业服务的原则，启动免费为会员企业建网站的服务，并在会员企业网站上增设“协会动态”，及时向企业通告协会的实时工作动态。

八、继续加强楚天安防网、安防商铺网建设，更好为安防企业服务

（一）加强网站自身建设。楚天安防网、安防商铺网两个网站除了保持原有网站栏目的内容及时更新，为安防企业提供最新最有效的资讯外，还适时对栏目进行改造，不断进行自身的建设和完善。

（二）与行业知名媒体合作，加大对企业的宣传服务力度

网站不仅对安防企业进行全方位宣传报道，还与全国行业内各大安防网站互换链接、资源共享。网站编辑部同时向行业内知名媒体《中国安防》杂志、《安防市场报》等积极撰稿，提升湖北安防企业形象。

近两年，湖北安协已经在《中国安防》上发表8篇文章，在《安防市场报》发表46篇文章，在其他省级以上媒体发稿数篇，对湖北省安防企业的企业形象和社会形象起到良好的宣传作用。

九、为推进全国“平安城市”建设工程，积极配合中安协推荐优秀安防工程企业，推荐湖北省优秀安防工程企业参与评选

为贯彻落实党和国家构建“和谐社会”的发展战略，积极配合各地政府部门开展“平安城市”建设工作，为政府及有关部门全面了解安防工程企业情况，进行科学决策提供依据，2008年11月18日，中安协发出《关于为“平安城市”建设推荐优秀安防工程企业的通知》。湖北安协转发通知，并从2008年底开始，积极组织、推荐湖北省22家优秀安防工程企业参加评选，最终中铁电气化局集团第二工程有限公司、武汉一安高新技术有限公司、武汉安通科技产业发展有限公司、武汉市博海无线电有限公司、湖北东润科技有限公司、湖北泰信科技信息发展有限责任公司、武汉达明科技有限公司、武汉市武控系统工程有限公司、湖北华奥电子有限公司、武汉长软华成系统有限公司、武汉钢铁工程技术集团有限责任公司节能分公司11家企业获此殊荣。

十、先后参加陕西西安、深圳兄弟省市的安防展会，了解行业现状，学习行业先进经验

2009年5月5–8日，参观西安安防展会，参加了展会期间举办的各种会议活动。这次参观中，湖北安协学习认真总结西安展览成功举办的原因，一是离不开陕西省、西安市领导的高度重视，再是选择了优秀的展览公司来承办。这让湖北安协充分认识到中国（武汉）安防展要想做大做强，必须要走创新改革之路。2009年9月，经过湖北省公安厅领导指示，通过公开招投标，湖北安协选举了优秀的展会公司承接2010年中国（武汉）安防展。

2009年11月1–4日，到深圳参加全球第三大安防展——2009年中国国际社会公共安博会。深圳安防展无论规模、产品数量、参展企业都排在世界前列。湖北安协此次观展，不仅获取最前端的行业讯息，学习大型安防展办展经验，同时为2010年中国（武汉）安防展做好宣传、打好基础。

十一、加强安防行业诚信建设，制定行业相关规定、标准，评选出第二届湖北省安防行业“AAA级诚信企业”

为进一步推进湖北省安防行业诚信建设，树立“诚实守信”的行业风尚，规范从业行为，防范和抵御不法侵害，保护企业合法权益，营造社会诚信氛围，打造湖北省内安防市场诚信环境，2007年末，湖北安协评出了首届“AAA级诚信企业”产品企业和工程企业。

2009年，湖北安协加大宣传力度，完善评审制度，建好企业档案，认真开展湖北省第二届安防行业“AAA级诚

信企业”评选活动。经过协会专家的认真评审，12月8日最终授予武汉安利系统工程有限公司、武汉保安集团有限责任公司、武汉达明科技有限公司、武汉湖滨电器有限公司、武汉鑫丰易科技发展有限公司、湖北华奥电子有限公司、武汉微创光电股份有限公司7家企业2008－2009届“AAA级诚信企业”，并颁发铜质奖牌。

十二、积极参与中安协为庆祝30周年而举办的歌唱比赛活动，并创作歌曲《中国安防之歌》

2009年是中华人民共和国60华诞，又是中国安防行业30周年。为丰富安防行业的文化生活，提高从业人员文化素养，中安协在全国安防行业内开展一次歌唱比赛活动，通过安防人的深情演唱，歌颂伟大祖国60年辉煌成就和中国安防30年发展变化。

湖北安协特此在网站上转发活动方案通知，并呼吁全省各安防企业积极参与，同时，湖北安协职工积极参与到活动中来。协会常务副会长兼秘书长陈元开同志亲自作词《中国安防之歌》。

十三、认真贯彻落实《284号省长令》和《312号省长令》和《国务院办公厅关于加快推进行业协会、商会改革和发展的若干意见》，加强协会内部建设

（一）规范协会工作，加强协会组织建设，不断扩大会员企业队伍。协会的发展离不开广大会员企业的支持，有了会员的支持，协会才会逐步壮大。到目前为止，湖北安协发展会员企业已有439个。

（二）加强湖北省安防协会职工队伍自身素质建设。湖北安协从2008年3月开始在全体职工中开展“讲政治、讲团结、讲奉献、讲学习”活动，现已先后组织了12次政治业务学习。2009年6月30日，职工们通过投影，图文并茂学习了《城市监控报警联网系统技术标准》，及时掌握技术标准等基本常识。通过学习，职工们不仅政治觉悟得到大大提升，业务素质也得到徐徐提升。

（三）加强协会财务、文档、内务管理。湖北安协严格遵守行业组织财务管理规定，设有专门的会计、出纳。坚持每年请民政厅指定的审计部门进行一次财务审计。做到帐目清楚，收入合法，支出合规。建立了完整的档案管理制度，并严格按照各项规章制度规范化操作、管理。

总之，湖北安协全体职工经过不懈的努力做了很多工作并取得了一定成绩，在前进中还存在这样那样的一些困难和问题，但坚信一定能克服重重困难，再接再励，进一步提高服务意识，更加积极主动为会员企业提供优质服务，使协会工作再创新水平、再上新台阶！

第六节 广东省安全技术防范行业协会工作

广东省安全技术防范行业协会

一、积极参与评优活动，树立行业典范

广东省安全技术防范行业协会（以下简称“广东安协”）遵循公平、公正的原则，推荐会员单位参与“守合同重信用”公示活动、“3111工程”优秀工程企业评比活动，开展“广东省优秀安防企业”评优活动，树立行业典范，鼓励广东省安防企业加强自身管理建设和服务意识，做好工程、产品和服务的质量，为广东安防企业树立榜样，推进广东省安防行业整体水平的提高。

二、增设服务范围，发挥职能作用

（一）开设资质审批前置服务，提供实在服务

在广东省公安厅科技处的大力支持下，广东安协在省公安厅技防办设立了常驻联络办证员，为协会会员开设资质审批前置服务工作的“绿色通道”，为协会会员免费提供办证咨询服务，及时跟踪会员办证情况并反馈于会员。此外，定时通知会员单位资质年审或换证，务求把工作做到最好，为会员分担部分办证工作，节省会员办证时间。

（二）建立专家委员会，提供技术服务

根据协会2009年度工作规划，在广东省公安厅科技处的指导下，今年4月，广东安协与省厅技防办正式建立了专家委员会，并举办了首届专家培训班，进一步促进广东省安防行业持续稳定的发展。专家委员会的建立填补了广东省在安防行业缺乏专业专家库的空白，并促进广东省安防行业专家资源的规范化管理，建立起良性的专家资源补充机制，从而推动安防行业的发展，并提供跨界交流平台。

（三）开展各类讲座，加强用户单位安全防范意识

2008年到2009年期间，广东安协通过组织开展“金融安防技术讲座”、“广东省高校‘科技创安’安防技术讲座”、“选型面对面——安防设备选型知识讲座”等活动，既加深了上级领导与会员单位之间的了解，促进了甲方和产品商、工程商之间的交流，又提高应用安防产品单位安防知识水平，广东安协所举办的一系列讲座活动，得到应用安防产品单位和会员单位的大力支持和配合，从而发挥了协会的行业职能。

三、积极搭建平台，服务安防行业

（一）开展广东省高校“科技创安”安防工作

在广东省公安厅科技处的大力支持下，广东安协举办了2009年广东省高校“科技创安”安防工作会议暨技术讲座活动，此讲座是广东安协面对金融海啸，响应国家拉动内需的号召举办系列活动第二站，为高校“科技创安”工作的顺利开展奠定了基础。“科技创安”工作会议暨技术讲座活动的成功举办，将成为活动模式在其他行业继续复制和推广。广东安协应省教育厅要求，推荐一批优秀安防工程企业和安防产品品牌供全省高校安防工程选用。协会和省高教保卫学会将联合邀请有关专家组成工程验收小组，对科技创安工程进行检测验收，以确保技防工程质量。

（二）开展“广东安防互惠大联盟”活动

为整合安防产业的力量，加强产品类会员与工程类会员的互惠互利，维护会员的合理利益，优化市场环境，经广东安协秘书处研究决定，在会员中组织“广东安防互惠大联盟”活动。借助“广东安防互惠大联盟”平台，扩大产品市场占有率和品牌影响力，实现生产商与工程商的双赢局面，推进安防行业的持续健康发展。

结合广东安协“广东安防互惠大联盟”活动，协会已与广东省产品质量监督检测中心、广州市盛通建设工程质量检测有限公司以及公安部一所签定了“工程检测互惠合作协议”。协会会员在上述三家检测机构做工程检测，可获得相应比例的价格优惠，并享有优先检测权。

四、搭建沟通桥梁，加强行业交流

（一）加强与会员互动交流

为了深入收集会员需求的信息，了解会员期望，广东安协先后开展“会员服务需求调查”、“广东省保险柜企业需求调查”和“走进企业”的互动活动。通过调查与面对面的直接交流，协会对会员企业的想法和发展需求进行深入探讨，努力为会员企业解决实质性问题，为企业提供更优质的服务。

（二）组织与兄弟协会交流

一直以来，广东安协加强与各地行业协会的联系，推进与兄弟协会间的交流。积极参加各地方行业协会组织的各种交流活动，积极融入到全国安防行业大家庭里，和各地安防协会保持着友好的合作关系。2009 年 5 月，广东安协领导协同部分副会长单位到陕西省、安徽省、江苏省三地交流学习，并考察三地安防展会情况，为协会筹办 2010 年“广东国际社会公共安全防范产品琶洲展览会”积累宝贵经验。通过与三地协会交流，既增进本协会与外省协会的互动交流，也促进企业业务开展，成为协会为本省企业赴外省开展业务的里程碑。

（三）建立联络员制度

在广东省公安厅科技处及省内各市局技防办的大力支持与配合下，广东安协成立了联络员制度，联络员是由广东省市各地公安局等单位科技处领导担任。联络员制度的建立，既在协会与政府主管部门之间起到沟通监督作用，又加强了协会与会员之间的沟通与交流，主要表现在：一是联络员掌握安防行业动态，向其所在单位汇报行业需求；二是联络员为协会提供政策信息，收集和反映各地安防企业对协会的要求和建议；三是联络员召集各地会员企业积极参与协会组织的各项活动。联络员为协会与各地安防企业的交流与发展做出了一定贡献，成为协会与各地企业沟通的桥梁和纽带。

（四）积极编发专刊，宣传广东安防

广东安协创立之时，同步发行了《广东安防》期刊，以图文并茂的形式报道协会的动态，让广大会员和安防同仁及时了解协会的最新动态和发展。今后，协会将继续定期出版《广东安防》和《广东安防简讯》，加深行业主管部门、广大会员单位和安防同仁对广东安防行业的了解。

（五）加强网站建设，提升宣传力度

网站不仅是广东安协与广大会员及用户沟通的大平台，也是协会服务政府、服务会员、服务用户、服务安防行业的重要途径之一。随着协会不断发展和壮大，原来的协会网站设计已经不能满足协会发展需要，故此协会需要增加网站服务范围、丰富网站服务内容、完善网站服务功能。2009 年 8 月协会重新设计了网站页面、内容和功能，网站以全新面貌出现，新网站内容丰富、清晰，协会动态一目了然，提高了网站的可读性，提高了网站的知名度，让广大会员单位更好地利用网站开展各项工作，让更多的人认识广东安防协会和广东安防行业。

为切合协会日后发展需要，新网页开设各种不同的项目栏，如诚信互惠大联盟、名企与专家、会展之窗等。协会将不断完善网站功能，及时收集、发布、宣传安防行业政策、管理、技术等一系列动态信息。鼓励广大会员单位多向协会提供安防信息，通过多方交流，形成协会与会员单位交流互动的友好局面。同时，协会将通过网站继续为会员企业或其产品、工程作宣传和推介，提高广东省安防企业的社会知名度和认同度。

第七节　贵州省安全技术防范行业协会工作

贵州省安全技术防范行业协会

自 2008 年 9 月起，贵州省安全技术防范行业协会（以下简称“贵州安协”）以邓小平理论和“三个代表”重要思想为指导，努力实践科学发展观，遵照“团结、组织和协调本协会会员”的宗旨，在政府主管部门指导下，积极发挥安防行业与政府管理部门之间的桥梁与纽带作用，紧紧围绕贯彻落实 2008 年一届二次理事会会议精神，认真开展会员单位资质等级评定、技防从业人员培训、贵州安防行业发展研究等工作，取得了显著成效，有效支持了贵州省“科技创安”工作，促进了贵州省安全技术防范行业自律，全面推动贵州安防健康、有序地发展。

一、全力抓资质的社会认可度，打开协会工作局面

2009 年，贵州安协在安防工程企业资质的社会认可度

极为低下的境况下没有退缩，而是与时俱进，团结一致，勇往直前，开拓进取，始终把提高安防工程企业资质的认可度作为工作重心，从多方面积极工作并取得显著成效，初步打开了协会的工作局面。

（一）有效发挥安防行业与政府管理部门之间的桥梁与纽带作用，争取政府管理部门对推广使用安防工程企业资质的支持

贵州安协在对贵州安防市场进行调研的基础上，根据在安防工程项目招投标中虽然考虑了备案证，但备案证本身无法显示安防工程企业的综合能力，因此造成贵州省安防工程企业在中标承建的安防工程中诚信度低、非标建设、技术落后、施工不规范、工程质量差，甚至使安防工程项目不能充分发挥作用，给建设单位造成了损失，给社会带来了极坏影响等严重问题，我们用大量的事实与数据，向贵州省公安厅和贵州省政府采购部门报送了《贵州安防市场存在的主要问题》一稿，同时提出了“为促使贵州安防市场的健康发展，使安全技术防范系统为国家和人民财产、尤其是人民生命财产安全提供有效保障，促进和谐贵州建设，贵州的安防市场需要进行规范，安防行业需要在贯彻落实国家与行业标准、提高行业自律能力、建设诚信行业、规范行业运行和提高行业技术水平上下功夫”的建议，加上协会领导三番五次地到贵州省政府采购部门和贵州省公安厅科技处进行协调沟通，引起了贵州省公安厅和贵州省政府采购部门的高度重视。2009 年 8 月 20 日，贵州省公安厅与贵州省财政厅联合下发了《关于规范全省安防工程政府采购招标项目企业资质审查工作的通知》（黔公通 < 2009 > 107 号）文件，把安防工程企业资质列入了政府采购项目投标人的基本条件之一。

（二）贵州安协领导亲自协调，争取管理部门对安防工程企业资质的认可与支持

为了形成并下发《关于规范全省安防工程政府采购招标项目企业资质审查工作的通知》，贵州安协领导主动向贵州省公安厅科技处汇报工作，听取指导意见，通过协调与沟通，争取到了政府管理部门对安防工程企业资质的认可与支持。2009 年 11 月初，贵州省公安厅科技处处长朱松同志在贵州安协第四期安防从业技术人员培训班上反复强调，安防工程企业资质是对安防工程企业综合能力的评价，是安防工程项目建设方和招投标代理机构根据建设规模和技术程度选择工程商的基本依据，将予以大力支持。之后贵州省公安厅科技处技防办于 2009 年 11 月 27 日向在贵州省的各安防企业下发了《关于积极加入贵州省安全技术防范行业协会的通知》（黔公科［2009］70 号），并接着召开了各市、地、州公安机关技防部门负责人会议，对规范全省安防工程建设政府采购项目中安防企业资质审查工作，共同提高贵州安防工程项目建设的标准化与规范化水平，提高安防系统建设质量，推进贵州安全技术防范行业自律机制建设，规范从业行为，营造法制、公平、有序、诚信的安防市场环境，保护用户与安防企业合法权益等问题起到了很好的作用。

（三）抓住机会加强与各地技防管理部门的协调与沟通，争取其对安防工程企业资质的认可与支持

协会工作人员经常用电话等形式，与省、市、地、州技防管理部门的同志进行联系与沟通，争取其对安防工程企业资质的认可与支持；抓住深圳第十二届“中国国际公共安全博览会”的机会，在贵阳日新新科技有限公司的大力支持下，邀请省、市、地、州技防处、科长等 20 余名同志前往参观学习，一方面扩大其技防视野，丰富其技防知识，为其加强技防工程项目建设的管理，提高建设质量提供了有效支持。另一方面，协会领导及其随同工作人员积极与参会人员进行交流沟通，介绍安防工程企业资质的功能作用、国际惯例，以及在我国的发展趋势等，基本上争取到其理解、认可与支持。

二、认真为会员单位服务，努力提升服务质量

为会员单位服务是贵州安协的首要任务，贵州安协始终抓住服务这个环节，一直坚持为安防行业企业“多办事、办实事、快办事、办好事”的原则，尽心尽力地为会员单位服务。

（一）认真抓好资质评定工作

贵州安协于 2007 年 10 月被公安部科技局确定为第二批资质评定试点单位，认真按照资质评定的标准与程序，共受理并评定安防工程企业资质 42 家，安防监理资质 1 家。到 2009 年 12 月底所评一级资质 17 家（其中获贵州资质 13 家、中安协资质 4 家）、二级资质 11 家（其中贵州资质 8 家，中安协资质 3 家。）、三级资质 14 家（其中贵州资质 3 家，中安协资质 11 家）。安防工程企业资质证的受理与评定，给安防工程企业参与市场竞争提供了及时、有效支持。

（二）抓好安防技术人员培训工作

贵州安协自成立以来，共举办安防技术人员培训班四期，共培训 657 人并给通过考试合格的参训人员颁发了《合格证书》，既提高了安防行业从业人员的业务技能，又为企业申报资质创造了条件。

（三）为解决大多数安防工程企业无造价员，满足不了资质评定条件需要的问题，帮助安防工程企业培养造价员

贵州安协与贵州省建设厅造价站进行多次协商，得到了贵州省建设厅造价站的大力支持，在贵州省信息产业培训中心的协助下，完成了贵州省安防行业第一期全国建设工程造价员（电子）资格证培训工作，共培训 49 人（有 26 家企业参加），经过贵州省建设厅造价站的统一考试，有 25 人通过考试并获得证书。

（四）帮助企业树立良好形象

在“平安城市”建设工作中，贵州安协按照中安协推荐“平安城市建设优秀工程企业”的要求，在企业志愿申报的基础上，推荐了贵州泰安系统工程有限公司、贵阳信通达智能工程有限公司、贵阳桑力电子实业有限公司、贵州省安顺市智达公共安全技术有限责任公司、贵州荣亚自控工程有限公司、贵阳金华源数码系统集成有限公司、贵

州山河水科技发展有限公司等7家安防工程企业参与中安协2008年度“平安城市建设优秀工程企业”的评选，树立贵州省安防工程企业的良好形象。

（五）深入安防工程企业调查研究，帮助其解决实际问题

为了解会员单位需求，帮助其解决实际问题。2008年9月以来，贵州安协领导亲自带队，先后到贵阳、遵义和都匀的会员单位进行调查研究，了解其需求情况，有针对性地为其服务，指导企业进行安防资质申报资料的准备等。这些工作的进行，既改善了贵州安协为会员单位服务的方式，又深受企业欢迎。

三、加强自身建设，为做好协会工作打基础

贵州安协在一年多的工作中，为更好地服务会员单位，有效参与社会公共安全建设活动，在以下几方面加强自身建设，为做好协会工作打下基础。

（一）接收新会员，进一步壮大会员队伍

2008年9月以来，贵州安协按照自愿参与的原则，共接收新会员单位31家，使会员单位由2008年8月底的167家增加到198家，壮大了会员队伍。

（二）进一步加强评审员队伍建设

中安协资质管理中心7月底在北京举办“09－1期安防工程企业资质评审员培训班”和“首期资质评审继续培训班”，贵州安协派出4名同志参加培训，并通过培训考试，获得资质评审员证书，壮大评审员队伍。

（三）建立了安防行业专家库

为使贵州安协更好地在贵州社会公共安全技术防范工程项目建设活动中发挥有效作用，适应新形势和任务需要，在充分考察基础上，经反复酝酿并多方征求意见后，贵州安协筛选行业内的知名专家和骨干人员15名，正式建立了贵州安协“专家库”，建立了一支精干、高效、能打硬仗的专家队伍。

（四）进一步加强网站建设

为将《贵州安防网》打造成全省安防行业唯一集科技信息、技术交流、行业资讯、行业拓展和管理的信息网络平台，2009年，贵州安协与其会员单位－－贵州爱瑞科网络有限公司共同对《贵州安防网》进行了改版。为更好地为广大会员单位做好宣传和服务工作，网站开展了会员子网站建设工作，为会员单位简化了网站建设过程，更加方便了没有网站的会员单位的对外宣传工作。同时对已有网站的会员单位，与其开展链接服务工作，进而加强网站宣传，提高访问人数，提升企业认知度。

（五）做好“2010年中国·贵州国际公共安全技术及警用装备展览会”筹备工作

2009年8月开始，贵州安协积极筹备“2010年中国·贵州国际公共安全技术及警用装备展览会”工作。目前，展会的前期准备工作正在紧张有序进行。

四、参与公共安全建设活动，扩大贵州安协社会影响

（一）参与安防工程验收

贵州安协受建设方邀请，先后派出专家协助贵州省水利厅防洪指挥系统和黔南州长顺县城市监控系统工程验收工作。

（二）参与安防工程项目方案论证和评标工作

贵州安协应设计方邀请，派出专家协助黔南州平塘县交通安全管理系统方案的论证工作。这些活动的参与，一方面有效发挥了贵州安协在公共安全技防项目建设中的应有作用，另一方面又扩大了贵州安协的社会影响，对做好贵州安协工作起了积极作用。

五、认真抓好相关文件和会议精神的落实工作

认真、及时地抓好政府管理部门相关文件和相关会议精神的贯彻落实，是加强贵州安协自身建设，有效开展贵州安协工作并提高工作质量的保障。

（一）认真落实贵州省编委等6部门《关于贵州省行业协会商会与行政机关实行政会分离的实施意见》

贵州安协领导在学习“实施意见”后，认真进行研究并制定实施方案，报相关部门和领导同意后组织进行落实。之后又向贵州省民政厅报送落实情况，得到民政厅认可，并在2009年6月分顺利通过贵州省社会团体年度检查和财务审计工作。

（二）2009年7月，贵州安协派人参加中安协在山西太原召开的全国地方安防行业协会工作座谈会

会后，在协会自身组织传达学习的基础上，于9月8日召开协会副会长会议进行传达学习大家一致认为贵州安协要在加快提升自己管理机制建设上下功夫，要坚定信念，抓住机遇，克服依赖政府的思想，用自己的服务赢得政府的支持、企业的拥护和社会的认可，同时确定要把贯彻落实好此次会议精神作为协会最近一段时期的主要工作来抓。

（三）细化《安防工程企业资质评定材料》目录，提高评定质量

2009年7月27日，贵州安协副会长高松森同志参加中安协资质管理中心在北京召开的安防工程企业资质评定试点工作领导小组工作会议，贵州安协对此次会议精神进行了认真贯彻落实，并拟在严格执行资质评定标准与程序的基础上，进一步细化《安防工程企业资质评定材料》目录，尽量避免“评定材料”的往返问题，缩短评定时间，提高评定质量，满足安防企业资质申请与评定工作需要。

总之，贵州安协从2007年3月成立至今，始终坚持以发展的眼光和为会员单位服好务的思想为准绳，与时俱进地开展工作。

第八节　陕西省安全防范产品行业协会工作

陕西省安全防范产品行业协会

2009年，陕西省安全防范产品行业协会（以下简称“陕西安协”）以邓小平理论和“三个代表”重要思想为指导，全面贯彻落实科学发展观，严格遵守国家法律、法规，强化行业自律，秉承构建“政府、企业、用户之间桥梁和纽带”的宗旨。认真学习落实《陕西省安全技术防范条例》，结合陕西省安防工作实际，以推动陕西省安全技术防范行业健康发展为重心，以推广诚信为核心，以人才培养、科技创新为手段，促进全省安防行业全面、协调、可持续发展。主要做了以下工作：

一、成功召开陕西安协第二届会员代表大会并完成了换届改选工作，召开一次理事单位座谈会和二次秘书长工作会议

2009年1月16日，陕西安协第二届会员代表大会召开。陕西省公安厅党委委员、副厅长陈里、科技处处长彭功民、西安市公安局信通科技处处长冯小宁等相关领导出席会议，企业代表280余人参加会议。受大会组委会委托，彭功民处长主持会议。会议按照预定程序推荐选举了30名理事，召开了第二届会员代表大会第一次理事会，选举通过陈里同志为协会理事长，彭功民同志为常务副理事长兼秘书长，同时根据理事长提名选举了相关副理事长，根据秘书长提名，决定聘任了副秘书长、办公室主任等工作人员。陈里理事长作了《积极探索、求实创新，努力开创陕西安防工作新局面》的报告。会后，召开了第一次理事单位座谈会，领导和企业代表相互交流，深入沟通。

会议期间下发了书面征求意见函，会议结束后收回了120份征求意见函，不少企业提出了中肯的意见和建议，协会秘书处总结归纳，并呈报领导阅知，注意在工作中加以改进。

2009年2月16日，陕西安协召开了第一次秘书长工作会议：研究2009年协会的工作要点；研究秘书长、副秘书长工作分工；研究协会网站2009年工作安排。

2009年8月3日，召开了第二次秘书长工作会议，会议由彭功民秘书长主持，首先秦长照副秘书长对协会上半年工作进行了总结汇报，对下半年工作安排作了说明，传达了中安协“山西太原”会议精神。协会下半年的工作重点：一是做好《中国安全防范行业年鉴》协会信息、企业信息的调查服务工作；二是继续配合中安协“平安城市推荐工程企业和优秀工程商”活动；三是做好2010年中国（西安）安防博览会的组织、筹备工作；四是继续开展好2009年度诚信企业评价工作。

李军副秘书长汇报了“陕西安防网”建设以及下一步工作计划。9月份将召开“陕西安防网”开通3周年工作座谈会，通过聘请特约通讯员，力争使“陕西安防网”在信息、规模、功能等方面再上新台阶。邓建国副理事长就《住宅小区智能安防工程项目流程管理可行性分析报告》进行了说明。与会的各位副秘书长积极建言，就陕西安协的工作和发展提出意见和建议。

彭功民秘书长作了总结讲话，对协会的前期工作给予肯定，同时，对下半年工作提出狠抓落实的要求，并希望与会人员积极主动参与协会工作，献计献策，促进陕西安防行业的健康、有序发展。

二、召开安防产品驻陕销售办事处主任、总代理工作座谈会

2009年3月20日，陕西安协在西安时代大酒店与陕西省公安厅科技处技防科共同组织召开了产品销售驻陕单位总代理、办事处负责人工作座谈会，52家企业的76名代表参加了会议。会上宣贯了陕西安防条例，就协会工作，陕西安防网商铺建设进行了工作座谈与部署。同时听取大家的工作意见，强调备案证登记制度的落实。

三、举办“2009年中国（西安）国际社会公共安全产品暨警察反恐技术装备博览会

2009年5月6日–8日，2009年中国（西安）国际社会公共安全产品暨警察反恐技术装备博览会在西安曲江国际会展中心开幕。博览会为期3天，以“平安陕西，安防做保障”为主题，是陕西省公安机关践行科学发展观，落实科技强警和科技创安战略，建设“平安陕西”、构建和谐社会的重要举措。同期举办了陕西省公安机关科技强警成就展，共吸引来自社会各界参观人士5万余人。同期举行的西部安防行业第三届工程商大会，反恐技术及新产品技术交流演示会获得成功，达到了展示科技强警、鼓舞振奋人心的目的。

博览会的成功举办得到了陕西省公安厅党委的高度重视和厅内相关部门的大力支持，有力的推动了陕西安全防范行业研发、生产、销售、工程安装、报警服务等一体化的快速发展。为“平安陕西、和谐陕西”，维护社会稳定，保障人民群众安居乐业提供重要的技术支持。

四、加强行业自律和诚信建设，推动陕西省安防行业健康持续发展

企业发展，诚信为本。国务院《关于加快行业协会商会改革和发展的若干意见》中提出：要发挥协会商会的作用，促进行业信用建设和行业守信自律”。随着安防市场的日益成熟，多数安防企业都把企业诚信建设放在首位。陕西安协深刻认识到：企业讲不讲诚信，是否自律，不仅仅是一个道德层面的问题，是否诚信服务，合法经营，正当竞争，将决定一个企业的生存与发展，决定整个安防行业的繁荣与健康。陕西安协近年来一直给会员单位强调和灌输诚信经营的理念，把行业自律，诚信服务放在首位，对不正当竞争的企业给与警告和适当处理。把签订诚信公约作为入会的必备条件。利用网上公示等手段对优秀诚信企业进行宣传和表彰，并作为一个制度执行。

2009年上半年，陕西安协完成了2008年度诚信企业评价工作。举行了百家安防企业诚信公约签约仪式，并确定入会会员单位必须签订诚信公约，作为入会必备条件之一。至目前会员单位有300多个企业签约、网上公示接受监督。根据陕西安协诚信企业评价办法，2008年11月下发了关于开展2008年度诚信单位评价通知，在1-3月份受理呈报的基础上，3月底由协会秘书处初审，4月初专家评审，对拟评出的28家诚信单位网上公示，在网上公示的基础上报协会领导批准，确认28个单位为2008年度诚信单位，5月初进行了颁发证书和授牌。

五、进一步加强陕西安防网建设，壮大通讯员队伍，使网站的作用得到有效发挥

陕西安防网是陕西安协针对安防行业设立的专业性网站，隶属于陕西省安全防范产品行业协会。陕西安防网本着“开拓进取、创新求益、诚恳务实”的建网精神，以“服务社会、服务企业、相互交流、相互发展”为指导思想，为社会提供了解安防行业的信息平台，为企业提供风采展示、产品发布、招标信息、人才招聘等相关的资讯服务，为行业经营提供最新行业动态、法律法规、创新技术、解决方案。围绕这一工作思路，陕西安协建网目的在于增强协会活力，加大对广大会员单位沟通和行业企业服务力度，引导和推动陕西省安防行业的快速、健康发展，保护行业的合法权益，营造公平、有序、诚信的安防从业环境；提供众多的商业信息和推荐大量信用良好的资信企业，为安防的行业经济活动提供参考；成为商家沟通、交流、发布及获取信息的重要渠道。

2009年协会从人力、物力对网站建设给予了高度重视，在不断创新的基础上，陕西安防网增加了多个栏目，宣传力度加大、新闻时效性、及时性加强，特别是商铺建设已初步建成，选聘了一批特约通讯员，在签约的基础上，颁发聘书，制订了管理办法，特约通讯员队伍建设各项工作已有序展开，网站日点击量不断攀升新高，至目前总点击量已过150万人次，网站日平均点击率达到1000人次/日。

2009年9月16日，陕西安协召开陕西安防网开通3周年工作座谈会，就陕西安防网建设发动大家献计献策。协会副理事长、理事、秘书长、副秘书长、特约通讯员共50人出席会议。协会领导对网站建设情况及上半年工作进行了通报，对未来3年协会网站工作提出了发展规划，提出了使陕西安防网在信息、规模、功能等方面再上新台阶的工作设想。会上各级领导踊跃发言，对网站建设提出许多合理化建议，通讯员纷纷表态，不辜负大家的期望，尽力把工作做好。最后，彭功民秘书长作了总结性发言，对网站建设发展提出了高要求，希望网站各项工作走在同行的前列。

六、密切关注市场，努力为企业发展搭建平台

党的十六届六中全会将协会的作用归纳为：“提供服务，反映诉求、规范行为，为经济发展服务”几个方面。协会服务包括为政府、为企业、为社会用户几个方面；陕西安协以此为宗旨，以行业协会的身份，采取多种形式，牵线搭桥，帮助企业开拓市场，加强研究找准切入点，体现主动服务的态度，先后接待100多个企业来访与洽谈工作，为企业排忧解难，尽一切可能的创造条件，与企业同舟共济，共度难关。

2009年协会先后协助、参与和出席多个企业的安防产品发布会和新技术论坛。包括：陕西大华保全电子有限公司、三星电子有限公司、广州美电贝尔公司、陕西洋阳电子公司、西安中安阳公司、索尼公司及雷奈尔等。为他们牵线搭桥，真心实意的为企业做好服务。

为了深入学习实践科学发展观，积极构建和谐的警民关系，促进社会和谐稳定，按照公安部总体部署和陕西省委、省政府问政于民、问需于民、问计于民的要求，结合2009年发生的全球金融危机对安防行业的影响，2009年1月份陕西安协陪同科技处领导一行先后到西安协同数码股份有限公司，西安交大开元国际网络技术有限责任公司、陕西子午公司、陕西吉安工程技术公司、陕西青山电子科技公司及陕西基隆山电子科技有限公司等企业进行了走访和慰问，听取工作意见并了解金融危机给公司造成的困难。协调技防部门，对有困难的企业施工资质年审予以照顾，先后为多个企业协调更换备案证，充分发挥行协在政府与企业间的桥梁与纽带作用，得到企业的好评。

七、到兄弟省市协会考察学习，到基层公安机关调研，了解农村技防工作现状

湖北省安全技术防范行业协会是公安部在全国首先选定的安防工程企业资质评定试点单位之一，他们在推进安防工程企业资质评定工作方面、安防商铺网的建设方面及专业技术人员、全国建设工程造价员资格证的培训方面都走在了全国安防行业的前列。今年4月，陕西安协由秦长照副理事长带队，一行4人专程来到武汉向湖北安防协会考察学习，受到湖北省安防协会常务副会长兼秘书长陈元开同志的热情接待，陈秘书长专门组织两次会议毫无保留的传经送宝，使考察团受到很大启发，学到了很多宝贵经验。

2009年7月7日，为强力推进城市报警与监控系统建设工作，陕西省在全国率先召开了“全省安全技术防范工作会议”，其中一项任务就是开展有针对性的技防建设调研工作。全国城市报警与监控系统建设经验交流暨农村技防工作现场（郑州会议）后，陕西安协随同省厅科技处领导到陕南、关中等地深入农村、深入技防工作一线，对农村地区技防工作情况进行了深入调研和专题研讨，了解地市和农村的治安需求和目前存在的主要问题，探索建立真正适合陕西省广大农村地区实际的安全技术防范体系。

八、积极参加中安协组织的各项活动和会议，保持与兄弟省行协的沟通与联系，促进陕西省安防事业的发展

2009年7月，陕西安协把中安协《关于为平安城市建设推荐优秀工程企业的通知》和中国安防30周年庆典活动的通知安排在陕西安防网上挂出，并对中安协关于中国安防协会与各地安防协会在进行企业宣传和专项工作方面建立长效机制的倡议进行了积极响应，并按要求履行地方行协的职责。

积极组织会员单位参加中国安全防范产品行业协会平安城市建设“优秀工程商”推荐活动，陕西省安防协会推荐申报“优秀工程商”9家企业。适时地向中安协申报常务理事单位并于2009年9月获批准，派人多次参加中安协工作会议。

2009年3月，秦长照副理事长兼副秘书长参加中安协海南工作会议；2009年7月秦长照副理事长兼副秘书长参加中安协太原工作会议；2009年7月秦长照副理事长兼副秘书长一行参加了内蒙古公安厅与公安部科技局、安防杂志社共同举办的IP视频技术高峰论坛，按照中安协的工作要求，认真抓好配合与落实。组织人员参加深圳安防展。10月30日协会常务副理事长兼秘书长彭功民、副理事长兼副秘书长秦长照、办公室主任王克静及相关人员在参加深圳第十二届中国国际公共安全博览会前夕，先后参观、调研了深圳安防企业华为公司、景阳数码公司。华为公司是全球领先的电信解决方案供应商，在科技创新领域名列前茅，在公安部金盾工程项目上作出卓越的贡献，其自动化、机械化、数控化先进程度观后深受鼓舞和启发，景阳集团是国内安防领域专业研发制造商及主流供应商，拥有自主知识产权，是中国安防行业的名牌企业。通过参观调研及座谈，使陕西安协进一步加深了对国产自主品牌的印象，对深圳企业管理工作有了更新的认识。11月1日至3日，深圳博览会开幕期间，先后观看了国际国内展馆，到了一些大企业的展位参观学习，与在场的领导交流沟通，鼓励他们在西北市场及平安城市建设中发挥作用。通过学习和交流启发和收获很大。

九、积极参加陕西省民政厅组织的“新社会组织开展深入学习实践科学发展观”的活动

根据中央关于开展学习科学发展观分批进行的安排，陕西省民政厅下发了陕西省《关于新社会组织开展深入学习实践科学发展观活动的通知》，在通知中强调，新社会组织是新时期巩固和扩大党的执政基础、加强党的执政能力建设的重要领域。新社会组织中的党组织和广大党员担负着把党的路线方针政策落实到基层，团结带领会员、群众推动科学发展、促进社会和谐的重要职责。协会积极参加该项活动，按照民政厅的工作部署以及省厅直工处的要求制定方案及时上报领导小组成员和活动信息，目前已完成了准备工作阶段和学习调研阶段，办了一期学习专栏，陕西安防网发布消息，号召会员单位开展学习实践活动并逐项进行工作落实，将继续把分析调查阶段、整改落实阶段和巩固提高阶段的工作做好，通过学习实践科学发展观的活动，努力实现“提高思想认识、解决突出问题、加强基层组织、促进科学发展”的目标，切实推进协会党的建设，自身建设，发挥在经济社会发展中的积极作用。

十、不断扩大会员队伍，加强协会组织建设和内部管理

2009年，围绕陕西安协建设工作：一是定期召开秘书长工作会议，总结汇报协会前一段时间的工作，部署研究今后工作及重大事项工作机制，这一做法使协会工作有条不紊的开展和推进；二是加强与副理事长、理事单位的工作联系，年初为副理事长、理事单位订阅了《中国安防》杂志全年期刊，年中主动进行工作沟通，听取意见；三是加强协会组织建设，不断扩大会员队伍。今年以来会员单位由去年的350家，增加到490家，会员发展工作中不充数，高要求，在满足入会条件前提下，审批入会，注意沟通配合，有了会员单位的支持，协会工作蒸蒸日上；四是加强协会内部管理，财务、文档、纪律、内务一律高标准严要求，按制度规范。协会的账目清楚，收入合法，支出合规。2009年上半年顺利通过审计事务所的审计和省民政厅的审核；五是明确下一步的工作方向：继续为“平安城市”建设推荐优秀安防企业优秀工程商；继续开展2009年度诚信企业评价工作，召开第二届理事会第二次工作会议，汇报2009年协会工作，并决定相关工作事项。

第九节　天津市公共安全技术防范行业协会工作

天津市公共安全技术防范行业协会

2009年，天津市公共安全技术防范行业协会（以下简称“天津安协”）的主要工作包括两项，一是举办“2009中国（天津）国际社会公共安全防范技术与产品博览会”，二是配合天津市公安局科技处“处长接待日”活动举办“防盗安全门安装人员安装能力培训班”。

一、举办“2009中国（天津）国际社会公共安全防范技术与产品博览会”

根据天津市经济建设的发展情况和社会各界对安全防范技术及产品不断增大的需要，2008年11月，天津安协向主管部门天津市公安局科技处提出关于举办“2009中国

（天津）国际社会公共安全防范技术与产品博览会的请示”，经科技处向市局请示，得到局领导的批准。在科技处的领导下，天津安协秘书处即开始着手各项前期准备工作，11月底秘书处与天津贸促会国际展览公司签定合作协议，由天津安协和该展览公司共同承办本届博览会，并于2008年12月9日在北京国展中心大型安防博览会上宣布了天津市即将举办安防博览会的消息，引起安防界的广泛关注。

2009年1月，组委会制定了博览会整体计划方案和各项活动方案，明确参展产品范围及展区分布，报天津市公安局科技处批准后，确定各阶段工作任务，划分各部门职责，分头落实。

2009年2月13日上午，“2009中国（天津）国际社会公共安全防范技术与产品博览会”主办单位协调会在天津公安局科技处召开，市局副局长李玉环出席会议并讲话。会议由科技处处长李庆生主持，国庆副处长参加，王泰明副处长汇报了博览会前期准备和工作进展情况，市局交管局、消防局、后保部、科技处、网监处和市贸促会等有关部门的领导和负责同志参加了会议。玉环副局长在听取本届博览会的准备情况后，对博览会的组织、宣传、招展等工作提出明确要求，强调要借滨海新区开发开放的大好时机，运用市场经济规律，发挥各方面优势，把本届博览会办成一次档次高、影响大、社会效果好的公共安全产品与防范技术博览盛会。各参会代表均表示将认真布置落实，完成各项工作任务，共同办好本届博览会。

根据主办单位协调会的精神，各单位分别制定了本行业组织实施方案。组委会不定期到公安消防局、公安交通管理局、网络安全监察处、防雷商会等各部门，听取各部门筹备情况，对各部门招展工作提出相关要求和指导意见，推动和促进了博览会前期各项工作的开展。

2009年6月3日上午，“2009中国（天津）国际社会公共安全防范技术与产品博览会”在天津国际展览中心2号馆前隆重开幕，天津市委常委、市委政法委书记散襄军、公安局长武长顺、公安部科委、市质量技术监督局、市贸促会、市综治办、市工商联、市科委、中国安防协会的领导、周边省市及企业特邀嘉宾代表等20余人出席开幕式，并为博览会开幕剪彩，现场观众400余人。开幕式由公安局副局长李玉环主持，公安局长武长顺致开幕词。到会领导在“平安天津万人签名活动”的签字板上签字留念。

6月4日下午，天津市公安局科技处及天津安协在津利华大酒店举办了“科学发展、平安天津”安防行业科技论坛暨工程商大会。会议邀请市规划局领导介绍“天津市发展规划”；邀请滨海新区有关领导介绍发展概况；市公安局科技处领导讲解天津治安防控体系建设情况。然后由四家安防产品优秀企业介绍新技术、新产品和典型解决方案。论坛大会鲜明的主题、新颖的内容引起参展商、工程商和参会人员的浓厚兴趣，整个活动历时两小时，各界代表200于人到会。

本届博览会以“携手合作、科学发展、共建和谐、共创平安”为主题，展出的视频监控、城市联网报警、出入口控制、反恐防爆安检、人体安全防护、智能交通、消防救援、生物识别等安全防范技术与产品，均为目前国内外安防领域的尖端科技成果。其中“天津技防网建设成就展”，集中体现了高新科学技术在公安业务中的应用，是公安工作在打、防、管、控等方面步入科学化、现代化的重要标志。同期举办的“科学发展、平安天津”安防行业科技论坛暨工程商大会，在介绍天津整体规划建设和滨海新区建设的同时，几家优秀安防产品生产商为天津市安防工程设计、施工企业推介了自己的最新技术和产品及系统解决方案。

二、配合天津市公安局科技处“处长接待日”活动举办“防盗安全门安装人员安装能力培训班”

2009年7月10日上午，天津市公安局科技处组织开展处长接待日活动，处长李庆生与来访的多家安防企业代表进行座谈，现场对企业提出的6项建议和请求进行答复和解决。科技处相关领导及部分科室负责同志参加了接访活动。

接访活动中，海康威视、龙甲防盗门等企业代表分别就加强安防标准制定、解决安防企业入场施工等问题提出建议和请求。针对企业提出的意见，李庆生同志逐一予以答复并表示尽快采纳。为服务天津市经济发展，对于企业提出的在生产经营中遇到的困难问题，李庆生同志现场召集相关人员进行研究，逐一提出解决意见，并责令相关部门限期落实，得到来访企业代表的充分肯定和高度赞扬。

按照防盗安全门生产企业在处长接待日活动中提出的在建筑项目安装中提供资格证明的要求，天津安协会同相关科室，于8月12日举办了防盗安全门安装人员安装能力培训班，本次培训班由二十七站高级工程师作为授课老师。

来自全市11家防盗安全门生产企业的35名人员参加培训班的学习，通过考试学员所在公司将获得由天津市公共安全技术防范行业协会颁发的合格证书，学员颁发结业证书。

经过此次培训，学员们对防盗安全门的安装有了更全面、更深化、更清晰的理解和掌握，对指导企业安装合格的防盗安全门充满了信心，对于更有效地规范防盗安全门市场，保护广大企业和消费者的共同利益将起到重要作用。

第十节　重庆市公共安全技术防范协会工作

重庆市公共安全技术防范协会

一、筹备及成立协会，建立协会组织架构，健全管理机制

（一）联络组织一批安防企业，按照法定程序，完成协会成立的各项准备工作。召开了第一届会员大会暨一届一次理事会，审议并全体同意通过了《重庆市公共安全技术防范协会章程》；以无记名投票的方式通过了《重庆市公共安全技术防范协会会费缴纳标准与办法》；选举产生了第一届理事；产生了第一届常务理事；选举产生了协会第一届负责人。

（二）2009 年 3 月 2 日，重庆市民政局民间组织管理局批准重庆市公共安全技术防范协会（以下简称“重庆安协”）正式成立，3 月 30 日召开了成立大会。

（三）制定重庆安协管理制度，落实工作场地，聘请工作人员，搭建工作平台。根据管理工作需要，制定了重庆安协内部管理制度，落实工作场地，聘请财会人员及工作人员，购置了必备的办公用品，搭建了网络工作平台。

二、重庆安协成立以来开展的主要工作

（一）主办社会公共安全产品与技术设备展览会

2009 年 4 月 1－3 日，重庆安协组织举办了“2009 中国（重庆）国际社会公共安全产品与技术设备展览会”。展会共有 100 多家国内外企业参展，展位达到 170 个，全方位展示近年来安防行业所取得的重大科技成就。原重庆市公安局党委副书记、副局长，重庆市公安局社会公共安全行业管理领导小组副组长王华刚出席了开幕式，并为展会剪彩。

（二）参加科技成果利警惠民基层巡回展

按照公安部、科技部关于开展科技活动月活动、送科技下基层的要求，重庆安协会同行管办组织部分会员单位参加“科技成果利警惠民巡回展”活动，历时近 3 个月，涉及重庆市 10 个区县。

（三）组织会员单位参加公安部 2009 年《公安科技成果推广引导计划》

重庆市有 5 家企业 6 个项目递交了申报材料。

（四）发动组织重庆安协会员参加中安协“平安城市”建设推荐优秀安防工程企业“活动

重庆市新创科技、蓝盾电子、迅捷特电子、聚融科技、天网科技、富伦麦科等公司上报了申报资料。

（五）开展安防工程从业资质等级评定

经广泛征求会员单位意见，重庆安协制定了《重庆市安防工程评定管理办法》和《重庆市安防工程评定条件》，组建了专家库，于 7 月份正式开展资质等级评定工作。目前已组织四批次资质评定，共 47 家企业获得了重庆市安防工程从业资质。

（六）加强宣传 搭建交流和展示平台

一是建立和完善了“重庆安防”网站，在网站上开辟了重庆安协专栏，设立了“文件通知”、“协会动态”、“资质办理”等栏目，由秘书处负责维护；二是在《安防市场报》创刊了“重庆安防”专刊，已经出版发行了两期；三是联合重庆电视台、重庆安防网共同举办了“2009 优秀安防企业推介”活动，在重庆电视台科教频道《注视重庆》栏目播出专题推介片，在《安防市场报》刊登专题宣传报道。

（七）会员服务工作

为会员单位订阅了《安防市场报》；协助会员单位维权；“平安重庆”建设政策咨询；支持会员单位举办的产品展示会；到会员单位考察交流；为会员单位产品推荐检测部门，公示检测结果；向社会单位推荐安防专家等。

第十一节　辽宁省社会公共安全产品行业协会工作

辽宁省社会公共安全产品行业协会

在新的世纪到来之后，随着我国经济体制改革的不断深入，对协会工作的定位及要求更加明晰，特别是 2004 年 7 月国家《行政许可法》的颁布实施，政府管理企业的职能及方式发生了较大变化，许多政府直接管理的事情转到行业组织和中介机构通过行业自律来实现。与此同时，随着安防行业社会化的不断提高，安防工程质量也越来越受到社会各界的广泛关注。在此形势下，需要安防协会在更好的为行业企业服务的同时，更多地承担起行业自律性管理的责任，在协调市场主体利益、规范市场经济秩序，提高配置资源效率等方面，配合政府部门规范引导行业健康发展，已成为行业协会义不容辞的责任。

为此，在不平凡的 2009 年中，面对席卷世界的金融危机，辽宁省社会公共安全产品行业协会（以下简称“辽宁安协”）在主管部门的正确领导下，在广大会员单位的积极

配合与支持下，认真贯彻国家“保增长、保民生、保稳定”的战略部署，加大各项工作力度，主要完成了以下几项工作：

一、充分利用博览会平台，不断扩大行业信息交流

辽宁安协主办的“东北国际公共安全防范产品博览会”，于2009年4月举办。参展内容涵盖了当前世界最先进的视频监控防范系统；防雷技术及相关产品；防爆安全检查器材；公共广播系统；安全报警器材；楼宇防范及智能管理系统；车辆防盗防劫联网报警系统；人体安全防护装备；指纹、虹膜生物识别技术及产品；巡更管理系统；无线射频识别技术和产品；计算机安全防护产品；消防产品备及特种车辆；防伪技术及产品；反恐装备及器材；智能交通产品及交通安全设施；线缆、机柜及其他配套设施等。与展会同期举办的工程商大会（研讨会），邀请了有关领导和国内知名的安防专家和优秀安防企业代表汇集一堂，紧密围绕当前安防行业的发展趋势进行深层次的研讨，共议安防发展大计，共同展望行业发展新机遇、新趋势。

二、加大宣传力度，壮大会员队伍

借“平安城市”建设深入开展的东风，辽宁安协借助网站、博览会及相关的新产品发布会等各种机会，宣传协会的宗旨、职能、服务范围等，协会的影响力、凝聚力逐年增强，辽宁省内企事业单位入会更加踊跃，2009年内就有193家企业入会，是协会成立以来年入会数量最多的一年。截止2009年底，会员单位已达840家。在省内各市的分布情况是：沈阳市196家，大连市244家，鞍山市79家，抚顺市22家，本溪市28家，丹东市9家，锦州市39家，营口市27家，阜新市14家，辽阳市32家，铁岭市12家，朝阳市28家，盘锦市38家，葫芦岛市46家，辽河油田25家。

三、加强资质管理，推进行业发展

随着“平安城市”建设的深入发展，政府对公共安全事业的投入逐年增加；随着安防的社会化发展及居民收入水平的不断提高，安防市场呈现快速发展的势态；特别是辽宁公安信息化建设的飞速开展，对辽宁的安防行业发展起到了巨大的推动作用。创造了更多的市场环境和就业机会。许多企业抓住大好时机，投入到安防行业中来。以至在辽宁出现了迎着世界性金融风暴的袭击，知难而上蓬勃发展的大好局面。

2009年，有190家企业申办并取得了《辽宁省安全技术防范设施设计施工资质证》，这是协会成立以来绝无仅有的。目前，在取得资质证的企业中，一级资质企业72家，二级资质企业151家，三级资质企业608家。从业企业的增多壮大了辽宁安防行业的队伍，增强了辽宁安防行业的实力，为进一步开展“平安城市”建设奠定了坚实的基础。

第十二节　江西省安全技术防范行业协会工作

江西省安全技术防范行业协会工作

2009年，江西省安全技术防范行业协会（以下简称“江西安协”）在江西省公安厅的领导和省民政厅的监督指导下，在广大会员单位积极支持，共同努力下，按照“坚持走科学发展道路，促进安防行业全面、协调、可持续发展”的思路，进一步加强协会自身建设，规范行业管理，努力服务企业，服务政府，服务社会，较好的完成了既定的任务和目标。开展的主要工作有：

一、积极发展新会员，协会基础建设进一步加强

会员是协会的基础。自2008年9月1日至2009年12月31日，江西安协新发展会员80家，目前共有会员单位280家，会员单位快速增加，为协会增添了活力，协会基础建设进一步加强，行业代表性更为广泛。

二、加强了与各设区市公安技防管理部门、地方协会的沟通合作

建立沟通机制，为加强江西省安全技术防范行业管理和服务，规范行业市场经营秩序，促进行业健康发展共同努力。

三、以企业资信等级评定工作为抓手，积极开展行业自律工作

截至2009年底，江西安协共为企业发放《安全技术防范工程设计、施工资信证书》290份，其中一级公司49家，二级公司77家，三级公司74家，待定级90家。同时继续倡导《江西省安全技术防范行业行为规则》，向省内从事安全技术防范产品研制、开发、生产、销售、维修、技防工程设计施工、维护及质量检测等单位倡导守法诚信，优质服务，保证质量，公平竞争，合法经营。为规范江西省安全技术防范行业行为，维护业内公平竞争和正当利益，保证行业健康发展起到了积极作用。

四、积极为企业、社会提供培训咨询等服务活动

为提高江西省安防工程从业人员业务水平，保证工程设计、施工质量，2009年3月1日至4月1日、2009年8月15日9月15日协会面向从业企业新录用人员开展了两期业务培训班（共培训160人）。一年来，协会继续开展江西省安防工程专家组管理，为政府、行业提供智力支持。一年来专家组承担了大量工程评标、方案论证、竣工验收或专项技术评估等工作，为政府、行业提供了优质技术支持。

五、积极进行行业交流，履行社会责任

一年多来协会继续加强与各地行业协会的联系，推进协会间交流，积极参加中国安全防范产品行业协会、各地行业协会组织的研讨交流活动，积极融入全国安防行业大家庭。并积极组织省内安防企业到国际国内知名展览会参展参观。协会还积极配合省公安厅开展的“大走访”活动，充分履行政府与企业间的桥梁纽带职能，会同各级公安机关为企业排忧解难，协助企业应对金融风暴，扶持企业做大做强。

第十三节 云南省安全技术防范行业协会工作

云南省安全技术防范行业协会

一、加强自身建设，严格按照章程做好各项工作

一年多来，云南省安全技术防范行业协会（以下简称“云南安协”）的一切工作都严格依照国家的法律、政策，严格按照协会章程开展。一是云南安协常务理事、理事带头执行好国家法律、政策，认真履行协会章程，自觉维护协会形象。二是云南安协始终坚持“公正、公平、公开”的原则，为企业创造平等竞争环境。三是云南安协严格按照主管部门要求，树立为政府及业务主管部门提供服务，为宏观调控提供依据，成为政府的得力助手。为企业、会员出实招、办实事，为全行业服务，促进了行业整体素质和能力的提升。

二、促进行业自律，不断完善行业管理

以云南安协出台的《云南省安全技术防范资信评定管理办法》为依据，严格按照办法的规定审批确定会员单位的资信，督促企业自我规范，相互监督，遏制和避免侵犯知识产权及恶性竞争行为，有效规范市场秩序，保证行业稳步发展。

三、服务为本，狠抓落实

云南安协是企业为维护自己的合法权益，创造有利于共同发展环境而自愿联合起来的行业性组织，这一性质就决定了协会必须坚持代表行业利益、代表企业利益，并且把企业利益融入行业利益。按照上述指导思想，云南安协始终坚持做好为会员服务。

通过协会网站及时为会员单位提供经济形势、政策法规、市场导向、市场分析、市场预测、安防技术、科技产品等综合信息。继续出版《云南省安全技术防范协会会刊》，免费派送协会成员单位，利用会刊为协会会员单位作企业宣传和产品介绍，工程建设经验交流，广泛宣传了协会的宗旨，一定程度上扩大了协会的知名度。

不定期对安防行业从业人员进行技术专业培训，帮助企业提高业务技术水平、经营管理水平和竞争能力。一年多来，云南安协与中国安防协会和有关单位，共同组织了近10次安防新产品、新技术交流会。为云南省安防企业创造了一个学习提高和交流的平台。

积极扶植明星企业。每年在云南安协内开展优秀企业评选活动，在行业内树立典型，并进行表彰推广。同时，还结合“平安城市”建设，积极向中安协推荐云南省优秀安防工程企业，云南恒创科技实业有限公司、昆明启创科技有限公司等几家公司分别被中安协推荐为优秀安防工程企业。

利用《云南省安防协会专家库》人才，充分发挥安防行业专家在云南省安全技术防范行业管理和决策中的作用，积极参与各类安防系统建设工作的招投标评审和相关咨询，为进一步推进政府决策的民主化、科学化，确保安防系统建设的质量出谋划策。

做好政府参谋。云南安办积极配合云南省技防行业政府主管部门的各项工作，组织会员单位参与公安机关的“大走访”活动和云南省技防管理立法研讨，实事求是地反映技防行业存在的问题，为公安技防管理部门出谋划策，共同努力打造健康有序的安防行业发展环境。

四、积极做好新会员的发展工作

按照协会章程规定，云南安协始终把发展新会员工作作为一项重点工作落实，把广大从事安防建设，承认协会章程的安防企业都逐步吸收到协会中来，不断壮大协会队伍，使协会会员逐步发展到272家。

五、积极协助公安主管部门办好安防博览会

为进一步提高全省技防从业企业的技术水平，协会积极参与主办“2009年昆明国际社会公共安全产品暨警用装备博览会”工作，通过网站和宣传会议等形式，及时宣传展会意义和内容，争取社会各界的了解和支持，广泛动员会员单位积极参展，利用安防博览会平台，充分展示企业技术水平和实力。在协会和相关部门的努力下，2009年7月22日，“2009年昆明国际社会公共安全产品暨警用装备博览会”顺利举办，达到了预期目的，收到了良好的效果。

第十四节 湖南省安全技术防范行业协会工作

湖南省安全技术防范行业协会

一、开展湖南省安防行业“星级诚信企业”评选活动

二、组织开展“安防系统安装维护员”培训活动

三、开展企业走访调研活动

为配合公安部科技信息化局的《全国公安机关科技管理部门开展“全国公安民警大走访”爱民实践活动的通知》（公科传发【2008】87号）《关于上报农村技防工作调研报告的通知》（公科信传发【2009】40号），《关于组织开展“实践科学发展观，为安全技术防范工作献计策”征文活动的通知》（公科信传发【2009】41号）三个通知要求，从2008年12月起至2009年5月底，湖南省安全技术防范行业协会（以下简称“湖南安协”）秘书处在全省安防企业中组织开展安全技术防范企业大走访的爱民实践活动。为深入研究经济社会发展给农村地区社会治安带来的新情况，准确把握农村地区广大人民群众对技防工作的新要求，更好地为社会主义新农村建设和“三项建设”服务，开展的农村技防工作情况进行调研活动，并编写三份调研报告上报公安部科技信息化局。

四、举办2009年安防展会

第九届湖南省社会公共安全产品与技术博览会于2009年4月在长沙开幕，博览会以“平安、和谐、发展”为主题，汇集中外，涵盖安全技术防范行业、智能楼宇产品、智能交通行业等社会公共安全产品百余种，吸引省内外公安部门、保安服务行业、安防行业、房地产行业、金融系统等社会各界人士共聚一堂，共同营造湖南省乃至中南地区安防产品技术交流和互动发展的盛会。此次展会将推动湖南省安防行业的发展，为促进湖南省经济实现“弯道超车”作出贡献。参加博览会的厂家有来自北京、上海、广东、四川、重庆、浙江等全国各地的80余家企业，展出的产品门类众多，且大多数是国内外知名品牌。博览会在各方的共同努力下，产生商家、用户和参观者互赢的积极效果。

第十五节 青海省安全技术防范行业协会工作

青海省安全技术防范行业协会

青海省安全技术防范行业协会（以下简称“青海安协”）于2009年6月16日成立，现有会员单位102家，其中理事单位15家。作为一家成立不久的协会，青海安协在2009年主要工作有以下几项：

一、召开协会成立大会

2009年6月16日，青海省公共安全技术防范协会成立大会暨第一次会员代表大会在西宁宾馆召开。公安部科技信息化局李明甫处长、中国安全防范产品行业协会靳秀凤秘书长。省民政厅助理巡视员付积仓、办公室主任李晓军、省公安厅副厅长宋伟、省公安厅科技处处长朱运军、省公安厅信息通信处处长陈杰参加会议以及青海省公共安全技术防范协会的理事及会员单位，共88个企业的代表计110人参加了会议。

会议由省公安厅科技处朱运军处长主持，青海省民政厅助理巡视员付积仓宣读《关于同意成立青海省公共安全技术防范协会的批复》，同时给青海省公共安全技术防范协会颁发证书，并对青海省公共安全技术防范协会的成立表示祝贺。青海省公共安全技术防范协会秘书长张铁成介绍了协会筹备过程；青海省公共安全技术防范协会副秘书长邓伟勇宣读了协会章程、理事名单、协会领导人名单，会费收取办法及财务管理制度，全体参会代以热烈的掌声表示通过。

二、举办第一期国家标准规范宣贯培训班

2009年11月16日至18日，青海安协举办了第一期国家标准规范宣贯培训班，培训班为期三天，此次培训班得到了全国安全防范报警标准技术委员会的大力支持和帮助。培训班特邀全国安全防范报警标准化技术委员会专家李加洪老师对4种国家标准规范进行了培训和讲解：《入侵报警系统工程设计规范》GB50394－2007、《出入口控制系统工程设计规范》GB50396－2007、《安全防范工程技术规范》GB50348－2007、《视频安防监控系统工程设计规范》GB50348－2007。

三、组织与留日专家学者青海服务团交流活动

2009年12月1日，青海安协邀请留日专家学者青海服务团前往协会交流，日本东京大学、首都大学、信州大学、东京理科大学、日中商务株式会社、国立成育医療中心研究所等单位的专家学者应邀参加交流活动。交流中青海安协负责人对协会相关工作做了简单介绍与交流。

第十六节　河北省安全技术防范学会工作

河北省安全技术防范学会

一、组织了河北省安防企业的设计、施工、维修技术培训

从5月开始，河北省安全技术防范学会（以下简称“河北安防学会”）针对全省安防行业专业技术水平参差不齐的现状，与河北省公安厅技防办联合组织了安防设计、施工、维修技术培训。培训的内容涉及安全技术防范法规、标准、设备、技术、安装调试等方面。这次培训规模大，涉及人员多，培训内容既有理论、又有实践，深受参训人员喜爱，并得到广泛好评。

二、组织学会部分副理事长到云南昆明学习

2009年，河北安防学会组织部分副理事长到云南学习考察昆明市公安局，对城市报警与监控系统建设情况进行调查了解。通过认真学习昆明的建设经验，考察团成员达成共识：报警监控系统建设必须紧紧依靠党委政府，积极争取相关部门的大力支持，多渠道筹集建设资金，以地方性法规、政府规章加强行业管理，建立健全各项规章制度，强化应用，才能充分发挥良好的社会效益。这次考察对河北省报警监控系统建设起到了很好的参考借鉴作用。

三、开展了正定县农村视频监控试点工作

河北省公安厅技防办与河北安防学会联合开展了农村视频监控试点建设。正定塔元庄试点经过一期、二期工程建设，监控系统运行状况良好，对维护当地治安稳定、保护群众生命财产安全起到重要作用，为今后开展农村科技防范工作提供了经验。

四、河北省公安厅技防办和河北安防学会共同出版了《安全技术防范系统工程设计、施工、维修培训资料》（第三卷），作为2010年各地技防办和安防学会组织培训的专业教材

五、举办“2009第八届河北社会公共安全产品博览会”

2月26日，2009第八届河北社会公共安全产品博览会在石家庄国际博览中心举办。全国数百家企业参展，展示了国内外具有高新技术水平的电视监控、防盗报警、楼宇对讲、生物识别、智能监控、城区控制、车辆防盗、防劫报警系统以及消防产品、警用车辆、技术装备等，提高了群众对技术防范的认知度。通过广泛宣传，各级各有关部门及社会各界的技术防范意识进一步增强，认识程度普遍提高，为城市报警与监控系统建设的顺利开展打下良好基础。

质　量　篇

第六章　标准化

第一节　安全技术防范行业标准体系表

说明：由于当前“安全技术防范行业标准体系表”信息没有变化，故本版《年鉴》只刊登目录，详情请用以下方式查阅：《年鉴》2009版电子版（即光盘）。

第二节　城市监控报警联网系统标准体系

（共18项标准：技术标准11项、管理标准4项、合格评定标准3项）

一、城市监控报警联网系统标准体系框架

城市监控报警联网系统试点工程标准体系框架

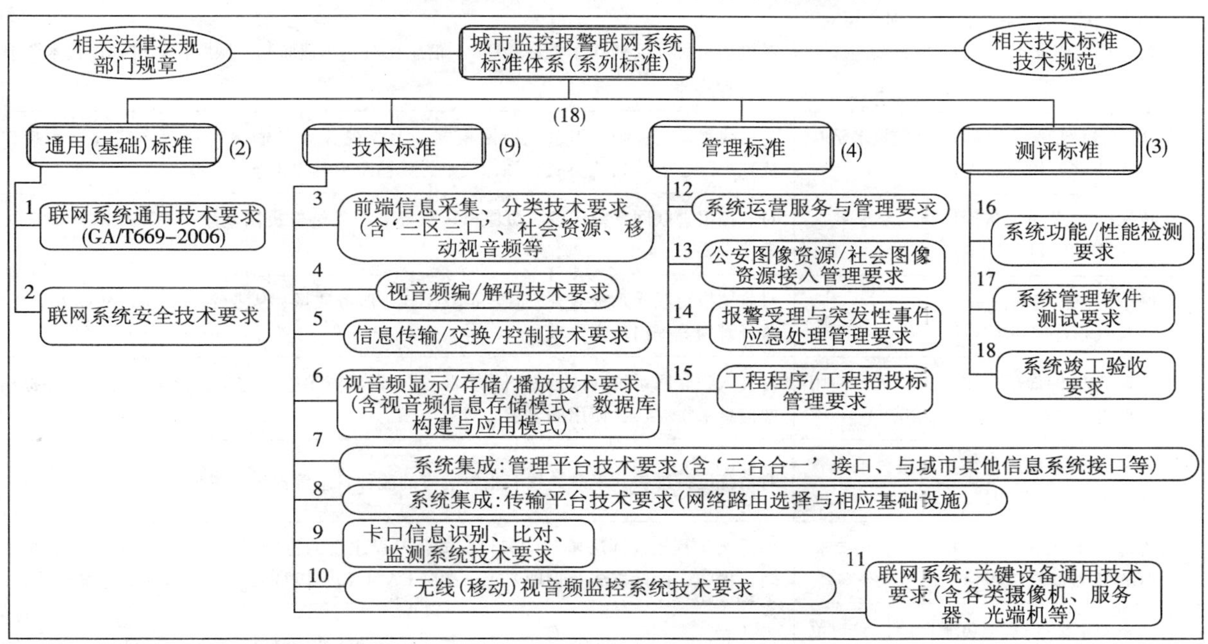

二、城市监控报警联网系统系列标准主要内容

序号	标准名称	主要内容
1	技术标准 通用技术要求 (GA/T 669.1－2008)	系统构成与网络构架、系统功能要求、设备性能要求、基础设施与网络带宽要求、信息采集与前端处理技术要求、信息传输/交换/控制技术要求、视音频信息显示/存储/播放技术要求、信息存储策略与数据库构建技术要求、系统集成与监控中心技术要求、无线移动视音频监控技术要求、系统安全性/可维护性/可管理性技术要求等。

序号	标准名称	主要内容
2	技术标准 安全技术要求（GA/T 669.2－2008）	安全策略、系统安全、网络安全、信息安全、认证与授权（认证流程、设备管理、用户端认证）等技术要求。
3	技术标准 前端信息采集技术要求（GA/T 669.3－2008）	公安业务和社会公共安全管理需要监控的场所、部位（如三区、三口）的信息采集要求、图像信息分级分类要求；社会资源视音频信息接入联网系统的接口要求；无线移动视音频信息接入联网系统的接口要求等。
4	技术标准 视音频编、解码技术要求（GA/T 669.4－2008）	对摄像机及其附属设备、出入口控制设备、卡口设备、模拟矩阵、DVR、网络服务器、监控中心管理软件等提出基于 H.264/MPEG－4 视频编解码标准的具体技术要求。
5	技术标准 信息传输、交换、控制技术要求（GA/T 669.5－2008）	对视音频信息传输/交换/控制流程、信息交互过程、联网设备的操作命令集、与已有非标设备的信息交换方式、报警信息传输等提出具体的技术要求。
6	技术标准 视音频显示、存储、播放技术要求（GA/T 669.6－2008）	对视音频信息显示/存储/播放的图像质量、显示方式、文件存储格式、播放方式等提出具体的技术要求；对数据存储策略、数据库信息分类、编码、数据库构建与应用模式、数据维护与管理等提出具体的技术要求。
7	技术标准 管理平台技术要求（GA/T 669.7－2008）	监控报警联网系统的内部集成技术要求、与三台合一系统及城市其他信息系统集成的技术要求。
8	技术标准 传输平台技术要求（GA/T 669.8－2008）	根据 GA/T669.1－2008，对已有的网络传输基础设施提出带宽、功能、性能、服务保障等方面的要求。
9	技术标准 卡口系统信息识别、比对、监测技术要求（GA/T 669.9－2008）	对机动车目标识别（车型、号牌）、信息比对、车速监测、跟踪控制等提出技术要求。
10	技术标准 无线视音频监控系统技术要求（GA/T 669.10－2008）	对无线移动视音频监控系统组网模式、无线视音频（输出）接入方式（通用接口规范）、无线/有线转换方式、图像质量、传输距离等提出技术要求。
11	技术标准 关键设备通用技术要求（GA/T 669.11－2008）	对监控报警联网系统用各类摄像机、服务器、光端机提出基于 GA/T669.1－2008 之上的技术要求。
12	城市监控报警联网系统运营服务管理要求	对监控报警联网系统服务方式、运营模式、服务质量、从业企业资质、从业人员资质、监督管理等提出基本要求。
13	管理标准 图像信息采集、接入、使用管理要求（GA/T 792.1－2008）	对接入到联网系统内的公安图像资源/社会图像资源进行定义、分类、分级，并提出图像信息采集/接入/使用的要求。
14	管理标准 系统运行维护与报警响应管理要求（GA/T 792.2－2008）	对系统运行维护、事故处置、报警响应的流程管理等提出基本要求。
15	管理标准 工程程序与招投标管理要求（GA/T 792.3－2008）	根据《工程招投标法》和“3111”试点工程建设的特殊要求提出工程招标、投标的原则、程序、评标方法及管理要求；参照 GA/T 75－1994 提出工程程序的基本要求。
16	合格评定标准 系统功能性能检验规范（GA 793.1－2008）	根据 GA/T669.1－2008，提出进行联网系统功能性能测试、检验的项目、要求和方法。
17	合格评定标准 管理平台软件测试规范（GA 793.2－2008）	根据国家软件测评的相关要求和 GA/T669.1－2008 的相关要求，提出监控报警联网系统管理软件在通用性、规范性、安全性、实用性、扩展性、易操作性、可维护性、可管理性等方面的测试要求。
18	合格评定标准 系统验收规范（GA 793.3－2008）	根据 GA/T669.1－2008，引用 GB50348、GA308 等相关内容，针对“3111”试点工程提出相应的竣工验收基本要求。

（资料提供：全国安全防范报警系统标准化技术委员会秘书处）

第三节 安防行业国家标准目录

（截至2009年12月 38项）

序号	标准编号	名称
1	GB 15407－1994	遮挡式微波入侵探测器技术要求和试验方法
2	GB/T 15408－1994	报警系统电源装置、测试方法和性能规范
3	GB/T 15211－1994	报警系统环境试验
4	GB/T 16677－1996	报警图像信号有线传输装置
5	GB 10408.1－2000	入侵探测器 第1部分：通用要求
6	GB 10408.2－2000	入侵探测器 第2部分：室内用超声波多普勒探测器
7	GB 10408.3－2000	入侵探测器 第3部分：室内用微波多普勒探测器
8	GB 10408.4－2000	入侵探测器 第4部分：主动红外入侵探测器
9	GB 10408.5－2000	入侵探测器 第5部分：室内用被动红外探测器
10	GB 10408.9－2001	入侵探测器 第9部分：室内用被动式玻璃破碎探测器
11	GB 12663－2001	防盗报警控制器通用技术条件
12	GB 15209－2006	磁开关入侵探测器
13	GB 20816－2006	车辆防盗报警系统 乘用车
14	GB/T10408.8－2008	振动入侵探测器
15	GB 10408.6－2009	微波和被动红外复合入侵探测器
16	GB/T 21564.1－2008	报警传输系统串行数据接口的信息格式和协议 第1部分：总则
17	GB/T 21564.2－2008	报警传输系统串行数据接口的信息格式和协议 第2部分：公用应用层协议
18	GB/T 21564.3－2008	报警传输系统串行数据接口的信息格式和协议 第3部分：公用数据链路层协议
19	GB/T 21564.4－2008	报警传输系统串行数据接口的信息格式和协议 第4部分：公用传输层协议
20	GB/T 21564.5－2008	报警传输系统串行数据接口的信息格式和协议 第5部分：数据接口
21	GB 16796－2009	安全防范报警设备 安全要求和试验方法
22	GB 15207－1994	视频入侵报警器
23	GB 20815－2006	视频安防监控数字录像设备
24	GB 12664－2003	便携式X射线安全检查设备通用规范
25	GB 12899－2003	手持式金属探测器通用技术规范
26	GB 15210－2003	通过式金属探测门通用技术规范
27	GB 15208.1－2005	微剂量X射线安全检查设备 第1部分：通用技术要求
28	GB 15208.2－2006	微剂量X射线安全检查设备 第2部分：测试体
29	GB 12662－2008	爆炸物解体器
30	GB/T 16571－1996	文物系统博物馆安全防范工程设计规范
31	GB/T 16676－1996	银行营业场所安全防范工程设计规范
32	GB 50348－2004	安全防范工程技术规范

序号	标准编号	名　称
33	GB 50394－2007	入侵报警系统工程设计规范
34	GB 50395－2007	视频安防监控系统工程设计规范
35	GB 50396－2007	出入口控制系统工程设计规范
36	GB/T 21741－2008	住宅小区安全防范系统通用技术要求
37	GB 10409－2001	防盗保险柜
38	GB 17565－2007	防盗安全门通用技术条件

（资料提供：全国安全防范报警系统标准化技术委员会秘书处）

第四节　安防行业行业标准目录

（截至2009年12月　71项）

序号	标准编号	名　称
1	GA/T 405－2002	安全技术防范产品分类与代码
2	GA/T 550－2005	安全技术防范管理信息代码
3	GA/T 551－2005	安全技术防范管理信息基本数据结构
4	GA 2－1999	车辆防盗报警系统 小客车
5	GA 366－2001	车辆防盗报警器材安装规范
6	GA/T 368－2001	入侵报警系统技术要求
7	GA/T 440－2003	车辆反劫防盗联网报警系统中车载防盗报警设备与车载无线通信终接设备之间的接口
8	GA/T 553－2005	车辆反劫防盗联网报警系统通用技术要求
9	GA/T600. 1－2006	报警传输系统的要求 第1部分：系统的一般要求
10	GA/T600. 2－2006	报警传输系统的要求 第2部分：设备的一般要求
11	GA/T600. 3－2006	报警传输系统的要求 第3部分：利用专用报警传输通路的报警传输系统
12	GA/T600. 4－2006	报警传输系统的要求 第4部分：利用公共电话交换网络的数字通信机系统的要求
13	GA/T600. 5－2006	报警传输系统的要求 第5部分：利用公共电话交换网络的话音通信机系统的要求
14	GA/T 45－1993	警用摄像机与镜头连接
15	GA/T 367－2001	视频安防监控系统技术要求
16	GA/T645－2006	视频安防监控系统 变速球型摄像机
17	GA/T646－2006	视频安防监控系统 矩阵切换设备通用技术要求
18	GA/T647－2006	视频安防监控系统 前端设备控制协议 V1. 0
19	GA/T 669. 1－2008	城市监控报警联网系统技术标准 第1部分：通用技术要求（代替 GA/T 669－2006）
20	GA/T 669. 2－2008	城市监控报警联网系统 技术标准 第2部分：安全技术要求
21	GA/T 669. 3－2008	城市监控报警联网系统 技术标准 第3部分：前端信息采集技术要求
22	GA/T 669. 4－2008	城市监控报警联网系统 技术标准 第4部分：视音频编、解码技术要求
23	GA/T 669. 5－2008	城市监控报警联网系统 技术标准 第5部分：信息传输、交换、控制技术要求
24	GA/T 669. 6－2008	城市监控报警联网系统 技术标准 第6部分：视音频显示、存储、播放技术要求
25	GA/T 669. 7－2008	城市监控报警联网系统 技术标准 第7部分：管理平台技术要求
26	GA/T 669. 9－2008	城市监控报警联网系统 技术标准 第9部分：卡口信息识别、比对、监测系统技术要求

序号	标准编号	名　　称
27	GA/T 792.1 - 2008	城市监控报警联网系统 管理标准 第1部分：图像信息采集、接入、使用管理要求
28	GA 793.1 - 2008	城市监控报警联网系统 合格评定 第1部分：系统功能性能检验规范
29	GA 793.2 - 2008	城市监控报警联网系统 合格评定 第2部分：管理平台软件测试规范
30	GA 793.3 - 2008	城市监控报警联网系统 合格评定 第3部分：系统验收规范
31	GA/T 669.8 - 2009	城市监控报警联网系统 技术标准 第8部分：传输网络技术要求
32	GA/T 669.10 - 2009	城市监控报警联网系统 技术标准 第10部分：无线视音频监控系统技术要求
33	GA 374 - 2001	电子防盗锁
34	GA/T 269 - 2001	黑白可视对讲系统
35	GA/T 394 - 2002	出入口控制系统技术要求
36	GA/T 72 - 2005	楼宇对讲系统及电控防盗门通用技术条件
37	GA/T644 - 2006	电子巡查系统技术要求
38	GA 701 - 2007	指纹防盗锁通用技术条件
39	GA/T678 - 2007	联网型可视对讲系统技术要求
40	GA/T 761 - 2008	停车场（库）安全管理系统技术要求
41	GA 60 - 1993	便携式炸药检测箱技术条件
42	GA/T 71 - 1994	机械钟控定时引爆装置探测器
43	GA/T 142 - 1996	排爆机器人通用技术条件
44	GA/T 841 - 2009	基于离子迁移谱技术的痕量毒品/炸药探测仪通用技术要求
45	GA 857 - 2009	货物运输微剂量X射线安全检查设备通用技术要求
46	GA 26 - 1992	军工产品储存库风险等级和安全防护级别的规定
47	GA 28 - 1992	货币印制企业风险等级和安全防护级别的规定
48	GA/T 75 - 1994	安全防范工程程序与要求
49	GA/T 74 - 2000	安全防范系统通用图形符号
50	GA 308 - 2001	安全防范系统验收规则
51	GA 27 - 2002	文物系统博物馆风险等级和安全防护级别的规定
52	GA 38 - 2004	银行营业场所风险等级和安全防护级别的规定
53	GA/T 70 - 2004	安全防范工程费用预算编制办法
54	GA 586 - 2005	广播电影电视系统重点单位重要部位的风险等级和安全防护级别
55	GA/T670 - 2006	安全防范系统雷电浪涌防护技术要求
56	GA 745 - 2008	银行自助设备 自助银行安全防范的规定
57	GA 837 - 2009	民用爆炸物品储存库治安防范要求
58	GA 838 - 2009	小型民用爆炸物品储存库安全规范
59	GA/T 848 - 2009	爆破作业单位民用爆炸物品储存库安全评价导则
60	GA/T 3 - 1991	便携式防盗安全箱
61	GA/T 73 - 1994	机械防盗锁
62	GA/T 143 - 1996	金库门通用技术条件
63	GA 164 - 2005（公安部三局）	专用运钞车防护技术要求

序号	标准编号	名　　称
64	GA 165－1997	防弹复合玻璃
65	GA 166－2006	防盗保险箱
66	GA501－2004	银行用保管箱通用技术条件
67	GA518－2004	银行营业场所透明防护屏障安装规范
68	GA 576－2005	防尾随联动互锁安全门通用技术条件
69	GA 667－2006	防爆炸复合玻璃
70	GA 746－2008	提款箱
71	GA 844－2009	防砸复合玻璃通用技术要求

（资料提供：全国安全防范报警系统标准化技术委员会秘书处）

第五节　安防行业地方标准目录

（截至2009年12月）

序号	颁布地区	标准编号	名　　称
1	上海	DB31/329.11－2009	《重点单位重要部位安全技术防范系统要求 第11部分：医院》
2	上海	DB31/329.12－2009	《重点单位重要部位安全技术防范系统要求 第12部分：通信单位》
3	上海	DB31/329.13－2009	《重点单位重要部位安全技术防范系统要求 第13部分：枪支弹药生产、经销、存放、射击场所》
4	上海	DB31/329.14－2009	《重点单位重要部位安全技术防范系统要求 第14部分：燃气系统》
5	上海	DB31/329.15－2009	《重点单位重要部位安全技术防范系统要求 第15部分：公交车站及公交专用停车场（库）》
6	浙江	DB33/768－2009	《安全技术防范系统建设技术规范》（共13部分） 《第1部分 一般单位重点部位》 《第2部分 危险物品存放场所》 《第3部分 汽车站与客运码头》 《第4部分 商业批发与零售场所》 《第5部分 公共供水场所》 《第6部分 供变配电场所》 《第7部分 燃油供储场所》 《第8部分 城镇燃气场所》 《第9部分 旅馆业》 《第10部分 学校》 《第11部分 医院》 《第12部分 住宅小区》 《第13部分 娱乐场所》

（资料提供：全国安全防范报警系统标准化技术委员会秘书处）

第六节 全国安全防范报警系统标准化技术委员会工作要点

SAC/TC100 秘书处

自2008年10月全国安防标委会（SAC/TC100）召开了第五届委员会成立大会暨五届一次会议后，截止2009年底，委员会主要完成了以下工作：

一、批准发布国家标准和行业标准10项，完成国家标准和行业标准报批稿14项，正在制修订过程中的标准19项

1. 批准发布国家标准和行业标准10项，具体标准如下：

（1）GB 10408.6－2009《微波和被动红外复合入侵探测器》

（2）GB 16796－2009《安全防范报警设备 安全要求和试验方法》

（3）GA/T 669.8－2009《城市监控报警联网系统 技术标准 第8部分：传输网络技术要求》

（4）GA/T 669.10－2009《城市监控报警联网系统 技术标准 第10部分：无线视音频监控系统技术要求》

（5）GA/T 841－2009《基于离子迁移谱技术的痕量毒品/炸药探测仪通用技术要求》

（6）GA 837－2009《民用爆炸物品储存库治安防范要求》

（7）GA 838－2009《小型民用爆炸物品储存库安全规则》

（8）GA/T 848－2009《爆破作业单位民用爆炸物品储存库安全评价导则》

（9）GA 844－2009《防砸复合玻璃通用技术要求》

（10）GB/T10408.8－2008《振动入侵探测器》（2008年底批准，2009年公布）

2. 完成国家标准和行业标准报批稿14项

（1）GB《周界防范高压电网装置》

（2）GB/T《安全防范监控数字视音频编解码技术要求》

（3）GB 15407《遮挡式微波入侵探测器技术要求和试验方法》

（4）GB/T15408《报警系统电源装置、测试方法和性能规范》

（5）GB/T16676《银行安全防范报警监控联网系统技术要求》

（6）GA《货物运输微剂量X射线安全检查设备通用技术要求》

（7）GA《银行业务库安全防范的规定》

（8）GA《冶金钢铁企业治安保卫重要部位风险等级和安全防护级别规定》

（9）GA/T《安全防范系统 生物特征识别应用术语》

（10）GA/T《安全防范系统 指纹识别应用技术规范 第2部分：指纹图像数据技术要求》

（11）GA/T《安全防范系统 指纹识别应用技术规范 第3部分：指纹图像质量技术要求》

（12）GA/T《安全防范系统 指纹识别应用技术规范 第6部分：指纹识别应用系统算法评测方法》

（13）GA/T《安全防范系统人脸识别应用技术规范 第2部分：人脸图像数据技术要求》

（14）GA/T《安全防范系统 人脸识别应用技术规范 第6部分：人脸识别应用系统算法评测方法》

3. 正在制修订过程中的标准19项

（1）GB/T《城市公共安全应急联动系统基本功能要求》（制定）

（2）GB/T《无线防盗报警设备》（制定）

（3）GB /T 16571《文物系统博物馆安全防范工程设计规范》（修订）

（4）GB《高等院校安全风险等级与技术防范防护等级》（制定）

（5）GB《医疗卫生机构安全风险等级与技术防范防护等级》（制定）

（6）GA/T《大型活动场馆电子检票系统技术要求》（制定）

（7）GA《证券系统安全防范设施技术要求》（制定）

（8）GA《民用爆破器材包装警示标识、登记标识和专用条码通则》（制定）

（9）GA《组装、移动系列民爆库房》（制定）

（10）GA《剧毒化学品库房安全防范规定》（制定）

（11）GA《放射性物品库风险等级和安全防范要求》（制定）

（12）GA《枪支弹药保管(储存)设施安全规范》(制定)

（13）GA《射击场所设置安全规范》（制定）

（14）GA《娱乐场所治安管理信息系统视频监控技术规范》（制定）

（15）GA《机械防盗锁》（修订）

（16）GA《防盗锁分类》（修订）

（17）GA《枪械保险柜》（制定）

（18）GA/T《安全防范系统 指纹识别应用技术规范 第7部分：指纹识别应用系统采集设备》（制定）

（19）GA/T《安全防范系统 人脸识别应用技术规范 第5部分：人脸识别应用系统设备接口技术要求》（制定）

二、组织2009年国家标准和行业标准计划项目的申报工作，5个国家标准和21个行业标准计划项目被批准立项

2009年，SAC/TC100秘书处加强了国家标准和行业标准申报项目的立项审查工作。组织召开专家评审会，针对行业各相关单位申报的30项标准项目提案，进行讨论和评审，并申报公安部和国家标准化管理委员会。

2009年7月23日，国家标准化管理委员会发出了《关于下达2009年第一批制修订国家标准制修订计划的通知》（国标委综合［2009］59号）。其中，公安部承担的制修订国家标准项目计划共13项，其中归口到SAC/TC100的项目共3项。

序号	计划编号	项目名称	标准性质	制修订	完成时间	主管部门	起草单位
54	20090054－T－312	安防监控视频实时智能分析设备技术要求	推荐	制定	2010	公安部	公安部第一研究所、北京中盾安防技术开发公司等
55	20090055－T－312	安全防范系统视频监控人脸识别系统技术要求	推荐	制定	2010	公安部	北京中盾安防技术开发公司等
56	20090056－Q－312	居家安防智能管理设备技术要求	强制	制定	2010	公安部	公安部安全防范报警系统产品质量监督检验测试中心、深圳市视得安罗格朗电子股份有限公司等

2009年11月26日，国家标准化管理委员会发出了《关于下达2009年第二批制修订国家标准制修订计划的通知》（国标委综合［2009］93号）。其中，公安部承担的制修订国家标准制项目计划共32项，其中归口到SAC/TC100的项目共2项。

序号	计划编号	项目名称	标准性质	制修订	完成时间	主管部门	起草单位
9	20091138－T－312	安全防范视频监控联网系统信息传输、交换、控制技术要求	推荐	制定	2010	公安部	公安部第一研究所、工业和信息化部电子工业标准化研究所、中科院上海微系统研究所、浙江省公安厅、北京中盾安全技术开发公司
10	20091139－Q－312	金库门通用技术要求	强制	制定	2011	公安部	公安部安全与警用电子产品质量检测中心、公安部安全防范报警系统产品质量监督检验测试中心、台山平安五金制品有限公司

公安部科技信息化局于2009年10月13日发出了《关于下达2009年度公共安全行业标准制修订项目计划的通知》（公科信标准［2009］68号，以下简称《通知》），正式下达了公安部2009年度公共安全行业标准制修订项目计划，由SAC/TC100、SAC/TC100/SC1及SAC/TC100/SC2技术归口的项目共21项。

序号	项目名称	强制或推荐	制定或修订	项目起止日期	申报单位	主要起草单位及负责人
1	停车库（场）出入口控制设备技术要求	推荐	制定	2009.6－2010.12	SAC/TC100	公安部安全防范报警系统产品质量监督检验测试中心、公安部安全与警用电子产品质量检测中心、深圳市捷顺科技实业有限公司等 负责人：牟晓生
2	视频安防监控视音频光端机技术要求	推荐	制定	2009.6－2010.12	SAC/TC100	公安部安全与警用电子产品质量检测中心、公安部安全防范报警系统产品质量监督检验测试中心、天津天地伟业数码科技公司、北京蛙视通信技术有限责任公司、北京兆维光通信技术有限公司 负责人：邵子健

序号	项目名称	强制或推荐	制定或修订	项目起止日期	申报单位	主要起草单位及负责人
3	视频安防监控车载数字录像设备技术要求	推荐	制定	2009.6－2010.12	SAC/TC100	公安部安全防范报警系统产品质量监督检验测试中心、公安部安全与警用电子产品质量检测中心、深圳市博康科技发展有限公司、杭州海康威视数字技术股份有限公司 负责人：刘辛宇
4	激光入侵探测器技术要求	推荐	制定	2009.6－2010.12	SAC/TC100	公安部安全与警用电子产品质量检测中心、公安部安全防范报警系统产品质量监督检验测试中心、北京北奥东华激光有限公司 负责人：刘琳
5	视频安防监控摄像机通用技术要求	推荐	制定	2009.6－2010.12	SAC/TC100	公安部安全与警用电子产品质量检测中心、公安部安全防范报警系统产品质量监督检验测试中心、天津三星电子有限公司、天津天地伟业数码科技有限公司等 负责人：卢玉华
6	安全防范系统维护规范	强制	制定	2009.6－2010.12	SAC/TC100	北京联视神盾安全技术有限公司、北京中盾安全技术开发公司 负责人：杨国胜
7	金融自助服务亭技术要求	推荐	制定	2009.6－2010.12	SAC/TC100	公安部治安管理局、公安部安全防范报警系统产品质量监督检验测试中心、公安部安全与警用电子产品质量检测中心、上海七百集团九思科技发展有限公司等 负责人：袁鹤
8	微剂量X射线人体安全检查设备通用技术要求	强制	制定	2009.6－2010.12	SAC/TC100	公安部第一研究所、北京中盾安民分析技术有限公司 负责人：王秋虹 崔玉华
9	采用拉曼光谱分析的液体安全检查通用技术条件	推荐	制定	2009.7－2010.12	公安部第三研究所	公安部第三研究所等 负责人：成诚
10	通用型应用高清电视摄像机测量方法	推荐	制定	2009.6－2010.6	公安部第三研究所	公安部第三研究所等 负责人：夏嫣
11	泄漏电缆入侵探测装置通用技术条件	推荐	制定	2009.6－2010.12	公安部第三研究所	公安部第三研究所等 负责人：韩峰
12	受力式开关报警装置通用技术条件	推荐	制定	2009.6－2010.12	公安部第三研究所	公安部第三研究所等 负责人：黄瑾
13	楼寓对讲电控防盗门通用技术要求	推荐	修定	2009.6－2010.12	SAC/TC100	公安部安全防范报警系统产品质量监督检验测试中心、公安部安全与警用电子产品质量检测中心、盼盼安居股份有限公司、重庆美心麦森门业有限公司 负责人：牟晓生

序号	项目名称	强制或推荐	制定或修订	项目起止日期	申报单位	主要起草单位及负责人
14	电控锁技术要求	强制	制定	2009.6－2010.12	SAC/TC100	公安部安全防范报警系统产品质量检验测试中心、公安部安全与警用电子产品质量检测中心、浙江宏泰电子设备有限公司等 负责人：顾建文
15	安防人脸识别采集设备 第1部分近红外人脸图像采集模块/设备技术要求	推荐	制定	2009.06－2010.12	SAC/TC100	中国科学院自动化研究所、公安部第一研究所、北京数字奥森科技有限公司、湖北东润科技有限公司、北京海鑫科金高科技股份有限公司、上海银晨智能识别科技有限公司等 负责人：李子青
16	安防人脸识别采集设备 第2部分视频监控嵌入式人脸图像采集设备技术要求	推荐	制定	2009.06－2010.12	SAC/TC100	上海银晨智能识别科技有限公司、公安部第一研究所、北京中盾安全技术开发公司等 负责人：曾文斌
17	安防人脸识别应用系统等级划分准则	推荐	制定	2009.06－2010.12	SAC/TC100	中国科学院自动化研究所、公安部第一研究所、北京数字奥森科技有限公司、北京普赛科技有限公司、北京海鑫科金高科技股份有限公司、上海银晨智能识别科技有限公司等 负责人：李子青
18	出入口控制人脸识别应用技术要求	推荐	制定	2009.06－2010.12	SAC/TC100	中国科学院自动化研究所、北京数字奥森科技有限公司、公安部第一研究所，上海银晨智能识别科技有限公司、北京海鑫科金高科技股份有限公司等 负责人：李子青
19	安防指静脉识别应用系统图像技术要求	推荐	制定	2009.06－2010.12	SAC/TC100	公安部第一研究所、北京中盾安全技术开发公司、公安部安全与警用电子产品质量检测中心等 负责人：侯鸿川
20	安防指静脉识别应用系统算法评测方法	推荐	制定	2009.06－2010.12	SAC/TC100	公安部第一研究所、北京中盾安全技术开发公司、公安部安全与警用电子产品质量检测中心等 负责人：侯鸿川
21	安防指静脉识别采集/认证设备技术要求	推荐	制定	2009.06－2010.12	SAC/TC100	公安部第一研究所、北京中盾安全技术开发公司、公安部安全与警用电子产品质量检测中心、公安部安全防范报警系统产品质量监督检验测试中心等 负责人：侯鸿川

三、完成了2009年国家标准和行业标准复审工作

2009年6月3日，国家标准化管理委员会向国务院各有关部门印发了《关于开展行业标准清理工作的指导意见》。2009年6月25日，公安部科技信息化局向部属各标准化技术委员会下达了《关于转发国家标准化管理委员会〈关于开展行业标准清理工作的指导意见〉的通知》，要求开展行业标准清理工作。

2009年6月11日，国家标准化管理委员会下发了《关于实施国家标准化体系建设工程的通知》和《关于成立国家标准化体系建设工作机构的通知》，正式拉开了国家标准体系建设工程的序幕。9月4日，公安部科技信息化局组织部属各标委会召开了“国家标准化体系建设工程”工作布置会，落实各标委会的具体工作任务。

结合以上两项工作，2009年8月15日，SAC/TC100秘书处组织部分委员和专家召开会议，对SAC/TC100现行的117项国家标准和行业标准进行了复审，根据会议的复审意见，61项继续有效，40项需要修订，16项拟废止。并将相关材料按要求报送公安部科技信息化局。

四、开展安全技术防范新标准体系的研究，为安防标准化可持续发展奠定基础

SAC/TC100五届一次会议确定了“2009年将适时启动安全技术防范标准体系研究和现行标准复审”的工作计划。

2009年5月21日，SAC/TC100与国家标准化管理委员会工业标准二部签订了“《我国安全技术防范标准体系研究》课题任务书”。课题内容包括《我国安全技术防范标准化工作现状及存在问题分析》、《国际、国外安全技术防范标准化状况调研报告》、《今后3－5年安全技术防范标准化规划》和《我国安全技术防范标准体系》（包括体系框架和标准明细表）等4个研究报告。

2009年8月14日，SAC/TC100秘书处组织部分委员和专家在北京召开了“《我国安全技术防范标准体系研究》工作启动会议”。国家标准化管理委员会工业标准二部刘霜秋主任到会并发表了讲话；会议就SAC/TC100秘书处草拟的“我国安全技术防范标准体系结构框架”、各阶段目标和子课题分组征求了与会领导、专家和委员们的意见。

五、加大执标力度，加强标准的宣贯培训工作

（一）配合公安部科技信息化局举办“城市监控报警联网系统系列标准宣贯师资培训班”

为落实城市报警与监控系统建设经验交流暨农村技防工作现场会精神，进一步规范城市报警监控系统建设，提升系统建设质量，深化系统成果应用，公安部科技信息化局在全国开展了《城市监控报警联网系统系列标准》（以下简称《系列标准》）的宣贯培训工作。

为保障《系列标准》宣贯培训工作的顺利开展，SAC/TC100组织已发布实施的14项系列标准的主要起草人和专家编写了67万余字的宣贯培训教材——《城市监控报警联网系统系列标准实施指南》（以下简称《实施指南》），统一制作了教师授课的PPT文件，统一建立了试题库，统一制作了《系列标准》授课教师证书和学员培训合格证书。

2009年10月，SAC/TC100秘书处配合公安部科技信息化局在四川成都举办了“城市监控报警联网系统系列标准宣贯师资培训班”，为全国各省、自治区、直辖市公安厅、局科技处和新疆生产建设兵团培训了140多名《系列标准》授课教师。

（二）积极配合各地开展标准的宣贯培训工作

2009年，SAC/TC100积极配合各地公安机关和行业协会开展标准宣贯培训工作。

1. 配合新疆自治区公安厅科技处举办《城市监控报警联网系统系列标准》培训班，目前已培训学员200余人；

2. 配合青海省公安厅科技处举办了GB50348－2004《安全防范工程技术规范》、GB50394－2007《入侵报警系统工程设计规范》、GB50395－2007《视频安防监控系统工程设计规范》和GB50396－2007《出入口控制系统工程设计规范》四项标准培训班，培训学员166人；

3. 配合北京市安防行业协会举办GB50394－2007《入侵报警系统工程设计规范》、GB50395－2007《视频安防监控系统工程设计规范》、GB50396－2007《出入口控制系统工程设计规范》和GA/T670－2006《安全防范系统雷电浪涌防护技术要求》四项标准培训班，目前已培训学员300余人。

六、积极申报国家标准奖励，四项标准获“中国标准创新贡献奖”一等奖

2009年，SAC/TC100秘书处积极组织优秀标准的申报奖励工作，将GB50348－2004《安全防范工程技术规范》、GB50394－2007《入侵报警系统工程设计规范》、GB50395－2007《视频安防监控系统工程设计规范》和GB50396－2007《出入口控制系统工程设计规范》四项国家标准打包申报“2009年中国标准创新贡献奖”。经公安部科技信息化局初选，四项标准被推荐到国家标准化管理委员会，又经该委员会组织的两轮严格评选，最终被评为“2009年中国标准创新贡献奖”一等奖。

七、继续实质性参与IEC/TC79的国际标准化工作

为进一步推动国际标准化工作的有效开展，SAC/TC100向业内外相关单位公开征集国际标准化人才和专家，建立了“SAC/TC100国际标准化人才信息库”；组织相关专家对多项国际标准草案进行了投票；“出入口控制系统”国际标准工作组的专家就国际标准草案提出了具体的意见和建议；组织有关委员和专家多次对SAC/TC100的国际标准化工作方向和对策进行研讨；尽管由于H1N1甲型流感疫情的爆发，使得我国代表团未能出席今年6月份在加拿大召开的IEC/TC79年会，但SAC/TC100秘书处组织代表团成员研究会议文件，于会前正式提交了我国的意见和建议。

八、加强委员会（SAC/TC100）及秘书处的基础建设，突出机制创新和管理创新

（一）加强委员会的基础建设，积极发展、吸纳业界骨干加入TC100队伍

2009年秘书处加大了对委员、顾问、专家和通讯委员的联络、管理和考核力度，积极吸纳、发展业界骨干加入TC100队伍。年内共发展69名注册通讯委员，增聘1名防爆安检专家为TC100特聘专家，新聘5位专家为TC100国际标准化专家，提升了委员会的技术实力。

（二）实施秘书处工作月报制度

自2009年3月开始，秘书处实施了工作月报制度。在每个月的月末，将一个月以来的主要工作整理成月报文件报主任委员和各位副主任委员审阅。另外，工作月报还通过TC100网站和《TC100通讯》发布。工作月报制度的实施，使委员会领导及时了解秘书处的工作动态和工作进展，以便对秘书处工作进行指导。广大委员、通讯委员和专家通过了解月报内容，也便于对秘书处的工作进行跟踪和监督。

（三）建立健全秘书处管理制度

为进一步建立健全相关管理制度，秘书处结合工作实际情况，制定了《TC100印章管理办法》（试行草案）、

《TC100召开会议管理办法》（试行草案）、《TC100秘书处信息发布管理办法》（试行草案）和《TC100秘书处工作月报管理办法》（草案）等四个管理文件，经谭晓准主任委员审阅批准，已于2009年5月1日起实施。

（四）加强秘书处工作人员的学习和培训

秘书处组织工作人员参加相关业务和知识培训，是建设学习型团队、不断提高管理水平和标准化技术水平的必要手段。为进一步规范秘书处人员的公文写作格式，提高公文写作能力，秘书处专门邀请了公文写作专家对秘书处全体人员进行了培训；为更好地开展国际标准化工作，秘书处派员参加了国家标准化管理委员会举办的“2009年国际标准化知识英语培训班”和“第二期国际标准化英语综合知识和ISO/IT工具使用培训班”；为使标准化工作与认证工作更好地结合，秘书处派员参加了中国安全防范认证中心举办的“安防产品强制性认证工厂检查员培训班”；按照国家标准化管理委员会的有关要求，TC100/SC2秘书长和秘书参加了该委员会举办的“2009年第一期全国专业标准化技术委员会培训班”。

（五）丰富《TC100通讯》内容，扩大发行范围，提高委员会的影响力

《TC100通讯》是委员会进行政策法规宣传和标准化信息发布的窗口，是紧密联系全体委员、顾问、特聘专家和通讯委员开展技术交流和信息沟通的桥梁，因此办好《TC100通讯》十分重要。

2009年，《TC100通讯》在报导委员会重大事项和发布重要信息的基础上，增加了秘书处工作月报，发放范围也在原来的基础上扩大到SAC/TC100/SC1及SAC/TC100/SC2两个分技术委员会的委员和通讯委员。

第七章　产品认证

第一节　安全技术防范、道路交通安全产品强制性认证目录

（2009 年 3 月 10 日发布 2009 年 3 月 10 日实施）

CSP 强制性产品认证目录

序号	产品名称	认证实施规则	标志
1	主动红外入侵探测器	CNCA－10C－047：2009《安全技术防范产品强制性认证实施规则 入侵探测器产品》	CCC
2	室内用被动红外入侵探测器		
3	室内用微波多普勒探测器		
4	微波和被动红外复合入侵探测器		
5	振动入侵探测器		
6	室内用被动式玻璃破碎探测器		
7	磁开关入侵探测器		
8	防盗报警控制器	CNCA－10C－052：2009《安全技术防范产品强制性认证实施规则 防盗报警控制器产品》	
9	汽车防盗报警系统	CNCA－10C－053：2009《安全技术防范产品强制性认证实施规则 汽车防盗报警系统产品》	
10	防盗保险柜	CNCA－10C－054：2009《安全技术防范产品强制性认证实施规则 防盗保险柜（箱）产品》	
11	防盗保险箱		
12	汽车行驶记录仪	CNCA－02C－066：2005《汽车行驶记录仪产品》	
13	车身反光标识	CNCA－02C－067：2005《车身反光标识产品》	

（资料来源：中国安全技术防范认证中心）

第二节　公共安全产品自愿性认证目录

（2008 年 7 月 8 日发布 2008 年 7 月 8 日实施）

公共安全产品自愿性认证目录

序号	产品名称	认证实施规则	标志
1	防盗安全门	CSP－V01－001：2004《安全技术防范产品自愿性认证实施规则 防盗安全门产品》	

序号	产品名称	认证实施规则	标志
2	机动车测速仪	CSP－V02－001：2004《道路交通安全产品自愿性认证实施规则 机动车测速仪产品》	GA
3	呼出气体酒精含量探测器	CSP－V02－002：2004《道路交通安全产品自愿性认证实施规则 呼出气体酒精含量探测器产品》	
4	道路交通信号灯	CSP－V02－004：2004《道路交通安全产品自愿性认证实施规则 道路交通信号灯产品》	
5	警用多波段光源产品	CSP－V03－001：2004《刑事技术产品自愿性认证实施规则 警用多波段光源产品》	
6	“502”指印熏显柜	CSP－V03－002：2004《刑事技术产品自愿性认证实施规则 “502”指印熏显柜产品》	
7	警用活体指纹采集仪	CSP－V03－003：2006《刑事技术产品自愿性认证实施规则 活体指纹采集仪产品》	
8	DNA 检测试剂	CSP－V03－005：2009《法庭科学产品自愿性认证实施规则 DNA 检测试剂产品》	

（资料来源：中国安全技术防范认证中心）

第三节　中国安全技术防范认证中心认证实施规则及公开性文件

3.1 中国安全技术防范认证中心组织机构图

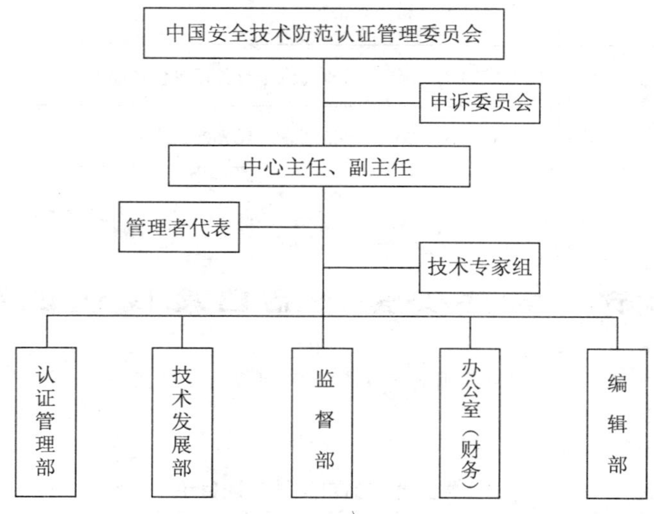

3.2 中国安全技术防范认证中心（CSP）社会公共安全产品认证申请说明

一、申请步骤

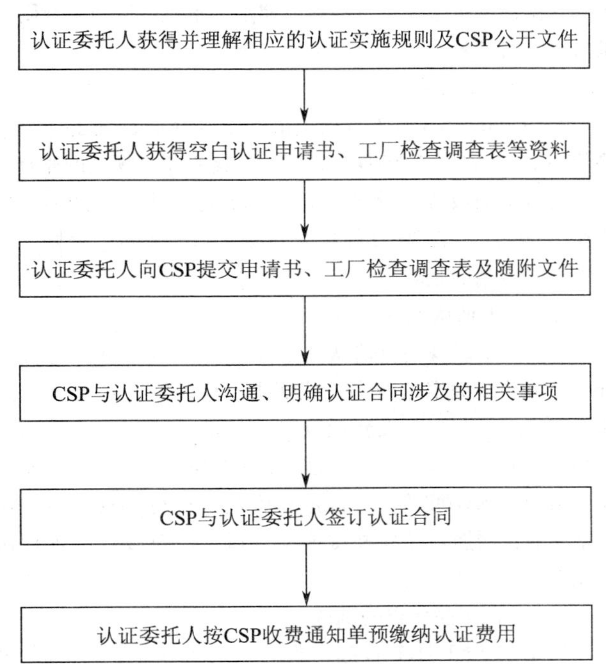

二、申请资料

（一）认证产品类别：

目前我中心受理的产品认证按不同产品认证实施规则划分，主要类别有：

1）3C 产品：

a）入侵探测器、b）防盗报警控制器、c）汽车防盗报警系统、d）防盗保险柜（箱）、e）汽车行驶记录仪、f）车身反光标识；

2）GA 认证：

a）防盗安全门、b）防盗锁、c）机动车测速仪、d）呼出气体酒精含量探测器、e）道路交通信号灯、f）警用多波段光源产品、g）“502”指印熏显柜、h）警用活体指纹采集仪、i）DNA 检测试剂产品；

注：认证产品类别和/或实施规则的调整以我中心网站 www. csp. gov. cn 发布最新文件为准。

（二）申请须提交的资料项：

（1）认证委托人、制造商、生产厂的营业执照和组织机构代码证书（国内企业），及证明上述三者关系的文件。

（2）制造商可自愿提供用于证书上的认证产品商标文件（含商标图形电子版）。

（3）《产品认证申请书》上述申请资料均用中文提交。

（4）申请认证的产品（含全部型号）使用说明书、主要技术参数文件。

（5）认证产品生产工艺流程及其控制说明和/或图纸及其技术要求文件。

（6）《工厂检查调查表》。

（7）满足相应产品认证实施规则要求的生产厂质量控制文件（可用质量手册形式）。

（8）生产厂组织结构图和涉及认证主要管理、生产和检测人员一览表。

（9）CSP 要求的其他资料。

（10）《产品认证申请书（含产品彩色照片）》、《工厂检查调查表》和商标图形的电子版（应有存储介质）。

（11）对不同情况的认证申请，如初次申请，获证后扩大、缩小申请及变更、注销、暂停等申请，所提交的申请文件，按 CSP 相应文件规定和/或要求办理。

三、认证收费

CSP 通过 www. csp. gov. cn 网站和其他形式的公开文件等方式发布认证收费明细表。认证委托人按 CSP 的《收费通知单》交纳费用。

四、联系方式

中国安全技术防范认证中心

认证申请
联系电话：010－51651890 转 812、815、821
传真：010－88825997
认证产品的检测进度查询
电话：010－51651890 转 828
认证产品的工厂检查进度查询
电话：010－51651890 转 821、826
认证证书发放情况查询
电话：010－51651890 转 810
认证申诉、投诉和争议
联系电话：010－51651890 转 870、010－63345605
认证费用收取及结算
联系电话：010－51651890 转 831、836
传　　真：010－88824100
通信地址：北京市海淀区西三环北路 89 号中国外文大厦 A 座 302 室
邮　　编：100089
网　　址：www. csp. gov. cn
E－mail：cspa@ vip. 163. com

（在上述网址可获得 CSP 认证申请相关的电子表格）

3.3 关于安全技术防范产品强制性认证实施规则由2004版向2009版转换的相关规定

1. 适用范围

1 目的和范围

根据中国安全技术防范认证中心（以下简称认证中心）有关产品认证要求更改管理程序的要求，针对依据2004版安全技术防范产品强制性认证实施规则委托认证，已获认证中心颁发中国国家强制性产品认证证书，或正在实施认证评价尚未获证的产品，就认证实施规则由2004版（以下简称旧版规则）向2009版（以下简称新版规则）转换事项，做出相关规定。

2 新版规则实施规定

2.1 新版规则包括的内容

国家认监委2009年第4号公告发布了修订后的《安全防范类产品强制性认证实施规入侵探测器产品》（CNCA－10C－047：2009）、《安全防范类产品强制性认证实施规则防盗报警控制器产品》（CNCA－10C－052：2009）、《安全防范类产品强制性认证实施规则汽车防盗报警系统产品》（CNCA－10C－053：2009）和《安全防范类产品强制性认证实施规则防盗保险柜（箱）产品》（CNCA－10C－054：2009）。

2.2 新版规则发布及实施时间

新版规则于2009年1月7日发布，自2009年3月1日起实施。自实施之日起，旧版规则废止。

2.3 新、旧版规则过渡期安排

2009年3月1日前，新版、旧版规则均可适用；2009年3月1日起，新申请认证的产品须按照新版规则的要求实施认证；按旧版实施规则认证的获证产品，应于2009年12月31日前按新版规则的要求完成证书转换工作，逾期未完成转换的认证证书，认证机构将予以暂停；截至2010年4月1日仍未完成证书转换工作的，认证中心将撤销旧版实施规则认证证书。

3 新、旧规则转换方式

3.1 已获证且保持有效的产品

对于已获证且证书保持有效的产品，结合证后监督，在规定时间内完成新、旧规则转换。

3.2 已获证且正在实施监督的产品

对于已获证且正在按照旧版规则实施监督，尚未完成评价的产品：

1）在2009年3月1日前，仍按旧版规则完成评价和认证决定；

2）自2009年3月1日起，未按旧版规则完成评价的，由认证中心组织专家对其工厂检查和产品抽样检测结果与新版规则要求进行比对，满足新版规则要求的，接新版规则进行认证决定。不能满足新版规则要求的，证书予以暂停，并给出不少于3个月的整改期限，整改后按新版规则要求进行监督评价。

3.3 暂停证书的产品

对于2009年3月1日前按旧版规则获证且处于证书暂停状态的产品，在暂停规定期限内应接受新版规则的监督。

所有按旧版规则获证且处于证书暂停状态的产品，均应在2009年11月30日前接受新版规则的监督，否则，认证中心将撤销旧版规则证书。

3.4 新申请认证的产品

对于按旧版规则申请认证且预计在2009年3月1日前难以完成认证决定的产品，认证中心应及时与认证委托人联系，要求企业提出按新版规则认证的补充申请。由认证中心组织专家对其已评价结果与新版规则要求进行比对，满足新版规则要求的，直接按新版规则进行认证决定；存在差异的，增加差异项检测或检查后，按新版规则进行认证决定。

3.5 获证产品变更的确认

自2009年3月1日起，按旧版规则获证产品的变更（包括扩大认证单元、获证单元增加覆盖型号、获证产品关键件变化、生产厂质量体系变化等），均应按新版规则实施监督并进行认证决定。

4 认证要求变更公告

4.1 认证中心在网站 www. csp. gov. cn 及时转发国家认监委相关公告和新版认证实施规则。

4.2 认证中心通过召开宣贯培训班、杂志刊登等方式对新的新版规则要求进行宣传。

4.3 认证中心相关部门及时将认证要求变更情况通知已获证和正在实施认证的认证委托人。

5 新、旧版规则转换申请

5.1 认证委托人应及时获取新版规则文本，了解新、旧版规则的差异，并制定与新规则要求相适宜的安排。

5.2 旧版规则获证产品的企业应按照新版规则要求，认真识别已获证产品在单元划分、关键件、产品认证检测依据及项目、产品生产一致性控制要求等方面是否存在差异。存在差异的，认证委托人应在监督之前尽早填写产品认证申请书、工厂调查表或认证变更申请表，并向认证中心提交。

5.2 认证中心将针对委托人提交的新、旧版规则差异申请，结合监督进行评价。

5.3 如认证委托人未能提供有效的获证产品新、旧版规则差异情况申请，监督时发现获证产品不符合新版规则要求的，认证中心将暂停获证产品证书。

5.4 认证中心认证管理部或其授权的相关机构负责接受新、旧版规则转换的申请。认证中心授权的认证、检测技术专家可向认证委托人提供新、旧版规则转换过程的技术疑难问题解答。

6 认证证书

6.1 按新版规则申请认证并通过认证决定的产品，颁发新版规则证书。

6.2 经监督由旧版转换到新版规则的产品，认证中心收回原证书，颁发新版规则证书。

7 收费

7.1 按新版规则申请认证的新产品，依据国家有关强制性产品认证收费规定收取认证费用。

7.2 对结合证后监督实施新、旧版规则转换的产品，按照国家有关强制性产品认证收费规定收取监督费用。当获证产品出现新、旧版规则差异时：

1）在获证的生产厂质保体系基本未变的情况下，因规则对工厂质保能力和产品一致性控制要求发生变更，需增加监督检查要素的，每个生产厂增加的工厂监督检查人日数不得超过1人日；

2）已获证产品单元为满足新版规则单元划分要求，出现需重新划分单元的情况时，只要规则中认证检测依据及项目未变，获证产品未发生变更，其中的基本单元仍按常规监督收费，从原认证单元中划分出来的新单元只进行最基本的功能检测验证，收取最基本功能检测费。

3）获证产品发生变更时，结合监督收取变更差异项评价费。如果监督收费中已包含差异项的，不重复收费。

8 本规定自2009年2月10日起实施。

（资料来源：中国安全技术防范认证中心）

第四节　社会公共安全产品认证结果信息

4.1 社会公共安全产品强制性认证结果信息

证书编号	持证人名称	产品单元名称
2007031118000075	3M 中国有限公司	车身反光标识（一级）
2007031118000076	3M 中国有限公司	车身反光标识（二级）
2009031903000058	Continental Automotive Systems Corporation	汽车防盗报警系统（IPM）
2009031903000059	Continental Automotive Systems Corporation	汽车防盗报警系统（IPM）
2009031903000072	Continental Automotive Systems Corporation	汽车防盗报警系统
2009031903000071	Continental Automotive Systems Corporation	汽车防盗报警系统
2003031901000110	CROW ELECTRONIC ENGINEERING LTD.	壁挂式微波和被动红外复合入侵探测器
2008031901000122	CROW ELECTRONIC ENGINEERING LTD.	微波和被动红外复合入侵探测器（SWAM－2000AM 系列）
2003031901000111	CROW ELECTRONIC ENGINEERING LTD.	吸顶式微波和被动红外复合入侵探测器
2008031901000124	CROW ELECTRONIC ENGINEERING LTD.	微波和被动红外复合入侵探测器（EDS－3000 系列）
2008031901000123	CROW ELECTRONIC ENGINEERING LTD.	室内用被动红外入侵探测器（SWAN－400 系列）
2003031901000109	CROW ELECTRONIC ENGINEERING LTD.	壁挂式双被动红外入侵探测器
2008031902000121	CROW ELECTRONIC ENGINEERING LTD.	防盗报警控制器（RUNNER 系列）
2008031901000125	CROW ELECTRONIC ENGINEERING LTD.	微波和被动红外复合入侵探测器（EDS－2000 系列）
2003031901000108	CROW ELECTRONIC ENGINEERING LTD.	吸顶式被动红外入侵探测器
2009031903000826	Dae Sung Electrics Co.，Ltd.	汽车防盗报警系统（VQ/HM）
2009031901000262	Tyco Safety Products Canada Ltd.	室内用被动红外入侵探测器
2008031901000090	Tyco Safety Products Canada Ltd.	室内用被动红外探测器

证书编号	持证人名称	产品单元名称
2009031901000261	Tyco Safety Products Canada Ltd.	磁开关入侵探测器
2009031901000260	Tyco Safety Products Canada Ltd.	室内用被动红外探测器（ENCORE 系列）
2009031902000390	Tyco Safety Products Canada Ltd.	防盗报警控制器
2009031901000259	Tyco Safety Products Canada Ltd.	室内用被动红外探测器（BRAVO 5 系列）
2009031902000448	Tyco Safety Products Canada Ltd.	防盗报警控制器
2008031901000091	Tyco Safety Products Canada Ltd.	微波和被动红外复合入侵探测器
2009031902000371	Tyco Safety Products Canada Ltd.	防盗报警控制器
2008031902000136	Tyco Safety Products Canada Ltd.	防盗报警控制器
2009031902000370	Tyco Safety Products Canada Ltd.	防盗报警控制器
2007031901000120	Tyco Safety Products Canada Ltd.	振动入侵探测器
2009031903000828	HYUNDAI MOBIS Co.， Ltd.	汽车防盗报警系统（UN）
2009031903000827	HYUNDAI MOBIS Co.， Ltd.	汽车防盗报警系统（FD）
2009031903000297	HYUNDAI MOBIS Co.， Ltd.	汽车防盗报警系统（CM）
2009031903000832	HYUNDAI MOBIS Co.， Ltd.	汽车防盗报警系统（VG）
2009031903000829	HYUNDAI MOBIS Co.， Ltd.	汽车防盗报警系统（BK）
2009031903000831	HYUNDAI MOBIS Co.， Ltd.	汽车防盗报警系统（UN）
2009031903000830	HYUNDAI MOBIS Co.， Ltd.	汽车防盗报警系统（XM）
2009031903000302	HYUNDAI MOBIS Co.， Ltd.	汽车防盗报警系统（TG/EN）
2007031903000154	MOTOTECH CO.， LTD.	汽车防盗报警系统（C－110）
2007031903000156	MOTOTECH CO.， LTD.	汽车防盗报警系统（Y250）
2007031903000155	MOTOTECH CO.， LTD.	汽车防盗报警系统（D110）
2009031903000633	OMRON KOREA CO.，LTD.	汽车防盗报警系统（LMC）
2009031903000078	OMRON KOREA CO.，LTD.	汽车防盗报警系统（JMC）
2009031903000079	OMRON KOREA CO.，LTD.	汽车防盗报警系统（HDC）
2009031903000077	OMRON KOREA CO.，LTD.	汽车防盗报警系统（NFC）
2009031903000080	OMRON KOREA CO.，LTD.	汽车防盗报警系统（NFC）
2009031903000081	OMRON KOREA CO.，LTD.	汽车防盗报警系统（JMC）
2009031901000674	Pyronix Limited	室内用被动红外入侵探测器
2009031901000677	Pyronix Limited	室内用被动红外入侵探测器
2009031902000236	Pyronix Limited	防盗报警控制器 1
2009031902000237	Pyronix Limited	防盗报警控制器 2
2009031901000675	Pyronix Limited	室内用被动红入侵外探测器
2009031901000676	Pyronix Limited	室内用被动红外入侵探测器
2009031901000673	Pyronix Limited	微波和被动红外复合入侵探测器
2007031901000130	RISCO LTD.	磁开关入侵探测器
2008031901000059	RISCO LTD.	室内用被动红外入侵探测器
2009031902000795	RISCO LTD.	防盗报警控制器
2008031901000057	RISCO LTD.	室内用被动红外入侵探测器（Zodiac quad）
2007031901000128	RISCO LTD.	室内用被动红外入侵探测器
2003031901000059	RISCO LTD.	墙装智能式微波和被动红外双鉴入侵探测器

证书编号	持证人名称	产品单元名称
2006031901000262	RISCO LTD.	振动入侵探测器（ShockTec）
2009031901000791	RISCO LTD.	吸顶被动红外入侵探测器
2009031901000792	RISCO LTD.	吸顶智能式微波和被动红外双鉴入侵探测器
2009031902000793	RISCO LTD.	防盗报警控制器
2009031902000794	RISCO LTD.	防盗报警控制器
2008031901000056	RISCO LTD.	微波和被动红外复合入侵探测器
2009031901000634	RISCO LTD.	室内用被动红外入侵探测器（无线）
2003031901000058	RISCO LTD.	墙装式被动红外入侵探测器
2006031901000259	RISCO LTD.	室内用被动式玻璃破碎探测器（VITRON）
2006031901000260	RISCO LTD.	微波和被动红外复合探测器
2006031901000261	RISCO LTD.	振动入侵探测器（ShockGard）
2009031902000638	RISCO LTD.	防盗报警控制器（无线）
2009031901000637	RISCO LTD.	振动入侵探测器＋磁开关入侵探测器
2009031901000636	RISCO LTD.	微波和被动红外复合入侵探测器
2009031901000635	RISCO LTD.	室内用被动红外入侵探测器（无线）
2008031901000058	RISCO LTD.	微波和被动红外复合入侵探测器（iWISE DT PET）
2006031902000153	S1 CORPORATION	入侵探测报警控制系统（GBMS 型）
2009031903000017	Shinchang Electrics Co.，Ltd.	汽车防盗报警系统（W－200）
2006031903000268	Shinchang Electrics Co.，Ltd.	汽车防盗报警系统（KM）
2009031901000118	Siemens Schweiz AG Building Technologies Group	振动入侵探测器
2009031901000117	Siemens Schweiz AG Building Technologies Group	振动入侵探测器
2009031901000190	Takenaka Engineering Co.，Ltd.	主动红外入侵探测器
2009031901000191	Takenaka Engineering Co.，Ltd.	室内用被动红外探测器
2009031901000192	Takenaka Engineering Co.，Ltd.	主动红外入侵探测器
2009031901000232	TEXECOM LIMITED	微波和被动红外复合入侵探测器（Prestige DT）
2009031901000230	TEXECOM LIMITED	被动红外入侵探测器（Reflex）
2009031901000233	TEXECOM LIMITED	振动入侵探测器
2009031902000234	TEXECOM LIMITED	防盗报警控制器
2009031902000632	TEXECOM LIMITED	防盗报警控制器
2009031901000231	TEXECOM LIMITED	微波和被动红外复合入侵探测器（Mirage DT）
2009031902000235	Verex Technology	防盗报警控制器（防盗报警控制主机）
2009031901000315	艾礼富电子（深圳）有限公司	室内用被动红外入侵探测器
2009031901000310	艾礼富电子（深圳）有限公司	微波和被动红外复合探测器（XC 系列）
2009031901000311	艾礼富电子（深圳）有限公司	主动红外入侵探测器（大型 HA 系列）
2009031901000312	艾礼富电子（深圳）有限公司	室内用被动红外入侵探测器
2009031901000309	艾礼富电子（深圳）有限公司	微波和被动红外复合入侵探测器
2009031901000314	艾礼富电子（深圳）有限公司	室内用被动红外入侵探测器
2009031901000313	艾礼富电子（深圳）有限公司	主动红外入侵探测器（XA 系列）
2009031901000316	艾礼富电子（深圳）有限公司	主动红外入侵探测器 MY 系列
2009031901000317	艾礼富电子（深圳）有限公司	主动红外入侵探测器（XA 系列）

证书编号	持证人名称	产品单元名称
2007031118000078	艾利（昆山）有限公司	车身反光标识（二级）
2007031118000077	艾利（昆山）有限公司	车身反光标识（一级）
2009031118000002	安徽博安交通科技有限公司	车身反光标识（二级）
2009031903000690	安徽烽火台卫星监控科技有限公司	汽车防盗报警系统（FHT－GPS90 智能汽车防盗器）
2009031902000650	安徽汇博科技发展有限责任公司	多功能防盗报警控制器
2007031118000168	安徽朗路交通科技有限公司	车身反光标识（二级）
2007031904000081	安徽省保险箱厂	机械防盗保险柜（单门）
2009031903000680	安徽天正信息科技有限公司	汽车防盗报警系统
2008031902000142	安易智科技（深圳）有限公司	防盗报警控制器（防盗报警主机）
2009031901000162	安易智科技（深圳）有限公司	室内用被动红外入侵探测器
2009031901000107	奥泰斯电子（东莞）有限公司	室内用被动红外入侵探测器
2009031901000096	奥泰斯电子（东莞）有限公司	被动红外入侵探测器
2009031901000097	奥泰斯电子（东莞）有限公司	被动红外入侵探测器
2009031901000101	奥泰斯电子（东莞）有限公司	主动红外入侵探测器
2009031901000095	奥泰斯电子（东莞）有限公司	被动红外入侵探测器
2009031901000106	奥泰斯电子（东莞）有限公司	微波和被动红外复合入侵探测器
2009031901000098	奥泰斯电子（东莞）有限公司	微波和被动红外复合入侵探测器
2009031901000102	奥泰斯电子（东莞）有限公司	微波和被动红外复合入侵探测器
2009031901000105	奥泰斯电子（东莞）有限公司	室内用被动红外入侵探测器
2009031901000104	奥泰斯电子（东莞）有限公司	主动红外入侵探测器
2009031901000065	奥泰斯电子（东莞）有限公司	室内用被动红外入侵探测器
2009031901000100	奥泰斯电子（东莞）有限公司	室内用被动红外入侵探测器
2009031901000099	奥泰斯电子（东莞）有限公司	室内用被动红外入侵探测器
2009031901000103	奥泰斯电子（东莞）有限公司	室内用被动红外入侵探测器
2009031902000540	奥维尔科技（深圳）有限公司	防盗报警控制器
2007031117000196	宝鸡市新野电子有限公司	汽车行驶记录仪
2007031117000271	北京八大处奥博科技发展有限公司	汽车行驶记录仪
2009031903000839	北京桴之科高普科技发展有限公司	汽车防盗报警系统
2007031117000122	北京富迪信科技发展有限公司	汽车行驶记录仪
2007031117000123	北京富迪信科技发展有限公司	汽车行驶记录仪
2008031904000038	北京富高经贸有限责任公司	机械防盗保险柜
2008031904000039	北京富高经贸有限责任公司	机械防盗保险柜
2009031903000678	北京华油信通科技有限公司	汽车防盗报警系统
2009031903000665	北京加安电子科技有限公司	汽车防盗报警系统（S－80 系列汽车防盗器）
2007031904000080	北京金光大道铁柜大王保险箱制造有限责任公司	电子防盗保险柜
2009031901000218	北京康明技通技术开发有限公司	振动入侵探测器
2009031901000217	北京康明技通技术开发有限公司	振动入侵探测器
2007031117000107	北京神讯信息科技有限公司	汽车行驶记录仪
2006031117000310	北京神讯信息科技有限公司	汽车行驶记录仪
2009031903000126	北京市联合星通科技有限公司	汽车防盗报警系统

证书编号	持证人名称	产品单元名称
2009031903000836	北京顺潮电子有限公司	汽车防盗报警系统
2006031117000399	北京伟航新技术开发有限公司	汽车行驶记录仪
2007031117000121	北京一祺航科技有限公司	汽车行驶记录仪
2007031118000261	北京亿朋科技有限公司	车身反光标识（二级）
2009031904000544	北京兆桐易发科贸有限责任公司	机械防盗保险箱
2009031904000545	北京兆桐易发科贸有限责任公司	电子防盗保险柜
2009031901000116	博世（珠海）安保系统有限公司上海分公司	振动入侵探测器
2009031901000559	博世（珠海）安保系统有限公司上海分公司	微波和被动红外复合入侵探测器（三技术入侵探测器）
2009031901000564	博世（珠海）安保系统有限公司上海分公司	室内用被动式玻璃破碎探测器
2009031901000558	博世（珠海）安保系统有限公司上海分公司	室内用被动红外入侵探测器
2009031901000553	博世（珠海）安保系统有限公司上海分公司	室内用被动式玻璃破碎探测器
2009031902000554	博世（珠海）安保系统有限公司上海分公司	防盗报警控制器（CC 系列）
2009031901000560	博世（珠海）安保系统有限公司上海分公司	室内用被动红外入侵探测器（无线）
2009031901000562	博世（珠海）安保系统有限公司上海分公司	微波和被动红外复合入侵探测器
2009031902000555	博世（珠海）安保系统有限公司上海分公司	防盗报警控制器（DS7200 系列）
2009031902000556	博世（珠海）安保系统有限公司上海分公司	防盗报警控制器（DS7400 系列）
2009031901000563	博世（珠海）安保系统有限公司上海分公司	微波和被动红外复合入侵探测器（壁挂式三技术入侵探测器）
2009031901000552	博世（珠海）安保系统有限公司上海分公司	无线门磁
2009031902000557	博世（珠海）安保系统有限公司上海分公司	防盗报警控制器（MT 系列防盗报警系统）
2009031901000547	博世（珠海）安保系统有限公司上海分公司	壁挂式被动红外入侵探测器
2009031901000200	博世（珠海）安保系统有限公司上海分公司	双光束主动红外探测器
2009031902000621	博世（珠海）安保系统有限公司上海分公司	防盗报警控制器（MT 系列防盗报警系统）
2009031901000548	博世（珠海）安保系统有限公司上海分公司	吸顶式被动红外入侵探测器（室内用被动红外探测器）
2009031901000145	博世（珠海）安保系统有限公司上海分公司	三光束主动红外入侵探测器
2009031901000561	博世（珠海）安保系统有限公司上海分公司	室内用被动红外入侵探测器（壁挂式被动红外入侵探测器）
2009031901000549	博世（珠海）安保系统有限公司上海分公司	壁挂式三技术入侵探测器
2003031901000085	博世（珠海）安保系统有限公司上海分公司	四光束主动红外入侵探测器
2009031901000550	博世（珠海）安保系统有限公司上海分公司	吸顶式三技术入侵探测器（微波与被动红外复合入侵探测器）
2009031901000551	博世（珠海）安保系统有限公司上海分公司	壁挂式三技术入侵探测器（微波与被动红外复合入侵探测器）
2007031902000022	沧州市振华电子有限公司	防盗报警控制器
2004031901000028	沧州市振华电子有限公司	被动红外入侵探测器
2009031903000843	长春启明车载电子有限公司	汽车防盗报警系统（CAN 总线接入式汽车防盗报警器）
2009031117000030	长春启明车载电子有限公司	汽车行驶记录仪
2009031903000152	长春亚美电子技术有限公司	汽车防盗报警系统
2009031903000153	长春亚美电子技术有限公司	汽车防盗报警系统
2009031903000483	长沙宏地科技开发有限公司	汽车防盗报警系统（宏地 GPS 车载终端）
2009031903000840	长沙市特瑞兴电子科技有限公司	汽车防盗报警系统
2009031903000482	长沙旭浩电子科技有限公司	汽车防盗报警系统（御能达 GPS 车载终端）
2006031118000437	常州华日升反光材料有限公司	车身反光标识（二级）
2006031118000431	常州华威反光材料有限公司	车身反光标识（二级）

证书编号	持证人名称	产品单元名称
2008031902000005	常州市科惠电力设备有限公司	防盗报警控制器（变电站安全综合监控系统监控主机）
2008031901000006	常州市科惠电力设备有限公司	微波和被动红外复合入侵探测器（防盗传感器）
2003031901000054	成都理想科技开发有限公司	主动红外护栏（HL 型）
2008031901000144	成都理想科技开发有限公司	主动红外护栏
2009031902000537	成都理想科技开发有限公司	防盗报警控制器
2009031902000536	成都理想科技开发有限公司	防盗报警控制器
2009031903000224	成都联动路路通搜寻网络有限公司	汽车防盗报警系统（翰盛 GPS 车载终端）
2004031901000050	成都天邑电气实业有限公司	主动红外护栏（DF3 系列）
2009031902000146	成都亚光电子股份有限公司	防盗报警控制器
2005031901000377	成都亚光电子股份有限公司	微波入侵探测器
2009031904000480	冲电气实业（深圳）有限公司	防盗保险柜（银行自动存取款机保险柜）
2009031904000187	冲电气怡化金融设备（深圳）有限公司	防盗保险柜（银行自动存取款机保险柜）
2009031904000022	创斯达（南通）机电有限公司	电子防盗保险柜
2009031904000023	创斯达（南通）机电有限公司	防盗保险柜（ATM 保险柜）
2009031901000053	创维应用电子（深圳）有限公司	室内用被动红外入侵探测器（无线被动红外探测器）
2009031901000054	创维应用电子（深圳）有限公司	振动入侵探测器（无线）
2009031901000062	创维应用电子（深圳）有限公司	磁开关入侵探测器（无线门磁探测器）
2009031902000055	创维应用电子（深圳）有限公司	防盗报警控制器（智能防盗控制主机）
2007031117000152	大陆汽车电子（芜湖）有限公司	汽车行驶记录仪
2007031117000153	大陆汽车电子（芜湖）有限公司	汽车行驶记录仪
2005031904000312	德州虎剑柜业有限公司	机械防盗保险柜
2009031901000420	迪卫智能系统有限公司	被动红外入侵探测器
2009031901000416	迪卫智能系统有限公司	吸顶式被动红外入侵探测器
2009031901000418	迪卫智能系统有限公司	智能数字式被动红外入侵探测器
2009031901000419	迪卫智能系统有限公司	无线室内用被动红外探测器
2009031901000423	迪卫智能系统有限公司	壁挂式微波和被动红外双鉴探测器
2009031902000473	迪卫智能系统有限公司	防盗报警控制器（HP 系列有线/总线、无线集成报警主机）
2009031901000426	迪卫智能系统有限公司	无线磁开关入侵探测器
2009031901000422	迪卫智能系统有限公司	吸顶式智能微波红外双鉴探测器
2009031901000417	迪卫智能系统有限公司	帘幕式被动红外入侵探测器
2009031901000424	迪卫智能系统有限公司	壁挂式数字型微波和被动红外双鉴探测器
2009031901000425	迪卫智能系统有限公司	无线玻璃破碎探测器
2009031901000421	迪卫智能系统有限公司	壁挂式智能微波红外双鉴探测器
2009031902000506	迪卫智能系统有限公司	防盗报警控制器（有线防盗报警控制器）
2009031902000708	迪卫智能系统有限公司	无线防盗报警控制器
2009031902000622	迪卫智能系统有限公司	防盗报警控制器（迷你型无线防盗报警控制器）
2009031901000415	迪卫智能系统有限公司	被动红外入侵探测器
2009031901000509	迪卫智能系统有限公司	室内用被动红外入侵探测器（无线）
2009031902000507	迪卫智能系统有限公司	无线防盗报警控制器
2009031902000508	迪卫智能系统有限公司	防盗报警控制器（AMBER 系列无线紧急报警控制器）

证书编号	持证人名称	产品单元名称
2009031901000427	迪卫智能系统有限公司	智能吸顶幕帘式被动红外入侵探测器
2009031902000505	迪卫智能系统有限公司	无线防盗报警控制器
2009031901000472	迪卫智能系统有限公司	室内用被动红外入侵探测器（无线幕帘式被动红外探测器）
2009031901000470	迪卫智能系统有限公司	室内用被动红外入侵探测器（无线）
2007031117000201	东风汽车集团股份有限公司动力设备厂	汽车行驶记录仪
2008031117000112	东风襄樊仪表系统有限公司	汽车行驶记录仪
2009031903000220	东佳精密光电（常熟）有限公司	汽车防盗报警系统
2007031904000048	东台市万保安全设备有限公司	机械防盗保险柜（单门）
2009031903000082	东莞世技电子有限公司	汽车防盗报警系统
2009031903000155	东莞世技电子有限公司	汽车防盗报警系统
2009031903000177	东莞市立恒电子有限公司	汽车防盗报警系统（单向）
2009031903000121	东莞市瑞昱塑胶五金制品有限公司	汽车防盗报警系统
2009031903000379	东莞市石龙迪嘉电子技术开发经营部	汽车防盗报警系统
2009031902000671	东莞市中堂东正电子厂	防盗报警控制器
2009031902000015	动感天下（北京）文化发展有限公司	防盗报警控制器
2009031901000014	动感天下（北京）文化发展有限公司	磁开关入侵探测器
2009031901000013	动感天下（北京）文化发展有限公司	室内用被动红外入侵探测器
2009031903000796	敦扬科技（无锡）有限公司	汽车防盗报警系统
2009031903000798	敦扬科技（无锡）有限公司	汽车防盗报警系统
2009031903000797	敦扬科技（无锡）有限公司	汽车防盗报警系统
2007031118000017	恩希爱（杭州）化工有限公司	车身反光标识（二级）
2007031118000150	恩希爱（杭州）化工有限公司	车身反光标识（一级）
2009031903000239	佛山市丽普盾高新科技有限公司	汽车防盗报警系统
2009031903000241	佛山市丽普盾高新科技有限公司	汽车防盗报警系统（GPS 汽车定位防盗通讯系统）
2006031904000472	佛山市南海沙头威尔信保险柜厂	电子防盗保险柜（单门）
2009031904000720	佛山市顺德区安能保险柜制造有限公司	电子防盗保险柜（单门）
2009031904000721	佛山市顺德区安能保险柜制造有限公司	电子防盗保险箱
2009031904000722	佛山市顺德区安能保险柜制造有限公司	电子防盗保险柜（单门）
2009031904000724	佛山市顺德区安能保险柜制造有限公司	电子防盗保险柜（投币式）
2009031904000723	佛山市顺德区安能保险柜制造有限公司	电子防盗保险柜（双门）
2006031117000185	佛山市顺德区必达电子科技有限公司	汽车行驶记录仪
2009031903000148	佛山市顺德区七星电子科技有限公司	汽车防盗报警系统
2009031902000307	弗曼科斯（上海）电子有限公司	防盗报警控制器（微电脑数控式可视对讲报警楼寓管理系统）
2009031902000407	弗曼科斯（上海）电子有限公司	防盗报警控制器（微电脑数控式可视对讲报警楼寓管理系统）
2009031902000093	福建求实电子有限公司	防盗报警控制器（住宅智能终端 QSA－6100 型）
2009031902000094	福建求实电子有限公司	防盗报警控制器（住宅智能终端 QSA－8000 型）
2008031118000040	福建省晋江市夜光达反光材料有限公司	车身反光标识（二级）
2009031902000272	福建省万华电子科技有限公司	防盗报警控制器
2009031901000266	福建省万华电子科技有限公司	被动红外入侵探测器
2009031901000267	福建省万华电子科技有限公司	无线被动红外入侵探测器

证书编号	持证人名称	产品单元名称
2009031903000268	福建省万华电子科技有限公司	汽车防盗报警系统（868 型单向汽车防盗报警系统）
2009031903000269	福建省万华电子科技有限公司	汽车防盗报警系统（868 型双向汽车防盗报警系统）
2009031903000270	福建省万华电子科技有限公司	汽车防盗报警系统（用于汽车的自动布撤防报警装置）
2009031902000271	福建省万华电子科技有限公司	防盗报警控制器
2009031903000692	福州常胜辉电子技术开发有限公司	汽车防盗报警系统（红外汽车引擎锁）
2009031901000387	福州创高电子有限公司	室内用被动红外探测器
2009031902000389	福州创高电子有限公司	防盗报警控制器
2009031901000388	福州创高电子有限公司	磁开关入侵探测器
2009031903000521	福州名品电子科技有限公司	汽车防盗报警系统（升级版汽车用防盗报警器）
2009031902000821	福州松佳电子技术有限公司	防盗报警控制器（安防楼宇防盗报警对讲系统）
2009031901000535	福州亚星电子有限公司	红外入侵探测器（A&S－600 系列）
2009031902000696	福州亚星电子有限公司	智能报警控制器（A&S－2000 系列）
2006031117000291	福州永安永康交通电子有限公司	汽车行驶记录仪
2009031901000745	广东安居宝数码科技股份有限公司	室内用被动红外入侵探测器（无线被动红外幕帘）
2009031901000747	广东安居宝数码科技股份有限公司	微波和被动红外复合入侵探测器（无线被动红外微波双鉴探测器）
2009031902000748	广东安居宝数码科技股份有限公司	防盗报警控制器（04D 免提联网可视系列分机）
2009031901000744	广东安居宝数码科技股份有限公司	室内用被动红外入侵探测器（无线被动红外探测器）
2009031902000749	广东安居宝数码科技股份有限公司	无线防盗报警控制器
2009031901000746	广东安居宝数码科技股份有限公司	磁开关入侵探测器（无线门磁）
2009031901000294	广东华昌伟业工贸有限公司	微波和被动红外复合入侵探测器
2009031901000533	广东华昌伟业工贸有限公司	室内用被动红外入侵探测器（有线高智能被动红外探测器）
2009031901000295	广东华昌伟业工贸有限公司	无线微波和被动红外复合入侵探测器
2009031901000296	广东华昌伟业工贸有限公司	磁开关入侵探测器（无线智能门窗探测器）
2009031901000193	广东华昌伟业工贸有限公司	室内用被动红外入侵探测器（无线智能红外探测器）
2009031902000430	广东华昌伟业工贸有限公司	防盗报警控制器（ 485 总线报警主机）
2009031902000450	广东华昌伟业工贸有限公司	防盗报警控制器（有线智能报警控制器）
2009031901000429	广东华昌伟业工贸有限公司	室内用被动红外探测器（高智能吸顶双元红外探测器）
2009031902000449	广东华昌伟业工贸有限公司	防盗报警控制器（HC－2000）
2009031901000451	广东华昌伟业工贸有限公司	室内用被动红外探测器（无线高智能被动红外探测器）
2009031902000189	广东华昌伟业工贸有限公司	防盗报警控制器（无线智能防盗报警器）
2009031903000520	广东铁将军防盗设备有限公司	汽车防盗报警系统（单向）
2009031903000339	广东铁将军防盗设备有限公司	双向汽车防盗报警系统
2009031903000227	广东铁将军防盗设备有限公司	远程汽车防盗报警系统
2009031903000340	广东铁将军防盗设备有限公司	单向汽车防盗报警系统
2009031903000341	广东铁将军防盗设备有限公司	单向汽车防盗报警系统
2009031903000518	广东铁将军防盗设备有限公司	汽车防盗报警系统（单向）
2009031903000519	广东铁将军防盗设备有限公司	汽车防盗报警系统（单向）
2009031903000343	广东铁将军防盗设备有限公司	双向汽车防盗报警系统（786 汽车防盗报警器）
2009031903000346	广东铁将军防盗设备有限公司	汽车防盗报警系统（单向）
2009031903000228	广东铁将军防盗设备有限公司	启动双向汽车防盗报警系统

证书编号	持证人名称	产品单元名称
2009031903000347	广东铁将军防盗设备有限公司	单向汽车防盗报警系统
2009031903000672	广东铁将军防盗设备有限公司	汽车防盗报警系统（单向）
2009031903000469	广东铁将军防盗设备有限公司	汽车防盗报警系统（单向）
2009031903000344	广东铁将军防盗设备有限公司	汽车防盗报警系统（单向）
2009031903000345	广东铁将军防盗设备有限公司	汽车防盗报警系统（双向）
2008031901000157	广州奥奇曼电子科技有限公司	主动红外入侵探测器
2008031901000158	广州奥奇曼电子科技有限公司	主动红外入侵探测器
2008031901000159	广州奥奇曼电子科技有限公司	主动红外入侵探测器
2008031901000151	广州奥奇曼电子科技有限公司	微波和被动红外复合入侵探测器
2008031901000156	广州奥奇曼电子科技有限公司	主动红外入侵探测器
2008031901000150	广州奥奇曼电子科技有限公司	微波和被动红外复合入侵探测器
2008031901000154	广州奥奇曼电子科技有限公司	室内用被动红外入侵探测器
2008031902000148	广州奥奇曼电子科技有限公司	防盗报警控制器
2008031901000153	广州奥奇曼电子科技有限公司	室内用被动红外入侵探测器
2008031901000149	广州奥奇曼电子科技有限公司	磁开关入侵探测器
2008031902000189	广州奥奇曼电子科技有限公司	防盗报警控制器
2008031901000155	广州奥奇曼电子科技有限公司	室内用被动红外入侵探测器
2008031901000152	广州奥奇曼电子科技有限公司	微波和被动红外复合入侵探测器
2009031901000265	广州澳星电子有限公司	无线被动红外探测器
2009031901000264	广州澳星电子有限公司	无线磁开关入侵探测器（JA－60N）
2009031902000263	广州澳星电子有限公司	防盗报警控制器（JA－63KRX/JA－63KRG）
2007031901000029	广州澳星电子有限公司	玻璃破碎探测器（GBS－210\GBS－200\JA－60B）
2007031901000031	广州澳星电子有限公司	被动红外入侵探测器
2009031903000292	广州北斗大三通导航科技有限公司	汽车防盗报警系统（大三通汽车GPS卫星定位防盗报警系统）
2009031903000122	广州吉码电子科技有限公司	汽车防盗报警系统
2009031903000413	广州丽星汽车用品有限公司	汽车防盗报警系统（汽车智能防盗器）
2005031904000134	广州骆驼保险柜有限公司	机械防盗保险柜
2007031904000289	广州骆驼保险柜有限公司	电子防盗保险柜（单门）
2009031903000293	广州赛将电子科技有限公司	汽车防盗报警系统（汽车远程防盗报警系统）
2008031903000183	广州市白云区津晖电子厂	GSM汽车防盗报警系统
2008031903000182	广州市白云区津晖电子厂	汽车防盗报警系统（单向）
2008031903000184	广州市白云区津晖电子厂	语音型汽车防盗报警系统（单向）
2007031118000033	广州市鼎安交通科技有限公司	车身反光标识（二级）
2009031902000068	广州市聚晖电子科技有限公司	防盗报警控制器（数字安防主机）
2007031902000275	广州市荔湾区益泰电子厂	防盗报警控制器
2006031901000021	广州市荔湾区益泰电子厂	双元被动红外入侵探测器
2009031902000617	广州市希锐电子有限公司	防盗报警控制器
2009031903000660	广州市雄兵汽车电器有限公司	汽车防盗报警器
2009031903000147	广州市雄兵汽车电器有限公司	汽车防盗报警器
2009031903000181	广州市亚太天能电子科技有限公司	汽车防盗报警系统（单向）

证书编号	持证人名称	产品单元名称
2009031903000182	广州市亚太天能电子科技有限公司	汽车防盗报警系统（双向）
2006031117000023	广州市银光电子工业有限公司	汽车行驶记录仪
2007031117000231	广州市银光电子工业有限公司	汽车行驶记录仪
2007031117000230	广州市银光电子工业有限公司	汽车行驶记录仪
200903190300842	广州市正昊汽车用品有限公司	汽车防盗报警系统
2005031901000042	广州市正宏泰科贸有限公司	主动红外护栏（BEL－HZ 红外隐形防盗网系列）
2009031902000414	广州市正宏泰科贸有限公司	防盗报警系统主机
2009031903000434	广州天玑电子科技有限公司	汽车防盗报警系统
2009031901000695	广州天网安防科技有限公司	主动红外护栏（红外线幕栏系列）
2009031903000718	广州铁老大防盗设备有限公司	汽车防盗报警系统
2009031903000717	广州铁老大防盗设备有限公司	汽车防盗报警系统
2009031903000719	广州铁老大防盗设备有限公司	汽车防盗报警系统
2009031903000714	广州铁老大防盗设备有限公司	车辆防盗报警系统（TJJ－868 系列）
2009031903000716	广州铁老大防盗设备有限公司	汽车防盗报警系统（汽车液晶双向防盗报警器）
2009031903000715	广州铁老大防盗设备有限公司	汽车液晶双向防盗报警器（TJJ－968 系列）
2009031901000712	广州铁老大防盗设备有限公司	被动红外入侵探测器
2009031902000713	广州铁老大防盗设备有限公司	防盗报警控制主机
2009031903000681	广州亿程交通信息有限公司	汽车防盗报警系统（GPS 车载智能监控防盗调度系统）
2006031904000138	哈尔滨飞云实业有限公司	电子防盗保险柜
2005031904000001	哈尔滨飞云实业有限公司	机械锁防盗保险柜（FDG－A1/J）
2007031117000038	哈尔滨威帝汽车电子有限公司	汽车行驶记录仪
2007031117000039	哈尔滨威帝汽车电子有限公司	汽车行驶记录仪
2007031904000034	海城市保险柜厂	机械防盗保险柜
2006031904000467	海城市顺达卷柜有限公司	机械防盗保险柜
2009031904000743	海城市兴顺金属制品制造有限公司	机械防盗保险柜
2007031117000115	杭州百斯通电子有限公司	汽车行驶记录仪
2009031903000784	杭州明策电子有限公司	汽车防盗报警系统
2006031117000400	杭州威隆消防安全设备有限公司	汽车行驶记录仪
2006031904000241	杭州萧山保险箱厂	机械防盗保险柜
2009031904000538	杭州兴发保险箱厂	机械防盗保险柜
2009031903000108	杭州星软科技有限公司	汽车防盗报警系统（车载 GPS 防盗监控调度管理系统）
2006031117000335	杭州中导科技开发有限公司	汽车行驶记录仪
2009031117000226	航天科技控股集团股份有限公司	汽车行驶记录仪
2008031118000167	合肥艾瑞交通安全材料有限公司	车身反光标识（二级）
2006031118000181	合肥中铁百瑞得交通工程科技有限公司	车身反光标识（二级）
2009031904000534	河北超越电子保险柜制造有限公司	电子防盗保险柜
2009031904000546	河北蓝盾柜业有限公司	电子防盗保险柜
2005031904000167	河北省武邑县长城柜业有限公司	电子防盗保险柜
2005031904000168	河北省武邑县长城柜业有限公司	电子防盗保险箱
2005031904000166	河北省武邑县长城柜业有限公司	机械防盗保险柜

证书编号	持证人名称	产品单元名称
2005031904000405	河北天立实业有限公司	防盗保险柜（电锁钢板防盗保险柜）
2005031904000403	河北天立实业有限公司	防盗保险柜（机锁填充防盗保险柜）
2005031904000404	河北天立实业有限公司	防盗保险柜（电锁填充防盗保险柜）
2007031117000053	河南新飞电子技术有限公司	汽车行驶记录仪
2009031903000432	河南新飞电子技术有限公司	汽车防盗报警系统
2007031117000233	湖南车卫士科技有限公司	汽车行驶记录仪
2007031117000238	湖南车卫士科技有限公司	汽车行驶记录仪
2009031904000685	湖南恩尔保险箱制造有限公司	机械防盗保险箱
2009031904000686	湖南恩尔保险箱制造有限公司	电子防盗保险箱
2009031903000435	湖南湘邮科技股份有限公司	汽车防盗报警系统
2009031903000486	湖南众联科技有限公司	汽车防盗报警系统（众联 GPS 车载终端）
2005031904000348	化州市威顿电子实业有限公司	防盗保险柜（电脑密码保险柜）
2009031903000273	辉创电子科技（苏州）有限公司	汽车防盗报警系统
2009031903000274	辉创电子科技（苏州）有限公司	汽车防盗报警系统
2009031901000568	霍尼韦尔安防（中国）有限公司	DT7 系列微波和被动红外复合报警探测器
2004031902000073	霍尼韦尔安防（中国）有限公司	防盗报警控制器（OMNI 系列）
2009031901000366	霍尼韦尔安防（中国）有限公司	室内用被动式玻璃破碎探测器
2009031901000027	霍尼韦尔安防（中国）有限公司	振动入侵探测器（震动探测发射器）
2009031901000569	霍尼韦尔安防（中国）有限公司	DT9 系列微波和被动红外复合报警探测器
2009031902000580	霍尼韦尔安防（中国）有限公司	防盗报警控制器（VISTA 多防区系列）
2009031902000579	霍尼韦尔安防（中国）有限公司	防盗报警控制器（VISTA 小户型系列）
2009031901000575	霍尼韦尔安防（中国）有限公司	被动式玻璃破碎探测器（FG16 系列）
2009031901000570	霍尼韦尔安防（中国）有限公司	DT6360STC 微波和被动红外复合报警探测器
2009031901000571	霍尼韦尔安防（中国）有限公司	室内用被动红外探测器
2009031901000577	霍尼韦尔安防（中国）有限公司	IS 系列室内用被动红外探测器
2009031902000582	霍尼韦尔安防（中国）有限公司	防盗报警控制器
2009031902000578	霍尼韦尔安防（中国）有限公司	防盗报警控制器（23 系列）
2009031901000069	霍尼韦尔安防（中国）有限公司	室内用被动红外入侵探测器
2009031902000151	霍尼韦尔安防（中国）有限公司	防盗报警控制器
2009031902000581	霍尼韦尔安防（中国）有限公司	防盗报警控制器（HRVS 系列）
2009031901000028	霍尼韦尔安防（中国）有限公司	磁开关入侵探测器（无线门磁）
2009031901000576	霍尼韦尔安防（中国）有限公司	吸顶式被动红外探测器
2009031901000572	霍尼韦尔安防（中国）有限公司	磁开关入侵探测器（MPS 系列）
2009031902000070	霍尼韦尔安防（中国）有限公司	防盗报警控制器
2009031901000567	霍尼韦尔安防（中国）有限公司	微波和被动红外复合探测器（DT4 系列）
2009031901000573	霍尼韦尔安防（中国）有限公司	卷帘门磁开关入侵探测器
2009031901000574	霍尼韦尔安防（中国）有限公司	被动式玻璃破碎探测器（FG 系列）
2009031902000338	霍尼韦尔安防（中国）有限公司	防盗报警控制器（楼宇防盗报警及可视对讲主机，HVP 系列）
2009031117000614	济南中宏机电设备有限公司	汽车行驶记录仪
2009031904000804	嘉善江南档案用具有限公司	电子防盗保险柜（双门）

证书编号	持证人名称	产品单元名称
2009031904000801	嘉善江南档案用具有限公司	机械防盗保险柜（单门）
2009031904000803	嘉善江南档案用具有限公司	电子防盗保险柜（单门）
2009031904000802	嘉善江南档案用具有限公司	机械防盗保险柜（双门）
2005031904000325	嘉善兴亚保险箱有限公司	电子防盗保险柜（双门）
2005031904000322	嘉善兴亚保险箱有限公司	机械防盗保险柜（单门）
2005031904000323	嘉善兴亚保险箱有限公司	机械防盗保险柜（双门）
2005031904000324	嘉善兴亚保险箱有限公司	电子防盗保险柜（单门）
2007031117000257	江都市东方亮都电气有限公司	汽车行驶记录仪
2007031117000174	江都市四维电器厂	汽车行驶记录仪
2009031904000066	江门市江海区柏富成机电发展有限公司	机械防盗保险柜
2007031904000204	江门市新会区麦氏钢具有限公司	电子防盗保险柜（双门）
2008031904000115	江门市新会区麦氏钢具有限公司	电子防盗保险柜
2008031904000116	江门市新会区麦氏钢具有限公司	机械防盗保险柜
2006031904000234	江门市新会区麦氏钢具有限公司	电子防盗保险柜（单门）
2007031904000246	江门市新会区七堡五金综合厂	机械防盗保险柜（全钢型）
2007031904000247	江门市新会区七堡五金综合厂	机械防盗保险柜（普通型）
2009031902000129	江苏朗明智能科技有限公司	防盗报警控制器（TOP2100 系列安防控制器）
2009031903000485	江苏南大苏富特通信有限公司	汽车防盗报警系统（SUNTIME GPS 车载终端）
2009031902000150	江苏中讯数码电子有限公司	防盗报警控制器
2009031904000439	江西宏达保安器材有限公司	机械防盗保险柜
2006031904000034	江西金都保险设备有限公司	机械防盗保险柜
2009031904000496	江西金虎保险设备集团有限公司	机械防盗保险柜
2009031904000497	江西金虎保险设备集团有限公司	电子防盗保险柜
2009031904000498	江西金虎保险设备集团有限公司	电子密码防盗保险箱
2009031903000819	江西省昌华进出口有限公司	汽车防盗报警器
2009031904000440	江西省远大保险设备实业有限公司	机械防盗保险柜
2009031904000438	江西万佳保险设备有限公司	机械防盗保险柜
2009031904000437	江西卓尔金属设备有限公司	机械防盗保险柜
2009031118000067	晋江市夜视明反光材料有限公司	车身反光标识（二级）
2009031903000517	科博莱（北京）汽车技术有限公司	汽车防盗报警系统（44XX 系列车辆防盗报警系统）
2009031903000453	科博莱（北京）汽车技术有限公司	汽车防盗报警系统
2009031903000516	科博莱（北京）汽车技术有限公司	汽车防盗报警系统
2009031903000454	科博莱（北京）汽车技术有限公司	汽车防盗报警系统
2009031903000455	科博莱（北京）汽车技术有限公司	汽车防盗报警系统
2009031904000698	昆山申坤保险箱有限公司	电子防盗保险箱
2009031904000623	昆山申坤保险箱有限公司	电子防盗保险柜
2009031904000699	昆山申坤保险箱有限公司	电子防盗保险箱
2009031904000624	昆山申坤保险箱有限公司	移门式防盗保险柜（电子锁）
2009031903000124	廊坊市轩慧电视安装服务有限公司	汽车防盗报警系统
2007031904000219	连云港普安保险柜有限公司	防盗保险箱（墙壁式）

证书编号	持证人名称	产品单元名称
2008031902000175	泸州市江阳区科威工程有限公司	防盗报警控制器（防盗通）
2009031904000244	洛阳红光办公机具有限公司	机械防盗保险柜（填充式）
2009031904000242	洛阳红光办公机具有限公司	机械防盗保险柜（单门）
2009031904000243	洛阳红光办公机具有限公司	电子防盗保险柜（单门）
2005031904000389	洛阳虎力办公家具有限公司	机械防盗保险柜
2005031904000390	洛阳虎力办公家具有限公司	电子防盗保险箱
2005031904000129	洛阳花都金柜集团有限公司	电子防盗保险柜
2005031904000131	洛阳花都金柜集团有限公司	电子防盗保险箱
2007031904000092	洛阳花都金柜集团有限公司	机械防盗保险柜（双门）
2007031904000091	洛阳花都金柜集团有限公司	电子防盗保险柜（双门）
2005031904000132	洛阳花都金柜集团有限公司	机械防盗保险箱
2005031904000130	洛阳花都金柜集团有限公司	机械防盗保险柜
2005031904000383	洛阳佳秀办公家具有限公司	机械防盗保险柜
2005031904000397	洛阳市安久保密设备有限公司	电子防盗保险箱
2005031904000396	洛阳市安久保密设备有限公司	机械防盗保险柜
2009031904000539	洛阳市德象柜业有限公司	机械防盗保险柜（单门）
2009031901000386	洛阳市海宇电子有限公司	无线被动红外探测器
2006031904000104	洛阳市金莱雅柜业有限公司	机械防盗保险箱
2005031902000317	洛阳市康联电子有限公司	无线防盗报警控制器
2005031902000318	洛阳市康联电子有限公司	防盗报警控制器（电话拨号报警控制器）
2003031901000051	洛阳市康联电子有限公司	无线被动红外探测器
2003031901000050	洛阳市康联电子有限公司	室内用被动红外探测器（壁挂式）
2007031902000044	洛阳市康联电子有限公司	防盗报警控制器（智能电话拨号报警控制器）
2006031904000258	洛阳市美立办公家具有限公司	机械防盗保险柜
2006031904000111	洛阳市盛北金柜有限公司	机械防盗保险柜（单门）
2009031904000491	洛阳市鑫鼎办公家具有限公司	机械防盗保险箱
2009031904000493	洛阳市鑫鼎办公家具有限公司	电子防盗保险柜（单门）
2009031904000492	洛阳市鑫鼎办公家具有限公司	机械防盗保险柜（单门）
2006031904000286	洛阳市兴华办公家具有限公司	电子防盗保险柜
2006031904000285	洛阳市兴华办公家具有限公司	机械防盗保险柜
2005031904000385	洛阳市义顺办公机具有限公司	机械防盗保险柜
2008031117000126	内蒙古一机集团宏远电器有限公司	汽车行驶记录仪
2005031904000407	南京汉中金属构件有限公司	电子防盗保险柜
2005031904000406	南京汉中金属构件有限公司	机械防盗保险柜
2006031904000461	南京宏佳办公设备厂	电子防盗保险柜（单门）
2006031904000468	南京华发金库制品有限公司	机械防盗保险柜
2006031904000415	南京金航保险柜制造有限公司	机械防盗保险柜（单门）
2006031904000417	南京金航保险柜制造有限公司	电子防盗保险柜（单门）
2007031904000213	南京美加美科技有限公司	机械防盗保险箱
2007031904000215	南京美加美科技有限公司	电子防盗保险箱（电磁阀驱动型）

证书编号	持证人名称	产品单元名称
2007031904000214	南京美加美科技有限公司	电子防盗保险箱（马达驱动型）
2006031904000470	南京鸣创金属构件有限公司	机械防盗保险柜
2006031904000471	南京鸣创金属构件有限公司	电子防盗保险柜
2007031904000074	南京荣春办公设备厂	电子防盗保险柜
2007031904000073	南京荣春办公设备厂	机械防盗保险柜
2007031118000169	南京赛康交通实业有限公司	车身反光标识（二级）
2006031117000215	南京通用电器有限公司	汽车行驶记录仪
2009031117000115	南京通用电器有限公司	汽车行驶记录仪
2007031904000096	南京文宝金属制造厂	电子防盗保险柜
2007031904000095	南京文宝金属制造厂	机械防盗保险柜
2005031902000319	南京英安特科技实业有限公司	防盗报警控制器（SIMS1000 报警管理主机）
2006031904000464	南京远东金属箱柜厂	电子防盗保险柜
2006031904000463	南京远东金属箱柜厂	机械防盗保险柜
2006031117000393	南京自在电子实业有限公司	汽车行驶记录仪
2006031117000394	南京自在电子实业有限公司	汽车行驶记录仪
2009031904000641	宁波艾斐堡箱柜制造有限公司	电子防盗保险柜（双门）
2009031904000640	宁波艾斐堡箱柜制造有限公司	电子防盗保险柜（单门）
2009031904000642	宁波艾斐堡箱柜制造有限公司	电子防盗保险箱
2009031904000337	宁波艾谱实业有限公司	指纹防盗保险箱
2009031904000322	宁波艾谱实业有限公司	电子防盗保险柜（双门）
2009031904000321	宁波艾谱实业有限公司	机械防盗保险柜（单门）
2009031904000319	宁波艾谱实业有限公司	机械防盗保险箱
2009031904000320	宁波艾谱实业有限公司	电子防盗保险柜（单门）
2009031904000323	宁波艾谱实业有限公司	机械防盗保险柜（双门）
2009031904000318	宁波艾谱实业有限公司	电子防盗保险箱
2009031904000083	宁波驰球安防设备有限公司	电子防盗保险柜（单门）
2009031904000738	宁波驰球安防设备有限公司	电子防盗保险柜（双门）
2009031904000084	宁波驰球安防设备有限公司	电子防盗保险箱
2009031904000644	宁波大榭开发区安尔心箱柜厂	机械防盗保险柜（单门）
2009031904000643	宁波大榭开发区安尔心箱柜厂	电子防盗保险柜（单门）
2009031904000805	宁波大榭开发区宝典保险箱有限公司	电子防盗保险柜（FDG－A1/D 系列）
2009031904000806	宁波大榭开发区宝典保险箱有限公司	电子防盗保险柜（双门 FDG－A1/D 系列）
2009031904000700	宁波大榭开发区盾发保险箱有限公司	电子防盗保险柜（单门）
2009031904000701	宁波大榭开发区盾发保险箱有限公司	电子防盗保险箱
2009031904000523	宁波大榭开发区格林尼森保险箱有限公司	电子防盗保险柜（单门）
2009031904000522	宁波大榭开发区格林尼森保险箱有限公司	电子防盗保险箱
2009031904000808	宁波大榭开发区恒发保险箱有限公司	电子防盗保险柜（单门）
2009031904000807	宁波大榭开发区恒发保险箱有限公司	电子防盗保险柜（单门）
2009031904000739	宁波大榭开发区金盾保险箱制造有限公司	电子防盗保险柜（单门）
2009031904000740	宁波大榭开发区金盾保险箱制造有限公司	电子防盗保险柜（双门）

证书编号	持证人名称	产品单元名称
2009031904000742	宁波大榭开发区金盾保险箱制造有限公司	电子防盗保险箱
2009031904000741	宁波大榭开发区金盾保险箱制造有限公司	机械防盗保险柜（单门）
2009031904000594	宁波大榭开发区金欧保险箱制造有限公司	电子防盗保险柜（双门）
2009031904000595	宁波大榭开发区金欧保险箱制造有限公司	机械防盗保险柜（双门）
2009031904000596	宁波大榭开发区金欧保险箱制造有限公司	机械防盗保险箱
2009031904000591	宁波大榭开发区金欧保险箱制造有限公司	机械防盗保险柜（单门）
2009031904000592	宁波大榭开发区金欧保险箱制造有限公司	电子防盗保险柜（单门）
2009031904000593	宁波大榭开发区金欧保险箱制造有限公司	电子防盗保险箱
2009031904000466	宁波大榭开发区久旺保险箱有限公司	机械防盗保险箱
2009031904000465	宁波大榭开发区久旺保险箱有限公司	机械防盗保险柜（双门）
2009031904000443	宁波大榭开发区久旺保险箱有限公司	机械防盗保险柜（单门）
2009031904000647	宁波大榭开发区久旺保险箱有限公司	电子防盗保险箱
2009031904000645	宁波大榭开发区久旺保险箱有限公司	电子防盗保险柜（单门）
2009031904000646	宁波大榭开发区久旺保险箱有限公司	电子防盗保险柜（双门）
2009031904000737	宁波大榭开发区乐堡保险箱制造有限公司	电子防盗保险箱
2009031904000736	宁波大榭开发区乐堡保险箱制造有限公司	电子防盗保险柜（单门 FDG－A1/D 系列）
2007031904000278	宁波大榭开发区立盾保险箱有限公司	电子防盗保险柜（双门 FDG－A1/系列）
2007031904000277	宁波大榭开发区立盾保险箱有限公司	电子防盗保险柜（FDG－A1/系列）
2007031904000279	宁波大榭开发区立盾保险箱有限公司	电子防盗保险箱（FDB－QB 系列）
2005031904000180	宁波大榭开发区赛孚箱柜厂	电子防盗保险箱
2005031904000179	宁波大榭开发区赛孚箱柜厂	机械防盗保险柜（单门）
2005031904000242	宁波大榭开发区书一保险箱有限公司	电子防盗保险箱（电磁阀驱动型）
2007031904000212	宁波大榭开发区书一保险箱有限公司	机械防盗保险箱
2005031904000241	宁波大榭开发区书一保险箱有限公司	电子防盗保险箱（马达驱动型）
2009031904000658	宁波大榭开发区泰力保险箱制造有限公司	电子防盗保险柜（单门）
2009031904000657	宁波大榭开发区泰力保险箱制造有限公司	电子防盗保险箱（壁式）
2009031904000541	宁波大榭开发区威盾斯保险箱有限公司	机械防盗保险柜（单门）
2009031904000542	宁波大榭开发区威盾斯保险箱有限公司	机械防盗保险柜（双门）
2009031904000543	宁波大榭开发区威盾斯保险箱有限公司	机械防盗保险箱
2009031904000335	宁波大榭开发区威盾斯保险箱有限公司	电子防盗保险柜（双门）
2009031904000336	宁波大榭开发区威盾斯保险箱有限公司	电子防盗保险箱
2009031904000334	宁波大榭开发区威盾斯保险箱有限公司	电子防盗保险柜（单门）
2009031904000513	宁波大榭开发区威伦司保险箱有限公司	机械防盗保险柜（双门）
2009031904000515	宁波大榭开发区威伦司保险箱有限公司	机械防盗保险箱
2009031904000514	宁波大榭开发区威伦司保险箱有限公司	电子防盗保险箱
2009031904000512	宁波大榭开发区威伦司保险箱有限公司	机械防盗保险柜（单门）
2009031904000510	宁波大榭开发区威伦司保险箱有限公司	电子防盗保险柜（单门）
2009031904000511	宁波大榭开发区威伦司保险箱有限公司	电子防盗保险柜（双门）
2009031904000810	宁波大榭开发区小峙康达电器五金厂	电子防盗保险柜
2009031904000809	宁波大榭开发区小峙康达电器五金厂	电子防盗保险箱

证书编号	持证人名称	产品单元名称
2009031904000583	宁波大榭开发区振兴保险箱工贸有限公司	电子防盗保险箱
2009031904000584	宁波大榭开发区振兴保险箱工贸有限公司	机械防盗保险箱
2009031904000585	宁波大榭开发区振兴保险箱工贸有限公司	电子防盗保险柜（单门）
2009031904000587	宁波大榭开发区振兴保险箱工贸有限公司	机械防盗保险柜（单门）
2009031904000586	宁波大榭开发区振兴保险箱工贸有限公司	电子防盗保险柜（双门）
2009031904000588	宁波大榭开发区振兴保险箱工贸有限公司	机械防盗保险柜（双门）
2006031904000378	宁波大榭开发区中亿保险箱有限公司	电子防盗保险柜（单门）
2009031901000682	宁波恒博通讯设备有限公司	双光束主动红外入侵探测器（太阳能防盗器）
2009031904000751	宁波虎王保险箱有限公司	电子防盗保险柜（单门）
2009031904000752	宁波虎王保险箱有限公司	电子防盗保险柜（双门）
2009031904000753	宁波虎王保险箱有限公司	机械防盗保险柜（单门）
2009031904000754	宁波虎王保险箱有限公司	机械防盗保险柜（双门）
2009031904000755	宁波虎王保险箱有限公司	电子防盗保险箱（FDX - A/D 系列）
2009031904000756	宁波虎王保险箱有限公司	机械防盗保险箱（FDX - A/J 系列）
2009031901000091	宁波凯思特安防科技有限公司	室内用被动红外探测器
2009031902000075	宁波凯思特安防科技有限公司	防盗报警控制器
2009031902000092	宁波凯思特安防科技有限公司	防盗报警控制器
2009031903000818	宁波雷顿科技有限公司	汽车防盗报警系统
2005031904000304	宁波市北仑东海箱柜厂	电子防盗保险柜（单门）
2005031904000306	宁波市北仑东海箱柜厂	机械防盗保险柜（单门）
2009031904000525	宁波市北仑明大箱柜有限公司	防盗保险柜（双门密码保险柜）
2009031904000527	宁波市北仑明大箱柜有限公司	防盗保险柜（单门机械保险柜）
2009031904000526	宁波市北仑明大箱柜有限公司	防盗保险箱（密码保险箱）
2009031904000524	宁波市北仑明大箱柜有限公司	防盗保险柜（单门密码保险柜）
2009031904000185	宁波市北仑区通发箱柜制造有限公司	电子防盗保险箱
2008031904000079	宁波市北仑区通发箱柜制造有限公司	电子防盗保险柜（单门 FDG - A1/D 系列）
2009031904000195	宁波市康华保险箱制造有限公司	机械密码防盗保险柜（双门）
2009031904000196	宁波市康华保险箱制造有限公司	电子密码防盗保险柜（单门）
2009031904000198	宁波市康华保险箱制造有限公司	机械密码防盗保险箱
2009031904000199	宁波市康华保险箱制造有限公司	电子密码防盗保险箱
2009031904000194	宁波市康华保险箱制造有限公司	机械密码防盗保险柜（单门）
2009031904000197	宁波市康华保险箱制造有限公司	电子密码防盗保险柜（双门）
2009031904000173	宁波市鄞州艾发保险箱制造有限公司	电子防盗保险箱
2009031904000172	宁波市鄞州艾发保险箱制造有限公司	电子防盗保险柜（单门 FDG - A1/D 系列）
2006031117000282	宁波市鄞州雪利曼电子仪表有限公司	汽车行驶记录仪
2006031904000269	宁波亚大安全设备制造有限公司	电子防盗保险柜（单门）
2006031904000270	宁波亚大安全设备制造有限公司	电子防盗保险柜（双门）
2006031904000271	宁波亚大安全设备制造有限公司	电子防盗保险箱
2009031904000814	宁波永邦保险箱制造有限公司	电子防盗保险箱
2009031904000815	宁波永邦保险箱制造有限公司	电子防盗保险柜（单门 FDG - A1/D 系列）

证书编号	持证人名称	产品单元名称
2009031904000209	宁波永发集团有限公司	机械式防盗保险柜（单门）
2009031904000211	宁波永发集团有限公司	电子式防盗保险柜（单门）
2009031904000212	宁波永发集团有限公司	电子式防盗保险柜（双门）
2009031904000210	宁波永发集团有限公司	机械式防盗保险柜（双门）
2009031904000213	宁波永发集团有限公司	机械式防盗保险箱
2009031904000240	宁波永发集团有限公司	机械式 ATM 机防盗保险柜
2009031904000214	宁波永发集团有限公司	电子式防盗保险箱
2009031904000206	宁波永发集团有限公司	机械投币式防盗保险柜
2009031904000207	宁波永发集团有限公司	电子式防盗保险柜（单门冰箱式）
2009031904000208	宁波永发集团有限公司	电子式防盗保险柜（双门冰箱式）
2008031117000060	青岛世新科技有限公司	汽车行驶记录仪
2009031902000783	泉州安达电子有限公司	防盗报警控制器（AD278 系列）
2009031901000780	泉州安达电子有限公司	被动红外入侵探测器（AD9202 系列）
2009031901000781	泉州安达电子有限公司	被动红外入侵探测器
2009031902000782	泉州安达电子有限公司	防盗报警控制器（AD208 系列）
2009031901000788	泉州时刻防盗电子有限责任公司	室内用被动红外入侵探测器
2009031901000787	泉州时刻防盗电子有限责任公司	微波和被动红外复合入侵探测器
2009031902000786	泉州时刻防盗电子有限责任公司	防盗报警控制器
2009031901000785	泉州时刻防盗电子有限责任公司	被动红外入侵探测器
2009031902000789	泉州时刻防盗电子有限责任公司	防盗报警控制器
2009031902000790	泉州时刻防盗电子有限责任公司	防盗报警控制器
2009031901000778	泉州市宏泰科技电子有限公司	微波和被动红外复合入侵探测器（微波红外智能三鉴入侵探测器）
2009031902000779	泉州市宏泰科技电子有限公司	防盗报警控制器（HT－110B 系列）
2009031901000777	泉州市宏泰科技电子有限公司	磁开关入侵探测器
2009031901000775	泉州市宏泰科技电子有限公司	主动红外入侵探测器（多光束红外对射防盗栅栏）
2009031901000774	泉州市宏泰科技电子有限公司	无线被动红外入侵探测器（HT－8080 系列）
2009031901000776	泉州市宏泰科技电子有限公司	被动红外入侵探测器（无线 HT－8080 系列）
2009031902000291	泉州市科安盾智能锁业有限公司	防盗报警控制器
2009031901000280	泉州市科立信安防电子有限公司	无线被动红外探测器
2009031901000283	泉州市科立信安防电子有限公司	室内用被动红外入侵探测器
2009031901000282	泉州市科立信安防电子有限公司	磁开关入侵探测器
2009031901000281	泉州市科立信安防电子有限公司	无线被动红外探测器
2009031902000277	泉州市科立信安防电子有限公司	防盗报警控制器（智能化电话报警控制器）
2009031902000285	泉州市科立信安防电子有限公司	防盗报警控制器（电话联网智能报警系统）
2009031902000452	泉州市科立信安防电子有限公司	防盗报警控制器（智能化电话报警控制器）
2009031901000284	泉州市科立信安防电子有限公司	室内用被动红外入侵探测器（无线）
2009031902000279	泉州市科立信安防电子有限公司	防盗报警控制器（智能化电话报警控制器）
2009031902000278	泉州市科立信安防电子有限公司	防盗报警控制器（电话联网智能报警系统）
2009031901000276	泉州市科立信安防电子有限公司	室内用被动红外入侵探测器
2009031901000382	泉州市科立信安防电子有限公司	室内用被动红外入侵探测器（无线）

证书编号	持证人名称	产品单元名称
2009031902000384	泉州市科立信安防电子有限公司	防盗报警控制器
2009031902000290	泉州市科立信安防电子有限公司	防盗报警控制器
2009031902000289	泉州市科立信安防电子有限公司	防盗报警控制器（电话报警控制器）
2009031902000286	泉州市科立信安防电子有限公司	防盗报警控制器（遥控型无线报警系统）
2009031901000380	泉州市科立信安防电子有限公司	微波和被动红外复合入侵探测器
2009031902000287	泉州市科立信安防电子有限公司	防盗报警控制器（智能化电话报警控制器）
2009031902000288	泉州市科立信安防电子有限公司	防盗报警控制器
2009031902000383	泉州市科立信安防电子有限公司	防盗报警控制器
2009031901000381	泉州市科立信安防电子有限公司	室内用被动红外入侵探测器（无线）
2009031901000238	泉州市鲤城区鲤中电讯器材厂	室内用无线被动红外探测器
2003031901000068	泉州市隆泰电子科技有限公司	室内用被动红外探测器
2006031902000365	泉州市隆泰电子科技有限公司	防盗报警控制器
2003031901000069	泉州市隆泰电子科技有限公司	室内用被动红外探测器（BDL950－3C）
2006031902000364	泉州市隆泰电子科技有限公司	防盗报警控制器
2009031901000773	泉州市泉亚科技电子有限公司	无线被动红外入侵探测器
2009031903000477	泉州市三川通讯技术有限公司	汽车防盗报警系统
2009031901000820	泉州市新起点电子科技有限公司	室内用被动红外入侵探测器
2009031902000275	日照市三猫电子科技有限责任公司	防盗报警控制器
2006031118000389	锐飞反光材料（厦门）有限公司	车身反光标识（一级）
2006031118000388	锐飞反光材料（厦门）有限公司	车身反光标识（二级）
2009031902000074	瑞迅（厦门）数码科技有限公司	防盗报警控制器（数字可视对讲系统）
2009031901000474	三门峡市恒特安防科技开发有限责任公司	主动红外护栏
2009031903000154	山东宝力通信科技有限公司	汽车防盗报警系统（汽车指纹防盗抢系统）
2007031117000143	山东车卫士科技有限公司	汽车行驶记录仪
2007031117000140	山东济宁广安科技有限公司	汽车行驶记录仪
2007031117000124	山东济宁广安科技有限公司	汽车行驶记录仪
2005031904000271	山西金城保险柜制造有限公司	电子防盗保险柜
2006031904000040	山西金城保险柜制造有限公司	机械双门防盗保险柜
2006031904000041	山西金城保险柜制造有限公司	电子双门防盗保险柜
2005031904000273	山西金城保险柜制造有限公司	电子防盗保险箱
2005031904000272	山西金城保险柜制造有限公司	机械防盗保险箱
2005031904000270	山西金城保险柜制造有限公司	机械防盗保险柜
2009031903000436	陕西导航科技有限公司	汽车防盗报警系统
2009031902000163	汕头高新区领域科技有限公司	防盗报警控制器（电话防盗告警系统）
2005031904000175	汕头市金平区安全设备厂	机械防盗保险箱
2005031904000176	汕头市金平区安全设备厂	电子防盗保险箱
2005031904000174	汕头市金平区安全设备厂	电子防盗保险柜
2005031904000173	汕头市金平区安全设备厂	机械防盗保险柜
2009031902000373	上海艾美克电子有限公司	防盗报警控制器（智能电话型）
2009031902000178	上海安盾电子有限公司	防盗报警控制器（总线式）

证书编号	持证人名称	产品单元名称
2009031901000631	上海安人电子有限公司	振动入侵探测器
2008031904000188	上海宝临电子科技有限公司	电子指纹防盗保险柜
2005031904000236	上海宝庄钢家具有限公司	电子密码防盗保险柜
2005031904000371	上海宝庄钢家具有限公司	电子密码防盗保险柜（双门）
2009031117000114	上海本安仪表系统有限公司	汽车行驶记录仪
2006031117000229	上海本安仪表系统有限公司	汽车行驶记录仪
2009031904000530	上海曹翔保险箱有限公司	电子密码防盗保险箱
2009031904000531	上海曹翔保险箱有限公司	电子密码防盗保险柜（单门）
2009031904000532	上海曹翔保险箱有限公司	电子密码防盗保险柜（双门）
2006031902000008	上海长源报警器厂	防盗报警控制器（JQ－8B 系列）
2006031902000007	上海长源报警器厂	自动拨号无线防盗报警控制器
2003031901000114	上海长源报警器厂	室内用被动红外探测器
2008031117000139	上海大潮电子技术有限公司	汽车行驶记录仪
2009031901000303	上海大亚科技有限公司	磁开关入侵探测器（无线门磁）
2009031901000666	上海大亚科技有限公司	室内用被动红外入侵探测器（无线红外探测器）
2009031902000667	上海大亚科技有限公司	防盗报警控制器（智能电话拨号报警器）
2009031904000771	上海迪堡安防设备有限公司	电子防盗保险柜（双门）
2009031904000760	上海迪堡安防设备有限公司	双门防盗保险柜（机械锁）
2009031904000761	上海迪堡安防设备有限公司	单门防盗保险柜（机械锁）
2009031904000763	上海迪堡安防设备有限公司	单门防盗保险柜（电子锁）
2009031904000765	上海迪堡安防设备有限公司	单门防盗保险柜 B 级（机械锁）
2009031904000759	上海迪堡安防设备有限公司	单门机械锁防盗保险柜
2009031904000772	上海迪堡安防设备有限公司	电子防盗保险柜（单门）
2009031904000762	上海迪堡安防设备有限公司	左右双门防盗保险柜（机械锁）
2009031904000770	上海迪堡安防设备有限公司	机械防盗保险柜（双门）
2009031904000769	上海迪堡安防设备有限公司	机械防盗保险柜（单门）
2009031904000768	上海迪堡安防设备有限公司	电子防盗保险柜（单门）
2009031904000766	上海迪堡安防设备有限公司	B3 级单门机械防盗保险柜（金库型）
2009031904000767	上海迪堡安防设备有限公司	机械防盗保险柜（单门）
2009031904000184	上海迪堡安防设备有限公司	机械防盗保险柜（金库型）
2009031904000757	上海迪堡安防设备有限公司	电子锁防盗保险箱
2009031904000764	上海迪堡安防设备有限公司	双门防盗保险柜（电子锁）
2009031904000758	上海迪堡安防设备有限公司	机械锁防盗保险箱
2009031901000397	上海多昂电子科技有限公司	室内用被动红外入侵探测器（幕帘式被动红外探测器）
2009031901000395	上海多昂电子科技有限公司	室内用被动红外入侵探测器（幕帘式被动红外探测器）
2009031901000396	上海多昂电子科技有限公司	室内用被动红外入侵探测器（双元被动红外探测器）
2009031904000684	上海飞豹保险箱有限公司	电子防盗保险柜
2009031904000683	上海飞豹保险箱有限公司	电子防盗保险箱
2006031117000413	上海航盛实业有限公司	汽车行驶记录仪
2009031901000694	上海集强实业有限公司	主动红外入侵探测器（ABT 系列）

证书编号	持证人名称	产品单元名称
2009031901000693	上海集强实业有限公司	主动红外入侵探测器（ABE、ABH 系列）
2009031904000462	上海杰宝大王企业发展有限公司	机械防盗保险柜（单门）
2009031904000625	上海杰宝大王企业发展有限公司	电子防盗保险柜（单门）
2009031904000626	上海杰宝大王企业发展有限公司	电子防盗保险柜（双门）
2009031904000463	上海杰宝大王企业发展有限公司	机械防盗保险柜（双门）
2009031904000750	上海杰宝大王企业发展有限公司	电子防盗保险箱
2009031904000464	上海杰宝大王企业发展有限公司	机械防盗保险箱
2009031903000403	上海捷波通信科技有限公司	汽车防盗报警系统（GPS 无线传输终端）
2007031904000019	上海康乾保险箱有限公司	电子防盗保险柜（单门）
2007031904000018	上海康乾保险箱有限公司	机械防盗保险柜（单门）
2008031902000018	上海联腾信息技术有限公司	防盗报警控制器（3 总线报警主机）
2005031902000177	上海联腾信息技术有限公司	防盗报警控制器（报警主机）
2007031901000209	上海联腾信息技术有限公司	室内用被动红外入侵探测器
2009031904000020	上海锚盾保险箱制造有限公司	防盗保险箱（车载电子防盗保险箱 FDB－DM－D 系列）
2009031901000170	上海纳杰电气成套有限公司	室内用被动红外入侵探测器
2009031901000169	上海纳杰电气成套有限公司	磁开关入侵探测器
2009031901000348	上海纳杰电气成套有限公司	磁开关入侵探测器
2009031902000171	上海纳杰电气成套有限公司	防盗报警控制器
2009031902000349	上海纳杰电气成套有限公司	防盗报警控制器
2009031901000394	上海纳杰电气成套有限公司	室内用被动红外入侵探测器（双元被动红外探测器）
2009031901000229	上海尼赛拉传感器有限公司	室内用被动红外入侵探测器
2009031902000460	上海青源科技有限公司	防盗报警控制器（家庭收发器）
2009031902000179	上海润德科技发展有限公司	防盗报警控制器（防盗控制/通讯主机）
2009031902000409	上海赛飞特电子有限公司	防盗报警控制器（小区家庭智能安防系统）
2009031901000186	上海神马洪通电子科技有限公司	主动红外入侵探测器
2009031902000183	上海圣特丽建筑智能科技有限公司	防盗报警控制器（EMBOX 智能家居系统）
2009031902000446	上海思耀智能系统设备有限公司	防盗报警控制器
2009031902000412	上海泰金电子科技有限公司	防盗报警控制器（联网型）
2009031902000021	上海泰金电子科技有限公司	防盗报警控制器（联网型）
2009031904000016	上海唐年酒店设备用品有限公司	防盗保险柜（电脑密码保险柜）
2009031902000664	上海天创贸易发展有限公司	防盗报警控制器
2009031902000444	上海韦家智能系统有限公司	防盗报警控制器
2009031902000445	上海韦家智能系统有限公司	防盗报警控制器
2008031902000174	上海业智电子科技有限公司	防盗报警控制器（防盗报警系统 IT81XX 系列）
2009031902000086	上海因特尔安全技术工程公司	防盗报警控制器
2009031901000457	上海优周电子科技有限公司	室内用被动红外入侵探测器
2009031902000456	上海优周电子科技有限公司	防盗报警控制器
2009031904000112	上海裕豪机电有限公司	电子防盗保险柜
2009031904000113	上海裕豪机电有限公司	电子防盗保险箱
2009031901000488	上海跃天智能控制系统有限公司	室内用被动红外入侵探测器

证书编号	持证人名称	产品单元名称
2009031902000489	上海跃天智能控制系统有限公司	防盗报警控制器
2009031902000490	上海跃天智能控制系统有限公司	防盗报警控制器
2009031904000041	上海震海家具有限公司	电子防盗保险箱（FDB－QB 系列）
2009031904000040	上海震海家具有限公司	电子防盗保险柜（单门 FDG－A1/D 系列）
2009031902000301	深圳安防集团股份有限公司	防盗报警控制器
2009031901000649	深圳安防集团股份有限公司	磁开关入侵探测器
2009031901000300	深圳安防集团股份有限公司	室内用被动红外探测器
2009031901000175	深圳青嵘科技有限公司	微波和被动红外复合入侵探测器
2009031901000442	深圳青嵘科技有限公司	室内用被动红外入侵探测器
2009031901000441	深圳青嵘科技有限公司	室内用被动红外入侵探测器
2009031901000174	深圳青嵘科技有限公司	振动入侵探测器（振荡传感器）
2009031901000166	深圳市安博士电子科技有限公司	室内用被动红外入侵探测器
2009031901000167	深圳市安博士电子科技有限公司	磁开关入侵探测器
2009031902000168	深圳市安博士电子科技有限公司	防盗报警控制器
2006031902000432	深圳市安达智能科技有限公司	防盗报警控制器
2009031902000137	深圳市安泰宇盛科技有限公司	防盗报警控制器
2009031902000138	深圳市安泰宇盛科技有限公司	防盗报警控制器（多功能智能环保电力变压器联网防盗报警系统）
2006031902000477	深圳市安特众科技有限公司	防盗报警控制器
2009031903000475	深圳市博实结科技有限公司	汽车防盗报警系统
2009031903000467	深圳市车之盾电子有限公司	汽车防盗报警系统（双向）
2009031903000468	深圳市车之盾电子有限公司	汽车防盗报警系统（单向）
2009031903000662	深圳市车之盾电子有限公司	汽车防盗报警系统（双向）
2009031117000025	深圳市成为智能交通系统有限公司	汽车行驶记录仪
2009031901000133	深圳市驰通达电子有限公司	磁开关入侵探测器
2009031902000131	深圳市驰通达电子有限公司	自动拨号防盗报警控制器
2009031901000132	深圳市驰通达电子有限公司	被动红外探测器
2009031902000368	深圳市丛文科技有限公司	防盗报警控制器（小型电话线报警主机）
2009031902000459	深圳市丛文科技有限公司	防盗报警控制器（iNET2000 智能网络报警产品）
2009031901000494	深圳市丛文科技有限公司	磁开关入侵探测器
2009031902000367	深圳市丛文科技有限公司	防盗报警控制器（小型无线报警主机）
2008031117000033	深圳市国脉科技有限公司	汽车行驶记录仪
2009031903000216	深圳市翰盛通讯设备有限公司	汽车防盗报警系统（翰盛 GPS 车载终端）
2009031901000401	深圳市豪恩安全科技有限公司	室内用被动红外入侵探测器（幕帘式被动红外探测器）
2009031901000399	深圳市豪恩安全科技有限公司	数字变频四光束主动红外入侵探测器（ABH 系列）
2009031901000352	深圳市豪恩安全科技有限公司	磁开关入侵探测器
2009031901000613	深圳市豪恩安全科技有限公司	室内用被动红外入侵探测器（无线双元被动红外探测器）
2009031901000353	深圳市豪恩安全科技有限公司	双元被动红外探测器
2009031901000398	深圳市豪恩安全科技有限公司	数字变频双光束主动红外入侵探测器（ABT 系列）
2009031901000428	深圳市豪恩安全科技有限公司	室内用被动红外入侵探测器（无线）
2009031901000362	深圳市豪恩安全科技有限公司	吸顶式双元被动红外探测器

证书编号	持证人名称	产品单元名称
2009031901000400	深圳市豪恩安全科技有限公司	数字变频三光束主动红外入侵探测器（ABE系列）
2009031901000356	深圳市豪恩安全科技有限公司	方向识别幕帘式被动红外探测器
2009031902000365	深圳市豪恩安全科技有限公司	防盗报警控制器（无线报警主机）
2009031902000364	深圳市豪恩安全科技有限公司	防盗报警控制器
2009031901000351	深圳市豪恩安全科技有限公司	室内用被动红外入侵探测器（幕帘式被动红外探测器）
2009031901000357	深圳市豪恩安全科技有限公司	磁开关入侵探测器
2009031901000358	深圳市豪恩安全科技有限公司	吸顶式智能三鉴入侵探测器
2009031901000355	深圳市豪恩安全科技有限公司	幕帘式被动红外探测器
2009031902000661	深圳市豪恩安全科技有限公司	防盗报警控制器（室内报警主机）
2009031901000359	深圳市豪恩安全科技有限公司	防遮挡式被动红外探测器
2009031902000363	深圳市豪恩安全科技有限公司	防盗报警控制器
2009031901000360	深圳市豪恩安全科技有限公司	双元被动红外探测器
2009031901000361	深圳市豪恩安全科技有限公司	微波和被动红外复合入侵探测器（智能三鉴）
2009031901000350	深圳市豪恩安全科技有限公司	微波和被动红外复合入侵探测器（智能三鉴）
2009031901000354	深圳市豪恩安全科技有限公司	吸顶式双元被动红外探测器
2009031902000134	深圳市黑猫卫士电子有限公司	防盗报警控制器（智能安全防盗报警系统）
2009031901000136	深圳市黑猫卫士电子有限公司	磁开关入侵探测器
2009031901000135	深圳市黑猫卫士电子有限公司	被动红外探测器
2006031117000458	深圳市华宝电子科技有限公司	汽车行驶记录仪
2004031901000049	深圳市华际电子系统有限公司	室内用被动红外方向幕帘探测器（ARROW－XL）
2003031901000076	深圳市华际电子系统有限公司	无线室内用被动红外探测器（EL－2600 MASTERLINK系列）
2005031901000047	深圳市华际电子系统有限公司	室内用幕帘探测器ARROW系列
2003031901000021	深圳市华际电子系统有限公司	微波和被动红外复合入侵探测器（EL－1486系列）
2005031902000018	深圳市华际电子系统有限公司	有线防盗报警控制器1（Summit顶峰有线防盗报警控制器）
2005031902000019	深圳市华际电子系统有限公司	有线防盗报警控制器2（Summit顶峰有线防盗报警控制器）
2008031901000097	深圳市华际电子系统有限公司	室内用被动红外探测器（无线）
2008031902000098	深圳市华际电子系统有限公司	防盗报警控制器
2003031901000019	深圳市华际电子系统有限公司	室内用被动红外探测器（EL－1000 MERCURY系列）
2005031902000020	深圳市华际电子系统有限公司	无线防盗报警控制器（Infinite无线防盗报警控制器）
2009031901000711	深圳市汇沣电子有限公司	微波和被动红外复合入侵探测器
2009031901000710	深圳市汇沣电子有限公司	室内用被动红外探测器
2009031902000709	深圳市汇沣电子有限公司	防盗报警控制器
2009031902000476	深圳市慧锐通电器制造有限公司	防盗报警控制器（R212系统）
2009031903000620	深圳市慧视通科技有限公司	汽车防盗报警系统
2009031901000447	深圳市精华隆安防设备有限公司	磁开关入侵探测器
2009031901000372	深圳市精华隆安防设备有限公司	磁开关入侵探测器
2007031903000203	深圳市精能奥天导航技术有限公司	汽车防盗报警系统（车载GPS防盗监控调度系统）
2009031903000616	深圳市警豹电子科技有限公司	汽车防盗报警器
2009031903000615	深圳市警豹电子科技有限公司	汽车防盗报警器
2009031901000109	深圳市朗松安防科技有限公司	主动红外入侵探测器

证书编号	持证人名称	产品单元名称
2009031901000110	深圳市朗松安防科技有限公司	主动红外护栏
2007031902000173	深圳市美安科技有限公司	防盗报警控制器（无线 ST 系列）
2009031901000140	深圳市美安科技有限公司	室内用被动红外入侵探测器
2009031901000141	深圳市美安科技有限公司	室内用被动红外入侵探测器
2009031901000142	深圳市美安科技有限公司	磁开关入侵探测器
2009031901000602	深圳市美安科技有限公司	微波与四元被动红外复合入侵探测器
2009031901000611	深圳市美安科技有限公司	室内用被动红外入侵探测器
2009031902000144	深圳市美安科技有限公司	防盗报警控制器
2009031901000143	深圳市美安科技有限公司	微波和被动红外复合入侵探测器
2009031901000609	深圳市美安科技有限公司	室内用被动红外入侵探测器
2009031901000608	深圳市美安科技有限公司	室内用被动红外入侵探测器
2009031901000607	深圳市美安科技有限公司	室内用被动红外入侵探测器
2009031901000606	深圳市美安科技有限公司	微波和被动红外复合入侵探测器
2009031901000605	深圳市美安科技有限公司	被动红外入侵探测器
2009031901000612	深圳市美安科技有限公司	微波和被动红外复合入侵探测器
2009031901000603	深圳市美安科技有限公司	被动红外入侵测器
2009031901000610	深圳市美安科技有限公司	微波和被动红外复合入侵探测器
2009031901000598	深圳市美安科技有限公司	数字调频三光束主动红外入侵探测器（ABE 系列）
2009031901000139	深圳市美安科技有限公司	吸顶式被动红外与微波复合入侵探测器
2006031902000028	深圳市美安科技有限公司	防盗报警控制器（FC 系列）
2009031901000597	深圳市美安科技有限公司	数字调频双光束主动红外入侵探测器（ABT 系列）
2009031901000599	深圳市美安科技有限公司	全数字式可选频四光束主动红外入侵探测器（ABH 系列）
2009031901000601	深圳市美安科技有限公司	四元被动红外入侵探测器
2009031901000600	深圳市美安科技有限公司	微波与被动红外复合入侵探测器（DT－7 系列）
2009031901000604	深圳市美安科技有限公司	吸顶式被动红外入侵探测器
2009031902000006	深圳市美格数码有限公司	防盗报警控制器（数码可视对讲）
2009031901000326	深圳市派尔多斯电子有限公司	振动入侵探测器
2009031901000495	深圳市派尔多斯电子有限公司	微波和被动红外复合入侵探测器
2009031901000328	深圳市派尔多斯电子有限公司	室内用被动红外探测器（壁挂式）
2009031901000331	深圳市派尔多斯电子有限公司	室内用被动红外探测器（壁挂式）
2009031901000329	深圳市派尔多斯电子有限公司	室内用被动红外探测器（壁挂式）
2009031901000330	深圳市派尔多斯电子有限公司	室内用被动红外探测器（壁挂式）
2009031901000327	深圳市派尔多斯电子有限公司	室内用被动红外探测器（壁挂式）
2009031901000325	深圳市派尔多斯电子有限公司	微波和被动红外复合入侵探测器（壁挂式）
2009031902000333	深圳市派尔多斯电子有限公司	防盗报警控制器
2009031901000324	深圳市派尔多斯电子有限公司	室内用被动红外探测器（壁挂式）
2009031901000332	深圳市派尔多斯电子有限公司	室内用被动红外探测器（壁挂式）
2009031902000204	深圳市全球锁安防系统工程有限公司	防盗报警控制器（全球锁商用访盗器）
2009031903000085	深圳市赛博灵科技有限公司	汽车防盗报警系统
2009031903000499	深圳市赛格导航科技股份有限公司	SEG－9888 型汽车防盗报警系统

证书编号	持证人名称	产品单元名称
2009031901000652	深圳市慑力安防科技有限公司	室内用被动红外入侵探测器
2009031901000653	深圳市慑力安防科技有限公司	微波和被动红外复合入侵探测器
2009031901000654	深圳市慑力安防科技有限公司	室内用被动红外入侵探测器
2009031901000655	深圳市慑力安防科技有限公司	被动红外入侵探测器
2009031902000656	深圳市慑力安防科技有限公司	防盗报警控制器
2009031903000369	深圳市深永通实业有限公司	汽车防盗报警系统（无钥匙进入系统）
2009031902000410	深圳市盛波尔科技有限公司	防盗报警控制器
2009031901000663	深圳市盛波尔科技有限公司	主动红外入侵探测器
2009031901000385	深圳市盛波尔科技有限公司	主动红外入侵探测器
2008031902000135	深圳市盛波尔实业发展有限公司	防盗报警控制器
2008031901000133	深圳市盛波尔实业发展有限公司	壁挂式室内用被动红外探测器
2009031901000249	深圳市盛波尔实业发展有限公司	壁挂式室内用被动红外探测器
2009031901000707	深圳市盛波尔实业发展有限公司	壁挂式室内用被动红外探测器
2008031902000134	深圳市盛波尔实业发展有限公司	防盗报警控制器
2009031902000376	深圳市盛波尔实业发展有限公司	防盗报警控制器（无线报警系统）
2009031902000255	深圳市盛波尔实业发展有限公司	防盗报警控制器（一体式无线报警系统）
2009031902000375	深圳市盛波尔实业发展有限公司	防盗报警控制器（综合管理控制系统）
2009031902000254	深圳市盛波尔实业发展有限公司	防盗报警控制器（小精灵系列）
2009031901000253	深圳市盛波尔实业发展有限公司	室内用被动红外入侵探测器
2009031901000252	深圳市盛波尔实业发展有限公司	室内用被动红外入侵探测器
2009031901000223	深圳市盛波尔实业发展有限公司	磁开关入侵探测器（室内用无线门磁发射器）
2008031901000179	深圳市盛波尔实业发展有限公司	室内用被动式玻璃破碎探测器
2009031901000374	深圳市盛波尔实业发展有限公司	振动入侵探测器
2009031901000250	深圳市盛波尔实业发展有限公司	微波和被动红外复合入侵探测器
2009031901000251	深圳市盛波尔实业发展有限公司	吸顶式室内用被动红外探测器
2009031903000411	深圳市思源安泰科技有限公司	汽车防盗报警系统
2009031902000392	深圳市松本先天下科技发展有限公司	有线/无线报警主机
2009031902000393	深圳市松本先天下科技发展有限公司	防盗报警控制器（有线/无线报警主机）
2009031902000408	深圳市松本先天下科技发展有限公司	防盗报警控制器（有线/无线报警主机）
2009031901000391	深圳市松本先天下科技发展有限公司	被动红外入侵探测器
2008031117000027	深圳市速维科技有限公司	汽车行驶记录仪
2007031117000061	深圳市速维科技有限公司	汽车行驶记录仪
2009031903000433	深圳市天目科技有限公司	汽车防盗报警系统
2009031901000648	深圳市威尔鹰电子有限公司	磁开关入侵探测器
2009031901000299	深圳市威尔鹰电子有限公司	室内用被动红外探测器
2009031902000298	深圳市威尔鹰电子有限公司	防盗报警控制器
2009031902000697	深圳市先拓智控设备有限公司	防盗报警控制器
2009031901000202	深圳市信威电子有限公司	四光束主动红外入侵探测器
2009031901000247	深圳市信威电子有限公司	双光束主动红外入侵探测器
2009031901000246	深圳市信威电子有限公司	三光束主动红外入侵探测器

证书编号	持证人名称	产品单元名称
2009031902000119	深圳市信威电子有限公司	防盗报警控制器
2009031902000248	深圳市信威电子有限公司	防盗报警控制器
2009031901000565	深圳市信威电子有限公司	室内用被动红外入侵探测器
2009031901000308	深圳市信威电子有限公司	磁开关入侵探测器
2009031901000201	深圳市信威电子有限公司	双光束主动红外入侵探测器
2009031901000566	深圳市信威电子有限公司	微波和被动红外复合入侵探测器
2009031902000651	深圳市兴天下科技有限公司	防盗报警控制器（兴天下数字对讲防盗报警控制器）
2009031903000618	深圳市星海威电子有限公司	汽车防盗报警系统（守护天使 SM828 系列）
2009031903000619	深圳市星海威电子有限公司	汽车防盗报警系统（守护天使 SM828 系列）
2008031903000034	深圳市伊爱车安科技开发有限公司	汽车防盗报警系统（GPS 车载智能终端防盗报警车载设备）
2009031903000669	深圳市伊爱高新技术开发有限公司	汽车防盗报警系统
2006031117000409	深圳市伊爱高新技术开发有限公司	汽车行驶记录仪
2009031903000670	深圳市伊爱高新技术开发有限公司	汽车防盗报警系统
2009031904000481	深圳市怡化电脑有限公司	防盗保险柜（银行自动存取款机保险柜）
2009031903000076	深圳市亿中安电子科技有限公司	汽车防盗报警系统
2009031901000051	深圳市英宝电器有限公司	室内用被动红外入侵探测器（有线双智能红外探测器）
2009031901000050	深圳市英宝电器有限公司	室内用被动红外入侵探测器（无线双元红外探测器）
2009031902000057	深圳市英宝电器有限公司	防盗报警控制器
2009031901000052	深圳市英宝电器有限公司	微波和被动红外复合入侵探测器
2005031901000066	深圳市英特安防实业有限公司	数字变频双光束主动红外入侵探测器（AWT 系列）
2005031901000067	深圳市英特安防实业有限公司	数字变频三光束主动红外入侵探测器（AWE 系列）
2009031903000128	深圳市鹰之眼科技有限公司	汽车防盗报警系统
2009031903000111	深圳市永华电子系统股份有限公司	110CAS 护车神（汽车防盗报警器）
2009031902000176	深圳市永华电子系统股份有限公司	防盗报警控制器（CAS 城市联网报警器）
2007031903000047	深圳市有为信息技术发展有限公司	汽车防盗报警系统（车载 GPS 防盗监控调度系统）
2009031901000159	深圳市至安防盗器材有限公司	室内用被动红外探测器
2009031901000157	深圳市至安防盗器材有限公司	四光束主动红外入侵探测器
2009031901000257	深圳市至安防盗器材有限公司	微波和被动红外复合入侵探测器
2009031901000158	深圳市至安防盗器材有限公司	微波和被动红外复合入侵探测器
2009031902000161	深圳市至安防盗器材有限公司	防盗报警控制器
2009031901000156	深圳市至安防盗器材有限公司	双光束主动红外入侵探测器
2009031901000160	深圳市至安防盗器材有限公司	被动红外和微波三技术入侵探测器
2005031903000395	深圳市智慧林科技有限公司	汽车防盗报警系统（防盗定位系统）
2009031904000590	深圳市中堡安邦实业有限公司	电子防盗保险箱
2009031904000589	深圳市中堡安邦实业有限公司	电子防盗保险柜
2009031903000487	沈阳华翰电子有限公司	汽车防盗报警系统（华翰 GPS 车载终端）
2009031903000123	四川冠泰科技发展有限公司	汽车防盗报警系统
2006031117000279	四川科泰智能电子有限公司	汽车行驶记录仪
2006031117000280	四川科泰智能电子有限公司	汽车行驶记录仪
2009031904000215	四川省永亨实业有限责任公司	电子式防盗保险柜（单门）

证书编号	持证人名称	产品单元名称
2009031904000461	四川省永亨实业有限责任公司	电子式防盗保险箱
2006031117000311	苏州宏原机电制造有限公司	汽车行驶记录仪
2006031117000312	苏州宏原机电制造有限公司	汽车行驶记录仪
2006031904000237	台山平安五金制品有限公司	机械防盗保险柜
2006031904000238	台山平安五金制品有限公司	机械防盗保险柜
2009031118000063	台州市万创夜光明工贸有限公司	车身反光标识（二级）
2009031902000049	泰科消防保安（天津）有限公司	防盗报警控制器（ISTAR 防盗报警控制器）
2009031903000735	天津摩比斯汽车零部件有限公司	汽车防盗报警系统
2009031903000734	天津摩比斯汽车零部件有限公司	汽车防盗报警系统
2009031903000733	天津摩比斯汽车零部件有限公司	汽车防盗报警系统（EFC）
2009031904000688	天津市津安器材厂	机械防盗保险柜（FDG－A1/J 系列）
2009031904000689	天津市津安器材厂	电子防盗保险柜
2009031901000478	天津旭日电子有限公司	磁开关兼振动入侵探测器
2009031901000479	天津旭日电子有限公司	磁开关入侵探测器（无线）
2009031901000704	通用电气（上海）贸易有限公司	微波与被动红外复合入侵探测器（DD100 系列）
2009031901000705	通用电气（上海）贸易有限公司	微波与被动红外复合入侵探测器（双技术动作探测器 RCR－C）
2009031901000702	通用电气（上海）贸易有限公司	EV100 系列被动红外探测器
2009031901000404	通用电气（上海）贸易有限公司	振动入侵探测器
2009031901000706	通用电气（上海）贸易有限公司	无线幕帘被动红外线探测器
2009031901000703	通用电气（上海）贸易有限公司	被动式红外线入侵探测器（AP669）
2009031901000406	通用电气（上海）贸易有限公司	振动入侵探测器
2006031901000178	通用电气（上海）贸易有限公司	室内被动红外探测器
2003031901000088	通用电气（上海）贸易有限公司	无线被动红外探测器（60－703－55 型）
2006031901000177	通用电气（上海）贸易有限公司	玻璃破碎入侵探测器
2006031901000176	通用电气（上海）贸易有限公司	磁开关入侵探测器
2005031902000329	通用电气（上海）贸易有限公司	防盗报警控制器
2005031902000330	通用电气（上海）贸易有限公司	防盗报警控制器
2009031901000405	通用电气（上海）贸易有限公司	振动入侵探测器
2006031902000175	通用电气（上海）贸易有限公司	无线防盗报警控制器
2006031901000255	通用电气（上海）贸易有限公司	无线室内被动红外防宠物移动探测器
2009031903000630	同致电子科技（昆山）有限公司	汽车防盗报警系统（郑州日产防盗报警器）
2009031903000627	同致电子科技（厦门）有限公司	汽车防盗报警器（江铃汽车防盗报警器）
2009031903000628	同致电子科技（厦门）有限公司	汽车防盗报警器（TIE 汽车防盗报警器）
2009031903000629	同致电子科技（厦门）有限公司	汽车防盗报警器（中兴汽车防盗报警器）
2009031901000180	温州方达电子有限公司	无线被动红外入侵探测器
2009031902000378	无锡市赛尔楼宇智能系统有限公司	防盗报警控制器（安保型室内机）
2009031902000377	无锡市赛尔楼宇智能系统有限公司	防盗报警控制器（安保型室内机）
2009031904000130	无锡市山盾保安设备厂	机械防盗保险柜
2009031903000838	武汉奥泽电子有限公司	汽车防盗报警系统
2009031903000484	武汉柏华科技发展有限公司	汽车防盗报警系统（柏华 GPS 车载终端）

证书编号	持证人名称	产品单元名称
2009031903000188	武汉长江通信产业集团股份有限公司	汽车防盗报警系统
2005031904000357	武邑登坤柜业有限公司	机械防盗保险柜
2006031904000069	武邑东海保险柜厂	机械防盗保险柜
2006031904000045	武邑乔氏柜业有限公司	机械防盗保险柜
2006031904000010	武邑天龙柜业有限公司	电子防盗保险柜（FDG－A1/D 系列）
2006031904000044	武邑县安达橱柜厂	机械防盗保险柜
2009031904000039	武邑县多吉柜业有限公司	电子防盗保险柜（FDG－A1/D 系列保险柜）
2005031904000328	武邑县前进铁柜厂	机械防盗保险柜
2007031117000217	西安丰力通电子有限公司	汽车行驶记录仪
2006031904000245	西安华春箱柜有限公司	机械防盗保险柜
2006031904000246	西安市晨光机电设备厂	机械防盗保险柜
2006031904000244	西安市秦俑保险柜厂	机械防盗保险柜
2006031904000247	西安义好金属制品有限责任公司	机械防盗保险柜
2007031901000193	西科姆（中国）有限公司	磁开关入侵探测器（卷帘门磁性传感器）
2008031901000178	西科姆（中国）有限公司	磁开关入侵探测器
2005031902000118	西科姆（中国）有限公司	防盗报警控制器（CN－T9021）
2009031901000012	西科姆（中国）有限公司	磁开关入侵探测器（卷帘门）
2005031902000117	西科姆（中国）有限公司	防盗报警控制器（CN－T9010）
2007031901000197	西科姆（中国）有限公司	室内用被动玻璃破碎探测器
2007031901000199	西科姆（中国）有限公司	磁开关探测器（大型门）
2009031902000073	厦门 ABB 振威电器设备有限公司	防盗报警控制器（数码式微电脑可视对讲 C－5 系统）
2009031902000402	厦门狄耐克电子科技有限公司	防盗报警控制器（楼宇对讲防盗报警控制器）
2009031902000256	厦门立林科技有限公司	防盗报警控制器（JB－8601 系列）
2007031902000171	厦门市韩通数码科技有限公司	防盗报警控制器
2009031903000056	现代高新电子（天津）有限公司	汽车防盗报警系统
2007031903000221	现代高新电子（天津）有限公司	汽车防盗报警系统
2009031902000164	新钶电子（上海）有限公司	防盗报警控制器（胜德按键式可视家庭智能化系统）
2009031902000165	新钶电子（上海）有限公司	防盗报警控制器（胜德触摸屏式可视家庭智能化系统）
2009031902000205	新钶电子（上海）有限公司	防盗报警控制器（综合安防管理系统）
2006031904000114	偃师市东森柜业有限公司	机械防盗保险柜（单门）
2009031904000060	偃师市李村镇广源金柜厂	电子防盗保险箱
2009031904000061	偃师市李村镇广源金柜厂	机械防盗保险柜
2006031904000117	偃师市神宝保密设备厂	机械防盗保险柜（单门）
2006031904000102	偃师市晟祥箱柜有限公司	机械防盗保险柜（单门）
2005031904000413	偃师市旭光保险器材厂	机械防盗保险柜（单门）
2005031904000412	偃师市旭光保险器材厂	机械防盗保险箱
2005031904000414	偃师市旭光保险器材厂	机械防盗保险柜（双门）
2009031904000245	永济市明远电器有限公司	电子防盗保险柜（红外线遥控控制液晶显示）
2009031904000813	永康市永顺箱柜制造厂	电子防盗保险柜（单门）
2009031904000812	永康市永顺箱柜制造厂	机械防盗保险柜（单门）

证书编号	持证人名称	产品单元名称
2007031904000049	永康市永顺箱柜制造厂	机械防盗保险箱
2009031904000811	永康市永顺箱柜制造厂	电子防盗保险箱
2010031904000001	余姚市金泰阁安全设备有限公司	机械防盗保险柜（EC6500 PV1 保险柜系列）
2009031903000679	云南钜野烽火台科技有限公司	汽车防盗报警系统
2009031903000431	湛江市恒慧科技有限公司	汽车防盗报警系统
2009031118000087	浙江采源反光材料有限公司	车身反光标识（二级）
2009031118000120	浙江道明光学股份有限公司	车身反光标识（一级）
2007031118000093	浙江道明光学股份有限公司	车身反光标识（二级）
2009031902000203	浙江东冠信息技术有限公司	防盗报警控制器（多功能智能安全网关）
2007031118000194	浙江方远夜视丽反光材料有限公司	车身反光标识（二级）
2009031904000800	浙江福星金属制品有限公司	电子防盗保险柜
2009031904000799	浙江福星金属制品有限公司	机械防盗保险柜
2008031904000050	浙江海安爱立特生物识别应用有限公司	电子防盗保险柜（双门指纹锁）
2006031904000339	浙江海安爱立特生物识别应用有限公司	电子防盗保险柜（单门指纹锁）
2008031904000051	浙江海安爱立特生物识别应用有限公司	电子防盗保险箱（指纹锁）
2009031902000730	浙江海神科技有限公司	防盗报警控制器（总线联网智能报警系统）
2009031901000725	浙江海神科技有限公司	室内用被动红外探测器
2009031901000726	浙江海神科技有限公司	室内用被动红外探测器
2009031901000727	浙江海神科技有限公司	主动红外入侵探测器（主动红外护栏）
2009031901000728	浙江海神科技有限公司	室内用被动红外入侵探测器（无线）
2009031901000729	浙江海神科技有限公司	主动红外入侵探测器（主动红外护栏）
2009031902000731	浙江海神科技有限公司	防盗报警控制器
2009031902000732	浙江海神科技有限公司	防盗报警控制器
2009031904000305	浙江佳家利保险箱制造有限公司	电子防盗保险柜（双门）
2009031904000306	浙江佳家利保险箱制造有限公司	电子防盗保险箱
2009031904000304	浙江佳家利保险箱制造有限公司	电子防盗保险柜
2005031904000336	浙江嘉善经纬办公设备有限公司	电子防盗保险柜（双门）
2005031904000333	浙江嘉善经纬办公设备有限公司	机械防盗保险柜（单门）
2005031904000334	浙江嘉善经纬办公设备有限公司	机械防盗保险柜（双门）
2005031904000335	浙江嘉善经纬办公设备有限公司	电子防盗保险柜（单门）
2009031117000042	浙江汽车仪表有限公司	汽车行驶记录仪
2007031117000126	浙江神龙电器有限公司	汽车行驶记录仪
2009031902000089	浙江天工智能电子有限公司	防盗报警控制器（智能天工家庭安防与智能化控制器）
2009031901000088	浙江天工智能电子有限公司	主动红外护栏（多束主动红外对射探测器）
2008031118000187	浙江一箭反光材料制造有限公司	车身反光标识（二级）
2009031903000639	中国兵工物资总公司	汽车防盗报警系统（GPS 无线传输终端）
2009031903000837	中国人民财产保险股份有限公司珠海市分公司	汽车防盗报警系统
2009031904000687	中山市安基交通电子科技有限公司	防盗保险柜（双门枪弹保险柜）
2009031903000504	中山市贝奥斯金属制品有限公司	汽车防盗报警系统
2009031903000503	中山市贝奥斯金属制品有限公司	汽车防盗报警系统

证书编号	持证人名称	产品单元名称
2009031903000502	中山市贝奥斯金属制品有限公司	汽车防盗报警系统
2009031903000501	中山市贝奥斯金属制品有限公司	汽车防盗报警系统（液晶显示）
2009031903000500	中山市贝奥斯金属制品有限公司	汽车防盗报警系统
2009031903000125	中山市长宝卫星监控系统有限公司	汽车防盗报警系统
2009031903000219	中山市创宇防盗设备有限公司	汽车防盗报警系统
2005031904000154	中山市富甲制品有限公司	电子密码锁防盗保险柜
2005031904000156	中山市富甲制品有限公司	电子密码锁防盗保险箱
2009031903000090	中山市雷震子安防科技有限公司	汽车防盗报警系统
2009031903000149	中山市小飞将防盗设备有限公司	汽车防盗报警系统
2009031903000258	中山市小榄镇澳威电子厂	汽车防盗报警系统
2006031903000452	中山市佐敦音响防盗设备有限公司	汽车防盗报警系统
2009031903000691	中山市佐敦音响防盗设备有限公司	汽车防盗报警系统
2006031903000410	中山市佐敦音响防盗设备有限公司	汽车防盗报警系统（双向）
2006031117000183	重庆安运科技有限公司	汽车行驶记录仪
2006031117000184	重庆安运科技有限公司	汽车行驶记录仪
2006031904000343	重庆市南岸区东松电器厂	电子密码防盗保险柜（双门）
2006031904000332	重庆市南岸区东松电器厂	电子密码防盗保险箱
2006031904000330	重庆市南岸区东松电器厂	电子密码防盗保险柜（单门）
2006031904000328	重庆市南岸区东松电器厂	机械密码防盗保险柜（单门）
2009031903000225	重庆市索美智能交通通讯服务有限公司	汽车防盗报警系统（翰盛 GPS 车载终端）
2009031903000064	重庆珠江光电科技有限公司	汽车防盗报警系统（汽车智能密钥防盗器）
2009031903000841	株洲市华兴实业有限责任公司	汽车防盗报警系统（“恒祥”多功能车载智能电脑）
2009031902000222	珠海安居宝电子科技有限公司	AL 系列报警控制器
2009031902000221	珠海安居宝电子科技有限公司	防盗报警控制器（ES 系列报警主机）
2009031902000046	珠海三颖有限公司	防盗报警控制器（智能电话拨号防盗报警控制器）
2007031901000024	珠海市方安电器有限公司	被动红外入侵探测器
2007031902000025	珠海市方安电器有限公司	防盗报警控制器
2009031902000458	珠海市竞争电子科技有限公司	防盗报警控制器（智能楼寓对讲系统）
2009031902000668	珠海市太川电子企业有限公司	防盗报警控制器（数码式微电脑可视对讲系统）
2009031902000047	珠海市珠安电子科技有限公司	防盗报警控制器（数码式微电脑可视对讲系统）
2009031903000127	珠海天琴信息科技有限公司	汽车防盗报警系统

4.2 社会公共安全产品自愿性认证结果信息

证书编号	持证企业名称	认证单元产品名称	认证单元覆盖型号
V200903305000001	爱普拜斯应用生物系统贸易（上海）有限公司	法庭科学人类荧光标记 STR 复合扩增检测试剂	AmpFℓSTR® Identifiler® PCR Amplification Kit

证书编号	持证企业名称	认证单元产品名称	认证单元覆盖型号
V200903305000002	爱普拜斯应用生物系统贸易（上海）有限公司	法庭科学人类荧光标记 STR 复合扩增检测试剂	AmpFℓSTR ® Sinofiler™ PCR 扩增试剂盒
V200603303000009	北京北大高科指纹技术有限公司	警用活体指纹采集仪	PU－JY203U
V200703303000002	北京东方金指科技有限公司	警用活体指纹采集仪	A3000
V200703303000003	北京海西圣科技发展有限公司	警用活体指纹采集仪	HSS－2K5、HSS－2K6
V200603303000011	北京海鑫科金高科技股份有限公司	警用活体指纹采集仪	HX－R8061U
V200803303000009	北京海鑫科金高科技股份有限公司	警用活体指纹采集仪	HX－R8062U
V200403101000007	北京日上工贸有限公司	防盗安全门	FAM－A－P－5.1
V200403101000007	北京日上工贸有限公司	防盗安全门	FAM－A－P－6.1
V200603303000010	北京欣网科科技有限公司	警用活体指纹采集仪	Astar2205
V200603101000001	步阳集团有限公司	防盗安全门	FAM－A－P－5.0
	步阳集团有限公司	防盗安全门	FAM－A－P－5.1
	步阳集团有限公司	防盗安全门	FAM－A－P－6.0
	步阳集团有限公司	防盗安全门	FAM－A－P－6.1
V200603303000008	长春鸿达光电子与生物统计识别技术有限公司	警用活体指纹采集仪	S680
V200803303000007	格林比特（天津）生物信息技术有限公司	警用活体指纹采集仪	DactyScan84
V200903305000003	公安部物证鉴定中心	法庭科学人类荧光标记 STR 复合扩增检测试剂	DNATyper™15 试剂盒
V201003101000003	哈尔滨飞云实业有限公司	防盗安全门（丁级）	FAM－D－FY/D Ⅰ
	哈尔滨飞云实业有限公司	防盗安全门（丁级）	FAM－D－FY/D Ⅱ
V200503101000013	哈尔滨飞云实业有限公司	平开式防盗安全门	FAM－Y－FY/D Ⅰ
	FAM－Y－FY/D Ⅱ 、	哈尔滨飞云实业有限公司	平开式防盗安全门
V201003101000002	哈尔滨飞云实业有限公司	防盗安全门（丙级）	FAM－B－FY/D Ⅰ
	哈尔滨飞云实业有限公司	防盗安全门（丙级）	FAM－B－FY/D Ⅱ
V201003101000001	哈尔滨飞云实业有限公司	防盗安全门（甲级）	FAM－J－FY/D Ⅰ
	哈尔滨飞云实业有限公司	防盗安全门（甲级）	FAM－J－FY/D Ⅱ
V200903305000004	基点认知技术（北京）有限公司	法庭科学人类荧光标记 STR 复合扩增检测试剂	Goldeneye™ DNA 身份鉴定系统 16BT
V200903305000005	基点认知技术（北京）有限公司	法庭科学人类荧光标记 STR 复合扩增检测试剂	Goldeneye™ DNA 身份鉴定系统 16A
V200903103000019	宁波北仑博迅电子有限公司	电子密码防盗锁（触摸屏）	866、868、876、877
V200903103000018	宁波北仑博迅电子有限公司	电子密码防盗锁（按键式）	219、611、801、802
V200903103000018	宁波北仑博迅电子有限公司	电子密码防盗锁（按键式）	807、811、812、823
V200903103000018	宁波北仑博迅电子有限公司	电子密码防盗锁（按键式）	825、827、833、835
V200903103000018	宁波北仑博迅电子有限公司	电子密码防盗锁（按键式）	836、839、860、869
V200903103000018	宁波北仑博迅电子有限公司	电子密码防盗锁（按键式）	873、874、880、1001
V200903103000018	宁波北仑博迅电子有限公司	电子密码防盗锁（按键式）	1002、1003、209－1
V200503204000014	宁波华路德交通设备科技有限公司	道路交通信号灯	JD300－3（Φ300）

证书编号	持证企业名称	认证单元产品名称	认证单元覆盖型号
V200503204000014	宁波华路德交通设备科技有限公司	道路交通信号灯	JD400－3（Φ400）
V200903103000009	宁波双九箱柜有限公司	弹子锁	FDS－A－SJ172
	宁波双九箱柜有限公司	弹子锁	FDS－A－SJ147
	宁波双九箱柜有限公司	弹子锁	FDS－A－SJ168
	宁波双九箱柜有限公司	弹子锁	FDS－A－SJ121
	宁波双九箱柜有限公司	弹子锁	FDS－A－SJ173
V200903103000010	宁波双九箱柜有限公司	叶片锁	FDS－A－SJ148
V200903103000011	宁波双九箱柜有限公司	智能电子锁（马达型）	SJ804、SJ807
	宁波双九箱柜有限公司	智能电子锁（马达型）	SJ840、SJ847
	宁波双九箱柜有限公司	智能电子锁（马达型）	SJ850、SJ861
	宁波双九箱柜有限公司	智能电子锁（马达型）	SJ873、SJ878
	宁波双九箱柜有限公司	智能电子锁（马达型）	SJ880、SJ8126
	宁波双九箱柜有限公司	智能电子锁（马达型）	SJ8141、SJ8154
	宁波双九箱柜有限公司	智能电子锁（马达型）	SJ8160、SJ8171
	宁波双九箱柜有限公司	智能电子锁（马达型）	SJ8180、SJ8122
	宁波双九箱柜有限公司	智能电子锁（马达型）	SJ869
V200903103000012	宁波双九箱柜有限公司	指纹电子锁（电磁铁型）	SJZ8201、SJZ8202
	宁波双九箱柜有限公司	指纹电子锁（电磁铁型）	SJZ8203
	宁波双九箱柜有限公司	指纹电子锁（电磁铁型）	SJZ8204、SJ8164
V200903103000008	宁波双九箱柜有限公司	智能电子锁（电磁铁型）	SJ802、SJ8150
	宁波双九箱柜有限公司	智能电子锁（电磁铁型）	SJ809、SJ8152
	宁波双九箱柜有限公司	智能电子锁（电磁铁型）	SJ817、SJ8153
	宁波双九箱柜有限公司	智能电子锁（电磁铁型）	SJ820、SJ821
	宁波双九箱柜有限公司	智能电子锁（电磁铁型）	SJ8156、SJ826
	宁波双九箱柜有限公司	智能电子锁（电磁铁型）	SJ8157、SJ827
	宁波双九箱柜有限公司	智能电子锁（电磁铁型）	SJ8158、SJ831
	宁波双九箱柜有限公司	智能电子锁（电磁铁型）	SJ8163、SJ863
	宁波双九箱柜有限公司	智能电子锁（电磁铁型）	SJ8165、SJ864
	宁波双九箱柜有限公司	智能电子锁（电磁铁型）	SJ8168、SJ871
	宁波双九箱柜有限公司	智能电子锁（电磁铁型）	SJ8174、SJ872
	宁波双九箱柜有限公司	智能电子锁（电磁铁型）	SJ8181、SJ874
	宁波双九箱柜有限公司	智能电子锁（电磁铁型）	SJ8183、SJ883
	宁波双九箱柜有限公司	智能电子锁（电磁铁型）	SJ8184、SJ884
	宁波双九箱柜有限公司	智能电子锁（电磁铁型）	SJ8186、SJ885
	宁波双九箱柜有限公司	智能电子锁（电磁铁型）	SJ8187、SJ887
	宁波双九箱柜有限公司	智能电子锁（电磁铁型）	SJ8189、SJ889、S
V200903103000007	宁波双九箱柜有限公司	机械密码锁	FDS－A－SJ222
V200403101000002	盼盼安居股份有限公司	钢木复合防盗安全门	FAM－A－P－GMJ
V200403101000002	盼盼安居股份有限公司	钢木复合防盗安全门	FAM－A－P－GMZ
V200403101000001	盼盼安居股份有限公司	平开式防盗安全门	FAM－A－P－C
V200403101000001	盼盼安居股份有限公司	平开式防盗安全门	FAM－A－P－J
V200403101000001	盼盼安居股份有限公司	平开式防盗安全门	FAM－A－P－Z

证书编号	持证企业名称	认证单元产品名称	认证单元覆盖型号
V200403101000003	盼盼安居股份有限公司	门中门式防盗安全门	FAM－A－P－SM
V200803101000003	群升集团有限公司	防盗安全门（对开门）	FAM－A－P－5.0
	群升集团有限公司	防盗安全门（对开门）	FAM－A－P－5.1
	群升集团有限公司	防盗安全门（对开门）	FAM－A－P－6.0
	群升集团有限公司	防盗安全门（对开门）	FAM－A－P－6.1
V200803101000002	群升集团有限公司	防盗安全门（单门）	FAM－A－P－5.0
	群升集团有限公司	防盗安全门（单门）	FAM－A－P－5.1
	群升集团有限公司	防盗安全门（单门）	FAM－A－P－6.0
	群升集团有限公司	防盗安全门（单门）	FAM－A－P－6.1
V200803101000004	群升集团有限公司	防盗安全门（子母门）	FAM－A－P－5.0
	群升集团有限公司	防盗安全门（子母门）	FAM－A－P－5.1
	群升集团有限公司	防盗安全门（子母门）	FAM－A－P－6.0
	群升集团有限公司	防盗安全门（子母门）	FAM－A－P－6.1
V200603204000002	上海澳星照明电器制造有限公司	道路交通（机动车）信号灯	JD1/1W300－3－3L
	上海澳星照明电器制造有限公司	道路交通（机动车）信号灯	JD1/1W 400－3－3L
	上海澳星照明电器制造有限公司	道路交通（机动车）信号灯	JD1/1W 300－3－3S
	上海澳星照明电器制造有限公司	道路交通（机动车）信号灯	JD1/1W 400－3－3S
V200703204000007	上海澳星照明电器制造有限公司	道路交通（机动车）信号灯	JD1/1W300－3－3K2
V200503204000008	上海三晟经济发展有限公司	道路交通信号灯	JD1/2W300－3－S
	上海三晟经济发展有限公司	道路交通信号灯	JD1/2W400－3－S
V200503202000005	深圳市威尔电器有限公司	呼出气体酒精含量探测器	WAT89EC－3
	深圳市威尔电器有限公司	呼出气体酒精含量探测器	WAT89EC－2
V200503101000009	王力集团有限公司	防盗安全门	FAM－A－P－5.0－YKWL
	王力集团有限公司	防盗安全门	FAM－A－P－5V1－YKWL
	王力集团有限公司	防盗安全门	FAM－A－P－6.0－YKWL
	王力集团有限公司	防盗安全门	FAM－A－P－6.1－YKWL
V200903103000017	温州威泰锁业有限公司	机械防盗锁（十字保险柜锁芯）	FDS－A－165
V200903103000016	温州威泰锁业有限公司	机械防盗锁（半圆偏芯锁）	FDS－A－168－1
V200903103000015	温州威泰锁业有限公司	机械防盗锁（威威牌保险柜锁芯）	FDS－B－WT－006
V200903103000013	温州威泰锁业有限公司	机械防盗锁（六角锁）	FDS－A－169－1
V200903103000014	温州威泰锁业有限公司	机械防盗锁（新式机械密码锁）	FDS－A－MMWT
V200603204000004	无锡安邦电气有限公司	道路交通（方向指示）信号灯	FX300－3－3A/K
	无锡安邦电气有限公司	道路交通（方向指示）信号灯	FX300－3－3B/K
V200603204000005	无锡安邦电气有限公司	道路交通（机动车）信号灯	JD1/1W300－3－3A
	无锡安邦电气有限公司	道路交通（机动车）信号灯	JD1/1W300－3－3B
	无锡安邦电气有限公司	道路交通（机动车）信号灯	JD1/1W400－3－3A
V200603204000006	无锡安邦电气有限公司	道路交通（人行横道）信号灯	RX300－3－2A/K
	无锡安邦电气有限公司	道路交通（人行横道）信号灯	RX300－3－2D/K
V200903305000006	无锡中德美联生物技术有限公司	法庭科学人类荧光标记 STR 复合扩增检测试剂	AGCU 17＋1 STR 荧光检测试剂盒
V200803101000001	新多集团有限公司	防盗安全门	FAM－A－P－6.1

证书编号	持证企业名称	认证单元产品名称	认证单元覆盖型号
V200703101000004	宜兴市富丽华消防器材有限公司	防盗安全门	FAM－A－P－5.1
V200703101000004	宜兴市富丽华消防器材有限公司	防盗安全门	FAM－A－P－6.1
V200703101000001	浙江金大门业有限公司	防盗安全门	FAM－A－P－YKJD－01
V200703101000001	浙江金大门业有限公司	防盗安全门	FAM－A－P－YKJD－16
V200703101000001	浙江金大门业有限公司	防盗安全门	FAM－A－P－YKJD－17
V200703101000001	浙江金大门业有限公司	防盗安全门	FAM－A－P－YKJD－31
V200703101000001	浙江金大门业有限公司	防盗安全门	FAM－A－P－YKJD－33
V200703101000001	浙江金大门业有限公司	防盗安全门	FAM－A－P－YKJD－37
V200603303000012	浙江师大计海新技术有限公司	警用活体指纹采集仪	CAFIS－JH
V200803303000005	中盾信安科技（江苏）有限公司	警用活指纹采集仪	ZDXA－0104
V200903303000020	中盾信安科技（江苏）有限公司	警用活体指纹采集仪	ZDXA－0104
V200403101000006	重庆美心·麦森门业有限公司	单扇门中门防盗安全门	FAM－A－P－MX1MG（F）A
V200403101000005	重庆美心·麦森门业有限公司	单扇复合防盗安全门	FAM－A－P－MX3DG（F）A
V200403101000004	重庆美心·麦森门业有限公司	双扇防盗安全门	FAM－A－P－MX1DG（F）A
	重庆美心·麦森门业有限公司	双扇防盗安全门	FAM－A－P－MX1DG（F）P
	重庆美心·麦森门业有限公司	双扇防盗安全门	FAM－A－P－MX1DG（F）E
	重庆美心·麦森门业有限公司	双扇防盗安全门	FAM－A－P－MX1DG（F）V
	重庆美心·麦森门业有限公司	双扇防盗安全门	FAM－A－P－MX1DG（F）C
	重庆美心·麦森门业有限公司	双扇防盗安全门	FAM－A－P－MX2DG（F）P
	重庆美心·麦森门业有限公司	双扇防盗安全门	FAM－A－P－MX2DG（F）E
	重庆美心·麦森门业有限公司	双扇防盗安全门	FAM－A－P－MX2DG（F）V
	重庆美心·麦森门业有限公司	双扇防盗安全门	FAM－A－P－MX2DG（F）A
	重庆美心·麦森门业有限公司	双扇防盗安全门	FAM－A－P－MX2DG（F）C

（资料来源：中国安全技术防范认证中心）

第五节 中国安全技术防范认证中心重要工作动态

中国安全技术防范认证中心

2008年下半年至2009年，认证中心认证工作受国际金融危机影响，面临巨大困难与挑战。但是，中心在公安部科技信息化局和中心理事会的正确领导和大力支持下，认真贯彻党的十七大三中、四中全会精神，以科学发展观为指导，始终坚定信心，齐心协力，抓班子、带队伍，定规范、保质量，打基础、谋发展，战胜了因认证企业遭受国际金融危机重创、中心认证有效证书急剧下滑的困难，超额完成了2009年预定的各项基本目标。

一、全力推进新版安防类产品强制性实施规则的贯彻落实，证书转换工作基本完成

2009年1月，国家认监委发布了新安防规则。为了确保换版工作顺利完成，中心成立了规则实施工作组，分赴国家安全防范报警系统产品质量监督检验中心（北京、上海），通报实施规则发布的有关情况与实施要求；多次召集分包检测机构的相关专家、技术人员，研究实施新版规则的技术问题和转换程序要求，认真分析比对新旧两版实施规则差异，制定实施规则的程序、要求、转换说明、单元划分等问题；制定了宣贯材料，分别在广州、杭州成功召开了“安全技术防范产品认证实施规则（电子产品类）宣贯会”和“安防产品新版国家强制性实施规则（实体防护类）宣贯会”（国家认监委认证监管部、公安部科技信息化局等有关领导均到会进行动员，300余家企业派人参加了会议）；下半年，由中心、分包实验室组成工作组，集中时间分期分批赶赴企业实施检查；11月下旬，中心领导还专赴公安部第三研究所和公安部交通管理科研所，协调增加检测力量和派出工厂检查员执行检查任务等工作；工作中每遇制约进程的问题和情况，均及时召开专门业务分析会议，群策群力，研讨对策，化解问题，共计召开专门会议20余次，制定具体操作指导文件30多余份。一系列措施保证了换版工作顺利进行。截止年底，换版工作基本完成。

二、新版防盗安全门产品自愿性换版工作取得新进展

由于国家标准GB17565《防盗安全门通用技术条件》换版等原因，中心重新组织制定了《安全技术防范产品自愿性认证实施规则　防盗安全门产品》并于2月11日获公安部科技信息化局批准。截止年底，换版工作取得了较大进展，中心持有有效证书16张，还有37个单元的样品正在检测中。

三、防盗锁产品自愿性认证工作取得初步进展

《安全技术防范产品自愿性认证实施规则　防盗锁产品》于2月份正式发布后，中心3月份启动了防盗锁具产品自愿性认证工作，5月份受理了首家防盗锁具产品生产企业的认证申请。截止目前，已对3家企业的产品实施了认证，共计颁发证书13张。

四、防盗安全门产品纳入强制性认证目录工作正在推进

2009年下半年，防盗安全门产品纳入强制性认证目录的推进工作得到了公安部科技信息化局的大力支持，在京召开了开展防盗门产品强制性认证工作调研座谈会，国家认监委、认证、行业协会、标准、检测机构和3个产品生产企业的代表参加了会议。国家认监委表示准备将该项工作纳入2010年新开展认证项目研究计划。

五、DNA检测试剂产品初始认证工作圆满完成

2009年初，公安部科技信息化局发出通知要求8月1日起各级公安机关必须采购获得认证的DNA检测试剂产品。为了在规定时间前完成所有认证企业的初始认证工作，中心协助公安部科技信息化局和刑侦局成功召开了DNA检测试剂产品标准及认证工作宣贯会；完成了对分包实验室北京市公安局法医检验鉴定中心的DNA认证检测能力评审工作；对工厂检查员进行了培训；组织专家对企业递交认证申请资料进行文件审查，实施抽样检测；组团对国内外生产企业进行了初始工厂检查，还召集有关专家对产品的抽样检测和工厂质量保证能力检查结果等内容集中进行了评价。每一环节的严谨与规范，确保了认证产品的公正、公平，保证了产品的质量。尤其是在该项工作中，采用了把“研究制订产品标准、认证实施规则、认证工作管理办法和产品标准的实验室验证”组成“四位一体”，共同推进DNA试剂产品认证工作的新机制，受到主管部领导的充分肯定和相关业务局领导的好评。

8月初，DNA检测试剂产品的初始认证工作按期圆满完成。由中心和北京市公安局法医检验鉴定中心联合组成的认证实施工作组向科技信息化局汇报了DNA检测试剂产品认证实施进展情况，得到了谢毅平局长、王俭书记和谭晓准副局长等局领导的高度重视，刘烁副局长专门作了批示：“DNA检测试剂产品认证工作到目前为止已经可以说取得了成功，认证中心和北京市公安局法医检验鉴定中心（检验实验室）的同志们付出了极大的心智和汗水，应予表扬！”

六、指纹信息采集系统评测工作获肯定

中心于2008年11月底承担的公安部刑侦局、装财局指纹信息采集系统评测工作，于2009年1月5日圆满结束。这是一项服务于公安刑侦部门指纹信息采集系统选型和采购的认证工作。中心依据《指纹信息采集系统评测规则》及相关技术规范文件，组织分包检测实验室航天科工集团二院二〇七所等有关单位和专家对5家企业委托评测的指纹信息采集系统产品实施了测试和专家评审。整个评测工作得到了公安部刑侦局和装财局领导的好评，认为认证评测规范严谨、科学高效，是警用装备采购选型管理的一种创新举措。评测合格结果由公安部向全国公安机关通报，作为各地公安基层单位选择采购指纹信息采集系统的依据。这项工作的开展，有力地支持了公安刑侦指纹信息采集系统的建设，保障了公安一线使用到经过一致性认证的合格产品。

七、公安350兆集群通信设备认证准备工作全部就绪

公安350兆模拟无线通信设备是公安应急通信指挥系统建设的重要基础产品。由于国家在2004年取消了行政许可管理，该产品一直处于无序的管理之中，其质量严重影响了公安应急情况下其主要性能的正常发挥。为确保产品质量，8月底，公安部科技信息化局正式对公安350兆无线通信设备产品实施认证，并成立了认证工作组。同时，明确了由中心负责认证实施规则的制定以及宣贯会的组织等工作。期间，中心多次参与科技信息化局组织召开的研讨会，与工作组其他成员一起赴产品生产企业调研认证单元划分、产品检测和工厂检查中的技术等问题。9月下旬，在《公安无线通信设备自愿性认证实施规则 公安350兆模拟无线通信设备》审定会上，政府管理部门、检测中心、用户、企业等各方统一了对认证适用范围、认证模式、单元划分原则、质量保证能力及一致性控制要求等问题的认识。10月底，中心组织完成了《公安无线通信设备自愿性认证实施规则 公安350兆模拟无线通信设备》等文件起草工作。目前，实施认证的全部准备工作也已经完成，并已获公安部科技信息化局批准，即将进入实施阶段。

八、无线图像传输系统认证准备工作启动

无线图像传输系统是近年发展起来的先进图像传输技术产品，在公安一线工作中应用日益广泛。为确保公安一线使用到质量有保证的合格产品，决定对该产品实施认证。中心多次参与了科技信息化局组织的对该产品进行认证的前期调研工作。5月底，科技信息化局组织召开“研究开展无线图像传输系统认证工作”会议，对无线图像传输系统的认证问题进行了论证，明确我中心具体承担该项认证工作的组织实施。目前，此项认证准备工作正在全力推进中。

九、指纹自动识别系统认证工作即将启动

在指纹采集仪产品认证取得成功的基础上，公安部刑侦局决定开展全国指纹自动识别系统认证评测工作，并开始调研论证。2009年年底，在公安部刑侦局召开的全国指纹信息专家会议上，通过了由中心起草的指纹自动识别系统认证评测规则等文件。目前实施认证的相关准备工作已就绪，计划2010年上半年该项工作全面启动。

十、广东省指纹识别系统招标性能测试工作已开展

2009年11月中旬，受广东省公安厅委托，我中心承接了其开展的指纹自动识别系统采购投标活动的产品性能测试组织工作，本次测试将采用“实战测试”的方式。中心高度重视此项工作，多次与广东省公安厅指纹系统建设项目工作小组进行深入细致的研讨，充分了解公安一线应用的需求，以测试依据的合理性、测试程序的规范性和测试结果的有效性为重点，并汲取近几年中心在开展活体指纹采集仪产品认证、指纹图像压缩与复现软件测试和指纹采集系统评测等项目成功的工作经验，将科学规范的认证方法与广东公安指纹系统建设的具体情况与要求相结合，设计出了确保测试程序标准、规范与公正的测试方案。中心表示将以全力服务公安实战的姿度，努力达到广东省公安厅设定的“构建在规模与性能等方面位列全国之首的指纹系统”的目标。目前这一项目已开始实施。

十一、积极参与警务质量管理体系标准课题研究等工作

2009年，中心还承担了科技信息化局部分相关研究工作。一是按照科技信息化局标准规范处要求，开展了全国技术性贸易措施和全国认证认可两个部际联席会议及国家标准委社会责任国际标准对我国重大影响研究等工作。协助标准规范处完成了公安部2009年技术性贸易措施和认证认可工作总结材料和下一步工作思路，部分内容被《全国技术性贸易措施部际联席会议2009年工作总结及2010年工作思路和要点》、《全国认证认可工作部际联席会议成员单位交流材料》引用和收录；二是协助标准规范处，积极参与了国家标准委组织的基础研究工作并得到了好评。为此，国家标准委给予公安部有国家科技经费支持的相关课题研究子任务，科技信息化局指派我中心为子任务承担单位。三是积极参与公安部警务质量管理体系标准、公安工作标准研究等课题工作。

另外，防爆安检产品自愿性认证研究工作也在积极准备中。

第八章　产品和工程检测

第一节　国家级安防检测中心公开性文件

1.1 国家安全防范报警系统产品质量监督检验中心（北京）公开性文件

1.1.1 公正性声明

为保证检测中心所获资质，更好地维护国家主管部门所授予的法律地位及检测工作的法律效力，作为社会中介机构，我们将本着科学、公正、准确的原则，特作如下承诺：

一、检测中心是社会公益性机构，不接受任何单位的资金和有条件的资助。

二、检测中心工作人员要严格按照“质量手册”的各项规定进行检测工作，对所有受检单位都提供优质的服务，不受贿、不弄虚作假、不营私舞弊，保证科学、公正、准确、及时地完成检测任务。

三、检测中心对受检单位的样品、技术资料和检测结果严格保守秘密，检测中心工作人员不得擅自将其借出、公布和泄露，更不能用于中心相关技术开发工作。

四、检测中心不得从事承检产品范围内的产品开发、技术咨询、销售等活动。检测中心任何人员不得在与承检产品相关的单位兼职，不得从事任何有损公正性的活动。

五、检测中心的检测结果仅以检测报告的形式提供，检测中心任何个人在任何场合的表态均不代表检测中心出具报告的最终意见和结论。

1.1.2 维护客户权利承诺

为了维护客户权利，特作如下承诺：

检测中心检验工作的独立性不受任何行政干预，不受任何关系和经济因素的影响，独立地开展检验工作。

检测中心始终不渝地维护其诚实的工作态度，坚持科学、公正、准确的原则。杜绝一切损害委托人利益的事情发生。

检测中心向委托人承诺所应承担的法律责任和应履行的法律义务。

检测中心要求全体员工严格遵守与委托人签订的一切协议或契约，强调员工职业道德的修养和鼓励员工积极进取的工作。

检测中心不得开展有违公正性的一切技术、开发、咨询、贸易等活动。

坚持委托人第一，质量第一的服务宗旨和让所有委托人满意的发展方向，在服务中严格遵循检测中心的质量方针、质量目标、质量承诺和公正性措施，并保证：

对任何申请检验的委托人一视同仁，坚持自愿和无歧视的平等原则；

严格按照质量手册、程序文件和技术标准的规定进行检验，并有权抵制一切背离质量方针的行政干预，维护检验结果的真实性、有效性；

为委托人承担保密的法律责任和义务，未经委托人允许，不评价、不公开、不复印、不转借受检样品（样机）的技术资料和检验数据；

坚持公开、透明、合理的收费标准；

热情接待每一位申诉者，重视每一例投诉，承诺对任何一起申诉都将在约定的时间内向申诉人做出合理的答复，对违反检验规定造成委托人损害的，我们将承担相应的民事责任；

鼓励员工严守纪律，积极进取，欢迎并接受社会各界对我们工作的监督。

1.1.3 中心检测能力范围

经国家实验室认可委员会认可，目前检测中心所具备的检验能力范围达185项，检测项目主要有：

安防电子类产品

主动红外入侵探测器、室内用被动红外探测器、室内用微波多普勒探测器、微波和被动红外复合入侵探测器、振动入侵探测器、室内用被动式玻璃破碎探测器、磁开关入侵探测器、防盗报警控制器、汽车防盗报警系统、超声波入侵探测器、超声和被动红外复合入侵探测器、遮挡式微波入侵探测器、摩托车防盗器、GPS定位系统（终端）、楼宇对讲系统、巡更系统、黑白摄像机（网络）、彩色摄像机（网络）、黑白监视器、彩色监视器、视频矩阵主机、画面分割器、分配器、云台、监室用高压电网等；

通信类产品

常规通信车手台、集群手台、集群车台、集群信令系统、集群转信系统等；

实体防护类产品

金库门、活动金库、便携式防盗安全箱、楼宇对讲电控防盗门、防尾随电控门、监室门、运钞车、运钞箱、外装门锁、弹子插芯门锁、叶片插芯门锁、球形门锁、自行车锁、弹子家具锁、弹子挂锁、磁性卡片门锁、防盗安全门、保险枪弹柜等；

安全防暴类产品

手持式金属探测器、爆炸物销毁器、便携式X射线安全检查设备、微剂量X射线安全检查设备、通过式金属探测门、炸药探测器、便携式炸药箱、防刺背心、防爆毯、防爆服、防暴幕帘、警用防暴头盔、警用摩托车头盔、警用勤务头盔、警用防割手套、手铐、脚镣、捕网器、路障、手持式警用强光器、防暴车、警用自卫喷射器等；

防弹类产品

防弹运钞车、防弹背心、防弹钢板、防弹玻璃、防弹轮胎、警用防弹衣、警用防弹头盔及面罩等；

证卡类产品

第二代居民身份证人像采集系统、生物特征识别仪、第二代居民身份证台式阅读机、IC卡芯片、电子护照等；

警用服装、鞋帽、服饰类、服装材料等软件测试

各级公安机关“金盾工程”项目及其它信息化产品的委托测试；警用地理信息系统、旅馆业治安管理信息系统等公共安全领域的软件产品委托测试；公安机关“三台合一”接处警系统委托测试；指纹、人像等生物特征识别系统委托测试；计算机信息系统集成项目的验收测试；计算机信息安全类产品委托检测；计算机信息系统物理安全等级评估；软件产品登记测试；软件产品的黑白盒测试等；

工程检测

各类安全防范工程包括：视频安防监控系统、入侵报警系统、出入口控制系统、电子巡查系统、停车库（场）管理系统等。

1.1.4 中心检测范围内国家强制性认证的安防产品目录

实施国家强制性认证的安防产品包括：

主动红外入侵探测器、室内用被动红外探测器、室内用微波多普勒探测器、微波和被动红外复合入侵探测器、振动入侵探测器、室内用被动式玻璃破碎探测器、磁开关入侵探测器、防盗报警控制器、汽车防盗报警系统、防盗保险柜、防盗保险箱、汽车行驶记录仪。

1.1.5 实施生产登记批准制度的安防产品

1. 报警系统出入口控制设备：包括目标识别、信息处理、控制、执行的设备和系统；

2. 机械防盗锁：包括用于防盗安全门、金库门、防盗保险柜（箱）、机动车防盗的专用锁等；

3. 楼寓对讲（可视）系统：包括各类可视、非可视楼寓对讲设备和系统；

4. 防弹复合玻璃：包括各类防弹、防破坏的玻璃；

5. 报警系统视频监控设备：包括视频入侵、探测、传输、控制、存储、显示等设备和系统。

1.1.6 产品检验类别及流程

一、产品型式检验

1. 受检单位向各省（市）公安厅（局）技防办提出检验申请；2. 各省（市）公安厅（局）技防办进行抽样，抽样后受检单位将抽样样品及各省（市）公安厅（局）技防办出具的抽样单一并交至检测中心综合部；3. 受检单位正式填写检验申请表并按规定交纳检验费用。目前中心允许邮寄产品进行检验，申请单可从网上下载，并且通过电话、传真进行前期联系；4. 检测中心在正式受理后，由综合部负责将任务下达到各检验部；5. 检验员对受试样品按照相关标准进行检验。检验完成后，检验员编制检验报告，经各检验部审核及中心负责人批准后，盖章并即日起生效；6. 检验报告一式三份，检测中心、受检单位、技防办各持一份（原件）；7. 检验周期一般为20个工作日，若受检单位因业务需要，可向检测中心申请加急业务。

二、产品委托检验

1. 受检单位向检测中心综合部提出检验申请，并提供受试样品及相关标准；2. 受检单位正式填写检验申请表并按规定交纳检验费用；3. 检测中心在正式受理后，由综合部负责将任务下达到各检验部；4. 检验员依据相关标准对受试样品进行检验。检验完成后，检验员编制检验报告，经各检验部审核及中心负责人批准后，盖章并即日起生效；5. 检验报告一式两份，受检单位、检测中心各持一份；6. 检验周期一般20个工作日，若受检单位因业务需要，可向检测中心申请加急业务。

三、国家监督抽查检验

1. 国家检验检疫总局质量监督处拟定监督抽查计划，并将产品项目报国家质监总局；2. 国家质监总局批准计划，并授权承担检测的质检机构；3. 由检测中心派员到生产企业抽样；4. 中心按相关标准进行检验；5. 检验结果报国家检验检疫总局；6. 向社会公布监督抽查结果。

四、产品质量仲裁检验

1. 申请人可以直接向检测中心提出产品质量仲裁检验申请，也可以通过质量技术监督部门向中心提出申请；2. 中心按照办理条件，受理后与申请人签订产品质量仲裁检验委托书；3. 检测中心将严格按照《产品质量仲裁检验和产品质量鉴定管理办法》独立实施产品质量仲裁检验，出具准确的仲裁检验报告，并对仲裁检验报告负责；4. 通知申请人在约定时间内领取仲裁检验报告，申请人应签收上述报告；5. 申请人或者争议双方当事人任何一方对仲裁检验报告有异议的，应当在收到仲裁检验报告之日起十五日内向受理仲裁检验的质检机构提出，中心将认真处理，并予以答复。对答复仍有异议的，可以向国家质量技术监督局指定的质检机构申请复检，其出具的仲裁检验报告为终局结论；6. 质检机构将各有关仲裁检验材料整理归档。

五、行业监督抽查

1. 公安部科技局质量监督处拟定监督抽查计划、产品目录，2. 授权承担检测的质检机构；3. 由检测中心派员到生产企业抽样；4. 检测中心按相关标准进行检验；5. 检验结果报公安部科技局质量监督处；6. 由公安部向社会公布监督抽查结果。

1.1.7 中心检验产品及工程送检条件

产品检验可分为委托检验、型式检验、仲裁检验、抽查检验。同时我们还承接工程检验。

一、产品委托检验的条件

1. 必须具有国家标准、行业标准或企业标准；
2. 产品具备说明书等资料；
3. 一定数量的样机（电类产品3～5台、其它产品根据产品形式确定）。

二、产品型式检验的条件

1. 产品已经批量生产，具有一定量的母本数，由各地公安技防管理部门抽样，抽样数量根据产品的不同形式确定；
2. 提供省级公安技防管理部门的抽样单（一式三份）；
3. 提供国家、行业标准的标准号或企业标准；
4. 产品使用说明书等资料。

三、产品仲裁检验

除具备委托检验的条件外，还须具备法院委托证明。

四、产品抽查检验

1. 由检测中心根据国家技术监督局或公安行业管理部门的要求前往抽样，检测依据为国家标准或行业标准以及企业标准；
2. 样品数量根据具体产品确定；
3. 具备产品使用说明书等资料。

五、安防系统工程检验

1. 工程合同；
2. 技术方案；
3. 相关图纸资料；
4. 相关产品的检验报告。

1.1.8 工程检测前准备工作要点

为配合本中心对安防系统工程的检测工作，提高检测和出具报告的工作效率。受检单位应在检测前做好以下准备工作：

1. 实际安装的设备之规格型号/数量应与设备清单一致；
2. 实际安装的设备与提供的设备检验报告一致；
3. 应安排好该项目技术负责人和现场安装、调试人员若干名并携带工具到达现场，配合检测人员进行全程的检测工作。如安防系统工程前端监控设备较多、与监控中心距离较远最好准备无线对讲设备和梯子等工具；
4. 门禁系统工程，应准备全效卡、权限卡、空白卡多张；
5. 检测前交纳检测费用，提前与检测人员约定现场检测时间。

1.1.9 安防工程检测需要提交的技术文件、资料

序　号	技术文件资料内容	备　注
1	正式工程合同	
2	工程合同设备清单	与实际安装的设备一致
3	正式设计文件	
4	隐藏工程随工验收单	
5	系统配置（原理）框图	应含工程施工图
6	工程竣工报告	
7	安防设备产品的检验报告或3C证书	进口设备产品需提供相应的报关单
8	系统初验报告	可委托监理方，或我方实地测量
9	主控制中心所在楼宇的接地报告	如无接地报告，我方实地测量
10	承建方等级资格证书	

1.1.10 软件测试服务指南

目前我中心开展的信息技术软件产品测试范围包括：各级公安机关“金盾工程”项目及其它信息化产品的委托测试；警用地理信息系统、旅馆业治安管理信息系统、监控报警管理平台软件等公共安全领域的软件产品委托测试；公安机关“三台合一”接处警系统委托测试；指纹、人像等生物特征识别系统委托测试；计算机信息系统集成项目、软件研发项目的验收测试；计算机信息安全类产品委托检测等。现就有关软件测试的相关内容通告如下：

1. 测试目的

按照GB/T 17544－1998《信息技术 软件包 质量要求和测试》等国家标准及相关行业标准、企业标准（或需求规格说明书）的要求，对被测软件产品的功能、可靠性、易用性、效率、可维护性、可移植性等质量特性进行测试及评价，规范公共安全领域的信息系统的开发应用，便于公安部门实现业务管理和数据共享，满足公安管理工作的需要。

2. 受测单位应提交的资料

（1）营业执照（复印件）。

（2）系统文档。

包括需求分析报告（需求规格说明书）、概要设计说明书、数据库设计说明书、软件自测文档、用户操作手册、安装维护手册等，纸质一份。

（3）测试样品。

安装程序、执行程序等测试样品以光盘形式提供，该光盘要有对执行程序和运行环境的详细说明，并有软件名称和版本标记，可以对照安装手册，完成系统安装，建立运行环境。

3. 测试规程

3.1 测试流程

（1）测试申请

受测单位向检测中心提出申请，填写《软件测试申请表》，并按要求提交相关资料。申请表可在互联网上下载。（网址：www. tcspbj. com或www. ga. net. cn/jczx）。

（2）资料评审

检测中心指定测试组长，测试组长在3个工作日内对申请表以及有关资料进行评审。审查通过后，测试组根据被测产品规模、环境搭建难易程度、工作量大小等因素确定测试费用、测试时间等内容。

（3）编制测试文档

受测单位对测试组进行必要的产品使用培训，测试组根据委托单位填写的《软件测试申请表》、产品资料编制测试大纲、测试计划和测试用例等测试文档。

（4）接收测试样品

测试样品由测试组长接收，在确保样品未感染病毒后做好样品标识。测试人员在测试过程中应认真填写测试样品的接收单。测试完毕后交给软件测试室样品保管人存档。

（5）建立测试系统

在正式测试前两天，受测单位协助测试组建立测试系统。安装前由测试仪器管理人按测试仪器的管理规定对计算机、服务器重新进行安装。测试所需的计算机类通用设备由检测中心提供，系统环境搭建所需的一些专用硬件设备由具体受测单位提供。如在检测中心无法搭建完整测试环境，可到具备环境的现场进行测试。

（6）安装、加载

测试组用测试样品安装应用程序，建立测试环境；测试环境完成后，经测试组确认可进行数据加载工作。

（7）测试

测试组组长组织，测试组成员按照测试用例逐项测试，记录测试结果，每个用例至少由两名测试人员签字。测试时受测单位应提供技术支持，确保测试组完成测试任务。

（8）测试样品存档

测试完毕后测试组长将测试样品交给软件测试室样品

保管人存档并填写样品存档登记表

（9）编写测试报告

由测试组根据资料审查结果和测试结果进行综合评价，编写测试报告。

3.2 测试报告

根据测试情况，确定测试结论，形成测试报告。测试报告一式两份，一份用户保存，一份检测中心存档。

4. 联系方式

公安部安全与警用电子产品质量检测中心：

地　　址：北京海淀区首都体育馆南路一号
电　　话：010－88820275，88820372
传　　真：010－88820189
邮　　编：100044
E－mail：zz9421@sina.com
　　　　　stonezheng@ga.net.cn

1.1.11 公安部安全与警用电子产品质量检测中心电子产品检测申请单

公京检字第　　号

<table>
<tr><td>受检单位</td><td colspan="3"></td><td>收货单位</td><td colspan="3">公安部第一研究所公安部安全与警用电子产品质量检测中心</td></tr>
<tr><td>任务来源</td><td colspan="3"></td><td>收货地址</td><td colspan="3">北京首都体育馆南路1号</td></tr>
<tr><td>地　址</td><td colspan="3"></td><td>联系人</td><td>刘琳</td><td>收货人</td><td>邢燕伟 88513381</td></tr>
<tr><td>电　话</td><td></td><td>联系人</td><td></td><td>电　话</td><td>88513379</td><td>传　真</td><td>010－68420993</td></tr>
<tr><td>邮　编</td><td></td><td>传　真</td><td></td><td>邮　编</td><td>100048</td><td>网　址</td><td>www.tcspbj.com
www.ga.net.cn/jczx</td></tr>
<tr><td>产品名称
规格型号</td><td colspan="3"></td><td rowspan="2">帐户名称
开户银行
帐　号</td><td rowspan="2" colspan="3">公安部第一研究所
中国工商银行北京百万庄支行
0200001409014466235</td></tr>
<tr><td>数量</td><td colspan="3">台（套）附件：</td></tr>
<tr><td>来样方式</td><td>□送样
□邮寄</td><td>样品处理</td><td>□自取
□放弃
□邮寄</td><td>报告领取</td><td>□自取
□邮寄</td><td>报告份数</td><td>份</td></tr>
<tr><td>检测类别</td><td colspan="3">□委托 □型检 □监督 □仲裁 □摸底</td><td>检测地点</td><td>□送检 □现场</td><td>分包项目</td><td></td></tr>
<tr><td>检测时间</td><td colspan="7">□常规（20个工作日）□加急（　　个工作日）□特急（　　个工作日）</td></tr>
<tr><td>检测依据</td><td colspan="7">□行业标准：　　　　□国家标准：
□企业标准：　　　　□说明书、技术指标</td></tr>
<tr><td>检验项目</td><td colspan="7">□国标全项 □行标全项 □企标全项 □外壳防护（IP） □外观 □机械强度
□绝缘电阻 □抗电强度 □泄漏电流 □阻燃试验 □标志 □性能 □功能
□防过热 □温升 □防微波辐射 □爬电距离和电气间隙 □防雷击 □防电击
□静电放电 □快速脉冲群 □电磁场辐射抗扰度 □浪涌抗扰度 □电压暂降和短时中断
□射频传导抗扰度 □工频磁场抗扰度 □脉冲磁场抗扰度
□常温 □高温 □低温 □恒定湿热 □交变湿热 □高储 □低储 □振动 □冲击 □锤击
□跌落 □稳定性 □耐久性 □单项试验：</td></tr>
<tr><td>检测费用</td><td colspan="7">金额：　　　　发票号：</td></tr>
<tr><td colspan="4">委托方授权代表：
申请日期：　　年　月　日
确认日期：　　年　月　日</td><td colspan="4">受理方授权代表：
受理日期：　　年　月　日
确认日期：　　年　月　日</td></tr>
<tr><td>目前状态</td><td colspan="7">□入库日期 □入库单号 □标准待改 □传真已发 □样品未到 □费用待缴</td></tr>
<tr><td>备注</td><td colspan="7"></td></tr>
</table>

注：在所选择项前☑

1.1.12 公安部安全与警用电子产品质量检测中心
实体防护产品检测申请单

公京检字第　　号

受检单位				收货单位	公安部第一研究所公安部安全与警用 电子产品质量检测中心		
任务来源				收货地址	北京市首都体育馆南路 1 号		
地　址				联系人	邱日祥	收货人	邢燕伟 88513381
电　话		联系人		电　话	88513378	传　真	010－68420993
邮　编		传　真		邮　编	100048	网　址	www.tcspbj.com www.ga.net.cn/jczx
产品名称 规格型号				帐户名称 开户银行 帐　　号	公安部第一研究所 中国工商银行北京百万庄支行 0200001409014466235		
数量	台（套）附件：						
来样方式	□送样 □邮寄	样品处理	□自取 □放弃 □邮寄	报告领取	□自取 □邮寄	报告份数	份
检测类别	□委托 型检 □监督 □仲裁 □摸底			检测地点	□送检 □现场	分包项目	
检测时间	□常规（20 个工作日）　□加急（　个工作日）　□特急（　个工作日）						
检测依据	□行业标准：　□国家标准： □企业标准：　□说明书、技术指标						
检验项目	□国标全项 □行标全项 □企标全项 □抗破坏 □技术开启 □防弹性能 □常温 □高温 □低温 □恒定湿热 □交变湿热 □跌落 □尺寸 □振动 □冲击 □稳定性 □耐久性 □外壳防护（IP　）□外观 □机械强度 □功能 □绝缘电阻 □抗电强度 □泄漏电流 □阻燃试验 □标志 □性能 □重量 □V50 □透光率 □A 级 □B 级 □C 级 □单项试验：						
检测费用	金额：　　　　发票号：						
委托方授权代表： 申请日期：　年　月　日 确认日期：　年　月　日				受理方授权代表： 受理日期：　年　月　日 确认日期：　年　月　日			
目前状态	□入库日期 □入库单号 □标准待改 □传真已发 □样品未到 □费用待缴						
备注							

注：在所选择项前☑

1.1.13 公安部安全与警用电子产品质量检测中心

工程检测申请单

公警检字第　　号

<table>
<tr><td>受检单位</td><td colspan="3"></td><td>受理方</td><td colspan="3">公安部安全与警用电子产品质量检测中心</td></tr>
<tr><td>任务来源</td><td colspan="3"></td><td>收货地址</td><td colspan="3">北京首都体育馆南路1号</td></tr>
<tr><td>地　址</td><td colspan="3"></td><td>联系人</td><td>刘琳</td><td>收货人</td><td>胡志昂</td></tr>
<tr><td>电　话</td><td></td><td>联系人</td><td></td><td>电　话</td><td>88513379</td><td>传真</td><td>010－68420993</td></tr>
<tr><td>邮　编</td><td></td><td>传　真</td><td></td><td>邮　编</td><td>100048</td><td>网址</td><td>www. tcspbj. com
www. ga. net. cn/jczx</td></tr>
<tr><td>工程名称</td><td colspan="3"></td><td rowspan="2">帐户名称
开户银行
帐　　号</td><td colspan="3" rowspan="2">公安部第一研究所
中国工商银行北京百万庄支行
0200001409014466235</td></tr>
<tr><td>建设方</td><td colspan="3"></td></tr>
<tr><td>承建方</td><td></td><td></td><td></td><td>报告领取</td><td>□自取
□邮寄</td><td>报告
份数</td><td>份</td></tr>
<tr><td>检测时间</td><td colspan="7">□常规（　　个工作日）　□加急（　　个工作日）　特急（　　个工作日）</td></tr>
<tr><td>检测依据</td><td colspan="7">□GB50348　□设计方案　□工程合同　□设备清单</td></tr>
<tr><td>检验项目</td><td colspan="7">□系统功能与主要性能　□安全性与电磁兼容　□设备安装　□线缆敷设
□电源　□防雷与接地</td></tr>
<tr><td>检测费用</td><td colspan="7">金额：　　　　　　　工程造价：　　　　　　　发票号：</td></tr>
<tr><td colspan="4">委托方授权代表：
申请日期：　　　　年　　月　　日
确认日期：　　　　年　　月　　日</td><td colspan="4">受理方授权代表：
受理日期：　　　　年　　月　　日
确认日期：　　　　年　　月　　日</td></tr>
<tr><td>目前状态</td><td colspan="7">□传真已发　□样品未到　□费用待缴
日期：</td></tr>
<tr><td>备注</td><td colspan="7"></td></tr>
</table>

注：在所选择项前☑

1.1.14 公安部安全与警用电子产品质量检测中心

软件测试申请单

公京检字第　　号

<table>
<tr><td>受检单位</td><td colspan="3"></td><td>受理方</td><td colspan="3">公安部安全与警用电子产品质量检测中心</td></tr>
<tr><td>任务来源</td><td colspan="3"></td><td>地　址</td><td colspan="3">北京首都体育馆南路1号</td></tr>
<tr><td>地址</td><td colspan="3"></td><td>联系人</td><td>郑征</td><td>负责人</td><td>胡志昂</td></tr>
<tr><td>电　话</td><td></td><td>联系人</td><td></td><td>电　话</td><td>88513191</td><td>传　真</td><td>010－88513190</td></tr>
<tr><td>邮　编</td><td></td><td>传　真</td><td></td><td>邮　编</td><td>100048</td><td>网　址</td><td>www. tcspbj. com
www. ga. net. cn/jczx</td></tr>
<tr><td>产品名称
及样本号</td><td colspan="3"></td><td>帐户名称
开户银行
帐　　号</td><td colspan="3">公安部第一研究所
中国工商银行北京百万庄支行
0200001409014466235</td></tr>
<tr><td>产品开发/
运行环境</td><td colspan="7"></td></tr>
<tr><td>产品描述</td><td colspan="7"></td></tr>
<tr><td>来样方式</td><td>□ 送样
□ 邮寄</td><td>样品处理</td><td>□ 自取
□ 存留</td><td>报告领取</td><td>□ 自取
□ 邮寄</td><td>报告份数</td><td>份</td></tr>
<tr><td>测试时间</td><td colspan="5">□常规（20个工作日）　□加急（　　个工作日）　□特急（　　个工作日）</td><td>检验地点</td><td>□送检
□现场</td></tr>
<tr><td>测试类别</td><td colspan="5">□委托　□验收　□登记　□其它</td><td colspan="2">样品数量</td></tr>
<tr><td>测试依据</td><td colspan="7">□行业标准：　　□国家标准：
□企业标准：　　□产品需求规格说明书：
□产品说明书：　□其它（填写）：</td></tr>
<tr><td>测试项目</td><td colspan="7">□国标全项　□行标全项　□企标全项　□功能性　□可靠性　□易用性　□效率
□可移植性□可维护性　□用户文档　□中文标准符合性　□安装卸载</td></tr>
<tr><td colspan="4">委托方授权代表：
申请日期：　　年　月　日
确认日期：　　年　月　日</td><td colspan="4">受理方授权代表：
申请日期：　　年　月　日
确认日期：　　年　月　日</td></tr>
<tr><td>目前状态</td><td colspan="7">□样品入库　□传真已发　□任务已下　□费用待缴　□标准待改　□样品未到
日期：</td></tr>
<tr><td>备　注</td><td colspan="7"></td></tr>
</table>

注：在所选择项前☑

1.1.15 公安部特种警用装备质量监督检验中心

警械产品检测申请单

公警检字第　　号

<table>
<tr><td>受检单位</td><td colspan="3"></td><td>收货单位</td><td colspan="3">公安部第一研究所公安部安全与警用电子产品质量检测中心</td></tr>
<tr><td>任务来源</td><td colspan="3"></td><td>地　址</td><td colspan="3">北京首都体育馆南路 1 号</td></tr>
<tr><td>地　址</td><td colspan="3"></td><td>联系人</td><td>邱日祥</td><td>收货人</td><td>邢燕伟 88513381</td></tr>
<tr><td>电　话</td><td></td><td>联系人</td><td></td><td>电　话</td><td>88513378</td><td>传真</td><td>010－68420993</td></tr>
<tr><td>邮　编</td><td></td><td>传　真</td><td></td><td>邮　编</td><td>100048</td><td>网址</td><td>www. tcspbj. com
www. ga. net. cn/jczx</td></tr>
<tr><td>产品名称
规格型号</td><td colspan="3"></td><td rowspan="2">帐户名称
开户银行
帐　　号</td><td colspan="3" rowspan="2">公安部第一研究所
中国工商银行北京百万庄支行
0200001409014466235</td></tr>
<tr><td>数量</td><td colspan="3"></td></tr>
<tr><td>来样方式</td><td>□送样
□邮寄</td><td>样品处理</td><td>□自取
□放弃
□邮寄</td><td>报告领取</td><td>□自取
□邮寄</td><td>报告份数</td><td>份</td></tr>
<tr><td>检测类别</td><td colspan="3">□委托　□型检　□监督　□仲裁
□摸底</td><td>检测地点</td><td>□送检
□现场</td><td>分包
项目</td><td></td></tr>
<tr><td>检测时间</td><td colspan="7">□常规（20 个工作日）　□加急（　　个工作日）　特急（　　个工作日）</td></tr>
<tr><td>检测依据</td><td colspan="7">□行业标准：　　□国家标准
□企业标准：　　□说明书、技术指标</td></tr>
<tr><td>检验项目</td><td colspan="7">国标全项　□行标全项　□企标全项　□防弹性能　□防刺性能　□抗冲击性能　□防护面积　□重量　□V50
□常温　□高温　□低温　□恒定湿热　□跌落　□尺寸　□振动　□冲击　□稳定性　□耐久性□外壳防护（IP　）
□外观　□机械强度　□功能　□绝缘电阻　□抗电强度　□标志　□泄漏电流　□阻燃试验　□性能
□寿命试验　□绍氏硬度　□透光率　□防割性能　□浸水　□单项试验</td></tr>
<tr><td>检测费用</td><td colspan="7">金额：　　　　　　　　　　　　　　　　　　发票号：</td></tr>
<tr><td colspan="4">委托方授权代表：
申请日期：　　　　年　　月　　日
确认日期：　　　　年　　月　　日</td><td colspan="4">受理方授权代表：
受理日期：　　　　年　　月　　日
确认日期：　　　　年　　月　　日</td></tr>
<tr><td>目前状态</td><td colspan="7">□入库日期　□入库单号　□标准待改　□传真已发　□样品未到　□费用待缴</td></tr>
<tr><td>备　注</td><td colspan="7"></td></tr>
</table>

注：在所选择项前☑

1.1.16 公安部特种警用装备质量监督检验中心检测申请单

公警检字第　　号

委托方				收货单位	公安部第一研究所公安部特种警用装备质量监督检验中心		
地　址				收货地址	北京海淀区首都体育馆南路1号		
负责人		联系人		联系人	马纯英	收货人	杨宝义 88513381
电　话		传　真		电　话	88513376	传　真	010－68420993
邮　编		手　机		邮　编	100048	网　址	www. ga. net. cn/jczx
产品名称 规格型号				帐户名称 开户银行 帐　　号	公安部第一研究所 中国工商银行北京百万庄支行 0200001409014466235		
样品数量							
来样方式	□送样 □邮寄	样品处理	□自取 □邮寄	报告领取	□自取　□邮寄	报告份数	份
检测类别	□委托 □型检 □行检 □仲裁 □统检			检验地点	□送检　□现场	□常规　□加急	
检测依据	□行业标准：			□国家标准：		□其它	

检验项目				
检验项目	成品类： 全项 □外观质量 □成品尺寸 □缝制工艺 □成品上面料破坏性试验 □成品上辅料破坏性试验 □其它	织物类： □全项 □色差 □幅宽 □纬斜 □密度 □断裂强力 □伸长率 □单舌撕破 □梯形撕破 □单位面积质量 □缩水率（静态浸泡法） □缩水率（洗衣机法） □折痕回复角 □起毛起球 □缝纫损伤 □含毛量 □4PH 值 □游离甲醛含量 □吸湿排汗 □静电半衰期 □电荷面密度	□勾丝 □落水变形 □汽蒸收缩率 □耐摩擦色牢度 □耐洗色牢度 □耐汗渍色牢度 □耐热压色牢度 □耐刷洗色牢度 □耐光色牢度 □褶裥持久性 □干热尺寸变化 □水洗后外观 □静水压 □沾水（淋雨） □透气性 □透湿性 □抗粘连性 □耐磨 □耐老化试验 □二组份分析 □厚度 □其它	鞋、服饰类： □全项 □成鞋耐折性能 □成鞋耐磨性能 □剥离强力 □鞋底硬底（邵尔 A 硬度） □粘合强力 □磨损体积（阿克隆） □拉伸强度 □橡胶邵尔 A 硬度 □漆膜伸长率 □撕裂强力 □勾心纵向抗弯钢度 □镀层厚度 □耐盐雾 □抗拉强力 □漆膜附着力 □逆反射系数 □扣合强度 □撕揭强度 □其它
检测费用	金额：			发票号：
委托方授权代表：年　月　日		受理方授权代表：		年　月　日
目前状态	□样品入库　□入库单号　□传真已发　□费用待缴　□样品未到　□任务已下			

注：在所选择项前☑　有分包项目时，在选项后注明△

（资料提供：国家安全防范报警系统产品质量监督检验中心（北京））

1.2 国家安全防范报警系统产品质量监督检验中心（上海）公开性文件

1.2.1 公正性声明

为维护公安部第三研究所安全防范与信息安全产品及系统检验实验室公正、诚实的立场，保持检验活动的独立性，本实验室向社会各界发表声明如下：

1. 遵守国家法律法规和认可机构的要求，承担本实验室在检验活动中的民事法律责任和义务；

2. 坚持公正、公开、公平的检验服务原则；

3. 保护客户的所有权和专利权；

4. 坚持独立检验、独立判断，向社会各界提供公正检验服务；

5. 谢绝有违检验公正性的投资和赞助，不介入客户之间的市场竞争和利益冲突。

以上声明表明了公安部第三研究所安全防范与信息安全产品及系统检验实验室的公正立场，本实验室全体员工应严格遵守。欢迎社会各界对我们的行为给予监督和指正。

1.2.2 保证公正性和诚实性的规定

1. 自律行为准则和公正性措施的制定

（1）本实验室的最高管理者应亲自组织制定自律行为准则和公正性措施，带头贯彻执行并使之不断完善。

（2）实验室的最高管理者亲自或责成有关负责人员在全体大会上宣贯行为准则和公正性声明及措施，对新员工指定专人对其宣贯。

（3）应把行为准则和措施张贴在明显的位置，接受社会各方和客户的监督。

2. 公正性和诚实性行为的监督检查

（1）管理层在制定年度计划和下达创收指标时应统一认识明确在检测能力许可范围内和确保检测质量前提下完成创收任务，严禁以数量压质量。

（2）对来自上级主管部门和关系部门的不正当干预，管理层应按照公正性声明的要求予以抵制，必要时管理层应研究对策以集体名义予以抵制。

（3）本实验室出具给客户的检测数据和结果应从制度上保证不是个人行为结果，技术负责人和各检测部主任、监督员应确保检测、校核、审批三级签字确认制度落实到实处。

（4）样品管理员和检测报告的发放人员应坚持原则忠于职守，把好检测样品接收关，防止用户和检测人员在无监督条件下直接发生业务往来。

（5）诚实是公正的前提，各检测部主任和监督员应坚持原则不接受检测能力许可范围以外的检测任务，对于设备和环境条件不能完全满足要求的检测活动以及对检测方法有效性没有把握的检测工作应如实告之客户。

（6）本实验室所有人员均有权利监督制止违反本实验室公正性声明和公正性承诺的人和事，必要时应及时向有关负责人报告。

（7）内审和管理评审应把公正性声明和公正性承诺及措施的落实情况作为审核和评审内容，质量主管应跟踪与此相应的纠正和预防措施落到实处。

3. 奖惩措施

（1）本实验室的最高管理者对自觉维护实验室信誉，坚持原则，忠于职守，维护检测工作诚实性和公正性声明从而避免实验室信誉受到伤害的人和事给予表扬和奖励。

（2）最高管理者应对违反公正性和诚实性的人和事，视情节严重程度给予批评教育、警告直至辞退的处分。

（3）当内审和管理评审发现对公正性存在理解、掌握和执行的问题时，最高管理者应组织专题研究并组织一定范围内的直至全体员工的培训，以期统一认识，统一行动。

1.2.3 处理抱怨的管理规定

1. 处理申（投）诉的职责：

（1）质量主管应：

①组织实施对客户申（投）诉的处理；

②按照规定的时间答复客户调查和处理结果；

③必要时组织管理体系相关部分的审核。

（2）监督员应：

①协助质量主管对申（投）诉的技术部分的核查。

（3）内审员应：

①参与质量主管组织的管理体系相关部分审核。

（4）档案管理员应：

①保存客户申（投）诉的信函；

②保存实验室处理申（投）诉的文件；

③保存管理体系相关部分审核的文件。

2. 申（投）诉的受理

（1）实验室接收到有关客户申（投）诉的信息后，接收人应用书面方式详细记录申（投）诉的事由，记录后的文件交由质量主管实施处理。遇重大申（投）诉时，质量主管应将记录报告最高管理者批示。

（2）质量主管应对申（投）诉的内容和要求进行分析，找到处理申（投）诉和答复客户的方式。

（3）当申（投）诉涉及到检验报告和数据时，质量主管应和技术管理者共同组织核查。核查应执行《数据控制与保护程序》。

（4）当客户的申（投）诉涉及到实验室的管理体系时，质量主管应按照《实施纠正措施程序》实施纠正措施或按照《实施预防措施程序》对可能发生的客户利益损害的事，实施预防措施。

（5）当申（投）诉涉及到人员职责或实验室的质量方针和程序时，质量主管应及时的制定内审计划，按照《管理体系内部审核程序》开展对实验室有关人员职责或质量方针和程序的审核。

（6）如内审问题涉及到实验室的质量方针或管理体系的结构时，质量主管应尽快将内审结果报告最高管理者，由最高管理者实施对管理体系的评审。管理评审应执行《管理评审程序》。

3. 申（投）诉的答复

（1）实验室的质量主管或最高管理者在完成了对客户申（投）诉的调查和处理后，应由质量主管起草一份复函正式答复客户的申（投）诉。

（2）遇重大申（投）诉的处理时，起草后的复函应由最高管理者审核或签发。

（3）对于法定机构指导的检验工作，需对申诉进行处理时，应在回复函后，抄送一份送交法定机构。

（4）质量主管应将申（投）诉处理的全部过程记录交档案管理员归档保存。

1.2.4 中心检测能力范围

中国合格评定国家认可委员会
实验室认可证书附件
（No. CNAS L0653）

名称：公安部第三研究所安全防范与信息安全产品及系统检验实验室
地址：上海市岳阳路76号
签发日期：2008年01月28日　　有效期至：2011年06月07日

序号	产品/产品类别	项目/参数		领域代码	检测标准（方法）名称及编号（含年号）
		序号	名称		
1	车用电子警报器	1	全部项目	0421	《车用电子警报器》GB 8108－1999
2	入侵探测器	1	全部项目	0519	《入侵探测器 第1部分：通用要求》GB 10408.1－2000
3	超声波入侵探测器	1	全部项目	0421	《入侵探测器 第2部分：室内用超声波多普勒探测器》GB 10408.2－2000
4	微波入侵探测器	1	全部项目	0519	《入侵探测器 第3部分：室内用微波多普勒探测器》GB 10408.3－2000
5	主动红外入侵探测器	1	全部项目	0519	《入侵探测器 第4部分：主动红外入侵探测器》GB 10408.4－2000

序号	产品/产品类别	项目/参数		领域代码	检测标准（方法）名称及编号（含年号）
		序号	名称		
6	室内用被动红外探测器	1	全部项目	0519	《入侵探测器 第5部分：室内用被动红外探测器》GB 10408.5－2000
7	微波和被动红外复合入侵探测器	1	全部项目	0519	《微波和被动红外复合入侵探测器》GB 10408.6－1991
8	振动入侵探测器	1	全部项目	0519	《振动入侵探测器》GB 10408.8－1997
9	被动式玻璃破碎探测器	1	部分项目	0519	《入侵探测器 第9部分：室内用被动式玻璃破碎探测器》GB 10408.9－2001（只测：4.2.8 外壳防护等级 6.3.3 温度循环 6.5.3 电压变化 6.5.5.1 振动 6.5.5.2 电尖峰 6.5.5.3 静电放电 6.5.5.4 电磁场）
10	黑白通用型应用电视摄像机	1	全部项目	0421	《黑白通用型应用电视摄像机测量方法》GB 12338－1990
11	防盗报警控制器	1	全部项目	0519	《防盗报警控制器通用技术条件》GB 12663－2001
12	视频入侵报警器	1	全部项目	0421J	《视频入侵报警器》GB 15207－1994
13	磁开关入侵探测器	1	全部项目	0519	《磁开关入侵探测器》GB 15209－1994
14	遮挡式微波入侵探测器	1	全部项目	0421	《遮挡式微波入侵探测器技术要求和试验方法》GB 15407－1994
15	安全防范系统工程	1	全部项目	0419	《安全防范系统工程技术规范》GB 50348－2004
					《安全防范系统验收规则》GA 308－2001
					《视频安防监控系统技术要求》GA/T 367－2001
					《入侵报警系统技术要求》GA/T 368－2001
					《民用闭路监视电视系统工程技术规范》GB 50198－1994
					《文物系统博物馆风险等级和安全防护级别的规定》GA 27－2002
					《文物系统博物馆 安全防范工程设计规范》GB/T 16571－1996
					《银行营业场所风险等级和防护级别的规定》GA 38－1992
					《银行营业场所安全防范工程设计规范》GB/T 16676－1996
					《住宅小区安全技术防范系统要求》DB31 294－2003
					《安全防范系统通用图形符号》GA/T 74－2000
					《安全防范工程程序与要求》GA/T 75－1994
16	光端机	1	部分项目	0430	《2048kbit/s、…139264kbit/s 光端机技术要求》GB/T13997－1999《光端机技术指标测试方法》YD/T 730－94（不测：3.2.1 一般要求、3.2.3 输入口要求、3.2.4 抖动转移特性、3.3 光接口要求）
17	应用电视设备	1	环境试验项目	0431	《通用型应用电视设备环境要求及试验方法》SJ/T 10658－1995
		2	安全性试验项目	0437	《应用电视设备安全要求及试验方法》GB 14861－1993

序号	产品/产品类别	项目/参数		领域代码	检测标准（方法）名称及编号（含年号）
		序号	名称		
18	安防报警设备	1	部分项目	0437	《安全防范报警设备安全要求和试验方法》 GB 16796－1997 （不测：4.7 防内爆和炸裂、4.8 防激光照射、4.9 防电离辐射、4.11 防超声压力）
		2	部分项目	0431	《报警系统环境试验》GB/T 15211－1994 （不测：6.6 二氧化硫腐蚀、6.7 硫化氢腐蚀）
19	摄像机镜头	1	部分项目	0421	《照相镜头 第1部分：变焦距镜头》GB/T 9917.1－2002 《照相镜头有效孔径和相对孔径的测量方法》JB/T 8248.2－1999 《照相镜头渐晕系数及像面照度均匀度测量方法》JB/T 8248.3－1999 《照相镜头焦距的测量方法》JB/T 8248.5－1999 《照相镜头照相分辨率测定方法》JB/T 8248.6－1999 等 （只测：有效孔径和相对孔径、渐晕系数及像面照度均匀度、焦距、分辨率、环境试验
20	彩色摄像机	1	部分项目	0421	《摄像机（PAL/SECAM/NTSC）测量方法 第1部分：非广播单传感器摄像机》GB/T 15865－1995 （只测：4 亮度灵敏度、5 亮度分解力、6 亮度信号噪声比、7 亮度幅度频率响应、8 亮度波形失真与脉冲响应、18 彩色重现、24 几何失真）
21	监视器	1	部分项目	0421	《黑白监视器通用技术条件》GB/T 14858－1993 （不测：5.3.10.2 场同步范围、5.3.11.2 隔行比、5.3.12.2 阳极高压稳定性、5.3.14.2 通道线性波形响应、5.3.15.2 通道直流分量失真、5.3.18.2 光栅调制干扰）
		2	部分项目	0421	《彩色监视器通用技术条件》SJ/T 10603－1994 《彩色监视器测量方法》SJ/T 10604－1994 （只测：4.1 图像宽高比 4.2 输入信号幅度变化范围 4.22 图像重显率 4.23 中心偏移率 4.24 扫描非线性失真 4.25 图像几何失真 4.27 清晰度 4.31 电源消耗功率 4.32 保持图像稳定的电源电压变化范围 4.35 灰度级 4.44 光栅调制干扰 4.45 并机干扰）
22	应用电视摄像机云台	1	全部项目	0421	《应用电视摄像机云台通用技术条件》GB/T 15412－1994
23	视频控制设备	1	全部项目	0421	《应用电视视频控制设备通用技术条件》SJ/T 11121－1997
24	电视视频通道	1	部分项目	0421	《电视视频通道测试方法》GB/T 3659－1983 （不测：3.4.1 亮度非线性失真、3.4.2 色度信号对亮度信号的交调失真、3.4.5 色度信号增益的非线性失真、3.5.3 色度－亮度增益差、3.5.4 色度－亮度时延差）
25	报警图像信号有线传输装置	1	全部项目	0421	《报警图像信号有线传输装置》GB/T 16677－1996

序号	产品/产品类别	项目/参数		领域代码	检测标准（方法）名称及编号（含年号）
		序号	名称		
26	汽车行驶记录仪	1	全部项目	0512	《汽车行驶记录仪》GB/T 19056－2003 GB/T 19056－2003《汽车行驶记录仪》国家标准第一号修改单 《机动车运行安全技术条件》GB 7258－2004
27	安全防范、信息安全产品	1	静电放电抗扰度	1207	《电磁兼容 试验和测量技术静电放电抗扰度试验》GB/T 17626.2－1998
		2	射频电磁场辐射抗扰度	1207	《电磁兼容 试验和测量技术射频电磁场辐射抗扰度试验》GB/T 17626.3－1998
		3	电快速瞬变脉冲群抗扰度	1207	《电磁兼容 试验和测量技术 电快速瞬变脉冲群抗扰度试验》GB/T 17626.4－1998
		4	浪涌抗扰度	1207	《电磁兼容 试验和测量技术 浪涌（冲击）抗扰度试验》GB/T 17626.5－1999
		5	射频场感应的传导骚扰抗扰度	1207	《电磁兼容 试验和测量技术射频场感应的传导骚扰抗扰度试验》GB/T 17626.6－1998
		6	电压暂降、短时中断和电压变化的抗扰度试验	1207	《电磁兼容 试验和测量技术电压暂降、短时中断和电压变化的抗扰度试验》 GB/T 17626.11－1999
28	小客车防盗报警系统	1	全部项目	0519	《车辆防盗报警系统 小客车》GA 2－1999
29	车辆定位（GPS）报警系统	1	全部项目	0421	《车辆防盗报警系统 小客车》GA 2－1999 企业标准及说明书
30	道路交通信号控制机	1	全部项目	0421	《道路交通信号控制机》GA 47－2002
31	监所周界高压电网装置	1	全部项目	0432	《监所周界高压电网装置》GA 247－2000
32	机动车测速仪	1	部分项目	0421	《机动车测速仪通用技术条件》GA 297－2001 （不测：5.11 可靠性）
33	呼出气体酒精含量探测器	1	部分项目	0421	《呼出气体酒精含量探测器》GA 307－2001 （不测：5.16 呼气连续性监视、5.17 吹管）
34	公路车辆智能监测记录系统	1	全部项目	0421	《公路车辆智能监测记录系统》GA 497－2004
35	楼寓对讲系统及电控防盗门	1	全部项目	0421	《楼寓对讲系统及电控防盗门通用技术条件》GA/T 72－2005
36	可视对讲系统	1	全部项目	0421	《黑白可视对讲系统》GA/T 269－2001
37	门禁、出入口控制系统	1	全部项目	0421	《出入口控制系统技术要求》GA/T 394－2002
38	闯红灯自动记录系统	1	全部项目	0421	《闯红灯自动记录系统》GA/T 496－2004
39	安防监控用硬盘录像机	1	全部项目	0421	《安全技术防范监控用硬盘录像机通用技术要求》DB 31295－2003

序号	产品/产品类别	项目/参数		领域代码	检测标准（方法）名称及编号（含年号）
		序号	名称		
40	防盗保险柜	1	全部项目	0357	《防盗保险柜》GB 10409－2001
41	防盗安全门	1	全部项目	0327	《防盗安全门通用技术要求》GB 17565－1998
		2	部分项目	0327	《防盗防火安全门通用技术要求》DB 31/321－2004（不测：5.5.2 耐火极限）
42	防弹玻璃	1	全部项目	0310	《防弹玻璃》GB 17840－1999
		2	全部项目	0310	《防弹复合玻璃》GA 165－1997
43	自动柜员机（ATM）	1	部分项目	0357	《自动柜员机（ATM）通用规范》GB/T 18789－2002（只测：4.3 外观与结构、4.6 抗破坏能力、4.8 噪声、4.9 环境适应性、5.12 包装）
44	防刺服	1	全部项目	0312	《防刺服》GA 68－2003
45	专用运钞车	1	全部项目	0327	《专用运钞车防护技术条件》GA 164－2005
46	防盗保险箱	1	全部项目	0357	《防盗保险箱》GA 166－2006
47	自行车隐形防盗锁	1	全部项目	0357	《自行车隐形防盗锁》GA 245－2000
48	警用防弹头盔及面罩	1	全部项目	0357	《警用防弹头盔及面罩》GA 293－2001
49	电子防盗锁	1	全部项目	0357	《电子防盗锁》GA 374－2001
50	防暴服	1	全部项目	0312	《防暴服》GA 420－2003
51	防暴盾牌	1	全部项目	0357	《防暴盾牌》GA 422－2003
52	防弹盾牌	1	全部项目	0357	《防弹盾牌》GA 423－2003
53	电子脚扣	1	全部项目	0357	《电子脚扣》GA 443－2003
54	银行用保管箱	1	全部项目	0357	《银行用保管箱通用技术条件》GA 501－2004
55	银行营业场所透明防护屏障安装规范	1	全部项目	0357	《银行营业场所透明防护屏障安装规范》GA 518－2004
56	监室门	1	全部项目	0327	《监室门》GA 526－2005
57	防尾随联动互锁安全门	1	全部项目	0327	《防尾随联动互锁安全门通用技术要求》GA 576－2005
58	便携式防盗安全箱	1	全部项目	0357	《便携式防盗安全箱》GA/T 3－1991
59	机械防盗锁	1	全部项目	0357	《机械防盗锁》GA/T 73－1994
60	金库门	1	全部项目	0327	《金库门通用技术条件》GA/T 143－1996
		2	全部项目	0327	《金库门》JR/T 0001－2000
61	金属手铐	1	全部项目	0357	《金属手铐》GA/T 172－2005
62	橡胶警棍	1	全部项目	0314	《橡胶警棍》GA/T 217－1999
63	金属脚镣	1	全部项目	0357	《金属脚镣》GA/T 237－2005
64	穿刺放气式路障	1	全部项目	0357	《穿刺放气式路障》GA/T 421－2003
65	伸缩警棍	1	全部项目	0357	《伸缩警棍》GA/T 429－2003
66	自行车锁	1	全部项目	0357	《自行车锁》QB 1001－90
67	弹子家具锁	1	全部项目	0357	《弹子家具锁》QB 1621－92

序号	产品/产品类别	项目/参数		领域代码	检测标准（方法）名称及编号（含年号）
		序号	名称		
68	弹子挂锁	1	全部项目	0357	《弹子挂锁》QB 1918－93
69	磁性卡片门锁技术条件	1	全部项目	0357	《磁性卡片门锁技术条件》QB 1920－93
70	外装门锁	1	全部项目	0357	《外装门锁》QB/T 2473－2000
71	弹子插芯门锁	1	全部项目	0357	《弹子插芯门锁》QB/T 2474－2000
72	叶片插芯门锁	1	全部项目	0357	《叶片插芯门锁》QB/T 2475－2000
73	球型门锁	1	全部项目	0357	《球型门锁》QB/T 2476－2000
74	铝合金窗锁	1	全部项目	0357	《铝合金窗锁》QB/T 3890－1999
75	铝合金门锁	1	全部项目	0357	《铝合金门锁》QB/T 3891－1999
76	计算机信息系统	1	全部项目	17	《计算机信息系统安全保护等级划分准则》GB 17859－1999
77	电子计算机场地	1	全部项目	17	《电子计算机场地通用规范》GB/T 2887－2000
78	软件产品	1	全部项目	17	《信息技术软件产品评价质量特性及其使用指南》GB/T 16260－1996
					《信息技术软件包质量要求和测试》GB/T 17544－1998
79	网络代理服务器	1	全部项目	0420	《网络代理服务器的安全技术要求》GB/T 17900－1999
80	安全路由器	1	全部项目	0420	《路由器安全技术要求》GB/T 18018－2007
81	包过滤防火墙			17	《信息技术包过滤防火墙安全技术要求》GB/T 18019－1999
				17	《信息安全技术包过滤防火墙评估准则》GB/T 20010－2005
		3	全部项目	17	《信息安全技术防火墙技术要求和测试评价方法》GB/T 20281－2006
82	应用级防火墙	1	全部项目	17	《信息技术应用级防火墙安全技术要求》GB/T 18020－1999
		2	全部项目	17	《信息安全技术防火墙技术要求和测试评价方法》GB/T 20281－2006
83	计算机信息系统安全产品部件	1	全部项目	0420	《计算机信息系统安全产品部件 第一部分：安全功能检测》GA 216.1－1999
84	道路交通事故信息系统	1	全部项目	17	《道路交通事故信息代码》GA16.1～16.11－2003
					《道路交通事故现场信息代码》GA17.1～17.11－2003
85	机动车登记信息系统	1	全部项目	17	《机动车登记信息代码》GA 24.1～24.21－2001
86	旅馆业治安管理信息系统产品	1	全部项目	0420	《旅馆业治安管理信息代码》GA 230－1999
					《旅馆业治安管理信息系统用户管理规范》GA 232－1999
86	旅馆业治安管理信息系统产品	1	全部项目	0420	《旅馆业治安管理信息基本数据交换格式》GA 233－1999
					《旅馆业治安管理信息系统基本功能》GA 234－1999
87	看守所在押人员信息管理系统	1	全部项目	17	《看守所在押人员信息管理代码》GA 300－2001
					《看守所在押人员信息管理数据交换格式》GA 301－2001
					《看守所在押人员信息管理系统功能》GA 302－2001
88	端设备隔离部件	1	全部项目	17	《信息安全技术 网络和端设备隔离部件技术要求》GB/T 20279－2006；《信息安全技术 网络和终端设备隔离部件测试评价方法》GB/T 20277－2006；

序号	产品/产品类别	项目/参数		领域代码	检测标准（方法）名称及编号（含年号）
		序号	名称		
89	公共数据交换平台	1	全部项目	17	《公共数据格式 交换 第一部分：应用层接口格式》GA381.1
					《公共数据格式 交换 第二部分：交换层接口格式》GA381.2
90	经济犯罪案件信息管理系统	1	全部项目	17	《经济犯罪案件信息管理系统技术规范》GA397.1～397.3－2002
					《经济犯罪案件信息管理代码》GA398.1～398.22－2002
					《经济犯罪案件基本信息数据结构》GA399.1～399.8－2002
91	全国道路交通管理信息系统	1	全部项目	17	《道路交通违章管理信息代码》GA408.1～408.14－2003
					《全国道路交通管理信息数据库规范第三部分：交通违章管理信息数据库规范》GA329.3－2003
					《全国道路交通管理信息数据交换格式第二部分：机动车登记数据交换格式》GA409.2－2003
					《全国道路交通管理信息数据交换格式第三部分：交通违章数据交换格式》GA409.3－2003
92	进口机动车登记信息系统	1	全部项目	17	《进口机动车登记信息代码》GA410.1～410.3－2003
					《全国道路交通管理信息数据交换格式第五部分：进口机动车档案数据交换格式》GA409.5－2003
93	印刷业治安管理信息系统	1	全部项目	17	《印刷业治安管理信息系统技术规范》GA434.1～434.4－2003
					《印刷业治安管理信息系统数据交换格式》GA433－2003
					《印刷业治安管理信息系统数据库规范》GA432－2003
					《印刷业治安管理信息代码》GA431－2003
94	机动车修理、拆解业信息管理系统	1	全部项目	17	《机动车修理业、报废机动车回收拆解业治安管理信息系统技术规范》GA 438.1～438.4－2003
					《机动车修理业、报废机动车回收拆解业治安管理信息代码》GA 435－2003
					《机动车修理业、报废机动车回收拆解业治安管理信息系统数据交换格式》GA 437－2003
					《机动车修理业、报废机动车回收拆解业治安管理信息系统数据库规范》GA 436－2003
95	互联网上网服务营业场所信息安全管理系统	1	全部项目	17	《互联网上网服务营业场所信息安全管理代码》GA 557.1～557.12－2005
					《互联网上网服务营业场所信息安全管理系统数据交换格式》GA 558.1～558.8－2005
					《互联网上网服务营业场所信息安全管理系统营业场所端功能要求》GA 559－2005
					《互联网上网服务营业场所信息安全管理系统营业场所端与营业场所经营管理系统接口技术要求》GA 560－2005
					《互联网上网服务营业场所信息安全管理系统管理端功能要求》GA 561－2005
					《互联网上网服务营业场所信息安全管理系统管理端接口技术要求》GA 562－2005

序号	产品/产品类别	项目/参数		领域代码	检测标准（方法）名称及编号（含年号）
		序号	名称		
96	视频会议系统	1	全部项目	17	《公安会议电视系统技术规范》GA/T 265 - 2000
97	人口信息管理系统	1	全部项目	17	《人口信息管理代码》GA/T 324. 1 ~ 324. 7 - 2003
98	操作系统	1	全部项目	17	GB/T 20272 - 2006《信息安全技术 操作系统安全技术要求》 GB/T 20008 - 2005《信息安全技术 操作系统安全评估准则》
99	数据库管理系统	1	全部项目	17	GB/T 20273 - 2006《信息安全技术 数据库管理系统安全技术要求》 GB/T 20009 - 2005《信息安全技术 数据库管理系统安全评估准则》
100	网络型入侵检测产品	1	全部项目	17	GA/T 403. 1 - 2002《信息技术入侵检测产品技术要求第1部分：网络型产品》
		2	全部项目	17	GB/T 20275 - 2006《信息安全技术 入侵检测系统技术要求和测试评价方法》
101	主机型入侵检测产品	1	全部项目	17	GA/T 403. 2 - 2002《信息技术入侵检测产品技术要求第2部分：主机型产品》
		2	全部项目	17	GB/T 20275 - 2006《信息安全技术 入侵检测系统技术要求和测试评价方法》
102	安全漏洞扫描产品	1	全部项目	17	GA/T 404 - 2002《信息技术网络安全漏洞扫描产品技术要求》
		2	全部项目	17	GB/T 20278 - 2006《信息安全技术 网络脆弱性扫描产品技术要求》 GB/T 20280 - 2006《信息安全技术 网络脆弱性扫描产品测试评价方法》
103	网络互联设备	1	全部项目	17	RFC2544：Benchmarking Methodology for Network Interconnect Devices 网络互联设备测试的基准方法
104	防火墙性能测试	1	全部项目	17	RFC3511：Benchmarking Methodology for Firewall Performance 防火墙性能测试的基准方法
105	会议电视系统工程	1	全部项目	17	《会议电视系统工程验收规范》YD5033 - 97
106	小型防火墙产品	1	全部项目	17	信息技术小型防火墙产品安全检验规范（公信安［2004］218号）
107	个人防火墙产品	1	全部项目	17	信息技术个人防火墙产品安全检验规范（公信安［2004］218号）
108	VPN（虚拟专用网络）产品	1	全部项目	17	信息技术VPN产品安全检验规范（公信安［2004］218号）
109	网闸产品	1	全部项目	17	《信息安全技术 网络和端设备隔离部件技术要求》GB/T 20279 - 2006； 《信息安全技术 网络和终端设备隔离部件测试评价方法》GB/T 20277 - 2006；
110	入侵防御产品	1	全部项目	17	信息技术入侵防御产品安全检验规范（公信安［2004］218号）
111	信息过滤产品	1	全部项目	17	信息技术信息过滤产品安全检验规范（公信安［2004］218号）
112	网络通讯安全审计产品	1	全部项目	17	信息技术网络通讯安全审计产品安全检验规范（公信安［2004］218号）
113	网站恢复产品	1	全部项目	17	信息安全技术 静态网页恢复产品安全功能要求 GA/T 697 - 2007 信息技术 信息安全网站恢复产品认证技术规范 CNCA/CTS 0050 - 2007
114	文件加密产品	1	全部项目	17	信息技术文件加密产品安全检验规范 （公信安［2004］218号）
115	访问控制产品	1	全部项目	17	信息技术访问控制产品安全检验规范（公信安［2004］218号）

序号	产品/产品类别	项目/参数		领域代码	检测标准（方法）名称及编号（含年号）
		序号	名称		
116	远程监测产品	1	全部项目	17	信息技术远程监测产品安全检验规范（公信安［2004］218号）
117	非法外联监测产品	1	全部项目	17	信息技术非法外联监测产品安全检验规范（公信安［2004］218号）
118	数据库扫描器产品	1	全部项目	17	信息安全技术数据库扫描器产品安全检验规范（公信安［2006］161号）
119	主机安全漏洞扫描产品	1	全部项目	17	信息安全技术主机安全漏洞扫描产品安全检验规范（公信安［2006］161号）
120	日志分析产品	1	全部项目	17	信息安全技术日志分析产品安全检验规范（公信安［2006］161号）
121	安全审计产品	1	全部项目	17	信息安全技术 信息系统安全审计产品技术要求和评价方法 GB/T 20945-2007
122	网际恶意代码控制产品	1	全部项目	17	信息安全技术网际恶意代码控制产品安全要求检验规范（公信安［2006］161号）
123	反垃圾邮件产品	1	全部项目	17	信息安全技术反垃圾邮件产品安全要求检验规范（公信安［2006］161号
		2	全部项目	17	YD/T 1310-2004 互联网广告电子邮件格式要求
		3	全部项目	17	YD/T 1311-2004 防范互联网垃圾电子邮件技术要求
124	反垃圾邮件客户端产品	1	全部项目	17	信息安全技术反垃圾邮件客户端产品安全要求检验规范（公信安［2006］161号）
125	数据备份与恢复系统	1	全部项目	17	信息安全技术本地数据备份与恢复产品安全检验规范（公信安［2006］161号） 信息技术 信息安全 数据备份与恢复产品认证技术规范 CNCA/CTS 0051-2007
126	主机文件监测产品	1	全部项目	17	信息安全技术主机文件监测产品安全要求检验规范（公信安［2006］161号）
127	安全管理平台产品	1	全部项目	17	信息安全技术安全管理平台产品安全检验规范（公信安［2006］161号）
128	自适应网络主动防御产品	1	全部项目	17	信息安全技术自适应网络主动防御产品安全要求检验规范（公信安［2006］161号）
129	Web过滤防护产品	1	全部项目	17	信息安全技术Web过滤防护产品安全检验规范（公信安［2006］161号）
130	三台合一产品	1	全部项目	17	公安部县、市级公安机关“三台合一”接处警系统技术规范（公安部办公厅颁发）
131	计算机信息系统	1	全部项目	17	《计算机信息系统安全保护等级划分准则》 GB 17859-1999
		2	部分项目	17	《计算机信息系统安全等级保护通用技术要求》GA/T 390-2002） （不测：6.4 结构化保护级，6.5 访问验证保护级）
		3	部分项目	17	《计算机信息系统安全等级保护管理要求》GA/T 391-2002 （不测：5.4（结构化保护级）实施标准化管理，5.5（访问验证保护级）实施安全文化管理）
		4	全部项目	17	《信息系统安全等级保护基本要求》 （公信安［2006］161号）

序号	产品/产品类别	项目/参数		领域代码	检测标准（方法）名称及编号（含年号）
		序号	名称		
132	安全路由器	1	第一级安全要求	17	信息安全技术 路由器安全技术要求 GB/T18018－2007
		2	第二级安全要求		
		3	第三级安全要求		
		4	附加安全要求		
133	数据备份与恢复系统	1	功能要求	17	信息技术 信息安全 数据备份与恢复产品认证技术规范 CNCA/CTS 0051－2007
		2	性能要求		
		3	安全要求		
134	网站恢复产品	1	功能要求	17	信息安全技术 静态网页恢复产品安全功能要求 GA/T 697－2007 信息技术 信息安全 网站恢复产品认证技术规范 CNCA/CTS 0050－2007
		2	性能评价因素		
		3	安全功能要求		
		4	自身安全要求		
		5	保证要求		
135	安全审计产品	1	安全功能要求	17	信息安全技术 信息系统安全审计产品技术要求和评价方法 GB/T 20945－2007
		2	自身安全要求		
		3	性能要求		
		4	保证要求		

中国合格评定国家认可委员会
实 验 室 认 可 证 书 附 件
（No. CNAS L0653）

名称：公安部第三研究所安全防范与信息安全产品及系统检验实验室
地址：上海市岳阳路76号
签发日期：2008年01月28日　　有效期至：2011年06月07日

认可的授权签字人及其授权签字领域

序号	姓　名	授权签字领域
1	周左鹰	安全防范与信息安全产品及系统检测项目
2	牟晓生	安全防范与信息安全产品及系统检测项目
3	鲍逸明	安全防范与信息安全产品及系统检测项目
4	朱建平	安全防范与信息安全产品及系统检测项目
5	顾　健	信息安全产品及系统检测项目

中国合格评定国家认可委员会
实 验 室 认 可 证 书 附 件
（No. CNAS L0653）

名称：公安部第三研究所安全防范与信息安全产品及系统检验实验室
地址：北京市海淀区阜成路58号新洲商务大厦7层708室
签发日期：2008年01月28日　　有效期至：2011年06月07日

认可的检测能力范围

序号	产品/产品类别	项目/参数		领域代码	检测标准（方法）名称及编号（含年号）
		序号	名称		
1	操作系统	1	全部项目	17	GB/T 20272－2006《信息安全技术 操作系统安全技术要求》 GB/T 20008－2005《信息安全技术 操作系统安全评估准则》
2	数据库管理系统	1	全部项目	17	GB/T 20273－2006《信息安全技术 数据库管理系统安全技术要求》 GB/T 20009－2005《信息安全技术 数据库管理系统安全评估准则》
3	计算机信息系统	1	全部项目	17	《计算机信息系统安全保护等级划分准则》GB 17859－1999
		2	部分项目	17	《计算机信息系统安全等级保护通用技术要求》GA/T 390－2002 （不测：6.4结构化保护级，6.5访问验证保护级）
		3	部分项目	17	《计算机信息系统安全等级保护管理要求》GA/T 391－2002 （不测：5.4（结构化保护级）实施标准化管理，5.5（访问验证保护级）实施安全文化管理）
3	计算机信息系统	4	全部项目	17	《信息系统安全等级保护基本要求》（公安部备案）
4	信息安全系统	1	静电放电抗扰度	1207	《电磁兼容 试验和测量技术静电放电抗扰度试验》GB/T 17626.2－1998
		2	射频电磁场辐射抗扰度	1207	《电磁兼容 试验和测量技术射频电磁场辐射抗扰度试验》GB/T 17626.3－1998
		3	电快速瞬变脉冲群抗扰度	1207	《电磁兼容 试验和测量技术 电快速瞬变脉冲群抗扰度试验》GB/T 17626.4－1998
		4	浪涌抗扰度	1207	《电磁兼容 试验和测量技术 浪涌（冲击）抗扰度试验》GB/T 17626.5－1999
		5	射频场感应的传导骚扰抗扰度	1207	《电磁兼容 试验和测量技术射频场感应的传导骚扰抗扰度试验》GB/T 17626.6－1998
		6	电压暂降、短时中断和电压变化的抗扰度试验	1207	《电磁兼容 试验和测量技术电压暂降、短时中断和电压变化的抗扰度试验》GB/T 17626.11－1999

中国合格评定国家认可委员会
实验室认可证书附件
（No. CNAS L0653）

名称：公安部第三研究所安全防范与信息安全产品及系统检验实验室
地址：北京市海淀区阜成路58号新洲商务大厦7层708室
签发日期：2008年01月28日　　有效期至：2011年06月07日

认可的授权签字人及其授权签字领域

序号	姓　名	授权签字领域
1	周左鹰	安全防范与信息安全产品及系统检测项目
2	牟晓生	安全防范与信息安全产品及系统检测项目
3	鲍逸明	安全防范与信息安全产品及系统检测项目
4	朱建平	安全防范与信息安全产品及系统检测项目
5	毕马宁	信息安全系统评估检测项目

1.2.5 安防企业如何送检安防产品

一、目前公安局部授权的安防产品检测机构主要有哪些？他们涉及的业务范围是什么？

在2000年6月16日由国家质量技术监督局和公安部联合发布的第12号令〈安全技术防范产品管理办法〉中第12条规定：安全技术产品质量检验机构必须经省级以上质量监督部门会同公安机关审查认可并考核合格，在授权的产品质量检验范围内从事检验活动。公安部安全防范报警系统产品质量监督检验中心和公安部警用电子产品质量监督检验中心是经过国家质量技术监督局考核合格并经公安部授权的在全国范围内从事对所有安全防范产品进行质量检验的机构。2个中心在2005年经国家认可委批准，升格为国家安全防范报警系统质量监督检验中心（上海、北京），同时考虑到防盗安全门量大面广，公安部又于2004年在全国各大区授权了8个机构从事防盗安全门的检验。随着人们对安全的关注，各地建设了大批的安防工程，为了加强对安防工程质量的监督管理，公安部又于2004年在各省又授权了一批从事安防工程的质检机构。

二、哪些安防产品必须经过检测之后才能出厂销售？哪些是强制检测？哪些是非强制性的？

安全防范产品，是指用于防抢劫、防盗窃、防爆炸等防止国家、集体、个人、财产以及人身安全受到侵害的并列入〈安全技术防范产品的目录〉的专用产品，目前列入目录的为十大类产品，即：

1. 入侵探测器
2. 防盗报警控制器
3. 汽车防盗报警系统
4. 报警系统出入口控制设备
5. 防盗保险柜（箱）
6. 机械防盗锁
7. 楼宇对讲（可视）系统
8. 防盗安全门
9. 防弹复合玻璃
10. 报警系统视频监控设备

这十大类产品在公安部和国家技监局的12号令中规定实行生产登记制度，既该10类产品未经公安机关批准生产登记的，禁止生产和销售，而要获得生产登记批准证书，产品必须符合法定要求的产品标准以及要有法定检验机构出具的产品检验报告或者鉴定证书。因而这10类产品要取得出厂销售必须经过强制性检测，但近几年在行政审批制度改革后，我国陆续取消了入侵探测器、防盗报警控制器、汽车反导报警系统、防盗保险柜（箱）和防盗安全门的生产登记批准制度，将前4类（即入侵探测器、防盗报警控制器、汽车防盗报警系统、防盗保险柜箱）列入了国家强制性产品认证制度即3C认证，将防盗安全门列入了公安部GA自愿性认证制度，并将剩余的5类产品暂时仍保留生产登记批准制度。

三、3C认证的检测流程如何？企业应该如何做？

我国目前对4大类安全防盗产品的3C认证采用的认证模式为型式试验+初始工厂检查+获证后的监督，而这其中要想获得认证证书还必须包括认证申请和受理、认证结果的评价和批准，安防产品的认证申请和受理必须经国家认监委授权的中国安全防范产品认证中心，（4大类安防产品）和中国质量认证中心（入侵探测器），后经认证合格，并取得认证机构颁发的认证证书并在产品本体上加施认证标志后方可出厂销售和在经营性活动中使用。认证合格的一个重要步骤为型式检验而公安部安全防范报警系统产品质检中心和公安部警用电子产品质检中心为认监委认可并与认证机构的签约检测实验室，负责产品的型式检验工作。

工厂和企业送检和认证的申请步骤为：1）认证委托人要熟悉认证产品相关的认证实施规则。2）认证委托人可从认证中心网站或向认证中心综合部索取空白认证申请书、工厂审查调查表等资料。3）认证委托人向认证中心提出正式申请，提交申请书、工厂审查调查表，并附所需的文件。4）认证中心与认证委托人授权的联系人沟通，初步明确产品认证申请单元，预收认证费用等。5）认证中心与认证委托人签订产品认证合同。6）认证委托人按产品认证合同及收费通知单向认证中心缴纳认证费用。

认证申请后，企业按产品的单元送自己选择的指定认证检测机构进行产品的型式检验、认证。单元中只有一个销售型号的送该型号的样品，多于一个销售型号的产品为同一认证单元委托认证时，须从中选取具有代表性的型号，送样数量按规定选送。

四、目前国内的安防产品检测方式主要有哪几种？分别是怎样的流程？

目前的安防产品检测方式主要有：3C认证的型式检验和生产登记批准书的型式检验以及防盗安全门自愿认证的型式检验几种方式，前面已详细介绍了3C认证型式检验的流程。自愿性认证的检验与3C认证检验流程相似，生产登记批准书的检验必须持有省公安厅技防管理部门的抽样单和经省公安厅技防办或其委托的地方技防办抽样、封样后的产品送质检机构进行型式试验。除此之外，企业还可根据相关的国家和行业标准以及企业明示产品质量的企业标准送质检机构进行产品的委托检验，检验机构开具委托检验报告。

五、根据产品技术的不同以及产品规范的不同，是否有不同的检验标准？

目前实施的安全技术防范产品目录中规定的10大类产品都有明确的产品通用标准。当然，每一类产品会出现一些功能和性能要求的不同，我们首先要求该类产品必须符合通用标准的要求，对其一些特殊功能和性能，检验机构也可参照企业标准和技术条件给出检测数据。

有些同类的安防产品采用的核心技术不同必将导致检测方法和适用标准的不同，比如入侵探测器，由于采用不同的探测报警方式，可分为被动红外入侵探测器、微波多普勒入侵探测器、主动红外入侵探测器、双鉴探测器、玻璃破碎探测器等，全国安防标委会对这些不同报警方式的产品已发布了相应标准，在3C认证规则中对探测器大类产品分别规定了相应检测要求。

而控制器类产品，其类型是相当复杂的，比如本地报警控制器、电话报警器、总线城其他联网系统构成的报警控制系统设备，由于其报警控制和传输方式的不同，使控制器类产品的种类相当繁多，目前该类产品已列入3C认证范围，3C认证作为市场准入的基本平台，其实是提出了一个基本门栏，因此目前对该类产品的检验要求主要还是在GB12663－2001《防盗报警控制器通用技术条件》A类要求基础上，虽然目前认证规则正在修订中，但基本上还是不会有太多变化。

六、目前哪些安防产品已经颁布了检测标准？除了3C认证规定的安防产品之外，其他的安防产品如DVR、摄像机产品是否也有相应的检测标准？

目前的标准主要有：

3C认证产品的标准：

GB10408.1〈入侵探测器第1部分：通用要求〉

GB10408.3〈入侵探测器第3部分：室内用微波多普勒探测器〉

GB10408.4〈入侵探测器第4部分：主动红外入侵探测器〉

GB10408.5〈入侵探测器第5部分：室内用被动红外入侵探测器〉

GB10408.6〈微波和被动红外入侵探测器〉

GB10408.8〈振动入侵探测器〉

GB10408.9〈入侵探测器第9部分：室内用被动式玻璃破碎探测器〉

GB15209〈磁开关入侵探测器〉

GB16796〈安全防范报警设备安全要求和试验方法〉

GB12663〈防盗报警控制器通用技术条件〉

GA2〈汽车防盗报警系统小客车〉

GB10409〈防盗保险柜〉

GA166〈防盗保险箱〉

CNCA－10C－047：2004入侵探测器产品认证实施规则

CNCA－10C－052：2004防盗报警控制器产品强制性认证实施规则

CNCA－10C－053：2004汽车防盗报警产品强制性认证实施规则

CNCA－10C－054：2004防盗保险柜（箱）产品强制性认证实施规则

CSP－V01－001：2004防盗安全门产品自愿性认证实施规则

GB17565－1998 防盗安全门通用技术条件

生产登记批准的 5 类产品标准：（选取部分）

GA/T394 出入口控制系统技术要求

GA374 电子防盗锁

GA701 指纹防盗锁通用技术条件

GB5039 出入口控制系统工程设计规范

GA73 机械防盗锁

GA/T664 电子巡查系统技术要求

GA/T72 楼宇对讲防盗门

GA/T678 联网型可视对讲系统技术要求

GA165 防弹复合玻璃

GA667 防爆炸复合玻璃

GA/T20815 视频安防监控数字录像设备

GA/T645 视频安防监控系统变速球型摄像机

GA/T645 视频安防监控系统矩阵切换设备通用技术条件等

七、对于安防产品的检测，国内和国际的标准和检测方法有何不同？国内和国际标准的兼容性如何？通过国内检测是否可以得到国际市场的认可？

近 20 年来，随着人们对人身和财产安全的关注，安全防范产品作为一个新兴的行业，取得了很大的发展，安全防范产品中的新技术、新产品不断涌现、不断完善相应技术标准体系，不断提高相应技术标准、技术规范的适应性一直是从事安全防范行业的领导和部门十分重视和关注的问题。在全国安防标委会的领导下，从事安全防范产品生产、管理的技术人员，近 20 年来制订了百余项安防产品标准，指导安全防范产品的生产和使用，发挥了很大作用。在标准的制订过程也注重等同或采效采用国际标准，以使我国的安防产品与国际接轨。如：入侵探测器的国家标准就等同采用了国际电工委员会 IEC 标准；防盗报警控制器参考了英国 LPS 标准；GA2 车辆报警系统．小客车标准也采用了 IEC 标准。其他产品的安防标准在标准制订时都注意了与国际标准的接轨，并注意根据中国的国情作出适当的修改，如楼宇对讲产品，国内较多是一对一或接轨路数较小的系统产品而我国由于安全小区的建设，联网要求高、联接路数多，就必须对联网的形式和测试方法作出一些规定。

随着产品的类型和品种的快速增长，技术含量越来越高，相应的产品的规范也愈来愈复杂，必须要有相应的检测服务机构对产品的质量作出判定以引导消费，各国也制订了不同的法规作为市场准入条件。为了达到相互承认认可的实验室出具的检测报告，减少贸易中商品的重复检测，消除技术壁垒，促进国际贸易，我国也参加了国际实验室认可合作组织，也在国内开展了按照国际实验室通用标准进行国家实验室认可工作，公安部授权的两个国家级安防产品质检中心都通过了国家实验室认可，但这其中还存在着一些技术和市场壁垒。以及各个实验室之间互认的问题和不同的国家政府授权认可的问题，如我国的 3C 认证，必须是经国家认可委认可的检验机构才能从事 3C 认证的产品检测。

八、国内产品与国外产品质检在检测方面是否存在一定的差异？

我们对安防产品的检测是根据标准进行的，而我们标准化工作的思路和发展方向是等同和等效采用国际标准，因而从大的方向来看，在检测方面不存在大的差异，况且我国的 2 个安防产品的国家级质检中心按国际标准进行国家实验室认可和每年都要经受各种考核和检验数据都按要求与国际、国内实验室的进行比对。当然由于各国的经济发展水平和产品的发展总存在着一些差异，因而在一些具体的技术指标上也存在着一些差异。

安防产品从大类来说并不多，相对于国内产品，国外安防产品的发展历史更深远，也积累了很多的成功经验，国内安防产品经历了二十多年的发展，并大量借鉴和学习了国外的先进技术和理念，因此我们安防行业的发展和产品水平进步很快，要说到差异，国外产品有外观机械机构、稳定性方面的优势，而我国安防产品有大区域联网综合控制方面是一个适合我国国情的特长。

前面已经介绍了我国安防产品的应用标准，在产品类标准中相对检测方法作出具体规定，因此，我们实验室的检测方法是与标准规定相一致的。

九、企业送检产品注意事项。

企业在送检产品，尤其是送检电子类安防产品时，由于相关附件较多，难免会不知道该检产品该如何配置，其实我们如了解检验所涉及的项目可以很明确的知道送检的样品和附件。产品检验一般包括基本功能试验，电源及安全性试验，电磁兼容实验、气候环境和机械环境试验这几类项目。因此送检的产品必须包括能完成基本功能的所有部件，其次比如联网系统，还必须包含使系统正常工作的管理软件。但对不属于产品的一些外部设备，应尽量用模拟方法实现，排除干扰因素，如在送检控制器产品时，对前端探测器，即不必送检，可以用开关模拟代替。在送检产品时，应确定产品的主电源，对分体的电源设备必须一并送检，因为电源的配置将直接影响产品的安全性、电磁兼容性等性能参数，同时送检产品必须是成品，对于模块等组件，因加装外壳防护部件。

1.2.6 工程检测必需提供下列资料

1. 检测委托书（原件）；
2. 评审意见书；
3. 准予施工通知书（银行、邮局、证券等工程）；
4. 试运行报告；
5. 初验报告（甲乙双方给技防办的报告）；
6. 竣工报告（乙方给技防办的报告）；
7. 工程合同；
8. 设计方案；
9. 补充设计方案；
10. 系统所用产品的检验报告（二年有效期）。

1.2.7 安防系统工程检测前准备工作要点

为配合公安部安防检测中心对安防系统技术验收的检测工作，以提高检测和出具报告的工作效率。受检单位应在检测前做好以下准备工作：

1. 应认真填写各系统的基本情况表，其中对所用产品的品牌、名称、型号、实际安装数等内容，必须准确、详尽，尤其应注意与设计任务书中不一致的地方。检测当日携带至检测现场，交给检测人员。

2. 应安排好该项目技术负责人和现场安装、调试人员若干名，并携带工具到现场，与检测人员全程进行配合。

3. 小区安防系统工程检测时，应配备4名以上人员在现场。另须提供3个无线对讲机；银行、办公楼等系统工程须提供2个无线对讲机。

4. 门禁系统工程，应准备全效卡、权限卡、空白卡各一张，并配备打印机。

5. 小区系统工程检测

（1）监控系统：应根据摄像机的安装高度，准备好梯子等工具。

（2）楼宇对讲系统：应按总户数的10－15%准备住户钥匙，如有难度应按以下要求：150户以下－15户；150－300户－20户；300户以上－30户准备钥匙进户抽检。若已入住，应在检测前一天确定所抽检住户的房号并落实联系，确保检测当天住户有人在家。

（3）家庭防盗系统：在上述抽检户数中，应抽检一定数量装有家庭防盗的住户。如遇小区电话线未开通等情况，此部分功能通过临时借用电话线实现，抽检数量不小于5户。

（4）周界报警系统：应确保系统工作正常，应配备打印机。

（5）电子巡更系统：应确保系统正常开通；必须在软件中输入具体巡更点、班次等信息；并配备打印机

备注：

*申报检测所须的报送资料，请按GA308－20014.6规定的要求准备。

*基本情况表等信息可在www.china－infosec.org.cn图标MS中查阅或下载。

*即日起，请自行下载和填写基本情况表，检测时必须提交给检测人员。

*若设备型号品种多于所列项目栏，则请填入空格栏或备注栏内。

1.2.8 信息安全产品检测常见问题解答

1. 问：贵中心有自己的网站吗？

答：本中心网址是www.mctc.gov.cn，上面有本中心的相关介绍信息，包括中心介绍、服务指南、法规标准、产品介绍和消息通告等内容。

2. 问：贵中心的详细地址是什么？

答：本中心的详细地址是上海市徐汇区岳阳路76号（邮编：200031）。

3. 问：哪些产品在贵中心检测的承接范围之内？

答：根据公安部计算机管理监察司公告第3号规定，公安部将于1998年8月10日起，对在中华人民共和国境内销售的计算机信息系统安全专用产品中的网络安全类、访问控制类和鉴别类产品颁发《销售许可证》（产品分类可参阅《计算机信息系统安全专用产品分类原则》GA163－1997中的C30、C52和C70）；上述产品的检测工作由国家质量技术监督局认可、公安部批准委托的公安部计算机信息系统安全产品质量监督检验中心承担。

4. 问：送检的各类常见产品须参照的标准有哪些？

答：各类产品的执行标准详见本中心网站的**法规标准→执行标准**，相应的对应关系如下表：

<table>
<tr><th colspan="2">产品类型</th><th>执行标准</th></tr>
<tr><td colspan="2">包过滤防火墙</td><td>GB/T 18019－1999　信息技术包过滤防火墙安全技术要求</td></tr>
<tr><td colspan="2">应用级防火墙</td><td>GB/T 18020－1999 信息技术应用级防火墙安全技术要求</td></tr>
<tr><td colspan="2">代理服务器</td><td>GB/T 17900－1999 网络代理服务器的安全技术要求</td></tr>
<tr><td colspan="2">安全路由器</td><td>GB/T 18018－1999 路由器安全技术要求</td></tr>
<tr><td rowspan="3">鉴别类产品</td><td>身份鉴别类</td><td rowspan="4">GA 216.1－1999 计算机信息系统安全产品部件
第1部分：安全功能检测</td></tr>
<tr><td>完整性鉴别类</td></tr>
<tr><td>不可否认性鉴别类产品</td></tr>
<tr><td colspan="2">密钥管理类产品（含CA）</td></tr>
<tr><td colspan="2">旅馆业治安管理信息系统</td><td>GA 230－1999 旅馆业治安管理信息代码
GA 232－1999 旅馆业治安管理信息系统用户管理规范
GA 233－1999 旅馆业治安管理信息基本数据交换格式
GA 234－1999 旅馆业治安管理信息系统基本功能</td></tr>
<tr><td colspan="2">物理隔离部件</td><td rowspan="3">GA 370－2001 端设备隔离部件安全技术要求</td></tr>
<tr><td colspan="2">逻辑隔离部件</td></tr>
<tr><td colspan="2">单向隔离部件</td></tr>
<tr><td colspan="2">网吧安全管理软件</td><td>网吧安全管理软件检测规范
网吧安全管理软件检测实施细则</td></tr>
<tr><td colspan="2">网上证券委托系统方案测评</td><td>网上证券委托系统方案安全测评要求</td></tr>
</table>

5. 问：若要支付检测费用，贵中心银行帐号是多少？

答：银行帐号如下（可详见本中心网站的**服务指南→银行帐号**）：

户　名：公 安 部 第 三 研 究 所

帐　号：096929－121907530810108

开户行：招商银行上海分行徐家汇支行

6. 问：送检产品时需要准备哪些资料？

答：详见本中心网站的**服务指南→送检流程**。

7. 问：产品的检验周期有多长？

答：从正式开始检验到出具报告，一般为十至三十个工作日。

8. 问：贵中心的联系方式有哪些？

答：通讯地址：上海市岳阳路76号

邮编：200031

电话：021－64336810×2202/2205、021－64745197

传真：021－64335838

电子邮件：mail@ mctc. gov. cn

9. 问：如何获得计算机信息系统安全产品的销售许可证？

答：首先，由委托方送检产品到本中心进行检验；若检验结果合格，可从本中心网站的**服务指南→表单下载**中下载计算机信息系统安全专用产品销售许可证申请表及办理销售许可证须知，并根据办理销售许可证须知准备好相关材料到北京市公安局计算机安全监察处接待室（北京市前门东大街9号）办理相关申请手续。

1.2.9 实施强制性产品认证的信息安全产品目录的定义与标准

<table>
<tr><th>类别</th><th colspan="2">产　品</th><th>产品描述</th><th>相关标准</th></tr>
<tr><td>01
边
界
安
全</td><td>01</td><td>1 防火墙</td><td>防火墙是指一个或一组在不同安全策略的网络或安全域之间实施网络访问控制的系统。</td><td>GB/T 18019－1999 信息技术 包过滤防火墙安全技术要求
GB/T 18020－1999 信息技术 应用级防火墙安全技术要求
GB/T 20010－2005 信息安全技术 包过滤防火墙评估准则
GB/T 20281－2006 信息安全技术 防火墙技术要求和测试评价方法</td></tr>
</table>

类别	产　品		产品描述	相关标准
01边界安全	02	2 网络安全隔离卡与线路选择器	网络安全隔离卡是指安装在计算机内部，能够使连接该计算机的多个独立的网络之间仍然保持物理隔离的设备。安全隔离线路选择器是与配套的安全隔离卡一起使用，适用于单网布线环境下，使同一计算机能够访问多个独立的网络，并且各网络仍然保持物理隔离的设备。	GB/T 20279－2006 信息安全技术 网络和终端设备隔离部件安全技术要求 GB/T 20277－2006 信息安全技术 网络和终端设备隔离部件测试评价方法
	03	3 安全隔离与信息交换产品	安全隔离与信息交换产品是指能够保证不同网络之间在网络协议终止的基础上，通过安全通道在实现网络隔离的同时进行安全数据交换的软硬件组合。	GB/T 20279－2006 信息安全技术 网络和终端设备隔离部件安全技术要求 GB/T 20277－2006 信息安全技术 网络和终端设备隔离部件测试评价方法
02通信安全	01	4 安全路由器	安全路由器是指为保障所传输数据完整性、机密性、可用性，应用于重要信息系统的，具备 IKE 密钥协商能力，端口 IPSec 硬件线速加密能力的路由器。	GB/T 20011－2005 信息安全技术 路由器安全评估准则 GB/T 18018－2007 路由器安全技术要求 国家密码管理局制订的商用密码检测规范 与集成的安全功能相对应的相关技术标准
03身份鉴别与访问控制	01	5 智能卡 COS	智能卡芯片操作系统（COS－Chip Operating System）是指在智能卡芯片中存储和运行的、以保护存储在非易失性存储器中的应用数据或程序的机密性和完整性、控制智能卡芯片与外界信息交换为目的的嵌入式软件。	GB/T 20276－2006 信息安全技术 智能卡嵌入式软件安全技术要求（EAL4 增强级） 国家密码管理局制订的商用密码检测规范
04数据安全	01	6 数据备份与恢复产品	数据备份与恢复产品是指实现和管理信息系统数据的备份和恢复过程的软件。	CNCA/CTS 0051－2007 数据备份与恢复产品认证技术规范
05基础平台	01	7 安全操作系统	安全操作系统是指从系统设计、实现、使用和管理等各个阶段都遵循一套完整的系统安全策略，并实现了 GB 17859－1999《计算机信息系统等级保护划分准则》所确定的安全等级三级（含）以上的操作系统。	GB/T 20008－2005 信息安全技术 操作系统安全评估准则 GB/T 20272－2006 信息安全技术 操作系统安全技术要求 国家密码管理局制订的商用密码检测规范
	02	8 安全数据库系统	安全数据库系统是指从系统设计、实现、使用和管理等各个阶段都遵循一套完整的系统安全策略，并实现 GB 17859－1999《计算机信息系统等级保护划分准则》所确定的安全等级三级（含）以上的数据库系统。	GB/T 20009－2005 信息安全技术 数据库管理系统安全评估准则 GB/T 20273－2006 信息安全技术 数据库管理系统安全技术要求 国家密码管理局制订的商用密码检测规范
06内容安全	01	9 反垃圾邮件产品	反垃圾邮件产品是指对按照电子邮件标准协议实现的电子邮件系统中传递的垃圾邮件进行识别、过滤的软件或软硬件组合。	YD/T 1310－2004 互联网广告电子邮件格式要求 YD/T 1311－2004 防范互联网垃圾电子邮件技术要求

类别	产品		产品描述	相关标准
07评估审计	01	10 入侵检测系统（IDS）	入侵检测系统指通过对计算机网络或计算机系统中的若干关键点收集信息并对其进行分析，发现违反安全策略的行为和被攻击迹象的软件或软硬件组合。	GB/T 20275－2006 信息安全技术 入侵检测系统技术要求和测试评价方法
	02	11 网络脆弱性扫描产品	网络脆弱性扫描产品指利用扫描手段检测目标网络系统中可能被入侵者利用的脆弱性的软件或软硬件组合。	GB/T 20280－2006 信息安全技术 网络脆弱性扫描产品测试评价方法 GB/T 20278－2006 信息安全技术 网络脆弱性扫描产品技术要求
	03	12 安全审计产品	安全审计产品指能够对网络应用行为或信息系统的各种日志实行采集、分析，形成审计记录的软件或软硬件组合。	GB/T 20945－2007 信息安全技术 信息系统安全审计产品技术要求和评价方法
08应用安全	01	13 网站恢复产品	网站恢复产品是对受保护的静态网页文件、动态脚本文件及目录的未授权更改及时地进行自动恢复的软件。	GA/T 697－2007 信息安全技术 静态网页恢复产品安全功能要求 CNCA/CTS 0050－2007 网站恢复产品认证技术规范

注：(1)《GB 17859－1999 计算机信息系统等级保护划分准则》、《GB/T18336－2001 信息技术 安全技术 信息技术安全性评估准则》为认证检测基准参考标准。
(2) 以上产品在涉密信息系统使用时，应符合国家保密规定和保密标准。

1.2.10 检测中心执行的标准

序号	标准编号（含年号）/文号	标准名称
1	GB 8108－1999	《车用电子警报器》
2	GB 10408.1－2000	《入侵探测器 第1部分：通用要求》
3	GB 10408.2－2000	《入侵探测器 第2部分：室内用超声波多普勒探测器》
4	GB 10408.3－2000	《入侵探测器 第3部分：室内用微波多普勒探测器》
5	GB 10408.4－2000	《入侵探测器 第4部分：主动红外入侵探测器》
6	GB 10408.5－2000	《入侵探测器 第5部分：室内用被动红外探测器》
7	GB 10408.6－1991	《微波和被动红外复合入侵探测器》
8	GB/T 10408.8－2008	《振动入侵探测器》
9	GB 10408.9－2001	《入侵探测器 第9部分：室内用被动式玻璃破碎探测器》
10	GB 12338－1990	《黑白通用型应用电视摄像机测量方法》
11	GB 12663－2001	《防盗报警控制器通用技术条件》
12	GB12664－2003	《便携式X射线安全检查设备通用规范》
13	GB12899－2003	《手持式金属探测器通用技术规范》
14	GB 15207－1994	《视频入侵报警器》
15	GB 15209－2006	《磁开关入侵探测器》
16	GB 15210－2003	《通过式金属探测门通用技术规范》
17	GB 15407－1994	《遮挡式微波入侵探测器技术要求和试验方法》
18	GB 16796－1997	《安全防范报警设备安全要求和试验方法》

序号	标准编号（含年号）/文号	标准名称
19	GB/T 15211 - 1994	《报警系统环境试验》
20	GB 20815 - 2006	《视频安防监控数字录像设备》
21	GB 20816 - 2006	《车辆防盗报警系统乘用车》
22	GB 50339 - 2003	《智能建筑工程质量验收规范》
23	GB 50348 - 2004	《安全防范系统工程技术规范》
24	GA 308 - 2001	《安全防范系统验收规则》
25	GA/T 367 - 2001	《视频安防监控系统技术要求》
26	GA/T 368 - 2001	《入侵报警系统技术要求》
27	GB 50198 - 1994	《民用闭路监视电视系统工程技术规范》
28	GA 27 - 2002	《文物系统博物馆风险等级和安全防护级别的规定》
29	GB/T 16571 - 1996	《文物系统博物馆 安全防范工程设计规范》
30	GA 38 - 1992	《银行营业场所风险等级和防护级别的规定》
31	GB/T 16676 - 1996	《银行营业场所安全防范工程设计规范》
32	DB31 294 - 2003	《住宅小区安全技术防范系统要求》
33	GA/T 74 - 2000	《安全防范系统通用图形符号》
34	GA/T 75 - 1994	《安全防范工程程序与要求》
35	GB/T 21741 - 2008	《住宅小区安全防范系统通用技术要求》
36	GA/T 66911 - 2008	《城市监控报警联网系统技术标准 第一部分通用技术要求》
37	沪公技防（2008）0013 号	《本市安防工程用高压电子脉冲式探测器基本技术要求》
38	DB 31/329.1 - 2007 ~ DB 31/329.8 - 2007	《重点单位重要部位安全技术防范系统要求 第 1 部分 ~ 第 15 部分》
39	GB 3659 - 1983	《电视视频通道测试方法》
40	GB/T 7946 - 2008	《脉冲电子围栏及其安装和安全运行》
41	沪公技防（2008）0013 号 附件	《安防工程用高压电子脉冲式探测器基本技术要求》
42	GB/T 9917.1 - 2002	《照相镜头 第 1 部分：变焦距镜头》
43	JB/T 8248.2 - 1999	《照相镜头有效孔径和相对孔径的测量方法》
44	JB/T 8248.3 - 1999	《照相镜头渐晕系数及像面照度均匀度测量方法》
45	JB/T 8248.5 - 1999	《照相镜头焦距的测量方法》
46	JB/T 8248.6 - 1999	《照相镜头照相分辨率测定方法》
47	GB/T 13997 - 1999	《2048kbit/s、…139264kbit/s 光端机技术要求》
48	YD/T 730 - 94	《光端机技术指标测试方法》
49	GB/T 14858 - 1993	《黑白监视器通用技术条件》
50	SJ/T 10603 - 1994	《彩色监视器通用技术条件》
51	SJ/T 10604 - 1994	《彩色监视器测量方法》
52	GB/T 15412 - 1994	《应用电视摄像机云台通用技术条件》
53	GB/T 15865 - 1995	《摄像机（PAL/SECAM/NTSC）测量方法　第 1 部分：非广播单传感器摄像机》
54	GB/T 16677 - 1996	《报警图像信号有线传输装置》
55	GB/T 17626.2 - 1998	《电磁兼容 试验和测量技术静电放电抗扰度试验》
56	GB/T 17626.3 - 1998	《电磁兼容 试验和测量技术射频电磁场辐射抗扰度试验》

序号	标准编号（含年号）/文号	标准名称
57	GB/T 17626.4－1998	《电磁兼容 试验和测量技术 电快速瞬变脉冲群抗扰度试验》
58	GB/T 17626.5－1999	《电磁兼容 试验和测量技术 浪涌（冲击）抗扰度试验》
59	GB/T 17626.6－1998	《电磁兼容 试验和测量技术射频场感应的传导骚扰抗扰度试验》
60	GB/T 17626.11－1999	《电磁兼容 试验和测量技术电压暂降、短时中断和电压变化的抗扰度试验》
61	GB/T 19056－2003	《汽车行驶记录仪》
62	GB/T 19056－2003	《汽车行驶记录仪》国家标准第一号修改单
63	GB 7258－2004	《机动车运行安全技术条件》
64	GA 47－2002	《道路交通信号控制机》
65	GA 247－2000	《监所周界高压电网装置》
66	GA 297－2001	《机动车测速仪通用技术条件》
67	GA 307－2001	《呼出气体酒精含量探测器》
68	GA 497－2004	《公路车辆智能监测记录系统》
69	GA544－2005	《多道心理测试系统通用技术规范》
70	GA/T 72－2005	《楼寓对讲系统及电控防盗门通用技术条件》
71	GA/T 269－2001	《黑白可视对讲系统》
72	GA/T 394－2002	《出入口控制系统技术要求》
73	GA/T 496－2004	《闯红灯自动记录系统》
74	GB 20816－2006	《车辆防盗报警系统 乘用车》
75	GB/T 19392－2003	《汽车 GPS 导航系统通用规范》
76	GA/T553－2005	《车辆反劫防盗联网报警系统通用技术条件》
77	GA/T 644－2006	《电子巡查系统技术要求》
78	GA/T 645－2006	《视频安防监控系统　变速球型摄像机》
79	GA/T 678－2007	《联网型可视对讲系统技术要求》
80	GA/T761－2008	《停车库（场）安全管理系统技术要求》
81	GA/T 646－2006	《视频安防监控系统矩阵切换设备通用技术要求》
82	SJ/T 10658－1995	《通用型应用电视设备环境要求及试验方法》
83	GB 14861－1993	《应用电视设备安全要求及试验方法》
84	SJ/T 11121－1997	《应用电视视频控制设备通用技术条件》
85	GB/T 19259－2003	《视频投影器通用技术条件》
86	SJ/T 11298－2003	《数字投影机通用规范》
87	SJ/T 11346－2006	《电子投影机测量方法》
88	SJ/T 11340－2006	《液晶投影机通用规范》
89	SJ/T 11338－2006	《数字电视液晶背投影显示器通用规范》
90	SJ/T 11344－2006	《数字电视液晶背投影显示器测量方法》
91		《无线图像传输系统规范》
92	GA 60－1993	《便携式炸药检测箱技术条件》
93		《基于离子迁移谱技术的痕量毒品/炸药探测仪》（报批稿）
94	GB 10409－2001	《防盗保险柜》
95	GB 17565－2007	《防盗安全门通用技术要求》
96	DB 31/321－2004	《防盗防火安全门通用技术要求》

序号	标准编号（含年号）/文号	标准名称
97	GB 17840－1999	《防弹玻璃》
98	GA 165－1997	《防弹复合玻璃》
99	GB/T 18789－2002	《自动柜员机（ATM）通用规范》
100	GA 68－2003	《防刺服》
101	GA 164－2005	《专用运钞车防护技术条件》
102	GA 166－2006	《防盗保险箱》
103	GA 245－2000	《自行车隐形防盗锁》
104	GA 293－2001	《警用防弹头盔及面罩》
105	GA 374－2001	《电子防盗锁》
106	GA 420－2003	《防暴服》
107	GA 422－2008	《防暴盾牌》
108	GA 423－2003	《防弹盾牌》
109	GA 443－2003	《电子脚扣》
110	GA 501－2004	《银行用保管箱通用技术条件》
111	GA 518－2004	《银行营业场所透明防护屏障安装规范》
112	GA 526－2005	《监室门》
113	GA 576－2005	《防尾随联动互锁安全门通用技术要求》
114	GA667－2006	《防爆炸复合玻璃》
115	GA701－2007	《指纹防盗锁通用技术条件》
116	GA 746－2008	《提款箱》
117	GA/T 3－1991	《便携式防盗安全箱》
118	GA/T 73－1994	《机械防盗锁》
119	GA/T 143－1996	《金库门通用技术条件》
120	JR/T 0001－2000	《金库门》
121	GA/T 172－2005	《金属手铐》
122	GA/T 217－1999	《橡胶警棍》
123	GA/T 237－2005	《金属脚镣》
124	GA/T 421－2003	《穿刺放气式路障》
125	GA/T 429－2003	《伸缩警棍》
126	QB 1001－2006	《自行车锁》
127	QB 1621－1992	《弹子家具锁》
128	QB 1918－1993	《弹子挂锁》
129	QB 1920－1993	《磁性卡片门锁技术条件》
130	QB/T 2473－2000	《外装门锁》
131	QB/T 2474－2000	《弹子插芯门锁》
132	QB/T 2475－2000	《叶片插芯门锁》
133	QB/T 2476－2000	《球型门锁》
134	QB /T 2698－2005	《闭门器》
135	QB/T 3890－1999	《铝合金窗锁》
136	QB/T 3891－1999	《铝合金门锁》

序号	标准编号（含年号）/文号	标准名称
137	GB 17859－1999	《计算机信息系统安全保护等级划分准则》
138	GB/T 2887－2000	《电子计算机场地通用规范》
139	GB/T 16260－2006.1 GB/T 16260－2006.2	信息技术软件产品评价质量特性及其使用指南》
140	GB/T 17544－1998	《信息技术软件包质量要求和测试》
141	GB/T 17900－1999	《网络代理服务器的安全技术要求》
142	GB/T 20010－2005	《信息安全技术包过滤防火墙评估准则》
143	GB/T 20281－2006	《信息安全技术防火墙技术要求和测试评价方法》
144	GB/T 20276－2006	《信息安全技术 智能卡嵌入式软件安全技术要求（EAL4 增强级）》
145	GA 216.1－1999	《计算机信息系统安全产品部件 第一部分：安全功能检测》
146	GA16.1～16.11－2003	《道路交通事故信息代码》
147	GA17.1～17.11－2003	《道路交通事故现场信息代码》
148	GA 24.1～24.21－2001	《机动车登记信息代码》
149	GA 230－1999	《旅馆业治安管理信息代码》
150	GA 232－1999	《旅馆业治安管理信息系统用户管理规范》
151	GA 233－1999	《旅馆业治安管理信息基本数据交换格式》
152	GA 234－1999	《旅馆业治安管理信息系统基本功能》
153	GA 300－2001	《看守所在押人员信息管理代码》
154	GA 301－2001	《看守所在押人员信息管理数据交换格式》
155	GA 302－2001	《看守所在押人员信息管理系统功能》
156	GB/T 20279－2006	《信息安全技术 网络和端设备隔离部件技术要求》
157	GB/T 20277－2006	《信息安全技术 网络和终端设备隔离部件测试评价方法》
158	GA381.1	《公共数据格式 交换　第一部分：应用层接口格式》
159	GA381.2	《公共数据格式 交换　第二部分：交换层接口格式》
160	GA397.1～397.3－2002	《经济犯罪案件信息管理系统技术规范》
161	GA398.1～398.22－2002	《经济犯罪案件信息管理代码》
162	GA399.1～399.8－2002	《经济犯罪案件基本信息数据结构》
163	GA408.1～408.14－2003	《道路交通违章管理信息代码》
164	GA329.3－2003	《全国道路交通管理信息数据库规范第三部分：交通违章管理信息数据库规范》
165	GA409.2－2003	《全国道路交通管理信息数据交换格式第二部分：机动车登记数据交换格式》
166	GA409.3－2003	《全国道路交通管理信息数据交换格式第三部分：交通违章数据交换格式》
167	GA410.1～410.3－2003	《进口机动车登记信息代码》
168	GA409.5－2003	《全国道路交通管理信息数据交换格式第五部分：进口机动车档案数据交换格式》
169	GA434.1～434.4－2003	《印刷业治安管理信息系统技术规范》
170	GA433－2003	《印刷业治安管理信息系统数据交换格式》
171	GA432－2003	《印刷业治安管理信息系统数据库规范》
172	GA431－2003	《印刷业治安管理信息代码》
173	GA 438.1～438.4－2003	《机动车修理业、报废机动车回收拆解业治安管理信息系统技术规范》
174	GA 435－2003	《机动车修理业、报废机动车回收拆解业治安管理信息代码》
175	GA 437－2003	《机动车修理业、报废机动车回收拆解业治安管理信息系统数据交换格式》
176	GA 436－2003	《机动车修理业、报废机动车回收拆解业治安管理信息系统数据库规范》

序号	标准编号（含年号）/文号	标准名称
177	GA 557.1～557.12－2005	《互联网上网服务营业场所信息安全管理代码》
178	GA 558.1～558.8－2005	《互联网上网服务营业场所信息安全管理系统数据交换格式》
179	GA 559－2005	《互联网上网服务营业场所信息安全管理系统营业场所端功能要求》
180	GA 560－2005	《互联网上网服务营业场所信息安全管理系统营业场所端与营业场所经营管理系统接口技术要求》
181	GA 561－2005	《互联网上网服务营业场所信息安全管理系统管理端功能要求》
182	GA 562－2005	《互联网上网服务营业场所信息安全管理系统管理端接口技术要求》
183	GA/T 265－2000	《公安会议电视系统技术规范》
184	GA/T 324.1～324.7－2003	《人口信息管理代码》
185	GB/T 20272－2006	《信息安全技术 操作系统安全技术要求》
186	GB/T 20008－2005	《信息安全技术 操作系统安全评估准则》
187	GB/T 20273－2006	《信息安全技术 数据库管理系统安全技术要求》
188	GB/T 20009－2005	《信息安全技术 数据库管理系统安全评估准则》
189	GA/T 403.1－2002	《信息技术入侵检测产品技术要求第1部分：网络型产品》
190	GA/T 403.2－2002	《信息技术入侵检测产品技术要求第2部分：主机型产品》
191	GA/T 404－2002	《信息技术网络安全漏洞扫描产品技术要求》
192	GB/T 20278－2006	《信息安全技术 网络脆弱性扫描产品技术要求》
193	GB/T 20280－2006	《信息安全技术 网络脆弱性扫描产品测试评价方法》
194	RFC2544：Benchmarking Methodology for Network Interconnect Devices	网络互联设备测试的基准方法
195	RFC3511：Benchmarking Methodology for Firewall Performance	防火墙性能测试的基准方法
196	YD5033－97	《会议电视系统工程验收规范》
197	公信安［2004］218号	信息技术小型防火墙产品安全检验规范
198	公信安［2004］218号	信息技术个人防火墙产品安全检验规范
199	公信安［2004］218号	信息技术 VPN 产品安全检验规范
200	GB/T 20279－2006	《信息安全技术 网络和端设备隔离部件技术要求》
201	GB/T 20277－2006	《信息安全技术 网络和终端设备隔离部件测试评价方法》
202	公信安［2004］218号	信息技术入侵防御产品安全检验规范
203	公信安［2004］218号	信息技术信息过滤产品安全检验规范
204	公信安［2004］218号	信息技术网络通讯安全审计产品安全检验规范
205	公信安［2004］218号	信息技术网站恢复产品安全检验规范
206	公信安［2004］218号	信息技术文件加密产品安全检验规范
207	公信安［2004］218号	信息技术访问控制产品安全检验规范
208	公信安［2004］218号	信息技术远程监测产品安全检验规范
209	公信安［2004］218号	信息技术非法外联监测产品安全检验规范
210	公信安［2006］161号	信息安全技术数据库扫描器产品安全检验规范
211	公信安［2006］161号	信息安全技术主机安全漏洞扫描产品安全检验规范
212	公信安［2006］161号	信息安全技术日志分析产品安全检验规范

序号	标准编号（含年号）/文号	标准名称
213	公信安［2006］161 号	信息安全技术数据库安全审计产品安全检验规范
214	公信安［2006］161 号	信息安全技术网际恶意代码控制产品安全要求检验规范
215	公信安［2006］161 号	信息安全技术反垃圾邮件产品安全要求检验规范
216	YD/T 1310－2004	互联网广告电子邮件格式要求
217	YD/T 1311－2004	防范互联网垃圾电子邮件技术要求
218	CNCA/CTS 0031－2008	《信息安全技术 反垃圾邮件产品认证技术规范》
219	公信安［2006］161 号	信息安全技术反垃圾邮件客户端产品安全要求检验规范
220	公信安［2006］161 号	信息安全技术本地数据备份与恢复产品安全检验规范
221	公信安［2006］161 号	信息安全技术主机文件监测产品安全要求检验规范
222	公信安［2006］161 号	信息安全技术安全管理平台产品安全检验规范
223	公信安［2006］161 号	信息安全技术自适应网络主动防御产品安全要求检验规范
224	公信安［2006］161 号	信息安全技术 Web 过滤防护产品安全检验规范
225	公安部办公厅颁发	公安部县、市级公安机关“三台合一”接处警系统技术规范
226	GB 17859－1999	《计算机信息系统安全保护等级划分准则》
227	GA/T 390－2002	《计算机信息系统安全等级保护通用技术要求》
228	GA/T 391－2002	《计算机信息系统安全等级保护管理要求》
229	GB/T22239－2008	《信息安全技术 信息系统安全等级保护基本要求》
230	国标报批稿	《信息安全技术　信息系统安全等级保护测评要求》
231	GB/T 20984－2007	《信息安全技术 信息安全风险评估规范》
232	GB/T 22080－2008	《信息技术 安全技术 信息安全管理体系要求》
233	GB/T 20988－2007	《信息安全技术 信息系统灾难恢复规范》
234	GB/T 22081－2008	《信息技术 安全技术 信息安全管理实用规则》
235	DB 31/T 272－2008	《计算机信息系统安全测评通用技术规范》
236	GB 9361－88	《计算站场地安全要求》
237	GB/T 18018－2007	《信息安全技术 路由器安全技术要求》
238	CNCA/CTS 0051－2007	《信息技术 信息安全 数据备份与恢复产品认证技术规范》
239	GA/T 697－2007	《信息安全技术 静态网页恢复产品安全功能要求》
240	CNCA/CTS 0050－2007	《信息技术 信息安全 网站恢复产品认证技术规范》
241	GB/T 20945－2007	《信息安全技术 信息系统安全审计产品技术要求和评价方法》
242	GA/T 684－2007	《信息安全技术 交换机安全技术要求》
243	GA/T 685－2007	《信息安全技术 交换机安全评估准则》
244	GA/T 671－2006	《信息安全技术 终端计算机系统安全等级技术要求》
245	GA/T 672－2006	《信息安全技术 终端计算机系统安全等级评估准则》
246	GA/T 681－2007	《信息安全技术 网关安全技术要求》
247	GB/T 18336－2008	《信息技术 安全技术 信息技术安全性评估准则》
248	GA/T 754－2008	《电子数据存储介质复制工具要求及检测方法》
249	GA/T 755－2008	《电子数据存储介质写保护设备要求及检测方法》
250	GB/T 21028－2007	《信息安全技术 服务器安全技术要求》

1.2.11 安全防范产品委托检验合同（协议）

任务编号：________

<table>
<tr><td>样品名称</td><td colspan="4"></td><td>送检数量</td><td colspan="2">台（套）</td></tr>
<tr><td>型号规格</td><td colspan="4"></td><td>检验类别</td><td colspan="2"></td></tr>
<tr><td>委托检验
项目及依据</td><td colspan="7"></td></tr>
<tr><td>提供的技术
资料</td><td colspan="7">(一)(　)产品企业标准或技术条件；
(二)(　)产品功能及性能的中文说明；
(三)(　)证明产品功能及性能的有关资料（必要时提供装配图等）；
(四)(　)营业执照（复印件）。</td></tr>
<tr><td rowspan="4">委托单位
通讯资料</td><td>单位名称</td><td colspan="3"></td><td colspan="3" rowspan="5">委托单位盖章</td></tr>
<tr><td>地　址</td><td colspan="3"></td></tr>
<tr><td>邮　编</td><td></td><td>电　话</td><td></td></tr>
<tr><td>联系人</td><td></td><td>电　话</td><td></td></tr>
<tr><td>生产单位</td><td colspan="4"></td></tr>
<tr><td rowspan="4">约定处置
方式要求</td><td colspan="2">检验样品或余样处理</td><td colspan="5">□取回　□放弃　□邮寄（邮费自理）</td></tr>
<tr><td colspan="2">检验报告的交付方式</td><td colspan="5">□自取　□邮寄</td></tr>
<tr><td rowspan="2">委托方的
保密要求</td><td colspan="6">□样品　□技术资料　□检验数据结果</td></tr>
<tr><td colspan="6">□提供的检验方法　□委托单位的名称</td></tr>
<tr><td colspan="2">其他说明（包括样品特性状态和样品适用性检查）</td><td colspan="6"></td></tr>
<tr><td>合同签订日期</td><td colspan="3">年　月　日</td><td>合同签订人</td><td></td><td colspan="2"></td></tr>
<tr><td rowspan="4">本中心
通讯资料</td><td>电话</td><td colspan="2">(021) 64745197
64336810＊2101</td><td rowspan="3">帐户名称
开户银行
帐　号</td><td colspan="3" rowspan="3">公安部第三研究所
招商银行上海分行徐家汇支行
096929－121907530810108</td></tr>
<tr><td>地址</td><td colspan="2">上海市岳阳路76号</td></tr>
<tr><td>传真</td><td colspan="2">(021) 64335838</td></tr>
<tr><td>邮编</td><td colspan="2">200031</td><td>网 址</td><td colspan="3">202.127.0.100</td></tr>
<tr><td colspan="5">附注：
1. 本检验委托合同一式二份，经双方盖章生效后各持一份，自合同签订日起生效；检验完毕，委托方领取检验报告和样品之日即本合同终止。
2. 检验测试费用，按本中心有关规定核算，委托方应于合同签订日起5个工作日内缴纳检验费，否则暂缓检验。
3. 委托方如遇中途变更或违约，检验测试已耗物资费用仍由委托方支付。
4. 检验如遇特殊情况，本中心应尽快通知委托方，双方协商解决。</td><td colspan="3">本中心盖章</td></tr>
</table>

本委托合同一式二份，一份交委托单位，一份留存本中心

1.2.12 安全防范系统委托检验合同（协议）

任务编号：________

<table>
<tr><td>工程项目名称</td><td colspan="6"></td></tr>
<tr><td>工程地点</td><td colspan="6"></td></tr>
<tr><td rowspan="4">委托单位
通讯资料</td><td>名　称</td><td colspan="3"></td><td colspan="2" rowspan="4">委托单位盖章</td></tr>
<tr><td>地　址</td><td colspan="3"></td></tr>
<tr><td>邮　编</td><td></td><td>电　话</td><td></td></tr>
<tr><td>联系人</td><td></td><td>电　话</td><td></td></tr>
<tr><td rowspan="4">设计、施工
单位资料</td><td>名　称</td><td colspan="3"></td><td colspan="2" rowspan="4">施工单位盖章</td></tr>
<tr><td>地　址</td><td colspan="3"></td></tr>
<tr><td>邮　编</td><td></td><td>电　话</td><td></td></tr>
<tr><td>联系人</td><td></td><td>电　话</td><td></td></tr>
<tr><td rowspan="4">建设单位
通讯资料</td><td>名　称</td><td colspan="3"></td><td colspan="2" rowspan="4">建设单位盖章</td></tr>
<tr><td>地　址</td><td colspan="3"></td></tr>
<tr><td>邮　编</td><td></td><td>电　话</td><td></td></tr>
<tr><td>联系人</td><td></td><td>电　话</td><td></td></tr>
<tr><td>提供的技术
资料</td><td colspan="6">（一）（　）安防系统工程设计方案、合同书；
（二）（　）安防系统工程竣工报告；
（三）（　）安防系统设备清单，前端设备安装点位表；
（四）（　）证明系统中产品功能及性能的其他相关资料；
（五）（　）营业执照（复印件）或资质证明。</td></tr>
<tr><td colspan="2">委托检验项目及依据</td><td colspan="5"></td></tr>
<tr><td colspan="2">要求安排检验日期</td><td colspan="5">年　月　日至　年　月　日</td></tr>
<tr><td rowspan="2">约定处置
方式要求</td><td colspan="2">检验报告的交付</td><td colspan="4">□自取　□邮寄</td></tr>
<tr><td colspan="2">委托方的保密要求</td><td colspan="4">□技术资料　□检验结果　□委托单位的名称</td></tr>
<tr><td>其他说明</td><td colspan="6"></td></tr>
<tr><td>合同签订日期</td><td colspan="2">年　月　日</td><td>合同签订人</td><td></td><td colspan="2"></td></tr>
<tr><td rowspan="4">本中心
通讯资料</td><td>电话</td><td>（021）647451976
4336810＊2101</td><td rowspan="3">帐户名称
开户银行
帐　号</td><td colspan="3" rowspan="3">公安部第三研究所
招商银行上海分行徐家汇支行
096929－121907530810108</td></tr>
<tr><td>地址</td><td>上海市岳阳路76号</td></tr>
<tr><td>传真</td><td>（021）64335838</td></tr>
<tr><td>邮编</td><td>200031</td><td>网 址</td><td colspan="3">202.127.0.100</td></tr>
<tr><td colspan="5">附注：
1. 本检验委托合同一式二份，经双方单位盖章生效后各持一份，自合同签订日起生效；检验完毕，委托方领取检验报告和样品之日即本合同终止。
2. 检验测试费用，按本中心有关规定核算，委托方应于合同签订日起5个工作日内缴纳检验费，否则暂缓检验。
3. 委托方如遇中途变更或违约，检验测试已耗物资费用仍由委托方支付。
4. 检验如遇特殊情况，本中心应尽快通知委托方，双方协商解决。</td><td colspan="2">本中心盖章</td></tr>
</table>

本委托合同一式二份，一份交委托单位，一份留存本中心

1.2.13 信息安全产品委托检验合同（协议）

任务编号：________

<table>
<tr><td>样品名称</td><td colspan="4"></td><td>送检数量</td><td></td></tr>
<tr><td>型号规格/版本号</td><td colspan="4"></td><td>检验类别</td><td></td></tr>
<tr><td>检验依据</td><td colspan="6"></td></tr>
<tr><td>提供的技术资料</td><td colspan="6">（一）[ ] 委托单位和生产单位营业执照（复印件）；
（二）[ ] 产品检验相关技术材料（纸版和电子版各一份）；
（三）[ ] 产品检验相关软/硬件；
（四）[ ] 采用密码技术的安全专用产品必须提交国家密码管理部门的审批文件；
（五）[ ] 国外产品在国内最高级别的授权代理书；
（六）[ ] 送检介绍信及取报告介绍信。</td></tr>
<tr><td colspan="6">委托单位是否确认提供的技术资料与送检样品完全相符</td><td>☐是 ☐否</td></tr>
<tr><td rowspan="5">委托单位通讯资料</td><td>名　称</td><td colspan="4"></td><td rowspan="5">委托单位盖章</td></tr>
<tr><td>地　址</td><td colspan="4"></td></tr>
<tr><td>邮　编</td><td></td><td>电　话</td><td colspan="2"></td></tr>
<tr><td>联系人</td><td></td><td>电　话</td><td colspan="2"></td></tr>
<tr><td>生产单位</td><td colspan="4"></td></tr>
<tr><td rowspan="4">约定处置方式要求</td><td colspan="2">检验样品或余样处理</td><td colspan="4">☐取回　☐放弃　☐邮寄（邮费自理）</td></tr>
<tr><td colspan="2">检验报告的交付方式</td><td colspan="4">☐自取　☐邮寄</td></tr>
<tr><td rowspan="2">委托方的保密要求</td><td colspan="5">☐样品　☐技术资料　☐检验数据结果</td></tr>
<tr><td colspan="5">☐提供的检验方法　☐委托单位的名称</td></tr>
<tr><td colspan="2">其他说明（包括样品特性状态和样品适用性检查）</td><td colspan="5"></td></tr>
<tr><td>合同签订日期</td><td colspan="2">年　月　日</td><td>合同签订人</td><td></td><td colspan="2"></td></tr>
<tr><td rowspan="4">本中心通讯资料</td><td>电话</td><td>（021）64745197
64336810＊2102、2205</td><td rowspan="3">帐户名称
开户银行
帐　号</td><td colspan="3" rowspan="3">公安部第三研究所
招商银行上海分行徐家汇支行
096929－121907530810108</td></tr>
<tr><td>地址</td><td>上海市岳阳路76号</td></tr>
<tr><td>传真</td><td>（021）64335838</td></tr>
<tr><td>邮编</td><td>200031</td><td>网 址</td><td colspan="3">www. mctc. gov. cn</td></tr>
<tr><td colspan="5">附注：
1. 本检验委托合同一式二份，经双方单位盖章生效后各持一份，自合同签订日起生效；检验完毕，委托方领取检验报告和样品之日即本合同终止。
2. 检验测试费用，按本中心有关规定核算，委托方应于合同签订日起5个工作日内缴纳检验费，否则暂缓检验。
3. 委托方如遇中途变更或违约，检验测试已耗物资费用仍由委托方支付。
4. 检验如遇特殊情况，本中心应尽快通知委托方，双方协商解决。</td><td colspan="2">本中心盖章</td></tr>
</table>

本委托合同一式二份，一份交委托单位，一份留存本中心

（资料提供：国家安全防范报警系统产品质量监督检验中心（上海））

第二节　国家级安防检测中心产品检测结果信息

2.1 国家安全防范报警系统产品质量监督检验中心（北京）检测结果信息

2.1.1 型式检验

1. 电子产品

报告编号	产品名称	产品型号	受检单位
091001	HB7208 嵌入式数字硬盘录像机	HBGA－AF－DVR－Ⅱ－A/8－8	北京汉邦高科数字技术有限公司
091002	HB7204 嵌入式数字硬盘录像机	HBGK－AF－DVR－Ⅱ－A/4－4	北京汉邦高科数字技术有限公司
091004	智能锁	C	深圳市普罗巴克科技股份有限公司
091005	智能锁	F	深圳市普罗巴克科技股份有限公司
091006	智能锁	D	深圳市普罗巴克科技股份有限公司
091009	红外摄像机	ST－IR5252	金三立视频科技（深圳）有限公司
091010	一体化智能球	ADTV－6880	深圳市罡扇联行智能系统有限公司
091011	1/2" 彩色摄像机	ADTV－5620	深圳市罡扇联行智能系统有限公司
091012	彩色摄像机	ADTV－620、ADTV－5540	深圳市罡扇联行智能系统有限公司
091012	彩色摄像机	ADTV－5740、ADTV－5660	深圳市罡扇联行智能系统有限公司
091013	彩色半球摄像机	ADTV－6040	深圳市罡扇联行智能系统有限公司
091013	彩色半球摄像机	ADTV－6080、ADTV－6085	深圳市罡扇联行智能系统有限公司
091020	数字光端机	N3757	深圳英飞拓科技股份有限公司
091021	数字光端机	N3755	深圳英飞拓科技股份有限公司
091022	数字光端机	N3751	深圳英飞拓科技股份有限公司
091023	数字光端机	N3790	深圳英飞拓科技股份有限公司
091024	数字光端机	N3711	深圳英飞拓科技股份有限公司
091025	数字光端机	N3731	深圳英飞拓科技股份有限公司
091026	数字光端机	N3758	深圳英飞拓科技股份有限公司
091027	数字光端机	N3759	深圳英飞拓科技股份有限公司
091028	彩色摄像机	ADTV－620、ADTV－5660	深圳市罡扇联行智能系统有限公司
091029	彩色半球摄像机	ADTV－6040	深圳市罡扇联行智能系统有限公司
091030	彩色摄像机	SSC－DC693P/698P	索尼（中国）有限公司上海分公司
091031	彩色摄像机	SSC－DC673P/678P	索尼（中国）有限公司上海分公司
091033	数字硬盘录像机	MondoMax YZJ－AF－DVR－Ⅱ－A/16－16	深圳市银之杰科技股份有限公司
091038	18 倍智能高速球	DCS－S1810	上海神州数码有限公司
091039	26 倍智能高速球	DCS－S2610	上海神州数码有限公司
091040	高清日夜型摄像机	DCS－B525A、DCS－B525B	上海神州数码有限公司
091041	彩色摄像机	DCS－B410A、DCS－B410B	上海神州数码有限公司
091042	超低照度日夜型摄像机	DCS－B515A、DCS－B515B	上海神州数码有限公司

报告编号	产品名称	产品型号	受检单位
091043	高清摄像机	DCS－B420A、DCS－B420B	上海神州数码有限公司
091045	数字视频录像机	SHR－C7160－AF－DVR－II－B/16－16	天津三星电子有限公司
091046	数字视频录像机	SHR－C5160－AF－DVR－I－B/16－0	天津三星电子有限公司
091047	网络摄像机	SNC－M300P/CHN	天津三星电子有限公司
091048	网络摄像机	SNC－B5395P/CHN	天津三星电子有限公司
091049	网络摄像机	SNC－B2315P/CHN	天津三星电子有限公司
091050	数字彩色摄像机	SCC－B1018P/CHN	天津三星电子有限公司
091050	数字彩色摄像机	SCC－B1318P/CHN	天津三星电子有限公司
091055	智能型可视对讲系统	GST－DJ6000	深圳海湾安防技术有限公司
091058	华信隐型智能锁	HMS001	洪雅县华信电子厂
091059	智能卡门锁	ADEL－737	深圳市爱迪尔电子有限公司
091060	安全智能门锁	ADEL－747	深圳市爱迪尔电子有限公司
091061	数码巡更系统	ADEL－9000	深圳市爱迪尔电子有限公司
091062	指纹智能门锁	ADEL－777	深圳市爱迪尔电子有限公司
091071	智能型可视对讲系统	TA－ND2000	深圳市泰和安科技有限公司
091076	嵌入式数字硬盘录像机	BSR/N－W－AF－DVR－II－A/8－8	北京蓝色星际软件技术发展有限公司
091077	嵌入式数字硬盘录像机	BSR/AM－W－AF－DVR－II－B/3－3	北京蓝色星际软件技术发展有限公司
091078	嵌入式数字硬盘录像机	BSR/AM－W－AF－DVR－II－B/4－4	北京蓝色星际软件技术发展有限公司
091079	嵌入式数字硬盘录像机	BSR/N－W－AF－DVR－II－A/1－1	北京蓝色星际软件技术发展有限公司
091080	光端机	YHD1601002ST/R	武汉宇恒光电通信设备有限责任公司
091081	枪式摄像机	J62C	四川九洲应用电子系统有限责任公司
091082	半球摄像机	J23D	四川九洲应用电子系统有限责任公司
091086	智能型高速球（AVEMIA 威迈）	HF－DUP6301	福州开发区鸿发光电子技术有限公司
091087	高清彩色半球摄像机	DV－VDP8610CH	深圳市迪威泰实业有限公司
091088	高清宽动态彩色摄像机	DV－W4640CH	深圳市迪威泰实业有限公司
091089	彩色高清红外防水一体摄像机	DV－IR9318CHW	深圳市迪威泰实业有限公司
091090	矩阵控制器	RK－Z	厦门市罗普特科技有限公司
091092	门禁控制器	MGZIP	北京顺天裕科贸有限公司
091094	DVR－2000PCI 控式硬盘录像机	LAP－AF－DVR－Ⅱ－A/4－4	广东履安实业有限公司
091095	DVR－2000PCI 控式硬盘录像机	LAP－AF－DVR－Ⅱ－A/8－8	广东履安实业有限公司
091096	DVR－2000PCI 控式硬盘录像机	LAP－AF－DVR－Ⅱ－A/12－12	广东履安实业有限公司
091097	DVR－2000PCI 控式硬盘录像机	LAP－AF－DVR－Ⅱ－A/16－16	广东履安实业有限公司
091098	DVR－2000 嵌入式硬盘录像机	LAQ－AF－DVR－Ⅱ－A/04－04	广东履安实业有限公司
091099	DVR－2000 嵌入式硬盘录像机	LAQ－AF－DVR－Ⅱ－A/08－08	广东履安实业有限公司
091100	DVR－2000 嵌入式硬盘录像机	LAQ－AF－DVR－Ⅱ－A/12－12	广东履安实业有限公司
091101	DVR－2000 嵌入式硬盘录像机	LAQ－AF－DVR－II－A/16－16	广东履安实业有限公司
091104	爱克信门禁报警与安全集成管理系统	AXIOM V	深圳市爱克信安全技术有限公司
091105	摄像机	ZC－BNT4033PHA	希比希（上海）贸易有限公司
091107	门神 100/110 指纹终端控制器	DG100、DG110（LG100 锁具控制盒	希比希（上海）贸易有限公司
091108	黑贝 200 指纹防盗门锁	DL200	希比希（上海）贸易有限公司

报告编号	产品名称	产品型号	受检单位
091109	黑贝 260 欧标指纹插芯锁	DL260	希比希（上海）贸易有限公司
091110	黑贝 240 指纹锁	DL240	希比希（上海）贸易有限公司
091111	黑贝 210 指纹执手锁	DL210	希比希（上海）贸易有限公司
091113	OT Systems 一体化高速球	OTS－BE	深圳市诺龙实业有限公司
091117	彩色监视器	SMC－215P/CHN	天津三星电子有限公司
091118	视频叠加器	DR－P IP0804D	湖北东润科技有限公司
091121	彩色半球摄像机	WP－305XX	广东王牌网络科技有限公司
091122	彩色红外一体化摄像机	WP－230XX	广东王牌网络科技有限公司
091123	彩色数码摄像机	HY－33A1	长沙市恒友视嘉安防科技有限公司
091131	二道门防尾随出入口控制器	AMB－2802B	广州市浩云安防科技工程有限公司
091132	门禁控制器	AMB－2802	广州市浩云安防科技工程有限公司
091133	门禁控制器	AMB－2802	广州市安必信通信设备有限公司
091134	US 入侵探测器	USU－1 型	北京市凯文警视技术研究所
091139	激光对射探测器	XTJ	长沙高新开发区玺天科技开发有限公司
091153	数字视频监控主机	Telesky/Tss－420E/AF－DVR－II－B/16－16	广州市安必信通信设备有限公司
091154	数字视频监控主机	Telesky/Tss－420/AF－DVR－II－B/16－17	广州市安必信通信设备有限公司
091155	网络摄像机	AMB－8910	广州市安必信通信设备有限公司
091156	黄金眼 M4 硬盘录像主机	GECDR32P－AF－DVR－II－A/8－8	北京黄金眼信息技术有限公司
091160	网络视频服务器	ST－NT200H	金三立视频科技（深圳）有限公司
091162	金库专用指纹门禁机	ZWJ－YA－001	湖南省银安工具设备厂有限公司
091168	网络摄像机	DS－2CD852MF－XY	杭州海康威视数字技术股份有限公司
091169	网络摄像机	DS－2CD862MF－XY	杭州海康威视数字技术股份有限公司
091185	网络摄像机	ST－NT2102H	金三立视频科技（深圳）有限公司
091186	网络摄像机	ST－NT6050	金三立视频科技（深圳）有限公司
091187	发现者 AMOPM 智能球形摄像机	AP－3000	广州市加捷智能科技有限公司
091195	摄像机	DCS－B710A、DCS－B710B	上海神州数码有限公司
091196	摄像机	DCS－B510A、DCS－B510B	上海神州数码有限公司
091197	半球摄像机	DCS－D112、DCS－D115	上海神州数码有限公司
091198	摄像机	DCS－B720A、DCS－B720B	上海神州数码有限公司
091199	半球摄像机	DCS－D135、DCS－D315	上海神州数码有限公司
091200	智能高速球	DCS－S3610	上海神州数码有限公司
091201	智能高速球	DCS－S2620	上海神州数码有限公司
091202	智能高速球	DCS－S1820	上海神州数码有限公司
091203	半球型摄像机	DCS－D155	上海神州数码有限公司
091211	门禁系统		深圳市欣横纵数码科技有限公司
091212	高清网络摄像机	AMB－8910	广州市浩云安防科技工程有限公司
091213	矿井机车安全运行监视仪	ZYB－08EX	唐山市占友安防工程有限公司
091214	网络摄像机	YX－IPC1100	郑州豫能通信设备有限公司
091215	ATM 专用嵌入式数字硬盘录像机	HB8004A 系列 HBGK－AF－DVR－II－B/4－4	北京汉邦高科数字技术有限公司
091216	视频编码器	CTT2000VM－BM01	沈阳华讯电子技术有限责任公司

报告编号	产品名称	产品型号	受检单位
091218	数字视频监控主机	TeleSky/Tss－420/16/AF－DVR－Ⅱ－B/16－16	广州市浩云安防科技工程有限公司
091219	数字视频监控主机	TeleSky/Tss－420E/8/AF－DVR－Ⅱ－B/16－16	广州市浩云安防科技工程有限公司
091220	摄像机	ZC－BNT2033PHA	希比希（上海）贸易有限公司
091221	摄像机	ZC－D2808PHA	希比希（上海）贸易有限公司
091222	摄像机	ZC－D2839PHA	希比希（上海）贸易有限公司
091223	机动车载电子防伪标识	CZ－2 型	河北长通电子科技有限公司
091230	智能一体化高速球型摄像机	DV860	深圳市龙洋数控技术有限公司
091232	一体化智能中速球型摄像机	HB212	常州宏本数码科技有限公司
091233	一体化红外高速球型摄像机	HB150	常州宏本数码科技有限公司
091234	一体化智能高速球型摄像机	HB116	常州宏本数码科技有限公司
091235	海康威视集中监控管理平台（金融）		杭州海康威视数字技术股份有限公司
091236	红外一体彩色摄像机	ACV－IR8302	深圳市傲润特智能科技发展有限公司
091237	彩色半球摄像机	ACV－6201	深圳市傲润特智能科技发展有限公司
091238	彩色半球摄像机	ACV－6201	深圳市傲润特智能科技发展有限公司
091239	矩阵切换微机控制系统	ACV－6202	深圳市傲润特智能科技发展有限公司
091240	数字视音频光端机	ACV－T/R	深圳市傲润特智能科技发展有限公司
091241	视频矩阵	M8000	深圳市艾立克电子有限公司
091242	数字光端机	DR－F200	深圳市艾立克电子有限公司
091243	高速云台	DR－E588PTZ－B	深圳市艾立克电子有限公司
091244	摄像机	DR－823D	深圳市艾立克电子有限公司
091245	彩色一体化摄像机	DR－188	深圳市艾立克电子有限公司
091246	半球摄像机	DR－308	深圳市艾立克电子有限公司
091247	ST－21 系列高速球型摄像机	ST－2110P－12	史丹利科技（深圳）有限公司
091248	ST－31 系列高速球型摄像机	ST－3130P－24	史丹利科技（深圳）有限公司
091249	STANLEY 门禁系统	NT500	史丹利科技（深圳）有限公司
091250	STANLEY 半球型摄像机	ST－C172HP	史丹利科技（深圳）有限公司
091251	STANLEY 半球型摄像机	ST－C072P	史丹利科技（深圳）有限公司
091252	STANLEY 枪式摄像机	ST－C162HP	史丹利科技（深圳）有限公司
091253	STANLEY 枪式摄像机	ST－C061P	史丹利科技（深圳）有限公司
091254	数字彩色摄像机	SCC－A2333P/CHN	天津三星电子有限公司
091255	数字彩色摄像机	SCC－B2333P/CHN	天津三星电子有限公司
091256	数字彩色摄像机	SCC－B2335P/CHN	天津三星电子有限公司
091259	无线指纹电脑保管箱系统	BGX－D1－HM3	湖南华迈实业有限公司
091260	一体化摄像机	V1244	深圳英飞拓科技股份有限公司
091261	快速球型摄像机	V1745、V1746、V1747	深圳英飞拓科技股份有限公司
091262	快速球型摄像机	V1725、V1726、V1727	深圳英飞拓科技股份有限公司
091263	光学式指纹机	AMB－2804E	广州市浩云安防科技工程有限公司
091264	电容式指纹机	AMB－2804G	广州市浩云安防科技工程有限公司
091266	车载硬盘录像机	G10－AF－DVR－Ⅱ－A/4－4	深圳市锐明视讯技术有限公司
091268	摄像机	WAT－230CD	上海沃塔数码科技有限公司

报告编号	产品名称	产品型号	受检单位
091269	万家安楼宇可视对讲系统		辽宁盘锦安居智能电子工程有限公司
091270	光端机	OTS840BE/AB（110/210/410BE）	深圳市诺龙实业有限公司
091272	停车场系统	NY－2008	深圳南亿科技有限公司
091273	XTNB 网络智能球	XTNB431－R	广东迅通计算机有限公司
091274	XTE 网络视频服务器	XTE200G－Y	广东迅通计算机有限公司
091275	高速球	DP2000	深圳市普飞科技发展有限公司
091277	IP 网络高清摄像机	KV8001PS	长沙正海电子设备有限公司
091280	门禁控制器	HDM－026N	北京宏大京电电子技术有限公司
091281	断电报警器		重庆四通电子设备有限公司
091292	电容式指纹机	AMB－2804G	广州市安必信通信设备有限公司
091293	光学式指纹机	AMB－2804E	广州市安必信通信设备有限公司
091294	光学式指纹机	YCL－F210	佛山市亿昌龙电子科技有限公司
091295	电容式指纹机	YCL－F220	佛山市亿昌龙电子科技有限公司
091297	朗图四路数字视频光端机	LT4000－I/R	桂林信通科技有限公司
091300	一体化高速球	MINRRAY UV60	深圳市明日实业有限公司坂田分公司
091301	一体化高速球	MINRRAY UV58C	深圳市明日实业有限公司坂田分公司
091302	一体化高速球	MINRRAY UV30C	深圳市明日实业有限公司坂田分公司
091303	矩阵切换系统	V2060	深圳英飞拓科技股份有限公司
091304	矩阵切换系统	V2060	深圳英飞拓科技股份有限公司
091306	斯坤特楼宇可视对讲系统	SQ－3000	北京斯坤特电子科技有限公司
091308	机动车载电子标示信息采集器	DXC－2 型	河北长通电子科技有限公司
091311	工控式数字硬盘录像机	XY－2116A－AF－DVR－Ⅱ－B/16－16	江苏省兴宇智能科技有限公司
091312	嵌入式数字硬盘录像机	XY－2116B－AF－DVR－Ⅱ－B/16－16	江苏省兴宇智能科技有限公司
091313	彩色摄像机	XY－CP278P	江苏省兴宇智能科技有限公司
091314	彩转黑摄像机	XY－SCC578P	江苏省兴宇智能科技有限公司
091315	摄像机	DS－2CM252P－XY	杭州海康威视数字技术股份有限公司
091316	彩色枪式摄像机	SR－GS3000P	喜恩碧电子（深圳）有限公司
091317	彩色枪式摄像机	SR－GS3760PF	喜恩碧电子（深圳）有限公司
091318	彩色枪式摄像机	CNB－GL3662PF	喜恩碧电子（深圳）有限公司
091319	彩色枪式摄像机	CNB－GA4867PF	喜恩碧电子（深圳）有限公司
091320	彩色枪式摄像机	SR－GP867F	喜恩碧电子（深圳）有限公司
091321	彩色枪式摄像机	CNB－GA4162PF	喜恩碧电子（深圳）有限公司
091322	彩色枪式摄像机	SR－GP162F	喜恩碧电子（深圳）有限公司
091323	彩色枪式摄像机	CNB－GA700PF	喜恩碧电子（深圳）有限公司
091324	红外半球摄像机	CNB－D2810PVR	喜恩碧电子（深圳）有限公司
091326	高速球摄像机	CNB－S1765P	喜恩碧电子（深圳）有限公司
091327	高速球摄像机	SR－SIP765	喜恩碧电子（深圳）有限公司
091328	高速球摄像机	CNB－SMC1065P	喜恩碧电子（深圳）有限公司
091329	高速球摄像机	SR－SMIP065	喜恩碧电子（深圳）有限公司
091330	高速球摄像机	CNB－S2765PW	喜恩碧电子（深圳）有限公司

报告编号	产品名称	产品型号	受检单位
091331	高速球摄像机	SR－SOP765W	喜恩碧电子（深圳）有限公司
091335	一体化高速云台摄像机	ST－CC7000	金三立视频科技（深圳）有限公司
091345	一体化智能化高速球	ABC188S18N－W	杭州艾比希科技有限公司
091347	网络摄像机	CAM－8100	深圳市昱鑫共创科技发展有限公司
091349	TeleSky 硬盘录像机主机	TeleSky/TSS－420E/8/AF－DVR－II－A/16－16	广州市浩云安防科技工程有限公司
091350	金库门智能控制系统	ZNKZ－1JZR	湖南星辰电子科技有限公司
091352	ATM 智能预警系统	TSS－4100	广州市浩云安防科技工程有限公司
091353	视频管理服务器	TSS－S1000	广州市浩云安防科技工程有限公司
091354	高性能一体球型摄像机	HSDC－352PXE	霍尼韦尔安防（中国）有限公司
091355	网络摄像机	HICC－100P	霍尼韦尔安防（中国）有限公司
091356	数码摄像头	VCC－WD8878PC	东莞华强三洋马达有限公司
091358	高清晰三轴监控摄像机	SID－452P	天津三星泰科光电子有限公司
091359	高清晰监控摄像机	SDN－550P	天津三星泰科光电子有限公司
091360	高清晰监控摄像机	SDC－413PA、SDC－4BPB	天津三星泰科光电子有限公司
091361	彩色高清晰监控摄像机	SID－40P	天津三星泰科光电子有限公司
091362	数字视频录像机	SHR－8160－AF－DVR－III－A/16－16	天津三星电子有限公司
091363	数字视频录像机	SHR－8080P－AF－DVR－Ⅱ－A/8－8	天津三星电子有限公司
091364	指纹锁	Bioknob 100S	佛山市顺德区天驰电子有限公司
091365	指纹防盗锁	Biolever 100RL	佛山市顺德区天驰电子有限公司
091366	彩色摄像机	AK－WD710	联视电子工程（深圳）有限公司
091367	彩色摄像机	AK－110CB	联视电子工程（深圳）有限公司
091368	高速球	AK－HW583	联视电子工程（深圳）有限公司
091369	高速球	AK－HB582	联视电子工程（深圳）有限公司
091371	硬盘录像机	CT－AF－DVR－III－A/16－16	深圳市英华电子有限公司
091372	高速球型摄像机	CT－H730X	深圳市英华电子有限公司
091374	彩色宽动态摄像机	CT－C830X	深圳市英华电子有限公司
091380	微型摄像机	CM－3000	深圳市卡歎莱电子科技有限公司
091382	矩阵	LD－E6416	河南省联大通信技术有限公司
091383	数字光端机	LD－SP4V3DIE	河南省联大通信技术有限公司
091384	高速球	LD－Z6818	河南省联大通信技术有限公司
091385	宽动态摄像机	LD－LP626X	河南省联大通信技术有限公司
091389	数字彩色摄像机	SCC－B2013P/CHN	天津三星电子有限公司
	数字彩色摄像机	SCC－B2313P/CHN	天津三星电子有限公司
091390	数字彩色摄像机	SCC－A2013P/CHN	天津三星电子有限公司
	数字彩色摄像机	SCC－A2313P/CHN	天津三星电子有限公司
091391	数字彩色摄像机	SCC－B2015P/CHN	天津三星电子有限公司
	数字彩色摄像机	SCC－B2315P/CHN	天津三星电子有限公司
091392	数字彩色摄像机	SCC－B2025P/CHN	天津三星电子有限公司
	数字彩色摄像机	SCC－B2325P/CHN	天津三星电子有限公司
091393	数字彩色摄像机	SCC－B5392P/CHN	天津三星电子有限公司

报告编号	产品名称	产品型号	受检单位
091393	数字彩色摄像机	SCC－B5393P/CHN	天津三星电子有限公司
091394	数字彩色摄像机	SCC－B5311P/CHN	天津三星电子有限公司
	数字彩色摄像机	SCC－B5313P/CHN	天津三星电子有限公司
	数字彩色摄像机	SCC－B5315P/CHN	天津三星电子有限公司
091395	数字彩色摄像机	SCC－A2033P/CHN	天津三星电子有限公司
091396	数字彩色摄像机	SCC－B2035P/CHN	天津三星电子有限公司
091397	数字彩色摄像机	SCC－B5367P/CHN	天津三星电子有限公司
	数字彩色摄像机	SCC－B5369P/CHN	天津三星电子有限公司
	数字彩色摄像机	SCC－B5397P/CHN	天津三星电子有限公司
	数字彩色摄像机	SCC－B5399P/CHN	天津三星电子有限公司
091398	数字彩色摄像机	SCC－B5366P/CHN	天津三星电子有限公司
	数字彩色摄像机	SCC－B5368P/CHN	天津三星电子有限公司
	数字彩色摄像机	SCC－B5396P/CHN	天津三星电子有限公司
	数字彩色摄像机	SCC－B5396P/CHN	天津三星电子有限公司
091399	数字彩色摄像机	SCC－B5223P/CHN	天津三星电子有限公司
091400	数字彩色摄像机	SCC－B2337P/CHN	天津三星电子有限公司
	数字彩色摄像机	SCC－B5333P/CHN	天津三星电子有限公司
	数字彩色摄像机	SCC－B5335P/CHN	天津三星电子有限公司
091401	数字彩色摄像机	SCC－B2337P/CHN	天津三星电子有限公司
	数字彩色摄像机	SCC－B2037P/CHN	天津三星电子有限公司
091402	数字彩色摄像机	SCC－B1331P/CHN	天津三星电子有限公司
091402	数字彩色摄像机	SCC－B1031P/CHN	天津三星电子有限公司
091402	数字彩色摄像机	SCC－B2331P/CHN	天津三星电子有限公司
091403	数字彩色摄像机	SCC－B2031P/CHN	天津三星电子有限公司
091406	摄像机	ZC－Y38P	希比希（上海）贸易有限公司
091407	摄像机	ZC－YHW438P	希比希（上海）贸易有限公司
091421	网络数字硬盘录像机	KS－AF－DVR－II－A/16－16	东莞市凯迅电子科技有限公司
091425	视频光端机	DS2008V1D	浙江德威电子有限公司
091426	智能门禁控制器	DM－III	广东奥迪安监控技术有限公司
091427	视频管理服务器	TSS－S1000	广州市安必信通信设备有限公司
091428	ATM 智能预警系统	AMB－8400	广州中安必信通信设备有限公司
091429	视频管理服务器	YCL－G900	佛山市亿昌龙电子科技有限公司
091430	ATM 智能预警系统	YCL－A800	佛山市亿昌龙电子科技有限公司
091431	智能云台摄像机	YS3040、YS3041 YP3040、YD3040	天津市亚安科技电子有限公司
091432	智能高速球型摄像机	YH5106、YH5007、YH5407	天津市亚安科技电子有限公司
091433	智能重载云台	YS3080、YL3080、YP3080	天津市亚安科技电子有限公司
091434	高级电子智能防盗门锁	DSR830	重庆优族科技有限公司
091440	HB9000 系列数据冗余网络硬盘录像机	HBGK－AF－DVR－III－A/16－16	北京汉邦高科数字技术有限公司
091441	门禁控制器	AMB－2802	广州市浩云安防科技工程有限公司
091442	卡龙门禁控制器	TAC－0100	北京科进天龙控制系统有限公司

报告编号	产品名称	产品型号	受检单位
091444	智能高速球型摄像机	YH5105	天津市亚安科技电子有限公司
091445	摄像机	DS－2CC571P－XY	杭州海康威视数字技术股份有限公司
	摄像机	DS－2CC572P－XY	杭州海康威视数字技术股份有限公司
	摄像机	DS－2CC573P－XY	杭州海康威视数字技术股份有限公司
091446	摄像机	DS－2CC191P－XY	杭州海康威视数字技术股份有限公司
091447	摄像机	DS－2CC193P－XY	杭州海康威视数字技术股份有限公司
	摄像机	DS－2CC195P	杭州海康威视数字技术股份有限公司
	摄像机	DS－2CC197P－XY	杭州海康威视数字技术股份有限公司
091448	半球摄像机	CE－CP282D	深圳市昌恩电子有限公司
091451	数字复用光端机	THAV8D1－ST/R	南京特和安科技开发有限公司
091452	摄像机	THA－SG－JVM826HR8YX	南京特和安科技开发有限公司
091453	硬盘录像机	HIK/DS－8104HC－F/－AF－DVR－Ⅱ－B/4－4	杭州海康威视数字技术股份有限公司
091454	硬盘录像机	HIK/DS－8108HC－F/－AF－DVR－Ⅱ－B/8－8	杭州海康威视数字技术股份有限公司
091455	硬盘录像机	HIK/DS－81116HC－F/－AF－DVR－Ⅱ－B/16－16	杭州海康威视数字技术股份有限公司
091456	硬盘录像机	HIK/DS－8104HE－F/－AF－DVR－Ⅱ－B/4－4	杭州海康威视数字技术股份有限公司
091457	硬盘录像机	HIK/DS－8108HE－F/－AF－DVR－Ⅱ－B/8－8	杭州海康威视数字技术股份有限公司
091458	硬盘录像机	HIK/DS－8116HE－F/－AF－DVR－Ⅱ－B/16－16	杭州海康威视数字技术股份有限公司
091459	硬盘录像机	HIK/DS－8104HF－F/－AF－DVR－Ⅱ－A/4－4	杭州海康威视数字技术股份有限公司
091460	硬盘录像机	HIK/DS－8108HE－F/－AF－DVR－Ⅱ－A/8－8	杭州海康威视数字技术股份有限公司
091461	硬盘录像机	HIK/DS－8116HF－F/－AF－DVR－Ⅱ－A/16－16	杭州海康威视数字技术股份有限公司
091462	硬盘录像机	HIK/DS－9004HF－F/－AF－DVR－Ⅲ－A/4－4	杭州海康威视数字技术股份有限公司
091463	硬盘录像机	HIK/DS－9008HF－F/－AF－DVR－Ⅲ－A/8－8	杭州海康威视数字技术股份有限公司
091464	硬盘录像机	HIK/DS－9106HF－F/－AF－DVR－Ⅲ－A/16－16	杭州海康威视数字技术股份有限公司
091465	硬盘录像机	HIK/DS－9004HF－S/－AF－DVR－Ⅲ－A/4－4	杭州海康威视数字技术股份有限公司
091466	硬盘录像机	HIK/DS－9008/HF－S/－AF－DVR－Ⅲ－A/8－8	杭州海康威视数字技术股份有限公司
091467	硬盘录像机	HIK/DS－9016HF－S/－AF－DVR－Ⅲ－A/16－16	杭州海康威视数字技术股份有限公司
091469	硬盘录像机	HIK/DS－8032HC－F/－AF－DVR－Ⅱ－B/32－32	杭州海康威视数字技术股份有限公司
091470	一体化摄像机	V1241	深圳英飞拓科技股份有限公司
091472	一体化球形摄像机	YH－WLY001	北京银河伟业数字技术有限公司
091473	防爆半球网络摄像机	TOTA－IPD550P	北京银河伟业数字技术有限公司
091474	半球网络摄像机	TOTA－IPD520	北京银河伟业数字技术有限公司
091475	高清网络摄像机	TOTA－460HD	北京银河伟业数字技术有限公司
091476	网络摄像机	TOTA－I P330	北京银河伟业数字技术有限公司
091477	红外防水网络摄像机	TOTA－IPR380WP	北京银河伟业数字技术有限公司
091480	TeleSky 硬盘录像主机	TeleSky/TSS－420/ATM－AF－DVR－III－A/4－4	广州市浩云安防科技工程有限公司
091481	TeleSky 数据冗余网络硬盘录像机	TeleSky/TSS－420/16－AF－DVR－III－A/16－16	广州市浩云安防科技工程有限公司
091482	门禁控制器	BSC3200	深圳市百瑞特科技有限公司
091483	智能锁	ZWS100	东莞市坚朗五金制品有限公司
091484	智能锁	ZWS200	东莞市坚朗五金制品有限公司
091485	彩色红外摄像机	GD－99＊5S	深圳市佳都实业发展有限公司

报告编号	产品名称	产品型号	受检单位
091496	宽动态彩色固定枪式摄像机	AMB－8129	广州市浩云安防科技工程有限公司
091497	彩转黑固定枪式摄像机	AMB－8105	广州市浩云安防科技工程有限公司
091498	彩色半球摄像机	AMB－8100	广州市浩云安防科技工程有限公司
091499	一体化球型摄像机	AMB－8111	广州市浩云安防科技工程有限公司
091500	红外防水彩色摄像机	AMB－8119IR	广州市浩云安防科技工程有限公司
091501	红外防水网络摄像机	AMB－8919IR	广州市浩云安防科技工程有限公司
091502	枪式网络摄像机	AMB－8908	广州市浩云安防科技工程有限公司
091503	高清网络摄像机	AMB－8909	广州市浩云安防科技工程有限公司
091504	半球网络摄像机	AMB－8901	广州市浩云安防科技工程有限公司
091505	一体化球型网络摄像机	AMB－8911	广州市浩云安防科技工程有限公司
091506	高解析彩色针孔摄像机	AMB－8103H	广州市浩云安防科技工程有限公司
091509	数据冗余网络硬盘录像机	XMJK－AF－DVR－Ⅲ－A/16－16	重庆讯美电子有限公司
091510	数字硬盘录像机	JTJ－DVR16/－AF－DVR－I－B/16－0	武汉金数字图像信号设备有限公司
091511	超炫 R400 数据冗余网络硬盘录像机	YHTF－AF－DVR－Ⅲ－A/16－16	同方股份有限公司重庆办事处
091512	813 系列高清超宽动态摄像机	81352－32P	中山利堡科技有限公司
091513	814 系列交通用高清摄像机	81454－21S	中山利堡科技有限公司
091515	网络视频服务器	ST－NVS8008	成都三泰电子实业股份有限公司
091516	网络视频服务器	ST－NVS8016	成都三泰电子实业股份有限公司
091517	智能门禁控制系统	DPU3000	深圳市金凯科技有限公司
091519	中型快速云台摄像机	V1493SP	深圳英飞拓科技股份有限公司
091520	高解析度彩色摄像机	V5101－A5	深圳英飞拓科技股份有限公司
091521	高清晰度防暴半球昼夜摄像机	VCC－9688IRPC	深圳市新望明洋电子技术有限公司
091526	智能式新型宽带网络摄像机	YYTet7952RCS－III	江西憶源多媒体科技有限公司
091527	一体化智能球型摄像机	YD－72B	江西憶源多媒体科技有限公司
091528	矩阵切换控制系统	V2040	深圳英飞拓科技股份有限公司
091529	矩阵切换控制系统	V2015	深圳英飞拓科技股份有限公司
091530	矩阵切换控制系统	V2020	深圳英飞拓科技股份有限公司
091535	摄像机	ICE－DNX3U	深圳市英特安防实业有限公司
091536	摄像机	SL58TC23BW	深圳市英特安防实业有限公司
091537	摄像机	ICEP－DN400	深圳市英特安防实业有限公司
091539	红外摄像机	CIR－84X、CIR－85X、CIR－86X	深圳市宝瑞明科技有限公司
091562	门禁控制器	ACS902T	深圳市博思凯电子有限公司
091563	停车场系统	PARK3200	深圳市博思凯电子有限公司
091564	堡垒型网络一体化摄像机	SN－IPV54	深圳市景阳科技股份有限公司
091565	网络高速球摄像机	SN－IPS54	深圳市景阳科技股份有限公司
091570	彩色监控摄像机	SID－460P	天津三星泰科光电子有限公司
091571	彩色监控摄像机	SOC－4030P	天津三星泰科光电子有限公司
091572	彩色监控摄像机	SHC－745P	天津三星泰科光电子有限公司
091573	彩色监控摄像机	SPD－2300P	天津三星泰科光电子有限公司
091575	监控摄像机	TK－C3485BEC、TK－C3486BEC	安防科技（中国）有限公司

报告编号	产品名称	产品型号	受检单位
091576	监控摄像机	TK – C3435EC、TK – C3436EC	安防科技（中国）有限公司
091577	监控摄像机	TK – C1025EC、TK – C1026EC	安防科技（中国）有限公司
091579	硬盘录像机	DMA/R16X/ – AF – DVR – II – B/16 – 16	深圳市守望电子科技发展有限公司
091580	彩色摄像机	DMA/6165	深圳市守望电子科技发展有限公司
091581	彩色摄像机	DMA/584、DMA/574	深圳市守望电子科技发展有限公司
091588	摄像机	DS – 2CC59XP – DGX	杭州海康威视数字技术股份有限公司
091590	光纤区域振动预警系统	RAI – 10	中国石油天然气管道通信电力工程总公司
091591	楼宇可视对讲系统	AI – 2000	重庆居易智能科技有限公司
091594	彩色高速快球	WV – CS570/CH、WV – CS574CH	苏州松下系统科技有限公司
091596	彩色摄像机	ST – CC4072C	金三立视频科技（深圳）有限公司
091611	嵌入式网络硬盘录像机	GH/DVR – 1016HC – S/ – AF – DVR – II – B/16 – 16	山东光辉电子工程有限公司
091615	ATM 交易保护舱	AMB – 4000	广州市安必信通信设备有限公司
091617	810 系列彩色高清摄像机	81054 – 30S	中山利堡科技有限公司
091631	智能楼宇可视联网对讲管理系统	XK – E5	佛山市先凯科技发展有限公司
091634	数字彩色摄像机	SCC – B2033P/CHN	天津三星电子有限公司
091636	数字式彩色应用电视摄像机	YK213FP51	悠克电子（深圳）有限公司
091637	数字式彩色一体机应用电视摄像机	YKAF202V4P55	悠克电子（深圳）有限公司
091638	数字式彩色一体机应用电视摄像机	RYKAF204A4P	悠克电子（深圳）有限公司
091641	百万像素网络摄像机	SN – IPC54	深圳市景阳科技股份有限公司
091646	摄像机	ZC – D5038PHA	希比希（上海）贸易有限公司
091648	多业务视频光端机	FHC6000T/R	深圳市飞鸿光电子有限公司
091649	中小型智能红外云台摄像机	MG – TK07 – R	常州市明景电子有限公司
091653	一体化门禁锁	CHD2100	深圳市纽贝尔电子有限公司
091658	数字硬盘录像机 6	ZJ – AF – DVR – II – A/16 – 1	杭州中坚电脑技术有限公司
091659	智能高速球	AV1623	深圳市艾尔威科技开发有限公司
091661	派瑞门禁读卡器	RDBR3	中国船舶重工集团公司第七一八研究所
091664	多点锁紧射频卡锁	MD803	美迪特科技（沈阳）有限公司
091665	硬盘录像机	HIK/DS – 9104HF – F/ – AF – DVR – III – A/4 – 4	杭州海康威视数字技术股份有限公司
091666	硬盘录像机	HIK/DS – 9108HF – F/ – AF – DVR – III – A/8 – 8	杭州海康威视数字技术股份有限公司
091667	硬盘录像机	HIK/DS – 9116HF – F/ – AF – DVR – III – A/16 – 16	杭州海康威视数字技术股份有限公司
091672	高解析度彩色摄像机	V1025 – 1H	深圳英飞拓科技股份有限公司
091673	恒速球型摄像机	V1681	深圳英飞拓科技股份有限公司
091674	快速球型摄像机	V1729	深圳英飞拓科技股份有限公司
091675	快速球型摄像机	V1749	深圳英飞拓科技股份有限公司
091676	防尾随联动门控制器	E180 – 318	广州易迪赛智能科技有限公司
091680	高清网络摄像机	DT3 – IP – 548 – PHD	重庆迪坦科技有限公司
091681	一体化球型网络摄像机	DT3 – IP – 528 – PSF	重庆迪坦科技有限公司
091682	半球网络摄像机	DT3 – IP – 528 – PSH	重庆迪坦科技有限公司
091688	硬盘录像机	HIK/DS – 9116HF – S/ – AF – DVR – III – A/16 – 16	杭州海康威视数字技术股份有限公司
091694	半球摄像机	VCC – 9632PCA	东莞华强三洋马达有限公司

报告编号	产品名称	产品型号	受检单位
091695	摄像机	DS－2CD712PF－XYZ	杭州海康威视数字技术股份有限公司
091697	高速球型摄像机	ST－CC9229RC	金三立视频科技（深圳）有限公司
091708	彩色半球摄像机	DT3－AS－518－CPH	重庆迪坦科技有限公司
091711	摄像机	DS－2CD762MF－XYZ	杭州海康威视数字技术股份有限公司
091712	彩色红外摄像机	KKE－8032	潮州市金刚眼电子有限公司
091723	室外重型智能变速云台摄像机	MG－TK15P	常州市明景电子有限公司
091725	JA 摄像机	JA－C1	广州巨安电子科技有限公司
091727	摄像机	DS－2CD726F－XYZ	杭州海康威视数字技术股份有限公司
091734	摄像机	DS－2CC572P－IFX	杭州海康威视数字技术股份有限公司
091744	楼宇可视对讲系统	ET－366	珠海市安科电子有限公司
091748	红外半球摄像机	HC－100IR	深圳洪迪实业有限公司
091753	球型摄像机	DS－2DF1－67XY	杭州海康威视数字技术股份有限公司
091757	网络半球摄像机	CH－IP400	四川长虹电子系统有限公司
091764	门禁控制器	TFMJ－02	同方股份有限公司
091773	嵌入式硬盘录像机	CMS88－AF－DVR－Ⅱ－B/16－16	北京中视里程科技有限公司
091774	嵌入式硬盘录像机	CMS88－AF－DVR－Ⅱ－B/8－8	北京中视里程科技有限公司
091775	嵌入式硬盘录像机	CMS88－AF－DVR－Ⅱ－A/4－4	北京中视里程科技有限公司
091779	室内吸顶定焦彩色红外半球摄像机	ZNCC SD－I	深圳中兴力维技术有限公司
091792	赛隆电子密码锁	S－N80	北京赛隆世纪科技发展有限公司
091795	室外智能高速球	ZC－159	常州志程电子有限公司
091801	日夜型超高清晰度彩色摄像机	SN－BXC0468/SN－468C	深圳市景阳科技股份有限公司
091808	智能数字硬盘录像机	ZHZ4000－AF－DVR－Ⅲ－A/16－16	北京众和汇智科技有限公司
091809	INV 系列电子锁	RF－INV	韶关市英诺维科技设备有限公司
091811	视频矩阵切换系统	KC2200	深圳市科安信实业有限公司
091815	1/4" CCD 彩色摄像机	MNX601P	佛山市南海莉华电子科技有限公司
091817	硬盘录像机	HIK/DS－8008HMF/－AF－DVR－Ⅱ－A/8－8	杭州海康威视数字技术股份有限公司
091818	黑白超高清晰度摄像机	SN－475M	深圳市景阳科技股份有限公司
091819	可视对讲机	RS－30	佛山市煜升电子有限公司
091826	指纹门禁识别处理控制器	DP－2000	广州易迪赛智能科技有限公司
091829	嵌入式硬盘录像机	VS1000－V16NT－AF－DVR－Ⅱ－B/16－16	北京耐威创新科技有限公司
091830	IGK 系列门禁控制器	JGK3202	广州银骏科技有限公司
091834	红外摄像机	NO－8815、NO－8816	深圳领航员数码技术有限公司
091835	全球型摄像机	CSK－9808CB	深圳市格林斯克电子有限公司
091836	停车场系统	DD－588	深圳市南泽电子有限公司
091838	联网型门禁控制器	AP2000	深圳市澳普实业有限公司
091840	智能高速球摄像机	POS－BV622	大连浦思坤东方自动化工程公司广州公司
091841	红外摄像机	POS－CR750	大连浦思坤东方自动化工程公司广州公司
091842	红外摄像机	POS－CR751、POS－CR753	大连浦思坤东方自动化工程公司广州公司
091842	红外摄像机	POS－CR755、POS－CR757	大连浦思坤东方自动化工程公司广州公司
091858	彩色摄像机	RL－8120B	深圳市万佳安实业有限公司

报告编号	产品名称	产品型号	受检单位
091859	彩色半球摄像机	SR－D1750P/SR－D3750P	喜恩碧电子（深圳）有限公司
091863	红外夜视一体化摄像机	CPD09－45S－3	武汉市康联智能科技有限公司
091867	硬盘录像机	HIK/DS－9112HF－S/－AF－DVR－Ⅲ－A/12－12	杭州海康威视数字技术股份有限公司
091869	球型摄像机	DS－2DF1－67XY	杭州海康威视数字技术股份有限公司
091874	红外变速球	JG－IRLD	深圳市捷高电子科技有限公司
091878	红外彩色摄像机	VCC－501S	深圳市禾立佳实业有限公司
091879	视频矩阵切换主机	IMTX9－B0000	深圳市英特安防实业有限公司
091881	彩色摄像机	VPBR43－9390HIR－V49－3P12	珠海金永达科技有限公司
091881	彩色摄像机	WPLR56－9390HIR－60－3P12	珠海金永达科技有限公司
091883	红外网络摄像机	GL－423	广州市高清义隆电子科技有限公司
091888	彩色 ATM 专用摄像机	WV600－208ATM	深圳富视安智能科技有限公司
091893	数字式楼宇可视对讲系统	CM07 型	北京明鼎华安科技有限公司
091894	快球摄像机	SSC－SD26P/36P	索尼（中国）有限公司上海分公司
091895	彩色低照度宽动态型摄像机	MCC4X6X－XXXX	深圳市奥尼克斯实业有限公司
091912	非接触式 IC 卡前置感应控制器	SMTGKMF－GZ/485	广东智慧电子信息产业股份有限公司
091913	红外堡垒半球摄像机	SN－VP3090IR	深圳市景阳科技股份有限公司
091914	红外摄像机	AST－700R	深圳市佳视捷科技发展有限公司
091915	红外防水一体机	DF－9012	深圳市博深电子有限公司
091916	车载智能监控终端	HT－VimmT－B800	四川浩特通信有限公司
091921	硬盘录像机	ES－AF－DVR－Ⅱ－A/4－4	深圳市亿志科技有限公司
091922	彩色半球摄像机	SR－D1760P/SR－D3760P	喜恩碧电子（深圳）有限公司
091924	矩阵主机	WV600－D256－XY	深圳富视安智能科技有限公司
091929	彩色摄像机	RL－6030H	深圳市万佳安实业有限公司
091932	楼宇可视对讲系统	AVC－28	广东先导视讯科技有限公司
091933	楼宇对讲系统	AVC－20	广东先导视讯科技有限公司
091935	彩色摄像机	WV－CZ362CH	苏州松下系统科技有限公司
091936	智能巡检管理系统	WM－5000	沈阳金万码高科技发展有限公司
091937	电子巡查（巡更巡检）	L－2000	深圳市兰德华电子技术有限公司
091939	镜头监控模块	SDM－375P、SDM－335P	天津三星泰科光电子有限公司
091947	HTB－1000 系列红外半球摄像机	HTB－1003、HTB－1004	深圳市中西华特科技发展有限公司
	HTB－1000 系列红外半球摄像机	HTB－1008、HTB－1009	深圳市中西华特科技发展有限公司
091948	HTF 系列红外一体化摄像机	HTF－1026、HTF－1068	深圳市中西华特科技发展有限公司
	HTF 系列红外一体化摄像机	HTF－2028WT、HTF－1255WT	深圳市中西华特科技发展有限公司
091949	彩色摄像机	PA－I0516、PA－I0526	广州精典电子科技有限公司
091949	彩色摄像机	PA－NR530X、PA－NR550X	广州精典电子科技有限公司
091950	办公门锁	LIS2018－RF	广东力维智能锁业有限公司
091956	楼宇对讲	JAS－288－298	广州市捷安视电子科技有限公司
091957	枪机型摄像机	S－858Q97	福州天健光电有限公司
091960	多能通联网型可视对讲系统	NMIT－100	北京寰龙技术有限公司
091961	阵列式红外光源	GLK－110C	石家庄广林光电子有限公司

报告编号	产品名称	产品型号	受检单位
091962	阵列红外一体化摄像机	GLK－211	石家庄广林光电子有限公司
091963	液晶彩色监视器	SMT－1712P/CHN	天津三星电子有限公司
091963	液晶彩色监视器	SMT－1912P/CHN	天津三星电子有限公司
091965	针孔摄像机	HO－490WCP	沈阳佳视达科技有限公司
091966	针孔摄像机	HO－491CP	沈阳佳视达科技有限公司
091967	快速球型摄像机	V1743	深圳英飞拓科技股份有限公司
091968	快速球型摄像机	V1903、AD1903	深圳英飞拓科技股份有限公司
091976	摄像机	DS－2CC192P－XY	杭州海康威视数字技术股份有限公司
091988	摄像机	DS－260I－XYZ	杭州海康威视数字技术股份有限公司
091993	摄像机	DS－2CC192P－IRX	杭州海康威视数字技术股份有限公司
091994	摄像机	DS－2CC592P－IRX	杭州海康威视数字技术股份有限公司
091995	摄像机	DS－I248－XYZ	杭州海康威视数字技术股份有限公司
091996	摄像机	DS－I260－XYZ	杭州海康威视数字技术股份有限公司
0911007	CCD 彩色摄像机	SE1503	深圳市劲松工贸发展有限公司
0911009	AURORV/光极 高清日夜摄像机	AT－680	常州宏本数码科技有限公司
0911010	AURORV/光极 高清日夜摄像机	AT－480	常州宏本数码科技有限公司
0911023	联网型可视对讲系统	DDP	祥隆美格科技股份有限公司
0911024	联网型可视对讲系统	HDDP	祥隆美格科技股份有限公司
0911026	彩色红外防水摄像机	ALW－1630S	深圳市浩伟安防科技有限公司
	彩色红外防水摄像机	ALW－W36Q	深圳市浩伟安防科技有限公司
	彩色红外防水摄像机	ALW－3819S/2	深圳市浩伟安防科技有限公司
0911028	智能锁	6K	深圳市普罗巴克科技有限公司
0911029	智能锁	6E2	深圳市普罗巴克科技股份有限公司
0911032	AV3500 嵌入式数字硬盘录像机	AVINFO－AF－DVR－Ⅲ－A/4－4	北京先进视讯科技有限公司
0911033	宽动态彩色摄像机	V5103	深圳英飞拓科技股份有限公司
0911036	嵌入式硬盘录像机	DIS－S116－AF－DVR－I－A/16－16	深圳市科创兴科技开发有限公司
0911042	高速球摄像机	DIS－SD3500UT	深圳市科创兴科技开发有限公司
0911042	高速球摄像机	DIS－SD2300UT	深圳市科创兴科技开发有限公司
0911050	智能球型摄像机	DS－2DM1－6XYZ	杭州海康威视数字技术股份有限公司
0911065	高清智能球型摄像机	DS－2DF1－67XY	杭州海康威视数字技术股份有限公司
0911068	MV－500 系列快球摄像机	MV－510 型	北京市门吉利磁电工程研究所
0911069	MV－700 系列半球摄像机	MV－760 型	北京市门吉利磁电工程研究所
0911070	MV－400 系列彩色枪式摄像机	MV－430 型	北京市门吉利磁电工程研究所
0911073	高清晰度数码彩色摄像机	CH－801HC	深圳市傲视达数码科技有限公司
0911086	网络硬盘录像机	CEET－AF－DVR－Ⅲ－A/32－32	北京欣卓越技术开发有限责任公司
0911088	车载智能监控终端	KT－DVR5004B	成都三零凯天通信实业有限公司
0911090	摄像机	KPC－S700CHP4	艾吉恩电子科技（深圳）有限公司
0911091	视频监控服务器	DS－6316HF	杭州海康威视数字技术股份有限公司
0911092	红外一体化智能高速云台摄像机	MG－TC26	常州市明景电子有限公司
0911107	视频（监控）服务器	DS－6004HF	杭州海康威视数字技术股份有限公司

报告编号	产品名称	产品型号	受检单位
0911112	智能高速球监控摄像机	SPD－2310P/SPD－3100P	天津三星泰科光电子有限公司
0911116	数字彩色摄像机	SCC－C6455P/CHN	天津三星电子有限公司
0911116	数字彩色摄像机	SCC－C6439P/CHN	天津三星电子有限公司
0911121	电子感应锁	BK8860	瑞高精密五金制品（深圳）有限公司
0911124	红外防水摄像机	DIS－828D2	深圳市创杰佳数码科技有限公司
0911125	车载 U 盘视频取证仪	MS－M461U	南京码硕信息技术有限公司
0911129	数字楼宇对讲系统	MIR200	厦门市罗音特科技有限公司
0911132	贸泰数字硬盘录像机	Netsersuper－AF－DVR－III－A/16－16	联视电子工程（深圳）有限公司
0911133	摄像机	AK－311C	联视电子二程（深圳）有限公司
0911137	摄像机	SC－AS	深圳市安顺祥科技有限公司
0911145	远程激光夜视仪	HW－YJY	山东华网智能科技有限公司
0911149	网络摄像机	FS－613A	深圳市普顺达科技有限公司
0911150	网络摄像机	MS－639E	深圳市普顺达科技有限公司
0911151	网络摄像机	MS－638A	深圳市普顺达科技有限公司
0911154*	数字彩色摄像机	SCC－C4255P/CHN	天津三星电子有限公司
	数字彩色摄像机	SCC－C4239P/CHN	天津三星电子有限公司
	数字彩色摄像机	SCC－C4245P	天津三星电子有限公司
0911155	数字彩色摄像机	SCC－C4253P/CHN	天津三星电子有限公司
	数字彩色摄像机	SCC－C4237P/CHN	天津三星电子有限公司
	数字彩色摄像机	SCC－C4243P	天津三星电子有限公司
0911156	可视对讲系统	IV－2000	迪笙科技（大连）有限公司
0911158	摄像头	GSP823H	江门市荷塘镇今日电子厂
0911159	摄像头	GSP801SH	江门市荷塘镇今日电子厂
0911165	摄像机	DS－2CC573P－XY	杭州海康威视数字技术股份有限公司
	摄像机	DS－2CC575P－XY	杭州海康威视数字技术股份有限公司
	摄像机	DS－2CC577P－XY	杭州海康威视数字技术股份有限公司
0911167	音视频编解码终端	UC－AVC1010S	山东优视通信技术有限公司
0911169	数字硬盘录像机	SDLG－AF－DVR－II－A/16－16	山东鲁光信息工程有限公司
0911176	红外高速球	AK－CD98VP	深圳市佳信捷电子有限公司
0911177	红外半球摄像机	AK－CD83VP	深圳市佳信捷电子有限公司
0911178	半球摄像机	AK－CD74VP	深圳市佳信捷电子有限公司
0911179	双阵列式摄像机	AK－CD88VP	深圳市佳信捷电子有限公司
0911180	彩色摄像机	VD－80＊＊＊	深圳市威缔欧安防技术有限公司
0911181	红外防水摄像机	VD－806	深圳市威缔欧安防技术有限公司
0911182	畅想智能楼宇可视对讲系统	T3－VCS（联网型）	深圳市畅想智能技术有限公司
0911186	网络硬盘录像机	CEET－AF－DVR－III－A/16－16	北京欣卓越技术开发有限责任公司
0911190	楼宇对讲系统	JY－08	河源市君毅电子有限公司
0911199	摄像机	DH－CA－FMZ4	浙江大华技术股份有限公司
0911199	摄像机	DH－CA－FMZ5	浙江大华技术股份有限公司
0911200	摄像机	DH－CA－FA4	浙江大华技术股份有限公司

报告编号	产品名称	产品型号	受检单位
0911205	彩色半球摄像机	HST600－X	深圳市汇生通科技发展有限公司
0911206	彩色摄像机	HST830－X	深圳市汇生通科技发展有限公司
0911207	门禁控制系统	DCU9XXX	深圳市汇生通科技发展有限公司
0911208	停车场系统	K8	深圳市汇生通科技发展有限公司
0911210	日夜红外型高清晰摄像机	SIR－4260VP	天津三星泰科光电子有限公司
0911211	日夜红外型高清晰摄像机	SIR－4160VP	天津三星泰科光电子有限公司
0911214	摄像机	YCH－30P	希比希（上海）贸易有限公司
0911216	红外摄像机	JSRQX38	深圳市杰视特科技有限公司
0911220	宽动态微型摄像机	AC－C411P－W	广州市艾勒普司电子科技发展有限公司
0911221	微型摄像机	AC－C411P－M	广州市艾勒普司电子科技发展有限公司
0911222	微型摄像机	AC－C411P－N	广州市艾勒普司电子科技发展有限公司
0911224	变速球型摄像机	SV90	深圳市星润琦机电技术有限公司
0911226	嵌入式硬盘录像机	HW－AF－DVR－II－B/16－4	深圳市豪威未来科技有限公司
0911227	彩色红外防水摄像机	HW－RH82、HW－RH51/A36、HW－RH75	深圳市豪威未来科技有限公司
0911239	8 路嵌入式硬盘录像机	TKL/TDR8108F/－AF－DVR－II－A/8－8	德加拉（成都）数码科技发展有限公司
0911240	4 路嵌入式硬盘录像机	TKL/TDR8104F/－AF－DVR－II－A/4－4	德加拉（成都）数码科技发展有限公司
0911241	宽动态摄像机	CM－ZWCH、CM－WDR3000、CM－WDR4000	深圳市卡默莱电子科技有限公司
0911242	数字视频光端机	DVOP－N08－DD1	深圳光翔通讯设备有限公司
0911245	车载 SD 卡录像机	STM－Mini－AF－DVR－II－B/4－4	深圳市锐明视讯技术有限公司
0911251	彩色半球摄像机	DBM－21VF	喜恩碧电子（深圳）有限公司
0911252	彩色半球摄像机	CNB－D2310PIR	喜恩碧电子（深圳）有限公司
0911253	彩色枪式摄像机	SR－G1960PF	喜恩碧电子（深圳）有限公司
0911254	红外防雨摄像机	CNB－B2000P	喜恩碧电子（深圳）有限公司
0911255	红外防雨摄像机	CNB－B2310P	喜恩碧电子（深圳）有限公司
0911256	飞碟型摄像机	J36F	四川九洲应用电子系统有限责任公司
0911257	高清网络摄像机	J98H	四川九洲应用电子系统有限责任公司
0911258	红外摄像机	J86R	四川九洲应用电子系统有限责任公司
0911259	双输出摄像机	J23D－S	四川九洲应用电子系统有限责任公司
0911261	数字式彩色可视对讲管理系统	DVMA（B）C	深圳市克耐克科技有限公司
0911262	数字式黑白可视对讲管理系统	DVMA（B）	深圳市克耐克科技有限公司
0911263	硬盘录像机	HIK/DS－8508EH/－AF－DVR－III－A/8－8	杭州海康威视数字技术股份有限公司
0911264	硬盘录像机	HIK/DS－8504EH/－AF－DVR－III－A/4－4	杭州海康威视数字技术股份有限公司
0911265	视频（监控）服务器	iDS－6101HF	杭州海康威视数字技术股份有限公司
0911266	视频（监控）服务器	iDS－6101HF－SATA	杭州海康威视数字技术股份有限公司
0911267	视频（监控）服务器	DS－6304HF	杭州海康威视数字技术股份有限公司
0911269	红外防雨摄像机	CNB－B2310PVF	喜恩碧电子（深圳）有限公司

报告编号	产品名称	产品型号	受检单位
0911270	半球摄像机	DCS - D232	成都市神州数码有限公司
	半球摄像机	DCS - D233	成都市神州数码有限公司
	半球摄像机	DCS - D234	成都市神州数码有限公司
	半球摄像机	DCS - D235	成都市神州数码有限公司
0911271	车载智能监控主机	CL - 8104HM	成都亚光电子股份有限公司
0911273	高清彩色半球摄像机	KDL - C137	深圳市凯德利科技有限公司
0911274	智能高速球摄像机	KDL - H	深圳市凯德利科技有限公司
0911276	数字复用光端机	ON82V04DA01T/R	常州欧佳通讯设备有限公司
0911278	激光一体化智能高速云台摄像机	MG - TC26 - LF	常州市明景电子有限公司
0911279	枪式摄像机	DIS - 529DN	深圳市科创兴科技开发有限公司
0911281	摄像机	DS - 2CD976 - XY	杭州海康威视数字技术股份有限公司
0911282	摄像机	DS - 2CD866MF - XY	杭州海康威视数字技术股份有限公司
0911286	智能锁	MMS100	东莞市坚朗五金制品有限公司
0911287	智能锁	GYS400	东莞市坚朗五金制品有限公司
0911290	彩色摄像机	SSC - G723/728	东莞樟洋电子有限公司
0911291	彩色摄像机	SSC - G923/928	东莞樟洋电子有限公司
0911292	彩色摄像机	SSC - G713/718	东莞樟洋电子有限公司
0911293	彩色摄像机	SSC - G913/918	东莞樟洋电子有限公司
0911297	嵌入式数字硬盘录像机	GEV0348 - AF - DVR - II - A/16 - 16	北京黄金视讯科技有限公司
0911306	摄像机	DS - 2CC512P - FDXY	杭州海康威视数字技术股份有限公司
0911313	Léwin 可视对讲系统	LW - CP701A	广州亮维智能科技有限公司
0911314	Léwin 可视对讲系统	LW - CP700A	广州亮维智能科技有限公司
0911315	Léwin 可视对讲系统	LW - CP703A	广州亮维智能科技有限公司
0911316	Léwin 可视对讲系统	LW - CP702A	广州亮维智能科技有限公司
0911317	高速球摄像机	DIS - HD2700UT、DIS - HD2300UT	深圳市科创兴科技开发有限公司
0911329	YD 型数字监控系统	YD - 16AV/AF - DVR - II - A/16 - 16	江苏银大科技有限公司
0911330	嵌入式数字硬盘录像机	YD - 2316/AF - DVR - II - A/16 - 16	江苏银大科技有限公司
0911331	ATM 机嵌入式硬盘录像机	YD - 2304/AF - DVR - II - B/4 - 4	江苏银大科技有限公司
0911332	车载监控终端	KT - DVR5004B - AF - DVR - II - B/4 - 4	成都三零凯天通信实业有限公司
0911337	威尔利德数码指纹锁	LD - 1000	苏州利得指纹识别应用技术有限公司
0911339	感应式读卡器	KET101	深圳市柯尔特实业有限公司
0911340	门禁控制器	KET201	深圳市柯尔特实业有限公司
0911341	防尾随门禁控制器	KET700	深圳市柯尔特实业有限公司
0911348	网络视频服务器	ZCAF - WEB SERVER 11 41	广东志成冠军集团有限公司
0911353	彩色针孔摄像机	AMB - 8102	广州市安必信通信设备有限公司
0911355	HS 网络数字硬盘录像机	JIENUO/HS - 8012/ - AF - DVR - II - B/12 - 12	北京捷诺视讯数码科技有限公司
0911356	HS 网络数字硬盘录像机	JIENUO/HS - 8008/ - AF - DVR - II - B/8 - 8	北京捷诺视讯数码科技有限公司
0911357	HS 网络数字硬盘录像机	JIENUO/HS - 8016/ - AF - DVR - II - B/16 - 16	北京捷诺视讯数码科技有限公司
0911358	网络摄像机	IPC - 100P	深圳市鼎盛威电子有限公司
0911360	一体化智能高速球型摄像机	AT - 180	常州宏本数码科技有限公司

报告编号	产品名称	产品型号	受检单位
0911361	长虹高速球摄像机	CH－CS5000/CS5226/CS5230/CS5236	四川长虹电子系统有限公司
0911362	长虹高速球摄像机	CH－CS8000/CS8226	四川长虹电子系统有限公司
0911363	长虹高速球摄像机	CH－CS8230/CS8236	四川长虹电子系统有限公司
0911364	长虹智能球摄像机	CH－CS2000/CS2222/CS2226/CS2227	四川长虹电子系统有限公司
0911365	长虹半球摄像机	CH－CM5500/CM5545/CM5546/CM5547	四川长虹电子系统有限公司
0911366	长虹半球摄像机	CH－CM5300/CM5341/CM5342	四川长虹电子系统有限公司
0911367	长虹半球摄像机	CH－CM1000	四川长虹电子系统有限公司
0911368	长虹半球摄像机	CH－CB1000	四川长虹电子系统有限公司
0911369	长虹彩色枪式摄像机	CH－CA100	四川长虹电子系统有限公司
0911370	长虹彩色枪式摄像机	CH－CA554/CA550	四川长虹电子系统有限公司
0911373	彩色摄像机	SK－948P、SK－958P、SK－928PZ	深圳市宏威达科技有限公司
0911375	视频数字光端机	HSGQ－T/R16V1SA1SD1KFC－20S	深圳市鸿升光通讯设备有限公司
0911376	高解像力宽动态网络摄像机	SNC－570P	天津三星泰科光电子有限公司
0911377	高清晰日夜型摄像机	SDC－435P	天津三星泰科光电子有限公司
0911378	激光入侵探测器	JT50 型、JT100 型	北京北奥东华激光技术有限公司
0911378	激光入侵探测器	JT200 型、JT500 型	北京北奥东华激光技术有限公司
0911379	出入口控制系统	SunproXAC	北京兴中昊科技有限公司
0911380	IDRS－6000S 硬盘录像机	IDRS－AF－DVR－II－B/16－16	北京百科博计算机技术开发有限公司
0911381	快速球型摄像机	V1917、AD1913、V8506	深圳英飞拓科技股份有限公司
0911382	宽动态彩转黑摄像机	V1037－1	深圳英飞拓科技股份有限公司
0911387	视频智能分析仪	AMB－8310	广州市安必信通信设备有限公司
0911398	网络视频服务器	TS－1308	深圳市同为数码科技有限公司
0911399	嵌入式智能数字硬盘录像机	TS2302SIAL－AF－DVR－II－B/4－4	北京声迅电子有限公司
0911400	ATM 专用嵌入式数字硬盘录像机	TS2303HAL－AF－DVR－II－B/4－2	北京声迅电子有限公司
0911401	嵌入式数字硬盘录像机	TS2301DS－AF－DVR－II－A/4－4	北京声迅电子有限公司
0911402	嵌入式数字硬盘录像机	TS2301CS－AF－DVR－II－B/16－16	北京声迅电子有限公司
0911403	长虹彩色枪式摄像机	CH－CA500	四川长虹电子系统有限公司
0911410	防尾随联动互锁门禁控制系统	MAX－BK	深圳市中联创新自控系统有限公司
0911411	纯数字视频存储服务器	BL－104P－600	深圳市波粒智能科技开发有限公司
0911413	智能球型摄像机	DS－2DF1－617F－B	杭州海康威视数字技术股份有限公司
0911414	智能球型摄像机	DS－2AF1－617F－B	杭州海康威视数字技术股份有限公司
0911415	智能球型摄像机	DS－2AM1－616F	杭州海康威视数字技术股份有限公司
0911416	智能球型摄像机	DS－2DM1－616F	杭州海康威视数字技术股份有限公司
0911417	摄像机	DS－T90I－XYZ	杭州海康威视数字技术股份有限公司
0911418	摄像机	DS－P310－XYZ	杭州海康威视数字技术股份有限公司
0911419	摄像机	DS－2CD752MF－XYZ	杭州海康威视数字技术股份有限公司
0911420	摄像机	DS－2CD852MF－XY	杭州海康威视数字技术股份有限公司
0911421	视频（监控）服务器	DS－6508HF	杭州海康威视数字技术股份有限公司
0911422	智能球型摄像机	DS－2DF1－617H－B	杭州海康威视数字技术股份有限公司
0911423	智能球型摄像机	DS－2DM1－616H	杭州海康威视数字技术股份有限公司

报告编号	产品名称	产品型号	受检单位
0911424	智能球型摄像机	DS－2AF1－617X－B	杭州海康威视数字技术股份有限公司
0911425	智能球型摄像机	DS－2AM1－616X	杭州海康威视数字技术股份有限公司
0911427	防尾随联动互锁安全门控制器	GASK－300	广州市高安电气电子工程有限公司
0911429	红外摄像机	HKR－30136HVA	深圳韩光奥特电子有限公司
0911430	摄像机	DS－2CD886MF－XY	杭州海康威视数字技术股份有限公司
0911431	智能球型摄像机	DS－2AF1－5XYZ	杭州海康威视数字技术股份有限公司
0911432	智能球型摄像机	DS－2AF1－59XYZ	杭州海康威视数字技术股份有限公司
0911433	智能球型摄像机	DS－2DF1－5XYZ	杭州海康威视数字技术股份有限公司
0911434	智能球型摄像机	DS－2DF1－59XYZ	杭州海康威视数字技术股份有限公司
0911435	网络硬盘录像机	LC－AF－DVR－Ⅲ－A/16－16	深圳市朗驰欣创科技有限公司
0911438	摄像机	DS－2CD897PF－CHF	杭州海康威视数字技术股份有限公司
0911439	摄像机	DS－2CD886MF－CHF	杭州海康威视数字技术股份有限公司
0911440	摄像机	DS－2CC177P－CHF	杭州海康威视数字技术股份有限公司
0911441	网络球型摄像机	DH－SD66	浙江大华技术股份有限公司
0911442	POS 球型摄像机	POS－BA532	大连浦思坤东方自动化工程公司广州公司
0911442	POS 球型摄像机	POS－BH533、POS－BH536	大连浦思坤东方自动化工程公司广州公司
0911443	POS 球型摄像机	POS－BV510、POS－BV518	大连浦思坤东方自动化工程公司广州公司
0911444	POS 球型摄像机	POS－BV636	大连浦思坤东方自动化工程公司广州公司
0911445	高清小型摄像机	SN－494CN	深圳市景阳科技股份有限公司
0911446	宽动态迷你摄像机	SN－MNC1700	深圳市景阳科技股份有限公司
0911448	数字摄像机	BL－720QP、BL－720QPA	深圳市波粒智能科技开发有限公司
0911457	硬盘录像机	HIK/DS－8516EH/－AF－DVR－Ⅲ－A/16－16	杭州海康威视数字技术股份有限公司
0911460	NO－88 系列红外摄像机	NO－8813/8814/8818/8825	深圳领航员数码技术有限公司
0911460	NO－88 系列红外摄像机	NO－8827/8828/8803/8805	深圳领航员数码技术有限公司
0911461	NO－86 系列红外摄像机	NO－8660、8662、8668	深圳领航员数码技术有限公司
0911462	高清摄像机	LNC－702H	广州联申数码科技有限公司
0911463	网络固定摄像机	LNC－702	广州联申数码科技有限公司
0911464	网络快球	LNC－801	广州联申数码科技有限公司
0911470	摄像机	TCCY－300	本溪市天程电子实业有限公司
0911475	数字视频光端机	AIP－80010S	武汉市艾普科技发展有限责任公司
0911493	高解析度日夜转换摄像机	V5102	深圳英飞拓科技股份有限公司
0911494	日夜转换半球型摄像机	V5412	深圳英飞拓科技股份有限公司
0911495	半球型摄像机	V5411	深圳英飞拓科技股份有限公司
0911496	快速球型摄像机	V1723、V1743	深圳英飞拓科技股份有限公司
0911497	数字硬盘录像机	V3011A－AF－DVR－Ⅱ－B/16－2	深圳英飞拓科技股份有限公司
0911498	数字硬盘录像机	V3013A－AF－DVR－Ⅱ－A/16－2	深圳英飞拓科技股份有限公司
0911499	光端机	N3794	深圳英飞拓科技股份有限公司
0911500	出入口控制系统	A4064	深圳英飞拓科技股份有限公司
0911507	网络存储设备	DS－A1016R	杭州海康威视数字技术股份有限公司
0911508	网络存储设备	DS－A1024R	杭州海康威视数字技术股份有限公司

报告编号	产品名称	产品型号	受检单位
0911509	智能球型摄像机	DS－2AM1－6XYZF	杭州海康威视数字技术股份有限公司
0911510	智能球型摄像机	DS－2DF1－6XYZF	杭州海康威视数字技术股份有限公司
0911511	智能球型摄像机	DS－2DM1－6XYZF	杭州海康威视数字技术股份有限公司
0911512	智能球型摄像机	DS－2AF1－6XYZF	杭州海康威视数字技术股份有限公司
0911513	硬盘录像机	HIK/DS－8008HG－S/－AF－DVR－II－A/8－8	杭州海康威视数字技术股份有限公司
0911514	硬盘录像机	HIK/DS－8004HG－S/－AF－DVR－II－A/4－4	杭州海康威视数字技术股份有限公司
0911516	NO－88 系列红外摄像机	NO－8895、8896、8898	深圳领航员数码技术有限公司
0911520	室外智能高速球	WL－H0185B	常州硕颀电子科技有限公司
0911523	半球型摄像机	ES500－2＊＊＊G－X	恩讯数码科技（深圳）有限公司
0911524	红外防雨摄像机	ES500－3＊＊I－X	恩讯数码科技（深圳）有限公司
0911525	彩色枪式摄像机	ES500－7＊＊＊B－X	恩讯数码科技（深圳）有限公司
0911526	彩色摄像机	ZH－2554	深圳市三辰科技有限公司
0911527	网络视频录像机	i NVR1000	成都索贝数码科技股份有限公司
0911528	数字视频光端机	WTOS	武汉微创光电股份有限公司
0911529	液晶监视器	ML37F	TCL 新技术（惠州）有限公司
0911530	液晶监视器	ML37	TCL 新技术（惠州）有限公司
0911531	液晶监视器	ML47F	TCL 新技术（惠州）有限公司
0911532	液晶监视器	ML32F	TCL 新技术（惠州）有限公司
0911533	液晶监视器	ML32	TCL 新技术（惠州）有限公司
0911534	液晶监视器	ML52F	TCL 新技术（惠州）有限公司
0911535	液晶监视器	ML42F	TCL 新技术（惠州）有限公司
0911536	液晶监视器	ML65F	TCL 新技术（惠州）有限公司
0911537	液晶监视器	ML70F	TCL 新技术（惠州）有限公司
0911538	液晶监视器	ML82F	TCL 新技术（惠州）有限公司
0911554	彩色摄像机	SE－68	广州市视鹰电子有限公司
0911559	智能卡公寓锁	AJ3031－01－30	广东雅洁五金有限公司
0911560	指纹密码锁	AJ1031－03	广东雅洁五金有限公司
0911561	摄像机	DS－2CD897PF－EH	杭州海康威视数字技术股份有限公司
0911565	工控式数字硬盘录像机	KXG－AF－DVR－II－A/16－16	成都科旭电子有限责任公司
0911566	嵌入式数字硬盘录像机	KXG－AF－DVR－II－A/8－8	成都科旭电子有限责任公司
0911571	TNL 指纹密码防盗锁	ZTD－091	佛山指点数码科技有限公司
0911573	经典型智能高速球型摄像机	MG－HG	常州市明景电子有限公司
0911574	摄像机	DS－2CD897PF－XY	杭州海康威视数字技术股份有限公司
0911581	液晶监视器	ML46S	TCL 新技术（惠州）有限公司
0911582	液晶监视器	ML46SH	TCL 新技术（惠州）有限公司
0911583	液晶监视器	ML46SX	TCL 新技术（惠州）有限公司
0911584	液晶监视器	ML46SF	TCL 新技术（惠州）有限公司
0911586	标准型网络摄像机	XTE100A－YG	广东迅通计算机有限公司
0911587	增强型网络智能球	XTNB431G－YTG	广东迅通计算机有限公司
0911591	激光红外高速球	DS7	浙江德威电子有限公司

报告编号	产品名称	产品型号	受检单位
0911596	不锈钢高速球型摄像机	YHV60 – EPO	常州裕华电子设备制造有限公司
0911598	网络球型摄像机	SNP – 1000AP	天津三星泰科光电子有限公司
0911599	网络高速球摄像机	SNP – 3750P	天津三星泰科光电子有限公司
0911600	高清晰日夜型摄像机	SOC – 4160P	天津三星泰科光电子有限公司
0911601	网络半球摄像机	SND – 560P	天津三星泰科光电子有限公司
0911607	智能可视对讲系统	MK – 9000	北京兆维北创经贸有限责任公司
0911611	彩色枪式摄像机	YD – 72V	江西憶源多媒体科技有限公司
0911612	红外摄像机	AN – 2613P	深圳市奂诺基数码科技有限公司
0911613	宽动态迷你摄像机	SN – MA488	深圳市景阳科技股份有限公司
0911614	高清小型摄像机	SN – MA480	深圳市景阳科技股份有限公司
0911615	日夜型摄像机	SN – BXC2583	深圳市景阳科技股份有限公司
0911617	半球摄像机	SN – FXP5830	深圳市景阳科技股份有限公司
0911619	红外摄像机	SN – IRC4640	深圳市景阳科技股份有限公司
0911624	小型智能高速球摄像机	SN – SSP4000	深圳市景阳科技股份有限公司
0911625	红外防水型一体化摄像机	SN – IRC5830	深圳市景阳科技股份有限公司
0911627	变焦一体化摄像机	SN – 600H	深圳市景阳科技股份有限公司
0911628	飞碟式超高清晰度彩色摄像机	SN – MNC4640	深圳市景阳科技股份有限公司
0911630	超级宽动态摄像机	SN – BXC5886	深圳市景阳科技股份有限公司
0911631	超级宽动态日夜型摄像机	SN – 586C/587C	深圳市景阳科技股份有限公司
0911632	彩色摄像机	SC – CC600	深圳市三柯特科技有限公司
091267	车载摄像机	PIH – 2042MIR	深圳市锐明视讯技术有限公司
091373	红外摄像机	CT – RC5300	深圳市英华电子有限公司
091489	液晶监视器	ML17、ML17S	TCL 新技术（惠州）有限公司
091490	液晶监视器	ML22	TCL 新技术（惠州）有限公司
091491	液晶监视器	ML19、ML19S	TCL 新技术（惠州）有限公司
091531	矩阵切换控制系统	V2011	深圳英飞拓科技股份有限公司
091532	快速球型摄像机	V1731	深圳英飞拓科技股份有限公司
091597	彩色摄像机	ST – CC4095	金三立视频科技（深圳）有限公司
091598	彩色摄像机	ST – CC4032	金三立视频科技（深圳）有限公司
091599	彩色摄像机	ST – CC4033	金三立视频科技（深圳）有限公司
091600	彩色摄像机	ST – CC4034	金三立视频科技（深圳）有限公司
091601	彩色摄像机	ST – CC4035	金三立视频科技（深圳）有限公司
091602	彩色摄像机	ST – CC4036	金三立视频科技（深圳）有限公司
091612	嵌入式网络硬盘录像机	GH/DVR – 1012HC – S/ – AF – DVR – II – B/12 – 12	山东光辉电子工程有限公司
091613	嵌入式网络硬盘录像机	GH/DVR – 1008HC – S/ – AF – DVR – II – B/8 – 8	山东光辉电子工程有限公司
091616	金库门守护神	AMB – 2802A	广州市安必信通信设备有限公司
091618	812 系列彩色摄像机	81252 – 3JS	中山利堡科技有限公司
091619	826 系列红外半球摄像机	82648 – 31S	中山利堡科技有限公司
091620	811 系列高清彩转黑摄像机	81152 – 33N	中山利堡科技有限公司
091621	811 系列彩色摄像机	81142 – 41A	中山利堡科技有限公司

报告编号	产品名称	产品型号	受检单位
091622	826 系列高清红外半球摄像机	82652－32S	中山利堡科技有限公司
091632	专业液晶监视器	SMT－3222P/CHN	天津三星电子有限公司
091633	专业液晶监视器	SMT－4022P/CHN	天津三星电子有限公司
091635	远程控制器	SCX－RD100/CHN	天津三星电子有限公司
091645	摄像机	ZC－D7312PHA	希比希（上海）贸易有限公司
091650	便携式车载云台摄像机	MG－7C16	常州市明景电子有限公司
091651	智能压力高速球型摄像机	MG－OP	常州市明景电子有限公司
091652	热成像一体化智能高速云台摄像机	MG－TA	常州市明景电子有限公司
091654	感应阅读器	CHD202	深圳市纽贝尔电子有限公司
091655	门禁控制器	CHD802	深圳市纽贝尔电子有限公司
091656	指纹阅读器	CHD200	深圳市纽贝尔电子有限公司
091660	智能高速球	AV1618、AV1626	深圳市艾尔威科技开发有限公司
091662	派瑞门禁控制器	CTCN3	中国船舶重工集团公司第七一八研究所
091698	高速球型摄像机	ST－CC8309	金三立视频科技（深圳）有限公司
091699	高速球型摄像机	ST－CC8239	金三立视频科技（深圳）有限公司
091700	高速球型摄像机	ST－CC3229C	金三立视频科技（深圳）有限公司
091701	高速球型摄像机	ST－CC8269－A418	金三立视频科技（深圳）有限公司
091702	高速球型摄像机	ST－CC8269－A426	金三立视频科技（深圳）有限公司
091703	高速球型摄像机	ST－CC922912C	金三立视频科技（深圳）有限公司
091709	一体化球型摄像机	DT3－AS－518－CPF	重庆迪坦科技有限公司
091710	宽动态彩色固定枪式摄像机	DT3－AS－518－CWD	重庆迪坦科技有限公司
091724	室外高速球型摄像机	MG－OFII	常州市明景电子有限公司
091726	数字光端机	JA－T/R2	广州巨安电子科技有限公司
091728	摄像机	DS－2CD727PF－XYZ	杭州海康威视数字技术股份有限公司
091730	摄像机	DS－2CD752MF－XYZ	杭州海康威视数字技术股份有限公司
091731	摄像机	DS－2CD702PF－XYZ	杭州海康威视数字技术股份有限公司
091732	摄像机	DS－2CD792PF－XYZ	杭州海康威视数字技术股份有限公司
091733	摄像机	DS－2CD732F－XYZ	杭州海康威视数字技术股份有限公司
091735	硬盘录像机	HIK/DS－9104HF－S/－AF－DVR－III－A/4－4	杭州海康威视数字技术股份有限公司
091736	硬盘录像机	HIK/DS－9108HF－S/－AF－DVR－III－A/8－8	杭州海康威视数字技术股份有限公司
091737	硬盘录像机	HIK/DS－9116HF－S/－AF－DVR－III－A/16－16	杭州海康威视数字技术股份有限公司
091738	硬盘录像机	HIK/DS－9104HF－F/－AF－DVR－III－A/4－4	杭州海康威视数字技术股份有限公司
091739	硬盘录像机	HIK/DS－9108HF－F/－AF－DVR－III－A/8－8	杭州海康威视数字技术股份有限公司
091740	硬盘录像机	HIK/DS－9116HF－F/－AF－DVR－III－A/16－16	杭州海康威视数字技术股份有限公司
091747	智能视频叠加器	AMB－8200	广州市安必信通信设备有限公司
091749	红外防水摄像机	HC－41IR	深圳洪迪实业有限公司
091750	飞碟摄像机	HC－110	深圳洪迪实业有限公司
091751	半球摄像机	HC－111	深圳洪迪实业有限公司
091758	网络枪式摄像机	CH－IP200	四川长虹电子系统有限公司
091759	一体化球型网络摄像机	CH－IP600	四川长虹电子系统有限公司

报告编号	产品名称	产品型号	受检单位
091760	ATM 专用摄像机	CH – CK1000	四川长虹电子系统有限公司
091778	室内吸顶定焦彩色半球摄像机	ZNCC SD – C	深圳中兴力维技术有限公司
091780	枪型摄像机	ZNCC GS	深圳中兴力维技术有限公司
091781	彩转黑一体化摄像机	ZNCC ZM	深圳中兴力维技术有限公司
091793	电子密码锁	S – N60	北京赛隆世纪科技发展有限公司
091802	日夜型匀速球摄像机	SN – MSP5840	深圳市景阳科技股份有限公司
091803	日夜超高清晰度半球摄像机	SN – FXP0580、SN – FXP0580	深圳市景阳科技股份有限公司
091804	枪式超高清晰度彩色摄像机	SN – BXC0583	深圳市景阳科技股份有限公司
091805	枪式超高清晰度彩色摄像机	SN – BXC0582	深圳市景阳科技股份有限公司
091810	彩转黑摄像机	KC6720、KC6720 – XD	深圳市科安信实业有限公司
091816	1/3" CCD 彩色摄像机	MNX550P	佛山市南海莉华电子科技有限公司
091831	IGK 系列多路控制主机	IGK4204	广州银骏科技有限公司
091843	彩色摄像机	POS – CF758	大连浦思坤东方自动化工程公司广州公司
091844	彩色摄像机	POS – CW680	大连浦思坤东方自动化工程公司广州公司
091845	彩色摄像机	POS – CH682	大连浦思坤东方自动化工程公司广州公司
091846	一体化摄像机	POS – CX636	大连浦思坤东方自动化工程公司广州公司
091847	一体化摄像机	POS – CX618	大连浦思坤东方自动化工程公司广州公司
091855	警示灯	LTG282	星际控股集团有限公司
091860	彩色半球摄像机	SR – D1310P	喜恩碧电子（深圳）有限公司
091861	彩色枪式摄像机	SR – G1310P	喜恩碧电子（深圳）有限公司
091862	红外防雨摄像机	SR – B1760P	喜恩碧电子（深圳）有限公司
091868	硬盘录像机	HIK/DS – 9112HF – F/ – AF – DVR – III – A/12 – 12	杭州海康威视数字技术股份有限公司
091873	高速球	JG – QG998	深圳市捷高电子科技有限公司
091875	红外云台型摄像机	JG – LRPT	深圳市捷高电子科技有限公司
091889	彩色彩色半球摄像机	WV600 – 4402CB	深圳富视安智能科技有限公司
091890	红外摄像机	WV600 – 264CI	深圳富视安智能科技有限公司
091891	智能快球	WV600 – 598K – CB	深圳富视安智能科技有限公司
091892	彩色摄像机	WV600	深圳富视安智能科技有限公司
091896	网络高清摄像机	MCC4X8X – XXXXZP	深圳市奥尼克斯实业有限公司
091897	矩阵切换微机控制系统	MCC8XXXM – XXL	深圳市奥尼克斯实业有限公司
091898	室内外高速球型摄像机	MCC6XXP/PDE – XXX	深圳市奥尼克斯实业有限公司
091899	半球摄像机	MCC9XXD/DF – XX	深圳市奥尼克斯实业有限公司
091900	低照度高清摄像机	MCC4X4XH – XX	深圳市奥尼克斯实业有限公司
091925	硬盘录像机	WV600 – 16A – AF – DVR – Ⅱ – B/16 – 16	深圳富视安智能科技有限公司
091926	光端机	WV600 – 16S1A1T/R	深圳富视安智能科技有限公司
091930	彩色摄像机	RL – H2260	深圳市万佳安实业有限公司
091940	镜头监控模块	SDM – 375P、SDM – 336P	天津三星泰科光电子有限公司
091941	镜头监控模块	SDM – 271P、SDM – 371P、SDM – 332P	镜头监控模块
091964	彩色监视器	SMC – 145P/CHN	天津三星电子有限公司
091969	数字光端机	N3730	深圳英飞拓科技股份有限公司

报告编号	产品名称	产品型号	受检单位
091970	数字光端机	N3784	深圳英飞拓科技股份有限公司
091971	数字光端机	N3744	深圳英飞拓科技股份有限公司
091972	数字光端机	N3793	深圳英飞拓科技股份有限公司
091973	数字光端机	N3729	深圳英飞拓科技股份有限公司
091974	数字光端机	N3748	深圳英飞拓科技股份有限公司
091975	数字光端机	N3754	深圳英飞拓科技股份有限公司
091977	摄像机	DS－2CC592P－XY	杭州海康威视数字技术股份有限公司
091978	摄像机	DS－B248－XYZ	杭州海康威视数字技术股份有限公司
091979	摄像机	DS－B260－XYZ	杭州海康威视数字技术股份有限公司
091980	摄像机	DS－D248－XYZ	杭州海康威视数字技术股份有限公司
091981	摄像机	DS－D260－XYZ	杭州海康威视数字技术股份有限公司
091982	摄像机	DS－T360－XYZ	杭州海康威视数字技术股份有限公司
091983	摄像机	DS－T390－XYZ	杭州海康威视数字技术股份有限公司
091984	摄像机	DS－P 248－XYZ	杭州海康威视数字技术股份有限公司
091985	摄像机	DS－P260－XYZ	杭州海康威视数字技术股份有限公司
091986	摄像机	DS－P290－XYZ	杭州海康威视数字技术股份有限公司
091987	摄像机	DS－248I－XYZ	杭州海康威视数字技术股份有限公司
091989	摄像机	DS－D50I－XYZ	杭州海康威视数字技术股份有限公司
091990	摄像机	DS－D60I－XYZ	杭州海康威视数字技术股份有限公司
091991	摄像机	DS－D90I－XYZ	杭州海康威视数字技术股份有限公司
091992	摄像机	DS－Q48T－XYZ	杭州海康威视数字技术股份有限公司
091997	摄像机	DS－R248－XYZ	杭州海康威视数字技术股份有限公司
091998	摄像机	DS－R260－XYZ	杭州海康威视数字技术股份有限公司
091999	摄像机	DS－L370－XYZ	杭州海康威视数字技术股份有限公司
0911000	摄像机	DS－D280－XYZ	杭州海康威视数字技术股份有限公司
0911006	液晶监视器（大屏幕系统单元）	ML46（X）、ML46F（X）、ML46D（X）	TCL 新技术（惠州）有限公司
0911016	防盗报警电子锁	B 级	中山市小榄镇双固电子五金制品厂
0911019	液晶监视器	ML26	TCL 新技术（惠州）有限公司
0911030	智能锁	6L	深圳市普罗巴克科技股份有限公司
0911031	智能锁	6K	深圳市普罗巴克科技股份有限公司
0911034	一体化高速云台摄像机	V1492	深圳英飞拓科技股份有限公司
0911037	嵌入式硬盘录像机	DIS－823C、DIS－822CB	深圳市科创兴科技开发有限公司
0911037	嵌入式硬盘录像机	DIS－827CW、DIS－827SH	深圳市科创兴科技开发有限公司
0911038	枪式摄像机	DIS－505C、DIS－536C	深圳市科创兴科技开发有限公司
0911038	枪式摄像机	DIS－539EX、DIS－506C	深圳市科创兴科技开发有限公司
0911039	半球形摄像机	DIS－5315CD、DIS－S316CD	深圳市科创兴科技开发有限公司
0911040	半球形摄像机	DIS－309WD	深圳市科创兴科技开发有限公司
0911041	半球形摄像机	DIS－306CD、DIS－360VCD	深圳市科创兴科技开发有限公司
0911041	半球形摄像机	DIS－305CD、DIS－305VCD	深圳市科创兴科技开发有限公司
0911043	智能一体化云台摄像机	DIS－SP8235IR	深圳市科创兴科技开发有限公司

报告编号	产品名称	产品型号	受检单位
0911044	红外半球型摄像机	DIS - 309IR	深圳市科创兴科技开发有限公司
0911045	红外半球型摄像机	DIS - 305IR、DIS - 306IR	深圳市科创兴科技开发有限公司
0911046	红外枪式摄像机	DIS - 206H	深圳市科创兴科技开发有限公司
0911046	红外枪式摄像机	DIS - 208H、DIS - 209H	深圳市科创兴科技开发有限公司
0911051	智能球型摄像机	DS - I2000 - XYZ	杭州海扆威视数字技术股份有限公司
0911052	智能球型摄像机	DS - 2AM1 - 6XYZ	杭州海扆威视数字技术股份有限公司
0911053	智能球型摄像机	DS - M2000 - XYZ	杭州海扆威视数字技术股份有限公司
0911054	智能球型摄像机	DS - 2DF1 - 6XYZ	杭州海扆威视数字技术股份有限公司
0911055	智能球型摄像机	DS - I400D - XYZ	杭州海扆威视数字技术股份有限公司
0911056	智能球型摄像机	DS - 2AF1 - 4XYZ	杭州海扆威视数字技术股份有限公司
0911057	智能球型摄像机	DS - M300D - XYZ	杭州海扆威视数字技术股份有限公司
0911058	智能球型摄像机	DS - 2DF1 - 4XYZ	杭州海扆威视数字技术股份有限公司
0911059	智能球型摄像机	DS - I300D - XYZ	杭州海扆威视数字技术股份有限公司
0911060	智能球型摄像机	DS - 2AF1 - 6XYZ	杭州海扆威视数字技术股份有限公司
0911061	智能球型摄像机	DS - M400D - XYZ	杭州海康威视数字技术股份有限公司
0911066	高清智能球型摄像机	DS - S400M - XYZ	杭州海康威视数字技术股份有限公司
0911071	MV - 300 系列彩色防暴摄像机	MV - 330	北京市门吉利磁电工程研究所
0911072	MV - 600 系列防水摄像机	MV - 630	北京市门吉利磁电工程研究所
0911074	高清晰度数码彩色半球变焦摄像机	CH - 203HC - V3	深圳市傲视达数码科技有限公司
0911083	日夜转换型摄像机	V1029	深圳英飞拓科技股份有限公司
0911084	日夜转换型摄像机	V1036	深圳英飞拓科技股份有限公司
0911093	室外智能低速球型摄像机	MG - DDK26	常州市明景电子有限公司
0911094	室外智能高速球型摄像机	MG - OF1	常州市明景电子有限公司
0911095	室外智能中速球型摄像机	MG - MDII	常州市明景电子有限公司
0911113	半球型摄像机	SID - 47P、SID - 48P、SID - 49P	天津三星泰科光电子有限公司
0911114	数字镜头监控模块	SDM - 100P	天津三星泰科光电子有限公司
0911117	数字彩色摄像机	SCC - C6443P/CHN	天津三星电子有限公司
	数字彩色摄像机	SCC - C6453P/CHN	天津三星电子有限公司
	数字彩色摄像机	SCC - C6437P/CHN	天津三星电子有限公司
0911118	数字彩色摄像机	SCC - C7455P/CHN	天津三星电子有限公司
	数字彩色摄像机	SCC - C7439P/CHN	天津三星电子有限公司
	数字彩色摄像机	SCC - C7445P/CHN	天津三星电子有限公司
0911119	数字彩色摄像机	SCC - C7453P/CHN	天津三星电子有限公司
	数字彩色摄像机	SCC - C7437P/CHN	天津三星电子有限公司
	数字彩色摄像机	SCC - C7443P/CHN	天津三星电子有限公司
0911147	网络摄像机	ZAM600	深圳至安科技有限公司

2. 实体

报告编号	产品名称	产品型号	受检单位
0931092	防弹复合玻璃	F54C－24－HF	武汉市宏发特种玻璃有限公司
093001	防暴枪框	FDQG－XD 型	湖南鑫佰金融设备有限公司
093004	防弹复合玻璃	F79B－20 型	安瑞装甲材料（芜湖）科技有限公司
093005	防弹复合玻璃	F79B－23 型	安瑞装甲材料（芜湖）科技有限公司
093036	机械防盗锁	AS－FDS001 型	北京奥瑞斯锁业有限公司
093037	防弹复合玻璃	F79C－27－DX 型	广州迭喜安全防范技术有限公司
093038	防弹复合玻璃	F79B－25－DX 型	广州迭喜安全防范技术有限公司
093043	防弹玻璃	F79－M－J 型	四川省豫鑫防火材料有限责任公司
093044	机械七链锁	FDS－B－M－BL1001－C 型	锦州博浪科技实业有限公司
093045	防弹复合玻璃	F79B－24－SYX 型	三门峡银星防弹制品有限责任公司
093046	六角锁	169－1 型	温州威泰锁业有限公司
093047	半圆偏芯锁	168－1 型	温州威泰锁业有限公司
093048	曲型电脑槽锁芯	AD－001 型	温州市安盾锁业有限公司
093053	提款箱	TKX－SB－R08/10/12 型	长沙市瑞正电子科技有限公司
	提款箱	TKX－SB－R0816/18 型	长沙市瑞正电子科技有限公司
	提款箱	TKX－SB－R20/24/32 型	长沙市瑞正电子科技有限公司
093054	提款箱	TKX－C320－YB 型	湖南银宝科技发展有限公司
093054	提款箱	TKX－C240－YB 型	湖南银宝科技发展有限公司
093054	提款箱	TKX－C160－YB 型	湖南银宝科技发展有限公司
093054	提款箱	TKX－C100－YB 型	湖南银宝科技发展有限公司
093054	提款箱	TKX－C80－YB 型	湖南银宝科技发展有限公司
093054	提款箱	TKX－C50－YB 型	湖南银宝科技发展有限公司
093056	危险物品存放柜	DF－WB－001 型	湖南德丰安防科技有限公司
093057	金库房	JKM（A. S）－17－25－24 型	湖南誉湘安防科技有限公司
093058	封闭式自助银亭	YX－08－02 型	湖南誉湘安防科技有限公司
093059	不锈钢金库门	JKM（C）－1020－N 型	湖南誉湘安防科技有限公司
093060	封闭式自助银亭	JA－09－01 型	湖南金安安防设备有限公司
093061	智能提款箱	TKX－SA－JA 型	湖南金安安防设备有限公司
093062	不锈钢金库门	JKM－（B）－1020－N 型	湖南瑞尔安防设备有限公司
093063	不锈钢金库门	JKM－（C）－1020－N 型	湖南瑞尔安防设备有限公司
093071	机械密码锁自动无序器	LXQ－YA－001 型	湖南省银安工具设备厂有限公司
093075	防尾随联动互锁安全门	FLAM－TM 型	吉林省金安实业有限公司
093078	身份识别提款箱	TKX－SB－TKI－180 型	洛阳市通心安全设备有限公司
093079	身份识别提款箱	TKX－SB－TKⅡ－180 型	洛阳市通心安全设备有限公司
093080	ATM 安全防护舱	HY3309－1 型	长沙市恒友视嘉安防科技有限公司
093085	封闭式自助安全亭	ZZJ－09－03－YB 型	湖南银宝科技发展有限公司
093088	防弹复合玻璃	F54B－22－LH 型	山西利虎玻璃（集团）有限公司
093089	防弹复合玻璃	F54B－23－LH 型	山西利虎玻璃（集团）有限公司
093090	防弹复合玻璃	F79B－26－LH 型	山西利虎玻璃（集团）有限公司
093091	防弹复合玻璃	F79B－27－LH 型	山西利虎玻璃（集团）有限公司

报告编号	产品名称	产品型号	受检单位
093092	机械防盗锁头	EDS－B－A108 型	杭州高科源实业有限公司
093094	炜盛牌 ATM 安全防护亭	HZWS1000 型	湖南华融智科技术发展有限公司
093095	炜盛牌 ATM 安全防护亭	HZWS2000 型	湖南华融智科技术发展有限公司
093096	提款箱	TKX－SA－JW100 Ⅱ 型	深圳市俊武科技有限公司
	提款箱	TKX－SA－JW240 Ⅱ 型	深圳市俊武科技有限公司
	提款箱	TKX－SA－JW320 Ⅱ 型	深圳市俊武科技有限公司
093097	提款箱	TKX－SC－JW200 Ⅱ 型	深圳市俊武科技有限公司
093098	提款箱	TKX－SB－JW160 Ⅱ 型	深圳市俊武科技有限公司
093099	防弹复合玻璃	F79C－35 型	沈阳耀华安全玻璃有限公司
093100	防弹复合玻璃	F54B－26 型	沈阳耀华安全玻璃有限公司
093101	防弹复合玻璃	F79B－30 型	沈阳耀华安全玻璃有限公司
093103	防弹复合玻璃	F79C－26－JJ 型	淄博中齐建材有限公司
093117	防弹复合玻璃	F79C－27－ALH Ⅲ 型	北京东方爱丽华特种玻璃有限公司
093118	防弹复合玻璃	F54C－26－ALH Ⅱ 型	北京东方爱丽华特种玻璃有限公司
093128	防弹复合玻璃	F54B－27 型	北京蓝星华林幕墙玻璃有限公司
093131	独立式自动柜员机安全防护亭	AFT－A－2008 型	天津市盾宝安防工贸有限公司
093135	Chubbsafes（集宝）金库门	45 型	北京富高经贸有限责任公司
093192	提款箱	TKX－SB 型	海城市保险柜厂
093195	防弹复合玻璃	F54B－25－JM Ⅱ 型	衡水晶美玻璃制品有限公司
093196	防弹复合玻璃	F79C－26－JM Ⅰ 型	衡水晶美玻璃制品有限公司
093197	防弹复合玻璃	F79B－27－JM Ⅲ 型	衡水晶美玻璃制品有限公司
093199	提款箱	TKX－MB－XOY Ⅰ 型	长沙市雨花区湘偶影综合厂
093200	防尾随联动互锁安全门	FLAM－ID 型	湖南省银安工具设备厂有限公司
093201	不锈钢防水金库门中门	JKM(3S)－1020－N 型	湖南省银安工具设备厂有限公司
093202	移动金库房	JKF(3)－181520 型	湖南省银安工具设备厂有限公司
093203	移动金库房	JKF(1)－121220 型	湖南省银安工具设备厂有限公司
093204	不锈钢双开金库门	JKM(3)－1020－N 型	湖南省银安工具设备厂有限公司
093205	合成不锈钢金库门	JKM(1)－1020－N 型	湖南省银安工具设备厂有限公司
093206	合成不锈钢金库门	JKM(2)－1020－N 型	湖南省银安工具设备厂有限公司
093207	合成不锈钢金库门	JKM(3)－1020－N 型	湖南省银安工具设备厂有限公司
093208	优质钢金库门	JKM（1）－1020－N 型	湖南省银安工具设备厂有限公司
093209	优质钢金库门	JKM(2)－1020－N 型	湖南省银安工具设备厂有限公司
093210	优质钢金库门	JKM(3)－1020－N 型	湖南省银安工具设备厂有限公司
093211	不锈钢金库门	JKM(1)－1020－N 型	湖南省银安工具设备厂有限公司
093212	不锈钢金库门	JKM(2)－1020－N 型	湖南省银安工具设备厂有限公司
093213	不锈钢金库门	JKM(3)－1020－N 型	湖南省银安工具设备厂有限公司
093214	银行保管柜	YHBGG－YA01 型	湖南省银安工具设备厂有限公司
093215	银行保管柜	BGX－0320－12 型	湖南省银安工具设备厂有限公司
093216	电动平移金库门	DDPYJKM－4030－YA－DK	湖南省银安工具设备厂有限公司
093217	防暴枪弹柜	FBQG(A1)－HB601445－4 型	湖南省银安工具设备厂有限公司

报告编号	产品名称	产品型号	受检单位
093218	2级防水备用门	JKM(2S)-0606-S-YB(BY)型	湖南银宝科技发展有限公司
093219	3级防水备用门	JKM(3S)-0606-S-YB(BY)型	湖南银宝科技发展有限公司
093220	3级防水金库门中门	JKM(3S)-1020-S-YB(MZM)型	湖南银宝科技发展有限公司
093221	2级防水金库门中门	JKM(2S)-1020-S-YB(MZM)型	湖南银宝科技发展有限公司
093222	柱式保管箱	ZSBGX-03-YB型	湖南银宝科技发展有限公司
093223	指纹双控保管箱	ZWBGX-03-YB型	湖南银宝科技发展有限公司
093224	银行封闭式管理柜台	FBGT-02-YB型	湖南银宝科技发展有限公司
093229	提款箱	TKX-SB-AP型	宁波艾谱实业有限公司
	提款箱	TKX-MB-AP型	宁波艾谱实业有限公司
	提款箱	TKX-LB-AP型	宁波艾谱实业有限公司
093230	提款箱	TKX-SB-YD型	温州银盾电子有限公司
	提款箱	TKX-MB-YD型	温州银盾电子有限公司
	提款箱	TKX-LB-YD型	温州银盾电子有限公司
093231	提款箱	TKX-SA-AP	宁波艾谱实业有限公司
	提款箱	TKX-MA-AP	宁波艾谱实业有限公司
	提款箱	TKX-LA-AP型	宁波艾谱实业有限公司
093232	提款箱	TKX-SA-YD	温州银盾电子有限公司
093232	提款箱	TKX-MA-YD	温州银盾电子有限公司
093232	提款箱	TKX-LA-YD型	温州银盾电子有限公司
093237	金城牌防尾随联动互锁安全门	FLAM-IC-JC-P型	山西金城保险柜制造有限公司
093238	金城牌防尾随联动互锁安全门	FLAM-IC-JC型	山西金城保险柜制造有限公司
093245	防弹玻璃	F79C-25-JD型	重庆金盾玻璃有限公司
093246	不锈钢防水备用门	JKM(3S)-0606-N型	湖南省银安工具设备厂有限公司
093247	不锈钢防水金库门中门	JKM(2S)-1020-N型	湖南省银安工具设备厂有限公司
093248	不锈钢防水金库门	JKM(2S)-1020-N型	湖南省银安工具设备厂有限公司
093249	不锈钢防水备用门	JKM(2S)-0606-N型	湖南省银安工具设备厂有限公司
093250	ATM防护舱	YJ-900型	重庆沿建科技有限公司
093251	智能递币槽	YJ-ICDC-I型	重庆沿建科技有限公司
093252	防尾随联动互锁安全门	FLAM-TM-YJ型	重庆沿建科技有限公司
093253	沙金牌机械密码锁	6535型	湖南银宝科技发展有限公司
093254	2级防水金库门	JKM-(2S)-1020-S-YB型	湖南银宝科技发展有限公司
093255	沙金牌机械密码锁	6731型	湖南银宝科技发展有限公司
093257	提款箱	TKX-SB-H80、TKX-SB-H100型	北京豪强宝爵科技有限公司
093257	提款箱	TKX-SB-H120、TKX-SB-H160型	北京豪强宝爵科技有限公司
093257	提款箱	TKX-SB-H180、TKX-SB-H200型	北京豪强宝爵科技有限公司
093257	提款箱	TKX-SB-H240、TKX-SB-H320型	北京豪强宝爵科技有限公司
093258	曼申超级防撬联体锁	FDS-Z-MS01L型	湘火炬（西安）安防科技有限公司
093259	曼申超级防撬联体锁	FDS-Z-MS03型	湘火炬（西安）安防科技有限公司
093260	曼申超级防撬联体锁	FDS-Z-MS03L型	湘火炬（西安）安防科技有限公司
093272	沙金机械密码锁	6731型	湖南省恒垒科技发展有限公司

报告编号	产品名称	产品型号	受检单位
093273	移动金库房	YDJKF－B－HL 型	湖南省恒垒科技发展有限公司
093274	金库门	JKM(B)－1020－N－HL 型	湖南省恒垒科技发展有限公司
093275	沙金机械密码锁	6535 型	湖南省恒垒科技发展有限公司
093276	金库门	JKM(C)－1020－N－HL 型	湖南省恒垒科技发展有限公司
093283	金库门	JKM(BS1)－1020－N 型	河南民生特种装备有限公司
093284	金库门	JKM(CS1)－1020－N 型	河南民生特种装备有限公司
093290	自助银行防护亭	YCR－YT－F2K1－II 型	山东银储软件科技有限公司
093291	首玺防盗门	FAM－Y－SX/S 型	辽宁首玺门业有限公司
093292	首玺防盗门	FAM－Y－SX/D 型	辽宁首玺门业有限公司
093293	首玺防盗门	FAM－B－SX/S 型	辽宁首玺门业有限公司
093294	首玺防盗门	FAM－B－SX/D 型	辽宁首玺门业有限公司
093296	防尾随联动互锁安全门	FLAM－DK 型	湖南智卓创新金融电子有限公司
093297	金库房	JKF(B)－I 型	湖南智卓创新金融电子有限公司
093298	不锈钢金库门	JKM(C)－1020－N 型	湖南智卓创新金融电子有限公司
093299	提款箱	TKX－MB－ZZ I 型	湖南智卓创新金融电子有限公司
093300	不锈钢金库门	JKM(B)－1019－N 型	湖南智卓创新金融电子有限公司
093303	“金卫牌”防盗枪柜	FDB－DM－1 型	济南天甲门业有限公司
093304	“金卫牌”金库门	JKM(C)－1420－TJ 型	济南天甲门业有限公司
093308	银行反劫系统	SM－125P 型	河南三明自动化设备有限公司
093317	金库门	SYMBOLC－9000 型	北京富工利德科技发展有限公司
093326	防水门中门	JKM(CS)－0920－N 型	河南银峰金融设备有限公司
093327	防水金库门	JKM(CS)－0920－N 型	河南银峰金融设备有限公司
093328	防水备用门	JKM(CS)－0606－N 型	河南银峰金融设备有限公司
093329	防水金库门	JKM(CBS)－0920－N 型	河南银峰金融设备有限公司
093330	防水备用门	JKM(BS)－0906－N 型	河南银峰金融设备有限公司
093332	防水金库门(门中门)	JKM－(2S)－1020 型	镇江亨利达融具设备有限公司
093333	防水金库门	JKM－(3S)－1020 型	镇江亨利达融具设备有限公司
093334	豪华不锈钢金库门(门中门)	JKM－(1)－1020 型	镇江亨威金融保险机具有限公司
093336	豪华不锈钢金库门(门中门)	JKM－(2)－1020 型	镇江亨威金融保险机具有限公司
093337	豪华不锈钢防水金库门	JKM－(3S)－1020 型	镇江亨威金融保险机具有限公司
093338	豪华不锈钢防水金库门(门中门)	JKM－(3S)－1020 型	镇江亨威金融保险机具有限公司
093339	豪华不锈钢防水金库门	JKM－(2S)－1020 型	镇江亨威金融保险机具有限公司
093340	豪华不锈钢防水金库门(门中门)	JKM－(2S)－1020 型	镇江亨威金融保险机具有限公司
093341	豪华不锈钢防水备用门	JKM－(2S)－0606 型	镇江亨威金融保险机具有限公司
093342	豪华不锈钢防水备用门	JKM－(3S)－0606 型	镇江亨威金融保险机具有限公司
093343	不锈钢防水金库门中门	JKM－(2S)－1020－(MZM)型	大丰市达标安全设备有限公司
093344	不锈钢防水金库门中门	JKM－(3S)－1020－(MZM)型	大丰市达标安全设备有限公司
093345	不锈钢防水备用门	JKM－(2S)－0606 型	大丰市达标安全设备有限公司
093346	不锈钢防水备用门	JKM－(3S)－0607 型	大丰市达标安全设备有限公司
093347	不锈钢防水金库门	JKM－(2S)－1020 型	大丰市达标安全设备有限公司

报告编号	产品名称	产品型号	受检单位
093348	不锈钢防水金库门	JKM－(3S)－1020 型	大丰市达标安全设备有限公司
093350	防水备用门	JKM(CS)－0606－N 型	河南民生特种装备有限公司
093351	防水金库门	JKM(CS)－1020－N 型	河南民生特种装备有限公司
093352	防水金库门	JKM(BS)－1020－N 型	河南民生特种装备有限公司
093353	防水备用门	JKM(BS)－0606－N 型	河南民生特种装备有限公司
093373	3 级防水金库门	JKM(3S)－1020－N－YB 型	湖南银宝科技发展有限公司
093374	2 级防水金库门	JKM(2S)－1020－N－YB 型	湖南银宝科技发展有限公司
093375	2 级防水金库门中门	JKM(2S)－1020－N－YB(MZM)型	湖南银宝科技发展有限公司
093376	3 级防水金库门中门	JKM(3S)－1020－N－YB(MZM)型	湖南银宝科技发展有限公司
093384	危险物品储藏库	JKF－WL－08 型	湖南万磊安防科技发展有限公司
093385	不锈钢防水金库门中门	JKM2S－1020－N 型	湖南万磊安防科技发展有限公司
093387	机械密码锁	ZM0203CB 型	东莞市索安锁业科技有限公司
093394	防弹复合玻璃	F79B－24－XH Ⅰ型	广州兴华实业股份有限公司
093395	防弹复合玻璃	F79B－25－XH Ⅱ型	广州兴华实业股份有限公司
093396	防弹复合玻璃	F79C－25－XH Ⅲ型	广州兴华实业股份有限公司
093397	防弹复合玻璃	F79B－25－XH Ⅳ型	广州兴华实业股份有限公司
093398	防弹复合玻璃	F79C－36－XH Ⅰ型	广州兴华实业股份有限公司
093399	防弹复合玻璃	F79C－27－XH Ⅰ型	广州兴华实业股份有限公司
093400	防弹复合玻璃	F79B－25－XH Ⅳ型	广州兴华实业股份有限公司
093401	防弹复合玻璃	F79C－25－XH Ⅲ型	广州兴华实业股份有限公司
093402	防弹复合玻璃	F79B－25－XH Ⅱ型	广州兴华实业股份有限公司
093403	防弹复合玻璃	F79B－25－XH Ⅰ型	广州兴华实业股份有限公司
093404	防弹复合玻璃	F79B－24－XH Ⅰ型	广州兴华实业股份有限公司
093405	防弹复合玻璃	F79C－23－XH 型	广州兴华实业股份有限公司
093406	防弹复合玻璃	F79B－17－XH Ⅱ型	广州兴华实业股份有限公司
093408	防弹复合玻璃	F79B－30－通顺Ⅴ型	北京市通顺汽车风挡玻璃厂
093409	防弹复合玻璃	F54C－23－通顺Ⅲ型	北京市通顺汽车风挡玻璃厂
093410	防弹复合玻璃	F54C－26－通顺Ⅰ型	北京市通顺汽车风挡玻璃厂
093411	防弹复合玻璃	F54B－26－天顺Ⅰ型	北京市天顺安全玻璃有限公司
093412	“金卫牌”防尾随联动互锁安全门		济南天甲门业有限公司
093414	防弹复合玻璃	F79－H－J 型	南京富特莱数码科技实业有限公司
093415	防弹复合玻璃	F79－H－J 型	绍兴大地玻璃有限公司
093416	机械密码锁	A－Z270 型	东莞市索安锁业科技有限公司
093419	防弹复合玻璃	F79C－30－XW 型	吉林省新伟建设工程有限公司
093438	防盗锁头	TF0－1 型	重庆优族科技有限公司
093439	提款箱	TKX－SA－XOY Ⅰ型	长沙市雨花区湘偶影综合厂
093441	防弹复合玻璃	F79B－17－ARMOR 型	浙江美盾防护技术有限公司
093442	防弹复合玻璃	F56B－35－ARMOR 型	浙江美盾防护技术有限公司
093443	防弹复合玻璃	F79B－21－LAMI 型	浙江美盾防护技术有限公司
093444	防弹复合玻璃	F79B－17－ARMOR Ⅱ型	浙江美盾防护技术有限公司

报告编号	产品名称	产品型号	受检单位
093445	防弹复合玻璃	F79B－18－HARD Ⅰ型	浙江美盾防护技术有限公司
093461	不锈钢备用门	JKM2－0606－N 型	湖南省银安工具设备厂有限公司
093462	不锈钢备用门	JKM3－0606－N 型	湖南省银安工具设备厂有限公司
093463	不锈钢备用门	JKM1－0606－N 型	湖南省银安工具设备厂有限公司
093464	不锈钢防水备用门	JKM1S－0606－N 型	湖南省银安工具设备厂有限公司
093465	不锈钢防水金库门	JKM1S－1020－N 型	湖南省银安工具设备厂有限公司
093467	危险物品储存库	JL－WB－001 型	湖南省金垒安防设备有限公司
093468	3 级防水金库门	JKM3S－0506－N 型	湖南省金垒安防设备有限公司
093469	3 级防水金库门中门	JKM3S－1020－（MZM）－N 型	湖南省金垒安防设备有限公司
093470	2 级防水金库门	JKM2S－1020－N 型	湖南省金垒安防设备有限公司
093471	1 级防水金库门	JKM1S－1020－N 型	湖南省金垒安防设备有限公司
093472	自动取款机保险柜	KT1688－A4(08)、KT1688－A5(08)型	广州御银科技股份有限公司
093472	自动取款机保险柜	KT1688－A1(08)、KT1688－A2(08)型	广州御银科技股份有限公司
093474	豪华不锈钢防水金库门(门中门)	JKM－(1S)－1020 型	镇江亨威金融保险机具有限公司
093475	豪华不锈钢防水备用门	JKM－(1S)－0606 型	镇江亨威金融保险机具有限公司
093476	豪华不锈钢金库备用门	JKM－(2)－0606 型	镇江亨威金融保险机具有限公司
093477	豪华不锈钢金库备用门	JKM－(3)－0606 型	镇江亨威金融保险机具有限公司
093478	豪华不锈钢金库备用门	JKM－(1)－0606 型	镇江亨威金融保险机具有限公司
093479	防水门中门	JKM(AS)－1020－N 型	河南银峰金融设备有限公司
093483	金库门	JKM(C)－1020－N 型	河南民生特种装备有限公司
093484	金库门	JKM(B)－1020－N 型	河南民生特种装备有限公司
093485	金库门	JKM(A)－1020－N 型	河南民生特种装备有限公司
093486	备用门	JKM(A)－0606－N 型	河南民生特种装备有限公司
093487	备用门	JKM(B)－0606－N 型	河南民生特种装备有限公司
093488	备用门	JKM(C)－0606－N 型	河南民生特种装备有限公司
093489	防水金库门中门	JKM(AS)－1020－N 型	河南民生特种装备有限公司
093490	防水金库门	JKM(AS)－1020－N 型	河南民生特种装备有限公司
093491	防水备用门	JKM(AS)－0606－N 型	河南民生特种装备有限公司
093504	金库门	JR/T0001－2000	镇江亨威金融保险机具有限公司
093505	防水应急门	JKM3S－0606－HL	湖南省恒垒科技发展有限公司
093506	金库应急门	JKM1－0606－HL	湖南省恒垒科技发展有限公司
093507	金库应急门	JKM2－0606－HL	湖南省恒垒科技发展有限公司
093508	金库应急门	JKM3－ 0606－HL	湖南省恒垒科技发展有限公司
093509	防水金库门	JKM(1S)－1020－HL	湖南省恒垒科技发展有限公司
093510	金库门	JKM(1)－1020－HL	湖南省恒垒科技发展有限公司
093511	防水金库门	JKM2S－1020－HL	湖南省恒垒科技发展有限公司
093512	防水金库门	JKM3S－1021－HL	湖南省恒垒科技发展有限公司
093513	防水应急门	JKM1S－0606－HL	湖南省恒垒科技发展有限公司
093514	防水应急门	JKM2S－0606－HL	湖南省恒垒科技发展有限公司
093515	金库门备用门	JKM3S－0606 型	海城市金融设备制造厂

报告编号	产品名称	产品型号	受检单位
093516	金库门	JKM3S－1219 型	海城市金融设备制造厂
093517	金库门中门	JKM3S－1020 型	海城市金融设备制造厂
093518	智能金库门	JKM4－XC－2M－1－ZN	湖南星辰电子科技有限公司
093519	备用金库门	JKM3－XC－1M－2	湖南星辰电子科技有限公司
093520	备用金库门	JKM2－XC－1M－2	湖南星辰电子科技有限公司
093521	备用金库门	JKM1－XC－1M－2	湖南星辰电子科技有限公司
093522	防水备用金库门	JKM3S－XC－1－M	湖南星辰电子科技有限公司
093523	防水备用金库门	JKM2S－XC－1M－2	湖南星辰电子科技有限公司
093524	防水备用金库门	JKM1S－XC－1M－2	湖南星辰电子科技有限公司
093525	智能金库门中门	JKM3－XC－2M－2－ZN	湖南星辰电子科技有限公司
093526	智能金库门中门	JKM2－XC－2M－2－ZN	湖南星辰电子科技有限公司
093527	金库门中门	JKM1－XC－2M－2－ZN	湖南星辰电子科技有限公司
093528	防水智能金库门中门	JKM3S－XC－2M－3－ZN	湖南星辰电子科技有限公司
093529	防水智能金库门中门	JKM2S－XC－2M－3－ZN	湖南星辰电子科技有限公司
093530	防水金库门中门	JKM1S－XC－2M－3－ZN	湖南星辰电子科技有限公司
093531	智能金库门	JKM3－XC－1M－2－ZN	湖南星辰电子科技有限公司
093532	智能金库门	JKM2－XC－1M－2－ZN	湖南星辰电子科技有限公司
093533	金库门	JKM1－XC－1M－2－ZN	湖南星辰电子科技有限公司
093534	防水智能金库门	JKM3S－XC－1M－3－ZN	湖南星辰电子科技有限公司
093535	防水智能金库门	JKM2S－XC－1M－4－ZN	湖南星辰电子科技有限公司
093536	防水金库门	JKM1S－XC－1M－5－ZN	湖南星辰电子科技有限公司
093538	1 级防水金库门中门	JKM(1S)－1020－N－YB(MZM)	湖南银宝科技发展有限公司
093539	2 级防水金库门中门	JKM(2S)－1020－N－YB(MZM)	湖南银宝科技发展有限公司
093540	3 级防水金库门中门	JKM(3S)－1020－N－YB(MZM)	湖南银宝科技发展有限公司
093541	3 级金库门中门	JKM(3)－1020－N－YB(MZM)	湖南银宝科技发展有限公司
093542	2 级金库门中门	JKM(2)－1020－N－YB(MZM)	湖南银宝科技发展有限公司
093543	1 级金库门中门	JKM(1)－1020－N－YB(MZM)	湖南银宝科技发展有限公司
093544	3 级防水应急金库门	JKM(3S)－0606－N－YB(YJ)	湖南银宝科技发展有限公司
093545	2 级防水应急金库门	JKM(2S)－0606－N－YB(YJ)	湖南银宝科技发展有限公司
093546	1 级防水应急金库门	JKM(1S)－0606－N－YB(YJ)	湖南银宝科技发展有限公司
093547	3 级防水金库门	JKM(3S)－1020－YB	湖南银宝科技发展有限公司
093548	2 级防水金库门	JKM(2S)－1020－YB	湖南银宝科技发展有限公司
093549	1 级防水金库门	JKM(1S)－1020－YB	湖南银宝科技发展有限公司
093550	3 级金库应急门	JKM(3)－0606－N－YB(YJ)	湖南银宝科技发展有限公司
093551	1 级金库应急门	JKM(1)－0606－N－YB(YJ)	湖南银宝科技发展有限公司
093552	2 级金库应急门	JKM(2)－0606－N－YB(YJ)	湖南银宝科技发展有限公司
093553	3 级金库门	JKM(3)－1020－N－YB	湖南银宝科技发展有限公司
093554	1 级金库门	JKM(1)－1020－N－YB	湖南银宝科技发展有限公司
093555	2 级金库门	JKM(2)－1020－N－YB	湖南银宝科技发展有限公司
093556	防水门中门	JKM1S－1020－型	河南银峰金融设备有限公司

报告编号	产品名称	产品型号	受检单位
093557	防水金库门	JKM1S－1020－型	河南银峰金融设备有限公司
093558	防水备用门	JKM1S－0606－型	河南银峰金融设备有限公司
093559	金库门中门	JKM1－1020－型	河南银峰金融设备有限公司
093560	金库备用门	JKM1－0606－型	河南银峰金融设备有限公司
093561	金库门中门	JKM2－1020－型	河南银峰金融设备有限公司
093562	金库备用门	JKM2－0606－型	河南银峰金融设备有限公司
093563	金库门	JKM3－1020－型	河南银峰金融设备有限公司
093564	金库备用门	JKM3－0606－型	河南银峰金融设备有限公司
093565	防水智能金库门	JKM4S－XC－1M－1－ZN	湖南星辰电子科技有限公司
093566	防水门中门智能金库门	JKM4S－XC－2M－1－ZN	湖南星辰电子科技有限公司
093567	门中门智能金库门	JKM4－XC－2M－1－ZN	湖南星辰电子科技有限公司
093568	不锈钢防水金库门中门	JKM3S－1020－N	湖南文宝银行设备有限公司
093569	不锈钢防水金库门中门	JKM2S－1020－N	湖南文宝银行设备有限公司
093570	不锈钢防水金库门中门	JKM1S－1020－N	湖南文宝银行设备有限公司
093571	不锈钢金库门	JKM1－1020－N	湖南文宝银行设备有限公司
093572		JKM(3)－1020－N	湖南省银安工具设备厂有限公司
093573	不锈钢金库门中门	JKM(1)－1020－N	湖南省银安工具设备厂有限公司
093574	不锈钢防水金库门	JKM(1S)－1020－N	湖南省银安工具设备厂有限公司
093576	专用卡封铜挂锁	30mm 型	珠海汇金科技有限公司
093577	专用卡封管理挂锁	30mm 型	珠海汇金科技有限公司
093578	专用卡封弹子铜挂锁	30mm 型	珠海汇金科技有限公司
093580	环宇牌防弹复合玻璃	F54C－24－MY 型	永安市明宇特种玻璃有限公司
093581	豪迪、安能三方位防盗锁	2033 型	中山市中生锁业有限公司
093582	豪迪、安能三方位插芯防盗锁	8183 型	中山市中生锁业有限公司
093584	防水金库门中门	JKM3S－1020－HL 型	湖南省恒垒科技发展有限公司
093585	防水金库门中门	JKM2S－1020－HL 型	湖南省恒垒科技发展有限公司
093586	防水金库门中门	JKM1S－1020－HL 型	湖南省恒垒科技发展有限公司
093587	金库门中门	JKM3－1020－HL 型	湖南省恒垒科技发展有限公司
093588	金库门中门	JKM2－1020－HL 型	湖南省恒垒科技发展有限公司
093589	金库门中门	JKM1－1020－HL 型	湖南省恒垒科技发展有限公司
093599	提款箱	TKX－SB－JD160I 型	江西金都保险设备有限公司
093603	宁泰·皇庭外装门锁	9219 型	中山市小榄镇宁泰五金制品厂
093615	防弹复合玻璃	F79B－25－SX01 型	长沙市三湘特种玻璃厂
093621	提款箱	TKX－SA－ZZ Ⅰ型	湖南智卓创新金融电子有限公司
093626	防弹玻璃	F79C－25－AD 型	邯郸市奥德装饰工程有限公司
093628	爆炸危险品移动库房	BZK－2317 型	江西金虎保险设备集团有限公司
093644	防尾随联动互锁安全门	FLAM－TM－YFKM 型	郑州银防科贸有限公司
093670	提款箱	TKX－SA－HZ	河北豪美款箱有限公司
093671	提款箱	TKX－SB－HZ	河北豪美款箱有限公司
093672	插芯式机械防盗锁	FDS－B－NAM26－R 型	固力保安制品有限公司

报告编号	产品名称	产品型号	受检单位
093673	插芯式机械防盗锁	FDS－B－NAM26－E 型	固力保安制品有限公司
093674	插芯式机械防盗锁	FDS－A－NGM55－R 型	固力保安制品有限公司
093675	插芯式机械防盗锁	FDS－A－NEM25－C 型	固力保安制品有限公司
093693	机械防盗锁	FDS－A－89 型	中山市富宇五金制品有限公司
093694	防弹复合玻璃	F54C－24－J 型	陕西隆邦安全玻璃有限公司
093695	佛罗伦美式防火防盗机械门锁	SC05－1 型	珠海市佛罗伦金属制品有限公司
093696	佛罗伦欧式防火防盗机械门锁	BP032B112 型	珠海市佛罗伦金属制品有限公司
093697	佛罗伦欧式防火防盗机械门锁	BP060A402 型	珠海市佛罗伦金属制品有限公司
093698	美式高性能机械防盗防火门锁	FDS－B－STL6487 型	SUPER－T－LOCK INTERNATIONAL
093699	三方位高性能机械防盗防火门锁	FDS－B－STL09315 型	SUPER－T－LOCK INTERNATIONAL
093700	欧式高性能机械防盗防火门锁	FDS－B－STL6085 型	SUPER－T－LOCK INTERNATIONAL
093702	防弹复合玻璃	F79H－J 型	常州市佳成安全玻璃有限公司
093720	B 级机械防盗锁	HR－16JHJ 型	丽水市恒润轻工制品有限公司
093723	防弹复合玻璃	F54B－23－GLI 型	北京格林京丰防火玻璃有限公司
093736	防弹复合玻璃	F79B－26－SFII(A 类干法)	重庆顺发安全玻璃制造有限公司
093737	防弹复合玻璃	F79C－27－LY8	深圳市燎源实业有限公司
093751	防盗安全门	FAM－J－AB－0901 型	湖南安邦门业有限公司
093752	防盗安全门	FAM－D－AB－0907 型	湖南安邦门业有限公司
093753	活动金库	HDJK－CXWY01 型	湖南创想伟业科技发展有限公司
093754	金库门	JKM© －1020－N－CXWY 型	湖南创想伟业科技发展有限公司
093755	密集书架	SJ－M－S－44－CXWY 型	湖南创想伟业科技发展有限公司
093756	银行用保管箱	BGX－J1－CXWY 型	湖南创想伟业科技发展有限公司
093769	防弹复合玻璃	F79B－29－AOKA 型	武汉奥卡特种玻璃有限公司
093775	防弹复合玻璃	F79C－25－ZZ 型	贵州振中玻璃有限公司
093809	防弹玻璃	F79－L－J 型	哈尔滨东升特种玻璃有限公司
093810	防弹复合玻璃	F79B－36－DS 型	哈尔滨东升特种玻璃有限公司
093811	爆炸危险物品存放活动库房	YDBH－001 型	江西省远大保险设备 实业有限公司
093820	提款箱	TKX－SB－100Ⅱ型	深圳市锋武科技有限公司
093820	提款箱	TKX－SB－180Ⅱ型	深圳市锋武科技有限公司
093820	提款箱	TKX－SB－240Ⅱ型	深圳市锋武科技有限公司
093820	提款箱	TKX－SB－320Ⅱ型	深圳市锋武科技有限公司
093821	提款箱	TKX－SA－160Ⅱ型	深圳市锋武科技有限公司
093821	提款箱	TKX－SA－180Ⅱ型	深圳市锋武科技有限公司
093822	防尾随联动互锁安全门	FLAM－IC 型	湖南威达门业有限公司
093823	ATM 防护亭	RUAN－A 型	长沙瑞福安电子有限公司
093824	防弹复合玻璃	F79B－23 型	秦皇岛市华耀工业技术玻璃有限公司
093825	防弹复合玻璃	F79C－26 型	秦皇岛市华耀工业技术玻璃有限公司
093826	防尾随联动互锁安全门	FLAM－TM 型	哈尔滨东升特种玻璃有限公司
093830	防弹复合玻璃	F54B－23HX－I 型	宜昌华峡玻璃工程有限公司
093831	防弹复合玻璃	F79C－29HX－I 型	宜昌华峡玻璃工程有限公司

报告编号	产品名称	产品型号	受检单位
093840	防弹复合玻璃	F79C-30-3a 型	长春市光大玻璃制镜有限公司
093841	防弹复合玻璃	F54B-26-3a 型	长春市光大玻璃制镜有限公司
093842	腾马防盗安全门	FAM-J-TM 型	内蒙古宇乐新型建材有限公司
093843	腾马防盗安全门	FAM-Y-TM 型	内蒙古宇乐新型建材有限公司
093844	腾马防盗安全门	FAM-B-TM 型	内蒙古宇乐新型建材有限公司
093865	点锁口	SPR 型	欣迪威安全系统(昆山)商贸有限公司
093866	防弹玻璃	F79-H-J	沈阳经济技术开发区新长城玻璃有限公司
093867	防弹复合玻璃	F79B-27-DK01 型	宁夏大可建材装饰有限公司
093868	防弹复合玻璃	F79B-27-DK02 型	宁夏大可建材装饰有限公司
093869	防弹复合玻璃	F79C-34-2BⅡ型	北京中北向阳玻璃有限公司
093870	防弹复合玻璃	F64C-31-2BⅠ型	北京中北向阳玻璃有限公司
093877	ATM 机银行专用防护舱	DT90 型	湖南兴业电子有限公司
093878	洞庭牌身份识别提款箱	TKX-SB-DT-C-100	湖南兴业电子有限公司
	洞庭牌身份识别提款箱	TKX-SB-DT-C-160	湖南兴业电子有限公司
	洞庭牌身份识别提款箱	TKX-SB-DT-C-180	湖南兴业电子有限公司
	洞庭牌身份识别提款箱	TKX-SB-DT-C-240	湖南兴业电子有限公司
	洞庭牌身份识别提款箱	TKX-SB-DT-C-320	湖南兴业电子有限公司
093883	防弹复合玻璃	F79B-25-Ⅱ型	新疆宇航新材料有限公司
093895	合金防护板	KHB(3)-0503 型	湖南省银安工具设备厂有限公司
093896	防水移动金库房	JKF(S)-121220 型	湖南省银安工具设备厂有限公司
093897	危险品储存库	WCK-121220 型	湖南省银安工具设备厂有限公司
093898	电子智能防劫网	TEJW-1	山西天龙安防科技有限公司
093901	2 级金库门中门	JKM(2)-0920-N-YB(M8M)	湖南银宝科技发展有限公司
093902	防弹玻璃	F79-H-J	四川恒阳玻璃有限公司
093963	B 级不锈钢金库门	JKM(B)-1020-HB	湖南宏宝安全设备有限公司
093964	防爆枪弹柜	FQDG-01-HB	湖南宏宝安全设备有限公司
093965	C 级不锈钢金库门中门	JKM(C)-1020-HB	湖南宏宝安全设备有限公司
093966	B 级不锈钢金库门中门	JKM(B)-MZM-1020-HB	湖南宏宝安全设备有限公司
0931037	防弹复合玻璃	F54B-27-SUNDARB	东营胜他玻璃有限公司
0931038	防弹复合玻璃	F79B-27-SUNDARB	东营胜他玻璃有限公司
0931078	防弹玻璃	F79B-30	山西昌玻璃有限公司
0931079	防弹玻璃	F54B-22	山西昌玻璃有限公司
0931104	防弹复合玻璃	F54B-22-QC 型	柳州市七彩阳光安全玻璃有限公司
0931105	防弹复合玻璃	F79B-26-JF-Ⅱ	江门市俊发安全玻璃有限公司
0931106	柱销锁(Electric Bolt)	ICG-L/EB200C	英特韦特门禁系统(中山)有限公司
0931107	磁力锁(Magnetic Lock)	ICG-L/ML270S	英特韦特门禁系统(中山)有限公司
0931110	防弹玻璃	F79B-22	忻州市夹层汽车玻璃厂
0931111	“浙威”身份识别提款箱	TKX-SA-ZW8-500	浙江威特银行设备有限公司
0931115	防弹玻璃		沈阳吉诚信特种玻璃厂
0931116	防弹玻璃		沈阳吉诚信特种玻璃厂

报告编号	产品名称	产品型号	受检单位
0931128	阴极锁(Electric Strike)	ICG－L/ES125F	英特韦特门禁系统(中山)有限公司
0931147	独立式银亭	AFT－A－2009	天津市盾宝安防工贸有限公司
0931148	防盗门	FAM－J－DB001	天津市盾宝安防工贸有限公司
0931155	防弹玻璃	F79C－27－DP05	许昌东鹏安全玻璃有限公司
0931157	不锈钢防尾随联动互锁安全门	FLAM－IC－FD	大丰市达标安全设备有限公司
0931159	防尾随联动互锁安全门	FLAM－1D－HW	镇江亨威金融保险机具有限公司
0931160	移动金库房	JKFA－1500－HW	镇江亨威金融保险机具有限公司
0931170	防弹玻璃	F79B－25－JT	浙江晶泰玻璃有限公司
0931171	防弹玻璃	F54B－22－JT	浙江晶泰玻璃有限公司
0931192	银行提款箱专用一次性条型码锁扣	TMS－B TF01	武汉腾飞科技有限公司
0931194	防弹复合玻璃	F64－20－XF9	焦作市巡返特种玻璃厂
0931195	防弹复合玻璃	F79C－27－XF5	焦作市巡返特种玻璃厂
0931196	防弹复合玻璃	F79B－25－XF6	焦作市巡返特种玻璃厂
0931197	不锈钢防水金库门中门	JKM(3S)－1020－N	湖南省银安工具设备厂有限公司
0931198	不锈钢防水金库门中门	JKM(2S)－1020－N	湖南省银安工具设备厂有限公司
0931199	不锈钢金库门中门	JKM(3)－1020－N	湖南省银安工具设备厂有限公司
0931200	不锈钢金库门中门	JKM(2)－1020－N	湖南省银安工具设备厂有限公司
0931208	防弹玻璃	F79－H	中航三鑫股份有限公司
0931209	防弹玻璃	F79－H	中航三鑫股份有限公司
0931211	智能提款箱	TKX－SB－GL	平阳银新金融用品有限公司
0931216	移动金库房	YDJKF(2)202020－N	湖南省金垒安防设备有限公司
0931217	移动金库房	YDJKF(M)202015－N	湖南省金垒安防设备有限公司
0931243	防弹复合玻璃	F79B－26－ST	德阳市明丰工艺玻璃厂
0931244	ATM 机客户防护亭		济南银储倍特科技有限公司
0931271	封闭式 ATM 机安全舱	HENG T 1322	常州市安保电子工程有限公司
0931272	封闭式 ATM 机安全舱	HENG T 1311	常州市安保电子工程有限公司
093648	提款箱	TKX－SB－YY160 型	汨罗市银友电子设备厂
	提款箱	TKX－SB－YY240 型	汨罗市银友电子设备厂
	提款箱	TKX－SB－YY321 型	汨罗市银友电子设备厂
093669	提款箱	TKX－SC－HZ	河北豪美款箱有限公司
093718	外装门锁	9219 型	中山市小榄镇豪庭五金制品厂
093777	银行柱式保管箱	BGX－D2－90 型	镇江亨利达融具设备有限公司
093778	防尾随联动互锁安全门	FLAM－IC 型	镇江亨利达融具设备有限公司
093779	金库门	JKM－(B)－1321－N 型	镇江亨利达融具设备有限公司
093780	电动平移门	DPM－HLD 型	镇江亨利达融具设备有限公司
093781	防弹复合玻璃	F79C－26－Ⅱ型	新疆今日安全玻璃有限公司
093782	永明防弹玻璃	F54C－25－YM02 型	包头市永明玻璃有限公司
093783	永明防弹玻璃	F79B－29－YM01 型	包头市永明玻璃有限公司
093784	银行金库门安全控制系统	JAK02－F 型	沈阳赛普顿科技有限公司
093786	“神将”牌子母防盗安全门	FAM－D－SJ	浙江神将门业有限公司

报告编号	产品名称	产品型号	受检单位
093787	“神将”牌防盗安全门	FAM－D－SJ995	浙江神将门业有限公司
093788	“神将”牌防盗安全门	FAM－Y－SJ996	浙江神将门业有限公司
093790	金库门	JKM(B)－0920－N 型	武汉毅鑫达安全设备有限公司
093791	可拆装爆破器材移动库房	CBYK－YXD 型	武汉毅鑫达安全设备有限公司
093793	提款箱	TKX－SB－RS160B 型	北京瑞森融信科技有限公司
093834	防弹玻璃	F79B－24－YC01 型	山东银储装饰工程有限公司防爆玻璃分公司
093845	腾马防盗安全门	FAM－D－TM 型	内蒙古宇乐新型建材有限公司
093846	腾马子母防盗安全门	FAM－J－STM 型	内蒙古宇乐新型建材有限公司
093847	腾马子母防盗安全门	FAM－Y－STM 型	内蒙古宇乐新型建材有限公司
093848	腾马子母防盗安全门	FAM－B－STM 型	内蒙古宇乐新型建材有限公司
093852	防尾随联动互锁安全门	FLAM－BL－YC	哈尔滨博龙天成科技有限公司
093853	静音电控锁	BH06－A 型	中山市铁盾锁业有限公司
093859	防弹复合玻璃	F79B－33YHGJ	秦皇岛耀华工业技术玻璃有限公司
093860	防弹复合玻璃	F79C－35YHGJ	秦皇岛耀华工业技术玻璃有限公司
093907	防盗复合玻璃	F79B－30	沈阳首信通用玻璃有限公司
093913	防弹复合玻璃	F79B－25－CC3 型	成都市金长城特种玻璃厂
093920	防弹玻璃	F54－H－J	格威高(佛山)工程玻璃有限公司
093921	防弹玻璃	F79－H－J	格威高(佛山)工程玻璃有限公司
093931	不锈钢金库门	JKM3©－1020－ZE 型	江西卓尔金属设备有限公司
093932	爆炸品移动库房	YBK－ZR 型	江西卓尔金属设备有限公司
093934	防弹复合玻璃	F64－H－J 型	江门市俊发安全玻璃有限公司
093939	防弹复合玻璃	F79B－27－AR 型	安瑞装甲材料(芜湖)科技有限公司
093940	防弹复合玻璃	F79B－27－HHII 型	陕西黄河特种玻璃有限公司
093941	防弹复合玻璃	F79B－24－HH 型	陕西黄河特种玻璃有限公司
093942	防弹复合玻璃	F79B－27－HHI 型	陕西黄河特种玻璃有限公司
093946	防弹复合玻璃	F79C－30－DLHY－1 型	大连华鹰玻璃制品有限公司
093950	电动平移金库门	TZPYJKM(C)－4040－YB	湖南银宝科技发展有限公司
093951	防弹复合玻璃	F79C－26－GLI	北京格林京丰防火玻璃有限公司
093952	诺卡机械防盗锁	FDS－B－D1700F/1750	北京诺卡汉威科技发展有限公司
093958	防尾随联动互锁安全门	FLAM－YS 型	湖南星辰电子科技有限公司
093959	C 级移动金库房	YDJK(C)－20－15－10－HB	湖南宏宝安全设备有限公司
093960	危险物品存放柜	WBCG(A)－ZO－15－12－HB	湖南宏宝安全设备有限公司
093961	B 级移动金库房	YDJK(B)－20－15－10－HB	湖南宏宝安全设备有限公司
093962	A 级不锈钢金库门	JKM(A)－1020－HB	湖南宏宝安全设备有限公司
093982	通道锁	V80	骏玮达科技(深圳)有限公司
093983	防弹复合玻璃	F79C－33 型	沈阳耀华安全玻璃有限公司
093984	ATM 智能防护亭	YCH－L	河南银峰金融设备有限公司
093987	防尾随联动互锁安全门	FWAL－SY(II)	沈阳晟耀建材科技有限公司
093988	防弹玻璃	F79C－Z6－YH 型	秦皇岛市海港区跃华工业技术玻璃厂
093989	防弹玻璃	F79C－27	秦皇岛市恒焱玻璃有限公司

报告编号	产品名称	产品型号	受检单位
093990	防弹玻璃	F79B－32QHDAJ 型	秦皇岛市奥晶玻璃制品有限公司
093991	防弹玻璃	F79C－34QHDAJ 型	秦皇岛市奥晶玻璃制品有限公司
093994	防弹复合玻璃	F79C－28－LTIII	武汉市力天玻璃有限责任公司
093996	防弹玻璃	F54－M－J 型	烟台市永德安全玻璃有限公司
093997	防弹复合玻璃	F79B－26 型	烟台市永德安全玻璃有限公司
0931001	防弹玻璃	F79B－18－HARDII	浙江美盾防护技术有限公司
0931010	银行用保管箱	BGX－J(D)－1－B600	镇江亨威金融保险机具有限公司
0931011	防弹复合玻璃	F79－L－J	沈阳首佳通用玻璃有限公司
0931013	豪华不锈钢金库门	JKM－(3)－2025	镇江亨威金融保险机具有限公司
0931018	应急门	YJKM3－0505、YJKM3－0606 型	台山平安五金制品有限公司
0931022	浙威牌提款箱	TKX－SA－2W8－60 型	浙江威特银行设备有限公司
0931022	浙威牌提款箱	TKX－SA－2W8－80 型	浙江威特银行设备有限公司
0931022	浙威牌提款箱	TKX－SA－2W8－100 型	浙江威特银行设备有限公司
0931022	浙威牌提款箱	TKX－SA－2W8－160 型	浙江威特银行设备有限公司
0931022	浙威牌提款箱	TKX－SA－2W8－180 型	浙江威特银行设备有限公司
0931022	浙威牌提款箱	TKX－SA－2W8－200 型	浙江威特银行设备有限公司
0931022	浙威牌提款箱	TKX－SA－2W8－240 型	浙江威特银行设备有限公司
0931022	浙威牌提款箱	TKX－SA－2W8－320 型	浙江威特银行设备有限公司
0931023	浙威牌提款箱	TKX－SB－2W8－B－80 型	浙江威特银行设备有限公司
0931023	浙威牌提款箱	TKX－SB－2W8－B－200 型	浙江威特银行设备有限公司
0931029	防弹复合玻璃	F79C－26－SF	吉林省赛飞玻璃有限公司
0931030	防弹复合玻璃	F79C－30－SF	吉林省赛飞玻璃有限公司
0931044	防弹复合玻璃	F79C－26－I	新疆多汇玻璃技术有限公司
0931057	防弹复合玻璃	F54B－24	济南市天桥区蓝盾安防器材厂
0931058	防弹复合玻璃	F79B－30－LD	济南市天桥区蓝盾安防器材厂
0931063	防弹玻璃	F79B－25－BZII 型	呼和浩特市标志防弹玻璃厂
0931088	嘉盛牌防盗门锁	FDS－A－JS－9001 型	浙江泰安休闲家具有限公司
0931091	防弹复合玻璃	F79C－29－HF	武汉市宏发特种玻璃有限公司

2.1.2 委托检验

1. 电子产品

报告编号	产品名称	产品型号	受检单位
091003	摄像机	TOTA－230PLN	北京金蓝川科技发展有限公司
091007	服务器	PVG SERVER	北京东方网力科技有限公司
091008	一体化高速球	ASC－PD68C	上海亚控电子科技有限公司
091014	数字手持对讲机	NPT－800	优能通信科技（杭州）有限公司
091015	集群手持对讲机	NPT－300	优能通信科技（杭州）有限公司
091016	集群系统	BK1000	四川维德通信技术有限公司
091017	集群信道机	BK200	四川维德通信技术有限公司
091018	现场取证机	ZY－6448	济南致业电子有限公司

报告编号	产品名称	产品型号	受检单位
091019	网络视频编解码器	AV600E/D	广州市伟昊科技电子有限公司
091032	X 射线安全检查仪	Rapiscan 618 XR 型	北京瑞源文德科技有限公司
091034	闯红灯自动记录系统	TJ – EPC – HVL	浙江银江电子股份有限公司
091035	闯红灯自动记录系统	TJ – EPC – HVL	辽宁天久信息科技产业有限公司
091036	公路车辆智能监测记录系统	TJ – OS – HDL	浙江银江电子股份有限公司
091037	公路车辆智能监测记录系统	TJ – OS – HDL	辽宁天久信息科技产业有限公司
091044	新中新第二代居民身份证阅读器	DKQ – 716D	哈尔滨新中新电子股份有限公司
091051	警报器	CJB – 300B	星际控股集团有限公司
091052	警示灯	TBD305121、TBD305123	星际控股集团有限公司
091053	警示灯	TBD295121、TBD295124	星际控股集团有限公司
091054	太可传感电缆周界警戒系统	TKICO – SPS	北京华铁安泰新技术有限公司
091056	X 射线检查系统	CX150180SI 型	同方威视技术股份有限公司
091057	网络视频服务器	GTVS3024	北京国通创安报警网络技术有限公司
091063	电子警察闯红灯自动检测系统	EP – 08CR	北京泰恒视讯科技发展有限公司
091064	台式多功能居民身份证阅读终端	FDX – 7	华旭金卡股份有限公司
091065	指纹锁	AJ1041 – 12（尼龙镍）	广东雅洁五金有限公司
091066	镜头	FG2009ZD005	福建福光数码科技有限公司
091067	镜头	FG2009ZD004	福建福光数码科技有限公司
091068	镜头	FG2009SD003	福建福光数码科技有限公司
091069	镜头	FG2009SD002	福建福光数码科技有限公司
091070	镜头	FG2009SD001	福建福光数码科技有限公司
091072	ATM（自动柜员机	KT1688 – K2（08）	广州御银科技股份有限公司
091073	ATM 自动柜员机	KT1688 – K1（08）	广州御银科技股份有限公司
091074	ATM 自动柜员机	KT1688 – A4（08）	广州御银科技股份有限公司
091075	ATM 自动柜员机	KT1688 – A5（08）	广州御银科技股份有限公司
091083	彩色/黑白转换半球摄像机	VCC – 9632PC ×3	深圳市新望明洋电子技术有限公司
091084	彩色/黑白转换宽动态摄像机	VCC – WD8858PC	深圳市新望明洋电子技术有限公司
091085	智能视频分析服务器	BST – ISV1101S	北京博思廷科技有限公司
091091	红外灯	UN – HW100	北京优耐士科技有限公司
091093	集群手机	TC – 790M	深圳市好易通科技有限公司
091102	矩阵切换器	VIDEO – 3232	株洲华通科技有限责任公司
091103	硬盘录像机	KT4616 – AF – DVR – II – B/16 – 16	鲲通（北京）科技发展有限公司
091106	摄像机	YCH – 780	希比希（上海）贸易有限公司
091112	入侵探测器（微电脑语音报警器）	KX – XSM – A	张家港市火王电器有限公司
091114	电子警察闯红灯自动检测系统	EP – 08CRO	新乡市通达交通科技有限责任公司
091115	单兵无线视频监控器	EC – 311T	颐信科技有限公司
091116	单兵无线视频监控器	EC – 411T	颐信科技有限公司
091119	闯红灯自动记录系统	GLT CHD006	河南国路通科技有限公司
091120	光端机	YAOEX – DFS/DVS – XXXX	上海尧观通讯科技有限公司
091124	X 射线安全检查设备	AT10080	深圳市天和时代电子设备有限公司

报告编号	产品名称	产品型号	受检单位
091125	X 射线安全检查设备	AT8065	深圳市天和时代电子设备有限公司
091126	X 射线安全检查设备	AT6550	深圳市天和时代电子设备有限公司
091127	X 射线安全检查设备	SMS－8065	东莞市守门神电子科技有限公司
091128	X 射线安全检查设备	SMS－10080	东莞市守门神电子科技有限公司
091129	X 射线安全检查设备	SMS－65500	东莞市守门神电子科技有限公司
091130	“小护士”桌面一体化安全检查设备	SMS－5030	东莞市守门神电子科技有限公司
091135	彩色宽动态型摄像机	HNH－602CC	北京佳星之光科技有限公司
091136	1/3" CCD 摄象机	H. H－210C	北京佳星之光科技有限公司
091137	背包式移动视频监控设备	YL－43/yl－62R 型	北京永利创新科技有限公司
091138	多功能远程安防监控装置	DG－A 型	辽宁省大连电业公安处
091140	红外摄像机	AP－800R100	北京文豪永联科贸有限公司
091141	日夜转换一体化高速球型摄像机	AP－86CBRW－26	北京文豪永联科贸有限公司
091142	27 倍智能网络中速球型摄像机	LPT－DW113	上海乐金广电电子有限公司
091143	27 倍智能网络中速球型摄像机	LPT－DW113	上海乐金广电电子有限公司
091144	光纤入侵探测系统	Fiber Optic Intrusion Detection System	北京嘉盛达科技发展有限公司
091145	硬盘复制机	talon	公安部第一研究所信息安全技术事业部
091146	Bridge T35e 写保护设备	Tableau SATA/IDE	公安部第一研究所信息安全技术事业部
091147	MP3200 系列视频矩阵	ADMPR	泰科消防保安（天津）有限公司
091148	Speed Dome Ultra 8 快速球型摄像机	ADSDU8350PCP	泰科消防保安（天津）有限公司
091149	“天网”全天候现场记录仪	TWJLY－I	河南威达威警用设备有限公司
091150	GXMobile 移动多媒体传输设备		北京国信软科联盟技术有限公司
091151	多业务全交叉网络平台	N3100	深圳英飞拓科技股份有限公司
091152	西屋门禁控制系统		北京东仁思创科技发展有限公司
091157	微型彩色摄像机	SC－2801PB	深圳市诺安基电子科技有限公司
091158	专业液晶监视器	SMT－3211P/CHN、SMT－4011P/CHN	天津三星电子有限公司
091159	人脸识别门禁机	F710	汉王科技股份有限公司
091161	硬盘录像机	TOTO－1016A－AF－DVR－Ⅱ－B/16－16	北京金蓝川科技发展有限公司
091163	数字视频光端机	GW－DV10000－4V/1D	郑州光为视讯通信设备有限公司
091164	CCD 摄像机	WAT－231S、WAT－902H	贵州省电子产品监督检验所
091165	ZC 系列数字非压缩光端机	ZC110	上海庄诚电子技术有限公司
091166	机动车雷达监测系统	HYITS－LD	湖北华友数字科技有限公司
091167	机动车闯红灯高清晰监测记录系统	HYITS－CG	湖北华友数字科技有限公司
091170	PORTX 系列紫方便携式 X 射线检查仪	4060	北京紫方启研科技有限公司
091171	摄像机	TOTA－570DN、TOTA－570DN3	北京金蓝川科技发展有限公司
091172	智能视觉服务器	TC－SCA.	北京华力兴科技发展有限责任公司
091173	自动光圈手动变焦镜头	13VG2811ASIR	腾龙光学（上海）有限公司
091174	自动光圈手动变焦镜头	12VG412ASIR	腾龙光学（上海）有限公司
091175	自动光圈手动变焦镜头	13VG1040ASIR	腾龙光学（上海）有限公司
091176	手动光圈手动变焦镜头	13VM550ASⅡ	腾龙光学（上海）有限公司
091177	自动光圈手动变焦镜头	13VG550ASⅡ	腾龙光学（上海）有限公司

报告编号	产品名称	产品型号	受检单位
091178	手动光圈手动变焦镜头	13VM2812ASⅡ	腾龙光学（上海）有限公司
091179	自动光圈手动变焦镜头	13VG2812ASⅡ	腾龙光学（上海）有限公司
091180	手动光圈定焦镜头	13FM22IR	腾龙光学（上海）有限公司
091181	自动光圈定焦镜头	13FG22IR	腾龙光学（上海）有限公司
091182	手动光圈手动变焦镜头	13VM308AS	腾龙光学（上海）有限公司
091183	自动光圈手动变焦镜头	13VG308AS	腾龙光学（上海）有限公司
091184	脉冲式电子围栏报警控制器	G. M. －ESB275 型	北京佳益同创科贸有限公司
091188	日夜型红外一体机	YS－C11	莱阳市科盾通信设备有限责任公司
091189	数字视频光端机	HT－8001S	北京恒信科通科技有限公司
091190	数字视频光端机	CVDT/R1604011S－D	北京兆维光通信技术有限公司
091191	X 射线检查系统	CX5030T 型	同方威视技术股份有限公司
091192	百万像素网络拍照摄像一体机	NDC560	北京同业兴创控制技术有限公司
091193	指纹防盗锁	MR22	中山市铁神锁业有限公司
091194	电子防盗锁	MR29	中山市铁神锁业有限公司
091204	微剂量 X 射线安全检查设备	EISCAN－10080	上海易德维尔图像技术有限公司
091205	微剂量 X 射线安全检查设备	EISCAN－8065	上海易德维尔图像技术有限公司
091206	微剂量 X 射线安全检查设备	EISCAN－6550	上海易德维尔图像技术有限公司
091207	微剂量 X 射线安全检查设备	EISCAN－5030	上海易德维尔图像技术有限公司
091208	视频光端机	BTS－A	北京比特瑞旺电脑有限公司
091209	治安卡口测速系统	ASCCZE－004	天通计算机应用技术中心
091210	闯红灯自动记录系统	HT－CHD－GQ	天通计算机应用技术中心
091217	红外一体化摄像机	JHY－3024IR	四川汇源光通信股份有限公司
091224	GPS 卫星定位监控终端	NAV3000/b	北京合众九州科技发展有限公司
091225	高清晰网络摄像机	NVC500	北京同业兴创控制技术有限公司
091226	超级宽动态日夜摄像机	SN－586C、SN－587C	深圳市景阳数码技术有限公司
091228	专业液晶监视器	SMT－3211P/CHN、SMT－4011P/CHN	天津三星电子有限公司
091229	无线移动音视频传输系统	TIM2008	成都时代星光科技有限公司
091231	优先申请接入仪	PAC－I	北京四通智能交通系统集成有限公司
091257	圣佳半球型摄像机	SAG－118CTB	深圳市圣佳信电子科技有限公司
091258	圣佳红外防水摄像机	SAG－650CH	深圳市圣佳信电子科技有限公司
091265	电力设备防盗报警装置	ADF	常州市安诺电器有限公司
091271	无人值守防盗系统	EL－01	北京目光科技有限公司
091276	数字化尾箱及金库管理系统	KY－9	云南凯银科技有限公司
091278	数字光端机	BT－8V1DFT/R	深圳市百通伟业科技有限公司
091279	电子警察	YC－ITS	北京远程京华网络科技有限公司
091282	汽车制动系统防盗器	QCFD2－B	开原鸿程运达科技有限公司
091283	圣佳彩色半球摄像机	SAG－3300HP	深圳市圣佳信电子科技有限公司
091284	圣佳枪型摄像机	SAG－30000SH	深圳市圣佳信电子科技有限公司
091285	圣佳红外半球摄像机	SAG－800CH2	深圳市圣佳信电子科技有限公司
091286	视频安防监控数字录像设备	HR－DR3816（8）－3u－AF－DVR－Ⅲ－A/16－8	固纬电子（苏州）有限公司

报告编号	产品名称	产品型号	受检单位
091287	调频手持台	PTX760	摩托罗拉（中国）电子有限公司
091288	调频手持台	PTX760 Plus	摩托罗拉（中国）电子有限公司
091289	调频手持台	GP328	摩托罗拉（中国）电子有限公司
091290	无线数字移动图像传输设备	HMJ300	深圳市慧明捷科技有限公司
091291	居民身份证阅读器	GTP100	成都国腾实业集团有限公司
091296	红外一体化球	DAK－1009	无锡市天明工业电视设备有限公司
091298	VIKOR 彩色低照度半球摄像机	VK－D580、VK－D280	深圳市华安泰智能科技有限公司
091299	VIKOR 高解低照度摄像机	VK－K601PX、VK－K8100X	深圳市华安泰智能科技有限公司
091305	4 寸网络数字高速球	DS－2DF1－402E	杭州海康威视数字技术股份有限公司北京公司
091307	多功能呼援装置	RYBA－168	青岛仁友工贸有限公司
091309	标准功能型庭审 AV 数字终端	TS－701	深圳鼎鑫鸿基实业有限公司
091310	智能车载信息终端	AT 型	北京安凯星通科技发展有限公司
091325	红外半球摄像机	CNB－D5810PVR	喜恩碧电子（深圳）有限公司
091332	ZJMX 模拟矩阵	ZJ64V16	北京中佳天威信息技术有限公司
091333	中佳摄像机	ZJCXXX	北京中佳天威信息技术有限公司
091334	视音频解码器	JYD－DEC9604/4	北京竞业达数码科技有限公司
091336	网络摄像机	ST－NT1102H	金三立视频科技（深圳）有限公司
091337	单兵无线视频监控器	EC－311T	颐信科技有限公司
091338	球型无线视频监控器	EC－411T	颐信科技有限公司
091339	球型无线视频监控器	EC－411T	中国人民武装警察部队指挥学院
091340	单兵无线视频监控器	EC－311T	中国人民武装警察部队指挥学院
091341	无线数字视频应急布控系统		公安部第一研究所特装部
091342	无线数字视频应急回传系统		公安部第一研究所特装部
091343		LH－8802ES	深圳力合视达科技有限公司
091344	无线数字视频应急布控系统		深圳力合视达科技有限公司
091346	红外摄像机	HW－819H	深圳市昱鑫共创科技发展有限公司
091348	网络视频服务器	LC8300	深圳市朗驰欣创科技有限公司
091351	多模对讲机	TC－890GM	深圳市好易通科技有限公司
091357	X 射线安全检查设备	WE－XS5030	上海尉恩安防设备有限公司
091370	EADS 350MHz 手持机	THR880i RC－11	欧洲宇航防务集团安全网络公司
091375	机房综合监控工作站	RZ－3000	北京融智兴华科技有限公司
091376	机房综合监控工作站	RZ－9600C	北京融智兴华科技有限公司
091377	移动智能抓拍系统	MTCP－2000BI	江苏省交通科学研究院股份有限公司
091378	公路车辆智能监测记录系统	DW－KK－B/G	北京金翎联智科技有限公司
091379	闯红灯自动记录系统	UW－CHD－B/G	北京金翎联智科技有限公司
091381	激光夜视仪护罩	Glopro	北京紫晶视讯电子技术有限公司
091386	双能量台式 X 射线安全检查设备	CMEX－T5030	公安部第一研究所安检事业部
091387	双能量台式 X 射线安全检查设备	CMEX－T5031	北京中盾安民分析技术有限公司
091388	彩色半球摄像机	TOTA－2026H	北京金蓝川科技发展有限公司
091404	视频服务器	PVG VS810 型	北京东方网力科技有限公司

报告编号	产品名称	产品型号	受检单位
091405	TDSi 门禁控制器	eXpert ＋eXpander	深圳市众达星电子有限公司
091408	液晶监视器	WV－LC1700/CH	厦门建松电器有限公司
091409	液晶监视器	WV－LC1900/CH	厦门建松电器有限公司
091410	宏喜科电子门锁	H200	优珍贸易（上海）有限公司
091411	宏喜科电子门锁	H1000	优珍贸易（上海）有限公司
091412	金属安检门	PD 6500i	北京燕宇行商贸有限公司
091413	GSM 电力设备防盗报警器	CF－08 型	湖南春风电力科技有限公司
091414	无线视频车载型应急回传系统	LH－8802EC	深圳力合视达科技有限公司
091415	无线视频车载型应急回传系统	LH－8802EC	公安部第一研究所特装部
091416	视频服务器	TSD80	广州奥欣电子科技有限公司
091417	被监管人员数字照片采集系统		深圳市微达安计算机有限公司
091418	红外半球摄像机	CNB－D2815PVR	喜恩碧电子（深圳）有限公司
091419	彩色枪式摄像机	CNB－GA4167PF	喜恩碧电子（深圳）有限公司
091420	彩色枪式摄像机	SR－GP167F	喜恩碧电子（深圳）有限公司
091422	彩色红外摄像机	VS－61＊＊＊、VS－62＊＊＊	厦门冠林保全科技有限公司
091423	彩色摄像机	VS－51＊＊、VS－52＊＊	厦门冠林保全科技有限公司
091424	智能一体化快球	VS－515＊＊＊	厦门冠林保全科技有限公司
091435	X 射线安全检查设备	EI－5030	上海英迈吉东影图像设备有限公司
091436	X 射线安全检查设备	EI－8065	上海英迈吉东影图像设备有限公司
091437	X 射线安全检查设备	EI－6550	上海英迈吉东影图像设备有限公司
091438	车载 SD 卡录像机	DVR－ZD	深圳市东运科技有限公司
091439	多功能现场执法记录仪	ZDA－A	北京中鼎安科技发展有限公司
091443	数字视频光端机	YM－400	杭州伊玛电子有限公司
091449	卡口闯红灯记录系统	VN－11－01－01C	北京维纳斯达科技有限公司
091450	卡口闯红灯记录系统	DY－11－01－01C	山东云锦成智能科技有限公司
091468	可视对讲系统	HTL－IPVD703	北京冠林盈科智能系统集成有限公司
091471	移动视音频监控系统	A07204	北京中盾安全技术开发公司
091478	360 度全景高清网络摄像头	PENTAONE P－360M	北京三一友泰科技有限公司
091479	GPS 车辆防盗反劫报警系统	103	南京金詹网络科技有限公司
091486	数字非压缩光端机	KNX－1～2V－nA（D）	北京蛙视通信技术有限责任公司
091487	数字非压缩光端机	KNX－4～8V－ nA（D）	北京蛙视通信技术有限责任公司
091488	液晶监视器	ML20	TCL 新技术（惠州）有限公司
091492	便携式 X 光检查系统	RTR－3S	北京中泰通科技发展有限公司
091493	便携式 X 光检查系统	RTR－6S	北京中泰通科技发展有限公司
091494	液晶魔方	SUID－500R	北京思创银联科技有限公司
091495	犯罪嫌疑人照片采集系统	1. 1	重庆易联软件有限公司
091507	车载硬盘录像机监控设备	HS－1805	广州市鸿慧电子科技有限公司
091508	访客管理系统	AN－H09N	北京矿博新创科技发展有限公司
091514	被监管人员数字像片采集系统	V5. 0	南京安威德科技有限公司
091518	汽车制动防盗器	HQ－A 型	沈阳航起科技有限公司

报告编号	产品名称	产品型号	受检单位
091522	极影便携式同步录音录像服务器	JY－200	极影电子（北京）有限公司
091523	中视智能高速球型摄像机	MV－65XX	南昌中视科技有限公司
091524	液晶魔方	SUID－500R	北京中盾安全技术开发公司
091525	被监管人员数字照片采集系统		北京新翔维创科技发展有限公司
091533	三可变镜头	SL20700G	北京东方巨融科技开发有限公司
091534	彩色摄像机 巨融	TK－C1480	北京东方巨融科技开发有限公司
091538	巨融数字重载云台	SYA－309	北京东方巨融科技开发有限公司
091540	红外防水型彩色摄像机	T－1001A3	北京朗天鑫川科技有限公司
091541	报警系统网络扩展模块	NAL	北京迈特安技术发展有限公司
091542	报警打印机	PRN	北京迈特安技术发展有限公司
091543	报警系统天线扩展模块	PM－1000	北京迈特安技术发展有限公司
091544	长排警示灯	CS61201L	青岛金华龙车辆装备技术有限公司
091545	警示灯	CSVA－L120	青岛金华龙车辆装备技术有限公司
091546	高清晰网络摄像机	NVC300－C	北京同业兴创控制技术有限公司
091547	证件识读仪	IDR－A5	深圳鼎识科技有限公司
091548	彩色红外摄像机	DV－817H/DV－849	深圳市迪威乐科技有限公司
091549	一体化摄像机	DV－YT39	深圳市迪威乐科技有限公司
091550	彩色枪式摄像机	CNB－GA4862PF	喜恩碧电子（深圳）有限公司
091551	彩色枪式摄像机	CNB－GA4800PF	喜恩碧电子（深圳）有限公司
091552	彩色枪式摄像机	SR－GP862F	喜恩碧电子（深圳）有限公司
091553	驾驶员科目二考试系统		西安优盾电子技术应用有限公司
091554	机动车测试仪	ZTCSL	北京中联通达科技发展有限公司
091555	高清闯红灯自动记录系统	BKC－1V 型	北京博瑞凯诚科技发展有限公司
091556	高清车辆智能监测记录系统	BKC－V	北京博瑞凯诚科技发展有限公司
091557	便携式安全检查设备		北京中盾安民分析技术有限公司
091558	平板式高性能便携式 X 安检设备	FP4030、FP2520	公安部第一研究所安检事业部
091559	无线通讯信号屏蔽干扰器	WB411G/II	北京洪威金铃铛科技发展有限公司
091560	高清晰多功能现场执法记录仪	DV－PVR0001	深圳市迪威泰实业有限公司
091561	便携式防爆频率干扰仪	MBB－200B	浙江嘉科电子有限公司
091566	交通综合监测系统	DRS－ZHJC－001	德瑞视（北京）科技发展有限公司
091567	交通综合监测系统	DRS－ZHJC－001	德瑞视（北京）科技发展有限公司
091568	中科金盾牌红外防水摄像机	JD－836CH	龙江金盾安防产品经营中心
091569	常规联网器	GSM/CDMA	北京市万格数码通讯科技有限公司
091574	四创电子警察卡口	STKK2000	北京四创安通科技有限公司
091578	门禁系统	Centaur	欣迪威安全系统（昆山）商贸有限公司
091582	智能内保安访系统		北京歌华多媒体数据有限公司
091583	高清闯红灯自动记录系统	BKC－IV	北京博瑞凯诚科技发展有限公司
091584	多视角爆炸物自动探测设备	FDS－MV10080	北京中盾安民分析技术有限公司
091585	多视角爆炸物自动探测设备	FDS－MV10080	公安部第一研究所
091586	半球型摄像机	DIS－309CD	江苏省质量技术监督局

报告编号	产品名称	产品型号	受检单位
091587	一体化高速球型摄像机	WCS7000	重庆秉能电子有限公司
091589	先锋数字电子警察系统	SYXF－V4．0	沈阳广信先锋交通高技术有限公司
091592	基于智能终端平台的无线遥控系统	版本号：V1．00	公安部第一研究所技侦部
091593	无线监控车载终端	SED－CZ11	深圳桑达电子设备有限公司
091595	汽车制动防盗器	XQCFD－A	铁岭乾成汽车防盗研制科技有限公司
091603	彩色摄像机	ST－CC4037	金三立视频科技（深圳）有限公司
091604	彩色摄像机	ST－CC4038	金三立视频科技（深圳）有限公司
091605	彩色摄像机	ST－CC4039	金三立视频科技（深圳）有限公司
091606	彩色摄像机	ST－CC4040	金三立视频科技（深圳）有限公司
091607	彩色摄像机	ST－CC4041	金三立视频科技（深圳）有限公司
091608	信号优先系统车载及路口控制模块	BRT－DBU－RSU	北京尚易德科技有限公司
091609	信号优先系统车载及路口控制模块	MBRT－DBU－RSU	济南京翔智能交通系统有限公司
091610	智能停车管理系统		北京紫光百合科技有限公司
091614	第二代居民身份证阅读器	CVR－300T	深圳华视电子读写设备有限公司
091623	红外一体化摄像机	CV－63H	广州市达坤电子科技有限公司
091624	高速球型摄像机	CV－869/2L	广州市达坤电子科技有限公司
091625	半球摄像机	SSC－3000/3121/3723A	深圳市视霸安保科技有限公司
091626	智能高速球型摄像机	SSD－1000	深圳市视霸安保科技有限公司
091627	彩色转黑白一体化摄像机	SSC－7000、SSC－9000	深圳市视霸安保科技有限公司
091628	彩色转黑白摄像机	SSC－4000	深圳市视霸安保科技有限公司
091629	彩色转黑白一体化摄像机	SSC－8000	深圳市视霸安保科技有限公司
091630	智能恒速球型摄像机	SSD－2000	深圳市视霸安保科技有限公司
091639	网络视频服务器	SN－N	北京松恩科技有限公司
091640	智能高速球	SN－G	北京松恩科技有限公司
091642	矩阵	YT－JZ10000	北京华森京安新科技有限公司
091643	红外夜视智能球型摄像机	YT－HWQ－90000	北京华森京安新科技有限公司
091644	光端机	YT－GDJ80000	北京华森京安新科技有限公司
091647	光纤微振动传感报警系统	FSAS－V	北京菲斯罗克仪器科技有限公司
091657	视频光端机	CY－9808V1D1E1A	武汉共创技源科技有限公司
091663	一体化机房环境监控主机	EMS－2000	厦门尚为科技有限公司
091668	便携式X射线检查系统	PX1510	同方威视技术股份有限公司
091669	数字彩色摄像机	SCC－C6433P/CHN	天津三星电子有限公司
091670	GC系列数字视频光端机	OCT（R）4010－S	保定天河电子技术有限公司
091671	车载式交通导向装置	PPC6026－L8	北京华安智泰科技有限公司
091677	彩色/黑白一体化摄像机	FCB－CX490	北京西威讯视频科技有限公司
091678	超速自动监测器	BKOVDS－RS01	博隆建亚科技（北京）有限公司
091679	激光器	NW－L－D001	安徽容知日新信息技术有限公司
091683	视音频编解码器		青岛高敏视电子有限公司
091684	AXB3系列变焦距针孔镜头	AXB3A、AXB3B	技侦部
091685	XZX500系列工业数字摄像机	XZX500	哈尔滨新中新电子股份有限公司

报告编号	产品名称	产品型号	受检单位
091686	机动车场地驾驶技能考试系统	HK－LK10x	郑州加滋杰车检设备有限公司
091687	机动车场地驾驶技能考试系统	HK－LK10x	合肥华科电子技术研究所
091689	网络视频服务器	GTVS3022	北京国通创安技术有限公司
091690	综合业务数字非压缩视频光端机	JSDT/R－8V1D－XX	北京金源光通信技术有限公司
091691	全球鹰多功能现场执法记录仪	SDV100	TCL 数码科技（深圳）有限责任公司
091692	数码鹰多功能现场执法记录仪	SDV101－S	TCL 数码科技（深圳）有限责任公司
091693	数码鹰多功能现场执法记录仪	SDV102	TCL 数码科技（深圳）有限责任公司
091696	电子门锁	FTG－1100	大和汽车配件（大仓）有限公司
091704	彩色变焦一体机摄像机	15－CZ40M	上海科保电子有限公司
091705	彩色/黑白室外红外摄像机	15－C026I	上海科保电子有限公司
091706	高清针孔摄像机	SN－494CN	深圳市景阳数码技术有限公司
091707	宽动态针孔摄像机	SN－MNC1700	深圳市景阳数码技术有限公司
091713	干扰仪	B－12	北京中泰通科技发展有限公司
091714	干扰仪	P－29L	北京中泰通科技发展有限公司
091715	X 射线安全检查设备	IT10080	北京中泰通科技发展有限公司
091716	X 射线安全检查设备	IT8065	北京中泰通科技发展有限公司
091717	X 射线安全检查设备	IT6550	北京中泰通科技发展有限公司
091718	X 射线安全检查设备	IT5030	北京中泰通科技发展有限公司
091719	X 射线安全检查设备	ZK10080	中康伟业南京科技发展有限公司
091720	X 射线安全检查设备	ZK8065	中康伟业南京科技发展有限公司
091721	X 射线安全检查设备	ZK6550	中康伟业南京科技发展有限公司
091722	X 射线安全检查设备	ZK5030	中康伟业南京科技发展有限公司
091741	网络一体化摄像机	VCC－ZMN600P	三洋电机国际贸易有限公司
091742	网络球型摄像机	VCC－PN95－75P	三洋电机国际贸易有限公司
091743	无线视频服务器	TVS3200TE	北京泰亚东方通信设备有限公司
091745	红外防水网络摄像机	SN－IPR54	深圳市景阳科技股份有限公司
091746	光纤周界防护系统	BYO－FF	北京北邮国安宽带网络技术有限公司
091752	宽动态彩色针孔摄象机	TOTA－H228PL	北京银河伟业数字技术有限公司
091754	门禁控制系统	Cardax FT3000	广州市瑞立德信息系统有限公司
091755	电子警察闯红灯抓拍系统	SD－710	北京神讯信息科技有限公司
091756	捷信视频服务器	VCS－2021	北京捷信创见通讯技术有限公司
091761	高清网络摄象机	SNC－M200A	天津三星电子有限公司
091762	一体化球型网络摄象机	SNC－C7478P	天津三星电子有限公司
091763	XZX－HA－N 系列工业数字摄像机	XZX－HA－N	哈尔滨新中新电子股份有限公司
091765	车牌识别器	CRE100－DSP	昆明利普机器视觉工程有限公司
091766	高清枪形摄像机	SNC－CH140	索尼（中国）有限公司
091767	模拟快球摄像机	SSC－SD26P、SSC－SD36P	索尼（中国）有限公司
091768	彩色型枪机	SSC－G723P/728P	索尼（中国）有限公司
091769	彩色日夜型枪机	SSC－G923P、SSC－G928P	索尼（中国）有限公司
091770	彩色型枪机	SSC－G713P、SSC－G718	索尼（中国）有限公司

报告编号	产品名称	产品型号	受检单位
091771	彩色日夜型枪机	SSC－G913P、SSC－G918P	索尼（中国）有限公司
091772	数字视频远程控制器	HX001	北京华夏无限科技有限公司
091776	停车场控制系统	pcu3200	深圳市易蓝斯特电子有限公司
091777	Savia 嵌入式智能视频分析仪	Savia 10xx	北京中星微电子有限公司
091782	HSV－DAI 系列电动变倍镜头	HSV－DAI10－23	重庆市海普软件产业有限公司
091783	GSM 数据终端	MHub828	上海康汇实业发展有限公司
091784	HZX 双 CCD 红外摄像机	HZX－M189	深圳市金诺特电子科技有限公司
091785	高速球型摄像机	HSDN－261PS	霍尼韦尔安防（中国）有限公司
091786	350M 集群对讲机	TC－780M	深圳市好易通科技有限公司
091787	警用对讲机	TC－700 350MHz	深圳市好易通科技有限公司
091788	网络半球摄像机	LVW700P－B	上海乐金广电电子有限公司
091789	网络枪机	LSW903P－B	上海乐金广电电子有限公司
091790	高清网络枪机	LSW911P－B2M	上海乐金广电电子有限公司
091791	高清宽动态型针孔摄像机	YC7200H/W	天津市亚安科技电子有限公司
091794	泄漏感应电缆警戒系统	MIG－100	北京铭普科技发展有限公司
091796	一体化智能快球摄像机	SV90	深圳市星润琦机电技术有限公司
091797	手持终端机	BK－09	威五讯通（北京）科技有限公司
091798	红外半球	YG－0425KW	深圳市圣进尔智能科技有限公司
091799	CCTV 镜头	SSV2812GNB	深圳市超音速电子有限公司
091800	CCTV 镜头	SL10200A/M/P	深圳市超音速电子有限公司
091806	ATM 智能识别远程监控报警系统	ATM AlarmSys	联视电子工程（深圳）有限公司
091807	数字视频光端机	TY－VOPM－8FV－2B5－1FA－1P－1E	北京天翼讯通科技有限公司
091812	虹膜识别仪	IKEMB－0001	北京中科虹霸科技有限公司
091813	手持终端机	XT9201－A	深圳信义科技有限公司
091814	机动车身份自动检测系统	ZL－SFJC	北京市振隆科技发展公司
091820	智能图像处理器	SMTK－0201C－GNL	北京智安邦科技有限公司
091821	智能图像处理器	SMTK－0201H－GNL	北京智安邦科技有限公司
091822	智能图像处理器	SMTK－0201H－GNM	北京智安邦科技有限公司
091823	智能图像处理器	SMTK－0201C－GNM	北京智安邦科技有限公司
091824	GPS 车辆智能管理系统	V4．5．26	深圳市翰盛通讯设备有限公司
091825	GPS－GPRS/GSM 车辆监控服务平台	V5．0	深圳市赛格导航科技股份有限公司
091827	网络视频编解码器	TOTA－301	河北科技咨询服务中心
091828	一体化匀速球型摄像机	TOTA－H180P0NM	河北科技咨询服务中心
091832	车载智能监控终端	HT－VimmT－B750	四川浩特通信有限公司
091833	数字视频光端机	OM610	深圳市欧林克科技有限公司
091837	智能门锁	918/988	江门市科裕智能科技有限公司
091839	模块	NXP P5CD072 COS2．0－XOA－2E	公安部第一研究所科研处电子护照芯片 COS 组
091848	警示灯	LTG392	星际控股集团有限公司
091849	警示灯	LTE252	星际控股集团有限公司
091850	显示屏	CJXP12－04D	星际控股集团有限公司

报告编号	产品名称	产品型号	受检单位
091851	长排警示灯	TBD184121G	星际控股集团有限公司
091852	长排警示灯	TBD267121	星际控股集团有限公司
091853	长排警示灯	TBD154121	星际控股集团有限公司
091854	长排警示灯	TBD055121	星际控股集团有限公司
091857	便携式同步录音录像审讯系统	MVB－103FA/PIP	杭州海威软件有限公司
091864	读写器	Bu－900G	北京蓝卡软件技术有限公司
091865	读写器	BG－240	北京蓝卡软件技术有限公司
091866	读写器	BG－245	北京蓝卡软件技术有限公司
091870	证件数码扫描、打印一体机	SSD 型	山东天启科贸有限公司
091871	证件采集仪（GPRS 传输方式）	TC130G	杭州中天软件有限公司
091872	证件采集仪（GPRS 传输方式）	TC130G	北京天创成业科技发展有限公司
091876	现场执法音像记录仪	HawkeyeA－1	北京欣特锐盾技术发展有限公司
091877	半球摄像机	VCC－501B	深圳市禾立佳实业有限公司
091880	X 射线安检设备	CMEX－T8065	公安部第一研究所
091882	XZX－X 系列室外防护罩	XZXF－01	哈尔滨新中新电子股份有限公司
091884	数字视频光端机	ZSDDT/R16SA1FD－2S	深圳市宙斯盾科技有限公司
091885	D－tron 镜头	PH16X8 RGE PZF	上海温网数码科技有限公司
091886	银安通	JWZD－800	内蒙古银安科技开发有限责任公司
091887	台式居民身份证阅读终端	JWZD－800A	内蒙古银安科技开发有限责任公司
091901	百万像素网络拍照摄像一体机	NDC350	北京同业兴创控制技术有限公司
091902	百万像素网络拍照摄像一体机	NDC360	北京同业兴创控制技术有限公司
091903	长排警示灯	TBD－GA－6208	北京瑞德福安安防器材有限公司
091904	警报器主机	TB－757－4S、TB757－4S	北京瑞德福安安防器材有限公司
091905	集群系统	QH－1327	深圳市好易通科技有限公司
091906	长排警示灯	TBD－GA－8206	北京瑞德福安安防器材有限公司
091907	犯罪嫌疑人员数字像片采集系统	V1．0	贵州纬度科技发展有限公司
091908	GSM 收发器模块	TC35－TR	深圳市华际电子系统有限公司
091909	车用电子警报器	CJB－10094A	浙江华安安全设备有限公司
091910	长排警示灯	TBD－GA－144932	浙江华安安全设备有限公司
091911	长排警示灯	TBD－GA－210003	浙江华安安全设备有限公司
091917	安全闪存盘	II 型	公安部第一研究所信息安全技术事业部
091918	防尾随互锁联动门系统	FLAM－JXHS 型	太原市警鹰保险柜制造有限公司
091919	视频检测治安卡口/测速记录系统		北京东方红海科技发展有限公司
091920	智能全视频检测治安卡口记录系统	DFHHGQXT	北京东方红海科技发展有限公司
091923	门禁管理系统	Net2	北京恒顺维远科技有限公司
091927	手持式身份证核验终端	TCR－500	北京中盾安全技术有限公司
091928	手持式身份证核验终端	TCR－500	公安部第一研究所
091931	红外一体化摄像机	YS50MS	北京恒源科昊科技有限公司
091934	金属安检门	PD 6500i	北京国博安全防范技术咨询服务有限责任公司
091938	彩色半球摄像机	DC28105－12	腾龙光学（佛山）有限公司

报告编号	产品名称	产品型号	受检单位
091942	智能图像处理器	MT－1000	北京牧田科技有限责任公司
091943	红外高速云台摄像机	SSD－1130IR	深圳市视霸安保科技有限公司
091944	网络高清摄像机	SSD－472OP	深圳市视霸安保科技有限公司
091945	网络高清摄像机	SSD－408OP	深圳市视霸安保科技有限公司
091946	手持式金属探测器	TX－1001B 型	江苏无畏警用器材制造有限公司
091953	汉荣行业应用	PDA HR－638	北京旋极汉荣嵌入式技术有限公司
091954	被监管人员数字像片采集系统	ORIENT KSSN 1．0	湖北东方信息技术有限公司
091955	执法记录仪	ZY－500	深圳中盈创展科技有限公司
091958	网络解码器	SSC－JM01	深圳市视霸安保科技有限公司
091959	微 G 无线中继台	SHM－03 型	北京远程通华自动化设备有限公司
0911001	矩阵切换设备	RE8000	北京睿智升华科技发展有限公司
0911002	彩色摄像机	CD－928P	北京睿智升华科技发展有限公司
0911003	智能变速球型摄像机	CDS－928P	北京睿智升华科技发展有限公司
0911004	红外线摄像机	CIR－928P	北京睿智升华科技发展有限公司
0911005	液晶监视器	ML46（X）、ML46F（X）、ML46D（X）	TCL 新技术（惠州）有限公司
0911008	高线数红外防水摄像机	ST－300	杭州瑞想视讯科技有限公司
0911011	网络视频服务器	zvs－2000	北京众大永泰科技有限公司
0911012	通过式金属探测门	TS1260	北京中盾安全技术开发公司经营部
0911015	犯罪嫌疑人员数字像片采集系统	V1．0	北京富星创业科技发展有限公司
0911017	城市监控报警联网系统代理服务器	GTVM3111	北京国通创安信息技术有限公司
0911018	美国天体物理通道式 X 光机	AP5335 型	美阳（天津）国际贸易有限公司
0911020	集群信道机	BK200	四川维德通信技术有限公司
0911021	集群系统	BK1000	四川维德通信技术有限公司
0911022	模块	NXP P5CD072 COS2．0－XOA－2E	公安部第一研究所科研处电子护照芯片 COS 组
0911025	中视摄像机	MV－61XX62XX63XX	南昌中视科技有限公司
0911027	四路视频一路反向控制数字光端机	ONVDT/R4VID－S	深圳市光网视科技有限公司
0911035	彩色半球型摄像机	Dis－309CD	常州市世轩科技发展有限公司
0911047	车载硬盘录像机	STM－X－AF－DVR－II－B/4－4	深圳市锐明视讯技术有限公司
0911048	ST 系列网络视频服务器	STDVS－01	北京四通智能建筑系统集成工程有限公司
0911049	YX－OSD 系列视频叠加器	YX－OSD－A4	北京银星云源科技有限公司
0911062	网络视频编码器	ZD5101HS	公安部一所安防与警用信息集成技术事业部
0911063	无线遥控电子脚铐（扣）	FZYJ－II	福州英洁电子器材有限公司
0911064	彩转黑摄像机	KA6720－3H	深圳市科安信实业有限公司
0911067	DS 型 IC 卡电子门锁	9800XG	南京东屋电气有限公司
0911075	竖式电子密码锁	GB2802	北京澳玛特家具有限公司
0911076	激光一体化智能夜视仪	SHR－VLV 型	山东神戎电子股份有限公司
0911077	变焦红外热成像仪	SHR－IR	山东神戎电子股份有限公司
0911078	一体化智能激光夜视仪	LQ－V300	任丘市华北石油新源技术开发有限公司
0911079	智能防尾随互锁控制系统	FLAM－IC－DX	广州迭喜安全防范技术有限公司
0911080	半球型摄像机	AD1462	深圳英飞拓科技股份有限公司

报告编号	产品名称	产品型号	受检单位
0911081	矩阵切换控制系统	AD2030NX	深圳英飞拓科技股份有限公司
0911082	音视频存储器	AD3011	深圳英飞拓科技股份有限公司
0911085	警用无线发射干扰仪	XT－50WGB	北京欣特锐盾技术发展有限公司
0911087	手持式夜视仪	KD－15	莱阳市科盾通信设备有限责任公司
0911089	公安监管信息拍照及合成系统	V2．48	南京科安电子有限公司
0911096	防盗报警控制器	DS7220V2－CHI	博世（珠海）安保系统有限公司
0911106	硬盘录象机	VS/VS－6408HMF/－AF－DVR－II－A/8－8	中星微电子有限公司
0911108	数字无线可视双向对讲门禁系统	DB－9021	东莞普行电子有限公司
0911109	红外摄像机	GSA－806	广州昊烨安防科技有限公司
0911110	红外半球摄像机	VCD/C－600XPA	上海优睿伯数据信息有限公司
0911111	红外一体化摄像机	SC－3600	北京赛克科技发展有限公司
0911115	VIRI 系列智能图像分析仪	VIRI－3111BD	保定天河电子技术有限公司
0911120	GPS 车载定位通讯终端	YNM 型	北京四通智能交通系统集成有限公司
0911122	日本图丽（Tokina）监控镜头	TM16Z7518GAIPN	上海聚励电子科技有限公司
0911123	X 射线安全检查设备	AT5030	深圳市天和时代电子设备有限公司
0911126	车底安全检查系统	TC－SCAN UVSS－F	北京华力兴科技发展有限责任公司
0911127	百万像素高清晰网络摄像机	Arecont Vision 5105M	北京爱锐康特技术有限公司
0911128	百万像素高清晰网络摄像机	Arecont Vision 3105M	北京爱锐康特技术有限公司
0911130	视频光端机	JX－T/R－1100－S	北京骥翔众达科技有限公司
0911131	百万像素网络摄像机	NVC140	北京同业兴创控制技术有限公司
0911134	警员取证仪	WF－08B 型	广州卫富科技开发有限公司
0911135	U．TRON 手动变倍百万像素镜头	HV1013D	上海温网数码科技有限公司
0911136	机动车场地驾驶技能考试系统	HZ－8090	西安华众电子科技有限公司
0911138	手持式语音对讲/卫星定位终端	H980 型	北京博科星通科技有限公司
0911139	建林自助回单打印系统	JL－20	浙江建林电子电气有限公司
0911140	摄像机	ZC－DW4312PHA	希比希（北京）贸易有限公司
0911141	红外摄像机	PK900－480A1CI	深圳市派迪尔电子有限公司
0911142	HG1000 视频矩阵管理系统	V1．0 HG1000－256×32	北京汉格联控科技有限公司
0911143	彩色一体式摄像机	CA－YT600	北京建自凯科系统工程有限公司
0911144	枪式摄像机	CA－HQ30	北京建自凯科系统工程有限公司
0911146	身份证识读仪	IDR－A4	深圳鼎识科技有限公司
0911148	便携式 X 射线检查系统	PX1510 型	同方威视技术股份有限公司
0911152	JY－400 系列防水摄像机	JY－407A	北京市智鑫安盾科技发展有限公司
0911153	JY－100 系列防水摄像机	JY－118C	北京市智鑫安盾科技发展有限公司
0911157	数字远程电力设施综合预警管理系统	RDT	上海欣影电力科技有限公司
0911160	网络视频服务器	CU－V9001	北京建自凯科系统工程有限公司
0911161	门禁控制系统	CD－D－02B	北京建自凯科系统工程有限公司
0911162	声强探测处理器	GS－AID	深圳市金安通电子有限公司

报告编号	产品名称	产品型号	受检单位
0911163	声强报警音频矩阵控制器	GS－ADD	深圳市金安通电子有限公司
0911164	故障信息监测终端	FIMT	深圳市金安通电子有限公司
0911166	网络存储设备	SMI	北京邦诺存储科技有限公司
0911168	智能门禁控制系统	SCA－6700S	杭州新辰数字设备有限公司
0911170	网络视频解码器	NVD1001	青岛海信网络科技股份有限公司
0911171	网络视频编码器	NVE1001	青岛海信网络科技股份有限公司
0911172	网络视频解码器	NVD2001	青岛海信网络科技股份有限公司
0911173	网络视频编码器	NVE2001	青岛海信网络科技股份有限公司
0911174	网络视频编码器	NVE1002	青岛海信网络科技股份有限公司
0911175	现场执法记录仪	HY－001HD	济南鑫卓越安全电子技术公司深圳分公司
0911183	电子警报器	CJB150BD、CJB150B	星际控股集团有限公司
0911187	摄像机	ZC－WD270PD	希比希（北京）贸易有限公司
0911188	现场执法记录仪	JSL805	深圳市静平电子有限公司
0911189	现场执法记录仪	JSL805	北京三洲新华科技发展有限公司
0911191	身份证双面信息识读器	DSR860	深圳市矽感识别技术公司
0911192	集群对讲机	YD－389	泉州市优盾电子科技有限公司
0911193	数字彩色摄像机	SCC－B5366A/CHN	天津三星电子有限公司
0911194	数字彩色摄像机	SCC－B2035A/CHN、SCC－B2335A/CHN	天津三星电子有限公司
0911195	数字彩色摄像机	SCC－B2031A/CHN、SCC－B2331A/CHN	天津三星电子有限公司
0911196	威视 X 射线检查系统	CX8065T	同方威视技术股份有限公司
0911197	威视 X 射线检查系统	CX8065TI	同方威视技术股份有限公司
0911198	球形摄像机	VS－Qxxxx	中星微电子有限公司
0911201	视频光端机	ZBC－1V1d	深圳市智博通信设备有限公司
0911202	视频光端机	ZBC－4V	深圳市智博通信设备有限公司
0911203	高清网络摄像机	FITS－5000	信诺非凡（北京）科技有限公司
0911204	车载卫星定位器	TS－8600	北京亿丰宏泰数码科技有限公司
0911209	Ecardtek 非接触式电子锁	LCK－OF 型	北京优管科技有限公司
0911212	机动车卡口违法检测和记录系统	ZHST_ 08K	北京仲合晟泰科技有限公司
0911213	闯红灯违法监测和记录系统	ZHST_ 08C	北京仲合晟泰科技有限公司
0911215	视频分配器	STK200	杭州晟汗电子技术有限公司
0911217	电子密码锁 COLO－编号	2801	深圳市东方世邦工程技术有限公司
0911218	指纹密码锁	HS－8800	天津桃园电子有限公司
0911219	刷卡密码锁	HS－7700	天津桃园电子有限公司
0911223	有为 GPS 在线服务系统软件		深圳市有为信息技术发展有限公司
0911225	16 路数字视频光端机	FGT－16V1D	上海汇海数码科技有限公司
0911228	液晶监视器	460UTn	广州市伟昊科技电子有限公司
0911229	隐形墙警戒系统	ALTL－P100	安信合创科技（北京）责任有限公司
0911230	勤务随录机	EC－901	颐信科技有限公司
0911231	无线视频传输服务器	EC－800	颐信科技有限公司
0911232	手持式核素识别仪	RM0100NA/NH	同方威视技术股份有限公司

报告编号	产品名称	产品型号	受检单位
0911233	智能视频分析服务器	HS - IVS1000E	宁波海视智能系统有限公司
0911234	HB1030 系列网络摄像机	HB1030	北京汉邦高科数字技术有限公司
0911235	干扰仪	P - 29L	北京中泰通科技发展有限公司
0911236	干扰仪	B - 12	北京中泰通科技发展有限公司
0911237	中鼎安现场执法记录仪	ZDA - A	北京中鼎安科技发展有限公司
0911238	便携式身份证核验终端	ICR - 200A	公安部第一研究所
0911243	光端机	BVT21011（VNX - 1V - 1P - 1E）	武警贵州总队通信处
0911244	光端机	BVT14011（VNX - 4V - 1D - 1P - 1E - 8K）	武警贵州总队通信处
0911246	枪形摄像机	VS - Cxxxx	中星微电子有限公司
0911247	高清晰半球摄像机	AP - CVD541 - 00	北京文豪永联科贸有限公司
0911248	超宽动态摄像机	AP - CVG541W	北京文豪永联科贸有限公司
0911249	TCL 掌静脉活体生物识别机	palmVEIN	TCL 数码科技（深圳）有限责任公司
0911250	手机信号屏蔽器	AQX	北京千江科技发展有限公司
0911260	智能红外投射器	S - BS	新视（香港）电子有限公司
0911268	录像手电筒	JL - OV7725	深圳市久连电子科技有限公司
0911272	密码感应电子锁	800#	北京长河东元商贸有限公司
0911275	智能视频检测分析设备	ZD6101M1	北京中盾安全技术有限公司
0911277	光缆震动探测报警装置	YX - ZD	南京业祥科技发展有限公司
0911280	电子门锁	RF888	深圳市信合隆机电设备有限公司
0911283	便携单兵	DD - JYDB - 301 - I	长春当代信息产业集团有限公司
0911284	网络高清摄像机	SSC - 4720P	四川艾普视达数码科技有限公司
0911285	智能锁	ZWS300	东莞市坚朗五金制品有限公司
0911288	警务通执法记录仪	PLUSTEK DS - 01	武汉华安科技有限公司
0911289	警务通执法记录仪	YATS SL - 02	北京永安天盛警用装备器材有限公司
0911294	白光摄像机	YT - 903BLCD	北京齐恒源商贸有限公司
0911295	彩转黑红外夜视摄像机·	TS - 8816S	深圳市天宏旭鹰电子有限公司
0911296	网络视频服务器	ZAS200	深圳至安科技有限公司
0911298	保安门	Winglock900	北京宝盾门业技术有限公司
0911299	保安门	Swinglane900	北京宝盾门业技术有限公司
0911300	保安门	Speedlane900	北京宝盾门业技术有限公司
0911301	虹膜识别设备	HA - 6D	北京虹安翔宇信息科技有限公司
0911302	嵌入式人脸识别门禁终端	CE600S	深圳市飞瑞斯科技有限公司
0911303	X 射线检查系统	CX6550B	同方威视技术股份有限公司
0911304	配电监测及预警终端	HT01	北京皓通兴业科技有限公司
0911305	显示屏	CJXP12 - L120	青岛金华龙车辆装备技术有限公司
0911307	缆式感应入侵探测器	MA - S - 01	四川省绵阳市安防科技有限公司
0911308	神飞通道式 X 光安检机	5030	深圳市神飞电子科技有限公司
0911309	神飞通道式 X 光安检机	6550	深圳市神飞电子科技有限公司
0911310	神飞通道式 X 光安检机	10080	深圳市神飞电子科技有限公司
0911311	神飞通道式 X 光安检机	8065	深圳市神飞电子科技有限公司

报告编号	产品名称	产品型号	受检单位
0911312	视频检测系统	MVS－1000	深圳市博康科技发展有限公司
0911318	Bluebird 无线联网手持机	BIP－1300	北京佰能电气技术有限公司
0911319	无线视频车载监控器	EC－800－4D	颐信科技有限公司
0911320	无线视频车载监控器	EC－800－8D	颐信科技有限公司
0911321	彩色半球摄像机	SR－V1310PVD	喜恩碧电子（深圳）有限公司
0911322	彩色半球摄像机	SR－V1310PVF	喜恩碧电子（深圳）有限公司
0911323	手持执法终端	（无线联网警用手持机）BIP－1300	北京首信科技有限公司
0911324	四通高清闯红灯检测系统	SITS－CHD－HR	北京四通智能交通系统集成有限公司
0911325	四通高清闯红灯检测系统	SITS－CHD－SR	北京四通智能交通系统集成有限公司
0911326	面部指纹门禁终端	iFace	北京中控科技发展有限公司
0911327	射频卡门禁多功能一体机	SC103	北京中控科技发展有限公司
0911328	指纹及刷卡多重识别门禁一体机	F2	北京中控科技发展有限公司
0911333	现场执法视频取证仪	BNR806	杭州博雨电子技术有限公司
0911334	高清治安卡口车辆抓拍主机	BJ－KJ01A	广东贝加科技发展有限公司
0911335	高清治安卡口车辆抓拍主机	BJ－KJ01A	广东贝加科技发展有限公司
0911336	高清治安卡口车辆抓拍系统	HW－GK01A	武汉汉三系统工程有限公司
0911338	监控平台	V1．0	深圳市伊爱车安科技开发有限公司
0911342	警用取证仪	JCQZ－110 型	北京五洲君安科技有限公司
0911343	350 兆手台		中国京安进出口公司
0911344	350 兆手台		中国京安进出口公司
0911345	350 兆车载台		中国京安进出口公司
0911346	无线数据终端 22		北京高阳金信信息技术有限公司
0911347	驾驶安全预警仪	SED TT	惠州善领科技有限公司
0911349	液晶监视器	ML－460TM	珠海石头电子有限公司
0911350	ATM 智能防护装置	YB－100/RF	深圳市裕盛和科技有限公司
0911351	长信智能交通监测系统	CX－JTJC	湖南长信信息系统集成有限公司
0911352	无线联网手持机	RT－189（C 网）	北京博瑞巨龙电脑技术有限公司
0911354	指纹门禁分体机	F702	北京中控科技发展有限公司
0911359	无线数据终端（台式）	GPGR CDMA1X	中科软科技股份有限公司
0911371	可信红外热成像摄像机	ZD3110C	公安部一所安防与警用信息集成技术事业部
0911372	文安高清闯红灯自动监控系统	VT－TLVD－HD	北京市文安科技发展有限公司
0911374	多功能高清现场执法仪	TY－110	深圳市视鑫达电子技术有限公司
0911383	X 射线检查系统	CX16580S 型	同方威视技术股份有限公司
0911384	移动警务终端	XT930	北京中科永泰科技有限公司
0911385	智能球型一体化摄像机	EYE－ANA－26XY	北京互信互通信息技术有限公司
0911386	智能球型一体化摄像机	EYE－2AF1－26XY	北京互信互通信息技术有限公司
0911388	红外高速球	HF－DSS6275R	福州市开发区鸿发光电子技术有限公司
0911389	半导体指纹识别仪	GHC366	北京金诚信四方卡识别技术有限公司
0911390	音视频矩阵系统	FMS－5（6）800	信诺非凡（北京）科技有限公司
0911391	网络视频服务器	FNVS－5000	信诺非凡（北京）科技有限公司

报告编号	产品名称	产品型号	受检单位
0911392	X 射线检查系统	CX7555B 型	同方威视技术股份有限公司
0911393	X 射线检查系统	CX100100D 型	同方威视技术股份有限公司
0911394	执法记录仪	ZY－500－1	深圳市中盈创展科技有限公司
0911395	瑞立德（RALID）停车场系统		广州市瑞立德信息系统有限公司
0911396	GPS 智能终端	HK－G05	北京汉森电信有限公司
0911397	身份证阅读器	A08504	公安部第一研究所证件事业部
0911404	镜头	GTAF20	北京国通创安信息技术有限公司
0911405	镜头	GTAF05	北京国通创安信息技术有限公司
0911406	镜头	GTAF01	北京国通创安信息技术有限公司
0911407	智能球型一体化摄像机	EYE－ANA	北京互信互通信息技术股份有限公司
0911408	智能球型一体化摄像机	EYE－2AF1	北京互信互通信息技术股份有限公司
0911409	红外一体化智能快速云台摄像机	TC－3060IR	天津天地伟业数码科技有限公司
0911426	微剂量 X 射线安全检查设备	HI－SCAN 5030si	北京昊海立德科技有限公司
0911428	指纹锁	802	杭州金指码实业有限公司
0911436	光端机	HV－41S/FC20	北京中科嘉和科技发展有限公司
0911437	双翼速通门	Swinglane900	北京宝盾门业技术有限公司
0911447	高清卡口系统	YG－S－12HL	北京阳光世远科技发展有限公司
0911449	磁开关入侵探测器	SPM－0070	西科姆（中国）有限公司
0911450	枪式摄像机	DF3000A－（DN）	北京威迪视安科技有限公司
0911451	网络枪式摄像机	DF3000IP－POE	北京威迪视安科技有限公司
0911452	网络半球摄像机	DDF3000IPV－（DN）	北京威迪视安科技有限公司
0911453	网络云台半球摄像机	DDZ30SM－IP	北京威迪视安科技有限公司
0911454	半球摄像机	DDF3000AV4－DN	北京威迪视安科技有限公司
0911455	数字视频编解码器	VSE2440/VSD2440	北京威迪视安科技有限公司
0911456	数字视频录像机	DMS－AF－DVR－II－A/24－24	北京威迪视安科技有限公司
0911458	恒丰鹰诺高清卡口追逃系统	0802	北京恒丰惠通科技有限公司
0911459	防尾随门控制器	YG－HEGFLAM－01	深圳市亚光银联科技有限公司
0911465	警用台式氙灯多波段光源	SZTS－DBDIA	郑州三洲科贸有限公司
0911466	警用手提式氙灯多波段光源	SZSC－DBDIB	郑州三洲科贸有限公司
0911467	警用手提氙灯多波段光源	SZSC－DBDIB	北京三洲新华科技发展有限公司
0911468	警用台式氙灯多波段光源	SZTS－DBDIA	北京三洲新华科技发展有限公司
0911469	高清相机	QJT－HDC－821	北京弗雷赛普科技发展有限公司
0911471	瑞康 X 射线安全检查仪	55 型	北京瑞源文德科技有限公司
0911472	瑞康 X 射线安全检查仪	62 型	北京瑞源文德科技有限公司
0911473	瑞康通过式金属探测门	760 型	北京瑞源文德科技有限公司
0911474	室外重型变速云台	HPT－5000SE	霍尼韦尔安防（中国）有限公司
0911476	彩色高清晰度摄像机	VCC－458PC	三洋电机国际贸易有限公司
0911477	彩色高清晰度宽动态摄像机	VCC－W938PC	三洋电机国际贸易有限公司
0911478	宽动态红外摄像机	VCC－WD9632PC－IR	三洋电机国际贸易有限公司
0911479	X 射线安全检查设备	TAW6550	深圳市天安伟业电子设备有限公司

报告编号	产品名称	产品型号	受检单位
0911480	X 射线安全检查设备	TAW8065	深圳市天安伟业电子设备有限公司
0911481	X 射线安全检查设备	TAW10080	深圳市天安伟业电子设备有限公司
0911482	X 射线安全检查设备	SMA6550	深圳市思迈奥电子有限公司
0911483	X 射线安全检查设备	SMA8065	深圳市思迈奥电子有限公司
0911484	X 射线安全检查设备	SMA10080	深圳市思迈奥电子有限公司
0911485	X 射线安全检查设备	SMA5030	深圳市思迈奥电子有限公司
0911486	X 射线安全检查设备	TAW5030	深圳市天安伟业电子设备有限公司
0911487	X 射线安全检查设备	GG－5030	广州市克金安防科技有限公司
0911488	X 射线安全检查设备	GG－6550	广州市克金安防科技有限公司
0911489	X 射线安全检查设备	GG－10080	广州市克金安防科技有限公司
0911490	X 射线安全检查设备	WE－XS10080	上海尉恩安防设备有限公司
0911491	X 射线安全检查设备	WE－XS8065	上海尉恩安防设备有限公司
0911492	X 射线安全检查设备	WE－XS6550	上海尉恩安防设备有限公司
0911501	高清彩色视频网络监控摄像机	TS－HD320 型	上海敏速软件技术有限公司
0911502	高清网络摄像机	Jvision－DB500	沈阳聚德视频技术有限公司
0911503	四通高清闯红灯检测系统	SITS－CHD－HR	北京四通智能交通系统集成有限公司
0911504	四通闯红灯检测系统	SITS－CHD－SR	北京四通智能交通系统集成有限公司
0911505	防护罩	H5512H	河北恒辉明慧科技有限公司
0911506	地下声敏传感器	DSG－1	北京世纪之星应用技术研究中心
0911515	巡鹰多功能数码现场执法仪	XD－01	深圳市飞蒙泰克科技有限公司
0911517	无线图像传输设备	Orange	北京欧远致科技有限公司
0911518	无线联网手持机	RT－189（C 网）	北京博瑞巨龙电脑技术有限公司
0911519	点钞机卡号视频字符叠加器	WTC－VC04C	深圳市西物力洋光电技术有限公司
0911521	智能视频服务器	Brt1	中科博瑞特科技发展有限公司
0911522	公路车辆智能监测记录系统	TBS－KKRS－HD	泰尔文特布鲁盾高新技术（北京）有限公司
0911539	现场执法记录仪	CXT－NI	北京长信泰康通信技术有限公司
0911540	报警系统无线传输模块	DNet－2009	深圳索沃特科技有限公司
0911541	画中画点钞机卡号视频字符叠加器	WTC－PIP02	深圳市西物力洋光电技术有限公司
0911542	PLUSTEK 高清摄像表	Iwatch D03C	武汉华安科技有限责任公司
0911543	微剂量 X 射线安全检查设备	SEX5030A	沈阳地泰检测设备有限公司
0911544	微剂量 X 射线安全检查设备	DEX5030A	沈阳地泰检测设备有限公司
0911545	微剂量 X 射线安全检查设备	DEX6550	沈阳地泰检测设备有限公司
0911546	微剂量 X 射线安全检查设备	DEX8065	沈阳地泰检测设备有限公司
0911547	McVics 多媒体手持终端	GTM5100	北京国通创安信息技术有限公司
0911548	McVics 手持终端	GTW360	北京国通创安信息技术有限公司
0911549	McVics 基站	GTBS340	北京国通创安信息技术有限公司
0911550	McVics 背负式视频终端	GTMV3121	北京国通创安信息技术有限公司
0911551	无线视频传输服务器	EC－220	颐信科技有限公司
0911552	智能视频处理器	VT－IVP－660X	北京维得利科技有限公司
0911553	智能视频处理器	VT－IVP－680X	北京维得利科技有限公司

报告编号	产品名称	产品型号	受检单位
0911555	多视角爆炸物自动探测设备	EDS－MV10080	北京中盾安民分析技术有限公司
0911556	多视角爆炸物自动探测设备	EDS－MV10080	公安部第一研究所安检事业部
0911557	X 射线安全检查设备	CMEX－S7880	北京中盾安民分析技术有限公司
0911558	X 射线安全检查设备	CMEX－S7880	公安部第一研究所安检事业部
0911562	一体化摄像机	DR－188MPCX6	深圳市艾立克电子有限公司
0911563	不停车通行停车场管理系统		北京蓝卡软件技术有限公司
0911564	光纤周界安全防护系统		苏州市盛信光纤传感科技有限公司
0911567	同方液晶监视器	LC－47B76	同方股份有限公司
0911568	盖瑞特超级金属探测扫描仪		北京燕宇行商贸有限公司
0911569	现场执法记录仪	ZY－6448A	济南致业电子有限公司
0911570	HS 停车场管理系统	HS2000 型	沈阳恒顺智能科技有限公司
0911572	远程声波控制器	LHWD－500	深圳市陆航纬度科技发展有限公司
0911575	摄像机	DOL－217HB	广州佰鑫网络科技有限公司
0911576	高速球型一体机	DOL－260SY	广州佰鑫网络科技有限公司
0911577	液晶监视器	三星 460UT	广州市伟昊科技电子有限公司
0911578	手提式居民身份证阅读终端	JWZD－900	内蒙古银安科技开发有限责任公司
0911579	移动身份认证终端	JWZD－800D	内蒙古银安科技开发有限责任公司
0911580	移动身份认证终端	JWZD－800B	内蒙古银安科技开发有限责任公司
0911585	SAVIA 嵌入式智能视频分析仪	Savia 10xx	中星电子股份有限公司
0911588	电子巡查	9000	北京兰德华电子技术有限公司
0911589	智能视频综合识别告警服务器	SIAP－SP7000	深圳迪威视讯股份有限公司
0911590	SIAP 图像业务综合应用管理平台	SIAP－SP8000	深圳迪威视讯股份有限公司
0911592	公路车辆智能监测记录系统	SITS－KK	北京四通智能交通系统集成有限公司
0911593	百万像素网络拍照摄像一体机	NDC200	北京同业兴创控制技术有限公司
0911594	单兵发送器	RA－ECM－ZY－II	北京中运人安消防设备有限公司
0911595	数字视频智能分析监控报警系统	SLIVS/CA－3000	北京视佳力科技有限公司
0911597	通过式金属探测门	METOR 300EMD 型	北京瑞源文德科技有限公司
0911602	矩阵主机	WV600－DXY	北京松川艾礼富科技发展有限公司
0911603	彩色摄像机	WV600	北京松川艾礼富科技发展有限公司
0911604	红外摄像机	WV600－468CI	北京松川艾礼富科技发展有限公司
0911605	智能快球	WV600－4/598K－CB	北京松川艾礼富科技发展有限公司
0911606	红外防暴半球摄像机	SSC－3721	深圳市视霸安保科技有限公司
0911608	嵌入式虹膜识别设备	IRISID－5200ET	杭州倪宸生物技术有限公司
0911609	闯红灯自动记录系统	BLJY－CHD02	博隆建亚科技（北京）有限公司
0911610	机动车测速仪	BKOVDS－RS02	博隆建亚科技（北京）有限公司

2. 实体

报告编号	产品名称	产品型号	受检单位
093002	提款箱	TKX－SB－JLRT02 型	北京金利融通科技有限公司
093006	霍曼牌防盗安全门	FAM－A－P－5.0	霍曼（北京）门业有限公司
093006	霍曼牌防盗安全门	FAM－A－P－6.0 型	霍曼（北京）门业有限公司
093007	金星防盗安全门	FAM－A－P－5.0	天津市联创门窗厂
093007	金星防盗安全门	FAM－A－P－6.0 型	天津市联创门窗厂
093008	永和嘉泰防盗安全门	FAM－A－P－5.0	浙江万嘉有限公司
093008	永和嘉泰防盗安全门	FAM－A－P－6.1 型	浙江万嘉有限公司
093009	防弹门	FD－05 型	天津市龙甲门业有限公司
093010	防弹窗	FD－06 型	天津市龙甲门业有限公司
093011	银行现金提款型	TKX－SA－BCⅡ型	佛山市银之友电子科技有限公司
093012	手提探照灯	AD－5600 型	瑞安市奥盾安全器材有限公司
093013	危险品存放库房	FBK（A）－WJ 型	江西万佳保险设备有限公司
093014	钢质进户门	FAM－A－P－5.0 型	北京蓝盾创展门业有限公司
093015	钢质进户门	FAM－A－P－5.1 型	北京蓝盾创展门业有限公司
093016	钢木质入户门	FAM－B－LD/GM1221 型	北京蓝盾创展门业有限公司
093017	钢木质入户门	FAM－D－LD/GM1221 型	北京蓝盾创展门业有限公司
093018	钢质入户门	FAM－D－LD/G1021 型	北京蓝盾创展门业有限公司
093019	钢质入户门	FAM－B－LD/G1021 型	北京蓝盾创展门业有限公司
093020	钢木质入户门	FAM－B－LD/GM1221 型	福建诚安蓝盾门业有限公司
093021	钢木质入户门	FAM－D－CALD/GM1221 型	福建诚安蓝盾门业有限公司
093022	钢木质入户门	FAM－D－CALD/GM1221 型	福建诚安蓝盾门业有限公司
093023	钢质入户门	FAM－D－CALD/G1021 型	福建诚安蓝盾门业有限公司
093024	防刺片	3547－1 型	广州合成材料研究院有限公司
093025	提款箱	TKX－SB－200B 型	北京瑞森融信科技有限公司
093026	防弹复合玻璃	F79C－26－XFX 型	福清市新福兴玻璃有限公司
093027	危险品存放库房	FBK（A）－JD 型	江西金都保险设备有限公司
093028	危险品存放柜	FBG（A）－WJ 型	江西金都保险设备有限公司
093029	玻璃安全膜	12MIL 型	厦门隶元科技发展有限公司
093030	排爆罐	BCF－PBG－1 型	北京诚志北分机电技术有限公司
093031	监室门	JSM－E－GD 型	沈阳卫士防盗门窗有限公司
093032	监室门	JSM－A－GD/D 型	沈阳卫士防盗门窗有限公司
093033	卡得牌防尾随联动互锁安全门		沈阳卫士防盗门窗有限公司
093034	锦特朗牌执手锁	M－8810 型	香港锦特朗五金制品有限公司
093035	防弹运钞车	CSZ5171XYCFM2 型	常熟华东汽车有限公司
093040	迭喜双控防破坏自动报警安全门		广州迭喜安全防范技术有限公司
093041	曼特牌钢质装甲门	FAM－Y－META/G001 型	北京曼特门业有限公司
093042	防弹运钞车	SLX5042XYC 型	上海阿曼特汽车制造有限公司
093049	普通防盗锁	HR－16JHJ 型	浙江丽水市恒润轻工制品有限公司
093050	提款型	TKX－SB－X80/100/120/160 型	北京银翔伟业科技发展有限公司
093050	提款型	TKX－SB－X180/200/240/320 型	北京银翔伟业科技发展有限公司

报告编号	产品名称	产品型号	受检单位
093051	提款型	TKX－SB－Y80/100/120/160 型	河北远翔安防工程有限公司
093051	提款型	TKX－SB－Y180/200/240/320 型	河北远翔安防工程有限公司
093052	提款型	TKX－SB－H80/100/120/160 型	北京豪强宝爵科技有限公司
093052	提款型	TKX－SB－H180/200/240/320 型	北京豪强宝爵科技有限公司
093055	曼特入户防盗门	FAM－A－P－6.1 型	青岛曼森工贸有限公司
093064	排爆球	BCF－PBQ－3000 型	北京诚志北分机电技术有限公司
093065	排爆罐	BCF－PBG－2 型	北京诚志北分机电技术有限公司
093066	排爆罐	BCF－PBG－3 型	北京诚志北分机电技术有限公司
093068	提款箱	TKX－SB－DX160 Ⅱ 型	广州迭喜安全防范技术有限公司
093069	智能提款箱	TKX－SC－DX200B 型	广州迭喜安全防范技术有限公司
093070	机械多点防盗锁	FDS－B－AS6030－F5933－P2 型	广东雅洁五金有限公司
093072	手提探照灯	SM－003 型	河南省威达警用装备有限公司
093073	多功能通道槽	RDT－988 型	深圳市融达通金融设备有限公司
093074	亚固牌执手锁	YG－5820P－78P 型	上海玛伊沙实业发展有限公司
093076	盾堡牌防盗门	FAM－B－DB 型	大厂回族自治县振兴金属制品有限公司
093077	盾堡牌防盗门	FAM－Y－DB 型	大厂回族自治县振兴金属制品有限公司
093081	金库门	JKM（A）－1020－S 型	武邑县武圣保险柜厂
093082	移动金库房	YDJKF（A2）－2200 型	武邑县武圣保险柜厂
093083	提款箱	TKX－SB－160B 型	北京瑞森融信科技有限公司
093084	钢质入户门	FAM－A－P－5.0 型	北京蓝盾创展门业有限公司
093086	防弹运钞车	CSZ5142XYCF2 型	常熟华东汽车有限公司
093087	防刺服	FCF－BAI	上海市保安服务总公司
093093	警用防刺服	EAB 型	上海谊爱贸易有限公司
093102	智能提款箱	TKX－SB－JS5 型	北京巨生网科技开发有限公司
093104	外装门锁	6498 型	中山市镖臣防盗设备有限公司
093105	外装门锁	595 型	中山市镖臣防盗设备有限公司
093106	归燕牌子母防盗门	FAM－D－GY 型	铁岭归燕实业有限责任公司
093107	归燕牌防盗门	FAM－Y－GY 型	铁岭归燕实业有限责任公司
093108	归燕牌防盗门	FAM－B－GY 型	铁岭归燕实业有限责任公司
093109	归燕牌防盗门	FAM－D－GY 型	铁岭归燕实业有限责任公司
093110	防盗门	FAM－Y－HJ 型	海城市金融设备制造厂
093111	升降式保管柜	SJ－DK－800 型	海城市金融设备制造厂
093112	防尾随联动互锁安全门	FLAM－HC 型	海城市金融设备制造厂
093113	金库门	JKM（BS6）－1219－S 型	海城市金融设备制造厂
093114	日上牌金属防盗门	FDM－D－RSH3000 型	北京日上工贸有限公司
093115	自动柜员机安全防护舱	ATMFHC－PA1	台山平安五金制品有限公司
093116	金子臣力牌摩托车锁	U 型	广州市臣力锁业有限公司
093119	存取款循环一体机	KePlus R6 型	中钞科堡现金处理技术（北京）有限公司
093120	海富乐防盗锁	FDS－A－META－H·A·FELE－Ⅰ型	北京曼特门业有限公司
093120	海富乐防盗锁	FDS－A－META－H·A·FELE－Ⅱ型	北京曼特门业有限公司

报告编号	产品名称	产品型号	受检单位
093121	喜雅龙牌执手锁	706－X09 型	广东省揭阳市东山区磐东东升五金塑料厂
093122	危险物品临时保管箱	BGX－DJ－Ⅰ型	武邑县多吉框业有限公司
093123	霍曼牌防盗安全门	FAM－A－P－5.0	霍曼（北京）门业有限公司
093123	霍曼牌防盗安全门	FAM－A－P－6.0 型	霍曼（北京）门业有限公司
093124	金库门	SYMBOLC－3000 型	北京富工利德科技发展有限公司
093125	金库门	SYMBOLC－2500 型	北京富工利德科技发展有限公司
093126	防盗报警锁	DS－SF 型	广州市鼎上电子科技有限公司
093127	可移动爆破器材库	YBK－YG 型	江西阳光安全设备有限公司
093129	防弹运钞车	FH5043XYCF1 型	际华三五二三特种装备有限公司
093130	防弹运钞车	FH5043XYCF8 型	际华三五二三特种装备有限公司
093132	排爆罐	WF－PBG 型	广州卫富科技开发有限公司
093133	排爆罐	WF－PBCZ 型	广州卫富科技开发有限公司
093134	排爆罐	WF－PBL1 型	广州卫富科技开发有限公司
093136	鑫利楼宇对讲电控防盗门		唐山市丰润区鑫利钢制门窗厂
093137	楼宇对讲电控防盗门		唐山市丰润区鑫利钢制门窗厂
093138	红日楼宇对讲电控防盗门		唐山市宏鑫祥金属门窗制造有限公司
093139	鑫德尔楼宇对讲电控防盗门		唐山市丰润区鑫德尔钢制门厂
093140	鼎旺楼宇对讲电控防盗名		唐山市丰润区鼎旺门业有限公司
093141	鑫泰达楼宇对讲电控防盗门		唐山市丰润区鑫泰达门窗加工厂
093142	宸宇楼宇对讲电控防盗门		唐山市丰润区寰宇防撬门厂
093143	佳兴楼宇对讲电控防盗门		唐山市丰润区佳兴铁门加工部
093144	红日牌防盗安全门	FAM－J 型	唐山市宏鑫祥金属门窗制造有限公司
093145	鑫德尔牌防盗安全门	FAM－J 型	唐山市丰润区鑫德尔钢制门厂
093146	鑫泰达牌防盗安全门	FAM－J 型	唐山市丰润区鑫泰达门窗加工厂
093147	寰宇牌防盗安全门	FAM－J 型	唐山市丰润区寰宇防撬门厂
093148	鑫利牌防盗安全门	FAM－Y 型	唐山市丰润区鑫利钢制门窗厂
093149	顺达牌防盗安全门	FAM－Y 型	唐山市丰润区顺达海港钢制门厂
093150	红日牌防盗安全门	FAM－Y 型	唐山市宏鑫祥金属门窗制造有限公司
093151	鑫德尔牌防盗安全门	FAM－Y 型	唐山市丰润区鑫德尔钢制门厂
093152	鼎旺牌防盗安全门	FAM－Y 型	唐山市丰润区鼎旺门业有限公司
093153	鑫泰达牌防盗安全门	FAM－Y 型	唐山市丰润区鑫泰达门窗加工厂
093154	寰宇牌防盗安全门	FAM－Y 型	唐山市丰润区寰宇防撬门厂
093155	佳兴牌防盗安全门	FAM－Y 型	唐山市丰润区佳兴铁门加工部
093156	红日牌防盗安全门	FAM－B 型	唐山市宏鑫祥金属门窗制造有限公司
093157	鑫德尔牌防盗安全门	FAM－B 型	唐山市丰润区鑫德尔钢制门厂
093158	鑫泰达牌防盗安全门	FAM－B 型	唐山市丰润区鑫泰达门窗加工厂
093159	寰宇牌防盗安全门	FAM－J 型	唐山市丰润区寰宇防撬门厂
093160	佳兴牌防盗安全门	FAM－D 型	唐山市丰润区佳兴铁门加工部
093161	思远牌防盗安全门	FAM－D 型	唐山市丰润区宇志门业有限公司
093162	寰宇牌防盗安全门	FAM－D 型	唐山市丰润区寰宇防撬门厂

报告编号	产品名称	产品型号	受检单位
093163	鑫泰达牌防盗安全门	FAM－D 型	唐山市丰润区鑫泰达门窗加工厂
093164	鼎旺牌防盗安全门	FAM－D 型	唐山市丰润区鼎旺门业有限公司
093165	鑫德尔牌防盗安全门	FAM－D 型	唐山市丰润区鑫德尔钢制门厂
093166	红日牌防盗安全门	FAM－D 型	唐山市宏鑫祥金属门窗制造有限公司
093167	顺达牌防盗安全门	FAM－D 型	唐山市丰润区顺达海港钢制门厂
093168	鑫利牌防盗安全门	FAM－D 型	唐山市丰润区鑫利钢制门窗厂
093169	排爆机械手	WF－PBZ 型	广州卫富科技开发有限公司
093171	手持式防劫网	FBW－A 型	江苏无畏警用器材制造有限公司
093172	封闭式防火防盗安全门	FAM－J－HT/D1021－GFM 型	北京东方昊天工贸有限公司
093173	封闭式防火防盗安全门	FAM－Y－HT/D1021－GFM 型	北京东方昊天工贸有限公司
093174	防盗安全门	FAM－B－HT/D1022－GFM 型	北京东方昊天工贸有限公司
093175	防盗安全门	FAM－D－HT/D1023－GFM 型	北京东方昊天工贸有限公司
093176	机械多点防盗锁	FDS－A－AS6030－F5933－P2 型	广东雅洁五金有限公司
093177	Fichet－Bauche 大型金库门	EURO 型	北京富高经贸有限责任公司
093178	提款箱	TKX－SA－DM 型	河北德明实业有限公司
093179	提款箱	TKX－SA－ZR180A 型	高碑店市中融科技有限公司
093180	提款箱	TKX－SB－ZR160B 型	高碑店市中融科技有限公司
093181	提款箱	TKX－SB－HJ160B 型	高碑店市新华北金融财会用品有限公司
093182	提款箱	TKX－SA－HJ180A 型	高碑店市新华北金融财会用品有限公司
093183	步机枪染色训练弹	5. 8mm 型	中国人民解放军第七三二二工厂
093184	步机枪染色训练弹	7. 62mm 型	中国人民解放军第七三二二工厂
093185	染色训练弹防护装具	RSDFHZJ－I 型	中国人民解放军第七三二二工厂
093186	自动柜员机（ATM）	DT－7000D90 型	广州广电运通金融电子股份有限公司
093187	高性能防火防盗机械门锁	STL－09315 型	廊坊鑫三圆工贸有限公司
093188	中盾信安身份识别提款箱	TKX－SB－ZDⅢ－B－100 型	中盾信安科技（江苏）有限公司
	中盾信安身份识别提款箱	TKX－SB－ZDⅢ－B－160 型	中盾信安科技（江苏）有限公司
	中盾信安身份识别提款箱	TKX－SB－ZDⅢ－B－180 型	中盾信安科技（江苏）有限公司
	中盾信安身份识别提款箱	TKX－SB－ZDⅢ－B－240 型	中盾信安科技（江苏）有限公司
	中盾信安身份识别提款箱	TKX－SB－ZDⅢ－B－320 型	中盾信安科技（江苏）有限公司
093189	中盾信安身份识别提款箱	TKX－SB－ZDⅢ－C－100 型	中盾信安科技（江苏）有限公司
	中盾信安身份识别提款箱	TKX－SB－ZDⅢ－C－160 型	中盾信安科技（江苏）有限公司
	中盾信安身份识别提款箱	TKX－SB－ZDⅢ－C－180 型	中盾信安科技（江苏）有限公司
	中盾信安身份识别提款箱	TKX－SB－ZDⅢ－C－240 型	中盾信安科技（江苏）有限公司
	中盾信安身份识别提款箱	TKX－SB－ZDⅢ－C－321 型	中盾信安科技（江苏）有限公司
093190	强光 LED 手电筒	AD－SDT－001 型	宁波安迪光电科技有限公司
093191	HERO 独立自助银亭	HERO8610 型	北京银湾科技有限公司
093193	盛世五环牌防盗防火铜门	FAM－Y－SWH－FDT－01 型	廊坊鑫三圆工贸有限公司
093194	盛世五环牌防盗防火铜门	FAM－JY－SWH－FDT－01 型	廊坊鑫三圆工贸有限公司
093198	便携式气功剪钳	GJ/GS 型	中国船舶重工集团公司第七一〇研究所
093225	约束毯	YST－A 型	北京尚良久安科技有限公司

报告编号	产品名称	产品型号	受检单位
093226	约束毯	YST－B 型	北京尚良久安科技有限公司
093228	提款箱	TKX－SA－ZDⅡ－60 型	中盾信安科技（江苏）有限公司
093228	提款箱	TKX－SA－ZDⅡ－100 型	中盾信安科技（江苏）有限公司
093228	提款箱	TKX－SA－ZDⅡ－160 型	中盾信安科技（江苏）有限公司
093228	提款箱	TKX－SA－ZDⅡ－180 型	中盾信安科技（江苏）有限公司
093228	提款箱	TKX－SA－ZDⅡ－240 型	中盾信安科技（江苏）有限公司
093228	提款箱	TKX－SA－ZDⅡ－320 型	中盾信安科技（江苏）有限公司
093233	钢质入户门	FAM－A－P－6.0 型	深圳市蓝盾实业有限公司
093234	曼特牌钢质防盗安全门	FAM－B－MT/Z1221 型	北京曼特门业有限公司
093235	ATM 机保险柜	HT－2845－W 型	日立（中国）有限公司
093236	ATM 机保险柜	HT－2845－W 型	日立远东有限公司
093239	现金款箱	TKX－SA－150 型	广州市万银金融用品科技有限公司
093240	防弹运钞车	SL5022XYCG、SL5023XYCG 型	重庆金冠汽车制造股份有限公司
093241	防弹运钞车	SL5032XYCX1 型	重庆金冠汽车制造股份有限公司
093242	防弹运钞车	SL5034XYCL 型	重庆金冠汽车制造股份有限公司
093243	防弹运钞车	SL5031XYCE1M 型	重庆金冠汽车制造股份有限公司
093244	防弹运钞车	SL503XYCE1M 型	重庆金冠汽车制造股份有限公司
093256	防割手套	FGST－2T 型	湖南中泰特种装备有限责任公司
093261	自动柜员机（ATM）	DT－7000F16 型	广州广电运通金融电子股份有限公司
093262	加热套具	QH－002 型	北京豪立泰科技有限公司
093263	金库门	JKM（B）－1020－Y 型	山东金洪集团有限公司
093264	提款箱	TKX－SB－QY 型	山东省庆元电子有限公司
093265	卫士防尾随联动互锁安全门	FLAM－TM－DCU9019N 型	山东省庆元电子有限公司
093266	B 级提款箱（帅牌）	TKX－SB－SP 型	河北帅牌金属制品有限公司
093267	帅牌金库门	JKM（A）－1020 型	河北帅牌金属制品有限公司
093269	防尾随联动互锁安全门	FLAM－TM－SP－Ⅱ型	河北帅牌金属制品有限公司
093270	恒龙牌摩托车锁	U 型	温州市瓯海仙岩恒丰锁厂
093271	防盗安全门	FAM－Y－YP 型	河北省任丘市蓝天防盗门厂
093277	Yale 品牌钢质防盗安全门	FAM－D－GMD01 型	瑞中天明（北京）门业有限公司
093278	Yale 品牌钢质子母防盗安全门	FAM－D－GMS01 型	瑞中天明（北京）门业有限公司
093279	Yale 品牌装甲防盗安全门	FAM－Y－ZJD01 型	瑞中天明（北京）门业有限公司
093280	Yale 品牌装甲子母防盗安全门	FAM－Y－ZJS01 型	瑞中天明（北京）门业有限公司
093281	Yale 品牌钢质子母防盗安全门	FAM－Y－GMS01 型	瑞中天明（北京）门业有限公司
093282	Yale 品牌钢质防盗安全门	FAM－Y－GMD01 型	瑞中天明（北京）门业有限公司
093285	防暴头盔		福建省泉州市海滨玻璃钢制品厂
093286	提款箱	TKX－SB－XLD160B 型	泉州新利得电子有限责任公司
093287	提款箱	TKX－SB－XLD180A 型	泉州新利得电子有限责任公司
093295	便携式易燃爆液体探测器	SCANNER. Swen. R2 型	宇博隆警用技术发展（北京）有限公司
093301	B 级智能提款箱	TKX－SB－JR－ARII 型	郑州九锐信息技术有限公司
093302	霍曼牌防盗安全门	FAM－A－P－5.0、FAM－A－P－6.0 型	霍曼（北京）门业有限公司

报告编号	产品名称	产品型号	受检单位
093305	防弹运钞车	DMT5084XYC2 型	重庆市迪马实业股份有限公司
093306	防弹运钞车	DMT5030XYCR 型	重庆市迪马实业股份有限公司
093307	防弹运钞车	DMT5070XYC1 型	重庆市迪马实业股份有限公司
093309	合金防护板	FHB（2）－0503－YB 型	湖南银宝科技发展有限公司
093310	合金防护板	FHB（3）－0503－YB 型	湖南银宝科技发展有限公司
093311	量子鼻便携式炸药探测器	QS－H150 型	北京瑞琦伟业技术开发有限公司
093312	不锈钢防尾随联动互锁安全门	FLAM－TM－SFYM－0701 型	北京四方亚明安防工程有限公司
093313	日上牌金属防盗门 3130	FAM－A－P－5.0、FAM－A－P－6.0 型	北京日上工贸有限公司
093314	日上牌金属防盗门 3130	FAM－A－P－5.1、FAM－A－P－6.1 型	北京日上工贸有限公司
093315	金库门	JKM（A）－0717－N 型	德州虎剑柜业有限公司
093316	防尾随联动互锁安全门	FLAM－TM－HJ－Ⅱ型	德州虎剑柜业有限公司
093318	矛盾牌执手锁	A168 型	中山市小榄镇安盾五金加工厂
093319	矛盾牌外装门锁	9219 型	中山市小榄镇安盾五金加工厂
093320	乐哆牌外装门锁	9219 型	中山市小榄镇安盾五金加工厂
093321	富尔牌执手锁	64－02 型	温州市龙湾区海滨福尔锁厂
093322	痕量炸药探测仪	SIM08 型	上海三科仪器有限公司
093323	痕量炸药探测仪	SIM07 型	上海三科仪器有限公司
093324	痕量炸药探测仪	SIM08 型	中国科学院上海微系统与信息技术研究所
093325	痕量炸药探测仪	SIM07 型	中国科学院上海微系统与信息技术研究所
093331	提款箱	TKX－SB－GL 型	平阳县银新金融用品有限公司
093335	金库门	JKM（C）－1020－S－DX 型	广州迭喜安全防范技术有限公司
093349	地下隐藏式升降金库	SJJK－800、SJJK－1000 型	武邑四通银行设备有限公司
093349	地下隐藏式升降金库	SJJK－1200、SJJK－1500 型	武邑四通银行设备有限公司
093354	文生牌防盗安全门	FAM－Y－WS 型	石家庄市文生门业装饰有限公司
093355	文生牌防盗安全门	FAM－J－WS 型	石家庄市文生门业装饰有限公司
093356	文生牌防盗安全门	FAM－B－WS 型	石家庄市文生门业装饰有限公司
093357	钢质进户门	FAM－B－LD/1021 型	北京蓝盾创展门业有限公司
093358	钢质进户门	FAM－B－LD/1021 型	北京蓝盾创展门业有限公司
093359	钢质进户门	FAM－B－LD/1021 型	北京蓝盾创展门业有限公司
093360	钢质进户门	FAM－B－LD/1221 型	北京蓝盾创展门业有限公司
093361	钢质进户门	FAM－B－LD/1221 型	北京蓝盾创展门业有限公司
093362	钢质进户门	FAM－B－LD/1221 型	北京蓝盾创展门业有限公司
093363	钢质进户门	FAM－B－LD/1221 型	北京蓝盾创展门业有限公司
093364	钢质进户门	FAM－B－LD/1221 型	北京蓝盾创展门业有限公司
093365	钢质进户门	FAM－B－LD/1221 型	北京蓝盾创展门业有限公司
093366	钢质进户门	FAM－B－LD/1221 型	北京蓝盾创展门业有限公司
093367	钢质进户门	FAM－B－LD/1221 型	北京蓝盾创展门业有限公司
093368	钢质进户门	FAM－B－LD/1221 型	北京蓝盾创展门业有限公司
093369	防弹玻璃	F95－45－LY10 型	深圳市潦源实业有限公司
093370	防弹复合玻璃	F79B－24－LY9 型	深圳市潦源实业有限公司

报告编号	产品名称	产品型号	受检单位
093371	防弹复合玻璃	F79B – 26 – LY2 型	深圳市潆源实业有限公司
093372	苍龙牌隐形锁	CL 型	濮阳县苍龙锁具厂
093377	奥克龙折叠式汽车方向盘锁	V8 型	深圳市宝安区奥奇锁厂
093378	防盗安全门	FAM – Y – YZ/DO2009 型	广州市韵宅木业有限公司
093379	复柱形双面竖放式书架		任丘市宇东图书馆设备有限公司
093380	机械多点防盗锁	FDS – B – AS6030 – F5933 – P2 型	广东雅洁五金有限公司
093381	提款箱	TKX – SB – LDIN、TKX – SB – LDIIN 型	温州联佰安全器材有限公司
093382	防弹复合玻璃	F64C – 33 – GL01 型	北京格林京丰防火玻璃有限公司
093383	开拓者防盗锁	A 型	天津市旭森工贸有限责任公司
093386	钢质入户门	FAM – A – P – 5. 1 型	北京蓝盾创展门业有限公司
093388	金属防盗门子母门 3000 系列	FAM – A – P – 5. 1、FAM – A – P – 6. 1 型	北京日上工贸有限公司
093389	金属防盗门子母门 3000 系列	FAM – A – P – 5. 1、FAM – A – P – 6. 1 型	北京日上工贸有限公司
093390	金属防盗门子母门 3000 系列	FAM – A – P – 5. 1、FAM – A – P – 6. 1 型	北京日上工贸有限公司
093391	金属防盗门子母门 3000 系列	FAM – A – P – 5. 1、FAM – A – P – 6. 1 型	北京日上工贸有限公司
093392	金属防盗门子母门 3000 系列	FAM – A – P	
093393	金属防盗门子母门 3000 系列	FAM – A – P – 5.1、FAM – A – P – 6.1 型	北京日上工贸有限公司
093407	防盗安全门	FAM – Y – TM01 型	遵化市天玥门业有限公司
093413	卡特牌执手锁	A82 – 82 型	浙江卡特五金有限公司
093417	智能提款型	TKX – SC – IN 型	深圳市银科佳科技有限公司
093418	智能提款型	TKX – SC – VP 型	深圳市威豹银安创业投资管理有限公司
093420	奥锐牌执手锁	A1 – T01 型	广东顺德奥锐锁业有限公司
093421	排爆罐	BCF – PBG – 1. 5 型	北京诚志北分机电技术有限公司
093422	AD 牌外装门锁	9219 型	中山市小榄镇安盾五金加工厂
093423	UDM 品牌装甲子母防盗安全门	FAM – B – GMS01 型	瑞中天明（北京）门业有限公司
093424	瓯源牌摩托车锁	U 型	温州市瓯海仙岩瓯锐特锁具厂
093425	为你牌 B 级防盗锁头	FDS – B – JL01 型	武义县桐琴佳果锁具厂
093426	为你牌 B 级防盗锁头	FDS – B – JL02 型	武义县桐琴佳果锁具厂
093427	比思机械防盗锁具	FDS – B – BM 型	比思建材科技有限公司
093428	华宝机械防盗锁具	FDS – B – HB 型	佛山市南海汇耀不锈钢金属制品有限公司
093429	防刺服	FCF – H – XJ01 型	星际控股集团有限公司
093430	24 小时自助银亭	HZYT – OS1000 型	好众银通科技（北京）有限公司
093431	防盗安全门	FAM – D – HY001 型	北京环宇同力科技有限公司
093432	楼宇对讲电控防盗门	LYDF – HY01 型	北京环宇同力科技有限公司
093433	防盗安全门	FAM – J – HY001 型	北京环宇同力科技有限公司
093434	防盗安全门	FAM – Y – HY001 型	北京环宇同力科技有限公司
093435	防盗安全门	FAM – B – HY001 型	北京环宇同力科技有限公司
093436	球形防爆储运罐	LJG – 750 型	营口辽河机械厂
093437	球形防爆储运罐	LJGC – 1200 型	营口辽河机械厂
093440	防盗安全门	FAM – D – HX001 型	天津华夏防火设备有限公司
093446	金库门	JKM1S – 1020 型	太原市警鹰保险柜制造有限公司

报告编号	产品名称	产品型号	受检单位
093447	金库门	JKM2S－1020 型	太原市警鹰保险柜制造有限公司
093448	金库门	JKM3S－1020 型	太原市警鹰保险柜制造有限公司
093449	备用门	JKM1S－0606 型	太原市警鹰保险柜制造有限公司
093450	备用门	JKM2S－0606 型	太原市警鹰保险柜制造有限公司
093451	备用门	JKM3S－0606 型	太原市警鹰保险柜制造有限公司
093452	ATM 自动提款机加强型防护箱		四川久森安防工程有限公司
093453	强士牌之手门锁	QZM617E48HG 型	坚士锁业有限公司
093454	KUB 牌执手门锁	KEM80206K 型	上海弗加罗门控科技有限公司
093455	执手锁	E712－E02DAB 型	吉林森林工业股份有限公司北京门业分公司
093456	卡迪龙牌执手门锁	DZS20116K 型	上海卡迪龙五金有限公司
093457	球形防爆储运罐	JBG－750 型	吉林江机特种装备有限公司
093458	机械防盗锁	FDS－A－5515 型	中山市皇鼎五金有限公司
093459		453－03－01R06 AEP3 型	3M 中国有限公司
093460	银行日间库专用保险柜	FDG－A1/D－1520 型	河北超越电子保险柜制造有限公司
093466	液体安全检查仪	SLC－3150	北京北通维科技发展有限公司
093473	提款箱	TKX－SA－BJ/004 型	广东白佳白特实业有限公司
	提款箱	TKX－SA－BJ/007 型	广东白佳白特实业有限公司
	提款箱	TKX－SA－BJ/009 型	广东白佳白特实业有限公司
093480	提款箱	TKX－SB－B160 型	北京巨生网科技开发有限公司
093480	提款箱	TKX－SB－B240 型	北京巨生网科技开发有限公司
093480	提款箱	TKX－SB－B320 型	北京巨生网科技开发有限公司
093481	提款箱	TKX－SB－J160 型	北京巨生网科技开发有限公司
093481	提款箱	TKX－SB－J240 型	北京巨生网科技开发有限公司
093481	提款箱	TKX－SB－J320 型	北京巨生网科技开发有限公司
093482	曼特牌入户门	FAM－A－P－5.0 型	北京曼特门业有限公司
093482	曼特牌入户门	FAM－A－P－6.0 型	北京曼特门业有限公司
093493	防水金库门中门	JKM3S－1020－N 型	太原市警鹰保险柜制造有限公司
093494	防水金库门中门	JKM1S－1020－N 型	太原市警鹰保险柜制造有限公司
093495	防水金库门中门	JKM2S－1020－N 型	太原市警鹰保险柜制造有限公司
093496	防弹钢板	B900PD 型	大连源欣科贸有限公司
093497	2.4 升碳纤维全缠绕铝胆复合气瓶	FPⅢ128A－2.4－20 型	北京科泰克科技有限责任公司
093498	帅牌金库门（门中门）	JKM（1）－1020－MZM 型	武邑县帅牌金属制品有限公司
093499	帅牌金库门应急备用门	JKM（1）－0606 型	武邑县帅牌金属制品有限公司
093500	帅牌金库门应急备用门	JKM（3）－0606 型	武邑县帅牌金属制品有限公司
093501	帅牌金库门（门中门）	JKM（3）－1020－MZM 型	武邑县帅牌金属制品有限公司
093502	帅牌金库门（门中门）	JKM（2）－1020－MZM 型	武邑县帅牌金属制品有限公司
093503	帅牌金库门应急备用门	JKM（2）－0606 型	武邑县帅牌金属制品有限公司
093537	银行智能传递槽	BH518A/B 型	莱阳市百竹金融机具有限公司
093579	防弹运钞车	FH5042XYCF1 型	际华三五二三特种装备有限公司
093590	提款箱	TKX－SB－JT160 型	北京金汤固科贸有限公司

报告编号	产品名称	产品型号	受检单位
093591	防盗安全门	FAM – D – HAHY004 型	北京鸿安恒业消防设备有限公司
093592	防盗安全门	FAM – B – HAHY003 型	北京鸿安恒业消防设备有限公司
093593	防盗安全门	FAM – Y – HAHY002 型	北京鸿安恒业消防设备有限公司
093594	防盗安全门	FAM – J – HAHY001 型	北京鸿安恒业消防设备有限公司
093595	提款箱	TKX – SB – LD Ⅱ N160/N240/N320 型	温州联盾安全器材有限公司
093596	提款箱	TKX – SA – LD Ⅱ 160/240/320 型	温州联盾安全器材有限公司
093597	提款箱	TKX – SB – LD Ⅱ 160/240/320 型	温州联盾安全器材有限公司
093598	五合一应急救生工具	ZYMR – I 型	北京中援民润国际贸易有限公司
093600	钢质进户门	FAM – A – P – 5. 0 型	北京蓝盾创展门业有限公司
093601	木质防盗安全门（子母扇）	FAM – Y – FDM/S2113 型	东莞市德曼木业有限公司
093602	木质防盗安全门（单扇）	FAM – Y – FDM/S2121 型	东莞市德曼木业有限公司
093604	智能提款箱	TKX – SB – BCII 型	佛山市银之友电子科技有限公司
093605	防尾随联动互锁安全门	FLAM – IC – DX – I 型	广州迭喜安全防范技术有限公司
093606	提款箱	TKX – SB – BJ/007 型	广东白佳白特实业有限公司
093606	提款箱	TKX – SB – BJ/009 型	广东白佳白特实业有限公司
093607	自动柜员机（ATM）	DT7000 – H22N	广州广电运通金融电子股份有限公司
093607	自动柜员机（ATM）	DT7000 – H22NL	广州广电运通金融电子股份有限公司
093607	自动柜员机（ATM）	DT7000 – H22NLR	广州广电运通金融电子股份有限公司
093608	爆炸品移动库房	YBK – ZR 型	江西卓尔金属设备有限公司
093609	多功能盾牌	FBP – TL – NDP – 2008A 型	厦门市鑫光源光电科技有限公司
093610	键盘防窥罩		广州广电运通金融电子股份有限公司
093611	防异物型读卡口		广州广电运通金融电子股份有限公司
093612	富丽牌防盗子母门	FAM – Y – FL01 型	常州富丽门窗厂
093613	四防门	FAM – A – P – 6. 1 型	唐山佳佳门业有限公司
093613	四防门	FAM – A – P – 5. 1 型	唐山佳信门业有限公司
093614	提款箱	TKX – SB – SX200 型	平阳县三信金融机具有限公司
093616	强光手电筒	CON 6028 型	温州市正辉灯具有限公司
093617	强光探照灯	CH – 568 型	温州市正辉灯具有限公司
093618	遥控自动升降工作灯	SFD9000B 型	温州市正辉灯具有限公司
093619	自动柜员机（ATM）	6674 型	安迅（北京）金融设备系统有限公司
093620	自动柜员机（ATM）	6636、6631 型	安迅（北京）金融设备系统有限公司
093622	三七门整体保密柜	900 * 400 * 1850 型	哈尔滨飞云实业北京第二金属制品分公司
093623	二节保密柜	900 * 400 * 1850 型	哈尔滨飞云实业北京第二金属制品分公司
093624	神盾牌防刺服	FCF – J – ZTF 型	北京中元锋安全防护技术有限公司
093625	防弹岗亭	FDGT – 95 – LY01 型	深圳市燎源实业有限公司
093627	手提探照灯	AD – 688 型	浙江省瑞安市奥盾安全器材有限公司
093629	防盗安全门	FAM – Y – FY 型	哈尔滨飞云实业有限公司北京金属制品公司
093630	防弹玻璃	F54 – J 型	苏州苏玥装饰有限公司
093631	自助银行智能防护门	TYPE D 型	纳博克自动门（北京）有限公司
093632	自助银行智能防护门	TYPE C 型	纳博克自动门（北京）有限公司

报告编号	产品名称	产品型号	受检单位
093633	自助银行智能防护门	TYPE A 型	纳博克自动门（北京）有限公司
093634	自助银行智能防护门	TYPE B 型	纳博克自动门（北京）有限公司
093635	监室长轴平开门	JSM－E 型	杭州临安笑笑门业有限公司
093636	监室平开门	JSM－B 型	杭州临安笑笑门业有限公司
093637	防盗安全门	FAM－YY－XX/3000 型	杭州临安笑笑门业有限公司
093638	监室平移门	JSM－D 型	杭州临安笑笑门业有限公司
093639	提款箱	TKX－SA－JW100Ⅱ型	深圳市武特融科技有限公司
	提款箱	TKX－SA－JW240Ⅱ型	深圳市武特融科技有限公司
	提款箱	TKX－SA－JW320Ⅱ型	深圳市武特融科技有限公司
093640	提款箱	TKX－SB－JW160Ⅱ型	深圳市武特融科技有限公司
093641	提款箱	TKX－SC－JW200B 型	深圳市武特融科技有限公司
093642	提款箱	TKX－SB－LD 型	浙江平阳县福盛金融机具厂
093645	防弹衣	FDY6/2－B（L）－P1018 型	北京华泽远经贸有限责任公司
093646	金库房	JKF－HQBJ－001 型	北京豪强宝爵科技有限公司
093647	金库门	JKM2－1020－N 型	北京豪强宝爵科技有限公司
093649	金库门	JKM3－1020－N 型	北京豪强宝爵科技有限公司
093650	防弹运钞车	FH5042XYCF9 型	际华三五二三特种装备有限公司
093651	防弹运钞车	FH5042XYCF2 型	际华三五二三特种装备有限公司
093652	防盗防弹门	FDMJ5A－J－Y（Q）型	北京安邦永泰防弹门有限责任公司
093653	自由变线射击战术平台系统	SZ09－1 型	广州盛麟光电科技有限公司
093654	便携式炸药探测仪	TS－601 型	北京声讯电子有限公司
093655	PC 板防砸门	FLJ－I 型	北京福洛佳装饰有限公司
093656	复合材料隔爆球	CBSV－1500 型	西安航天复合材料研究所
093657	提款箱	TKX－SB－KD60Ⅱ型	莱阳市科达金融机具有限公司
093658	防爆罐	FBG－2－SD01 型	北京中天锋安全防护技术有限公司
093659	钢质进户门	FAM－A－P－6.1 型	北京蓝盾创展门业有限公司
093660	钢质进户门	FAM－A－P－6.1 型	北京蓝盾创展门业有限公司
093661	钢质进户门	FAM－A－P－6.1 型	北京蓝盾创展门业有限公司
093662	钢木质入户门	FAM－B－LD/GM1224 型	陕西蓝盾门业有限公司
093663	钢质入户门	FAM－B－LD/G1222 型	陕西蓝盾门业有限公司
093664	钢质入户门	FAM－B－LD/G1022 型	陕西蓝盾门业有限公司
093665	钢质入户门	FAM－Y－LD/G1022 型	陕西蓝盾门业有限公司
093666	钢质入户门	FAM－Y－LD/G1222 型	陕西蓝盾门业有限公司
093667	钢质入户门	FAM－D－LD/G1222 型	陕西蓝盾门业有限公司
093668	钢质入户门	FAM－D－LD/G1022 型	陕西蓝盾门业有限公司
093676	居士牌执手锁	M33 型	中山市居士五金锁具有限公司
093677	99 牌执手锁	99－33 型	广州玖嘉金属制品有限公司
093678	防盗安全门	FAM－D－AOTAI 型	深圳市奥泰科技发展有限公司
093679	防盗安全门	FAM－B－AOTAI 型	深圳市奥泰科技发展有限公司
093680	单开乙级防盗门	FAM－Y－J001 型	大连金房子科技发展有限公司

报告编号	产品名称	产品型号	受检单位
093681	单开防盗门	FAM－B－J002 型	大连金房子科技发展有限公司
093682	子母防盗门	FAM－B－J004 型	大连金房子科技发展有限公司
093683	单开防盗门	FAM－D－J003 型	大连金房子科技发展有限公司
093684	防弹运钞车	DMT5102XYC 型	重庆市迪马实业股份有限公司
093689	雷达牌执手锁	04－02 型	广东中山市东升镇多力五金制品厂
093690	星光牌铜锁头	大 70 型	温州市鹿城区上戌星光五金厂
093691	温金原子牌保险箱锁	F8808 型	温州市金点原子制造有限公司
093701	铝合金复合防盗卷帘门	JLM－FH 型	北京永固恒益不锈钢门窗有限公司
093703	防砸复合玻璃	FZB16－I JSA 型	北京双安天龙科技有限公司
093704	防弹复合玻璃	F79C－26－SATL 型	北京双安天龙科技有限公司
093705	防暴复合玻璃	FBB16－I JSA 型	北京双安天龙科技有限公司
093706	危险物品临时作业箱	ZYX－ZR－I 型	江西卓尔金属设备有限公司
093707	霍曼牌钢质隔热防火门（乙级）	GFM－1221－D6a1.00（乙级）－2（子母式）	霍曼（北京）门业有限公司
093708	霍曼牌钢质隔热防火门（七级）	LGFM－1221－D6a1.00（乙级）－1	霍曼（北京）门业有限公司
093709	佳兴旺牌防盗安全门	FAM－D－01 型	唐山佳佳门业有限公司
093710	佳兴旺牌防盗安全门	FAM－Y－01 型	唐山佳佳门业有限公司
093711	仁合牌防盗安全门	FAM－D－01 型	唐山市丰润区仁合防撬门厂
093712	防火防盗门	FAM－D－RH/D0920 型	北京市荣航门窗有限责任公司
093714	伸缩警棍	SSG－600－A－C－long	上海谊爱贸易有限公司
093715	自助银行服务亭	YT－BZ－01 型	沈阳联华科技开发有心哦好似
093716	外装门锁	707－13/S 型	佛山市顺德区勒流高五金制锁厂
093717	自动取款机智能防护门	SSB－G1 型	青岛金融祥银行设备有限公司
093719	美式插芯锁	M7 型	中山市小榄镇摩根金属制品厂
093721	电磁锁	V3SR 型	欣迪威安全系统（昆山）商贸有限公司
093722	电插锁	DX200 型	欣迪威安全系统（昆山）商贸有限公司
093724	昼夜两用复合式瞄准镜	E08 型	北京怡然奥润商贸有限公司
093725	百德牌木质四防门	FAM－J－SF 型	北京润成创展木业有限责任公司
093726	提款箱	TKX－SC－AFH 型	北京金誉万通提款箱科技有限公司
093727	金库门	JKM（B）－1020－S－QR 型	广州淇瑞科技有限公司
093728	金库门	JKM（B）－1020－S－WCK 型	深圳市万兴科实业发展有限公司
093729	保管箱	BGX－D3－WXK 型	深圳市万兴科实业发展有限公司
093730	防尾随联动互锁安全门	FLAM－IC－QR 型	广州淇瑞科技有限公司
093731	双柱锁头		佛山市南海区狮山红光制锁厂
093732	多功能服的防护芯片		北京三鼎元技术开发有限公司
093733	多功能盾牌	FBP－T－L－SY01 型	厦门市尚易科技有限公司
093734	提款箱	TKX－MB－YD160 型	北京一点万博科贸有限公司
093738	防暴盾牌	FBP－T－L－HH07 型	浙江华安安全设备有限公司
093739	双头机械锁	B0901L 型	深圳市固特诺科技有限公司
093740	双头机械锁	B0810 型	深圳市固特诺科技有限公司
093741	双头机械锁	B0901 型	深圳市固特诺科技有限公司

报告编号	产品名称	产品型号	受检单位
093742	移动式爆破器材厢（库）	HYJ57YBX 型	郑州红宇专用汽车有限责任公司
093743	爆破器材运输车	HYJ5070XQYA 型	郑州红宇专用汽车有限责任公司
093744	便携式危险品箱	HUJ－100BLX 型	郑州红宇专用汽车有限责任公司
093745	排爆罐	WF－PBCZ 型	广州卫富科技开发有限公司
093746	爆炸危险品保险柜	A－1－JH 型	江西金虎保险设备集团有限公司
093747	防弹运钞车	JX5038XYCMA	江西江铃汽车集团改装车有限公司
093748	机械密码锁	MOS－LCK－1 型	上海摩世勒公共安全设备有限公司
093757	金库门	JKM(C)－MAGNA 7 型	上海摩世勒公共安全设备有限公司
	金库门	JKM(C)－MAGNA DELVXE 型	上海摩世勒公共安全设备有限公司
093758	金库门	JKM(C)－NC180－90 型	上海摩世勒公共安全设备有限公司
	金库门	JKM(C)－NC180－212 型	上海摩世勒公共安全设备有限公司
093759	金库门	JKM(CS)－NC180－90W 型	上海摩世勒公共安全设备有限公司
093759	金库门	JKM(CS)－NC180－212W 型	上海摩世勒公共安全设备有限公司
093760	金库门	JKM(B)－NC90 型	上海摩世勒公共安全设备有限公司
093761	金库门	JKM(BS)－NC90W 型	上海摩世勒公共安全设备有限公司
093762	机械防盗保险柜	FDG－B2/J－ABS7080 型	上海摩世勒公共安全设备有限公司
	机械防盗保险柜	FDG－B2/J－ABS8080 型	上海摩世勒公共安全设备有限公司
	机械防盗保险柜	FDG－B2/J－ABS9080 型	上海摩世勒公共安全设备有限公司
093763	通风口	AGW424 型	上海摩世勒公共安全设备有限公司
093763	通风口	AGW636、AGW648 型	上海摩世勒公共安全设备有限公司
093764	紧急呼救器	EVT5A－2P 型	上海摩世勒公共安全设备有限公司
093764	紧急呼救器	EVT5A－3P 型	上海摩世勒公共安全设备有限公司
093764	紧急呼救器	EVT5A－4P 型	上海摩世勒公共安全设备有限公司
093765	保管箱	BGX－J1－DELVXE 型	上海摩世勒公共安全设备有限公司
093766	保管箱	BGX－J1－CH 型	上海摩世勒公共安全设备有限公司
093768	防弹复合玻璃	F79B－24	西安市雁塔区信用合作联社丈八信用社
093770	多功能服的防护芯片		北京三鼎元技术开发有限公司
093771	FZ 系列 ATM 智能防护舱	FZ－C001 型	山东银维科技有限公司
093772	ATM 机银行专用防护舱	LEY90	佛山市顺德区冷雨自动门设备有限公司
093773	钢质入户门	FAM－A－P－5.0 型	北京蓝盾创展门业有限公司
093774	钢质入户门	FAM－A－P－5.0 型	北京蓝盾创展门业有限公司
093776	防盗安全门	FAM－Y－DX 型	广州迭喜安全防范技术有限公司
093789	钢质防爆门	FBM20TWJD	北京五加防盗门制造有限公司
093792	固安捷牌执手锁	GA 型	上海家好五金有限公司
093795	防弹运钞车	CSZ5171XYCFM3 型	常熟华东汽车有限公司
093796	防弹运钞车	CSZ5231XYCFM 型	常熟华东汽车有限公司
093797	防弹运钞车	CSZ5261XYCFM1 型	常熟华东汽车有限公司
093798	防弹运钞车	CSZ5172XYCF2 型	常熟华东汽车有限公司
093799	得福莱牌执手锁	DF 型	佛山市顺德区均安镇奥固五金制品厂
093800	金库门	JKM（B－FG001）－0922－N 型	北京富高经贸有限责任公司

报告编号	产品名称	产品型号	受检单位
093801	连接式防暴警棍	FBG－Ⅱ型	保定龙腾运动器材有限公司
093802	户外机柜门板		深圳市中兴新通讯设备有限公司
093803	钢质Ⅰ级防盗安全门	FAM－D－D1021 型	瑞中天玥（北京）门业有限公司
093804	钢质Ⅰ级防盗安全门	FAM－D－D1021 型	瑞中天玥（北京）门业有限公司
093805	钢质Ⅰ级防盗安全门	FAM－D－D1021 型	瑞中天玥（北京）门业有限公司
093806	钢质J级防盗安全门	FAM－D－D1021 型	瑞中天明（北京）门业有限公司
093807	钢质J级防盗安全门	FAM－D－D1021 型	瑞中天明（北京）门业有限公司
093808	钢质J级防盗安全门	FAM－D－D1021 型	瑞中天明（北京）门业有限公司
093812	防盗安全门	FAM－Y－DFS 型	北京大福士工贸有限责任公司
093813	防盗安全门	FAM－J－DFS 型	北京大福士工贸有限责任公司
093815	防刺服	FCF－F－SD01 型	北京中天锋安全防护技术有限公司
093817	森奇牌执手锁	A 型	永嘉县瓯北镇森奇五金锁具厂
093818	康诺牌执手锁	A 型	永嘉县瓯北镇康威五金锁具厂
093819	自助银行智能防护门	TLX－B 型	青岛天利行科技有限公司
093827	提款箱	TKX－SB－JY－100 型	太原市警鹰保险柜制造有限公司
	提款箱	TKX－SB－JY－180 型	太原市警鹰保险柜制造有限公司
	提款箱	TKX－SB－JY－240 型	太原市警鹰保险柜制造有限公司
093828	提款箱	TKX－SA－JY－100 型	太原市警鹰保险柜制造有限公司
	提款箱	TKX－SA－JY－180 型	太原市警鹰保险柜制造有限公司
	提款箱	TKX－SA－JY－240 型	太原市警鹰保险柜制造有限公司
093829	提款箱	TKX－SC－JY－100 型	太原市警鹰保险柜制造有限公司
	提款箱	TKX－SC－JY－180 型	太原市警鹰保险柜制造有限公司
	提款箱	TKX－SC－JY－240 型	太原市警鹰保险柜制造有限公司
093832	提款箱	TKX－SB－DT－C－100 型	湖南兴业电子有限公司
	提款箱	TKX－SB－DT－C－160 型	湖南兴业电子有限公司
	提款箱	TKX－SB－DT－C－180 型	湖南兴业电子有限公司
	提款箱	TKX－SB－DT－C－240 型	湖南兴业电子有限公司
	提款箱	TKX－SB－DT－C－320 型	湖南兴业电子有限公司
093833	ATM 机银行专用防护舱	DT90 型	湖南兴业电子有限公司
093835	喊话器	HH－20/20A 型	浙江华安安全设备有限公司
093836	破拆工具组合	PCZH－Ⅱ型	广州工富科技开发有限公司
093837	防刺衣	FCF－J－YA 型	广州市勇安帽业服饰有限公司
093838	富士精工牌银行用保管箱	BFX－J1－FGLA 型	北京富工利德科技发展有限公司
093850	组合保管箱库	ZHK（B）－1001 型	上海爱特加严贸易有限公司
093851	警用一次性勘察服	175# 180# 185#	北京华安国盾网络技术中心
093854	复合材料防爆罐	LE－F1000	北京利尔新训练器材销售中心
093855	T 形警棍	AH－T60 型	江苏安华警用装备制造有限公司
093856	防刺服	FCF－J－WW	江苏无畏警用器材制造有限公司
093857	警笛	WJD－1 型	江苏无畏警用器材制造有限公司
093858	警绳	WSD－1 型	江苏无畏警用器材制造有限公司

报告编号	产品名称	产品型号	受检单位
093862	提款箱	TKX－SA－XYII 型	北京兴宇海洋科贸有限公司
093863	提款箱	TKX－SB－XYII 型	北京兴宇海洋科贸有限公司
093864	摩托车锁	7301	中山市镖臣防盗设备有限公司
093879	子母防盗安全门	FAM－Y－TY1221 型	北京天越门窗制造有限公司
093880	子母防盗安全门	FAM－Y－TY1223 型	北京天越门窗制造有限公司
093881	子母防盗安全门	FAM－Y－TY1224 型	北京天越门窗制造有限公司
093882	活动金库	HDJK－B1/J－200 型	台山平安五金制品有限公司
093886	防盗安全门	FAM－Y－DB02 型	北京乐帮易达兴业门窗有限公司
093887	汽车天窗	JONY（吉菱）型	佛山市南海吉菱汽车天窗有限公司
093888	防弹运钞车	TBL5040XYCF2 型	广州东方宝龙汽车工业股份有限公司
093889	防盗门	FAM－Y－FY 型	哈尔滨飞云实业有限公司北京金属制品分公司
093890	防盗门	FAM－Y－FY 型	哈尔滨飞云实业有限公司北京金属制品分公司
093891	防盗门	FAM－Y－FY 型	哈尔滨飞云实业有限公司北京金属制品分公司
093892	防盗门	FAM－Y－FY 型	哈尔滨飞云实业有限公司北京金属制品分公司
093893	防盗门	FAM－Y－FY 型	哈尔滨飞云实业有限公司北京金属制品分公司
093894	防盗门	FAM－Y－FY 型	哈尔滨飞云实业有限公司北京金属制品分公司
093903	强光手电	SAH	江苏安华警用装备制造有限公司
093904	防盗安全门	FAM－B－7Z	河北省唐山天正门业有限公司
093905	防盗安全门	FAM－B－7Z	河北省唐山天正门业有限公司
093909	强光手电		山东中盾警用装备有限公司
093910	催泪喷射器	PSQ－CS	山东中盾警用装备有限公司
093911	便携式远程搜索灯	SM－768	河南威达军警装备有限公司
093912	多功能喊话器	SM－200	河南威达军警装备有限公司
093914	防盗安全门	FAM－Y－LY	北京珑阳兴业金属制品有限公司
093915	防弹运钞车	DMT5025XYCMA	重庆市迪马实业股份有限公司
093916	防弹运钞车	DMT5036XYCLA	重庆市迪马实业股份有限公司
093917	防弹运钞车	MDT5036XYCF	重庆市迪马实业股份有限公司
093918	防弹运钞车	DMT5048XYC5	重庆市迪马实业股份有限公司
093919	防弹运钞车	DMT5031XYC4	重庆市迪马实业股份有限公司
093923	复合中空防盗窗	868	安徽美沃窗业有限公司
093924	防水金库门	JKMCCS7－1020－N 型	海城市保险柜厂
093925	存取款一体机	CZAYM－5100 型	LG N－Sys Inc.
093926	存取款一体机	CZAYM－5000 型	LG N－Sys Inc.
093927	自动柜员机	GWZ9700 型	湖南长城信息金融设备有限责任公司
093928	自动柜员机	PZ800 型	湖南长城信息金融设备有限责任公司
093929	自动柜员机	PZ650 型	湖南长城信息金融设备有限责任公司
093930	液体监测仪	WFJCA 型	广州卫富科技开发有限公司
093935	柜面存取款一体机	GT5800 型	江苏国光信息产业股份有限公司
093936	便携式危险品箱	YDBX－001 型	江西省远大保险设备实业有限公司
093937	自助银行智能防护舱	HT/DF 型	山东鸿图科技有限公司

报告编号	产品名称	产品型号	受检单位
093938	提款箱	TKX－SB－MJ 型	济南铭仕佳豪工贸有限公司
093943	外装门锁	8328 型	高要市金利镇三力制锁厂
093944	金融营业场所安全整体现金柜台	ZY－XJ88	佛山卓银家具有限公司
093945	提款箱	TKX－MA－WB240	深圳市威豹金融押运股份有限公司
093947	组合排爆杆	WF－ZPBG	广州卫富科技开发有限公司
093949	提款箱	TKX－9A－JBXI	青岛金豹箱包有限公司
093953	伸缩警棍	SSG－540－A－C 型	温州市金牛警安器材有限公司
093954	金属手铐	SK220－T 型	温州市金牛警安器材有限公司
093955	防爆安全防护膜	ER1	北京银晶玻璃有限公司
093967	索福牌 EB 防盗门（丁级）	FAM－D－EB	浙江索福工贸有限公司
093968	索福牌 EB 防盗门（丁级）	FAM－D－EB	浙江索福工贸有限公司
093969	索福牌 EB 防盗门（丁级）	FAM－D－E B	浙江索福工贸有限公司
093970	防盗安全门	FAM－D－HX001 型	天津华夏防火设备有限公司
093971	钢质入户门	FAM－A－P－6.0 型	北京蓝盾创展门业有限公司
093972	钢质入户门	FAM－A－P－6.0 型	北京蓝盾创展门业有限公司
093973	防弹复合玻璃	F54C－25－I 型	深圳市深南益玻璃制品有限公司
093974	防盗安全门	FAM－J－BY	北京群升北亦门业有限公司
093975	发财豹活动金库	FCB－DZJ－2009	武邑金豹柜业有限公司
093976	防弹运钞车	TBL5021XYCF2	广州东方宝龙汽车工业股份有限公司
093977	强光手电		江苏省靖江市国安电子防卫器械厂
093978	防割手套		江苏省靖江市国安电子防卫器械厂
093979	伸缩警棍	SSG－500－A－C 型	江苏省靖江市国安电子防卫器械厂
093980	铁栅栏	LY01	北京安盛嘉信商贸有限公司
093981	激光全息瞄准镜	M09002－1	北京中兵科华光电技术有限公司
093985	加热手套	HLT－I	北京豪立泰科技有限公司
093992	伸缩警棍	SSG－540－A－C 型	北京市波力特电子技术有限公司
093993	自助封包存储机	DT－7000H90 型	广州广电运通金融电子股份有限公司
093993	自助封包存储机	DT－7000H90L 型	广州广电运通金融电子股份有限公司
093995	金融营业场所安全整体现金柜台	YP－XJ88	广东优派家私有限公司
093998	约束椅	T1 型	长沙动必成安全设备有限公司
093999	约束床	J1 型	长沙动必成安全设备有限公司
0931000	智能柜面室	GT2135	常州国光三晶电子科技有限公司
0931002	监视门	JSM－D	杭州临安康宁门业有限公司
0931003	封闭式自助银亭	1302	杭州安尼自动化装备有限公司
0931004	封闭式自助银亭	1301	杭州安尼自动化装备有限公司
0931005	封闭式自助银亭	1303	杭州安尼自动化装备有限公司
0931006	三七门二节电子密码柜	900＊400＊1850	哈尔滨飞云实业北京第二金属制品分公司
0931007	双排电脑槽锁头	FDS－B－MLB SPS	温州市美利保锁业有限公司
0931008	双牌 S 槽锁头	FDS－B－MLB SP	温州市美利保锁业有限公司
0931009	防弹面罩	FDM－II－A－JG	重庆金冠新技术开发有限公司

报告编号	产品名称	产品型号	受检单位
0931012	110 公益警示牌	三台合一	广州市雅君文化传播有限公司
0931014	防刺服	FCF－J－WD－1	靖江市威盾保安器材有限公司
0931015	防割手套	WD－FST－1 型	靖江市威盾保安器材有限公司
0931016	T 型警棍	BRT－60 型	靖江市保瑞警用器材制造有限公司
0931017	伸缩警棍	GBR 型	靖江市保瑞警用器材制造有限公司
0931019	彩色铝合金推拉防盗窗	89 型	芜湖景尚商贸有限公司
0931020	电插锁	ALG－32N 型	北京安利杰安全防范科技有限公司
0931021	磁力锁	ALG－M270 型	北京安利杰安全防范科技有限公司
0931026	奥比特执手锁	OZ2－86Z63AB 型	中山市小榄镇奥比特五金制品厂
0931027	防割手套	FGST－A01 型	福建石狮市荣威警备器材有限公司
0931028	铝合金卷帘门	FLJ－002	北京福洛佳装饰有限公司
0931031	自动发卡充值机	GWI－MBS810	湖南长城医疗科技有限公司
0931036	电子门吸	DM H60－REX	上海多麦克司企业发展有限公司
0931039	防盗安全门	FAM－Y－TZ	河北省唐山天正门业有限公司
0931040	防盗安全门	FAM－Y－TZ	河北省唐山天正门业有限公司
0931041	防砸复合玻璃	FZB－A21－JS	北京市建顺汽车风挡玻璃厂
0931042	无锁孔智能遥控防盗门	FAM－J－YJ－1	徐州誉佳电子科技发展有限公司
0931045	防弹运钞车	DMT5032XYC2	重庆市迪马实业股份有限公司
0931046	防弹运钞车	DMT5250XYC3	重庆市迪马实业股份有限公司
0931047	防弹运钞车	DMT5033XYC4	重庆市迪马实业股份有限公司
0931048	法国库宝金库门 欧蒂玛	OPTEMA 180 加大型	北京富高经贸有限责任公司
0931050	防弹运钞车	DMT5170XYC3 型	重庆市迪马实业股份有限公司
0931051	雷管作业箱	JH－LGX－01 型	江西金虎保险设备集团有限公司
0931052	提款箱	TKX－SA－100II 型	重庆金冠汽车制造股份有限公司
	提款箱	TKX－SA－160II 型	重庆金冠汽车制造股份有限公司
	提款箱	TKX－SA－180II 型	重庆金冠汽车制造股份有限公司
	提款箱	TKX－SA－240II 型	重庆金冠汽车制造股份有限公司
	提款箱	TKX－SA－320II 型	重庆金冠汽车制造股份有限公司
0931053	提款箱	TKX－SC－200II	重庆金冠汽车制造股份有限公司
0931054	提款箱	TKX－SB－100 Ⅱ	重庆金冠汽车制造股份有限公司
	提款箱	TTKX－SB－160 Ⅱ	重庆金冠汽车制造股份有限公司
	提款箱	KX－SB－180 Ⅱ	重庆金冠汽车制造股份有限公司
	提款箱	TKX－SB－240 Ⅱ	重庆金冠汽车制造股份有限公司
	提款箱	TKX－SB－320 Ⅱ 型	重庆金冠汽车制造股份有限公司
0931055	防弹运钞车	SL5043XYCF1	重庆金冠汽车制造股份有限公司
0931056	防割手套		上海联博安防器材有限公司
0931059	防爆罐	YWFBG－1 型	河南永威安防股份有限公司
0931060	防爆罐	YWFBG－2 型	河南永威安防股份有限公司
0931061	防爆罐	YWFBG－3 型	河南永威安防股份有限公司
0931062	防爆罐	YWFBG－1. 5 型	河南永威安防股份有限公司

报告编号	产品名称	产品型号	受检单位
0931064	Yale 品牌钢质防盗安全门	FAM－D－GMD01 型	瑞中天明（北京）门业有限公司
0931065	Yale 品牌钢质子母防盗安全门	FAM－D－GMS01 型	瑞中天明（北京）门业有限公司
0931066	防盗安全门	FAM－A－P－6.1	北京睿翔工贸有限公司
0931067	防盗安全门	FAM－Y－RX	北京睿翔工贸有限公司
0931068	富士精工牌金库门	SYM7000－2000（7000DX2）	北京富工利德科技发展有限公司
0931069	移动掩体	BMD－L－YDYT	北京通美达科技发展有限公司
0931070	防暴头盔		福建省泉州市海滨玻璃钢制品厂
0931071	监室门	JSM－E	杭州临安康宁门业有限公司
0931072	防弹玻璃	F54B－22 型	北京银晶玻璃有限公司
0931073	防盗安全门	FAM－D	河北省大厂县金盾门业加工厂
0931074	自动柜员机保险柜	C6000	北京神州金倍科技股份有限公司
0931075	自动柜员机保险柜	TR1TON. FT5000XP	北京神州金倍科技股份有限公司
0931076	自动柜员机保险柜	OKI 21SX	冲电气实业（深圳）有限公司
0931077	钢质防弹门	FAM－Y－LD1021	北京蓝盾创展门业有限公司
0931080	警鹰牌活动金库	JY－DJK（A）	太原市警鹰保险柜制造有限公司
0931081	执手锁	8545 型	东莞市坚朗五金制品有限公司
0931082	执手锁	8560 型	东莞市坚朗五金制品有限公司
0931083	防盗安全门	FAM－Y－CY/F2711	东莞市万江诚业防盗门加工店
0931084	防盗安全门	FAM－B－CY/F2707	东莞市万江诚业防盗门加工店
0931085	防盗安全门	FAM－B－CY/F2708	东莞市万江诚业防盗门加工店
0931086	防盗安全门	FAM－Y－CY/F2713	东莞市万江诚业防盗门加工店
0931087	防爆安全防护膜	AXA1	北京银晶玻璃有限公司
0931089	多功能排爆车	WF－PBCZ	广州卫富科技开发有限公司
0931090	防弹运钞车	TBL5020XYCF9	广州东方宝龙汽车工业股份有限公司
0931093	强光手电	QGSD－JSJ1	靖江市金安警用器材制造有限公司
0931094	金属手铐	SK－JSJ4	靖江市金安警用器材制造有限公司
0931095	防割手套	FGST－JSJ5	靖江市金安警用器材制造有限公司
0931096	防刺服	FCF－Y（L）－JSJ	靖江市金安警用器材制造有限公司
0931097	钢质入户门	FAM－Y－LD1221	北京蓝盾创展门业有限公司
0931098	钢质入户门	FAM－Y－LD1021	北京蓝盾创展门业有限公司
0931099	钢木质入户门	FAM－Y－LD1221	北京蓝盾创展门业有限公司
0931100	钢质入户门	FAM－A－P－5.1	北京蓝盾创展门业有限公司
0931101	钢质入户门	FAM－A－P－5.1	北京蓝盾创展门业有限公司
0931102	钢质入户门	FAM－Y－LD1020	北京蓝盾创展门业有限公司
0931103	钢质防盗门	FAM－Y－LD1021	北京蓝盾创展门业有限公司
0931108	现金出纳柜台	ABC－41 型	佛山市南海卓尔文化家具有限公司
0931109	锁头	A－13	四川德阳市盛堡锁业有限责任公司
0931112	活动金库	JY－DJK（B）	太原市警鹰保险柜制造有限公司
0931113	防盗安全门	FAM－Y－LY08 型	北京珑阳兴业金属制品有限公司
0931114	智能提款箱	TKX－SB－IN	深圳市银利佳科技有限公司

报告编号	产品名称	产品型号	受检单位
0931117	外装门锁	9331 型	中山市东升镇顺得辉五金制品厂
0931118	外装门锁	YL－1002	中山市东升镇顺得辉五金制品厂
0931119	手动密集架	SJM－S36	镇江亨威金融保险机具有限公司
0931121	独立自助式银亭	SPOTTECH－T－8	北京思博创新科技有限公司
0931124	光泰牌子母防盗安全门	FAM－B－GT	乌兰浩特市光泰钢构彩板门业有限责任公司
0931125	光泰牌防盗安全门	FAM－Y－GT	乌兰浩特市光泰钢构彩板门业有限责任公司
0931126	光泰牌防盗安全门楼宇门	FAM－I－GT（待确定）	乌兰浩特市光泰钢构彩板门业有限责任公司
0931127	光泰牌防盗安全门	FAM－D－GT	乌兰浩特市光泰钢构彩板门业有限责任公司
0931129	指纹微型电子计算机保管箱系统		广州优利康沛科技有限公司
0931130	淏华防弹防尾随门	FLAM－DK－HH－NB－1 型	广州淏华实业有限公司
0931131	信泰牌防盗安全门	FAM－B	唐山市丰润区广大钢质门厂
0931132	卡得牌防盗安全门	FAM－D	沈阳卫士防盗门窗有限公司
0931133	卡得牌防盗安全门	FAM－B	沈阳卫士防盗门窗有限公司
0931134	防弹钢板	BR1500HS 型	大连源欣科贸有限公司
0931135	防盗安全门	FAM－D 型	郑州中博门业有限公司
0931136	木质安全门	FAM－Y 型	广东润成创展木业有限公司
0931137	安全户门	FAM－B－1021	北京市开泰祥云建筑材料有限公司
0931139	活动金库	HDJK－GSPA 型	德州虎剑柜业有限公司
0931140	运钞车	DMT5250XYC1	重庆市迪马实业股份有限公司
0931141	运钞车	DMT5047XYC6	重庆市迪马实业股份有限公司
0931142	运钞车	DMT5048XYC6	重庆市迪马实业股份有限公司
0931143	金库门双开	JKM（C）－1623	太原市警鹰保险柜制造有限公司
0931144	防弹钢板	BR1500HS 型	大连源欣科贸有限公司
0931145	防盗安全门	FAM－D 型	郑州中博门业有限公司
0931146	木质安全门	FAM－Y 型	广东润成创展木业有限公司
0931149	A 级提款箱		岳阳市公安局治安支队
0931150	曼特牌防盗安全门	FAM－Y－MT/D001	北京曼特门业有限公司
0931151	曼特牌防盗安全门	FAM－D－MT/Z001	北京曼特门业有限公司
0931152	曼特牌防盗安全门	FAM－D－MT/Z001	北京曼特门业有限公司
0931153	曼特牌防盗安全门	FAM－Y－MT/Z001	北京曼特门业有限公司
0931154	防切割手套	JT03A	江苏炬通特种材料有限公司
0931156	提款箱	TKX－SB－ZR200	北京世纪中融科技发展有限公司
0931158	ATM 机防护安全亭	AQT－DB	大丰市达标安全设备有限公司
0931164	钢质防盗门	FAM－Y－LD/1221	北京蓝盾创展门业有限公司
0931165	钢木复合入户门	FAM－D－LD1122A	北京蓝盾创展门业有限公司
0931166	钢木复合入户门	FAM－D－LD1122A	北京蓝盾创展门业有限公司
0931167	钢木复合入户门	FAM－D－LD1122B	北京蓝盾创展门业有限公司
0931168	钢木复合入户门	FAM－D－LD1122A	北京蓝盾创展门业有限公司
0931169	防护高机动型越野汽车	YJ2080	北京中资燕京汽车有限公司
0931172	禁盗牌摩托车锁	B682	广州禁盗五金制品厂

报告编号	产品名称	产品型号	受检单位
0931173	金锁王牌摩托车锁		广州金锁王五金制品厂
0931174	防弹防尾随联动互锁装甲门	YGFLAM－TM－FD	深圳市亚光银联科技有限公司
0931175	可移动危爆物品储存库	DF－WB001 型	湖南德丰安防科技有限公司
0931176	雷管箱	DF－LG003 型	湖南德丰安防科技有限公司
0931177	防爆枪柜	DF－QG004 型	湖南德丰安防科技有限公司
0931178	系列危爆物品储存库门	DF－fdm005 型	湖南德丰安防科技有限公司
0931179	鼎捍牌通信基站安全防盗门	HSD－206/207	江西宏达保安器材有限公司
0931182	防盗锁锁头	L1 型	江西省新余市龙钥锁厂
0931183	钢木质入户门	FAM－D－LD/GM1223	北京蓝盾创展门业有限公司
0931184	钢木质入户门	FAM－D－LD/GM1023	北京蓝盾创展门业有限公司
0931185	搜爆服	WF－SBF	广州卫富科技开发有限公司
0931186	钢木质入户门	FAM－Y－DM1021GM	东莞市德曼木业有限公司
0931187	不锈钢金库门	JKM（B）－E28000 型	广州骆驼保险柜有限公司
0931188	不锈钢金库门中门	JKM（B）－0919－N－E28000 型	广州骆驼保险柜有限公司
0931189	防弹钢板	ADVANS500A	钢铁研究总院
0931190	亚玛牌插芯防盗锁	ZL152553/ABM	北京蓝盾创展门业有限公司
0931191	富士精工牌	SYMBOLIC－50000	北京富工利德科技发展有限公司
0931193	电动遥控卷帘门	SXG77	北京广龙舒心不锈钢装饰有限公司
0931201	防盗安全门	FAM－D－EB	浙江索福工贸有限公司
0931203	移动金库	YDJK（C）－ZS－02	宝鸡中鑫银行安全专业有限公司
0931204	钢质隔热防火门	GFM－1224－dk5A1.00（乙级）－1（I）	霍曼（北京）门业有限公司
0931205	钢质隔热防火门	GFM－2024－dk5A1.00（乙级）－2（I）	霍曼（北京）门业有限公司
0931206	鼎捍牌通信基站安全防盗门	CHSD－206/207	重庆桓浩科技发展有限公司
0931207	提款箱专用卡封锁	TKX－KFS－IN	深圳市银利佳科技有限公司
0931210	箱柜机械密码锁	BXG－002	河北石家庄市宏巨锁业有限公司
0931212	二代伸缩警棍		广州市录士安全技术防范产品开发有限公司
0931213	自动柜员机保险柜	NZ－911	深圳市新达通科技有限公司
0931214	提款箱	TKX－MB－JL806	辽宁聚龙金融设备股份有限公司
0931215	提款箱	TKX－SA－JL806	辽宁聚龙金融设备股份有限公司
0931222	钢质入户门	FAM－D－LD/1021	北京蓝盾创展门业有限公司
0931223	钢质入户门	FAM－D－LD/1021	北京蓝盾创展门业有限公司
0931224	钢质入户门	FAM－D－LD/1021	北京蓝盾创展门业有限公司
0931225	钢质入户门	FAM－D－LD/1021	北京蓝盾创展门业有限公司
0931226	钢质入户门	FAM－D－LD/1021	北京蓝盾创展门业有限公司
0931227	钢质入户门	FAM－D－LD/1021	北京蓝盾创展门业有限公司
0931228	运钞车	CSZ5032XYCF2	常熟华东汽车有限公司
0931229	运钞车	CSZ5025XYCF2	常熟华东汽车有限公司
0931230	运钞车	CSZ5025XYCFS2	常熟华东汽车有限公司
0931231	运钞车	CSZ5024XYCF2	常熟华东汽车有限公司
0931234	运钞车	DMT5024XYC	重庆市迪马实业股份有限公司

报告编号	产品名称	产品型号	受检单位
0931235	子母百合门	FAM－B－META	北京曼特门业有限公司
0931239	安全户门	FAM－B－GHF1020	北京市开泰祥云建筑材料有限公司
0931240	安全户门	FAM－B－GHF1020	北京市开泰祥云建筑材料有限公司
0931241	富士精工牌移动保管箱库	V 型	北京富工利德科技发展有限公司
0931245	防尾随联动互锁安全门	FLAM－THDY	北京天河地塬科贸有限公司
0931246	警用强光手电	SNB	中国京安进出口公司
0931247	钢木复合入户门	FAM－D－LD1122	北京蓝盾创展门业有限公司
0931248	钢质复合入户门	FAM－D－LD1122	北京蓝盾创展门业有限公司
0931249	钢质复合入户门	FAM－D－LD1122	北京蓝盾创展门业有限公司
0931250	钢质复合入户门	FAM－D－LD1122	北京蓝盾创展门业有限公司
0931251	钢质复合入户门	FAM－D－LD1122	北京蓝盾创展门业有限公司
0931252	钢质复合入户门	FAM－D－LD1122	北京蓝盾创展门业有限公司
0931253	钢质复合入户门	FAM－D－LD1122	北京蓝盾创展门业有限公司
0931254	钢质复合入户门	FAM－D－LD1122	北京蓝盾创展门业有限公司
0931255	钢质入户门	FAM－B－LD/G1021	北京蓝盾创展门业有限公司
0931256	钢质防盗门	FAM－Y－LD/G1021	北京蓝盾创展门业有限公司
0931257	钢质防盗门	FAM－Y－LD/G1021	北京蓝盾创展门业有限公司
0931258	钢质防盗门	FAM－Y－LD/G1021	北京蓝盾创展门业有限公司
0931259	钢质防盗门	FAM－Y－LD/G1021	北京蓝盾创展门业有限公司
0931260	钢质防盗门	FAM－Y－LD/G1021	北京蓝盾创展门业有限公司
0931261	钢质防盗门	FAM－Y－LD/G1021	北京蓝盾创展门业有限公司
0931262	钢质防盗门	FAM－Y－LD/G1021	北京蓝盾创展门业有限公司
0931263	钢质防盗门	FAM－Y－LD/G1021	北京蓝盾创展门业有限公司
0931264	钢质防盗门	FAM－Y－LD/G1021	北京蓝盾创展门业有限公司
0931265	钢质防盗门	FAM－Y－LD/G1021	北京蓝盾创展门业有限公司
0931266	钢质防盗门	FAM－Y－LD/G1021	北京蓝盾创展门业有限公司
0931267	钢质防盗门	FAM－Y－LD/G1021	北京蓝盾创展门业有限公司
0931268	钢质防盗门	FAM－Y－LD/G1021	北京蓝盾创展门业有限公司
0931269	钢质防盗门	FAM－Y－LD/G1021	北京蓝盾创展门业有限公司
0931273	监室门	JSM－B－XB1	杭州萧山保险箱厂
0931274	机械防盗锁	FDS－B－XbS	杭州萧山保险箱厂
0931275	监室门	JSM－D－XB2	杭州萧山保险箱厂
0931276	监室门	JSM－E－XB3	杭州萧山保险箱厂
0931277	ATM 防护舱	YYX－I 型	青岛易元兴电子技术有限公司

2.1.3 招标

报告编号	产品名称	产品型号	受检单位
093871	防刺服	1JHJ	南昌市城市管理行政执法局
093872	防割手套	1JHJ	南昌市城市管理行政执法局
093873	防割手套	2JHJ	南昌市城市管理行政执法局
093874	防刺服	2JHJ	南昌市城市管理行政执法局
093875	防刺服	3JHJ	南昌市城市管理行政执法局
093876	防割手套	3JHJ	南昌市城市管理行政执法局

（提供资料：国家安全防范报警系统产品质量监督检验中心（北京））

2.2 国家安全防范报警系统产品质量监督检验中心（上海）检测结果信息

2.2.1 型式检验

序号	产品名称	产品型号	送检单位	送检单位电话
1	楼宇对讲系统	HW1001 – LW	上海青源科技有限公司	021 – 56065522
2	摄像机	ST – 7060H	上海广盾信息系统有限公司	021 – 63785705
3	摄像机	ST – 7650H	上海广盾信息系统有限公司	021 – 63785705
4	摄像机	ST – 8230H	上海广盾信息系统有限公司	021 – 63785705
5	摄像机	ST – 622	上海广盾信息系统有限公司	021 – 63785705
6	高速球	TB – OH6	深圳拓邦股份有限公司	0755 – 27651888
7	摄像机	TB – 2	深圳拓邦股份有限公司	0755 – 27651888
8	半球摄像机	TB – 5	深圳拓邦股份有限公司	0755 – 27651888
9	楼寓对讲安防管理系统	BS – 338	乐清市丽视电气科技有限公司	0577 – 62757333
10	硬盘录像机	NSUV – 6816CS/ – AF – DVR – II – B/16 – 4	苏州新海宜图像技术有限公司	0512 – 62760005
11	防弹玻璃	F79B – 25（6 + 12 + 6 + 0.1 膜）	重庆嘉威特玻璃有限公司	023 – 65732555
12	彩色摄像机	ZK – 3013CM	深圳市华视联发电子科技有限公司	0755 – 84741350
13	彩色摄像机	ZK – 588CD	深圳市华视联发电子科技有限公司	0755 – 84741350
14	防弹玻璃	F79V – 29 – J – DY – III（5 + 5 + 5 + 12）	新乡安全防弹玻璃制造安装有限公司	0373 – 5095980
15	硬盘录像机	HIK/DS – 8016HF – S/GA/ – AF – DVR – II – A/16 – 16 – 10S	杭州海康威视数字技术股份有限公司	0571 – 88075998
16	防盗安全门	FAM – D – MX/G055	上海铭鑫金属制品有限公司	021 – 66131510
17	防盗安全门	FAM – Y – MX/G055	上海铭鑫金属制品有限公司	021 – 66131510
18	SIP 路由分发转发服务器	SIP X000TDF	杭州恒生数字设备科技有限公司	0571 – 28829895
19	网络视频服务器	T1500	杭州恒生数字设备科技有限公司	0571 – 28829895
20	百图半球摄像机	BL – D533BIR	惠州百图丽实业有限公司	0752 – 2126688
21	世友彩色摄像机	SY – 3028D	惠州百图丽实业有限公司	0752 – 2126688
22	世友半球摄像机	SY – 2022IR	惠州百图丽实业有限公司	0752 – 2126688

序号	产品名称	产品型号	送检单位	送检单位电话
23	网络摄像机	HT - IPC - 8001	成都市亨泰微控科技有限公司	028 - 88348089
24	联网可视对讲系统	AP - 200	珠海市安普电子科技有限公司	0756 - 6831316
25	移动定位显示系统	TWS - 2000（入侵报警）	上海欧脉电子科技发展有限公司	021 - 61230892
26	门禁控制器	SK - 1000	苏州精达毅力电子有限公司	0512 - 68219408
27	数字非压缩光端机	GP6 - II	广东九博电子科技有限公司	020 - 38602711
28	金属半球 DSP 摄像机	MCC6403P	上海盛科实业有限公司	021 - 64691961
29	6 寸智能快球	MCC600PD - MSD - 04HW - C22	上海盛科实业有限公司	021 - 64691961
30	摄像机	WV - CF334CH	松下系统网络科技（苏州）有限公司	0512 - 68255606
31	硬盘录像机	DH/DVR0404HE - T/ - AF - DVR - II - A/4 - 4	浙江大华技术股份有限公司	0571 - 28935958
	硬盘录像机	DH/DVR0804HE - T/DVR - II - A/8 - 8	浙江大华技术股份有限公司	0571 - 28935958
	硬盘录像机	DH/DVR1604HE - T/ - AF - DVR - II - A/16 - 16	浙江大华技术股份有限公司	0571 - 28935958
32	智能楼寓可视对讲报警系统	WRT - 212	深圳市慧锐通电器制造有限公司	0755 - 29576116
33	非接触 IC 卡停车场管理系统	ITL - 1TC	深圳市旺龙智能科技有限公司	0755 - 86675999
34	防尾随联动互锁安全门系统	FLAM - AL	浙江奥乐智能系统工程有限公司	\
35	视频（监控）解码服务器	DS - 6304D/DS - 6308D	杭州海康威视数字技术股份有限公司	0571 - 88075998
36	电子自动遥控锁	EXC - 7500D	上海大午数码科技有限公司	021 - 51078175
37	摄像机	VA - 750CP	上海福光顺达电子科技发展有限公司	
38	摄像机	VA - GW9806	上海福光顺达电子科技发展有限公司	
39	摄像机	VA - GW8806	上海福光顺达电子科技发展有限公司	
40	摄像机	VA - 850L	上海福光顺达电子科技发展有限公司	
41	摄像机	VA - 650L	上海福光顺达电子科技发展有限公司	
42	一体化智能球	AD726/716	杭州金埃地科技有限公司	0571 - 88180657
43	矩阵切换控制系统	AD1024/2040/2150	杭州金埃地科技有限公司	0571 - 88180657
44	楼宇对讲系统	HA	上海天创贸易发展有限公司	021 - 64401198
45	防弹玻璃	F79 - H（5 + 5 + 10）	上海双玲玻璃实业有限公司	021 - 64175935
46	防弹玻璃	F54 - H（5 + 5 + 10）	上海双玲玻璃实业有限公司	021 - 64175935
47	防弹玻璃	F54 - M（5 + 5 + 10）	上海双玲玻璃实业有限公司	021 - 64175935
48	防弹玻璃	F79 - H - J（5 + 10 + 5 + 5 + 0.7 膜）	宜春市真美镜业有限公司	0795 - 3263001
49	防弹玻璃	F79B - 25（8 + 8 + 8 + 0.7 膜）	宜春市真美镜业有限公司	0795 - 3263001
50	防盗防火安全门	FAHM - GM - S	上海华固特种门窗有限公司	021 - 37400215
51	防盗防火安全门	FAHM - GM - D	上海华固特种门窗有限公司	021 - 37400215
52	脉冲电子围栏系统	SP - 1	上海智界电子有限公司	021 - 64807850
53	智能可视对讲系统	TS - 6A	厦门兴联科技有限公司	0592 - 5993842
54	楼宇可视对讲联网系统	AB - 6A	厦门狄耐克电子科技有限公司	0592 - 5993842
55	金库门	JKM3 - 1020 - N	曲阜市圣鲁防弹玻璃工程有限公司	0537 - 4643978
56	阵列式红外夜视摄像机	BS - 420AC/BS - 440AC	广州市天河国邦电子制造厂	020 - 22364095
56	阵列式红外夜视摄像机	BS - 460AC/BS - 480AC	广州市天河国邦电子制造厂	020 - 22364095
57	防盗锁	U9ALVHUPSD	上海获麦逊电子科技有限公司	021 - 52380718
58	防尾随联动互锁安全门	XS - 01	扬州市邗江雪山电子电控防盗门厂	0514 - 87381276
59	网络安防监控摄像机	SY - FS - M11	厦门圣悦工贸有限公司	0592 - 8994029

序号	产品名称	产品型号	送检单位	送检单位电话
60	硬盘录像机	VR－AF－DVR－II－B/8－8	上海威乾视频技术有限公司	021－54179399
61	防弹玻璃	F79B－25（12＋6＋6＋0.1 膜）	上海金莹玻璃有限公司	021－64974816
62	无线网络视频服务器	DTT－3041	西安大唐监控技术有限公司	029－88379852
63	双扇钢木质防盗安全门	FAM－Y－WS/GM－2	上海旺森木业有限公司	021－57251375
64	单扇钢木质防盗安全门	FAM－Y－WS/GM－1	上海旺森木业有限公司	021－57251375
65	防盗安全门	FAM－D－TM/S	上海汤臣金属有限公司	021－33758301
66	防盗安全门	FAM－D－TM/D	上海汤臣金属有限公司	021－33758301
67	防盗安全门	FAM－B－TM/S－II	上海汤臣金属有限公司	021－33758301
68	防盗安全门	FAM－B－TM/D－II	上海汤臣金属有限公司	021－33758301
69	防盗安全门	FAM－B－TM/S－I	上海汤臣金属有限公司	021－33758301
70	防盗安全门	FAM－B－TM/D－I	上海汤臣金属有限公司	021－33758301
71	双扇钢木质防盗安全门	FAM－Y－JC/GM－2	上海金漕门业有限公司	021－57256888
72	单扇钢木质防盗安全门	FAM－Y－JC/GM－1	上海金漕门业有限公司	021－57256888
73	数字视频及环境监控主机	RPU－6000	南京南自信息技术有限公司	025－86939355
74	网络固定摄像机	NCC－7260	南京南自信息技术有限公司	025－86939355
75	智能网络高速球型摄像机	NCC－7650	南京南自信息技术有限公司	025－86939355
76	网络中速球型摄像机	NCC－7450	南京南自信息技术有限公司	025－86939355
77	固定摄像机	NCC－2095	南京南自信息技术有限公司	025－86939355
78	智能高速球型摄像机	NCC－6289	南京南自信息技术有限公司	025－86939355
79	中速球型摄像机	NCC－6089	南京南自信息技术有限公司	025－86939355
80	防盗密码锁	FDS－II	宁波市鄞州牢守锁具有限公司	0574－88449966
81	一拖四门禁管理系统	JS64	深圳市捷顺科技实业股份有限公司	0755－83121711
82	工业数字 CCD 摄像机	CY－DC2035J	重庆创宇光电子技术有限公司	023－68602137
83	工业数字 CCD 摄像机	CY－DC1335J	重庆创宇光电子技术有限公司	023－68602137
84	二郎神智能图像处理服务器	TYL－IIS－8002	深圳市天盈隆科技有限公司	0755－83436166
	二郎神智能图像处理服务器	TYL－IIS－8004	深圳市天盈隆科技有限公司	0755－83436166
	二郎神智能图像处理服务器	TYL－IIS－8008	深圳市天盈隆科技有限公司	0755－83436166
85	二郎神智能图像处理服务器	TYL－IIS－8001	深圳市天盈隆科技有限公司	0755－83436166
86	硬盘录像机	TD－2504－AF－DVR－II－A/04－04	深圳市同为数码科技有限公司	0755－33306060
	硬盘录像机	TD－2508－AF－DVR－II－A/08－08	深圳市同为数码科技有限公司	0755－33306060
	硬盘录像机	TD－2516－AF－DVR－II－A/16－16	深圳市同为数码科技有限公司	0755－33306060
87	红外线防水摄像机	WT－Y560	深圳市威特尔安防科技有限公司	0755－89605006
88	防弹玻璃	F64L－27（5＋10＋5＋4＋0.4 膜）	上海文雯玻璃制品有限公司	021－58033701
89	硬盘录像机	YCH－AF－DVR－II－A/16－16	山东银储安全防护技术有限公司	0513－88022668
90	网络视频服务器	DH－NVS0204EB－S/DH－NVS0404EB－S	浙江大华技术股份有限公司	0571－28935958
91	电控防盗门锁	DKFDS	温州宇达锁业有限公司	\
92	摩托车防盗报警系统	GP01	泉州市安宝驰工贸有限责任公司	0595－22107199
93	楼寓对讲系统	YD－3000	瑞安市安盛智能科技有限公司	0577－66801949
94	摄像机	YXC03HH2－1	江苏亿通高科技股份有限公司	0512－52818000
95	摄像机	YXC03LH2－1	江苏亿通高科技股份有限公司	0512－52818000

序号	产品名称	产品型号	送检单位	送检单位电话
96	CEFIRO 牌锁芯（B 级）	SWD－B70	浙江鸿利锁业有限公司	0578－2952968
97	CEFIRO 牌叶片防盗门锁	FDS－B－HL/ZTB006	浙江鸿利锁业有限公司	0578－2952968
98	CEFIRO 牌叶片防盗门锁	FDS－B－HL/FTB008－FD	浙江鸿利锁业有限公司	0578－2952968
99	CEFIRO 牌叶片防盗门锁	FDS－B－HL/ZTB008	浙江鸿利锁业有限公司	0578－2952968
100	CEFIRO 牌双锁头防盗门锁	FDS－B－HL/ZTB016－FD	浙江鸿利锁业有限公司	0578－2952968
101	安全出入控制系统	TCS8000	广州泰尚信息系统有限公司	020－87023151
102	复合防弹玻璃	F64B－20（5＋10＋5）	芜湖金运朋玻璃有限公司	0553－5315088
103	通道式金属探测门	XYT2101LCD/XYT2101B	深圳市鑫源通电子有限公司	0755－82180220
104	防尾随联动互锁安全门	FLAM－6	福州新通达计算机有限公司	0591－88188022
105	脉冲电子围栏系统	GW－AP－2	上海国沃电子科技有限公司	021－54990405
106	视频（监控）解码服务器	DS－6004D/DS－6008D	杭州海康威视数字技术股份有限公司	0571－88075998
107	视频（监控）解码服务器	DS－6001D	杭州海康威视数字技术股份有限公司	0571－88075998
108	视频（监控）编解码服务器	DS－6001F	杭州海康威视数字技术股份有限公司	0571－88075998
109	视频（监控）服务器	DS－6101HF－SATA/DS－6102HF－SATA	杭州海康威视数字技术股份有限公司	0571－88075998
110	视频（监控）服务器	DS－6101HC－SATA	杭州海康威视数字技术股份有限公司	0571－88075998
	视频（监控）服务器	DS－6102HC－SATA	杭州海康威视数字技术股份有限公司	0571－88075998
	视频（监控）服务器	DS－6104HC－SATA	杭州海康威视数字技术股份有限公司	0571－88075998
111	摄像机	HSDN－251PS	霍尼韦尔安防（中国）上海分公司	021－52574568
112	指纹锁	FDS－A－ZD	中山市高利锁业股份有限公司	0760－22131230
113	射频感应卡锁－酒店式	FDS－A－ICL	中山市高利锁业股份有限公司	0760－22131230
114	射频感应卡锁－公寓式	FDS－A－IDD	中山市高利锁业股份有限公司	0760－22131230
115	射频感应卡锁－公寓式	FDS－A－IDL	中山市高利锁业股份有限公司	0760－22131230
116	彩色摄像机	CK－36	深圳市创卓越安防器材有限公司	0755－82447189
117	彩色摄像机	CK－31	深圳市创卓越安防器材有限公司	0755－82447189
118	彩色摄像机	CK－31X3	深圳市创卓越安防器材有限公司	0755－82447189
119	彩色摄像机	CT－21	深圳市创卓越安防器材有限公司	0755－82447189
120	硬盘录像机	HIK/DS－8104HF－S/－AF－DVR－II－A/4－4	杭州海康威视数字技术股份有限公司	0571－88075998
	硬盘录像机	HIK/DS－8108HF－S/－AF－DVR－II－A/8－8	杭州海康威视数字技术股份有限公司	0571－88075998
	硬盘录像机	HIK/DS－8116HF－S/－AF－DVR－II－A/16－16	杭州海康威视数字技术股份有限公司	0571－88075998
121	楼宇对讲系统	VH	上海金航电讯器材有限公司	021－62518271
122	网络视频服务器	HH6802D－3GE	深圳市黄河数字技术有限公司	0755－33631190
123	彩色摄像机（带报警联动）	WPS－D480C	上海稳普智能科技有限公司	021－51698028
124	防弹玻璃	F54B－21（10＋5＋5＋0.1 膜）	无锡市新惠玻璃制品有限责任公司	0510－83708841
125	防弹玻璃	F79B－25（12＋6＋6＋0.2 膜）	无锡市新惠玻璃制品有限责任公司	0510－83708841
126	出入口控制系统	L－688	上海立基自动化工程有限公司	021－34316334
127	防盗防火门	FAHM－GM－S－5.1	上海至卓特种门业有限公司	2168150602
128	防盗防火门	FAHM－GM－D－5.1	上海至卓特种门业有限公司	2168150602
129	防弹玻璃	F79B23（5＋12＋5＋0.1 膜）	许昌环宇安全玻璃有限公司	0374－5733916
130	智能型脉冲电子围栏系统	YR－LZ－EDP306	上海炎荣电子科技有限公司	021－62272357
131	楼寓可视（彩色）对讲系统	QHSC	青岛韩昌电子有限公司	0532－87874121

序号	产品名称	产品型号	送检单位	送检单位电话
132	楼寓可视（黑白）对讲系统	QHS	青岛韩昌电子有限公司	0532－87874121
133	嘉恒牌防盗门锁	FDS－A－JH/AI	浙江嘉恒金属制品有限公司	0579－87064678
134	硬盘录像机	HIK/DS－8104HC－S/－AF－DVR－II－B/4－4	杭州海康威视数字技术股份有限公司	0571－88075998
	硬盘录像机	HIK/DS－8108HC－S/－AF－DVR－II－B/8－8	杭州海康威视数字技术股份有限公司	0571－88075998
	硬盘录像机	HIK/DS－8116HC－S/－AF－DVR－II－B/16－16	杭州海康威视数字技术股份有限公司	0571－88075998
135	硬盘录像机	HIK/DS－8104HE－S/－AF－DVR－II－B/4－4	杭州海康威视数字技术股份有限公司	0571－88075998
	硬盘录像机	HIK/DS－8108HE－S/－AF－DVR－II－B/8－8	杭州海康威视数字技术股份有限公司	0571－88075998
	硬盘录像机	HIK/DS－8116HE－S/－AF－DVR－II－B/16－16	杭州海康威视数字技术股份有限公司	0571－88075998
136	金库门	JKM2－1020	镇江市京口金融设备厂	0511－88781457
137	摄像机	ZAX－8	深圳市永视新电子科技有限公司	0755－82044952
138	脉冲电子围栏系统	JS－1	上海君昇电子信息工程有限公司	021－50936801
139	阵列式红外半球摄像机	BS－3100AP	广州市天河国邦电子制造厂	020－22364095
140	数字式楼宇可视对讲系统	ComelBus II 82	科曼利（上海）电子有限公司	021－64517710
141	泄漏电缆入侵探测器	TRX－100II	上海申达自动防范系统工程有限公司	021－62575427
142	防弹玻璃	F79B－30（8＋8＋8＋6）	浙江晶泰玻璃有限公司	0570－3688099
143	数字硬盘录像机	JB2000－AF－DVR－II－B/24－24	安徽金帮电子有限公司	0551－5521295
144	楼寓对讲电控防盗门	DFM－Z	无锡伍亿消防工程有限公司	0510－88999568
145	钢质防盗安全门（双扇）	FAM－Y－PY/002	上海璞玉门业有限公司	021－67106218
146	钢质防盗安全门（单扇）	FAM－Y－PY/001	上海璞玉门业有限公司	021－67106218
147	钢质防盗安全门（双扇）	FAM－B－PY/002	上海璞玉门业有限公司	021－67106218
148	钢质防盗安全门（单扇）	FAM－B－PY/001	上海璞玉门业有限公司	021－67106218
149	忠恒牌防盗门锁	FDS－A－ZH898A	浙江忠恒锁业有限公司	0578－3187766
150	防盗安全门	FAM－Y－HC/S1524	上海华承木制品制造有限公司	021－68150602
151	防盗安全门	FAM－Y－HC/D1224	上海华承木制品制造有限公司	021－68150602
152	摄像机	LS923	上海乐金广电电子有限公司	021－58545500
153	楼寓对讲防盗门	FAM－A－YQ－A	湖州泰安门业有限公司	\
154	钢木防盗安全门（子母式）	FAM－Y－SEIN/ZGM106	浙江赛银将军门业有限公司	0575－87857877
155	金属框玻璃楼寓电控门	SAM－LX－BL	上海黎欣安防工程有限公司	021－55222211
156	电控防盗安全门	YX－786	上海众志安防工程有限公司	021－34637501
157	楼寓对讲联网系统	826N	中山市奥敏电子有限公司	0760－88800668
158	楼寓对讲可视联网系统	826.725	中山市奥敏电子有限公司	0760－88800668
159	钢木复合防盗防火安全门	FAHM－GM－D－5.1	上海源森木器厂	021－58233660
160	钢木复合防盗防火安全门	FAHM－GM－S－5.1	上海源森木器厂	021－58233660
161	钢木防盗安全门（子母）	FAM－D－PP/S－75H－1	盼盼安居门业有限责任公司	0417－5179999
162	钢木防盗安全门（单扇）	FAM－D－PP/D－75H－1	盼盼安居门业有限责任公司	0417－5179999
163	钢木防盗安全门（子母）	FAM－B－PP/S－75H－1	盼盼安居门业有限责任公司	0417－5179999
164	钢木防盗安全门（单扇）	FAM－B－PP/D－75H－1	盼盼安居门业有限责任公司	0417－5179999
165	钢木防盗安全门（子母）	FAM－Y－PP/S－75H－1	盼盼安居门业有限责任公司	0417－5179999
166	钢木防盗安全门（单扇）	FAM－Y－PP/D－75H－1	盼盼安居门业有限责任公司	0417－5179999
167	钢木防盗安全门（双扇）	FAM－J－PPL/SG	盼盼廊坊门业有限公司	0316－5977604

序号	产品名称	产品型号	送检单位	送检单位电话
168	钢木防盗安全门（单扇）	FAM－J－PPL/DG	盼盼廊坊门业有限公司	0316－5977604
169	硬盘录像机	SDA/G－WE－AF－DVR－II－A/16－16－10S	上海申得安科技有限公司	021－61279753
170	摄像机	KC－L3152	深圳东日信博科技有限公司	0755－33953636
171	摄像机	KC－DM3142	深圳东日信博科技有限公司	0755－33953636
172	摄像机	KC－52CP	深圳东日信博科技有限公司	0755－33953636
173	索德安牌复合防盗锁芯	FDS－B－LXSDA	永康市联兴锁厂	0579－87592576
174	硬盘录像机	QF－AF－DVR－II－B/16－16	南京齐丰系统科技有限公司	025－84812348
175	门禁控制管理系统	LH－MC210A	上海领慧智能科技有限公司	021－58826127
176	彩色摄像机	WV－NS202ACH	苏州松下系统科技有限公司	0512－68255606
177	彩色摄像机	WV－NW502SCH	苏州松下系统科技有限公司	0512－68255606
178	彩色摄像机	WV－NP502CH	苏州松下系统科技有限公司	0512－68255606
179	彩色摄像机	WV－CW500S/CH、WV－CW504SCH	苏州松下系统科技有限公司	0512－68255606
180	彩色摄像机	WV－CW860B/CH、WV－CW864BCH	苏州松下系统科技有限公司	0512－68255606
181	彩色摄像机	WV－CZ362CH	苏州松下系统科技有限公司	0512－68255606
182	高速球	SD－533	江苏润阳信息产业有限公司	0523－86117618
183	中等距离红外防水摄像机	JV955D	深圳市翔飞科技有限公司	0755－27340809
184	室外红外防水摄像机	SF－3059SH	深圳市翔飞科技有限公司	0755－27340809
185	彩色枪式摄像机	UM－216BHQ	深圳市翔飞科技有限公司	0755－27340809
186	彩色半球摄像机	UM－611SHQ	深圳市翔飞科技有限公司	0755－27340809
187	彩色红外摄像机	UM－316SHQ/UM－811DHQ	深圳市翔飞科技有限公司	0755－27340809
188	摄像机	BS－SD26E	上海蓝色之星科技有限公司	021－61276388
189	摄像机	BS－SD18E	上海蓝色之星科技有限公司	021－61276388
190	摄像机	BS－MC42/BS－MC52/BS－MC55	上海蓝色之星科技有限公司	021－61276388
191	摄像机	BS－C54/BS－DN540	上海蓝色之星科技有限公司	021－61276388
191	摄像机	BS－MDN540/BS－WD55	上海蓝色之星科技有限公司	021－61276388
192	摄像机	BS－D25/BS－D4/BS－D5	上海蓝色之星科技有限公司	021－61276388
193	摄像机	BS－BP42/BS－BP52/BS－BWD55	上海蓝色之星科技有限公司	021－61276388
194	半球摄像机	CPB540－CL	杭州冠博科技有限公司	0571－85126310
195	枪型摄像机	CPB540－AD	杭州冠博科技有限公司	0571－85126310
196	半球摄像机	CPB520－B	杭州冠博科技有限公司	0571－85126310
197	室外高速球型摄像机	SD7316DACB	杭州冠博科技有限公司	0571－85126310
198	防弹复合玻璃	F79B－25（12＋6＋6＋0.18 膜）	江苏惠宇玻璃有限公司	0518－85959775
199	防弹复合玻璃	F79B－23－SF（5＋12＋5）	佛山市顺德区陈村镇星辉玻璃工艺厂	0757－23311068
200	防弹复合玻璃	F79B－23－SF（5＋10＋5）	佛山市顺德区陈村镇星辉玻璃工艺厂	0757－23311068
201	摄像机	BIP－1000C	能意恒电子贸易（上海）有限公司	021－60952881
202	彩色摄像机	TWD－MC006	深圳市伟安视科技有限公司	0755－83754157
203	彩色摄像机	TWD－M004	深圳市伟安视科技有限公司	0755－83754157
204	彩色摄像机	TWD－M003	深圳市伟安视科技有限公司	0755－83754157
205	保德安牌双排量子防盗门锁芯	FDS－B－SPL	保德安保安制品有限公司	0576－82881688
206	保德安牌防盗门锁	FDS－B－888－21	保德安保安制品有限公司	0576－82881688

序号	产品名称	产品型号	送检单位	送检单位电话
207	硬盘录像机	IVR 8000－AF－DVR－II－A/8－8	上海弘视通信技术有限公司	021－64956070
208	智能高速球型摄像机	FI－422WP	深圳市富视康实业发展有限公司	0755－26518999
209	彩色摄像机	FI－202C	深圳市富视康实业发展有限公司	0755－26518999
210	楼宇对讲系统	MDS（VDS）	弗曼科斯（上海）电子有限公司	021－64659292
211	摄像机	LSX701P－B	上海乐金广电电子有限公司	021－58545500
212	摄像机	LS921P－B	上海乐金广电电子有限公司	021－58545500
213	摄像机	LV821P－DB	上海乐金广电电子有限公司	021－58545500
214	硬盘录像机	HT/G－AF－DVR－II－A/16－16－10S	上海亨特电子有限公司	021－55238389
215	可视对讲系统	IRIS9000	悉雅特楼宇自控（杭州）有限公司	0571－87770571
216	防盗锁锁芯	ix6SR	上海回多信息科技有限公司	021－52694735
217	防尾随联动互锁安全门	FLAM－AY	安徽省安银金融机具设备有限公司	0552－4083440
218	金库门中门	JKM（B）－SF－02	重庆华中工贸（集团）有限公司	023－66225169
219	摄像机	VCC－MD610PC/VCC－MD810PC	三洋电机国际贸易有限公司	021－64726178－230
220	硬盘录像机	RT/SB－AF－DVR－II－A/16－16－10S	上海睿网电子有限公司	021－64810402
221	联网型楼宇对讲系统	TCL300	TCL 集团股份有限公司	0755－33311422
222	智能高速球型摄像机	FI－522WP	深圳市富视康实业发展有限公司	0755－26518999
223	彩色半球摄像机	FI－201C	深圳市富视康实业发展有限公司	0755－26518999
224	红外彩色摄像机	FI－760C	深圳市富视康实业发展有限公司	0755－26518999
225	彩色摄像机	FI－302C	深圳市富视康实业发展有限公司	0755－26518999
226	矩阵主机	AD1024R32－8	深圳市深创远数码技术有限公司	0755－84191286
227	矩阵主机	CY8000M32－8	深圳市深创远数码技术有限公司	0755－84191286
228	防弹复合玻璃	F54A－20－I（10＋5＋5＋0.1 膜）	浙江格拉威宝玻璃技术有限公司	0571－82560967
229	防弹玻璃	FJ79－L（8＋12＋12＋0.1 膜）	江西旭晶玻璃有限公司	0792－4669111
230	防弹玻璃	F79－L（8＋8＋12＋0.1 膜）	江西旭晶玻璃有限公司	0792－4669111
231	防弹玻璃	F64－L（8＋8＋8＋0.1 膜）	江西旭晶玻璃有限公司	0792－4669111
232	防盗防火锁	FDS－A－7119－11	上海东冠五金有限公司	021－54859228
233	三雄牌机械防盗锁	FDS－B－8828	温州市三雄门业有限公司	0577－88226680
234	红外摄像机	CE－CP252R	深圳市昌恩电子有限公司	0755－839322176
235	彩色摄像机	CE－CP252	深圳市昌恩电子有限公司	0755－839322176
236	智能高速球	CE－1806	深圳市昌恩电子有限公司	0755－839322176
237	彩色红外夜视防水摄像机	JF－S608	深圳市景峰威视科技有限公司	0755－89390715
238	硬盘录像机	TJ800－AF－DVR－II－A/8－8－10S	上海天跃科技有限公司	021－65981999
239	矩阵	JX60/62/66/BWF	上海宜恩信息科技有限公司	021－61392669
240	一体化高速智能球型摄像机	OT－80		
241	硬盘录像机	JWD－AF－DVR－II－A/16－16－10S	上海银海通讯设备有限公司	021－66532510
242	彩色摄像机	SM－8801	深圳市双金格科技有限公司	0755－29170333
243	硬盘录像机	SG－AF－DVR－II－A/16－16－10S	上海深广电子科技有限公司	021－55381837
244	摄像机	BD－CS878－W	上海一杰电子科技有限公司	021－54255033
245	摄像机	BD－CF738	上海一杰电子科技有限公司	021－54255033
246	摄像机	BD－CC706/BD－CC707	上海一杰电子科技有限公司	021－54255033

序号	产品名称	产品型号	送检单位	送检单位电话
	摄像机	BD－CC708/BD－CN817/BD－CN817L	上海一杰电子科技有限公司	021－54255033
247	摄像机	BD－CD776、BD－CD736	上海一杰电子科技有限公司	021－54255033
248	防盗防火安全门	FAHM－GM－S－5.1－1221	上海杰阳实业有限公司	021－38015311
249	防盗防火安全门	FAHM－G－S－5.1－1221	上海杰阳实业有限公司	021－38015311
250	彩色红外摄像机	JV－380H、JV－6002	深圳市金积嘉电子工业有限公司	0755－28808150
251	彩色红外摄像机	JV－5006	深圳市金积嘉电子工业有限公司	0755－28808150
252	防弹玻璃	F79B－26（12＋6＋6＋0.2膜）	江苏华尔润集团有限公司	0512－58565528
253	防弹玻璃	F79B－32（10＋10＋10）	江苏华尔润集团有限公司	0512－58565528
254	硬盘录像机	HIK/DS－8104AHL－S/－AF－DVR－II－B/4－4	杭州海康威视数字技术股份有限公司	0571－88075998
255	微波探测器	CSB－200D	上海威思特科技发展有限公司	021－62049090
256	防弹复合玻璃	F79－H－J－25（5＋12＋6＋0.2膜）	成都胜达玻璃有限责任公司	028－83681812
257	防盗安全门	FAM－Y－TT/S1221	无锡市防火卷帘门厂	0510－88990670
258	防盗安全门	FAM－Y－TT/D1021	无锡市防火卷帘门厂	0510－88990670
259	飞翼型红外摄像机	SF－3057CH	深圳市翔飞科技有限公司	0755－27340809
260	一体化摄像机	SF－299	深圳市翔飞科技有限公司	0755－27340809
261	嵌入式硬盘录像机	T6016/－AF－DVR－II－B/16－16	深圳市泛海三江电子有限公司	0755－86226969
262	红外摄像机	SP300C	深圳市安方宝科技有限公司	0755－82415995
263	高速球摄像机	SP6006	深圳市安方宝科技有限公司	0755－82415995
264	矩阵切换控制主机	SP20128－32	深圳市安方宝科技有限公司	0755－82415995
265	彩色摄像机	AS580/680HIR	深圳市恒安顺科技有限公司	0755－82992689
266	矩阵切换控制主机	AS1020－24/25/26/28/50	深圳市恒安顺科技有限公司	0755－82992689
267	高速球摄像机	ADT1806	深圳市深安立通科技有限公司	0755－89818989
268	红外摄像机	ADT1201	深圳市深安立通科技有限公司	0755－89818989
269	矩阵切换控制主机	ADT82128－32	深圳市深安立通科技有限公司	0755－89818989
270	视频数字光端机	FKS2150T/R、FKS2450T/R、FKS2850T/R	成都福天禄科技有限责任公司	028－85455969
271	摄像机	FK－OC9800TRACK/FKOCSP3000	上海美赞美数码科技有限公司	021－61494599
272	硬盘录像机	FK－AF－DVR－II－A/4－4	上海美赞美数码科技有限公司	021－61494599
273	矩阵	FK－SP92128－32	上海美赞美数码科技有限公司	021－61494599
274	防盗安全门	FAM－Y－TR/S1422	上海腾瑞门业有限公司	021－58372208
275	防盗安全门	FAM－Y－TR/D0922	上海腾瑞门业有限公司	021－58372208
276	防盗安全门	FAM－Y－DZHM/01	上海大宅门家具有限公司	021－52587188
277	硬盘录像机	HIK/DS－9016HF－S/－AF－DVR－II－A/16－16－10S	杭州海康威视数字技术股份有限公司	0571－88075998
278	硬盘录像机	SOE－AF－DVR－II－A/16－16	深圳市索意姆实业有限公司	0755－25320617
279	硬盘录像机	ST－DVRC316HD/GD－AF－DVR－II－A/16－16－10S	上海皓维电子有限公司	021－65286175
280	硬盘录像机	NSUV－6808CS/－AF－DVR－II－B/8－2	苏州新海宜图像技术有限公司	0512－62760005－8018
281	彩色红外摄像机	KW－4880	深圳凯辉特科技发展有限公司	0755－28574092
282	彩色红外摄像机	MS－2060S	深圳凯辉特科技发展有限公司	0755－28574092
283	数字硬盘录像机	WJ－RT416KCH	苏州松下系统科技有限公司	0512－68255606
284	防弹玻璃	F54B－M（5＋5＋10＋0.1膜）	苏州碧海安全玻璃工业有限公司	0512－65379798
285	防弹玻璃	F79B－M（6＋6＋10＋0.1膜）	苏州碧海安全玻璃工业有限公司	0512－65379798

序号	产品名称	产品型号	送检单位	送检单位电话
286	超广角防暴摄像机	BW－M360＋	合肥博微安全电子科技有限公司	0551－5848303
287	超广角防暴摄像机	BW－M360	合肥博微安全电子科技有限公司	0551－5848303
288	硬盘录像机	HIK/DS－7208HV－S/－AF－DVR－II－B/8－4	杭州海康威视数字技术股份有限公司	0571－88075998
288	硬盘录像机	HIK/DS－7216HV－S/－AF－DVR－II－B/16－4	杭州海康威视数字技术股分有限公司	0571－88075998
289	硬盘录像机	HIK/DS－8104HL－S/－AF－DVR－II－B/4－4	杭州海康威视数字技术股份有限公司	0571－88075998
289	硬盘录像机	HIK/DS－8108HL－S/－AF－DVR－II－B/8－8	杭州海康威视数字技术股份有限公司	0571－88075998
289	硬盘录像机	HIK/DS－8116HL－S/－AF－DVR－II－B/16－16	杭州海康威视数字技术股份有限公司	0571－88075998
290	硬盘录像机	HIK/DS－8104HM/－AF－DVR－II－B/4－4	杭州海康威视数字技术股份有限公司	0571－88075998
291	防盗安全门	FAM－Y－SY/GM－001	长沙金和钢木制品有限公司	\
292	彩色摄像机	G18－10390HCB－3P124	珠海金永进科技有限公司	0756－3628558
293	摄像机	TCM－5311	建腾创达（上海）数码科技有限公司	021－34240777
294	金大牌防盗安全门	FAM－Y－JD/17	浙江金大门业有限公司	0579－87229999
295	金大牌防盗安全门	FAM－J－JD/17	浙江金大门业有限公司	0579－87229999
296	智能高速球	JN－EE580A	深圳市加恩科技有限公司	0755－25357549
297	枪式摄像机	JN－QZ65	深圳市加恩科技有限公司	0755－25357549
298	金库门	JKM3－RJ－2025	镇江市润健程安防设备有限公司	0511－83320707
299	嵌入式硬盘录像机	HY/HY－5016HCC－G/－AF－DVR－II－B/16－4	安防制造（中国）有限公司	0755－33266119
300	嵌入式硬盘录像机	HY/HY－4208HSC－G/－AF－DVR－I－B/8－0	安防制造（中国）有限公司	0755－33266119
301	门禁控制器	WD－K800	上海唯基电子科技有限公司	021－58890932
302	防弹玻璃	F64－H－J（10＋5＋5＋0.1 膜）	江苏亚太玻璃有限公司	0523－86031285
303	防弹玻璃	F79B－26（12＋6＋6＋0.1 膜）	江苏亚太玻璃有限公司	0523－86031285
304	摄像机	LS521P－B1	上海乐金广电电子有限公司	021－58545500
305	摄像机	LS511P－B1/LS511P－C	上海乐金广电电子有限公司	021－58545500
306	联网型可视对讲系统	IVP－N5	中山市保兴电子有限公司	0760－88295621
307	联网型可视对讲系统	IVP－N3	中山市保兴电子有限公司	0760－88295621
308	楼宇对讲系统	IVP－I	博世（珠海）安保上海分公司	021－63172155－129
309	泄漏电缆入侵探测器	TRX－100 ZN	上海申达自动防范系统工程有限公司	021－62575427
310	永鹏牌防盗锁	S90A1	温州市巨鹏磁能锁业有限公司	0577－86828616
311	永鹏牌防盗锁	S100A4	温州市巨鹏磁能锁业有限公司	0577－86828616
312	彩色红外摄像机	EA－0763	厦门誉诚科威安全技术开发有限公司	0592－3181070
313	彩色半球摄像机	EA－366	厦门誉诚科威安全技术开发有限公司	0592－3181070
314	可视楼宇对讲系统		厦门誉诚科威安全技术开发有限公司	0592－3181070
315	可视楼宇对讲系统		厦门誉诚科威安全技术开发有限公司	0592－3181070
316	摄像机	MH－CB308H	上海迈祺电子科技有限公司	021－56318953
317	摄像机	MH－501E	上海迈祺电子科技有限公司	021－56318953
318	A 类干法防弹复合玻璃	F79B－25－SF－I（8＋10＋5＋0.1 膜）	重庆华中工贸（集团）有限公司	023－66225169
319	楼宇可视对讲系统	JS－M202BO	深圳市金积嘉电子工业有限公司	0755－28808150
320	楼宇可视对讲系统	JS－M204BO	深圳市金积嘉电子工业有限公司	0755－28808150
321	楼宇可视对讲系统	JS－218XP	深圳市金积嘉电子工业有限公司	0755－28808150
322	黑白可视对讲门铃	JS－228III	深圳市金积嘉电子工业有限公司	0755－28808150

序号	产品名称	产品型号	送检单位	送检单位电话
323	彩色可视对讲门铃	JS－298C－5	深圳市金积嘉电子工业有限公司	0755－28808150
324	可视对讲门铃	VP－708	深圳市龙侨华实业有限公司	0755－61111958
325	一体化高速智能球	DF36LD	杭州承航电子有限公司	05711－88262195
326	硬盘录像机	HIK/DS－8104HS－S/AF－DVR－I－B/4－0	杭州海康威视数字技术股份有限公司	0571－88075998
	硬盘录像机	HIK/DS－8108HS－S/AF－DVR－I－B/8－0	杭州海康威视数字技术股份有限公司	0571－88075998
	硬盘录像机	HIK/DS－8116HS－S/AF－DVR－I－B/16－0	杭州海康威视数字技术股份有限公司	0571－88075998
327	永和嘉泰钢木防盗门	FAM－J－YHJT/01	万嘉集团有限公司	0579－87712738
328	万嘉牌钢木防盗门	FAM－J－WJ/01	万嘉集团有限公司	0579－87712738
329	防弹复合玻璃	F79C－30－SL（5＋12＋8＋3）	曲阜市圣鲁防弹玻璃工程有限公司	0537－4643978
330	防弹复合玻璃	F79B－29－SL（6＋12＋6＋3）	曲阜市圣鲁防弹玻璃工程有限公司	0537－4643978
331	脉冲电子围栏系统	YA－M	上海佑安智能科技有限公司	021－56557380
332	黑白可视对讲系统	TOP－2003	佛山市星光楼宇设备有限公司	0757－89921899
333	汽车排档锁	FDS－A－LK09AB01	成都国泰公共安全器械有限责任公司	028－83989215
334	网络视频服务器	DH－NVS0104EM	浙江大华技术股份有限公司	0571－28935958
335	网络视频服务器	DH－NVS0104EF/DH－NVS0204EF	浙江大华技术股份有限公司	0571－28935958
335	网络视频服务器	DH－NVS0404EF	浙江大华技术股份有限公司	0571－28935958
336	防盗安全门	FAM－D－HX/01	常熟市华星金属装饰材料有限公司	0512－52450390
337	防盗安全门	FAM－B－HX/01	常熟市华星金属装饰材料有限公司	0512－52450390
338	防盗安全门	FAM－Y－HX/01	常熟市华星金属装饰材料有限公司	0512－52450390
339	楼宇可视对讲系统	DMS－08	广州迪缦斯电子有限公司	020－86088306
340	钢质玻璃电控防盗门	DAM－P	上海欣艺信息技术有限公司	021－65439130
341	防弹复合玻璃	F79B－25－MSI（8＋8＋8＋0.1膜）	湖南长沙民生科技有限公司	0731－84682445
342	嵌入式硬盘录像机	YC－AF－DVR－II－B/16－16	山东银储安全防护技术有限公司	0513－88022668
343	波创家庭数字网关系统	BC－DGW－2007	深圳市波创科技发展有限公司	0755－26743415
344	防弹玻璃	F79B－22－AR（10＋5＋5＋0.1膜）	安瑞装甲材料（芜湖）科技有限公司	0553－5849128
345	防弹玻璃	F79B－27－AR（10＋5＋5＋5）	安瑞装甲材料（芜湖）科技有限公司	0553－5849128
346	门禁系统	TW－SM0XB	上海腾旺电子技术有限公司	021－68315327
347	防弹复合玻璃	F79B－25（12＋6＋6＋0.18膜）	江苏惠宇玻璃有限公司	0518－85959775
348	钢木复合防盗安全门	FAHM－GH－S－5.1/6.1	上海多棱器材有限公司	021－57420738
349	钢木复合防盗安全门	FAHM－GH－D－5.0	上海多棱器材有限公司	021－57420738
350	钢木复合双扇	FAM－D－DL/S2213	上海多棱器材有限公司	021－57420738
351	防弹玻璃	F79－H－J（10＋6＋6＋0.1膜）	杭州灯塔涂料玻璃有限公司	0－13805759229
352	彩色红外一体化机	YT－CY905	北京创思维科技有限公司南京分公司	025－84689998
353	高速球	YT－639	北京创思维科技有限公司南京分公司	025－84689998
354	硬盘录像机	YT－AF－DVR－I－B/16－16	北京创思维科技有限公司南京分公司	025－84689998
355	脉冲电子围栏系统	BOZI W－2	上海博孜智能科技有限公司	021－24200238
356	楼宇对讲系统	Basic Line	特思智能楼宇科技（上海）有限公司	021－62097101
357	脉冲电子围栏系统	CD－DZ206	上海驰代电子科技有限公司	021－51293803
358	防弹复合玻璃	F79B－26（6＋6＋12＋0.2膜）	上海金莹玻璃有限公司	021－64974816
359	硬盘录像机	SV/HT－AF－DVR－II－A/16－16	上海亨特电子有限公司	021－55238390

序号	产品名称	产品型号	送检单位	送检单位电话
359	硬盘录像机	SV/HT－AF－DVR－Ⅱ－A/8－8	上海亨特电子有限公司	021－55238390
360	豪华不锈钢玻璃电控门	EX－1002	上海通宇电子工程有限公司	021－68463842
361	楼宇黑白可视对讲系统	WY－XT	泰州市开发区洋洋电子设备厂	0523－86814868
362	摄像机	AXIS 233D	上海安迅士网络通讯设备贸易有限公司	021－64311690
363	摄像机	AXIS 232D＋	上海安迅士网络通讯设备贸易有限公司	021－64311690
364	摄像机	AXIS 214PTZ/AXIS 215PTZ	上海安迅士网络通讯设备贸易有限公司	021－64311690
365	摄像机	AXIS 225FD	上海安迅士网络通讯设备贸易有限公司	021－64311690
366	摄像机	AXIS 216FD/AXIS 216MFD	上海安迅士网络通讯设备贸易有限公司	021－64311690
367	摄像机	AXIS Q1755	上海安迅士网络通讯设备贸易有限公司	021－64311690
368	摄像机	AXIS P1311	上海安迅士网络通讯设备贸易有限公司	021－64311690
369	摄像机	AXIS 221	上海安迅士网络通讯设备贸易有限公司	021－64311690
370	摄像机	AXIS 211M	上海安迅士网络通讯设备贸易有限公司	021－64311690
371	球型摄像机	HY－GS－8018W	东莞市毅豪电子科技有限公司	0769－82317328
372	网络报警服务器	HT－CKNU	福建省泉州恒通数码有限公司	0595－22206603
373	智能球型摄像机	VF－12218IR	荆州市锦华信安防电子有限公司	0716－6673518
374	智能球型摄像机	VF－1222T/VF－1023	荆州市锦华信安防电子有限公司	0716－6673518
375	机械防盗锁	FDS－A－1	上海大宅门家具有限公司	021－52587188
376	红外彩色半球摄像机	CDR－350SDFV8、CDPR－350NR/1	深圳市昱鑫共创科技发展有限公司	0755－89500278
377	彩色半球摄像机	CD－350SDFV8/CDP－350SDFV8	深圳市昱鑫共创科技发展有限公司	0755－89500278
378	摄像机	LV802	上海乐金广电电子有限公司	021－58545500
379	脉冲电子围栏系统	ZBG－1T	上海莱克米前通电子科技有限公司	021－52550545
380	硬盘录像机	VT/ZY－8004A/－AF－DVR－Ⅱ－A/8－8	深圳市威视特光电科技有限公司	0755－83105226
380	硬盘录像机	VT/ZY－1604A/－AF－DVR－Ⅱ－A/16－16	深圳市威视特光电科技有限公司	0755－83105226
381	彩色摄像机	DV－DC434	深圳丽泽智能科技有限公司	0755－83706188
382	微型超宽动态彩色摄像机	DV－SDM5326DS	深圳丽泽智能科技有限公司	0755－83706188
383	道路监控日蚀摄像机	DV－RC6348KH	深圳丽泽智能科技有限公司	0755－83706188
384	防尾随联动互锁安全门	FLAM－DF62	温州市三雄门业有限公司	0577－88226680
385	金库门（门中门）	JKM2－1200	杭州兴发保险箱厂	0571－82139878
386	高清网络摄像机	DIS－9301IP	深圳市科创科技开发有限公司	0755－28175016
387	高清网络摄像机	DIS－9501IP	深圳市科创兴科技开发有限公司	0755－28175016
388	网络球型摄像机	DIS－SD2300UT/IP	深圳市科创科技开发有限公司	0755－28175016
388	网络球型摄像机	DIS－MD2700UT/IP	深圳市科创科技开发有限公司	0755－28175016
389	楼宇对讲系统	EJ3000	江西银江电子有限公司	0791－2087088
390	防弹玻璃	F79H（8＋8＋8＋0.6膜）	南昌新成玻璃有限公司	0791－6876262
391	防尾随联动门控制系统	TG－FWS	郑州天工电子商贸有限公司	0371－67722766
392	防尾随联动互锁安全门	FLAM－TG	郑州天工电子商贸有限公司	0371－67722766
393	硬盘录像机	DH/DVR0404LE－A/－AF－DVR－Ⅱ－B/4－4	浙江大华技术股份有限公司	0571－28935958
	硬盘录像机	DH/DVR0804LE－A/－AF－DVR－Ⅱ－B/8－8	浙江大华技术股份有限公司	0571－28935958
	硬盘录像机	DH/DVR1604LE－A/－AF－DVR－Ⅱ－B/16－4	浙江大华技术股份有限公司	0571－28935958
394	可视对讲系统	HR－Q2	青岛海尔智能家电科技有限公司	0532－88938269

序号	产品名称	产品型号	送检单位	送检单位电话
395	伸缩式门禁通道机	SKE	上海盛卡恩智能系统有限公司	021－67725890
396	视频编码器	KDM2421/KDM2481/KDM2421L1/KDM2481L	苏州科达科技有限公司	0512－68418188
397	视频编码器	KDM2422S/KDM2482S	苏州科达科技有限公司	0512－68418188
	视频编码器	KDM2422LS/KDM2482LS	苏州科达科技有限公司	0512－68418188
398	视频编码器	KDM2421S/KDM2481S	苏州科达科技有限公司	0512－68418188
	视频编码器	KDM2421LS/KDM2481LS	苏州科达科技有限公司	0512－68418188
399	脉冲电子围栏系统	HAIHE－20	上海海鹤信息科技有限公司	021－52784187
400	天翔 Txion 智能矩阵系统	DMS	深圳市爱创卓越科技有限公司	0755－33359900
401	彩色枪式摄像机	EBC－G60－B23－HIR	深圳达实智能股份有限公司	0755－26639961
402	彩色半球摄像机	EBC－CC8189－HIR	深圳达实智能股份有限公司	0755－26639961
403	麦驰智能家居型可视对讲	MUCHY－500	深圳市麦驰安防技术有限公司	0755－86028855
404	电控防盗门	WM－1	上海威马防盗制品有限公司	021－65668628
405	电控防盗门	LDD	上海威马防盗制品有限公司	021－65668628
406	彩色摄像机	D16－9390HCB－V49－3P124	珠海金永进科技有限公司	0756－3628558
407	CCD 彩色摄像机	KN－91	深圳市迪杰特电子有限公司	0755－89392792
408	门禁控制器	WG2000	深圳市微耕实业有限公司	0755－83150550
409	永和嘉泰钢木防盗门	FAM－J－YHJT/01	万嘉集团有限公司	0579－87712738
410	万嘉牌钢木防盗门	FAM－J－WJ/01	万嘉集团有限公司	0579－87712738
411	室内外一体化高速智能球机	JX80/86/88/GgF	上海宜恩信息科技有限公司	021－61392669
412	脉冲电子围栏系统	KCEF－E	上海康韬智能科技有限公司	021－58352505
413	脉冲电子围栏系统	YCEF－II	上海缘鑫安全技术工程有限公司	021－66529833
414	网络摄像机	DH－IPC－F7	浙江大华技术股份有限公司	0571－28935958
415	网络摄像机	DH－IPC－F6	浙江大华技术股份有限公司	0571－28935958
416	摄像机	DH－CA－FMW4	浙江大华技术股份有限公司	0571－28935958
417	脉冲电子围栏系统	跃天 4 号－1	上海跃天电子科技有限公司	021－65920138
418	智能楼宇可视对讲系统	WRT－R2	深圳市慧锐通电器制造有限公司	0755－29576116
419	防盗安全门	FAM－J－HD/A－P－I	上海恒达装璜工程有限公司	021－55221365
420	防尾随联动互锁安全门	HD－FLAM08AII	上海恒达装璜工程有限公司	021－55221365
421	彩色摄像机	COO－CX800	广州康众普计算机科技有限公司	020－38863803
422	彩色摄像机	COO－AX	广州康众普计算机科技有限公司	020－38863803
423	彩色摄像机	COO－CX	广州康众普计算机科技有限公司	020－38863803
424	彩色摄像机	QOO－116B/C、QOO－100	广州康众普计算机科技有限公司	020－38863803
425	硬盘录像机	HIK/DS－8008HMF－/AF－DVR－II－A/8－8	杭州海康威视数字技术股份有限公司	0571－88075998
426	电子防盗锁	S－G220BKS	上海海维斯建材有限公司	021－66081695
427	防盗锁	FDS－B－M85	上海海维斯建材有限公司	021－66081695
428	防盗锁	FDS－B－HEL－950	上海海维斯建材有限公司	021－66081695
429	高速智能球形摄像机	KJ－22A	杭州泰运电子科技有限公司	0－13958096998
430	彩色摄像机	KJ－540	杭州泰运电子科技有限公司	0－13958096998
431	门禁读卡机	CA－MC0110	深圳市车安科技发展有限公司	0755－86238850
432	停车场收费管理系统	CA－3	深圳市车安科技发展有限公司	0755－86238850

序号	产品名称	产品型号	送检单位	送检单位电话
433	开喜牌防盗安全门	FAM－D－KX/D2110	浙江开喜门业有限公司	0577－62660888
434	开喜牌防盗安全门	FAM－B－KX/D2110	浙江开喜门业有限公司	0577－62660888
435	开喜牌防盗安全门	FAM－Y－KX/D2110	浙江开喜门业有限公司	0577－62660888
436	硬盘录像机	MD－AF－DVR－II－A/24－24	上海敏达网络科技有限公司	021－64892495
437	智能防尾随联动互锁安全门	FLAM－ST－ZN001	武义县兴发保安设备制造有限公司	0579－87622949
438	施特牌金库门中门	JKM3－WYST－003	武义县兴发保安设备制造有限公司	0579－87622949
439	出租汽车防劫装置	JZ－II	上海锦振电子技术有限公司	021－62786090
440	脉冲电子围栏系统	JL－EDP206	上海加朗电子科技有限公司	021－62573755
441	智能高速球	N6008CR/26－10、N6007CE	日安电子（深圳）有限公司	0755－88353668
442	彩色摄像机	SBE－VC6086	深圳市粤成科技有限公司	0755－86027999
443	彩色摄像机	SBE－VC7048/SBE－VC7068	深圳市粤成科技有限公司	0755－86027999
444	彩色摄像机	SBE－VC4066E	深圳市粤成科技有限公司	0755－86027999
445	彩色摄像机	SBE－VC5208/SBE－VC8026	深圳市粤成科技有限公司	0755－86027999
446	矩阵	ZY－8200/128－32	上海泽忻瑞电子科技有限公司	021－61529325
447	彩色红外一体机	OT－900	上虞市宇恒电子有限公司	0575－82137256
448	彩色高清宽动态枪机	OT－800	上虞市宇恒电子有限公司	0575－82137256
449	联网型可视对讲系统	6418	深圳市视得安罗格朗电子股份有限公司	0755－26917888
450	联网型可视对讲系统	D2009	深圳市视得安罗格朗电子股份有限公司	0755－26917888
451	摄像机	TK200	深圳市科康达科技发展有限公司	0755－26749311
452	摄像机	TD700	深圳市科康达科技发展有限公司	0755－26749311
453	防弹复合玻璃	F79－H－J（6＋12＋6＋0.2膜）	福州开发区天诚钢化玻璃有限公司	0591－83976070
454	防弹复合玻璃	F54－H－J（5＋12＋5＋0.2膜）	福州开发区天诚钢化玻璃有限公司	0591－83976070
455	网络摄像机	IS－802－42	深圳市恒昕技术有限公司	0755－26747776
456	网络摄像机	IS－803	深圳市恒昕技术有限公司	0755－26747776
457	门禁控制系统	IP－AK2	霍尼韦尔安防（中国）有限公司	0755－27326500
458	防弹玻璃（超白）	F79H－28－SYPIII（12＋8＋5＋0.1膜）	上海耀华皮尔金顿玻璃股份有限公司	021－38108108
459	防弹玻璃（超白）	F79M－25－SYPIII（12＋6＋6＋0.1膜）	上海耀华皮尔金顿玻璃股份有限公司	021－38108108
460	防弹玻璃（超白）	F54M－23－SYPIV（10＋5＋5＋0.1膜）	上海耀华皮尔金顿玻璃股份有限公司	021－38108108
461	摄像机	DH－CA－FMZ	浙江大华技术股份有限公司	0571－28935958
462	摄像机	DH－CA－F5	浙江大华技术股份有限公司	0571－28935958
463	智能高速球型摄像机	DH－SD4	浙江大华技术股份有限公司	0571－28935958
464	智能型脉冲电子围栏系统	Trophy	上海卓希智能科技有限公司	021－51696400
465	彩色摄像机	CAM－630C	深圳市昱鑫共创科技发展有限公司	\
466	彩色半球摄像机	CAM－632D	深圳市昱鑫共创科技发展有限公司	\
467	高解析度彩色摄像机	V1028－1	深圳英飞拓科技股份有限公司	0755－86096510
468	彩色摄像机	WV－CP500/CH、WV－CP504CH	苏州松下系统科技有限公司	0512－68255606
	彩色摄像机	WV－CP500D/CH、WV－CP504DCH	苏州松下系统科技有限公司	0512－68255606
	彩色摄像机	WV－CP500L/CH、WV－CP504LCH	苏州松下系统科技有限公司	0512－68255606
469	防弹玻璃	F64－H－J（12＋1.2膜）	上海申程建筑幕墙工程有限公司	021－63900598
470	防弹复合玻璃	F79B－25（6＋12＋6＋0.18膜）	江苏惠宇玻璃有限公司	0518－85959775

序号	产品名称	产品型号	送检单位	送检单位电话
471	网络摄像机	NV580	深圳市慧眼视讯电子有限公司	0755－89390382
472	编码器	NVS0404ET	浙江大华技术股份有限公司	0571－28939630
473	矩阵系统	AD2060	杭州艾帝电子有限公司	0571－28025218
474	颐和牌防盗安全门	FAM－Y－YH/860	浙江隆泰门业有限公司	0579－87283264
475	颐和牌防盗安全门	FAM－J－YH/860	浙江隆泰门业有限公司	0579－87283264
476	摄像机	TB－SD800	深圳市拓邦电子科技股份有限公司	0755－27651888
477	摄像机	CP6261	台科视讯系统（苏州）有限公司	0512－62838598
478	摄像机	CP62F2	台科视讯系统（苏州）有限公司	0512－62838598
479	摄像机	CP3261	台科视讯系统（苏州）有限公司	0512－62838598
480	摄像机	CP9231	台科视讯系统（苏州）有限公司	0512－62838598
481	摄像机	CP4231	台科视讯系统（苏州）有限公司	0512－62838598
482	摄像机	CP969Z	台科视讯系统（苏州）有限公司	0512－62838598
483	摄像机	ETS－120B	台科视讯系统（苏州）有限公司	0512－62838598
484	网络摄像机	HH9800N－WS	深圳市黄河数字技术有限公司	0755－33631190
485	网络视频服务器	HH5804D－WS	深圳市黄河数字技术有限公司	0755－33631190
486	楼寓可视对讲系统	ELBEX SYSTEM 4	上海国际技贸联合有限公司	021－64330549
487	楼宇对讲可视系统	AH6000	福建省冠林科技有限公司	0591－38131903
488	可视联网楼宇对讲系统	DXD9905	常州市东讯电子有限公司	0519－88010901
489	脉冲电子围栏系统	LD－G1	上海荣泉实业有限公司	021－50921913
490	磁力锁	PL－180ATN/PL－280ATN/PL－380ATN	恩平市莱美福电子器材有限公司	0750－7527788
491	电插锁	PL－820/PL－840/PL－880	恩平市莱美福电子器材有限公司	0750－7527788
492	智能型脉冲电子围栏系统	T5	上海广拓安防工程有限公司	021－51087788
493	脉冲电子围栏系统	G3	上海广拓安防工程有限公司	021－51087788
494	张力式探测器	V3	上海广拓安防工程有限公司	021－51087788
495	防盗安全门	FAM－B－WA/D	上海纹安木业有限公司	
496	防盗安全门	FAM－B－WA/S	上海纹安木业有限公司	
497	防盗安全门	FAM－Y－WA/S	上海纹安木业有限公司	
498	防盗安全门	FAM－Y－WA/D	上海纹安木业有限公司	
499	级联数字光端机	WS－J/WS－L/WS－G	浙江诶帝威西投资管理有限公司	0571－88262323
500	枪式摄像机	AD762	浙江诶帝威西投资管理有限公司	0571－88262323
501	枪式摄像机	WS311	浙江诶帝威西投资管理有限公司	0571－88262323
502	半球摄像机	AD750	浙江诶帝威西投资管理有限公司	0571－88262323
503	半球摄像机	WS312	浙江诶帝威西投资管理有限公司	0571－88262323
504	数字光端机	ADT（R）/AD8/AD9	浙江诶帝威西投资管理有限公司	0571－88262323
505	数字光端机	WST（R）/WS－D	浙江诶帝威西投资管理有限公司	0571－88262323
506	半球摄像机	AB273	诶比控股集团有限公司	0571－88838684
507	枪式一体机	AB275	诶比控股集团有限公司	0571－88838684
508	枪式摄像机	AB271	诶比控股集团有限公司	0571－88838684
509	级联数字光端机	AB－FL/AB－FQ/AB－FS	诶比控股集团有限公司	0571－88838684
510	矩阵切换控制系统	AB TS/AB DS/AB DGS	诶比控股集团有限公司	0571－88838684

序号	产品名称	产品型号	送检单位	送检单位电话
511	矩阵切换控制系统	AB MS/AB ES/AB80－90	诶比控股集团有限公司	0571－88838684
512	遥控电子防盗锁	ZL－516	沈阳臻龙锁业有限公司	024－25319008
513	钢质防盗安全门	FAM－Y－HD－I	上海久凯门控设备有限公司	021－57629836
514	不锈钢玻璃电控防盗门	BL2000－1	上海久凯门控设备有限公司	021－57629836
515	钢质栅栏电控防盗门	FAM－DK960	上海久凯门控设备有限公司	021－57629836
516	机电双控防盗锁	GW01－S	无锡市广伟机械制造有限公司	0510－82445432
517	指纹密码锁	YDM4109	上海易保电子有限公司	021－64015089
518	智能球型摄像机	EBC－G60－B23－SW1	深圳达实智能股份有限公司	0755－26639961
519	网络视频服务器	EBC－DVS－EA－1	深圳达实智能股份有限公司	0755－26639961
520	Makepower 单面电控锁	MPLK－114	温州市创力电子有限公司	0577－86557922
521	Makepower 机站防盗电控锁	MPLK－SJ	温州市创力电子有限公司	0577－86557922
522	摄像机	APG－IR208HF	上海爱谱华顿安防科技股份有限公司	021－58144888
523	摄像机	APG－129W	上海爱谱华顿安防科技股份有限公司	021－58144888
524	摄像机	APG－318	上海爱谱华顿安防科技股份有限公司	021－58144888
525	硬盘录像机	HISOME/S2500/AF－DVR－II－A/8－8	杭州恒生数字设备科技有限公司	0571－28065744
526	硬盘录像机	HISOME/H3600/AF－DVR－II－B/16－16	杭州恒生数字设备科技有限公司	0571－28065744
527	针孔摄像机	DH－CA－FMZ4/DH－CA－FMZ5	浙江大华技术股份有限公司	0571－28939630
528	摄像机	DH－CA－FA4	浙江大华技术股份有限公司	0571－28939630
529	硬盘录像机	DH/DVR0404MH－T/－AF－DVR－II－A/4－4	浙江大华技术股份有限公司	
529	盘录像机	DH/DVR0404MH－G/－AF－DVR－II－A/4－4	浙江大华技术股份有限公司	0571－28939630
530	出租车防劫隔离装置	SP－1	上海升鹏交通装备技术服务有限公司	021－62783149
531	网络视频服务器	CL3504	深圳市潮流电子有限公司	0755－23464357
532	网络视频服务器	CL3501	深圳市潮流电子有限公司	0755－23464357
533	网络摄像机	CL3601	深圳市潮流电子有限公司	0755－23464357
534	智能型脉冲电子围栏系统	LX－2008（高压电子脉冲式探测器）	深圳市兰星科技有限公司	0755－89392856
535	防弹玻璃	F64－H－J（5＋5＋10）	江苏亚太玻璃有限公司	0523－86031285
536	防弹玻璃	F79B－26（6＋6＋12）	江苏亚太玻璃有限公司	0523－86031285
537	激光（周界）对射探测器	JP－DA－2	上海金磐电子有限公司	021－63052628
538	智能联动互锁系统	ALAND－3	南昌阿兰德实业有限公司	0791－8306995
539	智能电机锁	LN－P	南昌阿兰德实业有限公司	0791－8306995
540	防盗安全门	FAM－Y－YS/SK－1	上海亚森木业有限公司	021－62659688
541	防盗安全门	FAM－Y－YS/DK－1	上海亚森木业有限公司	021－62659688
542	楼寓电控防盗门	MX2E9920	重庆美心．麦森门业有限公司	023－62766235
543	楼寓电控防盗门	MX2E	重庆美心．麦森门业有限公司	023－62766235
544	玻璃楼寓电控防盗门	MX2E－P	重庆美心．麦森门业有限公司	023－62766235
545	X 射线行李包裹安全检查设备	XJ5030/XJ5335	深圳市鑫源通电子有限公司	0755－82180220
546	摄像机	JS. SQ（TSS－300F）	上海友森实业发展有限公司	021－54888831
547	可视对讲系统	IRIS700	悉雅特楼宇自控（杭州）有限公司	0571－87770571
548	可视楼寓对讲系统	QHSAT	深圳市韩昌电子有限公司	0755－26004760
549	硬盘录像机	DH/DVR0404MH－T/I/－AF－DVR－II－A/4－4	浙江大华技术股份有限公司	0571－28939630

序号	产品名称	产品型号	送检单位	送检单位电话
550	摄像机	KTC－ZP－DP－22/KTC－ZP－DP－35	通用电气（上海）贸易有限公司	021－38777990
551	电子防盗锁	SEL	英格索兰（中国）投资有限公司	021－22081753
552	楼宇对讲系统	HS－6270	霍尼韦尔安防（中国）上海分公司	021－28942402
553	防弹玻璃	F79（8＋8＋8）	南昌新成玻璃有限公司	0791－6876262
554	枪弹保险柜	TC－140	东台市万保安全设备有限公司	0515－85430079
555	变速智能球	PE305	浙江红苹果电子有限公司	0571－28021836
556	机械防盗锁	FDS－B－/ FDL1020	英格索兰（中国）投资有限公司	021－22081753
557	指纹防盗锁	NR22	上海力金经贸有限公司	021－54095958
558	防弹玻璃	F79B－29（8＋8＋5＋5）	文登市明池安全玻璃有限公司	0631－8855777
559	高速球型摄像机	BT－180H	深圳市本色科技有限公司	0755－86114502
560	楼宇对讲系统	C－5	厦门市振威安全技术发展有限公司	0592－2954830
561	摄像机	DF－8088RN	深圳市迪飞达电子有限公司	0755－28790577
562	摄像机	DF－566CD	深圳市迪飞达电子有限公司	0755－28790577
563	防弹玻璃	F79B－30（10＋10＋10＋0.1膜）	无锡市新惠玻璃制品有限责任公司	0510－83708841
564	硬盘录像机	WJP4－T－AF－DVR－II－A/24－24	四川佳缘电子科技有限公司	028－85315031
565	视频光端机	FOWAY8000	深圳市海硕科技有限公司	0755－83110367
566	楼宇对讲系统	德胜 ST990－8X	新钶电子（上海）有限公司	021－50427980
567	彩色半球摄像机	ATS－M0932/ATS－M0902	上海敏达网络科技有限公司	021－54262706
568	硬盘录像机	AN－TONE36688K－AF－DVR－II－B/8－8	中山利堡科技有限公司	0760－86212651
569	硬盘录像机	AN－TONE36686K－AF－DVR－II－B/16－16	中山利堡科技有限公司	0760－86212651
570	智能高速球摄像机	89236－6AX	中山利堡科技有限公司	0760－86212651
571	摄像机	82148－32N	中山利堡科技有限公司	0760－86212651
572	摄像机	81152－31S	中山利堡科技有限公司	0760－86212651
573	摄像机	81454－20S/81454－30S	中山利堡科技有限公司	0760－86212651
574	KINGTER 牌安全门	FAM－J－KT/SD/DD	金华市金太门业有限公司	0579－82277837
575	防火防盗安全门	FAHM－GM－D－5.1	上海金漕门业有限公司	021－57251375
576	防火防盗安全门	FAHM－GM－S－5.1	上海金漕门业有限公司	021－57251375
577	防火防盗安全门	FAHM－G－D－5.1	上海金漕门业有限公司	021－57251375
578	防火防盗安全门	FAHM－G－S－5.1	上海金漕门业有限公司	021－57251375
579	防盗安全门	FAM－Y－JC－I	上海金漕门业有限公司	021－57251375
580	防盗安全门	FAM－B－JC－I	上海金漕门业有限公司	021－57251375
581	防弹玻璃	F64－L（5＋5＋5＋5＋0.1膜）	许昌环宇安全玻璃有限公司	0374－5733916
582	硬盘录像机	HY－DH16	安徽兆安电子科技有限公司	0551－4216361
583	智能球型摄像机	HY－2103	安徽兆安电子科技有限公司	0551－4216361
584	智能球型摄像机	HY－1123	安徽兆安电子科技有限公司	0551－4216361
585	摄像机	HY－1758/HY－1788	安徽兆安电子科技有限公司	0551－4216361
586	摄像机	HY－1679	安徽兆安电子科技有限公司	0551－4216361
587	摄像机	HY－1670/HY－1616/HY－1618/HY－2618	安徽兆安电子科技有限公司	0551－4216361
588	摄像机	HY－1806/HY－1808	安徽兆安电子科技有限公司	0551－4216361
589	摄像机	HY－1913	安徽兆安电子科技有限公司	0551－4216361

序号	产品名称	产品型号	送检单位	送检单位电话
590	矩阵	MX3000	上海安防电子有限公司	021－65440440
591	硬盘录像机	HT/SV－AF－DVR－II－A/16－16	上海亨特电子有限公司	021－55238390
592	硬盘录像机	HIK/DS－7104H－S/－AF－DVR－II－B/4－4	杭州海康威视数字技术股份有限公司	0571－88075998
	硬盘录像机	HIK/DS－7108H－S/－AF－DVR－II－B/8－4	杭州海康威视数字技术股份有限公司	0571－88075998
	硬盘录像机	HIK/DS－7116H－S/－AF－DVR－II－B/16－4	杭州海康威视数字技术股份有限公司	0571－88075998
593	硬盘录像机	HIK/DS－9104HF－S/－AF－DVR－II－A/4－4	杭州海康威视数字技术股份有限公司	0571－88075998
	硬盘录像机	HIK/DS－9108HF－S/－AF－DVR－II－A/8－8	杭州海康威视数字技术股份有限公司	0571－88075998
	硬盘录像机	HIK/DS－9116HF－S/－AF－DVR－II－A/16－16	杭州海康威视数字技术股份有限公司	0571－88075998
594	摄像机	LIR－2060H	上海视坤科技有限公司	021－54092216
595	可视楼宇对讲系统	MD370C	广东美泰科技有限公司	0757－26338888
596	停车场智能管理系统	MD－CAR	广东美泰科技有限公司	0757－26338888
597	室外高速球机	MDWP687PTA	广东美泰科技有限公司	0757－26338888
598	半球摄像机	MD580DCW	广东美泰科技有限公司	0757－26338888
599	DPS 红外摄像机	MDIR5902D	广东美泰科技有限公司	0757－26338888
600	DPS 高清摄像机	MD586C	广东美泰科技有限公司	0757－26338888
601	泄漏电缆入侵探测器	HD－X1	上海弘盾智能科技有限公司	021－52659550
602	一体化智能高速球	DS－900	深圳市迪信电子有限公司	0755－28556494
603	一体化智能高速球	VT－CH980/VT－CH480	深圳市迪信电子有限公司	0755－28556494
604	矩阵主机	DS－3000	深圳市迪信电子有限公司	0755－28556494
605	防尾随联动互锁安全门	FLAM－TM（960X2110X800）	常熟市华星金属装饰材料有限公司	0512－52450390
606	瞳孔影像识别防盗系统	MR48	上海力金经贸有限公司	021－54095958
607	防弹玻璃	F79－H（5＋12＋5＋0.1 膜）	上海皓晶玻璃制品有限公司	021－56390126
608	X 射线行李包裹安检设备	XJ8065/XJ10080	深圳市鑫源通电子有限公司	0755－82180220
609	X 射线行李包裹安检设备	XJ6550	深圳市鑫源通电子有限公司	0755－82180220
610	X 射线行李包裹安全检查设备	XJR80	深圳市鑫源通电子有限公司	0755－82180220
611	X 射线行包安检设备	BX4030	深圳市鑫源通电子有限公司	0755－82180220
612	防盗防火安全门	FAHM－G－D	上海汤臣金属有限公司	021－33758301
613	防盗防火安全门	FAHM－G－S	上海汤臣金属有限公司	021－33758301
614	楼宇对讲门	LAM－P－TM	上海汤臣金属有限公司	021－33758301
615	防盗安全门	FAM－Y－TM－S	上海汤臣金属有限公司	021－33758301
616	防盗安全门	FAM－Y－TM－D	上海汤臣金属有限公司	021－33758301
617	视频全字符矩阵主机	BL－D2150D2052/BL－D1024R	广州美电贝尔电业科技有限公司	020－61088288
618	全数字光端机	BL－FDVTRXATRXDLK	广州美电贝尔电业科技有限公司	020－61088288
619	彩色半球摄像机	BL－C480/BL－C480A	广州美电贝尔电业科技有限公司	020－61088288
620	彩色数字摄像机	BL－480C/BL－480CA	广州美电贝尔电业科技有限公司	020－61088288
621	日夜自动光圈半球摄像机	BL－CS482/BL－CS848/BL－CS857	广州美电贝尔电业科技有限公司	020－61088288
622	日夜金属飞碟式摄像机	BL－2002WCB/BL－2003WCB/BL－2004WCB	广州美电贝尔电业科技有限公司	020－61088288
623	智能防暴力高速球摄像机	BL－510PCB/BL－520PCB/BL－521PCB	广州美电贝尔电业科技有限公司	020－61088288
624	照车牌专用摄像机	BL－857LED	广州美电贝尔电业科技有限公司	020－61088288
625	红外智能高速云台摄像机	BL－7500PMC	广州美电贝尔电业科技有限公司	020－61088288

序号	产品名称	产品型号	送检单位	送检单位电话
626	智能日夜型半球摄像机	BL-500/BL-600/BL-610/BL-620/BL-680	广州美电贝尔电业科技有限公司	020-61088288
627	智能高速球型摄像机	BL-500PCB/BL-523PCB	广州美电贝尔电业科技有限公司	020-61088288
	智能高速球型摄像机	BL-526PCB/BL-530PCB	广州美电贝尔电业科技有限公司	020-61088288
	智能高速球型摄像机	BL-536PCB/BL-527PCB	广州美电贝尔电业科技有限公司	020-61088288
628	智能球型摄像机	BL-602APCB/BL-618PCB	广州美电贝尔电业科技有限公司	020-61088288
629	全数字超级宽动态摄像机	BL-800CB/BL-808CB	广州美电贝尔电业科技有限公司	020-61088288
629	全数字超级宽动态摄像机	BL-808ECB/BL-808ACB	广州美电贝尔电业科技有限公司	020-61088288
630	日夜红外线一体化摄像机	BL-705MV/BL-704MC/BL-714MC	广州美电贝尔电业科技有限公司	020-61088288
631	彩色摄像机	EG558GBE	上海昌邑科技发展有限公司	021-58797988
632	楼宇对讲系统	HJ-80	上海慧居智能电子有限公司	021-64481037
633	混合硬盘录像机	DS-9004HF-S/DS-9008HF-S	杭州海康威视数字技术股份有限公司	0571-88075998
633	混合硬盘录像机	DS-9016HF-S	杭州海康威视数字技术股份有限公司	0571-88075998
634	摄像机	DS-2CD852MF-XY/DS-2CD862MF-XY	杭州海康威视数字技术股份有限公司	0571-88075998
635	防尾随互锁控制器	YJ-II	上海壹杰信息技术有限公司	021-62818011
636	联网型可视对讲系统	UP960	西安交大开元国际网络技术有限责任公司	029-83204041
637	高压电子脉冲探测器	GW-AP-2	上海国沃电子科技有限公司	021-54990405
638	智能高速球型摄像机	Fuga5.82（AR8.2）/Fuga6.82	晨达电子（深圳）有限公司	0755-89390905
639	智能高速球型摄像机	AT-IPSDF5011-cr	晨达电子（深圳）有限公司	0755-89390905
640	琪豪牌防盗安全门	FAM-D-QH/QXL	浙江琪豪门业有限公司	0579-87526060
641	琪豪牌防盗安全门	FAM-B-QH/QXL	浙江琪豪门业有限公司	0579-87526060
642	琪豪牌防盗安全门	FAM-Y-QH/QXL	浙江琪豪门业有限公司	0579-87526060
643	琪豪牌防盗安全门	FAM-J-QH/QXL	浙江琪豪门业有限公司	0579-87526060
644	红外夜视摄像机	JM-MC100D	江苏中脉光电科技有限公司	025-58284600
645	非可视楼宇对讲系统	JS-2001/980	佛山市家卫士电子有限公司	0757-82709976
646	高压电子脉冲式探测器	YX-01	上海驭欣电子科技有限公司	021-54244225
647	门禁管理系统	SJS-D	深圳市世纪顺实业有限公司	0755-86330736
648	停车场管理系统	SJS-Park	深圳市世纪顺实业有限公司	0755-86330736
649	摄像机	EH 59XX	上海讯晨数码科技有限公司	021-50131559
650	摄像机	EC 1XX	上海讯晨数码科技有限公司	021-50131559
651	摄像机	EHC 3XX	上海讯晨数码科技有限公司	021-50131559
652	摄像机	EC 4XX	上海讯晨数码科技有限公司	021-50131559
653	防弹玻璃	F54M-33-SYPIII（6+6+8+10+1膜）	上海耀华皮尔金顿玻璃股份有限公司	021-38108108
654	硬盘录像机	VR-AF-DVR-II-B/8-8	上海威乾数字技术有限公司	021-54179399
655	鸿顺牌防盗安全门	FAM-D-HS/031F	浙江鸿顺门业有限公司	0579-87958018
656	鸿顺牌防盗安全门	FAM-B-HS/031F	浙江鸿顺门业有限公司	0579-87958018
657	鸿顺牌防盗安全门	FAM-Y-HS/031F	浙江鸿顺门业有限公司	0579-87958018
658	楼宇可视对讲系统	JB-1000A	福州佳宝智能科技有限公司	0591-88089900
659	硬盘录像机	Fcode-AF-DVR-II-A/16-16	上海迅码计算机软硬件有限公司	021-54807761
660	彩色摄像机	ST-CC4052	金三立视频科技（深圳）有限公司	0755-83128597
661	摄像机	DH-CA-FW1	浙江大华技术股份有限公司	0571-28935958

序号	产品名称	产品型号	送检单位	送检单位电话
662	摄像机	DH－CA－F5	浙江大华技术股份有限公司	0571－28935958
663	摄像机	DH－CA－FMZ	浙江大华技术股份有限公司	0571－28935958
664	智能高速球体摄像机	DH－SD60/DH－Sd66	浙江大华技术股份有限公司	0571－28935958
665	智能高速球体摄像机	DH－SD4	浙江大华技术股份有限公司	0571－28935958
666	豪华入户门防盗锁	FDS－B－Y/S201	中山市高利锁业股份有限公司	\
667	豪华入户门防盗锁	FDS－B－Y890	中山市高利锁业股份有限公司	\
668	高压电子脉冲式探测器	WL－8	上海武林弱电系统集成有限公司	021－54259759
669	彩色红外摄像机	RS－878/RS－0763	深圳市南强电子有限公司	0755－29952166
670	彩色半球摄像机	RS－366	深圳市南强电子有限公司	0755－29952166
671	楼宇可视对讲系统	SR－808	珠海三润电子有限公司	0756－8895890
672	智能楼宇联网对讲系统	SEKO－2008	宁波赛科数码科技有限公司	0574－87411567
673	硬盘录像机	KONY/TM81XXTJD－AF－DVR－II－A/16－16	成都科力电子研究所	028－85192195
674	硬盘录像机	SMT/100－AF－DVR－II－A/16－16	上海数码通系统集成有限公司	021－62290979
675	联动互锁装置	LK650	南京劳肯德科技有限公司	025－86281031
676	硬盘录像机	D2014V	珠海安联锐视科技有限公司	0756－8598208
677	硬盘录像机	D2004V	珠海安联锐视科技有限公司	0756－8598208
678	硬盘录像机	D6209V、D6204V、D6009V、D6004V	珠海安联锐视科技有限公司	0756－8598208
679	硬盘录像机	D9008V－AF－DVR－II－B/8－1	珠海安联锐视科技有限公司	0756－8598208
	硬盘录像机	D9004V－AF－DVR－II－B/4－4	珠海安联锐视科技有限公司	0756－8598208
	硬盘录像机	D9216V－AF－DVR－II－B/16－4	珠海安联锐视科技有限公司	0756－8598208
680	硬盘录像机	D9608－AF－DVR－II－A/8－8	珠海安联锐视科技有限公司	0756－8598208
681	防弹玻璃	FB79A－33（12＋8＋10＋0.1 膜）	江苏秀强玻璃工艺股份有限公司	0527－84459888
682	楼宇对讲电控系统	LT－L2102	上海联腾信息技术有限公司	021－51098550
683	钢木复合式防盗防火安全门	FAHM－GM－S－5.1	上海固华特种门业有限公司	021－67101000
684	钢木复合式防盗防火安全门	FAHM－GM－D－5.1	上海固华特种门业有限公司	021－67101000
685	钢质防盗防火安全门	FAHM－G－S－5.1	上海固华特种门业有限公司	021－67101000
686	钢质防盗防火安全门	FAHM－G－D－5.1	上海固华特种门业有限公司	021－67101000
687	智能楼宇可视对讲系统	SW－600	深圳市新三维机电有限公司	0755－28126953
688	摄像机	ST－7060H	上海广盾信息系统有限公司	021－31269997
689	硬盘录像机	XY－AF－DVR－II－A/16－16	上海玄烨电子系统工程有限公司	021－39215350
690	振动电缆周界探测系统	HDK－400Z	成都海德克科技发展有限公司	028－83918657
691	钢质防盗安全门	FAM－J－SY/GD1021	上海轩源金属建材有限公司	021－59141818
692	摄像机	ATS－M0939/ATS－M0927	上海敏达网络科技有限公司	021－64897495
693	联网型可视对讲系统	980	深圳市视得安罗格朗电子股份有限公司	0755－86096802
694	联网型可视对讲系统	2000	深圳市视得安罗格朗电子股份有限公司	0755－86096802
695	联网型可视对讲系统	788	深圳市视得安罗格朗电子股份有限公司	0755－86096802
696	一对一可视对讲系统	880	深圳市视得安罗格朗电子股份有限公司	0755－86096802
697	联网型楼宇对讲系统	750	深圳市视得安罗格朗电子股份有限公司	0755－86096802
698	联网型楼宇对讲系统	800	深圳市视得安罗格朗电子股份有限公司	0755－86096802
699	防弹复合玻璃	F79B－24－GLIII（12＋1.52＋6＋1.52＋6）	张家港市格兰安全玻璃有限公司	0512－58196619

序号	产品名称	产品型号	送检单位	送检单位电话
700	防尾随联动互锁安全门	FLAM－108－A	南京宝慧科技发展有限公司	025－84804916
701	防盗安全门（玻璃）	RJBLM－01	上海荣杰信息技术有限公司	021－65399905－87
702	防盗安全门（栅栏）	RJGSM－01	上海荣杰信息技术有限公司	021－65399905－87
703	张力式电子围栏探测器	ADF－2101	上海安盾电子有限公司	021－64697729
704	张力式电子围栏探测器	LT－Z2101	上海联腾信息技术有限公司	021－51098550
705	彩色摄像机	WV－CP480/CH、WV－CW484CH	苏州松下系统科技有限公司	0512－68255606
706	硬盘录像机	DRS－2008	深圳市禾立佳实业有限公司	0755－82794526
707	防尾随联动互锁控制系统	FLAM－ZX	湖北兆信信息工程有限公司	027－51245798
708	防盗锁	FDS－B－BK2203N	瑞高精密五金制品（深圳）有限公司	0755－28825268
709	防弹玻璃	F54B－22－DP01（5+5+5+5+0.2膜）	许昌东鹏安全玻璃有限公司	0374－5720301
710	大卫牌钢木防盗门	FAM－J－DW/1－8	浙江大卫工贸有限公司	0579－87702255
711	摄像机	FVC－D80	上海十条电子有限公司	021－54505968
712	高压电子脉冲式探测器	RS2025	上海饶氏智能技术有限公司	021－52844991
713	彩色摄像机	WV－CW960/CH、WV－CW964CH	苏州松下系统科技有限公司	0512－68255606
714	彩色摄像机	WV－CS950/CH、WV－CS954CH	苏州松下系统科技有限公司	0512－68255606
715	彩色摄像机	WV－CP280/CH、WV－CW284CH	苏州松下系统科技有限公司	0512－68255606
716	彩色摄像机	WV－CW480S/CH、WV－CW484SCH	苏州松下系统科技有限公司	0512－68255606
717	彩色摄像机	WV－CW240S/CH、WV－CW244FCH	苏州松下系统科技有限公司	0512－68255606
718	彩色摄像机	WV－CF294CH	苏州松下系统科技有限公司	0512－68255606
719	彩色摄像机	WV－CF284CH	苏州松下系统科技有限公司	0512－68255606
720	彩色摄像机	WV－CP470/CH、WV－CP474/CH	苏州松下系统科技有限公司	0512－68255606
721	摄像机	JS.SQ	上海铁路通信工厂	021－51002158
722	防弹玻璃	F79B－25（8+8+8+0.1膜）	常州市武进东方阳光特种玻璃有限公司	0519－86392345
723	摄像机	AU－BC－810	上海回多信息科技有限公司	021－52694735
724	智能高速球	DS－1813S－B6E/DS－2613S－B6E	浙江星望视讯技术有限公司	0571－85932188
725	玻璃电控门	LLS－2	上海利林安保设备有限公司	021－69915887
726	钢质栅栏电控门	LLS－I	上海利林安保设备有限公司	021－69915887
727	楼宇对讲防盗门（玻璃）	SGM－C	上海申乐防盗门窗有限公司	021－59961977
728	楼宇对讲防盗门（钢质）	SGM－A	上海申乐防盗门窗有限公司	021－59961977
729	楼宇对讲防盗门（玻璃）	SGM－B	上海申乐防盗门窗有限公司	021－59961977
730	摄像机	VCC－501D	深圳市禾立佳实业有限公司	0755－82794526
731	IP楼寓可视对讲系统	WRT－801	深圳市慧锐通电器制造有限公司	0755－29576116
732	防弹复合玻璃	F54－L－J（5+5+5+5+0.2膜）	林州市晶龙特种玻璃制品厂	0372－6039266
733	电控防盗门	LM1424	上海杰宇门窗有限公司	021－62219563
734	硬盘录像机	TJ800－AF－DVR－II－B/24－24	上海天跃科技有限公司	021－65981999
734	硬盘录像机	TJ800－AF－DVR－II－B/16－16	上海天跃科技有限公司	021－65981999
734	硬盘录像机	TJ800－AF－DVR－II－B/12－12	上海天跃科技有限公司	021－65981999
734	硬盘录像机	TJ800－AF－DVR－II－B/8－8	上海天跃科技有限公司	021－65981999
735	硬盘录像机	TJ800－AF－DVR－II－A/16－16	上海天跃科技有限公司	021－65981999
735	硬盘录像机	TJ800－AF－DVR－II－A/12－12	上海天跃科技有限公司	021－65981999

序号	产品名称	产品型号	送检单位	送检单位电话
735	硬盘录像机	TJ800－AF－DVR－II－A/8－8	上海天跃科技有限公司	021－65981999
735	硬盘录像机	TJ800－AF－DVR－II－A/4－4	上海天跃科技有限公司	021－65981999
736	硬盘录像机	TJ820－AF－DVR－II－A/16－16	上海天跃科技有限公司	021－65981999
737	硬盘录像机	TJ810－AF－DVR－II－B/24－24	上海天跃科技有限公司	021－65981999
738	硬盘录像机	TJ810－AF－DVR－II－A/16－16	上海天跃科技有限公司	021－65981999
739	防弹复合玻璃	F79－H－J（6＋12＋6＋0.2 膜）	福州开发区天诚钢化玻璃有限公司	0591－83976070
740	防弹复合玻璃	F54－H－J（5＋12＋5＋0.2 膜）	福州开发区天诚钢化玻璃有限公司	0591－83976070
741	CCD 彩色摄像机	JT－21	深圳市迪杰特电子有限公司	0755－89392792
742	智能周界报警探测器	ZBD－1	上海莱克米前通电子科技有限公司	021－52550545
743	红外线监控摄像机	SH－87	赛弗豪斯（厦门）电子科技有限公司	0592－6157555
744	半球摄像机	SH－85	赛弗豪斯（厦门）电子科技有限公司	0592－6157555
745	枪形摄像机	SH－86	赛弗豪斯（厦门）电子科技有限公司	0592－6157555
746	硬盘录像机	SH－AF－DVR－II－A/16－16	赛弗豪斯（厦门）电子科技有限公司	0592－6157555
747	矩阵	HCS－4128－32T	上海帅立科技有限公司	021－62770545
748	硬盘录像机	DL/DV－DVR416－AF－DVR－II－B－16－16	浙江大立科技股份有限公司	0571－86695663
749	防尾随联动锁装置	LDJ1	中山市小榄镇阳光制锁厂	0760－22112259
750	提款箱	TKX－SB－IT/TKX－MB－IT/TKX－LB－IT	浙江依特诺电子有限公司	0577－23875555
751	提款箱	TKX－SA－IT/TKX－MA－IT/TKX－LA－IT	浙江依特诺电子有限公司	0577－23875555
752	提款箱	TKX－SB－NB/TKX－MB－NB/TKX－LB－NB	浙江诺贝电子科技有限公司	0577－63672688
753	提款箱	TKX－SA－NB/TKX－MA－NB/TKX－LA－NB	浙江诺贝电子科技有限公司	0577－63672688
754	摄像机	SMT441CD	上海数码通系统集成有限公司	021－52896600
755	摄像机	SMT－1395C/SMT－618	上海数码通系统集成有限公司	021－52896600
756	防盗安全门	FAM－B－KS/GD2109	上海开顺金属有限公司	021－69792378
757	防盗安全门	FAM－Y－KS/GD2109	上海开顺金属有限公司	021－69792378
758	防盗安全门	FAM－J－KS/GD2109	上海开顺金属有限公司	021－69792378
759	摄像机	ISCAM－480HP/SK	上海国投伟茂企业发展有限公司	021－65348588
760	摄像机	ISCAM－540HP/SK	上海国投伟茂企业发展有限公司	021－65348588
761	宇峰钢木防盗门	FAM－B－YF/GM	浙江宇峰实业有限公司	0579－87271188
762	防弹玻璃	F54－H－J（10＋5＋5＋0.3）	杭州中亚玻璃有限公司	0571－88687027
763	摄像机	SK－470HL/SK－480HL	上海视莱电子有限公司	021－64937241
764	硬盘录像机	SK－AF－DVR－II－A/16－16	上海视莱电子有限公司	021－64937241
765	智能一体化大云台摄像机	GDM8－8	深圳市德盟科技有限公司	0755－83866900
766	增强型迷你智能高速球	GDM8－4	深圳市德盟科技有限公司	0755－83866900
767	Maxvideo 监控视频矩阵	VM3000	深圳市鸿泰电子有限公司	0755－83439591
768	Maxvideo 监控红外摄像机	VM600IR	深圳市鸿泰电子有限公司	0755－83439591
769	Maxvideo 监控摄像机	VM600	深圳市鸿泰电子有限公司	0755－83439591
770	Maxvideo 智能球型摄像机	VM791	深圳市鸿泰电子有限公司	0755－83439591
771	摄像机	LVC－C373HPX	上海乐金广电电子有限公司	021－58545500
772	摄像机	AU－DVC542X	上海回多信息科技有限公司	021－52694735
773	摄像机	AU－CC544X	上海回多信息科技有限公司	021－52694735

序号	产品名称	产品型号	送检单位	送检单位电话
774	高压电子脉冲式探测器	JF－A－2	上海基芾电子科技有限公司	021－54804523
775	摄像机	CCC1390H－6X	上海亿江电子科技有限公司	021－51350298
776	摄像机	SD435/SD418/SD4CBW/SD4TC	上海亿江电子科技有限公司	021－51350298
777	摄像机	C10CH－6X	上海亿江电子科技有限公司	021－51350298
778	摄像机	IS90－CH	上海亿江电子科技有限公司	021－51350298
779	矩阵	CM9700	上海亿江电子科技有限公司	021－51350298
780	楼寓可视对讲系统	CPITE06	南京普天楼宇智能有限公司	025－66675213
781	智能停车场管理系统	ZSK－00	珠海市捷顺机电实业有限公司	\
782	希伯伦楼寓可视对讲系统	HR－999	温州希伯伦智能电子有限公司	0577－27888877
783	高清网络摄像机	DS－WI	惠州市德赛金融电子有限公司	0752－2833687
784	摄像机	MSD－05HW－C10	美格创力电子（上海）有限公司	021－52390004
785	高压电子脉冲式探测器	YQ－1	上海业球电子系统集成有限公司	021－52759327
786	防弹复合玻璃	F79B－29－HX	平顶山市恒鑫丰玻璃有限责任公司	0375－3980800
787	防弹复合玻璃	F79B－26（10＋10＋5＋0.2 膜）	兰州金屏特种玻璃有限公司	0931－8553506
788	防弹复合玻璃	F54B－21（10＋5＋5＋0.2 膜）	兰州金屏特种玻璃有限公司	0931－8553506
789	智能家居系统	E－3000	厦门市振威安全技术发展有限公司	0592－2954830
790	楼宇对讲系统	LT－600	深圳市中联泰电子有限公司	0755－26070419
791	中心管理平台	KDM2801E	苏州科达科技有限公司	0512－68418188
792	网络视频服务器	KDM201	苏州科达科技有限公司	0512－68418188
793	龙阳牌防盗安全门	FAM－J－LY/706	浙江龙阳门业有限公司	0579－87293498
794	网络视频服务器	KDM2464LS	苏州科达科技有限公司	0512－68418188
795	门禁控制系统	TY08	无锡东源工业自动化有限公司	0510－82800733
796	防弹玻璃	F79－H（5＋5＋12＋0.1 膜）（超白）	上海皓晶玻璃制品有限公司	021－56390126
797	防弹玻璃	F79－H（5＋5＋12＋0.1 膜）	上海皓晶玻璃制品有限公司	021－56390126
798	摄像机	GL－CP4704	上海冠林西科姆智能科技有限公司	021－60947228
799	摄像机	GL－CP4604	上海冠林西科姆智能科技有限公司	021－60947228
800	摄像机	GL－CP4504	上海冠林西科姆智能科技有限公司	021－60947228
801	摄像机	GL－CP4404	上海冠林西科姆智能科技有限公司	021－60947228
802	动态拍照可视对讲门铃	DL－037BD	珠海市柔乐电器有限公司	0756－8818705
803	棒棒牌防盗安全门	FAM－D－BB/01	浙江棒棒门业发展有限公司	0579－82271188
804	棒棒牌防盗安全门	FAM－B－BB/01	浙江棒棒门业发展有限公司	0579－82271188
805	鸿利牌锁芯	HLSD65	浙江鸿利锁业有限公司	0578－2952966
806	插芯式防盗锁	FDS－B/HL－FTB002	浙江鸿利锁业有限公司	0578－2952966
807	插芯式防盗门锁	FDS－A/HL－6188	浙江鸿利锁业有限公司	0578－2952966
808	插芯式防盗门锁	FDS－A/HL－5513	浙江鸿利锁业有限公司	0578－2952966
809	自动跟踪高速球摄像机	HDT0806	日照浩智电子有限公司	0633－8231388
810	网络视频服务平台	HMV8000	日照浩智电子有限公司	0633－8231388
811	防盗锁芯	LH80	南京莲华厨房设备有限公司	0510－86376596
812	联动锁	OB－2	瓯宝实业有限公司	0578－2199995
813	防弹复合玻璃	F79B－26（10＋5＋5＋5＋0.1）	无锡市华耀特种玻璃厂	0510－83952090

序号	产品名称	产品型号	送检单位	送检单位电话
814	摄像机	BV3000	加创安防系统（中国）有限公司	021－66306600
815	摄像机	BV6000	加创安防系统（中国）有限公司	021－66306600
816	硬盘录像机	XSD/DS－8016HC－S/AF－DVR－II－B/16－16	南京新世电科技开发有限公司	025－52471866
817	智能停车场管理系统	SITCC－V9	深圳市森林海科技有限公司	0755－26016011
818	一体化门禁控制系统	SI－M2008－IC	深圳市森林海科技有限公司	0755－26016011
819	智能视频检测系统服务器	SI－L－TK002－YJ	江阴汉德天坤科技发展有限公司	0510－81602250
820	硬盘录像机	RT－DC－AF－DVR－II－A/24－24	上海睿网电子有限公司	021－64392206
821	ATM 机用保险柜	Optin 5XX FL/Optin 5XX TTW/Optin 3XX	迪堡金融设备有限公司	021－61689999
822	电子围栏入侵探测装置	YA－Z	上海佑安智能科技有限公司	021－56556952
823	防盗安全门	FAM－B－BG/H102	绍兴宝港木制品有限公司	0575－84882350
824	防弹玻璃	F79－H－J－26－II（8＋12＋5＋0.1 膜）	温州市同昌钢花玻璃制造有限公司	0577－88625808
825	防弹玻璃	F54－M－J－21－I（5＋10＋5＋0.1 膜）	温州市同昌钢花玻璃制造有限公司	0577－88625808
826	安泰牌指纹金库门	JKM2－01	武义县防范设备厂	0579－87699888
827	硬盘录像机	BK/A－AF－DVR－II－A/16－16	上海百科工贸有限公司	021－63646615
828	半球摄像机	CE－CP282D	深圳市昌恩电子有限公司	0755－83932895
829	龙阳牌防盗安全门	FAM－D－LY/706	浙江龙阳门业有限公司	0579－87293408
830	龙阳牌防盗安全门	FAM－B－LY/706	浙江龙阳门业有限公司	0579－87293408
831	龙阳牌防盗安全门	FAM－Y－LY/706	浙江龙阳门业有限公司	0579－87293408
832	硬盘录像机	SRCEF/JS. FM/－AF－DVR－II－A/4－4	上海铁路通信工厂	021－51002158
833	网络硬盘录像机	WJ－ND300A/CH	苏州松下系统科技有限公司	0512－68255606
834	摄像机	KL－5926G	洛阳市康联电子有限公司	0379－67598026
835	防盗安全门	FAM－D－YP/JH013	上海杨盼金属制品有限公司	021－66691079
836	防盗安全门	FAM－Y－YP/JH013	上海杨盼金属制品有限公司	021－66691079
837	智能楼宇对讲系统	SAM	珠海市竞争电子科技有限公司	0756－3369555
838	防盗锁	FDS－A/U9LVF50－4	上海获麦逊电子科技有限公司	021－52380718
839	硬盘录像机	SPTi/Q－AF－DVR－II－A/4－4	上海市芯邦泰智能科技有限公司	021－60904100
840	钢质防盗防火安全门（双扇）	FAHM－G－JD/S	上海浦东金盾防盗器材有限公司	021－68481008
841	钢质防盗防火安全门（单扇）	FAHM－G－JD/D	上海浦东金盾防盗器材有限公司	021－68481008
842	珊栏楼寓对讲电控防盗门	TC－02	上海通潮金属制品有限公司	021－54850345
843	钢质子母式安全防盗门	FAM－Y－XX/IV	浙江香乡门业有限公司	0570－6121668
844	钢质单扇安全防盗门	FAM－Y－XX/III	浙江香乡门业有限公司	0570－6121668
845	钢木子母式安全防盗门	FAM－Y－XX/II	浙江香乡门业有限公司	0570－6121668
846	钢木单扇安全防盗门	FAM－Y－XX/I	浙江香乡门业有限公司	0570－6121668
847	可视楼宇对讲系统	TCV	珠海市太川电子企业有限公司	0756－8665566
848	车载云台	DS－2AF1－TXY	杭州海康威视数字技术股份有限公司	0571－88075998
849	硬盘录像机	HIK/DS－7204H－S/－AF－DVR－II－B/4－1	杭州海康威视数字技术股份有限公司	0571－88075998
849	硬盘录像机	HIK/DS－7208H－S/－AF－DVR－II－B/8－4	杭州海康威视数字技术股份有限公司	0571－88075998
850	雄安牌防盗安全门	FAM－D－XA/502	永康市雄安工贸有限公司	0579－87294158
851	雄安牌防盗安全门	FAM－B－XA/502	永康市雄安工贸有限公司	0579－87294158
852	雄安牌防盗安全门	FAM－Y－XA/502	永康市雄安工贸有限公司	0579－87294158

序号	产品名称	产品型号	送检单位	送检单位电话
853	视频矩阵	INV－V1500＼1800	上海因特尔安全技术工程公司	021－65931500
854	闭门器	HT7002	浙江宏泰电子设备有限公司	0577－62516815
855	HONGTAI 牌电磁 I 锁	DZ02＼DZ03＼DZ04＼DZ05	浙江宏泰电子设备有限公司	0577－62516815
856	HONGTAI 牌电插锁	DCS	浙江宏泰电子设备有限公司	0577－62516815
857	宏泰牌电机锁	DJ02 型	浙江宏泰电子设备有限公司	0577－62516815
858	宏泰牌电控锁	NI46 型	浙江宏泰电子设备有限公司	0577－62516815
859	防弹玻璃	F79H－27－SYPⅡ（4＋12＋8＋0.1 膜）	上海耀华皮尔金顿玻璃股份有限公司	021－38108108
860	防弹玻璃	F54H－22－SYPⅠ（5＋10＋5＋0.1 膜）	上海耀华皮尔金顿玻璃股份有限公司	021－38108108
861	防弹玻璃	F54H－27－SYPⅡ（8＋8＋8＋0.1 膜）	上海耀华皮尔金顿玻璃股份有限公司	021－38108108
862	防弹玻璃	F79M－33－SYPⅠ（6＋6＋8＋10）	上海耀华皮尔金顿玻璃股份有限公司	021－38108108
863	电子密码锁	ECL7313	宁波亚大安全设备制造有限公司	0574－62778875
864	电子密码锁	ECL2702	宁波亚大安全设备制造有限公司	0574－62778875
865	硬盘录像机	SUYSP－L16－AF－DVR－Ⅱ－B/16－16	江苏苏源高科技有限公司	025－83192993
866	硬盘录像机	LHLM/G－AF－DVR－Ⅱ－A/24－24	上海联横智能科技有限公司	021－65104955
867	防弹复合玻璃	F79－M－J（6＋6＋12＋0.3 膜）	南通久立安全玻璃有限公司	0513－88806488
868	防弹复合玻璃	F64－H－J（5＋5＋10＋0.3 膜）	南通久立安全玻璃有限公司	0513－88806488
869	楼宇非可视联网对讲系统	AB－6B	厦门狄耐克电子科技有限公司	0592－5157328
870	楼寓可视对讲系统	HC	上海慧巢智能科技有限公司	021－55382750
871	电动防盗锁	KYD－B	上海昱铠机电科技有限公司	021－33658983
872	摄像机	LS501P－B1	上海乐金广电电子有限公司	021－58545500
873	摄像机	LVC－C371HPX/LVC－C372HPX	上海乐金广电电子有限公司	021－58545500
874	钢木防盗安全门	FAM－Y－YH/MS	上海远汇木制品有限公司	021－57485308
875	钢木防盗安全门	FAM－Y－YH/MD	上海远汇木制品有限公司	021－57485308
876	钢木防盗安全门	FAM－Y－YH/S	上海远汇木制品有限公司	021－57485308
877	钢木防盗安全门	FAM－Y－YH/D	上海远汇木制品有限公司	021－57485308
878	硬盘录像机	NZIT－NV4016－AF－DVR－Ⅱ－A/16－16	南京南自信息技术有限公司	025－86939357
879	彩色摄像机	EG457JQE－Ⅱ	上海昌邑科技发展有限公司	021－68882590
880	彩色摄像机	EG458SQE－Ⅱ	上海昌邑科技发展有限公司	021－68882590
881	彩色摄像机	EG447PT	上海昌邑科技发展有限公司	021－68882590
882	枪式摄像机	TSC－1320	北京携远天成技术有限公司	010－82825788
883	高速球型摄像机	TAC－6541	北京携远天成技术有限公司	010－82825788
884	光端机	SR－B8400	南京轩朗科技有限公司	025－58071098
885	摄像机	SR－C7100	南京轩朗科技有限公司	025－58071098
886	视频服务器	DS－6104HC－12V/DS－6102HF－12V	杭州海康威视数字技术股份有限公司	0571－88075998
887	球型摄像机	DS－2AF1－6XY	杭州海康威视数字技术股份有限公司	0571－88075998
888	摄像机	DS－2CZ252P	杭州海康威视数字技术股份有限公司	0571－88075998
889	摄像机	DS－2CC592P－XY	杭州海康威视数字技术股份有限公司	0571－88075998
890	摄像机	DS－2CC192P－XY	杭州海康威视数字技术股份有限公司	0571－88075998
891	可视对讲门铃系统	TC332/362/382	珠海市太川电子企业有限公司	0756－8665566
892	机械防盗锁	FDS－B－MDC500/FDS－B－MDC510	烟台三环集团乳山双连有限公司	0631－6608056

序号	产品名称	产品型号	送检单位	送检单位电话
893	童大福牌安全门	FAM－Y－TDF/611F	永康市童大福科技有限公司	0579－87218536
894	童大福牌安全门	FAM－D－TDF/607S	永康市童大福科技有限公司	0579－87218536
895	童大福牌安全门	FAM－B－TDF/611F	永康市童大福科技有限公司	0579－87218536
896	硬盘录像机	PE/AF－DVR－II－A/16－16	浙江红苹果电子有限公司	0571－28021836
897	高速智能球	PE303	浙江红苹果电子有限公司	0571－28021836
898	光端机	PE－TRV4DA1－SACD	浙江红苹果电子有限公司	0571－28021836
899	模块化矩阵控制系统	PE50M	浙江红苹果电子有限公司	0571－28021836
900	高密度矩阵控制系统	PE60	浙江红苹果电子有限公司	0571－28021836
901	防弹玻璃	F54－H－J（5＋10＋5＋0.2 膜）	杭州高明玻璃有限公司	0571－86291397
902	步阳牌防盗安全门	FAM－D－BY（II）/D	步阳集团有限公司	0579－87271336
903	步阳牌防盗安全门	FAM－D－BY/D	步阳集团有限公司	0579－87271336
904	步阳牌防盗安全门	FAM－B－BY/D	步阳集团有限公司	0579－87271336
905	步阳牌防盗安全门	FAM－Y－BY/D	步阳集团有限公司	0579－87271336
906	步阳牌防盗安全门	FAM－D－BY/S	步阳集团有限公司	0579－87271336
907	步阳牌防盗安全门	FAM－B－BY/S	步阳集团有限公司	0579－87271336
908	步阳牌防盗安全门	FAM－Y－BY/S	步阳集团有限公司	0579－87271336
909	华康牌防撬锁	FDS－A－JMF99－II	常熟市华康制锁有限公司	0512－52852873
910	摄像机	LC－P2610－D	上海朗柯电子技术有限公司	021－66527355
911	摄像机	LC－P2610－B	上海朗柯电子技术有限公司	021－66527355
912	摄像机	CPB540－D	上海有备电子有限公司	021－65250099
913	摄像机	CPB540－B	上海有备电子有限公司	021－65250099
914	感应卡门锁	TD2000	福州天达电子有限公司	0591－87676214
915	楼宇对讲系统	RD－101K	上海润德科技发展有限公司	021－56530285
916	楼宇对讲系统	XD－301KV	上海轩盾电子科技有限公司	021－56550217
917	施特牌金库门中门	JKM2－WYST－002	武义县兴发保安设备制造有限公司	0579－87622949
918	施特牌金库门中门	JKM1－WYST－001	武义县兴发保安设备制造有限公司	0579－87622949
919	高压电子脉冲式探测器	CD－DZ206	上海驰代电子科技有限公司	021－62312711
920	摄像机	LV700P－D1	上海乐金广电电子有限公司	021－58545500
921	摄像机	HBC－780PTW－A1	霍尼韦尔安防（中国）有限公司	0755－27326500
922	防弹玻璃	F54－H－J（5＋10＋5）	杭州灯塔涂料玻璃有限公司	0－13805759229
923	玻璃楼宇对讲电控防盗门	LYFAM－A－ZY	上海忠源安全防范系统有限公司	021－58783678
924	防尾随联动互锁安全门	FLAM－GM－01	上海国民安全防范设备有限公司	\
925	防弹玻璃	F54－H－J	宜兴市于氏特种玻璃有限公司	0510－87581249
926	防弹玻璃	F79B－25	宜兴市于氏特种玻璃有限公司	0510－87581249
927	防弹复合玻璃	F79B－27	上海耀华建筑玻璃有限公司	021－58454541
928	门禁控制系统	EY－701	上海亦源智能科技有限公司	021－58965111
929	提款箱	TKX－SB－AOII/TKX－MB－AOII	上海古鳌电子机械有限公司	021－52708407
929	提款箱	TKX－LB－AOII	上海古鳌电子机械有限公司	021－52708407
930	提款箱	TKX－SA－AOI/TKX－MA－AOI/TKX－LA－AOI	上海古鳌电子机械有限公司	021－52708407
931	硬盘录像机	GL－HD3304/AF－DVR－II－A/04－04	上海冠林西科姆智能科技有限公司	021－60947228

序号	产品名称	产品型号	送检单位	送检单位电话
931	硬盘录像机	GL－HD3308/AF－DVR－II－A/08－08	上海冠林西科姆智能科技有限公司	021－60947228
931	硬盘录像机	GL－HD3316/AF－DVR－II－A/16－16	上海冠林西科姆智能科技有限公司	021－60947228
932	摄像机	GL－CS8104	上海冠林西科姆智能科技有限公司	021－60947228
933	摄像机	GL－CS8504	上海冠林西科姆智能科技有限公司	021－60947228
934	摄像机	GL－CW8304	上海冠林西科姆智能科技有限公司	021－60947228
935	摄像机	GL－CW8604	上海冠林西科姆智能科技有限公司	021－60947228
936	摄像机	GL－CF4304	上海冠林西科姆智能科技有限公司	021－60947228
937	数字硬盘录像机	NSC－DRS4000	南京新索奇科技有限公司	025－84840081
938	门禁控制系统	FB－M	上海精工科技有限公司	021－64482860
939	网络摄像机	TNC－1221	南京天朗电子科技有限公司	025－51861216
940	摄像机	WV－CF102CH	苏州松下系统科技有限公司	0512－68255606
941	金库门	JKM2	镇江市丹徒区亨凯机械厂	0511－83321628
942	防弹玻璃	F79B－25－XFRI（8＋8＋8＋膜）	南京新富瑞玻璃实业有限公司	025－51193223
943	车载云台摄像机	JSD－28LV	温州市旭视智能安防有限公司	0577－86996996
944	玻璃楼宇对讲安全门	YY－BL01	上海杨阳机械厂	021－62167967
945	防盗安全门	FAM－Y－YY/001	上海杨阳机械厂	021－62167967
946	保德安牌防盗门锁芯	FDS－A－W	保德安保安制品有限公司	0576－82881688
947	保德安牌防盗门锁	FDS－B－888－11－3	保德安保安制品有限公司	0576－82881688
948	保德安牌防盗门锁	FDS－B－888－8－1	保德安保安制品有限公司	0576－82881688
949	防盗安全门	FAM－D－HG/1021	上海华固特种门窗有限公司	\
950	防盗安全门	FAM－D－HG/1221	上海华固特种门窗有限公司	\
951	楼寓可视对讲系统	QK－003A7	南京奇科科技有限公司	025－58890002
952	钢质防盗安全门	FAM－D－SY/GD1020	上海轩源金属建材有限公司	021－59141818
953	钢质防盗安全门	FAM－J－SY/GD1021	上海轩源金属建材有限公司	021－59141818
954	防弹玻璃	F79－M（5＋1.14＋12＋1.14＋5）	上海禧丰特种玻璃有限公司	021－67559999
955	金库门	JKM2－1/JKM2－2	杭州萧山保险箱厂	0571－82175128
956	数字硬盘录像机	RY/G－AF－DVR－II－A/16－16	安徽省思睿安防设备有限公司	0551－4698259
957	数字硬盘录像机	RY/Q－AF－DVR－II－A/16－16	安徽省思睿安防设备有限公司	0551－4698259
958	硬盘录像机	HH－EHV004	南通华航科工贸有限公司	0513－82913100
959	矩阵控制器	ZT3000	深圳市永视新电子科技有限公司	0755－82044952
960	网络硬盘录像机	ZT9906	深圳市永视新电子科技有限公司	0755－82044952
961	摄像机	CAN－C476T	上海灿信实业有限公司	021－64924919
962	高压电子脉冲式探测器	WL－1B	上海武林弱电系统集成有限公司	021－54259759
963	手持式金属探测器	TS90	漳州市东方智能仪表有限公司	0596－2161608
964	通道式金属探测门	TS1260	漳州市东方智能仪表有限公司	0596－2161608
965	摄像机	DCC－VY9030W	友讯电子设备（上海）有限公司	021－52068899
966	摄像机	DCC－VC540	友讯电子设备（上海）有限公司	021－52068899
967	防弹玻璃	F79（5＋5＋12）	上海皓晶玻璃制品有限公司	\
968	楼寓对讲（可视）控制系统	GT6000	上海威思特科技发展有限公司	021－62049191
969	防尾随联动互锁安全门	FLAM－QT06－LD	上海旗彤安保设备有限公司	021－62201153

序号	产品名称	产品型号	送检单位	送检单位电话
970	楼宇可视对讲系统	GY2008	徐州市春鹰安防科技有限公司	0516 - 83720113
971	E - NVS 嵌入式网络视频系统	ST - NTMS	金三立视频科技（深圳）有限公司	0755 - 83128597
972	门禁控制器	PR - 250NT	凯环国际贸易（上海）有限公司	021 - 50311707
973	可视保全对讲系统	SVI - 3000	嘉兴坚特美电子设备有限公司	0573 - 85271000
974	停车场管理系统	ParkMagNet PM910	厦门市威通控制系统开发有限公司	0592 - 5558087
975	防盗锁锁体	FDS - A - 060	上海东冠五金有限公司	021 - 64790261
976	网络摄像机	IPC2010	浙江欣网卓信科技有限公司	0571 - 88929258
977	脉冲电子围栏探测器	ZBG - 8	上海莱克米前通电子科技有限公司	021 - 52550545
978	脉冲电子围栏探测器	ZBG - 1	上海莱克米前通电子科技有限公司	021 - 52550545
979	硬盘录像机	AVC/DRS - 8000HF/AF - DVR - II - A/16 - 16	上海奥创数码技术有限公司	021 - 64282536
980	嵌入式门禁	ITL - 5MJ	深圳市旺龙智能科技有限公司	0755 - 26711298
981	门禁控制器	ITL - 2MJ	深圳市旺龙智能科技有限公司	0755 - 26711298
982	防盗安全门	FAM - J - FGS/LZ	上海飞格舒保俪门业有限公司	021 - 67600218
983	防尾随互锁控制器	YJ - II	上海壹杰信息技术有限公司	021 - 62818011
984	门禁控制器	M8N	上海逸腾电子科技有限公司	021 - 32260670
985	百图彩色摄像机	BL - 803HP	惠州百图丽实业有限公司	0752 - 2126688
986	百图彩色摄像机	BL - H250P	惠州百图丽实业有限公司	0752 - 2126688
987	百图变焦半球型摄像机	BL - D832HP	惠州百图丽实业有限公司	0752 - 2126688
988	百图红外型摄像机	BL - 530HIR	惠州百图丽实业有限公司	0752 - 2126688
989	数字录像监控主机	EK1616M/AF - DVR - II - A/16 - 16	浙江工大盈码科技发展有限公司	0517 - 85132411
990	彩色摄像机	KCC - 1168	上海齐盾安防科技有限公司	021 - 54153889
991	彩色半球摄像机	KCC - 2168	上海齐盾安防科技有限公司	021 - 54153889
992	楼宇可视对讲系统	ZY - 006	福建省智宇系统工程有限公司	0591 - 87508068
993	摄像机	LV903P - DB	上海乐金广电电子有限公司	021 - 58545500
994	摄像机	LD100P - C1	上海乐金广电电子有限公司	021 - 58545500
995	硬盘录像机	HIK/DS - 9004HF - S/ - AF - DVR - II - A/4 - 4	杭州海康威视数字技术股份有限公司	0571 - 88075998
	硬盘录像机	HIK/DS - 9008HF - S/ - AF - DVR - II - A/8 - 8	杭州海康威视数字技术股份有限公司	0571 - 88075998
	硬盘录像机	HIK/DS - 9016HF - S/ - AF - DVR - II - A/16 - 16	杭州海康威视数字技术股份有限公司	0571 - 88075998
996	数字硬盘录像机	DH/DVR0304AL - SD/ - AF - DVR - II - B/3 - 3	浙江大华技术股份有限公司	0571 - 28935958
996	数字硬盘录像机	DH/DVR0404AL - SD/ - AF - DVR - II - B/4 - 2	浙江大华技术股份有限公司	0571 - 28935958
997	楼宇对讲系统	JV6 - AI	上海春朝电子有限公司	021 - 51276792
998	摄像机	LCC - 818	上海勒驰电子有限公司	021 - 61526230
999	钢质防盗防火安全门	FAHM - G - S - 6. 1 - 1221	上海杨阳金属门窗有限公司	021 - 69178761
1000	钢木防盗防火安全门	FAHM - GM - D - 6. 1 - 1021	上海杨阳金属门窗有限公司	021 - 69178761
1001	钢木防盗防火安全门	FAHN - GM - S - 6. 1 - 1221	上海杨阳金属门窗有限公司	021 - 69178761
1002	保德安牌防盗门锁	FDS - B - 888 - 13	保德安保安制品有限公司	0576 - 82881688
1003	防尾随联动装置	DW - 6802	深圳丽泽智能科技有限公司	0755 - 83703836
1004	松佳联网对讲系统	SJ - 64	福州松佳电子技术有限公司	0591 - 83806601 - 618
1005	电子密码锁	YDM3109	上海易保电子有限公司	021 - 64015089
1006	电子密码锁	TOUCHGATE II/TOUCHGATE III	上海易保电子有限公司	021 - 64015089

序号	产品名称	产品型号	送检单位	送检单位电话
1007	中央指纹门禁系统	L－301	厦门宝利铭科技发展有限公司	0592－5310210
1008	彩色摄像机	ZS－9855	深圳中索电子有限公司	0755－29573362
1009	彩色摄像机	ZS－5853	深圳中索电子有限公司	0755－29573362
1010	彩色红外半球摄像机	BL－808	深圳市东视电子有限公司	0755－29500212
1011	彩色半球摄像机	TW－302/TW－303/WH－402/DS－8032	深圳市东视电子有限公司	0755－29500212
1012	标准枪机摄像机	BL－340/DS－376/DS－373/TW－101/WH－201	深圳市东视电子有限公司	0755－29500212
1013	聚威牌机械防盗锁	FDS－A－JW－22	浙江聚威工贸有限公司	0579－87921087
1014	硬盘录像机	YA/VS－2816/AF－DVR－II－B/16－2	江苏亚奥科技有限公司	025－84812753
1015	车载动态取证系统	DS－8600HMF－XY	杭州海康威视数字技术股份有限公司	0571－88075998
1016	楼寓对讲电控防盗门	JM－I	上海炬明门业有限公司	021－57416910
1017	楼寓对讲电控防盗门	JM－II	上海炬明门业有限公司	021－57416910
1018	门禁管理系统	JSE 领域	深圳市捷顺科技实业股份有限公司	0755－83121711
1019	通道闸管理系统	JSTZ	深圳市捷顺科技实业股份有限公司	0755－83121711
1020	JSE 停车场管理系统	JSXT21	深圳市捷顺科技实业股份有限公司	0755－83121711
1021	JS 停车场管理系统	JSXT11	深圳市捷顺科技实业股份有限公司	0755－83121711
1022	KINGTER 牌安全门	FAM－Y－KT/SD/DD	金华市金太门业有限公司	0579－82276199
1023	宇峰牌防盗安全门	FAM－D－YF/860	浙江宇峰实业有限公司	0579－87271188
1024	宇峰牌防盗安全门	FAM－B－YF/860	浙江宇峰实业有限公司	0579－87271188
1025	宇峰牌防盗安全门	FAM－Y－YF/860	浙江宇峰实业有限公司	0579－87271188
1026	飞凤牌插芯执手防盗门锁	FDS－B－FF900	武义县晨光汽配制造有限公司	0579－87700188
1027	防弹复合玻璃	F79B－27（8＋8＋8＋0.2）	南昌安全玻璃有限公司	0791－5761998
1028	硬盘录像机	HD/Q－AF－DVR－II－A/16－16	上海图敏信息技术有限公司	021－62308297
1029	防盗安全门	FAM－B－SY/GS1521	上海轩源金属建材有限公司	021－59141818
1030	防盗安全门	FAM－B－SY/GD1021	上海轩源金属建材有限公司	021－59141818
1031	防盗安全门	FAM－B－SY/GMS1521	上海轩源金属建材有限公司	021－59141818
1032	防盗安全门	FAM－Y－SY/GMS1521	上海轩源金属建材有限公司	021－59141818
1033	出入口控制系统	Sipass	西门子楼宇科技（天津）上海分公司	021－38892322
1034	防盗安全门	FAM－D－JY/S2110	上海敬洋防盗门加工厂	021－65445104
1035	防盗安全门	FAM－B－JY/S2110	上海敬洋防盗门加工厂	021－65445104
1036	防盗安全门	FAM－Y－JY/S2110	上海敬洋防盗门加工厂	021－65445104
1037	防盗安全门	FAM－J－JY/S2110	上海敬洋防盗门加工厂	021－65445104
1038	摄像机	JY－A/JY－B	上海景阳电子有限公司	021－64538114
1039	摄像机	UI－MB3（U）	上海优安信息技术有限公司	021－51079299
1040	摄像机	UI－G（U）	上海优安信息技术有限公司	021－51079299
1041	出入口控制系统	WIN PAK	霍尼韦尔（中国）有限公司	021－28942000
1042	出入口控制系统	PK－C398/BX	上海披克电子设备有限公司	021－63080736
1043	出入口控制系统	e－Nitor	汉军智能系统（上海）有限公司	021－54885010
1044	出入口控制系统	Lenel OnGuard 2008	上海集宝保安消防系统有限公司	021－61611800
1045	精工出入口控制系统	FBM－502S	上海精工科技有限公司	021－64482860
1046	车载硬盘录像机	R－6004S－C	浙江星望视讯技术有限公司	0571－85932188

序号	产品名称	产品型号	送检单位	送检单位电话
1047	侦杰一体化高速球型摄像机	FD－P228	广州市安科特科技电子有限公司	020－85566832
1048	侦杰彩色摄像机	FC－C650/FC－C871/FC－DC627	广州市安科特科技电子有限公司	020－85566832
1049	矩阵切换控制主机	MV5000	深圳市智敏科技有限公司	0755－83105520
1050	摄像机	HZC－755P	霍尼韦尔安防（中国）有限公司	0755－27326500
1051	富耐安全防盗门	FAM－D－FN/ST01	昆山富耐安全门有限公司	0512－57815700
1052	富耐安全防盗门	FAM－Y－FN/LB05	昆山富耐安全门有限公司	0512－57815700
1053	摄像机	HDC－690PV	霍尼韦尔安防（中国）有限公司	0755－27326500
1054	摄像机	HCC－680P	霍尼韦尔安防（中国）有限公司	0755－27326500
1055	摄像机	HCC－685PT	霍尼韦尔安防（中国）有限公司	0755－27326500
1056	摄像机	HCC－690P	霍尼韦尔安防（中国）有限公司	0755－27326500
1057	摄像机	HVD－735PW	霍尼韦尔安防（中国）有限公司	0755－27326500
1058	摄像机	HCC－745PTW	霍尼韦尔安防（中国）有限公司	0755－27326500
1059	彩色摄像机	IV－120	深圳市乐视视频技术有限公司	0755－26831871
1060	彩色摄像机	IV－310	深圳市乐视视频技术有限公司	0755－26831871
1061	彩色摄像机	IV－220	深圳市乐视视频技术有限公司	0755－26831871
1062	钢质防盗安全门	FAM－D－HW/001	上海奉贤胡卫机电装配厂	021－57452135
1063	黑白联网型可视对讲系统	KVM	深圳市科高姆实业有限公司	0769－85479885
1064	彩色联网型可视对讲系统	KHV	深圳市科高姆实业有限公司	0769－85479885
1065	门禁控制器	JX－1000	上海京祥电气科技有限公司	021－58397858
1066	金属框玻璃楼寓电控门	DKJY－1	上海敬洋防盗门加工厂	021－65445104
1067	防尾随联动互锁安全门	FLAM－JY	上海敬洋防盗门加工厂	021－65445104
1068	门禁系统	SZREL－7711	深圳市饶兴智能科技有限公司	0755－28153137
1069	监控摄像机	ASC－232SG	深圳市国安达电子有限公司	0755－83932405
1070	硬盘录像机	CA－V0800A	深圳市开创电器有限公司	\
1071	硬盘录像机	H3C/ECR3316－HC－AF－DVR－II－B/16－16	杭州华三通信技术有限公司	0571－86761914
1072	万银牌双向双定金库门	JKM1	蚌埠市萬银金融机具设备厂	0552－2086853
1073	彩色摄像机	PE8290/PE8285	浙江红苹果电子有限公司	0571－28021836
1074	一体化摄像机	PE9220	浙江红苹果电子有限公司	0571－28021836
1075	红外防水摄像机	PE9150/PE9780/PE9633	浙江红苹果电子有限公司	0571－28021836
1076	思乐可视对讲系统	Multi/In－home Bus	力讯智能系统上海分公司	021－68620132
1077	硬盘录像机	TD－2404－AF－DVR－I－B/4－4	深圳市同为数码科技有限公司	0755－33306001
	硬盘录像机	TD－2408－AF－DVR－I－B/8－8	深圳市同为数码科技有限公司	0755－33306001
	硬盘录像机	TD－2416－AF－DVR－I－B/16－16	深圳市同为数码科技有限公司	0755－33306001
1078	防盗安全门	FAM－B－DL－GM－I	上海多菱门业有限公司	021－57140008
1079	防盗安全门	FAM－Y－DL－GM－1	上海多菱门业有限公司	021－57140008
1080	摄像机	DS－2CC512P－XY	杭州海康威视数字技术股份有限公司	0571－88075998
1081	摄像机	DS－2CC112P－XY	杭州海康威视数字技术股份有限公司	0571－88075998
1082	门禁系统	I/NET	施耐德电气（中国）投资上海分公司	021－24012663
1083	综合视频监控设备	H3C－IVS－AF－DVR－III－A/128－0	杭州华三通信技术有限公司	0571－86760000
1084	警用对讲便捷通信系统	PCE－1－B	南京多伦科技有限公司	025－52168888－721

序号	产品名称	产品型号	送检单位	送检单位电话
1085	警用对讲便捷通信系统	PCE－1－A	南京多伦科技有限公司	025－52168888－721
1086	楼宇可视对讲系统	DMS－08	广州市锐晶电子有限公司	020－86088306
1087	大型模块化视频矩阵	VME	南京尚安数码科技有限公司	025－86939355
1088	网络视频监控装置	CH－200L	南京视威电子有限公司	025－85805759
	网络视频监控装置	VG4－313－ECS/VG4－314－ECS	南京视威电子有限公司	025－85805759
	网络视频监控装置	VG4－513－ECS/VG4－514－ECS	南京视威电子有限公司	025－85805759
1089	摄像机	VG4－312－ECS/VG4－211－ECS	博世（珠海）安保系统上海分公司	021－63172155
1090	摄像机	VG4－211－CCS	博世（珠海）安保系统上海分公司	021－63172155
	摄像机	VG4－312－CCS	博世（珠海）安保系统上海分公司	021－63172155
	摄像机	VG4－211－PCS	博世（珠海）安保系统上海分公司	021－63172155
	摄像机	VG4－312－PCS	博世（珠海）安保系统上海分公司	021－63172155
1091	摄像机	VDC－220－1/DVC－221－1	博世（珠海）安保系统上海分公司	021－63172155
	摄像机	VDC－240－1/VDC－241－1	博世（珠海）安保系统上海分公司	021－63172155
1092	豪华不锈钢金库门（门中门）	JKM3－1221	镇江亨威金融保险机具有限公司	0511－83321888
1093	活动金库房	JKF2500	镇江亨威金融保险机具有限公司	0511－83321888
1094	防盗安全门	FAM－B－SY/GMD1020	上海轩源金属建材有限公司	021－59141818
1095	防盗安全门	FAM－Y－SY/GMD1021	上海轩源金属建材有限公司	021－59141818
1096	防盗安全门	FAM－Y－SY/GS1221	上海轩源金属建材有限公司	021－59141818
1097	防盗安全门	FAM－Y－SY/GD1021	上海轩源金属建材有限公司	021－59141818
1098	高压电子脉冲式探测器	TK－EF	上海泰金电子科技有限公司	021－54429037
1099	防盗安全门	FAM－Y－HL/D2210GM	上海汇豪木门制造有限公司	021－58138640
1100	防盗安全门	FAM－Y－HL/D2210G	上海汇豪木门制造有限公司	021－58138640
1101	防盗安全门	FAM－Y－HL/S2213GM	上海汇豪木门制造有限公司	021－58138640
1102	防盗安全门	FAM－Y－HL/S2213G	上海汇豪木门制造有限公司	021－58138640
1103	防盗锁芯	FDSX－B－LH90	南京莲华厨房设备有限公司	0510－86376596
1104	机械防盗锁	FDS－B－M561	上海铭唯五金有限公司	021－57653388
1105	网络视频矩阵	VNT－M	深圳市微耐特电子技术有限公司	0755－28722811
1106	智能高速球	VNT－SD	深圳市微耐特电子技术有限公司	0755－28722811
1107	硬盘录象机	SafeKing5016/AF－DVR－II－A/16－16	深圳市安王智能系统有限公司	0755－83842288
1108	防盗安全门	FAM－Y－LX/001	上海俪欣金属制品有限公司	021－57612801
1109	球型摄像机	DS－2DM1－6XY	杭州海康威视数字技术股份有限公司	0571－88075998
1110	球型摄像机	DS－2AF1－4XY	杭州海康威视数字技术股份有限公司	0571－88075998
1111	高清晰度日夜转换型摄像机	V5102－A5	深圳英飞拓科技股份有限公司	0755－86096510
1112	半球摄像机	PE9309V	浙江红苹果电子有限公司	0571－28021836
1113	半球摄像机	PE9303	浙江红苹果电子有限公司	0571－28021836
1114	枪型摄像机	PE9313、PE9316	浙江红苹果电子有限公司	0571－28021836
1115	变速智能球	PE305	浙江红苹果电子有限公司	0571－28021836
1116	万嘉牌钢木防盗门	FAM－D－WJ/D1021	万嘉集团有限公司	0579－87712738
1117	万嘉牌钢木防盗门	FAM－B－WJ/D1021	万嘉集团有限公司	0579－87712738
1118	万嘉牌钢木防盗门	FAM－Y－WJ/D1021	万嘉集团有限公司	0579－87712738

序号	产品名称	产品型号	送检单位	送检单位电话
1119	万嘉牌钢木防盗门	FAM－J－WJ/D1021	万嘉集团有限公司	0579－87712738
1120	摄像机	APG－129H	上海爱谱华顿安防科技股份有限公司	021－58144888
1121	摄像机	AA－018－41－APG	上海爱谱华顿安防科技股份有限公司	021－58144888
1122	智能高速球型摄像机	DAT－SD	浙江大华技术股份有限公司	0571－28939630
1123	智能高速球型摄像机	DH－SD/DH－SD6	浙江大华技术股份有限公司	0571－28939630
1124	神将牌防盗安全门	FAM－D－SJ/921	武义神将门业有限公司	0579－87968181
1125	神将牌防盗安全门	FAM－B－SJ/911	武义神将门业有限公司	0579－87968181
1126	神将牌防盗安全门	FAM－Y－SJ/901	武义神将门业有限公司	0579－87968181
1127	高压电子脉冲式探测器	EMX	上海卡兰安防科技有限公司	021－62515769
1128	富耐防盗安全门	FAM－B－FN/01	昆山富耐安全门有限公司	0512－57815700
1129	摄像机	PV500C－B	飞确安网络通信设备（上海）有限公司	021－62828570
1130	机械密码锁	SY222－3	慈溪市逍林镇神鹰锁厂	0574－63508806
1131	楼宇可视电子门铃	PH－368	成都市肯瑞锜电子有限公司	028－85071942
1132	密码锁	#6600－91	广州市第吉尔电子有限公司	020－81503805
1133	指纹锁	#6600－112	广州市第吉尔电子有限公司	020－81503805
1134	金融营业场所安全整体柜台	JB－916－8－0	安徽金帮家具有限公司	0551－5539317
1135	施特牌指纹防尾随互联动门	FLAM－ST－IW	武义县兴发保安设备制造有限公司	0579－87622949
1136	数字视频光端机	VDS2810－SMF－R/T	成都微迪数字系统技术有限公司	028－85178620
1137	高压电子脉冲式探测器	YQ－1B	上海业球电子系统集成有限公司	021－52759327
1138	网络门禁控制器	DW－68	深圳丽泽智能科技有限公司	0755－83703836
1139	中型音视频矩阵	VC－MTX8600	上海远哲电子技术有限公司	021－65364223
1140	高速智能球形摄像机	AFN－1A88	深圳市赋安安全系统有限公司	0755－83660222
1141	红外防水彩色摄像机	AFN－1A58	深圳市赋安安全系统有限公司	0755－83660222
1142	半球式彩色摄像机	AFN－1A28	深圳市赋安安全系统有限公司	0755－83660222
1143	彩色摄像机	AFN－1A18	深圳市赋安安全系统有限公司	0755－83660222
1144	楼宇联网可视对讲系统	AFN－8A	深圳市赋安安全系统有限公司	0755－83660222
1145	金克拉防盗安全门	FAM－D－JKL/003	浙江三荣门业有限公司	0579－87918791
1146	金克拉防盗安全门	FAM－B－JKL/002	浙江三荣门业有限公司	0579－87918791
1147	金克拉防盗安全门	FAM－Y－JKL/001	浙江三荣门业有限公司	0579－87918791
1148	防盗安全门	FAM－B－DL－GM－2	上海多菱门业有限公司	021－57140008
1149	防盗安全门	FAM－B－DL－GM－1	上海多菱门业有限公司	021－57140008
1150	防盗安全门	FAM－Y－DL－G－2	上海多菱门业有限公司	021－57140008
1151	防盗安全门	FAM－Y－DL－G－1	上海多菱门业有限公司	021－57140008
1152	防盗安全门	FAM－Y－DL－GM－2	上海多菱门业有限公司	021－57140008
1153	防盗安全门	FAM－Y－DL－GM－1	上海多菱门业有限公司	021－57140008
1154	硬盘录像机	ST－DVS6016－AF－DVR－II－A/16－16	成都三泰电子实业股份有限公司	028－87506827
1154	硬盘录像机	ST－DVS6012－AF－DVR－II－A/16－12	成都三泰电子实业股份有限公司	028－87506827
1154	硬盘录像机	ST－DVS6008－AF－II－A/8－8	成都三泰电子实业股份有限公司	028－87506827
1154	硬盘录像机	ST－DVS6004－AF－II－A/4－4	成都三泰电子实业股份有限公司	028－87506827
1155	硬盘录像机	ST－DSV6004－AF－DVR－II－B/1－1	成都三泰电子实业股份有限公司	028－87506385

序号	产品名称	产品型号	送检单位	送检单位电话
1155	硬盘录像机	ST－DSV6004－AF－DVR－II－B/4－4	成都三泰电子实业股份有限公司	028－87506385
1155	硬盘录像机	ST－DSV6004－AF－DVR－II－B/8－8	成都三泰电子实业股份有限公司	028－87506385
1155	硬盘录像机	ST－DSV6004－AF－DVR－II－B/12－12	成都三泰电子实业股份有限公司	028－87506385
1155	硬盘录像机	ST－DSV6004－AF－DVR－II－B/16－16	成都三泰电子实业股份有限公司	028－87506385
1156	硬盘录像机	ST－DVS6001－AF－DVR－II－A/1－1	成都三泰电子实业股份有限公司	028－87506385
1157	硬盘录像机	ST－DVS6104－AF－DVR－II－B/4－4	成都三泰电子实业股份有限公司	028－87506385
1158	摄像机	WV－NF302CH	苏州松下系统科技有限公司	0512－68255606
1159	钢质防盗安全门	FAM－B－LC/S1221	上海浦东金盾防盗器材有限公司	021－68480239
1160	钢质防盗安全门	FAM－D－LC/D1021	上海浦东金盾防盗器材有限公司	021－68480239
1161	钢质防盗安全门	FAM－B－LC/D1021	上海浦东金盾防盗器材有限公司	021－68480239
1162	钢质防盗安全门	FAM－Y－LC/D1021	上海浦东金盾防盗器材有限公司	021－68480239
1163	智能门禁系统	BSG－MJ	深圳市博思高科技有限公司	0755－83106222
1164	玻璃楼寓对讲电控防盗门	MF－1	上海曼托门业有限公司	021－51099166
1165	钢质防盗门	FAM－D－MATE/Z001（子母）	上海曼托门业有限公司	021－51099166
1166	钢质防盗门	FAM－B－MATE/Z001（子母）	上海曼托门业有限公司	021－51099166
1167	感应式巡检仪	K－2000/K－510/E3	深圳市中控实业发展有限公司	0755－26650828
1168	铝板门（双门）	FAM－Y－TS/1066M	鹤山天山金属材料制品有限公司	0750－8663333
1169	铝板门（单门）	FAM－Y－TS/1066	鹤山天山金属材料制品有限公司	0750－8663333
1170	金大牌防盗安全门	FAM－D－JD/17	浙江金大门业有限公司	0579－87229965
1171	金大牌防盗安全门	FAM－B－JD/17	浙江金大门业有限公司	0579－87229965
1172	金大牌防盗安全门	FAM－Y－JD/17	浙江金大门业有限公司	0579－87229965
1173	金大牌防盗安全门	FAM－J－JD/17	浙江金大门业有限公司	0579－87229965
1174	数字硬盘录像系统	DFJL IDRS－6016HFJR	深圳市东方金龙科技有限公司	0755－61287162
1175	视频、音频、数据光端机	ASV1811/ASV1211	广州市澳视光电子技术有限公司	020－22323507
	视频、音频、数据光端机	ASV1311/ASV1411/ASV1F11	广州市澳视光电子技术有限公司	020－22323507
1176	视频、音频、数据光端机	ASV8211E/ASV8311E	广州市澳视光电子技术有限公司	020－22323507
	视频、音频、数据光端机	ASV8411E/ASV8811E/ASV8F11E	广州市澳视光电子技术有限公司	020－22323507
1177	视频、音频、数据光端机	ASV6201/ASV6301/ASV6401/ASV6801/ASV3201	广州市澳视光电子技术有限公司	020－22323507
1178	数字硬盘录像机	HS2008－AF－DVR－I－A/16－16	江苏华丰科技发展有限公司	025－84487151
1179	高压电子脉冲式探测器	AVG－1000	上海鼎顺电子科技有限公司	021－69758438
1180	摄像机	LS300P－D	上海乐金广电电子有限公司	021－58545500
1181	机械防盗锁	FDS－A－8818	温州三雄门业有限公司	0577－88622296
1182	一体化摄像机	CP62F3－1	台科视讯系统（苏州）有限公司	0512－62838598
1183	彩色摄像机	ADC480CPTV	台科视讯系统（苏州）有限公司	0512－62838598
1184	智能高速球型摄像机	ETC－240BS5	台科视讯系统（苏州）有限公司	0512－62838598
1185	钢木子母式安全防盗门	FAM－Y－XX/II	浙江香乡门业有限公司	0570－6121668
1186	钢木单扇安全防盗门	FAM－Y－XX/I	浙江香乡门业有限公司	0570－6121668
1187	钢木防盗安全门	FAM－B－SEIN/ZGM106	浙江赛银将军门业有限公司	0575－87857877
1188	钢框双扇防盗安全门	FAM－Y－JY/GM2112	上海杰阳实业有限公司	021－63875060
1189	钢质双扇防盗安全门	FAM－Y－JY/GS2112	上海杰阳实业有限公司	021－63875060

序号	产品名称	产品型号	送检单位	送检单位电话
1190	钢框楼宇对讲玻璃电控门	GDKBFAM－A－0921	上海杰阳实业有限公司	021－63875060
1191	硬盘录像机	HIK/DS－7008H－S/－AF－DVR－I－B/8－0	海康威视数字技术股份有限公司	0571－88075998
1192	硬盘录像机	HIK/DS－7004H－S/－AF－DVR－II－B/4－4	海康威视数字技术股份有限公司	0571－88075998
1192	硬盘录像机	HIK/DS－7016H－S/－AF－DVR－II－B/16－4	海康威视数字技术股份有限公司	0571－88075998
1193	硬盘录像机	HIK/DS－8004HF－S/AF－DVR－II－A/4－4	海康威视数字技术股份有限公司	0571－88075998
1193	硬盘录像机	HIK/DS－8008HF－S/AF－DVR－II－A/8－8	海康威视数字技术股份有限公司	0571－88075998
1194	Hello 可视对讲系统	HRPS	霍尼韦尔安防（中国）有限公司	0755－27326500
1195	摄像机	HBC－780PTW－A1	霍尼韦尔安防（中国）有限公司	0755－27326500
1196	硬盘录像机	NPE/NDS－44/AF－DVR－II－A/16－16	日安电子（深圳）有限公司	0755－82916469
1197	矩阵控制主机	NVS7032V08M	日安电子（深圳）有限公司	0755－82916469
1198	硬盘录像机	GESymDec－AF－DVR－II－A/16－16	通用电气（上海）贸易有限公司	021－38777990
1198	硬盘录像机	GESymDec－AF－DVR－II－A/8－8	通用电气（上海）贸易有限公司	021－38777990
1199	楼宇对讲电控防盗门	FA－002	上海富昂安装技术有限公司	021－66186833
1200	硬盘录像机	JR－AF－DVR－II－A/16－16	上海进润信息科技有限公司	021－62053705
1201	楼宇对讲防盗门	MH2001－I	上海铭洪实业有限公司	021－65320964
1202	楼宇对讲系统	OZK－118	南京欧族电子科技有限公司	025－52804299
1203	防弹玻璃	F79－H－J（8＋8＋8）	陕西润发玻璃有限责任公司	029－86729181
1204	防弹玻璃	F54－H－J（5＋10＋5）	陕西润发玻璃有限责任公司	029－86729181
1205	忠恒牌防盗安全门	FAM－D－ZH/960X2050	浙江忠恒工贸有限公司	0579－87263198
1206	忠恒牌防盗安全门	FAM－B－ZH/960X2050	浙江忠恒工贸有限公司	0579－87263198
1207	忠恒牌防盗安全门	FAM－Y－ZH/960X2050	浙江忠恒工贸有限公司	0579－87263198
1208	摄像机	GW－1150IR	上海国沃电子科技有限公司	021－54990405
1209	钢木防盗安全门	FAM－Y－YY－D1021（GM）	上海杨阳金属门窗有限公司	021－69178761
1210	硬盘录像机	GV2016－AF－DVR－II－A/16－16	上海日诞智能科技有限公司	021－51872800
1211	彩色红外防水摄像机	WIN－CP481Y	安防制造（中国）有限公司	0755－33265249
1212	彩色半球摄像机	WIN－CP481D	安防制造（中国）有限公司	0755－33265249
1213	高压电子脉冲式探测器	GW9112	上海悦太电子有限公司	021－64162029
1214	彩色摄像机	WIN－CP481	安防制造（中国）有限公司	0755－33265249
1215	硬盘录像机	APP/DR6000－AF－DVR－II－A/16－16	四川艾之普电子有限责任公司	028－85242212
1216	电子防盗锁	HD－666	安徽省枞阳县凯特电子科技有限公司	0556－2819139
1217	摄像机	DS－2CC148P	杭州海康威视数字技术股份有限公司	0571－88075998
	摄像机	DS－2CC148P－A	杭州海康威视数字技术股份有限公司	0571－88075998
	摄像机	DS－2CC149P/DS－2CC149P－A	杭州海康威视数字技术股份有限公司	0571－88075998
1218	楼宇彩色可视对讲系统	YZ－60（编码式）	中国扬子集团滁州扬子门业有限公司	0550－3161358
1219	高压电子脉冲式探测器	ST－485P	上海非扬电子科技有限公司	021－66405351
1220	高压电子脉冲式探测器	WIZORD 4	上海非扬电子科技有限公司	021－66405351
1221	可视对讲系统	CS－D218	安防制造（中国）有限公司	0755－33265249
1222	防盗安全门	FAM－D－QQ－860 X2050	浙江千秋门业有限公司	0578－3185595
1223	防盗安全门	FAM－B－QQ－860 X2050	浙江千秋门业有限公司	0578－3185595
1224	防盗安全门	FAM－Y－QQ－860 X2050	浙江千秋门业有限公司	0578－3185595

序号	产品名称	产品型号	送检单位	送检单位电话
1225	防盗安全门	FAM－J－QQ－860 X 2050	浙江千秋门业有限公司	0578－3185595
1226	摄像机	DH－CA－F	浙江大华技术股份有限公司	0571－28939630
1227	摄像机	BTL－650/BTL－640/BTL－5540	深圳市罡扇智能系统有限公司	0755－82111518
1228	彩色转黑白枪式摄像机	DV－DC534	深圳丽泽智能科技有限公司	0755－83706188
1229	室外一体化高速球型摄像机	DV－CW660	深圳丽泽智能科技有限公司	0755－83706188
1230	摄像机	DS－2CC171P－IRX/DS－2CC172P－IRX	杭州海康威视数字技术股份有限公司	0571－88075998
1231	摄像机	DS－2CC171P－XY/DS－2CC172P－XY	杭州海康威视数字技术股份有限公司	0571－88075998
	摄像机	DS－2CC173P－XY/DS－2CC174P－XY	杭州海康威视数字技术股份有限公司	0571－88075998
	摄像机	DS－2CC175P－XY/DS－2CC176P－XY	杭州海康威视数字技术股份有限公司	0571－88075998
	摄像机	DS－2CC177P－XY/DS－2CC178P－XY	杭州海康威视数字技术股份有限公司	0571－88075998
1232	摄像机	DS－2CC571P－XY	杭州海康威视数字技术股份有限公司	0571－88075998
	摄像机	DS－2CC572P－XY	杭州海康威视数字技术股份有限公司	0571－88075998
	摄像机	DS－2CC511P－XY	杭州海康威视数字技术股份有限公司	0571－88075998
	摄像机	DS－2CC591P－XY	杭州海康威视数字技术股份有限公司	0571－88075998
1233	摄像机	DS－2CD802P－IRX	杭州海康威视数字技术股份有限公司	0571－88075998
	摄像机	DS－2CD812P－IRX	杭州海康威视数字技术股份有限公司	0571－88075998
	摄像机	DS－2CD892P－IRX	杭州海康威视数字技术股份有限公司	0571－88075998
1234	摄像机	BTL－5660/BTL－5640	深圳市罡扇联行智能系统有限公司	0755－82111518
1235	指纹防盗保险箱锁	ABON－B	嘉兴市安邦电子科技有限公司	0573－83962886
1236	指纹防盗门锁	ABON－1	嘉兴市安邦电子科技有限公司	0573－83962886
1237	嘉恒牌防盗叶片锁	FDS－B－JH8882	浙江嘉恒金属制品有限公司	0579－87064678
1238	机械防盗锁	FDS－A－cu－90	上海鸿江实业有限公司	021－34241663
1239	防尾随联动互锁安全门	FLAM－DK	中国扬子集团滁州扬子门业有限公司	0550－3161888
1240	防尾随联动互锁安全门	FLAM－DJ	中国扬子集团滁州扬子门业有限公司	0550－3161888
1241	防尾随电控联动门锁系统	FLS－J	中国扬子集团滁州扬子门业有限公司	0550－3161888
1242	彩色摄像机	CSP－955AH	深圳市永晶达电子有限公司	0755－83843105
1243	彩色摄像机	LD－540HP、LD－540HP	上海林汛电气科技发展有限公司	021－63460107
1243	彩色摄像机	SK、LD－540HP/IR	上海林汛电气科技发展有限公司	021－63460107
1244	高压电子脉冲式探测器	WL－1A	上海武林弱电系统集成有限公司	021－54259759
1245	彩色监控摄像机	SHC－735P	天津三星光电子有限公司	022－23887788
1246	彩色监控摄像机	SPD－3300P	天津三星光电子有限公司	022－23887788
1247	安全防盗门	FAM－Y－HX/2050X855	山东红星百瑞特制造有限公司	0536－6489666
1248	彩色监控摄像机	SDC－415PADN/SDC－415PDDN	天津三星光电子有限公司	022－23887788
1249	彩色监控摄像机	SDC－415PA/SDC－415PD	天津三星光电子有限公司	022－23887788
1250	硬盘录像机	DH－AF－DVR－II－A/16－16	浙江大华技术股份有限公司	0571－28939630
	硬盘录像机	DH－AF－DVR－II－A/8－8	浙江大华技术股份有限公司	0571－28939630
	硬盘录像机	DH－AF－DVR－II－A/4－4	浙江大华技术股份有限公司	0571－28939630
1251	VC 矩阵切换控制系统	VC－60512N/P	上海远哲电子技术有限公司	021－65364223
1252	防弹玻璃	F64－H－J	南京三丰玻璃有限公司	025－84366385
1253	智能高速球型摄像机	ZDM－KS/QK/HW－GO	杭州金督姆电子有限公司	0571－56170917

序号	产品名称	产品型号	送检单位	送检单位电话
1254	智能终端可视对讲系统	HR－85	青岛海尔智能家电科技有限公司	0532－88938176
1255	摄像机	CB－635	上海沃塔数码科技有限公司	021－33518157
1256	彩色摄像机	WP－105	广东王牌网络科技有限公司	020－87108567
1257	智能楼宇可视对讲系统	DX－40	佛山市华宝电子厂	0757－83353450
1258	网络视频服务器	DH－NVS1604/0804/0404	浙江大华技术股份有限公司	0571－28939630
1259	摄像机	ZC－PT223PC－XT	希比希（上海）贸易有限公司	021－52402626
1260	电子门锁	BL－RF01/0303	东莞市霸菱实业有限公司	0769－85553636－8017
1261	光端机	VL－8000/8V	南京讯恒数码科技有限公司	025－84608996
1262	高速球机	VL－3059	南京讯恒数码科技有限公司	025－84608996
1263	摄像机	ZC－PT222PC	希比希（上海）贸易有限公司	021－52402626
1264	钢质防盗门	FAM－D－JH/50	浙江家和门业有限公司	0578－3185499
1265	钢质防盗门	FAM－B－JH/50	浙江家和门业有限公司	0578－3185499
1266	钢质防盗门	FAM－Y－JH/50	浙江家和门业有限公司	0578－3185499
1267	门禁系统	MAC2000A	南京亚嘉科技有限公司	025－85467480
1268	楼寓对讲系统	JS1018	江苏正泽科技实业有限公司	0510－66002117
1269	彩色红外防水摄像机	TS－H36A/ALW－F836CH	深圳市浩伟安防科技有限公司	0755－89390127
1270	防弹玻璃	F54－M－J	青岛紫金冠安全防护玻璃有限公司	0532－87883688
1271	防弹复合玻璃	F－79B－27	安徽蓝实工业玻璃股份有限公司	0551－3828686
1272	防弹复合玻璃	F54B－23	安徽蓝实工业玻璃股份有限公司	0551－3828686
1273	摄像机	WV－NP304CH	苏州松下系统科技有限公司	0512－68255606
1274	摄像机	WV－CL930/CH、WV－CL934CH	苏州松下系统科技有限公司	0512－68255606
1275	摄像机	WV－CW380CH、WV－CW384CH	苏州松下系统科技有限公司	0512－68255606
1276	彩色楼宇可视对讲系统	TCL600	TCL 集团股份有限公司	0755－33311422
1277	威虎智能提款箱	TKX－SB－WHII	商丘市东方巨源电子有限责任公司	0370－2615666
1278	楼宇对讲系统	DP－01	厦门市英锐电子有限公司	0592－3105566
1279	网络视频编解码器	WS20	浙江诶帝威西投资管理有限公司	0571－88262323
1280	硬盘录像机	WS3002－DS/AF－DVR－II－A/16－16	浙江诶帝威西投资管理有限公司	0571－88262323
1281	网络视频编解码器	AB21	诶比控股集团有限公司	0571－88838684
1282	预警高速智能球	ABSD	诶比控股集团浙江安防有限公司	0571－88838684
1283	硬盘录像机	AB8199－DS/－AF－DVR－II－A/16－16	诶比控股集团有限公司	0571－88838684
1284	高压电子脉冲式探测器	GTS－11	上海广拓信息技术有限公司	021－51087788
1285	高压电子脉冲式探测器	PTE1013/PTE1023	上海广拓信息技术有限公司	021－51087788
1286	硬盘录像机	XH/Q－AF－DVR－II－A/16－16	上海讯辉数码科技有限公司	021－64222652
1287	楼宇对讲电控防盗门	DKFD－1050	上海品捷建筑安装工程有限公司	021－50408737
1288	楼宇对讲电控防盗门	DKFD－1080	上海品捷建筑安装工程有限公司	021－50408737
1289	高压电子脉冲式探测器	YR－EDP204	上海炎荣电子科技有限公司	021－62272357
1290	卷帘门锁	FDS－A－DA	合肥盾安电子科技有限公司	0551－2103360
1291	彩色半球摄像机	SY－CF230S	深圳市深视音电子技术有限公司	0755－84715999

序号	产品名称	产品型号	送检单位	送检单位电话
1292	彩色摄像机	SY－CP9040D	深圳市深视音电子技术有限公司	0755－84715999
1293	彩色日夜室外防水摄像机	SY－CD307Y	深圳市深视音电子技术有限公司	0755－84715999
1294	彩色摄像机	DVS－2508	深圳市中晖盛大科技有限公司	0755－83219383
1295	钢质防盗门	FAM－Y－BST/D－08A3	江苏博思特门业有限公司	0523－83105866
1296	紫金城牌钢质防盗门	FAM－D－JD/P－08A	温州市金盾防撬门有限公司	0577－86166886
1297	紫金城牌钢质防盗门	FAM－Y－JD/P－08A	温州市金盾防撬门有限公司	0577－86166886
1298	微型半球彩色摄像机	ADTCDH	上海安达泰报警网络服务有限公司	021－61135588
1299	电子密码锁	TG－SMART	上海易保电子有限公司	021－64015089
1300	指纹密码锁	TG－BIO	上海易保电子有限公司	021－64015089
1301	高压电子脉冲式探测器	JP－WL	上海金磐电子有限公司	021－63052628
1302	硬盘录像机	HIK/DS－8004HC－S/－AF－DVR－II－B/4－4	杭州海康威视数字技术股份有限公司	0571－88075998
1302	硬盘录像机	HIK/DS－8008HC－S/－AF－DVR－II－B/8－8	杭州海康威视数字技术股份有限公司	0571－88075998
1302	硬盘录像机	HIK/DS－8012HC－S/－AF－DVR－II－B/12－12	杭州海康威视数字技术股份有限公司	0571－88075998
1302	硬盘录像机	HIK/DS－8016HC－S/－AF－DVR－II－B/16－16	杭州海康威视数字技术股份有限公司	0571－88075998
1303	紫金城牌钢质防盗门	FAM－B－JD/P－08A	温州市金盾防撬门有限公司	0577－86166886
1304	楼宇可视对讲系统	HR－Q	青岛海尔智能家电科技有限公司	0532－88938176
1305	网络视频服务器	DH－NVS0404/－0204/－0104	浙江大华技术股份有限公司	0571－28939630
1306	楼宇对讲系统	XT－T6	深圳市先拓智控设备有限公司	0755－29784181
1307	摄像机	CFH6	上海诚丰数码科技有限公司	021－64958787
1308	彩色摄像机	HPK－6308	深圳市海比克科技有限公司	0755－84175303
1309	日夜两用摄像机	HPK9100A/HPK－668NA/HPK－658NA	深圳市海比克科技有限公司	0755－84175303
1310	硬盘录像机	TJ600－AF－DVR－II－A/16－16	上海天跃科技有限公司	021－65981999
1311	可视楼寓对讲系统	DIGIBUS	爱尔沃斯（上海）电子有限公司	021－37775651
1312	彩色摄像机	TK－WD310EC（B）	上海蓝色之星科技有限公司	021－61276388
1313	楼宇对讲电控防盗门	DFM－2	无锡云海科技有限公司	0510－88999028
1314	楼宇对讲电控防盗门	DFM－1	无锡云海科技有限公司	0510－88999028
1315	灵性锁	YGS－DJ1	中山市小榄镇阳光制锁厂	0760－22112259
1316	内藏式电控锁	YGS－1079	中山市小榄镇阳光制锁厂	0760－22112259
1317	电插锁	YGS－SA05	中山市小榄镇阳光制锁厂	0760－22112259
1318	电磁锁	YGS－M300M	中山市小榄镇阳光制锁厂	0760－22112259
1319	电控锁	YGS1073	中山市小榄镇阳光制锁厂	0760－22112259
1320	智能双快锁（IC卡电子锁）	YGS2008A	中山市小榄镇阳光制锁厂	0760－22112259
1321	智能门锁	YGS－2005	中山市小榄镇阳光制锁厂	0760－22112259
1322	钢框玻璃电控防盗门	XY－BLFD	上海轩源金属建材有限公司	021－59141818
1323	楼寓对讲系统	JA800	常州市吉安电子有限公司	0519－83212493
1324	小区管理联网可视对讲系统	JA2018	常州市吉安电子有限公司	0519－83212493
1325	玻璃楼寓对讲电控防盗门	TC－01	上海通潮金属制品有限公司	021－54850345
1326	防盗安全门	FAM－Y－TC/057	上海通潮金属制品有限公司	54850345
1327	高压电子脉冲式探测器	跃天4号	上海跃天电子科技有限公司	021－65920138
1328	提款箱	TKX－SB－JY1	合肥进毅智能技术有限公司	0551－5336401

序号	产品名称	产品型号	送检单位	送检单位电话
1329	硬盘录像机	CW－AF－DVR－Ⅱ－A/16－16	上海诚雯电子科技有限公司	021－63014369
1330	射频感应卡锁	GL9196S	中山市高利锁业股份有限公司	0760－22131230
1331	钢质单扇防盗安全门	FAM－Y－JT/AF0100	上海基田门业有限公司	021－69172112
1332	硬盘录像机	LH/G－AF－DVR－Ⅱ－A/16－16	上海联横智能科技有限公司	\
1333	复合防弹玻璃	F79B－27	芜湖金运朋玻璃有限公司	0553－5315088
1334	保险箱（柜）电子锁	SJ821/SJ－831/SJ863/SJ884	宁波双九箱柜有限公司	0574－86069998
1335	门禁系统	AEC	博世（珠海）安保系统上海分公司	021－63172155
1336	门禁系统	AMC	博世（珠海）安保系统上海分公司	021－63172155
1337	球型摄像机	BPC－SC18	上海翰睿电子有限公司	021－51697900
1338	全光纤周界报警系统	GQBJ	上海涌创科技发展有限公司	021－51086878
1339	光纤振动探测报警系统	FVM－FD－1	上海复旦智能监控成套设备有限公司	021－55665262
1340	光纤周界安防主机	OFS	四川九洲电器集团有限责任公司	0816－2468045
1341	电子围栏	G. M. 1H1L1E	上海顺振电子科技有限公司	021－62117276
1342	硬盘录像机	DL/DV－DVR404－AF－DVR－Ⅱ－B/04－04	浙江大立科技股份有限公司	0571－86695663
1342	硬盘录像机	DL/DV－DVR408－AF－DVR－Ⅱ－B/08－08	浙江大立科技股份有限公司	0571－86695663
1343	楼宇对讲系统	CS－200B	衢州市卓诚电子有限公司	0570－7015464
1344	硬盘录像机	V－AF－DVR－Ⅱ－A/16－16	上海天智电业发展有限公司	021－62498759
1345	硬盘录像机	Acitetch－AF－DVR－Ⅱ－A/16－16	上海新赛达信息技术有限公司	021－68303515
1346	全数字视频光端机	B1JH＋4X. V4P1	南京科羿康光电设备有限公司	025－52626600
1347	硬盘录像机	SF－AF－DVR－Ⅱ－A/16－16	上海赛夫电子有限公司	021－54451987
1348	钢质单扇防盗安全门	FAM－D－JH/02	上海加汇消防安全设备工程有限公司	021－66691018
1349	钢质单扇防盗安全门	FAM－B－JH/01	上海加汇消防安全设备工程有限公司	021－66691018
1350	防弹复合玻璃	F79A－26－SX	成都三鑫玻璃实业有限公司	028－86613178
1351	防弹复合玻璃	F79B－26－SX（6＋12＋6）	成都三鑫玻璃实业有限公司	028－86613178
1352	防盗安全门	FAM－B－NS/N0101	上海诺沃芬门业有限公司	021－57793335
1353	硬盘录像机	FS－AF－DVR－Ⅱ－A/16－16	上海孚石电子科技有限公司	021－55091166
1354	防盗安全门	FAM－D－LTYH/LT－DR6	浙江隆泰门业有限公司	0579－87283264
1355	防盗安全门	FAM－B－LTYH/LT－DR6	浙江隆泰门业有限公司	0579－87283264
1356	防盗安全门	FAM－Y－LTYH/LT－DR6	浙江隆泰门业有限公司	0579－87283264
1357	摄像机	BSC－S53	上海翰睿电子有限公司	021－51697900
1358	摄像机	BSC－S536	上海翰睿电子有限公司	021－51697900
1359	奇豪牌防盗锁	FDS－B－CNS－SP280	浙江奇豪机械制造有限公司	0579－87516666
1360	彩色高速摄像机	HE－9002E	安防制造（中国）有限公司	0755－33233838
1361	彩色高速摄像机	HCS－85	安防制造（中国）有限公司	0755－33233838
1362	彩色高速摄像机	VC－EX881	安防制造（中国）有限公司	0755－33233838
1363	彩色一体化枪型摄像机	HCA－70	安防制造（中国）有限公司	0755－33233838
1364	彩色一体化枪型摄像机	HE－9033A	安防制造（中国）有限公司	0755－33233838
1365	彩色一体枪型摄像机	VC－EX46	安防制造（中国）有限公司	0755－33233828
1366	彩色半球摄像机	JL－3021H	安防制造（中国）有限公司	0755－33233828
1367	彩色半球摄像机	HE－9021H	安防制造（中国）有限公司	0755－33233828

序号	产品名称	产品型号	送检单位	送检单位电话
1368	彩色半球摄像机	HCD－63	安防制造（中国）有限公司	0755－33233828
1369	彩色半球摄像机	ECD－16	安防制造（中国）有限公司	0755－33233828
1370	彩色半球摄像机	VC－820B	安防制造（中国）有限公司	0755－33233828
1371	彩色枪型摄像机	JL－3003D	安防制造（中国）有限公司	0755－33266118
1372	彩色枪型摄像机	HE－9008A	安防制造（中国）有限公司	0755－33266118
1373	彩色枪型摄像机	ECC－18	安防制造（中国）有限公司	0755－33266118
1374	彩色枪型摄像机	HCC－4	安防制造（中国）有限公司	0755－33266118
1375	彩色枪型摄像机	VC－923H	安防制造（中国）有限公司	0755－33266118
1376	可视对讲门铃系统	HJ－2000K	福州恒久电子有限公司	0591－88930008
1377	金库门	JKM－3	镇江亨利达融具设备有限公司	0511－3321045
1378	金库门	JKM－1	镇江亨利达融具设备有限公司	0511－3321045
1379	金库房	JKF－2	镇江亨利达融具设备有限公司	0511－3321045
1380	防弹玻璃	F79B－25	南京耀华特种玻璃有限公司	025－58258199
1381	防弹玻璃	F79－H－J（5+6+5+贴）	杭州建新浮法玻璃安全技术玻璃厂	0571－88120541
1382	硬盘录像机	HONDVM－AF－DVR－II－A/24－24	霍尼韦尔（中国）有限公司	021－52574568
1383	硬盘录像机	DH/HB/－AF－DVR－II－A/16－16	浙江大华技术股份有限公司	0571－28939630
1384	拉力入侵探测器	PS－770	上海欧脉电子科技发展有限公司	021－56388202
1385	电子围栏	ESB275	上海欧脉电子科技发展有限公司	021－56388202
1386	钢质防盗门	FAM－Y－BST/D－08A3	江苏博思特门业有限公司	0523－83105866
1387	钢质防盗门	FAM－B－BST/D－08A3	江苏博思特门业有限公司	0523－83105866
1388	钢质防盗门	FAM－D－BST/D－08A3	江苏博思特门业有限公司	0523－83105866
1389	钢木防盗安全门	FAM－D－SEIN/GM106	浙江赛银将军门业有限公司	0575－87857877
1390	钢木防盗安全门	FAM－D－SEIN/ZGM106	浙江赛银将军门业有限公司	0575－87857877
1391	摄像机	VC－HSDI/A－480SS	上海远哲电子技术有限公司	021－65364223
1392	出入口控制系统	WIN PAK	霍尼韦尔（中国）有限公司	021－52574568
1393	彩色摄像机	HSDC－251PE	霍尼韦尔（中国）有限公司	021－52574568
1394	彩色摄像机	VCC－320P/VCC－350P	霍尼韦尔（中国）有限公司	021－52574568
1395	彩色摄像机	HCC－680P	霍尼韦尔（中国）有限公司	021－52574568
1396	网络摄像机	LC1001－CC	上海碧波信息技术有限公司	021－50807212
1397	美心环扣防盗锁	FDS－B－MXSJ01	重庆美心．麦森门业有限公司	023－62811586
1398	防盗安全门	FAM－B－ZW/MS1221	上海樽文实业有限公司	021－34110080
1399	防盗安全门	FAM－Y－ZW/MS1221	上海樽文实业有限公司	021－34110080
1400	防盗安全门	FAM－B－ZW/MD1021	上海樽文实业有限公司	021－34110080
1401	防盗安全门	FAM－Y－ZW/GD1021	上海樽文实业有限公司	021－34110080
1402	防盗安全门	FAM－Y－ZW/MD1021	上海樽文实业有限公司	021－34110080
1403	数字硬盘录像机	ST－DVS3016－AF－DVR－II－A/16－16	成都三泰电子实业股份有限公司	028－87506869
1404	可视对讲系统	IRIS	悉雅特楼宇自控（杭州）有限公司	0571－87770571
1405	半球摄像机	A－07	深圳市安利嘉实业有限公司	0755－84693333－885
1406	硬盘录像机	YH/NVRec8000F－AF－DVR－II－A/16－16	上海鹰禾信息科技发展有限公司	021－63053697
1407	红外海螺摄像机	ST－IR2232/ST－IR2252	金三立视频科技（深圳）有限公司	0755－83128597

序号	产品名称	产品型号	送检单位	送检单位电话
1408	摄像机	LS300P－D1/LS300P－D2	上海乐金广电电子有限公司	021－58545500
1409	矩阵	ST－MS750B/ST－MS650B	金三立视频科技（深圳）有限公司	0755－83128597
1410	防盗安全门	FAM－J－PPL/S－I	盼盼廊坊门业有限公司	0316－5977604
	防盗安全门	FAM－J－PPL/S－II－	盼盼廊坊门业有限公司	0316－5977604
	防盗安全门	FAM－J－PPL/S－III	盼盼廊坊门业有限公司	0316－5977604
1411	硬盘录像机	H3C/ECR3308－HD－AF－DVR－II－A/8－8	杭州华三通信技术有限公司	0571－86760000
1412	硬盘录像机	GES－AF－DVR－II－A/16－16	上海卓杰数码产品有限公司	021－51279165
1413	新力牌防盗安全门	FAM－D－XL/9021	浙江新力门业有限公司	0579－87821224
1414	新力牌防盗安全门	FAM－B－XL/9021	浙江新力门业有限公司	0579－87821224
1415	新力牌防盗安全门	FAM－Y－XL/9021	浙江新力门业有限公司	0579－87821224
1416	硬盘录像机	HIK/DS－8004HT－S/－AF－DVR－II－B/4－4	海康威视数字技术股份有限公司	0571－88075998
	硬盘录像机	HIK/DS－8008HT－S/－AF－DVR－II－B/8－8	海康威视数字技术股份有限公司	0571－88075998
	硬盘录像机	HIK/DS－8012HT－S/－AF－DVR－II－B/12－12	海康威视数字技术股份有限公司	0571－88075998
	硬盘录像机	HIK/DS－8016HT－S/－AF－DVR－II－B/16－16	海康威视数字技术股份有限公司	0571－88075998
1417	硬盘录像机	HIK/DS－8002AH－S/－AF－DVR－II－B/3－3	海康威视数字技术股份有限公司	0571－88075998
	硬盘录像机	HIK/DS－8004AH－S/－AF－DVR－II－B/4－4	海康威视数字技术股份有限公司	0571－88075998
1418	硬盘录像机	HIK/DS－8002AHL－S/－AF－DVR－II－B/3－3	杭州海康威视数字技术股份有限公司	0571－88075998
1418	硬盘录像机	HIK/DS－8004AHL－S/－AF－DVR－II－B/4－4	杭州海康威视数字技术股份有限公司	0571－88075998
1419	硬盘录像机	BK/Q－AF－DVR－II－A/16－16	上海百科工贸有限公司	021－63646615
1420	彩色数字摄像机	DV－DC514L	深圳丽泽智能科技有限公司	0755－83706188
1421	出入口控制系统	SHM－0510A	上海红门智能系统有限公司	021－62214584
1422	彩色摄像机	CG－301P	上海帅立科技有限公司	021－62770545
1423	ATM 专用硬盘录像机	DH/A－AF－DVR－II－A/4－2	浙江大华技术股份有限公司	0571－28939630
1423	ATM 专用硬盘录像机	H/A－AF－DVR－II－A/3－3	浙江大华技术股份有限公司	0571－28939630
1424	高压电子脉冲式探测器	D－001	上海润德科技发展有限公司	021－56530285
1425	电力线缆防盗报警器	TW－10	镇江橄榄电子科技有限公司	0511－83370833
1426	变压器防盗报警器	TW－110	镇江橄榄电子科技有限公司	0511－83370833
1427	钢质单扇防盗安全门	FAM－D－JT/AF0120	上海基田门业有限公司	021－69172112
1428	钢质单扇防盗安全门	FAM－B－JT/AF0110	上海基田门业有限公司	021－69172112
1429	钢质单扇防盗安全门	FAM－Y－JT/AF0100	上海基田门业有限公司	021－69172112
1430	硬盘录像机	CF/G－AF－DVR－II－A/32－32	上海诚丰数码科技有限公司	021－64958787
1430	硬盘录像机	CF/G－AF－DVR－II－A/16－16	上海诚丰数码科技有限公司	021－64958787
1430	硬盘录像机	CF/G－AF－DVR－II－A/08－08	上海诚丰数码科技有限公司	021－64958787
1430	硬盘录像机	CF/G－AF－DVR－II－A/04－04	上海诚丰数码科技有限公司	021－64958787
1431	防弹复合玻璃	F54B－23	南昌市创业特种玻璃有限公司	0791－8196299
1432	防弹复合玻璃	F79B－25	南昌市创业特种玻璃有限公司	0791－8196299
1433	门禁控制器	LK－4MJ200	上海领科实业发展有限公司	021－33580830
1434	金属框玻璃电控门	MX－030	上海铭鑫金属制品有限公司	021－66131510
1435	硬盘录像机	FK－AF－DVR－II－A/16－16	上海美赞美数码科技有限公司	021－61494599
1436	防弹玻璃	F79B－25－XXIII	长沙市潇湘玻璃实业有限公司	0731－4622866

序号	产品名称	产品型号	送检单位	送检单位电话
1437	HY 监控摄像机	HY700D26WC	四川汇源视讯有限公司	028－87026367
1438	硬盘录像机	DL/DV－MPF16－AF－DVR－II－A/16－16	浙江大立科技股份有限公司	0571－86695663
	硬盘录像机	DL/DV－MPF08－AF－DVR－II－A/08－08	浙江大立科技股份有限公司	0571－86695663
	硬盘录像机	DL/DV－MPF04－AF－DVR－II－A/04－04	浙江大立科技股份有限公司	0571－86695663
1439	硬盘录像机	DL/DV－MPC04－AF－DVR－II－A/04－04	浙江大立科技股份有限公司	0571－86695663
	硬盘录像机	DL/DV－MPC08－AF－DVR－II－A/08－08	浙江大立科技股份有限公司	0571－86695663
	硬盘录像机	DL/DV－MPC16－AF－DVR－II－A/16－16	浙江大立科技股份有限公司	0571－86695663
1440	硬盘录像机	LT/G－AF－DVR－A－II－A/16－16	上海联统数码科技有限公司	021－64694280
1441	硬盘录像机	JT－AF－DVR－II－A/16－16	上海巨塔数码电子有限公司	021－54361266
1442	彩色摄像机	JT－LC280	上海巨塔数码电子有限公司	021－54361266
1443	彩色摄像机	JT－LC480/JT－LC600	上海巨塔数码电子有限公司	021－54361266
1444	硬盘录像机	HT－QM－8016HF－S/AF－DVR－II－A/16－16	成都惠通系统集成有限公司	028－87651066
1445	硬盘录像机	HT－CM4－16/AF－DVR－II－B/16－16	成都惠通系统集成有限公司	028－87651066
1446	巨力牌防盗门锁	FDS－A－JL－D/1－F	浙江巨力工贸有限公司	0579－87430158
1447	巨力牌防盗门锁	FDS－B－JL－S/1－F	浙江巨力工贸有限公司	0579－87430158
1448	防盗安全门	FAM－J－CPP/S	长沙盼盼安全门制造有限公司	0731－4064868
1449	防盗安全门	FAM－J－CPP/D	长沙盼盼安全门制造有限公司	0731－4064868
1450	门中门式防盗安全门	FAM－B－PP/DM	盼盼安居股份有限公司	0417－5179009
1451	门中门式防盗安全门	FAM－Y－PP/DM	盼盼安居股份有限公司	0417－5179009
1452	防盗安全门	FAM－J－PP/S－1	盼盼安居股份有限公司	0417－5179009
1453	防盗安全门	FAM－J－PP/D－1	盼盼安居股份有限公司	0417－5179009
1454	摄像机	KTC－D32SH－DN	通用电气（上海）贸易有限公司	021－38777990
1455	摄像机	KTC－2000DNP	通用电气（上海）贸易有限公司	021－38777990
1456	摄像机	KTC－HE3－D18	通用电气（上海）贸易有限公司	021－38777990
1457	摄像机	KTC－H3－C22	通用电气（上海）贸易有限公司	021－38777990
1458	防盗安全门	FAM－J－PPL/D－1/FAM－J－PPL/D－2	盼盼廊坊门业有限公司	0316－5977604
1459	新多牌防盗安全门	FAM－J－XD/0001	新多集团有限公司	0579－87253696
1460	彩色摄像机	CG－801PA1P	上海帅立科技有限公司	021－62770545
1461	彩色摄像机	AMB－8108/AMB－8128	广州市安必信通信设备有限公司	020－39388293
1462	红外彩色摄像机	AMB－8118IR	广州市安必信通信设备有限公司	020－39388293
1463	半球彩色摄像机	AMB－8101	广州市安必信通信设备有限公司	020－39388293
1464	智能锁	LK200	上海瓯宝实业有限公司	021－65035390
1465	楼寓可视对讲门铃系统	ZA－108	上海卓奥智能电子科技有限公司	021－54852678
1466	楼寓对讲电控门	XY－LYDKM－2024－2	上海信源金属制门有限公司	021－57494338
1467	防盗叶片锁头	FDS－B－YP27	上海大王保险箱总厂	021－59951688
1468	组合式移动金库	YJK	蚌埠市银星金融设备有限公司	0552－3015180
1469	彩色摄像机	VT－CC2060CP	深圳市威视特光电科技有限公司	0755－83105226
1470	彩色摄像机	VT－IR150CP/VT－IR080CP	深圳市威视特光电科技有限公司	0755－83105226
1471	智能高速球	VT－HS980CP	深圳市威视特光电科技有限公司	0755－83105226
1472	楼宇对讲系统	HCS－3000	博世（珠海）安保系统上海分公司	021－63172155－129

序号	产品名称	产品型号	送检单位	送检单位电话
1473	硬盘录像机	XH－AF－DVR－II－A/16－16	上海讯辉数码科技有限公司	021－64222652
1474	防盗安全门	FAM－Y－ZR/GK1323	上海众睿木业有限公司	021－33758050
1475	防盗安全门	FAM－Y－ZR/MK1323	上海众睿木业有限公司	021－33758050
1476	防盗安全门	FAM－B－HG/Z1221	上海华固特种门窗有限公司	\
1477	防盗安全门	FAM－Y－HG/Z1221	上海华固特种门窗有限公司	\
1478	防盗安全门	FAM－B－HG/D1021	上海华固特种门窗有限公司	\
1479	防盗安全门	FAM－Y－HG/D1021	上海华固特种门窗有限公司	\
1480	多媒体监控系统	SVD2000CS－16	合肥极光科技有限责任公司	0551－5390058
1481	可视楼寓对讲系统	NPS－M	珠海日电智能科技有限公司	0756－8631902
1482	电控防盗门	CQ－III	上海川乾实业发展有限公司	021－66507703
1483	电控防盗门	LDD－CQ－1	上海川乾实业发展有限公司	021－66507703
1484	防盗安全门	FAM－Y－CQ/II	上海川乾实业发展有限公司	021－66507703
1485	硬盘录像机	CF/Q－AF－DVR－II－A/16－16	上海诚丰数码科技有限公司	021－64958787
	硬盘录像机	CF/Q－AF－DVR－II－A/08－08	上海诚丰数码科技有限公司	021－64958787
	硬盘录像机	CF/Q－AF－DVR－II－A/04－04	上海诚丰数码科技有限公司	021－64958787
1486	硬盘录像机	HT/G－AF－DVR－II－A/16－16	上海亨特电子有限公司	021－55238390－826
1487	防盗安全门	FAM－J－0920	四川兴事发门窗有限责任公司	0816－6282860
1488	防尾随联动互锁门	FLAM	重庆华中工贸（集团）有限公司	023－66225169
1489	楼宇可视对讲管理系统	WRT－R1	深圳市慧锐通电器制造有限公司	0755－29576116
1490	移动式租用保管箱库	YDJK－B	安徽省安银金融机具设备有限公司	0552－4079543
1491	银行用保管箱	BGX－J	安徽省安银金融机具设备有限公司	0552－4079543
1492	金库门	JKM3－P/JKM3－Z	安徽省安银金融机具设备有限公司	0552－4079543
1493	金库门	JKM2	安徽省安银金融机具设备有限公司	0552－4079543
1494	金库门	JKM1	安徽省安银金融机具设备有限公司	0552－4079543
1495	金库门	JKMM	安徽省安银金融机具设备有限公司	0552－4079543
1496	硬盘录像机	HD/P－AF－DVR－II－A/16－16	上海图敏信息技术有限公司	021－62308297
1497	硬盘录像机	SHSL－AF－DVR－II－A/16－16	上海三乐数码科技有限公司	\
1498	三向五舌防盗门锁	FDS－A－A1	缙云县隆安实业有限公司	0578－3171015
1499	硬盘录像机	JTDM/E－AF－DVR－II－A/16－16	上海交大浩然科技股份有限公司	021－62303322
1500	彩色球型摄像机	LT703/LT903	上海乐金广电电子有限公司	021－58545500
1501	彩色球型摄像机	LT303	上海乐金广电电子有限公司	021－58545500
1502	硬盘录像机	BSR/N－L－AF－DVR－II－A/8－8	北京蓝色星际软件技术发展有限公司	010－82255855
1502	硬盘录像机	BSR/N－L－AF－DVR－II－A/4－4、	北京蓝色星际软件技术发展有限公司	010－82255855
1503	彩色摄像机	MUCHY－CC3000	深圳市麦驰智能技术有限公司	0755－86028000
1504	黑白摄像机	MUCHY－CB3000	深圳市麦驰智能技术有限公司	0755－86028000
1505	硬盘录像机	SHHY/G－AF－DVR－II－A/16－16	上海华宇电子科技有限公司	021－62999211
1506	银泰牌防盗安全门	FAM－D－YT/FD708	武义银泰实业有限公司	0579－87709508
1507	银泰牌防盗安全门	FAM－B－YT/FD904	武义银泰实业有限公司	0579－87709508
1508	银泰牌防盗安全门	FAM－Y－YT/FD905	武义银泰实业有限公司	0579－87709508
1509	二道门防尾随控制器	AMB－2802B	广州市安必信通信设备有限公司	020－39388293

序号	产品名称	产品型号	送检单位	送检单位电话
1510	玻璃楼宇对讲门	PF－BL－1	上海盼福金属制品有限公司	021－69175946
1511	栅栏楼宇对讲门	PF－GS－1	上海盼福金属制品有限公司	021－69175946
1512	防盗安全门	FAM－D－PF/S2110	上海盼福金属制品有限公司	021－69175946
1513	防盗安全门	FAM－B－PF/S2110	上海盼福金属制品有限公司	021－69175946
1514	防盗安全门	FAM－Y－PF/S2110	上海盼福金属制品有限公司	021－69175946

2.2.2 委托检验

序号	产品名称	产品型号	送检单位	送检单位电话
1	编码器、解码器、编解码器	DVO－2042H	上海迪维欧电子设备有限公司	021－64518711
2	闯红灯自动抓拍系统	GBS350	上海宝康电子控制工程有限公司	021－51831088
3	指形、掌形及指纹仪	FVTC720	日立（中国）有限公司	021－64721002
4	视频服务器（不带存储）	EV3151	壹传科技股份有限公司	86－2－26551518
5	机械防盗锁：A级	978	镇江市丹徒区明鹰锁具有限公司	0511－83322558
6	视频服务器（不带存储）	VE1201HA	上海卓扬科技有限公司	021－54263666
7	视频服务器（带存储）	VE1001HAUB/VE1004HAUB	上海卓扬科技有限公司	021－54263666
8	车载硬盘录像机	BW－DVR－1	上海博闻汽车配件有限公司	021－54862627
9	停车库（场）管理系统	TW－PX07LZ	上海腾旺电子技术有限公司	021－68315327
10	防爆炸玻璃	FBZ－丙－17－WW（5＋0.76＋5＋6A＋5）	上海文雯玻璃制品有限公司	021－58033701
11	无线图像传输系统	HQM－T	重庆汇桥通信技术有限公司	023－68466657
12	安防其他	V9	深圳市超视科技有限公司	0755－86217008
13	车载硬盘录像机	MV1004	青岛海信网络科技股份有限公司	0532－80874613
14	高速球摄像机	ADSDVU845IOP	泰科消防保安（天津）有限公司	010－85200888
15	防盗安全门：钢制、钢木	FAM－B－WL/D1123	泉顺发木工业（中国）有限公司	0512－57631759
16	安防其他	ST－1S	上海天岸电子科技有限公司	021－65441924
17	银行保管箱：电子类	BGX－D1－BD－ZW	宁波邦达实业有限公司	0574－88416668
18	银行保管箱：机械类	BGX－J1－BD－A、BGX－J1－BD－B	宁波邦达实业有限公司	0574－88416668
19	银行保管箱：机械类	BD－A/B	宁波邦达实业有限公司	0574－88416668
20	ATM机（机械）	HSZZ－DT	南京华设科技有限公司	025－83207776
21	防盗安全门：钢制、钢木	FAM－B－KFM/GM106	杭州卡福曼木业有限公司	0571－88538192
22	防盗安全门：钢制、钢木	FAM－D－XF/033	浙江幸福之家门业有限公司	0579－87918399
23	停车库（场）管理系统	FR－P3000	宁波高新区福锐机电有限公司	0574－27819898
24	防盗安全门：钢制、钢木	FAM－Y－JC/S1221	江苏金晨消防器材有限公司	0510－87246100
25	防盗安全门：钢制、钢木	FAM－Y－JC/D1021	江苏金晨消防器材有限公司	0510－87246100
26	门禁控制系统	Lookyx－MJ－04	上海银欣高新技术发展股份有限公司	021－52340077
27	安防其他	JD－XRJK－02	上海经达实业发展有限公司	021－64452140
28	高速球摄像机	HVZ－7910/SAG－GS220W	海拓电子（苏州）有限公司	0512－62697001－405
29	高速球摄像机	HSD－9910/SAG－GS922WS	海拓电子（苏州）有限公司	0512－62697001－405
29	高速球摄像机	HSD－9920/SAG－GS926WS	海拓电子（苏州）有限公司	0512－62697001－405

序号	产品名称	产品型号	送检单位	送检单位电话
30	半球摄象机	HPD－3300/SGA－3300HP	海拓电子（苏州）有限公司	0512－62697001－405
	半球摄象机	HVD－3300/SAG－F500HCR	海拓电子（苏州）有限公司	0512－62697001－405
	半球摄象机	HPD－5201NX/SAG－1300HPR	海拓电子（苏州）有限公司	0512－62697001－405
31	彩色摄像机	HBS－3201NX/SAG－F540A	海拓电子（苏州）有限公司	0512－62697001－405
32	易燃液体探测仪	DLC－09	上海景商信息科技有限公司	021－34160119
33	闯红灯自动抓拍系统	PTKH1－0910	上海普天网络技术有限公司	021－51272020
34	防盗安全门：钢制、钢木	FAM－B－WL/D1123	泉顺发木工业（中国）有限公司	0512－57631759
35	车辆防盗报警系统	PHT－GPS90	安徽烽火台卫星监控科技有限公司	0551－5226906
36	防盗安全门：钢制、钢木	FAM－Y－SK－I	余姚帅康安防器材有限公司	0574－62260256
37	防尾随联动门（有联动报告）	SK2838	余姚帅康安防器材有限公司	0574－62260256
38	安防其他	E2020 APCO/ E6020 W03BCA	深圳市九思泰达技术有限公司	0755－86153305
39	彩色摄像机	VGC－288CHR	杰希爱安防系统中国有限公司	021－62489619
40	彩转黑摄像机	VGC－280CW	杰希爱安防系统中国有限公司	021－62489619
41	半球摄象机	VGC－930C/A	杰希爱安防系统中国有限公司	021－62489619
42	半球摄象机	VGC－WD502DN	杰希爱安防系统中国有限公司	021－62489619
43	移动金库	ATMFH－SK－I	余姚帅康安防器材有限公司	0574－62260256
44	安防其他	SHAO－A	上海顺存进出口贸易有限公司	021－58332390
45	光端机	T/R8100、T/R4100	杭州冠博科技有限公司	0571－85126310
46	防盗保险柜：机械类	YB－810B	盛威保险柜（宁波）有限公司	\
47	安防其他	XLH001	苏州鑫来科技有限公司	0512－62807571
48	移动金库	YDJK－B	安徽省安银金融机具设备有限公司	0552－4092615
49	移动金库	YDJK－A	安徽省安银金融机具设备有限公司	0552－4092615
50	网络摄像机	IPC400	苏州科达科技有限公司	0512－68418188
51	安防其他	B－Trans V1.0	广州亿程交通信息有限公司	020－34563668
52	防盗安全门：钢制、钢木	FAM－Y－JM－1021	湖北金门神门业有限公司	0712－8750988
53	液晶监视器	AD－TL20（P）/GA（T）－200	上海宜恩信息科技有限公司	021－61392669
54	提款箱（B级）	TKX－SB－08	平阳县成立金融运钞箱厂	0577－63780284
55	防弹复合玻璃（F54）	F79－H（10＋5＋5＋0.1膜）	台玻长江玻璃有限公司	0512－57450041
56	监所周界高压电网装置	SD－9000	靖江市双盾公共安全设备有限公司	0523－84913133
57	指纹POS系统	JZT－998	浙江维尔生物识别技术股份有限公司	0571－88158018
58	GSM无线报警器	V90	厦门青年网络通讯股份有限公司	0592－6032999
59	安防其他	FPSS－M	上海华魏光纤传感技术有限公司	021－54902298
60	停车库（场）管理系统	LK－PS V8.0	上海领科实业发展有限公司	021－33580830
61	金属探测门	RS－500	石家庄市金安探测技术有限公司	0311－89618381
62	安防其他	MVR－ITS	深圳市博康科技发展有限公司	021－54265446
63	半球摄象机（红外）	APG－IR15HF	上海爱谱华顿安防科技股份有限公司	021－58144888
64	一体化摄像机（红外）	APG－IR408HF	上海爱谱华顿安防科技股份有限公司	021－58144888
65	楼宇对讲门	XZ－8210	杭州西州门业有限公司	0571－87093117
66	GSM无线报警器	RK－GSM－1	上海罗可力安全设备有限公司	021－64647102
67	监狱门（三扇）	JYM－A－SD	靖江市双盾公共安全设备有限公司	0523－84913133

序号	产品名称	产品型号	送检单位	送检单位电话
68	监狱门（三扇）	JYM－A1－SD	靖江市双盾公共安全设备有限公司	0523－84913133
69	监狱门（三扇）	JYM－E－SD	靖江市双盾公共安全设备有限公司	0523－84913133
70	监狱门（三扇）	JYM－D－SD	靖江市双盾公共安全设备有限公司	0523－84913133
71	视频行为识别	iCare－sys4004－IVS	浙江捷尚视觉科技有限公司	0571－28137008
72	光端机	AE－004T/R	杭州承航电子有限公司	05711－88262195
73	光端机	ABC－4T/R	杭州艾比希科技有限公司	0571－88365675
74	视频矩阵主机	ABC80－80R	杭州艾比希科技有限公司	0571－88365675
75	高清编解码器阵列	Vaux6000Pro－E/D	深圳市博康科技发展有限公司	021－54265446
76	高清编解码器	Vbox6000Pro－E/D	深圳市博康科技发展有限公司	021－54265446
77	高清光端机	Vcan－PA000 HD	深圳市博康科技发展有限公司	021－54265446
78	提款箱（B级）	TKX－SB－DR01	成都鼎融科技有限责任公司	028－82902099
79	巡更系统：离线式	SD2000E	上海铁龙应用软件开发有限公司	021－54234816
80	防盗报警控制器	MPJ－305	温州市创力电子有限公司	0577－86557922
81	易燃液体探测仪	AY01－01	公安部第三研究所	021－33933753
82	防盗安全门：钢制、钢木	FAM－B－DYG/1022	常熟市丰盛建筑装潢木业有限公司	0512－52551936
83	楼宇对讲门	HX－022	常熟市华星金属装饰材料有限公司	0512－52450390
84	车辆防盗报警系统	V1.0	上海捷波通信科技有限公司	021－50323280
85	金属探测门	ZT300	北京中泰通科技发展有限公司	010－58895480
86	手持式金属探测器	MD－3000/TX－2002	上海天巡电子设备有限公司	021－55324760
87	银行保管箱：电子类	BGX－D1－PD	武汉市新攀登科技有限公司	027－87514228－8888
88	机械防盗锁：A级	AY－JZMFDS－I	安徽省安银金融机具设备有限公司	0552－4092615
89	防尾随联动门	FLAM－QC－01	杭州萧山保险箱厂	0571－82175128
90	防盗安全门：钢制、钢木	FAM－Y－MY－P09	江阴市涵韵富嘉金属制品厂	0510－81327811
91	高压电子脉冲式探测器	DUN－2010	杭州坚盾信息技术有限公司	0571－86585991
92	防尾随联动门（有联动报告）	FLAM－960	杭州兴发保险箱厂	0571－82139878
93	无线图像传输系统	VS－5700	深圳市好易通科技有限公司	0755－26972999
94	炸药/毒品痕量探测仪	C08310	公安部第三研究所	021－33933752
95	楼宇对讲门	JH－002	上海昌琼金属制品有限公司	021－56691530
96	防尾随联动门（有联动报告）	FLAM－1、FLAM－2	上海山顿电子科技有限公司	021－64085269
97	硬盘录像机（国标Ⅰ、Ⅱ）	NVR2860	苏州科达科技有限公司	0512－68418188
98	编码器、解码器、编解码器	IPA100A/IPA102	苏州科达科技有限公司	0512－68418188
99	网络摄像机	IPC202	苏州科达科技有限公司	0512－68418188
100	网络摄像机	IPC201	苏州科达科技有限公司	0512－68418188
101	网络摄像机	IPC200	苏州科达科技有限公司	0512－68418188
102	网络摄像机	IPC100	苏州科达科技有限公司	0512－68418188
103	网络摄像机	IPC300/IPC301/IPC302	苏州科达科技有限公司	0512－68418188
104	编码、解码器及编解码器	KDM201S	苏州科达科技有限公司	0512－68418188
105	车辆防盗报警系统	VCS901.01	广州北斗大三通导航科技有限公司	020－28068065
106	安防其他	C07303	公安部第三研究所	021－64336810
107	易燃液体探测仪	TruScreen	上海道青奇科技有限公司	021－62270000

序号	产品名称	产品型号	送检单位	送检单位电话
108	视频行为识别	IVO BOX	上海卓扬科技有限公司	021－54263666
109	车辆防盗报警系统	BIZ20090701A	广州赛将电子科技有限公司	020－88546817
110	直按式、编码式（可）	LENET	深圳市韩昌电子有限公司	0755－26004760
111	防尾随联动门（有联动报告）	FLAM－YT－000	深圳市亚图安防科技有限公司	0755－26475736
112	金库门：M级、A级	JNQ（M）	深圳市键宁安防产品有限公司	0755－26055692
113	金库门：M级、A级	LKMM－I	深圳市键宁安防产品有限公司	0755－26055692
114	金库门：M级、A级	LKM1－I	深圳市键宁安防产品有限公司	0755－26055692
115	放射性物质安全检查设备	RM0400NA	同方威视技术股份有限公司	010－62780909－8680
116	停车库（场）管理系统	HS510	哈尔滨恒顺智能科技有限公司	0451－87571280
117	停车库（场）管理系统	XR－ParkingSYS	哈尔滨玺瑞智能科技有限公司	0451－87571280
118	防盗安全门：钢制、钢木	FAM－Y－CX/GM1021	常州市常欣消防器材有限公司	0519－88739117
119	提款箱（B级）	TKX－SB－GJ100	四川国净科技有限公司	028－66622383
	提款箱（B级）	TKX－MB－GJ240	四川国净科技有限公司	028－66622383
	提款箱（B级）	TKX－LB－GJ320	四川国净科技有限公司	028－66622383
120	保管箱电子锁	7009型	宁波望通锁业有限公司	0574－63630227
121	提款箱（B级）	TKX－SB－YH－01	常州市亿恒电子款箱制造有限公司	0519－82828705
122	安防其他	SUNTEK－TSMS	新太科技股份有限公司	020－85521717
123	安防其他	SUNTEK－VSNMP	新太科技股份有限公司	020－85521717
124	安防其他	SUNTEK－VRMIS	新太科技股份有限公司	020－85521717
125	安防其他	SUNTEK－VSFDS	新太科技股份有限公司	020－85521717
126	高速球摄像机	QTGK－G208	厦门汇防电子有限公司	0592－3193555
127	直按式、编码式（可）	AZM－212CY－B/CZW－212CY	深圳市慧锐通电器制造有限公司	0755－29576116
128	视频行为识别	Weibridge X8	Weibridge Networks Corporation	021－64276305
129	彩色摄像机	MX－312	宁波美兴电子科技有限公司	0574－63661658
130	枪弹柜（机械）	FDQG－1500	浙江省武器安全技术中心	0571－86046783
131	防盗安全门：钢制、钢木	FDAM－900	浙江省武器安全技术中心	0571－86046783
132	防弹复合玻璃（F54）	F54－H－J（5＋12＋5＋12A＋6）	苏州苏明装饰有限公司	0512－65182871
133	联网型（可）	HTL－DPH4009S	深圳波创科技发展有限公司	0755－86368966
134	枪弹柜（机械）	XYB－1400	无锡市刘潭金属制品有限公司	0510－83103849
135	X射线检测仪	SBW6550	圣必威射线探测技术（深圳）有限公司	0755－83514283
136	防尾随联动门	FLAM－QSW－I	深圳市琦盛威科技发展有限公司	0755－28167758
137	安防其他	17LFOR/20LFOR	利贝富（上海）商贸有限公司	021－62991528
138	爆破器材库	YBK－SHYY	上海远洋档案设备有限公司	021－59883690
139	防尾随联动门	FLAM－ID/ZW	四川国净科技有限公司	028－66622383
140	防盗安全门：钢制、钢木	FAM－Y－META/D1022	上海金地经久房地产发展有限公司 上海曼托门业有限公司	021－51099166＊222
141	指纹识别仪	JZT－570	浙江维尔电子有限公司	0571－88992700
142	安防其他	TV17	北京英诺赛恩科技发展有限公司	021－52927887
143	车辆定位监控系统（GPS）	GPS－A	佛山市阿普思通讯技术有限公司	0757－81273449

序号	产品名称	产品型号	送检单位	送检单位电话
144	ATM 机（电子）	ATMFH－JQ－D	宁波金桥广告有限公司	0574－87423180
145	门禁控制系统	MT－300C	杭州中正生物认证技术有限公司	0571－81951588
146	光端机	FL8V1D	上海方鍙通电子科技有限公司	021－51098908
147	金库门：C 级	JKM3（C）－SM－1020－N	江西双马保险设备有限公司	0795－7860888
148	X 射线检测仪	XIS－6545	中海智（北京）科技有限公司	010－84417399
149	银行保管箱：电子类	BGX－D1－JY－II	宁波精业保管箱有限公司	0574－88407382
150	视频分配器	MD416	上海安防电子有限公司	021－65440440
151	编码、解码及编解码器	NVD1002	NICE SYSTEMS Ltd.	97297753777
152	编码器、解码器、编解码器	NVE1001/NVE1002/NVE1008	NICE SYSTEMS Ltd.	97297753777
153	防盗安全门：钢制、钢木	FAM－Y－ZX/1221	上海振兴铝业有限公司	021－57773168－6218
154	编码器、解码器、编解码器	Vaux6000－E/D	深圳市博康科技发展有限公司	021－54265446
155	银行保管箱：机械类	BGX－J1－YA	海发（宁波）办公设备有限公司	0574－86597017
156	防尾随联动门（有联动报告）	FLAM－1P、FLAM－2P	海发（宁波）办公设备有限公司	0574－86597017
157	紧急开关	EB26/EB27/EB28/EB60A/EB60B	深圳市精华隆安防设备有限公司	0755－27981999
158	安防其他	WT1000A	中国电子科技集团公司第五十研究所	021－62547600－6406
159	安防其他	CTB－2008	圣必威射线探测技术（深圳）有限公司	0755－83514283
160	安防其他	XJCTB－2008	圣必威射线探测技术（深圳）有限公司	0755－83514283
161	X 射线检测仪	SBW8065/SBW10080	圣必威射线探测技术（深圳）有限公司	0755－83514283
162	X 射线检测仪	SBW5030/SBW5335	圣必威射线探测技术（深圳）有限公司	0755－83514283
163	光端机	RC－DV－8V1D	郑州锐康科技有限公司	0371－63598155
164	液晶监视器	M20S1/M32S1/M40S1	上海仙视电子有限公司	021－51695993
165	防盗保险柜：电子类	FDG－A1/D－152	宁波艾谱实业有限公司	0574－86763888
166	车辆防盗报警系统	11. 1. 035d	佛山市丽普盾高新科技有限公司	0757－82302238
167	防尾随联动门（有联动报告）	FLAM－YXF	佛山市永祥福钢门金属有限公司	0757－82206345
168	防盗安全门：钢制、钢木	FAM－D－ZL/02	浙江正磊工贸有限公司	0579－87918683
169	防盗安全门：钢制、钢木	FAM－B－YY/20	浙江阳宇工贸有限公司	0579－87250598
170	编码、解码及编解码器	Vbox6000－E/D	深圳市博康科技发展有限公司	021－54265446
171	X 射线检测仪	CIAE1108B	中国原子能科学研究院	010－69357624
172	电力设施防盗报警器	GCS－T	常州市锐高工业检测设备有限公司	0519－88011211
173	智能门锁	968	杭州金指码实业有限公司	0571－86794031
174	停车库（场）管理系统	LN6800	厦门立林科技有限公司	0592－5701466
175	车辆防盗报警系统	XR6088/V1. 0	杭州星软科技有限公司	0571－88223322
176	楼宇对讲门	980－10	杭州英政电控自动门厂	0571－86516235
177	防盗安全门：钢制、钢木	FAM－B－WL/丙 P	大丰嘉英置业有限公司 亚萨合莱－王力保安制品有限公司	51583513820
178	安防其他	KW－KA	上海康银电子有限公司	021－61159550
179	视频行为识别	ISWatchAlarm5021	上海银晨智能识别科技有限公司	021－50805681
180	警号	HC－102/ HC－103/（HC）ES－626	深圳市豪恩安全科技有限公司	0755－33265555
181	安防其他	H3C MS8000	杭州华三通信技术有限公司	0571－86760000

序号	产品名称	产品型号	送检单位	送检单位电话
182	指纹识别仪（行标）	FM－Z	杭州导纳电子技术有限公司	0571－88835628
183	楼宇对讲门	GZ－2007	南京国之威门业有限公司	025－86754280
184	金库门：B级	JKM3S－P/JKM3S－Z/JKM3S－B	安徽省安银金融机具设备有限公司	0552－4079543
185	金库门：B级	JKM2S－P/JKM2S－Z/JKM2S－B	安徽省安银金融机具设备有限公司	0552－4079543
186	金库门：M级、A级	JKM1S－P/JKM1S－Z/JKM1S－B	安徽省安银金融机具设备有限公司	0552－4079543
187	金库门：C级	JKM3－P/JKM3－Z/JKM3－B	安徽省安银金融机具设备有限公司	0552－4079543
188	金库门：B级	JKM2－P/JKM2－Z/JKM2－B	安徽省安银金融机具设备有限公司	0552－4079543
189	金库门：M级、A级	JKM1－P/JKM1－Z/JKM1－B	安徽省安银金融机具设备有限公司	0552－4079543
190	门禁控制系统	SDXA7001	深圳市深电讯安电子有限公司	\
191	防盗保险柜：电子类	HD－BHK－A13－Z	江西宏达保安器材有限公司	0795－7369118
192	安防其他	H3C VM5000	杭州华三通信技术有限公司	0571－86760000
193	防盗安全门：钢制、钢木	FAM－D－XYMBD/8098	永康市喜盈门门业有限公司	0579－87254458
194	指纹识别仪	WEL－405	浙江维尔生物识别技术股份有限公司	0571－88158018
195	监狱门（三扇）	JM－J－P（E）－4	靖江市悦达安防有限公司	0523－82660698
196	监狱门（三扇）	JM－J－PY－5	靖江市悦达安防有限公司	0523－82660698
197	监狱门（三扇）	JM－J－P－4	靖江市悦达安防有限公司	0523－82660698
198	监狱门（三扇）	JM－T－S2－1	靖江市悦达安防有限公司	0523－82660698
199	监狱门（三扇）	JM－J－P－4	靖江市永康门业有限公司	0523－82660698
200	监狱门（三扇）	JM－J－PY－5	靖江市永康门业有限公司	0523－82660698
201	监狱门（三扇）	JM－J－P（E）－4	靖江市永康门业有限公司	0523－82660698
202	监狱门（三扇）	JM－T－S2－1	靖江市永康门业有限公司	0523－82660698
203	巡更系统：离线式（无线）	SW－1A	上海数卫电子有限公司	021－33823536－805
204	机械防盗锁：A级	FDS－A－ZS/938G	镇江中胜特种锁具有限公司	0511－83322535
205	高速球摄像机	SOAR700	杭州数尔电子有限公司	0571－88099299
206	防盗安全门：钢制、钢木	FAM－A－P－XD/QF	新多集团有限公司 三湘建筑装饰工程有限公司	0579－87253699
207	防盗保险柜：电子类	CBK－YY	江西远洋保险设备实业有限公司	0795－7358888
208	防盗保险柜：电子类	YDQK－D1	江西省远大保险设备实业有限公司	0795－7861208
209	移动金库	HDJK（A）－FH－01B型	江西卓尔金属设备有限公司	0795－7865888
210	金库门：C级	JKM3（C）－ZE－1020	江西卓尔金属设备有限公司	0795－7865888
211	金库门：C级	JKM3（C）－YY－1020－N	江西远洋保险设备实业有限公司	0795－7358888
212	GSM彩信报警器	CM－10	浙江龙舜科技有限公司	0571－28998171
213	安防其他	CJ－340	福清市长杰视波技术研究所	0591－85225286
214	指纹识别仪（行标）	ZFM－20	杭州指安科技有限公司	0571－88210122
215	手持式金属探测器	JW－S1	北京京金吾高科技有限公司	010－88473737
216	高速球摄像机	NSYT－1000	宁波能士通信设备有限公司	0574－87526488
217	易燃液体探测仪	JWSJPH－2	北京京金吾高科技有限公司	010－88473737
218	安防其他	H3	上海七百集团九思科技发展有限公司	021－52738120
219	炸药痕量探测仪	SIM－MAX E2008	上海新漫传感技术研究发展有限公司	021－59924565

序号	产品名称	产品型号	送检单位	送检单位电话
220	炸药痕量探测仪	SIM - MAX E2008	上海新漫传感技术研究发展有限公司	021 - 59924565
221	网络摄像机	MX - M12D	MOBOTIX AG	\
222	网络摄像机	MX - M22M	MOBOTIX AG	\
223	网络摄像机	MX - D12Di	MOBOTIX AG	\
224	网络摄像机	MX - D22M	MOBOTIX AG	\
225	网络摄像机	MX - Q22M	MOBOTIX AG	\
226	毒品痕量探测仪	XT12 - 03	公安部第三研究所	021 - 33933752
227	炸药痕量探测仪	AY05 - 02	公安部第三研究所	021 - 33933752
228	光端机	VOP2810 - SMF - T/R	成都微迪光通信技术有限公司	028 - 85689272
229	光端机	GD2000	威海市卡尔电气研究所	0631 - 5627777
230	安防其他	ST - 1A	上海天岸电子科技有限公司	021 - 65441924
231	视频矩阵主机	FJ - 2000	福建平安报警网络有限公司	0592 - 5156666
232	彩色摄像机	FJ - 823 - 30	福建平安报警网络有限公司	0592 - 5156666
233	彩色摄像机	FJ - 855XXX	福建平安报警网络有限公司	0592 - 5156666
234	彩色摄像机	FJ - 848XXX	福建平安报警网络有限公司	0592 - 5156666
235	彩色摄像机	FJ - 854XXX	福建平安报警网络有限公司	0592 - 5156666
236	提款箱（A 级）	TKX - SA - YR	平阳县银瑞运钞箱厂	0577 - 63783280
237	彩色摄像机	DIS - 309CD	江苏省质量技术监督局	025 - 85012072
238	网络摄像机	CIVS - IPS - 2500	思科系统（中国）网络技术有限公司	010 - 85155526
239	编码、解码及编解码器	CIVS - SG1BECOD - FE	思科系统（中国）网络技术有限公司	010 - 85155526
240	安防其他	CIVS - MSP - 1RU	思科系统（中国）网络技术有限公司	010 - 85155526
	安防其他	CIVS - MSP - 2RU	思科系统（中国）网络技术有限公司	010 - 85155526
	安防其他	CIVS - MSP - 4RU	思科系统（中国）网络技术有限公司	010 - 85155526
241	字符发生器	HV - DTC2616	上海海视电子有限公司	021 - 66838038 - 328
242	网络摄像机	DAT - IPC - F	杭州今日银通信息科技有限公司	0571 - 56806618
243	高速球摄像机	DAT - SD60 - HN	杭州今日银通信息科技有限公司	0571 - 56806618
244	高速球摄像机	DAT - SD60	杭州今日银通信息科技有限公司	0571 - 56806618
245	锁头：机械	FDS - B - 37B	佛山市顺德区容桂华辉锁具厂	0757 - 28370391
246	防盗安全门：钢制、钢木	FAM - D - HJH/010	浙江合家欢工贸有限公司	0579 - 87613558
247	防盗安全门：钢制、钢木	FAM - B - HJH/009	浙江合家欢工贸有限公司	0579 - 87613558
248	防盗安全门：钢制、钢木	FAM - Y - HJH/008	浙江合家欢工贸有限公司	0579 - 87613558
249	安防其他	3003	公安部第三研究所	\
250	金库门：C 级	JKM3 - SD - C - 0920	四川国净科技有限公司	028 - 88881656
251	防尾随联动门（有联动报告）	FLAM - 1、FLAM - 2	上海山顿电子科技有限公司	021 - 64085269
252	ATM 机（电子）	ATM - AD - 1	宁波市北仑奥特安防设备有限公司	0574 - 86862818
253	停车库（场）管理系统	EYZN	上海亦源智能科技有限公司	021 - 58965111
254	安防其他	Z01	厦门市英锐电子有限公司	0592 - 3105566
255	视频行为识别	SS2. 1	上海弘视通信技术有限公司	021 - 64956070
256	防盗安全门:钢制.钢木(甲级)	FAM - J - YT/9821	深圳市亚图安防科技有限公司	0755 - 26475735
257	智能门锁	WHD - MNR 211	上海何烈贸易有限公司	021 - 62196357

序号	产品名称	产品型号	送检单位	送检单位电话
258	彩色摄像机	15 - CA54WD/15 - CA55EDC	上海科保电子有限公司	021 - 53088111
259	彩色摄像机	15 - CA45HD/15 - CA45EDC	上海科保电子有限公司	021 - 53088111
260	高速球摄像机	HSDC - 352PXE	上海爱谱华顿安防科技股份有限公司	021 - 58144888
261	防弹复合玻璃（F54）	F64C - 15	杭州华盾玻璃有限公司	0571 - 1 - 88315275
262	视频矩阵主机	HV - VAM2564	上海海视电子有限公司	021 - 66838038 - 328
263	视频矩阵主机	HV - VAM6416	上海海视电子有限公司	021 - 66838038 - 328
264	光端机	OP8008	上海睿圣实业有限公司	021 - 63521730
265	毒品痕量探测仪	TR1000NB	同方威视技术股份有限公司	\
266	指纹识别仪	TS - FID3354	深圳市天识科技有限公司	0755 - 26858305
267	防盗安全门：钢制、钢木	FAM - D - BST/01	芜湖贝斯特门业有限公司	\
268	防盗安全门：钢制、钢木	FAM - D - BT/860 * 2050	百泰集团有限公司	0570 - 7391016
269	防盗安全门：钢制、钢木	FAM - B - BT/860 * 2050	百泰集团有限公司	0570 - 7391016
270	指纹识别仪	XT - F31	杭州信泰科技开发有限公司	0571 - 85334860
271	毒品痕量探测仪	TR1000	同方威视技术股份有限公司	\
272	主动红外入侵探测器	AB - 20NV	奥泰斯电子（东莞）有限公司	0769 - 83600573
273	防弹复合玻璃（F79）	F64B（19mm + 0.3mm 膜）	贝卡尔特新材料（苏州）有限公司	0512 - 62838885
274	电控锁	HBL1283S	上海欧一安保器材有限公司	021 - 57407301
275	电控锁	EM3500/EM5700/SH2500	上海欧一安保器材有限公司	021 - 57407301
276	电控锁	ES2012/ES4012	上海欧一安保器材有限公司	021 - 57407301
277	电控锁	MEM	上海欧一安保器材有限公司	021 - 57407301
278	光端机	HS - DT/R040DSF	上海帅立科技有限公司	021 - 62770545
279	电控锁	MW200S	上海茂物信息技术有限公司	021 - 58701261
280	电控锁	MW300	上海茂物信息技术有限公司	021 - 58701261
281	彩色摄像机	ADCD45/ADCD45VA	泰科消防保安（天津）有限公司	010 - 85200888
282	彩色摄像机	ADCA35D/ADCA35EDC	泰科消防保安（天津）有限公司	010 - 85200888
283	安防其他	D2A - 6	上海七百集团九思科技发展有限公司	021 - 57233120
284	虹膜识别仪	JSP - 20A - ND	江苏金石安防工程有限公司	025 - 52328877
285	防盗报警控制器	LXWDB01	上海理想信息产业（集团）有限公司	021 - 34249898 - 2106
286	停车库（场）管理系统	ST8308	新钶电子（上海）有限公司	021 - 50427980
287	提款箱（B 级）	TKX - SB - YDA	温州银盾电子有限公司	0577 - 63668112
288	金属探测门	JH - 5	东莞市骏宏电子科技有限公司	0769 - 88903357
289	提款箱（B 级）	TKX - SB - 160	浙江诺贝电子科技有限公司	0577 - 63610656
290	防盗报警控制器	TM - FZD03	福建天马电子有限公司	0595 - 22370558
291	指纹识别仪	FP - 200A	北京中盾安全技术开发公司	010 - 88513318
292	高速球摄像机	ADHDL622PTV	泰科消防保安（天津）有限公司	010 - 85200888
	高速球摄像机	ADHDL623PTV	泰科消防保安（天津）有限公司	010 - 85200888
	高速球摄像机	ADSDL636PTV	泰科消防保安（天津）有限公司	010 - 85200888
	高速球摄像机	ADHDL630PTV	泰科消防保安（天津）有限公司	010 - 85200888
	高速球摄像机	ADHDL635PT	泰科消防保安（天津）有限公司	010 - 85200888
293	彩色摄像机	ADB540/ADB55EDC	泰科消防保安（天津）有限公司	010 - 85200888

序号	产品名称	产品型号	送检单位	送检单位电话
294	彩色摄像机	ADDV530/ADDV540	泰科消防保安（天津）有限公司	010－85200888
295	指纹识别仪	FL－727－FV（串口）	上海方立数码科技有限公司	021－50314052
295	指纹识别仪	FL－727－FV（USB）	上海方立数码科技有限公司	021－50314052
296	防盗保险柜：机械类	FDG－A1/J－50ZT	上海杰宝大王企业发展有限公司	021－59950588
297	防盗保险柜：机械类	FDG－A1/J－75ZT	上海杰宝大王企业发展有限公司	021－59950588
298	指纹识别仪	SM－2B	杭州中正生物认证技术有限公司	0571－81951588
299	停车库（场）管理系统	Sunrise－100	宁波市江北中天信息技术有限公司	0574－87654398
300	防盗安全门：钢制、钢木	BOIN－雅家（2050X950）丁级	上海市工商行政管理局杨浦分局	\
301	安防其他	RX－8504	成都鑫融兴科技发展有限公司	028－66501517
302	安防其他	ST300	上海慎锐通信科技有限公司	021－50327528
303	视频服务器（带存储）	SMVT8032	浙江星望视讯技术有限公司	0571－87209028
304	硬盘录像机（全项）	DVS7008E－LS－D	浙江星望视讯技术有限公司	0571－87209028
305	硬盘录像机（全项）	DVS7016LS－D	浙江星望视讯技术有限公司	0571－87209028
306	门禁控制系统	STAR008W－64A	泰科消防保安（天津）有限公司	010－65693200
306	门禁控制系统	STAR016W－64A	泰科消防保安（天津）有限公司	010－65693200
307	高速球摄像机	VAT－3326	杭州恒力自动化系统技术有限公司	0571－56771999
308	高速球摄像机	SDS26NP	杭州晨安机电技术有限公司	0571－88487727
309	防盗保险柜：电子类	FDG－A1/D－50BL3C	宁波永发集团有限公司	0574－86728338
310	视频矩阵主机	APG－LV256/32	上海爱谱华顿安防科技股份有限公司	021－58144888
311	防盗报警控制器	SG801	浙江东冠信息技术有限公司	0571－81993011
312	智能门锁	AJ3021－04－30（尼龙铬）	广东雅洁五金有限公司	0757－85523938
313	智能门锁	AJ3021－03－D7（沙银）	广东雅洁五金有限公司	0757－85523938
314	编码、解码及编解码器	KDM2421E/KDM2421EL	苏州科达科技有限公司	0512－68418188
314	编码、解码及编解码器	KDM2481E/KDM2481EL	苏州科达科技有限公司	0512－68418188
315	提款箱（A级）	TKX－SA－AOI	上海古鳌电子机械有限公司	021－52708407
316	安防其他	H3	上海七百集团九思科技发展有限公司	021－52737501
317	防弹复合玻璃（F54）	3＋5.32PVB＋3	海安县耀华安全玻璃有限公司	0513－88851478
318	光端机	VC－SY4100VDxT/R－EST1	上海远哲电子技术有限公司	021－65364223
319	一体化摄像机（红外）	KSW35089	宁波菲勒斯电子有限公司	0574－28852555－93
320	安防其他	SMD－D	上海沃胜电力设备有限公司	021－54849338
321	安防其他	PSDVR－II	上海凌锐信息技术有限公司	021－57780402
322	直按式、编码式（可）	BZM－210SB/WRT－988CZ－P	深圳市慧锐通电器制造有限公司	0755－29576116
323	安防其他	QJ－I/QJ－II	中国科学院嘉兴无线传感网工程中心	0573－82585000
324	安防其他	MS－I/MS－II/MS－III	中国科学院嘉兴无线传感网工程中心	0573－82585000
325	智能门锁	M－801	上海吉诺尔智能科技有限公司	021－54533686
326	机械防盗锁：A级	FDS－A－KD－121W	泉州市科安盾智能锁业有限公司	0595－22418848
327	防盗安全门：钢制、钢木	FAM－D－MC/D	青岛牧马城门业有限公司	0532－86280069
328	防盗安全门：钢制、钢木	FAM－B－MC/S	青岛牧马城门业有限公司	0532－86280069
329	防盗安全门：钢制、钢木	FAM－B－MC/D	青岛牧马城门业有限公司	0532－86280069
330	防盗安全门：钢制、钢木	FAM－Y－MC/S	青岛牧马城门业有限公司	0532－86280069

序号	产品名称	产品型号	送检单位	送检单位电话
331	防盗安全门：钢制、钢木	FAM – Y – MC/D	青岛牧马城门业有限公司	0532 – 86280069
332	防盗安全门：钢制、钢木	FAM – D – MC/S	青岛牧马城门业有限公司	0532 – 86280069
333	光端机	ZL – VP	杭州征力科技信息有限公司	0571 – 56808666
334	防盗安全门：钢制、钢木	FAM – D – YY – Y – 02	浙江阳宇工贸有限公司	0579 – 87250598
335	防盗安全门：钢制、钢木	FAM – Y – YY – Y – 17	浙江阳宇工贸有限公司	57987250598
336	安防其他	HC – 750 / HLP – 1000	霍尼韦尔（中国）有限公司	021 – 52574568
337	金库门：B 级	YTYTK – B – I	安徽省银通金融设备有限公司	0552 – 4922166
338	安防其他	DS – 8008HF – S	杭州海康威视数字技术股份有限公司	0571 – 88075998
339	门禁控制系统	Lookyx_ MJ_ 02	上海银欣高新技术发展股份有限公司	021 – 52340077
340	指纹识别仪	JZT – 998	浙江维尔生物识别技术股份有限公司	0571 – 88158018
341	安防其他	KD	航天恒星空间技术应用有限公司	029 – 81881765
342	安防其他	MCMV	嘉兴中科无线传感网科技有限公司	0573 – 82585000
343	安防其他	SFV400TX	北京信诺飞图科技有限公司	010 – 82894607
344	安防其他	DMB	北京天行金盾科技发展有限公司	010 – 62002681
345	彩色摄像机	15 – CD45/15 – CD45VA	上海科保电子有限公司	021 – 53088111
346	安防其他	ZH2008	成都振翰高科技有限责任公司	028 – 85177409
347	彩色摄像机	NSQJ – 2000	宁波能士通信设备有限公司	0574 – 87526488
348	一体化摄像机（红外）	NSBQ – 3000	宁波能士通信设备有限公司	0574 – 87526488
349	安防其他	ATM – 2001	杭州创导安全技术有限公司	0571 – 85930058
350	安防其他	TransVideo 1200	北京市环佳通信技术公司	010 – 64872753
351	安防其他	LES – TC	南京莱斯大型电子系统工程有限公司	025 – 84288644
352	安防其他	JoMobile	北京久华信信息技术有限公司	010 – 82893403
353	安防其他	WX	南京威翔科技有限公司	025 – 86527617
354	安防其他	C – solo4	北京韦加航通科技有限责任公司	010 – 62128338
355	安防其他	CMW – B	北京首信股份有限公司	010 – 64338899
356	防盗安全门：钢制、钢木	FAM – A – P – 6. 1 – 106205	上海振兴铝业有限公司	021 – 54821618 – 108
357	安防其他	TD	重庆唐大科技有限公司	023 – 63118911
358	安防其他	LHMT	力合科技发展有限公司	010 – 62792351
359	安防其他	LP	北京阳光科技有限公司	010 – 59713581
360	防尾随联动门（有联动报告）	FLAM – XKT – 1	佛山市禅城区张槎新康泰闸门厂	0757 – 82122817
361	防盗安全门：钢制、钢木	FAM – Y – SEIV/208	浙江赛银将军门业有限公司	0575 – 87857877
362	联动装置	JZT – 832ABG	浙江维尔生物识别技术股份有限公司	0571 – 88158018
363	门禁控制系统	JZT – 801A	浙江维尔生物识别技术股份有限公司	0571 – 88158018
364	手持式金属探测器	MD – 6B	上海嘉安电器厂	021 – 64293275
365	提款箱（B 级）	TKX – SB – AY	安徽省安银金融机具设备有限公司	0552 – 4092615
366	防盗安全门：钢制、钢木	FAM – A – P – 1321	上海曼托门业有限公司	021 – 51099166
367	防盗安全门：钢制、钢木	FMA – A – P – 6. 0	上海曼托门业有限公司	021 – 51099166
368	高速球摄像机	DS – 2AF1 – 6XY	杭州海康威视数字技术股份有限公司	0571 – 88075998
369	防盗保险柜：电子类	SFG – J – BJ – 155	宁波永发集团有限公司	0574 – 86728338
370	提款箱（B 级）	KTX – SB – JSSY1	北京今世佳业科技发展有限公司	010 – 64841276

序号	产品名称	产品型号	送检单位	送检单位电话
371	指纹 POS 系统	ZHENTAI－500	浙江浙泰科技有限公司	0571－28026006
372	硬盘录像机（国标Ⅰ、Ⅱ）	MT8404	青岛海信网络科技股份有限公司	0532－80874604
373	门禁控制系统		北京东方开元信息科技有限责任公司	010－66503521
374	移动金库	ATMFH－JK－I	余姚市佳康铝塑制品有限公司	0574－62260256
375	GSM 无线报警器	2G－10	北京方正奥德计算机系统有限公司	010－82343333
376	电子围栏式高压电网装置	SW－PF10	宁波四维科技有限公司	0574－87653268
377	提款箱（B级）	TKX－SB－AOII	上海古鳌电子机械有限公司	021－52708407
378	防弹复合玻璃（F54）	F64－（12MM＋0.4MM）	上海仲富实业发展有限公司	021－55911181
379	保险箱（柜）电子锁	C82	福建惠安县长发箱柜有限公司	0595－87513498
380	高速球摄像机	FD－918Q	上海复旦网络股份有限公司	021－61234094
381	高速球摄像机	DR－E588VP－G3	深圳市艾立克电子有限公司	0755－23966884
382	提款箱（A级）	TKX－S02	温州银盾电子有限公司	0577－23829955
383	提款箱（A级）	TKX－YT－S08	浙江依特诺电子有限公司	0577－23875555
384	安防其他	NJHQ－2	南京汇群科技有限公司	025－84304765
385	机械防盗锁：B级	FDS－B－M8773AA	固力保安制品有限公司	0760－2102326
386	机械防盗锁：B级	FDS－B－M8773H1	固力保安制品有限公司	0760－2102326
387	移动金库	YDJK－B	安徽省安银金融机具设备有限公司	0552－4079543
388	指纹识别仪	TCS316	北京天诚盛业科技有限公司	010－59713131
389	视频矩阵主机	Video Blox	霍尼韦尔（中国）有限公司	021－52574568
390	视频矩阵主机	MAXPRO－NET	霍尼韦尔（中国）有限公司	021－52574568
391	视频服务器（带存储）	LC2014－S	上海碧波信息技术有限公司	021－50807212
392	安防其他	BOCOM DV5117	深圳市博康多媒体显示技术有限公司	0755－83562369
393	直按式、编码式（可）	SJ－64	福州松佳电子技术有限公司	0591－83806601
394	硬盘录像机（国标Ⅰ、Ⅱ）	NVR2820E	苏州科达科技有限公司	0512－68418188
395	安防其他	BOCOM DV5028	深圳市博康多媒体显示技术有限公司	0755－83562369
396	安防其他	BVX－1000	上海博康安防科技有限公司	021－554265446
397	防弹复合玻璃（F54）	F64－（12MM＋0.15MM）	上海仲富实业发展有限公司	021－55911181
398	视频行为识别	JMM－JBOX16A01	中国精密机械进出口上海浦东公司	021－63068800
399	安防其他	KDM2801/KDM－2801E	苏州科达科技有限公司	0512－68418188
400	编码、解码及编解码器	KDM2300	苏州科达科技有限公司	0512－68418188
401	网络摄像机	KDM2121	苏州科达科技有限公司	0512－68418188
402	网络摄像机	KDM2122/KDM2123	苏州科达科技有限公司	0512－68418188
403	编码、解码及编解码器	KDM2461	苏州科达科技有限公司	0512－68418188
404	编码、解码及编解码器	KDM2440	苏州科达科技有限公司	0512－68418188
405	微剂量X射线安全检查设备	DSBS I	上海大圣探测技术有限公司	021－51606185
406	防盗安全门：钢制、钢木（丙级）	FAM－B－YY/S1221	上海杨阳金属门窗有限公司	021－69175121
407	指纹识别仪	GK－F1000	上海国宽信息科技有限公司	021－58992600
408	防盗安全门：钢制、钢木	FAM－Y－DKY/860	盐城大可以工贸有限公司	0515－87646666
409	机械防盗锁：A级	SG6535	深圳市键宁安防产品有限公司	0755－26055692
410	机械防盗锁：A级	SG6730	深圳市键宁安防产品有限公司	0755－26055692

序号	产品名称	产品型号	送检单位	送检单位电话
411	机械防盗锁：A 级	SG6731	深圳市键宁安防产品有限公司	0755－26055692
412	高速球摄像机	DIS－SP8118R	深圳市美安科技有限公司	0755－84844181
413	安防其他	智视 1.0	上海安维尔信息科技有限公司	021－50805460
414	防弹复合玻璃（F54）	无影卫士－14MIL	宁波市海曙百森节能科技有限公司	\
415	高速球摄像机	GDM8	深圳市德盟科技有限公司	0755－83892300
416	安防其他	BOYM－1	上海宝洋塑业有限公司	021－65306028
417	防盗安全门：钢制、钢木	FAM－Y－YT	深圳市亚图科技有限公司	0755－29746558
418	金库门：B 级	JKM－2－YT	深圳市亚图科技有限公司	0755－29746558
419	金库门：M 级、A 级	JKM－1－YT	深圳市亚图科技有限公司	0755－29746558
420	金库门：M 级、A 级	JKM－M－YT	深圳市亚图科技有限公司	0755－29746558

（提供资料：国家安全防范报警系统产品质量监督检验中心（上海））

第三节　国家级安防检测中心重要工作动态

3.1 国家安全防范报警系统产品质量监督检验中心（北京）重要工作动态

国家安全防范报警系统产品质量监督检验中心（北京）

2009 年，在国家质监总局、国家认监委、公安部科信局、装财局、计算机网络监察局、治安局等业务局及公安部一所的领导下，在行业协会、标委会、认证中心、各地技防管理部门的大力协助支持下，国家安全防范报警系统产品质量监督检验中心（北京）（以下简称“北京检测中心”）全体员工，同心协力，团结奋斗，出色地完成了大量的检测任务，为国家产品质量监督、社会公共安全行业，为社会治安综合治理工作，为科技强警作出了贡献。

一、完成主要工作

2009 年完成检测项目 8100 余项，同比 2008 年报告总量（5318 项）增长 52%，完成 4 项行业监督抽查工作，完成公安部、各地省厅的招标检测、委托检测等工作 2700 项。

受中国安全防范产品行业协会、北京市安防行业协会委托，北京检测中心对近 538 家安防工程公司的资质评审进行了专家审核。

通过本年度中国合格评定国家认可委员会实验室监督评审，目前北京检测中心用过认可的检测范围达到 212 种。

2009 年，北京检测中心协助 TC100 标委会、警标委、信息安全标委会、公共安全基础标委会，完成了部分国家标准及行业标准的制定、修订工作，并参加相关标委会的换届年会、标准讨论、检测验证等工作。协助相关行业业务管理部门编写专业书籍，协助公安部科技信息化局举办安全防范检测机构培训班。由北京检测中心独立承担了本次培训的课程设置、教材编制、排版、印刷及会务工作。参与公安部科技信息化局与安防标委会组织的《城市监控报警联网系统 系列标准实施指南》的编写及宣贯讲课工作。

受中国安全技术防范认证中心委托，北京检测中心对约 460 项入侵探测器、汽车防盗器、防盗报警控制器、防盗保险柜、防盗保险箱、防盗门等进行了认证检测。配合中国安全技术防范认证中心的 3C 工厂检查共 237 人次。

二、科研开发工作

（一）科研能力得到极大提高，科研项目成绩喜人

《防弹性能专家评估系统的研究》项目、《视频安防监控数字录像设备图像质量评估测试系统》项目、《标准测速车》项目获得了 2009 年北京市企业评价协会科技创新奖。另外，申报立项的国家基础科研项目《第二代居民身份证阅读器兼容性自动检测装置》、《9mm 制式弹头 V50 实验手段的研究》已通过了专家评审。

（二）参与国家“十一五”科技支撑项目

北京检测中心参与“全国警用地理信息基础平台应用技术研究与规模应用示范”课题一、课题五、课题六的工作，分别在所内立项。目前共参与了 14 个警用地理信息系列行标的编制工作。

（三）开展防弹、防爆类产品评价体系研究

由中国安全防范产品行业协会承担并与北京检测中心合作的公安部重点攻关项目《防爆技术标准体系研究》已经圆

满结题，得到了公安部主管业务部门领导和业内专家的好评；与此同期开展的试验靶场扩建改造项目进展顺利，并向科技部申请了《防爆试验平台的建立》大型科研项目。

（四）国家863信息安全目标导向项目进展良好

2009年4月7日，国家863信息系统安全等级保护技术研发联盟正式成立，公安部第一研究所作为联盟组长单位，与国内十家企事业单位共同进行国家863目标导向项目“多极安全应用平台及互联网关键技术”的研究与联合攻关，对国家信息安全等级保护制度的技术实施中的关键技术问题进行深入研究与实践。

三、对外交流与合作

（一）围绕中心工作重点，积极推动国际合作业务

加强与美国安全检测实验室（UL）的合作关系是北京检测中心2009年一项重要工作。为建立方便快捷的本土认证检测渠道，吸引更多的国内安防企业用自主品牌经我中心申请国际认证，继去年国内首个UL安防攻击测试实验室在中心挂牌成立，并由此带动国内家用保管箱行业进军国际市场步伐之后，北京检测中心今年又加大合作力度，扩大合作领域，力求为国内安防企业搭建起更为全面、便捷的本土检测平台。在对中心检测能力优势和国内安防市场发展趋势进行详细分析后，中心将UL294读卡器、UL639移动探测器、UL2058高安全性电子锁确定为今年扩增的UL标准检测培训项目。9月中旬，北京检测中心工程师远赴美国芝加哥UL总部实验室进行了UL294读卡器、UL639移动探测器、UL2058高安全性电子锁检测方法的培训，取得了相关产品检测的测试资格。到目前为止，北京检测中心已具备UL美国国家安全标准四类产品的委托检测资质。为了进一步梳理UL本土认证检测思路，不断增强技术支持与服务，本着“贴近企业，服务行业”的理念，在第十二届中国国际社会公共安全产品博览会召开之际，北京检测中心成功举办UL标准交流研讨会，来自全国安防业的50余家知名企业的技术人员参加了本次研讨会。在研讨会上，中心工程师就UL标准要点进行了解析，中心与UL推出了更为积极的客户合作模式，即在客户产品开发周期的初始阶段，就项目细分市场和服务切入点等问题进行讨论；在产品定义阶段，联合商讨认证要求，确定认证步骤/路径；在产品研发阶段，根据最终确认认证要求并开始初步测试和评估活动，并由中心为客户提供预测试服务；这样在产品开发的完成阶段，企业即能在第一时间通过并完成测试获得认证。目前，中心正在根据相关审核要素，加强标准学习，更新检测实验设备，争取早日通过UL WTDP试验室审核，建立起国内首个UL安防电子WTDP试验室。

（二）积极参加各类学术研讨与交流会

1. 参加“第十届中国信息安全大会”、“2009信息安全高级论坛——RSAConference 2009国际信息安全技术热点及发展趋势研讨”。

2. 参加芬兰赫尔辛基第二届Slush年度会议，就软件开源和信息安全领域的相关内容展开研讨。

3. 参加2009中国（广州）计算机网络与信息安全高峰论坛，对信息系统整体安全保护技术实现工作的情况进行介绍。

4. 参加第八届中国安全网络论坛、数据中心及Web性能测试研讨会、第十届中国信息安全大会等学术会议。

四、思想建设

北京检测中心是提供技术评价服务的中介机构，思想建设，反腐倡廉，一直是各项工作的重中之重，20多年来，按照国家对实验室的要求，有效地运行质量管理体系，建立各项规章制度，确保了检测中心的公证性。按照《公安部第一研究所关于对2009年度推进惩治和预防腐败体系建设工作开展自查的实施方案》的要求，检测中心根据实际工作情况，分阶段，分层次，分深度，在全中心组织开展自查工作，制订了检测中心廉政建设行为规范。

五、实验室建设

（一）落实科学发展观，规范检验受理流程、改进检测工作程序

随着北京检测中心业务发展，受检范围扩大，检测任务繁重和检测人员、场地、设备相对不足等矛盾日显突出。中心业务主管所领导，围绕中心现阶段发展所面临的主要问题，立足中心长远发展，提出了从建立科学有效的前端受理流程入手、逐步实现产品按功能分段检测，最终在中心内部建立起规范实用、高效科学的长效发展机制的规划，从而为进一步提高中心检测效率，公正性水平，保持中心的科学持续发展打下夯实基础。

（二）积极开拓市场，为客户提供最有效的服务

1. 积极开拓市场，将产品、工程的检验受理延伸到前端，深入到各地行业管理部门、安防工程建设方、政府相关部门，针对不同需求，提出相应科学有效、快速、符合中心管理、检验程序要求的解决办法，利用一切机会积极宣传检测中心，扩大在行业中的影响。

2. 为客户提供最有效的服务，用中心真诚、专业的能力、便捷的受理流程和认真负责的工作态度迎来并留住每一位客户。积极建立客户与各检测部门的沟通机制，耐心的为客户解释政策法规和解决技术方面的问题，本着科学、公正的态度，协助企业做好送检的前期资料准备工作，为企业提供良好的服务，得到送检企业的好评和行业管理部门的信赖。

（三）加大科研项目开发力度

北京检测中心领导十分注重科研开发工作，提倡建立“研发型”、“学习型”检测中心。中心现已成功申请并部分完成了多项国家、公安部、科技部项目。

1. 申报立项的国家基础科研项目《第二代居民身份证阅读器兼容性自动检测装置》已通过专家评审。

2. 承担A08014全国警用地理信息基础平台技术体系研究、A08021信息安全技术生物特征识别系统技术要求国家标准编制、A09101全国警用地理信息基础平台工具研究开发、A09028全国警用地理信息基础平台应用系统研究开发等科研项目。参与国家863目标导向项目“多极安全应用

平台及互联网关键技术”的研究与联合攻关。

（四）加强人才队伍建设

1. 北京检测中心的核心是服务，要让企业信赖、政府信任、社会满意，检验队伍人员素质的提高、服务意识的增强是检验机构能否持续发展的关键所在。中心以人才的全面发展和可持续发展为目标，根据各类人才的不同特点，研究提出人才资源能力建设标准框架，有针对性地进行定期教育培训。支持、鼓励技术人员参与国家、行业标准的制修订工作，争做检测学科行业带头人。致力于检测方法的研究，加大人员和资金的投入，提高检测能力，加强全面管理工作，为公安业务与社会公共安全提供良好的质量技术支撑。

2. 2009 年北京检测中心组织多人次分别参加在美国 UL 实验室总部进行的 UL 标准检测方法培训、CANS 中国合格评定国家认可委员会实验室认可内审员培训、“计量检定员”培训、全国信息安全标准化技术委员会组织的国家标准编写知识培训、GB8898、GB4943 等新标准的宣贯培训。

（五）加强检测方法研究，保障设备配置的先进性、科学性、有效性及经济性

创新，把科研开发与检测手段、检测方法有机的结合，从而提高检测水平，使评价体系科学，检验结果准确，是把检测中心真正做大做强的源动力。2009 年 12 月，为加强反恐防暴类、非致命武器等产品检测方法的研究与检验手段的完善，完善电磁兼容、安全、视频、通信、安检等项目的检验条件。加强试验仪器设备的配套、改造工作，检测中心完成了 1900 多万人民币，44 万美金的仪器设备预算，将在 2010 年逐步采购，为迁入新科研大楼做好了充分的准备。

二〇一〇年一月

3.2 国家安全防范报警系统产品质量监督检验中心（上海）重要工作动态

国家安全防范报警系统产品质量监督检验中心（上海）

一、承担 2009 年防盗保险柜（箱）的 3C 认证产品监督抽查

2009 年 4 月，受中国合格评定国家认可委员会（CNAS）和上海市技术监督局委托，国家安全防范报警系统产品质量监督检验中心（上海）（以下简称“上海检测中心”）承担了 2009 年防盗保险柜（箱）的 3C 认证产品监督抽查工作。上海检测中心领导高度重视，会同相关检测部门同志认真学习国家有关政策文件，克服时间紧、任务重、政策性强的困难，精心安排和布置该项工作，全体同志从抽样、受理、复核、总结、汇总上报到资料整理、经费核算等各个环节都认真对待，监督抽查工作最终不仅顺利按时保质地完成，同时也进一步扩大了上海检测中心在全国安防产品检测市场的影响力。

二、接受国家认证认可监督管理委员会专项监督检查

为加强国家级质检中心对风险频次比较高的电子电器、节能减排、服装、食品等领域的监管，了解其运行的质量、行业的领先性和社会贡献性。2009 年 9 月 4 日，国家认证认可监督管理委员会委派专家组对上海检测中心进行专项监督检查。

专家组全面审查涉及的范围有法律地位、组织机构、技术水平与能力、检测质量、管理水平及社会责任等，查看了各实验室配制的硬件设备情况及样品存放的规范程度；严格仔细地查阅了管理体系文件，通过对检验报告、实验室能力验证比对情况、申（投）诉处理机制是否完善、监督抽查检验活动等各方面的记录来查看质量体系的运行情况。专家组对上海检测中心的总体水平予以了高度评价，一致认为上海检测中心能独立、公正的开展各项检验业务，拥有与授权能力相适应的先进仪器设备，技术水平与检验能力处于国内领先地位，出具的报告准确、客观、真实，并且能积极承担政府部门组织的质量监督抽查检验活动和参与社会公益活动，对社会作出了较大贡献。

三、新建非传统安防（防爆安检）实验室

为适应当前形势需要，2009 年年初上海检测中心就启动了新建非传统安防实验室，开展了防爆安检产品方面的检验工作，为此中心专门派化学专业的骨干参加标准制定培训，认真学习有关技术，分析资料，制定相关检验实施细则，购买检验设备，筹备实验室，边学边干，在实践中学习，现已在毒品、放射、炸探设备检验等各方面取得了积极进展。作为上海检测中心要认真分析总结其经验，进一步加快发展，为今后拓展更多产品检验奠定好基础。

四、积极配合认证中心完成了 2009 版新规则的讨论、制订、宣贯工作

2009 年中国安全技术防范认证中心启动了入侵探测器、防盗报警控制器、汽车防盗报警系统、防盗保险柜（箱）、强制性产品认证规则和防盗安全门 GA 自愿性认证规则换版以及防盗锁、电子锁自愿认证新规则的制订工作，上海检测中心抽调骨干，积极参与了其中的主要工作，提出了很好的意见，并起草编写了大量文件，获得该中心好评。

五、顺利通过实验室、检查机构及资质认定“三合一”评审

为不断拓展中心业务，提高检验水平和服务质量，积极促

进各项工作进一步蓬勃发展，更好地发挥国家级检验机构的实力和水平的要求，上海检测中心于2009年6月向国家认监委提出“三合一”评审的申请，并最终顺利通过评审。

（一）评审的前期准备工作

2009年1月上海检测中心成立了由常务副主任鲍逸明直接挂帅的工作组，制定了详细的工作计划。首先，安排三批共10人参加实验室、检查机构和资质认定三合一的内审员培训。其次，上海检测中心于2008年底就启动了管理体系文件的改版工作，成立了体系文件改版小组，依据CNAS实验室、检查机构能力认可准则和资质认定的要求，建立了符合实验室、检查机构和资质认定的复合型管理体系构架，使之同时满足三种管理体系运行的需要。第三，于2008年12月25日和2009年1月5日在上海检测中心内部进行全体人员第五版质量体系文件宣贯和实验室、检查机构认可准则的培训。第四，通过实验室内部能力比对试验及与上海市质量监督检验技术研究院、国家保密局涉密信息系统安全保密测评中心、上海计量院等实验室间的相关指标的测试比对，不断提高上海检测中心的技术水平和检验质量，为很好地通过此次所有新扩项内容、扩大中心的检验能力范围打下了坚实基础。第五，组织员工认真申报相关资料，对检测实施细则进行更新整理和编写，添置部分检测设备并自己动手安装调试了DY－300－3电磁振动台和FQY025盐雾试验箱以及人体入侵探测检测设备。第六，通过内审和管理评审等手段不断完善管理体系，很好地进行了一次自我预评审，持续改进，以保证评审的顺利通过。

（二）评审的过程

2009年9月11日，由中国合格评定国家认可委员会委派的3名评审员和2名技术专家组成的评审组对上海检测中心进行为期三天的实验室扩项/监督、检查机构初审及资质认定复评审的“三合一”评审。评审组依据《检测和校准实验室能力认可准则》、《检查机构能力认可准则》及《实验室资质认定评审准则》开展了全面评审，并且走访了国家信息中心，进行了国家电子政务外网信息系统项目的等级测评和风险评估的现场见证试验。

评审组在认真听取汇报的基础上，考察了各试验室及其检测设施，检查了检验环境及检验所需的仪器设备，查阅了设备档案和设备标识及其使用记录；对管理体系进行了审查，查阅了内审和管理评审的资料，检查了监督检查记录；考查了实验室环境条件和安全设施的状况；特别是针对本次检查机构初审的要求，对改版的质量体系文件是否覆盖检查机构全部要素作了细致的考核，查阅了全员的体系文件宣贯记录及对技术人员的培训记录和人员技术档案。同时现场还安排了43类产品、156项参数的试验考核，检查了检验报告和原始记录的规范性，现场共出具了45份检验报告和原始记录。

（三）评审的结果

评审组通过深入仔细地审查考核一致认为中心实验室按《实验室认可准则》、《检查机构认可准则》、《实验室资质认定评审准则》的要求编写的第五版《质量手册》、《程序文件》规定了各要素的控制要求和程序；确定了质量方针和质量目标，质量承诺对质量方针的支持性较强；技术文件齐全，所有质量活动处于受控状态，组织机构明确，内部职责分配比较合理，能满足管理体系的运行及技术运作需要。同时中心按计划实施了内审和管理评审，开展了质量监督和质量控制活动，制定并实施了相应的纠正及纠正措施，对调整后体系运行情况进行了改进，能使之持续适用和有效。

（四）评审通过的意义

基于本次评审作了充分的准备工作，上海检测中心顺利通过现场评审，成为公安系统内第一家通过评审的A类检查机构，其中新建的非传统安防（防爆安检）实验室是国内第一个通过能力评审的实验室，并且具备了新扩项在内的共164类产品及系统的技术能力，标志着中心的检验业务又迈上了一个新台阶。同时在评审的整个过程中，大家始终齐心协力、积极进取，发挥团队作用，圆满通过评审这一良好结果也着实增强了中心的吸引力、凝聚力和竞争力。今后，上海检测中心要继续完善设施建设，增强创新能力，逐步向研究型实验室方向迈进。

六、加强检测技术业务培训，做好技术服务工作

为使员工尽快掌握新的知识和技术，跟上快速发展的安防新产品和新技术的步伐，上海检测中心于2009年专门安排了多次视频编解码技术和图像智能化处理技术讲座，邀请相关企业和专家与检验人员进行交流；另外为使中心能够不断开拓检验的新市场，多次安排一些进口仪器的厂商对中心人员进行技术培训，使检测中心购买的仪器能够更好的发挥作用；同时还积极与上海市公安局技防办的有关同志针对产品检测问题多次进行技术探讨，努力为公安业务第一线认真做好技术服务工作。

七、积极参与标准制修订工作，扩大国内及行业影响力

2009年是上海检测中心组织申报标准最多的一年。中心除认真组织完成国家标准《无线防盗报警设备技术要求》以及公共安全行业标准《机械防盗锁》、《机械枪柜》等标准外，还认真组织申报了近10项国家和公共安全行业标准，其中大多数标准已通过全国安防标委会组织的初审。

目前组织申报并已经公安部和有关方面批准立项的标准有：

国家标准：《居家安防智能管理设备技术要求》
《无线防盗报警设备技术要求》
行业标准：《停车库场出入口设备技术要求》
《金融自助服务厅通用技术要求》
《视频安防车载数字录像设备通用技术要求》
《通用型应用高清电视摄像机测量方法》
《电控防盗锁技术要求》
《楼宇对讲防盗门技术要求》
《泄漏电缆入侵探测装置通用技术条件》
《受力式开关报警装置通用技术条件》

通过标准化工作促进了检测中心的发展，锻炼了队伍，更重要的通过一系列标准的制订，促进了我国安全防范报警产品质量的提高，对科技强警和保障人民生命财产安全，贡献了上海检测中心的力量和智慧。这次在修订GA/T72《楼宇对讲系统及电控防盗门通用技术条件》和制订GA/T678《联网型可视对讲系统技术要求》两项标准时，对整个声频传输特性进行分析研究，改变了检测方法，由过去的电路通频带测试，通过研制仿真嘴和仿真耳以及控制主机完成楼宇对讲通话传输特性测量仪并应用于标准，该标准发布后经过几年的观察，行业反映良好，通过该设备检测，使楼宇对讲产品的质量有了较大提高，也受到了国外同行的关注并受到好评，与国外同类产品相比，这套设备的价格是国外同类产品价格的十分之一，上海检测中心就该设备还申报了实用新型和发明专利。另外，在指纹防盗锁和无线报警器以及防盗门的几个标准的制订中也注意对检测方法的研究，这些标准的制订都对我国这类产品质量的提高起了较大的推动作用。

此外，上海检测中心还承担完成了公共安全行业标准《城市监控报警验收宣贯教材》的编写任务，以及中国安全技术防范认证中心要求编写的《无线图像传输系统测试技术要求》。

八、努力提高安防产品和工程的检验能力，为保障世博安全服务

上海检测中心早于2009年年初就开始为世博安防做了大量的准备工作，积极与上海市公安局技防办及相关专家进行技术探讨，制定了一系列专用于世博场馆、世博村的周界、视频安防监控、出入口控制门禁等系统和电子围栏的检验规范和实施细则，为世博安防产品及系统把好质量关。主要有：

（一）世博专用数字录像机方面

1. 上海检测中心派出多名技术骨干参与由上海市公安局主持的《2010年上海世界博览会安全技术防范工程专用硬盘录像机技术要求》的讨论和编写工作。

2. 利用上海检测中心的检测手段和检测人员的经验，配合上海市公安局提供编写技术要求和开展检测的可行性依据。

3. 至今，上海检测中心已检测了9家企业共10个世博专用数字录像机的产品。

（二）世博安防工程方面

到目前为止，上海检测中心已安排人员现场检测了世博相关的银行、餐饮、主题馆等约20个安防工程项目，中心将在未来的几个月中克服时间紧、任务重的困难，以满腔的热情投入到服务世博的实际行动中。

（三）上海市安防工程用摄像机方面

1. 上海检测中心相关技术人员积极参与由上海市公安局主持的《上海市视频安防监控用模拟彩色摄像机技术规范（试行）》讨论和编写工作。

2. 利用和添置了相关检测设备，上海检测中心派专人进行大量模拟试验，总结了大量数据，提供了编写技术规范（试行）和开展检测的可行性依据。

3. 同时，上海检测中心已开展了十几个该类产品的检测工作。

（四）上海市安防工程用周界探测器方面

1. 上海检测中心抽调技术骨干参与由上海市公安局主持的《上海市安防工程用高压电子脉冲式探测器基本技术要求》讨论和编写工作。

2. 上海检测中心安排有多年相关检测经验的同志参与了由上海市公安局主持的《上海市张力式电子围栏入侵探测装置技术要求》讨论和编写工作。

3. 迄今，上海检测中心完成了约20家35个高压电子围栏产品和4家4个张力式围栏产品的检测工作，这些产品将大量应用于世博相关的安防系统。

九、加大科研力度和专利申报，提升中心综合实力

上海检测中心虽然这几年的发展已有了一定基础和规模，但仍不忘将其发展和关注的重点逐步落实到学习型和研究型的质检中心上来。2009年上海检测中心除加大申报标准的力度外，还在科研项目和专利申报上取得了一些进展，主要有完成所立项目“楼宇对讲系统专用声测试设备升级改造”和申报2009年度公安部应用创新项目“楼宇对讲系统通话传输特性测量仪器研究”；楼宇对讲电声测试仪获得国家实用新型专利授权，并申报了国家发明专利；楼宇对讲系统的失真测试方法，目前已进入实审阶段。

科　技　篇

第九章　科技创新动态

第一节　安防“十一五”国家科技支撑计划项目动态

安防“十一五”《社会治安动态预警、综合防控技术体系研究与示范》课题组
陈朝武、房子河、崔云红、郅晨、张莹、刘慧念、田青

前　言

为打造平安城市、构建和谐社会，公安部科技信息化局结合社会治安动态管理工作需求，按照《国家中长期科学和技术发展规划纲要（2006－2020年）》中的公共安全优先主题，规划、组织了安防“十一五”国家科技支撑计划项目《社会治安动态预警、综合防控技术体系研究与示范》的研制，从理论、系统、技术、产品、管理、标准、评价等诸方面开展研究及示范应用，探索、推动社会治安综合防范水平的整体提高。以实现向科技要安全、向科技要效率、向科技要警力的重要目标。

安防“十一五”《社会治安动态预警、综合防控技术体系研究与示范》项目（以下简称安防“十一五”项目）于2007年7月正式签约启动。项目共由7个子课题组成，各课题关系如下：

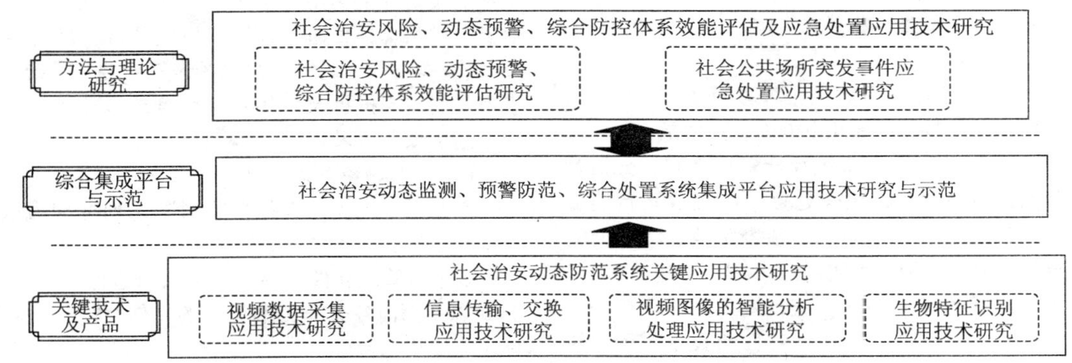

社会治安动态预警、综合防控技术体系研究与示范项目7个课题关系表

课题1：社会治安风险、动态预警、综合防控体系效能评估研究

课题2：社会公共场所突发事件应急处置技术研究

课题3：社会治安动态监测、预警防范、综合处置系统集成平台技术研究与示范

课题4：社会治安动态防范系统中的视频数据采集技术研究

课题5：社会治安动态防范系统中的信息传输、交换与存储技术研究

课题6：社会治安动态防范系统中视频图像的智能分析处理技术研究

课题7：社会治安动态防范系统中生物特征识别应用技术研究

安防“十一五”项目历经两年半的研制时间，各子课题均按时完成了任务，从2009年8月至今，公安部科技信息化局相继在北京主持召开了国家科技支撑计划项目“社会治安动态预警、综合防控技术体系研究与示范”各子课题验收会。由国内相关领域的技术专家和财务专家组成的验收组听取了各课题组的相关报告，审阅了课题组提交的课题验收申请材料，并进行质询。验收专家组对各子课题完成情况总体满意，同意各子课题通过验收，对个别子课题的某些方面提出了一些建议。

“社会治安动态预警、综合防控技术体系研究与示范”项目是安防行业的第一个国家科研项目，该项目涵盖的城市监控报警联网体系技术、传输技术、安全技术、采集技术、处理技术、应用技术和面向公安应急指挥的移动视频监控技术的最新权威研究与创新成果，是国内目前有关城市监控报警联网技术领域具有一定权威性和较强综合性的

研究成果，走在了行业的前沿，具有较高的学习、借鉴和指导价值。该项目的各项研究成果，将对社会治安动态预警、综合防控技术体系建设起到积极推进作用，将有效提升整体治安防范和公安综合研判能力，将有力促进全国公安警用信息化建设和警用视频信息综合集成应用。

本项目主要子课题的关键技术、创新应用情况和专家验收评价意见细述如下：

一、安防“十一五”课题系列之一——“社会治安动态监测、预警防范、综合处置系统集成平台应用技术研究与示范”

（一）课题基本情况

“社会治安动态监测、预警防范、综合处置系统集成平台应用技术研究与示范”是安防“十一五”国家科技支撑计划项目中的课题3，编号2006BAK08B03，属于该项目的综合集成平台与示范层面的研究，重点研究解决城市监控报警联网系统整体核心技术问题，涉及整体方案、功能、构成、通用要求、安全、信息传输交换、编解码、管理平台等研究与核心技术标准编制，并开发城市监控报警联网系统管理平台系统软件，支撑新一代城市监控报警联网应用，实现互联互通、资源共享和必要时的统一集中监控。公安部第一研究所作为承担单位联合北京先进视讯科技有限公司、北京国通创安报警网络技术有限公司、浙江省公安科技研究所共同开展了课题的研究工作。

（二）课题研究的内容

课题主要内容包括对城市监控报警联网系统的调研、体系、标准、平台、示范应用等几个方面，具体是：

1. 调查社会治安动态防范系统社会资源现状，分析社会治安动态监测、预警防范、综合处置系统集成平台建设需求，确定城市社会治安动态监测、预警防范、综合处置系统集成平台的主要功能和技术实现。

经过深入、广泛的基层基础调查，搜集、整理相关资料，并开展大量的应用经验总结和针对性的技术试验，研究完成调研报告2个，即：《社会治安动态防范系统社会资源现状分析报告》、《社会治安动态监测、预警防范、综合处置系统集成平台建设需求分析报告》。

2. 形成指导社会治安动态监测、预警防范、综合处置系统集成平台建设的系列标准及技术规范。

协助SAC/TC100规划、建立了“3111”标准体系框架，承担了其中7个重要技术标准的编制，参与或指导了多个其他相关技术标准的起草，参与编写了2部标准实施指南培训宣贯教材。其中重要的核心技术标准涉及：GA/T669.1 -2008《城市监控报警联网系统 技术标准第1部分：通用技术要求》、GA/T 669.2 -2008《城市监控报警联网系统 技术标准第2部分：安全技术要求》、GA/T 669.4 -2008《城市监控报警联网系统 技术标准第4部分：视音频编、解码技术要求》、GA/T 669.5 -2008《城市监控报警联网系统 技术标准第5部分：信息传输、交换、控制技术要求》、GA/T 669.7 -2008《城市监控报警联网系统 技术标准第7部分：集成管理平台技术要求》等。

3. 研制城市社会治安动态监测、预警防范、综合处置系统集成平台系统软件。

结合标准编制研究，展开了多领域的平台关键技术攻关，完成了一系列符合“3111”监控报警联网系统系列标准的服务器及服务组件，主要包括WEB服务器组件、SIP服务器组件、GIS服务器组件、数据库服务器组件、安全服务器组件、报警服务器组件、管理服务器组件、媒体分发/存储服务器组件、代理服务器组件、接入网关组件等中心系统软件/组件，构筑了城市监控报警联网系统集成管理平台。

课题研制的城市监控报警联网系统集成管理平台系统软件，综合运用安全防范、通信、计算机网络、系统集成等技术，在城市范围内构建具有视频信息采集/传输/控制/显示/存储/处理等功能的综合网络系统，实现不同监控设备及系统间互联互通，提升公安现场指挥、报警信息处理和综合研判能力，为城市应急体系建设提供相应的信息交换平台。

4. 运用城市监控报警联网系列标准、技术及集成平台开展工程应用示范。

课题成果在银川市公安局城市综合监控报警联网系统建设工程中进行了示范应用。示范采用城市监控报警联网系统集成管理平台为核心系统，支持市局、分局、派出所三级指挥监控中心应用，建立千兆视频专网，实现指挥中心系统集成平台建设。集成银川市治安监控、道路监控、治安卡口系统、交通综合管控集成平台、警用GPS卫星定位系统、GIS警用地理信息系统、三台合一系统等，实现银川市公安监控报警及警用指挥调度综合业务。示范工程应用达到了预期效果。

（三）解决的关键问题

课题以“城市监控报警联网”系列标准为依据，研究开发社会治安动态监测、预警防范、综合处置系统集成平台。以平台管理软件为核心，接入周边标准的编、解码器、DVR以及面向各类非标准设备的媒体/协议转换代理设备，集成连接“三台合一”、“治安卡口”等公安原有业务系统，构筑城市监控报警联网系统体系。课题研究中解决了以下一系列关键技术问题。

对J2EE/Web应用进行研究，构建了基于中间件产品的涵盖表示层、业务层、数据层的J2EE多层框架，开发实现了具有完整功能的Web服务器、J2EE应用服务器、数据库服务器等关键系统软件模块。支持异构、跨平台，支持基于插件扩展的B/S模式富客户端（RIA）全网漫游应用。

对SIP组网进行研究，解决了SIP核心服务器（含注册、代理、路由、B2BUA业务应用等）设计实现技术，解决了SIP客户端（含软件客户端、嵌入式硬件设备客户端）编程技术，解决了与此重要相关的SDP、XML等代码实现和解析技术，构建了结构完整的监控报警专用SIP传输基础网络，完成SIP传输组网相关服务器研制。

对媒体技术进行研究，解决了H.264编解码及RTP/RTCP/RTSP技术在平台系统的应用关键技术，结合SIP应用协议标准，设计了分布式流式媒体分发/存储/显示模型，构建了结构完整的流式媒体传输网络及存储网络，完成媒体组网相关服务器研制。

对 PKI/CA 安全认证体系进行研究，设计了针对监控报警联网系统特点的安全体系构建模型，即具有 PKI/CA 高安全级别可与金盾网方便连接的应用能力，又具有针对监控领域不同级别的安全需求可进行灵活变通的能力。

对 GIS 系统进行研究，在传统桌面地理信息系统的基础上，重点探索大型 B/S 模式 WebGIS 实现技术，建立了 J2EE - GIS 深度结合的应用框架，完成了平台所需的 GIS 服务应用程序，拓展了 GIS 系统与监控报警业务以及公安其它信息业务进一步融合应用。

（四）取得的成果

通过本课题研究，课题组共申请国家发明专利 3 项，计算机软件著作权 3 项，编制行业技术标准 7 项，发布“城市监控报警联网系统管理平台 v1.0”大型联网系统软件 1 套，提交调研报告 2 项，发表科技论文 13 篇，协助出版教材 2 部。

课题研究输出的城市监控报警联网系统管理平台，支持“市局——分局——派出所”二级至多级联网结构；其基础通信结构基于为监控报警联网领域特殊研制的专用 SIP 网络，符合标准的 SIP 设备可直接接入网。同时，通过代理、网关等边界转换设备兼容接入已有非 SIP 设备和系统；平台将 J2EE/Web 企业级应用及优秀的用户展示、新一代 SIP 组网及跨区域互联通信、PKI/CA 用户/设备安全认证及可信视频处理、大容量流媒体分布式处理/传输/存储/显示、监控报警和公安基础业务资源的综合信息处理等不同领域最新技术，进行多系统、多层次、多数据类别的系统集成创新，融合应用于城市监控报警联网系统体系，奠定了城市治安防范技术研究的新起点。

城市监控报警联网系统管理平台的集成应用结构和典型值班界面如下：

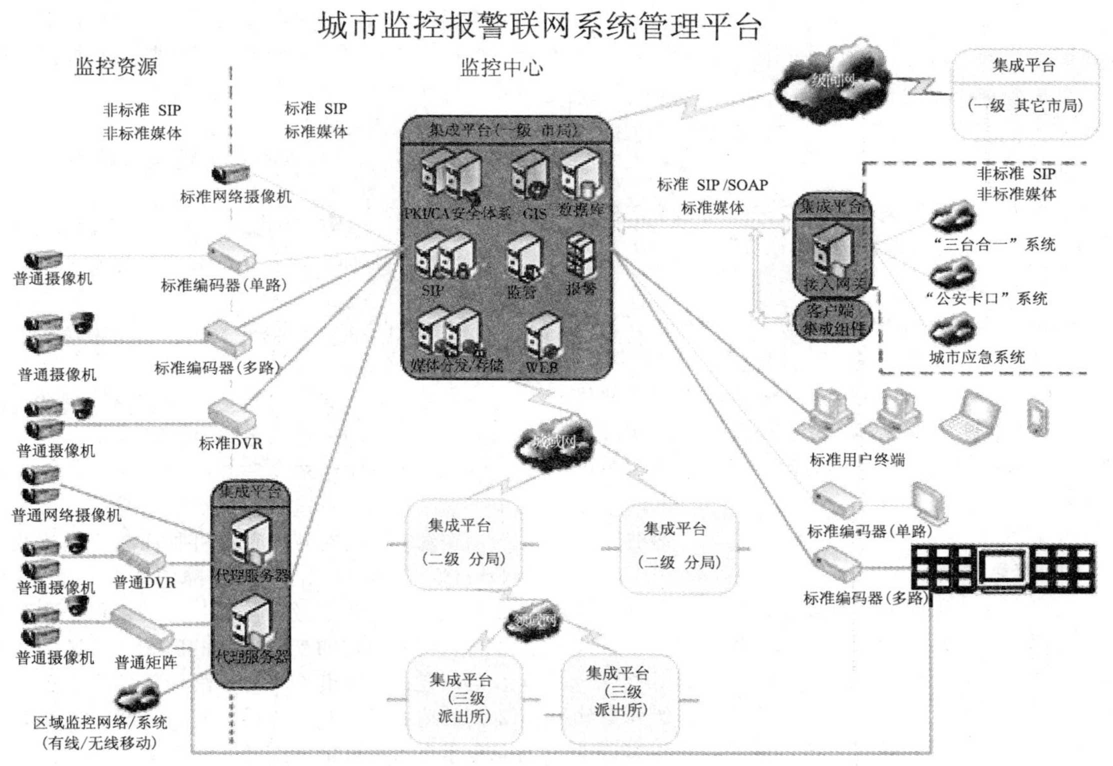

城市监控报警联网系统管理平台集成结构图

城市监控报警联网系统管理平台值班界面

（五）验收情况

2010 年 1 月 14 日，公安部科技信息化局在北京召开了国家科技支撑计划“社会治安动态监测、预警防范、综合处置系统集成平台应用技术研究与示范”课题验收会。由国内相关领域的技术专家和财务专家组成的验收组听取了课题组的工作报告、自评估报告、研究报告、经费使用报告、产品/系统测试报告及系统使用报告，观看了产品实物展示及设备、系统现场演示，审阅了课题组提交的课题验收申请材料，并进行了质询。

验收组专家认为该课题研制开发了我国第一个采用基于面向下一代媒体互联国际标准 SIP 协议、适应城市监控报警联网的软件平台。该软件平台融合了多项先进技术，同时还集成了视频调度、电子巡逻、接处警、现场指挥、布控追逃、综合研判等警用业务并与 PGIS 融合应用，对深入开展公安信息化建设，维护社会治安、处置突发事件将发挥积极重要的作用。验收专家认为，研究成果达到了国际先进、国内领先，具有很强的创新性和推广应用价值。课题组主编和参编了多个行业技术标准，这些标准在全国城市监控报警联网系统规划、设计、工程实施、系统检测、竣工验收中发挥了重要的指导作用，并被其他部委参考应用。

验收组同意课题通过验收。

二、安防“十一五”课题系列之二——“社会治安风险、动态预警、综合防控体系效能评估研究”

（一）课题基本情况

“社会治安风险、动态预警、综合防控体系效能评估研究”是安防“十一五”国家科技支撑计划项目中的课题 1，编号 2006BAK08B01，属于该项目的方法与理论层面的研究，重点解决该项目研究的基本理论、体系框架和实现方法等问题。北京蓝盾世安信息咨询有限公司作为承担单位联合北京市科学技术研究院与中国人民公安大学共同开展了课题的研究工作。

（二）课题研究内容

课题组历时两年半的时间，有针对性地对选取部分城市公安机关开展的治安防控建设进行了调研，分析大量的实证数据，在此基础上研究了社会治安动态预测预警技术，提出了社会治安动态预警指标体系及初步模型；研究了社会重大活动安全风险评估体系与方法，提出了评估的初步模型；研究了社会治安动态防范系统效能评估方法，提出了社会治安动态防范系统效能评估指标体系、指标筛选方法和评估的初步模型；上述成果在南京市公安局经初步试用，效果良好。

1. 社会治安动态预测预警技术研究

以现有社会治安信息的数据挖掘工作为基础，结合社会治安动态预测预警基础理论研究，建立社会治安动态信息预测预警指标体系及模型。主要包括：社会治安动态预测预警技术研究背景及相关成果、影响社会治安环境的因素分析、社会治安动态预警理论描述、社会治安动态预警指标遴选及指标体系设计、社会治安动态预警模型的构建，以及预警指标数据收集的途径与方法等。

主要研究内容如下：

（1）社会治安动态预警理论研究；

（2）社会治安动态预警指标体系研究；

（3）社会治安动态预警模型构建；

（4）社会治安动态预警分级标准。

2. 社会重大活动安全风险评估体系与方法研究

社会重大活动安全风险评估体系与方法的研究，首先收集事故案例及相关的法律法规，通过研究和分析影响社会重大活动安全风险的主要因素，研究并构建社会重大活动安全风险评估体系，设计出适用于场所的定量风险分析方法和综合考虑场所与活动相互作用的风险分析方法。在运用重要事件（活动）的风险评估指标体系的基础上，建立风险要素的量化分析数据库及数学模型，同时提出可接受风险基准，为风险的控制提供依据。通过研究提出社会重大活动安全风险等级划分方法和标准，将 2006 世界园艺博览会风险评估工作中收集的各方面资料，应用到此研究中，验证了风险评估模型的适应性和完整性，并最终修改并形成了通用的评价方法和评价标准。

主要研究内容如下：

（1）研究和分析影响社会重大活动安全风险的主要因素；

（2）社会重大活动的确定原则及其可接受风险基准；

（3）研究各种类型社会重大活动的安全风险分析评价方法；

（4）研究并提出社会重大活动安全风险等级划分方法和标准；

（5）研究社会重大活动安全风险评价指标体系。

3. 社会治安动态防范系统的效能评估

社会治安动态防范系统效能评估是为解决防控系统建设完成后，如何评价运行管理在通过合理的组织警力和辅助警力资源，运用有效的管理机制和制度规范及现有各方保障资源，包括为运行提供保障的警情、相关资讯信息、资金投入，并采用有效的培训、演练工作，让系统最大化地发挥对治安防控的支撑作用的问题。通过该评价技术和方法的研究，为城市治安防控管理部门提供了评价运行组织部门的防控能力和效果的方法及手段。本课题将根据该评估技术在实际评估应用过程中要解决的重要问题，进行如下几个重点方面的研究：

主要研究内容如下：

（1）社会治安动态防范系统效能评估指标体系及指标筛选方法；

（2）结合社会治安监控报警防范系统效能的特点，以灰度模型为模型基础，以指标体系灰度模型和专家体系灰度模型共同组建二维灰度模型，配合以加权平均法为参考建立综合评估模型；

（3）社会治安动态防范系统效能评估操作指南。

（三）解决的关键问题

社会治安动态预测预警技术研究通过探究违法犯罪现

象的循环波动规律以及与社会治安状况的变化关系，利用统计预测技术和方法，从我国现行的经济社会发展和违法犯罪统计指标体系中遴选动态预警指标，并以先兆指标、同步指标、滞后指标和变化趋势、现实状况、秩序控制、犯罪容忍两种指标分类，设置了两个预警指标体系，借鉴循环波动、综合模拟和状态空间等方法与技术，从动向预警和状态预警两个方面构建社会治安动态预警模型，为识别、预防和控制犯罪的恶性增长，矫正社会治安的不良状态，优化社会治安环境提供决策管理参考。本项研究重点解决了社会治安状况衡量标准、指标数据采集可操作性和经济性、兼顾指标体系信息全面性和指标容量最小化、预警预报敏感性和可靠性等方面问题，实现了社会治安动态变化的实时监测和预测预警功能。

社会重大活动安全风险评估体系与方法研究分别从人、物、环境和管理四个方面进行影响因素辨识，基于社会重大活动的场所、活动本身及其二者相互作用的规律和特点，分别从吸引力风险评价、过程管理、突发事件管理、交通管理及食品管理等方面提出社会重大活动中重要风险因素的评价方法与控制措施，可以实施对社会重大活动的风险评估，为实现安全管理的标准化和科学化创造条件。

社会治安动态防范系统效能评估研究在对相关法律法规、标准、管理政策进行分析解读基础上，广泛查阅系统建设与应用相关文献资料并进行实地调研，结合对已建、在建系统大量深入细致的研究和实际工作经验，多次组织“智暴”式研讨，集思广益，初步建立起社会治安动态防范系统效能评估指标体系。

根据实际应用中系统效能影响因素与系统效能指标之间的关联，以系统论、控制论、信息论等理论为指导，通过专家咨询、实践调研等手段，辅助以德尔非法、层次分析法等科学方法对指标体系进行筛选并确定指标权重。

基于已构建的社会治安动态防范系统效能评估指标体系，结合社会治安动态防范系统效能的特点，构建二维灰度模型与加权平均法相结合的数学模型，最大程度地过滤了评估主观因素影响，使评估结果更加客观，力求全面地反映系统实际情况。

为了能够提高应用能力，制定出社会治安动态防范系统效能评估操作指南，对课题研究成果的实践程序与方法进行详细说明，并经过实证验证及修正，为日后评估工作提供了必要的条件，为社会治安动态防范系统的建设、科学管理及效能提升发挥关键的作用。

（四）取得的成果

1.《社会治安风险、动态预警、综合防控体系效能评估研究》报告

2.《社会治安风险、动态预警、综合防控体系效能评估研究》实证分析与修正报告

3.《社会治安预警等级标准》（讨论稿）

4.《社会重大活动综合安全水平评估标准》

5.《社会治安动态防范系统效能评估操作指南》

另外，在人才培养方面，取得硕士学位4人。课题研究期间共发表论文15篇，其中向国外发表2篇。

（五）验收情况

2009年9月1日，科技部会同公安部科技信息化局在北京召开了国家“十一五”科技支撑计划“社会治安风险、动态预警、综合防控体系效能评估研究”课题（课题编号为2006BAK08B01）验收会。由9名国内相关领域的技术专家和财务专家组成验收组，对课题进行了验收。验收组听取了课题组的工作报告、自评估报告、研究报告、经费使用报告；审阅了课题组提交的课题验收申请材料，并进行了质询，并达成同意课题通过验收的结论。

三、安防“十一五”课题系列之三——“社会治安动态防范系统中的视频数据采集应用技术研究”

（一）课题基本情况

“社会治安动态防范系统中的视频数据采集应用技术研究”是安防“十一五”国家科技支撑计划项目中的课题4，编号2006BAK08B04，属于该项目的关键技术及产品层面的研究，重点开展视频数据采集应用技术研究。公安部第一研究所作为主承担单位联合恒生数字设备科技有限公司开展了该课题的研究工作。

（二）课题研究内容

课题研究的主要内容：

1. 分析防范目的，结合打、防、控业务需要，根据使用环境中的相关参数，确定视频前端采集设备的选型原则，以及与之对应的多种防护措施。提交包括视频前端采集设备的选型、安装位置、监控区域、数量分布、参数设定原则等内容在内的技术报告。

2. 研究数字视频应用中的可信度问题。研究视频压缩编码、设备安全认证、加密编码、数字签名等技术，在此基础上研制采用这些技术的可信视频数据采集设备，为提供侦破案件和可作为司法证据使用的视频图像资源做技术上的准备。

3. 针对公安边防、海防、消防等特殊业务需求，研制可在恶劣光照条件下使用的非制冷被动远红外热成像视频采集设备，并增加可信功能。本项研究成果可使视频数据采集系统不受光照及雨雪雾尘等气象条件限制，能在恶劣的条件下完成特定的监视任务。

（三）解决的关键问题

1.《前端视频采集设备的安装与选型规范/技术报告》规范了系统前端建设，在城市监控报警联网系统建设具有重要的指导意义。

2. 课题组研制出了数字视频图像高质量（D1分辨率、25帧/秒实时图像）、高安全性（不允许未授权的访问）、高可靠性（信息来源是合法的、未被篡改的）的可信视频采集设备——ZD5101HS网络视频编码器（以下称编码器），解决了高扩展性及高处理能力DSP硬件平台的设计与实现、高质量视频压缩编码算法的实现及优化、嵌入式设备安全功能的实现、与城市监控报警联网系统的接口实现等关键技术问题。

ZD5101HS 网络视频编码器作为标准设备接入到城市监控报警联网系统中，可以充分利用前端的视频资源，不需要经过协议转换和媒体格式转换即可实现对前端视频资源的实时采集、远程控制和报警管理。另外 ZD5101HS 网络视频编码器解决了传统视频数据采集设备所获得视频图像资源只能作为辅助破案的线索或佐证，而不能成为真正的独立证据的问题，采用数字证书加数字签名的方法，使得对原始数据的任何修改都能用简单、低成本的办法检测出来，从而大大增加了伪造、变造视频数据的成本，降低了验证数据可信性的难度，使得所录存视频数据的可信性大大增强，并使之有可能成为独立的司法证据。

3. 研制出了适用于公安业务特殊需求的、恶劣光照环境下的非制冷被动远红外热成像视频采集设备——ZD3110C 可信红外热成像摄像机。该摄像机具备本地模拟图像输出和远程网络数字视频输出功能，数字视频图像高，并结合了可信视频图像采集设备的应用增加了高安全性（不允许未授权的访问）、高可靠性（信息来源是合法的、未被篡改的）功能。解决了非制冷焦平面热红外器件的高精度驱动、控温、信号采集、红外图像的非线性、非均匀性校正、疵点剔除处理、图像亮度、对比度的控制、伪彩色映射等功能的实现、OSD（On Screen Display 屏幕显示）菜单控制、温度报警功能的实现、SOPC（System On Program Chip 可编程芯片上系统）系统的构建、红外视频图像数据的远程传输和安全功能实现等关键技术问题。

所开发的可信红外热成像摄像机主要解决了原有视频数据采集系统不能全天候监控的问题，使数据采集系统不受光照及雨雪雾尘等气象条件限制，能在恶劣的条件下（例如完全没有光照）完成特定的监视任务，并可将视频数据远程传输到城市监控报警联网系统中。该摄像机在主要技术指标“系统最小可分辨温差 MRTD”方面具有突出的优势。在图像的远程传输，信息的安全方面处于领先水平。

（四）取得的成果

课题组完成了全部的课题目标、任务，提交了《前端视频采集设备的安装与选型规范/技术报告》，研制出符合 GA/T669－2008 系列标准的可信视频采集设备、远红外热成像摄像机等新产品各 1 项，获得了可信视频编码、可信红外热成像系统等方面的 3 项专利申请受理通知书（共 5 份），其中发明专利 2 项，实用新型专利 3 项，取得软件著作权 1 项，完成论文、论著 9 篇。

1. 《前端视频采集设备的安装与选型规范/技术报告》

该报告给出了城市、社区范围内，不同规模、经济情况、社会背景、地理位置、人文环境、警力分布、治安状况、发案特点与视频监控前端设备的位置、区域、数量等参数的配置原则。给出了根据使用环境中的照度、温度、湿度、气候、震动、烟尘、电磁辐射强度等参数，以及具体公安业务对图像的需求，进行视频数据采集装置选型的指导原则。该报告明确了系统前端建设规范，是指导城市监控报警联网系统建设中的重要文件。

2. 所研制的可信视频采集设备（产品型号为：ZD5101HS 网络视频编码器）主要技术指标如下：

（1）支持 PAL 制模拟视频输入。

（2）内嵌数字证书，支持设备认证机制。

（3）具有视频图像信息加密编码能力：在编码器装有安全芯片，“安全参数”中媒体安全方式设置为“码流加密方式”时，网络视频编码器以安全注册方式注册中心平台，点播输出的码流为使用国产商用密码算法 SM1 加密编码后的码流，直接用解码器或解码软件不能解码显示加密编码后的码流，必须经过解密后才能解码显示。

（4）具有视频图像信息篡改检测能力：在编码器装有安全芯片，“安全参数”中媒体安全方式设置为“码流可信方式”时，网络视频编码器以安全注册方式注册中心平台，点播输出的码流具有视频图像信息篡改检测能力。使用专用的可信视频验证软件对存储的码流数据文件做签名验证，可以检测视频图像信息是否被篡改。

（5）有必要的防拆卸、防毁坏措施，在被拆卸、毁坏时能自动报警；拆卸编码器的外壳或毁坏编码器，会触发防拆报警，编码器自动向中心平台发送报警信息。

（6）对于可见光图像的压缩质量可满足安防取证图像质量要求；对于可见光图像的压缩可支持 D1（720×576）、4CIF（704×576）、CIF（352×288）等格式。

（7）视音频编码标准为：采用 GA/T 669.4—2008 中规定的 H.264 视频编码和 G.711 音频编码标准。

远程传输功能：遵从城市监控报警联网系统相关标准中对通信协议的规定，能接入 SIP 网络。与城市监控报警联网系统接口符合 GA/T 669.5—2008 中规定的 SIP 协议。视音频流的传输协议采用 GA/T 669.4－2008 中规定的 RTP 协议。

ZD5101HS 网络视频编码器产品外形图

3. 所研制的可信红外热成像系统（型号为：ZD3110C 可信红外热成像摄像机），主要技术指标如下：

（1）内嵌数字证书，支持设备认证机制。

（2）焦平面器件空间分辨率：384×288 像素。

（3）系统响应波长：8μm～14μm。

（4）典型温度测量范围：－10℃～50℃。

（5）可输出 24 位伪彩色 VGA 视频图像，分辨率 1024×768@60Hz。

（6）具备OSD显示/操作功能。

（7）具备50mm，75mm，150mm多种镜头接口。

（8）有必要的防拆卸、防毁坏措施，在被拆卸、毁坏时能自动报警。拆卸ZD3110C可信红外热成像摄像机的外壳或毁坏编摄像机，会触发防拆报警，摄像机自动向中心平台发送报警信息。

远程传输功能：遵从城市监控报警联网系统相关标准中对通信协议的规定，能直接接入SIP网络。与城市监控报警联网系统接口符合GA/T 669.5—2008中规定的SIP协议。视音频流的传输协议采用GA/T 669.4－2008中规定的RTP协议。

ZD3110C可信红外热成像摄像机产品外形图如下：

ZD3110C可信红外热成像摄像机产品外形图

所开发的2种产品（ZD5101HS网络视频编码器和ZD3110C可信红外热成像摄像机）都已具备小批量生产能力，已在示范工程中使用并可推向市场进行销售。

（五）验收情况

2010年1月14日，公安部科技信息化局在北京召开了国家科技支撑计划“社会治安动态防范系统中的视频数据采集应用技术研究”课题验收会。由国内相关领域的技术专家和财务专家组成的验收组听取了课题组的工作报告、自评估报告、研究报告、经费使用报告、产品/系统测试报告及系统使用报告，观看了产品实物展示及设备、系统现场演示，审阅了课题组提交的课题验收申请材料，并进行了质询。验收组专家认为课题研究成果具有明确的创新性和推广应用价值。其中的ZD3110C可信红外热成像摄像机的信息安全技术指标在国内红外热成像领域处于领先水平。验收组同意课题通过验收。

四、安防“十一五”课题系列之四——社会治安动态防范系统中生物特征识别应用技术研究”

（一）课题基本情况

“社会治安动态防范系统中生物特征识别应用技术研究”是安防“十一五”国家科技支撑计划项目中的课题7，编号2006BAK08B07，属于该项目的关键技术及产品层面的研究，重点开展视频监控用产品级人脸检测、人脸识别产品的评测技术研究。公安部第一研究所作为主承担单位联合清华大学开展了该课题的研究工作。

（二）课题研究内容

课题按计划完成了国家科技支撑计划《“社会治安动态防范系统中生物特征识别应用技术研究”》课题任务书要求的所有内容，课题按计划完成任务书要求的所有工作内容，达到任务书要求的各项考核指标，其中图像库、人脸一对多识别评测系统超出任务书所提出的指标要求。

课题形成了视频监控用产品级人脸检测、人脸识别产品的评测指标及规范，确定视频监控用产品级的人脸检测、人脸识别产品的方法，建立一个科学、客观的人脸检测、人脸识别产品的测试分析平台。

课题完成了任务书规定的六项考核指标：关于视频监控中人脸识别技术应用的需求调研报告、视频监控系统中进行人脸识别产品选型的实施方案、用于识别和黑名单测试静态图像测试库、用于视频监控识别300人动态图像视频库、人脸一对多识别评测系统、人脸识别的产品级检测标准（草案）。

（三）解决的关键问题

1. 确定了视频监控应用的大规模、代表性人脸图像测试库的设计与建立原则，为实现人脸产品评测和人脸识别技术研究提供了丰富、客观的数据。

合理、科学的图像库的设计必须从样本全面性、数量合理性、样本代表性等方面来考虑。视频监控不同于网上追逃、证件应用等其他人脸识别应用产品，所需要处理的人脸图像数据是实时序列图像，而实时序列图像的采集存在设备多、人员少、应用面广、周期长等原因，采集数据比较困难，大规模序列图像测试库的设计和样本搜集工作在国际国内都还没有大范围展开，没有可借鉴、实用化的图像数据。本课题设计的动态图像库从对人脸识别监控系统实际应用有着重要影响的环境可控性、人员配合程度、采集设备及存储三大类因素出发，建立了评测人脸识别监控产品整体性能的评测工具库，填补了人脸识别监控产品评测没有评测工具库的空白。对国内外人脸识别监控识别技术和人脸识别监控产品的应用和发展将会有极大的推动作用。另外本课题设计的静态图像库是测试人脸识别监控产品对不同影响因素的抗干扰程度和对不同人脸识别产品核心性能评测的工具库。从光线、姿态角度、表情、饰物、背景、时间跨度、年龄、设备、压缩、视频帧图像中任意挑选某类图像，可以组成人脸识别监控产品对不同影响因素的抗干扰程度和对不同人脸识别产品核心性能评测的工具库。

2. 确定了现有人脸识别监控产品的组成和关键技术，以及影响产品性能的关键因素和技术发展方向。明确人脸识别监控产品的关键技术攻关目标，为产品的设备选择和安装提供选型依据和安装方案，为人脸识别产品厂商提供产品发展方向和应用指导。

3. 产品检测和评测技术方面，确定了视频监控用人脸检测产品的检测指标及检测方法的实现，提出了人脸识别监控产品的评测大纲和评测标准。通过人脸识别监控产品现场评测系统和人脸识别监控产品核心算法评测系统，实现了人脸识别监控产品的应用现场整体性、关键模块性能的评测，实现了不同人脸识别核心算法在不同应用环境和不同应用模式（一对一验证模式、识别模式和监控（Watchlist）

模式）下的性能的评测，实现了不同监控系统在统一测试平台上客观、公平、公开的技术和产品测试与评价。

现国内外人脸识别产品的发展和应用趋势是监控产品的开发，国际上无论是大型活动，还是群众性大型场所（体育场馆）以及国家、城市的出入口都迫切需要人脸识别监控产品，各国对此开展了大量的评测和研究工作，但是由于监控环境的复杂性及应用的工程性等因素对如何选择生物特征及如何应用提出很高的要求，各国都没有人脸识别技术在视频监控领域的成功应用，其相应应用技术方案与评测技术在应用与国际标准上也是空白。国外最权威评测机构美国国家标准技术研究院（NIST）在2006年之后提出的MBGC（多种生物特征技术挑战）项目，研究内容为人脸识别监控产品的关键技术（光线、角度）挑战和室外环境的识别应用尝试，所处理的视频流为高清图像（3000×2000像素）。与本课题所研究的测试技术相比，MBGC的测试与评价大都是针对核心算法性能评价，产品级的评测还没有开展，并且评测技术也仅用于实验室研究，没有提供社会实际应用。而本课题所研究的成果已应用国内2010年上海世博会园区出入口人脸识别产品的应用测试，2009年1月本课题的研究成果提供给上海世博局安保部，提出了评测大纲中的部分评测指标、评测方法以及一对多人脸识别的测试图像库等多项评测技术。

（四）课题取得的成果

1. 国内外规模最大、种类最多的人脸图像库，可用于技术研究与产品评测。

2. 人脸识别监控产品实际应用的解决方案，已用于奥运会检等重要场所。

3. 编制了安全防范系统生物特征识别、人脸识别应用技术相关的3项标准（送审稿）。

4. 发表了8篇论文，其中两篇SCI收录、四篇为EI收录，一篇ISTP收录；

5. 本课题已申请两项国内发明专利，两项著作权。

本课题还培养了一批熟悉产品评测技术、标准制定等方面的科研骨干，其中培养博士生1名，硕士生2名。

（五）验收情况

2009年8月26日，公安部科技信息化局在北京召开了国家科技支撑计划“社会治安动态防范系统中生物特征识别应用技术研究”课题验收会。由11名国内相关领域的技术专家和财务专家组成验收组，对课题进行了验收。

验收组听取了课题组的工作报告、自评估报告、研究报告、经费使用报告、产品/系统测试报告及系统试用报告；观看了产品实物展示及设备、系统现场演示；审阅了课题组提交的课题验收申请材料，并进行了质询，

验收鉴定认为“课题组完成了计划任务书规定的全部内容，达到了考核指标要求，其中评测图像库的规模和内容、评测系统的部分指标超出任务书的要求。课题组发表了多篇学术论文，申请了两项发明专利，具有明晰的知识产权。评测方法标准填补了国内空白，其评测技术和评测系统达到国际先进水平”。验收组达成同意验收的结论。

五、小结

安防“十一五”科技支撑项目研究在技术实现模式和技术标准编制方面形成的成果，对城市监控报警联网示范工程建设、验收、评审提供了技术参考依据，已经在各地市监控报警联网系统工程建设中发挥了重要的指导作用。

项目中研制的“城市监控报警联网系统管理平台”系统软件及配套编/解码、网关转换、智能监控等设备，在公安城市监控报警联网建设中进行了应用示范。项目成果面向城市警用治安防范实际应用，将对社会治安动态预警、综合防控技术体系建设起到积极推进作用，有效提升整体治安防范和公安综合处警能力，有力促进警用视频信息综合集成应用，随着项目成果进一步转化并逐步推向全国市场应用，将会创造出巨大的社会效益和经济效益。

第二节　防爆安检技术创新动态

中国安全防范产品行业协会专家委员会防爆安检组　李建平、黄校垣、朱俊云

我国防爆安检技术创新性研究综述

改革开放以来，我国开始在民用航空和重大活动场所使用技术手段实施防爆安检。震惊世界的“9·11”事件，成为防爆安检事业发展的催化剂，促使应用各种科技手段探测和发现危险物品的检查设备不断被研发和应用。特别是在我国举办的奥运会、世博会等大型集会活动需求的拉动下，对违禁品安全检查的措施已经从机场、车站和会场扩展到了地铁、轨道交通以及各种群体活动场所。同时，又由于我国经济的迅猛发展，流动人口增多，人为的有意或无意违反法规，造成不安全的因素增多，如把违禁品带上交通工具。这些需求促使我国防爆安检事业进入跨越式发展阶段。防爆安检是指对人体、物品、场地的检查，在充分尊重个人隐私的前提下，通常采取非接触、快速、人性化的检查手段，力求发现和解决人为的、有意或无意违反法规携带违禁品等不安全因素。因此，对于防爆安全检查

以至扩展到对其它违禁品的安全检查，其技术要求从逻辑上讲应该是：（1）漏报率为零，误报率为用户可接受的程度；（2）对被检物和操作人员以及环境的影响是安全的；（3）就单个被检物而言，其检查速率应不大于5秒。这称之为安全检查技术要求三要素。对组成安全检查系统的各部分环节也应有相应的三要素要求。面对如此的重任和巨大市场的压力，必须不断提高防爆安检设备的科技含量和运行管理的技术水平。

我国的防爆安检技术研究起步不晚，但基础研究的水平还不够高，目前应用的国产化主流安检设备大多是走技术引进、消化吸收、改革创新的发展道路。国内从业单位大多是一些规模不大、资金实力尚不雄厚的中小型企业，但在国内防爆安检市场需求拉动下，我国的防爆安检产品不断推陈出新，已经具有较高的市场占有率，在技术服务领域也有企业涉足。目前，各防爆安检从业单位都在消化吸收的基础上，自主创新，以技术为依托，以质量求生存，以开拓求发展；尤其是国家加大科技开发资金的投入之后，更加激发从业单位的研发积极性，加大了防爆安检技术的自主创新力度。因而，今后必将出现一个百舸争流的大好局面，从而推动安检行业更快、更好、健康地发展。

对被检查对象的整个处置过程，业界通常划分为探测、防护、处置三大类。其中，探测类又按采用的技术和实际应用状况分为射线成像探测技术、非成像探测技术、瓶装液体探测技术和金属探测技术等。

2009年我国防爆安检技术创新性研究动态简要介绍如下：

一、防爆安检探测技术

（一）射线成像探测技术

1. 大型客体探测技术

我国生产的用于对集装箱和运输车辆实施安全检查的大型安检设备已经在全球占有相当规模的市场。2008年以来国内开发的基于高能X射线和中子融合成像技术以及快速双能量技术等产品，非常适合对航空、海运、陆路运输等混杂货物的检查，对快速通关、增加抽检率、货物识别效率上都有很大提高。目前该项技术在国内拥有全部的自主知识产权。

（1）X射线和中子融合技术

双能X射线成像技术已经在集装箱等大型客体检查领域广泛应用，利用不同能量X射线与物质的不同作用规律对物质进行分辨，但是该技术只能将物质分为有机物、无机物、混合物等类别，尚无法进行更精细的区分。当被检货物通过系统时，分别被两种射线扫描，系统首先采集获得中子、X射线两幅图像，同时，通过比较中子和X射线图像，计算两种射线穿透各种物质时，质量衰减系数的比值，实现对物质进行更精细的识别：重金属如铁、铅、钨、铀等；混合物如玻璃、陶瓷等；有机物如纺织品、食品、塑料、水、毒品、爆炸物等。最后，用不同颜色对融合图像中不同的材料进行标识，可以有效地帮助操作人员对危险品和违禁品进行识别。该产品一经推出，就引起了国内外用户的广泛兴趣，目前已在部分国家得到了应用，效果良好，市场前景较为广阔。

（2）快速双能融合技术

对于大型安检设备而言，全球公认的最前沿技术是快速检查技术和双能物质识别技术，快速检查技术可实现被检车辆不停车扫描；双能技术可实现物质识别，这两种技术极大地改变了原有的工作理念，我国这两种技术的水平处于全球领先位置。

2009年，国内率先完成了快速双能融合技术，即将快速扫描技术和双能X射线技术进行有效地技术融合，从而在快速扫描的基础上实现双能物质识别功能。利用该项技术不仅可以大大提高检测通过率，同时可提供彩色图像。国内企业拥有这项技术的全部自主知识产权，并于2009年在全球首次实现了产品销售，这一技术的实现，将推动我国在未来几年持续领跑大型客体安检行业。

2. 小型X射线探测设备

我国举办奥运会后，民航机场、地铁、轨道交通和大型活动场所使用X射线检查设备实施安全检查已经被广泛接受。小型通道式物体检查仪得到普遍使用，这种检查技术已经从单能量射线源透射检测扩展为多视角双能量检查设备；同时，CT技术也开始应用于防爆安检，国内企业推出的大螺距扫描产品具有低成本、高通过率、高精度的特点，是我国具有自主知识产权的一项创新技术；能够算出扫描断面像素的等效原子序数和密度的双能量CT检查设备的研制工作基本完成，产品已经问世。

此外，基于背散+双能透射成像的X射线通道式物体检查装置，在国内已有试验样机试用。基于背散射技术的人体扫描设备也在研发之中。

（1）X射线CT安检技术

X射线CT技术由于具有自动识别功能，近年来受到了国内外安检行业的普遍重视，因此，国内外厂商纷纷加大了CT技术的研发力度，已有部分基于CT技术的产品应用于某些高端行业。CT技术虽然具有自动识别功能，但长期以来，其造价高、检查速度慢，精度不满足需求等问题一直困扰业界，因此，各供应商针对该技术的研发也主要集中在降低成本、提高通过率、提高检查精度和灵敏度方面。

（2）大螺距CT扫描技术

2009年，国内企业率先在全球推出了大螺距CT扫描技术产品，该技术具有低成本、高通过率、高精度的特点，是核心技术的重大突破，在2009年底的技术成果鉴定会上，与会专家一致认为该成果达到了国际领先水平，是我国具有自主知识产权的又一创新技术，对提升我国高科技形象和行业影响力具有突出意义。这一技术不仅可以用于爆炸物检测，还可以用于其它违禁品（例如毒品）的检测，目前国内自主研发的产品已在国内多个行业实现了应用，广泛服务于各相关行业；而在国外，部分供应商为提高产品应用能力，也在很多细节方面展开了研发，如Analogic公司设计了一种通过非接触式供电技术来提高滑环转速的方法，将转速提高到

300 转每分钟。此外，Rapiscan 公司设计的多电子束打靶的技术，也可以在一定程度上提高检测速度。目前国内外均有达到了市场实际应用水平的产品，而 2010 年，国内亟待解决的问题是尽快完善这一新技术的市场准入规则。

（3）多视角双能量探测技术

该技术采用 4 个位置互补的 X 射线源、4 个不同出射方向的扇形束和 4 组探测器，能采集 4 个不同方向透射图像信息。通过探测算法求出被检物的密度和等效原子序数。因而，提高了被检物的识别能力。国外市场上，近些年已出现相关产品，在行业内属高端产品。国内已开展这方面研究，已有试验样机。

（4）X 射线背散 + 双能量透射技术

该技术对薄片炸药、塑性炸药和故意隐藏于金属后面的炸药都能在散射图像上给以强信号提示，与双能量技术结合能降低漏报率，减少误报率。国内已有样机在试用。

（5）X 射线人体扫描技术

自美国 253 班机炸机未遂之后，美国、加拿大、英国、法国等国马上在各大机场武装此设备。国内也有此技术储备，同时也有市场需求，一旦政策许可，会很快推出产品。

（二）非成像炸药探测

1. 双模式炸药/毒品检查技术

离子迁移谱是目前国际上探测微量炸药或毒品等违禁物质使用最广泛的技术之一，得到国内外广泛重视，已经从单纯的离子迁移谱发展到灵敏度更高的相关技术，并与气相色谱技术结合以提高分辨率。此项技术包括放射性物质电离方式和激光电离的方式等；采样的模式也不仅是擦拭取样，还有吸取和擦拭双重取样等检查方式。最近一年来，我国离子迁移谱技术的研发主要集中于对爆炸物和毒品同时检查的双模式技术。国内企业对该技术的研究工作虽然起步晚于国外，但发展速度很快，2009 年，推出了具有自主知识产权的台式爆炸物 / 毒品双模式离子迁移谱产品，可实现对爆炸物/毒品的同时检测，在数秒的时间内准确判断爆炸物或毒品种类。

2. 四极矩谐振技术

大多数炸药都含有氮元素，氮原子的电荷呈四极矩分布，在不同化合物独有的邻近梯度电场作用下而产生不同的进动频率，这个进动频率像人的指纹一样反映该物质的特征。国内已有研究机构对此技术研究多年，目前已有样机在试用。这项技术与通道式 X 射线双能量技术融合对提高探测率、降低误报率将起到重大突破性作用。

（三）瓶装液态燃爆物检查技术

近年来国际国内恐怖分子利用液态燃爆物进行恐怖袭击的事件频频发生，对我国公共安全构成严重威胁。液态燃爆物应用范围广，价格低廉，易于购买，从源头控制目前难以实现。另一方面液态燃爆物种类繁多，物化性能差异很大，很多探测装置很难有效探测。所以近两年国内从业单位非常关注这方面的市场需求，加速研究探讨对瓶装液体的技术检查手段。

1. 单瓶液态燃爆物检查技术

该技术中，射线源和探测器是固定的，瓶装液体固定在平台上，平台在转动和向下移。所以，体积小，重量较轻。

（1）CT，国内已有国产的产品在使用，但多数还是进口的。

（2）双能量 CT。关键技术是解决射线硬化的影响。它通过 CT 重建理论和瓶子材质的修正，计算出液态燃爆物的密度和等效原子序数。国内也有类似产品问世。

2. 通道式瓶装液态燃爆物检查

（1）多视角双能量技术（与前述相同）

（2）双能量 CT

利用双能量 X 射线 CT 可以对被检物质的线衰减系数、等效原子序数、密度电子密度等特征参量进行探测，根据液体燃爆物特征参量的分布规律从而进行液体燃爆物材料识别。如何在各种情况下得到液态材料稳定的特征参量是双能量 CT 液态燃爆物探测的关键。国内已开展这方面的研究，并有第一代产品应用。

（3）荧光聚合物传感技术

该技术是一项新兴的传感技术，它通过被检测物质分子对荧光聚合物发射荧光的淬灭效应实现的。被检物分子被吸附在聚合物薄膜表面时，能够引起聚合物发射荧光强度的改变，通过检测聚合物的荧光强度即可知道周围环境中是否有目标分子出现。与其它探测技术相比，荧光聚合物传感技术具有很多优势。例如，超高的灵敏度、良好的选择性，而成为目前爆炸物痕量检测的研究热点。此类技术国内已开展具有自主知识产权的研究。

（4）光电/拉曼谱技术

该技术的关键是制备具有各种液体燃爆物识别功能的分子识别聚合物膜。然后利用光电/拉曼谱技术研究分子识别膜对液态燃爆物分子识别性能。此类技术国内已开展具有自主知识产权的研究。

（四）金属探测门

金属探测门是当前我国防爆安检中应用广泛的检查设备。利用 LC 谐振，无论是何种频率，差拍振荡还是脉冲感应，都是利用电磁感应的原理实现报警。2009 年以来，我国金属探测设备已经向多功能、复合型方向发展；出现了与视频监控系统结合的监控金属探测门或与放射线探测器结合的放射性物质检测安检门等；还有专门对脚部实施安检的便携式鞋底金属探测器；手持式金属探测器也在液晶显示、键盘操控等方面增加了使用功能。

（五）电磁波成像、多技术融合

1. 主动毫米波（亚毫米波）全息成像技术的“WBI”

我国一些科研单位正在致力研究利用毫米波（或亚毫米波）技术实现距离 20 米或更远距离对隐匿物品进行探测的成像探测设备，并产生了一些原理样机，但距商业化运作仍有许多技术和工程的难点需要研究和突破。

类似雷达的有源毫米波探测器是利用有源毫米波探测设备发出能穿透衣服等掩盖物的超高频的无线电波信号，接收人体的反射信号，生成三维立体图形，从而快速地定位隐藏在人的身体表面的违禁物品。

毫米波和亚毫米（亦称太赫兹）波是一种介于光波和无线电波之间的电磁波，毫米波频率在30～300GHz之间，太赫兹通常是指100GHz至10THz。自然界的任何物体，只要其表面温度高于绝对零度，就是一个能量辐射体，向外发出红外光、亚毫米波、毫米波、微波等多种电磁辐射。物体所辐射出的毫米波、亚毫米波射线能量大小取决于该物体的物理性能和温度高低，人体辐射的毫米波、亚毫米波的能量较之金属、陶瓷、塑料炸药、粉状炸药及衣物、绝缘材料等要强，而毫米波可以穿透所有衣物布料，太赫兹更是具备物质鉴别能力。因此基于毫米波技术和太赫兹技术的人身安检设备能够探测出隐藏在人体表面的各种刀具、枪支、爆炸物等违禁物品，无需人身搜查，是人身安全检查的理想手段之一。毫米波和亚毫米波技术的利用有主动和被动之分，主动系统在物理对消、高信噪比和高对比度等方面明显优于被动系统，并在国外最先登上安检应用舞台。其代表产品是采用主动式毫米波全息成像技术的WBI。

WBI利用有源毫米波探测设备发出能穿透衣服等掩盖物的超高频的无线电波信号，接收人体的反射信号，从而快速地定位隐藏在人的身体表面的违禁物品。

2. 毫米波或太赫兹主/被动技术（SOD）

处置恐怖爆炸活动对探测系统有了更高的需求，希望能在20米或更远的距离范围内对隐匿物品进行探测，以便采取适当的反应措施。SOD采用毫米波或太赫兹主/被动技术能在20或7米的范围内直接对金属、非金属、炸药等危险品进行检测。在较远的距离内，衍射分辨率将会降低。为更有效可靠的工作，隐匿武器检测系统需要穿透衣物和大气并以适当的信噪比进行工作。随着频率的升高，衣物穿透能力变得越来越困难，尤其是在超出500～700GHz以外的时候。用于远距离探测成像，SOD有着诱人的使用前景并产生了一些原理样机，但距商业化运作仍有许多技术和工程的难点需要研究和突破。国内企业正在紧跟国际上此类技术的发展，着手进行这方面的研究。

二、防护与处置技术

（一）综合应用平台

我国防爆安检已经从简单几种检查器材的应用向系统工程发展，实现了多种检查器材产生的信息交换和共享，并逐步发展成为多种信息综合处理。

国内某企业推出的“应急与反恐现场信息装备系统”实现了将多种信息采集设备有机结合为一体，能够将包括视频、图像、声音、方位等现场信息收集汇总进行综合分析和智能处理，实现计算机辅助决策。这种利用多源信息，获得对同一事物或目标更客观、更本质认识的综合信息处理技术使得计算机能够根据这些辅助信息做出决策，从而极大地提高了防爆安检现场处置能力。

（二）视频图像抓拍

视频图像抓拍简单地讲就是在安检机的通道周围加装相机，定时对过往的旅客和其携带的行包进行视频抓拍，抓拍到的旅客图像和安检机扫描的X光行李图像一并存盘到数据库中供日后的查询。目前我国一些科研单位和企业正致力于此项技术的自主知识产权与应用的研究。

（三）排爆服和防辐射防爆服应用研究

我国在使用排爆服过程中，广泛吸取了国外大量排爆作业的经验和教训，摸索和总结出一整套排爆服应用的操作要领，并根据我国国情做了一些创新性的改进，有效地增加了排爆防护的安全性和可靠性。此外，面对当前日趋严峻的反恐形势，国内也相应研制出了能够防护多种辐射的防护防爆服，如某企业的X射线防护服、γ射线防护服、中子防护服、射频防护服等产品。

（四）新型全防护装备“移动掩体”

国内已有企业研发了用于处置群体性事件中防爆炸伤害的“移动型掩体”装备，在处置某些群体事件中得到应用。

（五）智能化的无线电频率干扰新技术

应用数字处理技术，通过实施无线电频率干扰防止爆炸装置被遥控引爆的防护技术在国内得到了较大的发展。这种智能化无线电频率干扰设备通过应用软件无线电技术，实现了对干扰目标采用频点精确瞄准干扰。对传统的噪声和扫频干扰方式在技术上进行了颠覆性的突破，这种干扰技术方式的实现，极大地提升了无线频率干扰设备的有效控制能力和干扰效果，实现了智能化控制。

三、防爆安检技术服务领域的发展

在我国的产业构成中，第三产业的比重较低。我国第三产业的比重比低收入国家低10个百分点，比中等收入国家低近20个百分点，比高收入国家低近30个百分点。这种现状在防爆安检领域表现得更为突出。

自2008年北京奥运会成功举办以来，我国防爆安检事业迅速发展。国内生产X射线检查设备的企业由最初仅有的公安部第一研究所一家迅速增加到目前的多家，用户已扩展到民航、铁路、海关、公路、邮政、司法和大型活动管理等多种领域，仅X射线检查仪的安装数量就达近万台。安检设备营销已经形成了一个具有很强独立性和一定规模的行业和市场，同时也衍生每年上亿元的服务需求。

（参编人员：陆建忠、彭宁嵩、袁振声、彭华、卢井林、高常德、王同臻、李龙杰、马英山，资料提供：张彤、邸帅、高轶夫）

第三节 国家标准《安全防范监控数字视音频编解码技术要求》制定工作情况

全国安全防范报警系统标准化技术委员会秘书处

一、国家标准《安全防范监控数字视音频编解码技术要求》产生背景

2007年11月，公安部科技局和国家信产部共同明确了《安全防范监控数字视音频编解码技术要求》归口于全国安全防范报警系统标准化技术委员会（以下简称“SAC/TC100”），SAC/TC100组织公安部第一研究所（以下简称“一所”）、北京中盾安全技术开发公司（以下简称“中盾”）、北京中星微电子有限公司（以下简称“中星微”）等单位组成标准编制组开展该标准的制定工作。

《安全防范监控数字视音频编解码技术要求》是由国家标准化管理委员会立项的国家标准，是视音频监控系统的基础标准，其标准计划号为20075503－T－469。《安全防范监控数字视音频编解码技术要求》标准的目的是制定符合安全防范监控数字系统应用需要的、具有我国自主知识产权的视音频编解码标准，可以解决目前安全防范监控报警联网系统中视音频编解码标准不统一和在安全防范监控报警领域采用广电标准而无法满足安全防范监控中特殊需求的问题。同时，制定一个具有我国自主知识产权的安防监控视音频编解码标准，也可以避免安防视频监控系统中存在的专利风险，更有利于我国安全防范监控报警市场的良性、健康发展。

二、国家标准《安全防范监控数字视音频编解码技术要求》应用领域

编制组组织有关专家对现有的面向广播电视专业应用的视音频编解码标准进行了认真研究，一致认为面向广播电视专业应用的技术标准直接应用于安全防范监控领域还有较大的不适应性。2007年3月编制组经过梳理分析，整理出安全防范监控视音频编解码和广电媒体视音频编解码的主要异同点，明确了安全防范监控数字视音频编解码特殊需求，主要表现在以下几个方面：

（一）实时性

从系统角度，要求从视音频源经编码、传输、解码到显示端应该具有足够小的延时，以满足实时监控的需要。

（二）现场还原

解码还原的视频图像具有较高的图像质量，尤其对场景中的运动目标（如人和车辆等目标）具有良好的还原效果，能够满足公安业务需求。

（三）智能识别接口

在保证实时视频编码的前提下，支持提取运动目标的基本信息，为智能视频处理（如移动侦测、目标跟踪等）提供接口。在保证实时音频编码的前提下，支持提取声纹信息（人体生物特征）。通过加入智能识别接口，可为公安破案、语音识别、人脸识别、视频快速检索等视音频信息的有效利用奠定基础。

（四）码率可动态调整

区分前景背景，对感兴趣区域（运动目标、人脸、车牌、禁区、可疑目标等）进行动态码率调整。

（五）监控视频流切换

多路视频监控应当支持快速的码流切换，以保证监控的时效性。

（六）全天候、各种复杂环境的适应性

用于视频监控的摄像设备要求能全天候工作，因此要求视频编解码算法应能适应白天、夜晚、雨、雪、雾等多种环境，尤其在较恶劣现场环境中拍摄的视频应对场景具有良好的忠实度。

（七）安全

安全防范监控视音频资料（包括传输和录像）应该具有防伪性和一定的保密性，可在需要时采用（如：突发事件现场等）。

三、国家标准《安全防范监控数字视音频编解码技术要求》特点介绍

《安全防范监控数字视音频编解码技术要求》标准是以安全防范监控的实际需求为导向，以忠实于场景为核心，其主要技术特点有以下几点：

（一）支持高精度视频数据

视频监控领域要求视频图像要适应高动态范围，且希望看到更多的图像细节。视频数据精度（位宽）低会导致图像对比度下降、图像细节和层次丢失，造成图像原始内容的损失。视频编解码支持高精度视频数据，可以减少编解码环节的图像信息损失，保证存储的视频数据尽可能真实、完整的保留拍摄场景的信息和图像细节，使后期的视频资源能更有效地被利用。随着技术的发展，目前视频采集、显示设备都可以支持到10－bit甚至更高精度的数据，而编解码器如果只支持8－bit数据，会成为系统的短板，降低系统整体性能。同时，模拟摄像头数字视频信号接口国际标准（ITU－R BT.656）中既支持8－bit数据格式，也支持10－bit数据格式，所以编解码器支持10－bit数据对现在已经部署的大量模拟摄像头也是有意义的。大量测试结果证明，编解码采用10－bit数据在同样码率下PSNR好于8－bit数据。在同样PSNR情况下，采用10－bit视频数据的码流率不

高于采用8-bit视频数据的结果。基于上述原因，在《安全防范监控数字视音频编解码技术要求》标准中支持8/9/10-bit视频数据，并保留未来扩充到12到16-bit的可能。

（二）达到更好图像质量与更高编码效率的平衡

为了在获得更好图像质量的同时也能获得更高的编码效率，《安全防范监控数字视音频编解码技术要求》采用上下文自适应二进制算术编码（CABAC）和自适应帧-场编码（AFF）等技术，提高编码效率；在采用8*8变换和预测的基础上，增加帧内4*4（Intra4*4）变换和预测，有效降低编码在有大量细节区域带来的噪声。大量测试结果证明，上述技术有助于达到这一目的。

（三）支持感兴趣区域（ROI）变质量编码

在安防监控应用中，通常总是对场景中的某些区域（即感兴趣区域，Region-Of-Interest）比较关心。支持对每个ROI的图像质量分别控制（给ROI部分分配更多的码流）、对非ROI部分减少码流分配甚至不编码，可以在网络带宽或存储空间有限的情况下，优先保证ROI图像质量，节省非ROI的开销，提供更符合监控需要的高质量视频编码，提高监控系统整体性能。

（四）支持可伸缩视频编码（SVC）

在监控应用中，经常存在为满足不同带宽或存储环境的需求，对同一场景编码输出两个（或多个）不同分辨率的编码视频码流。目前的解决方案都是利用两个（或多个）编码器分别编码输出两个（或多个）独立的编码视频，系统开销大。可伸缩视频编码（Scalable Video Coding）通过对视频数据的分层次压缩，一个编码器可以输出不同分辨率的多个编码视频码流，以满足不同带宽或存储环境的需求。SVC对视频序列分层编码，分为基本层和增强层。基本层由低分辨率编码图像构成，对基本层单独解码可以获得一个低分辨率的视频序列，对基本层和增强层联合解码可以获得高分辨率的视频序列。大量测试结果证明，采用SVC比简单的双/多码流具有更好的编码效率，并能为需要双/多码流的应用提供更加灵活的解决方案。

（五）支持网络传输和监控专用信息

视频监控正在从单一的、小范围局部监控，向复杂的、大型联网系统发展，要求视频编码数据对网络具有良好的适应性。标准中定义网络抽象层（NAL）数据单元，其大小与网络传输单元匹配，且NAL数据单元根据承载的内容划分不同优先级，以适应各种网络传输状态。

国家标准《安全防范监控数字视音频编解码技术要求》中针对监控实际需求，支持绝对时间参考信息、特殊监控事件等监控专用信息。绝对时间信息通过专门语法与视音频压缩编码数据一起传输和存储，便于检索查询、视音频同步和多路视频同步。特殊监控事件类型及参数通过专门语法与视音频压缩编码数据一起传输和存储，便于检索查询，对于大规模监控网络和数据库更为重要。

（六）支持数据安全保护

视频监控数据的机密性、完整性和非否认性在有些场合至关重要。为了实现这些安全目标，目前视频监控应用中，相关安全机制都是在编解码标准外部进行规范（如在传输层实现），这种方式不能从信源开始保证数据的安全性，同时也使得一些媒体信息安全机制不能得到有效利用。

为了使得《安全防范监控数字视音频编解码技术要求》标准能够提供视频监控中所需的安全服务，《安全防范监控数字视音频编解码技术要求》标准规定了加密和认证接口及数据格式，保证数据的安全性、完整性和非否认性，既保证了格式的统一便于互联互通，也保留了足够的扩展灵活性，充分考虑到技术发展带来更高性能的加密和认证方式的增加和扩充。

（七）支持音频双核编码

考虑到监控中的音频内容主要是语音信号以及环境（背景）声音信号，标准支持代数码书激励线性预测（ACELP）和变换音频编码（TAC）切换的双核音频编码。采用以ACELP为核心的编码技术，可以确保对语音信号具有较好的编码效果；而对于环境（背景）声音信号，其种类复杂，不宜采用ACELP核的编码技术，而以频域变换编码——TAC核的编码技术更加适合，可以获得对环境或背景声音的较好编码效果。

（八）支持声音识别特征参数编码

现有音频/语音编码标准，为提高编码效率，利用了人耳的不灵敏性，解码重建的语音信号同原始信号相比有严重的失真，影响语音识别和声纹识别的准确性。《安全防范监控数字视音频编解码技术要求》标准在音频编码的基础上，支持识别特征参数编码，降低编码失真对语音/声纹识别的影响。

四、国家标准《安全防范监控数字视音频编解码技术要求》编制过程介绍

（一）标准前期调研

从2008年1月至5月，中盾、中星微、一所等单位认真调研并仔细分析了现有视音频编解码的国际标准和国家标准（包括MPEG，H.264，AVS，3GPP AMR-xx等）以及该领域的最新技术成果，对其中的各项关键技术进行了大量的性能仿真和对比评测。

2008年7月至9月，编制组在前两阶段技术架构搭建和大量测试实验的基础上，着手进行标准征求意见稿的起草工作。编制组经多次讨论，于2008年7月1日的会议上决定：征求意见稿中采用高精度视频数据（8/9/10-bit）、上下文自适应二进制算术编码（CABAC）、感兴趣区域（ROI）变质量编码、可伸缩视频编码（SVC）、支持监控专用信息、声音识别特征参数编码、面向声音异常事件的变质量编码等技术，并于2008年7月10日形成征求意见稿大纲。

（二）标准征求意见稿

编制组按照征求意见稿大纲的内容，于2008年8月10日形成《安全防范监控数字视音频编解码技术要求》征求意见稿（0.1版）。

2008年8月，编制组召开会议，征求安防行业专家意

见，针对征求意见稿（0.1版）在标准的框架结构、章节设置、关键技术点等七个方面进行修改，于2008年8月29日形成征求意见稿（0.2版）。

2008年9月，编制组就征求意见稿（0.2版）的技术细节进行了专项研讨和进一步试验评测，编制组将根据评测结果确定的这些技术细节和参数写入了标准草案，补充和更新部分内容，并对标准的文字表达和格式进行统一修正和完善，于2008年9月25日形成征求意见稿（0.3版）。

2008年9月27日，SAC/TC100在京组织召开了专家论证会。专家组听取了标准编制组的安全防范监控数字视音频编解码技术需求、安全防范监控数字视音频编解码标准草案编制说明和标准征求意见稿草案的介绍，对标准草案的有关技术内容进行了质询和认真审查，并对标准提出了一些建议。

2008年10月20日编制组形成征求意见稿（0.4版），按照专家组对标准征求意见稿（0.3版）的意见进行了修改。

2009年1月6日形成征求意见稿（0.5版），将标准名称调整为《安全防范监控数字视音频编解码技术标准》，并对标准和参考代码做了细致修改。

2009年1月17日，SAC/TC100在一所组织召开国家标准《安全防范监控数字视音频编解码技术要求》征求意见稿（0.5版）编制组全体成员论证会议，共有来自24家科研机构、大学和企业的专家代表60余人参加会议。会议听取了对征求意见稿（0.5版）的全面介绍，对与会单位会前提交的36条修改意见进行了逐条讨论和论证。

（三）标准送审稿

根据2009年1月17日会议形成的意见，对征求意见稿（0.5版）进行修改，于2009年3月19日形成标准送审稿（1.0版）和对应的视音频参考编解码器代码。

2009年8月4日形成送审稿（2.0版）和对应的视音频参考编解码器代码，编制组对标准的技术方案进行了大量的分析、验证和论证，对送审稿（1.0版）进行了进一步的修改。

2009年8月18日，SAC/TC100在一所组织召开了国家标准《安全防范监控数字视音频编解码技术标准》送审稿（2.0版）论证会，来自29家参编单位的专家代表共60余人参加会议。会议听取了对送审稿（2.0版）编制情况的详细介绍，对与会单位会前提交的43条修改意见进行了逐条讨论和论证。

2009年9月29日形成送审稿（3.0版）和对应的视音频参考编解码器代码，按照送审稿（2.0版）论证会意见进行了修改。

标准化专家按照国家标准的编写要求对送审稿3.0版进行了全面、仔细的审阅，提出了格式规范、用词准确等方面的修改意见，编制组接受修改意见，并对送审稿3.0版进行了修改，于2009年10月11日形成送审稿终稿（4.0版）。

2009年10月16日，SAC/TC100在京组织召开送审稿专家审查会。专家组会前审阅了标准送审稿文本及相关材料，会上听取了标准编制组的工作报告、对标准主要技术内容的说明和试验验证演示。专家组对标准送审稿给予了很高的评价，认为该标准是我国安全防范视频监控领域急需的一项基础性关键技术标准，并一致通过该标准送审稿，将标准名称确定为《安全防范监控数字视音频编解码技术要求》，同时也对标准草案提出了一些具体的意见和建议。

（四）标准报批稿

按照10月16日专家审查会上专家提出的修改意见和建议，并综合会后收到的数维科技、大连理工等多家单位的意见，标准编制组经过认真修改，形成了《安全防范监控数字视音频编解码技术要求》标准报批稿，于2010年1月28日提交SAC/TC1OO秘书处。

五、《安全防范监控数字视音频编解码技术要求》知识产权策略与专利池管理制度

在标准工作组成立之初，《安全防范监控数字视音频编解码技术要求》工作组就把建立知识产权管理制度放在工作的核心位置，在知识产权专家的指导下制订了《知识产权管理办法》，标准工作组成员均签署了《知识产权承诺书》。在两部委（工信部、公安部）的直接领导下，发起和组建专利池管理委员会，负责处理专利相关问题，制订专利池管理和许可政策，在充分考虑到专利权人利益的同时，也使得标准能够得到推广普及。

六、国家标准《安全防范监控数字视音频编解码技术要求》产业化前景

（一）国家标准《安全防范监控数字视音频编解码技术要求》解决安防行业现存问题，填补安防监控领域空白

我国城市报警与监控系统建设经过了五年多的发展，已经在全国范围建成了一个初步成型的社会治安监控网络，其覆盖范围越来越广，应用需求和深度也在不断拓展之中。而且其中相关的产品种类繁多，性能各异，技术非常复杂。因此统一标准和解决实际应用需求成为监控行业迫在眉睫的问题。《安全防范监控数字视音频编解码技术要求》作为视频监控系统的基础标准，将为城市社会治安综合防控体系的建设提供强有力的技术支撑，一方面可以解决目前视频监控系统中视音频编解码标准不统一导致的系统难以互联互通的问题；另一方面能够针对安防特殊应用提出相适应的解决方案。

除此之外，专用于安防领域的视音频编解码标准，目前在国际上尚属空白，《安全防范监控数字视音频编解码技术要求》标准研制工作有利于在安防领域实现向国际标准的突破。

（二）国家标准《安全防范监控数字视音频编解码技术要求》促进安防产业链的发展

近年来，视频监控市场发展态势良好，平均年增长率保持在20%～30%之间，相关行业产业链已经基本成型，从标准到专利、到芯片、到软件、到整机与系统集成的完

整产业链上都有越来越多的企业在活跃着，具有雄厚实力的企业也都已经高调进入并作为未来发展战略予以高度重视。在这样的背景下，视频监控市场呈现出巨大的市场需求和广阔的产业化前景。《安全防范监控数字视音频编解码技术要求》工作组至今已经吸引了近40家业内成员加入，覆盖了高校、研究所、芯片设计厂商、安防产品供应商、系统集成商等从基础研究到技术实现，从产品开发到最终应用的完整产业链。

同时，《安全防范监控数字视音频编解码技术要求》的制定与当前我国倡导自主创新、加速高科技产业结构升级等政策和发展战略是完全一致的。《安全防范监控数字视音频编解码技术要求》的应用一方面可以降低安防行业的产品成本，通过实现标准中定义的新功能来提升我国安防企业的竞争力；另一方面，体现在标准中的拥有国内自主知识产权的、高起点的新技术，可以快速提升安防产业链，促进完善国内安防产业链，为产业链上的企业提供更有力的发展动力。

第四节　安防视频监控技术动态及发展趋势

中国安全防范产品行业协会专家委员会　陈朝武　史彦林

视频安防监控技术在“平安城市”、“和谐社会建设”中发挥着越来越重要的作用。近年来，视频安防监控技术的更新换代、新技术的更迭以及未来的发展越来越受到各界的高度重视。高清视频技术、视频编解码技术、视频存储技术、智能视频分析技术、IP网络技术成为当前视频技术发展的主要方面。2009年以及未来的几年，视频监控系统建设的主题是整合：实现不同平台和系统之间的互联、互通、互控。

一、视频采集技术

（一）图像传感器件

目前的安防应用中，多采用CCD和CMOS两种图像传感器。CCD传感器以其成像质量好，灵敏度高、信噪比高以及技术成熟的优势，经历30年应用经久不衰。而CMOS传感器因其成本低廉、体积小、功耗低、动态范围大，倍受网络摄像机、手机、数码相机制造商的亲睐。目前，CCD传感器的代表厂家有SONY、SHARP、Pansonic、PHILIPS、FUJI、KODA等，CMOS传感器的代表厂家有Aptina、Omnivision、PixelCam等。

日本Nikon公司于2003年发布的LBCAST JFET图像传感器，融合了CCD成像质量好与CMOS低功耗的优势，具有瞬时启动、高灵敏度、高分辨率、低功耗、成品率高和低噪声等特色。在LBCAST JFET中，提取像素数据的晶体管是JFET（结型场效应管）而非CMOS中的MOSFET（绝缘栅型场效应管），并且每个像素中都包含一对电荷积累部分与检测放大用的JFET晶体管，可实现光电转换、存储和放大。LBCAST JFET图像传感器更适合于新闻报道、体育摄影等高速拍摄场合。

荷兰Delft技术学院的Edoardo Charbon带领的研究小组开发出了一种名为Gigavision的新成像技术，这种成像技术能直接输出数字图像。研究发现，如果将光线照射在芯片上，那么芯片中的每一个存储单元便能将光能转换为充电电能存储在单元内部。这种技术的优势在于能直接生成数字化的影像信息，无需使用模-数转换芯片，这样便能大大简化周边元件的数量和设计，非常有利于分辨率的进一步提升，据称分辨率可以提升到现有的100倍左右。

由于使用这种技术制成的感光像素尺寸极小，因此其感光性并不高（像素尺寸越大，感光性便越好）；其次，由于采取数字化存储方式，因此每个像素单元只能记录1/0两种信息，而无法像CCD那样储存灰度等信息。目前Charbon的团队采用过度取样的方法来解决这个问题，对彼此相邻的100个像素的图像信息作求取平均值的计算，以此得到灰度信息，事实证明这种做法还是比较可行的。另外，在低光照度或较高光照度的条件下Gigavision的表现也比传统CCD方案要优越。当然，要想看到基于这种技术的一亿像素级别的摄像头上市还需要耐心等待一段时间。

（二）摄像机

摄像机、镜头一体机及快球，具有自动聚焦功能的摄像机成为了视频安防应用的主流；快球是一体化摄像机与云台的结合体，与传统摄像机相比，一体机体积小、监控范围广、性价比高，可免除手动调焦的麻烦。分辨率在600线、照度为0.001Lux、40倍光学变焦、具有智能分析功能的宽动态的日夜型摄像机正投放市场，球机及一体机的需求向多样化发展，以适应不同客户的个性化需求。

近年来，随着摄像机芯片技术、编解码技术及高速宽带网络、海量存储技术的不断发展，高清视频正在成为监控技术发展的方向之一。高清摄像机通常以CMOS为感光器件，采用MPEG4编码算法，高端的采用标准H.264算法，显示分辨率可达到720P（1280＊720）或1080P（1920＊1080）水平。基于标准H.264 Main Profile算法的百万像素网络摄像机一般采用500万像素的逐行扫描图像传感器，支持高清模拟输出，清晰度可以达到720TVL的广播级图像画质。由于采用标准 H.264 压缩，录像文件可使用标准解码器解码，支持常用播放软件直接播放。在相同码率下具有比 MPEG-4 倍增的画质，或在同样的画面质量下，码率仅为 MPEG-4 的二分之一。目前已开始出现 130 万、200 万、300 万、500 万甚至1000 万像素的高清摄像机，体现了视频高清化的一种主流趋势。同时，传输、存储技术的不断发展也会促进高清视频的大范围应用，高清摄像机、红外热成像仪的开发和应用，对镜头的种类及性能提出了更高的要求。

网络摄像机有关的视频编解码技术、网络技术、视频监控管理平台技术，国内都已发展较成熟，可以说与国外处于同等水平。虽然网络摄像机是一种趋势，但目前仍存在着编码方式不统一、对带宽要求较高等问题，模拟摄像机与网络摄像机必然在很长一段时间内共同存在，因此网络摄像机与目前 DVR、DVS 系统兼容就显得格外重要，这需要一个开放的视频软件平台支撑，这也是目前制约网络摄像机发展的一个重要因素。随着安防监控的深入，规模的扩大，传统的监控显然很难适应日益膨胀的信息检索需求，智能监控发展势不可挡。

（三）前端配套设备

镜头与摄像机配合，可以将远距离目标成像在 CCD 的靶面上，根据环境的照度来选择镜头的光圈大小，根据观察距离决定镜头的焦距，镜头的质量直接影响监视画面的效果。近年来镜头的变化主要体现在一体化摄像机上，它能实现镜头的自动聚焦和对焦距的控制。

防护罩用于保护摄像系统工作的可靠性，延长使用寿命还可防止对摄像系统人为破坏。摄像机安装在恶劣的环境下，不仅具有高度密封、耐高寒、耐酷热、抗风沙、防雨雪等特点，还应具备防砸、抗冲击、防腐蚀等功能。由于视频监控系统的应用范围不断扩大，如燃油储备库、火药储备库，煤矿井下作业隔爆防护、水下监视等都需要特殊结构的防护罩和云台。

解码器是把监控中心矩阵、DVR 传送过来的控制信号进行解码，并驱动摄像机镜头和云台等运动功能。解码器与防护罩、云台一体化是近年来发展的趋势，单独使用解码器的应用方式已不多见。

二、传输系统

视频信号最基本的传输方式主要有同轴电缆传输、光纤传输、无线传输、视频信号调制成高频共缆传输、网络数字传输和双绞线传输等，同轴电缆基带传输仍然是模拟视频信号的常用传输方式。由于基带传输方式其衰减信号强度与线缆长度成正比关系，因此线缆越长衰减越大，主要应用于传输距离在300 米以内的视频系统内。无线传输系统往往应用于临时架设或作为有线传输系统的补充。

光纤传输低损耗、低色散、高带宽的诸多优点，为视频信号的多路数、长距离、高质量传输提供了解决途径。现在几十路摄像机以上规模的视频安防监控系统基本上都以光纤作为图像传输的主干路由。光器件的发展使光端机的种类更加丰富，传输性能不断提高。据报道，现在的节点型光端机可以在一条单模光纤内以数字方式同时传送 64 路至 288 路视频图像信号。

网络带宽发展迅速，千兆网络已经普及，万兆带宽的网络设备也已经产品化。端口带宽的急速发展和快速普及为视频信号传输提了优良的传输平台。遍布全球的互联网络可以满足复杂的大型监控系统的组网要求，是最大 IP 网络应用实例。随着 IT 技术与安防技术的融合，以城市监控报警联网系统为代表的广域、城域监控系统，都是建立在网络传输架构上。

目前，基于局域和城域范围数字无线网络内已形成了许多国际标准。主要的无线传输技术有 802.11 系列的 WLAN 技术、WI MAX，数字集群技术，3G 技术、传统微波传输等。尤其是备受关注的3G 技术更为引人注目，随着3G 网络的逐步建成和普及，3G 的数据传输能力大为提高，已经具备了传输视频信号的带宽能力。国内应用的 3G 技术主要有 W-CDMA、CDMA2000、TD-SCDMA 等，其中 TD-SCDMA 即时分同步的码分多址技术，是由中国提交、ITU 正式发布的第三代移动通信空间接口技术规范之一，它得到了 CWTS 及 3GPP 的全面支持。无疑，3G 技术的应用，为视频安防监控系统提供了新的平台。

三、视频存储技术

（一）硬盘存储与数字硬盘录像机

计算机硬盘是目前视频图像信息的主要载体，单块硬盘的容量已发展到1T 以上，为视频信息的长时间保存提供了条件。根据不同硬盘接口类型，目前硬盘主要可分为 IDE/ATA、SCSI、FC、SATA 和 SAS 五类。硬盘接口是硬盘与主机系统间的连接部件，作用是在硬盘缓存和主机内存之间传输数据。不同的硬盘接口决定着硬盘与计算机之间的连接速度，在整个系统中，硬盘接口的优劣直接影响着程序运行快慢和系统性能好坏。不同的硬盘接口采用不同的数据传输规范，所能提供的数据传输速度也不相同。

嵌入式硬盘录像机是计算机技术、网络技术、数字视频技术和传统视频、安防技术相结合的高科技产品，主要功能包括：录像功能、回放功能、报警功能、控制功能、网络功能、密码授权功能和工作时间表功能等。目前市场上主流的 DVR 采用的压缩技术有 MPEG-2、MPEG-4、H.264、M-JPEG，而 MPEG-4、H.264 是最常见的压缩方式。嵌入式 DVR 基于嵌入式处理器和嵌入式实时操作系统，集系统的应用软件与硬件于一体，具有软件代码小、高度自动化、响应速度快等特点，特别适合于要求实时和多任务的应用场所。产品品质稳定，不会有死机的问题产生，而且在视音频压缩码流的储存速度、分辨率及画质上都有较大的改善。

数字硬盘录像机（DVR），在很长时间内是监控系统的主流存储方案，但由于 DVR 并非专业的存储产品，在振动、散热、硬盘保护等方面均有缺陷，出现的问题主要表现为稳定性、安全性、扩展性不高，靠系统本身自带硬盘存储容量小，高质量图像条件下存储时间少，无法满足用户日益提高的对存储时间的要求，难以实现视频图像的集中检索和查阅，无法满足后期对“视频信息综合利用”的应用需求。DVR以前基本均采用IDE硬盘，现在SATA硬盘已成为主流。

从2006年开始，随着网络化技术的发展和信息化建设的深入，视频监控产业开始进入网络化时代，市场对DVR的网络化功能及网络适应性要求越来越高，在这种需求下，一些主流厂商也开始重视网络功能，推出DVS（网络视频服务器）产品，对此，有业内人士称，DVR将迎来“后DVR时代”。

（二）硬盘阵列存储

硬盘存储具有响应速度快、传输速率高和存储非线性的特点，要解决数据安全性、可靠性的问题，RAID技术是存储产品容错的通用方法。RAID全名廉价冗余阵列，就是通过将多个存储设备按照一定的形式和方案组织起来，如同使用一个硬盘一样，但是通过这种形式获取了比单个存储设备更高的数据存储可靠性和容错能力。

虽然RAID技术做到了简单的容错功能，但是一层的容错不能满足大型系统对于数据的要求，因此网络存储就随之产生。NAS适合于中小范围内的文件共享应用，而SAN适合于中高端的数据库应用。SAN被认为是目前最佳的存储技术方案，SAN消除了许多服务器的I/O瓶颈，并能提供近乎于无限的存储网络，SAN最初始的时候是通过FC光纤通道网络来实现，在网络内传输的是FC SCSI协议，传输带宽以2G、4G为主，但是光纤通道受到距离的限制，其交换而使用的仲裁环也很容易达到瓶颈，因此又出现了IP SAN。

IP SAN被认为是存储未来的发展主流，IP SAN以以太网构架存储网络，目前的传输带宽是1G为主，但是可以通过多个以太网口进行链路捆绑和负载均衡来提高传输效率和数据可靠性，即将推出的100G平台将大大推动IP SAN飞速发展，由于IP SAN具有天然的广域网能力，在数据大集中的时代过去以后，系统面临的问题主要变成对数据进行远程容灾，IP SAN也就变成了信息系统存储技术的主要方向，随着IP监控解决方案的成熟，越来越多的视频监控系统采用IP SAN作为存储解决方案。

四、图像显示技术

以CRT（阴极射线管）为显示器件的视频显示方式正在淡出人们的视线，安防系统大量采用液晶显示器、等离子监视器等平板显示设备以及组合式DLP投影机作为显示设备，目前液晶显示设备的应用最为广泛。安防系统中广泛采用的液晶显示器的尺寸已由初期的17”、20”（4：3）发展到40”、46”、50”（16：9）甚至更大，具有1280*720、1920*1080等显示分辨率，响应时间在3-6ms。液晶面板原来存在可视角度小、亮度不均匀以及响应时间不够等缺点，已随着技术的不断进步不复存在。液晶显示设备以其体积小、重量轻、功耗小、无辐射等特点，为高清视频的显示提供了优秀的显示平台，是目前视频显示的主流技术形式。

大屏幕拼接墙尤其是DLP投影机系统是近几年快速发展起来的终端显示产品，在电视台、航天、公安、交通等许多行业中得到应用。与单台监视器相比，通过图像处理器及图像控制软件，它能够将所有显示单元组合成一个或多个大画面，在实现任意拼接组合的同时，也可实现图像的叠加、漫游、缩放等特殊功能。目前的大屏幕有LCD液晶拼接、DLP背投拼接及PDP等离子拼接三种类型，各有优缺点，在安防终端显示领域中都占有一定的份额。

由于受发光光源的制约，现有显示技术仅能再现人眼所能识别色彩空间的30%的信息，尚有70%的色彩无法通过显示让人们感知。正在研究中的激光显示技术以红、绿、蓝三基色激光作为光源，充分利用激光波长的可选择性和高光谱亮度的特点，使显示图像具有更大的表现空间，可以最真实地再现客观世界丰富、绚丽的色彩，为人们提供更具震撼的表现力。激光显示的色域覆盖率可以达到90%，色彩饱和度为传统显示的100倍以上，同时完全继承了现有显示技术数字化、高清的特点，可实现完美的图像还原。

五、视频管理系统

随着“平安城市”的逐渐推广与实施，监控系统也从原来的CCTV（闭路电视监控）逐步走向数字化、网络化、智能化。由于下一代互联网的兴起，三网（电讯网、电视网和互联网）合一的趋势已不可逆转。

近年来，各类自然灾害、公众安全事故、刑事治安案件频频发生，社会治安状况日益复杂，建立城市公共安全体系成为社会城市化发展的必然趋势。一方面，单体视频监控系统的容量逐步加大，另一方面，以“平安城市”为代表的大型联网视频监控系统对分散的社会视频监控资源进行整合，实现互联、互通、互控。

新一代的视频监控系统将是采用新型的服务架构模式和设计，符合相关行业标准和应用需求，综合运用计算机网络技术、视频编解码技术、智能分析技术、数据库技术、软件平台技术，对安全管理中的数字预案、预测预警，应急过程中的信息获取、传输、研判、决策、指挥调度及调查评估等关键环节进行系统集成，可解决靠人工监控效率低下、误报和漏报现象多、录像数据分析困难等弊端，化人工被动监控为系统自动监控、主动预警等为一体的数字化、网络化、智能集成系统。

视频安防监控系统另一显著的发展趋势是智能化。平安城市建设中可能会有几十万的摄像头资源，所有的镜头都靠人力监看，不仅造成极大的人力浪费，而且由于长时间的观察视频图像，也容易造成大脑疲劳，降低监控效率。在这种情况下，智能监控就成为一种实实在在的需求。视频监控技术的智能化，是结合人工智能与计算机视觉技术在视频监控领域的重要应用，近两年兴起的智能行为分析技术、人脸识别技术、车辆识别技术等，都是视频监控技术智能化的表现。传统的视频监控技术是一种被动的监控系统，多数只能发挥事后查询录像资料的功能和人工“全程参与”的监控，而无法达到事前预警和系统自动监控、分析的效果。视频监控系统的智能化就是将传统视频监控赋予“大脑”思维的功能，使其不再是传统的监视、采集、录像的被动功能，而是能够根据相应的“规则”去主动预警、分析视频资源、行为、场景，并做出相应的判断。因此，未来智能化的视频技术将会得到大范围的应用并会有重大技术突破。

六、智能视频分析技术

智能视频源自计算机视觉技术，计算机视觉技术是人工智能研究的分支之一，它能够在图像及图像内容描述之间建立映射关系，从而使计算机能够通过数字图像处理和分析来有限理解视频画面中的内容。运用智能视频分析技术，当系统发现符合某种规则的行为（如定向运动、越界、游荡、遗留等）发生时，自动向监控系统发出报警信号（如声光报警），提示相关工作人员及时处理可疑事件。

（一）智能视频技术的主要算法

智能视频技术可以实现对移动目标的实时检测、识别、分类以及多目标跟踪等功能。目前主要算法分为以下五类：目标检测、目标跟踪、目标识别、行为分析、基于内容的视频检索和数据融合等。

1. 目标检测

目标检测（Object Detection）是按一定时间间隔从视频图像中抽取像素，采用软件技术来分析数字化的像素，将运动物体从视频序列中分离出来。运动目标检测技术是智能化分析的基础。常用的目标检测技术可以分为背景减除法（Background Subtraction）、时间差分法（Temporal Difference）和光流法（Optic Flow）三类。

背景减除法利用当前图像与背景图像的差分检测运动区域。背景减除法假设视频场景中有一个背景，而背景和前景并未给出严格定义，背景在实际使用中是变化的，所以背景建模是背景减除法中非常关键的一步。常用的背景建模方法有时间平均法、自适应更新法、高斯模型等。背景减除法能够提供相对来说比较完全的运动目标特征数据，但对于动态场景的变化，如光线照射情况、摄像机抖动和外来无关事件的干扰特别敏感。

时间差分法充分利用了视频图像的时域特征，利用相邻帧图像的相减来提取出前景移动目标的信息。该方法对于动态环境具有较强的自适应性，不对场景做任何假设，但一般不能完全提取出所有相关的特征像素点，在运动实体内部容易产生空洞现象，只能够检测到目标的边缘。当运动目标停止时，一般时间差分法便失效。

光流法通过比较连续帧为每个图像中的像素赋予一个运动矢量从而分割出运动物体。光流法能够在摄像机运动的情况下检测出独立的运动目标，然而光流法运算复杂度高并且对噪声很敏感，所以在没有专门硬件支持下很难用于实时视频流检测中。

2. 目标跟踪

目标跟踪（Object Tracking）算法根据不同的分类标准，有着以下两种分类方法：根据目标跟踪与目标检测的时间关系分类和根据目标跟踪的策略分类。

根据目标跟踪与目标检测的时间关系的分类有三种：一是先检测后跟踪（Detect before Track），先检测每帧图像上的目标，然后将前后两帧图像上目标进行匹配，从而达到跟踪的目的。这种方法可以借助很多图像处理和数据处理的现有技术，但是检测过程没有充分利用跟踪过程提供的信息。二是先跟踪后检测（Track before Detect），先对目标下一帧所在的位置及其状态进行预测或假设，然后根据检测结果来矫正预测值。这一思路面临的难点是事先要知道目标的运动特性和规律。三是边检测边跟踪（Track while Detect），图像序列中目标的检测和跟踪相结合，检测要利用跟踪来提供处理的对象区域，跟踪要利用检测来提供目标状态的观察数据。

根据目标跟踪的策略来分类，通常可分为3D方法和2D方法。相对3D方法而言，2D方法速度较快，但对于遮挡问题难以处理。基于运动估计的跟踪是最常用的方法之一。

3. 目标识别

目标识别（Object Recognize）利用物体速度、形状、尺寸等信息进行判别，区分人、交通工具和其他对象。目标识别常用人脸识别和车辆识别。

视频人脸识别的通常分为四个步骤：人脸检测、人脸跟踪、特征提取和比对。人脸检测指在动态的场景与复杂的背景中判断是否存在面像，并分离出这种面像。人脸跟踪指对被检测到的面貌进行动态目标跟踪。常用方法有基于模型的方法、基于运动与模型相结合的方法、肤色模型法等。人脸特征提取方法归纳起来分为三类：第一类是基于边缘、直线和曲线的基本方法；第二类是基于特征模板的方法；第三类是考虑各种特征之间几何关系的结构匹配法。单一基于局部特征的提取方法在处理闭眼、眼镜和张嘴等情景时遇到困难，相对而言，基于整体特征统计的方法对于图像亮度和特征形变的鲁棒性更强。人脸比对是将抽取出的人脸特征与面像库中的特征进行比对，并找出最佳的匹配对象。

车辆识别主要分为车牌照识别、车型识别和车辆颜色识别等，应用最广泛和技术较成熟的是车牌照识别。车牌照识别的步骤分别为：车牌定位、车牌字符分割、车牌字符特征提取和车牌字符识别。

车牌定位是指从车牌图像中找到车牌区域并把其分离出来。字符分割是将汉字、英文字母和数字字符从牌照中提取出来。车牌特征提取的基本任务是从众多特征中找出最有效的特征，常用的方法有逐像素特征提取法、骨架特征提取法、垂直水平方向数据统计特征提取法、特征点提取法和基于统计特征的提取法。车牌字符识别可以使用贝叶斯分离器、支持向量机（SVM）和神经网络分类器（NNC）等算法。

4. 行为分析

行为分析（Behavior Analysis）是指在目标检测、跟踪和识别的基础上，对其行为进行更高层次的语义分析。现有的行为分析技术根据分析的细节程度和对分析结果的判别要求可以分为三类：第一类使用了大量的细节，并往往使用已经建立好的数据进行分析而较少使用目标的时域信息。基于人脸、手势、步态的行为分析方法属于这一类；第二类是将目标作为一个整体，使用目标跟踪的算法来分析其运动轨迹以及该目标与其它目标的交互；第三类是在前两类的基础上做一个折中，它使用时域和空域的信息，分析目标各部分的运动。

5. 基于内容的图像检索及数据融合

基于内容的图像检索技术是由用户提交检索样本，系统根据样本对象的底层物理特征生成特征集，然后在视频库中进行相似性匹配，得到检索结果的过程。现有基于内容的检索方法主要分为：基于颜色的检索方法、基于形状的检索方法和基于纹理的检索方法等。

数据融合是将来自不同视频源的数据进行整合，以获得更丰富的数据分析结果。

（二）智能视频技术产品

按视频分析单元的位置可分为前端分布式处理和中心计算机集中式处理两大类。

顾名思义，前端分布式智能视频处理在视频采集前端实现，前端采集设备需内嵌或外挂具有智能算法的视频处理单元。该方式直接在视频前端完成采集和智能处理，不受传输带来的延时、画质损失等因素的影响。分布式架构没有集中式处理带来的中央服务器性能瓶颈。

中心集中式方式，其智能视频处理在中心计算机上实现，可以对需要的实时图像或历史录像进行更多种算法分析，可变更检测区域，提高视频分析的灵活性。

（三）智能视频测试技术

目前国内外在智能视频测试方面的研究取得了一些进展，但仍存在着很多不足。例如：在标注阶段，如何使视频的标注不受标注者主观因素的影响；在算法设计阶段，如何使设计者各自对视频的理解不同而导致算法结果输出差异最小；在评估阶段，每个工作组或项目虽各有自己的一套评估标准，但缺乏一个公认的、权威的评估标准。这些问题都十分棘手，需要做大量艰苦细致的研究，才能使智能视频分析技术真正得到实际使用。

目前国际智能视频测试方面的研究者提出了手工标注基准数据的视频序列，算法设计者可以基于这些序列比较输出结果与标注数据，以此评估该算法的效果。

相对国外而言，国内在智能视频测试方面的研究并不是很多。北京中盾安全技术开发公司在这方面做出了一些研究工作，收集了一些视频序列，通过测试人员、算法设计人员以及视频专家之间的讨论分析，针对运动检测、可疑物体检测、禁区闯入、逆行等智能分析，选择建立了各功能的测试视频序列集，同时通过对国内外智能视频测试方面的调研，提出了各个功能的评估方法并用于实际测试。

（四）智能视频技术应用现状

智能视频技术在防范打击犯罪、强化治安管理和重大活动安全保卫等公安业务领域发挥了重要作用，智能识别技术在某种特定环境和场所的结合应用逐步走向成熟，已初步应用在治安、刑侦、交通、内保、指挥及反恐等多种场合。如：针对银行自助设备和自助银行的专用嵌入式智能分析仪、嵌入式智能硬盘录像机等。该类产品将先进的运动检测，视频跟踪，人脸识别、模式识别等技术与视频监控系统有机结合，当异常行为发生时，及时联动录像及报警。该类产品的出现一改视频安防监控系统只能作为事后取证的被动局面，实现了真正意义上的24小时自动监控。提供了一种能够实时报警、事前预警的监控产品形式。

七、结语

视频安防监控技术经历了从模拟技术、模数混合技术的发展过程，视频数字化、网络化和智能化成为视频监控技术发展的必然趋势。随着“平安城市”建设的进一步推进和公安信息化建设的需要，大规模视频联网、图像资源的整合和信息共享，以及多警种业务关联和统一管理及指挥联动的需求，必将极大地推动视频安防监控技术与产品的成熟和完善，为安防行业的发展提供广阔的发展前景和勃勃生机。

（资料提供：戴林、叶晨、傅利泉、沈蒙）

第五节　入侵探测报警技术应用与发展动态

中国安全防范产品行业协会专家委员会　聂蓉

随着社会的进步和科学的发展，使现代化管理与对安全要求地不断提高催生了安防系统中入侵探测报警系统——拥有其它安防手段无法比拟的独特功能，广泛应用于家庭、机关、银行、学校、工厂、商场等场所。

一、2009年入侵探测报警技术发展趋势

2009年国内外市场多数入侵探测报警产品在功能上不断强化、种类逐渐细化，智能、网络技术也不断融入入侵探测领域使行业发展得以创新。

（一）报警系列产品更加细化

2009年报警系统的探测器（主、被动红外、微波、门窗磁开关、紧急按钮、玻璃破碎探测器等等）、控制主机产品根据不同的市场、不同用户的差异化需求在类型和种类上不断细化、更新。

以报警控制器产品为例，出现了可通过PSTN、GSM、CDMA、3G多种传输模式的各类报警控制器，加强了在拍照、短信/彩信发送、视频传输、电话拨打等需求功能的开发。针对不同的用户，产品外观设计也不尽相同，如面向商业用户、安装于公共场所的产品，多采用金属盒式结构，提高了安全性；而面向家居的产品，多采用时尚的设计理念以迎合家庭用户审美要求。

（二）国际标准重新启动

入侵探测报警技术的发展与各类细分市场需求的扩大促使报警产品、技术在国际范围得到高度重视。2009年10～12月期间，国际电工委员会报警系统技术委员会（IEC/TC79）秘书处下发的关于“报警系统—入侵抢劫系统”国际标准征求意见稿中将“报警系统—入侵抢劫系统”做了明确的细分，对报警技术、产品的要求方面都有不同程度地提高。

该国际标准包括《报警系统—入侵抢劫系统—第2－2部分：入侵探测器—被动红外探测器》、《报警系统—入侵抢劫系统—第2－3部分：微波探测器技术要求》、《报警系统—入侵抢劫系统—第2－4部分被动红外与微波复合探测器技术要求》、《报警系统—入侵抢劫系统—第2－5部分被动红外与超声波复合探测器技术要求》、《报警系统—入侵抢劫系统—第3部分控制与指示设备》、《报警系统—入侵抢劫系统—第4部分：报警装置》等多个细分标准。标准中明确地提出了对报警—入侵抢劫系统前端探测设备、报警设备、无线设备等细分产品的技术要求。从国际标准的提出及发展进程可以明确地看到报警技术、报警产品的细分、标准化趋势。

（三）智能化、联网功能要求更高

随着防盗报警市场的发展，传统意义上的防盗报警产品、报警系统组网方式已无法满足市场日益增长的需求。智能化和网络化要求的提高成为防盗报警系统发展的原动力。

智能化的要求主要体现在两个方面，一方面是指单机产品的智能化要求，如方便地设/撤防，人性化的操作界面等。

国际电工委员会报警系统技术委员会（IEC/TC79）在提出的关于“报警系统—入侵抢劫系统”国际标准征求意见稿的《报警系统—入侵抢劫系统—第4部分：报警装置》、《报警系统—入侵抢劫系统—第2－2部分：入侵探测器－被动红外探测器》中提出了单机产品智能化的要求。

智能化体现的另一个方面是指网络的智能化，在报警系统网络中加入生物特征识别、语音识别、图像识别类型产品，从而提高报警系统智能化水平，提高报警系统的可靠性和准确率。

伴随网络技术、无线技术及GSM/CDMA/3G网络的发展，入侵探测报警系统的网络化有了必要的前提条件。目前市场上有很多厂商致力于报警联网运营服务，特别是针对特定行业和领域开展的监控报警业务的企业，根据用户的需求建立集报警系统与视频监控系统功能于一体的业务网，使报警控制器更趋向于将控制主机功能和硬盘录像机功能集成的方向发展。

（四）设备功能需求逐步增强

报警产品在细分的同时，设备的功能也不断完善和加强。主要表现在防盗报警控制器可通过远程电话键盘进行布/撤防，监听现场声音、开/关警笛、播放语音、查询报警类型和系统状态等方面及报警探测器的可调频、防遮挡、防喷盖和防破坏等功能。另外，一些生物特征识别、语音识别、图像识别等新技术也将被引入到报警控制系统中。

（五）稳定性/可靠性/美观性/扩展性提高

产品在增加功能的同时性能和外观也得到了改善。主要表现在以下几个方面：更稳定/可靠：如探测器需可抗RFI（射频干扰）/EMI（电磁干扰）、防雷电等，以适应恶劣气候；更精美、小巧的外观：以符合品味日益提高的室内装潢需求；更方便的扩展性：提供多种接口，如RS232、RS485等，易于其它设备进行整合。

二、2009年入侵探测报警技术创新

入侵探测需要快速响应实时入侵事件，因此优秀的防盗报警产品应该在性能与可靠性两方面寻找平衡。

（一）ATM专用智能视频报警产品

具备智能识别技术的嵌入式硬盘录像机，是采用嵌入式系统开发的新一代监控系统，内置高性能的音、视频编解码芯片，集运动检测，运动跟踪，人脸识别、模式识别等多种前沿技术为一体，为入侵报警行为的分析探测提供新的解决办法，现阶段主要被用在金融安全防范领域。如目前在中国银行及各大商业银行采用的TS2302型ATM专用智能识别硬盘录像机主要应用AVS/H.264视频编码技术和双码流技术，在完成对音、视频信号的采集、预览、压缩、存储、网传和回放等功能同时，针对ATM机应用的特殊需求，增加了对实时图像的智能处理、识别。目前，可以对物品遗留、人员进入、人员离开、键盘区域异常、卡口异常等异常或事件做出及时报警和触发录像，协助安全监控人员及时发现并处理异常情况。并且可以对区域内做出人数统计。该类智能识别硬盘录像机的使用，可将事后报警提高到事前预警，大大减轻相关人员的压力。

随着我国视频智能分析技术研究的不断深入，对监控场景的实时分析、报警、预警功能也必然会由金融领域发展到公安、政府部门、大型会场、航空、轨道交通、海运、邮政物流、监狱等众多高品质、高要求的视频监控领域及部门发挥作用。

（二）视频报警控制器产品

视频功能和报警功能的结合应用在报警类产品方面的

另一个技术创新主要体现在能够实现视频监控与报警监控信息通信双路由视频报警控制器上。在报警发生时，可将警情同时上传给网络中心和接警中心，当一个路由发生故障时，另一路由不受影响，有助于提高产品的可靠性。同时根据现场的需要，将当时的场景、声音录像，供后续取证。防区的反应时间可设置，可根据不同的探测器设置不同的时间，从而提高了准确性。对于防区的属性、布撤防等操作，有多种支持模式，可以通过鼠标操作界面，按键编程，远程配置等方式实现，实现操作的易用性。

该类型产品可满足不同用户对多路视频、多路音频和多路报警防区的差异性需求。存储方式亦可灵活选择，可使用小容量的SD卡存储数据，也可支持大容量的SATA硬盘方式存储数据。针对不同的企业网和个人用户，能够满足大型的视频报警联网系统、小型的联网系统、单独的非网络用户需求。

（三）虚拟技术接警机

传统的应用模式是当其中一个接警机出现故障，即将故障接警机关闭更换另一台接警机。但在关闭更换过程中，若有警情则有可能接收不到而延误接警处理，致使造成一定的损失。虚拟技术接警机可充分利用所有的线卡，除具有高安全性的网络监控外，还可支持双机热备份及热插拔。双机热备份可实现两个接警机无缝连接切换，即无需拆机即可进行转换；而热插拔技术则在出现故障时，可将接警机内部的卡直接抽取进行更换，无需断电，而无论进行哪个更换动作，该机自始至终都处于接警状态。

（四）智能光幕探测器

在探测器内部集成红外发射、接收2个透镜，向监控区域发射并接收反射回来的红外光束，通过分析监控区域信号强度发生变化判断是否报警。智能光幕探测器利用光学透镜分割技术可以形成多路光束组合，实现立体监控；还可通过人驻留时间长短设定，来智能地判断究竟是住户正常进出，还是外来者的侵犯。当住户正常进出时不会报警，但若外来者欲强制破门进入，则会发出报警。尤其人性化的是在联动强烈声光报警器前，探测器先进行小范围的语音警示以阻吓，这样不会因一触发就引发强烈的声光报警而影响到周围较多的人。智能光幕探测器的最大优点是：能够分辨静止物还是移动物、探测范围不受环境温度影响、报警时域长短可以设定、带有智能功能、误报率极低，能适用于人们对小周界的保护。

（五）设备及管线巡检管理系统

对水、电、煤、电信、电力、石油化工等行业和大型生产型企业来说，数量众多的各类生产设施和长距离的管线是保证业务正常运行的基础，因此如何确保其正常运行一直是管理者关心的一个重点。目前，对设施和管线的人工巡查是各行业普遍采用的主要运行维护方法之一，也是预防安全事故发生的有力手段。但长期以来人工巡查的管理存在很多不足，如巡查质量无法有效控制，现场信息查询与保存的不便，设施及管线的运行信息没有有效地积累和利用，不利于设施及管线的运行维护。

GREAT设施及管线巡检管理系统可以提供对巡查人员和设施及管线的定位和识别；现场资料和地理信息的检索；现场信息的输入和实时上传；运行数据的积累和挖掘；运行维护的辅助决策等。系统三要采用的技术有RFID、GPS、GPRS、GIS、数据挖掘等，以电子标签技术为基础，设备管理平台为核心。系统为每一个设备安装对应的电子标签，建立对应的数据库。手持式的数据采集器可以读取，纪录信息采集点的地址码和采集的时间日期，同时通过采集器上的键盘和液晶屏可以输入纪录设备的状态和数据。这样通过数据采集器可以客观地记录每一次设备巡检的时间、日期和相关的数据。采集器中的数据可以随时下载到控制中心的管理电脑中，通过电脑的自动统计和分析可以自动生成各类统计报表。确保定时对设备按计划巡检，记录设备状态和相关数据，对数据进行归档统计分析。

除了可以通过提供巡检的实施时间，对巡检质量进行考评，保证巡检工作的正常开展。还提供了对设备运行状态的记录和设备运行数据的输入，从而可以方便地将数据下载到电脑，由管理软件自动来分析和处理，对设备的运行状态和使用的情况做统计和分析，并对设备的历史运行数据做分析，为设备的维护和更换做决策。

三、入侵探测报警系统集成化

集成作为安防系统的一个大的发展方向，防盗报警系统也不例外。据业内人士介绍，防盗报警系统与安防其他子系统如视频监控、门禁等进行集成早已不是新鲜事，而近年来，由于其逐步开始应用在住宅小区，因此也开始与智能家居进行结合，但这些仅是最简单、最基础的整合，并不是真正意义上的集成。如现阶段防盗报警与视频监控的联动，仅是通过基础性硬件将前端探测器的输出接口与视频监控的报警联动输入接口连接起来，当出现异常情况时，通过预先设定的联动方式执行视频报警联动（实现图像召回、硬盘录像）。然而，系统间没有或还无法形成真正的信息随意交互。

（一）红外报警视频监控复核系统

红外报警视频监控复核系统由如下三部分组成：前端由红外报警视频探测器（内含PIR红外探测器、针孔摄像头、嵌入的智能探测软件）和ECU控制器组成；传输网络包括两部分，红外报警视频探测器与ECU控制器间是无线方式，ECU控制器与计算机管理平台间可采用TCP/IP有线与无线两种组网方式；后端由装载管理软件的计算机管理平台组成。

其功能：现场有非法入侵发生时，能自动发送实时报警信息和现场图片经ECU到控制中心，控制中心计算机能借助管理软件经IP网络对前端的报警信息和报警点图像进行实时查核，并能发出联动控制信号。

监控现场环境具备复杂性，红外报警视频探测器中的针孔摄像机利用智能视频分析功能实现排除树枝晃动、环境和灯光变化的干扰、自动探测防护区内的移动物体进行屏蔽，自动忽略屏蔽区内的物体、设定虚拟周界栅栏，穿越周界自动报警等等。而红外探测器又具有探测器距离灵敏度设置、多方向探测、不同距离下自动识别物体大小、能区分“静态”或“动态”报警。

（二）双路由接警平台

在近些年的报警联网应用中，报警与视频集成的需求日趋迫切，通常的解决方案是将报警控制器与视频监控设备通过物理连接实现联动。TS6101 接警中心系统平台采用声迅自主研发的视频报警控制器作为前端设备，同时兼容国内主流的报警控制设备及视频监控设备，可利用普通电话线和网络实现及时、准确的双路由报警，实现报警与视频传输的一体化设计，为公安、保安部门、报警运营服务公司准确了解现场情况，及时采取措施、收集案情资料提供了更为可靠的、科学的保证。

（三）安防智能管理集成平台

除硬件上进行集成外，软件集成是各集成系统中的重点。在各系统集成中，目前关键点是解决各集成系统间信息的互动及对信息的处理。针对防盗报警在软件上的集成，其中心服务器均采用后台运行，服务界面采取访问式，可直接与视频监控的系统集成。超级客户端及客户端均可直接查看实时图像、录像资料、报警记录、控制矩阵等。整体网络支持不同网段，支持域名解析，并可实现多级联网，软件可兼容多种设备，当出现警报信息时，可自动切换到报警区域，不同事件会自动对应到不同的预案。管理平台软件是各系统进行集成的延续过程，可通过其对前端客户进行有效的管理，而防盗报警与其他系统的集成，也是将报警放大化，达到最大限度地容纳系统用户。

四、多种报警联网方式并存

报警联网有个易混淆的含义，即把报警控制器与控制中心的联网跟报警探测器与控制器间的联网混为一谈。报警联网方式包括有线、无线两种，有线中又分多线制和总线制（多数厂商专用总线），需说明的是报警探测器与控制器间的联网的无线是专用无线，并不是电信提供的无线平台。就重要性而言报警控制器与控制中心的联网才是关键。

当前防盗报警系统采用的联网方式主要有电话线、专用总线（RS485、CANBUS 等）、网络、电力线、以及电信无线网络等多种方式，而在我国应用最广泛的仍是电话线和总线制两种方式。

专用总线（RS485、CANBUS 等）也是报警的一种联网方式，其主要优点是速度快（≤2 秒）、运行成本低、用户无月租费用支出等。但在实际使用过程中，其有一些不可忽视的缺陷：所涉范围极小（只适用于小区）、线路敷设可靠性差、传输易受干扰、无语音通讯功能、还没有久经考验成熟的接处警软件、集成能力差等。因此，该种方式目前仅仅被应于建筑物内部、或建筑物间，至多被应用于住宅小区。

近年来随着 IP 网络的盛行，不少报警控制器厂家也开始采用有线或无线的 IP 网络联网方式。我国近年来随着 IP 网络（有线或无线）的大范围发展，业内也有跃跃欲试的冲动。固然 TCP/IP 报警联网方式具备安装灵活、方便快捷、稳定性及可靠性高的优势，也已获得不少用户的喜爱。目前国内即使小区也仍以专用总线制居多，进行市域报警联网存在较大的障碍。

另外，随着社会对报警重要性认识的提高，为了提高报警联网的可靠性，电信运营商也已悄然挺进该领域，因此以电信运营商为主的 GSM、CDMA 等的报警联网方式正悄然兴起。此种以运营商为主的报警方式是在联动部分采用无线联动模块，即前端探测器探测到警情后，即将警情信号传输给报警控制主机，报警主机便借助无线发送模块经电信平台将报警信息发送给接处警中心。基于电信无线传输网的报警联网方式将是主要的发展方向。

五、网络开启报警运营服务时代

（一）ATM 智能监控联网报警服务

智能识别技术是将数字视频与软件计算进行整合、创新的一项高新监控技术，将单一依靠传感器报警的模式发展到视频报警模式。

声迅电子研发的“智能识别监控管理系统”可以对 ATM 的监控摄像区域内的可疑人员、可疑行为和异常情况进行有效识别并预警，特别是对于安装读卡器、摄像头加装、键盘贴膜等针对 ATM 机的新型犯罪手段具有及时有效的发现和报警功能。

随着国内银行业对 ATM 使用的持续增长及对 ATM 运营安全的更加关注，为 ATM 智能识别技术的产业化运用提供了广阔的市场空间。在 2008 奥运各场馆 ATM 视频联网监控平台应用后，2009 年引发国内各大商业银行的关注及试点，各大企业也纷纷投入到应用开发的序列。视频报警模式与传感报警模式的结合凸现出良好的发展前景。

第一代 ATM 监控联网模式所采用的定时、报警上线和离线唤醒技术，在最大限度节约网络资源的基础上实现了对 ATM 监控设备的巡检管理与接警处置功能，但由于联网监控设备不是实时在线，因此在前端信息传输过程中存在一定的延时现象，联网设备的故障率也相应提高，都对进一步提高 ATM 联网监控的时效性和可靠性造成了一定的障碍。实时在线、智能识别、多种联网模式的新型 ATM 监控解决方案逐渐构成主导方向。2009 年，在工商银行、邮政储蓄银行采用了专线入网、实时在线的监控模式，对于无专线资源的邮储自助银行，采用了中国联通的 3G 通讯技术进行实时监控，并构建了无线固话与 3G 移动的双路由监控模式，集 DVS 与视频分配器、自动恢复功能于一体的新一代 DVS 设备 SX－DVS804 的应用，提高前端联网设备的一体化水平和运行可靠性。

（二）危管网监控报警联网服务

枪支弹药、爆炸物品、剧毒化学品、放射性物品属于杀伤力巨大的四大危险品，根据北京市政府关于危险品库的各项管理规定和标准建设和运行的“北京市危险品联网监控报警网”，以分布于全市各涉危单位的监控报警系统为基础，充分利用现有的报警监控设备和通信资源，按照“单位投资建设、运营公司服务、政府监督管理”的工作原则，实现报警监控管理中心对前端技防设备自动巡检、报警信号和现场图像的联动传输、警情的复核过滤与分级处置等监控管理功能。系统自运行以来，圆满实现了“盗抢不成”的总体目标。在北京市公安局治安总队的统一领导和部署下，危管网用户规模不断扩大，监控设备保障及报警响应能力在有关部门多次检测和具体运行过程中表现优异，得到了广大用户和行业主管部门的信任与肯定。

（三）家庭报警联网服务

随着我国经济的持续快速发展，城市人口急剧增加，治安管理压力重重，人们对安全的需求越来越高，家庭报警联网服务应运而生。

株洲市“社区创安”工程是我国首例以整个城市为范围规划、实施的大型报警联网工程，它是由技防、物防、人防结合的综合性防范入室盗窃报警系统，由门、窗户入侵防范装置、紧急求助装置、报警器、传输网络和接警服务中心组成。服务中心采用电信 NGN 光纤接入，可满足40万以上住户报警响应，配备服务人员和技防巡逻队员。服务人员 7 * 24 小时接收技防系统的报警、故障报告以及用户的投诉、咨询；技防巡逻队员 7 * 24 小时在株洲市 27 条主次干道巡逻，以最快速度就近呼应服务中心的派遣。该系统通过对住宅门、窗的全天候布防与监控，配合人员的主动报警求助功能，共同构成了防范严密、灵敏可靠的家庭安全屏障。

株洲“社区创安”工程开创了由政府统一规划、公共财政投入资金、公安部门领导管理、报警运营企业市场化运行的新型社区治安防控体系，是我国在技防服务建设过程中的全新探索方向，突破了中国技防服务业无法实现规模化建设的瓶颈，特别是其在“平安城市”建设中，在中小城市技防服务模式的整体规划、资源整合方式以及系统运营长效机制的确立上都是值得借鉴和推广实施的。

六、大安防服务的新生力量

值机托管服务在国内是个新鲜事物，但是无论从规模、模式，或者说客户认可度上来讲都没有上升到高品质服务的阶段，还处在不断的摸索当中，因此值机托管服务就如襁褓中的婴儿一样，需要业内更多人的关注和呵护。

“值机”这个词顾名思义是指操作设备、值守设备。通过值机员在中控室操作设备，监视设备的运行管理情况，保障系统的正常运行，保护客户的生命财产安全，这就是安防值机的最终目的。

市场需求催生了“值机托管”这一项服务。北京地区各内部治安重点保卫单位在许多重点要害部位、公共场所、重要配套设施、周界等地方都安装了图像监控、报警等安防系统，在治安动态管理、维持正常工作秩序以及内部安全保卫等方面发挥了积极作用，但是仍存在一些不足和隐患：一是一些单位聘请保安员、退休干部或下岗职工在中心控制室轮流值班，缺乏统一的职业标准和要求，个别值机员甚至出现脱岗、泄露机密资料、监守自盗等情况；二是一些值机员缺乏专业技术，不仅让掉闸、死机等常见故障得不到及时恢复，还错误地操作设备，导致设备不能充分发挥预防、打击犯罪的效能。

北京安防急修中心走出了自己的特色发展道路，进行了很有意义的探索。目前已在中国科技馆、北京电视中心、最高人民检察院、清华大学等单位开展了安防、消防系统的值机托管业务，这一全新的商业模式经过不断的经验积累，势必会成为今后安防服务的一个主流。

然而，这个全新的商业模式在市场的推广进行得比较艰难。因对值机服务的宣传不够，致使业务的知名度不响，值机的优势还不被社会了解，更重要的一点是，与市场的沟通渠道还不畅通。值机由于其专业性、技术含量高，人力成本比现在市场请保安要高，而客户宁愿要便宜的服务。这种传统理念要转变过来，需要一个过程。急修中心如何找到突破口，或者说能找到一个行之有效的沟通渠道，还需要不断思考。

急修中心对值机服务的未来抱着乐观的态度，未来的值机服务发展会向更多的领域延伸。以北京市场来讲，所有的办公楼宇或90年代后建的住宅小区都有中控室，所有安装了视频监控系统的单位也都有中控室，从事中控室值机的大部分是消防中控员，既操作消防设备也操作安防设备。从市场情况来看，单纯的监控值机员是不能够满足客户需求的，因为大多数的客户对于消防值机的需求远大于监控系统的值机。而众所周知消防中控员要担负很大的责任，一旦楼宇发生火警火灾，消防中控员必须第一时间进行逻辑操作，一旦操作失误或误操作会导致火灾加剧，消防值机员就要承担法律责任，而监控值机员就没有这样的责任。另外消防中控员还需定期经常性地进行技术巡检，检查各类消防设施的运行情况和系统的完好情况，一旦遇到火灾后，消防设备不能发挥正常的功用，消防值机员也要承担相应的责任。在今后值机托管业务的开展过程中，会逐步把消防值机服务放入主体业务体系，通过与相关行业的合作，实现值机托管业务的市场扩大化。

七、结语

随着防盗报警产品的不断完善，多种技术的融合，中国入侵探测报警技术将正向细分、稳定、精准、智能化、网络化、集成化的方向发展，对于报警技术的要求也在不断提高，需要针对不同的市场，推出不同的产品；针对不同的需求，达到相应的技术防范水准。现代化的科技手段必然会成为社会发展、治安稳定的保障，入侵探测报警技术将成为打造安全、智能、舒适的生活环境的前锋。

（资料提供：王衍德、刘立平、李刚）

第六节　国家主要科技创新计划和相关项目概况

科学技术部火炬高技术产业开发中心　邓江山

一、国内企业科技创新的现状

企业是创新的主体，是将高新技术最终转变成产品和服务，满足社会与广大人民群众需求的关键环节。

2008年，全国高技术产业营业收入65985.7亿元，实现工业总产值52684亿元，实现利润3304亿元，高技术产业工业总产值占我国全部制造业工业总产值的14.27%。2008年，企业科研经费达到2620亿元，企业输出与购买技术交易额分别达到253亿美元与240亿美元。企业研发投入明显增长，产学研结合的创新活动日益活跃，创新正在成为提高企业核心竞争力的关键因素。

企业的知识产权意识逐渐增强，在高新技术企业中，75.5%的企业拥有自主品牌，53.5%的企业注册了商标，48.5%的企业申请了专利，30.7%的企业形成了国家或者行业技术标准。

在科研取得重大成绩的同时，也要看到我国科技创新能力还存在明显的不足。

从国家层面来看，一是我国一流科学家与创新团队严重缺乏。我国本土科学家在国际权威科学院任外籍院士的数量远远低于发达国家，甚至低于印度。入选国际TOP10科学家的数量仅为美国的1/10。由于缺乏顶尖科技人才，使我国在国际上占据科学前沿、把握重大发展方向方面，难以实现具有开创性的科技成果。

二是重大原始性创新成果少。在基础研究、前沿技术领域取得具有重大科学价值并得到国内外公认的重大科技成就较少。如在信息领域核心、共性关键技术方面，我国与国际领先国家存在3-4年的差距（两代左右）。2008年，在全球66个国家、地区IT产业竞争力排名中，中国（内地）排名50位，落后于巴西（43位）、墨西哥（44位）、印度（48位）、俄罗斯（49位），而我国台湾地区排名第二。总体上，我国科技仍以跟踪发展为主，缺乏重大原始性创新成果。

三是科技支撑经济能力不足。市场急需的高技术含量、高附加值技术装备与产品严重短缺。高端医疗设备，半导体与集成电路制造设备、光纤制造设备，基本依赖进口；80%的石化装备，70%的轿车制造装备、数控机床、先进纺织机械、胶印设备依赖进口。每年8万多亿元固定资产投资中，70%用于购置设备，其中的60%依赖进口。

从企业层面来看，目前我国企业的创新能力明显不足，规模以上企业开展研究开发活动的仅占28.8%，有8.6万家；研究开发支出占企业销售总收入的比重仅为0.56%，大型企业为0.97%，中型企业为0.6%，小型企业为0.22%，高新技术工业企业为3.56%；只有万分之三的企业拥有自主知识产权。

自主创新能力是内生的，核心技术是买不来的。必须加大科研投入，在若干重要领域掌握一批核心技术，拥有一批自主知识产权，造就一批具有国际竞争力的企业，大幅度提高国家竞争力。

二、国家科技计划和相关项目的构成

为了实现建设创新型国家的目标，国家制定了一系列的科技计划，设立了许多专项基金。这些科技计划与基金既反映了国家的需求，也代表了国家的科技发展水平与导向。政府鼓励企业积极参与国家科技计划，参与研究开发，参与高新技术的产业化。

国家科技计划按照实施时间分为科技规划、科技计划、科技年度计划（专项）；按照内容分为基础研究计划、国家科技支撑计划、高技术研究发展计划（863计划）、科技基础条件平台建设计划、政策引导类计划、国家科技重大专项等。

（一）基础研究计划

由国家自然科学基金、973计划构成。主要定位分别为自由探索基础研究和国家目标导向的战略性基础研究，均突出自主创新。

（二）国家科技支撑计划

加强对国民经济和社会发展的全面支撑作用，加强集成，突出公益技术研究与产业关键共性技术开发。

（三）高技术研究发展计划（863计划）

以发展高技术、实现产业化为目标，进一步强调自主创新，突出战略性、前瞻性与前沿性，重点加强前沿技术研究开发。

（四）国家科技基础条件平台建设计划（专项）

突出资源共享，以研究实验基地、大型科学仪器设备、自然科技资源、科学数据和科技文献等建设为主要内容，为提高科技持续创新能力提供支持。包括国家重点实验室计划、国家工程技术研究中心、国家软科学研究计划、国家重大科学工程、科技基础性工作专项、社会公益研究专项、国际科技合作重点项目计划等。

（五）科技产业化环境建设计划（政策引导类计划）

重点加大对企业自主创新、高技术产业化、面向农业和农村的科技成果转化与推广等的引导和支持。这项计划包括：

1. 国家火炬计划（科技部 1988 年）

2. 科技型中小企业技术创新基金（科技部、财政部 1999 年）

3. 国家重点新产品计划（科技部 1988 年）

4. 国家星火计划（科技部 1986 年）

5. 科技兴贸行动计划（科技部 1999 年）

6. 出口机电产品研究开发资金（商务部）

7. 农业科技成果转化资金（科技部 2001 年）

8. 全国农产品加工示范基地（农业部 2005 年）

9. 大学科技园（科技部、教育部 2004 年）

10. 国家技术转移促进行动（科技部 2007 年）

11. 农业科技园区（科技部 2001 年）

12. 中央环境保护专项资金（环境保护部）

13. 中央财政主要污染物减排专项资金（环境保护部 2007 年）

14. 国家高技术产业发展专项（发改委 2006 年）

15. 生产力促进中心（科技部 2002 年）

16. 科研院所研究开发专项（科技部 1996 年）

17. 国家节能减排科技专项行动（科技部 2008 年）

18. 科技民生工作（科技部 2009 年）

19. 高技术出口产品研发资金（商务部）

20. 电子信息产业发展基金（工业和信息化部 1986 年）

21. 中小企业发展专项资金（工业和信息化部 2009 年）

22. 可再生能源建筑应用专项资金（住房和城乡建设部）

23. 建筑节能示范项目（住房和城乡建设部）

24. 国际科技合作计划（科技部）

25. 软科学研究计划（科技部）

26. 金太阳示范工程（科技部、发改委、财政部 2009 年）等。

（六）国家科技重大专项（科技部、发改委、财政部 2006 年）

重大专项主要是由政府支持并组织实施的重大战略产品开发、关键共性攻关或重大工程建设等构成。依据《国家中长期科学和技术发展规划纲要（2006—2020 年）》由国务院常务会议批准，实施周期 15 年（2006—2020 年），共确定了 16 个重大专项。其中民用领域 9 个，国防领域 7 个。

民用领域分别为：

1. 核心电子器件、高端通用芯片及基础软件产品（简称“核高基”）

2. 极大规模集成电路制造装备及成套工艺（简称“集成电路装备”）

3. 新一代宽带无线移动通信网

4. 高档数控机床与基础制造装备（简称“数控机床”）

5. 大型油气田及煤层气开发（简称“油气开发”）

6. 水体污染控制与治理（简称“水专项”）

7. 重大新药创制

8. 艾滋病和病毒性肝炎等重大传染病防治（简称“传染病防治”）

9. 转基因生物新品种培育（简称“转基因”）

国防领域主要有：

1. 先进压水堆及高温气冷堆核电站

2. 大型飞机设计与制造

3. 高分辨率对地观测系统

4. 载人航天与探月工程等

2009 年 1 月，国务院决定中央财政对重大科技专项投入 6000 亿元。2 月 25 日，国务院批复的科技口 6 部门《应对金融危机、支撑经济发展科技创新专项行动计划》，

对重大科技专项加强中央财政投入 600 亿元。其中，2009 年度中央财政预算安排 328 亿元，2010 年安排约 300 亿元。

三、国家关于中小型企业的主要科技计划

（一）国家火炬计划

服务方向：科技型企业

支持领域：电子与信息、生物工程和新医药、新材料及应用、光机电一体化、新能源与高效节能、资源环境。

支持方式：（无偿资助）

（二）科技型中小企业技术创新基金

服务方向：科技型中小企业

1. 面向各种所有制，具有独立企业法人资格，中方控股；

2. 从事高新技术领域的研发、生产和服务；

3. 有研究开发能力，企业大专以上科技人员占职工总数 30% 以上；

4. R&D 经费占上一年销售总额的 5% 以上；

5. 企业资产负债率不超过 70%。

支持领域：电子信息、生物医药、新材料、光机电一体化、资源与环境、新能源与高效节能、高技术服务。

申请时间：

无偿资助一般项目（含西部欠发达地区试点项目）：截止时间为每年 12 月 15 日；

贷款贴息一般项目（含西部欠发达地区试点项目）：截止时间为每年 12 月 15 日；

重点创新项目：截止时间为每年 6 月 15 日；

初创期小企业创新项目：截止时间为每年 6 月 15 日。

推荐单位：

1. 省、自治区、直辖市、计划单列市、新疆生产建设兵团的科技主管部门；

2. 国务院有关部门的科技主管机关；

3. 其它省及省以下地方政府部门具备条件的，经所在地省自治区直辖市计划单列市等科技主管部门审核并由科技部（管理中心）批准，也可以作为推荐单位。

9 年来，创新基金共受理 40324 个项目，共支持了其中的 11980 个项目的实施。2009 年，重点项目支持主题选择了 34 个技术方向，突出在电子通信、加工制造、重点传统

产业技术提升、重大疾病药物治疗以及减少环境污染、节能降耗等方面。

（三）国家重点新产品计划

该计划主要采取税收补贴的办法给予支持，即企业已经向国家缴纳了税金，且数额大于本计划给予补贴的金额。

支持领域：人口与健康、信息产业与现代服务业、新材料及应用、先进制造业、新能源与高效节能、资源利用与环境保护、现代农业、智能交通和运输、城镇化和城市发展、公共安全等；

立项原则：

1. 在国内首次（或首批）开发成功，并已有市场销售；

2. 符合国家产业发展政策、环保要求和其他相关产业政策；

3. 技术水平和产品性能较高，具备国内先进水平，在同类产品中性能突出；

4. 具有较好的市场发展前景，经济和社会效益显著；

5. 知识产权清晰，无异议；

6. 新产品计划重点项目优选原则；

7. 符合新产品计划项目立项基本原则；

8. 属于国家优先扶植的重点产业或高新技术产业的重大新产品；

9. 创新性强、技术含量高、附加值高、采用先进技术标准，有自主知识产权的新产品；

10. 竞争力强，产业化前景好，有望形成国内、国际自主知名品牌的新产品；

11. 满足国家迫切需要，对国民经济和社会公益事业贡献大的新产品；

12. 科技成果转化的新产品，特别是“863”计划、科技支撑计划或其他基础研究计划的科技成果转化及产业化项目；

13. 地方政府予以配套政策重点支持的新产品。

立项流程：

1. 项目组织申报；2. 项目评估、评审；3. 项目申报备案和认定立项；4. 计划审批；5. 重点项目资金安排。

申报渠道：

1. 在省市区、计划单列市内的企业，按地方科技厅（委、局）要求的程序向

地方申报；

2. 国务院有关部门直属企业可向各部门科技司（局）、总公司（以下简称部

门）申报或向所在地地方申报。

申报时间：一般每年5月底前

主管部门：科技部

（四）电子信息产业发展基金

该基金为用于支持电子信息产业核心领域技术、产品研究开发和产业化的中央财政专项资金。主管部门为工业和信息化部、财政部。

支持范围：软件、集成电路产业，以及计算机、通信、网络、数字视听、新型

元器件等电子信息产业核心领域技术与产品研究开发和产业化。

支持方式：无偿资助、贷款贴息、创业风险投资3种。

（五）中小企业发展专项资金

该专项资金由工业和信息化部管理。

支持范围

1. 固定资产建设类项目5种：（1）结构调整项目；（2）专业化发展项目；（3）物流企业技术改造项目；（4）增加就业岗位的技术改造项目；（5）小企业创业环境改造项目。

2. 中小企业信用担保业务补助项目。

支持方式

1. 中央财政拨款，无偿资助、贷款贴息、补助3种；

2. 支持金额。分为无偿资助、贴息贷款两种。

申报程序：由各省市区经济和信息化委、工业和信息化厅等主管部门（北京、新疆建设兵团为发改委）组织申报工作。申报时间为每年6月20日前。

摘引自《中国安防》2010年3月总第38期

第七节　引导安防企业申报国家科技与基金项目提升行业核心竞争力

中国安全防范产品行业协会　李建平

2009年，国务院颁布了《关于发挥科技支撑作用促进经济平稳较快发展的意见》，加大了对企业自主创新项目的投入力度，决定在2009年、2010年中央和地方财政集中投入3700亿元，分别用于支持我国科技型企业提高自主创新能力、新产品推广应用能力和市场竞争能力。安防企业应抓住这一历史机遇，充分理解并用好国家科技扶植政策，提高自身科技创新能力，全面提升企业核心竞争力。

一、提高自主科技创新能力，是中国安防行业健康发展的必由之路

改革开放之初，中国安全防范技术的典型是防盗安全门和入侵报警产品在相关领域的应用。30年来，中国安防

行业从无到有、从小到大，取得了巨大的成就。安防科技也实现了跨越式地发展，形成了今天基于网络的综合性安防技术系统，在整体上缩小了与国际先进水平的差距。其中，一个重要原因是利用了改革开放的机遇，大量地引进、吸收、消化国外先进的安防技术，发挥了科技支撑的重要作用。

中国安防科技在发展的历程中，不仅有引进，也有很多的创新之举。例如，IT技术安防化和安防技术IT化方面；又如，安防技术标准化进程中的与国际标准接轨方面，都有许多创新点。就核心技术的创新而言，安防技术的各个领域中也取得了一些业绩。但是从整体上看因缺乏政策、资金扶植，创新萌芽自生自灭也不乏其例。许多安防产品及相关技术都经历了“引进——吸收——消化”的阶段，甚至一些核心技术和关键元器件还受制于国外。

自主创新能力是国家、行业、企业核心竞争力的体现，也是应对金融危机的“杀手锏”。安防行业亦是如此，金融风暴袭来时“城门失火殃及池鱼”，我们已经为此付出了代价。如果能够得到政府项目的支持，将有利于研发核心技术或创造出新的实用产品，这正是国家扶植企业科技自主创新的意义所在。

企业是安防行业的主体，科技创新要抓住企业这个主体。政府有了导向，协会要引领，企业要内生自主创新的能力。安防企业要认清国家科技计划对企业可持续发展的导向与扶持作用。安防行业拥有许多优秀企业，有许多高科技含量的产品和技术，如果在国家新一轮的科技创新中跟不上形势，安防企业就会在整体发展中落伍。

安防企业自主创新和承担国家主要科技计划项目是调整全行业产业结构的重大举措。全行业都要行动起来，参与研究开发、参与高新技术的产业化发展。协会会员企业，特别是安防业界的科技型企业，应当本着积极争取的姿态，向政府主管部门申报与自身条件相对应的科技或基金项目，其重要意义在于提升安防企业核心竞争力，促进中国安防行业健康发展。

二、“引导安防企业申报国家科技与基金项目”是中安协的创新之举

作为唯一的全国性安防行业社团组织，中安协责无旁贷地承担起引导安防企业申报国家科技与基金项目的责任，探索符合安防行业特点的方法和路径，全面推进安防行业自主创新和争取国家科技与基金项目的工作。目前，中安协加大了工作力度，确立了“宣传引导、着重服务、市场运作、以点带面、逐步推开”的工作思路，即“摸”、“引”、“扶”、“促”四个字。一是摸清情况、对申报企业在调研的基础上摸底排队，尽量选择有基础的企业和比较成熟的技术与产品；二是采取典型引路的方法，引导企业吃透国家相关政策、把握相关程序，建议申报企业与相关中介开展合作；三是扶持申报企业依托相关专家做好前期的项目可行性论证、资质认定、申报材料撰写、成果鉴定等基础工作，选择适宜的申报项目和申报路径；四是督促申报企业克服困难，坚定信心，加强与评审专家和审批部门的联络沟通，促成申报成功。

2009年，协会专家委员会举办“申报企业自主创新科技和基金项目研讨咨询会”，邀请科技部、中国技术市场协会的专家，就安防行业从业企业如何申报国家创新科技计划项目的问题进行了研讨，并解答了参会企业代表提出的问题。

中安协柳晓川理事长提出，“要千方百计帮助企业多渠道申报科研项目，取得国家科技部、发改委、工信部及各地政府部门的支持，加大科研经费投入力度，提高自主创新能力，实现增长方式由外延扩大为主到内涵扩大为主的转变”，将“引导安防企业申报国家科技与基金项目”这一工作列为2010年的一项重要工作。

三、引导和促进安防企业自主创新需各方共同努力

从总的趋势看，安防行业的创新理念正在形成，知识产权意识正在逐渐增强，自主创新能力正在提高，但仍需各方共同努力，实现关键性的突破。

（一）审批科技与基金项目的国家和地方主管部门对安防企业的发展应给予更多的关注和扶持

安防作为新兴行业，现在总体规模还比较小，在经济社会发展中还不是支柱性行业，但是，这个行业对社会公共安全具有不可替代的重要支撑作用，并且在促进科技与经济发展方面很有活力，是传统技术与先进技术等的结合体，符合科技发展的方向，对调整当地产业结构，促进社会和谐稳定等方面都有好处，希望可以像其他支柱性行业一样受到应有的重视。

（二）企业要进一步转变观念、调整心态、树立信心

面对申报企业自主创新科技和基金项目，有的企业认为是机遇，但实现的难度大、成本高；也有的企业犹豫不决，担心申报后立不了项，即使立了项又怕要不到政策、拿不到钱；还有的因曾遭遇过“潜规则”，望而却步。这些问题在现实中存在，但更应该看到安防业内许多成功的先例。任何一项新产品或新技术的诞生都凝聚了企业家和企业科技人员巨大心血和精力，因此，企业管理者对自己创造的产品和技术都会有着像婴儿般呵护的情感，但是要让新产品和技术破土而出、茁壮成长，还需要社会的关注和扶植，因此，面对“申报企业自主创新科技和基金项目”机遇，企业应该积极争取，牢牢把握住机会，只有有一线希望就不应该轻言放弃。即使申报不成功，申报的过程也是打牢基础、获得必要资质的持续改进与提升过程，这些经历与过程将是企业一笔宝贵财富，企业必须重视这项基础工作。

（三）安防相关的媒体应加大对企业科技自主创新的宣传力度，聚焦安防行业的科技创新，营造“千呼万唤话创新”的舆论氛围

新的一年，我们开展引导安防企业申报国家科技与基金项目工作将获得一系列新的机遇，同时也感到了巨大的压力。中安协将对后续即将开展的工作逐项落实，把全社

会、协会和企业等多方面的积极性拧成一股绳，扎实工作，坚持推进，全面提高科技自主创新能力，提升核心竞争力。

第八节　安全防范技术与风险评估实验室建设情况

中国人民公安大学　洪卫军

安全防范技术与风险评估实验室（以下简称实验室）是公安部首批建设的部属重点实验室之一，依托单位为中国人民公安大学。该实验室技术先进、系统完整、特色鲜明，是专业从事安全防范领域新技术研发的研究单位。

一、实验室概况

安全防范技术与风险评估实验室是安防行业高层次人才培养中心，国家重点基础研究项目、科技攻关项目、科研开发和工程服务项目的研究基地。实验室研究队伍素质高，资历结构合理，具有从事科技创新基础性应用研究的潜力和优势。实验室近几年共承担国家级项目6项，省部级项目32项；在国内外学术刊物、学术会议共发表学术论文155篇，其中被EI、SCI或ISTP收录19篇，出版学术专著22部。

二、实验室发展定位

安全防范技术与风险评估实验室以公安部直属单位为核心，以提升技术创新能力、技术辐射效应为重点，专门研究安防科技，攻克公安工作中安全防范领域的重大和关键性技术难题，培养安全防范领域专门人才，为公安工作提供技术支持和服务。

（一）持续跟踪社会安全防范领域前沿技术发展，全面提高社会安全防范技术科研能力

实验室重点支持安全防范学科在系统工程范畴内进行基础性和开拓性研究，集中人力、物力和财力进行重点项目攻关，能够保证在一个技术项目上深挖潜力、持续跟踪、拓展应用领域，支持整个学科的发展，有效提升该学科在相关领域的科研能力和可持续发展能力，有利于及时解决公安工作中出现的新问题和面临的新挑战。

（二）建立开放的、有特色的研发平台，整合现有科技资源

在当前社会矛盾突出的背景下，加强反恐、防爆、打击恶性犯罪、控制突发事件现场等社会治安能力都需要先进的、强大的综合科技解决方案提供支持，需要汇集各种社会治安资源进行联合防范。实验室采用开放式运行模式，对外开放，为安全防范行业提供一个共享的新技术研发平台，集中行业优势资源，加强在相关领域的攻坚实力。创造出公安科技吸引社会研究力量的新模式，将社会研究成果及时应用到公安实际工作中去，加强安全防范技术与其他学科技术的融合，加快其他学科先进技术向公安应用技术领域的转移。

目前，实验室已与科研院所、高校、知名企业展开多项科研合作和人才培养合作交流，聘请行业内外优秀学者为客座研究人员，今后更将积极借助实验室研究平台，在国内外寻求更广泛的交流与合作。

（三）培养公安科技人才，促进技术交流

科学研究的本质是创新，创新要依靠人才。实验室成为公安系统安全防范高级人才的培养基地，为科技人才队伍营造良好的工作环境。同时，重点实验室还可为基层公安机关科研人员提供高水平的研究平台，让那些有丰富公安工作经验的公安实战部门科技工作者及时对公安工作急需解决的热点问题、关键问题进行攻关研究，并将所研究的成果及时应用于实践工作，提高公安实战部门的科研能力和技术应用能力。

实验室与中国人民公安大学本科及研究生教育紧密结合，改善教学设施，提高学科教育质量，实验室不但可以培养在校学生，而且可为公安基层干警的继续教育提供良好的教学与训练条件。

（四）促进公安学科体系的形成

实验室建设是构建公安学科体系的重要标志之一，是培养学科带头人、促进学术队伍建设、申报博士点与硕士点的重要载体。实验室的建设将进一步促进公安学科体系的发展与成熟，有利于公安科技体系的完善，有利于明确公安科技发展的近、中、远期目标。

实验室将充分利用中国人民公安大学自身在全社会的辐射能力，整合各种资源，形成优势互补、平等互利、开放服务的公安科技研究开发平台，为公安决策指挥、公安实战提供有力的技术支持。

三、实验室的研究方向、主要研究内容

（一）传感与探测技术研究方向

安全防范的三个基本要素是探测、延迟和反应，其中探测是安全防范的核心，探测技术一直是安全防范研究的主要课题。探测技术的基础是传感技术，涉及物理学、化学、传感技术、行为科学、心理学、信号与信息处理和计算机科学等多个前沿学科，对改变安全防范技术的形态和面貌起到关键作用，是拉动其发展的尖端技术。目前该研究方向的主要研究内容包括：

1. 传感与信息融合技术研究

充分利用现有的各种传感器技术，探索研究多传感器

分布检测、多传感器综合跟踪、自组织传感网络和传感信息融合技术，探索研究人的生物特征信息或违禁物品特征信息的获取技术。

2. 智能探测器的研制

利用人或物的特征识别探测技术、非可见光成像技术、现代传感技术、传感信息融合技术和信息综合处理技术，研制新的智能探测器，以改进目前移动探测技术，实现目标识别探测的目的。

3. 人的生物特征统计分析与自动识别技术的研究

针对目前目标移动探测误报和漏报的缺点，探索研究目标识别探测的新技术；利用统计分析理论，对人的生物特征（包括生理特征和行为特征）进行统计、分析，定义和分类各种特征信息，探索研究指纹、掌纹、视网膜、虹膜等生理特征和人的行为特征的特征识别新技术，以提高目标探测的准确性和有效性。

4. 违禁物品特征统计分析与自动识别技术的研究

针对爆炸破坏和毒品走私等犯罪活动的日益猖獗，探索研究违禁物品的特征识别探测的新技术；利用统计分析理论，对违禁物品的形状、物理和化学特征进行统计、分析，定义和分类各种特征信息，利用X射线、太赫兹等新技术，探索研究违禁物品特征识别探测的新技术和新方法。

（二）安全防范系统研究方向

安全防范系统已成为公安工作中重要的技术手段，加强现代化的安全防范系统研究，建立统一的数字化网络平台，实现全社会安全防范系统资源共享，是目前迫切需要解决的一个课题。目前该研究方向的主要研究内容包括：

1. 安全防范系统的模式研究

针对目前我国安全防范系统建设存在盲目性和不规范性的现象，利用信息拾取技术、信息传输技术、网络互联技术、系统控制技术、信息存储技术、工程建设技术等领域的最新成果，探索研究符合我国国情的安全防范系统的组成结构、技术规范和建设标准。

2. 安全防范系统的优化研究

从整个社会治安的角度出发，运用系统工程理论，采用系统分析的方法，对社会安全防范系统的规划、设计和运行等各个阶段进行优化研究，选择最佳方案，实现人工防范、技术防范和物理防范的有机结合；探索研究安全防范系统的集成技术、优化方法、可靠性分析和效能分析，探索研究安全防范信息的整合、挖掘和利用，使安全防范系统达到最合理、最经济、最有效的预期目标。

3. 安全防范系统的安全研究

安全防范系统建设的目的是实现安全保护，其自身安全是安全防范系统建设的重要研究课题；探索研究安全防范系统的物理防护技术，以达到防破坏、防规避、防侵入的安全目的；针对新型的网络技术，探索研究网络相关的安全技术措施，公网/专网的安全互联技术，以及配合我国实施的计算机信息系统等级化保护策略，研究安全防范信息安全等级化保护的关键技术，如等级化的操作系统安全技术、等级化的数据库安全技术、等级化的网络安全技术、等级化的信息安全体系结构等，以增强安全防范系统网络自身的安全性；研究基于新型网络技术的各种侦控、监控技术等，增强虚拟空间的安全防范能力。

4. 安全防范系统运行服务机制的研究

针对目前我国安全防范系统的运行管理不够规范，制约安全防范系统能力有效发挥的现状，研究安全防范系统的运行机制、维护机制、管理机制和服务机制，以及相关的法律保证体系；在有效、可靠实现安全防范目的前提下，采用市场竞争策略，探索研究出一条符合我国国情的安全防范系统有效运营的市场化运作之路，以提高安全防范工作效率。

（三）社会安全综合预测、预警与智能决策技术研究方向

针对我国社会治安防控中安全防范工作的现状和特点，亟待研究和解决的问题是：以心理学、犯罪学和统计学理论为基础，以已建和待建的安全防范系统有效运用为目标，以社会安全动态信息管理网络化为支撑，以安全防范法律与政策、技术标准为依据，研究社会安全发展形态，分析和辨识违法犯罪事件发生的根源，评价其潜在的影响，判断其发生的可能性和危害程度，建立社会安全动态预警预测理论、模型、标准和程序，全面提高社会安全动态预测预警水平和应急处置能力，使危及社会安全的风险得到及时有效的化解，使国家和社会的安全资金投入，能最大限度地降低社会安全风险带来的社会损失。目前该研究方向的主要研究内容包括：

1. 社会安全风险评估研究

随着安全防范系统的普及应用，社会安全风险评估研究日趋重要，不仅是安全防范系统建设需求的依据，也是制定社会安全防范政策与法规的基础；主要探索研究社会安全风险的主要因素、提出安全风险分析方法、建立风险评估模型、确定可接受风险基准、制订安全风险等级划分方法和标准、开发相应安全风险评估软件、进行实证分析修正及示范，满足实用化要求。

2. 社会安全综合预测、预警技术研究

重点研究常态社会发展中突发群体性事件和严重刑事案件及其综合影响的预测预警模型及其仿真实现技术，研究突发自然灾害和公共卫生事件后可能引发的重大社会安全事件及其综合影响的预测预警模型及其仿真实现技术，为全面构建常态和应急状态下的各种突发社会安全事件及其综合影响的预测预警模型提供理论支持，奠定技术基础和开发研究工具。

3. 社会安全智能决策技术研究

研究重大社会安全事件和突发公共事件耦合的社会安全事件的处置预案，建立相关的案例库、模型库和知识库，并在此基础上研究重大社会安全事件的智能决策支持技术及仿真实现技术。

4. 社会安全应急体系研究

研究社会安全应急体制、社会安全应急技术标准、社会安全应急管理机制、社会安全应急法制建设；各级公安机关应急预案制定技术、社会安全应急培训演练的组织管理、应急能力评估、应急关键产品研发、检验测试等关键技术研制。

四、实验室前景规划

根据《公安部重点实验室建设方案》的要求，安全防范技术与风险评估实验室将建立“开放，流动，联合，竞争”的管理和运行机制，整合资源、优化配置，建成结构优化、布局合理、管理科学的实验室体系。围绕国家发展战略，面向公安业务的重大科技需求，以增强公安科技储备和创新能力为核心，在探测技术，安全防范系统、社会安全风险评估与综合预警三个方向进行基础理论和应用的研究，将实验室建设成为安防领域重大科技项目研究基地。汇聚国内外优秀学者，加强安防科技队伍建设，培养一批专业型与复合型创新人才，使实验室成为高层次人才培养和汇聚中心。通过完备的建设和有效的管理，实验室将在安防领域达到国际领先水平，争取发展成为国家重点实验室。

市　场　篇

365　第十章　2009年中国安防市场发展动态

第十章　2009 年中国安防市场发展动态

中国安全防范产品行业协会专家委员会秘书处

2009 年是中国应对国际金融危机，克服困难，保持经济较快增长的一年。由华尔街而起的金融风暴席卷全球，影响了整个世界经济的发展，面对全球性的金融衰退，中国也不可避免地受到影响，各项重要经济指标均明显下滑，曾一度降到了近年来的最低点。为应对危机，党和政府果断采取应对措施，推出了 4 万亿投资及“十大产业振兴”规划等政策，在国家及时出台的一系列扩大内需政策的拉动下，中国经济在第四季度企稳向好，逐步恢复了增长活力，并率先走出了低谷，实现了“保增长”的基本目标。

全球金融危机爆发以来，中国安防行业也受到相应地冲击。2009 年上半年，中国安防行业发展也曾一度陷入了低谷，市场增速放缓，景气指数降低，特别是有的外销型安防企业处境艰难。进入下半年以后，安防行业在国家总体经济形势的带动下市场增速开始恢复，外贸出口也出现了企稳回升的势头。

从中国安防市场发展向好的支撑因素来看，一是“平安城市”建设活动发挥着强有力的推动作用。2009 年，随着“3111”试点建设成果的大力推广，地方“平安城市”建设活动如火如荼地展开，尤其是 2009 年 8 月公安部在郑州召开的“城市报警与监控系统建设经验交流暨农村技防工作现场会”明确提出“要在全国全面推进城市报警与监控系统建设工作”，从政府层面推动了全国安防市场的发展。二是一些行业领域需求旺盛。金融、文博、社区、民航、教育、大型公共活动场所等一些传统安防领域继续保持增长，城市轨道交通、高速铁路、军用设施等新兴领域发展提速并逐步形成市场“热点”。三是社区及家居安防开始升温。随着安防的社会化发展及居民收入水平的提高，社区及家居市场已经呈现出加快发展的态势。四是《保安服务管理条例》的颁布实施，规范和推动了社会化报警运营服务业的发展。

一、中国安防产品市场发展动态

（一）视频监控产品

1. 高新技术市场状况

纵观 2009 年的视频监控市场，新的变化体现在：网络视频监控从应用走向了普及；高清视频监控开始进入安防市场。特别值得一提的是，网络视频监控的优势正在逐步延伸并扩展到具体的应用层面——NVR、高清和无线，这些应用是在客户现阶段需求推动下产生的。

调查显示，视频服务器和网络摄像机的应用已经开始增长，主要行业市场都已趋向于优先选择网络监控，政府、教育、工业等方面都有较多的用户倾向于网络监控，一些大型安防工程项目优先选用网络视频解决方案。

2. 高新技术产品应用

NVR：NVR 产品已从概念走向应用，是网络视频监控从中心走向前端的突破，也是网络视频监控在应用层面的创新。创新和继承，使得 NVR 产品在较短时间里获得了业界的认可，并深化了人们对传统网络视频监控的认识，而 NVR 本身的灵活性又使得 NVR 的市场适应空间广阔。

网络、高清：2009 年可以说是网络、高清视频监控产品的推广年。CCTV 视频厂商、DVR 厂商、IP 监控厂商，都相继推出了高清视频监控产品。随着高清视频器材需求的快速升温，网络视频监控需求也获得了快速增长。

3G：2009 年，随着 3G 商用化进程的开启，安防行业 3G 技术的应用从试点、试验走向推广实用。越来越多的安防企业开始将 3G 技术集成到视频监控产品内。3G 的高带宽、广覆盖、实时随地访问等特性，使得基于 3G 的视频传输技术不仅可以满足特定的部署需求，如车载、应急指挥、临时性场所等，而且还推动了视频监控在民用市场的发展。

智能识别：2009 年，安防领域智能识别与分析得到较大规模的普及和应用，使视频监控系统具有更加强大的管理功能。例如：随着国内银行业 ATM 运营安全问题的日益凸显，ATM 视频智能识别技术提供了相应的智能化安全技术防范手段，为此类技术和产品的应用提供了广阔的市场空间。在 2008 奥运场馆 ATM 视频联网监控平台应用后，2009 年引发国内各大商业银行的关注及试用。

（二）出入口控制系统产品

国内安防出入口控制系统产品市场的增长，近年来基本保持着持续稳定的态势。当前出入口控制系统产品主要集中于内销市场，受金融危机的冲击较小。奥运会、全运会后，世博会、亚运会、世界园艺博览会等大型活动市场热点更值得期待，这些大型活动的安保设施与工程已经陆续招标或采购，其中包括安防出入口控制系统的设备。这些大型客户方的需求，已从单一产品选购向购买包括出入口控制系统产品、工程、服务在内的整体解决方案转化。

随着出入口控制技术与产品逐渐普及，其市场空间也在不断拓展，随之也带来了一些新的市场特点。如市场细分方面，在大型场馆或特殊领域的出入口控制系统招标建设中，一些客户方已经具备识别需求、制定方案等专业能力，构成了特定的市场需求。又如在产品价格方面，随着国内出入口控制产品市场激烈竞争和国外先进出入口控制技术的引入，出入口控制的市场价格也带来了变化。

（三）入侵报警产品

当前厂家推出的新一代防盗报警解决方案所选用的产

品逐步向专业化、绿色化、普及化、网络化、立体化、智能化的方向发展。报警产品未来的市场定位是人性化操作、易于理解和可接受性。

报警控制产品：其发展趋势是逐步与视频监控、出入口控制、网络传输等技术与产品相互融合。2009 年专业用户及民用用户已经逐渐地形成了独立的细分市场。其中，家庭用户对安防报警产品的需求是持续增长的市场空间，但是，要发展到“消费安防”还有一段相当长的距离。

报警探测产品：产品种类越类越多，产品的技术和功能也日臻完善，市场供需基本呈稳定态势。当前，一般用户对供方的要求是，持续改进的是产品的一致性、稳定性以及产品的精细化；一些特殊用户对产品的功能有特定需求，如防大型宠物、智能识别等功能，还需要提供特定产品和特定服务。

（四）防爆安检产品

我国防爆安检产品行业发展至今已取得了可喜成绩。近年来，国内社会公共防范的需求拉动了防爆安检产品市场的发展，进入防爆安检产品行业的中小型企业逐渐增多，已发展成国有、民营、外资等类型企业共存竞争的局面。随着国内防爆安检产品企业逐步成长，已能生产基本满足国内需要的产品，并有一定的研发能力，国内的供需市场已初具规模。

我国较大规模扩展防爆安检并逐步形成系统配置是始于民用航空的机场安全检查。随着国际反恐形势的发展以及我国先后举办奥运会等大型群体活动，促使在大型活动场所和重要交通地段实施安全检查，这些手段已经逐步为广大群众认识并接受。目前，国内大型活动的安保工作已广泛使用一些国产的常规防爆安检产品，国内防爆产品的市场占有率逐步增加。

据不完全统计，目前国内防爆安检产品制造、销售企业达百余家，产品类型、市场分布很不均匀。其中，研发型企业仅有 50 余家，研制探测类产品的企业居多，有 30 家左右；防护类与处置类产品企业数量基本持平，各 10 余家；专门从事售后服务的企业仅有 1 家。企业研制的产品种类方面，研制常规产品如金属探测门、手持式金属探测器、X 射线安检设备等产品的企业比例最大，均有 10 家左右；自主研发生产炸药探测器并的企业不到 10 家；研发防爆毯、防爆罐、搜排爆服的企业 10 余家。从地域分布来看，防爆行业的企业北京地区居多，上海与广东各约 10 家，而西部地区的企业甚少。

目前，由于涉及防爆安检产品行业管理的政府职能部门尚无对国内自主创新型防爆企业的扶持和规范政策；国内在用的大部分设备没有相应的评价标准，也缺乏有效的合格评定与市场准入制度，致使市场竞争无序，产品质量参差不齐，企业和品牌鱼龙混杂。国内防爆安检产品企业为抢占市场，基本上都研发一些“短平快”产品；对投资大、见效慢的高新技术产品缺乏研发热情，特别是对一些关键元器件的科研攻关积极性不高。

上述问题导致了国内防爆安检产品企业面对市场需求迅速增加的局面，确存在自主知识产权少、市场竞争力不强，产品种类单一、技术含量低、性能与国外产品有一定差距等问题。因此，需要政府相关职能部门出台扶持性政策，以鼓励相关企业有信心去投入新技术研究，加快国内防爆安检产品行业自主创新能力的提高；同时推出规范市场的一系列相应规制和产品技术标准，促进防爆安检产品行业的健康发展。

（五）巡更系统产品

巡更产品的应用一直是一个特定的、规模有限的市场。在市场的应用拓展方面，有厂商新进推出了经过改进的巡更系统产品。厂商承诺其产品具有提供巡查人员和相关设施的定位、识别，现场特定信息输入、检索、实时上传，系统数据积累、挖掘、辅助决策应用等功能。该类产品的市场前景有待特定用户群的认可。

二、中国安防工程市场发展动态

（一）安防工程市场现状

年内，在平安城市建设项目需求的强劲拉动下，安防工程市场规模进一步拓展。一些国际性大型活动场所和大城市的分系统工程以及中等城市的城域安防工程陆续上马，其中，达到亿元级造价的单体工程也开始出现，这些给安防工程业界一个很大的市场空间。同时，安防工程市场的服务价格也呈现激烈竞争的态势，并且基本上形成相对透明的市场价格。从总体上看，工程服务企业的年营业额上有一定增长。安防工程服务市场的竞争要素已经从资质、价格等提升为综合实力（资本、技术、品牌）的竞争。主要特点有：

特点一：市场监管、规范有所增强。安防工程市场随着一些地方性法规与技术规范相继出台，政府相关部门监管与中介机构评价逐步到位，虽然各地监管力度和规范程度尚参差不齐，但业内竞争总体趋于规范。

特点二：大规模单体工程凸显。在各地、各级平安城市建设的总体规划下，相继出现了一批造价达到数千万元乃至上数亿元的安防工程项目，其系统集成度和水平都是空前的。因此，随之带来了市场集中度的变化。

特点三：新的竞争者不断进入市场。当前，安防工程市场每年都有一批新公司进入，其来源有原有企业的拆分、重组，也有从相近行业转型，不断对原有市场份额带来冲击，从而形成新的市场格局。一些 IT 企业、弱电集成企业、电信企业把安防业务作为新的业务增长点，凭借其雄厚的技术储备、资金能力、市场资源，把安防工程作为产品延伸和推广的手段，逐步进入并融合。

特点四：安防工程企业逐步走向品牌化。经过多年来的市场竞争和摔打，业内一些大型安防工程服务公司，已经具备了较强的竞标实力，积累了较丰富的项目管理经验，并逐步形成了一定的品牌经营优势。综合实力的竞争和品牌经营，是安防工程企业的发展趋势。

（二）安防工程商面临新的挑战

1. 资源占有方面

①市场资源。2009 年安防工程项目数量持续增长，虽

然其中新项目、大项目给安防工程企业也带来了诸多的机遇，但同时也带来了新的市场竞争挑战和经营风险。大部分安防工程商都已经把这些项目客户作为自己市场拓展的主攻方向，以拓展自身的市场占有率。随之而来的新一轮市场资源的竞争，必将带来业内的重组和结构调整。

②资金资源。随着安防工程市场的不断扩展，安防工程企业的资金需求将越来越大，而且需要维系运营项目资金链。因此，一些投资公司和金融企业也纷纷跻身于安防工程市场；一些经营安防工程项目的企业也相继上市融资。这些企业在完成资本运作与安防工程项目经营的融合的同时，也必将面临着风险和挑战。

③产品资源。当下，安防工程所使用的高新技术产品种类增多，系统集成难度也越来越大，工程商在项目运营上将面临着产品资源选择、组合、运行等多方面能力的考验。

2. 市场定位方面

①专业细分：安防工程进行专业工程种类的细分已经成为事实，许多安防工程企业已经逐步形成了自身的定位，并依据自身优势谋求同心多元化发展，以求占领更多的市场空间。

②特定模式：随着安防工程涉及的范围越来越大，不同应用领域的工程形成各自的体系与市场特征，从而形成具有各自特点的工程业务模式，从而要求安防工程企业生成与之相适应的能力。

③角色结构：目前安防工程商已经形成较为典型的角色分工，有专业集成商、专工程施工商、专业的保安服务运营商，也有的是兼而有之。企业所经营的专业和特定市场不同，因此，角色定位与拓展是重要的选择。

（三）对安防工程市场健康发展的建议

1. 发挥行业协会的作用，做好资质评定工作

行政许可法实施后，安防工程资质管理曾出现一段真空期，相当多的安防工程企业陷入了资质危机。目前，建设部、工信部、国家保密局等政府部门均有对安防工程企业的特定要求。一些省、市也以政府规章形式，实行了安防工程企业登记、备案等管理措施。中国安全防范产品行业协会作为全国唯一的并具有权威性行业社团组织，已经通过试点逐步在全国范围内提供了自律性、自愿性、推荐性的安防工程企业资质评定服务，这有利于推动安全防范产品行业健康良性的发展。

2. 加强安防工程人员的培训与规范

安防工程作为技术高度密集的行业，从业企业的专业技术人员比例，平均专利、发明数量也比前几年有了较大的提高和增长。加强安防工程人员的培训，职业资质的建立是推动安防行业规范运作的关键因素。

3. 搞好企业和行业自律

作为安防工程企业应以诚信为企业立足之本，企业的发展需要两种资本积累：一种是有形的资本积累，即物资积累或资金积累；另一种是隐性的资本积累，即信誉的积累或素质的积累。前者是企业的骨肉，后者是企业的灵魂，后者对前者有倍增和打折效应。因此，完善诚信制度建设是企业乃至行业建立核心竞争力的重要手段，只有如此安防工程市场才能走上良性发展、规范有序的轨道。

4. 开拓并培育新的市场

一是开拓新的客户群体。目前，一些新的领域对安防工程的需求凸显。如城市轨道交通、高速铁路、新建支线机场、城市公交、农村乡镇街道等领域的市场都有待开发。

二是售后服务是新的业务增长点。工程项目的售后服务是安防企业一个大型安防系统的运营维护工作，包括日常维护、检测、定期保养、备品备件、重大事件的系统保障等多方面的工作，只能由相应的专业安防企业来承担。此类业务是工程业务的跟进，其专业市场有待培育。

三是横向发展，拓展系统集成业务。随着安防工程的系统集成度越来越高，交叉的需求和业务越来越多，涉及的知识面也越来越广，如监控、报警组网依靠网络进行信号传输等，安防工程商也应抓住向相关业务横向拓展的机遇。

三、中国报警运营服务市场发展动态

（一）报警运营服务市场现状

2009年国内报警服务业的市场规模继续扩大。相关的统计数据显示，目前全国从事报警服务的企业大约有近3000家。国内报警运营服务企业按性质划分，其中民营报警服务企业的数量已超过了国有报警服务公司，随着《保安服务管理条例》的实施，民营报警服务公司的数量还会不断增加。

从我国报警运营服务企业的年收入情况来看，年收入在1000万元以上的企业为数不多，有一些企业目前尚未盈利。

从我国报警运营服务企业的分布情况来看，效益较好的报警服务企业主要分布在东部沿海地区和中部的一些地区，这些地方有规模较大的报警服务企业，已经形成了较好的经营环境；西部和中部一些地区的报警服务业目前处于发展阶段地，这些地方的报警服务企业正在成长。

从我国报警运营服务企业的运营层次来看，主要有两种模式：一是政府模式，这是中国最主要的报警服务模式。这种模式通常将接警中心设在公安局110指挥中心；二是商业模式，这种模式通过大规模的资金投入，建立接警中心平台，主要在大、中城市开展相关业务，使用适合中国市场的系统设备，已经建立了较为成熟的商业化运作机构。数百家民营报警服务公司，开展了具有中国特色的商业化报警服务运营，以收服务费的方式按照市场规律发展报警服务市场。

从用户的构成情况来看，金融单位仍然是重要的用户群，其对运营服务商的要求较高；商业店铺则是最大的用户群，大约占用户总量的60%，这种用户具有系统安装简单，出警方便等特点；机关单位、娱乐场所、宾馆酒店、危险品物品仓库等占用户总量的比例不断提高；家庭用户目前只占用户总量的数量比较小，但有着很大的发展空间。

2009年，随着政府相关职能部门相继出台的政策，给报警服务业的发展提供了强有力的支持。国内一些报警运营服务骨干企业凭借独特的创新性，以及不断增强的技术实力，逐步在竞争日趋激烈的报警运营服务市场开创出了一片全新的天地。这些骨干企业的创新经验无疑会给国内报警运营服务业的发展带来一定的导向作用，满足不断增长的安防服务用户的需求。许多地方的报警服务系统已经纳入到城市治安综合治理的打、防、控一体联动系统，并融入平安城市建设的总体规划与管理之中。与此同时，报警服务业的发展也面临亟待解决的问题。如一是对于从事报警运营服务的企业应有法定的市场准入制度；二是对从业单位应尽快建立特定的运营监督机制，以规范其运营行为。只有这样才能保证报警运营服务行业健康发展。

（二）报警运营服务市场需求

2009年，在经济社会发展对安全技术防范需求的总体带动下，以及国家用于扩大内需4万亿投资的拉动下，我国安防报警服务业市场整体需求也呈现了增长的势头，这对于报警运营服务企业来说无疑不是一个发展机遇。

金融系统营业网点仍然是报警服务企业的重要服务对象。全国的金融系统营业网点有近20万个，这些用户除系统拓展外，还有现用系统更新换代的需求，因此，金融系统报警运营服务市场仍然有很大的空间。

商业店铺是当前最大的用户群，除大中城市的运营业务外，县市级城市的商业店铺报警服务市场前景广阔，有待进一步开发。

机关单位、娱乐场所、宾馆酒店、危险物品仓库是现在保安公司的主要服务对象，这些场所的报警服务市场需求法律已有明确规定，随着《保安服务管理条例》的实施，其运营服务内容、方式都将产生新的需求。

中国城市家庭数量有几千万，报警服务公司为城市居民家庭提供入侵报警、火灾预警、紧急求救报警、医疗救护报警等服务，可谓市场空间巨大。

中国的机动车保有量已达1.86亿辆，其中小汽车有7600多万辆，部分车主有车辆的防盗防劫报警服务业务的需求，这方面的服务业务有待与相应的保险机构共同探索开发。

（三）报警运营服务市场发展建议

目前我国的报警运营服务业仍处于初级发展阶段，在发展过程中出现了一些制约发展的瓶颈问题。当前，随着《保安服务管理条例》的颁布和实施，将对中国报警运营服务市场化和规范化起到了强有力的推动作用。在此基础上，应把以下三个方面落到实处：一是要完善相关配套法律法规，并制定相关的运营服务标准；二是要建立从业企业资质评定和行业准入制度；三是制定合理的运营服务收费指导价格标准。

（参编人员：李建平、刘存信、朱俊云、聂　蓉、许志斌、沈　蒙、马英山）

企　业　篇

第十一章　获得公安机关生产登记批准证书的安防企业

第一节　获得公安机关生产登记批准证书的安防企业概述

本节内容根据2009年全国各省、自治区、直辖市公安厅（局）技防管理部门提供的本地区“获得生产登记批准书的安防产品生产企业”信息，进行加工整理，统计分析，列举相关数据、图表，便于广大读者全面掌握本年度获证安防企业总体情况，了解安防企业的地区分布情况、各地区企业占有率、各类安防产品的占有率等信息。

统计分析内容如下，供读者借鉴和参考：

一、21个省、自治区、直辖市获得生产登记批准书的安防产品生产企业数量（共387家）：

北　京 40 家	上　海 29 家	天　津 12 家
河　北 5 家	山　西 6 家	内蒙古 3 家
辽　宁 9 家	吉　林 5 家	浙　江 56 家
安　徽 8 家	福　建 11 家	湖　北 16 家
湖　南 8 家	山　东 11 家	河　南 18 家
广　东 129 家	广　西 2 家	贵　州 2 家
陕　西 10 家	甘　肃 2 家	新　疆 5 家

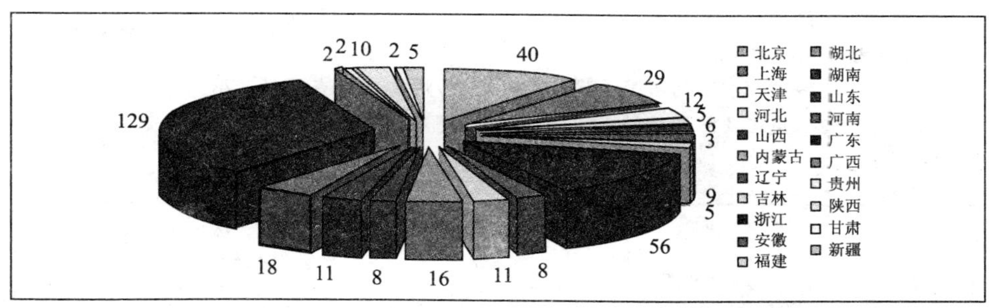

全国21个省、自治区直辖市获得公安机关生产登记批准证书的企业分布图

二、华东、华南、华中、华北、西北、西南、东北地区企业数量及分布状况图：

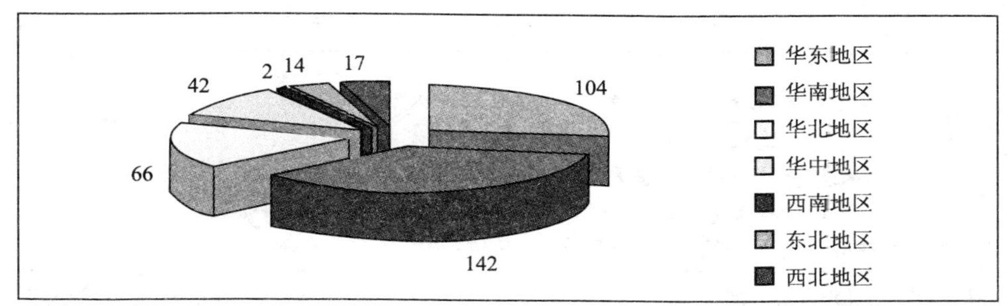

全国各地区获得公安机关生产登记批准证书的企业分布图

华东地区：104家　华南地区：142家　华北地区：66家　华中地区：42家

东北地区：14家　西北地区：17家　西南地区：2家

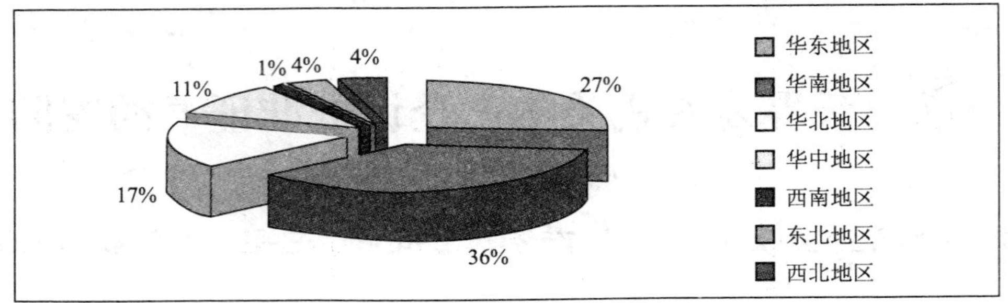

全国各地区获得公安机关生产登记批准书的企业所占比例图

华东地区 27%　华南地区 36%　华北地区 17%　华中地区 11%
西南地区 1%　东北地区 4%　西北地区 4%

三、各类获证产品所占数量（共 594 款）：

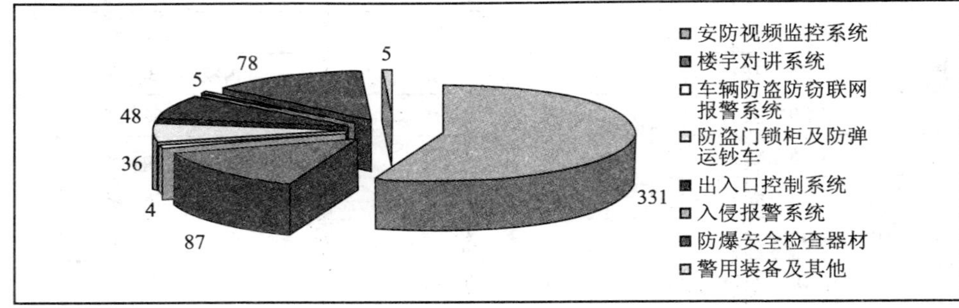

安防视频监控系统　331　　出入口控制系统　48
楼宇对讲系统　87　　入侵报警系统　5
车辆防盗防窃联网报警系统　4　　防爆安全检查器材　78
防盗门锁柜及防弹运钞车　36　　警用装备及其他 5

四、各类获证产品百分比：

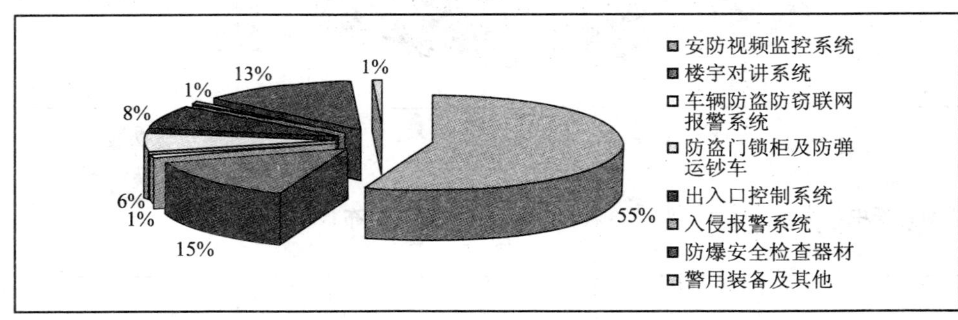

安防视频监控系统　55%　　出入口控制系统　8%
楼宇对讲系统　15%　　入侵报警系统　1%
车辆防盗防窃联网报警系统　1%　　防爆安全检查器材　13%
防盗门锁柜及防弹运钞车　6%　　警用装备及其他 1%

五、各省、自治区、直辖市各类获证产品的企业数量：（单位：家）

类别 省份	安防视频监控系统	出入口控制系统	楼宇对讲系统	入侵报警系统	车辆防盗防窃联网报警系统	防爆安全检查器材	防盗门锁柜及防弹运钞车	警用装备及其他
上海		3	14	2	3	7		
天津	11		1					

类别 省份	安防视频监控系统	出入口控制系统	楼宇对讲系统	入侵报警系统	车辆防盗防窃联网报警系统	防爆安全检查器材	防盗门锁柜及防弹运钞车	警用装备及其他
河北	1	1		1		2		
山西						3	3	
内蒙						3		
辽宁	2	1	1	1		4		
吉林		1				3		
浙江	21	4	9		1	11	8	
安徽	4	2				2		
福建	3		6			3		
湖北	8				1	7		
湖南	5	2				1		1
山东	2	1	1			6		1
广东	106	19	29	1		5	18	
广西	1					1		
贵州						1		1
陕西		4	1			5		
甘肃						2		
新疆						5		
共计	164	38	62	5	5	71	29	4
378								

注：本表完全依照获证产品类别统计。如需查阅详细数据，请阅读本章第二节“获得公安机关生产登记批准证书的安防企业名录”。

第二节　获得公安机关生产登记批准证书的安防企业名录

本节收录整理了国内21个省、自治区、直辖市387家“获得公安机关生产登记批准证书的安防企业”名录，共计594款产品，因《年鉴》印刷版篇幅有限，详情请查阅《中国安全防范行业年鉴》2009版光盘及网络版。

第十二章　安防工程和运营服务企业

第一节　安防工程服务企业

1.1 安防工程企业概述

本小节内容根据2009年中国安全防范产品行业协会和相关地方安防协会提供的“具有中国安全防范产品行业协会工程资质的企业”信息以及全国各省、自治区、直辖市公安厅（局）技防管理部门提供的本地区“工程企业”信息，进行加工整理，统计分析，列举相关数据、图表，便于广大读者全面掌握国内安防工程企业总体情况、地区分布、资质等级等信息。

统计分析内容如下，供读者借鉴和参考：

一、23个省、自治区、直辖市工程企业数量：

具有中国安全防范产品行业协会工程资质的企业：

北京 600 家	上海 2 家	天津 42 家
江苏 47 家	福建 155 家	湖北 257 家
广西 98 家	四川 3 家	贵州 22 家

地方工程企业：

上海 501 家	重庆 53 家	河北 10 家
内蒙 220 家	辽宁 831 家	吉林 393 家
浙江 670 家	安徽 525 家	湖北 772 家
山东 11 家	河南 918 家	广东 1186 家
贵州 43 家	云南 270 家	陕西 379 家
青海 103 家	新疆 344 家	

二、具有中国安全防范产品行业协会工程资质的企业数量（共1226家，单位：家）

等级／省份	一级	二级	三级	各省总计
北京	261	118	221	600
上海	2			2
天津	10	12	20	42
江苏	28	10	9	47
福建	57	45	53	155
湖北	51	88	118	257
广西	19	19	60	98
四川	3			3
贵州	4	3	15	22
共计	435	295	496	
总计	1226			

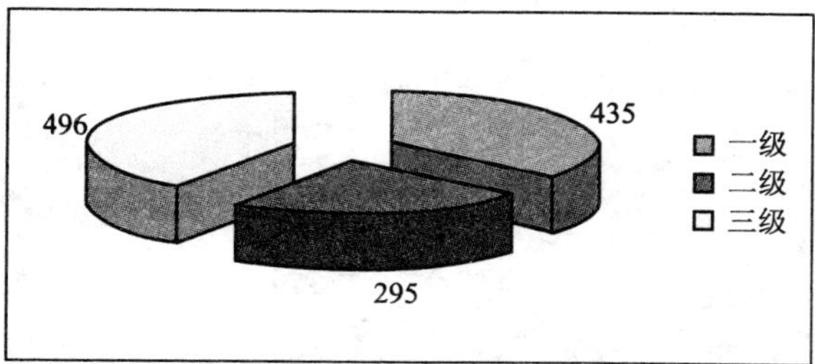

各级别（一、二、三级）企业数量

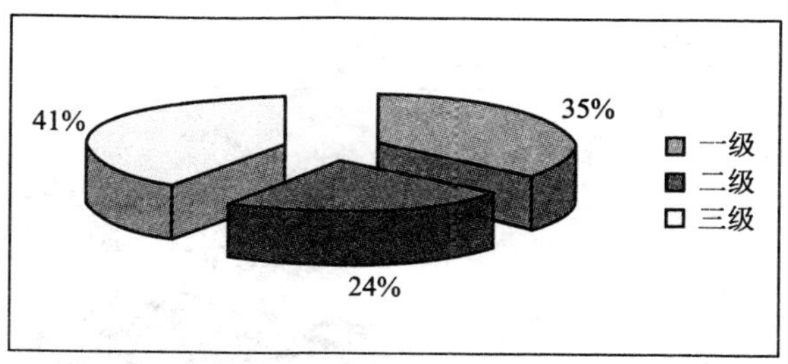

各级别（一、二、三级）企业所占百分比

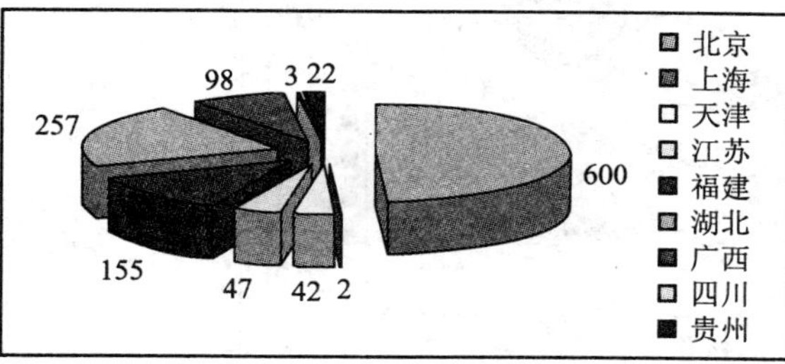

全国各地企业数量

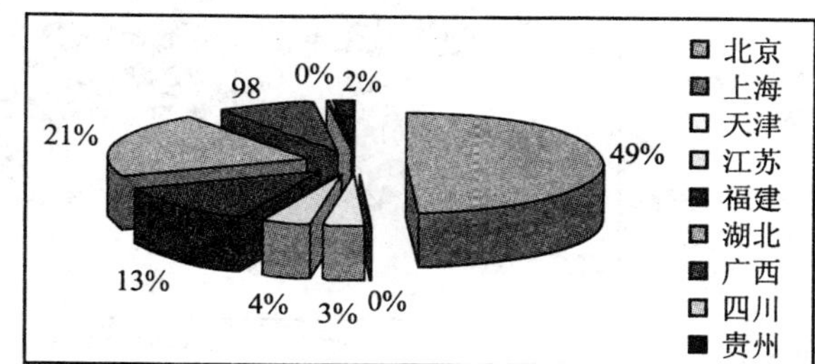

全国各地企业所占百分比

三、地方工程企业：（共7229家，单位：家）

级别 / 省份	一级	二级	三级	临/准三级	四级	初级	待定级	其他	各省合计
上海	114	113	274						501
重庆	28	12	13						53
河北								10	10
内蒙		69	124				27		220
辽宁	67	135	628	1					831
吉林	64	114	185			30			393
浙江	54	100	516						670
安徽	86	129	310						525
湖北								772	772
山东	11								11
河南	59	74	438		226			121	918
广东	235	114	131					706	1186
贵州	16	10	16					1	43
云南								270	270
陕西	92	130	157						379
青海	8	17	78						103
新疆	27	59	180	78					344
合计	861	1076	3050	79	30	27	1880		
	7229								

地方 17 省工程企业分布情况图：

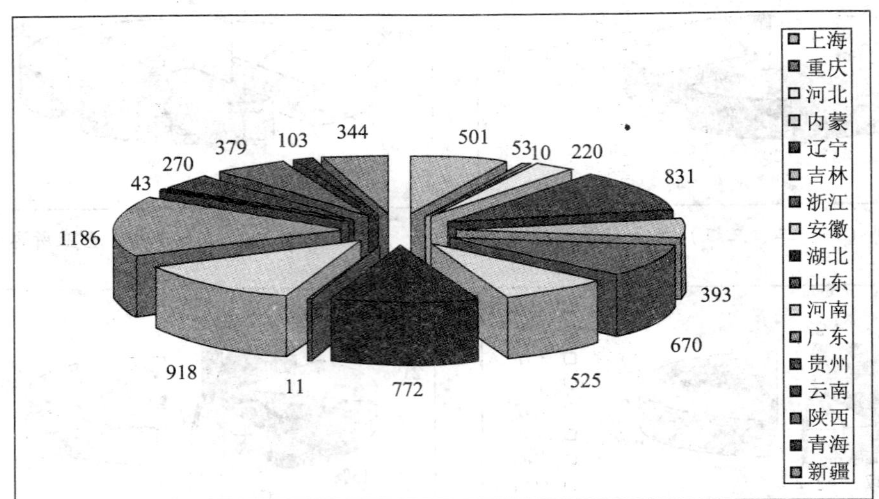

地方 17 省工程企业数量

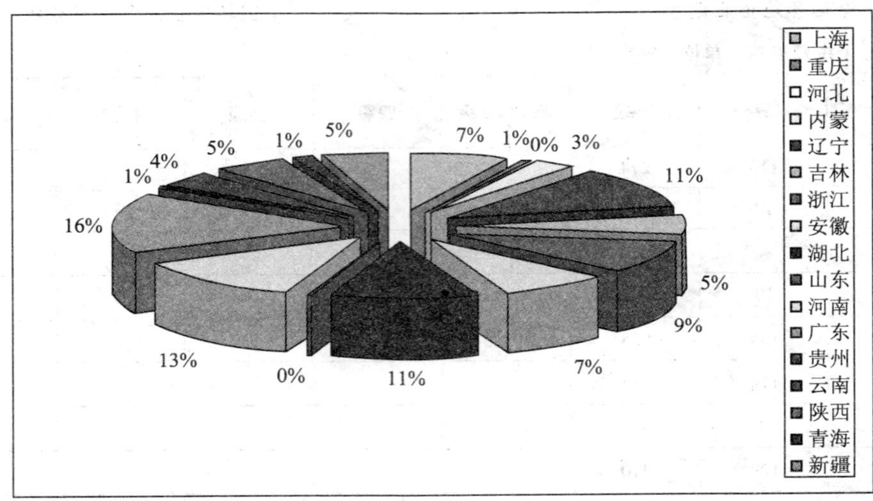

地方 17 省工程企业比例

以上统计信息以真实数据为依据，方便读者了解整体概况，如需查阅详细数据，请阅读本节“1. 2 具有中国安全防范产品行业协会工程资质的企业名录”、“1. 3 地方工程企业名录”。

1. 2 具有中国安全防范产品行业协会工程资质的企业名录

本小节收录整理了国内 9 个省、自治区、直辖市“具有中国安全防范产品行业协会工程资质的企业”信息，共计 1226 家，因《年鉴》印刷版篇幅有限，详情请查阅《中国安全防范行业年鉴》2009 版光盘及网络版。

1. 3 地方工程企业名录

本小节收录整理了国内 16 个省、自治区、直辖市公安厅（局）技防管理部门提供的企业信息共 7729 家。因《年鉴》印刷版篇幅有限，详情请查阅《中国安全防范行业年鉴》2009 版光盘及网络版。

第二节 安防运营服务企业

2.1 安防运营服务企业概述

本小节内容根据2009年全国各省、自治区、直辖市公安厅（局）技防管理部门提供的国内部分地区“安防运营服务企业”信息，进行加工整理，统计分析，列举相关数据、图表，便于广大读者全面掌握安防运营服务企业总体情况、地区分布等信息。

因上报资料不全，只列举以下5个省、自治区、直辖市安防运营服务企业信息，详细数据请查阅本节“2.2 安防运营服务企业名录”。

上海　4家	吉林　4家	贵州　4家
甘肃　5家	新疆　14家	

2.2 安防运营服务企业名录

本小节收录整理了国内部分省、自治区、直辖市“安防运营服务企业”信息，共计5个省31家，因《年鉴》印刷版篇幅有限，详情请查阅《中国安全防范行业年鉴》2009版光盘及网络版。

第三节 安防行业刊物及网站

本节内容收录了部分安防行业刊物及网站，如下：

● 刊 物

出版物：

1.《中国安全防范行业年鉴》
2.《中国安防》
3.《中国安全防范认证》
4.《中国公共安全》
5.《安全 & 自动化》
6.《安防工程商》
7.《慧聪商情广告·安防技术市场》
8.《安防市场报》
9.《电气 & 智能建筑》
10.《智能建筑科技》
11.《智能建筑与城市信息》
12.《中国公共安全产业指南》
13.《安防行业资讯大全》

● 网 站

1. 中国安防行业网 www. 21csp. com. cn
2. 公安部社会公共安全产品行业信息网 www. ga. net. cn
3. 中国平安网 www. chinapeace. org. cn
4. 中国警察装备网 www. jingchazhuangbei. com
5. 北京安防协会网 www. bspia. com
6. 上海安全防范报警协会网站 www. sh – anfang. org
7. 天津安防网 www. tjaf. com. cn
8. 河北公共安全信息网 www. hbga. net
9. 山西安防网 www. sxsecu. cn
10. 辽宁安防信息网 www. lnafxh. cn
11. 吉林安防行业信息网 www. jlafw. com
12. 黑龙江社会公共安全产品行业网 www. hljps. com
13. 浙江省安全技术防范行业协会网 www. zjaf. net
14. 安徽省安全技术防范行业网 www. aspia. cn
15. 福建安防协会信息网 www. fjaf. org. cn
16. 楚天安防网 www. ctafw. cn

17. 湖南安防协会网 www. secu. hn. cn
18. 神州安防网 www. anfang. net. cn
19. 广西安防网 www. gxsecu. com
20. 贵州安防网 www. gzsecu. com
21. 西安安防网 www. xaaf. cn
22. 甘肃安防网 www. gsanfang. com
23. 中国保险箱行业网 www. safes. org. cn
24. 中安网 www. cps. com. cn
25. 安防知识网 www. asmag. com. cn
26. 慧聪安防网 www. secu. hc360. com
27. 中国安防产品网 www. secu. com. cn
28. 中国安防网 www. c – ps. net
29. 设计师安防网 af. shejis. com

用 户 篇

第十三章　社会治安防控体系建设

第一节　天津市社会治安防控体系建设

天津市公安局安全技术防范管理办公室

天津市技术防范网络体系（以下简称“技防网”）即天津市城市报警与监控系统，为进一步提高“技防网”应用水平，天津市公安局科技处从全市治安防控大局出发，创新工作思路，以丰富报警监控资源和做强系统功能为抓手，不断提升“技防网”实战应用能力，取得了显著成效。

一、“技防网”情况简介

（一）“技防网”概述

“技防网”是天津市以警防、民防、技防“三张网”为主要内容的社会治安防控体系的重要组成部分，是天津市城市报警与监控系统建设项目。天津“技防网”自2004年开始规划、设计和试点建设，2005年全面开展建设，2006年框架体系初步形成，边建设、边使用、边完善，目前已经形成了完整的框架体系和较为成熟的建设、管理和运行模式。作为新形势下实施“科技强警”战略的重要举措，“技防网”建设得到了公安部和天津市委、市政府的关心与支持，各项工作进展顺利、成效明显，并形成天津特色。

（二）网络架构

“技防网”是由一个中心、两大系统、多个终端和覆盖社会面的监控报警点所组成。“一个中心”，即技防网管理控制中心；“两大系统”，即固定目标监控报警系统和移动目标监控报警系统，目前包括视频监控、机动车号牌抓拍识别联网比对报警、GSM＋GPS报警监控和自动报警4个子系统。“多个终端”，即市政府应急办、市公安局和各公安分局110指挥中心以及各公安派出所和其他社会管理部门监控接警终端；覆盖社会面的监控报警点，即重要道路、重点单位、要害部位、易发案地区的固定目标监控报警点位和移动报警用户。

（三）技术功能

“技防网”依照应用、实战、共享、联动的技术路线进行规划设计，具有实用性强、系统功能全、共享程度高的特点。各级监控接警终端与“技防网”各子系统关联互动，能够快速处置移动、固定目标警情信息，实现了视频监控系统“一点登录、全网漫游”和机动车号牌抓拍识别联网比对报警系统“一点布控、全网响应”的技术功能。广泛应用于应急处突、打击违法犯罪、治安防范、交通管理以及城市管理、安全生产监督等各项工作。

（四）建设成效

截至目前，天津市市“技防网”已建成市级、区县级和街镇乡级三级监控接警终端160个。在全市重点单位、易发案部位、繁华地区、居民小区共安装技防系统12000余个，视频监控探头20余万。“技防网”网络构架初步形成，防控功效日益显著。

二、创新工作思路，为实战应用服务

“技防网”大规模的建设成效，为公安实战应用奠定了良好的基础，为此，天津市公安局科技处审时度势，创新工作思路，于2008年组建了“技防网管控中心”，并设立了技防网管理科，并安排民警在管控中心24小时值守；面向全局，专门负责“技防网”建设指导、协调、设计方案审查、系统竣工验收；指导分局、派出所制定监控中心规章制度，并对值守情况监督、考核；对系统完好运行进行巡检，发现问题督导相关单位维护维修；为实战单位提供各类案件的信息查询，根据大要案件的需要，随警作战；研发适用于公安实战的产品、设备，不断拓展“技防网”系统功能。

（一）强化管控中心管控职能

在硬件建设方面，管控中心设有“技防网”终端管理服务系统，根据实战需要实时划分“技防网”各级监控接警终端功能和控制权限，随时为处置各类应急突发事件提供服务。在软件建设方面，市局专门下发了《关于有效发挥“技防网”管控中心功能的通知》，明确管控中心工作职责和任务要求，简化了管理层次，提高了“技防网”运行效率。

（二）强调基层“技防网”终端值班值守工作

市局下发通知，要求各分局确定基层单位“技防网”值守责任部门，组建技防网管理维护和巡控队伍，此举有效地保障了网络运行和应用工作。同时管控中心每天对各分局“技防网”终端值班值守情况进行电话点名，对全市各派出所终端进行电话抽查点名，确保“网上巡控”和“技防网”终端值守工作的落实。

（三）加强巡检维护，确保系统完好运行

科技处依托管控中心，每天对全市视频监控点位进行

巡检，发现“技防网”故障隐患，及时通报、督导相关分局开展维护维修工作，使系统终端及前端点完好率达到90%以上。

（四）技术支持、服务实战

2008年9月以来，管控中心为一线单位提供案件信息查询等技术支持108次，协助破获各类重大案件95起，抓获犯罪嫌疑人43人，追回被盗车辆17辆。

三、加强分局指导，加快技防网基层应用

（一）加强分局、派出所值机人员的培训指导，有计划、有步骤地开展“技防网”监控终端巡检维护交流培训活动

2008年9月以来，天津市公安局科技处先后为市局指挥中心、刑侦局、区县分局以及派出所终端值守民警、辅警培训30余次，培训民警及协管员数百名，进一步提升了基层“技防网”操作应用水平。

（二）指导基层单位健全管理制度

指导各分局及派出所建立完善《监控室管理制度》《值班管理制度》《警情处置流程》等各项规章制度，明确职责任务，制定系统操作规程、确定警情处置原则、编制应急处置预案，实现“技防网”运行维护和管理应用工作制度化、规范化、长期化。

（三）建立两级考核机制，确保系统完好运行

为保障系统在治安防控中发挥作用，市委政法委在《社会治安综合治理目标责任书》中将“技防网”建设应用工作纳入了对各区县党政一把手的考核，市局也纳入了对各公安分局的年度绩效考核。管控中心定期对全局“技防网”建设数量、联通数量、故障数量以及预防、打击违法犯罪的情况进行统计通报，极大地促进和调动了各单位的工作积极性。

四、强化机动车号牌抓拍识别联网比对报警系统应用

机动车号牌抓拍识别联网比对报警系统系市局为满足天津市城市治安防控和交通管理工作的需要而专门研发的系统。为提高快速反应能力，市局科技处在市局110指挥中心、刑侦局、属地分局分别设置了机动车号牌抓拍识别联网比对报警系统监控终端，并对终端接警人员进行系统性的操作培训。同时天津市公安局采取了多种措施强化应用，有效地提升了该系统的防控能力。

（一）机动车号牌抓拍识别联网比对报警系统与市局110接处警联动作用突出

目前，市局110指挥中心已经按照接处警程序，将涉案机动车录入该系统“黑名单”数据库实施布控，并建立应急处置机制，通过该系统接报警后，市局110指挥中心迅速调派警力进行围追堵截。抓获多名犯罪嫌疑人，破获各类案件数十起。

（二）机动车号牌抓拍识别联网比对报警系统案后检索提供线索、固定证据成效显著

在盗抢机动车案件发生后，通过该系统检索目标车辆信息，查询目标车辆的历史轨迹，在获取宝贵的侦查线索的同时有效固定证据。

五、应用“技防网”系统有效阻止各类案件发生成果显著

科技处依托“技防网”互联互通、资源共享的优势，应用GSM + GPS移动目标报警监控及自动报警等子系统成功阻止各类盗抢案件，保障了人民群众的生命和财产安全。2008年9月至2009年12月31日共协助公安机关破获案件9起，成功阻止43起，抓获犯罪嫌疑人9名，追回被盗车辆2辆。

六、强化支撑作用，为全局重点工作任务提供技术保障

（一）围绕市局新中国成立60周年安保专项工作要求，有针对性地推进“技防网”建设

建成天津市国庆安保联勤指挥部“技防网”监控平台，并将全市100个重点监控点位视频信息划分到该平台统一调用；组织民警在“技防网”管控中心24小时值班值守，为国庆安保应急指挥提供技术支持；主动协调相关单位，将天津滨海国际机场视频监控信息整合联入“技防网”，实现了国庆安保指挥部对天津机场重点部位视频信息的随时调用；指导市内六区公安分局开展焰火燃放场所视频监控点位建设及整合联网工作，保证焰火燃放场所视频图像信息的有效上传，加强了国庆期间对重点部位的控制能力。

（二）多次协助并参与市局专项行动，取得良好效果

市局科技处发挥“技防网”技术优势，积极为市局打击盗抢机动车、非机动车以及两节保卫、圣诞保卫等专项行动提供技术支持，“技防网”先进的功能和周到的服务得到一线民警的一致好评。

七、科研攻关，全面提升“技防网”防控效能

当前，科学技术日新月异，犯罪分子的作案手法也在不断翻新，只有不断提高“技防网”技术水平，才能保持公安工作的主动权和制胜权。天津市公安局在不断推动“技防网”建设的基础上，根据刑侦部门、基层单位对“技防网”应用实战的具体要求，不断开展“技防网”延伸项目的研究及推广应用，通过技术融合和吸收当前先进安防技术，进一步提升“技防网”防控效能。

（一）开展高清机动车号牌抓拍识别联网比对报警系统研发及成果推广应用工作

2009年市局科技处根据公安实战需要，组织有关单位完成了高清晰机动车号牌抓拍识别联网比对报警系统前端产品研发、测试、产品定型等工作，经试点建设，效果良好，已在全市推广使用。

（二）升级治安防控地理信息系统，提高精确指挥调度能力

市局科技处在现有“技防网”平台建设的基础上，与天津市规划局等单位合作研究开发新版治安防控地理信息系统，对原有地理信息系统进行了全面升级。新版地理信息系统的地理信息数据、信息点数量及运行速度与过去相

比有了明显改善，系统投入使用后，市局110指挥中心据此对各分局路面巡逻警车值勤情况进行网上检查，每天分4个时段使用无线电台进行可视化点名，进一步提升了指挥调度和应急处置水平。

（三）积极开展相关科研攻关，提升“技防网”科技含量

完成市科技支撑重点项目《地下空间体系中安全防范的技术研究与示范建设》、市科技推广项目《机动车号牌识别联网比对报警子系统推广》、市信息化项目《外环线电子卡口视频监控系统》等项目结项验收工作。《机动车号牌拍识别联网比对报警系统》、《技防网警务视频追踪系统》两个项目分别获2009局科技成果一等奖和二等奖，丰富了“技防网”侦查破案手段，提升了科技含量。

第二节　重庆市社会治安防控体系建设

重庆市公安局社会公共安全行业管理办公室

一、展示产品、交流技术

为推进“平安重庆”建设，积极引进世界一流产品和最新技术服务公安工作，2008年12月市局组织举办了“平安重庆”建设公安高新技术产品展示会。15家国内外公司开始在市公安指挥中心主楼LG层大厅布展，展陈面积1200平米，通过展示和交流，既让重庆市各级公安机关领导和民警开阔了眼界，又扩大了厂商与用户面对面的合作与交流。

二、搭建平台、助推平安

2009年4月1日-3日，“2009中国（重庆）国际社会公共安全产品与技术设备展览会”在重庆国际会展中心举行。本届展会是在市公安局局行管办指导下开展的一次科技创安活动，旨在发挥安全技术防范的优势，提高重庆市“平安重庆”建设中的科技防范能力，进一步推动全市社会公共安全产品行业的发展。

三、统一建设、成效显著

积极推进报警服务业的发展。多年来，重庆市公安机关以科技强警为先导，积极参与并开展社会治安防控体系建设，大力推进城市报警与监控系统建设。在建设中采取“因地制宜、重点推进”的思路，成立了“重庆市城市联网报警服务中心”。通过多年的建设和不断完善，至2009年12月，已建立近300个分中心、拥有近16000个用户。GPS全球卫星定位系统已为客户追回被盗抢的车辆300余台，阻止被盗抢案件200余起，为单位和个人挽回财产损失超过亿元。

近几年来，报警服务中心在市公安科技管理部门的指导下，按照公安部关于城市报警与监控系统建设的有关要求，结合重庆的实际，积极探索运营机制。在报警与监控建设中突出实时报警、快速处置、指挥控制和事后取证的系统功能，在全市第一个建起具有自动报警、全球卫星定位监控、全国路网地图及地理信息查询、移动电话呼叫等多功能的GPS汽车服务系统。在系统功能的发挥、管理机制的建立、运营机制的创新等方面，日趋成熟，在报警服务业领域里独树一帜，已成为重庆市社会治安防控体系建设的重要组成部分。

四、科技创安、服务社会

为强化科技成果推广应用，公安科技管理部门以全市开展的科技活动周为契机，联合重庆市安全技术防范协会组织了科技活动月、送科技下基层的“科技成果利警惠民巡回展”活动，一批适合在基层公安机关推广、能够满足居民小区治安防范需要的技术产品、科技知识在各区县、社区推广应用，受到了基层民警的普遍欢迎和广大市民广泛赞誉。其间，来自全国的12家高科技企业集中展示了治安卡口系统、便携式预审系统、家庭防盗报警装置、GPS卫星定位报警系统、联网防盗报警系统、便携式交通管制牌等30余项高科技产品参加展示。巡回展历时3个月，涉及主城区、渝西、渝东、渝东南10个区县，有力地促进了科技成果为公安工作服务、为社会民众服务和爱民实践活动的深入。

第三节　辽宁省社会治安防控体系建设

辽宁省公安厅科技处

辽宁省公安厅党委高度重视科技防控体系建设工作，把科技防控体系建设做为省科技强警的重要基础工作。

2009年以强化城市视频监控系统应用，突出系统实战效能为切入点，全省各级公安机关以“打造平安辽宁构建和谐社会”为目标，把开展视频监控系统建设和应用做为推进科技强警、构建社会治安防控体系的一项重要工作来抓，截至2009年12月全省共计投入建设资金3.8亿元，在全省县以上地区的金融商业区、案件高发区、重点交通路口和城市出入口，已安装监控摄像头近32万个，全省视频监控系统建设又有了新的发展。

一、强化城市视频监控系统应用突出系统实战效能，逐步形成新型的防控机制

视频监控系统有效地弥补人防的漏洞、增加对违法犯罪行为的威慑，运用视频监控系统，对社会面巡防车辆和人员进行准确定位，实施精确有效的指挥调度，指挥民警第一时间处警，做到“一点发现、整体联动、快速处置”，实现节省警力、提高效率、准确出警、准确打击，“网上巡逻”这一新的警务机制正在逐渐形成。把“网上巡逻”与民警街面巡逻有机地结合起来，形成了高效人机互补运行机制，更好地发挥了监控系统作用。这一现代化的警务模式已经被各级公安机关认可并采用，全面提升了公安机关对社会治安的管理水平和驾驭能力。

二、强化技防产品应用，确保农村社会治安稳定

（一）探索农村技防应用的新路子

辽宁省的《社会治安视频监控与报警系统建设实施方案》明确提出了建设农村技防网的要求，构建人防、物防、技防三位一体的农村治安防范的新格局，最大限度发挥技术防范手段在农村治安防范中的作用。各市在开展农村技防普及方面都进行了有效的探索。省朝阳县公安局和东港市公安局在农村技防工作开展较早，取得的成果也较为明显。朝阳县公安局在全县广大农村推广“气死贼”防盗报警器这一技防装置，推动全县农村社会治安防范工作走上技术防范这条可持续发展的新路子，为经济欠发达地区和广大农村走向社会治安防范科技化找到一条切实可行的路子。截至目前，该县已推广安装“气死贼”防盗报警器50000余部，全县共直接预防一般盗窃案件355起，预防机动车被盗139起，大牲畜被盗案件147起，其他盗窃案件80余起。实现了这一报警装置在预防案件发生，保障农村治安稳定。

东港市大力推行了简单易懂、经济实惠、易于被群众接受的报警器材，合隆等乡镇的塑料大棚所安装的报警装置，部分形成联片规模，监控辐射面积达到90%以上。合隆镇近两万亩塑料大棚连续五年没有发生一起被割被焚案件。东港市的水利系统四大灌区的排灌站水泵、电机及变压器等设施全部安装技防并联网报警。

（二）在技防产品整合联网方面下功夫

针对平安农村的安全防范需求，在经济较发达的乡镇、农村，在个别单独的农户院落，可以应用部分防盗报警产品，达到基本的防盗、防窃、防火的目的。充分利用当地实际通信资源实现报警联网。目前，乡镇、农村都设有治安岗亭、警务室等，为了达到群防群治，打防结合的目的，可以把这些警务室、治安岗亭作为一个区域的接警中心，通过有线方式（电话线）、无线方式（乡镇、农村一般较为平坦，没有高大建筑物遮挡）联网，使得原来分散、单独的报警信息及时、准确、统一的汇集到接警中心，以便公安民警、第一时间到达现场。

第四节　浙江省社会治安防控体系建设

浙江省公安厅安全技术防范管理办公室

为全面贯彻省委、省政府《关于全面改善民生促进社会和谐的决定》和《关于保障民安粗促进社会和谐稳定的意见》精神，大力推进社会治安防控体系建设。浙江省公安技防部门在公安部的指导下，在省综治办等有关部门的支持下，大力开展安全技术防范工作。

全面开展全省社会治安动态视频监控系统建设，社会治安动态视频监控系统建设是加强社会建设和管理的保障工程，是推进社会综合治理的基础工程，是确保人民群众安居乐业的民生工程，也是省委、省政府“全面小康六大行动计划”的重要内容，目前全省已形成党政统一领导、综治督促指导、公安全力主、有关部门积极配合、社会各界共同参与的工作格局。截止2009年底，全省中心城镇、公共场所和治安混乱地段的社会治安动态视频监控系统建设，共建视频监控点87093个，2009年新增31002只，完成了省平安办新建1.5万个的目标任务。全省已有11个市已全部完成了市级视频信息共享平台的建设并实现与省级视频信息共享平台的联网，有91个县（市、区）基本完成视频信息共享平台的建设，其中有90个已完成与市级平台联网。此外，全省还全面开展城市公交车视频监控系统建设，其中宁波已安装2382公交车，9813个车载摄像机，完成90%的公交车辆的安装。同时还结合社会主义新农村建设，推进由条件行政村建设社会治安动态视频监控系统建设。全省各地依托社会治安动态视频监控系统建设，以指挥中心与图像监控中心为核心，以路面巡防力量为支撑，将监控巡查与路面巡逻有机结合，进一步提高了快速反应和精确打击的能力。综合各类信息，对视频数据可以进行查询、分析、统计、比对、碰撞和研判，强化了信息研判能力，取得了较大的应用成效，仅2009年一年，全省利用视频监控系统共现场抓获犯罪嫌疑人18381人，查处治安案件38077起，协破刑事案件25793起（其中协破命案302起，协破五类案件1825起，协破两抢案件2830起），另外公安警务督察部门还利用视频监控有效维护了民警合法权益554起。

此外，还积极扶植报警运行企业开展报警运行工作的探索，狠抓重点要害单位的内部技术防范管理工作。

第五节　海南省社会治安防控体系建设

海南省公安厅技防办

一、海口市社会治安、城市报警与监控建设工作

海口市被批准为城市报警与监控系统建设试点城市之后，海口市局成立了城市报警与监控系统建设领导小组，并开展调研和方案的论证。2009年4月9日海口市公安局按照程序通过市政府采购中心向全社会公开招标，深圳市博康系统工程有限公司中标。该项目预计投入4500万元（由深圳博康公司垫资），建设治安监控点500个。

二、市县地区社会治安防控体系建设工作

2009年，全省已有保亭、琼中、乐东、澄迈、临高、万宁、儋州、东方、文昌、陵水、昌江、白沙、定安、三亚、屯昌15个市县开展了“城市报警与监控系统”建设。其中，琼海、东方、保亭、澄迈、陵水、五指山、屯昌、文昌、乐东9个城市已按照公安部关于“3111”试点工程建设的有关文件规定和程序，及时上报了设计方案；东方、保亭、澄迈、乐东4个市县已通过竣工验收。

为了充分发挥城市报警与监控系统对维护社会稳定的重要作用，确保系统正常运行，部分试点单位如澄迈县公安局专门制定了110报警服务台和视频监控系统的规章制度、《社会治安监控中心管理规范（试行）》、《保密守则》、《工作制度》、《值班人员守则》、《工作纪律》、《岗位职责》。在日常工作中系统的运行和管理、维护均严格按照上述规章制度进行管理。有的市县还聘用一名专职技术员对系统进行全面管理和维护，有效确保了系统的正常运行。

通过开展城市报警与监控系统的建设的试点工作，对维护试点地区的社会治安稳定起到很大的作用，特别是有利于发现嫌疑、锁定目标、搜集证据，对违法犯罪起到震慑作用。自从安装了治安视频监控系统以后，街头“两抢”案件大幅度下降，为有效打击违法犯罪活动提供了技术支撑。

第六节　贵州省社会治安防控体系建设

贵州省公安厅科技处

贵州省各级公安机关按照公安部统一部署，在地方党委、政府和社会各界的支持下，按照“以人为本、锐意创新、统筹协调、正确引导、注重实效”的原则，大力开展城市报警与监控系统建设和应用工作，明显提升了社会治安的防控水平，显著提高了公安机关的“四个能力”和“两个水平”。由此，具体表现在：

一、涌现一大批典型应用案例证明，城市报警与监控系统建设和应用在震慑犯罪分子预防案件发生方面，在实现实时监控有效地打击违法犯罪方面，在协助案件侦查取得明显成效方面，在锁定目标、固定证据并依法处置突发事件方面，都为公安机关防范打击违法犯罪提供了有效的技术支撑手段，从而提高了防范打击的能力。

二、增强了公安机关在构建防控网络提升防范效能，有机结合人防、物防、技防提升社会治安掌控能力，强化全天候、全方位立体防控体系等方面驾驭动态社会治安局势的综合能力，强化了对社会面的控制。

三、在合理有效地配置警力，总结推广城市报警与监控系统战术、战法等方面得到了改进并提高了工作效率。

四、提高了公安机关的社会管理水平，进一步服务了民生。各地城市报警与监控系统的建立，拓展了公安机关服务群众的手段，促进了服务质量和水平的提高。当前，部分应用单位，利用已建成的城市报警与监控系统，实时获取治安、交通等方面的信息并及时发布，使城市报警与监控系统在服务政府相关职能部门、服务人民群众等方面发挥了更大的作用。

五、强化了执法监督，有效维护了人民警察的合法权益。各地公安机关充分利用城市报警与监控系统的相关资料，开展执法监督。同时，利用监控图像资料为事后调查取证提供依据，改变了过去群众投诉民警无法甄别查证的被动状况，提高了投诉调查处理的效率，使民警的合法权益得到切实维护，并促进了民警执法执勤的规范化。

第七节　云南省社会治安防控体系建设

云南省公安厅科技信息化处

按照云南省综治委的要求和部署，全省范围内连续开展了居民小区、内部单位、繁华场所的安全创建活动，持续不断的开展了严打整治斗争，各类案件得到了一定的控制。在社会治安打防控体系建设中，云南省加大技防工作推广力度，形成技防规模效应，通过建设城市报警监控系统等实用的技防设施，积极开展各类科技创安活动，整合技术防范资源，切实增强整体防范效能。

一、城市报警监控系统建设

云南省城市报警与监控系统建设工作在各级党委、政府的高度重视下，各级公安机关积极行动，不断将系统建设、应用工作推向深入，使系统的建设和应用工作取得新的成效，在各地的综治维稳工作中发挥了积极的作用。

（一）领导重视，措施有力

云南省各州市的城市报警与监控系统建设工作在前期取得阶段性成果的基础上，各级党委、政府和公安机关始终把系统的建设作为重点工作来抓，将系统的建设纳入治安防控体系建设之中，努力克服经费困难，采取以政府投资建设为主，公安自筹资金、以租带建、市场化运作为辅等多种方式有效解决了资金不足的问题，再建成了一批系统。为促进系统建设，省综治办年初在听取公安厅信息通信处有关城市报警与监控系统建设工作汇报时就指出，将把该项工作纳入考核，以促进系统建设。公安厅在制定《云南省公安厅“先进平安县（市、区）”考核细则》和《云南省公安厅派出所等级评定实施细则》时，也对城市报警与监控系统的建设工作提出具体要求。

（二）系统建设工作稳步推进

由于各级党委、政府和领导的高度重视，云南省城市报警与监控系统建设工作始终稳步推进，截至目前，有近30个县（区、市）新建了系统，新增前端摄像机约2000台，全省129个县（区、市）已有107个建成了系统，共布设前端摄像机12704台。按照公安信息系统建设要达到互联互通、信息共享的要求，各州市公安机关正在开展整合各县城市报警与监控系统的工作，2009年，昆明、玉溪、曲靖、红河、文山、保山、迪庆7个州市已整合了所辖县（区、市）的系统，并在州市公安局建立了监控中心。省公安厅对全省城市报警与监控系统的整合工作也已启动。

（三）系统应用工作深入开展

随着云南省各地城市报警与监控系统逐步建成并投入使用，如何使系统在公安机关掌控社会治安和打击犯罪斗争中发挥最大效用，各地公安机关在摸索中不断强化应用工作。首先，建立完善的系统使用管理制度，以制度促应用。2009年，省厅及时将公安部编辑的《城市报警与监控系统建设、管理、应用规范性文件汇编》转发给各地，指导各地系统应用制度建设。之后，省厅于年内举办了一期培训班，对来自全省16个州市和129个县（区、市）公安机关专门从事系统建设和应用的骨干民警进行培训，邀请国内著名企业的专家，分专题讲授了城市报警与监控系统所涉及的各种技术原理，通过熟悉系统技术来指导应用。再者，已建系统的公安机关在省厅倡导下，积极开展相互之间的应用经验交流，有的还走出省，虚心向先进和发达地方的公安机关学习。通过抓系统应用工作，系统应用于公安实战所取得的成效逐步显现。各地市已建系统在公安机关日常治安维护、各类大要案件侦破中也发挥了显著的作用。城市报警与监控系统这一新型的科技手段，已逐步成为了公安机关维护社会治安、打击犯罪的利器。2009年昆明市公安局科技处、曲靖市公安局和大理市公安局的各1名同志被公安部政治部评为城市报警与监控系统建设成绩突出集体和个人，受到通报表扬。

（四）系统考核顺利开展

2009年12月，云南省综治维稳委对全省各州市的综治维稳工作进行考核评分，并将城市报警与监控系统建设情况、报警监控中心建设情况、报警监控系统整合情况及报警监控系统的应用成效纳入了考核评分范围，且首次对技防建设是否纳入城乡建设5年规划提出了新的考核要求。同时，在对云南省各州市申报的41个“先进平安县（市、区）”的考核评分工作中，也将城市报警与监控系统的建设情况作为考核评分的重要依据之一。此项工作是云南省城市与报警监控系统及技防工作在公安实战工作中发挥重要作用的体现，使云南省各州市公安机关进一步提高了对加强城市报警与监控系统建设的重要性和紧迫性的认识，加快推进了云南省城市报警与监控系统及技防建设的步伐。

二、技防立法工作情况

2009年，云南省公安技防管理机构根据以往技防立法工作的情况，向上级主管部门提出了关于制定《云南省安全技术防范管理》的立法申请，并建议以行政法规的形式出台。

第八节　陕西省社会治安防控体系建设

陕西省公安厅安全技术防范管理办公室

一、主要做法

（一）深入调研，科学规划，强化指导，规范管理

治安防控体系建设技术含量高，资金投入大，建设周期长，是一项系统工程。在建设中，各级公安机关坚持以现实需求为导向，以有效应用为核心，科学规划，规范管理，强化指导，确保质量，全面推进陕西省治安防控体系建设。几年来，省厅先后制定下发了《关于做好“3111”试点工程建设工作的通知》、《关于加强城市报警与监控系统建设规范化管理工作的通知》和《关于进一步规范城市报警与监控系统建设工作的通知》等一系列指导性文件，发布了《陕西省城市监控报警联网系统工程建设要求》等一系列陕西省地方标准。各市（区）公安局根据省厅的总体部署，成立工作班子，深入一线调研，明确应用需求，结合本地实际制定建设规范，并出台了一批切实可行的管理规范和工作措施，为各县（市、区）开展系统建设提供了有效指导。为保证建设规划的科学性，采取了以下方法：一是统一建设标准。严格执行《技术规范》等标准要求，保持总体框架上下衔接，确保各地治安动态视频监控系统能够顺利实现全省联网，实现资源共享。二是业务与技术相结合，满足实战需求。省厅技防办积极吸收相关警种业务骨干、安防行业技术专家参与工作，实现业务与技术的有效结合，从而确保规划的科学、可行与实用。三是建立规划、方案的论证和审批制。省厅要求各地建设规划和技术方案必须上报省厅，并由省厅组织专家论证、严格审核把关，规范管理，防止出现各自为政、脱离全局的问题

（二）加大投入，模式多样

资金、人才是各地社会治安视频监控系统建设中面临的最突出问题，为了保证系统建设的推进，各地不等不靠，采取多种措施和多种模式，保证了系统建设的顺利推进。延安、铜川、渭南等地城市报警与监控系统采取“企业投资建设与维护、政府购买服务、公安管理使用”的建设模式，经公开招标和考察，最终确定由当地电信公司投资建设并对系统进行运行维护和保障，政府掏钱租用，公安管理使用。

二、建设成就

（一）公众安全感逐年提高

全省公众安全感由2005年的84.66%上升到2008年的89.32%，年均增长1.17个百分点。2008年全省107个县（市、区）社会治安满意率历史性地全部超过80%。平安建设知晓率从26.98%上升到61.21%，年均增长8.6个百分点。

（二）基层治安防控体系建设不断加强

全省1586个乡镇和159个街道办全部设立了综治委（办），落实专兼职工作人员4373名。由省政府出资组建专职治安巡逻队3824支，组建义务治安巡逻队3.6万多支，十户联防组织10.7万多个。农村（社区）警务室覆盖率达到100%，有3325个行政村、约73万农户安装了警玲。累计投入8亿多元，安装监控探头8万多个，视频监控覆盖了全省的92%的县（市、区）。

（三）社会治安综合治理工作地位得到提升

近年来，陕西省经济又好又快发展，改革发展稳定协调推进，这与社会治安综合治理工作始终坚持服务大局、为经济社会发展创造良好环境密不可分。各级政法综治部门、公安机关主动履行建设者和捍卫者的重大职责，在维护社会和谐稳定、服务和保障西部强省中发挥了不可替代的作用，受到了省委、省政府的充分肯定，赢得了社会各界和广大群众的好评。

第九节　甘肃省社会治安防控体系建设

甘肃省公安厅科技处安全技术监督科（技防办）

甘肃省各级公安机关在党委政府的正确领导下，以推进平安城市建设为目标，结合本地实际，积极开展监控与报警系统建设工作，全省市、州级公安机关已基本建成了城市视频监控系统，报警系统。其基本情况如下：

一、兰州市

该市公安局在开展城市监控与报警系统建设工作中，积极争取政府支持，调动和协调各方面的力量，开展了以治安防控体系建设为载体的社会治安视频监控系统建设，

在2008年完成了一期2200个监控点的建设工作后，又于2009年11月完成了二期1895个监控点的建设工作。目前全局8个分县局和64个派出所的监控中心（室）和市局监控中心已全部联网。同时各单位积极探索、认真总结视频监控系统在科技导侦、信息预警、智能防范等方面的战术战法，积极拓展应用范围，初步形成了视频监控攻防模式。视频监控系统已经在警示震慑违法犯罪、破案取证、精确打击等方面发挥了重要作用。截止2009年底，全市利用社会治安视频监控系统协破刑事案件656起，查处治安案件1285起，现场抓获犯罪嫌疑人485人，为侦破案件提供有效视频录像13000余节计6000余小时。应用实践证明，视频监控技术已成为公安机关侦查破案的第四大技术模式。根据新形势下治安管理的需要，陆续在宾馆、娱乐等复杂场所采取了智能化安全技术防范监控措施，有效增强了公安机关在动态、复杂环境下驾驭和控制社会治安的能力。据统计，截止到2009年9月，全市共计安装各类视频探头20800个，安装技防设施189300户。使政府加强技术防范建设的相关政策措施得到了社会各阶层的广泛认可和积极响应，技防意识不断深化、覆盖层面不断拓展、网络规模初步形成，不断完善和充实了治安防控体系建设内涵，提升了防范工作效能。

二、嘉峪关市

该市公安局以开展“平安城市”建设为契机，经过调研，制定建设方案，召开专题会议论证，报经市政府批准，由政府与企业共同投资2015.1万元，开展了城市监控与报警系统建设工作。截至2009年底已建成视频监控点280个，实施了全市出入口、重点场所、部位、人流密集场所、主要交通路口的全方位、全天候监控，迅速提升了公安机关快速反应的能力和城市安全防范能力，在震慑和打击违法犯罪方面发挥了重要作用，有效提升了全市的治安防范和综合管理水平。

三、酒泉市

该市在城市监控与报警系统建设工作中，积极发挥政府的主导作用，充分动员社会各单位参与技术防范建设，取得了显著成效。根据公安机关掌握的情况，全市安装了入侵报警器的商铺、店铺、仓库等没有发生一起被盗案件。6起入侵盗窃案件，报警器在第一时间发挥作用，阻止了盗窃案件的发生，没有财物损失。公安机关建设的视频监控系统，在交通事故事后查证、大型活动安全保卫、预防盗窃案件、处置群体性事件中作用发挥较大。通过利用已建城市报警与监控系统，公安机关可分析案件多发地段治安案件的发案规律与特点，及时采取有效措施，强化重点部位和和社会面的治安防范措施。

四、金昌市

该市于2008年3月开始进行“平安城市”建设，市政府成立了社会治安视频监控系统建设工作领导小组，以市公安局为主体建成一级指挥中心和城市三个派出所二级监控平台，共建城市道路卡口9处、治安监控点100个。2009年，根据金昌市政府办公室《关于分解落实2009年政府工作主要任务的通知》和《平安城市治安监控系统二期工程推进意见》的要求，又开展了二期建设工作，截至2009年底，二期规划的200个监控点的建设任务已基本完成。系统投入使用以来，设备运行良好，效果凸现，为维护全市社会稳定、确保“一方平安”发挥了积极作用。一是增强了“打”的效果。据不完全统计，系统投入运行以来，共提供视频资料50多人次；通过监控发现各类案件、事故计20余起，提供线索19条，破案16起（刑事案件1起，治安案件11起，交通事故4起,)，抓获违法犯罪嫌疑人16人。二是拓宽了“防”的渠道。治安监控系统有效拓展了治安防范工作的时空和视野，由原来比较单一的人防或物防模式，转变为人、物、技“三防合一”的立体式综合性整体防范格局，有效地挤压了犯罪活动的空间。市内公交车站点和贸易市场内建设监控点以来，使市场公交车站点及其周围的发案率大大降低，有效的遏止了绺窃的发生。三是提升了“稳”的层次。社会治安视频监控系统逐步建设和范围扩展，深得民心，进一步增强了老百姓生活的安全感。对一些社会不良现象（如黄、赌、毒等）以及群体性不稳定因素的实时发现、跟踪与掌控，对“法轮功”破坏活动的防范与打击等方面起着不可估量的作用。四是加大了“控”的力度。在重点部位和大型活动场所适时监控，有效的控制了社会治安局面。

五、武威市

该市视频监控系统建设工作起步晚，布建的监控点位少，但也充分发挥作用，2009年利用视频图象破获了多期重大盗窃及伤害案件。

六、张掖市

该市公安局在开展城市监控与报警系统建设的同时，积极探索农村技防建设的模式，开展了以红外报警和“电话看家”为主要形式的农村“小技防”建设。目前，技防建设已覆盖了全市所有乡镇，共建成技防社区（村）565个、技防单位（企业）702个、技防农户10.3万户，安装视频监控系统、红外报警器等技防设施11.5万套，建成了以村为单位、联接社区警务的农村红外报警网络，社会治安技防能力得到明显加强。城区和乡镇所在地全部组建了专职治安巡逻队，村社建立了义务治安巡逻队伍，大部分村社能够坚持夜间治安巡逻，为稳护社会治安发挥了重要作用。

第十节　青海省社会治安防控体系建设

青海省公安厅安全技术防范管理办公室

一、建设情况

在平安城市建设的推动下，青海省社会治安动态防控体系建设取得了一定的成绩。各州市地公安部门运用多种手段，克服资金少、技术差、人员缺的实际问题和困难，边建设、边发展，为青海省社会治安动态防控体系建设打下坚实的基础。截止目前，省内共投资3934余万元，全省39个县级镇已建设成并应用的城市报警与道路监控系统共30套；28的个地市已经建成应用并初现成效；社会面报警服务中心7个，共安装报警器终端5864户；利用社会资源建成目标报警中心一个，接入联网报警576户，移动报警356户。目前，尚有2个地区（湟中县、大通县）的城市报警与监控系统正在建设当中。其中"全球眼"在全省安装23个县，监控点211路，探头共计330个，安装率为58.9%。

二、管理情况

目前，全省各地一、二级监控中心安全制度完善，各地不断建立健全报警监控中心值守、监控图像分级管理、人员培训教育、设备维护保养等长效工作机制，确保城市报警与监控系统正常运行。通过严格规范操作程序，细化工作标准，把各项制度纳入了规范化轨道，使监控工作有规可依、有章可循，有力地推动了110指挥中心监控工作的开展。根据动态治安变化，适时调整监控范围、重点，把握巡防重心，努力实现警务跟着警情走的工作目标。

三、综合应用情况

城市报警与监控系统在省内全面建设并运行以来，在治安防控、侦查破案、公安管理、服务社会等领域发挥的作用越来越明显，极大地推动了由被动式警务模式向主导型新型警务模式的转变进程，提升了驾驭动态社会治安的能力，在各项公安工作中发挥了积极作用。一是提高了治安防范能力。全省大部分州、地、市将人防、物防、技防相结合，逐步加大治安防控能力。如西宁市公安局向临街商铺、酒店宾馆、单位院落推广技防设施，严密防范网络。到目前为止，市区虫草店已全部安装了防盗报警器，其中部分店铺安装了视频监控装置。全省金融网点、虫草店铺实现了零发案。一些发案多、社情复杂的治安难点，安装了视频监控系统后，秩序明显好转。该市汽车站、火车站地区视频监控系统建成后，发案率下降了81%，群众的安全感大大提高，视频监控的震慑作用明显。二是提高了处置突发事件、重大活动的安全保卫的能力。开展城市报警与监控系统建设以来，全省各地治安和刑事案件发案率大幅度下降，特别是在藏区维稳工作方面，为领导决策、警力指挥调度和处置突发事件上，都发挥了重要作用。如西宁市从系统试运行以来，发现并盘查嫌疑对象220人，发出出警指令123次，直接发现违法犯罪行为2起，抓获4人，协查治安案件26起，预防群体性事件21起。此外，利用城市报警与监控系统，为治安、刑事、国保、交通等各部门提供案件线索、固定证据6次，协助破获刑事案件13起，抓获犯罪嫌疑人57人。全市刑事治安两类案件、街面"两抢一盗"案件大幅下降。

第十一节　河北省社会治安防控体系建设

河北省公安厅安全技术防范管理办公室

一、开展了正定县农村视频监控试点工作

正定县塔元庄村试点建设已完成一期、二期工程建设，并将安防产品广泛应用在试点建设中。

二、举办了"2009第八届河北社会公共安全产品博览会"

2月26日，"2009第八届河北社会公共安全产品博览会"在石家庄国际博览中心举办。各市公安局技防办主任、河北省安全技术防范学会常务理事会成员出席开幕式。全国数百家企业参展，展示了国内外具有高新技术水平的电视监控、防盗报警、楼宇对讲、生物识别、智能监控、城区控制、车辆防盗、防劫报警系统、以及消防产品、警用

车辆、技术装备等，提高了群众对技术防范的认知度。通过广泛宣传，各级各有关部门及社会各界的技术防范意识进一步增强，认识程度普遍提高，为城市报警与监控系统建设的顺利开展打下良好基础。

三、开展全省农村互助网建设

配合省综治办、河北联通分公司在全省先后开展了农村互助网建设。目前已完成全省农村互助网21593个，并呈快速发展之势。

第十二节　内蒙古自治区社会治安防控体系建设

内蒙古自治区公安厅公共安全技术防范管理办公室

内蒙古自治区公安厅积极争取党委、政府领导及相关部门的重视，努力将安全技术防范体系建设纳入当地经济社会发展规划中，在政策、资金等方面予以支持。自治区领导对此项工作多次做出批示。自治区政府副主席、自治区科技强警示范建设领导小组组长连辑指出，要“进一步优化整合社会资源，综合开发利用高科技监控防范手段。在城市建设中，要把视频监控报警系统等技术防范措施逐步纳入住宅小区、商场、学校医院和道路交通建设中。对于已经开工建设的项目，要补充安装相关设备；在审批新开工建设项目时，要把视频监控报警系统作为必建项目，纳入审批范围”，为这项工作的顺利开展奠定了良好基础。

第十三节　黑龙江省社会治安防控体系建设

黑龙江省公安厅科技信息化处技防科

在黑龙江省委政法委的领导下，黑龙江省公安厅科技信息化处技防科始终坚持贯彻“打防结合，预防为主”的方针，在严厉打击严重刑事犯罪的同时，加大对治安防控体系建设的投入，有效预防控制了刑事犯罪，保持了全省社会治安持续平稳。如在城市治安防范工作中，严密各种治安防范措施，形成了空中有视频监控、地面有警务平台的立体防控网络。坚持政府主导，发挥社会和市场作用，采取网通公司出资建设、政府租用的方式，投入专项资金3.5亿元，在全省主要街道、重点部位、场所安装视频监控设备23565个，为基层办案单位提供查询3361次，提供现场证据和资料653次，破获案件244起，抓获犯罪嫌疑人331人。又如在农村技防工作中，大力开展农村技防建设，推广使用经济适用、防范效果好的物防和技防设施，到目前哈尔滨市95%以上种养殖（种植）大户安装了远红外线报警器等技防设备，农村入室盗窃及盗窃农机具、电力设施和牛羊家畜等案件明显减少，群众安全感明显增强。

第十四节　宁夏回族自治区社会治安防控体系建设

宁夏公安厅安全技术防范管理办公室

2009年至2010年，宁夏回族自治区城市报警监控建设将跨入新台阶，全区投资上亿元，以五市中心城区为主，在五市的交通卡口、宁夏与周边省区的卡口关节点全部建成相关的监控系统。这套系统建成后，公安机关将更好地掌握信息，完善城市主要出入口的人防、技防建设布局，加强跨地区、跨城市打防协作，由“设防城市”到“设防带”、“设防圈”延伸发展，实现地区间、城市间的区域联动，整体防控。

第十五节　新疆维吾尔自治区社会治安防控体系建设

新疆维吾尔自治区公安厅治安管理总队基层基础处（技防办）

新疆自治区公安厅积极争取党委、政府领导及相关部门的重视，努力将安全技术防范体系建设纳入当地经济社会发展规划，争取在政策、资金等方面予以支持。自治区领导和相关部门对此项工作给予了应有的重视，有力促进了乌鲁木齐市以及其它部分城市安防体系建设建设，并把视频监控报警系统等技术防范措施，逐步融入住宅小区、商场和道路交通等方面建设的规划与实施中，随着社会治安视频监控系统逐步建设和范围扩展，进一步提高了公安机关快速反应和精确打击的能力。如在2009年乌鲁木齐“7.5”事件期间，从建成并投入使用的安防视频监控系统中，获取了有取证价值的大量视频资料，并将视频信息取证的技术手段运用于侦办案件过程，为之提供了指挥信息，为侦查工作指明了方向，明确了目标，为诉讼工作提供了动态影像证据，发挥了不可替代的技术支撑保障作用。

第十四章　金融系统安防应用现状与发展趋势

北京安全防范行业协会

金融机构由于其地位的特殊性，其安全性历来受到人们的关注，也理所当然的成为了安防重地。可以说，金融机构的安防应用在一定程度上带动了中国整个安防行业的发展，几乎大部分的安防产品都是随着金融机构的安保需求而诞生的，而安防工程的建设水平也随着不断更新和提升。为加强对金融系统安全技术防范应用工作，提升金融系统安全防范的科学性和时效性，北京市公安局内保局金融处对2009年度中国银行、中国工商银行、中国农业银行、中国建设银行四大国有商业银行的安防技术应用情况进行了统计、调研。

一、金融系统安防应用现状

（一）银行业安防系统总体概述

据统计，上述4家国有银行总行共有143家省、市级分行，全国共有支行、分理处、储蓄所、营业网点46780个，自助银行23459家，自助机具98964台。2009年度安防资金投入共达32.813878亿元（其中不包含中国工商银行的资金投入）。各行都安装了监控、报警、实体防护等多项防护设施，安防覆盖率均达到100%。

（二）银行安防设备应用状况

四大银行的现有技防设施主要包括视频安防监控系统、入侵报警系统、实体防护系统。中国银行、中国农业银行、中国建设银行三家银行安装的摄像机数量共计934776台，数字信息录像机144173台，入侵报警探测器373856个，报警控制器79832个。中国工商银行共24129个网点、金库、自助银行安装了成套视频安防监控、入侵报警系统，安装率100%。在技防系统使用的产品中，有38%－39%为国内产品，61%－62%为国外产品，主要品牌为索尼、三星、松下、三洋、海康、大华、蓝色星际等。

二、金融机构安防应用特点和需求

（一）人防、技防、物防三者的有机结合

在安防费用的总投入中，其中有两家银行的技防投入分别占到投入的二分之一和三分之一。四大银行都大力构建人防、物防、技防三位一体安全防线，防范内外风险。各行都建有一支比较成熟的安全保卫专业队伍，二级分行以上的机构，都设有独立的保卫机构或合署办公保卫机构，每年都定期对保卫人员进行专业培训。根据各银行的具体情况，都制定了各类处置突发事件应急预案，并定期开展处置突发事件应急预案演练，对每年新入行的员工，都在入行前进行安全教育培训。随着银行金库守库、现金押运社会化工作程度的不断提高，营业网点转型工作战略的实施和自助银行、自助机具的增加，外聘保安数量也逐年增加；社会化安全服务的参与，一方面弥补了银行安全保卫力量的不足，另一方面也降低了银行的经营风险，符合专业化分工的社会发展趋势。

在物防方面，银行系统所有营业机构都按照公安部《银行营业场所风险等级和防护级别的规定》和《金融机构营业场所和金库安全防范建设许可实施办法》等相关行业标准和管理制度，进行了相应的金融安防系统建设，营业网点、金库、办公楼宇等实体防护基本设施实现100%达标。

技防系统建设是金融安全防范系统建设的重要组成部分，是保障银行员工和客户人身安全和资产安全的有效措施，是促进业务发展的重要手段。银行技防系统建设模式经历了从单一到联网，设备从模拟到数字的飞跃式发展，四大银行的所有机构网点、金库、办公楼宇以及ATM等自助设备等均安装了监控报警系统，各银行一级分行实现了监控联网报警，二级分行均建有联网监控中心。监控联网报警的实施，实现了营业网点、金库、自助设备、办公场所等重要场所安全的统一监控，大大节省了人力成本，为维护银行安全运营、打击违法犯罪、强化银行安全管理提供了先进的可靠手段，同时也为银行内部开展合规操作、稽核检查、录像查看、监督文明服务等提供了方便。技防系统建设在保障银行员工及客户人身财产方面发挥重要作用，也为协助公安机关打击违法犯罪提供了可靠的技术手段。

（二）金融安防系统建设面临的几个问题

1. 专业保卫人员匮乏

银行安全保卫工作专业性强，但由于认识上的偏差，国内安全保卫人员薪酬偏低，职业发展空间受限，对专业人才和管理人才缺乏吸引力，以致造成保卫工作岗位知识老化，年龄老化，人员匮乏。

2. 旧产品升级难，回收难

由于安防技术发展很快，有些安防产品还在使用期限内，质量完好但是技术落后，生产厂家一般主张进行更换，不愿进行技术升级，导致设备只能淘汰，造成很大浪费。淘汰下来的旧产品厂家也不愿意回收，只能长期堆放，形成电子垃圾污染环境

3. 协议不开放

有的安防厂家出于商业利益，设备通讯协议不开放，或高价收费设置障碍，人为造成系统集成困难和安防工程垄断，对整个安防建设长期发展不利。

4. 技防建设的困难问题

技防建设行业标准不能完全满足技防建设需要；各地

公安机关对技防建设的督管标准不统一；市场上技防产品良莠不齐；由于银行认识上不到位，导致技防建设投入不足。

5. 项目后续服务维护工作存在不足，设备供应商、工程商相互独立，设备供应商服务网点少，有的工程商在工程结束后服务积极性差，导致设备使用维护工作不及时、不到位，直接影响到防范工作的开展。

（三）金融技防建设的特殊要求

目前四大银行的监控联网建设工程基本完成，但受制于我国网络使用费用过高，有些分行为节省开支不得不放弃专网专线，只能采取与业务网同网运作方案。由于监控图像所占用的网络资源较大，为保障业务数据传输，不得不以限制监控数据传输为代价，网络资源成为制约安防监控智能化发展的瓶颈。为了保障金融安全运营和促进社会和谐发展，建议主管部门协调电信部门应对金融业安防专用网络给予价格优惠，切实发挥联网监控的作用。

（四）对金融技防技术的新要求

1. 加快研发 ATM 监控智能识别技术步伐

目前不法分子对自助机器违法案件增多，但目前国内人脸识别和行为识别技术的应用还处于初级阶段，在 ATM 上应用技术还不是十分成熟。国内安防行业应联合技术力量，加快研发步伐，早日提供成熟产品，提供出一整套技术方案，提高国内 ATM 安全防范能力。设计开发高智能化的 ATM 要本着节约成本的原则，利用现有的通讯网络资源传输远程监控图像，加载智能视频分析技术、自动智能识别技术和警情智能识别上传技术，具备不同币种、面额识别功能和良好的兼容性、扩展性，以实现低成本下的产品系统升级换代。

2. 搭建金融技防新技术推广桥梁

科技进步引领安防技术日新月异飞跃发展，金融行业急需有一条了解新技术的渠道，希望在银企之间搭建一座安防技术推广的桥梁，使银行能够尽快了解新技术信息，也有利于新技术的推广。

3. 提高科技含量

目前安防工作面临科技含量不足，人防比重较高的问题，建议加大金融安防技术的科技研发力度，用科技手段取代原有的人防手段，继续推广异地集中守库，视频监控报警联网等工作。

三、金融机构安防应用未来趋势

（一）智能化是发展方向

随着技术进步，技防建设将向智能化方向发展，通过生物识别、行为识别等智能技术的广泛应用，金融安防项目使用将更加方便，手段更加先进，监控更加可靠，安全保障能力大幅提高。

（二）网络化程度更高

随着网络摄像机的大规模应用，安防系统的网络化程度将进一步提高，将利用监控平台网络优势开发出许多衍生功能，如管理功能、控制功能等，不但大大提升安全防范能力，还为业务发展提供服务保障。

（三）金融技防系统的集成化

技术进步将使金融技防系统向着集成化方向发展，集成设备将多种功能整合成一体，安装简便、操作简单、维护方便、节能效果好的产品将占领市场，而功能单一的设备将被淘汰。

（四）污染小、耗能低的技防产品成为市场主导

随着新技术的推广使用和低碳经济战略的实施，耗能低、绿色环保的技防产品将成为市场主流，一大批诸如 CRT 监视器等耗能产品将逐步淡出市场。

第十五章　民航安检设备准入鉴定制度

中国民用航空总局航空安全技术中心

近几年，我国民航业持续保持健康快速发展，目前我国不但是国际民航组织一类常任理事国和全球第二大航空运输国，而且正处在由民航大国逐步向民航强国转变过程之中。然而，国际航空保安形势一直复杂多变，各种非法干扰行为防不胜防。9·11 事件以来，一系列非法干扰事件接连发生。2009 年 12 月 25 日，在由荷兰阿姆斯特丹飞往美国底特律的航班上发生了一起企图炸机未遂的严重非法干扰事件，再次警示各国民航空防安全保障工作时刻不容轻视和懈怠，不能存有任何侥幸心理。

民航空防安全事关国家安全、人民生命和财产安全，是维护国家安全、社会稳定和行业发展的重要基础。因此，我国民航一直高度重视空防安全工作，将其视为行业持续健康快速发展的重要前提和保障。经过多年的努力，目前已经形成一套与行业发展相适应并且行之有效的航空保安管理和技术防范措施，尤其是在民航安检设备准入管理方面有了长足发展，从而使民航安防建设在硬件建设和规范管理都得到良性发展。

民航安检是防止旅客非法携带或运输违禁物品，预防非法干扰行为的重要关口，而使用合格的安检设备是此项工作有效开展的必要条件。因此，2004 年 7 月，原民航总局公安局根据《行政许可法》和相关国家文件颁布了《民用航空安全检查设备的使用许可程序规定》，开始对进入我国民航市场的安检设备开始实施准入鉴定制度，。准入鉴定制度主要分为技术鉴定测试、行政许可审批、证后监督管理三个环节：

一、技术鉴定测试

根据《民用航空安全检查设备的使用许可程序规定》，技术鉴定测试工作由民航局航空安全技术中心安全检查设备鉴定办公室（以下简称“鉴定办公室”）负责，在此过程中需要完成的工作包括设备鉴定申请与受理、技术资料审查、鉴定实施及编写鉴定报告等几部分，具体如图 1 所示：

（一）**问询**：申请人可向鉴定办公室问询有关安检设备鉴定申请的事宜，问询方式包括来访、电话、传真或电子邮件。

（二）**申请**：申请人申请时应向鉴定办公室提交《民用航空安全检查设备鉴定申请书》、申请人营业执照或具有同等法律效力的文件复印件、申请人代表的授权证书、申请设备的技术资料、ISO9001 质量体系认证证书等有关材料；

（三）**资料初审与受理**：鉴定办公室负责对申请人提交材料的完整性、规范性和所采用技术标准的适用性等内容进行初步审查。对于符合要求的，向申请人发出受理通知书，对于不符合要求的，通知申请人补充材料或发出不予受理通知书。

（四）**鉴定实施**：在受理申请之后，对于具有现行相关国家标准和民航行业标准的申请鉴定设备，鉴定办公室将与申请人协商具体鉴定事宜，组成鉴定组对设备进行鉴定。对于尚未出台相关国家标准和民航行业标准的申请鉴定设备，鉴定办公室将组织民航安检设备技术委员会专家会同申请人，对申请鉴定的设备进行行业适用性、检验标准及检验方式等技术论证。论证后，鉴定办公室将论证报告及有关建议报请民航局公安局批示。对于论证通过并获得民航局公安局准予鉴定批示的申请鉴定设备，鉴定办公室将组成鉴定组实施鉴定；对于论证未通过的设备，将向申请人作出书面答复，结束鉴定。

（五）**编写报告**：鉴定组在完成全面评审并在申请人完成整改后，对所有鉴定资料进行整理，编写鉴定报告。鉴定办公室负责对鉴定组提交的鉴定报告及所有鉴定资料进行复核，以及后续资料存档和鉴定报告签发呈批工作。

二、行政许可审批

根据《民用航空安全检查设备的使用许可程序规定》，《民用航空安全检查设备使用许可证书》申请受理工作由民航局公安局负责，在此过程中需要完成的工作包括鉴定申请与受理、材料审查与核实、使用许可证书制作与颁发等几部分，具体如图 2 所示：

（一）**申请**：对于鉴定结论合格的安检设备，申请人在取得鉴定报告后即可向民航局申请《民用航空安全检查设备使用许可证书》。申请人申请时应提交《民用航空安全检查设备使用许可申请书》、申请使用许可设备的生产制造证明、ISO9001 质量管理体系和 ISO140001 环境管理体系认证证书复印件、鉴定办公室出具的鉴定报告等相关资料。

（二）**材料审查与核实**：民航局公安局收到申请材料后将对材料的完整性、法定形式符合性、材料真实性等进行审查与核实。经审查与核实后，民航局公安局将做出是否受理的决定以及是否准予行政许可的决定。对于不受理以及不准予行政许可的申请，将以函件形式通知申请人。

（三）**许可证书制作与颁发**：对于决定受理以及准予行政许可的申请，经经报请民航局领导批准后制作并向申请人颁发《民用航空安全检查设备使用许可证书》。经过准入鉴定并取得《民用航空安全检查设备使用许可证书》的安检设备型号信息可在“中国民用航空保安信息网”（www.sinoavsec.cn）中浏览和查阅。

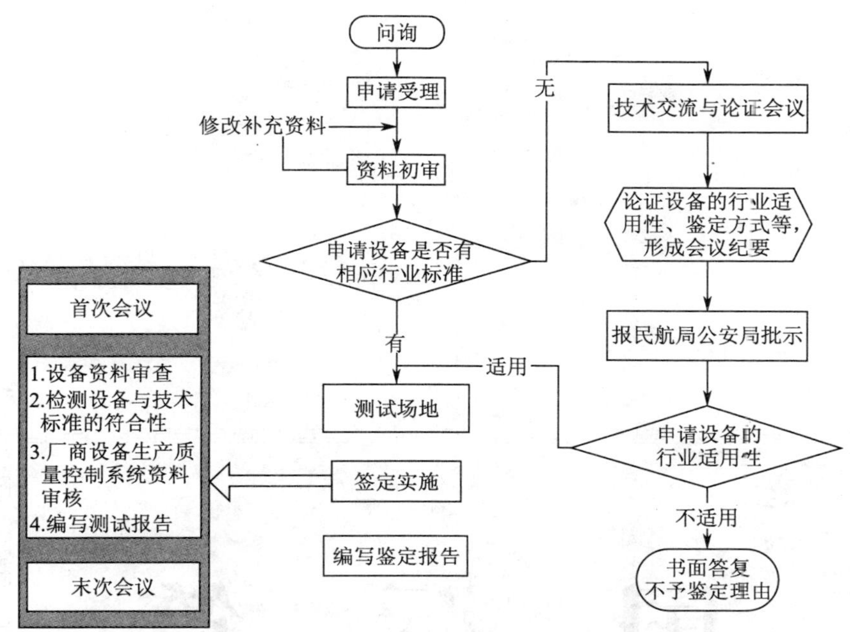

图1　民航安检设备鉴定流程

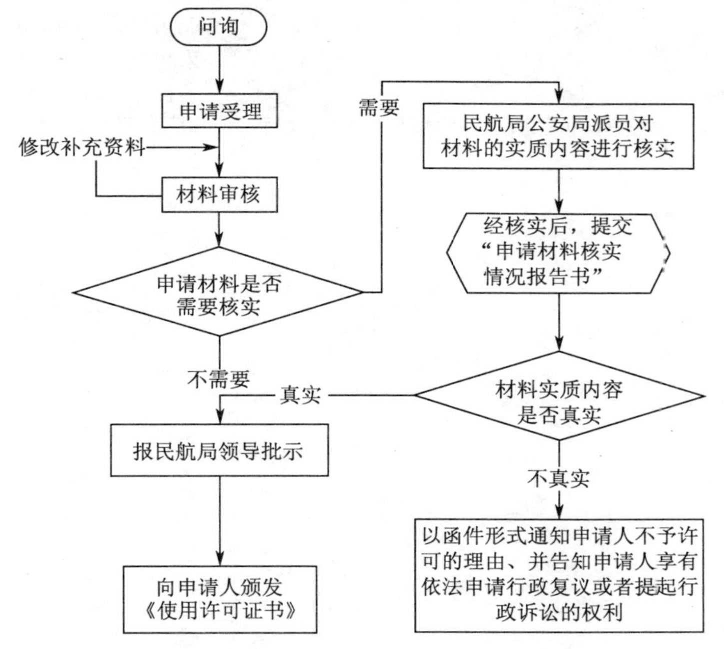

图2　民航安全检查设备行政许可审批申请程序

三、证后监督管理

加强持有《民用航空安全检查设备使用许可证书》企业的后续监管是安检设备准入鉴定制度的重要环节，也是确保获证企业持续保持必备生产条件和产品质量的关键手段。民航总局公安局及其派出机构负责对《民用航空安全检查设备使用许可证书》持有人在证书有效期内进行设备、技术资料、质量控制系统的符合性检查。对于不符合法定等条件和要求的申请人，经报请民航局领导批准后，撤销其持有的《民用航空安全检查设备使用许可证书》。

民航安检设备准入制度的实施，保障了民航业安检设备应用质量，在一定程度上规范了安防产品生产企业的市场行为，有利于民航安检设备的系统配套和信息联网，对行业安防建设有序发展，促进民航安检技术向规范化、网络化、智能化发展奠定了基础。

国 际 篇

第十六章 国外安防行业概览

第一节 国外安防行业及相关行业组织简介

1.1 国际安防组织

International Security Industry Organization (ISIO)

作为国际性的安防行业贸易组织，ISIO代表了绝大多数安防企业的利益，并作为全球著名安防活动和展会的官方合作商，长久以来取得了长足的发展，成为了拥有19个分支机构的专业化安防行业组织。

组织主要职责是为安防论坛和展会；安防媒体；系统咨询和培训；安全产品制造商；系统集成商、分销商、零售商或安防服务提供商；安全产品安装商；管理人员等各团体、个人或活动提供相关的资信考核和认证。

因此，各业内专家通过入会的方式与组织建立了紧密的联系，并通过参与、主办各类安防论坛、展会和媒体获取最新的安防信息。

会员分为已登记和未登记两种，均来自于对安保有特殊需求的各行各业，包括：港口、法律实施、监狱、学校、赌场、酒店、普通住宅、重要活动、货物安全、军事与国防、石油开采与炼油、工业、边境、城市、铁路与地铁。

无论是未登记会员，还是已登记的，均可以通过组织内部遍及全球的安防专家获得安防信息和支持。

会员定位：安防企业的首席执行官；向ISIO认证供应商购货的国际安防买家；安防管理人员；系统集成商、分销商、零售商和控制站工作人员；安防营销经理；安防销售主任；安防顾问；媒体；国际安防制造商；投资商。

同时，ISIO会员可以通过安防媒体取得额外收获，尤其可以获得各自最感兴趣的行业信息，相关组织有入侵探测组织、运输安全组织、国土安全组织、周界安保和城市安保组织等。

作为ISIO的已登记会员，可以在ISIO组织内对本身所属团体进行免费宣传，而未登记会员则只能通过订阅服务获得感兴趣的信息。任何一个安防企业都可以申请成为ISIO的注册会员，加入到全球安防行业网络中，与公司的立场和目标达到一致。

联系方式：

电　　话： +1-702-799 9966（美国）

+44 (0) 20-8144 6329（英国）

网　　址： www. intsi. org

电子邮件： isio@ intsi. org

1.2 国际安防专家协会

The International Professional Security Association (IPSA)

国际安防专家协会位于英国，截止到今天，国际安防专家协会已经走过了50年的风雨历程，逐步壮大为世界上最有威望的安防行业协会，有效保证了国际安防事业的专业化、现代化。

作为举世公认的专业化行业组织，为国际安防行业和相关商务活动提供了至高无上的服务，不分国界的将最高级别的安防技术标准运用在世界的各个角落。

协会的核心机构分布在14个不同的国家和区域，是一个由所有会员单位管理并提供资金来源的独立行业组织，不含任何的贸易、政治或信仰倾向的内容。

会员单位包括：

全职服务于安防行业的个人；将要加入到安防行业的个人，例如：警察官员、武装部队成员、学生等等；各相关安保组织，出入口监控设施生产商；从事安防设备生产或供应的企业；安防知识培训公司；安防咨询公司库；拥有安防专家的相关组织等。

同时，协会允许就职于从事工业或商业安全服务的公司，或为工业或商业安全服务公司提供服务和材料的其他任意团体加入到国际安防专家协会中，共同促进全球安防行业的发展。

协会也为从事工业或商业安全服务公司的管理人员和员工提供安防知识、技能培训，提供整体人员的业务素质。

联系方式：
协会地址：Northumberland House 11, The Pavement Popes Lane Ealing London W5 4NG England
电子邮件：post@ ipsamail. org. uk
电　　话：+44（0）20 8832 7417
传　　真：+44（0）20 8832 7418
网　　址：www. ipsa. org. uk

1.3 欧洲安全运输协会

European Security Transport Association（ESTA）

1974年的荷兰安全会议上，由意大利的C. Barrabino博士和德国W. Thiele先生倡议，提出了成立安全运输协会（ESTA）的想法，为协会的成立奠定了基础。最初成立协会的目标是通过编制防爆统一标准为CIT设计“THE”欧洲汽车。

1975年11月18日，欧洲安全运输协会（ESTA）在比利时的布鲁塞尔正式成立，由七个成员组成，L. Pottier先生任理事长。

作为一个非营利性组织，欧洲安全运输协会（ESTA）代表了整个欧洲范围内从事现钞押运和CIT业务90%的企业利益。同时，该协会还有一个兄弟协会CoESS，由120会员组成，包括77个永久性会员、51个附属会员和2个合作会员。

联系方式：
电　　话：+32 2 300. 90. 34
传　　真：+32 2 300. 90. 23
电子邮件：contact@ esta. biz
网　　址：www. esta. biz

1.4 亚洲保安专业联合会

Asian Professional Security Association（APSA）

亚洲保安专业联合会是由亚洲多个安防协会组成的联合组织，最初于1994年成立于泰国，总部设在曼谷，接着在印度、菲律宾、新加坡、马来西亚、韩国、中国、香港以及印度尼西亚设立分会。

会员来自于以上提到的9个国家或地区，是亚洲安防行业最大的联合组织，对亚洲区域的安防行业发展的专业化程度起到了积极的推动作用。经过各分会之间的融洽合作和努力，该联合会在过去的几年里经历了飞速发展并取得了斐然的成绩，已壮大成为了亚洲最具发展潜力的行业性组织。

长久以来，联合会一直致力于将其发展为亚洲区域各安防企业互相交流信息、专业化知识以及相关安防技术的中心，并不断为之努力。同时，为了进一步提供行业的专业化标准和公共认知度，经常在各会员内部进行安防知识培训和教育，促进了整体行业的发展。各分会也不定期的会举办一系列相关的培训计划，例如亚洲安防专业联合会（APSA）年度会议、研讨会、茶话会以及各类参观活动等，加速了专业化程度的发展。联合会还积极地与各地方政府和相关行业组织合作，确保各项行业标准的制定工作是从会员单位的实际需要出发的，并根据不同安防企业会员的不同需求对个别标准做适当修正和澄清，有效维护了会员的切身利益。

目前，联合会的国际总部设在马来西亚的科伦坡，未来将要实现的核心目标为：

1. 将其发展为世界安防企业的合作和交流平台，促进安防行业长足发展。

2. 加强会员之间交流与合作，创造统一、互信、文明的工作氛围。

3. 致力于各安防企业的信息、专业化知识以及相关安防技术的交流，进一步提高安防行业的专业化程度。

4. 协调会员单位与地方政府关系，确保国际间安防行业和平、互助、稳定发展。

联系方式：
联 系 人：Dato' Haji Rahmat bin Ismail（行政总裁）
电　　话：03－7803 5588
传　　真：03－7804 6589
电子邮件：hrahmat@ tm. net. my
info@ apsa－malaysia. com. my
网　　址：www. apsa－malaysia. com

1.5 美国安全工业协会

The Security Industry Association (SIA)

美国安全工业协会是一个非营利性的贸易组织，代表了电子和实体防护制造商、指定机构和服务提供商的利益。协会通过提供和实施安防知识培训、行业研究、相关技术标准制定等方式，维护其会员的利益，并作为“全球安防会展”(ISC EXPOs)的独家赞助商，极大推动了历届会议的成功举办，促进美国安防行业的长足发展和专业化实施。

美国安全工业协会成员囊括了从制造到安装的各阶段专业人士，覆盖了经济领域的各个组成部分，包括商业、社会公共机构、住宅、政府等，而且产品和服务范围也不仅仅局限于出入口控制、生物识别、视频监控摄像机和系统、火灾探测和救助、家庭自动化、入侵探测、远程无线监控、个人安全预警系统、移动行业安全防范系统、锁具以及其他专业的安防服务。

宗旨和业务

以促进美国安防事业的发展，进一步提高其先进性和专业化程度为宗旨，以维护政府关系、开展安防技术开发与研究、实施安防知识培训与教育、制定相关行业标准为主要业务。

维护政府关系

美国安全工业协会的政府关系团队负责向会员单位通报与电子安防行业息息相关的安防政策动态、联邦立法和款项分配事宜，并组织其核心会员参与相关活动。同时，协会每年还会举办一次政府峰会，届时，各安防企业的领军人物欢聚一堂，共同听取国会首领、政府要员和安防政策制定专家们的相关评论，并由协会出面为那些曾经向优秀会员单位提供过支持的国会成员颁发“全球安防行业领导奖”。

安防知识培训与教育

美国安全工业协会为从事着电子安防设备和系统安装服务事业的行业内专业人员提供了广泛的培训与教育计划，其中大部分课程均通过在线授课的方式实现，只有一小部分采用传统的教室授课。通过协会测试，合格的安防行业从业人员可从协会获得两种资质证书，包括中心站操作控制员证书(CSOI)和合格安全项目经理(CSPM)。

另外，协会与美国安防认证机构“NICET”合作，共同制订了一系列安防认证体系，极大促进了安防从业人员认证考核机制的发展。为了进一步实现协会所制定的“提高安防行业先进性和专业化程度”的目标，协会特意组办了安防知识在线培训平台(www.SecurityLearningNetwork.com)，提供了在线信息查询和安防知识培训导航等功能，极大方便了用户的使用。

安防技术开发与研究

对于协会会员和当代的投资团体来说，安防市场和技术信息、趋势、机密信息等资源性资本是至关重要的。除了提供日常新闻之外，协会还发行了两种季节性刊物，《最新安防技术季度播报》和《最新研究报告》，从技术和商业运作的角度揭示了安防行业业内的热点事件。同时，协会还为专有会员和业内人士提供了全球安防市场综合报告和其他相关要闻，影响最为深远的要数2007年1月出版的《中国安防市场报告》，对中国的安全行业市场做了深入细致的调查和分析，为那些试图进入中国安防市场的美国企业上了一堂生动的实践课。

安防行业标准制定

美国安全工业协会是由美国国家标准研究所批准的专业化标准制定组织，主要负责系统集成和设备性能方面的标准编制工作。协会内的标准编制人员对外联系广泛，与美国联邦机构、执法机关以及其他相关协会团体紧密合作，对各项安防行业标准实施编制和修正。

协会理事会构成：理事长1名；执行委员会1个；理事19名；

以下组织代表各1名：美国国家防火防盗报警协会“NBFAA”，中心站报警协会“CSAA”，加拿大报警安防协会“CANASA”和拉丁美洲安防协会“ALAS”.

联系方式：

地　　址：635 Slaters Lane, Suite 110 Alexandria, VA 22314

电　　话：703－683－2075 or 866－817－8888

电子邮件：info@siaonline.org

网　　址：www.siaonline.com

联 系 人：Richard Chace 首席执行官
Jennifer Crier Johnston 常务董事助理
Peggy O'Connor 公关部经理

1.6 美国国家安防企业联合会

The National Association of Security Companies (NASCO)

美国国家安防企业联合会，作为美国国内最大的签约安防贸易协会，代表了业内所有私营安防企业的利益，现有的企业会员占有了美国国内超过400，000个以上的服务于各个行业的高素质安防人员。同时，联合会通过关注和分析可能会对私人安全服务质量造成影响的国家和联邦立法、法规，为私人安全行业和人员编制相关标准，确保其有序运行。

联合会主要职责包括：

1. 促进私人安全公司的利益实现；
2. 提高私人安全业务专业化水平；
3. 积极开发新的市场，保证当前市场的有效进入；
4. 推动私人安全业务内部更高一级标准、法规和行为准则的进一步实施；
5. 增强对享受签约安全服务消费者、政策决策者、媒体以及普通大众的认识；
6. 确保签约安全行业的持续性发展。

联系方式：

地　　址：1651 Prince Street Suite B Alexandria，VA 22314
电　　话：703－519－0912
传　　真：703－519－0915
电子邮件：information@ nasco. org
网　　址：www. nasco. org
联 系 人：Martin Herman　理事长
Julie Payne 助理

1.7 英国安防行业管理局

The Security Industry Authority（The－SIA）

作为一个行业性官方组织，英国安防行业管理局主要负责管理和监督私营安防行业，属于一个独立的安防行业组织，受“2001年私营安全企业法案”相关条款的约束，直接向英国内政部报告。其核心宗旨为有效管理私营安全企业、降低社会犯罪率、制定相关私营安防行业标准、以及提供产品质量认证服务等等，业务覆盖了整个英国。

管理局的主要职能有两个，其一，对私营安防行业内部的个体行为、活动进行强制性许可认证，确保本行业正常运转；其二，对已获批准的个人自愿订约计划实施管理，便于审核私营安防供应商对相关行业标准的执行情况。

英国安防行业管理局所监督管理的主要范围包括人工防护服务（安保、出入口监控、闭路防护、现钞和贵重物品押运、通过CCTV进行的公共场所监控），私人物品存储和车辆行驶情况。

通过管理局许可职能的实施，有效保证了私营安全服务的提供者均为训练有素、品德高尚的专业人员。

到目前为止，英国安防行业管理局所所实施的订约计划已经为专业的私人安全服务提供者编制了多项可行的行业标准，任何满足此类标准的个人或组织均被授予“已获批订约者”的称号，为相关服务的供应商提供了证明服务实力的筹码，极大方便了用户对服务商的筛选。

管理局始终坚信，对私人安全行业的管理和监督已经成为了社会公共安全不可缺少的一个部分，可以有效遏制社会犯罪率的增长，消除犯罪对人类的威胁，确保社会平稳、有序、健康发展。

联系方式：

地　　址：Security Industry Authority PO Box 1293 LiverpoolL69 1AX
电　　话：0844 892 1025
传　　真：0844 892 0975
网　　址：www. the－sia. org. uk

1.8 英国安防行业协会

British Security Industry Association（BSIA）

英国安防行业协会是一个专业的商业性协会组织，拥有注册会员570多名，主要负责对英国国内安防行业的核心产品和所提供服务的管理和监督，保证本行业有序、健康发展。从总的营业额来看，现有的570多名会员大约占有了市场份额的70%以上，其主要的产品和服务几乎覆盖了英国的各个安全领域，包括安防电子和实体防护类产品的生产、分销、安装，以及安保、相关咨询服务等等。

协会宗旨：为英国国内的所有安防企业创造良好的业务氛围，提升各会员单位的业务技能与专业知识，帮助其实现合法的业务目标，鼓励各安防企业单位再接再厉，再创辉煌，确保其所做的贡献得到社会、相关行业和团体的认可。

英国安防行业协会主要活动范围：

1. 安防信息传播

向现有会员单位、未来潜在会员、安防产品与服务的消费者、相关行业组织，以及普通大众传播最有价值的安防信息，有效加强对安防行业的认识，进一步提高安全防范意识。

2. 协调

协调英国社会各界的重要组织和团体，包括议会成员、内政部、警察协会、英国保险人协会等核心团体，让他们成为最强有力的合作伙伴，间接促进英国安防行业的发展。积极开展

与政府的合作，确保各项相关立法体现行业和消费者的意愿。在安防立法的实施过程中，协会整整呼吁了近15年，最终修成正果，于2001年政府颁布了“私营安防行业法案”，并成立了安防行业唯一的官方机构“英国安防管理局”。

3. 制定安防标准：

英国安防行业协会始终致力于行业内部产品和服务高标准的维护和实施，并将标准的编制定作为当前和未来发展的重中之重，因此对每一个会员单位或即将成为协会会员单位的企业提出了较高的要求。协会负责编撰和制定相关的行业行为准则和技术文件，并时常提交一系列重要的文件作为标准参考，由于长期以来作为欧洲标准委员会的成员，更有效的保证了其提交的相关文件满足行业和客户的实际要求。

4. 安防技能培训

2006年，协会针对各私营安防企业单位在安防技能上所存在的不足，新成立了安防技能培训机构，摆脱了传统思想的束缚，将安防技能培训融入了培训范围之内。与其他拥有高技能的机构合作，建立安防技能基金，更有效地促进安防发展，进一步保障安防会员单位利益。

联系方式：

地　　址：Kirkham House John Comyn Drive Worcester UK WR3 7NS
电　　话：+44（0）845 389 3889
传　　真：+44（0）845 389 0761
网　　站：www. bsia. co. uk
电子邮件：info@ bsia. co. uk
联 系 人：Alex Director
Chris Pin Southern Region Manager

1.9 英国防火与安防行业协会

The Fire and Security Association（FSA）

多年来，英国防火与安防行业协会会员在电子防火与安全系统领域的利益一直受到高度重视，并得到了很好的维护，因此，协会内大约75%的会员是从事电子防火和安全系统设计、安装、代理、维护以及监控等业务的。

为了加强对从事于防火和安全业务会员单位的支持，确保其利益的有效实现，英国ECA于2007年1月份组织成立了以具有“战略引擎”作用的防火与安防行业协会，进而促进行业发展。

英国ECA和苏格兰SELECT组织成员在防火与安防行业协会的强力支持下，在内部实施了必要的资质认证和考核计划，增加了专业化程度。不仅如此，防火与安防行业协会还代表了所有仅从事于防火和安全系统安装的英国ECA组织成员的利益。

自2007年1月防火与安防行业协会成立之初，已吸引了众多会员的加入，进一步壮大了组织，成为了防火和安全系统领域发展最为迅速的行业协会组织。

主要特征：

1. 得益于已有的英国防火与安防行业协会平台，为各会员单位提供了重要的贸易协会会员服务。

2. 会员组织由多个从事于防火和安全系统设计、安装、代理、维护以及监控等业务的优秀企业构成。

3. 为各个不同规模的安防企业提供了代表其正当利益的权威性平台，便于会员单位及时收到行业内最新、最权威的信息。

4. 对所从事的相关领域提供业务技能培训、资质考核以及评估服务。

5. 通过提供精确的行业咨询、指导以及有形服务，促进各会员单位的业务发展和升级。

6. 塑造良好的业务氛围，利于各会员企业通过互助、联合等方式发展壮大。

联系方式：

地　　址：ESCA House 34 Palace Court London W2 4HY
电　　话：020 7313 4888
传　　真：020 7221 7344
电子邮件：enquiries@ fireandsecurityassociation. co. uk
联 系 人：Pat Allen，副理事长
网　　址：www. fireandsecurityassociation. co. uk

1.10 德国电气与电子工业协会

Zentralverband Elektrotechnik – und Elektronikindustriee. V. （ZVEI）

该协会属于贸易性行业组织，是德国最具影响力的行业协会，会员均为德国电子产品制造商，占据了超过71% –80%的份额，为德国电气、电子行业提供专业的经济、技术以及立法范围内的行业咨询服务，代表了本国电气、电子行业在德国、欧洲乃至全球范围内的经济、技术、环境和政治利益，直接影响到德国的电子行业发展政策决策和方向。

德国电气与电子工业协会（ZVEI）拥有最专业的组合团队，均来自国内不同的安全领域，由20人组成，负责本国电子行业相关标准的制定和编撰工作，主要致力于为闭路电视（CCTV）、出入口控制系统和报警传感系统开发通用的协议。并通过技术研究、环保以及科学政策的实施，加强新技术的开发和投入，有力促进全球范围内相关的市场规格和标准化工作的进行。

作为行业内不可缺失的一个部分，协会与政治和社会公共管理关系联系紧密，彼此的经验交流有力促成了广泛的、和谐的、长久的合作，共同提供了市场和竞争发展有关的信息，并满足了电气、电子行业的特殊需求。与此同时，各会员企业也利用这种知识优势增强了其在全球市场的竞争力。

协会会员单位拥有较强的自主性，为协会制定相关工作准则，力保各个环节正常运行。机构设置简单、灵活，由会员大会、主席团、董事会以及企业领导层四个部分构成。名誉董事由会员大会通过统一的选举产生，对所有会员负责，董事会由各会员单位的领导层组成，有权决定规章的修改和年度财政预算，并对重要问题提出建议和最终解决方案。通常，在新的会员未出现之前，董事会从各个会员单位的领导中选出由协会董事长组成的主席团，临时负责相关事宜的处理。协会理事长为兼任基金会的董事会主席的 Friedhelm Loh 先生，任期从2006年9月一直到现在。

协会主要职责：

1. 维护会员单位的产品和特定市场利益，对个别商业领域的会员提供特别服务；

2. 协助各州分会处理地方事宜；

3. 与国内相关行业携手，共同处理电气、电子行业内产品和跨市场的技术、法律以及政治问题。

联系方式：

地　　址： Lyoner Strae 9 60528 Frankfurt am Main

电　　话： +（49）69 6302 – 0

传　　真： +（49）69 6302 – 317

电子邮件： zvei@ zvei. org

网　　址： www. zvei. org

1.11 德国联邦安全系统制造商与安装商协会

Bundesverband der Hersteller und Errichterfirmen von Sicherheitssystemen（BHE）

德国联邦安全系统制造商与工程商协会（BHE）是德国最重要的安防行业专业协会，其会员主要是从事生产、设计或安装预防性的安全技术产品和设备的企业。其所涵盖的电子安全报警技术领域主要包括闭路电视监控设备、户外展览场地监控、烟气和热气报警设备、出入口控制和机械安全技术。

因为该协会出色的组织结构，市场反应很好，不仅为相关企业提供有效的帮助，而且在国内和国际的安全产品市场中起到积极作用。

作为发达的联邦协会，BHE组建了合法的组织结构，其宗旨是代表会员的最大利益。全体会员、理事会、专业技术委员会构成了具有竞争力的强大的专业团体。与行业基层保持紧密相连，并在会员日常贸易中出现问题时给与及时的帮助和服务，这就保证了协会的号召力和良好的工作氛围。

目前联邦安全系统制造商与工程商协会有近500家会员（其中77%为设备安装企业，20%为安全系统生产商，3%为安全系统设计企业），协会为所有会员提供与安全行业有关的第一流的交流和信息平台。协会还鼓励企业间保持广泛的交流，特别是与用户之间、安全委托方和其他安全负责人或顾问之间的交流。另外，协会非常注重与其他有关专业协会和专业研究机构合作，旨在共同努力促进安全行业的发展。BHE每年对市场上销售的电子安全系统产品进行抽查，对不符合安全要求的产品采取发布消费者警告、召回和禁销等措施，对达到安全要求的产品贴上“欧盟质量标签”（European Quality Mark）。此外，该会还对从事电子安全系统产品的设计和安装等服务公司进行资质鉴定，并颁发“BHE资质证书”。

BHE的主要任务可以概括为：

1. 代表和维护会员企业在市场中的利益，与有关政府主管部门和其他有关协会建立良好的关系；

2. 与柏林的德国一级 DIN，法兰克福的 DKE，以及布鲁塞尔的欧洲一级 CENELEC 在标准制定问题上积极合作；

3. 证明协会会员企业在入室盗窃、出入口控制、闭路电视监控设备、机械安全技术、烟气和热气报警设备等领域的安装和设计符合 BHE 要求并贴上 BHE 检测标签；

4. 通过研讨会和论坛以及与用户方进行的交流会等多种形式对会员企业员工进行培训；

5. 通过组织公共安全活动对公众进行具有影响力的宣传教育，比如"火灾报警挽救生命"、"家庭和办公安全"等类型的活动；

6. 出版和销售专业书籍、行业和商业报表、预防安全技术图册和 CD 等等。

联系方式：

地　　址：Feldstrasse 28，66904 Brücken
电　　话：06386－92 14－0
传　　真：06386－92 14－99
电子邮件：info@bhe.de
联 系 人：U. Brauer 博士

1.12 俄罗斯安防行业协会

Russia Security Industry Association（RASI）

俄罗斯安防行业协会成立于 2004 年，并已发展成为了俄罗斯安防行业内协调各安防企业健康发展的领军团体。

协会的宗旨为：

1. 为俄罗斯安防行业有序、快速、健康发展创造良好环境。

2. 加强行业内区域经济和业务发展的开放性，为安防产品和服务的消费者和制造商创造更大的利益，进一步提高俄罗斯安防行业在国际市场上的竞争力。

3. 为会员单位及其实施项目提供信息、经济、技术、政治以及组织支持。

主要职责：

交流

协会向各已注册会员、潜在会员、安防产品和服务用户，以及普通大众传播安防信息，加强其对与安全、犯罪相关问题的认识。

营销

对俄罗斯安防市场实施市场调研，进一步促进行业形象在国内和国外安防市场的提升。

安防立法

游说国内重要组织或团体进行立法变革和相关业务合作，例如，内政部、经济发展部等等。积极与政府部门合作，不定时地对国内安防行业相关法规提出意见，有效确保立法工作可以真实反应行业和客户需求。

行业标准和规程

协会的首要任务之一是编制行业标准，负责起草相关实施规范和技术文件，并作为行业标准编撰委员会确保所有标准满足行业需求。同时，众多协会会员亦可参与到专家委员会中，为国家反恐和反黑防护装置制定技术规程。

安防展会与会议

作为行业各类会议和研讨会的组织机构，为国内重大行业活动提供支持。

主要活动包括："国际安全和防范技术论坛"；"国际安全和防范技术（系统、解决方案和市场）会议"；"俄罗斯信息与分析活动专题讨论会"；"俄罗斯中小型企业安全管理专题讨论会"；"安防市场专题讨论会" 等等。

协会会员社区

建立协会会员社区的主要目的是对安防市场的变化准时传达给媒体记者，并对安防领域的所有活动或事件提供咨询、评论和专家判断。协会的专家组成员均来自于安防行业的不同组成部分，覆盖了运输、人事和信息安全，防火，技术安全市场分析，营救及突发事件应对，和私人安全等。

专家评论和分析报告均通过协会数据得出，并通过超过 50 个媒体发行，包括 Business、Expert、Profile、Kompaniya、Pravda.ru、Tverskaya，13、C － news、Oxpaha.ru、Sec.ru、Systemy Bezopasnosty 等等。

记者俱乐部

协会组建了自己的行业媒体，定期召开非正式会议，议题涉及安防市场元素等，参会代表均来自联邦和行业出版机构。

联系方式：

地　　址：21，of. 705，Uralskaya str.，107241，Moscow，Russia
电　　话：+7 495 467 50 01
传　　真：+7 495 467 50 01
网　　址：www.rasi.ru

1.13 澳大利亚安防行业协会

Australia Security Industry Association Limited（ASIAL）

澳大利亚安防行业协会成立于1969年，经过了数年的发展，已经从几个小型安防企业联盟发展为囊括澳大利亚国内安防企业超过85%份额的最重要安防协会。

会员既包括了大型的安防企业集团，又不缺乏数以万计的中小型私营公司，代表了多个安防领域的所有高层管理者、运营商和最终用户。

主要领域范围：出入口控制、报警系统、生物识别、现钞押运、视频监控、基础设施防护、施工安装、IT安全防护、门锁、监控系统、实体、障碍物防护、风险管理、保险柜、数据防护、安防知识培训、运输与航空安全、车辆安全、视频对讲系统。

宗旨和结构：服务会员、编制安防标准、维护公众利益。

董事会成员：

现任理事长：Ged Byrnes，盖德．巴恩斯

副理事长：Fraser Duff 佛雷泽．戴夫

理 事：Antony Elliott，Chris Luhrmann，Bob Bruce，Peter Johnson，Kevin McDonald，Tom Roche 安东尼·艾略特、阿瑟·巴克尔、鲍勃·布鲁斯、彼得·约翰逊、凯文·麦克唐纳和汤姆·罗舍

联系方式：

地　　址：Suite 306Lawson House10 - 12 Clarke St Crows Nest
通讯地址：PO Box 1338 Crows Nest NSW 1585
电　　话：(02) 8425 4300
传　　真：(02) 8425 4343
电子邮箱：security@ asial. com. au
网　　址：www. asial. com. au

1.14 加拿大安防行业协会

The Canadian Security Association（CANASA）

加拿大安防行业协会成立于1977年，是加拿大国家非营利性组织，主要致力于维护其会员单位利益和所有加拿大人民的安全。经过数年发展，现已成为了加拿大国家公认的电子安防行业代表，会员已超过1250多个，覆盖了加拿大安防业的所有领域。通常，协会通过建立广泛的网络服务，包括高品质安防知识培训、政府关系、营销、公共关系、重大安防贸易展会和发布最新业内信息等方式确保会员利益得以实现。

加拿大安防业在过去的20年内已取得了长足发展，并经历了重大变革，尤其表现于实体防护、电子、信息以及公私安防企业等等，均对国内人民的生产、生活产生了极大影响，这不仅是安防业的重要发展时期，同时也为协会的进一步发展壮大带来挑战，机遇与挑战并存。一系列新技术（诸如VoIP）的挑战和实体防护、信息安全、电子安防以及从商住两用的安全系统到生物识别技术等因素的复杂性，均要求协会有超常的抗压能力。

另外，当前的安防消费者对相关安防产品的需求更趋复杂，对一些集成安全解决方案有了新的偏好，再加上目前的安防立法对行业整体的监管力度日趋加强，各会员单位必须对生产过程中的各个环节把好关。尽管如此，协会作为行业的领导者，善于把握随之而来的伟大机遇，依然表现出其前瞻性、专业化和社会化。

协会宗旨：加拿大安防行业自律性逐渐增强的大环境下，为会员单位一如既往地提供安防知识培训、指导、保护等服务。

联系方式：

电　　话：905. 513. 0622
免费电话：1. 800. 538. 9919
传　　真：905. 513. 0624
电子邮件：staff@ canasa. org
网　　址：www. canasa. org
联 系 人：Kenneth C. Mitchell 执行董事
Deborah Thompson 市场与公关部负责人
Sharon Rodrigues 董事助理

1.15 日本安全设备协会

Japan Safety Appliances Association (JSAA)

日本安全设备协会属于国家级协会，协会的宗旨是以有益于国民的安全生活为目的，通过对从事安防产品行业的人员进行培训等事业，加深国民对防范设备的理解，同时促进更为安全、可靠的防范设备的普及，为预防犯罪和维护社会公共安全秩序作贡献。

协会成立于1986年，是日本警察厅主管的48个公益法人中的一个。

日本安全设备协会的会员单位包括安防产品制造商，如NEC、三菱、松下电器、日立、松下电工等知名大企业和一些报警器、探测器、锁具制造商等，除此之外还有作为安防设备使用单位或租赁单位的保安公司。现任会长（理事长）是NEC英富醍公司总裁木内和宣。

协会成立21年以来取得了长足的发展，根据2007年7月的最新统计资料，该协会目前有正式会员（从事防范设备行业的企业或个人）110个，准会员（从事同防范设备相关业务的企业或个人）205个，特别会员（防范设备士团体）9个团体，赞助会员（提供赞助的企业或个人）8个团体。经该协会注册的防范设备师15046名，综合防范设备师188名。此外还有各地防范设备协会26个。

会刊《日本安全设备》，面向日本国内外公开征订，每年4期。

除日常工作之外，日本安全设备协会以3年为期制定中期计划，这种做法在日本警察厅主管的公益法人中并不多见，受到警察厅的高度肯定。

联系方式：

地　　址：Wako Yushima BLDG 5F 2－31－15，Yushima，Bunkyo－ku，Tokyo，Japan 113－0034

电　　话：03（5804）3125

传　　真：03（5804）3126

电子邮件：hoan@jsaa.or.jp

1.16 瑞士国际安防行业协会

The Ligue Internationale des Sociétés de Surveillance (The Ligue)

瑞士国际安防行业协会于1934年成立于瑞士的BERN，主要会员为自由世界中的私营安防企业构成。通过数年的发展，该协会已位居同类行业协会之首，并在私营安全行业中的相关专业标准设计、编制和维护上扮演了极其重要的角色。

协会为行业内各会员单位提供了公开交流和总结经验的广阔平台，吸引了多个国家的同类大型企业的加入，进一步加强了其专业性和前瞻性。

作为联合国和欧洲统一市场的非政府组织，Ligue协会是世界范围内安防行业高技术标志，会员已覆盖了各个大陆的34个国家之多。

联系方式：

地　　址：Securitas AG Alpenstrasse 20 CH－3052 Zollikofen Switzerland

电　　话：+41 31 910 12 18

传　　真：+41 31 911 63 34

电子邮件：liga@securitas.ch

网　　址：www.security－ligue.org

联 系 人：Hans Winzenried（秘书长助理）

1.17 爱尔兰安防行业协会

Ireland Security Industry Association (ISIA)

爱尔兰安防行业协会成立于1972年，发展至今已有35年的历史，是爱尔兰国内唯一的安防行业贸易组织，代表了所有的安防产品和服务供应商的利益，其会员单位主要涉及以下领域：安保服务，包括政府官员安保、零售业安保、大型社会活动安保、出入口监控、移动器具安保、报警、调研；运输（现钞押运）；安防系统，包括入侵探测、火警、视频监控、出入口控制；报警接收中心，实体防护（门锁、保险柜、防盗门、障碍物、铁栅等）；安防咨询服务以及私人侦探等等。

爱尔兰安防行业协会会员单位囊括了所有的国内或在爱尔兰从事商业活动的国际大、中、小型安防企业，代表了超过全国60%的（大约为20，000个）就职于此类企业的工作人员利益，创造了国内安防70%的营业额，总计达12亿英镑。

长久以来，协会一直致力于行业立法和法规的研究工作，最终于2004年推出了约束爱尔兰安防行业内所有企业和个人的安防法规，同时为业内企业和相关工作人员编制相关行业标准、制定有效的行业知识培训计划、并提供质量认证服务，确保了行业有序、高效、健康发展。

目前，爱尔兰安防行业已进入了国际化、专业化的竞技场，意味着各相关企业将面临新的挑战，如果一个企业能够及时捕捉和掌握用户最新需求，他便可以占领新的高地。鉴于此，协会特别推出了安防行业月刊《安防观察》，填补了国内安防出版物的空缺，为各用户单位提供了最新的行业资讯和新闻动态。另外，协会对其原有的培训计划也在不断地实施修正，截止到目前已经形成了一整套完善的安防行业知识培训体系，包括专业的培训组织、专业的培训课程（FETAC、HETAC、ILM和ICM等超过40种课程）以及专业的知识框架。

协会宗旨：最大限度地维护会员利益；制定、修改和发布国内安防行业标准；促进国内安防行业快速、稳定、健康发展。

联系方式：

地　　址：Security Centre, Unit 1 IDA Industrial Est., Balbriggan Co. Dublin, Ireland
电　　话：(01) 690 5736；(01) 690 5737；(01) 690 5738
传　　真：(01) 690 5739
电子邮件：info@ isia. ie
网　　址：www. isia. ie
联 系 人：贝利．波利地 Barry Brady　执行董事
沙龙．都兰 Sharon Doran　市场公关经理

1.18 南非安防行业协会

The Security Association of South Africa (SASA)

南非安防行业协会作为世界级的专业化安防协会，为其会员单位提供高品质的服务和支持，促进整个社会稳定、持续发展，核心战略目标为：提供安防产品支持和相关咨询服务；为安防行业从业人员创造更广阔的发展空间，确保其各自的专业技能得以发挥。

主要职责包括：

1. 为安防会员单位和相关客户提供沟通桥梁
2. 促进内外交流与合作
3. 向会员企业提供最大支持
4. 打击安防行业内部的违规操作行为

联系方式：

电　　话：+27 31 764 6681
传　　真：+27 31 764 6765
移动电话：072 157 9121
联 系 人：Jo-Anne Whitehead
电子邮件：secassoc@ global. co. za
网　　址：www. sasecurity. co. za

1.19 警察与公共安全供应商协会

Association of Police and Public Security Suppliers (APPSS)

英国警察与公共安全供应商协会是一家非赢利贸易协会，专门向英国和世界供应公共安全产品的公司提供支持。APPSS拥有300多个成员公司，在各级政府均有代表成员，与英国内政部、贸易部、外交部以及其他政府安全办公室和机构、警察、监狱、消防、海关以及移民服务机构具有密切的合作关系。

主要职责：

1. 着重讨论具体的出口目标
2. 鼓励和出口问题上提供协助
3. 公司引进新的市场
4. 最大限度地英国贸易投资效益的支持
5. 同时提供国内和国际交流机会
6. 发展我们的国际活动的组合
7. 提供的出口市场研究报告形式的市场信息
8. 新出口商提供一个指导服务
9. 通过扫描确定全球安全的目标市场机遇

联系方式：

地　　址：Marlborough House Headley Road Grayshott HindheadSurrey GU26 6LG
电　　话：+44 (0) 1428607788
传　　真：+44 (0) 1428602628
网　　站：www. appss. org. uk
邮　　箱：enquiries@ adsgroup. org. uk

1.20 以色列国际安防行业组织

Israel International Security Industry Organization（ISIO）

以色列国际安防行业组织（ISIO）是应9..11事件以来全世界对以色列安防领域“技术秘诀”的需求而建立的，成立以来该机构同时还大力促进以色列安防业的出口和对内投资机会。

ISIO的使命

ISIO网址首先提供各种必须的联系地址和数据库，以帮助任何安全管理部门努力改进工作。ISIO提供各种服务工具，从海外有益的联系到计划一场营销活动。对于涉及安防的制造厂家和服务提供商，ISIO的全球数据库可以帮助提供信息、进行说服和提醒，以便确保任一安防企业可以将目标集中准确地对准政府和非政府机构的安全管理部门、以及私人领域。因此该网站能够对下述安防专业人员提供最大的帮助：

· 安防公司的首席执行官——提供国际安防商业新闻；

· 国际安防客户——了解最新安防产品和服务；

· 安防经理——更新各种安防信息和新闻；

· 安防营销经理——利用营销工具和联系走向国际市场；

· 安防销售主管——联系国际合伙人、销售商和商人；

· 安防促进媒体——与国际合伙人一起工作；

· 国际安防制造厂家——寻求开辟新市场；

· 投资人——向世界各地的安防业投资。

ISIO承诺促进各安防公司、各有关协会、合伙人和展会组织者之间的交流，以便为全体持股人提供一个有效的交流媒体。成员必须在业内经营至少2年，没有任何不良记录在案。

ISIO同时也是一家介绍机构，因此如果安防企业想寻求一家不同的供货商或者介绍推广一项新技术，也可以通过ISIO。

ISIO传播最新的安防信息，包括全球安防市场的动态信息以及各个安防领域的最新技术信息；对议员进行游说以确保为安防业的出口和国内投资提供附加激励和利益。ISIO关注安防业内的任何危险的商业做法，并将努力把任何通过法院公布的清算通告全体持股人。ISIO顾问随时提供咨询；这些顾问是各有关领域的专家。

ISIO安防资格证书

国际安防行业组织设立ISIO安防资格证书。这一证书是要在规定各种安防方面的服务时确认一个标准；这些服务包括安防媒体、安防服务和安防产品。

ISIO为ISIO安防资格证书持有者提供各种利益，这些利益如下：

①在正式的ISIO网址上列出全部详细资料和标示；

②在新产品或公司新闻栏曝光；

③通报可能出现的任何机会或可能获得的折扣；

④获得ISIO安防资格证书，并在成员网址和文献上使用ISIO标示。

成员费用：每月100美元，按年预付。

对于地区安防来说，ISIO认为一家公司只要其警卫年龄在22-55岁、会说当地语言，已经服完国家的兵役或修完ISIO批准的安防培训课程，就可以获得这一资格证书。本证书可提供给安防行业的下述领域，亦即：

· 安防媒体：为安防行业提供有效交流联系的组织、协会、安防展会和出版物（印刷或电子）；

· 安防产品制造厂家：已经获得其地区标准局某种认可的公司；

· 安防培训机构：其培训课程已经经过ISIO评估的公司可以被确认；

· 安防零售商：代表具有ISIO安防资格证书的制造厂家或为其服务的零售商或安装公司；

· 保安警卫公司：警卫人员年龄必须在22-50岁之间，服完当地的兵役或修完ISIO批准的培训课程，而且会说所居住国的当地语言。

国际安防行业组织将向国内外各个机构提供ISIO安防资格证书，并确保坚持这些ISIO标准。ISIO成员每年更新；成员资格因为种种原因可以撤消，撤消后成员公司名称将从网站上删除。

联系方式：

网　站：www. intsi. org

邮　箱：isio@ intsi. org

1.21 以色列国际安全学院

International Security Academy（ISA）

以色列国际安全学院是一个于1987年由秘密安全机构前高级官员Mirza David成立的培训中心，为学生提供处理各种恐怖与暴力行为的独特、有效的方法，使其成为防护专家，其培训方案集中于VIP保护，高风险与海上保护，防护与反恐小组领袖，防护与反恐管理，防护与反恐专业化，情报收集与防护与反恐教官资格，95%的毕业生在安全行业的地位有所提高。这些学生来自世界各地。证书和文凭在执和防护行业为全球所认可。学院的目标是：预防、干预和制止全求的暴力犯罪和恐怖主义；与全球同事分享我们独特的方法以及以色列的风格与实际经验；提高学生在压力下的业务能力。

联系方式：

地　　址：P. O. BOX 5833 Herzeliya 46157 Israel
电　　话：+972 9 9500969
传　　真：+972 9 9573392
邮　　箱：isa1@ securityacademy. org. il
网　　址：www. securityacademy. org. il
联 系 人：Mr. Mirza David - Founder

1.22 法国标准化协会

Association Francaise de Normalisation（AFNOR）

法国标准化协会（简称 AFNOR）是根据法国民法于 1926 年成立，由政府承认和资助的全国性标准化机构。1941 年 5 月 24 日，法国政府颁布法令，确认 AFNOR 为全国标准化主管机构，并在政府标准化管理机构——标准化专署领导下，按照政府指示，组织和协调全国标准化工作，促进标准实施，代表法国参加国际和区域性标准化机构的活动。AFNOR 是欧洲标准化协会（CEN）与国际标准化协会（ISO）的理事成员，全球认可的最大的第三方认证机构之一。总部设在首都巴黎。

AFNOR 的最高权力机构是理事会，由来自非营利性团体的 34 名成员组成。理事会主席由 AFNOR 总会长担任。协会的日常工作由总会长及其代表负责处理。理事会下设国际合作、财政、人事等职能部门，以及发展部和技术事务部两大业务部门。发展部负责国际关系、情报、咨询、培训、出版销售，以及对企业提供服务等项工作。技术事务部负责标准的制修订工作和质量认证及法国国家标准（NF）标志工作。下设冶金、工业工程、运输、环境保护、信息技术等 10 多个业务处。

AFNOR 总会长同时是法国标准化高级委员会（CSN）的主席。该委员会成立于 1984 年 1 月 26 日，是法国标准化的最高咨询和指导机构，隶属政府贸易与工业部。委员会由政府机关、地方自治团体、工农商服务业、工会、消费者组织、标准化局、检验机构、学术界等各方面的 51 名代表组成。秘书处工作由 AFNOR 负责。委员会的职责是根据国家社会经济和国际形势发展的需要，向工业部长提出有关标准化方针政策的建议，并就标准化工作年度计划接受咨询，进行审议。

标准化专署由一名专员和若干名工作人员组成，设在贸易与工业部内。标准化专员是一个具有跨部职能的高级官员，由贸易与工业部长任命。其主要职责是指导标准化工作，批准 AFNOR 组织章程和办事规则，任命总会长；审批法国注册标准（ENR）；对标准化机构的业务活动特别是国际活动进行监督。标准化专员同时又是政府派驻 AFNOR 的全权代表。

联系方式：

地　　址：11, rue Francis de Pressensé 93571 La Plaine Saint - Denis Cedex France
电　　话：+33（0）1 41 62 80 00
传　　真：+33（0）1 49 17 90 00
电子邮件：delegation. orleans@ afnor. org
网　　址：www. afnor. org
联 系 人：Pascal Jay 理事长
Anne Youf 助理

1.23 国家预防和保护中心协会

Centre National Prevention & Protection（CNPP）

（1）机构概况

国家预防和保护中心（CNPP）协会创建于 1956 年，于 1961 年作为公用事业机构得到法国政府承认，其主管机关是法国内政部民事安全局（DSC）。该协会 90% 的成员是加入法国保险公司联合会（FFSA）和互助保险企业集团（GEMA）的保险企业。该协会的分支机构“CNPP 企业”向各企业和团体提供调查和研究，评估，检验和检查，继续培训，审核和咨询，信息情报，以及旅馆和餐饮业等服务。作为危险预防和控制方面的专家，CNPP 主要研究、传播和评估在各种活动和各种环境中的人身安全、物质和非物质财产以及环境方面的安全知识和技能。它的能力特别表现在危险管理、质量管理、总体安全、预防措施、危害环境（工艺学和自然危险）、火灾、爆炸物和蓄意犯罪危险，以及对于劳动者而言的职业危险管理领域。

CNPP 充分利用在物理、化学、机械、电子、分析、审计、管理、组织或建设等各个领域专家的技能。为 CNPP 工作的全职或兼职人员约287人，另外还有在培训、出版和咨询领域的300多名临时雇员（工程师、技师、职业培训工作者、顾问和新闻记者等等）。

CCPP总部设在距巴黎80公里远的厄尔省韦尔农市（Vernon）"CNPP欧洲安全中心""，占地面积240公顷，其团队的主体部分以此为基地。此外，CCPP在拉西约塔、杜埃、里昂、牟罗兹、南特、巴黎和图卢兹这7个地方设有站点，在安的列斯群岛/圭亚那，留尼汪，新喀里多尼亚－法属波利维亚和突尼斯拥有经过授权推广CNPP产品和服务的中心。

韦尔农CNPP欧洲安全中心可以说是一个独立的科技工业园。通过CNPP及入住园区的合作伙伴，集合了近300名全职雇员。CNPP在园区内拥有多个实验室，可履行技术评估、检验、工业产品、人员和部门认证职责。这里还配备了用于训练预防实战危险（火灾、蓄意犯罪、劳动安全与健康、工艺学危险）的独有基础设施。包括：安全塔、救生池和演习场地，6辆带消防梯和其它救援设备的紧急救援车，能够进行大型消防灭火演习的地面设施（特殊构造200和400平米的沟坑），几个试验大厅（其中包括1个25米高，带270平米活动顶棚的封闭大厅），1个爆炸区，1个雨水储备池和一些垃圾存储槽。

除此以外，园区内还设有：1个拥有190个座位的圆形剧场，多媒体和同声传译设备，多个会议室，1个拥有120个房间的旅馆，两个餐馆（一家是自助餐厅和一家传统的"香格里拉"餐厅），会客室，休闲设施：网球，排球，地滚球，山地自行车，等等。

（2）认证工作

CNPP依托其实验室和自己的检查员和审计员队伍的服务能力，专注于火灾、盗窃、蓄意犯罪的预防和保护领域以及最近的管理体系方面的认证工作，并推出APSAD、A2P和A2PService三个著名认证品牌。

法国认可委员会（COFRAC）负责承担对认证机构的认可职责（承认其公正性和技能）。对CNPP认证的认可是针对该机构关于A2P标志的工业产品认证活动、CE标记一致性评估活动、ISO9001：2000标准质量体系认证活动以及关于APSAD标志的某些服务认证活动（认可号4－0074和5－0021，可查询www.cofrac.fr网站）。

联系方式

地　　址：Route de la Chapelle Réanville 27950 - SAINT MARCEL，FRANCE

电　　话：+33（0）232536438

电子邮件：gestion.risques@cnpp.com

网　　址：www.cnpp.com

第二节　国外安防行业发展概况

2.1 美国安防行业发展概况

公安部科学技术信息研究所　吴瑞红

2009年金融巨头纷纷倒下，Bear Stearns、Lehman Brothers及AIG由于借贷而崩盘。这些事件给美国的安防企业造成了冲击，NVR供应商Steelbox Networks及系统整合商NetVersant倒闭。美国总统奥巴马当选后，削减了安防方面的资金，将2010年财政年度交通安全拨款计划和港口安全拨款计划各从3.886亿美元削减至2.5亿美元。虽然经济环境确实对安防市场存在着影响，但是美国的安防厂商和供应商相信：主要的市场驱动因素没有发生改变，人们还是需要高效的综合安全解决方案。

一、安全行业现状及其发展预测

2009年美国安全行业出现了衰退，这是SDM（Security Distributing & Marketing Magazine，安全产品分布与营销杂志）跟踪安全行业业绩30年来该行业总收入首次出现下降，2009年总收入为440.7亿美元，而在2008年总收入为480.5亿美元，如下图所示：

2009年7月发布的"重要安全系统集成商报告"中，列入报告前100名系统集成商的总年收入在2008年只增长1%，达78.6亿美元，收入主要来自下列解决方案：设计、项目管理、产品、安装、规划、新项目启动和直接向终端用户或一系列承包商提供的培训，还包括来自服务和监控的经常性收入，如下表所示：

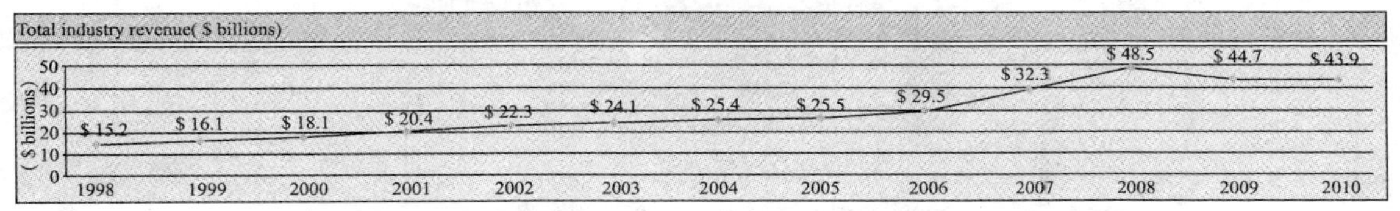

2009 年前 100 名系统集成商

	2008	2007	2006
总毛收入	78.6 亿美元	78.1 亿美元	66.7 亿美元
启动的新系统	53474	61521	44866
全职职员总数	64652	60303	40450
商业地点	1787	1646	1781

SDM 列出的前 10 名系统集成商

2009 年排名	2008 年排名	公司，总部所在城市，州	2008 年收入（10 万美元）	2008 年新项目价值	最大的新项目的价值（10 万美元）	最小的新项目	促进收入的 3 个市场	全职雇员人数	商业地点
1	2	ADT Boca Raton，Fla.	约 1516	未知	未知	未知	未知	24000	240
2	1	Siemens Building Technologies Inc. Buffalo Grove，III.	1399.885	未知	未知	未知	政府，工业，公司	7400	100
3	3	SimplexGrinnell Boca Raton，Fla	1000	未知	未知	未知	教育，健康	11500	150
4	4	Diebold Inc. North Canton，Ohio	775.4	未知	3	3500 美元	金融，商业，零售	5263	600
5	5	Stanley Convergent Security Solutions，North America Naperville，III.	409.6	未知	未知	未知	零售，教育，公司	1900	70
6	6	Johnson Controls Inc. Milwaukee，Wis	335	2000 美元	26	20000 美元	工业，政府，机场	未知	37
7		SAIC San Diego，Calif.	200	未知	5000	50000 美元	未知	3540	150
8	8	Red Hawk，UTC Fire&Security Co. Farmington，Conn.	约 195	未知	未知	未知	未知	未知	37
9	10	Niscayah Inc. Duluth，Ga.	155	未知	未知	未知	未知	700	28
10	11	Convergint Technologies LLC Schaumburg，III	151.451	1500 美元	4.3	2500 美元	公司，教育，办公室	750	22

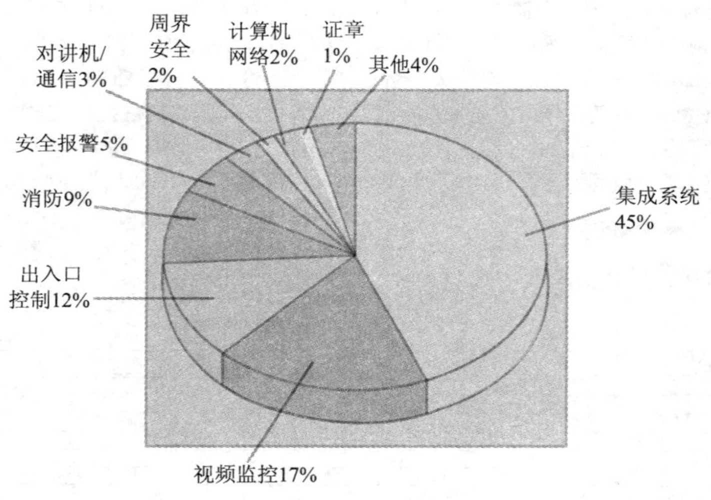

2008 年集成商按照产品分类的销售收入

综合来看，在 2008 年，集成安全系统、视频监控和出入口控制约占前 100 名系统集成商销售额的 75%。

另外，根据 SDM2010 年行业预测研究，安全经销商和系统集成商预测在未来三年最影响其公司销售的 3 个因素如下表所示：

未来 3 年影响安防销售额的因素

未来 3 年影响安防销售额的因素	对经销商和集成商来说每一因素的百分比
经济状况	90%
企业资本支出	41%
犯罪	36%
消费者可支配收入	27%
住宅大楼	26%
非住宅大楼	24%
安防系统的销售	18%
转向 IT 的购买决定	16%
恐怖主义	11%

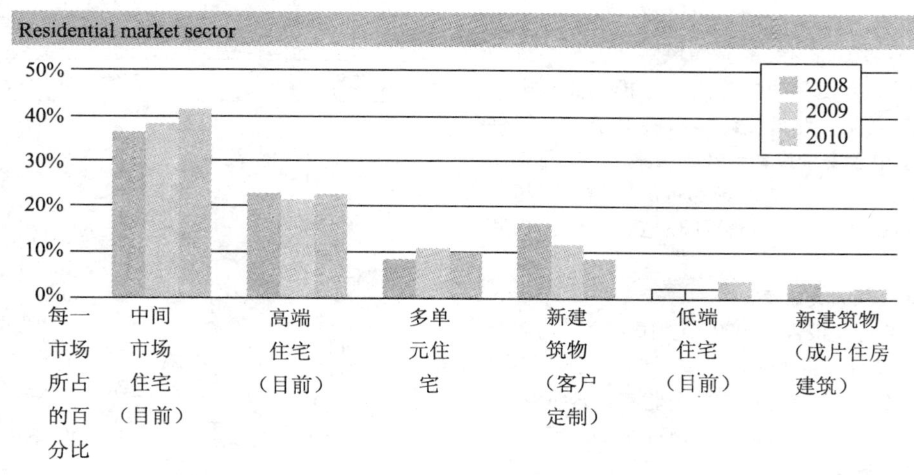

经销商和集成商表示其公司在 2010 年预计增长率最高的是住宅市场。

其中按服务类型细分的收入比例如下：

服务类型	2005	2006	2007	2008	2009
非住宅销售/安装	32%	29%	34%	41%	41%
住宅安全销售/安装	26%	27%	25%	19%	20%
家居系统安装（非安全类）	6%	9%	8%	5%	5%
服务/维护	13%	12%	12%	13%	15%
住宅监控/出租	11%	11%	10%	10%	9%
非住宅监控/出租	8%	10%	8%	9%	8%
其他服务	4%	2%	3%	3%	2%

按产品种类细分的收入比例如下：

系统类型	2005	2006	2007	2008	2009
防盗报警	37%	40%	33%	28%	29%
视频监视	17%	16%	23%	23%	23%
火警警报	15%	18%	16%	18%	14%
出入口控制	11%	10%	12%	13%	15%
集成安全系统	9%	6%	7%	10%	12%
家居系统（防盗/火警以外）	7%	7%	6%	5%	5%
其他	4%	3%	3%	3%	2%

二、电子安全行业情况

据市场研究公司 Freedonia Group 最新发表的研究报告称，美国电子安全产品和系统市场将以每年 7.8% 的速度增长，到 2012 年，该市场的销售收入将达到 156 亿美元，包括报警器、通行管理系统、闭路电视和非法交易侦察系统等。其中，采用生物识别技术的通行管理系统（如指纹认证系统）在未来十年里将增长 10 倍，到 2015 年的销售收入将达到 36 亿美元。

9.11 恐怖袭击事件等高等级的犯罪风险、安全系统的准确的提高以及使用的方便和快捷等因素是推动美国电子安全市场增长的主要因素。此外，许多高端电子安全组件价格的下降也是推动电子安全设备普及的因素。

应用电子安全系统的大多数市场都将健康增长。超过平均增长率的市场包括工业、办公室和住宅、金融机构和服务部门等。

（一）安全、防盗及火灾报警服务

根据 IBISWorld 的行业报告，2009 年美国安全、防盗及火灾报警服务的行业统计数据如下：

主要行业	2009 年
行业收入	17606（百万美元）
收入增长	-3.2%
行业生产总值	8203（百万美元）
机构单位数目	10333（个）
企业数目	8196（个）
受雇人数	122493（名）
工资总额	5469（百万美元）

安全、防盗及火灾报警行业的主要企业有：Tyco International Ltd.，Brink's Company，Protection One，Inc. 等。

（二）出入口控制系统

根据 Freedonia“2009 年安全销售和集成装置商业报告”，出入口控制系统安装年度平均数量（单个经销商）如下图所示：

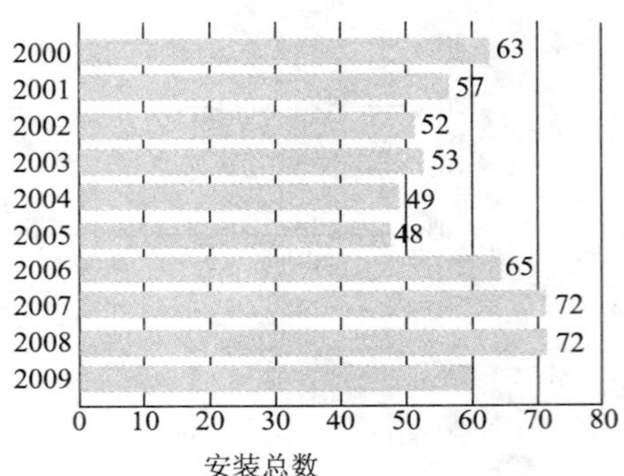

出入口控制各用户类型比例如下图所示：

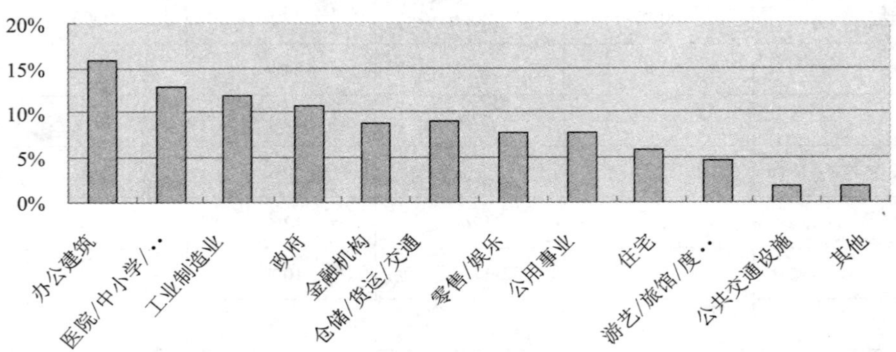

从上图可以看出，商业办公设施仍是出入口控制系统最大的收入来源，占 16%，然后主要的客户是医院/中小学/大学。

在具体效益方面，出入口控制系统安装的毛利润比例是 33%，安装一套门禁系统的平均价格是 1374 美元。

· 安装公司每年从出入口工作中获得总收入的 17%，

比2008年下降了1%。

·平均而言，经销商和集成商说其出入口安装的36%包括一些视频监视，侵入式或其他安全系统。

·几乎三分之一（30%）的安全承包商经常将ID卡打印机作为其项目方案的一部分。

·办公大楼环境占所有出入口控制系统安装的16%多。

·约47%的出入口控制装置实现了网络化。

·20%的出入口控制项目包括户外应用。

·包括生物识别应用在内的出入口控制装置的平均百分比是6%。

（三）IP视频监控设备

IMS研究人员指出，美国网络视频监控市场仍是安全行业增长最快的市场之一，摄像机、视频服务器、网络视频录像机的总体市场需求在2008年增长45%，虽然2009年起步缓慢，但该地区仍达到了IMSResearch2009至2010年的市场预测水平。

根据IMS的一份单独报告，美国教育部门在未来五年对视频临近设备的市场需求预计会以超过20%的速度增长。

（四）生物识别领域

随着信息化的飞速发展，生物识别产业在美国已经处于快速成长期。美国政府在“9·11”之后连续签署了3个国家安全法案，要求在一些领域必须采用生物识别技术，大力推进生物识别技术的应用。美国众议院于2009年6月24日批准了美国国土安全部2010年国土安全开支法案。该法案的通过将推动该部门最大的生物识别技术计划。该法案包括3.52亿美元的美国访客和移民身份识别技术的开发（即US-VISIT项目），这是美国土安全部最大的生物技术计划，其投入超过2009财政年度5200万美元。按照该计划，申请到美国的签证必须提供指纹。

US-VISIT项目的资金包括1.19亿美元的项目管理费用，1.28亿美元的操作和维护费用，3100万美元的身份管理和筛选费用和2900万美元的互用性和独特的身份验证程序开发的费用。

US-VISIT的预算还包括4500万美元用于在国土安全部的数据中心，为US-VISIT的指纹数据库建立一个数据库镜像，并为第二次人口与健康调查的数据中心建立一个备份数据库。目前，指纹数据库设在司法部的数据中心。

美国RSA公司也制定了“抗篡改生物识别ID卡”计划，微软为此投入70亿美元。

2009年8月，以防止身份欺诈的名义，英国加入了生物识别数据共享协议，通过该协议，英国将与加拿大和澳大利亚共享自己的生物识别数据。据悉，美国也将在不久后加入该协议，生物识别数据共享协议是不同的国家之间通过共享生物识别数据来进行出入境人员的身份验证的合作，这将推动生物识别市场和生物识别技术的更大发展。

另外，总部设在麻萨诸塞州波士顿市的Delfigo Security公司，最近宣布推出移动设备按键生物识别新技术，这种新的程序版本可以使用户通过iPhone或其他移动设备进行更敏感的交易，如移动银行等。

Delfigo的技术与其他技术相比，如指纹信息进行密码式匹配的工作方式的不同之处在于：该项技术识别的是用户按键的压力与频率。

由于不同键盘之间的差异，使得使用该技术的不同设备即便是同一个人也需要使用不同的配置文件，这就使得用户的身份信息更难于被盗用。

（五）智能标签市场

美国智能标签行业，包括商品电子防盗系统（EAS）、射频识别（RFID）和目前由EAS标签主导的交互式包装标签。根据Freedonia Group Inc. 的最新研究报告，在未来10年的初期随着销售较高价位商品使用项目级RFID标签，RFID标签需求将在2014年飞速增加超过500亿个，RFID标签占有率达85%，同时交互式包装标签（包括热敏变色和时间-温度指示器产品也将显示出强劲的增长。相比之下，占优势的EAS增长几乎停滞，年需求增长率只有2.2%。

项　目	2004	2009	2014	09/04	14/09
	美国智能标签销售（百万个）			年度增长率%	
智能标签销售	4725	8000	51200	11.1	45
RFID	35	2300	44000	131.0	80.4
商品防盗系统	4400	4900	5400	2.2	2.0
交互式包装	290	800	1800	22.5	17.6

主要的智能标签公司有Tyco International，Checkpoint Systems和3M等。

（六）传感器市场

美国传感器需求预计将以每年4.3%的成长率成长，至2012年达到127亿美元规模，市场应用包括汽车、工业、军事/航天工业、电子安全、医疗、家电、IT等，到2012年美国化学传感器的需求将每年增长7.6%。已确诊的糖尿病人数的增加促进了血糖试纸的需求，生物传感器增长份额最大。对基于新兴技术的化学传感器，如光学传感器的需求将推动产生最快的收益。

传感器主要公司有Honeywell，Northrop Grumman，Delphi Corporation和Emerson Electric等。

（七）个人防护设备

美国是进口个人防护设备（PPE）的主要国家，追求时尚和舒适是推动美国个人防护市场发展的原因。Frost&Sullivan的国际市场分析师指出2001年PPE价值

12.3 亿美元，2008 年估计总收入为 15.2 亿美元，年增长率达 3.1%。2006 年美国进口的 PPE 产品增长率约为 10%，SBI 预计美国 PPE 市场规模在 2012 年能够达到 72 亿美元。

三、安防行业其他动向

（一）制定生物标签技术发展规划

为了帮助海陆空三军和其它研究机构提高生物标签技术研究项目的资金使用效率，加快研究进度以弥补美军在这方面的技术落后状态，美国国防部制定了生物标签技术发展规划。

规划中列举了当前几家军用生物标签技术研究机构现有的预算规模和资金缺口，其主要用意就是为各个研究机构制定一套通用的研究标准和方法，以寻求一种完整有效的解决方案。这个规划具有很重要的战略意义，它是美军致力于规范各军事生物标签研究项目实施过程的一个关键组成部分。

作为所有参与生物标签项目的研究人员和相关负责人的参考规范，规划中明确了哪些技术是美军作战部队所急需的。它要求避免重复研究，把研究力量集中在最关键的领域。“我们早就该制定这样的研究规范了”，托马斯.D 评价说，他任职于五角大楼国防研究和工程办公室，主管军用生物标签技术的研究。

这份文件是国防部庞大的生物标签技术远景发展规划的一部分。最高层是国防部的整体战略规划，其下是由托马斯.D 领导的办公室制定的技术指导规范，再下一层就是这份文件中描述的技术发展规划，最后才是具体的研制路线图。研制路线图对短期目标和技术细节都有详细说明，它是各个研究机构可以遵循的操作性规范。

为了协调生物标签技术的研制工作，国防部制定了 2008 财政年度的技术研发预算规划。现在许多军方主导的生物标签研究项目都有一些特殊的要求，并且得到了额外的资金资助，国防部希望把所有这些独立项目整合到一起，形成一套完整的项目方案。新的方案必须满足各种需求，不仅是改变美军在身份识别和确认领域的落后状态，而且还要能够支持战区作战环境下的综合人员定位分析。国防部的官员强调指出生物标签技术可以应用到很多军事领域，包括信息安全和访问控制。

美国海陆空三军和一些军事机构共同参与了 2008 规划制定工作，比如军事威胁处理局、军事情报局和生物标签项目部（BTF）。另外，国防部还邀请了美国国家安全部和联邦调查局的专家参加讨论会，广泛听取他们的意见。

（二）美国国务院采用 RFID 追踪 IT 资产

为了帮助减少行政和管理的人力和成本，及提高 IT 安全，美国国务院 2009 年对 10000 套重要 IT 资产贴上超高频标签。国务院聘请 RFID 方案提供商 ODIN Technologies 来提供和实施 RFIDIT 资产追踪方案，替换现有的条码追踪系统。ODIN 为该项目提供硬件、软件和服务，贴标范围从华盛顿总部的桌面电脑到服务器，据 ODIN 总裁 Patrick-Sweeney 称。该项目要实现三个主要目标：通过利用 RFID 技术自动化之前的手工流程，提高安全性和减少对外界合作商的需求；减少每年 IT 销售商资产的盘点时间 – 手工盘点通常需要 6 – 8 个月。项目采用了 ODIN 的 EasyEdge 中间件和手持机，在重要检测点安装固定阅读器，如存储室大门。国务院采用 Confidex 应用于金属表面的无源超高频标签，符合 ISO18000 – 6 标准。EasyEdge 中间件收集标签读取数据，并将数据导入国务院后端资产数据库。资产贴标只花费了几周时间，在 10 月底已完成。

（三）强化机场安检措施

奥巴马政府在刺激经济措施中，资金设立在新安全技术领域预留了 10 亿美元，约 7 亿美元将用于改善行李检查工作，3 亿美元用于旅客行李检测技术，预防携带爆炸物。在积极寻求机场先进的筛选技术上，国土安全部部长 Janet 表示，将迅速采取行动，部署新的设备，并与政府其他机构合作开发最先进的安全设备。如科学家们正试图开发的设备可达到狗般的灵敏，可以嗅到炸药等。

这些设备被分析家们称为机场安全的“分层方法”，这意味着，工作人员在乘客登机之前，通过 X 光扫描仪、金属探测器、全身图像扫描仪等系列安全设备，清楚知道乘客们的登机状况。

美国国土安全部下属的运输安全管理局官员 2009 年 12 月 31 日表示，为加强机场安检措施，该机构将在美国各机场新安装 150 台全身扫描仪。在上一年 12 月 25 日炸机未遂事件发生前，运输安全管理局以每台最高 17 万美元的价格订购了这 150 台全身扫描仪，并计划在 2012 年前再订购 300 台。使用这一仪器，安检人员将能够“看穿”乘客身上的衣服，以便发现其身体表面是否藏有枪支、炸弹、液体爆炸物等危险品。目前，美国有 19 个机场共安装了 40 台全身扫描仪。

（四）远程家庭监控系统走入百姓家

一种高科技的远程家庭监控系统正在美国普通家庭中流行起来，人们只需花费几百美元，就能在世界各地享受假期时轻松地完成日常“管家”工作。这种新型安保技术可以为远在几千公里之外的客户提供家庭实时监控录像，从房门后院到排水控温，家里几乎每个角落都尽在自己的掌握之中。通过设置报警系统，一旦家中出现异常情况，系统便会自动发送短信或电子邮件向客户通报。此外，先进的远程操控技术还能让客户通过手机随意开关房门，让维修工或快递员进出，或是在回家时提前开启冷暖气设备，调整房间内温度，甚至能够设置主人回家时自动开灯的程序，等等。

美国肯塔基州伊兰家用系统公司营销总监埃里克·哈珀说，他们的一名客户最近在度假时收到一条短信告知家里的前门开了，随即上网调出实时监控录像核实了这一情况。邻居前去查看发现，原来是照管宠物的工人临走时没有把门关严，被一阵大风吹开，幸好有这种监控系统及时报告，才帮助客户消除了安全隐患。

住在纽约市的伊莱·卡普介绍说，他每天通过手机查看自己的房子10多次。由于订购了带有屋内实时监控录像的报警系统，每当有维修工人或快递员来时，他都能放心地通过手机解除警报，开门放行，随后通过屋内的监控录像指挥并监督他们工作。他说："这种装置既节省时间，又能使我感到更加放心。"

四、安防行业最新立法动态

目前，NBFAA正努力争取在2010年在国会通过以下几项立法：

《2008年大学机遇与负担能力法》，将为大学的生命安全和防火设备提供配套资金以进行检测和防火。

《2008年地方政府视频监控保护法》，旨在使人口较少的县市拨出资金与当地规模小的保安公司一起在重要的安全地区安装视频监控设备。

《21世纪绿色、高性能公立学校设施法》，允许公立学校翻新、修复及使设施现代化，还包括专业的消防/生命安全警报安装，使之符合消防、卫生、防震和安全法规。

2009年3月，美国内华达州提出一项立法建议：即参议院125号法案（简称SB125），其规范RFID数据如何收集和使用。规定未经个人同意使用RFID收集个人身份数据将判重罪。该法案还规定了使用RFID技术收集个人信息的两个例外：如果是在正常的业务流程中完成的——可能适用于边境管制人员和其他参与识别系统的政府雇员；授权的支付卡交易。

2009年9月，纽约州通过"A9144法案"，要求出租车放置一氧化碳探测器。

2009年3月，一项新的安全规则10 CFR 73.54生效，该规则要求在美国营业的持照商业核电厂向核管理委员会提交网络安全计划以供审查和批准，以防核电厂受到网络攻击。

《加强电子安全法》，该法案于2009年11月由科学和技术委员会口头表决批准，于2010年2月9日由美国众议院通过，要求政府对网络安全的机能进行逐个机构的评估，并为毕业后同意担任网络安全专家的本科生和研究生建立奖学金制度。

2.2 英国安防行业发展概况

公安部科学技术信息研究所 陈桂香

英国安防行业历史悠久，业务种类繁多。英国安全行业协会（BSIA）网站公布的行业营业额统计表反映，目前英国主要安防业务包括：出入口控制（AC）、民航安全（CAS）、闭路电视（CCTV）、现金及财产标记（CPM）、现金贵重物品押运（CVIT）、信息破坏（ID）、警察公用事业（PPS）、物理安全设备（PSE）、保险箱（S）、安全咨询（SC）、保险仓库（SD）、安全设备销售（SED）、安全设备制造（SEM）、安全保卫（SG）、安全防范系统（SS）、准会员/分支机构（As/Af）等。

据英国安全行业协会（BSIA）网站公布的数字，2008－2009年度英国BSIA成员公司总营业额为43.3亿英镑。其中，安全护卫公司的总营业额为15.75亿英镑，占总营业额的36%以上；安全防范系统公司总营业额为6.54亿英镑，占总营业额的15%以上。尽管英国安防企业不同程度地受到了全球经济不景气的影响，但是个别安防业务，如安全防范系统类公司，却依然保持了稳定的增长。

一、安防市场最新发展

（一）视频监控

1. 视频监控市场继续扩大

根据MBD公司的数据，2008年英国视频监控市场价值为11.75亿英镑，尽管有所萎缩，但在过去的一年仍增长约2%。之前其每年的增长率为3%～5%，下降不是很大。推动CCTV市场增长的是综合系统、移动视频监控和远程监控的发展，筹备2012年伦敦奥运会也发挥了应有的作用。

MBD在统计中称，近几年市场增长较为缓慢，反映出经济形势有所恶化，获取贷款更为困难，商业部门的建筑速度放缓，所有这些都影响到视频监控产品的销售。建筑行业的发展有助于视频监控市场的扩大，特别是写字楼、卫生和教育方面的建筑。

MBD预计，2010年英国视频监控市场将步入正常增长速度，2013年前每年增长估计为2%～4%，到2013年，其市值将达13亿英镑（按2008年价格），共增长11%。数字和网络产品需求将会继续攀升；允许用户在现有的模拟系统加装IP设备并因此而获得更为有效的解决方案的综合系统，在近5年内增长潜力最大，其次是远程监控服务、移动视频监控、易装卸的报警摄像机和系统。但是，激烈的价格竞争和便宜的国外产品的涌入，仍是视频监控市场固有的特点。

用于视频监视的设备销售在2009年下降了1%，随后将会转入增长，2013年比2008年将增长15%。

2. 国家CCTV战略

英国自20世纪70年代开始就引进了CCTV系统，目前已成为英国政府打击犯罪及恐怖活动战略的重要工具。上世纪90年代以来，英国政府开始实施"地方管理局CCTV计划"，此后，CCTV系统在英国各地开始大规模地安装和使用。

英国的CCTV受到广大公众的大力支持，每年的犯罪担忧调查都称，CCTV的存在使得公众感觉到更加安全，CCTV在保护英国公众安全和为警方提供犯罪调查方面做出了重要贡献，最典型的例子应属CCTV系统在伦敦地铁爆炸案侦破中的应用，英国警方通过查看CCTV系统存储的视频录像，最终发现并找到了犯罪嫌疑人。

然而，英国的 CCTV 系统建设也存在许多不如人意的情况，如安装分散，没有战略性的方向，未得到有效控制和规范等。此外，地方管理局、警方和刑事审判机构还面临诸多其它的问题，如 CCTV 开发时缺少协调协作的办法和机制，这给系统的兼容带来了重大风险；获取图像的成本以及潜在的运营效果损失等。

为了更好地发挥 CCTV 系统的作用，许多 CCTV 操作与管理的人员都建议对现有 CCTV 的标准、程序、培训及操作方法等进行摸底，并且提出改进措施。英国警察局长协会（ACPO）在内政部联合工作小组和减少犯罪交付委员会的支持和帮助下，对英国 CCTV 系统的 10 个方面的问题进行了详细的审查，并于 2005 年 9 月，向内政部递交了《国家 CCTV 战略》报告。

在此报告中，专家们就如何更好地发展英国 CCTV 系统提出许多合理建议，如：要制定 CCTV 标准；应为 CCTV 的注册、检查和执行提供清晰指南；开展人员培训；警方使用 CCTV 连续镜头和证据的指导；CCTV 视频的存储、归档和保留的规范化管理；构建 CCTV 网络，满足人们查看实时的或存储视频的需要；刑事司法系统（CJS）内部的设备、资源和标准化；对新出现的技术、安全威胁及优先项目的跟踪；建立合作伙伴关系；加强财务和资源管理等等，此报告为英国 CCTV 发展指明了方向，对闭路电视监控系统的规范化建设、使用和管理起到了积极的引导作用。

3. 朴次茅斯安装智能视频监控系统

朴次茅斯建立了一个“智能”闭路监控网络，以提前将可疑行为报告给操作人员。这套系统称为“Perceptrak”，由智能闭路监控公司（SmartCCTVLtd）开发，可以发现“异乎寻常”的事件，如可疑人员四处徘徊，车速过快等。该系统会提醒操作人员注意，如果认为可疑人员在实施犯罪或将要实施犯罪，他们将采取适当的措施。

Perceptrak 系统旨在用以在夜间监视停车场、建筑物楼梯或走廊以及街道等不显眼的区域。通过该系统，操作人员可以在监控更多摄像头的同时，不必时刻紧盯每一个屏幕。智能闭路监控公司的执行董事尼克·赫维特森（Nick-Hewitson）说：“尽管我们实现《少数派报告》中的场景还有很长的路要走，但是我们距离这一目标近了一步。”

“这套系统可以提醒操作人员注意某些可疑行为，如某人四处游逛张望，或有人忽然跑了出来。但系统确实不能识别那个家伙是在等女友，还是即将实施犯罪活动。此时，操作人员就需要进行主观判断，作出适当的反应。”赫维特森补充说：“这套系统可以过滤一切无聊信息，提醒监控设施操作人员注意可疑事情。”

朴次茅斯的闭路监控室拥有 142 个摄像头，对全市实施每天 24 小时的实时监控。朴次茅斯市议会负责社会安全的议员杰森·法扎卡利（Jason Fazackarley）说：“这是一项了不起的技术开发，起到了相当于 21 世纪守夜人的作用，但与守夜人不同，Perceptrak 系统永远不会眨眼，永远不会休息，永远不会感到无聊。”

（二）防盗报警

英国防盗报警产品发展到现今，其技术应用依然以红外技术为主。红外对射探测器的优点是：技术成熟、成本低、不受环境光照影响、抗风性好、抗震动性强，在雾、雨、雪等气候条件下也能保持较好的性能。缺点是：设备易老化、使用寿命短、误报率较高、不能进行曲线周界的防范等方面。

目前，市场上出现了双鉴探测器、三鉴探测器等换代产品。双鉴探测器将两种不同技术原理的探测器整合在一起，只有当两种探测技术的传感器都探测到人体入侵时才报警。市面上见到的双鉴探测器以微波 + 被动红外居多，另外还有红外 + 空气压力探测器和音频 + 空气压力探测器等产品。

前些年，入侵探测器市场主要由被动红外垄断。后来，金融机构等慢慢开始使用双鉴探测产品。随着小区的发展，双鉴使用率逐渐增多，产品种类也日趋繁多。为了进一步提高探测器的性能，制造商在双鉴探测器的基础上又增加了微处理器技术的探测器，这种融合了三种技术的探测器被称为三鉴探测器。

随着用户需求的不断提高，英国报警市场对于报警主机的概念也发生了改变。单一的报警拨号器被今天的智能控制平台所取代，可以提供更多的增值服务功能。目前，报警主机为便于用户的二次开发都是采用模块化设置。在产品出厂时，厂商除了配好核心部件外，还将一些接口预留好，大多数附加功能都是通过添加不同的模块而实现的，如网络模块、GPRS 模块、语音模块、家电控制模块等。除了与智能家居相融合，报警主机还添加了短信、语音功能，以提高系统的可靠性。

（三）IT、通信企业进军安防行业

安防监控市场的迅猛发展，吸引了众多 IT、通信巨头纷纷以不同方式进入视频监控市场。他们的进入为视频监控市场掀起一场 IT 化风潮，视频监控应用也进入到一个更为广阔的领域。

IT、通信企业的进入大多不是直接在产品市场与安防企业竞争，而是为安防企业提供他们所需要的技术和服务，从而赚取高附加值的利润，实现与安防企业的共赢。与监控厂商的合作中，既赚取了丰厚的利润，又为促进监控市场的繁荣和发展做出了贡献。通信提供商则通过其运营平台，为用户提供网络视频传输和监控服务。

IT、通信巨头的介入，将为视频监控带来更大的市场空间，使视频监控市场规模在原有的基础上迅速增长，并加快安防行业的标准化进程。越来越多的业内人士开始意识到，安防产业 IT 化已成必然趋势。

英国电信（BT）目前正在将现有电话网升级到下一代网络（NGN），这是一个数字 IP 网络，升级后，英国电信的 3000 多万条电信线路最终都将并入此网络，其中包括 800 万条宽带线路。网络升级将为英国电信用户提供更多的高速宽带接入资源，包括超级高速以太网服务，并且能够为其他的电信提供商提供一个英国下一代网络平台。

由于是升级到数字 IP 系统，英国原有的电信运作模式将发生一些彻底的改变，包括数据传输延迟等。原有的5500 套交换机设备需要更新，一些通信传输保密设备必须能够达到新的安全要求，英国安防设备企业因此受到了一定影响。

为了能够更好地满足用户的要求，BSIA 在得知英国电信网络升级的消息后几年里，积极与英国电信联系，在模拟的网络上对其安全产品进行安全性初步测试，然后再在 21CN 网络上进行实时的测试。

BSIA 与英国安全设备制造商们一起制定了测试计划，覆盖了针对企业所使用的各种信令格式的测试。BSIA 利用英国电信提供的专业设备，在英国电信设在英国西南海岸雷阁半岛斯旺西（Swansea）的测试点进行测试。

通过测试和与英国电信、Ofcom 及其他通讯提供商的商讨，BSIA 积累了大量经验，了解并掌握了如何对安全设备在 21CN 网络应用中所面临的风险进行评估。这种风险评估可以帮助终端用户、安装商、监控中心和设备制造商了解可能会发生什么情况，以及将带来怎样的后果。

所有 BSIA 通讯设备制造商成员公司都参与了在斯旺西进行的测试计划，对其核心产品进行测试。BSIA 在其网站上公布了申请风险评估的表格，并且及时公布评估的结果，方便成员公司查询。

英国电信已经完成初期的“探路者”改造计划，卡地夫（Cardiff）地区大约 7.5 万条公共交换电话网络（PSTN）线路已经并入 21CN 网络，不久本地区还将有 17.5 万条通信线路并入此网络。

2010 年“探路者”计划将在北爱尔兰实施，英国电信目前已经宣布了有关大面积改造线路的调整计划，他们将根据客户的需要，并综合考虑所使用设备的生命周期等因素，分阶段地实施 PSTN 和 ISDN 线路改造。

目前，BSIA 正在评估是否有必要在北爱尔兰开始综合业务数字网络改造前推出 ISDN 测试计划。英国电信最近宣布将在此地设立一个测试平台，以推动北爱地区的网络升级。BSIA 与其他的下一代网络通讯提供商一起，努力克服因网络升级给企业带来的诸多困难。

二、安全保卫和安全防范发展现状

英国安全保卫和安全防范系统在英国安全行业中占据重要地位，这两类业务的营业额占安防总营业额的一半以上。英国安防网站 Infologue. com 去年 8 月 28 日公布了营业额名列前 20 名的英国安全护卫公司名单，具体情况参见表 1。

表 1　英国前 20 名安全护卫公司

2009 年排名	公司名称	估算市场份额
1	G4S	17.27%
2	Mitie plc	11.95%
3	Reliance Security Services Ltd	10.41%
4	Chubb Security Personnel Ltd.	5.64%
5	Vision Security Group Ltd (VSG)	4.68%
6	OCS Ltd	4.32%
7	Securitas Security Services Ltd.	4.18%
8	The Corps Ltd	3.55%
9	Advance Security Ltd	3.41%
10	The Legion Group Plc	3.27%
11	Interserve Plc	3.18%
12	ISS Pegasus Security Ltd	3.09%
13	ICTS UK Ltd	2.95%
14	The Shield Guarding Co. Ltd.	2.80%
15	Wilson James Ltd.	2.18%
16	Carlisle Security	1.45%
17	Knightsbridge Guarding Ltd	1.36%
18	Axis Security Ltd	1.18%
19	Ultimate Security	1.09%
20	AFC Group	1.05%

1991 年至 2006 年期间，加入英国安防协会的成员公司数量、成员公司的雇员数量以及经营、销售数量都发生了不小的变化。具体情况参见表 2、表 3、表 4。

表 2　BSIA 成员公司 1991 年－2006 年营业额统计表（单位：百万英镑）

	91	92	93	94	95	96	97	98	99	00	01	02	03	04	05	06
AC	24	31	44	61	69	92	103	116	160	150	164	170	198	172	165	193
CAS																56
CCTV	59	68	84	129	142	188	181	171	282	310	288	370	448	495	509	493
CPM											14	16	15	16	14	18
CVIT	416	419	581	*346	338	337	359	396	424	449	424	469	540	552	593	474
ID										9	22	22	25	24	30	40
PPS											17	58	267	299	346	433
PSE			11	23	48	77	108	103	92	121	112	129	93	93	75	68
S	42	42	38	42	34	36	**									
SC															8	8
SD	1	1	1	1	1	1	**									
SED						11	133	146	76	25	24	17	18	76	85	89
SEM	70	78	122	150	181	167	171	141	132	134	136	156	168	226	276	287
SG	431	486	530	662	703	754	837	859	987	1121	1275	1398	1448	1570	1575	1692
SS	267	256	296	358	390	460	522	469	494	514	546	548	596	615	654	604
Total	1310	1381	1707	1772	1906	2123	2414	2401	2647	2833	3022	3353	3816	4138	4331	4455

表 3　BSIA 成员公司雇员统计表（单位：千）

	88	89	90	91	92	93	94	95	96	97	98	99	00	01	02	03	04	05	06
AC				0.6	0.5	1.1	1.5	1.2	1.2	1.5	1.5	1.5	2.7	2.5	2.6	2.1	2.1	2.1	2.5
CAS																			2.5
CCTV	0.6	0.8	1.2	0.9	0.6	1.3	1.6	2.0	2.2	1.6	1.6	1.8	3.9	3.7	3.8	4.0	4.0	3.7	4.0
CPM														0.2	0.2	0.2	0.2	0.2	0.2
CVIT	15.2	17.3	18.1	19.0	19.4	20.6	14.0	12.0	12.7	12.8	12.8	14.7	12.9	12.2	11.4	12.6	15.0	12.1	11.5
ID													0.2	0.9	0.7	0.7	0.6	0.7	0.9
PPS														0.7	1.7	8.2	6.9	8.5	10.7
PSE						0.2	0.6	0.9	1.3	2.0	1.9	1.7	1.9	1.7	1.8	1.5	1.2	1.1	1.3
S	1.5	0.9	1.0	1.0	0.9	0.9	0.9	0.7	0.8	**									
SC																		0.1	0.1
SD										**									
SED									0.2	0.6	0.6	0.4	0.1	0.1	0.1	0.1	0.4	0.4	0.4
SEM	1.8	1.7	2.0	1.7	1.6	2.2	2.3	2.4	2.1	2.6	2.6	2.0	1.8	1.6	2.0	1.7	2.2	1.9	2.0
SG	30.4	30.9	34.5	33.7	33.7	40.6	41.7	50.2	55.2	56.0	55.8	65.7	66.9	75.7	75.7	72.3	75.4	75.5	79.1
SS	8.6	9.5	10.5	7.3	6.5	6.5	7.9	7.1	8.6	11.0	11.0	11.1	8.6	11.5	10.0	10.1	10.4	9.6	9.4
Total	51.8	61.1	67.3	64.2	66.8	73.4	70.5	76.5	84.3	88.1	87.8	98.9	99.0	110.8	110.0	113.5	118.4	116.0	124.6

表4 BSIA 成员统计表

	91	92	93	94	95	96	97	98	99	00	01	02	03	04	05	06
AC	12	12	25	24	28	29	30	28	29	28	29	39	42	48	44	45
CAS																9
CCTV	25	21	29	28	29	32	34	34	38	43	55	66	70	73	73	82
CPM											6	10	9	10	9	8
CVIT	13	12	12	14	11	10	9	9	10	10	9	9	9	9	8	8
ID										9	19	23	25	23	28	25
PPS											1	28	29	32	28	25
PSE			8	14	21	28	31	29	32	31	29	28	27	28	21	18
S	5	5	5	4	4	4	* *									
SC															8	8
SD	3	3	2	2	2	2	* *									
SED						4	8	7	7	5	4	4	4	3	3	3
SEM	21	24	29	37	37	32	28	25	25	24	24	24	25	27	29	27
SG	36	42	45	45	50	64	67	61	70	75	93	104	106	113	128	134
SS	50	43	49	66	82	91	106	101	95	103	101	107	110	110	107	107
As/Af	9	16	18	21	28	31	32	38	41	48	48	52	59	65	54	50
Total	174	178	222	255	292	327	345	332	347	376	418	494	515	541	540	549

三、伦敦奥运与安防发展

（一）制定奥运安保战略

2005年7月7日，英国伦敦刚获得2012年奥运会主办权的喜讯不到24小时，伦敦地铁便遭多起恐怖袭击，造成重大人员伤亡。此次袭击敲响了奥运会安全保障的警钟。

为保障奥运会顺利进行，英国政府做了大量准备工作，首先确立了奥运会组织保障机制。英国内政部还配合“国家反恐战略”（简称4P计划），制订了《2012年夏季奥运会和残奥会安保战略》，对奥运赛事的筹备、举办、保障等整个过程的安全做了全方位的设想和安排。根据此战略，预计所需安保费用将控制在6亿英镑（8.547亿美元）的预算之内。

《2012年夏季奥运会和残奥会安保战略》共确定了五项目标：一是保障奥运比赛场馆、赛事和交通设施安全；二是随时准备应对可能对赛事造成重大安全事故的严重事件；三是识别并摧毁对赛事安全造成负面影响的威胁，主要针对恐怖主义、严重暴力犯罪、国内极端主义和公共骚乱、自然灾害等四种威胁；四是对奥运安保进行指挥、控制、做出计划并提供资源供给；五是联合国内外相关单位和组织，保证此战略的顺利实施。

奥运交付管理局（Olympic Delivery Authority）负责伦敦奥运会场馆建设与安全，它将邀请供应商参加安保项目的竞标，项目涉及边界巡逻保护；执行出入口控制管理；内部保安巡逻；监控闭路电视和警报器；物流中心进行监控；对奥运交付管理局提供的保安设备进行管理等。

据路透社报道，英国内攻部高级官员担心，网络攻击将给伦敦奥运会带来挑战。为2012年伦敦奥运会准备的票务系统、交通网络、酒店预订以及安全目标等都有可能成为攻击目标，因此，奥运会组织者对于所面临的网络攻击风险“十分敏感”。官员们表示，网络攻击已经成为安全工作的独特挑战，因为网络的攻击形式不断变化，意味着有更多资金被投入在防范电脑攻击的问题上。

英国政府最新的《安全战略报告》指出，奥运会最大的安全威胁是国际恐怖主义。目前已有约6亿英镑（9.8亿美元）被单独列为安全资金，但内务部官员们表示，如果威胁升级，安全预算还可能再被调高。

（二）安全部长谈奥运安保

英国安全部长艾伦·韦斯特（Alan West）2009年11月14日表示，伦敦在举办2012年奥运会期间将面临自第二次世界大战以来最大的安全挑战。

韦斯特在伦敦的一个会议上表示，预计将有15000名运动员、14000名教练和随队官员，以及20000媒体工作者出席奥运会，英国首都遭受恐怖袭击的风险无疑会大大增加。他介绍说，该国的威胁级别有可能提升至严重——五级中的第2级，仅次于最高级别——这也意味着很有可能发生恐怖袭击。

自2001年以来，英国在反恐措施方面已投入巨资，不仅扩大了国内情报机构军情5处的规模，而且还将安防预算提升至60亿美元，已为奥运安防设立了一个10亿美元规模的专项基金。

韦斯特介绍说，自从2005年7月交通系统发生了4枚自杀式炸弹爆炸事件，造成52名乘客死亡的恐怖袭击后。韦斯特表示，为奥运会设定的安防计划将反映出恐怖分子采用的、不断变化的各种策略。

英国政府已在多数体育场馆、交通枢纽和购物中心内设置了用于防范汽车爆炸的壁垒装置，并就如何保护人群密集地区提出了新的指导方针。奥运会期间，警方的快艇还将在泰晤士河上进行巡逻。

韦斯特表示，尽管存在着各种潜在威胁，但他依然有信心通过周密的防范计划保护伦敦奥运会的安全。他说道："如果要为安防规划颁奖，英国将站在领奖台的最高处，获得金牌。"

（三）拟加强对看门监督人的培训

为了更好地提升国民的反恐意识，英国政府在2009年12月向BSIA发出一份咨询书，商讨如何通过增加针对看门监督人员的培训，进一步提升他们的物理干预、紧急救援等安全技能，以及应对青少年问题和提升反恐意识等。根据此项提议，英国政府将要求所有的看门监督人必须取得相关许可证，已经取得许可证的保安员必须按时间更新，新入此行的人员必须申请首次的从业许可证。

BSIA休闲行业部主任Tony Clarke表示："看门监督人真正关系到公众的方方面面。为了减少矛盾，真正为他们自己以及其它人提供保护，对其进行充分的培训很重要。对于英国安防行业协会来说，我们很高兴看到内政部采纳了安防行业提出的一些建议，看门监督人在夜间社区的安全保护过程中发挥了至关重要的作用，为他们提供深入培训只能进一步增强他们保护区公众利益的能力。"

从2010年6月开始，在英国申请安全许可证时必须要满足额外的培训要求，对现有的许可证持有人的能力提升培训有可能从2011年5月引进，目前仍在批准阶段。

2.3 日本安防行业发展概况

公安部科学技术信息研究所　王鹤

一、安防产品行业现状

（一）规模

根据日本的有关规定，当单独提到安防产品行业时，通常是指与安防设备有关的产业，即包括安防产品的制造业、安装业、安全技术业。而日本的安防产品行业通常以跨行业交叉类型的企业居多，专门从事安防产品制造、安装的企业并不多。仅根据日本安防设备协会会员单位的数据来看，截至2010年1月，安防产品企业共有319家，其中包括专门的生产厂家及少数从事安全技术行业的企业。

（二）产值

根据日本警察厅和日本安防设备协会的调查统计材料显示，安防产品的市场规模在2008年是1.3兆日元。其中，安全技术行业为5459亿日元，安装业为1524亿日元，制造业为6718亿日元。图4是日本安防设备协会公布的2008年版《统计调查报告书》中关于安防产品行业各年总产值的数字。图中最上层的数字为安全技术行业的销售额，中间一层的数字为工程商的销售额，最下方的数字为制造商的销售额。

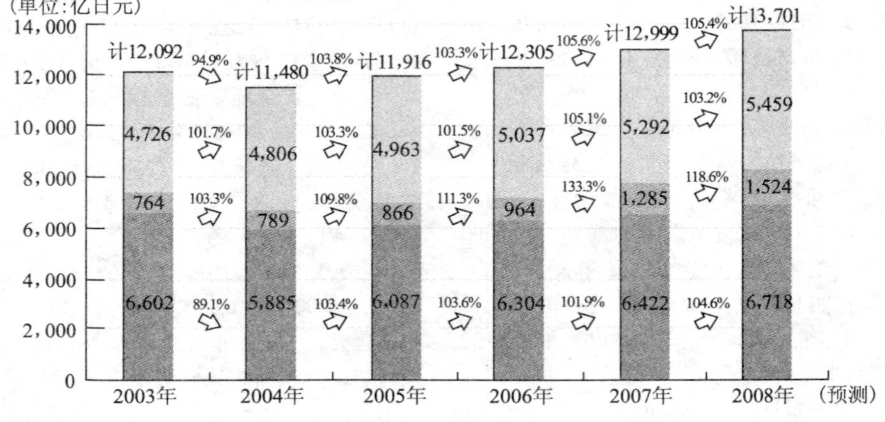

图4　2003年至2008年安防产品行业各年总产值

（三）安防行业职业资格认证制度

日本安防设备协会是在日本警察厅的指导下，于1992年2月开始致力于培训安防工程师（日文：防范设备士）及其职业资格认定考试的业务。2001年开始，安防工程师职业资格制度成为日本"国家公安委员会认定事业"。其主要内容是对从事安防系统设计、安装、维修的人员进行必要的培训、指导、考试、认证，对考试合格者注册为安防工程师。在此基础上，于2001年4月开始，又设置了综合安防工程师及其职业资格认定考试，这是比安防工程师具备更高业务水平、属于最高级别的职业资格。

1. 制度的产生

日本安防设备协会负责对安防行业的从业人员进行职业培训和考试，其出版的《安防工程师教材》主要内容包括基础篇、设备机器篇、设计篇、估算预算篇、施工篇、维护管理篇。经过近2年的试运行和改进，1991年提出并通过了《安防工程师认证制度规定》和《安防工程师认证制度规划》2个议案。1991年12月，日本国家公安委员会以6号公告的形式发布了《安防设备、安防管理知识技能检测认证规程》，最终认定此项业务交由日本安防协会负责。1992年2月，首批经过认证的安防工程师诞生，人数达189名。

2. 制度的发展

此项制度以东京、大阪为中心，逐步向其他地区发展、扩大。1998年，日本安防设备协会成立了安防工程师特别委员会，开始进一步充实、扩大安防工程师职业资格制度的提议历程。截至2010年1月15日，全国范围内安防工程师达到19791人，比前年增加了3260人（+16.5%），综合安防工程师达到284人，比前年增加了52人（+18.3%）（图5）。随着认证业务的不断发展壮大，已成为一项被广泛认可的安防行业职业培训和认证制度。

图5　安防工程师及综合安防工程师全国分布图

二、安全技术行业现状

（一）规模

根据2008年日本警察厅公布的《2008年保安业概况》中的数据，截至2008年12月底，日本共有安全技术公司773家，比2007年减少了14家（－1.8%）（图6）。安全技术公司的服务对象设施共有211.5万个，比2007年增加了10.1万个（+4.8%）（表9）。

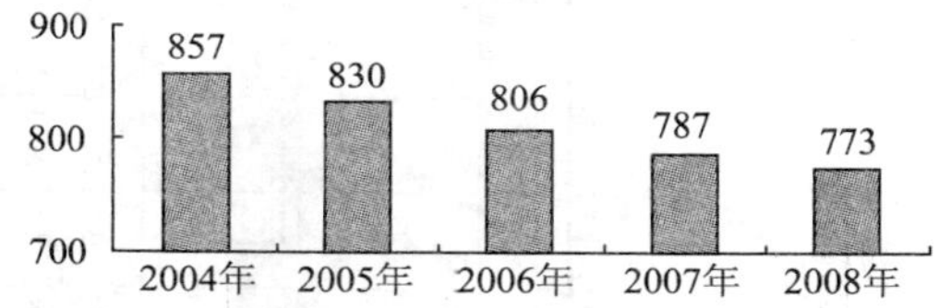

图6　2004年至2008年安全技术公司的数量变化（截至每年年底）

表9　2004年至2008年安全技术公司基地局及服务对象设施的数字（截至每年年底）

类别＼年份	2004年	2005年	2006年	2007年	2008年
基地局数量（指数）	1,139(100)	2,133(128)	2,327(140)	2,559(154)	2,737(164
待机所数量(指数)	32,952(100)	9,628(104)	9,924(107)	9,915(107)	10,055(109)
专业保安员数量(指数)	32,952(100)	35,219(107)	32,448(98)	34,891(106)	33,392(101)
其中的基地局工作人员数量(指数)	4,650(100)	5,088(109)	5,125(110)	5,235(113)	6,048(130)
专用巡视车辆(指数)	13,643(100)	14,580(107)	15,260(112)	15,476(113)	15,409(113)
防护设施数量(指数)	1,427,375(100)	1,770,328(124)	1,875,775(131)	2,014,223(141)	2,115,380(148)

平均每家安全技术公司拥有的基地局及保安服务对象的数字见表10。

表 10　平均每家安全技术公司拥有的基地局及保安服务对象数（截至 2008 年年底）

类　别	总　数	平均每一家公司
技术保安公司数量	773	——
基地局数量	1，017	1.3
待机所数量	10，055	13.0
专业保安员数量	33，392	43.1
其中的基地局工作人员数量	6，048	7.8
专用巡视车辆数	15，409	19.9
技术保护设施数量	2，115，380	2，736.6

（二）产值

安防产品行业（图 4）和保安行业（图 2）的总产值中都包括了安全技术行业的产值。2008 年安防产品行业的总产值为 13701 亿日元，保安行业的总产值为 33413 亿日元，安全技术行业的总产值为 5459 亿日元，安全技术行业的总产值在两个行业的总产值中分别占 39.8% 和 16.3%。

从图 7 所示的近 3 年的数据看（左侧柱为安全技术行业在安防产品行业中所占的比例，右侧柱为安全技术行业在保安行业中所占的比例），安全技术行业在安防产品行业中的总产值呈下降趋势，而其在保安行业的总产值中则呈上升趋势。

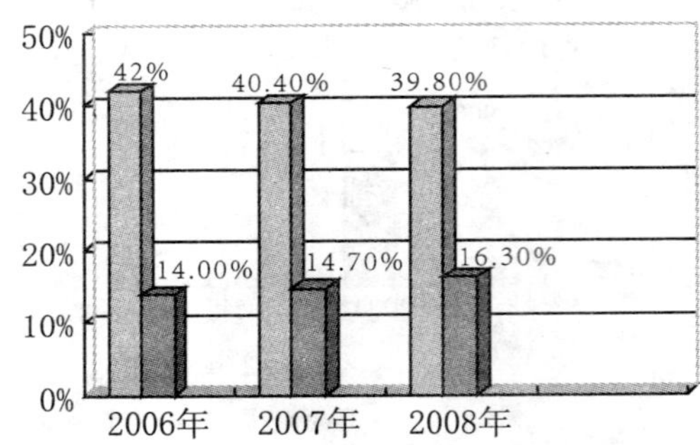

图 7　2006 年至 2008 年安全技术行业在安防产品行业及保安行业中所占的比例

（三）快速反应系统的服务情况

安全技术公司在过去的 5 年中，其快速反应系统的装备情况如表 11 所示。

从 2008 年 12 月底的快速反应系统的装备情况看，各类系统的服务数量都有所增加，具体来说，平均一个公司所服务的设施数为 2737 个，比 2007 年增加了 178 个（+6.5%）；平均一个待机所所服务的设施数为 210 个，比 2007 年增加了 7 个（+3.3%）；平均一个专业保安员所服务的设施数为 63 个，比 2007 年增加了 5 个（+7.9%）；平均一个专业巡视车所服务的设施数为 137 个，比 2007 年增加了 7 个（+5.1%）。

表 11　安全技术公司的快速反应系统的服务情况（截至每年年底）

类别 ＼ 年份	2004 年	2005 年	2006 年	2007 年	2008 年
一个公司平均对应的设施数量	1，666（100）	2，133（128）	2，327（140）	2，559（154）	2，737（164）
一个待机所平均对应的设施数量	154（100）	184（119）	189（123）	204（132）	210（137）
一个专业保安员平均对应的设施数量	43（100）	50（116）	58（135）	58（135）	63（147）
一个专用巡视车平均对应的设施数量	105（100）	121（115）	123（117）	130（124）	137（131）

（四）安全技术行业业务管理者资格证的交付情况

安全技术行业业务管理者资格证的交付情况，如表12所示。

表12 安全技术行业业务管理者资格证的交付情况（截至2008年年底）

类　别	件　数
交付累计数量	19，930
2008年	651

三、法规法令及执行情况

（一）法规法令

1.《警备业法》

2008年无修订，详情见2007年版《年鉴》（注：2007年版中《警备业法》的颁布时间应为1972年7月5日）。

2. 警察厅生活安全局发布的有关安防产品应用的文件（2008年12月～2009年7月）

日本警察厅生活安全局2008年12月至2009年7月发布的文件共有6份，可分为“安防产品应用于日常生活的文件”、“安防产品应有于保安行业及安全技术行业的文件”两大类，具体情况如表13、表14所示。

表13 安防产品应用于日常生活的文件

序号	文件名称	原文	发文单位及时间
1	关于2009年在全国范围内实施安全活动的通告	平成21年全国地域安全運動の実施について	生活安全规划科 2009年7月24日
2	关于出租车安防标准的通告	「タクシーの防犯基準」について（通達）	生活安全规划科 2009年4月17日
3	关于推动改造商业街、夜生活场所的综合政策（遵令传达）	繁華街？歓楽街を再生するための総合対策の推進について（依命通達）	生活安全规划科 2008年12月18日
4	关于在推动改造商业街、夜生活场所的综合政策时的注意事项	繁華街？歓楽街を再生するための総合対策の推進上の留意事項について	生活安全规划科 2008年12月18日

表14 安防产品应用于保安行业及安全技术行业的文件

序号	文件名称	原文	发文单位及时间
1	关于在都道府县公安委员会的规则中禁止及限制保安员等携带护身用具的标准（遵令传达）	警備員等の護身用具の携帯の禁止及び制限に関する都道府県公安委員会規則の基準について（依命通達）	生活安全规划科 2009年3月26日
2	关于在都道府县公安委员会的规则中禁止及限制保安员等携带护身用具的标准的主要内容	警備員等の護身用具の携帯の禁止及び制限に関する都道府県公安委員会規則の基準の趣旨等について	生活安全规划科 2009年3月26日

2.4 巴西安防行业发展概况

公安部科学技术信息研究所　陈桂香

巴西地处南美洲东南部，北邻法属圭亚那、苏里南、圭亚那、委内瑞拉和哥伦比亚，西邻秘鲁、玻利维亚，南接巴拉圭、阿根廷和乌拉圭，东濒大西洋，是南美第一大国，面积、人口、经济总量均居南美首位。

巴西是关贸总协定的缔约国，对周边国家和地区有很强的辐射能力。近年来，巴西政府采取了新的经济政策，逐步开放市场，引进设备，扩大出口，努力重振巴西经济。

一、巴西是南美洲地区最大的安防市场

近些年来巴西治安形势日趋严峻，绑架、谋杀（甚至包括政客和新闻工作者）、贩毒等各类违法案件频发。政府在社会治安上治理不力，经济困难，巴西里约热内卢、圣保罗的治安状况呈日益恶化之势，有组织犯罪不断上升，犯罪分子日益猖獗。犯罪分子互相勾结，政府官员、警察以至司法官员都直接参与涉案。犯罪分子的作案范围扩大，不少的外国游客成为被袭击的目标。

此外，由于失业率不断升高，毒品消费泛滥等原因，目前的巴西正面临着严重的社会问题。据安防行业发行的刊物“Proteger”反映，在巴西圣保罗每小时都有人被杀害，每几个小时就有人被绑架。绑匪通常会携带枪支将受害人驱赶至ATM机，取出现金后逃离。

鉴于这种恶劣形势，巴西联邦、州及市政府正积极采

取新的安全措施保护公众安全，有几个城市已经在街道上安装了视频摄像机，防止犯罪活动的发生。其它城市已经通过或者正在审批新的法律，强制要求住宅和四层以上的商业建筑内安装摄像机或其他安全装置。

巴西政府也越来越重视加强对公众安全的保护，积极想办法引进世界最先进的安防技术和设备，巴西正快速成为一个巨大的安防市场。据估算，仅巴西电子保密设备市场价值约为10亿美元，这为各国向巴西出口安防产品和设备提供了一个巨大的潜在市场，也为希望进军巴西安防市场的各国公司提供了一个良好的契机。

据巴西的本地贸易合同反映，如里约热内卢行业联盟（FIRJAN）、圣保罗行业联盟（FIESP）和巴西电子安全系统公司协会（ABESE），巴西每年为安防设备和服务投入大约200亿美元的资金。尽管巴西近几年的经济表现起起落落，但安防行业总体仍保持平均每年10－15%的增长。

南美洲市场以巴西、阿根廷、智利等地为代表，占整个拉美市场的80%，而三个市场又首推巴西，其市场规模与中国不相上下。南美洲市场生产制造商较少，主要依靠美国进口，如DSC、ADEMCO。C&K等。

外国产品供应占到巴西安防市场的75%，美国安全设备制造商已经在巴西成功运营，占据了50%的进口市场，主要提供电子安全产品及设备。金融机构是最重要的电子保密设备终端用户，其次是工业和商业机构。

与美国竞争的主要对手是以色列和日本，它们各占据20%的市场份额。韩国商家也云集巴西，著名品牌包括三星、LG，还有一些不出名的韩国品牌也随处可见，竞争程度不亚于北美洲市场，尤其是价格竞争。巴西人天性爱讲价，价格越低越好，不像英国、美国人更看中产品品质。

	2003年	2004年	2005年
市场大小	$840	$920	$1000
本地生产	$405	$470	$540
出口	$35	$40	$40

统计数据单位：百万美元（由贸易情况估算而来）

电子安全设备目前已不仅限于银行或商业机构和工业建筑，各种住所也要求提供安全监视服务和安装安全装置，这也成为巴西市场快速增长的重要原因。据ABESE反映，巴西圣保罗州有450万财产有可能安装电子安全设备，但仅7%安装了较复杂的入口控制系统。

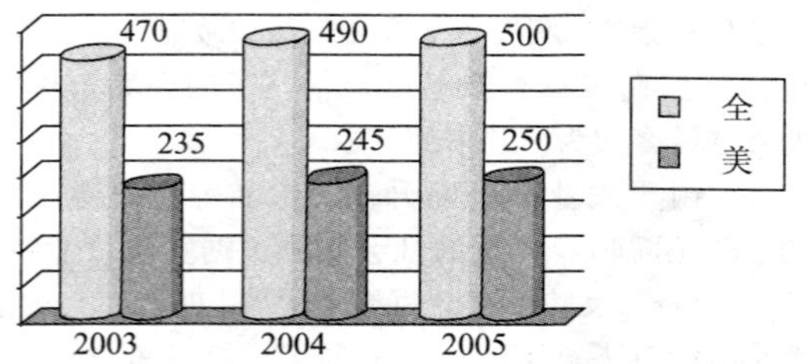

安全设备进口情况（单位：百万美元）

电子安全市场

电子保密设备市场主要集中在四个州（圣保罗、里约热内卢、圣埃斯皮里图和米纳斯吉拉斯），共占到此市场的63%。前景最看好的是入口控制设备（尤其是使用生物特征识别技术）、闭路电视、家用安全设备、报警系统和车辆监测系统。

在过去几年中，巴西政府采取各种措施加强对国际旅客的安全保护，实施了港口和海上安全计划，这些努力都为巴西安防市场的增长起到了直接的推动作用，过去八年平均每年增长12.75%。

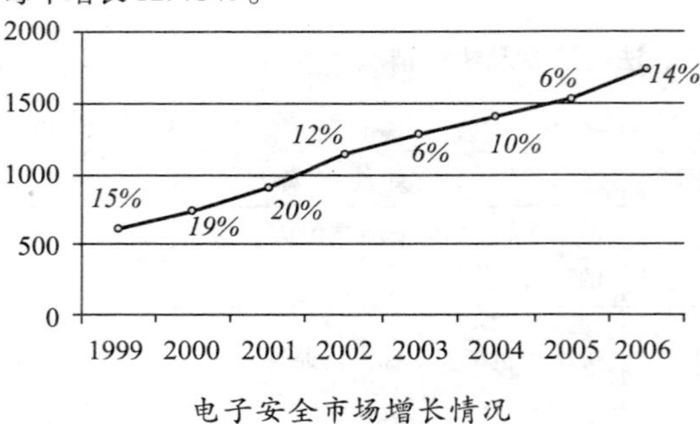

电子安全市场增长情况

巴西投资1.7亿美元确保2007年泛美运动会安全

2007年7月13日，第15届泛美运动会在巴西里约热内卢开幕，来自42个国家和地区的约5600名运动员将在16天里，参加34个大项、301个小项的比赛。此外，前来进行报道的记者也将有数千人之多，亲临巴西观看泛美运动会的美洲国家元首将有42名。

里约热内卢素有“全球犯罪之都”之称，2006年12月27日晚至28日，黑社会组织在全城多个地区制造系列暴力事件，造成19人死亡，30多人受伤。2007年以来，已发生数起针对外国游客的抢劫和杀人事件。巴西总统卢拉接受里约热内卢州政府的申请，批准派遣联邦军队以帮助当地政府维护社会治安。

根据巴西政府统计，联邦政府为泛美运动会筹备工作拨款额度超过12.84亿雷亚尔，是最初联邦政府承诺费用的将近10倍。运动会期间的安全工作将由巴西公共安全部领导，联邦警察将按照国际标准协调其间的安保工作。

组委会人员表示，政府下拨资金主要用于对里约热内卢两个机场的有关设施进行翻新，并在泛美运动会期间部署1.4万名安保人员和27架警用飞机，安装600个监控摄像头，以打击有组织犯罪，保证参赛运动员和游客的安全。这些摄像头将安装在运动场馆、主要的观众通道以及市内的关键路口。此外，组委会还将安装一套图像分析智能系统，首次整合由联邦、州和市各级机构安装的摄像头所捕捉到的画面信息。

巴西公共安全署署长路易斯·科雷亚曾表示，预算主要用于里约热内卢安保基础设施的更新和警察培训工作，其中包括设立多处监控和情报中心，在里约热内卢市的关键街区安装摄像头，为警察部队配备电脑、汽车和飞机等。“所有这些设备在泛美运动会结束之后将归里约热内卢市警察部门使用。”他还透露，为了保证警察的训练手段能够适应新形势下的反恐需要，巴西还派遣专人到成功举办了

2006 年世界杯赛的德国培训。

泛美运动会安保设备采购将由 NSPS 负责组织实施，包括购买不同种类型号的产品以及服务，巴西联邦政府将协同里约热内卢州警察局，建成一种类似美国"911"的应急电话系统，就是要建成一个紧急情况处理中心，它以电信系统为基础，可以与城市现有的无线通信系统相连接，这样以来，在发生紧急情况时，可以保证有足够的通信线路可供呼叫者使用。

这为生产下列系统的商家提供了商机：电子设备；电话终端设备；电脑和外部设备；电缆保护系统（即防止短路和断开）；警察车辆移动设备；电池；微波系统；以及话音记录系统。

一般来讲，巴西警方和军方所使用的公共安全产品和设备是由巴西军方办公室直接负责采购，而一些州级机构（如圣保罗州警察局）不会直接从外国供应商进口设备，他们会购买驻在巴西的经销商代理销售的产品及设备。

公共安全部门

巴西公众安全部门被分为三个部分：民事警察、军事警察和联邦警察。这里需要说明的是，巴西民事警察包括消防机构和应急医疗援救机构，军事警察不是巴西部队力量的组成部分，它相当于州级的警察力量，采用类似巴西军事部队的警衔制度。巴西司法部负责公共安全事务，司法部在以下各执法部门之间进行协调：负责预防犯罪的军事警察，负责犯罪调查的民事警察，以及负责调查毒品买卖和走私等联邦犯罪的联邦警察，此外，联邦警察还负责边境控制和移民事务。

2004 年巴西州政府安全投资情况

州政府	投资（单位：十亿美元）
消防部门	1
民事警察	2.1
军事警察	5.4
合计	8.5

来源：SENASP 2003 - 2005 年度活动报告

据 SENASP 称，2003 年至 2005 年间，巴西政府为了实现警察装备的现代化，购买了各种型式的装备，配发给许多州的军事、民事和联邦警察。这些设备包括：小型和中型车辆、轻型卡车、摩托车、防弹背心、手拷、非致命武器（如催泪毒气、橡胶子弹）；便携式通信电台、计算机、手枪、机枪、左轮手枪等。

2003 - 2005 年巴西警察设备采购情况（数量）

项目	数量
运输设备：中小型车辆、皮卡、小型货车、罪犯押运车辆及其它	3.096
致命武器：手枪、左轮手枪、机关枪、步枪及其它	14.462
防护装备：手铐，防弹背心及其它	44.960
警察局建设与改造	156
非致命武器	12.575
通信装备	14.167

来源：SENASP 2003 - 2005 年度活动报告

二、巴西安防市场发展趋势

巴西大约有 8000 家安全公司，其中 48.63% 是零售商和安装商，29.85% 是监听服务供应商，12.45% 是经销商，9.07% 是制造商。

巴西电子安全设备制造企业中有 84% 是小型或个体企业，国际公司如博世（Bosch）、约翰逊控制（Johnson Controls）、泰科（Tyco）、西门子（Siemens）、派尔高（Pelco）、三星（Samsung）、通用电气（GE）及许多其它跨国公司，都已经在巴西设立了自己的代表、办事处，寻找当地的经销商或成立了合资公司，这些公司与巴西的大型公司建立了良好的关系，为其提供所需要的有品质的、持续的和现代化的技术。

当前的危机和 IP 基础设施不足是制约巴西 IP 摄像机及系统发展的两大因素，并且巴西市场对价格非常敏感，高端昂贵的 IP 摄像机市场发展可能较缓慢。经济实惠的 IP 解决方案将会有好的市场前景，例如模拟摄像机加视频编码器。

远程 IP 传输技术是一个巨大的市场，过渡时期混合解决方案将会畅销，2009 年和 2010 年快速增长的产品是：视频编码器（NVS）；百万像素摄像机；混合 DVR/系统；视频智能化软件；集中管理系统（CMS）。对于中国企业而言，最好的选择是，重点生产经济实惠、性能可靠的硬件设备，使这些设备能够与世界著名的大公司的第三方软件集成在一起使用，如 Milestone、NUUO、Huperlab 等等。

（一）国家安全计划

为了打击犯罪，巴西司法部投资 1.9 亿美元实施"国家公共安全计划"，该项计划的主要目标有两个：一是实现巴西全国各类警察的现代化改造和重建，二是为各州市提供充足的资金进行打击犯罪活动。主要内容包括：

- 打击毒品买卖和有组织犯罪；
- 规范枪支管理；
- 打击货物抢劫加强道路安全；
- 建设实施公安情报系统；
- 加强巴西证人保护计划；
- 媒体暴力管控；
- 减少市区暴力；
- 打击流氓团伙和扰乱社会秩序；
- 打击乡下暴力；
- 加强国家人权保护计划；
- 为警察提供培训；
- 改进监狱系统；
- 改革刑法；
- 建设实施国家公安数据库系统。

巴西政府已经完成上述许多项任务，巴西治安特别系统（SUSP）最近已经建成．SUSP 系统把不同安全机构的活动整合到一个系统中，包括军事警察、民事警察、联邦警察、高速公路巡逻队、州级安全秘书处，这样做的好处是，没有把这些机构正式地合并在一起，却可以整体地了解各机构的活动情况。利用SUSP系统，联邦政府能够在不同警察机构之间安排和协调工作计划，从而更好地预防和控制各州犯罪。

SUSP系统由六大基础构成：即信息管理、不同警察重构、专业训练、犯罪预防、社会参与和州减少暴力方案，对参加SUSP系统感兴趣的州必须与司法部签订协定。司法部将设立一个专门委员会，与各州一起制定公共安全计划。要想得到联邦政府资金，各州必须提出一个完整的公共安全计划，以控制、预防和减少所在州地区的犯罪情况的发生。

巴西国家公共安全秘书处（SENASP）负责监督项目，确保各项目的顺利完成。SENASP还负责向各州分配用于购买装备和服务的实际资金，其依据是专门委员会所规定的安全项目。联邦政府相信SUSP是一种清晰透明的处理办法，可以保证各州得到所需要的经济支持，保证各州把所得到的资金用于所规定的用途。

（二）国家监狱系统

巴西政府1994年成立了国家监狱基金，为各州的监狱系统提供支持。但是该基金的资金来源不足，无法满足各州的实际需要。许多州迫切需要资金对现有的监狱进行现代化改造，或者修建新的监狱，或者为监狱服刑人员提供教育和社会项目。巴西政府为了实施此项国家公共安全计划，初期将投资大约40亿美元，在今后五至六年对52所监狱进行现代化改造。2005年，巴西政府花费大约200万美元购买安全设备，如X光机、闭路电视、金属探测器、电脑等，并将这些装备配发给两所联邦监狱：即Mato Grosso do Sul州的Campo Grande市监狱，另一所是Parana州的Catanduvas监狱。Parana州还与巴西联邦政府签订协定，将政府发放的大约540万美元用于修建一所新监狱。

圣保罗州也向联邦政府提供申请，希望得到资金对本州的监狱进行现代化改造，巴西联邦政府将向圣保罗州提供大约4800万的资金支持，用来修建和改造监狱系统。Rio Grande do Sul州在过去三年中，收到政府的安全投资大约为3500万美元，其中一部分资金用于对本州现有的五所监狱进行现代化改造，剩下资金将用于建造两所新的监狱。

（三）公共安全产品

无线电和通讯设备，图像控制中心咨询服务，带数字录像系统和监视器的摄像机和控制中心，软件和硬件，定位系统（全球定位系统），比如数字地图软件和卫星定位系统（用于警察车辆和管理区），调查软件，车牌号读取器，生物特征识别设备（面相识别、指纹识别和虹膜识别设备），监狱移动电话呼叫拦阻系统，金属探测器，防弹背心（2级和3级），胡椒喷射器，荧光背心（为公路巡逻队和消防队员设计），防火设备以及靶场模拟器。

（四）监狱移动电话拦阻器

巴西监狱管理机构面临一个棘手的问题，就是许多服刑人员都非法使用手机，这些囚犯预先准备了一些电话卡，并且这些呼叫无法被跟踪。在巴西最安全的监狱，警察还是能够经常发现这种情况，大毒枭Fernando Beira Mar的电话就曾在堪称巴西最安全的监狱被录音，他在监狱里打电话命令手下暗杀仇敌。

为了应对这种非法电话，巴西电信管理机构（ANATEL）建立一种技术标准，以保证拦阻系统能够拦截无线通信信号。每个拦截系统覆盖一个特殊监狱的周边范围，这个系统简称为“BSR（葡萄牙语首字母缩写）”，将被安装到巴西全国各地监狱。

（五）销售前景最看好的产品

巴西安防市场中的主要美国供应商包括：Ademco，Sensormatic，Honeywell，Johnson Controls，Napco，Northern，Pelco，Sentrol，Motorola，Tyco Electronics，Kevlar和Sun Microsystems。所进口的安全设备还包括高端技术，由于价格竞争上的优势，美国产品在巴西具有很大的销售潜力。公共安全领域销售前景最看好的产品包括：通讯装置、防弹背心、调查软件、摄像机和相关软件，全球定位系统和防火系统。

2002年10月巴西举行了总统大选，监狱私有化成为所有候选人共同关心的问题。私人安全领域销售最看好的产品包括：车辆和住宅防护，入口控制系统，防窃报警信号设备，火警传感器和警报器，闭路电视系统，住宅安全装置及其他不同类型匠安全设备。

2.5 德国安防市场发展概况

公安部科学技术信息研究所　穆海云

一、概述

德国为联邦自治体制，国家无统一的安防行政管理机构，安防工作均由各自治州警察部门独立管理。全国共有16个自治州的警察部门均设有安防管理专门机构。德国警察根据治安动态对银行、博物馆、机场和公共建筑的安全进行评估。并根据安全风险等级和有关标准要求这些场所建设技防设施。

德国的报警网络全部都是专网，因此，网络的可靠性很高，传输报警信号和监控图像的速度很快、质量很好。德国的安防行业管理体制与其他发达国家类似，主要由保险公司和德国预防损失协会等中介机构组成。德国预防损失协会设有标准研究部、检测实验室和认证中心，通过认证制度管理着500多家安防和消防企业。该协会的认证机构还与其他欧盟成员国的认证机构签署了互认协议，因此这500多家企业可以在各欧盟成员国中开展业务。

在德国，根据德国联邦宪法和有关法律规定，某个行业的法规由州议会制定颁布。起草制订工作由州议会下设的相关行业的法律工作委员会负责。法律工作委员会的成员中，要有相关行业和企业等各方面单位代表参加，起草行业法规的法律工作委员会针对不同利益成员单位的意见，实行合议制。即对所制订的法律充分征求各方面意见，广泛协商讨论，最终达成一致，以保证制订的行业法律法规的广泛性和民主性。

目前，德国没有针对安防行业的专门法规，但安防标准十分完备，涵盖了安防产品标准和安防技术规范。德国的安防标准主要由德国标准化研究所（DIN）和预防损失协会（VDS）负责制订。DIN 和 VDS 都是私立机构，DIN 成立于 1917 年，总部设在柏林。该组织的主要职能是研究和制订各类产品的标准。目前该委员会设有 83 个标准委员会，下设 4099 个技术工作委员会，团体会员 1699 个，还有 26071 名专家为个人成员。其中安防标准委员会主要研究和制定各类安防产品标准和这些安防产品如何运用于各类安防系统的技术规范。该标准委员会成员除社会各方面成员参加外，各州、市警察局局长也是委员会的成员。

1975 年，德国联邦政府与 DIN 签署了一项协议，承认其作为全国标准化的一个主管机构（据了解，德国类似的机构还有几家，但以 DIN 为主），授权该机构参与国际与欧洲标准化工作。DIN 于 1951 年参加国际标准化组织（ISO），并且是欧洲标准化委员会（EN）、欧洲电工标准化委员会和国际标准实践联合会（IFAN）的成员。DIN 组成有工厂、商业、贸易、服务、科技、消费者协会及政府有关部门等涉及到的各个领域的代表，在制订标准上也采用合议制。随着欧洲市场的统一和经济全球化的发展，要求全球产品标准趋向统一。DIN 制订的标准很多被国际标准化组织（ISO）和欧洲标准化委员会（EN）直接采用或修订后采用。其标准代码分别为 DIN（德标），DIN EN（同时为德标和欧标），DIN ISO（同时为德标和国际标准），DIN EN ISO（同时为德标、欧标和国际标准）。DIN 是一个非政府的科技性组织，制订的标准没有法律效力。但是一旦被政府采用，就具有了法律效力。德国警察部门一般都直接引用 DIN 的标准以法规的形式规范安防系统。另外，政府部门对其标准还采取了非直接认可方式，也使标准具有法律效力。比如警察部门在进行安防采购时，要求产品必须符合某项 DIN 标准，使其具有了法律效力。另外，由于 DIN 制订标准的广泛性、民主性以及它的权威性，即使未被政府采用，但由于各方广泛认同，均能够被采用实行。

二、市场预测

近几年以德国、英国、法国等为代表的西欧安防市场占全球安防市场 36%。西欧安防技术水平普遍较高，行业管理体制完善。德国安防行业发展相对平稳，防盗报警系统是德国安防产品的主体，视频监控系统近几年发展很快。安防行业所包含的领域越来越广泛，同时安防市场的年产值也在不断增加，预计到 2015 年安防行业产值将增加到 2310 亿美元。

随着人员和货物的安全检查的要求不断上升，增加了公共场所，机场和海港，火车站和运动场所安装监视系统。信息和通信技术以及数字化控制技术的快速融合，如发电厂和其他工业生产流程增加企业和个人数据的措施的支出，打击经济犯罪和工业间谍的保护。

贝伦贝格银行的首席经济学家 Wolfgang Pflüger 说："安全产品和安全行业服务市场目前正经历着高速增长势头，而且呈现出长期变化的特点。"

来自 HWWI 的 Michael Bräuninger 博士说，"全球化及其相关网络的发展，世界不同地区发生的变化，犯罪，恐怖主义和安全风险等情况对世界安全提出了进一步要求。"

推动其发展的其他因素包括：

· 在发展中国家的许多地区人口的大量增加。相应地；

· 在市中心的人口日益增长并日益集中，贫民窟的出现和缺少法制管理的地区；

· 不断增加的与气候有关的灾害和潜在的流行性疾病的威胁；

· 在互联网和数字化的迅速传播/发展，供应和通信程序的联网；

· 努力保护公共设施先发制人打击对公共设施的攻击，并增加运输，人员和资本流动的透明度；

· 一个潜力巨大的变化威胁，这完全改变了有组织犯罪，工业间谍，数据处理和国际恐怖主义。

2.6 俄罗斯安防行业发展概况

公安部科学技术信息研究所　杨全民

俄罗斯安防行业起源于 20 世纪 90 年代初，第一批安防公司就在那时成立。这些公司并不生产安防设备，而是进口国外的产品，但其贸易活动是不规律、不系统的，销售的产品也非常昂贵，种类也较少，主要是出入口控制系统和视频系统。这些设备大部分由台湾、韩国、意大利等国家和地区生产，并由意大利和德国经销商向俄罗斯推销。

在 1996 至 1998 年，安防市场开始从自发的、非组织的向有组织的方向转变，经营的产品也日趋多样，这样俄罗斯国内就出现了 Honeywell、eff－eff、Visonic、Northern Computers 和 Apollo 公司的产品。在这些年里，俄罗斯安防行业以 35～40 % 的年增长速度增长。

1998 年，金融危机的爆发也波及到安防领域，与 1997

年相比，该领域损失约50% ~70 %，销售减少3 ~4 倍，从事进口贸易的公司开始转而推销国内产品。1999 年市场行情趋于稳定，并以开始20% ~25%的增速增长。2008 年安防市场总值约为60 亿美元，其中约50 亿美元为保安服务及人员保护，而技术安全市场份额约为10 亿美元。

一、安防行业市场构成

目前，俄罗斯安防市场的构成是：

· 闭路电视占22%

· 出入口控制系统占18. 3%

· 周界保卫系统占13. 7%

· 防盗和消防系统占27. 4%

· 报警信号系统占10. 5%

· 其他占8. 6 %（不含信息安全）

俄罗斯安防市场最有商业前景的领域是：

· 闭路电视系统

· 警戒系统：火焰、烟雾探测器、金属探测器、入侵警报器，周界保卫红外探测器

· 显示板，包括液晶和二极管仪器

· 周界保卫、监视和控制设备

· 监视信号盘

· 出入口控制和验证设备

· 智能楼宇的一体化系统

· 楼宇自动化控制系统

二、安防市场进口产品情况

目前，俄罗斯约有200 家经销国外产品的经销商，70%的安防产品通过这些公司提供。而许多国外大型企业则直接向俄罗斯供货，不通过经销商。各生产商在俄罗斯市场竞争激烈，每个领域的主导厂家都不少于10 家，每一厂家的份额都不超过8%。进口产品在安防市场占有较大份额，其所占比例各类产品有所不同，大约在20%至80%之间。在进口产品中，美国设备占据主导地位，约为50%。

进口闭路电视设备在该领域占据70% ~80%的份额，其中荷兰占40%，日本占33%，美国15%，韩国和德国占12%。进口周界保卫系统占50% ~60%，其中40%为德国企业，40%为美国企业，20%为加拿大、英国、以色列等国企业。在出入口控制系统方面，所进口的设备中，55%来自美国，30%来自英国，15%来自加拿大、以色列和台湾。金属探测器约70%为进口产品，其中60%为美国产品。保护传感器中的20%来自国外，其中美国占55%，英国和德国占35%，以色列占10%。

俄罗斯安防吸引国外客户的主要原因是：

· 俄罗斯经济的迅猛发展，越来越多的个人和企业关注自身的安全问题。

· 犯罪率的上升使得公司和公众不得不加强安全防范措施。

· 经济危机的影响很快就会过去，各行业将处于正常发展状态。

· 俄罗斯将举办冬奥会，将带安防行业的发展。

目前，俄罗斯需求量较大的安防产品是：周界保卫系统、出入口控制系统、金属探测器、保卫信号系统、防盗系统和电子火警系统、闭路电视系统。

另外，消费者仍然十分青睐廉价的产品。国外企业进入俄罗斯市场争取与工程商合作已经成为一种固定的发展趋势，只有与当地工程商保持良好的业务关系，其产品价格才能降下来，也就在消费者的可接受范围内才能有好的销路。

三、对安防产品用户的分析

（一）行业分析

在俄罗斯，安防产品最终用户是：政府机关、银行、国防企业、石油天然气行业、电力、通信、其他工业企业，以及房地产业等。

石油和天然气工业、政府机关、电力企业传统上是使用安防产品的主力军，其使用安防产品的份额是：石油和天然气企业占25%，政府机关占22%，电力企业占16%。石油和天然气行业、电力企业在购买安防产品比较灵活，而政府机关则尽可能地使用国产设备。

俄罗斯约有1300 家银行，银行业购买安防产品的份额只有12%，大大低于石油天然气行业，以及电力和政府机关，但银行购买的设备大多比较昂贵。

俄罗斯经济的增长刺激了生产的发展和贸易，因此，其他领域的用户也在扩大，购买的安防产品占11%，并正在扩大。

近几年住宅部分正在增长，住户消费安防产品的份额为3%，但增长迅速，这主要出于两方面原因：一是收入的提高（每年增长12%），二是犯罪率的增长，在所有犯罪中偷盗增长了41. 9%。

（二）地域分析

如果从地理方面进行分析，则区域需求差别很大，这取决于上述企业的分布、经济发展状况、居民收入水平等。处于领先地位的是联邦中央区，占全部市场份额的37%，这是由于企业的购买力强，以及银行的集中。处于第二位的是乌拉尔区，占23%市场份额，该区有较多的工业企业。第三名是西北区，占16%，以下依次是伏尔加沿岸区(4. 7%)、西伯利亚区（11. 6%)、远东区3. 6%，南方区3. 2%。南方区包括车臣，由于连年的战乱，其经济已处于崩溃，因此，该区目前资金紧张，对安防设备需求不大。

四、举办的安防展会

目前俄罗斯已有数个安防展会以及与安防相关的贸易展览会。其中较为著名的是安全技术展览会（安防技术国际论坛)、莫斯科公共安全产品展览会。它们在范围、主题性质、参展人员类别等方面都有很大不同。

从1996 年以来，每年2 月举行的莫斯科安防技术国际论坛是安防行业的一大盛事，俄罗斯国际安防技术论坛由世界领先的展览及会议主办机构励展博览集团主办，并得到俄罗斯国会、内政部及其他政府部门的大力支持。俄罗斯安全行业协会（RASI）是该活动的永久协办者。2009

年，第15届俄罗斯国际安防技术论坛吸引了来自俄罗斯60个地区以及25个不同国家的500家安防行业重要经销商与系统集成商、重要经济领域最终用户参展，其中86%拥有决策权；论坛还得到了15000名专业观众的积极参与。论坛包含40多个研讨会和座谈会，内容涵盖安防业的各个方面。来自全球各地政府及私有安全机构的知名专家就公共、商业及工业领域的安防热点问题分享了他们的见解。

2010年俄罗斯国际安防技术论坛于2月2日至5日在莫斯科Crocus Expo展览中心举行。众多知名企业，如ITV、ISS、AAM Systems、Group of Companies Elics、Automatic Systems等公司参加，展示其产品，参加论坛的商业交易项目，并发布最新的产品及技术。

莫斯科公共安全产品展览会是一年一度的国际型商业展会，展示安防及消防安全的产品及技术。该展会于1995年首次举办，引起了俄罗斯国内外企业的极大兴趣，纷纷希望能够在展会上展示它们的优质的产品与良好的服务。有来自于20个国家约300家企业参展。展会内容包括展台展示、圆桌会议、产品技术展示以及“最具创新特点产品”国际技术方案竞赛等。

五、“平安城市”建设情况

根据总统普京2005年12月26日“关于俄罗斯内务部建立预防预防犯罪系统”的命令（第ПР－1564号），俄罗斯开始实施“平安城市”方案。在俄罗斯专项计划中，2007年为“平安城市”方案拨款70万卢布，2009年拨款500万卢布。

“平安城市”方案指分布在城市和各区间的、用信息介质连接的、用于向社会安全机构提供技术支持的综合系统。

“平安城市”方案已经在俄罗斯全国许多地区实施，包括叶卡捷琳堡、车里雅宾斯克、汉特－曼西斯克、维堡等城市已开始大范围应用。为执行与视频监控有关的任务（安全监视，交通事故分析），组建了隶属于内务局和道路安全检查局的专业部门。视频监控网覆盖城市中心区域和停车场、十字路口、车站、商贸中心、交通要道等。在指挥中心设有地理信息系统，可直接接入城市视频监控，显示路上行人和移运物体。

2.7 澳大利亚安防行业发展概况

公安部科学技术信息研究所　陈桂香　赵洋

对于澳大利亚安防行业而言，2009年是一个具有重要纪念意义的年份，因为这一年，作为澳大利亚安防行业的领跑者——澳大利亚安防行业协会（ASIAL）正式成立四十周年。从1969年的9家公司联盟成长为今天汇聚了大小上千家公司的安防联盟，ASIAL成为了名符其实的澳大利亚安防巨人，在世界安防领域占居一席之地。

一、澳大利亚安防行业管理

（一）立法情况

在澳大利亚，任何人要从事与安全有关的工作都必须获得许可。澳大利亚全国分为六个州（新南威尔士、维多利亚、昆士兰、南澳大利亚、西澳大利亚、塔斯马尼亚）和两个地区（北部地区、首都直辖区）。澳大利亚的六个州和两个地区都有各自的有关安全活动的独立立法。各州及地区的许可管理也各不相同，有些州由警察部门负责，有些州或地区是由司法部或消费者事务部门负责。

为了更好地规范行业发展，自20世纪90年代起，澳大利亚开始加大安防行业立法力度。各州和地区陆续制定了相关的法规，规范许可证的签发和有关方面的管理。澳大利亚目前还没有全国性的安防行业法规，各州和地区的有关法规参见表1。

表1　澳大利亚各州安全立法情况

地　区	法律名称
澳大利亚首都地区	《2003年（受控制服务）安全行业法案》 《2003年安全行业条例》
北方地区	《私人安全法案》 《私人安全（人群控制）条例》 《私人安全（安全公司）条例》 《私人安全（安全官）条例》
新南威尔士州	《1996年火器法案》 《1997年新南威尔士州（警察）安全行业法案》 《1998年安防行业条例》 《2007年安全行业条例》

地　　区	法律名称
昆士兰州	《1993年（司法及检察官）安全提供商法案》
南澳州	《1995年（消费者及商业事务）安全与调查机构法案》
塔斯马尼亚州	《1996年火器法案》 《2002年（警察）安全与调查机构法案》 《2005年安全和调查代理人修正案（人群控制）法案》 《2005年安全和调查代理人法案》
维多利亚州	《2004年（警察）私人安全法案》
西澳州	《1996年（警察）安全及相关活动（控制）法案》 《1997年安全及相关活动（控制）条例》

澳大利亚安防业的许可证签发机构也因申请地点的不同而各不相同，具体情况见表2。

表2　澳大利亚各州安防许可证签发机构

地　　区	许可证签发机构
澳大利亚首都地区	公平贸易部
北方地区	财政部"竞赛博彩业许可证签发办公室"
新南威尔士州	安防行业登记处
昆士兰州	公平贸易部
南澳州	消费者事务局
塔斯马尼亚州	司法部消费者事务局
维多利亚州	许可证服务处
西澳州	商业代办处

主要行业规范和管理制度包括：《澳大利亚安防协会章程》、《澳大利亚安防协会行业行为规范》、《闭路电视监视系统道德规范》、《保安犬类的照看和管理》、《现金运输》、《新南威尔士州开业规范》、《电子安全规范》和《车辆安全规范》等。

所有允许从事安全活动的人员都必须经过专业课程的培训，并且这种培训可以得到澳大利亚全国各地的认可。不过澳大利亚目前还没有一个安全职业培训教育的统一标准。

澳大利亚对于安全公司人员的服装及所佩带的标志都有严格的要求。安全公司不得采用容易与警察制服或徽章相混淆的服装与标志，也不能使用类似"治安警察"或"私家侦探"这样的称呼。公司、政府单位和个人多使用"保安员"这样的称呼，不过，"安全官"可能更加合适。"门卫"是人群控制员，"商店暗探"是防止商品被盗窃或保护财物的安全人员。

在澳大利亚，安全官不允许携带枪支、手拷或警棍，除非他们拥有合法的理由，并且只有在许可证允许的条件下才能够使用这些器械。

（二）认证情况

澳大利亚一直没有全国统一规范的安防行业管理机制，直到2008年7月，澳大利亚联邦政府委员会决定，在全国范围内对安防行业进行规范。重点是加强对从业人员的管理，确保从业人员正直可靠、精明能干且技术高超，逐步使安防行业从业资格证书可在不同州和地区之间通用。澳大利亚联邦政府委员会还决定，"警察和紧急处置部际委员会"应与"安防行业经理论坛"协商，争取于2009年尽可能地精简关于安防行业技术部门的管理条例，同时应就2010年实施全国性的安防行业从业资格申请制订出相关法规草案。

虽然澳大利亚在各州有自己的职业许可证，但是安防从业人员在进入安防领域前，必须接受特殊的专业训练并获得职业资格认证。澳大利亚安防协会（ASIAL）根据实际业务工作的需要，开展相关职业培训和资格认证，包括：安防系统安装人员（SSI）的技术二级、三级和安全风险管理四级的资格认证；安全顾问（SA）五个等级的资格认证；安全官员（SO）三个等级的资格认证等。

二、澳大利亚安防发展概况

澳大利亚安防业务大体可以分为三大类：一类是电子产品，包括闭路电视监控系统、出入口控制、视频和音频内部通讯系统、综合安全和防火系统、家庭自动控制、建筑物管理系统、生物识别和报警监控等；第二类是人力安防，包括人群控制、机场安全、警卫服务、机动巡逻、门房守卫和交通管制等；第三类是物理/障碍安防产品，包括各种锁具、防护栅栏、安全卷帘、防撞柱、自动门、保险箱和档案保存等。

安防行业近些年来一直是澳大利亚发展最迅速的行业之一。由于恐怖活动等不稳定因素的增加，使得人们对安全的重视程度日益加剧，科学技术（特别是网络和信息化技术）的创新、安全服务水平的不断提升，也促进和推动澳大利亚安防行业持续快速地向前发展。

据2005年的商业目录统计，澳大利亚有12589家从事安全防护的公司，其中有3771家公司从事安全系统与咨询服务，3010家从事防火安全的公司，3010家从事消防安全的公司，1434家从事入侵报警（包括家庭和商业客户）服务的公司，122家从事出入口控制与管理的公司，其余公司从事机械保护警报系统、安全设备和系统代理、分销等业务。

经过近几年的发展，澳大利亚安防公司数量和规模都有快速提升。据澳大利亚安防行业协会网站公布的最新数字，2009年澳大利亚安防第一类和第二类安防业务营业额合计44.36亿美元。其中，人力服务为23.52亿美元，包括：客户服务，预防丢失/零售安全，门卫，调查服务，现金收集，卫队，客户银行，ATM服务，大型活动安全，重点基本设施保护，旅客筛查，流动巡逻队，海上安全，人群控制等。硬件与电子设备营业额为20.84亿美元，包括：硬件及设备6.9亿美元（例如报警，闭路电视，出入口控制）；安装7.59亿美元；监视2.92亿美元；其它3.43亿美元。

据2006年的统计数据，澳大利亚安全行业中，约有52768名全职安全人员，而澳大利亚的警察人员总数为44898名。而十年前，警察人数远高于安全人员，由此可见，澳大利亚的安全行业正在迅速成长壮大。

目前在澳大利亚注册的从事安全和调查业务的公司超过5000家，发放了11万份从业许可证给个人，这些获得从业许可证的人员主要集中在5家最大的安全公司。这5家公司占澳大利亚安全行业一半的市场份额，随着电子监控和现金押运监控需求的增加，澳大利亚安全市场有望继续保持快速增长。

据澳大利亚商业登记（ABR）网数据反映，1991年至2006年十年间，澳大利亚人口增长了11.8%，警察人数增长了14.5%，安全提供商（广义的）增长了41.2%。2006年，澳大利亚的安全提供商总数与警察总人数的比例为1.2：1，具体情况参见表3。有一点需要说明的是，澳大利亚统计局2006年所做的统计中，安全提供商中增加了两种新的类别，即报警、安全或监控人员和人群控制员，这两种业务员都由原来的安全官转变而来，因此表格中反映的所占比例发生了很大的变化。

表3 澳大利亚安全提供商与警察总人数对比

序号	种类	1996年	2001年	2006年	1996－2006比例变化	2006年所占比例
1	私人调查员	904	1，205	761	－16	1.4
2	安全顾问	584	733	894	+53	1.7
3	开锁匠	1，492	1，877	2，279	+53	4.3
4	保险调查员	401	486	418	+4.2	0.8
5	追债人	5，933	9，666	10，141	+71	19.2
6	法庭监守或郡治安官	566	600	694	+23	1.3
7	装甲车辆护送	53	88	485	+815	0.9
8	安全官	27，439	33，884	5，424	n/a	10.3
9	报警、安全或监控	n/a	n/a	30，752	n/a	58.3
10	人群控制员	n/a	n/a	920	n/a	0.5
合计	安全人员	37，372	48，579	52，768	+41.2	100
合计	警察人数	39，225	41，426	44，898	+14.5	
合计	人口	17，752，829	18，769，249	19，855，288	+11.8	

数据来源：澳大利亚统计局ABS（1986－2006）

澳大利亚统计局自1996年每五年进行一次安全提供商与警察人数统计，共进行了三次普查，具体情况参见表4。

表4 澳大利亚安全提供商与警察人员统计情况

	1996年	2001年	2006年
警察人员	221名/每10万人	221名/每10万人	226名/每10万人
安全人员	210名/每10万人	259名/每10万人	266名/每10万人

1996 年至 2006 年间，澳大利亚六个州和两个地区的安全提供商和警察人员发生了不小的变化，具体情况参见表 5。

表 5　澳大利亚各州及地区安全提供商与警察人员十年变化情况（1996 - 2006）

辖区名称	1996 - 2001 年期间	2001 - 2006 年期间
澳大利亚首都地区	警察减少 13 名/每 10 万人	警察增加 54 名/每 10 万人
	安全员增加 82 名/每 10 万人	安全员增加 55 名/每 10 万人
新南威尔士州	警察减少 13 名/每 10 万人	警察增加 8 名/每 10 万人
	安全员增加 58 名/每 10 万人	安全员增加 2 名/每 10 万人
西澳州	警察增加 4 名/每 10 万人	警察减少 13 名/每 10 万人
	安全员增加 56 名/每 10 万人	安全员增加 1 名/每 10 万人
维多利亚州	警察减少 11 名/每 10 万人	警察增加 3 名/每 10 万人
	安全员增加 57 名/每 10 万人	安全员减少 2 名/每 10 万人
南澳州	警察增加 13 名/每 10 万人	警察增加 9 名/每 10 万人
	安全员增加 43 名/每 10 万人	安全员增加 30 名/每 10 万人
塔斯马尼亚州	警察增加 29 名/每 10 万人	警察减少 3 名/每 10 万人
	安全员增加 39 名/每 10 万人	安全员增加 8 名/每 10 万人
昆士兰州	警察增加 31 名/每 10 万人	警察增加 7 名/每 10 万人
	安全员增加 26 名/每 10 万人	安全员增加 15 名/每 10 万人
北方地区	警察增加 72 名/每 10 万人	警察增加 80 名/每 10 万人
	安全员增加 43 名/每 10 万人	安全员增加 59 名/每 10 万人

表 6　澳大利亚各州及地区安全提供商与警察人员比例变化对比

辖区名称	1996 年	2001 年	变化情况	2006 年	变化情况
澳大利亚首都地区	1.20：1	1.54：1	上升 0.34	1.45：1	下降 0.09
新南威尔士州	1.04：1	1.40：1	上升 0.36	1.34：1	下降 0.06
西澳州	0.78：1	0.98：1	上升 0.20	1.04：1	下降 0.06
维多利亚州	0.91：1	1.24：1	上升 0.33	1.21：1	下降 0.03
南澳州	0.76：1	0.90：1	上升 0.14	0.98：1	上升 0.08
塔斯马尼亚州	0.73：1	0.81：1	上升 0.08	0.85：1	上升 0.04
昆士兰州	1.08：1	1.04：1	下降 0.04	1.08：1	上升 0.04
北方地区	0.74：1	0.71：1	下降 0.03	0.72：1	上升 0.01
澳大利亚	0.95：1	1.17：1	上升 0.22	1.18：1	上升 0.01

由表 5、表 6 可以看出，2001 年至 2006 年间，澳大利亚各州及地区的安全提供商与警察的比例保持相对稳定，每 10 万人中安全提供商与警察的人员变化情况低于 0.1，而在 1996 年至 2001 年期间，除昆士兰州和北部地区外，安全提供商与警察的比例都有不同程度的提高。

3. 信息网络安全：通讯控制、计算机安全管理、IT 保护等产品；无线、通讯产品：保安产品电池和动力设备、无线报警设备、探测器、传感器、超声器、无线通讯装置、电话系统、收录机、声控装置；

4. 防护产品：温度报警装置、车量安全检测室外庭院护拦、梯子、仪表及测量装置、电线电缆等一切与生活相关的安全、保安、保险有关的产品、劳保用品、交通警示和反光保护用品等；

5. 家庭自动化产品：各类建筑自动化装置、安全设施产品。

2009 年悉尼安防展中有来自澳大利亚、新西兰等国家和地区的 4700 余名专业观众，180 余展商和 25 个专业研讨会，数量创下了历史记录。其中 80% 的客商具有购买力和明确的购买意向。据统计，53% 的客商在展会期间和展商有贸易往来，33% 的客商有意向与参展商进一步的合作，4% 的客商在展会现场签订了产品订单。

2.8 法国安防行业发展概况

公安部科学技术信息研究所 朱彤

一、世界安全行业市场发展现状及法国在其中所处的位置

（一）世界安全市场总体状况

据法国安全市场专业调查机构（“完全安全事务所”）研究结果显示，2009年全球安全市场营业额大约是4300亿欧元（具体分布情况见图1），增长率约为7%，与2008年（8.4%）相比，略有退步。全球金融危机冲击了视频监控以及住宅保护设备的销售，然而所有对国家安全、运输或人员安全有帮助的设备没有受到太大的影响。北美市场仍然是全球最重要的市场，但其增长有放缓的趋势，2009年增长4.5%，而2000年以来年平均增长率是11%。欧洲的情况也是如此：2009年增长3%，2008年增长5%，2007年增长7%。相反的是，以中国和印度为首的亚洲国家的安全市场却在迅速发展，其2009年营业额占世界市场的20%，2001年是14%。法国市场发展减慢的迹象比较明显：继2008年增长4.7%，营业额达190亿欧元以后，2009年市场增长仅仅2%，预计2010年增长率为1%。要想恢复，必须需要等到2011年。

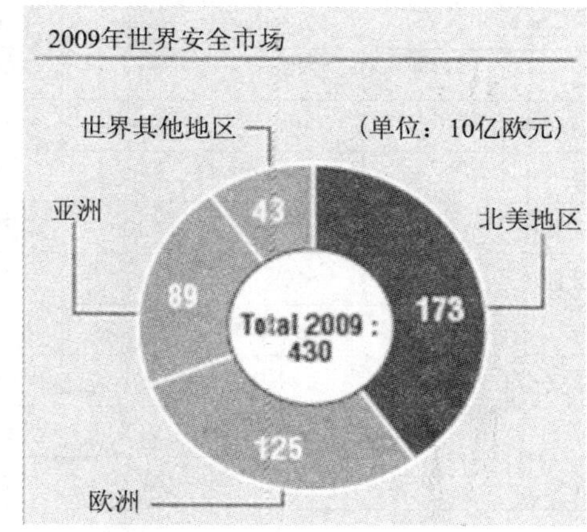

图1 世界安全市场营业额分布情况

表1 世界安全市场营业额各地区增长状况（单位：10亿欧元）

	2009	2008	2007	2006	2005	2004	2003	2002
北美地区	173	166	155	150	145	129	117	109
欧洲	125	121	115	108	102	99	95	90
亚洲	89	80	69	61	54	49	43	39
世界其他地区	43	32	29	27	24	22	20	19
总计	430	399	368	346	325	299	275	257
增长	+7%	+8.4%	+6%	+6%	+9%	+9%	+7%	+9%

目前，法国安全行业的优胜者在世界100强中只占5个名额。自上世纪90年代初期以来，外国公司通过大量收购法国公司，在法国安全市场的地位一直在增强。2006年起，这种地位出现某些稳定的状况，但从未有过明显的下降。而在2009年，这种趋势发生了真正的逆转，外国企业在法国安全市场的地位首次下滑。从表2显示的结果我们可以看到，在21个领域中驻法国的外国公司在14个领域的地位下降，1个持平，6个增长。在看管、报警干预以及航空港安全领域，这种下降的情况比较明显。这主要是由于英国G4S集团的子公司被法国Neo Security公司收购的缘故。同样，外国公司在远程电子监控领域所占比重的减少也是因为G4S的电子安全活动转让给法国Scutum公司。2008—2009年，没有跨国集团实现对法国公司的收购。而法国企业反倒收购了一些外国公司，比如Schneider Electric、EADS和Sagem等法国著名大企业，以及中小企业Scutum、Seris和GRP Security的例子。

表2 外国集团渗透法国安全市场的百分比

	1990	2004	2005	2006	2007	2008	2009	外国集团渗透可预见的发展趋势
防入侵报警	7%	28%	37%	27%	43%	41%	42%	↗

	1990	2004	2005	2006	2007	2008	2009	外国集团渗透可预见的发展趋势
反恐怖行动	15%	14%	15%	15%	15%	15%	16%	↗
入口控制	16%	36%	37%	37%	36%	34%	32%	=
私人调查	11%	8%	13%	13%	17%	18%	14%	=
个人防护设备	5%	8%	8%	16%	15%	15%	13%	↘
装甲设备	7%	43%	44%	43%	45%	45%	44%	↘
培训	20%	18%	16%	13%	17%	17%	17%	=
看管	5%	29%	28%	29%	30%	30%	22%	↘↘
安全策划和咨询	9%	19%	16%	16%	17%	17%	18%	=
根据报警进行干预	17%	66%	62%	62%	61%	56%	51%	=
工业安全器材	32%	42%	38%	52%	45%	52%	50%	↘
近距离保护	4%	18%	21%	19%	19%	18%	12%	↘
火灾安全	2%	44%	44%	43%	41%	42%	41%	↗
信息技术安全	14%	16%	18%	20%	20%	24%	20%	=
制锁业	10%	53%	54%	48%	52%	52%	53%	↗
航空港安全	－（1）	61%	73%	61%	58%	63%	56%	↘
远程协助	19%	23%	22%	21%	25%	32%	30%	↘
专业远程电子监视	4%	51%	49%	46 %	42%	40%	35%	↗
住宅远程电子监视	－（1）	39%	34%	35%	36%	28%	27%	↗↗
资金运输	3%	92%	86%	86%	89%	86%	89%	↗
视频监控	30%	31%	25%	28%	35%	31%	32%	↘

注（1）：该领域1990年尚未存在，其实际发展始于90年代中期。

这里显示的百分比是将驻法国的外国集团的子公司完成的销售以及被此类企业赎买的法国公司的营业额计算在内。

（二）视频监控市场的发展

电子和网络技术的快速发展使得视频监控市场持续增长。十年来，世界市场每年以8%～12%的增长速度向前发展。但是，由于全球金融危机的影响，这个市场发展速度略微放缓，对某些参与者造成不少损失。根据IMS研究工作室的研究结果显示，2009年数字安全装备在西欧、美国和日本市场的增长率均局限在4%的水平，这种增长速度预计将保持到2011年，届时，市场会将恢复到迅速发展的状态。

根据IDC（一家领先的行业分析公司）工作室调查显示，世界视频器材市场到2013年将提高到53亿美元，摄像机的销售数量将从2007年的930万套发展到2013年超过2650万套。面对防入侵市场（预期年增长0～2%）和出入口控制市场（预测年增长5%～7%），视频监控被认为在数字安全装备中最有上升势头。这种发展对于包括制造商、集成商或者二者兼顾者在内的所有参与者均有利。

电子安全领域世界领先者之一Ineo公司在其市场研究报告中显示，2009年下半年市场显示出某些衰退迹象：一些项目被取消或延期，建筑业建设项目减少，与之配套的工程随之减少，因此对数字安全装备市场造成不利影响。然而第三产业和公共行业继续增加投资。在法国，经过公众几年激烈争论，政府通过并开始实施“视频保护计划”，希望将公共场所和公共道路上的视频监控摄像机的数量增加两倍，即从2009年开始到2011年，摄像机数量从20000套增加到60000套，总投资5亿5500万欧元。这对法国视频监控市场的发展势必起到一定的推动作用。与此同时，法国行政总监察机关的最新研究报告显示，依靠这种努力，在有视频保护的法国城市中，犯罪增长率减缓了两倍。

此外，新兴市场和新的客户对视频监控市场影响不容忽视。在中东和非洲马格里布地区的石油产出国，为保护其石油财产免受侵犯，这些地方大量使用视频监控设备保护其石油设施。在经济领域，后勤、农业产品加工业以及制药业视频监控产品的消费量也越来越多。更加出人意外的是，医院也是如此：在法国，“医院2010计划”的重点是利用视频监控设备确保医院的安全。在运输领域，电子安全设备市场平均每年增长3%，2008年国际市场营业额是18亿欧元。在阿尔斯通负责安全系统研发工作的Valentin Scientei先生明确指出，这涉及到装备火车、地面设施和控制中心，将它们与现有的系统、旅行者信息和电信等整合在一起。西门子运输市场负责人 Catherine Levy 表示："今后，我们在无人驾驶车辆方面的招标百分之百会将安全要素整合在内。这种整合特别表现在城市运输（公共汽车、地铁、有轨电车）和城市周围运输（巴黎全区快速铁路网）中。目前城际交通的发展还很薄弱。我们开发的系统将安全与火车制造整合在一起。如今，我们生产的火车 50% 都这样做了，并且这最终将是一种标准。对于市郊和城际交通，纳入安全措施的比率在 30% 和 40% 之间。"在交通领域和在其它应用领域一样，利用数字通信网络中的一体化和车载智能技术发展，视频监控能力肯定会迅猛增长。

市场分割

2007年世界电子安全市场总价值3680亿欧元

安全市场6个世界领先者分割了整个市场大约10 %的份额　　（2007年，以10亿欧元为单位）

1 TYCO (美国)　8,8
2 SECURITAS (瑞典)　6,7
3 C4S (美国)　5,9
4 SBT (德国)　5
5 SECOM (英国)　4,2
6 UTC FIRE & SECURITY (E-U)　3,9

Source: Cegelec

2006年欧洲电子安全设备
市场总价值127亿欧元

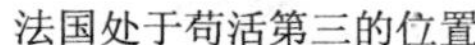

法国处于苟活第三的位置

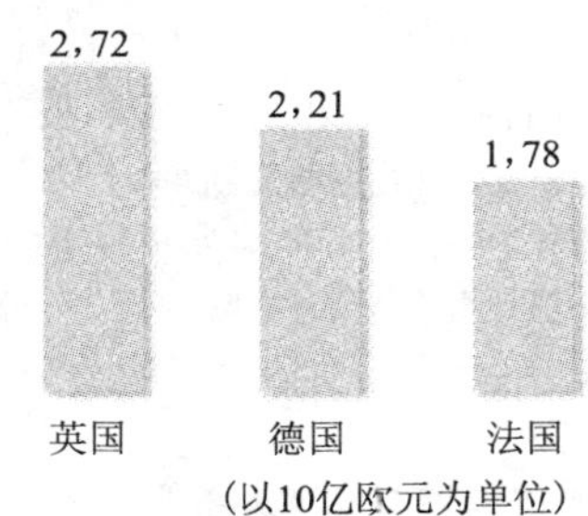

图 2　世界电子安全市场部分分割情况及法国的位置

二、法国安防行业发展趋势

根据法国"设备、环境、运输及服务工人力量联合会"（FEETS－FO）2009 年 8 月公布的资料显示，2008 年法国安全防范行业总营业额为 48 亿 2000 万欧元，从 1998 年到 2008 年，全行业营业额增长 136%；2007—2008 年度增长 4%，1998 年—2008 年，年平均增长率为 9%。2008 年安全防范行业中共有企业 5020 家，共有雇员约 16 万 5000 人。其中，中小企业（拥有 1—500 个雇员）有 2810 家，雇员合计 73200 人，占整个行业雇员的 44.5%，实现营业额约 21 亿 8000 万欧元，占该行业总营业额的 45%；30 家拥有 500 个以上雇员的大企业实现的营业额占全行业营业额的 55%；130 家拥有 100—499 个雇员的企业营业额占全行业营业额的 22%；460 家拥有 20—99 个雇员的企业营业额占全行业营业额的 13%；大约 2200 家拥有 1—19 个雇员的企业营业额占全行业营业额的 10%。此外，还有 2200 个独立工作者（0 雇员企业）。

表 3　2008 年安全防范行业企业数量和营业额

雇员编制类别	企业数量	分布情况	营业额（单位：百万欧元）
2000 个以上雇员	10	3%	1600（33%）
500—1999 个雇员	20		1040（22 %）
100—499 个雇员	130		1070（22 %）
20—99 个雇员	460	9%	610（13 %）
1—19 个雇员	2200	44 %	500（10 %）
小计	2820	56%	
0 雇员	2200	44%	
总计	5020	100%	4820

法国安全防范行业发展具有以下几个特点：

（一）企业数量持续增长

2008 年，安全防范企业数量比 2007 年明显增加，一年间创立了 200 多个新架构企业。这种增长主要是因为更小规模企业数目上升：无雇员公司和雇用 1—19 名员工的公司在 2007—2008 年之间分别增补近百家企业。同一时期，中等规模（20—99 名雇员）的企业增补 40 家左右，而很大规模的企业数量相反却趋于减少：2007—2008 年间，十几家大企业消失，机构减少 20 家。

（二）市场保持集中化趋势

2008 年安全防范市场的集中化趋势仍在继续。30 家最大的企业（拥有 500 个以上雇员）仅占全行业企业数量的

1%，实现该行业营业额一半以上。相反，小型企业（少于20个雇员的企业）占行业企业总数的77%，营业额只占全行业总营业额的十分之一。

（三）增长速度放慢

从2006年开始，安全防范行业营业额的发展速度减慢，2007—2008年经证明也是如此：与近十年来平均年增长9%相比，仅仅增长4%。值得一提的是，中等规模的公司（20至99名雇员）脱离困境，2008年增长7%。相反，最小规模的公司为增加其活动而操劳（增长2%）。

（四）每个企业参与至少两种活动

2008年，有一种趋势仍在继续：安全防范行业企业活动多样化，平均涉足两种。这一年的新事物是，经过一段时期对业务重心的调整，大型企业重新回到多样化的道路上，涉足最小规模公司业务，在500名雇员以上的企业中平均从事4种活动。处于首要位置的是监视活动，涉及88%的行业企业，紧随其后的是干预活动，涉及一半以上的企业。

（五）不同活动的营业额存在很大差异

近90%的企业从事监视活动，持续成为安防行业的主要活动，产生近四分之三的行业营业额，即34亿2000万欧元。一半以上的企业从事干预活动，带来行业总营业额的3.5%的收益，即1亿7000万欧元，与上一年度相比没有大的发展。视频监控活动连续两年增长，占行业总额的11%，即5亿2000万欧元。最后，经过两年的明显发展，航空和航空港安全活动开始有些饱和，2007—2008年间下降1.5%，产生的营业额占行业总额的8%，即3亿8500万欧元。

表4 2008年安全防范行业营业额的分配情况

活动	营业额	百分比分配
监视	34亿2000万欧元	71%
远程电子监视	5亿2000万欧元	11%
干预活动	1亿7000万欧元	3.5%
系统设置	1亿4000万欧元	3%
培训	3500万欧元	< 1%
资金运输	1000万欧元	< 1%
近距离保护	7000万欧元	1.5%
航空和航空港安全	3亿8500万欧元	8%
其它*	7000万欧元	1.5%
总计	48亿2000万欧元	100%

*注：其它是指安全系统租赁经营，维护，文件护送，审计，安全问题咨询，等等。

在2008年人力监视活动创造的34亿2000万欧元营业额中，一半以上（52.5%）是由拥有500个以上雇员的大企业创造的，其余的部分是中小企业的活动产值。

表5 2008/2007年营业额的变化情况

雇员编制类别	2008／2007变化
500个以上雇员	4%
100—499个雇员	3%
20—99个雇员	7%
0—19个雇员	2%
总体情况	4%

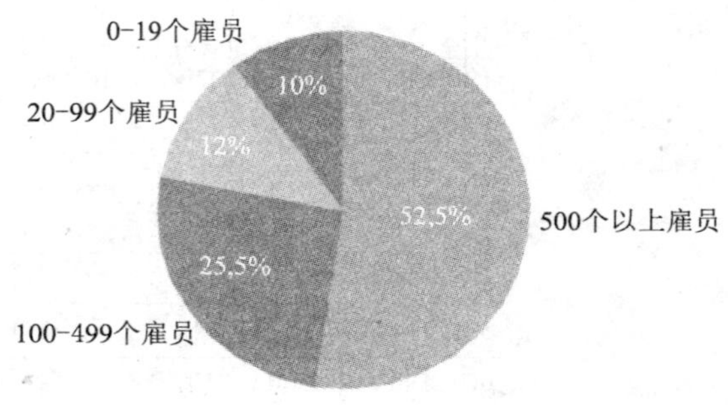

图3 人力监视活动营业额的分布情况

（六）私人市场仍然是安全市场的主要部分

私人市场仍然而且一直是产生营业额的主力。经过上一年度公共市场略有复兴以后，2008年私人客户的份额加强，占市场营业总额的78%，比2007年增加1个点。

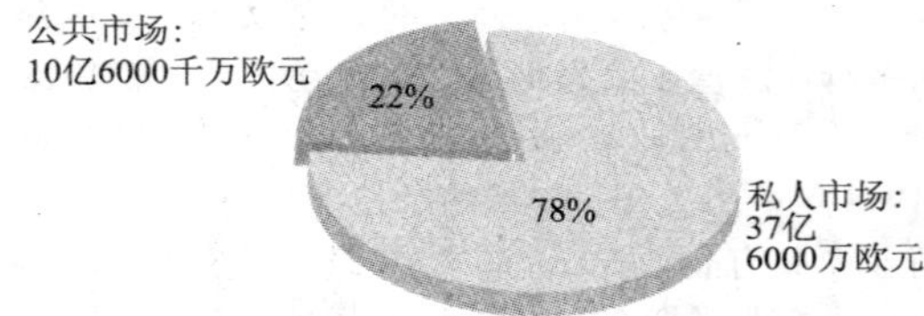

图4 2008年根据市场性质划分的营业额分布情况

在人力资源方面，截止到2008年12月31日，安全防范行业雇员编制人数约16万5000人，比2007年增加3%（其中女性雇员的比例比上一年度增长3个点，达到17%）。与2006—2007年登记的6.5%的增长节奏相比明显下降，但仍然乐观，尽管经济危机已经开始。一半以上的雇员是在拥有500个以上雇员的大公司工作，最大的10家大企业雇用的员工占这个行业员工的近30%。相反，拥有1—19个雇员的小型企业数量占全行业企业数量的44%，其雇员数量不到全行业雇员总数的10%。

表6 2008年12月31日安全防范企业雇员编制

雇员编制类别	雇员编制人数	百分比分配
2000个以上雇员	48100	29%
500—1999个雇员	43200	26%
100—499个雇员	36700	22%
20—99个雇员	23800	15%
1—19个雇员	12700	8%
总体情况	164500	100%

像往年一样，安防行业雇员90%的工作为全日制，没

有根据企业规模的任何差异。在同等规模的企业中，雇员的平均服务年限为4.5年。将近60%的员工的资历在4年以下，20%的员工服务年数超过8年。在拥有500个以上员工的大型企业中，雇员的平均资历为5年半，在拥有20—99个员工的企业中，其雇员平均服务年数为3年半。

在法国，从事安全防范活动的雇员中只有较少的年轻人。全行业企业职工的平均年龄接近37岁。18—26岁的年轻人只占14%的编制人数，每年减少两个点。

在雇员工作报酬方面，2008年，全行业雇员的工资总额（不包括企业主的费用）达到近30亿欧元，比2007年增长6.5%。30个大企业仍然是受薪主体，其员工工资占全行业的56%。

在企业员工短期合同向长期合同转换方面，2008年的比例有所下降，有3550名雇员从其短期合同转为长期合同中获益，即占整个行业雇员编制的2%，低于2007年的3%。在小规模企业中，该比例达到5%，要高于大企业员工转换合同的比例（小于3%）。

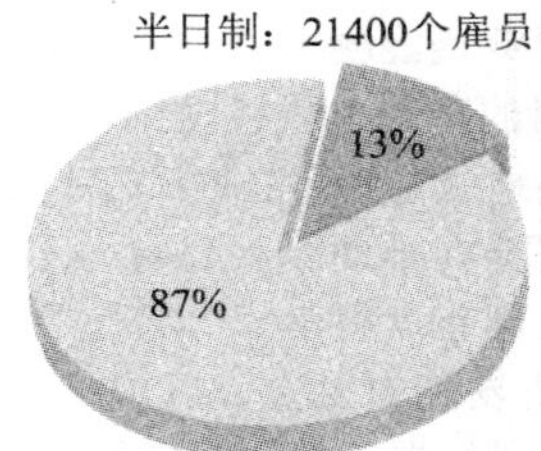

图5 根据合同期限划分的雇员编制情况

令法国人欣慰的是，2008年接受培训的雇员人数有较大的增长，占行业雇员总数的54%，而2007年是49%。同时，平均受训时间从2007年的19个小时增加到2008年的21个小时。

三、法国对安全防范行业从业人员管理的新举措

（一）安全防范行业企业雇员持证上岗的新规定

2009年2月9日法国内政部颁布法令（第2009－137号法令），规定从2009年3月7日起，从事监视、看管、资金运输和保镖活动的雇员必须向省长申请职业证。希望为了这些活动之一而接受职业培训的人员必须向省长申请得到事先许可证的或临时许可证。

为实施该法令，自2009年3月7日起，法国各省政府开始颁发非物质化职业证，所有安全员（已经被雇用的或未来的谋职者）必须向其所居住的行政区省政府申请。该申请经查核后，省政府发给申请人一个具有唯一性的个人注册号——职业证号，该号码在整个法国领土上均有效。在更换住所或者雇主的情况下，职业证继续有效。职业证自颁发之日起有效期5年。

法国实行这种安全员职业证制度是为了简化招聘手续，使雇主可以通过远程服务“Téléc@ rtepro”查询省政府的数据，了解与雇员有关的信息。这也是加强安全员责任心的一种手段。

法国内政部对于控制犬的安全员还有一些特殊规定，即此类安全员应立即申请职业证并申报与其一起工作的犬。

·在2010年1月1日前已经获得职业证的安全员必须证明其职业能力，并在2010年6月30日前申请新的职业证。

自2010年1月1日起，所有掌管犬的安全员必须证明其经过专门培训。

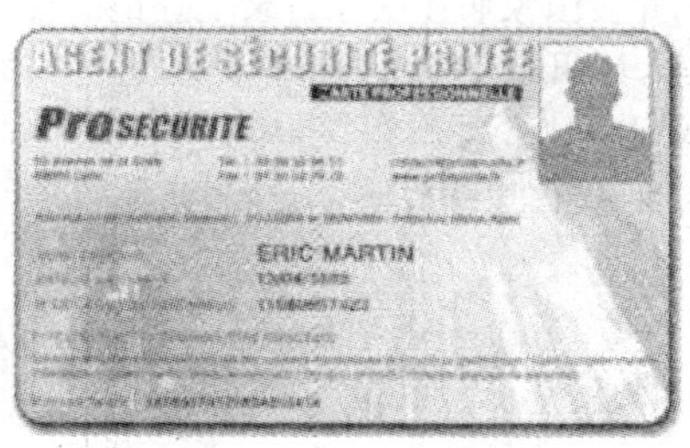

·2010年1月1日后获得职业证并已证明经过控制犬的专门培训的安全员可保留其职业证，5年有效。

（二）职业证国家标准出台

法国安全和人力监视私人企业全国联合会（简称SNES）于2009年12月推出私人安全员职业证的唯一标准化国家级样本（见上图），它采用“信用卡”的规格。这个标准将是有法律义务向其雇员提供具体职业证的所有私人安全企业均可使用的通用标准。SNES决定通过它的因特网网站，让所有安全防范行业企业自由获取该标准。

对于它的会员，SNES将使其享受在专门的证卡背面突出其从属SNES的关系，并添加“Label Snes”标识，证明其具有良好职业实践的特殊待遇。

对于非会员企业，SNES为他们设计了一种通用的背面，标有公开网站，使每个人特别是客户可以核实持有该职业证的安全员号码的有效性。

（三）实行安全员职业证制度的现实意义

根据法国就业中心的统计，2009年，华西－夏尔·戴高乐机场区域招聘1506名安全和看管员，拉德芳斯卫星城招聘1560名安全员。据人工需求调查显示，相比于2008年，在人员招聘预期增长的3种职业中，安全员是其中之一。私人安全企业联盟（USP）主席Claude Tarlet肯定地说，私人安全是一个真正的就业大市场，他预测从现在起到2015年，将产生10万个新岗位，即每年有近15000个岗位虚席以待。事实上，这是不可避免的事情：安全员无处不在。在商店、银行以及行政大楼的入口处，在企业、机场、停车场、博物馆中，当人们召开博览会、举行大型体育赛事或者VIP晚会时，常常会看到安全员的身影。当法国人了解萨科奇总统欲促进私人安全企业的发展，回答有关重新确定警察的任务而缩减人员编制数量的问题时，人们对于安全员的未来显得很乐观。

然而，实际在招聘安全员的过程中却困难重重。这主要归咎于人们对安全员不太好的印象：令人痛苦单调的作

息时间，不太高的薪金（安全员的入门薪金是1660欧元，可以涨到2000欧元，略高于法国最低工资标准），以及没有职业资格。那么，从2009年3月7日起，如果不提出让人信服的保证——职业证和被承认的能力，就不可能从事这种职业。

被承认的能力，意味着安全防范工作人员以及向公众开放场所的保安人员必须是职业资格证书（CAP）持有者；必须持有由某一培训中心（如AFPA、Formaplus 3B、NCO等）颁发的并在国家职业认证目录上登记的证书；或者持有安全防范人员职业资格证书（CQP APS）。后者是在接受某一授权机构培训（有工作经验的雇员至少培训70个小时，新入行人员培训140小时），考试合格而获得的。

这种上岗前的培训不仅可以赢得客户的信任，也使得年轻人对此行业产生兴趣。

金融危机往往触及用户和结构上脆弱的行业，他们势必要经受痛苦的考验。然而，来自各行业的安全需求并没有减少。相反，人员招聘的前景令人欣喜。法国由公共安全部门负责的监视和保护任务今后不再坚持实行国家控制，而由私人企业承担，这也将强化私人安全行业积极发展的趋势。据法国官方预测，从现在起未来10年内，从事人力监视活动的安全员的数量将从15万9000人发展到30万人，即超过国家警察和宪兵的总和。而实行职业证制度对客户和雇员而言都是一种可靠性、职业道德和专业性的保障。

2.9 以色列安防行业发展概况

公安部科学技术信息研究所　吴瑞红

“9·11”事件后，以色列独特的安防技术，崭新的安防理念，实用、便捷、高效的安防产品越来越受到各国的普遍关注。美、英、俄、德等国纷纷派员学习借鉴，接受培训，甚至订货。安保核心技术及关键产品为不景气的以色列经济注入了新的活力，据以中央统计局统计，安防产业现在已成为以色列发展最快、出口系列产品最多的产业之一。

一、安防产业基本情况

根据以色列工业、贸易和劳动部2008年的数据预测：至2010年安防行业的年增长率为20%。

以色列安防工业包括多种领域和相应的应用解决方案。主要厂商包括大型军工企业，比如Elbit、Tadiran、以色列飞机工业公司（IAI）、RAFAEL、Elisra、ELTA和以色列军事工业集团（IMI）等，它们均为安防市场提供源于军工又脱离于军工的产品和技术。ELTA公司的产品就反映了这种在开发至关重要的国土保安应用技术时将实际运作经验与技术实力相互融合的特点，有关产品包括采用雷达和成像智能技术的、用于对国界、机场、港口、陆路通道及铁路进行控制的陆地和海岸边界保护系统，针对恐怖分子基础设施的信号情报（SIGINT）信息收集系统，以及商用飞机保护系统。来自电信行业的一些厂商也活跃在安防市场，Cornverse、Nice、Verint、C. Mer等公司是其中的佼佼者。除此之外，还有一些公司也致力于安全产品和技术的开发，比如一些从事安全咨询服务的个人和致力于研发用于安全监控的尖端技术的新兴公司等。以色列的“安全优先文化”造就了对如何确保安全问题的深刻理解，这种理念与广泛的技术优势相结合，催生了许多在国土安全领域居领先地位的新兴公司。如Lear Forest公司的产品被情报机关用来从大量的文字材料中搜寻隐藏的信息。Actimize公司开发的系统可用来防止洗钱活动与欺诈侦察，各主要银行和金融机构都是该公司的客户。Camero公司开发的雷达成像系统具有突破性意义，可穿透混凝土墙成像。Elam公司开发的用于紧急情况下照明的冷光电线被美国情报机关、华盛顿大型运输局及全球各地的警察和消防部门所采用。

政府和国外基金在推动新兴公司向前发展方面也发挥了一定作用。工贸部首席科学家办公室在所有技术领域投放了数以亿计的研发配对基金，以增加新兴公司的财源。以色列已成为欧盟研发框架计划的成员，不仅能得到资金，也可参加大型跨国公司的技术合作，这也可保证以色列公司得到市场准入。

另外，以色列出口和国际合作协会（IEICI）充当了以色列商业的门户。该协会拥有2600名会员公司，促进工业和服务出口，发展与海外公司的贸易关系、合作与战略联盟。尤其是在9·11后，该协会在国际上特别着重于促进国土安全产品与系统的推广。

在往来以色列的人群中，许多是前来受训的团组和采购安保器材的商家。像成立于1997年的以色列安全产品（ISP）公司就是领先的以色列安全和防务产品制造商的授权分销商和出口代理之一，并且提供克拉夫玛迦近身格斗术、反恐和贴身保卫等方面的培训。

二、安防领域的新发展

（一）安防咨询

以色列拥有众多的安防咨询公司，这些公司业务主要研发基本的防护设备以及培训和调查，向全球反恐斗争提供其经验和专长。基本的培训包括：边境安全、海事安全、能源行业安全、运输安全、商场/零售商店/酒店产业安全、人群控制安全、情报收集、巡逻方法和操作、对炸弹事件作出反应、处理自杀式炸弹袭击、防爆小组战术、监视和反监视，在以色列进行的专门培训还包括应对大规模杀伤性武器的培训、iSudy安全（一种新的和独特的互动式培训课程，使用网络，并涵盖大部分的国土安全、反恐、反暴力和反有组织犯罪和警察方法）。以色列的安保专家强调三种安全理念。第一种安全理念是“技术的先进性要与经验相结合”。每一个单纯的技术并不能保障安全，要通过各种技术的整合来保证安全。9·11事件后，以航空安检方式、管理软件及一体化解决方案，引起了世界各大航空公司的关注。据原以航空安全官员、现伦敦某航空安全咨询公司负责人摩西·科亨介绍，以航使用类似医用CT的仪器检查旅客行李。另外以航还利用减压舱技术进一步对行李进行安全检查，最大限度捕捉漏网的爆炸物。但机器永远不能代替人脑，因此以航更为看重那些受过专业技术训练、警觉性极高的安全人员，他们才是安全的可靠保障。第二个安全理念为“先行一步”。从9·11事件造成的巨大灾难上来看，如果不能比恐怖活动快半拍，其灾难性结果将无可挽回。长期以来，以色列安防系统积累了不同类别的反恐怖活动的经验，根据各种需要，不断更新和升级各类安保设备和解决方案，力争将恐怖事件消灭在萌芽之中。第三个安全理念为“高度重视信息安全”。以色列专家认为，如果没有信息安全，国家安全将无从谈起，因为它不仅关系到国家的经济安全、金融安全，而且也涉及到国防安全、政治安全和文化安全。因此，以色列早已将占领信息安全技术与产业的制高点作为一项战略，并积极开拓信息安全领域巨大的全球性市场。

以色列咨询顾问多年来从事数以百计的安防项目，足迹遍布世界所有的大洲。一些大型公司既提供咨询服务，也提供技术产品和体系；其他一些公司则专注于咨询。如SCAI Internationa安防咨询公司位于以色列和南非，向客户和同事提供世界上最先进的安防技术和咨询，提供的产品有数字视频录像机和监控摄像机等。

Max Security Solutions Ltd. 公司成立于1996年，由著名的国际安全行业专家——来自以色列国防军（IDF）特种部队和国家安全总局的老兵成立。该公司的咨询部向全球公司提供专业评估，业务规划并实施安全解决方案，包括调查、威胁和风险评估、红队组训练和脆弱性渗透测试、情报分析和报告。

安全解决方案国际公司（SSI）通过几个高水平的学院、公司和私人机构，对外传授以色列反恐培训的专有技术，其美国分部则更是将以色列经验与美国的反恐实际相结合。

Karakal Security Consult Ltd 是以色列电子安全领域的主要公司之一，向客户提供适合其需求的完整的安全解决方案。

（二）航空安全

提供航空安全咨询和政策实施的公司有ICTS Global Security，这是一家老牌航空咨询公司，出口所有以色列所用的技术，包括人员培训、X光扫描和乘客分析、运输安全培训，ICTS开发出一种以电脑作为支持平台的高级旅客检查系统（APS）系统，借助计算机进行预先筛选。以色列公司为机场提供全面的周界安防项目，包括电子围栏、绷紧的铁丝网、电磁感应系统、传感器、视频移动探测、计算机控制中心和安全管理系统。Magal 安全系统公司设计出一种新式的用来锁定喷气式飞机的产品，可以探测和防止飞机在地面进行未获批准的移动。A－EYE 高级视频技术公司开发出一种新型软件，可大大提高检测藏匿武器和爆炸品的X光安全扫描系统的工作效率；SpaceLogic 公司则推出确保机场行李处理更高更安全的系统；Opgal 光学工业公司开发出可使飞行员得到夜间机场跑道的清楚图像的红外和热成像技术。以色列飞机工业公司（IAI）开发出一种名为飞行卫士（Flight Guard）的民航保护系统，以对付肩扛式或其他导弹发射装置击落飞机，该系统已经应用于以色列航空公司及世界其他国家的飞机上，该公司还同美国 Raytheon 公司开展战略合作，在飞机上加装一种可保证飞行安全并保护飞机免受红外导弹攻击的反制防护系统。

以色列开发防卫培训和仿真系统的公司 BVR Systems 最近与 Veritouch 公司合作研制新型的航线安全系统。该系统可在机场办理登机手续的柜台让乘客接受 Veritouch 开发的生物测量虹膜（biometric iris）和指纹扫描仪（fingerprint）检查，该扫描仪能读取眼睛和指纹图像，将其与恐怖份子嫌疑犯的图像进行比对。

另外还有一套扫描系统只允许飞行员和经授权的机组员通过，一台额外的虹膜扫描仪将定期读取坐在飞行员和副驾驶座位上人员的眼膜，以确认这些人员已通过授权来驾驶飞机。

BVR 的数据地形技术能使用乘客信息来向驾驶员座舱和地面人员发出飞机内可能的恐怖行为警讯。该系统利用从内部视讯照相机发送的图像数据，产生一个飞机内部的计算机化的模型。如果图形出现可能劫机的异常改变，计算机就会发出警报。此外，BVR 的技术允许地面人员与机上计算机通讯，以显示飞机是否异常并提供额外的预先警告。

（三）防盗报警与智能视频监控

以色列公司在防盗警报器改造方面的领先优势一直保持到21世纪。Electronics Line（E. L.）公司生产无线家用网络和安全系统，其产品能够让用户在世界上任何一个地方，通过移动网络或互联网对办公室、有关设施及居所进行摇控和监视。类似公司还有 Av－Gad Systems、Visionic、KP Electronic Systems、Crow Electronic Engineering、VideoDomain Technologie、Vigilant、Vidisco 等。Dmatek 的全资子公司 Elmo－Tech 公司开发的高级电子监控系统，能够对囚犯、在家软禁的犯罪分子和缓刑犯人进行跟踪，该系统由英国的监狱系统试用，取得了成功。

以色列 Ioimage 有限公司是智能视频图像分析领域的全球顶尖厂商，主营嵌入式视频监控产品、视频分析的智能安防系统。Ioimage 产品在经过以色列国防军和警察部近3年的实际军警应用测试之后，以其高性能、易用性、极高的检测成功率和极低的检测误报率闻名于世，广泛应用于各大领域。2006年，ioimage 的产品占据了全球智能监控领域26%的市场分额。

成立于2000年的以色列 Bellsent 公司也是全球智能视频监控技术的顶尖厂家，主要提供基于 DSP 的内嵌智能视频分析模块的、简单易用的高性能智能视频服务器和智能视频网络/模拟双模一体化摄像机。该类产品可以自动检测入侵者、入侵的交通工具以及其他威胁，并自动报警和跟踪目标，为政府、公共机构、商业组织提供了更安全的智能视频监控解决方案。

Bellsent 智能视频服务器以高检测率、低误报率的可靠性，能够有效防止强光、低照度、暴雨、大雪、浓雾、冰雹、强风、阴晴急剧变化、野生动物等各种恶劣环境的影响和干扰；可以检测出超慢速或超高速移动的目标；同时具有三维检测识别能力，可以识别出目标大小和远近。支持通过 Web 远程配置、观看和控制，使用十分方便，对视频的每一个像素都进行智能化分析，大大提高了预警功能，提供更多扩展的功能，其自动入侵检测、即时联动报警和即时视频确认等功能大幅提高了安全监控水平。

（四）周界防护

Magal Security Systems 是一家周界围栏领域的老牌公司，生产一系列电脑化的智能周界安全系统产品，提供最佳的户外保护解决方案。该公司的电脑化安全系统可以对来自户外的侵扰性质进行自动探测、定位并作出判别，其产品包括采用绷紧的金属丝进行探测的系统和主动式红外电子照相探测系统。

Trans 安全系统和技术公司采用光纤技术的电子监视和周界安全产品；Galdor 系统公司提供针对周界防护的集成安全系统和全套解决方案；激光卫士公司（Laser Guard）是一家高科技新兴公司，开发了一套结合高级软件编码设计的预警系统。

名为 Guardium 的无人安全防护车是一种自处理围栏和边界保护系统；而另一个以 Networkcentric 命名的产品则是可以实时作出反应的情报系统，包含信号情报和电子情报组件。Karnaf 防卫系统公司开发的“四个系列积极防护系统”的一系列产品，可以安装在长达 100 公里的围栏上，当有人企图从外侧靠近并闯入时就会发出威慑信号，从而保证安全部队能及时赶到事发地点。

Controp 精密技术公司开发出一种可进行实时自动全景式探测的高级全景式侵扰活动防护系统；D - Fence 电子及侵扰系统公司可提供一套包括防护栏在内的电子团校及侵扰探测防护系统；BG llanit 公司生产的一系列路障、防护门和防护桩可以抵受卡车和重型车辆的冲击。

（五）锁具和个人防护产品

以色列公司生产多种复杂的和新型的锁具产品。Mult - T - Lock Ltd.（Rav Bariah）建于 1973 年，是一家拥有世界顶尖技术水平、专业研制各类防盗锁、锁芯、保险箱、防盗门的大型跨国公司，产品畅销 100 多个国家，产值超过 20 亿美元。该公司开发了一种独创的四通门锁系统，以及用于仓库、车辆和其他机械设备的新型锁具。Noble 安全用品公司开发出一整套可用于个人电脑、笔记本电脑、打印机、工具箱、小型发电机及枪械等其他用品的锁具。Trellidor 折叠护栏公司生产门窗安全框架和护栏产品。Safe Place Omen 系统公司研发出电子保险柜。PHM 公司开发出可以抵挡子弹、爆炸和强力冲击的加固门窗等新型玻璃和 PVC 产品。

以色列公司还提供汽车防护产品。Oran Palmach Tzova 公司专门提供防弹和防爆玻璃。Rabintex Industries 和 Export Erez 的个人防护产品包括钢盔和防弹背心，Noga Einat Shoe Industries 生产结实的军用鞋；KATA 国际公司提供最先进的防护解决方案；Supergum 公司生产的一系列一次性工作套服，可透塑料罩和面罩以及散热内衣和靴子等，可提供从头到脚的保护；Shalon 化学工业公司则生产一系列民用面罩和儿童保护装置；PeterN. B. C. 公司生产可用于核战争、生化及化学战的防护靴，Mifram 公司开发出可容纳 20 人的防弹防毒掩蔽帐篷；Beth - ElZihkon Yaaakov 工业公司则生产掩蔽帐篷的过滤系统。

（六）生物识别

以色列公司是全球快速发展的生物识别技术的领导者，该技术利用一系列特殊方法可设计出能够根据人们的生理及行为特征进行身份识别的系统。IQS 开发了集成传感器和成像算法技术的指纹鉴定产品。WonderNet 开发了基于 Penflow 生物签名认证技术，可在分析个体写时的压力、加速、速度和节奏等基础上对最模糊的签名做出尽可能最准确的鉴别。ANC 开发的数字签名认证系统则结合了数字 ID 技术和使用一台普通的 PC 机和一张虚拟鼠标垫作出的生物技术签名。

数家以色列公司已经开发了扫描仪，能够识别指纹以验证身份。这类电子安全设备促进了自动生物识别护照控制系统的投产。On - Track 创新公司（OTI）将生物识别技术与便于携带的智能卡相结合，用于驾照，护照，社会保障卡及其他身份证明等。这些基于微处理器的卡十分安全而且可以摇控读取。该公司目前在德国证交所上市。SuperCom 公司是非接触式智能卡技术的全球领先者，开发出一整套通过激光和热印刷传输技术来保证大量数据安全存储的智能卡系统。

SICS Mentis、Opticom、SentryCom 开发了生物识别语音验证解决方案，Persay 开发了语音核查系统和解决方案，能够通过呼叫者在电话、互联网或其他音频手段上的声音进行语音识别，Harmos Technologies 为语音识别市场设计出专门的 DSP 技术。

在图样辨识技术领域，ImageID 开发的解决方案可使会展业利用光学阅读器辨识图像密码标记。这项技术对辨识乔装旅行的人非常重要。OPTIDtech 公司主要开发用于标签和卡片自动鉴别和认证的光学安全技术，特长集中于微光学、红外线、成像软件、反射物质和安全链等方面。NNT Israel 开发了创新型脸部识别和指纹技术。Doc Witness 开发了反盗版智能卡平台，使 CD 和 DVD 的真伪在专门的读碟机下一清二楚。NPX 技术公司提供终端到终端的电子商务身份验证技术，以确定电子邮件帐户是否属于指定的持卡人或银行帐户持有人。

MicroTag Temed 专注于为商业品牌、文件、贵重物品和珍贵艺术品甄别提供认证和防伪技术。

（七）摇控追踪

Hi－G－Tek公司研发出一套系统，可自动进行摇控追踪和监听、数据收集和保护货物等。Cellocator开发了能够远程跟踪汽车的芯片，这些芯片用于2004年雅典奥运会的车队安全。

Mer & Co. 提供了叫做“轮上蜂房”的通信解决方案，旨在为特殊活动、灾难地区或新的基站测试提供临时替代设施。Orad集团公司为通信、基础设施、交通和停车问题以及火灾探测和灭火提供解决方案。Nemonix开发出的一套系统可用于交通监控，同时甚至还包括执法应用。SESP设计和制造射频干扰设备。该公司专业从事开发军、警反恐所用的宽频带炸弹干扰器和贵宾保护，同时提供低、中、高功率手机干扰器和无线通信系统。例如在监狱和其他设施内部安装SESP的手机干扰器，当局便拥有了足以阻止犯人与外界联系的工具。

INTERVOX开发出一种语音激活系统，可使公共场所信息服务台、银行柜台或其他类似场合实现双向免提通话。INTERVOX公司产品还能使人们通过关闭的车窗轻松通话。使用先进的语音传感器，该系统能够不影响司机的安全而进行清晰的沟通。一旦打开音频系统，每当有人在封闭车辆的另一边说话时，它就能被自动激活，无需操作按钮或麦克风，人们就可以自由和自然地交谈。

（八）边界和基础设施

以色列对保护边界、基础设施和周界具备全面的概念、系统和解决方案。在阻止和打击恐怖主义的威胁方面，没有其他国家比以色列更有经验。

在边界和基础设施方面的安防公司有：

B. A. S. －Biological Alarm System

E. D. I. G Industries and Assemblies，Ltd.

Hi－G－Tek Ltd.

I. S. D. S. Ltd. International Security and Defense Systems

ISM－Safes Ltd Isorad Ltd. IsraTeam 98 Ltd. Professional Crisis Management

Karil International Ltd.

Maavarim Civil Engineering Ltd.

SESP Ltd.

TGM－Technology by GM Timcon Technolgies Systems Ltd.

（九）排爆和核生化防护

以色列在军用机器人领域有着很强的技术优势，其研发的排爆机器人和攻击机器人都有着很高的国际声誉。以色列航空制造公司的拉哈维（Lahav）工程部研发的一款四轮驱动、代号“Guardium”的机器人，在控制中心的控制下，该车可连续地对机场、港口、军事基地、重要管线以及其他有全时安全监视需求的设施执行巡逻任务。这种机器人已经开始在以军中服役，以国防部及政府官员称该装置将部署在加沙地带。

由以色列United Safety Container公司生产的防爆垃圾箱，可存放炸弹。适用于世界各地的机场、车站、地铁、政府机关和公共场所。该装置被称为“西北风”垃圾箱，可以吸收横向爆炸能量并容纳所有横向爆炸破片，剩余爆炸能量向上排出。MS Tech公司研发了采用化学传感器检测爆炸嗅探器技术。Netline Communications Technologies主要生产爆炸物和化学品探测产品。以色列还研制出鞋内危险品探测器，不脱鞋就可以检测爆炸品。

成立于1985年的Kinetics公司是全球领先的CBRN/NBC（化学、生化、放射及核物质/核、生化及化学物质）防护系统生产商，其生产的NBC面罩能够以三种方式为人群和车辆提供保护：即超压防护，集体防护和混合防护，该公司还生产先进的NBC／CBRN过滤器。

（十）IT安全

以色列拥有一万多名计算机科学家，在近400家软件公司和几十个新兴软件公司工作。根据以色列电子和信息产业协会的报告，以色列的软件和IT机构每年出口超过25亿美元的软件。

以色列著名的信息安全技术公司Check Point Software Technologies成功开发出保证企业安全连接的产品，产品包括企业安全和虚拟专用网络套件FireWall－1和业内一流的带宽管理解决方案之一FloodGate－1。这些产品使在美国纳斯达克市场公开上市的Check Point年销售额达创纪录的近4.5亿美元。该公司成立于1993年，已经占领与计算机和数据传输有关的60%的世界市场，其年产值达20亿美元。

总收入：9.24亿美元（2009）

净收入：3.58亿美元（2009）

在2009年的雇员为2200人。

专门生产“防火墙”产品的以色列公司还有Security 7，由美国巨头Computer Associates收购。Security 7开发了“Safegate”，对企业网络提供极强的安全保护；DataSec专业从事IT安全服务，为客户构建数据安全基础设施；Finjan Software提供前瞻性行为检查系统，而Aladdin Knowledge Systems则为各机构提供电子商务软件和互联网安全解决方案。

以色列公司还提供在信息监控领域的专门知识。Verint Systems（如今被称为Comverse Infosys）是通信截取、数字视频安全和监控以及企业商业情报分析软件解决方案的领先供应商。Synel Industries则开发出用于包括接入控制在内的智能数据采集的硬件和软件。CipherActive公司开发并销售加速的编密码解决方案，使密码技术得以用于资源有限的环境以及大流量系统中。Algorithmic Research开发了用于企业的数据安全解决方案，如数据签名，加密和认证等。Vsecure公司则为互联网服务商、多媒体服务商及电信运营商提供下一代网络安全解决方案。提供网络监控和分析解决方案的公司还有ECtel，Goldtec Technologies，Netline Communications Technologies和Tadiran Communications，Whale Communications，Riverhead Networks（以前是WanWall），WebCohort，Network Privacy，NPX Technologies和Beyond Security等。

最近，IBM以色列研发实验室开发出Magen（企业掩蔽门户）技术可确保安全机密数据不在未授权人的屏幕上显示，从而防止各种数据工作者和客户服务机构盗取的威胁。

三、保安公司

（一）保安公司和私人保安

在以色列，自杀式炸弹频频发生，公众对安全的需求促进了保安公司的繁荣。在以色列，几乎所有的保安人员携带枪支，主要是为了防止恐怖袭击。截至2009年，私人保安还取代了西岸内与边界及加沙过境点一些检查站的官方安全部队。

私人保安费用较低也促使了保安公司的繁荣。成立于1992年的Israel Special Forces Ltd. 私人保安公司还具有安全管理学院，提供各种与安全有关的课程和培训。巴尔和博泽尔开办的MLM Security Services，Inc. 的保安公司拥有40名特工，他们都有在以色列警察、军队、安全部门等各领域特工部门服务的经验，该公司还为美国、欧洲、日本等地的大客户提供了完整的保安方案，为自己在以色列数量众多的保安公司中赚取了一定的名气，培训人员可以在那里学习到包括保安理念、保安计划设计、例行和突发状态下的应对措施、各种设备的使用甚至如何招募和训练保安人员的课程。Mano国际保安公司专门从上海上保安服务，于2009年3月成功地在索马里和塞舌尔之间海盗出没的水域击退海盗，保护了意大利的Melody游轮，成为全球反海盗的英雄。

私人保安公司受《1972年私人调查员和保安服务法》（Law of Private Investigators andGuard Services - 1972）的管制，该法对成立和经营私人保安公司的条件和要求做出了界定。成立和经营私人保安公司需要许可证，许可证必须由以色列司法部长任命的特殊委员会审议和签发；委员会由7名成员组成，包括一名地区法官主管和6名其他人员（其中至少有3人不能是政府雇员，一人必须由总理推荐，一人必须由国防部长推荐，一人必须由警察部部长推荐）。任何保安公司的保安及组织保安活动的主管和经理，必须拥有委员会的许可证；委员会可以公共安全、个人历史和申请人的行为为由拒绝给私人保安公司/保安/主管签发许可证。

该法第二章规定私人调查员获得许可证的资格条件为：

①必须是以色列公民和永久居民，或根据以色列入境法拥有常住以色列的许可证。

②年满18岁。

③在认可的教育机构完成12年的学习，或委员会认为具有同等的教育。

④已经通过在私人调查员以色列法律和职业道德的考试。

⑤委员会中没有任何反对意见以公共安全、申请人的过去和现在的个人素质或行为为由阻止发放许可证。

⑥在申请之前6年内，至少有3年连续或断断续续的如下调查业的经验：

·在负责人办公室的直接监督和指导下在私人调查员办公室从事过调查工作；

·执照委员会认为其在公共服务方面的调查经验使其有资格免除培训。

执业资格考试每年举行两次。

《2005年确保公共安全授权法（Law of Authorizations for Ensuring Public Security - 2005）》对私人保安公司的雇员规定了不同的授权，以确保在定义明确的地区或场所内的安全。应当提出的是该法还规定了确保公众安全的警察和士兵的授权，但并没限制根据不同法律履行其他职责的警察与士兵的权力。

（二）保安培训学院

以色列国际安全学院（international security academy）是一个于1987年由秘密安全机构前高级官员Mirza David成立的培训中心，为学生提供处理各种恐怖与暴力行为的独特、有效的方法，使其成为防护专家，其培训方案集中于VIP保护，高风险与海上保护，防护与反恐小组领袖，防护与反恐管理，防护与反恐专业化，情报收集与防护与反恐教官资格，95%的毕业生在安全行业的地位有所提高。这些学生来自世界各地。证书和文凭在执和防护行业为全球所认可。学院的目标是：预防、干预和制止全求的暴力犯罪和恐怖主义；与全球同事分享我们独特的方法以及以色列的风格与实际经验；提高学生在压力下的业务能力。

2010年5月22日至30日，以色列国际安全学院将举办国际防护专家研讨会与首脑会，其目标是：建立企业与专业间的联系，高度鼓励参与者之间的联系，从而能够提供最好、最有效、最专业和可靠的一般防护服务，尤其是境外防护。分享由以色列人和全球同事们所积累的知识和经验，帮助防止在世界各地的犯罪和恐怖活动来促进国际经济发展。

2.10 印度安防行业发展概况

公安部科学技术信息研究所　罗志成

一、经济社会发展概况

印度是一个拥有298万平方公里国土面积、11.6亿人口的南亚次大陆国家。根据印度政府发布的经济数据，2008/2009财年印国内生产总值为1.23万亿美元，人均国内生产总值1066美元，国内生产总值增长率6.7%。印度于2006年推出“十一五”计划（2007年至2012年），提出了一系列战略计划和目标，如保持国民经济以10%的速度高速增长，创造7000万个就业机会，将贫困人口减少10%，大力发展教育、卫生等公共事业，同时继续加快基础设施建设，加速开通高速公路，提高电话和网络的普及率等。根据预测，在“十一五”计划期间，将有5.44亿印度人成为中产阶级，其消费能力将得到迅猛发展。印度拥有世界第三大科技人才大军，其技术队伍不仅庞大，雇佣的价格相对而言也较为低廉。印度建立了以中央政府各部门研究机构为核心、包括高等院校、联邦政府、企业研究机构在内的完整的科研体系，为推动科技自主创新提供了组织和人员保障。这些技术人才的储备为印度将来的工业发展，特别是高新技术产业发展打下了良好的基础。印度现已成为全球软件、金融等服务业的重要出口国。

二十世纪九十年代，印度进行了经济改革，主要举措在于降低关税、返还外国投资者利润、开设经济特区等，吸引海外资金来印投资，全球500强企业有100多家在印度开设了代理。近年来，印度政府在诸如机场、电力设施、电信网络、港口、政府办公场所等基础设施项目上投入巨额资金，这些项目的成功建设必然会带动其他产业的快速发展，而安防行业则是其中的受益者之一。

二、安防行业发展现状及主要原因

安防行业是印度近年出现的新兴行业，其发展水平基本处于起步阶段。随着印度城市化水平的不断提高和经济自由化程度的逐渐扩大，各社会阶层中的犯罪活动日益增多，印度国内对于更好、更高级的安全产品的需求随之增加。2008年11月在孟买发生的恐怖袭击进一步推动了安防行业的发展，诸多大型企业如民航、能源、运输、石油天然气企业以及众多的商业场馆和饭店纷纷要求改进安防系统，加强安保措施，以便应对下一次可能的袭击，这就给印度的安防行业市场提供了强大的发展动力，同时也对该行业的服务质量提出了更高的要求。

除了犯罪活动增多和遭受恐怖袭击这两大因素外，近年来印度国内的大规模基础建设和民航产业的快速发展也成为安防产品消耗激增的主要原因。出于对视频监控、生物特征识别等安全系统解决方案日益增长的需求，各种安全产品公司如雨后春笋般成长起来，并且日益发展壮大。据不完全统计，2008年印度电子安全系统市场已经增长了30%，达到180亿卢比，安防行业官员预测该市场在未来几年内仍将以25%～30%的速度持续增长。

（一）电子安全产品市场

电子安全系统属于一种非常具有影响力的技术，它对于保护人员和财产安全都有着十分重要的意义。从全球范围看，美国和欧洲国家在电子安全市场中占有霸主地位，从某种程度上讲，这也是因为这些国家是国际犯罪集团和极端分子的攻击目标。因此，上述国家也正在致力于创新、完善具有尖端技术的安防产品，其目标是将人员伤亡和财产损失降到最低。根据IndiQuest公司的调查，目前美国和西欧国家对于电子安全产品和服务的需求占到全球总需求的70%多，然而，这些发达国家的安防市场已经十分成熟，对于相关产品的需求也几近饱和，其增长速度基本在10%以下。而对于像印度等发展中国家而言，由于特定的政治和社会经济原因，对于安防产品的消费需求越来越强劲，而且印度现有的税收政策仍然对国内的安防企业有所偏重，鼓励其与国际企业同台竞争，因此，其增长幅度相比发达国家则拥有更为广阔的提升空间。

从传统上来看，政府是这种安全产品和服务的最大的消费者。在商业领域中，人们也利用电子安全产品来对员工和关键数据及设施进行保护。在印度，居民家庭、小商店等场所目前也在逐渐使月此类产品。因此可以毫不夸张地说，电子安全产品的身影在印度现代社会也是随处可见。

1. 市场规模和发展趋势

印度电子安全产品市场主要分为五大领域，分别是CCTV、出入口控制、入侵探测、楼宇对讲以及其他，参见下图：

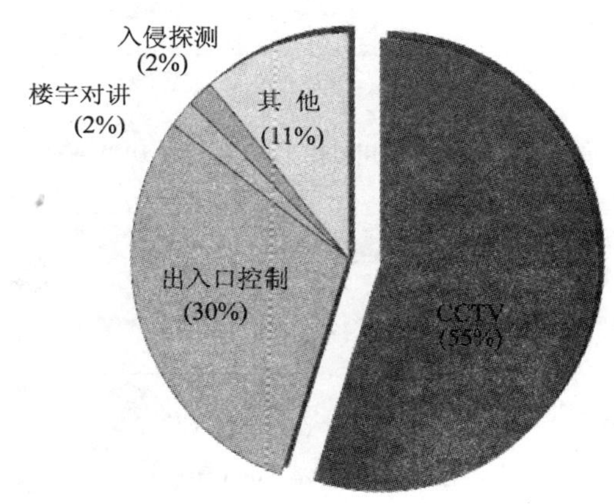

电子安全市场产品份额

作为安防产品市场最大的利润蛋糕，CCTV已经占到印度整个行业市场的55%。根据印度著名安防行业调查公司RNCOS的分析，全球闭路电视监控（CCTV）在2009年的总产值超过130亿美元，并且在2009年至2012年的3年期间将以超过27%的年均复合增长率发展，其发展速度在未来几年内仍将超过诸如出入口控制、入侵报警或火灾探测报警系统等其他业务。由于该产品在世界许多国家都有成功应用的范例，印度许多敏感部门或主要场所都将安装此类系统。目前印度闭路电视监控产品主要包括传统CCTV摄像机、IP摄像机、PC卡DVR、嵌入式DVR以及混合NVR/DVR等。固定式球形摄像机的市场销售额是盒式C/CS安装型摄像机的将近4倍。随着高速球形摄像机成本的不断降低，印度消费者对该产品的接受程度也越来越高。目前，政府部门、公共机构是所有安防系统需求量最大的“客户”，其次是大型企业和商业机构。然而据调查，普通民众对于电子安全系统的消费量将追赶其他领域。此外，印度2010年全国运动会也将刺激印度CCTV市场需求。根据印度RNCOS公司的市场调查预测，该市场在2010年至2012年期间的年均复合增长率将超过34%。

出入口控制系统大约占整个印度电子安全产品市场的30%，虽然有强大的市场需求，但此类系统价格昂贵，只限于少数大型单位或公司使用，这是制约出入口控制系统在印度大规模使用的主要因素。

与其他国家不同的是，入侵探测系统还未在印度国内发掘出很好的市场，这可能要归因于民众的意识和受教育程度。目前大部分此类系统都只是安装在居民区。也有专家分析，该产品市场发展缓慢是由于印度当前社会的社区居住形式、紧密的家庭关系和家庭互助提醒方式造成的。随着单门独户的家庭越来越多，这种产品的销售情况将有望好转。人们不接受此类产品的另一个原因是由于环境因素造成的误报警干扰。印度的联网报警还不发达，一般仅用作报警之用而真正联网并不多。有些公司采用将主控器、门磁、警笛、警示标贴各一个组合成套装收取37500卢比的设备费的方式出售产品，也可以每月收取1110卢比服务费提供信号监测服务。

在印度，带有音视频设备的楼宇对讲产品目前主要应用于居民住宅区，而许多旧有住宅不可能采取全部翻修的形式来重新安装对讲系统，因此，仅靠建筑商的努力似乎还远远达不到产品普及的效果，所以该产品也只占到整个电子安全产品市场的2%。但根据预测，随着人们安全意识的日益提高，该产品将得到更多应用，预期以30%的年增长率发展。

其他产品如金属探测器、X光扫描仪、行李扫描仪等占整个电子安全产品市场的11%，绝大部分设备（特别是金属探测器）都应用于政府部门或半官方组织。近年印度基础设施建设逐渐增多，随着政府对机场、铁路、公共汽车、地铁站等设施的安全的日益重视，此类产品预计将以30%的年增长率发展。

具体规模和增长预期见下表：

产品范畴	份 额	市场规模（百万美元）	市场规模（千万卢比）	预期年增长率
CCTV（商业、企业用摄像机、家用摄像头、监控器、DVR/NVR）	55%	192.5	866	45%
出入口控制（控制器、读卡器、锁定软件、栅栏、各类证卡）	30%	105	473	30%
入侵探测（周界/建筑物报警控制器、探测器，电子围栏）	2%	7	32	20%
楼宇对讲（音频/视频对讲系统等）	2%	7	32	30%
其 他（金属探测器、X光探测器等）	11%	38.5	173	30%
总 计	100%	350	1575	26%

2. 主要的市场品牌

印度是一个深受恐怖活动侵害的国家，至今也仍受恐怖袭击的困扰，上世纪70年代的恐怖活动催生了一批银行报警系统生产商和安装商，80年代中期的进口自由化则为系统集成商（SI）提供了良好的发展机遇，在90年代得到快速发展。

印度电子安全产品行业主要依赖进口，世界许多知名品牌如Honeywell、GE、BOSCH、Tyco、Siemens、HID等纷纷涌入印安防市场，而其他国际大公司通过指定经销商、开设办事处、提供销售和售后服务等方法发展在印业务，政府部门和基础设施的大型安防系统工程已经在印度逐步开展起来。

印度电子安全产品市场主要分为电子产品、非电子产品两大类，经营这两大领域产品和服务的企业又分为有组织和无组织两种。据统计，印度有组织的电子产品经销商大约有50家，无组织的经销商和服务商约800家（实际数字可能比该数字要大）。许多印度本土公司与国外生产商合作，其产品也标以国外产品的品牌。印度安防类产品主要进口自美国、英国、德国、中国、新加坡、意大利、香港、以色列、日本、韩国、台湾等国家和地区。

作为近年来新兴的安防市场，印度正逐渐成为世界各大安全产品的交汇之地。就CCTV设备而言，Bosch、Honeywell、GE、Pelco、Samsung、Yoko、Meritt Lilin、Hanse、Hi Sharp、CBC、Sanyo、American Dynamics、Vicon等品牌占印度国内市场的主导地位，而Sony、Axis、DVTel、Verint等近年来也逐渐打入印度市场，并且逐渐占到很大的市场份额。

在出入口控制市场，HID、Europlex、Cardax、GE（Casi Rusco）、Lenel、Syris，Poris、Pegasus、Elid、IDTEK、Tyco（Sensormatic）、JCI（Card Key）Solus、MBux、Kantech. 等公司占据主导，拥有绝大部分的市场份额。

入侵探测系统产品在印度相对而言应用较少，该市场主要由Jablotron、GE（Caddx）、Tyco（DSC）、Securico、Texecom、Magal、Senstar Stellar、Gallagher等品牌占领。

在打入印度市场的诸多世界安防产品的大品牌中，Honeywell可算是基础最为雄厚、产业结构最为合理的外国品牌。该公司在班加罗尔（Bangalore）拥有一个软件开发中心——负责向其产品提供全球技术服务，一个设在浦那（Pune）的系统集成小组（Honeywell建筑解决方案），位于Gurgaon的销售中心——向系统集成商出售大中型工程项目产品，还有分别设在Gurgaon、孟买、班加罗尔的总经销处，负责向中小型独立安装商提供产品，另外还在Gurgaon设有一个制造中心，生产火灾报警系统。当然，上述几大领域的市场主导品牌也是相对而言的，随着行业竞争的日益加剧以及印度本土企业的逐渐发展，安防市场格局将发生变化。

3. 市场分布和运作特点

从主要的市场区域来看，印度南部地区使用安防产品的几率要高于其他地区，其他依次为西部、北部和东部。

在市场运作方面，电子安全产品制造商将产品主要出售给经销商，通常经销商也是系统集成商，然而最近也出现了一些纯粹的经销商，比如ADI（Honeywell）公司等。经销商然后将产品销售给其他系统集成商、安装商、最终用户，以制造商的名义做促销活动，提供技术支持以及售后服务。经销商有时也会将整个安全系统中的某部分产品出售给产品原生产商，该生产商再将其卖给安装商和最终用户。最近，印度一些本土企业和海外公司（如总部在香港和新加坡的公司）也逐渐加入到印国内安防市场的角逐。这些公司主要运作制造商和经销商之间的中间环节，而且还经常为其提供资金援助。随着印度安防行业市场的扩大，该行业逐渐出现一种趋势，即制造商都在积极设立其全资子公司和当地办事处．由这些公司和办事处负责向系统集成商、市场顾问、指定代理和最终用户推销自己的产品。

印度电子安全产品市场地域分布

三、行业特点和发展趋势

电子安全行业

就印度电子安全产品市场而言，虽然该行业有待开发，但发展较为迅速，国内的需求依然十分旺盛，目前大型、正规的电子安全产品企业只占到印度整个行业的20%，其产值却占到市场份额的80%。此外，居民社区和学校这两大市场至今尚未被大规模开发，因此，这对于电子安全产业来讲是大有可为的，也将成为安防行业发展的重要推动力。安防领域的相关企业面临的最艰巨任务之一就是尽快唤醒印度的消费者，使其认识到安全产品和服务的重要意义，从而促进印度安防市场的健康、快速发展。而从另一方面看，该行业的发展也很混乱，不仅没有政府部门的专门监督，缺乏有效的行业监管，也没有具有执行力的行业标准。为了确保电子安全市场的健康、快速发展，印度政府以及相关单位必须制定并执行一套行之有效的认证制度，同时还需尽早制定针对产品、供应商、安装商的行业标准。有印度专家建议，应该为安防行业提供自我认识和评估的机会，同时也可借鉴Ingersoll－Rand、Honeywell、GE、Tyco等国际大公司的经验，制定并实施认证计划，以此提高印度安防行业的发展水平，使该行业的相关技能和成熟度与世界先进水平接轨。

因此未来几年，印度电子安全产品市场将重点加强以下方面的能力建设：一是由于消费者正努力寻求减少安防系统集成的成本，未来将着重推进安防产品在商业和工业领域的一站式采购能力建设；二是将模拟信号更换成数字信号；三是大力发展基于 IP 的安防系统，Axis、Sony、Verint、DVTel 等品牌目前已经逐渐为印度市场所认识；四是重点关注 IT 行业和物理安全；五是诸如 CISCO 和 D－Link 等 IT 网络运营商将进入安全系统市场；六是发展智能设备管理系统；七是健全安全行业相关杂志的出版和发行；八是举办更多展会和相关论坛；九是进一步健全安防领域的行业协会，为该行业提供更为专业的服务。

第三节　国外安防新品介绍

《年鉴》国外安防产品介绍，自 2007 年推出以来，受到了新老读者的一致好评，其不仅为广大安全防范企业、工程商、集成商及终端用户提供了及时、准确的海外安防产品信息，而且为中国安防产品供应商和采购商创造了“走出去”的契机。从某种意义上说，极大地方便了我国安防企业及时了解海外供应商的产品动态，进一步学习国际知名安防企业的成功经验，顺应了安防产品国际间采购活动愈来愈活跃的大趋势，为中外安防企业搭建了绝佳的交流、合作平台。

《年鉴》编辑组将 2009 年国外安防新品进行认真梳理，筛选出 33 个具有一定代表性的国外新品，收录在本版年鉴中，供大家借鉴参考。如果读者对其中的某个或章节以外的其他国外新品感兴趣，可与中国安全防范产品行业协会外联部联系，电话 010－63440401。

1. 视频监控

加利福尼亚州格兰岱尔市的 Arecont Vision 公司和伊利诺伊州海兰帕克的 Instek Digital 公司携手合作提供无缝的解决方案，将 Arecont 公司的 H. 264 像素 IP 摄像头和 Instek 公司的网络视频录像机结合。H. 264 摄像机比普通摄像机提供高达 10 倍的 M－JPEG 格式压缩效率，具有高分辨率和高频谱效率和很强的价格竞争力。这种视频监控和管理解决方案使视频监控的操作智能化，并且达到经济化存储。

2. 高级成像技术

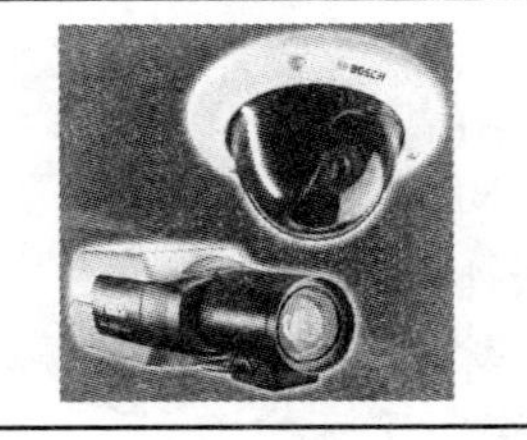

纽约费尔波特博世安防系统公司的两款新型摄像机提供了用于监视应用的先进成像技术。这款新相机的 2 倍数字信号处理器能提供多于传统相机两倍的处理能力。这种 2 倍动态技术和宽动态分析图像传感器绘图能产生更好的细节再现和更好的图像质量。该相机在背景光强烈的情况下还具有智能背光补偿优化、色阶调整的功能。其他的特点还包括具备高效的电源补充，内置移动检测和隐私区。这款 FlexiDome 2X 和 Dinion 2X 适用于户外周边，交通监控，停车场，娱乐场所，除了在光线不足的地区应用，高质量的图像效果也是非常必要的。

3. 监视机器人

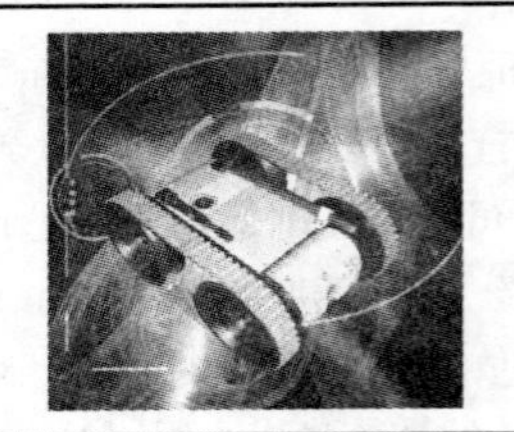

英国韦茅斯 CSIP 公司发布了一款新的迷你探测机器人。这款迷你机器人是专为影音检查和封闭区域炸药探测而设计的，如管道，车辆下方，建筑物内部等一些区域。这款远程控制的机器人适用于非常狭小的空间。它的测了体积为 250 x 155 × 110 毫米，重量为 2. 1 公斤，并具有每秒 0. 5 米的最高速度。该机器人有三个内置相机，包括 4 倍数码变焦和夜晚、白天的色彩视觉功能特性。在低光下，它的相机会自动切换到黑白画面。内置 LED 显示屏和红外线光源。该机器人使用平板电脑指挥单元和小型操纵杆进行控制。也可以用触摸屏操作和巡航功能进行控制。

4. 窄门锁

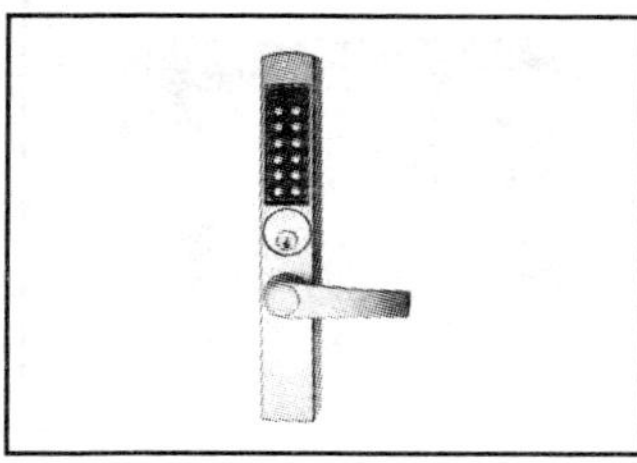

北卡罗来纳州温斯顿萨·莱姆 Kaba Access Control 公司的新款 E－Plex 3200 系列窄门锁，是一款由软件控制，PIN 码为基础的窄门铝合金玻璃门应用电子锁。该系列窄门锁的样式更新为 Adams Rite narrow stile 插锁型号。每个锁都可容纳多达 3000 个用户的任意组合，包括访问用户，管理者，服务用户，嘉宾，期限为一年时间。该锁同样还具有 16 个访问时间表，假日和度假分块以及 3 万个事件的审查跟踪。它还采用了公司的暂停上锁功能，当这个功能启动时，它会无限期的保持解锁，不需要任何的访问认证。

5. 移动监视器

一种新的 iGuard 移动监测应用程序使所有人员可以远程访问当前的闭路电视监控系统的硬件和软件基础设施。蒙特利尔 Feeling Software 公司和加拿大魁北克省圣劳伦特 Genetec 公司之间合作使该系统采用了无线连接和直观的 iPod Touch 以及 iPhone 触摸屏界面。安全工作人员可以通过快速扫描所有监控地点，选择特定的转播摄像头，移动和缩放相机捕捉实时优质的影像。使用滑块控件允许用户观看监控记录。该系统的设计是为了与 Genetec 公司的 Omnicast 网络视频监控系统搭配工作。

6. 磁盘销毁器

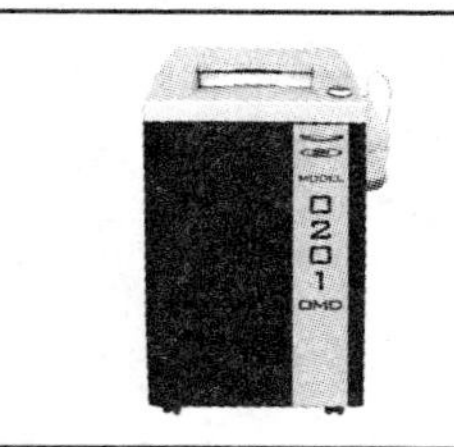

马萨诸塞州威斯波罗 Security Engineered Machinery 公司的 0201OMD 型号光学媒体销毁器，可将 CD，DVD，信用卡，身份证，门禁卡，和类似物品粉碎到微小的粒子达到 NSA/CSS 04－02 的要求。该光学媒体销毁器每小时能销毁 2500 个磁盘。人体学光电控制可提供免手持的启动和停止。当销毁材料进入时切割机会自动激活，当材料被销毁后自动关闭。如果机器的门是敞开的，或内袋已满，切割头将无法运行并且会有一个信号指示灯提示问题。30 加仑的废物回收箱是防静电材料建造的，用来防止粒子排出时附着在机器内。0201OMD 提供了节能功能，当机器持续不工作时电源会自动休眠。

7. 最新的移动电子钥匙

俄勒冈州科瓦利斯 Videx 公司已将他们的电子钥匙技术和蓝牙技术合并成为蓝牙电子钥匙技术，一种可以通过黑莓手机的工作日程安排，在不同地方下载进入信息的充电钥匙。它特别适用于员工为流动性的，职员在远距离工作的公司。例如，技术人员维修自动柜员机可以携带一个单独的钥匙，每到达一个位置后再获取授权。像其他的电子钥匙，他们不能被复制而且可以记录打开和试图授权进入任何一个电子锁的记录。该电子钥匙的内芯可以替代任何的机械锁芯。

8. 视频烟雾检测器

来自康乃狄格州 Northford 市的 Gamewell－FCI 公司最近推出一种视频烟雾检测（VSD），它可以在很大范围内探测到烟雾，和被气流、地层和迁移影响的环境。电脑分析来自标准监控视频摄像机的图像，在烟雾发射源处识别到烟雾，做出迅速准确的分析结果。由 D－Tec 推出的 VSD 产品 FireVu 系列现在可以使用于 Gamewell－FCI’s 公司的火灾报警系统。探测器可以与现有的摄像机一起使用，来自多个摄像机的信息可以与加强探测器相结合。

9. 最新视频存储器

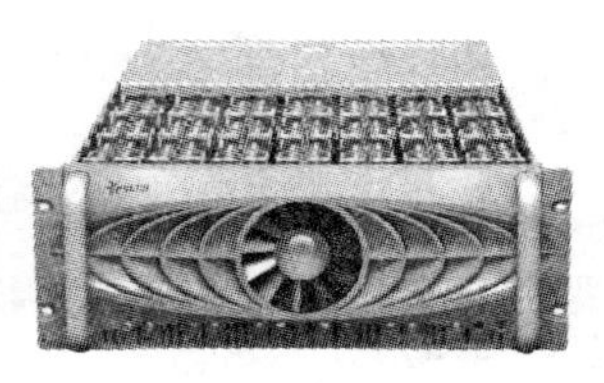

纽约哈帕克市的 Vicon Industries Inc. 公司推出 RAID 系列设备，是一种新型 RAID 共享应用存储，它使用了最新的网络设计和存储技术。这种新产品具有多重热交换硬件设备的特征，而硬件设备保证已记录的数码视频安全存储。由于此产品是用于局域网的存储，所以无需直接连接或是离记录器十分近。作为互联网络的一部分，无论位置在哪，它都能从一个或多个网络记录设备中存储视频，。iSCSI 协议允许此视频存储器在以太网布线上传输和接受信号，是往代 RAID 传输信号距离的 25 倍。

10. 便携式摄像机

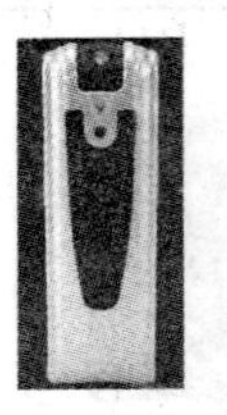

便携式摄像机是一种能录像或录音时间达七小时的摄像机，它是由位于加拿大安大略湖多伦多市的 iRes Technology 公司推出的。记录器有 31/2 英尺大小，在按下一个按键以后就可以免提录像和录音。可以把它放在衣袋里，拴在链子上，或是别在衣服上。型号为 IRDC150 的内存储器容量为十亿字节，型号为 IRDC250 的摄像机，有网络摄像头功能，内存储器容量为二十亿字节。这种摄像机可以直立安装在桌子上或是夹在手提电脑上。磁带回线自动记录器与计算机连接，通过数据线就可以观察并保存文件，而无需专用软件。内部电池也能用数据线来充电。此摄像机带有一个可选择记忆卡片槽，用来支持额外的存储。

11. 智能监控系统

纽约珍珠河 On – Net Surveillance Systems, Inc. 公司已经推出了一种新型分布式的网络视频记录器。NetEVS 是一种综合系统，能广泛记录和管理方案，此方案通过实施单一的管理应用，来减少边缘设备、硬件、连网和用户权的复杂性。公司的 Ocularis 人体安全信息管理产品系列此产品用来增强监控，调查研究和分享网络监控摄像机。它支持各个优秀厂家和所有流行的视频格式的摄像机，格式包括 MPEG – 4 、M – JPEG 和 H. 264. NetEVS。中心管理服务器应用可以配置摄像机清晰度、输出功能，录像存储功能同时还配有用户访问权限

12. 小型编码器

Axis Communications of Chelmsford, Massachusetts 公司，推出了一台价格低廉采用单信道 H. 264 视频压缩技术的小型视频编码器。这种型号为 AXIS M7001 的视频编码器可以集成应用于网络视频监控上的任何闭路电视监控摄象头里。此设备可以提供两个同步视频编码格式，一种是 H. 264，另外一种是 M – JPEG。此编码器还允许用户自己调节亮度，可以大大改善图像的对比度和饱和度。还支持视频运动检测。微小的尺寸使它非常适合安装于相机外壳上，也可以应用于秘密监视。用户还可以购买 AXIS M7001 推出的针对针孔相机的秘密监控工具包。

13. 夜视摄像机

ATN White Phosphor Technology（WPT）出品了一种新型夜视摄像机，相比于以往的绿色显示，该产品采用了黑白图像输出。位于加利福尼亚州洛杉矶西部的 American Technologies Network, Corp. 公司新研发了一种技术，此技术包括灵活的单眼视觉和多功能的内窥和护眼功能。同时还能从中等范围增至大范围的扫描。它还能够在公司的融合影像强力热力系统下完成热成像。WPT 在此技术上达到了更为精确地程度，相反，比起绿色显示图像，该产品能够使摄像范围更为完整类似于一个圆月。条纹密度可达到 60 – 74 表征分辨率，信噪比为 18 – 26.

14. 夜视辅助器

位于美国加利福尼亚洲洛杉矶南部的 American Technologies Network, Corp.，公司又推出第二代夜视仪，这个夜视仪集中了坚固轻巧的单眼视觉功能，同时又具有用途广泛、性能优越、价格优惠的特点。这个便携式的设备采用光学镀膜来聚光，实现清晰明亮的光与最先进的画质图像增光镜相结合。内置照明器能帮助用户即使在完全黑暗里也能看得更加清晰，查看器串联了一个 AA 电池能持续供电 60 个小时，并且防水防雾。此夜视仪适合户外爱好者和保安和执法者。

15. 监视功能重置装置

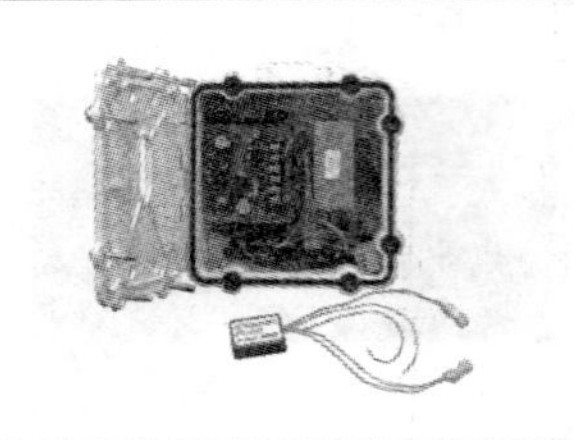

一体化网络重设装置和电源箱是由位于乔治亚州迪凯特 Videolarm 公司推出的，它允许用户第一时间迅速恢复监视功能，它能节省费用，降低由于网络故障引起的停机时间、线路问题和电源功率波动引起的问题。解决方案有两种模式，一是标准（PB24）和后备电池（PB24BB）。标准模式是直接导线连接并且在 24V 交流电压下供电 4 安培。后备电池模式是在主电源中断情况下持续超过 25 分钟向电池供电，以避免监视器停机。Smart 重置监视跟踪无线系统或是数码相机输出，以应对频繁的变化，当发现变化时就可以重置装置。

16. 出入口控制

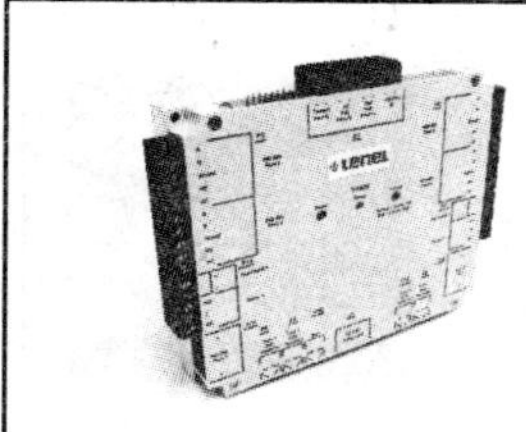

中小安防企业现在可以购买一种由纽约皮茨福德 Lenel Systems International 公司生产的简易出入口控制读卡系统。该系统无需服务器，专为那些没有使用过出入口控制系统经验的公司而设计。该软件嵌入在一个单一的控制单元，从而消除了对专用计算机的使用需要。管理员可以从任何一台能够联网运行 Windows Internet Explorer 7.0 的计算机建立和运行该系统。此系统可控制多达 16 台读卡器并容纳 500 个持卡人。它可以显示多达 5000 个事件并提供实时集中式系统管理，事件监控，出入者照片和身份证明，并能生成访问权限和对应时间表。如果企业对安全需求增加，可以将业务转移到同时配备综合值班保障系统并保持出入口数据和硬件的投资。

17. 袖珍摄像机

马萨诸塞州切姆斯福德市的 Axis Communications 公司所生产的 Axis M10 系列网络摄像机规格很小，外形漂亮，非常适合小企业，餐馆，酒店的监控应用。他们提供 30 帧/秒、VGA 分辨率的卓越视频质量。所有的相机都提供全景式多样的独立配置、高分辨率的 H.264，M－JPEG，和两部分 MPEG－4 的视频数据。AXIS M1011 提供了一个有线接口，而 AXIS M1011－W 和 M1031－W 提供了有线和无线两种网络连接的选择。M1031－W 还包括一个适合移动侦测的集成被动红外传感器，白色 LED 灯，和支持内置麦克风和扬声器的双向音频。

18. H.264 硬盘录象机

美国纽约的 Speco Technologies 公司最近新推出了一款 H264 混合压缩技术 TH 系列硬盘录象机，其特点是具备先进的 H.264 算法以及对网络和模拟相机的支持。三重操作技术有助于在观看或者回放的同时进行录制和网络传输。通过 H.264 压缩技术可以把大约两次录制的视频图像保存到硬盘上。此设备具有远程监空、记录的功能，并且可以通过以太网或互联网进行视频回放、系统控制和相机设置。其他特点还包括方便操作的慢进，倒带按钮，红外线遥控功能，并且支持 Windows Mobile6 和 BlackBerry 浏览软件。

19. 高清摄象机

美国马萨诸塞州安讯士（AxisCommunications）通讯公司，最近推出了 AXIS Q1755，一款可提供真正 HDTV 性能的优异网络摄像机，其分辨率、色彩表现力和帧速完全符合 SMPTE 标准。该相机采用了 H.264 和 M－JPEG 技术以全帧速输出影像。该摄像机是日/夜两用型摄像机，采用了逐行扫描技术，可在各种光照条件下输出质量超凡的影像，即使是拍摄快速运动的物体。此外，该摄像机还具有 10 倍光学变焦、12 倍数码变焦功能。该像机还提供了内置的 SD/SDHC 存储卡插槽，这使它能够保存好几天的录象而无需任何的外部设施。以太网电源通过网络为摄象机提供电源，因此不需要电源电缆，降低了安装成本。

20. 三百万像素镜头

美国纽约 CBC 公司推出了型号为 H3Z4518CS － MPIR300 万像素变焦 Computar 红外镜头。这是一款专为捕捉百万像素相机分辨率而设计的。该镜头对亮度和整个图像平面清晰度最佳的图像质量可进行高度对比，为最具挑战性的安全应用而设计。手动光圈变焦镜头镜头的焦距范围 4.5 －13.2 毫米，F1.8 光圈，2 英寸格式，CS 接口。还具有红外线校正功能以便夜间更好的操作。其他特点包括锁定螺丝的变焦，聚焦，可变光圈：精密的全玻璃光学器件达到镜头最小的变形和三年的保修。

21. 无线网络摄象机

位于美国纽约费尔波特的博世安防系统公司，推出了结合先进光学技术，拥有自动红外照明、网络连接功能，以及配备车载智能视频分析系统，拥有坚固外壳的至尊系列网络摄像机。此系列相机中的 EX30，EX80 和 EX85 等型号专为高性能全天候闭路电视设计，日夜不停的为范围监控和常规监控提供图像。该相机具备夜视功能，即使在没有光线的环境下也能提供清晰的图像。高清低噪的视频信号降低了对网络带宽和存储的要求。此系列中的 EX7 和 EX36 型号设计用来对特殊地点进行监视，如监狱等惩教设施和医院。

22. H. 264 摄像机

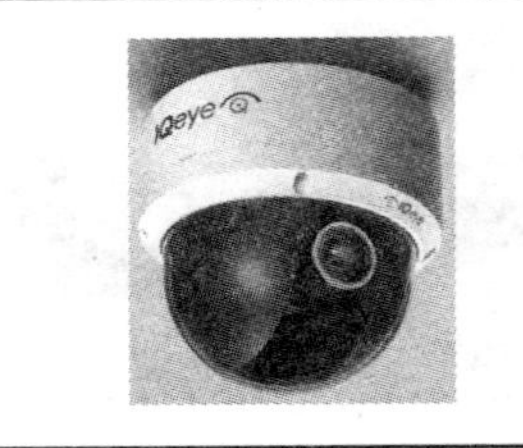

IQinVision 公司（加州，圣胡安卡皮斯特拉诺）的 IQeye Alliance 系列防暴半球摄像机设有 H. 264 视频压缩和双向音频。该摄像机的分辨率高达 5. 0 百万像素，它完全用以太网供电，有三轴跟踪架。旋转，带铰链的护罩能自动与相机位置保持一致，也能轻易地偏离定位。Alliance 半球摄像机系统的设计易于安装和维护。

23. 冲击球机

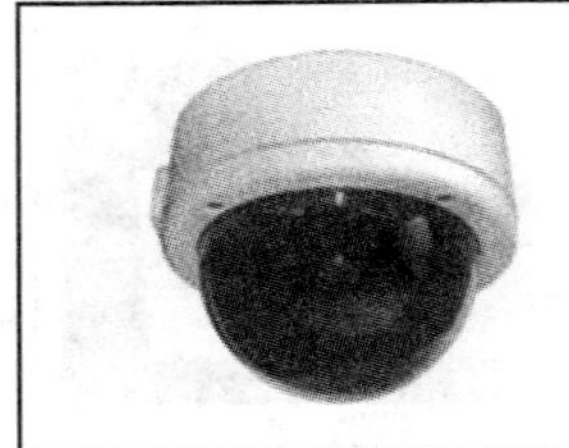

维康工业公司推出了两款新型耐冲击球型摄像机，扩大了其 Roughneck 耐冲击球型摄像机生产线。其中一款是模拟摄像机，另一个是 IP 摄像机。它们都具有数字降噪性能，因此能在低至 0. 3lux 光照水平下工作。这款 IP 相机中有加热器，它能在任何天气环境中在室外工作。这两款相机都能 3. 3 – 12 毫米自动变焦光圈镜头。它们能水平放置，也能垂直放置，能多角度拍摄。安装基座能用螺丝直接安装在墙壁或天花板上，减少了安装时间。配件可悬挂或固定在天花板上。这两款摄像机都能用于 Vicon-Net 数字视频管理系统。

24. 视频烟雾检测器

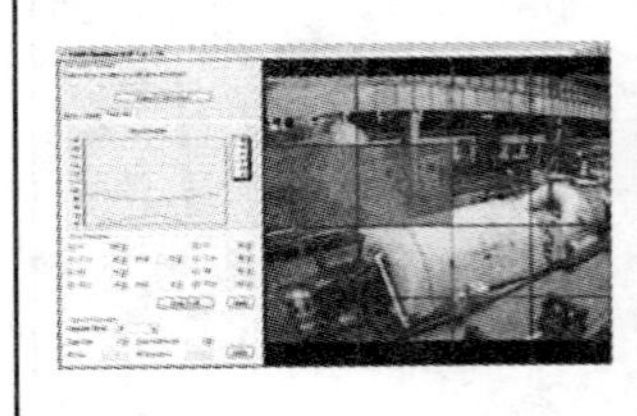

NOTIFIER 公司（位于康涅狄格的诺斯福德）在与英国汉普郡的 D – Tec 达成协议后提供烟雾探测视频（VSD），作为其火灾烟雾探测产品和技术综合系统的一部分。烟雾探测视频是由标准的监控摄像机所提供的视频图像经电脑分析后得来的。它使用软件算法，能自动识别烟和火的特殊运动规律，且能同时忽略屏幕上多达四个摄像机监测的其他运动。火或烟雾一经探测，系统会发出警报提醒操作终端和各个远程控制点的操作人员。它还能在传统烟雾探测技术无法使用的场所发挥作用，如大型露天场地和有着很高的天花板和强气流的房间。

25. 防水摄像机

博世安防系统公司（纽约，费尔波特，）日前发布了新的水下和公共地址模式的 MIC 加固型 PTZ 摄像机。MIC400 水下 PTZ 摄像机有抗压条，它能保证相机在水下 25 米（82 英尺）时正常工作 。它配备了光学完善的平板显示窗口，能产生无失真的水下图像。MIC400 公共地址 PTZ 摄像机的应用环境非常理想，能在各种视频和音频条件使用。它包括两个 100 分贝喇叭，提供单向语音通信，发出警报或通知。其 320 度的倾斜设备能直接观测摄像机的上方和下方，并且能在最佳位置放置。

26. 化学探测器

Smiths Centurion 是一种先进的预警化学探测器，它是设计用来侦查较大范围的化学武器和有毒工业化学物品的。Smiths Centurion 探测器是史密斯探测公司（位于新泽西州）的新产品。该探测器与 SecureTeq 的融合威胁传感器监控平台无缝集成，能提供一个分布式 IP 网络危险传感器的实时仪表板视图。Centurion 会在几秒钟内将结果传到融合系统。该产品被设计融入中央空调系统中，它对于像办公楼，车站，商场，及其他类似的重要场所来说是理想的安装设施。

27. 数字视频录像机

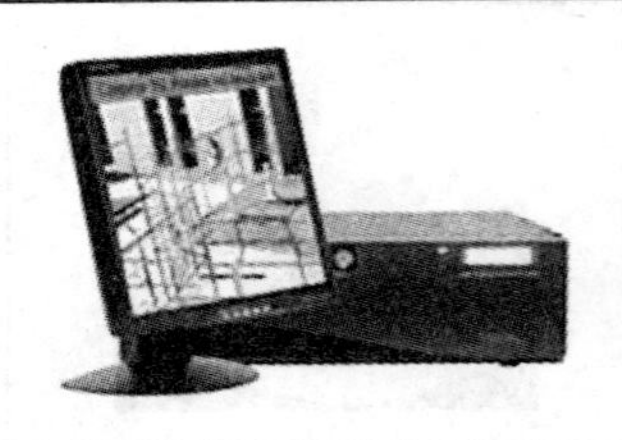

Rapid Eye 警报产品是霍尼韦尔公司（位于肯塔基州路易斯维尔市）的一款新型数字视频录像机。它有嵌入式视频分析功能。它使得用户在没有额外的工作站或服务器来支持分析软件的情况下能分析和分类相机抓获的行为动作。该产品能每秒捕捉 480 个图像，使用基于 Linux 的操作系统来确保其性能和可靠性。在多通道的基础上，用户可以安装多达 8 个频道的分析选择。它能分析超过 35 种不同的事件。强大的搜索工具能即时定位每一个摄像头的监测视频，使用户能定义个别事件和报警设置。分析能力有助于防止侦测漏洞，以及由自动检测和分类、实时跟踪事件、和使用先进的算法来识别和分析对象和行为而引发的假警报。

28. 硬盘录像机保护装置

位于新泽西州费尔菲尔德的中东大西洋产品公司宣布其 DLBX 系列的 DVR 保管箱产品现可以自定义配置。集成商可以定制各种高度，宽度和深度的保管箱来满足特定规格的要求。自定义热管理配置也可用于数字视频录像机独特的冷却方式。在节能热管理方面可以使用恒温器风扇控制项。当外壳内的温度达到设定的临界值时，风扇就会自动运行以有效消除热空气。该保管箱可以纵向或横向安装在墙壁上，最大可支持 100 磅的重量。

29. 视频升级系统

位于新泽西州萨默塞特的美国 Fibertek 公司日前推出了改进其视频网络企业的解决方案，称为 V'nes。一经改进，新的以太网供电设备是一个全功能的 IP 通信枢纽和网络交换机，可通过以太网为高速球型摄像机，电暖炉，和鼓风机供电。它还能监控供电状态，环境变化，报警接触，辅助输出等，并发出报警信号。它通用的 Web 浏览器与主要的电脑操作系统兼容，无需外部的客户端软件。新的 NetI/O 网络视频录像机界面提供报警输入和辅助接触，其中包括 RS－485 和 RS－232 用户可配置端口用于传输数据。A 指令为 IP 摄像机提供了先进的分析方法。它可以在多方向站点中为单方向探测进行配置，以满足任何方向鉴别的应用需求。

30. 视频编码器

VideoJe:XSN 系列的 IP 视频编码器能通过 IP 以每秒 30 帧的速度传输 MPEG－4IP 视频，每个视频频道最高可达 4CIF 分辨率。该编码器是位于纽约费尔波特的博世安防系统公司推出的。它包括一，二，四频道三个版本。使用嵌入式的视频内容分析软件，该编码器可以自动检测可疑行为包括游荡，物体丢失，及对象移除。可选的内容分析功能，包括色彩过滤和目标轨迹功能。当连接模拟摄像机和 DVR 系统时，编码器提供了一个简单的方法将智能化添加到现有的智能模拟摄像系统。编码器通过 USB 接口提供本地录制闪存或外部硬盘驱动，通过网络附加 RAID 存储系统或中央网络视频录像机录制。

31. 视频存储器

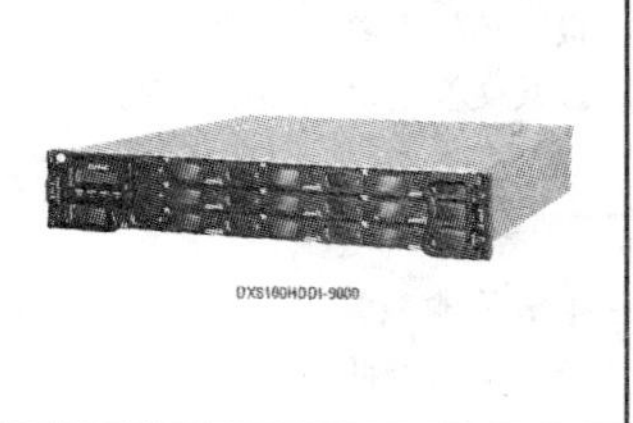

加利福尼亚州克洛维斯的 Pelco 公司为增加存储和数据保护开发了 DX8100HDDIRAID5 存储系统。该系统为 DX8100 数字录像机提供外部存储，容量高达 9 兆兆字节，并且有四种不同的选择。结合这一功能与 SATA－2 的性能以及专用带宽能保证用户数据的可用性。用户可以本地监测运行状态或通过 PC 机远程监控。RAID 功能可通过一个集中的管理界面进行数据保护。该系统由 Pelco 公司百分之百的满意度作担保。

32. 远程视频监控

美国加洲 Cupertino 的 Satel－West 发布了 WIPAT 远程巡更与监视系统，可应用于电力公司，石油与天然气管道，以及水处理与污水处理工厂等。WIPAT 是一款长距离，实时，无线视频监视系统，可传输和提供视频片段，静止图像，事件日志，门禁，多数字传感器输入，设备控制输出触点以及事件驱动工具包等。其高级设置功能可将一般的工业控制和安防软硬件集成到大型网络中，并提供了冗余设计。该设备可以提供安全的无线连接和卫星连接方式，并通过太阳能提供电力。该设备还集成了远程视频所需的硬件和软件。

33. 网络摄像机

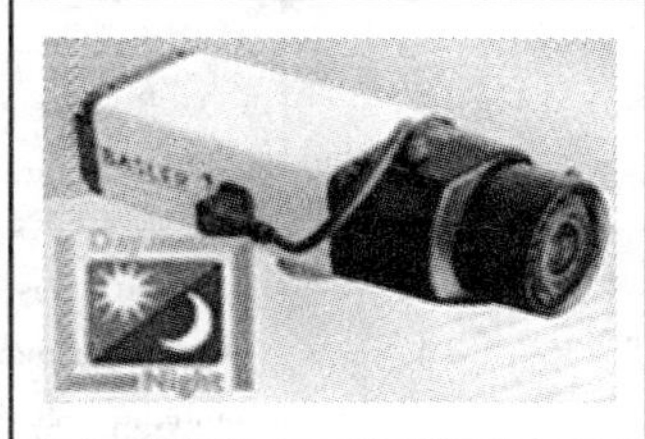

来自德国 Ahrensburg 市的 Basler Vision Technologies 公司推出了 BIP－1600c－dn 两兆像素的网络摄像机。它具有真正的昼夜工作功能。此具有可自动调缩的红外刨切过滤器的昼夜功能已经在 Basler 的网络摄像机上实现。过滤器设计在成像传感器的前部，进而使成像色彩质量更高。当周围的光减弱时，自动曝光控制就会移动机械过滤器，以滤光膜代替它老保持后部焦点距离，然后摄像机会转换到黑白摄像模式。超紧凑、全金属的房屋中更易安装。

第四节　国外安防标准化信息

4.1 欧洲标准目录

4.1.1 出入口控制（Access Control）

标准序号	标准名称	中文翻译
EN 50133 – 7	Alarm systems – Access control systems for use in security applications：Part 7. Application guidelines	报警系统 – 安全用出入口控制系统 – 第 7 部分：应用指导实施规范
EN 50133 – 1	Alarm systems – access control systems for use in security applications – System requirements	安全用出入口控制系统 – 系统要求实施规范
EN 50133 – 2 – 1	Alarm systems – Access control systems for use in security applications ：Part 2 – 1 General requirements for components	报警系统——安全用出入口控制系统 – 第 2 – 1 部分：元器件一般要求
EN 50136 – 1 – 1	Alarm systems – alarm transmission systems and equipment：Part 1 – 1. General requirements for alarm transmission systems	报警系统 – 报警传输系统与设备 – 第 1 – 1 部分：报警传输系统一般要求
EN 50136 – 2 – 3	Alarm transmission systems and equipment：Part 2 – 3. Requirements for equipment used in systems with digital communicators using the public switched telephone network	报警系统 – 报警传输系统与设备 – 第 2 – 3 部分：使用了公共交换电话网络的数字通讯装置实施规范
EN 50136 – 1 – 2	Alarm systems – alarm transmission systems and equipment – ：Part 1 – 2. Requirements for systems using dedicated alarm paths	报警系统 – 报警传输系统与设备 – 第 1 – 2 部分 警报发送系统要求
EN 50136 – 1 – 3	Alarm systems – alarm transmission systems and equipment – ：Part 1 – 3. Requirements for systems with digital communicators using the public switched telephone network	报警系统 – 报警传输系统与设备 – 第 1 – 3 部分：使用了公共交换电话网络的数字通讯装置要求
EN 50136 – 1 – 4	Alarm systems – alarm transmission systems and equipment – ：Part 1 – 4. Requirements for systems with voice communicators using the public switched telephone network	报警系统 – 报警传输系统与设备 – 第 1 – 4 部分：使用了公共交换电话网络的声讯装置要求
EN 50136 – 2 – 1	5larm systems – alarm transmission systems and equipment – ：Part 2 – 1. General requirements for alarm transmission equipment	报警系统 – 报警传输系统与设备 – 第 2 – 1 部分：报警传输设备一般要求
EN 50136 – 2 – 2	Alarm systems – alarm transmission systems and equipment – ：Part 2 – 2. Requirements for equipment used in systems using dedicated alarm paths	报警系统 – 报警传输系统与设备 – 第 2 – 2 部分：警报发送系统设备要求
EN 50136 – 2 – 4	Alarm systems – alarm transmission systems and equipment – ：Part 2 – 4. Requirements for equipment used in systems with voice communicators using the public switched telephone network	报警系统 – 报警传输系统与设备 – 第 2 – 4 部分：使用了公共交换电话网络的声讯系统设备要求
TS 50136 – 4	Alarm systems：alarm transmission systems and equipment：annunciation equipment	报警系统 – 报警传输系统与设备 – 信号设备要求
TS 50136 – 7	Alarm systems：alarm transmission systems and equipment：application guidelines	报警系统 – 报警传输系统与设备 – 应用指南

标准序号	标准名称	中文翻译
EN 50130－4	Alarm systems－EMC－Product family standard：Immunity requirements for components of fire，intruder and social alarm systems	报警系统－电磁兼容（EMC）装置—— 防火、探测及社会安全系统元器件应用要求
BS EN 50130－5：1999	Alarm systems Part 5：Environmental test methods	报警系统－第5部分：环境测试方式实施规范
EN 50131－2－4	Alarm system－Intrusion systems ：Part 2－4 Detectors－combined passive infrared and microwave	报警系统－入侵探测系统－第2－4部分：无源红外线和微波组合探测器要求
EN 50131－1	Alarm systems－Intrusion systems－：Part 1. General requirements	报警系统－入侵探测系统－第1部分：一般要求
EN 50131－6	Alarm systems－Intrusion systems－：Part 6. Power supplies	报警系统－入侵探测系统－第6部分：电源供给要求
EN 50131－2－2	Alarm systems－Intrusion systems：Part 2－2 Detectors－passive infrared	报警系统－入侵探测系统－第2－2部分：无线红外线探测器要求
TS 50131－2－3	Alarm systems－Intrusion systems：Part 2－3 Detectors－microwave	报警系统－入侵探测系统－第2－3部分：微波探测器要求
TS 50131－2－6	Alarm systems－Intrusion systems：Part 2－6 Detectors－opening contacts（magnetic）	报警系统－入侵探测系统－第2－6部分：磁性开路接点要求
TS 50131－2－5	Alarm systems－Intrusion systems：Part 2－5 Detectors－combines passive infrared/ultrasonic	报警系统－入侵探测系统－第2－5部分：无源红外线和超声波组合探测器要求
TS 50131－3	Alarm systems－Intrusion systems：Part 3 Control and indicating equipment	报警系统－入侵探测系统－第3部分：控制与指示装置要求
TS 50131－4	Alarm systems－Intrusion systems：Part 4 Warning devices	报警系统－入侵探测系统－第4部分：报警装置要求
EN 50131－5－3	Alarm systems－Intrusion systems：Part 5－3 Systems using wire－free interconnections	报警系统－入侵探测系统－第5－3部分：无线互联系统要求
EN 50134－2－1	Alarm systems－Social alarm systems：Part 2－1 Trigger devices	报警系统－社会报警系统——第2－1部分：触发装置实施规范
TS 50134－7	Alarm systems－Social alarm systems－part 7. Application guidelines	报警系统－社会报警系统—第7部分：应用指南
EN 50134－1	Alarm systems－Social alarm systems：Part 1 System requirements	报警系统－社会报警系统—第1部分：系统要求
EN 50134－3	Alarm systems－Social alarm systems：Part 2－1 Local unit and controller	报警系统－社会报警系统—第3部分：本地装置与控制器
EN 50134－5	Alarm systems－Social alarm systems：Part 5 Interconnections and communications	报警系统－社会报警系统—第5部分：互联与通讯
EN 50132－2－1	CCTV surveillance systems for use in security applications－Part 2－1. Black and white cameras	安全用闭路电视（CCTV）监控系统－第2－1部分：黑白摄像机系统
EN 50132－7	CCTV surveillance systems for use in security applications－Part 7. Application guidelines	安全用闭路电视（CCTV）监控系统－第7部分：应用指南
EN 50132－1	CCTV surveillance systems for use in security applications：Part 1 System requirements	安全用闭路电视（CCTV）监控系统－第1部分：系统要求

标准序号	标准名称	中文翻译
EN 50132 -4 -1	CCTV surveillance systems for use in security applications: Part 4 -1 Black and white monitors	安全用闭路电视（CCTV）监控系统 -第4 -1部分：黑白监视器实施规范
EN 50132 -4 -3	CCTV surveillance systems for use in security applications: Part 4 -3 Recording equipment	安全用闭路电视（CCTV）监控系统 -第4 -3部分：视频录像设备规范
EN 50132 -4 -5	CCTV surveillance systems for use in security applications: Part 4 -5 Video motion	安全用闭路电视（CCTV）监控系统 -第4 -5部分：视频动态监测要求
EN 50132 -5	CCTV surveillance systems for use in security applications: Part 5 Video transmission	安全用闭路电视（CCTV）监控系统 -第5部分：视频传输要求
EN 1143 -1	Secure storage units - Requirements, classification and methods of test for resistance to burglary: Part 1 Safes, strong room doors and strong rooms	安全存储装置 -防盗系统要求、分类及测试方式 -第1部分：保险柜、保险库门及保险库实施规范

4.2 美国标准目录

标准序号	标准名称	中文翻译
GB01 -1994	Glassbreak False Alarm Reduction Standard	玻璃损坏错误报警预防标准（1994年12月发行）
GB02 -1996	Glassbreak False Alarm Sounds Technical Report	玻璃损坏错误报警技术报告实施规范（1996年7月发行）
ANSI/SIA PIR -01 -2000	PIR False Alarm Immunity Standard	SIA无源红外线移动监测器标准．增强防错误报警预防措施
AC01 -1996	Access Control - Wiegand	门禁控制系统——Wiegand接口实施规范（1996年10月发行）
AC03 -2000	Access Control - Badging Guideline	门禁控制系统——饰章指南（2000年6月发行）
TVAC01 -2001	TVAC - CCTV to Access Control Standard	用于门禁控制的闭路电视（CCTV）监控系统（TVAC）实施规范（2001年4月发行）
AV01 -1997	Audio Verification -2 Way Voice Standard	语音核实系统 -双通道语音标准（1997年11月发行）
BIO01 -2000	Biometric Vocabulary Standard	生物特征识别词汇标准（1993年2月发行，并于2000年6月重新修订发行）
ANSI/SIA CP -01 -2007	Security system control panels and their associated arming and disarming devices	安全系统控制盘及相关装置实施标准
ANSI/SIA DC -09 -2007	SIA Digital Communication Standard	美国安防协会数字通讯标准
ANSI/SIA CP -01 -2007	Control Panel Standard - Features for False Alarm Reduction	控制板标准．避免错误报警措施
ANSI/SIA DC -09 -2007	Internet Protocol Event Reporting	互联网协议事件报告标准
ANSI/SIA MSD -01 -2000	MSD Monitoring Practices Standard	MSD监控实施标准
ANSI/SIA OSIPS -01 -2008	Open, Systems Integration and Performance Standards - Framework	开放式系统集成和性能标准．框架标准

标准序号	标准名称	中文翻译
ANSI/SIA OSIPS – DVI – 01 – 2008	Open, Systems Integration and Performance Standards – Digital Video Interface Data Model	开放式系统集成和性能标准．数字视频接口数据模型
DC01 – 2001	DCS Computer Interface (CIS – 1) Technical Report	分散控制系统（DCS）计算机界面（CIS – 1）技术报告标准
DC02 – 2000	DCS Generic Protocols Technical Report	分散控制系统（DCS）统一协议技术报告标准（1992年2月发行，并于2000年5月重新修订发行）
DC03 – 2003	DCS "SIA Format" Standard	分散控制系统（DCS）"SIA 格式"标准（1990年1月发行，并于2003年10月重新修订发行）
DC04 – 2000	DCS 4 "SIA 2000" Standard	分散控制系统（DCS）"SIA 2000"标准（2000年5月发行）
DC05 – 1999	DCS Ademco Contact ID Standard	分散控制系统（DCS）联网控制协议标准（1999年9月发行）
DC07 – 2001	DCS Computer Interface (CIS – 2) Standard	分散控制系统（DCS）计算机界面（CIS – 2）标准（2001年4月发行）
PID01 – 2000	Point ID Sensor Multiplex Protocol Standard	ID 传感器多协议标准（1995年12月发行，并于2000年6月二次发行）
RF01 – 1997	Short Range RF Definitions Standard	个别 RF 定义标准（1997年4月发行）

4.3 英国标准目录

标准序号	标准名称	中文翻译
BS 7230	British standard code of practice for systems detecting attempted theft	防盗探测系统使用规则（发布日期：1989年）
DD 242	Code of practice for intruder alarm systems for high security areas	高端安全区域入侵报警系统实施规范
DD 245	Code of practice for management of false alarms	错误报警管理系统实施规范
DD 244	Code of practice for wire – free interconnections within intruder alarms	探测报警系统无线互联实施规程
BS 7992	Exterior deterrent systems	外部阻拦系统实施规程
BS 7042	High security intruder alarm systems in buildings	建筑物高性能安全探测报警系统实施规程
BS 7958	CCTV (Closed – circuit television) – Management and operation – Code of practice	闭路电视（CCTV）监控管理与操作实施规范
BS 8495：2007	Code of practice for digital CCTV recording systems for the purpose of image export to be used as evidence	数字闭路电视（CCTV）监控录像系统图像输出标准（发行日期：2007年11月）
BS 8418	Installation and remote monitoring of detector activated CCTV systems – Cope of practice	配置有远程探测器的闭路电视（CCTV）监控系统安装与远程监控实施规范
PD 6582	Electromagnetic compatibility (EMC) – Guide to generic EMC standards	电磁兼容性总标准，通用名称：电磁兼容性总标准指导规范

标准序号	标准名称	中文翻译
BS 7931	Secure carriage of parcels – code of practice	路面安全修整装置实施规范（发行日期：：1994 年）
BS 6800	Home and personal security devices	家庭、办公专用安全装置实施规程
BS 7799 – 1	Information security management – Part 1：Code of practice for information security management	信息安全管理 – 信息安全管理实施规程
BS 7799 – 2	Information security management – Part 2：Specification for information security management systems	信息安全管理系统规范
DD 243	Installation and configuration of intruder alarm systems designed to generate confirmed alarm conditions – code of practice	专为建立真实可靠的报警条件设计的入侵者报警系统的安装和配置．实施规范
BS 5979	Remote centres receiving signals from security systems	安防信号远程接收中心实施规范
BS 7558	Gun cabinets	枪支存放柜标准
BS 7582	Reconditioning of used safes	二手保险柜修理适用规程
DD ENV 1300	Secure storage units – Classification for high security locks according to their resistance to unauthorized opening	安全存储装置 – 高性能安全锁分类及防非法开启实施规范
	burglary – Part 1：safes and strong rooms.	安全存储装置 – 1，保险柜和保险库的分类和防盗测试实施规范
	EN 1143 – 2：Secure storage units – Requirements，classification and methods of test for resistance to burglary Part 2：deposit systems.	安全存储装置 – 2，存储系统的要求、分类及防盗测试方式实施规范
BS EN 1143 – 2	Secure storage units – Requirements，classification and methods of test for resistance to burglary – Part 2：Deposit systems	安全存储装置 – 2，存储系统的要求、分类及防盗测试方式实施规范
BS 8470	Secure destruction of confidential material code of practice	机密材料安全销毁实施规范
PAS 40	Banknote theft deterrent systems using dye or smoke – dye	使用染料或烟雾染料的钱币防盗系统规范
BS EN 1154	Building hardware – controlled door closing devices – requirements and test methods	建筑物硬件 – 控制门关闭装置基本要求和测试方式实施规范
BS EN 12051	Building hardware – door and window bolts – requirements and test methods	建筑物硬件 – 门窗插销装置基本要求和测试方式实施规范
BS EN 1155	Building hardware – electrically powered hold – open devices for swing doors – requirements and test methods	建筑物硬件 – 旋转门电控打开装置基本要求和测试方式实施规范
BS 1722 – 17	Fences Part 17 Specification for electric security fences – design，installation and maintenance	电安全栅设计、安装和维护实施规范
BS EN 13541	Glass in building – Security glazing – Testing and classification of resistance against explosion pressure.	建筑物玻璃、安全玻璃防爆测试和分类实施规范
BS EN 1063	Glass in building – security glazing – testing and classification of resistance against bullet attack	建筑物玻璃、安全玻璃防弹袭击测试和分类实施规范
BS EN 356	Glass in building – Security glazing – Testing and classification of resistance against manual attack	建筑物玻璃 – 安全玻璃防人为冲击测试和分类实施规范
BS 5357	Installation of security glazing	安全玻璃安装实施规范
BS 7480	Security Seals	安全密封实施规范

标准序号	标准名称	中文翻译
BS AU 209 －4	Vehicle security － Part 4：Specification for security glazing for passenger cars and car derived vehicles	车辆安全性－第4条，乘用车和改型车辆用玻璃安全性规范
BS 3621	Specification for thief resistant locks	防盗锁实施规范（发布日期：1998）
BS 8549：2006	Security consultancy code of practice	安防咨询服务实施规范
PAS 47	Electric security fences design，installation and maintenance specification	电栅栏设计、安装及维护实施规范

4.4 澳大利亚标准目录

标准序号	标准名称	中文翻译
AS/NZS 2201 Set：2008	Intruder alarm systems Set	入侵探测系统装置执行标准
AS/NZS 2201.1：2007	Intruder alarm systems – Client's premises – Design，installation，commissioning and maintenance	入侵探测系统－客户工作场所系统设计、安装、代理以及维护实施规范
AS 2201.2 －2004	Intruder alarm systems – Monitoring centers	探测系统－监控中心实施规范
AS/NZS 2201.5：2008	Intruder alarm systems – Alarm transmission systems	入侵报警系统－报警传输系统实施规范
AS/NZS 2201 Set：2008	Intruder alarm systems Set	入侵报警系统装置实施规范
AS/NZS 2201.1：2007	Intruder alarm systems – Client's premises – Design，installation，commissioning and maintenance	入侵报警系统 －客户办公区域报警系统设计、安装、代理以及维护实施规范
AS 2201.2 －2004	Intruder alarm systems – Monitoring centers	入侵报警系统－监控中心
AS 2201.3 －1991	Intruder alarm systems – Detection devices for internal use	入侵报警系统－室内探测装置
AS 2201.4 －1990	Intruder alarm systems – Wire – free systems installed in client's premises	入侵报警系统－ 客户工作场所无线系统安装实施规则
AS 2201.4 －1990/Amdt 1 －1990	Intruder alarm systems – Wire – free systems installed in client's premises	入侵报警系统－ 客户工作场所无线系统安装实施规则（修订版）
AS/NZS 2201.5：2008	Intruder alarm systems – Alarm transmission systems	入侵报警系统－ 报警传输系统实施规范
AS/NZS 3749.1：2003	Intruder alarm systems – Road vehicles – Performance requirements	路面车辆入侵报警系统性能与要求实施规程
AS/NZS 3749.2：1997	Intruder alarm systems – Road vehicles – Installation and maintenance	路面车辆入侵报警系统安装与维护实施规程
DR 06133（superseded）	Closed Circuit Television（CCTV） – Part 4：Remote video monitoring – Code of practice	闭路电视（CCTV）监控——远程视频监控实施规范
AS 4806.4 －2008	Closed circuit television（CCTV） – Remote video	闭路电视（CCTV）监控－远程视频系统实施规范
AS 4421 －1996	Guards and patrols	现钞押运过程中安保与巡逻实施规范
AS 4806 Set －2008	CCTV Set	闭路电视（CCTV）监控系统实施标准
AS 4806.1 －2006	Closed circuit television（CCTV） – Management and operation	闭路电视（CCTV）监控系统－管理与操作实施规范

标准序号	标准名称	中文翻译
AS 4806. 2 – 2006	Closed circuit television (CCTV) – Application guidelines	闭路电视（CCTV）监控系统 – 应用指导实施规范
AS 4806. 3 – 2006	Closed circuit television (CCTV) – PAL signal timings and levels	闭路电视（CCTV）监控系统 – PAL 报警信号定时与等级实施规范
AS 4485. 2 – 1997	Security for health care facilities – Procedures guide	保健设施安全操作指导实施规范
HB 24 – 1992	Symbols and abbreviations for building and construction	建筑物标识及缩写实施规范
AS 4141. 1 – 1995	Customer/utility information exchange – System architecture and functionality	客户信息交流系统架构与功能实施规范
AS/NZS 1677. 2：1998	Refrigerating systems – Safety requirements for fixed applications	制冷系统综合应用安全实施规范
TR 4887 – 2008	Call centre standards scoping study	呼叫中心概括性研究实施标准
AS/NZS ISO/IEC 18028. 1：2008	Information technology – Security techniques – IT network security – Network security management	信息技术管理规范 – 信息安全技术、IT 网络安全以及网络安全管理实施规范
AS 2805. 3. 2 – 2008	Electronic funds transfer – Requirements for interfaces – PIN management and security – Offline	电子汇款 – 界面要求、PIN 管理及脱机安全实施规范
AS 4145. 1 – 2008	Locksets and hardware for doors and windows – Glossary of terms and rating system	门窗锁具等级评估标准
AS 4145. 4 – 2002	Locksets – Padlocks	门窗锁具 – 挂锁实施规范
AS 4145. 3 – 2001	Locksets – Mechanical locksets for windows in buildings	门窗锁具 – 窗户用机械锁实施标准
AS 4145. 2 – 2008	Locksets and hardware for doors and windows – Mechanical locksets for doors and windows in buildings	门窗锁具 – 建筑物机械锁具实施规范
AS 2805. 6. 5. 1 – 2000	Electronic funds transfer – Requirements for interfaces – Key management	电子汇款 – 界面要求及键区管理实施规范
AS/NZS 3810. 0：1998	Safes and strong rooms – Methods of test	保险柜与保险库测试方式实施规范
AS 3555. 1 – 2003	Building elements – Testing and rating for intruder resistance – Intruder – resistant panels	建筑物防护装置 – 防入侵等级测试实施规范
AS/NZS 3810. 2：1998	Safes and strong rooms – Methods of test – Test for anchoring strength	保险柜与保险库锚固强度测试方式实施规程

4.5 加拿大标准目录

标准序号	标准名称	中文翻译
CAN/ULC – S319 – 05 – EN	Electronic Access Control Systems	电子出入口控制系统实施规范

4.6 爱尔兰标准目录

标准序号	标准名称	中文翻译
I. S. 228：1997	I. S. 228：1997 Alarm Receiving Centers SR 41 ：2005 best practice	报警信号接收中心实施规范
E. N. 50131	E. N. 50131 Intruder Alarm Installers Standard	入侵报警系统安装实施规范
I. S. 998：2006	I. S. 998：2006 Cash – in – Transit Standard	现钞押运标准

4.7 日本标准目录

安防技术标准（SESE）一览表（2006 年至 2009 年 3 月 31 日）

类　别	标准名称	标准编号	最新发行日
通用标准 10 件（更新 1 件）	安防术语	SES E 0001 – 5	2009/3/31
技术标准 53 件（更新 27 件）	安防警报设备一般标准	SES E 0003 – 2	2009/3/31
	安防警报音标准	SES E 0005	2006/3/2
	探测器通用技术基准	SES E 0501 – 3	2009/3/31
	磁接触开关标准	SES E 0502 – 2	2009/3/31
	红外遮断式报警器标准	SES E 0503 – 3	2009/3/31
	超声波探测器标准	SES E 0505 – 2	2009/3/31
	玻璃破碎探测器标准	SES E 0506 – 2	2009/3/31
	卷帘门探测器标准	SES E 0507 – 3	2009/3/31
	安防紧急通报开关标准	SES E 0508 – 2	2009/3/31
	按键式出入口操作标准	SES E 0509 – 2	2009/3/31
	报警控制面板标准	SES E 1501 – 3	2009/3/31
	安防报警发生器标准	SES E 1502 – 2	2009/3/31
	安防用直流电源装置标准	SES E 1503 – 2	2009/3/31
	安防警告灯标准	SES E 1504 – 2	2009/3/31
	带照明灯传感器标准	SES E 1902	2009/2/13
	带安防照明灯传感器标准	SES E 1903	2009/2/13
	出入管理装置普通基准	SES E 2001 – 2	2009/3/31
	出入管理装置通用技术基准	SES E 2002 – 2	2009/3/31
	门管理装置标准（饭店专用）	SES E 2005 – 2	2009/3/31
	钥匙管理装置标准	SES E 2007 – 2	2009/3/31
	IC 卡读卡装置标准	SES E 2008 – 2	2009/3/31
	键盘装置标准	SES E 2010 – 2	2009/3/31
	指纹比对装置标准	SES E 2011 – 2	2009/3/31
	出入管理记录打印装置标准	SES E 2012 – 2	2009/3/31
	出入管理用电动卷帘门接口装置基准	SES E 2013 – 2	2009/3/31
	出入管理装置串行接口（RS – 232C）基准	SES E 2014 – 2	2009/3/31
	出入管理用自动门接口基准	SES E 2015 – 2	2009/3/31

4.8 法国标准目录

标准编号	标准名称	中文翻译
NF X 50 – 785 – 2002	services des entreprises de systèmes électroniques de sécurité	电子安全系统企业服务规范
NF X50 – 777 – 1998	Services des entreprises privées de prévention et de sécurité – Services de surveillance par agents en poste, par agents itinérants et d'interventions sur alarme – Spécifications des services et de leur mise en oeuvre.	安全防范私人企业服务规范——固定岗位监视和巡逻监视人员以及根据报警干预人员服务和服务实施规范
NF S32 – 001 – 1975	Signal sonore d'évacuation d'urgence	紧急疏散音频信号
NF C48 – 150 – 2001	Blocs autonomes d'alarme sonore d'évacuation d'urgence	紧急疏散音频报警自主装置
NF S61 – 930 – 2001	Systèmes concourant à la sécurité contre les risques d'incendie	有助于对抗火灾危险的安全系统
NF S61 – 931 – 1990	Systèmes de Sécurité Incendie (S. S. I) – Dispositions générales	火灾安全系统 – 一般规定（2004 年 4 月发布
NF S61 – 934 – 1991	Systèmes de sécurité incendie (S. S. I.) – Centralisateurs de mise en sécurité incendie (C. M. S. I.) – Règles de conception.	火灾安全系统（S. S. I.）– 火灾安全中央控制设备 – 设计规则
NF S61 – 935 – 1990	Systèmes de sécurité incendie (S. S. I.) – Unités de signalisation (U. S) – Règles de conception	火灾安全系统 – 信号装置 – 设计规则
NF S61 – 936 – 2004	Systèmes de sécurité incendie (S. S. I.) – équipements d'alarme (E. A.) – Règles de conception	火灾安全系统 – 报警设备 – 设计规则
NF C48 – 211 – 1989	Détection d'intrusion – Centrales d'alarme – Règles	入侵探测 – 警报控制中心 – 规则
NF C48 – 226 – 1987	Détection d'intrusion – Détecteurs à infrarouge actif – Norme spécifique	入侵探测 – 主动红外探测器 – 特殊标准
NF C48 – 265 – 1988	Détection d'intrusion – Dispositifs d'alarme sonore – Règles générales	入侵探测 – 音频警报装置 – 一般规则
NF C48 – 266 – 1989	Détection d'intrusion – Dispositifs d'alarme lumineux à éclats – Règles générales	入侵探测 – 闪亮光警报装置 – 一般规则
NF C48 – 431 – 1995	Détection d'intrusion – Système d'alarme – Contr? leur enregistreur	入侵探测 – 警报系统 – 自动记录控制器
NF C48 – 432 – 1995	Système d'alarme – Détecteur sismique	警报系统 – 地震探测仪
NF C48 – 433 – 1995	Détection d'intrusion – Système d'alarme – Détecteur de mouvement infrarouge passif	入侵探测 – 警报系统 – 被动红外运动感应器
NF C48 – 434 – 1995	Système d'alarme – Détection d'intrusion – Bo? te de dérivation	警报系统 – 入侵探测 – 接线盒

标准编号	标准名称	中文翻译
NF C48 - 435 - 1995	Détection d'intrusion - Système d'alarme - Détecteur volumétrique de mouvement à multimode de fonctionnement	入侵探测 - 警报系统 - 多操作模式运动体积感测器
NF C48 - 450 - 1994	Détection d'intrusion - Systèmes d'alarme - Systèmes à liaisons non filaires et filaires non spécifiques	入侵探测 - 警报系统 - 无线和有线非特异连接系统
NF C48 - 451 - 1998	Détection d'intrusion. Systèmes d'alarme - Systèmes à liaisons non filaires et filaires non spécifiques - Systèmes à liaisons hertziennes	入侵探测 - 警报系统——无线和有线非特异连接系统 - 赫兹波连接系统
NF C48 - 212 - 2004	Détection d'intrusion - Transmetteurs téléphoniques d'alarme - Règles	入侵探测 - 警报电话传感器 - 规则
NF C48 - 225 - 1986	Détection d'intrusion - Détecteurs d'intrusion - Règles générales	入侵探测 - 入侵探测器 - 一般规则
NF C48 - 226 - 1987	Détection d'intrusion - Détecteurs à infrarouge actif - Norme spécifique	入侵探测 - 主动红外探测器 - 特殊标准
NF C48 - 227 - 1987	Détection d'intrusion - Détecteurs d'ouverture, à contact - Norme spécifique	入侵探测 - 触发式感应器 - 特殊标准
NF C48 - 228 - 1987	Détection d'intrusion - Détecteurs de chocs, à masselotte et à bille - Norme spécifique	入侵探测 - 重块和滚珠撞击感应器 - 特殊标准
NF C48 - 229 - 1987	Détection d'intrusion - Détecteurs de mouvement, à hyperfréquence - Norme spécifique	入侵探测 - 超高频运动感应器 - 特殊标准
NF C48 - 230 - 1987	Détection d'intrusion - Détecteurs de mouvement, à ultrasons - Norme spécifique	入侵探测 - 超声波运动感应器 - 特殊标准
NF C48 - 371 - 2004	Systèmes d'alarme - Systèmes d'alarme combinés et intégrés - Règles générales	警报系统 - 组合和集成警报系统 - 一般规则
NF C48 - 438 - 2002	Système d'alarme - Détection d'intrusion - Fonction contr? leur enregistreur intégrée dans les centrales ou transmetteurs d'alarme	警报系统 - 入侵探测 - 集成在警报传感器或中控装置中的自动记录控制器功能
NF R29 - 001 - 1997	Cahier des charges - Antivols mécaniques motos	摩托车机械防盗装置 - 招标细则
NF R29 - 010 - 1997	Cahier des charges - Antivols électroniques motos	摩托车电子防盗装置 - 招标细则

第五节 国外安防认证信息

5.1 法国安防行业认证信息

一、法国质量认证工作

（一）管理组织机构

法国于1938年开始实施质量认证制度，是世界上开展认证较早的国家之一。1939年法国政府以法令规定，在政府标准化专员的授权和领导下，由法国标准化协会（AFNOR）负责管理。具体而言，负责质量认证工作统一管理的组织机构是管理委员会和专业委员会。

管理委员会在政府标准化专员领导下，AFNOR Certification为管理委员会的办事机构。委员会成员以个人身份参加，不代表某个单位，由标准化协会会长提名，政府标准化专员任命。委员会的主要任务是：监督《国家标志章程》的实施；起草认证标志的总规则，批准或停止使用国家标志；处理违章行为，决定惩罚办法；建立财务制度；提出年度工作报告。委员会中设的理事会为领导机构。

专业委员会是指按照实行认证的产品类别，分别成立的专家委员会。其成员由专家以个人身份参加，不是单位的代表。委员会的主要任务是：执行认证程序并监督认证标志的正确使用；向管理委员会提出检验和检查报告，提出是否批准认证的建议，建立和贯彻本专业委员会的财务制度。专业委员会设有秘书处和检查处，负责工厂检查、产品取样，安排检查和日常监督管理。各专业委员会按照非营利原则向企业收取产品认证费用，包括产品检验费用，按认证产品销售金额提取千分之一。各专业委员会年收入的百分之五上交给管理委员会。

（二）认证业务范围

1. 体系认证

- ISO 9000 品质管理体系认证
- ISO 14000 环境管理体系认证
- ISO/TS 16949 全球汽车品质管理体系认证
- TL 9000 全球电信业品质管理体系认证
- AS 9100 航空工业品质管理体系认证
- ISO 13485 医疗器材品质管理体系认证
- ISO 27001 资讯安全管理体系标准
- ISO 22000 食品安全卫生管理体系认证
- ISO 10006 国际专案管理体系认证
- ISO/WA1 国际医疗照护品质管理体系认证
- ISO/WA2 国际教育品质管理体系认证
- OHSAS 18001 职业健康安全管理体系认证
- ISO 10014 财务经济效益管理体系认证
- GPMS & IECQ 绿色产品要求及有害物质管理体系认证
- IRIS 国际轨道行业标准认证

2. 产品认证

（1）NF认证

NF标志是质量标志，归法国标准化协会（AFNOR）所有。其使用由AFNOR Certification授权。

AFNOR Certification颁发的证书证明产品和服务符合现行法国标准、欧洲标准或者国际标准。这些标准由一些补充规定加以丰富，以尽可能满足市场需要。

NF产品认证包括工业产品、大众消费品、生态标签和农产食品。法国标准NF与欧盟标准CE兼容，在很多专业领域NF标准超过欧盟CE标准，所以凡取得NF标志的产品可以直接获得CE标签，不需要再进行任何产品检验，只需要办理简单的手续。值得一提是，90%以上的法国消费者对NF有很强的信任感。

（2）CE标志产品认证

“CE”标志是一种安全认证标志，是制造商进入欧盟市场的必备条件。贴有“CE”标志的产品可在欧盟各成员国内销售，无须符合每个成员国的要求，从而实现了商品在欧盟成员国范围内的自由流通。在欧盟市场，“CE”标志属于强制性认证标志，不论是欧盟内部企业生产的产品，还是其它国家生产的产品，要想在欧盟市场上自由流通，就必须加贴“CE”标志，以表明产品符合欧盟技术协调与标准化新方法指令的基本要求。这是欧盟法律对产品提出的一种强制性要求。

3. NF服务（NF Service）认证

NF服务认证是证实一项服务的质量和可靠性符合法国、欧洲和国际标准所规定的质量性能的自愿性的NF标志认证，涉及到搬场、家具贮存单位、旅行社、抢修和拖曳、客运、个人安全、终身教育。法国制定的旅游业服务标准较为著名，包括接待、旅馆、交通和满意度调查等方面。

法国认证NF网络

NF网络是AFNOR Certification为了完成好其作为认证机构的任务而求助具有能力和公正性的各机构的总和。这些机构因其具有的科学知识和技术能力，确保其参与的认证的技术价值和可靠性。它们使AFNOR Certification能够扩大其行动影响力并因此提高其品牌知名度。

AFNOR Certification依靠3种类型的机构开展认证工作：

①受委托机构，将认证的全部工作委托给这些机构，以达到颁发 NF 标志的目的。

②技术秘书处，分包认证过程的一部分。

③测试和分析实验室、检查和审核机构，它们是技术和服务的评估和检验的专业机构。

上述所有这些机构均符合在规定产品认证机构及实验室必须遵守职责的标准 NF EN 45011 和 NF EN ISO/CEI 17025 中规定的能力、公正和可靠性要求。

AFNOR Certification 以及 NF 网络成员机构均应得到法国认可委员会（COFRAC）对其认证活动的认可。这些认可的范围应根据要求告知每个机构。

AFNOR Certification 保证对整个 NF 网络的协调和控制。同样，它还需要依靠专业审核员的网络定期对经过认证的产品和服务的质量进行定期检查。

受委托机构在 NF 网络中具有特殊的地位。他们在其专业技能范围内具有认证任务的完全掌控权。它们受 AFNOR Certification 委托，在其授权范围内，进行一致性认证工作，并告知有关 NF 标志使用权的决定。

AFNOR Certification 将整个认证工作授权给这些机构。此外，这些机构还研究 NF 标志新的应用。

技术秘书处在与 AFNOR Certification 签署的合同规定范围内进行一些认证协助工作。而 AFNOR Certification 保证对认证成果的控制。

至于实验室和检查及审核机构，NF 网络有十几家实验室和检查及审核机构。这些国家级、欧洲和世界级的著名合作者负责完成 NF 标志规定的检验和审核工作。检查工作包括走访与受检产品/服务有关的场所，利用专业手段进行评估，保证与认证规则规定的要求相符。

认证的参考集（ Référentiel ）

参考集是认证工作必不可少的依据，是形成参考文件的各种元素的集合。它可以是针对某些活动和对这些活动预期结果而陈述规则、要求、指导方针和特性的文件。

参考集可以是企业规范，私人招标细则，使用规则或职业规范，标准，服务书面证明，公共市场法，条例。

认证的参考集可以现有标准而非强制性标准为依据（标准是参考集的一种特殊形式）。参考集的内容在法国《消费法》（第 4 节：服务和除食用以外的产品认证）中有规定，必须围绕 4 类主要信息进行逐条陈述：服务的特征，衡量或评估与这些特征相符的方法，认证机构核实的方式，以及针对顾客的信息。

被声明有效的参考集的主要内容应在法国政府公报上公布。参考集应由认证机构提供给公众使用，参考集的全部内容可在工业部的网站上自由查找。

二、与安全防范行业有关的组织及其开展的认证工作

（二）国家预防和保护中心（CNPP）协会

1. 机构概况

国家预防和保护中心（CNPP）协会创建于 1956 年，于 1961 年作为公用事业机构得到政府承认，其主管机关是法国内政部民事安全局（DSC）。该协会 90% 的成员是加入法国保险公司联合会（FFSA）和互助保险企业集团（GEMA）的保险企业。该协会的分支机构“CNPP 企业”向各企业和团体提供调查和研究，评估，检验和检查，继续培训，审核和咨询，信息情报，以及旅馆和餐饮业等服务。作为危险预防和控制方面的专家，CNPP 主要研究、传播和评估在各种活动和各种环境中的人身安全、物质和非物质财产以及环境方面的安全知识和技能。它的能力特别表现在危险管理、质量管理、总体安全、预防措施、危害环境（工艺学和自然危险）、火灾、爆炸物和蓄意犯罪危险，以及对于劳动者而言的职业危险管理领域。

CNPP 充分利用在物理、化学、机械、电子、分析、审计、管理、组织或建设等各个领域专家的技能。为 CNPP 工作的全职或兼职人员约 287 人，另外还有在培训、出版和咨询领域的 300 多名临时雇员（工程师、技师、职业培训工作者、顾问和新闻记者等等）。

CCPP 总部设在距巴黎 80 公里远的厄尔省韦尔农市（Vernon）“CNPP 欧洲安全中心”，占地面积 240 公顷，其团队的主体部分以此为基地。此外，CCPP 在拉西约塔、杜埃、里昂、牟罗兹、南特、巴黎和图卢兹这 7 个地方设有站点，在安的列斯群岛/圭亚那，留尼汪，新喀里多尼亚－法属波利维亚和突尼斯拥有经过授权推广 CNPP 产品和服务的中心。

韦尔农 CNPP 欧洲安全中心可以说是一个独立的科技工业园。通过 CNPP 及入住园区的合作伙伴，集合了近 300 名全职雇员。CNPP 在园区内拥有多个实验室，可履行技术评估、检验、工业产品、人员和部门认证职责。这里还配备了用于训练预防实战危险（火灾、蓄意犯罪、劳动安全与健康、工艺学危险）的独有基础设施。包括：安全塔、救生池和演习场地，6 辆带消防梯和其它救援设备的紧急救援车，能够进行大型消防灭火演习的地面设施（特殊构造 200 和 400 平米的沟坑），几个试验大厅（其中包括 1 个 25 米高，带 270 平米活动顶棚的封闭大厅），1 个爆炸区，1 个雨水储备池和一些垃圾存储槽。

除此以外，园区内还设有：1 个拥有 190 个座位的圆形剧场，多媒体和同声传译设备，多个会议室，1 个拥有 120 个房间的旅馆，两个餐馆（一家是自助餐厅和一家传统的“香格里拉”餐厅），会客室，休闲设施：网球，排球，地滚球，山地自行车，等等。

2. 认证工作

CNPP 依托其实验室和自己的检查员和审计员队伍的服务能力，专注于火灾、盗窃、蓄意犯罪的预防和保护领域以及最近的管理体系方面的认证工作，并推出 APSAD 、A2P 和 A2P Service 三个著名认证品牌。

法国认可委员会（COFRAC）负责承担对认证机构的认可职责（承认其公正性和技能）。对 CNPP 认证的认可是针对该机构关于 A2P 标志的工业产品认证活动、CE 标记一致性评估活动、ISO 9001：2000 标准质量体系认证活动以及关于 APSAD 标志的某些服务认证活动（认可号 4－0074 和 5

-0021，可查询 www. cofrac. fr 网站）。

（1）APSAD 认证，APSAD 与 NF 服务认证，NF 与 APSAD 及 A2P 服务认证

APSAD 是保证承担入侵探测系统安装和维修工作的企业服务的可靠性和技术质量的自愿认证标志（见左图）。

在灭火装置及电子安全系统安装和维护方面，AFNOR Certification 给予 APSAD 与 NF Service 联合认证。

只有持有 APSAD 认证证书的企业能够声明与 APSAD 规则（标准文件）相符和提交定期核查报告（Q 文件）。

目前已有 1000 多张安装和维修服务 APSAD 认证证书颁发给在下列领域中提供服务的企业：

· 入侵探测系统，
· 移动灭火装置的安装（与 NF 服务联合认证），
· 火灾自动探测系统，_ 远距电子监视，
· 自动喷水灭火系统，
· 自动气体灭火系统
· 抑制剂灭火气体的回收和再循环，
· 装有水枪的消防龙头的安装
· 自然排烟系统，
· 防火关闭装置的安装，

APSAD 认证标志通常以两种形式出现：

- APSAD 标记出现在信笺、门窗、车辆上，等等；
- APSAD 证书张贴于客户接待点。

A2P 服务（A2P Service）认证是针对防蓄意犯罪的机械保护设备的安装和售后服务的服务认证。

A2P Service 认证可证明根据个人要求而提供的防入室盗窃的安全机械设备安装服务和定期售后服务的企业服务质量。

CNPP 进行的 APSAD、APSAD 与 NF Service 联合认证以及 A2P Service 认证项目包括：

·01 - 自动喷水灭火装置 - 安装和维修服务 - APSAD 认证（参考集 I. F1）

·01 - 自动喷水灭火装置 - 定期检验服务 - APSAD 认证（参考集 E1）

·04 - 灭火装置 - 安装和维修服务 - APSAD 与 NF 服务联合认证 -（参考集 I4 - NF285）

·05 - 装有水枪的消防龙头 - 验证服务 - APSAD 认证（参考集 J5）

·05 - 装有水枪的消防龙头 - 维修服务 - APSAD 认证（参考集 F5）

·07 - 火灾探测与火灾安全集中装置 - 安装服务 - APSAD 认证（参考集 I7）

·07 - 火灾探测与火灾安全集中装置 - 维修服务 - APSAD 认证（参考集 F7）

·11 - 火灾预防与顾问包 - 任务执行服务 - APSAD 认证（参考集 i11）

·13 - 自动气体灭火装置 - 安装和维修服务 - APSAD 认证（参考集 I. F13）

·16 - 金属结构防火关闭装置 - 安装服务 - APSAD 认证（参考集 I16）

·16 - 金属结构防火关闭装置 - 维修服务 - APSAD（参考集 F16）

·17 - 自然排烟系统 - 安装服务 - APSAD 认证（参考集 I17）

·17 - 自然排烟系统 - 维修服务 - APSAD 认证（参考集 F17）

·31 - 远距电子监视 - APSAD 认证（参考集 I31）

·50 - 入侵探测装置 - 安装和维修服务 - 住宅危险 - APSAD 认证（参考集 I50）

·55 - 入侵探测装置 - 安装和维修服务 - 职业危险 - APSAD（参考集 I55）

·60 - 防止蓄意损害行为的机械设备的安装和售后服务 - A2P Service 认证（参考集 C60）

·81 - 入侵探测装置 - 安装和维修服务 - NF 服务与 APSAD 联合认证（参考集 NF367 - I81）

·82 - 视频监控 - 安装和维修服务 - NF 服务与 APSAD 联合认证（参考集 NF367 - I82）

·401 - 石棉检测算子 - APSAD 认证（参考集 I401）

（2）工业产品和系统认证：A2P 认证和 NF 与 A2P 联合认证

A2P 是针对防火灾和故意损害（蓄意犯罪）领域的安全装备和组件产品的认证。

在插销、锁具、大门整个预制件、窗户、百叶窗、保险柜等机械保护设备领域中，将近 400 个系列产品已经获得 A2P 认证。

在入侵探测和入口控制管理设备领域，AFNOR 认证机构颁发 A2P 与 NF 联合认证标志。

所有经过 A2P 认证的产品，在购买时都很容易识别。该认证标志通常以两种形式出现：

· 所贴的标签上带有 A2P 标记和产品强度等级；
· 直接在商品上加上擦不掉的标记（雕刻或铆合）

法国认可委员会（COFRAC）依据标准 NF EN 45011：1998（对于从事产品认证的机构的一般要求），认可 CNPP 关于 A2P 标志的工业产品认证活动（认可号 5 -0021，可查询 www. cofrac. fr 网站）。

CNPP 进行的 A2P 认证、NF 与 A2P 联合认证项目包括：

·13 - 自动气体灭火装置 - 元件和系统 - A2P 认证（参考集 H13）

·58 - 入侵探测和入口控制系统组件 - NF 与 A2P 联合认证（唯一参考集 NF 324 - H58）

·61 - 建筑物锁具 - A2P 认证（参考集 H61）

·62 - 建筑物窗户和关闭装置 - A2P 认证（参考集 H62）

·64 - 建筑物大门整体预制件 - A2P 认证（参考集

H64）

·71－保险柜和强化门－A2P 认证（参考集 H71）

（3）视频监控安装和维修服务的 NF Service 与 APSAD 联合认证

NF Service 与 APSAD 的联合认证是两个著名的自愿认证标志相结合的产物：法国标准化协会（AFNOR）的 NF Service 和国家预防和保护中心（CNPP）的 APSAD。认证证书由 AFNOR Certification 和 CNPP 根据预先核验（审核和能力检查）的结果联合颁发。该证书到期可更换。NF service 与 APSAD 联合认证得到安全和保险行业专业人员一致承认，它是安装承包商从确定用户需求到使用安全和适合的材料完成安装和维修服务全过程的质量保障和风险控制保障。

在法国近两年推行的视频保护活动中，法国内政部希望依靠 NF service 与 APSAD 联合认证来简化和加速实施该行动的步骤。这一规定在“2009 年 3 月 6 日确定视频监控安装承包商认定条件的决议”中有所描述。（该决议第 1 条规定：持有法国标准化协会认证与国家预防和保护中心（CNPP）联合颁发的 NF service 与 APSAD 标准（NF367－I82）联合认证证书或者持有等效认证证书的安装承包商所作的其视频监控装置符合上述 2007 年 8 月 3 日决议规定的技术标准的事先证明，可代替上述 1996 年 10 月 17 日法令第 1 条第 11 点中规定的证明。）

只有根据 NF 367－I82 获得认证的安装承包商才有资格提交符合 2007 年 8 月 3 日决议要求的视频监控系统的事先证明。该证明可代替法规要求的符合技术标准的证明，因此，经营者可以到省政府办理简化的申报程序。

关于视频监控安装和维修服务的联合认证规定涉及能够提供以下服务的企业：

·安装研究和设计，

·实施安装，

·使安装发挥作用并在保修期内跟踪服务，

·定期检查并进行设备维修。.

在国内或国外的任何类型的场所，无论其外表和用途如何，均受本认证的保护，其中包括服从经修改的 2007 年 8 月 3 日决议要求的对公众开放的场所。

特殊条件

以参考集 NF367－I82 为依据的 NF Service 与 APSAD 联合认证制度从 2009 年 1 月 1 起开始实施。获得依据 NF 367－I82 颁发的 NF Service 与 APSAD 视频监控联合认证证书者，可同时获得依据 NF 367－I81 的入侵探测方面的认证证书。

认证特性，包括：

商业关系，安装设计（风险分析），完成安装，验收和检查是否与最初的安装设计相一致，维修，定期检查，组织结构和客户满意度规定，人员，物质手段，客户跟踪调查。

认证的参考集：

－“视频监控－安装和维修服务”参考集－NF 367－I82（2008 年 12 月）

－修正案 NF 367－I82（2009 年 9 月）

－APSAD 服务认证的一般规则 B0（2007 年 7 月）

－NF Service 标志的一般规则（2005 年）

技术参考集：

－APSAD R82 规则：视频监控安装规则（2009 年 2 月）

－“电子安全系统企业服务”标准 NF X 50－785（2002 年 12 月）

持有认证证书企业提交的文件：

－事先证明（在 2007 年 8 月 3 日决议规定范围内）

－符合 N82 或 DC82 的声明及安装申报单

－Q82 定期检查报告

其他文件：

－有关商品和/或活动危险等级清单（来自法国保险公司联合会“盗窃保险条约”和“企业或在危险保险条约”）

认证管理者：

－认证机构：CNPP 的认证部和 AFNOR Certification

－秘书处：CNPP 和 AFNOR Certification

－检查/审核：CNPP 的技术部

（4）EEA 人员认证

EEA 是“担保和评估专家”的简称，EEA 认证证书被授予具有实际职业经验，其能力通过考试被声明有效的通科或专科专家。这些专家特别参与地震后的损失处理活动。

EEA 认证是提供对专业人员所提供服务的一种保证。受认证的专家承诺在遵守《职业道德法》的前提下开展职业活动。

（5）管理体系认证

CNPP 作为安全产品和服务、危险预防和控制领域的认证机构，提供管理体系认证。它主要为参与安全防范以及危险管理和控制活动的机构、企业和部门提供书面保证。如今，CNPP 提供质量管理体系（ISO 9001）认证和环境管理体系（ISO 14001）认证，不久的将来，还会为职业健康安全管理体系（OHSAS 18001）认证和 SMSM（CNPP 1302）认证提供服务。

依据标准 NF EN ISO/CEI 17021：2006（从事体系管理审核和认证的机构的要求），法国认可委员会（COFRAC）认可 CNPP 的质量管理体系认证活动（认可号：4－0074）。

（6）CE 标志产品认证

依据标准 NF EN 45011：1998（有关从事产品认证机构的一般要求），法国认可委员会（COFRAC）认可 CNPP 的“CE 标志－一致性评估”活动。

（二）安全和人力监视私人企业全国联合会（简称 SNES）

1. 机构概况

安全和人力监视私人企业是人力监视和安全预防措施

等安全防范专业服务队伍，他们配备有适合专业需要的技术和手段，训练有素的人力资源，主要承担预防危险、使负责的景点和场所给人以安全感、保护生命和财产安全以及现场干预等任务。他们的具体活动形式包括：建筑物，场所，景点的入口看管；巡逻和路线监视；人员往返检查和核查（接待，开关入口，检查姓名牌等）；注意技术装备的运转情况；控制各种不同的安全装置；发出警报，针对机能障碍、事件和报警进行干预活动等。

安全和人力监视私人企业全国联合会（简称 SNES）是 1992 年由先前的两个雇主组织合并而成的。SNES 的使命是保护安全和人力监视私人企业的行业利益，促进行业的发展。它有 150 家企业会员，750 家会员机构（共计 50000 个雇员）遍布法国各地：依靠从微小企业到大型集团的各种规模企业，形成了提供私人安全服务的企业家网络，实现近 50% 的行业营业额。

对于其行业活动而言，SNES 是公共权力机关、各部委（特别是内政部和社会事务部）、行政管理部门、与其行业有关的各种技术组织，尤其是雇员工会组织承认的享有特权的职业对话者。作为 1985 年 2 月 15 日安全防范企业集体公约的签署者，SNES 代表人力监视企业整体，与其社会合作者对话、谈判并签署有关工资、夜班、分级和生活保障等各不同领域的传统的联合协议。

作为企业主联合会，SNES 为其会员企业提供便于和改善其行业活动的工具和信息等全面服务。

促进行业职业化和提高行业价值是其日常的主要活动之一，同时 SNES 还编制和预测行业中长期发展规划和变化趋势。

2. 认证工作

作为行业企业主的先锋，SNES 汇聚了大中小各种规模的企业，活跃企业主的生活，目的是通过统一其道德规范，发扬同行合作精神，树立行业品牌形象。因此，SNES 十分注视产品和服务认证工作，其会员中有 60% 的企业通过了“安全防范 NF Service”认证。而“安全防范 NF Service”认证就是 1999 年由法国质量保证协会－法国标准化协会与 SNES 紧密合作而首创的，它是基于 1998 年 5 月公布的标准 NF X50－777，是与 SNES 所代表的行业及买家和公共权力机关的多个代表的紧密合作而发展的一种认证。

（1）“安全防范 NF Service”认证

对安全防范私人企业服务－固定岗位和巡逻人员监视及报警干预服务的 NF 服务认证		
认证代号	NF241	
涉及对象	安全防范私人企业服务	
认证特性	－指定的服务范围 －商业优惠 －准备和实施服务 －服务机构 －调查顾客满意度	－接待 －销售 －遵守指示 －人员培训 －内部服务检查
获得认证证书企业名单	见附表 5	
认证参考文献		
通用规则	NF Service 标志	
认证规则	规则 NF241	
标准及有关文件	NF X50－777（19980501）	
应用管理		
认证机构	AFNOR Certification	
直接管理	AFNOR Certification 网址：www. marque－nf. com	

（2）ASC QualiSécurité 认证

2008 年，安全和人力监视私人企业全国联合会（SNES）与法国标准化协会（AFNOR）联合推出一种新的行业服务认证：QualiSécurité（标志见左图），面向所有行业服务经营者。

ASC QualiSécurité 认证向票据签发人保证他们可以完全放心地选择服务提供者。“专业性、可追溯性、透明性、职业道德和跟踪检查、服务质量”是 QualiSécurité 的主要承诺。

由 SNES 发起，各相关专业人员及行业参与者一起制定的 ASC QualiSécurité 认证参考集（编号：REF 215），针对人力监视私人企业提供服务，规定了一套通用的服务承诺要求。该认证阐明了私人安全企业的服务内容，确定了大家都能接受的服务质量水平。

如同“安全防范私人企业”NF 服务认证（NF241）所展示的那样，ASC QualiSécurité 认证可以：

·提供明确的采购标准，

·使企业专业化，

·通过建立一种共同参考语言，澄清客户与服务提供者的关系，

·明确服务提供者所承诺提供的始终如一的质量水平，

·证明服务提供者社会伦理道德的完整性，遵守私人安全行业规章条例及公司法。

为了从 ASC QualiSécurité 认证中获益，企业必须经过具备资格的审核员的严格检查，然后定期接受评估，以便核实和确保企业所提供的服务始终与认证参考集的要求保持一致。

5.2 日本优良安防器材认定制度

“优良安防器材认证制度”（Recognition of Better Security System，简称“RBSS 制度”）属于自愿性认证制度，是日本安防设备协会于 2008 年 10 月开始执行的一项针对安防产品性能进行认证的业务。截至 2009 年 2 月 20 日，接受该认证的企业有 8 家（TOA、日立制造所、松下、熊平制造所、东芝泰利、日立国际电气、三菱电动机、池上通讯机），安防摄像机有 51 种，数码录像机有 25 种。

本制度除了对安防产品的性能等进行认证外，还有其他目的，即一个是为正在考虑使用安防器材的企业或个人提供一个选定器材的标准，另一个是为了消除民众由于对安防器材的不了解从而产生的误解。

一、定义

本制度是一项为实现以下目的而实施的制度：①制定与安防器材应必备的机能、性能等相关的标准，②对在安防器材的性能、防止犯罪的发生、犯罪发生后的对策、跟踪等方面确实具备有效功能的安防器材授予 RBSS 的认证资格，③更好地促进安防器材的开发、普及工作，④让民众更加了解安防器材。

审查内容包括“资格审查”、“器材审查”两方面，资格审查主要针对企业，器材审查主要针对器材，通过确认两者是否符合有关标准从而进行优良安防器材的认证。安防器材的“优良”主要是从实际使用时其安防性能是否有效的角度进行判断的。

优良安防器材的表示标志是英文的缩写“RBSS”，被称为“RBSS 标志”，它已成为代表安全、安心的图案（图 9）。

图 9 RBSS 标志与宣传词

二、组织结构

针对优良安防器材的认证业务，日本安防设备协会设置了由 5 人以上组成的“优良安防器材审议会”（简称“审议会”），其目的是审议、监督优良安防器材认证制度及其运作方式是否能够公平运作，并准确应对社会需要。

为了能够听取关于“制定资格审查标准”、“制定认证标准”、“认证的各种制度”等方面的意见，日本安防设备协会设置了由 7 人以上组成的“优良安防器材委员会”（简称“RBSS 委员会”），其职责是制定新的认证标准、审议应以何类机种为审查对象、调查业界的标准有无变化等。此外，该委员会还接受各种反馈意见，并做出相应改进。

为了能够对关于资格审查标准及认证标准（简称“认证标准等”）的适宜性进行评估，日本安防设备协会在 RBSS 委员会下面设置了由 4 人以上组成的“审查会议”。其职责是测定/评估通用性能及高级性能的结果（数值等）、提交能够证明其功能的有关资料（也包括数值的测定/评估方法）、在所提交的资料的基础上审查是否符合要求。

为了能够承认审查会议做出的评估结果，并执行其有关认证工作，日本安防设备办会在 RBSS 委员会下面还设置了由 4 人以上组成的“判定会议”。

三、审查内容

（一）审查流程

首先，针对企业进行审查。器材制造商需完成申请表格，该申请将在“RBSS 审查会议”上接受审查，这是针对每一个器材进行的个别审查。此阶段，主要是调查所申请的内容是否符合 RBSS 制度的标准。

然后，针对器材进行审查。经常会存在一家公司申请数个器材的情况，所以针对该情况将进行“综合性适当与否”的审查。这就是判定会议，会议上将决定器材是否合格。

（二）审查内容

1. 企业的资格审查

这是以制造 RBSS 器材的企业为单位进行的资格审查，满足该条件才能进行器材的认证检查。此外，即使器材符合 RBSS 制度的标准，但如果企业资格审查没有通过，也不能被承认是 RBSS 器材。

资格审查标准主要是从两个角度制定的，一是是否是在严格的管理下在安全稳定的工厂生产，二是产品的供应、保修或售后服务等体制是否完善，同时这也是必备的认证条件。不仅如此，还对下列事项进行检查与认证，即在日本是否有自己的销售网、咨询窗口、维修点；器材的保修范围是否合适；是否公布具备瑕疵担保责任；维修用零件在中止生产后 7 年内能否持续提供；是否是在与 ISO9001 品质相当的工厂进行生产，品质管理是否严格等。为此，不具备维修能力的企业不能获得资格，不具备质量管理系统

的制造商也不能获得资格。

2. 器材审查

在针对企业的资格审查之后，就是针对器材进行的审查。

器材审查标准是为了让民众能够安心购买安防器材而制定的标准，其内容主要是从两个方面制定的，一是安防器材是否具备必不可少的通用性能（必备功能），二是根据实际需要都具备哪些高级性能（可选择的项目），包括高灵敏度类型、昼夜兼用类型、电子灵敏度的提高、电源重量、球形摄像机耐冲击性、摄像头能动范围的扩大、PTZ 一体化等7项高级性能标准。

仅以必备功能即通用性能为例，包括安防摄像机及数码录像机2种器材。

a. 安防摄像机共有10项通用性能，包括连续动作（能够确保视频连续播放的功能）、调整焦点（能够调整焦点/焦距的功能）、调整视角（具备能够2倍调整视角的功能）、逆光修正、自动调整图像水平（能够根据物体的明亮度自动调整图像水平的功能）、白平衡的调节（具备能够适应摄像机周边照明环境变化并自动调节摄像机白平衡的功能）、修正闪烁（具备降低50Hz 区域的闪烁功能）、SN 比（AGC 在关闭时需在48db 以上）、清晰度（水平清晰度的性能需在470TV 以上）；

b. 数码录像机共有13项通用性能，包括连续动作（达到连续记录输入视频的性能标准）、记录画质和图像尺寸（能够做到 RBSS 画像（静止图像）的画质设定）、记录率（达到连续记录、报警记录等记录率的标准值）、记录时间（达到 RBSS 画质，所有频道1秒1个镜头并且能够记录1个星期的视频）、调出记录视频（能够调出并播放记录在 DVD－R、USB 等媒介中的视频）、显示实况视频（能够显示单画面、多画面（一个频道的器材除外）的实况视频）、画面上的显示（画面上能够显示出标题、日期时间、动作模式、机器异常等信息）、日期时间的检索（任意指定某一日期/时间段都能够检索到与此相应的视频）、变速播放（能够正常播放、变速播放（暂停、快进、倒退））、日期时间的修正（能够确保被测定器材的日期时间达到标准精度）、器材异常的检测（具备器材异常通知功能）、锁定设置（能够限制器材的设定及停止记录的操作）、基本操作顺序说明书（提交记录有基本操作顺序的资料）。

四、申请种类与费用

（一）申请的种类

包括以下6种类型：

1. 初次申请（不包括与 OEM 有关的申请）。包括以下情况：申请者的资格审查、器材审查均为初次申请时；申请者的资格审查已完成，只有器材的申请为初次申请时；器材型号相同只是颜色不同时。

2. 系列申请。是指申请者的资格审查已完成，器材虽然与《技术报告书及有关资料》的一部分内容有异，但很明显器材具备一定的系列性，并且是初次申请的情况。具有系列性的器材包括安防摄像机（镜头、球形、电源不同）、数码录像机（硬盘容量、输入频道不同）。

3. 变更申请。包括以下情况：提交的资格审查申请资料内容有变动时；提交的器材审查申请资料《技术报告书及有关资料》的内容有变动时；安防摄像机的互换镜头、数码录像机的外带 HDD 等有变动时。

4. 与 OEM 有关的申请。

5. 更新申请。器材认证的有效期为5年（只包括安防摄像机、数码录像机），超过期限时需重新申请。

6. 其他。包括以下情况：提交的资格申请资料、器材申请资料有少许变更时；由于生产中止等原因造成中止供应或停顿供应认证器材时。

（二）申请种类与资格审查、器材审查之间的关系

资格审查SS器材审查		申请种类			
		初次申请	系列申请	变更申请	更新申请
资格审查	未审查	√	–	–	–
	已审查	–	–	√	√
器材审查	未审查	√	√	–	–
	已审查	–	–	√	√

注："－"表示不符合该项

（三）费用

下列各表中的数字均为《申请种类与费用体系》（2008年10月6日制定，2009年4月9日修订）中的数据，2009年4月9日1美元约兑换98日元。

1. 初次申请、OEM 申请（器材审查费用为1台机器的价格）

		正式会员 A	正式会员 B	正式会员 C	预备会员	非会员
资格审查费用		150000	270000	360000	420000	450000
器材审查费用	安防摄像机	68000	68000	68000	68000	68000
	数码录像机	100000	100000	100000	100000	100000

2. 系列申请（1 台机器的价格）

		正式会员 A	正式会员 B	正式会员 C	预备会员	非会员
资格审查费用		0	0	0	0	0
器材审查费用	安防摄像机	44000	44000	44000	44000	44000
	数码录像机	64000	64000	64000	64000	64000

3. 变更申请

a－1. 资格者变更

	正式会员 A	正式会员 B	正式会员 C	预备会员	非会员
资格审查费用	100000	100000	100000	100000	100000

a－2. 根据审查的工作量，有追加需要变更事项时将按照下表中的标准收取费用

	正式会员 A	正式会员 B	正式会员 C	预备会员	非会员
资格审查费用	50000	90000	120000	140000	150000

b－1. 器材变更（1 台机器的价格）

		正式会员 A	正式会员 B	正式会员 C	预备会员	非会员
器材审查费用	安防摄像机	52000				
	数码录像机	76000				

b－2. 当安防摄像机的“互换镜头”、数码录像机的“外带 HDD”等组装零件有追加需要变更时，将按照下表中的标准收取费用

		正式会员 A	正式会员 B	正式会员 C	预备会员	非会员
器材审查费用	安防摄像机	1 个镜头为 26000 同时申请数台镜头时，按照 n 个 ×5000 计算				
	数码录像机	1 台外带 HDD 为 38000 同时申请数台镜头时，按照 n 个 ×5000 计算				

4. 更新申请（1 个办事处，1 台机器的价格）

		正式会员 A	正式会员 B	正式会员 C	预备会员	非会员
资格审查费用		100000	180000	240000	280000	300000
器材审查费用	安防摄像机	52000	52000	52000	52000	52000
	数码录像机	76000	76000	76000	76000	76000

5. 其他

a. 优良安防器材认证证明书的发行费：会员 10000 日元/1 个机种，非会员 15000/1 张

b. 优良安防器材认证证明书的再发行费用：会员 5000 日元/1 张，非会员 7500 日元/1 张

c. 其他。变更不多、中止或停顿供应等申请手续均为免费；申请费、RBSS 标志使用费、登载于主页的费用均包括在器材审查费用中。

5.3 美国认证机构

一、"FM" 认证

美国工厂联合保险商协会（FM），成立于1835年，是国际著名的产品认证机构（FM），FM标准已成为享誉世界的标准。FM全球公司通过其所属的机构向全球的工业及商业产品提供检测及服务。

FM拥有：轻危险实验室、水系统实验室、大型火灾实验室、电器实验室、研究实验室、建筑材料实验室等多个专业的实验室。FM所提供的检测认证服务项目包括：

产品认证——FM向防火器材、电子电器设备、危险场所设施、火场勘测、信号设备、建筑材料等产品的生产商颁发认证证书；

标准检测——FM向生产商提供产品单一特性的标准检测服务；

ISO 9000注册 —— FM是ISO 9000的注册机构，可以为企业进行ISO 9000体系审核。

美国保险商安全试验室（UL）是美国最有权威的、也是世界上从事安全试验和鉴定的较大的民间机构，主要从事产品的安全认证和经营安全证明业务。它采用科学的测试方法来研究确定各种材料、装置、产品、设备、建筑等对生命、财产有无危害和危害的程度；确定、编写、发行相应的标准和有助于减少及防止造成生命财产受到损失的资料，同时开展实情调研业务。

UL从2008年1月1日至9月15日新修订的部分标准如下：

标准名称与说明	生效日期
UL9 防护窗组合件燃烧试验标准第8版	2009年7月2日
UL10A 包白铁皮的防火门标准，第21版	2009年1月30日
UL10C 组件的正压力燃烧试验标准，第2版	2009年1月26日
UL 10D 防火帘的燃烧试验	2009年6月12日
UL 14B 标准、水平安装的包白铁皮的防火门滑件的标准工资，第9版	2008年12月15日
UL45A 运输和专用手持电动工具，第4版	2009年10月28日
UL 1642 锂电池（Lithium Batteries），第4版	2009年2月2日
UL67 配电盘标准，第12版	2009年3月18日
UL69 电动围栏控制器标准，第10版	2009年6月30日
UL 2388 水管灯具（Flexible Lighting Products）安全标准，第1版	2009年2月28日
UL 588 季节性与节庆用装饰产品（Seasonal and Holiday Decorative Products），第18版	2009年2月28日
UL 498A 插墙式电流分接器与转接器（Current Taps and Adapters）第1版	2009年4月1日
UL8750 发光二极管（LED）设备用于照明产品的标准，第1版	2009年11月18日
UL 857 配电通道，第13版，	2009年3月5日
UL879 电子告示牌零件标准，第9版	2009年10月9日
UL 1363 延长线（Relocatable Power Taps，RTP）标准，第3版	2009年7月2日
UL 1278 活动式及挂墙或吊式室内电暖器标准（Movable and Wall - or Ceiling - Hung Electric Room Heaters）标准，第3版	2009年8月3日
UL 1838 低压景观照明系统（Low Voltage Landscape Lighting Systems）标准，第3版	2009年8月7日
UL 1449 突波保护装置（Surge Protective Devices）标准，第3版	2009年9月29日
UL982 电动家用食品制备机标准，第6版	2009年6月19日
UL1042 否护壁板电加热设备，第5版	2009年8月31日
UL 283 空气清新机和除臭机标准，第一版	2009年10月17日
UL 4248-1 保险丝座标准，第一版	2009年11月2日
UL 1977 数据、信号、控制和电源用组件安全标准，第2版	2009年12月7日
UL 1083 家用电动煎锅和煎炸型器具，第6版	2009年1月9日

2009年美国中心站报警协会（CSAA）标准委员会对CSAA－CS－V－01－2004，报警通知和核查程序和CSAA－CS－CO－01－2008，一氧化碳报警监控站反应进行更新，这两个标准已经是ANSI标准。

CSAA还就两个标准草案CSAA－CS－V－02－200x，防盗报警视频核查程序，以及CSAA－CS－AUD－01－200x，防盗报警音频核查程序征集公众评议。

面对电子安全设备日益增加的形势，美国安防行业协会SIA于2009年3月公布了数字视频的两个ANSI标准，即OSIPS框架和数字视频接口标准，作为OSIPS系列标准的一部分。目前SIA为发布标准进行的活动包括：

ANSI／SIA OSIPS框架、ANSI／SIA DVI 、ANSI／SIA ACGO 、IEEE 、ANSI

SIA目前倡议的标准概述如下：

编　号	名　称	文件类型	状　态
ANSI/SIA OSIPS－01－2008	OSIPS－框架数据模式	ANSI/SIA标准	正在进行修订。 于2008年8月被批准为美国国家标准。
ANSI/SIA OSIPS－ACR－01－200x	出入口控制角色数据模型接口标准	ANSI/SIA标准	委员会在制定中。 公众审查预计在2010第2季度。
ANSI/SIA OSIPS－IDM－01－200x	OSIPS－身份和运营商管理数据模型接口标准，TCP和UDP固定格式和XML文档信息的OSIPS绑定	ANSI/SIA标准 TBD	委员会在制定中。 公众审查预计在2010第1季度。
ANSI/SIA OSIPS－ACGO－01－200x	OSIPS－门禁	ANSI/SIA标准	委员会在制定中。 公众审查预计在2010第4季度。
ANSI/SIA OSIPS－CUIS－01－200x	OSIPS－普通用户接口标准	ANSI/SIA标准	正在修订中。 于2008年2月被批准为美国国家标准。公众审查预计在2010第4季度。
ANSI/SIA OSIPS－DVI－01－2008	OSIPS－数字视频接口模型	ANSI/SIA标准	委员会正在制定，预计在2010年第1季度会成为ANSI标准。
ANSI/SIA CP－01－2007	安全系统控制面板标准——减少误报警的发生	ANSI/SIA标准	委员会正在制定。
ANSI/SIA PIR－01－2000	被动式红外移动探测器标准—加强准确报警的功能	ANSI/SIA标准	委员会正在进行最后审查。
ANSI/SIA OSIPS PIR－02－200x	OSIPS—被动式红外移动探测器—适于安全性能高的被动式红外传感器		小组委员会正在审查，有可能进行修订。
SIA GB－01－1994.12	音频玻璃探测器标准—最有效地减少和探测误报警	SIA技术报告	小组委员会正在审查，有可能进行修订。
SIA GB－01－1994.12	音频玻璃探测器传感器技术报告—测试误报警抑制和探测的误报警音频建议	SIA技术报告	小组委员会正在审查，有可能进行修订。

5.4 德国安防行业新标准及认证体系

一、德国GS认证介绍

（一）GS认证介绍

GS的含义是德语“Geprufte Sicherheit”（安全性已认证），也有“Germany Safety”（德国安全）的意思。GS认证以德国产品安全法（SGS）为依据，按照欧盟统一标准EN或德国工业标准DIN进行检测的一种自愿性认证，是欧洲市场公认的德国安全认证标志。

GS标志表示该产品的使用安全性已经通过公信力的独立机构的测试。GS标志，虽然不是法律强制要求，但是它确实能在产品发生故障而造成意外事故时，使制造商受到严格的德国（欧洲）产品安全法的约束。所以GS标志是强有力的市场工具，能增强顾客的信心及购买欲望。虽然GS是德国标准，但欧洲绝大多数国家都认同。而且满足GS认证的同时，产品也会满足欧共体的CE标志的要求。和CE不一样，GS标志并无法律强制要求，但由于安全意识已深入普通消费者，一个有GS标志的电器在市场可能会较一般产品有更大的竞争力。

（二）GS认证机构

有资格发GS证书的机构：

1. 德国认证机构：通常在国内知名的德国本土的GS发证机构有TUVRHEINLAND，TUVPRODUCTSERVICES，VDE等，是德国直接认可的GS发证机构。

2. 其他认证机构：通常欧洲其他与德国合作的GS发证机构有KEMA，ITS，NEMKO、DEMKO等。

（三）可以申请GS认证的产品

家用电器，比如电冰箱、洗衣机、厨房用具等。

家用机械，体育运动用品。

家用电子设备，比如视听设备。

电气及电子办公设备，比如复印机、传真机、碎纸机、电脑、打印机等。

工业机械、实验测量设备。

其它与安全有关的产品如自行车、头盔、爬梯、家具等。

（四）GS认证流程

1. 首次会议：通过首次会议，检测机构将或代理机构向申请者的产品工程师解释认证的具体程序以及有关标准，并提供将递交要求的文件表格。

2. 申请：由申请者提交符合要求的文件，对于电器产品，需要提交产品的总装图，电气原理图，材料清单，产品用途或使用安装说明书，系列型号之间的差异说明等文件。

3. 技术会议：在检测机构检查过申请者的文件资料后，将会安排与申请者的技术人员进行技术会议。

4. 样品测试：测试将依照所适用的标准进行，可以在制造商的实验室或检验机构的任何一个驻在各国的实验室进行。

5. 工厂检查：GS认证要求对生产的场所进行与安全相关的程序检查。

6. 签发GS证书。

（五）GS认证周期

一般来说，时间长短取决于产品是否需要作修改或者生产商提交所需产品文件资料的速度。总的来讲，所需的时间一般约在6至8周。

（六）GS认证和CE认证的差别

GS：自愿认证 non - compulsory

CE：强制性认证 Compulsory

GS：适用德国安全法规进行检测 GS

CE：适用欧洲标准（EN）进行检测

GS：由经德国政府授权之独立之第三方进行检测并核发GS标志证书

CE：在具备完整技术文件（包含测试报告）的前提下可自行宣告CE

GS：必须缴年费

CE：无须缴年费

GS：每年必须进行工厂审查

CE：无须工厂审查

GS：由授权测试单位来核发GS标志，公信力及市场接受度高

CE：工厂对产品符合性的自我宣告，公信力及市场接受度低

（七）GS认证和LVD的关系

欧共体CE规定，1997.1.1.起管制“低电压指令（LVD）”。GS已经包含了“低电压指令（LVD）”的全部要求。所以，获得GS标志后，会例外免费颁发该产品LVD的CE证明（COC），97年后的证书则在GS证书中包含了LVD证书。厂商申请GS的同时获得了LVD证明。

（八）GS认证工厂检查要求

（九）办理GS认证需提交的资料

1. 填写申请表

2. 签署总协议书

3. 零部件清单

填写我公司提供的零部件清单标准格式表格

此清单包括所有零件之产品型号、生产厂家、零部件编号及有关参数（电流、电压、功率、阻燃等级等）。

对于具有安规认证的元器件，例如：电源线、插头、开关、温控器、保-险管等，请提供欧洲认证证书复印件。与安全有关之零部件，如未具有安全认证，请提供技术参数，包括产品型号、生产厂家、额定电流、电压、工作温度等，以便由我方进行随机测试。

4. 与食品接触部件（如有）

请提供权威机构对该材料（塑料、涂层等）颁发的食品卫生许可文件。

5. 铭牌

德文，按我方提供样稿，丝印或用PVC不干胶，贴于产品指定部位。

6. 电路图

如需要，我中心可免费为贵方提供。

7. 线路板图

请标注实际尺寸。

8. 德文说明书

如需要，我中心可提供有偿翻译服务。

9. 最终定型样品

2-4个/型号（按我中心要求准备）。

10. 爆炸图（分解图）商务指南 > 消费维权 > 质量

认证栏目

二、德国 VDE 认证测试机构及认证流程介绍

VDE 是德国国家产品标志。VDE 测试机构和认证协会是德国电器工程师协会的下属机构，它成立于 1920 年，作为一个国际认可的电子电器及其零部件安全测试及出证机构，在欧洲乃至国际上都享有很高的知名度。目前世界各地客户对 VDE 认证的需求呈不断上升之趋势。VDE 测试机构和认证协会根据现行欧洲及国际标准，每年大约为 2200 个德国客户及大约 2700 个国外客户进行 18000 次的测试。时至今日，全世界已有超过 200000 种产品拥有 VDE 安全认证证书。

位于德国 Offenbach（奥芬巴赫）的 VDE 测试/认证机构，是隶属于德国电气工程师协会（VDE Verband Deutscher Elektrotechnikere. v. 简称 VDE），成立于 1920 年。作为一个中立、独立的机构，VDE 的实验室依据申请，按照德国 VDE 国家标准或欧洲 EN 标准，或 IEC 国际电工委员会标准对电工产品进行检验和认证，是欧洲最有经验的在世界上享有很高声誉的认证机构之一。其中包含 VDE 测试与认证系统。VDE 标志于电气设备领域为一非常知名的验证标志，尤其于电气组件（如断路器、电磁开关、电线/缆、插头…等），更是许多制造商普遍申请用来代表品质的象征。目前 VDE 验证标志于国内亦是许多制造商意欲申请的验证标志。它每年为近 2200 家德国企业和 2700 家其它国家的客户完成总数为 18000 个认证项目。乞今为止，全球已有近 50 个国家的 20 万种电气产品获得 VDE 标志。在许多国家，VDE 认证标志甚至比本国的认证标志更加出名，尤其被进出口商认可和看重。在我国，电气产品出口方向的多元化，使得欧洲、澳洲、东南亚等地区的进口商纷纷提出诸如 GS（德）、BEAB（英）、IMQ（意）等安全认证及 CE 标志的要求。而大多数整机厂在认证过程中又把这些要求化整为零，要求各自的电气安全零部件供货厂家确保拿到一个高水平的安全认证标志，这也是越来越多的零部件生产企业希望获得 VDE 标志的外促原因。VDE 测试/认证机构目前于国内并无设办事处，因此若欲申请一般需直接与德国总部方面联络。

VDE 认证产品范围

关于 VDE 的测试领域主要有七个方面：

（1）电热和电动器具 如：三明治炉 电动工具

（2）数据处理及医疗设备 如：电子血压计 数据处理设备

（3）灯具及电子产品 如：灯具 开关

（4）电缆及绝缘材料 如：电线 绝缘套管

（5）安装器材及控制器件

（6）电子零部件

（7）EMC 测试

VDE 是德国著名的测试机构，直接参与德国国家标准制定。同 UL 一样 VDE 标志只有 VDE 公司才能授权使用 VDE 标志。VDE 测试除传统的电器零部件，电线电缆，插头等认证之外同样也可核发 EMC 标志以及 VDE－GS 标志。

DVE	VDE 标志，适用于依据设备安全法规（GSG）的器具，如医疗器械，电气零部件及布线附件。
DVE GS	VDE－GS 标志，适用于依据设备安全法规（GSG）的整机器具（可以代替 VDE 标志）。
10 DVE	欧洲 ENEC 标志，目前主要适用如灯具及其附件，节能灯，IT 设备．变压器，家用开关等产品。
EMV	VDE－EMC 标志，适用于符合电磁兼容标准的器具。
◁VDE▷	VDE 电缆标志，适用于电缆、绝缘软线以及导管线管。
	VDE 标识线，适用于电缆和绝缘软线。
◁VDE▷ ◁HAR▷	VDE 协调标志，适用于依据协调的 VDE 规范的电缆和绝缘软线
VDE	CECC 标志依据 CECC（欧洲电子元器件委员会）标准进行测试。
VDE Reg.-Nr.	CECC 标志也可以用左边标志表示。 VDE－Reg. －Nr. XXXXX

三、TüV 认证

（一）概况

德国莱茵 TüV 集团 1872 年成立，总部位于科隆，在全球 62 个国家设有 360 多家分支机构，有员工约 12，500 名，年销售额为 9.8 亿欧元。从 2006 年开始，德国莱茵 TüV 集团正式成为联合国全球契约的成员。

（二）业务范围

1. 认证及测试：

测试产品包括：家用电器、电动工具及园林工具、办公设备、电子元件、音频/视频设备、实验室测量用具、工业机械、体闲及运动产品、儿童用品及玩具、家具、木材加工机器、个人防护品、化学品及有毒物料、影响环境物料、医疗器械、压力设备、电信产品、车辆产品、铁路、纺织品与衣物、食品等。

认证及测试服务包括：

蓝牙技术 、CB 标志 、CE 标识 、cTUVus 标志 、E 标志/ e 标志 、ECO 标志 、电磁兼容 、人体工学认证 、GM 标志 、GS 标志/ TüV 标志 、车辆及零部件认证 、国际认证 、IT 可用性 / IT 编程 、德国食品与商品法 、SEMI S2/ S8 、SG 标志 、供应链质量管理 、实验室测试服务 、电信标志 、TCO 、TOXPROOF 无毒测试 、中国 RoHS 、PSE mark

2. 体系评估

ISO 9001、ISO 14001、ISO/TS 16949、TL 9001、VDA 6.4、SA 8000、OHSAS 18000、HACCP、IFS、ISO 22000、AS 9001、ISO 13485

3. 中国办事处

集团在北京、大连、青岛、上海、广州、深圳、宁波、香港设有办事处，具体联系方式见莱茵中文网站的“中国办事处”栏目。

第六节　国外安防媒体简介

美国

杂志全称　SC Magazine
中文名称　SC 信息技术安全杂志
简　　介　于 1989 年创刊于美国，发展到现在已成为了本区域内最具竞争力的安防刊物之一，为美国、英国、亚洲各国以及澳大利亚区域的 IT 安全专家提供富有深度的信息技术安全信息，通过对当前安防信息的综合分析，并对业内专业人员的访谈得出真实、可靠的信息资源。
宣传语言　英语，分为北美区（美国、加拿大），国际区（英国、欧洲大陆），亚太区（太平洋沿岸的众多国家）
总　　编　Illena Armstrong
网　　址　www. scmagazineus. com
出 版 商　Haymarket Media Inc
栏目设计　封面故事、实时要闻、综合分析、特别报道、会展信息、白皮书、产品回顾、专家访谈、新闻专线、采购商指南、IT 安全论坛、SC 杂志奖。

杂志全称　Access Control and Security Systems magazine
中文名称　美国出入口控制和安全系统杂志
简　　介　作为一款安防行业 B2B 出版物，创刊于美国，专注于出入口控制和安全系统信息的收集和推广，旨在打造美国安防行业最专业的出入口控制产品和相关安全系统信息杂志，为美国商业、工业及各机关实体提供安防系统应用指导。固定用户超过 36，700，均来自各个大型安防企业或组织机构的高端管理层。
宣传语言　英语
总　　编　Michael Fickes
网　　址　www. accesscontrolmag - digital. com
出 版 商　Penton Media，Inc.
栏目设计　封面人物、典型案例、专家剖析、安防产品一览、公司新闻、技术前沿、特别推荐。

杂志全称　Security Dealer & Integrator（SD&I）magazine
中文名称　安防分销商与集成商杂志
简　　介　创刊于美国佐治尼亚州，致力于为安防企业管理者和所有者提供专业的技术、产品信息，并对当前和未来的住宅、商用安全系统集成和安装方案实施培训和指导。
宣传语言　英语
总　　编　Susan A. Brady
网　　址　www. secdealer. com
出 版 商　Cygnus Security Group
栏目设计　封面聚焦、圆桌会议、发行人观点、专栏、火警专家、中心站分布、制造商支持、分销商合作、技术前沿、新产品、市场、广告主索引。

杂志全称　Security Management
中文名称　安防管理杂志
简　　介　创刊于美国的维吉尼亚州，ASAI 组织最佳刊物奖获得者，提供多种最新的安防信息，争创行业内一流出版刊物，固定读者在世界范围内达 35，000 个。
宣传语言　英语
总　　编　Sherry Harowitz
网　　址　www. securitymanagement. com
出 版 商　ASIS International
栏目设计　封面故事、编辑手记、行业要闻、评论、案例分析、旧版回顾、ASIS 负责委员会、广告主索引。

杂志全称　Security System News
中文名称　安防系统新闻
简　　介　美国国内安防媒体，为安防企业和用户搭建互通的桥梁。
宣传语言　英语
总　　编　L. Samuel Pfeifle
网　　址　www. securitysystemsnews. com
出 版 商　United Publications, Inc
栏目设计　封面故事、月度新闻、市场趋势、产品聚焦、特别报道、采购商指南/白皮书、大事记、数字版本。

杂志全称　Security Distributing & Marketing Magazine (SDM)
中文名称　安防销售市场杂志
简　　介　创刊于美国伊利诺伊州，读者群为来自于各大安防产品采购和安装公司并为安防行业的产品分销商或集成商提供专业的管理和技术咨询，传播行业内最新的业务、技术以及产品安装信息。
宣传语言　英语
总　　编　Laura Stepanek
网　　址　www. sdmmag. com
出 版 商　BNP Media
栏目设计　封面故事、典型文章、行业要闻、专栏、采购商指南、大事记、数字版本。

杂志全称　Security Technology & Design
中文名称　安防技术与设计
简　　介　为美国提供实体防护和信息技术安全应用信息的出版刊物 。
宣传语言　英语
总　　编　Geoff Kohl
网　　址　www. securityinfowatch. com
出 版 商　Cygnus Interactive, Cygnus Business Media 分支
栏目设计　封面故事、市场聚焦（教育安全）、视频监控、专栏、安全管理委员会、信息安全、企业安全、安全管理、新闻人物。

杂志全称　Campus Safety Magazine
中文名称　校园安全杂志
简　　介　专门服务于美国国内校园安保人员、信息技术人员以及从事医院、学校和大学公共安全服务的行政管理人员，已发展为遍布于国内超过 20，100 个校园的专业性安防单月刊。
宣传语言　英语
总　　编　Robin Hattersley Gray
网　　址　www. campussafetymagazine. com
出 版 商　Bobit Business Media
栏目设计　封面故事、特色栏目、专栏、文章库、校园圈、专家视点。

杂志全称　Public Venue Security
中文名称　公共区域安防杂志
简　　介　创刊于美国亚利桑那州，专注于为本地区内的体育场、竞技场和娱乐场所的安防专家提供信息参考。
宣传语言　英语
总　　编　Khali Henderson
网　　址　www. publicvenuesecurity. com
出 版 商　Virgo Publishing
电子邮件　khenderson@ vpico. com
栏目设计　行业聚焦、展览、专家问答、建议、编者来信、行业要闻、新产品、广告商展示、大事记。

杂志全称　HS Today Magazine
中文名称　“今日国土安全”杂志
简　　介　美国最权威的国土安全杂志，专注于美国国土安全信息报道和深层分析。
宣传语言　英语
总　　编　David Silverberg
网　　址　www. hstoday. us
出 版 商　KMD Media LLC
栏目设计　编者来信、今日简讯、前沿、资源、今日新闻分析、今日 IT、市场监控、企业领导介绍。
电子邮件　editor@ hstoday. us

杂志全称　Equipment Protection Magazine
中文名称　美国设备防护杂志
简　　介　创刊于美国的科罗拉多州，专门为本区域

内的电子产品和设备的 OEM 工程商和发展商提供产品和服务信息，并为应用了设备防护技术的高敏感度设备集成商提供了指导。杂志涵盖的内容有设备防护领域的最新技术开发、最新产品、服务性能、行业信息及市场发展等。

宣传语言 英语
总　　编 David Webster
网　　址 www. equipmentprotectionmagazine. com
出 版 商 Webcom Communications Corp
栏目设计 封面故事、行业要闻、最新产品、新技术应用、市场发展。
电子邮件 davidwb@ infowebcom. com

杂志全称 HS Daily Wire
中文名称 国土安全报告
简　　介 帮助国土安全行业的执行者、投资者及高级决策者对当前行业市场发展作出有效的决策，是美国哥伦比亚特区一家权威性的行业刊物机构，对国土安全行业的未来发展趋势、创新技术及市场发展方向实施日报告，并提供相应的应用知识、信息和分析。
宣传语言 英语
总　　编 Ben Frankel
网　　址 www. hsdailywire. com
出 版 商 HS Daily Wire
电子邮件 bfrankel@ hsdailywire. com

英国

杂志全称 Professional Security Magazine
中文名称 英国专业安防杂志
简　　介 作为英国国内专业的安防出版物，始终致力于争创英国首家专业的安防刊物，打造强势的编辑和发行团队，在行业内已形成了良好的口碑，并为国内外业内专家或用户提供最新安防动态。
宣传语言 英语，包括印刷版和数字版
总　　编 John Cully
网　　址 www. professionalsecurity. co. uk
出 版 商 JTC Associates Ltd. ，
栏目设计 封面故事、编者感言、刊期、新闻、专家评论、大事记、安保、反恐、酒店安保评估、律师意见、最新法规、安全管理、案例分析、产品信息、服务指南、培训、读者感想。
杂志全称 Guard Force Management, Updated Edition
中文名称 防卫管理升级版
简　　介 介绍最新的防卫产品信息，关注行业发展动态。
宣传语言 英语
总　　编 Lucien Canton
网　　址 www. bh. com
出 版 商 Butterworth Heinemann Publications

加拿大

杂志全称 Canadian Security Magazine
中文名称 加拿大安防杂志
简　　介 创刊于加拿大，为了进一步方便世界各地安防从业人员的阅读，在原有印刷版的基础上又推出了在线版本，即数字版，读者可通过 web 浏览器随时获取最新的安防信息。
宣传语言 英语，有印刷版和数字版两个版本
网　　址 www. canadiansecuritymag. com
出 版 商 CLB Media Inc
栏目设计 封面故事、安防要闻、专家点评、安全焦点、安防前沿、热点产品、采购商指南。

杂志全称 Security Sales and Integration
中文名称 安防销售与集成杂志
简　　介 于 1979 年创刊于加拿大的 Torrance 市，固定读者达 31，000 多个，均来自于安防行业业内的领导、专家、用户等，覆盖了所有电子实体防护设备，包括 CCTV 监控设备、出入口控制系统、IP 网络系统、生物特征识别、入侵系统、火灾预警系统、家庭安全装置及其他安防产品和服务等的采购与安装。
宣传语言 英语
总　　编 Scott Goldfine
网　　址 www. securitysales. com
出 版 商 Security Sales & Integration Co
栏目设计 热点新闻、封面故事、所见所闻、专家交流、企业拓展、特征、特别报道、月度专栏、安防科学、名家访谈、大事记。

德国

杂志全称 Euro Security Magazine
中文名称 欧洲安防杂志
简　　介 创刊于德国，分为德语版、国际版和中东版三个版本，德语版旨在为德国、奥地利和瑞士三国从事于安防产品安装、安防项目规划和终端用户提供专业的安防信息，国际版的读者范围覆盖了超过 32 个欧洲国

家以上，印刷量达到了 10.500，固定读者有 18.375 多个。而中东版本则偏重于中东地区内 13 个国家的安防产品分销商、开发商和集成商，印刷量 4.500 本，受到了 7.875 个读者的青睐。

宣传语言　德语、英语。
网　　址　www. euro – security. de
出 版 商　EURO SECURITY Fachverlage
主　　编　Renascent
栏目设计　封面故事、安防要闻、安防论坛、会展信息、供应商指南、热点产品。

新西兰

杂志全称　New Zealand Security Magazine
中文名称　新西兰安防杂志
简　　介　发布新西兰安防行业最新动态，争做新西兰国内最权威安防杂志。
宣传语言　英语
总　　编　Keith Mexsom
网　　址　www. newzealandsecurity. co. nz
出 版 商　Chaca Consultants
栏目设计　keith@ newzealandsecurity. co. nz
电子邮件　封面故事、编者感言、行业聚焦、行业要闻、旧版回顾、新产品展示。

以色列

杂志全称　Security View
中文名称　安防观察
简　　介　以色列国内最具权威性的安防杂志，由以色列安防协会发行，为国内安防企业提供专业的行业资讯和公司新闻，关注各会员单位最新动态，协助各企业宣传最新发布的产品。
宣传语言　英语
网　　址　www. saimanews. com
出 版 商　The Iris Security Industry Association（以色列安防协会）
栏目设计　封面故事、会员新闻、赞助商计划、案例分析、培训、专栏、行业新闻、会员单位目录。

挪威

杂志全称　The Journal of Data Protection & Security
中文名称　数据防护与安全日报
简　　介　创刊于挪威，旨在加强并促进数据防护与安全行业专家与实际使用者之间的联络，以最快速度发布行业内新闻动态，方便用户对其数据进行实施防护。
宣传语言　英语
总　　编　Willy Susilo
网　　址　www. merlien. org/oj/index. php/JDPS
出 版 商　Merlien
电子邮件　info@ merlien. org

中东

杂志全称　Middle East Security
中文名称　中东安防杂志
简　　介　中东地区主要安防出版物，旨在为当地安防分销商、规划商和建筑安装商提供专业安防信息的双月刊物，拥有超过 45，000 个读者。
宣传语言　英语
网　　址　www. securitymiddleeastmagazine. com
出 版 商　Publications International Ltd
栏目设计　封面故事、安防要闻、金融视点、会展信息、热点产品、供应商名录。

亚洲

杂志全称　Digital Media News for Asia
中文名称　亚洲数字媒体
简　　介　地区专业性在线安防数字媒体，提供在线新闻专栏和订阅服务，传播范围为整个欧洲大陆的数字媒体安防市场，并作为 DMEUROPE. COM 姊妹网站，向亚洲地区传播欧洲同行业信息。同时，作为独立的数字安防信息服务提供商，向行业企业和个人提供技术咨询、业务及政策前沿。
宣传语言　英语
总　　编　Partha Bhattacharyya.
网　　址　www. digitalmediaasia. com
出 版 商　DME. Ltd
电子邮件　editor@ digitalmediaasia. com

中国（台湾）

杂志全称　A&S International
中文名称　A&S 国际版
简　　介　1997 年创立，为读者提供国际安防资讯，包括安防产品信息、最新各国市场动态、以及全球安防产业趋势等，接触的产业包括监控、门禁、生物辨识、防盗、家庭自动化、对讲、系统整合等。
宣传语言　英语版本

网　　址　www. aboutasgroup. com/media/mag_ I_ circulation. asp
出 版 商　New Era International Inc
栏目设计　产品开发、垂直市场分析与特征、国家报告、亚洲100、产品资讯、产业新闻、研究案例。
电子邮件　editor1@ asmag. com

韩国

杂志全称　Security World INT' L
中文名称　安防世界杂志（国际版）
简　　介　创刊于韩国，分为印刷版和数字版两种，读者可以在线通过web浏览器进行阅读，为国际安防产品采购商提供最新供应信息和产品信息，促进亚洲安防产品更快地走出去。
宣传语言　英语
总　　编　Michael Fickes
网　　址　www. securityworldmag. com
出 版 商　Infothe Media Group
栏目设计　封面人物、安全简讯、安全焦点、技术前沿、热点产品、谁掌权、采购商指南。

法国

杂志全称　MAGAZINE APS - Alarmes Protection Sécurité
中文名称　报警/防护/安全杂志
简　　介　创刊于法国，是安全防范领域的法语月刊，每年10期，每期印刷量6000—8000册，内容涉及安全和消防两大方面。在安全方面的内容有：反恐，线缆/能量/照明，危机管理的控制/培训/分析，探测/盗窃，入侵/报警，识别，入口控制，媒体/机构，电信安全，保安，安全化运输，独立劳动者保护，周界防护，信息安全，机械及物理安全，装甲车辆装备，锁具，电信，传输/网络，视频监控；在消防方面涉及：吸气、消烟和通风设备，线缆，能量，照明，分隔技术装备，防火处理，火灾探测，报警，固定和移动灭火装置，干预及救援器材和装备，媒体和机构。该刊提供精炼的国内外市场情报以及技术和安全问题的详尽论述；根据读者的不同阅读水平，通过蓄意犯罪技术档案、消防技术、部门调查和专题栏目：新闻、互联网、产品等，提供满足读者需求的各种信息。
宣传语言　法语
主　　编　Christophe Lapaz
网　　址　www. publications - aps. com
出 版 商　Reed Expositions France
电子邮件　christophe. lapaz@ reedexpo. fr

杂志全称　Sécurité Privée
中文名称　私人安全杂志
简　　介　该杂志每季度发行5000册，探索和分析私人安全行业的焦点问题，破解、审视和评论市场的主要经济和金融趋势。它的法律专栏向专业人员提供有关法律问题和判例的见解和建议。它通过专家和知名人士意见的信息汇总阐述好的做法，提供重实效的具体实践参考。它以革新的视角对信息进行处理，公布的信息清晰准确。它的读者是安全行业的客户或者服务提供商，顾问或者忠告者，领导人或者管理人员，在公共或私人领域从事安全活动的人员。
宣传语言　法语
主　　编　Sandrine Legrand - Diez
网　　址　www. securite - privee. org/ - magazine - securite - privee - . html
栏目设置　快镜、特别案卷、城市安全特别备忘录、培训,、四海为家、为您阅读。
电子邮件　sld@ fluide - com. fr

第七节　国外安防展会信息

展会名称	时　　间	地　　点
2009年中东国际安防设备与技术展览会（Intersec Middle East）	2009年1月18日至20日	阿联酋迪拜
2009第八届阿拉伯国际安防、消防及工业安全科技展	2009年2月15日至18日	沙特利雅得
2009年第三届印度国际安防展	2009年2月23至26日	印度班加罗尔

展会名称	时　　间	地　　点
2009葡萄牙国际工作安全与安防博览会	2009年3月18日至21日	葡萄牙里斯本
2009年美国国际保安产品展览会（2009 ISC WEST）	2009年4月1日至3日	美国拉斯维加斯
2009年莫斯科公共安全产品展览会（MIPS 2009）	2009年4月13日16日	俄罗斯莫斯科
第七届墨西哥国际安防产品展览会（EXPO SEGURIDAD 2009）	2009年4月21日至23日	墨西哥墨西哥城
2009年英国国际安全与消防技术及设备展览会（IFSEC 2009）	2009年5月11日至14日	英国伯明翰
2009年巴西国际安全展览会（EXPOSEC）	2009年5月12日至14日	巴西圣保罗
2009年第16届南非国际安防展	2009年6月25日至27日	南非桑顿
第二届越南国际安全及消防设备展览会	2009年9月17日至19日	越南胡志明
2009年第七届俄罗斯（莫斯科）国际安防展	2009年9月8日至11日	俄罗斯莫斯科
2009法国电子安全防护展	2009年9月25日至27日	法国巴黎
2009年美国安全及劳保用品展	2009年10月26日至28日	美国奥兰多
2009美国纽约国际保安产品展览会	2009年10月28日至29日	美国纽约
2009年印度国际安全科技及保安产品展	2009年10月29日至31日	印度新德里
2009德国杜塞尔多夫安全及劳保用品展览会	2009年11月3日至6日	德国杜塞尔多夫
2009第五届印度（孟买）国际安防展	2009年11月5日至8日	印度孟买

附　录

第十七章　大事记

《年鉴》大事记的素材主要是由公安部科技信息化局和各省、自治区、直辖市公安技防管理部门以及安防行业社团、标准化、认证、检测等中介组织机构提供的。在此基础上，经过编辑组的遴选、梳理、编纂而成本版《年鉴》大事记。需要说明的有两点：一是在上述过程中，就内容取舍、事件描述等问题，征求并采纳了中国安全防范产品行业协会专家委各专业组部分专家的意见；二是在素材的遴选上，主要收录了能够收集到的业内重大事件，同时，还吸纳了一些对行业发展具有特定影响力的事件。由于资源、渠道、时间等条件所限，本版大事记难免有所不足，敬请谅解。

第一节　技防管理大事记

2008年8月27日

中共浙江省委办公厅、浙江省人民政府办公厅转发了省公安厅、省社会治安综合治理委员会办公室《关于加强全省社会治安动态视频监控系统建设的意见》的通知。省两办文件从贯彻落实省委、省政府《关于全面改善民生促进社会和谐的决定》（浙委［2008］38号）和省委办公厅、省政府办公厅《关于保障民安促进社会和谐稳定的意见》（浙委［2008］40号）精神入手，大力推进以治安动态视频监控系统建设为重点的科技防范工作。

2008年9月

上海市公安局安全技术防范办公室印发《本市安防工程用高压电子脉冲式探测器通用技术要求》[沪公技防（2008）0013号]，对上海市安防工程用高压电子脉冲式探测器（俗称脉冲电子围栏）的组成、性能、功能及安装作了规范。该技术要求自2008年12月1日起正式实施。

2008年9月

为进一步推进视频监控系统建设，广东省公安厅决定在全省公安机关全力推进、加快实现“视频监管一网控”构建工作。“视频监管一网控”就是通过建立覆盖重点区域、重点部位、重点场所的视频监控网络和重要道路上的治安卡口系统，建立省、市、县（区）三级联网的视频监控中心，实现全省视频监控系统“资源共享，互联互控”、“一点布控，全网响应”，达到对社会治安动态掌控和对违法犯罪精确打击的目标，构建新型社会治安防控体系，全面提升公安机关防范控制、打击犯罪和维稳处突能力。

2008年9月

辽宁省鞍山市视频监控报警系统工程通过公安部检测验收，顺利完成“3111”试点城市建设任务。

2008年9月4日

天津市科委组织本市刑事技术、计算机、安全防范等领域的专家，对天津市公安局科技处研发的《机动车号牌抓拍识别联网比对报警系统》项目进行科技成果鉴定。鉴定委员会听取了课题组所做的《工作报告》、《技术报告》、《应用报告》及《科技项目查新报告》，观看了系统应用演示，审查了鉴定资料并对有关问题进行质询，专家一致同意该课题通过鉴定，认为该系统设计科学，效能显著，在技术和功能上具有国内领先水平。

2008年9月8日

公安部科技局组织召开“十一五”国家科技支撑项目“社会治安动态预警、综合防控技术体系研究与示范”中期检查会议。刘烁副局长、李杰祥、李明甫处长及专家组同志参加会议。会议听取了“社会治安动态监测、预警防范、综合处置系统集成技术研究与示范”课题组和“社会治安动态预警、综合防控技术体系研究与示范”项目组的汇报。刘烁副局长要求项目承担单位要进一步加强紧迫感，贴近实战，做好课题间的协同性，尽早将研究成果服务基层、服务一线。

2008年9月10日

公安部科技局在北京市召开“城市报警与监控系统建设模式研究”等7个部级技防科技专项的项目验收会。专家组在仔细听取项目组汇报、审阅相关技术资料、质询、讨论后，认为课题研究成果提出了城市报警与监控系统建设中规划、设计、运行、管理、应用和实战等方面的要求及具体方法，较好地解决了科技强警和平安城市建设中提出的若干迫切需要解决的重大问题，具有突出的创新性和实用性，为下一步推动城市报警与监控系统的持续、健康发展打下良好的基础，同意通过验收。

2008年10月7日

北京安全防范职业技能培训学校经北京市劳动和社会保障局批准正式成立。学校主要承担安全防范设计评估师（三级、二级）、安全防范系统安装维护员（蓝领）的新职业培训。北京安全防范行业协会利用专家委员会的资源优势，负责对安防企业的在职专业技术人员以及相关专业应届大学毕业生及社会就业人员进行培训，促进了安防技术人员管理工作的正规化发展。

2008 年 10 月 9－10 日

内蒙古自治区公安厅在鄂尔多斯市召开了科技防范暨监控报警系统建设现场会。会上，内蒙古自治区综治办、公安厅联合表彰了科技防范和监控报警系统建设工作先进集体和先进个人，鄂尔多斯市公安局等七个单位进行了大会经验交流，会议部署了今后一个时期内蒙古自治区科技防范和监控报警系统建设工作。内蒙古自治区副主席连辑，自治区主席助理、公安厅党委书记、厅长赵黎平，公安部科技局副局长谭晓准等有关领导出席会议。

2008 年 10 月 11－12 日

公安部科技局在山东省青岛市召开安全技术防范管理立法工作座谈会。国务院法制办政法司司长李建，公安部科技局局长王俭、副局长谭晓准，公安部法制局副局长高绪文，山东省公安厅副厅长朱有林，青岛市公安局局长赵春光、副局长杨加平，青岛市人民政府法制办副主任李少波等领导出席会议。会议听取了公安部科技局关于安全技术防范管理立法工作、青岛市公安局关于奥运安保工作、山东省公安厅关于安全技术防范管理工作等的情况介绍，实地考察了青岛市的安全技术防范工作。李建司长、王俭局长分别在会上作了讲话。

2008 年 10 月 10 日

为表彰先进，鼓舞士气，北京市公安局对安防系统圆满完成北京奥运会、残奥会安保工作，取得优异成绩的集体和个人进行表彰。授予 10 个单位“公安技防监管部门先进单位”、授予 10 名个人“公安技防监管部门先进个人”、授予 21 个单位“技防系统‘保奥运安全’达标优秀单位”。

2008 年 10 月 10 日

公安部、科技部联合授予天津等 38 个城市“科技强警示范城市”称号，并要求全国各级公安机关认真学习借鉴科技强警示范城市的经验，切实加强领导，努力抓好科技强警各项工作。

2008 年 4－11 月

上海市公安局安全技术防范办公室组织全市各分（县）局、市局有关单位、有关公安处（局）内保民警，以及全市派出所社区民警进行技防专业基础知识培训。共有 4336 位民警参加了培训，其中社区民警 4049 人，内保民警 287 人。

2008 年 11 月

上海市公安局安全技术防范办公室对上海仕韵电子有限公司未经公安机关核准，从事安装、维修技防产品的违规行为进行处罚（罚款 8000 元），并在全市予以通报。

2008 年 11 月 4 日

公安部科技局在北京组织召开《安全技术防范管理条例》修改工作座谈会。来自广东、内蒙古、重庆、北京、青岛省、市、自治区人大及政府法制工作部门的领导、专家，部分已出台安防地方法规的公安部门专家，以及条例起草小组成员 20 多人参加了会议。与会代表围绕立法定位、框架结构以及实施细则的制定等进行了认真讨论，并针对一些具体条款提出修改意见。

2008 年 9－10 月

上海市公安局安全技术防范办公室对依据新的国家标准进行型式检查合格的硬盘录像机核发《生产登记批准书》。

2008 年 12 月 7－10 日

公安部科技信息化局在北京举办全国安全技术防范管理干部培训班。谭晓准副局长出席开幕式并讲话，安全技术防范工作指导处李明甫处长做了近年来安防工作的总结报告。来自各省、自治区、直辖市公安厅、局及省会市、计划单列市公安局等单位的 100 余名技防管理干部参加了培训。

2008 年 12 月

上海市公安局安全技术防范办公室向本市 585 家技防从业单位发出了《2008 年度技防管理工作征询意见表》，请技防从业单位以无记名方式，对全市技防管理部门的工作做出评价。经统计，从业单位对市局及分县局技防办的管理工作的满意率达 96.6%，其中市局技防办和卢湾等 8 个分县局技防办的满意率保持 100%。

2008 年 12 月 15 日

浙江省公安厅安全技术防范管理办公室组织全省有关技防管理干部、安防协会和相关专家，对全省一级资信等级的企业进行了实地考核。这次考核均采取组织异地人员实施，考核内容主要包括注册资金、工程业绩、人员管理、技术装备、工作场地、质量管理体系六个方面。本次实地考评 46 家企业，其中符合一级资信等级条件的有 12 个单位；基本符合一级资信等级条件有 29 个单位；4 家企业需进一步整改缓发证书；1 家企业取消一级资质资格。

2008 年 12 月 24 日

广东省社会治安视频监控系统建设协调领导小组印发了《广东省社会治安视频监控系统建设三年规划（2008 年－2010 年)》，进一步确定了广东省社会治安视频监控系统的总体目标，并对建设原则、建设任务、建设指标和人、进度要求和保障措施提出了具体的要求。

2008 年 12 月 30 日

公安部科技信息化局下发《关于印发 <全国公安机关科技管理部门开展“全国公安民警大走访”爱民实践活动工作方案>的通知》（公科传发［2008］87 号)。通知指出，为深入贯彻落实“全国公安民警大走访”爱民实践活动电视电话会议精神，更好地发挥安全技术防范工作在服务经济发展、保障民生，积极构建和谐的警民关系，促进社会和谐稳定中的作用，公安部科技信息化局决定从 2008 年 12 月 25 日起至 2009 年 3 月底，在全国公安机关科技（技防）管理部门中组织开展安全技术防范企业大走访的爱民实践活动。

2009 年 1 月 6 日－3 月 15 日

辽宁省公安机关科技（技防）管理部门组织开展了对安全技术防范企业大走访的爱民实践活动。全省各级公安机关技防管理部门的领导干部在思想上高度重视，带头深入企业，向企业宣传安全技术防范知识，提高企业的安全防范意识。与企业领导、职工面对面地进行沟通、交流，帮助企业解决实际问题。通过大走访活动，进一步了推动安全技术防范工作的发展，构建和谐的警民关系，促进社会和谐稳定。

2009 年 1 月 4 日

天津市公安局公布了2008年度科研成果获奖项目名单，市公安局2项科研成果分别荣获公安部科学技术进步三等奖、天津市科学技术进步二等奖。其中，由市公安局行动技术总队研究的“SJZX信息管理系统”科研成果，经公安部科学技术奖评审委员会评审和公安部批准，荣获2008年度公安部科学技术进步三等奖。由市消防局与天津工业大学、天津理工大学合作研究的“天津市消防防灾减灾与远程监控系统的研究与应用”科研成果，经天津市科学技术奖评审委员会评审、天津市科学技术委员会审核、市人民政府批准，荣获2008年度天津市科学技术进步二等奖。

2009 年 1 月 7 日

国务院办公厅下发《国务院办公厅关于印发国务院2009年立法工作计划的通知》（国办发［2009］2号）。由公安部科技信息化局负责起草的技防行政法规-《社会治安技术防范条例》被列入到国务院2009年立法工作计划之中。

2009 年 1 月 7 - 8 日

公安部科技信息化局党委书记王俭走访了深圳市的部分安防企业，李彤处长、李明甫处长、深圳市公安局科技处刘士驻副处长等一同前往。王俭书记一行参观了企业的办公大楼、产品展示厅和生产车间，听取了企业负责人就公司发展概括、技术优势、发展方向以及金融危机对企业的影响等情况的工作汇报，重点了解企业应对金融危机采取的对策以及目前遇到的主要困难和建议。王俭书记在走访中指出，在当前金融危机影响日益深入的情况下，公安部科技信息化局将在力所能及的范围内积极争取政策倾斜，一如既往地支持安防行业的稳步健康发展。

2009 年 1 月 12 日

浙江省公安厅安全技术防范管理办公室按照公安部的总体部署和要求，在对全国安全技术防范行业的企业、用户进行大走访的活动中，并印发了企业问卷调查表。这次活动的目的为深入学习实践科学发展观，认真贯彻落实党的十七届三中全会和中央经济工作会议关于维护社会稳定的部署和问政于民、问需于民、问计于民的要求，更好地服务经济发展、保障民生，积极构建和谐的警民关系，促进社会和谐稳定，为进一步了解民意，掌握企业动态，帮助企业克服困难，度过难关，改进和加强安全技术防范管理工作。用问卷调查表方式，向企业征求意见建议的一个方法。

2009 年 1 月 15 日

天津市公安局科技处按照市局“公安民警大走访”活动部署，邀请安防企业代表进行座谈。处长李庆生主持会议，市局技防办和天津市部分安防企业单位负责同志参加了会议。会上，科技处处长李庆生同志简要介绍了当前安防工作发展形势、本市技术防范建设管理和公安机关服务企业工作情况。与会企业负责同志充分肯定了近年来本市技术防范工作取得的显著成就，并对公安机关服务经济大局，主动支持企业发展的做法表示感谢。会议广泛征求了代表企业的意见，认真分析了制约本市安防企业发展的问题，并就公安机关服务企业发展进行了研讨。

2009 年 1 月 15 日

《广东省公共安全视频图像信息系统管理办法》（以下简称《管理办法》）顺利通过广东省政府常务会议。《管理办法》规范了广东省公共安全视频图像信息系统建设的范围和要求、建设和使用单位的权利、义务以及对公民隐私的保护等问题，以实现资源的有效整合，提高行政效能，减少管理成本，保障公民、法人和其他组织的合法权益。

2009 年 1 月

上海市公安局安全技术防范办公室完成上海市地方标准《重点单位重要部位安全技术防范系统要求》第12部分《通信单位》和第13部分《枪支弹药生产、经销、存放、训练场所》的报批工作。上述标准经上海市质量技术监督局审查批准正式发布。

2009 年 1 月 21 日

浙江省社会治安综合治理委员会办公室和省公安厅发出了《关于全省社会治安动态视频监控系统建设情况通报》浙综委办［2009］4号。《通报》肯定了成绩，指出了在各级党委、政府、综治、公安、城管、环保等相关职能部门的共同协作和努力下，截止2008年11月底全省县（市、区）已全部建立了社会治安动态视频监控系统。《通报》同时指出了存在的主要问题，提出了下一步的工作要求。

2009 年 1 - 3 月

上海市公安局安全技术防范办公室根据公安部科技信息局有关工作要求，组织全市技防管理部门开展“全国公安民警大走访”爱民实践活动，共出动警力1360余人次，走访技防产品生产企业和技防工程从业单位248多家，深入技防施工工地120余处，回访技防用户85家，排除不安全隐患56处，落实整改措施31处，共收集到各种意见、建议39条。

2009 年 2 月初

贵州省公安厅安全技术防范管理办公室制定《2009年度全省公安信息化建设与应用的考核标准“城市报警与监控系统”部分》。

2009 年 2 月 12 日

天津市公安局科技处召开“保增长、渡难关、上水平”服务安防企业发展工作部署会。会上，科技处处长李庆生同志传达了市委和市局会议精神，结合科技处工作职能和实际情况，组织与会人员研究制定了4项服务安防企业、促进经济发展的新举措。举措要求：一是支持安防优秀骨干企业，大力扶持安防困难企业；二是每季度组织召开一次安防企业产品质量分析会；三是提高行政审批效率和服务水平；四是开展安防企业技术咨询和标准宣贯活动。

2009 年 2 月 20 日

公安部科技信息化局下发《关于上报农村技防工作调

研报告的通知》（公科信传发［2009］40号）。通知指出，为深入研究经济社会发展给农村地区社会治安带来的新情况，准确把握农村地区广大人民群众对技防工作的新要求，更好地为社会主义新农村建设和“三项建设”服务，公安部科技信息化局将对各地农村技防工作的情况及打算进行深入调研，要求各省围绕农村地区对技防工作的需求情况、农村地区技防工作的现状、对做好农村地区技防工作的思路与措施三个方面对本地农村技防工作的开展情况进行调研并上报情况。

2009年2月20日

公安部科技信息化局下发《关于组织开展“实践科学发展观，为安全技术防范工作献计策”征文活动的通知》（公科信传发［2009］41号）。通知指出，为深入开展学习实践科学发展观活动，推进“三项建设”，不断增强安全技术防范工作服务公安工作、服务人民群众的能力与水平，公安部科技信息化局将于2009年3月至10月举办“实践科学发展观，为安全技术防范工作献计策”的征文活动，以“实践科学发展观，为安全技术防范工作献计策”为主题，围绕六个方面，研究和探索开展安全技术防范工作的思路、具体措施和工作机制。

2009年2月24日

公安部科技信息化局下发《关于评选城市报警与监控系统建设工作成绩突出的集体和个人的通知》（公科信传发［2009］47号），决定在全国公安机关开展对在城市报警与监控系统建设工作中做出突出成绩的集体和个人进行表彰的活动，从县级以上公安机关和部属两个研究所参与城市报警与监控系统建设工作并取得突出成绩的内设单位和个人中评选集体40个、个人100名。

2009年2月23－27日

公安部科技信息化局安全技术防范工作指导处李明甫处长一行会同河南省公安厅陈志中副厅长、科技处王锡崇处长等领导，赴河南省漯河、洛阳、郑州等市调研农村技防工作情况。调研组一行实地考察了13个派出所、社区（农村）警务室，走访了5家农户，初步对河南农村地区技防设施的建设、应用情况进行了调研，掌握了农村地区技防系统在预防、打击犯罪和维护治安稳定工作中的效果。

2009年2月24日

广西自治区公安厅科技处在南宁召开全区安防企业座谈会。出席座谈会的有南宁、柳州市公安局技防办的领导，以及来自全区43个安防企业负责人共56人。会上，首先由区厅科技处张凡夫副处长简要回顾了全区公安技防管理情况并提出了今年的工作打算；接着由广西安防工程企业资质评定中心冯宗由副主任简要通报了全区资质评定试点工作进展情况；随后科技处肖增敏处长指出：各级技防管理部门要发挥积极职能作用，主动为行业服务。会议达到了预期效果。

2009年2月26日

河北省公安厅安全技术防范管理办公室成功举办了“2009第八届河北社会公共安全产品博览会”。

2009年3月1日

广东省公安机关技防管理部门完成互联网资源优化整合，正式开通省属企业办理《安全技术防范产品生产登记批准书》、《广东省安全技术防范系统设计、施工、维修资格证》以及外省企业办理备案证的网上办理业务，实现了部分技防业务“便民措施一网办”。

2009年3月

重庆市公安科技管理部门组织了部分在渝安防产品企业进行产品自愿检测并下发检测情况通报。

2009年3月5日

陕西省公安厅科技处会议室召开了“省级视频监控与报警系统平台建设方案”首次论证评审会。参加会议的有厅科技处、信通处、网监总队、指挥中心、装行处财的有关领导和工作人员以及陕西省建筑弱电委员会、兵器工业第212研究所、中国航空工业集团公司第631研究所的有关技术专家。

2009年3月5日

公安部科技信息化局在北京召开立法座谈会，会同国务院法制办政法司对《社会治安技术防范条例》涉及的重点问题及条文进行研究和修改，在法规立法定位、起草思路、框架结构及需要明确的重点内容等方面达成共识。

2009年3月12日

天津市公安局科技处于2006年组织开展的市级科技攻关重点科研项目《GPS＋GSM双技术定位跟踪系统研究》，经实战应用，顺利通过了市科委组织的科研成果验收。

2009年3月中旬

贵州省公安厅安全技术防范管理办公室修订并发布了《贵州省安全技术防范管理执法执勤规范》。

2009年3月16日

天津市公安局科技处在完成市级科技攻关重点科研项目《GPS＋GSM双技术定位跟踪系统研究》研发工作的基础上，科技处研发的局级科研项目《技防网警务视频追踪系统》通过市科委组织的科技成果鉴定。

2009年3月

上海市公安局安全技术防范办公室起草了《上海市农村地区技防工作调研报告》报上海市公安局科委。报告将上海农村地区分为纯农村地区和城镇化农村两种类型，对上海农村地区技防工作的现状、存在问题，以及做好农村地区技防工作的思路和措施进行了探讨。

2009年3月19－20日

山东省公安厅科技处在济南举办了全省安全技术防范管理干部培训班。青岛理工大学等单位的教授、专家讲授了安全技术防范系统主要技术及标准介绍了平安城市发展趋势、技术应用等情况。全省技防管理干部70余人参加了培训。

2009年3月下旬

贵州省公安厅安全技术防范管理办公室认真做好对贵

州省人大代表、省政协委员关于“加强建立健全治安防控监测点”建议（提案）的回复工作。

2009 年 3 月 20 日

陕西省公安厅技防办、省安防协会共同组织召开了安防产品驻陕销售总代理、办事处负责人工作座谈会。会议主题是为深入贯彻落实《陕西省安全技术防范条例》，规范陕西安防销售市场，进一步办好陕西安防网，充分发挥信息网络功能作用。

2009 年 4 月 2 日

公安部科技信息化局下发《关于印发城市报警与监控系统建设、管理、应用规范性文件的通知》（公科信［2009］31 号），下发包括《城市报警与监控系统建设模式分类指南》、《城市报警与监控系统建设安全风险与防护工作指南》、《城市报警与监控系统安全使用工作规范》、《城市报警与监控系统前端选点、设置程序与办法》、《城市报警与监控系统实战应用指南》在内的系列规范性文件，用以指导各地城市报警与监控系统的建设、管理和应用。

2009 年 4－6 月

天津市公安局科技处在 2009 年第二季度集中开展了流通领域防盗安全门产品质量专项检查工作。检查范围涉及全市各区县，市局科技处组织分局技防管理部门统一行动，并集中力量进行重点检查。期间，先后对部分品牌防盗安全门进行了 11 批次抽样检查，并经委托质检机构检验依照国家标准 GB17567－2007《防盗安全门通用技术条件》进行质量检验。对于检查中发现的问题，天津市公安局科技处已依法作出处理，并对检查中发现的利用“钢质门”“金属门”冒充“防盗安全门”的行为进行批评教育。

2009 年 4 月 9 日

重庆市下发《中共重庆市委重庆市人民政府关于建设平安重庆的决定》。

2009 年 4 月 10 日

武汉市公安局召开《武汉城市视频监控系统建设总体方案》评审会。会上，评审专家组听取了《武汉城市视频监控系统总体方案》设计思路、建设内容的介绍，对相关问题进行了质询。经深入讨论，评审专家一致认为该设计方案可行，并提出了修改意见。公安部科技信息化局谭晓准副局长出席会议并讲话。武汉市委常委、政法委书记、市公安局局长胡绪鹍，市公安局副局长关太兵及相关领导参加会议。

2009 年 4 月

上海市公安局安全技术防范办公室以规范性文件的形式出台了《张力式电子围栏入侵探测装置技术要求》。该文件要求：自 2009 年 5 月 1 日起，凡在上海市生产、销售的张力式电子围栏入侵探测装置，都应持有法定检测机构按照上述《技术要求》检测合格的型式检验报告，国内企业还应取得《安全技术防范生产登记批准书》。

2009 年 4 月

上海市公安局安全技术防范办公室印发《关于对公安部 2008 年度社会公共安全产品质量行业监督抽查不合格技防产品的通报》，通报结果为不合格的技防产品，并严禁其在上海市技防工程和重点单位重要部位内安装、使用。

2009 年 4 月 15 日

上海市公安局安全技术防范办公室会同世博局安保部隆重举行“上海市公安局技防专家聘任仪式”。此次共聘任了 58 名技防专家，这批专家将在世博筹备、运营期间将配合全市各级公安技防管理部门和世博局安保部做好全市重点单位、重要部位及世博园区技防工程的评审验收工作。

2009 年 4 月 19－20 日

广东省安全技术防范专家库成立仪式暨专家培训班在深圳市举行。广东省安全技术防范专家库由我广东省行政机关、科研院所、高校、安防企业等单位 201 名专家学者组成。目前，专家库按《广东省安全技术防范专家库管理规定（试行）》进行管理。

2009 年 4 月 27 日

公安部政治部下发《关于对全国公安机关城市报警与监控系统建设成绩突出集体和个人予以表扬的通报》（公人传发［2009］105 号）。通报指出，自 2004 年以来，公安部在全国 473 个地方公安机关部署开展了以社会面、重要卡口、人员密集地等公共场所为重点的城市报警与监控系统试点建设。各级公安机关科技信通（技防）管理部门和广大公安民警按照公安部的统一部署要求，坚持因地制宜、因情施策，精心制定规划方案，克服各种困难，狠抓工作落实，取得了显著成效，为在全国范围内迅速开展城市报警与监控系统建设发挥了重要作用，为维护社会和谐稳定、防范打击违法犯罪作出了积极贡献，涌现出一大批成绩突出的集体和个人。为表彰先进，鼓舞士气，公安部政治部决定对在全国公安机关城市报警与监控系统建设中成绩突出的北京市公安局内部单位保卫局等40个集体和王向宇等100名个人予以通报表扬。

2009年4月29日

黑龙江省安全技术防范建设领导小组在黑龙江公安厅组织召开了推进落实全省安全技术防范建设三年规划电视电话会议。黑龙江副省长、公安厅党委书记、厅长孙永波，黑龙江委政法委副书记、省综治办主任马明武，省公安厅党委副书记、常务副厅长高德林，省市县三级政法委、综治办和安全技术防范建设领导小组各成员单位的领导同志，黑龙江全省各级公安机关主要领导和相关部门的同志参加了会议。会议由马明武同志主持。

2009年5月1日

天津市公安局科技处科技处组织消防局、公交分局及地铁涉设计施工单位对2006年发布实施的天津市强制性地方标准《地铁安全防范系统技术规范》（DB12/289－2006）进行了修订。该标准修订后已经天津市质量技术监督局批准发布，并于2009年5月1日起正式实施。

2009年5月

河北省公安厅安全技术防范管理办公室组织了全省安防企业的设计、施工、维修技术培训。

2009年5月

重庆市政府制定并下发《平安重庆建设规划》和《平安重庆建设目标体系》。

2009年5月1－10日

贵州省公安厅安全技术防范管理办公室派员参与省主管部门举办的电子行政监察系统培训，推进贵州省技防管理电子警务建设。

2009年5－7月

重庆市局科技通信处会同市安防协会组织开展了“科技成果利警惠民巡回展”活动。

2009年5月13日

安徽省公安厅组织召开全省社会治安视频监控系统建设和应用推进大会。省委常委、政法委书记、公安厅厅长徐立全等有关领导出席会议。公安部科技信息化局技防工作指导处处长李明甫参加会议并讲话。安徽省各地市公安局分管副局长、科技科（处）长、技防办主任，3111工程试点县（市、区）公安局、科技强警示范县（市、区）公安局局长共100余人参加会议。

2009年5月

安徽省公安厅表彰全省公安机关城市报警与监控系统建设先进集体和先进个人，共有8个集体、20名个人获得表彰。

2009年5月14－15日

湖北省公安机关视频监控系统建设工作会议在孝感市召开。公安厅副厅长尚武、喻春祥以及各市、州、县（市、区）公安（分）局分管局长出席会议，湖北省公安机关各级视频监控系统建设工作办公室负责人等共计190余人参加了会议。会议介绍了孝感等地的相关工作经验与做法，总结了2008年以来全省社会治安视频监控系统建设情况，提出了继续深入推进全省社会治安视频监控系统建设的措施。

2009年5月

上海市公安局安全技术防范办公室组织全市技防工程从业单位召开动员大会，部署“迎世博保安全”技防工程自查自纠工作。会议要求，从会议召开之日起至2010年11月底，上海市各技防工程从业单位应对本单位尚在保修期内或维护保养合同期内的技防工程进行每月一次的自查自纠兼维保工作，确保世博期间，上海市在用技防设施的正常运行。

2009年5月19日

公安部科技信息化局安全技术防范工作指导处在宁夏银川市组织召开专家论证会。其间，参会专家考察了宁夏公安厅指挥中心、高速公路交警监控中心和银川市公安局指挥中心，了解了基层需求和已建报警监控系统的现状，听取了“宁夏公安厅报警监控综合应用系统”、“宁夏高速公路电子监控管理系统一期工程完成情况和二期项目设计”、“银川市公安局城市综合监控报警联网系统”三个方案的汇报，并进行了相关论证。经过论证，参会专家一致对上述三个方案予以认可。

2009年5月21－23日

第九届上海社会公共安全产品国际博览会成功举办。本届博览会汇聚了国内外近250家在行业中最具代表性的厂商生产、销售的安防产品，展出面积达12740平方米，近2万人参观了本次展会。

2009年6月

海南省公安厅全面启动海南安防协会筹建工作，并已得到省民政厅《关于同意海南省安全技术防范行业协会开展筹备的批复》（琼民管登字［2009］124号）文件。公安厅副巡视员、筹备组组长冯学军率队一行三人赴浙江、福建省、厦门安防协会省开展调研取经活动。

2009年6月3日

“广东省高校科技创安安防工作会议”在广州凤凰城举行，全省公安机关技防办、省教育厅领导及有关部门、124所高校保卫处负责人、省内国内100多家知名安防企业等参加了会议，会议部署了在我省高校深入开展科技创安安防工作。会后，由省公安厅与教育厅联名下发了相应的活动方案，就进一步加强全省高等院校安全技术防范工作，促进高校安全技术防范措施落实提出了具体要求；省质监局出台了《高等院校安全防范工程技术规范》。

2009年6月

上海市公安局安全技术防范办公室印发《关于贯彻执行国家标准<脉冲电子围栏及其安装和安全运行>的通知》。

2009年6月16日

浙江全省技防干部培训、交流会在杭州华北饭店召开。会议交流了当前技防工作存在的困难与问题；针对技防产品管理、资信等级管理、《安全技术防范系统建设技术规范》等地方标准以及社会治安动态视频监控系统建设、管理、应用进行了培训和交流。省厅科技通信管理局孟涛局长到会并讲话。

2009 年 6 月 18 日

公安部科技信息化局谭晓准副局长，李明甫处长出席海峡社会公共安全项目成果对接签约仪式。本次对接成功并完成签约的项目成果是：福建省公安厅与福州大学关于工程硕士研究生培养协议、福建省公安厅与福建省空间信息工程研究中心战略合作框架协议、福建省警用地理信息基础应用平台项目合作协议、福建省公安信息网数据异地灾备系统项目合作协议、福建省公安厅科技处、莆田市公安局、中国电信福建省分公司、苏州科达公司关于城市报警监控系统标准化项目协议、福建西科姆电子有限公司与福清市、连江县保安公安关于城市报警监控系统项目协议。

2009 年 6 月 26 日

公安部科技信息化局组织了由中国安全防范产品行业协会承担的公安部重点攻关项目《防爆技术标准体系研究》验收评审会。科技信息化局重大科研项目管理处李杰祥处长主持了会议。受公安部委托，中国工程院院士徐更光、公安部反恐怖局处长胡晓敏，公安部第一研究所原所长傅森等 7 人组成专家组到会评审。项目负责人柳晓川理事长，项目组长李建平副秘书长及主要参研专家到会接受评审。

验收评审组专家听取了项目组汇报后，进行了质询和答辩，主要评审意见如下：一是该项目的实施过程是首次对我国防爆安检专业技术进行的一次全面调研；二是通过本项目研究，建立了我国的防爆技术的标准体系；三是项目组以技术标准文本的形式给出了定位于防爆产品第三方合格评定的《防爆产品合格评定通用准则》和两种探测类产品的检测细则；四是项目组完成了国内外防爆产品数据库网络平台的构建。项目研究也存调研活动侧重生产企业偏多，具体反映防爆安检工作一线的需求尚显不足等问题。

验收评审组专家一致认为：协会项目组依据《公安部重点攻关计划项目合同书》，完成了既定的科研任务，所提交的科研成果符合项目考核指标的要求；建议政府有关部门继续给予支持，细化《防爆技术标准体系》的研究和成果转化。

2009 年 7 月 21 日

天津市公安局科技处结合天津公安业务实际，研究提出了加强公安标准化工作的五项具体措施：一是加大标准宣传力度，提高全警标准化意识，加强标准化工作人员基础知识和专业技能的培训，夯实工作基础。二是发挥标准化工作主体作用，施行技术标准试点建设，重点引导消防、交通、刑侦等部门建立健全技术标准体系。三是加大信息化标准尤其强制性标准培训贯彻力度，强化监督检查，提高重点部门规范化管理水平，从而促进全局标准化工作的整体提升。四是加强窗口单位管理标准、工作标准的编制工作，推进执法工作规范化、服务工作标准化和管理工作正规化。五是建立市局标准化工作联席会议制度，整体协调和推动全局各部门标准化工作。

2009 年 7 月

上海市公安局安全技术防范办公室为贯彻国家标准《视频安防监控数字录像设备》，印发《关于印发〈上海综合型数字录像设备补充技术要求（试行）〉的通知》，对综合数字录像设备的相关技术要求作了详细规定。

2009 年 7 月 6－7 日

公安部科技信息化局党委书记王俭出席"中国 IP 视频监控技术发展战略研讨会"暨"平安北疆·和谐内蒙古"安防高峰论坛并致辞。内蒙古公安厅副厅长周黎明、公安部第一研究所副所长陈朝武等领导及内蒙古自治区各盟市、旗县公安局分管技防工作的局长、科技处（科）长、技防办主任和刑侦、技侦、网侦等有关警种的负责同志，以及国内外安防从业企业等共计 300 余人参加了会议。

2009 年 7 月 7 日

陕西省安全技术防范工作会议在西安隆重召开。此次会议经省委、省政府同意，由陕西省综治办和省公安厅联合组织召开。会议的主要任务是，贯彻落实中、省综治工作会议精神，对近年来全省技防系统建设工作进行回顾总结，对进一步深入实施《陕西省安全技术防范条例》，做好当前和今后一个时期的技防建设工作进行安排部署，是强力推进城市报警与监控系统建设工作，全面推动全省技防工作再上新台阶的一次推进会。

2009 年 7 月 13 日

江西省综治委在南昌市组织召开了全省视频监控"天网"工程建设工作会议。通过了《关于加快推进全省社会治安视频“天网”工程建设的实施意见》，决定江西省视频监控“天网”工程按照“综治牵头组织、电信建设维护、公安管理使用、政府分级投入”的思路和“统一标准、统一建设、统一管理、统一维护”原则进行建设。用1年半的时间，全面完成全省市、县两级监控中心、所有公共监控点建设和联网、社会监控资源整合接入、公安人脸识别、客流智能分析、车辆智能检测等应用系统融合等建设工作。

2009年7月24日

佳木斯市公安局召开了全市社会治安视频监控系统三期工程“建设推进部署会，会议由市局党委委员、副局长刘亚洲同志主持，各分局主管局长、消防支队副支队长及四城区大队长、指挥中心、科技（信通）支队等单位10余名领导参会。会上，指挥中心金亚军主任传达了佳木斯市社会治安综合治理委员会下发的《全市社会治安视频监控系统三期工程建设推进意见的通知》，刘亚洲局长就如何协调好、建设好、管理好、使用好视频监控系统做了重要讲话。与会人员认真学习、积极讨论，氛围浓烈。

2009年8月6－7日

全国城市报警与监控系统建设经验交流暨农村技防工作现场会在河南省郑州市召开。公安部科技信息化局谢毅平局长、谭晓准副局长出席会议并作了重要讲话，河南省公安厅李建中常务副厅长受秦玉海副省长委托出席会议并致辞，全国31个省、自治区、直辖市公安厅、局和新疆生产建设兵团公安局科技管理部门领导，省会市和副省级城市公安局分管安全技术防范工作的领导及已通过公安部专家组验收的部级城市报警与监控系统建设试点城市公安局的分管局领导共120余人参加会议。

2009年8月

广东省技防工作暨视频监控系统建设应用工作会议在东莞召开；广东省公安厅下发《关于进一步加强技防执法工作的意见》，部署了在全省公安机关技防管理部门开展技防执法活动。目前，广州、深圳、珠海、江门、清远等地均陆续开展了技防执法工作。

2009年8月14日

大庆市副市长、市公安局局长曹力伟在市政府会议室组织召开了全市城市报警与监控系统建设协调会，萨尔图区、让胡路区、龙凤区、红岗区、大同区等5个行政区政府和电业局、城管局、油田生产运行部、石化公司矿区事业服务部、油田通信公司、石化通信公司、广电集团等成员单位参加了会议。

2009年8月中旬

贵州省公安厅安全技术防范管理办公室派员赴九个地区检查指导城市报警与监控系统建设工作。

2009年8月25－26日

公安部科技信息化局在北京召开“十一五”国家科技支撑安防项目部分课题验收会（包括《社会治安动态防范系统中的信息传输、交换应用技术研究》，《社会治安动态防范系统中视频图像的智能分析处理应用技术研究》，《社会治安动态防范系统中生物特征识别应用技术研究》）。会议由科技信息化局重大科研项目管理处王新淮副处长主持，谭晓准副局长、安全技术防范工作指导处李明甫处长出席会议。验收组由中国矿业大学王汝琳教授任组长，成员由全国安全防范报警系统标准化技术委员会刘希清研究员等十一名专家组成。经过课题组的自陈述，验收组专家的质询、讨论，验收组一致认为三个课题均达到课题任务书的要求、课题资金使用合理、具有较好的成果推广前景，同意通过验收。科技部社会发展科技司闫金副司长出席验收会，对验收工作给予充分肯定，并希望公安部继续做好“十二五”国家科技支撑项目的各项工作。

2009年9月1日

公安部科技信息化局在中国人民公安大学组织召开“十一五”国家科技支撑安防项目“社会治安风险、动态预警、综合防控体系效能评估研究”和“典型社会公共场所突发事件应急处置关键技术研究”课题验收会。会议由科技信息化局重大科研项目管理处处长李杰祥主持，刘烁副局长、李明甫处长出席。验收组分别由中国矿业大学王汝琳教授和中国科学院范维澄院士任组长。验收组听取了课题组的自评估报告、研究报告、经费报告，审阅了课题申请材料并进行了质询，一致认为课题达到了任务书的要求、课题资金使用合理、具有较好的成果推广前景，同意通过验收。科技部社会发展科技司闫金副司长出席会议。他充分肯定了公安部的科研工作是科技部工作的重中之重，希望专家对“十二五”计划的编写提出意见和建议。刘烁副局长强调指出下一步工作重点是缩短成果推广周期，建立后评估机制，着重考虑科技支撑项目对公安工作的支撑。

2009年9月

广东省公共安全技术防范协会第一届会员代表大会第四次会议暨第二届第一次会议在广州举行，会议总结了协会以往的工作，并公布了协会未来三年的发展规划。此外，会议中从优秀的会员企业带头人中选举产生了两位副秘书长和十位常务副会长，完成了协会领导班子的新老交替。

2009年9月

安徽省公安厅科技处组织开展全省社会治安视频监控系统建设大会战专项检查。

2009年9月1－2日

山东省公安厅科技处在泰安市岱岳区召开了全省城市报警与监控系统建设座谈会暨农村技防工作现场会。会议传达贯彻了公安部全国城市报警与监控系统建设经验交流暨农村技防工作现场会、全国安防行业协会座谈会精神和厅领导有关指示；实地考察了岱岳区农村技防建设工作；座谈交流了开展报警与监控系统建设有关情况。

2009年9月10－11日

广西壮族自治区公安厅科技处在南宁市召开了全区公安技防管理暨城市报警与监控系统建设应用工作座谈会，传达贯彻全国城市报警与监控系统建设经验交流暨农村技防工作现场会议（"郑州会议"）精神，部署了城市报警与监控系统建设应用、农村技防等工作。各市公安局技防管理部门负责人、城市报警与监控系统建设与应用工作负责人共50余人参加了会议。

2009年9月14－15日

浙江省公安厅和浙江省综治办联合召开全省第三次社会治安动态视频监控系统建设与应用现场会。省政法委副书记、省综治办主任巫波伦，省公安厅党委副书记、副厅长张景华到会并作重要讲话。会上，台州市公安局、台州路桥区公安分局、杭州市余杭区公安分局和宁波慈溪市公安局分别介绍了社会治安动态视频监控建设与实战应用的创新做法以及凸显的效果与潜能。会议根据省综治办和省公安厅决定，对社会治安动态视频监控系统建设工作中做出突出成绩的集体和个人进行通报表扬。

2009年9月25日

《四川省公共安全技术防范管理条例》在省十一届人大十一次会议表决中通过，并定于2010年1月1日正式实施。

2009年9月上旬

贵州省公安厅安全技术防范管理办公室组织贵阳、毕节、遵义等地县两级公安局做好城市视频监控系统现场图像上传和远程调看等工作，指导各地参加省厅国庆60周年安全保卫工作反恐演练。

2009年9月14日

江苏省公安厅和江苏省科技厅联合印发《技防城建设标准（试行）》，切实指导各地科学开展建设，有效提升技防城整体建设水平。

2009年10月

上海市公安局安全技术防范办公室组织开展与技防工作相关的上海市地方标准宣贯培训工作，来自上海市技防从业单位的近500名专业技术人员参加培训。

2009年10月10－20日

贵州省公安厅安全技术防范管理办公室召开"城市报警与监控系统建设"工作座谈会，贵州省委政法委基层处和贵州省公安厅技防办共同研究城市报警与监控系统建设工作对策。

2009年10月20－22日

公安部科技信息化局在四川省成都市举办城市报警与监控系统系列标准师资培训班。会议由安全技术防范工作指导处李明甫处长主持，四川省公安厅王光辉副厅长致开幕词，科技信息化局马晓东总工程师出席培训班开幕式并讲话。公安部科技信息化局、第一研究所、四川省公安厅科技处及各地技防管理部门和院校、检测机构等有关同志120余人参加了培训。

2009年11月

贵州省公安厅安全技术防范管理办公室指导贵州安防协会开展技防从业企业开展安防相关标准宣贯培训工作。

2009年11月3日

江苏省综治办和江苏省公安厅联合下发《关于印发〈关于全面推进技防入户工程建设的意见〉》，不断推动技防设施向基层防范单元延伸，着力构建全时空、全覆盖、多层面、多手段的科技防控网络，全面提升全省科技防控水平。

2009年11月6日

江苏省综治办和江苏省公安厅在江阴市召开全省技防工作推进会，认真回顾总结近年来全省技防工作情况，分析形势，统一思想，研究部署当前和今后一个时期全省技防工作，努力建设技防省份，打造"技防江苏"品牌。

2009年11月9日

公安部科技信息化局安全技术防范工作指导处在北京召开"实践科学发展观，为安全技术防范工作献计策"征文活动评奖会议，组织安防领域相关专家对此次活动中征集的237篇论文进行评奖。会议共评出一等奖3篇，二等奖7篇，三等奖24篇。

2009年11月

重庆市公安机关在全市实施农村报警电话服务网点建设，并于2010年2月完成。

2009年11月16日

浙江省技术监督局批准发布了系列地方标准DB33/768－2009《安全技术防范系统建设技术规范》并于2010年1月1日起实施。该标准由13个部分组成，其中《第2部分危险物品存放场所》、《第3部分汽车站与客运码头》、《第5部分公共供水场所》、《第6部分供变配电场所》、《第7部分燃油供储场所》、《第8部分城镇燃气场所》、《第12部分住宅小区》等7个部分为条文强制性标准，其余部分为推荐性标准。

2009年11月17日

广东省政府公布第142号令，将《安全技术防范生产登记批准书》核发列为省政府决定保留的行政许可类行政审批事项目录；《省安全技术防范系统设计施工维修资格证》核发列为非行政许可的行政审批事项。

2009年11月10－30日

贵州省公安厅安全技术防范管理办公室制定并上报了《贵州省城市城镇报警与监控系统建设总体规划（草案）》。

2009年11月

安徽省城市报警与监控系统建设"3111"试点工程验收全部完成。

2009年11月20日

陕西省公安厅科技处就加强全省安全技术防范工作，加快城市报警与监控系统建设等问题召开座谈会。科技处彭功民处长主持会议，厅党委委员、副厅长陈里同志出席会议并讲话。科技处各科室和省安防协会负责人及技防企业代表参加了座谈。

2009年11月25日

公安部科技信息化局谭晓准副局长、李明甫处长出席北京市公安局公安技防监管工作总结表彰大会。谭晓准副局长向受到表彰的先进集体和个人表示祝贺并颁发了奖状证书，同时要求北京市公安技防管理部门在今后工作中要继续发挥作用、提升效能，加强管理、规范执法，开拓创新、树立典型，大胆实践、勇于创新，不断推动安全技术防范管理工作的可持续发展。

2009 年 11 月 25 日

北京市公安局内部单位保卫局组织召开“2009 年北京市安防系统工作总结表彰会”，对全市安防系统圆满完成国庆 60 周年安全保卫任务，且全年工作取得突出成绩的集体和个人进行表彰。评选出“公安技防监管部门先进单位”10 个、“公安技防监管部门先进个人”10 名、“内部单位安防工作先进集体”30 个。年内，北京安防实现了围绕国庆 60 周年安保工作确保“全市治安保卫重点单位和庆祝活动区域的技防系统正常运行 100%、技防系统设备有效维护保养 100%、值机人员专业培训上岗 100%”的目标。

2009 年 12 月 12 日至 2010 年 1 月 22 日

新疆公安厅根据公安部科技信息化局《关于做好 <城市报警与监控系统系列标准> 宣传贯彻工作的通知》（公科信传发［2009］334 号）要求，共举办六期”城市监控报警联网系统系列标准“宣贯培训班，共培训 1128 人，其中公安民警 173 人，安防企业 955 人，有 1107 人考试通过，合格率为 98.1%。

2009 年 11 月

上海市公安局安全技术防范办公室以规范性文件出台《2010 年上海世界博览会安全技术防范工程专用硬盘录像机技术要求》。

2009 年 12 月 7 - 10 日

山西省公安厅技防办在临潼先后举办了两期”全省公安技防管理干部行政执法培训班“。这是根据《陕西省行政执法证件管理办法》的规定和深入贯彻落实《陕西省安全技术防范条例》的总体部署而进行的一次技防管理干部岗前培训。省政府法制办副主任岳喜栋、省厅技防办主任、科技处处长彭功民参加了开班仪式并讲话。全省 11 个市（区）公安技防管理干部 400 余人参加了学习培训，为我省公安执法法制化、规范化奠定了基础。

2009 年 12 月 8 日

公安部科技信息化局下发《关于“实践科学发展观，为安全技术防范工作献计策”征文活动评奖结果的通报》（公科信传发［2009］342 号）。通报指出，在此次征文活动中，全国共有 26 个省级公安机关、78 个地市级公安机关及 4 个公安部直属单位和 10 个安防公司参与并提交 237 篇论文。征文活动共评出一等奖 3 个、二等奖 7 个、三等奖 24 个、鼓励奖 27 个，组织奖 6 个。通报要求，全国公安技防部门要以此为契机，加强理论研究、创新工作机制，全面提高服务公安工作的能力和水平。

2009 年 12 月 10 - 11 日

公安部科技信息化局在北京举办授权安防系统工程检测机构培训班，主要围绕近年来颁布的较为重要的技防标准进行培训。会议由安全技术防范工作指导处王巍副处长主持，李明甫处长介绍了近年来全国安防系统工程检测的情况，并对检测机构和技防管理部门下一步的工作提出了要求。来自全国 39 家授权检测机构和当地技防管理部门的有关同志 100 余人参加了培训。

2009 年 12 月

重庆式政府颁布了经修订的《重庆市社会公共安全视频图像信息系统管理办法》（渝府令第 230 号）。

2009 年 12 月

年内，四川省共新建“天网”监控点 1 万余个，监控点总数达到 78000 余个，超额完成了年初确定的目标任务。四川省“天网”包括高空瞭望、激光夜视摄像机等新技术试点建设项目已经展开。

2009 年 12 月 21 日

牡丹江市委书记徐广国、市长张晶川、公安局长赵金成等领导带领市政府相关部门负责人和部分城区领导对“牡丹江市城市智能监控系统”进行了视察。

2009 年 12 月

四川省公安厅技术防范管理办公室将涉及安全技术防范管理的 4 项行政审批事项集中到省政务服务中心办理。同时经批准，清理废止了《四川省公安机关安全技术防范行政执法程序规定》和《四川省公共安全技术防范管理办法实施细则》。

2009 年 12 月

年内，四川省公安厅技术防范管理办公室集中力量建设了都江堰、广元、绵阳、凉山等地的安置点技防系统，包括视频监控、紧急报警援助、电子巡查等。同时，结合”公安爱民实践大走访“活动，为“5·12”汶川地震灾区居民安置点建设技防系统。

2009 年 12 月 30 日

哈尔滨市“天眼”工程一期建设系统运行启动仪式在哈尔滨市公安局指挥大厅举行。启动仪式由市公安局局长兼该工程建设领导小组办公室主任任锐忱同志主持。黑龙江省委常委、市委书记盖如垠等市委、市府领导同志出席了该仪式。

第二节　行业组织大事记

2008 年 9 月 10－12 日

国家安全防范报警系统产品质量监督检验中心（北京）工程师顺利通过由 UL 美国安全检测实验室资深工程师对 UL1037 家用保管箱攻击测试的培训考核工作，正式成为国内首批保管箱 UL 检测技术人员。

2008 年 9 月－2009 年 2 月

中国安全技术防范认证中心组织国家安防质检中心（北京、上海）等单位的有关专家参与防盗锁、防盗安全门、防盗保险柜（箱）三种产品认证实施规则的换版编写工作。

2008 年 10 月

国家安全防范报警系统产品质量监督检验中心（北京）参与完成了公安部治安管理局组织的《银行业安全防范建设指南》一书中标准的解读及编纂工作。

2008 年 10 月 6 日

中国安全防范产品行业协会专家委员会发布技术指导性文件《四川省地震灾区临时安置点安全防范设施建设技术指南》，用以规范四川省地震灾区临时安置点安全防范设施建设过程中的设计、施工、验收等技术活动。

2008 年 10－12 月

国家安全防范报警系统产品质量监督检验中心（北京）受公安部科信局委托，检测中心承担了楼宇对讲产品的行业监督抽查任务，先后组织了四个组分赴广东、福建、浙江、上海、江苏、山东等六个省市对 30 家企业实施了楼宇对讲产品的抽样，并依据行业标准完成了抽样产品的检测。

2008 年 10 月 21 日

《中国安全防范认证》杂志编委会成立大会在中国安全技术防范认证中心召开。编委会由公安部科技局、刑侦局等领导及相关行业专家、学者、企业家共 30 名成员组成，公安部科技局副局长谭晓准任编委会主任。

2008 年 10 月 23－24 日

全国安全防范报警系统标准化技术委员会（SAC/TC100）第五届委员会成立大会暨五届一次会议在京召开。SAC/TC100 第五届委员会委员、特聘专家和应邀嘉宾共 100 余人参加了会议。会上，全体委员审议并通过了 TC100 章程修改草案等有关管理文件和工作报告。会议期间，李明甫副主任委员介绍了当前安全技术防范管理工作和“城市监控报警联网系统”建设工作的进展情况；国家标准委国际合作部郭晨光副处长做了“参与国际标准化工作”的讲座，介绍了国际标准化基础知识、工作程序和管理要求等，收到了良好效果。

2008 年 11 月 10－14 日

全国安全防范报警系统标准化技术委员会秘书处副研究员金巍、SAC/TC100 委员、北京艾克塞斯科技发展有限责任公司总经理朱峰，SAC/TC100 通讯委员、北京世纪超讯科技发展有限公司国际事业部总经理刘云等一行 3 人，参加了在加拿大渥太华召开 IEC60839－11“电子出入口控制系统”国际标准项目组技术工作会议。我国安防标准化专家参加此次会议，加强了我国与其他国家和地区安防标准化工作的交流，加深了 SAC/TC100 对相关国际标准化工作的了解，积累了经验，增强了我们参与国际标准化工作的信心，为 SAC/TC100 进一步深入参与国际标准化工作，争取在国际标准化工作中有更多的主动权和话语权奠定了重要的基础。

2008 年 11 月 10 日

全国安全防范报警系统标准化技术委员会在北京召开了行业标准《基于离子迁移谱技术的痕量毒品/炸药探测仪》（送审稿）专家审查会。公安部相关业务部门、中科院高能物理所、北京核仪器厂、中国民航总局安技中心、北京市公安局防爆安检支队、公安部一所和三所、国家安防质检中心（北京）及有关企业的专家参加了会议。会议对该标准（送审稿）逐章逐节进行了审查，起草小组根据与会专家的意见和建议，在会议期间对标准草案进行了修改和完善，并就标准的有关问题取得一致意见。

2008 年 11 月 12 日

中国安全防范产品行业协会、国家环境保护部环境发展中心、中国建筑装饰装修材料协会和永康市质量技术监督局共同举办的“中国环境标志《木质门和钢质门》国家环保标准产品验证项目说明会暨示范项目启动仪式”在浙江省永康市隆重举行。步阳集团、群升集团、王力集团3家钢质门生产企业，列入与此相关的全国首批受验单位。

2008年11月21日

全国安全防范报警系统标准化技术委员会在北京召开了国家标准《遮挡式微波入侵探测器》（修订版送审稿）专家审查会。公安部第一研究所、中国人民公安大学、中国安全技术防范认证中心、国家安防质检中心（北京）及有关企业的专家参加了会议。会议对该标准（修订版送审稿）逐章逐节进行了审查，标准编制组根据与会专家的意见和建议，在会议期间对标准草案进行了修改和完善，并就标准的有关问题取得一致意见。

2008年11月

国家安全防范报警系统产品质量监督检验中心（北京）与清华大学电子工程系图像信息处理研究所合作完成了《视频安防监控数字录像设备图像质量评估测试系统》项目的研发。

2008年11月27日

重庆市民政局下达了《关于同意筹备成立重庆市公共安全技术防范协会的批复》（渝民［2008］289号）。

2008年12月4日

国家标准化管理委员会国际合作部正式批复SAC/TC100《关于推荐陈朝武研究员为IEC/TC79“主席特别顾问”的请示》。该批复明确，IEC中国国家委员会同意由全国安全防范报警系统标准化技术委员会副主任委员陈朝武研究员担任IEC/TC79主席顾问。

2008年12月10日

中国安全技术防范认证中心举办了“公安部社会公共安全产品认证情况通报及技术交流会”。

2008年12月23日

宁波大榭开发区保险箱（柜）行业协会、公安部安全与警用电子产品质量检测中心、UL认证有限公司三家联合举办的UL1037防窃警报和装置家用保管箱攻击测试技术交流推介会在宁波大榭开发区举行。中国安全防范产品行业协会、中国安全技术防范认证中心、全国安全防范报警系统标准化技术委员会、宁波市公安局科技处的有关领导应邀出席会议并讲话。

2008年12月9－12日

2008年中国国际社会公共安全产品博览会在北京成功举办。本届博览会占用了北京中国国际展览中心（旧馆）的全部10个展馆，展览总面积达60000余平方米，共设3112个展位，其中国际馆占20%。参展展商及采购团分别来自中国、美国、俄罗斯、英国、法国、德国、意大利、日本、澳大利亚、印度、瑞典、西班牙、马来西亚、新加坡、韩国、以色列等18个国家以及香港特别行政区、台湾地区，参展企业850余家。本届博览会期间，前来参观的国际国内观众达15万人次，盛况空前。展会期间，还同期举办了“2008中国国际安防高峰论坛”、“优秀创新产品评奖”、“商贸洽谈会”等活动。

2008年12月26日

公安部治安管理局会同全国安全防范报警系统标准化技术委员会在北京召开了《小型民用爆炸物品仓库安全规范》、《民用爆炸物品从业单位储存库房治安防范要求》和《爆破作业单位民用爆炸物品储存库安全评价导则》三项行业标准（送审稿）审查会。标准主要起草单位和审查专家组成员共20余人参加了会议。

专家组认真听取了三项标准起草组的汇报，并对标准技术内容逐章逐节进行了认真审查。会议一致通过了《小型民用爆炸物品仓库安全规范》和《民用爆炸物品从业单位储存库房治安防范要求》两项送审稿草案；会议原则通过了《爆破作业单位民用爆炸物品储存库安全评价导则》送审稿草案。

2008年12月

浙江省安全技术防范行业协会组织了四个考评组，对全省安防工程设计施工一级资信等级企业进行现场考评。综合评定出34家企业基本符合一级资信等级条件，其中对12家认真执行国家、行业相关标准，遵守技防管理相关规定，重视企业质量管理工作、经营规范的企业予以通报表扬；另有13家企业，因未能严格执行相关标准及技防管理规定，需要进一步改进，分别给予限期整改和暂缓发证处理。通过这次现场考评，增强了安防企业执行相关标准，遵守行规行约，认真搞好日常管理的主动性和自觉性，使得行业内的自律机制得到了进一步加强。

2008年12月

浙江省安全技术防范行业协会为积极配合浙江省开展的“平安城市”建设工作，在全省范围内开展了“优秀安防工程商”评选活动。省安防协会组织成立了评选专家组，评选出17家安防工程企业，并将这17家安防企业推荐给中国安全防范产品行业协会参加全国“为‘平安城市’建设推荐优秀安防工程企业”活动。

2009年1月1日

根据国家标准化管理委员会下发《关于更换全国专业标准化技术委员会印章及有关事项的通知》的要求（标委办综合［2008］306号），SAC/TC100委员会及所属分技术委员会（SAC/TC100/SC1，SAC/TC100/SC2）正式启用新印章。

2009年1月5日

全国安全防范报警系统标准化技术委员会在北京召开了国家标准《安全防范系统供电技术要求》（送审稿）审查会，相关专家和标准编制组成员参加了会议。与会专家听取了标准编制组的工作汇报，就相关技术问题向标准编制组进行了质询，对标准送审稿逐章逐节进行了认真的讨论和审查，并对标准中的相关技术问题取得一致意见。

2009年1月7日

国家认监委发布了入侵探测器、防盗报警控制器、汽车防盗报警系统和防盗保险柜（箱）四类11种安全技术防范产品的强制性认证新版实施规则公告。

2009 年 1 月 8 - 9 日

全国安全防范报警系统标准化技术委员会秘书处在海南省召开了《周界高压电网装置》（送审稿）审查会。标准主要起草单位和审查专家组成员共 20 余人参加了会议。标准审查专家组认真听取了起草组关于标准起草情况的汇报，并对标准技术内容逐章逐节进行了认真审查，一致通过标准送审稿草案。

2009 年 1 月 9 日

浙江省安全技术防范行业协会第二届第五次理事会在杭州市华北饭店举行。协会领导、常务理事、理事共 104 人参加了会议。会议宣贯了“两办”文件，介绍了安防立法情况，介绍了行业标准和地方标准发布实施情况；审议通过了协会 2008 年工作报告、2008 年财务报告和 2009 年工作要点；增选了理事，增（改）聘了协会顾问。同时协会在完成全部议程后，组织了集体讨论，与会代表围绕 2009 年协会工作要点及安防业发展面临的新形势，提出了许多宝贵意见和建议，为协会下一步工作的顺利开展奠定了良好的基础。

2009 年 1 月 15 日

全国安全防范报警系统标准化技术委员会秘书处在北京组织召开了国家标准《银行报警监控联网系统技术要求》第二次征求意见会。与会专家对标准编制的必要性、及时性和标准框架及技术内容给予了充分肯定，并针对联网系统总体结构、网络传输安全性要求、联网系统图像质量评价方法、图像智能分析应用和联网系统与其他系统接口要求等内容提出了具体的意见和建议。

2009 年 1 月 16 日

陕西省安全防范产品行业协会第二届会员代表大会召开，企业代表 280 余人参加会议，大会按预定程序选举产生了 30 名理事，随后召开了第二届会员代表大会第一次理事会，会议选举通过陈里为协会理事长，彭功民为常务副理事长兼秘书长，同时根据理事长提名，选举产生了相关副理事长，根据秘书长提名，决定聘任了副秘书长、办公室主任等工作人员，大会上陈里理事长作了《积极探索、求实创新、努力开创陕西安防工作新局面》的报告。

2009 年 1 月 17 日

全国安全防范报警系统标准化技术委员会召开了国家标准《安全防范视频监控数字音视频编解码（SVAC）技术要求》（以下简称 SVAC）征求意见稿（0.5 版）论证会，共有来自 24 家科研机构、大学和企业的专家代表共 60 余人参加了会议。会议由 SAC/TC100 施巨岭秘书长主持。

会议听取了标准起草组对 SVAC 征求意见稿的全面介绍，对与会单位会前提交的 36 条修改意见进行了逐条讨论。会议要求标准起草组根据本次会议确定的修改意见对标准征求意见稿进行修改完善，尽快形成送审稿草案。

2009 年 1 月

国家安全防范报警系统产品质量监督检验中心（上海）组织全体人员进行了“实验室、检查机构认可准则”的集中学习培训；全体监督员进行有关监督方法、监督重点的强化培训；并开展了职业道德、廉洁自律、保密教育等活动。

2008 年 6 月 - 2009 年 1 月

浙江省安全技术防范行业协会积极配合浙江公安厅与省科协联合举办的安全防范技术科普活动，在全省十一个地市开展“平安浙江安防技术科普报告和城市报警与监控系统建设巡回技术交流活动”。期间，积极配合省公安厅技防科开展《安全防范技术科普宣传册》和《安全防范技术科普挂图》的征订工作，并及时落实了手册和挂图在全省范围内的发放工作，力争科普宣传“进村入户”。协会开展这项活动，有利于向全省普及安全防范知识，宣传开展报警与监控系统建设的重要意义，提高全民安全防范意识和参与安全防范工作的积极性。

2009 年 2 月 16 日

陕西省安全防范产品行业协会召开了第一次秘书长工作会议：一是研究 2009 年工作要点；二是研究秘书长、副秘书长分工；三是研究了协会网站 2009 年的工作安排。

2009 年 2 月 20 日

重庆市公共安全技术防范协会第一届会员大会暨一届一次理事会在重庆召开，大会由重庆市公安局行管办副主任、公安局科技通信处政委王立主持，民政局民间组织管理局局长李敏之等有关领导和协会筹备组领导出席了会议及 100 余名会员代表参加了会议。会议通过了《重庆市公共安全技术防范协会章程》、《重庆市公共安全技术防范协会会费缴纳标准与办法》，并选举产生了第一届理事、常务理事。会议选举了李光伟同志为协会理事长，蔡国良、刘光敏、张扬波、李红刚、傅建锋、罗钧同志为协会副理事长，郭蔚同志为协会秘书长。

2009 年 2 月 24 日

北京安全防范行业协会、北京市公安局内保局保安和技术防范管理处共同召开了 2009 年度首次工作会议。会议总结北京安防行业 2008 年工作，研讨 2009 年北京安防工作要点和任务，就安防行业如何应对金融危机、开展信息资源共享、强化安防市场监督管理等问题进行了研讨。会议由协会副秘书长杨连生主持，内保局副局长赵志民、北京安防协会副理事长王树彬、北京安防协会秘书长栗萍、副秘书长韩锦坤、保安和技防管理处处长初京、副处长何智、何刚等领导出席了会议。

2009 年 2 月 26 日

河北省安全技术防范学会成功举办了“2009 第八届河北社会公共安全产品博览会”。

2009 年 3 月 2 日

重庆市民政局下达了《关于同意成立重庆市公共安全技术防范协会的批复》（渝民管［2009］38 号）。

2009 年 3 月 5 日

第七届北京国际社会公共安全产品与技术设备展览会在京成功举办。北京安全防范行业协会秘书长栗萍代表协会出席开幕式。

2009 年 3 月 10 – 11 日

中国安全防范产品行业协会第四届理事会第五次会议在海南三亚召开。与会代表听取了柳晓川代表理事会作了《2008 年协会工作和 2009 年工作要点》工作报告，以及相关专家在金融危机发展前景、对行业影响以及企业应对策略等方面所作专题报告。代表们对 2008 年协会工作给予了充分的肯定，同时希望协会 2009 年在金融危机困难时期，能够加强调查研究和行业规划，做好行业统计、信息咨询以及为企业减负等方面的工作。

2009 年 3 月 19 日

全国安全防范报警系统标准化技术委员会（SAC/TC100）秘书处在京召开了“国家标准《城市公共安全应急联动系统基本功能要求》第一次编制工作会议”。SAC/TC100 秘书处、南宁市城市应急联动中心、北京中盾安全技术开发公司、公安部第一研究所、公安大学等 20 余家科研机构的专家学者出席了会议。会议就标准编制、章节设置、编写分工等内容进行了探讨。

2009 年 3 月 20 日

陕西省安全防范产品行业协会与省厅技防办共同组织召开了由 52 家驻陕企业参加的陕西省安防条例宣贯会。

2009 年 3 月

国家安全防范报警系统产品质量监督检验中心（北京）完成《剧毒化学品库安全技术防范系统检验大纲》、《被监管人员数字像片采集系统测试大纲》的编制工作。

2009 年 3 月 20 日

中国安全防范产品行业协会专家委员会在北京召开 2009 年委员工作会议。会议听取并审议了“专家委员会 2008 年工作总结和 2009 年工作要点”的报告，表决任免了专家委员会副秘书长。与会委员充分肯定了 2008 年度专家委员会工作所取得的成绩，并通过了专家委 2009 年工作要点。与会委员还对专家委当前的工作和发展方向提出了许多建设性意见。

2009 年 3 月 23 – 24 日

中国安全技术防范认证中心在广州成功召开“安防产品新版国家强制性实施规则（电子产品类）宣贯会”。

2009 年 3 月 25 日

北京安全防范行业协会第一届理事会第五次会议在西苑饭店一层宴会厅召开。大会由协会秘书长栗萍主持，协会理事长高煜、副理事长刘松、王树彬、马昕、徐沁、沙冰，监事长田竞以及协会理事单位会员以上 160 余名代表出席了会议。

2009 年 3 月 26 日

全国安全防范报警系统标准化技术委员会（SAC/TC100）秘书处召集标准起草组在北京召开了《周界高压电网装置》标准报批稿定稿会。会上，标准起草组根据送审稿审查专家组的意见，对标准草案作了进一步修改完善，形成了报批稿。

2009 年 3 月 26 – 28 日

湖北省安全技术防范行业协会、湖北省对外科技交流中心共同主办的 2009 第十届中国（武汉）国际公共安全技术设备及警用技术装备展览会在武汉国际会展中心成功举办。湖北省科技厅常务副厅长王东风，湖北省公安厅副厅长喻春祥，湖北省公安厅科技处处长黄开兴，湖北省科技厅对外合作处处长雷忠文，湖北省科技厅对外交流中心主任冯刚顶，湖北省公安厅科技处副处长庞晓洪，湖北省安防协会会长李克才，湖北省安防协会常务副会长兼秘书长陈元开，副会长梅世安，程家明出席开幕式。全省县级以上公安技防管理部门负责人，以及来自全国 12 个省市安防行业的制造商与工程商代表、工程建设方代表及参展商代表参加开幕式。

2009 年 3 月 27 日

湖北省安全技术防范行业协会召开第二届第四次会员代表大会。湖北省公安厅科技处副处长庞晓洪，省公安厅科技处技防办主任余连清，省安防协会相关领导及与来自湖北省安防协会会员单位代表共计百余人出席会议。会议总结协会 2008 年秘书处、网站、资质评定中心几个部门的重要工作；安排部署 2009 年工作要点，与会代表们还参加了由湖北省公安厅科技处技防办和湖北省安全技术防范行业协会联合举办的“湖北省安防产业发展高峰论坛”。中国安全防范产品行业协会副理事长兼秘书长靳秀凤同志应邀到会，并发表了题为《传统安防与现代安防变革与发展》的讲话。

2009 年 3 月

国务委员、公安部党委书记、部长孟建柱同志在国务院副秘书长汪永清同志，公安部党委委员、副部长孟宏伟同志，上海市市长助理、市公安局党委书记、局长张学兵同志等陪同下来国家安全防范报警系统产品质量监督检验中心（上海）实验室视察和指导工作。副所长兼中心主任周左鹰同志和常务副主任鲍逸明同志代表中心向领导们做了工作汇报，陪同视察了中心试验室。

2009 年 3 月

公安部党委委员、副部长张新枫同志在公安部禁毒局副局长陈存仪同志陪同下视察国家安全防范报警系统产品质量监督检验中心（上海）实验室，听取了常务副主任鲍逸明同志的工作汇报及各实验室介绍，视察了各实验室的检验环境及仪器设备。

2009 年 3 月 30 – 31 日

中国安全技术防范认证中心在杭州召开了“安全技术防范产品认证实施规则（实体防护类）宣贯会”。

2009 年 3 月 30 日

重庆市公共安全技术防范协会召开成立大会。会议由理事长李光伟主持。重庆市民政局民间组织管理局领导、公安局社会公共安全产品行业管理办公室领导、协会领导及全体会员单位代表参加了会议。市民政局民间组织管理局领导肖丹宣读了民政局同意成立重庆市公共安全技术防范协会的批复；重庆市公安局科技通信处政委、重庆市公安局社会公共安全行业管理办公室副主任王立为协会授章及牌匾；协会副理事长刘光敏宣读了协会理事长、副理事长、秘书长、常务理事名单；广州美电贝尔电业科技有限公司总经理郑孙满先生代表全体会员发言；重庆市公安局科技通信处处长、重庆市公安局社会公共全行业管理办公室主任宋庆华处长发表了讲话，对协会成立表示祝贺，对协会今后的工作表示支持。

2009 年 4 月 9－10 日

河北省安全技术防范学会组织召开 2009 中国安防报警服务业战略研讨高峰会（邯郸）。

2009 年 4 月 15 日

成都三泰电子实业股份有限公司等三家企业通过直接受理评定的方式获得中国安全防范产品行业协会颁发的安防工程企业资质证书。这是四川省企业首次参加中国安全防范产品行业协会资质评定并获证，也是中国安全防范产品行业协会开展直接受理评定的第二个省份。

2009 年 4 月 20 日至 25 日

浙江省安全技术防范行业协会与省保安协会联合举办了一期全省保安服务企业技防培训班。培训班为期五天，全省各保安服务企业分管技防工程设计施工及区域联网报警企业的负责人等共 50 多人参加了培训。通过此次培训，加深了对行业发展现状及前景的了解，为我省保安服务公司开展相关业务打下了良好的基础。培训期间，参加培训人员前往东阳保安服务公司进行了参观考察。

2009 年 4 月 21 日

内蒙古自治区公共安全技术防范行业协会（以下简称内蒙古安防协会）第一届第二次理事扩大会议在呼和浩特市召开。此次理事扩大会表决并通过了孙秀峰同志担任协会理事长的议案。会上，协会理事长孙秀峰同志，协会秘书长郝晓敏同志在会上做重要讲话；下发了《内蒙古自治区公共安全技术防范行业协会会员管理办法》、《内蒙古自治区公共安全技术防范行业诚信企业评定办法》、《内蒙古自治区公共安全技术防范行业优质工程评定办法》和《内蒙古自治区公共安全技术防范行业专家库专家管理办法》。

2009 年 4 月 24 日

加创安防系统（中国）有限公司通过直接受理评定的方式获得中国安全防范产品行业协会颁发的安防工程企业资质证书，这是上海市企业首次参加中国安全防范产品行业协会资质评定并获证，也使中国安全防范产品行业协会直接受理评定扩大到三个省市。

2009 年 5－8 月

中国安全防范产品行业协会对行业企业开展了统计信息调查工作，调查报告刊登在《中国安防》第 37 期。

2009 年 5 月

SAC/TC100 秘书处起草的《SAC/TC100 印章管理办法》（试行草案）、《SAC/TC100 召开会议管理办法》（试行草案）、《SAC/TC100 秘书处信息发布管理办法》（试行草案）和《SAC/TC100 秘书处工作月报管理办法》（草案）等四个管理文件正式实施。

2009 年 5 月

河北省安全技术防范学会组织了全省安防企业的设计、施工、维修技术培训。

2009 年 5 月 11 日

“国家环境保护标准《环境标志产品技术要求——木质门和钢质门》宣贯会暨四川省和重庆市首家申请‘中国环境标志’产品认证启动仪式”在重庆举行。重庆美心集团获得了中国环境标志认证证书。

2009 年 5 月 13 日

北京安全防范行业协会召开了 2009 北京安防协会优质安防工程评选第一次工作会议。会议主要介绍了评选前期所作的准备工作，工作委员会的组成以及评选工作的流程，并讨论了优质安防工程评选办法的具体标准。管理办公室、监督仲裁委员会、专家评审组以及综合评定小组共 24 人参加了本次会议。会议由协会副秘书长韩锦坤主持。

2009 年 5 月 21 日

全国安全防范报警系统标准化技术委员会与国家标准化管理委员会工业标准二部签订了“《我国安全技术防范标准体系研究》课题任务书”。该课题将完成《我国安全技术防范标准化工作现状及存在问题分析》、《国际、国外安全技术防范标准化状况调研报告》、《今后 3－5 年安全技术防范标准化规划》和《我国安全技术防范标准体系》（包括体系框架和标准明细表）等 4 个研究报告。

2009 年 5 月 25 日

全国安全防范报警系统标准化技术委员会在广州召开国家标准《无线报警设备技术要求》编制组工作会议，SAC/TC100 秘书处、国家安全防范报警系统产品质量监督检验中心（北京）（上海）、广州市安居宝数码科技有限公司、泉州宏泰科技电子有限公司等共 12 人参加了会议。会议对标准草案（第一稿）进行了认真讨论。

2009 年 5 月 26 日

全国安全防范报警系统标准化技术委员会（SAC/TC100）在广州番禺召开国家标准《银行安全防范报警监控联网系统技术要求》（送审稿）审查会，标准编制人员和审查专家共 37 人参加了会议。会议成立了标准送审稿审查委员会，对标准草案逐章逐节进行了认真的讨论和审查，一致通过了标准送审稿，并提出了对标准草案进一步修改、完善的意见和建议。

2009 年 5 月

从 2008 年 9 月－2009 年 5 月，浙江省安全技术防范行业协会组织了共 11 期安防行业培训班。其间，全省共有 1121 名学员取得了《浙江省安全技术防范行业培训合格证书》。获证队伍的不断壮大，使浙江省从事安防工程业务的会员单位达到了人员素质的基本要求，保证了浙江省安防企业有一批懂得政策法规，熟悉行业标准，了解行规行约，掌握必需的设计、施工技能的业务骨干队伍。这支队伍已逐渐成为保证本行业工程整体质量和技术水平不断提高的重要力量，为浙江省安防企业的发展增强了后劲。

2009 年 6 月

重庆市公共安全技术防范协会组织制定了《重庆市公共安全技术防范协会安防工程从业资质评定管理办法》、《重庆市公共安全技术防范协会安防工程从业资质评定条件》，并据此正式启动了全市的安防工程资质评定工作。

2009 年 6 月 2 日

吉林省社会公共安全产品行业协会第二届理事会第一次会议在长春市省建行培训中心召开。协会理事长邓瑞予、副理事长刘敏、副理事长兼秘书长赵顺仁及来自吉林省内的三十余名常务理事、理事单位代表出席了会议。协会理事长邓瑞予主持了这次会议，副理事长兼秘书长赵顺仁代表上届理事会作了《2008 年度协会工作报告》，报告中指出，2008 年协会在主管部门的正确领导下，在广大会员单位的大力支持下，认真学习了国家及省有关方针、政策，围绕年初确定的各项计划，在为会员单位服务、开展自律管理、加强内部建设等方面狠下功夫，较好地完成了全年的任务，并在工作过程中积累了经验为今后更好地发展打下了基础。

2009 年 6 月 3 日

国家标准委通过其官方网站，对全国安全防范报警系统标准化技术委员会申报的三个国家标准项目：《安防监控视频实时智能分析设备技术要求》、《居家安防智能管理设备技术要求》、《安全防范系统视频监控人脸识别系统技术要求》征求意见。

2009 年 6 月 11 日

全国安全防范报警系统标准化技术委员会秘书处在京召开了《城市监控报警联网系统系列标准实施指南》第一次编制工作会议。陈朝武副主任委员、施巨岭秘书长、张跃副秘书长及《实施指南》编委会成员共 15 人出席了会议。会议对《实施指南》的章节设置、内容进行了讨论，明确了工作分工和进度要求。编制组力争 7 月 10 日完成统稿，7 月底完成出版印刷。

2009 年 6 月 15 日

浙江省安全技术防范行业协会第三次会员代表大会在浙江省人民大会堂召开。省委政法委副书记、省综治办主任巫波伦，省公安厅党委副书记、副厅长张景华，省公安厅治安总队、省公安厅科技通信管理局、省民政厅民间组织管理局等领导出席了本次会议，全省 700 多名会员单位代表参加了此次大会。会议审议通过了第二届理事会工作报告和财务报告，选举产生了第三届理事会和协会领导，表决通过了《浙江省安全技术防范行业资信等级证书评定管理办法》，同时通过了组建浙江省安全技术防范行业专家管理委员会的决议。会议期间，协会表彰了一批对行业协会标准化制定工作和课题研究工作做出突出贡献的先进企业和个人，组织了新产品、新技术交流活动。

2009 年 6 月 17 日

贵州省安全技术防范协会受黔南州公安局的邀请，选派专家参加黔南州长顺县城市监控系统工程验收工作。

2009 年 6 月 18 日

IEC/TC79 秘书处就 SAC/TC100 申报的《安全防范视频监控数字音视频编解码（SVAC）技术要求》国际标准新项目提案开始向各成员国征集意见。

2009 年 6 月 29 日

全国安全防范报警系统标准化技术委员会（SAC/TC100）报批的两项行业标准经部技术监督委员会批准发布，编号和名称为：GA837－2009《民用爆炸物品储存库治安防范要求》和 GA838－2009《小型民用爆炸物品储存库安全规范》，分别于 2009 年 8 月 1 日起实施。

2008 年 10 月至 2009 年 6 月

浙江省安全技术防范行业协会分别开展了 2008 年下半年及 2009 年上半年安全防范工程设计施工资信等级评定工作。经各市评审小组的初评和省安全技术防范行业资信等级评审委员会的终评，2008 年下半年全省共有 37 家安防工程设计施工企业获浙江省安全技术防范行业资信等级三级；2009 年上半年全省共有 8 家安防工程设计施工企业晋升为一级，19 家安防工程设计施工企业晋升为二级和 38 家安防工程设计施工企业获浙江省安全技术防范行业资信等级三级。

2009 年 7 月 2 日

中国安全防范产品行业协会在太原召开全国地方安防行业协会工作座谈会。中国工业经济联合会副会长顾家麒、中安协理事长柳晓川、中安协秘书长靳秀凤、副秘书长李建平、中国安全技术防范认证中心主任赵锡廷、陕西公安厅科技处处长李国元，以及来自全国各省，市 40 余名安防行业协会领导出席会议。会议就加强中安协与各地安防协会在专业工作方面的合作问题进行了专题研讨并取得了共识。

2009年7月

国家安全防范报警系统产品质量监督检验中心（北京）科研项目《防弹材料的弹道评估测试系统》和《视频安防监控数字录像设备图像质量评价测试系统》分别获2009年研究所科技成果奖二等奖、三等奖。

2009年7月4日

SAC/TC100报批的一项强制性国家标准经国家标准化管理委员会批准发布，编号和名称为：GB10408.6－2009《微波和被动红外复合入侵探测器》，该标准于2010年1月1日起实施。

2009年7月6日

内蒙古自治区公共安全技术防范行业协会开展“科技防范进百校”捐赠援建活动，在呼和浩特市国际会议展览中心举办启动仪式。有国内外30余家知名安防企业，向自治区“科技防范进百校”活动的首批中小学校捐赠了价值百万余元的安防设备和器材，用于援建内蒙古革命老区、边远、贫困地区中小学校的安防系统建设。公安部科技信息化局和内蒙古自治区党委、政府领导出席了仪式，见证了这一善举，宣读了认捐企业名单并授牌。

2009年7月9日

在江苏省公安厅科技处的大力支持下，中国安全防范产品行业协会在南京市成功举办了江苏省安防工程企业资质评定现场咨询会，有60家企业的80余人参加会议。

2009年7月10日

天津市公共安全技术防范行业协会领导与来访的多家安防企业代表进行座谈，现场对企业提出的6项建议和请求进行答复和解决。

2009年7月20日

公安部技术监督委员会审批发布了由全国安全防范报警系统标准化技术委员会组织起草并报批的GA/T841－2009《基于离子迁移谱技术的痕量毒品/炸药探测仪通用技术要求》，该标准于2009年10月1日起实施。

2009年7月20日

全国安全防范报警系统标准化技术委员会秘书处向委员、通讯委员、特聘专家寄发“关于征集国际标准化人才和专家的通知”，征集安防国际标准化人才和专家。截至2009年8月31日，秘书处共收到推荐的专家信息表格43份。秘书处将尽快进行审核，建立相应的专家库，并择优选择部分专家提请委员会领导批准后，报送国标委“国际标准化专家和人才库”备案。

2009年7月22－24日

云南省安全技术防范协会成功举办了《2009昆明国际社会公共安全产品暨警用装备博览会》。展会吸引了省内外近250家专业厂商及企业参展，9000平米的展馆面积容纳了近350个标准展位。展会期间，省内金融部门、重点要害单位部门、大专院校保卫部门等相关行业单位以及省内技防行业近600家从业企业都积极参观了展会，共有近10000人参观了展会

2009年7月27日

公安部技术监督委员会审批发布了由全国安全防范报警系统标准化技术委员会组织起草并报批的GA844－2009《防砸复合玻璃通用技术要求》，该标准于2009年9月1日起实施。

2009年7月27日

安防工程企业资质评定试点工作领导小组工作会议在北京进行。试点地区领导小组成员以及相关省、市、自治区公安厅科技处、协会领导近二十人参加了会议。与会同志介绍了各地试点进展情况并就所遇到的问题进行了认真地讨论，统一了指导思想，做出了相应的改进决定：取消逐级晋升的规定；对委托评定一级资质的企业，应严格执行评定标准，允许各地对委托评定三级资质的企业适当降低其竣工业绩条件，严肃查处提供虚假信息的事件；规范资质年审作业，研究制定评定收费调整办法；重视并加强评定队伍建设，采取有效措施改善资质评审员管理、继续培训和能力评价；责成中安协资质管理中心对资质评价体系文件进行必要的调整。

2009年7月

重庆市公共安全技术防范协会根据中安协“全国地方安防行业协会工作座谈会”工作会议的部署，发动组织协会会员参加为“平安城市”建设推荐优秀安防工程企业“活动，该市多家安防企业积极响应并报送了相应资料。

2009年7月28日－8月1日

中国安全防范产品行业协会首期资质评审员继续培训班和09－1期安防工程企业资质评审员培训班先后在北京举办。中安协靳秀凤秘书长和李建平副秘书长分别在两个班的开班仪式上做了讲话。两位秘书长对资质评定工作的产生、意义以及评审员所肩负的任务与使命等从不同的层面进行了剖析。中安协资质管理中心认真地准备了师资和课件，课堂上授课老师和学员进行了很好的互动，培训班的反响非常好。大家都说希望这样的培训班能够多举办，形式再多样化。培训班结束后，中安协资质管理中心进行了认真地总结，今后争取给评审员创造更多的交流、沟通平台。

2009 年 8 月 3 日

陕西省安全防范产品行业协会召开了第二次秘书长工作会议。会上，对协会上半年工作进行了总结汇报，对下半年的工作安排作了说明，传达了中安协“全国地方安防行业协会工作座谈会”会议精神，提出了下半年的工作思路，决定9月召开“陕西安防网”开通三周年工作座谈会。

2009 年 8 月 7 日

重庆市公共安全技术防范协会举办了“安防工程资质证书集中颁证活动”，24 家企业领取了资质证书。

2009 年 8 月 7 – 9 日

国家安全防范报警系统产品质量监督检验中心（北京）顺利通过中国合格评定国家认可委员会 2009 年年度监督评审的现场评审。中心在本次评审中通过了包括警用装备、电子设备、安全装置、软件产品、金属制品、机动车测速、金库门等 26 个新增检测产品项。目前，中心用过国家实验室认可的检测范围达到 212 种。

2009 年 8 月 12 日

天津市安防协会举办了防盗安全门安装人员安装能力培训班。本次培训由天津市质量监督检验站第二十七站高级工程师作为授课老师。来自全市 11 家防盗安全门生产企业的 35 名人员参加培训班的学习，通过考试学员所在公司将获得由天津市公共安全技术防范行业协会颁发的合格证书，学员颁发结业证书。

2009 年 8 月 11 日

公安部技术监督委员会审批发布了由全国安全防范报警系统标准化技术委员会组织起草并报批的 GA/T669. 8 – 2009《城市监控报警联网系统技术标准第 8 部分：传输网络技术要求》；GA/T669. 10 – 2009《城市监控报警联网系统技术标准第 10 部分：无线视音频监控系统技术要求》，以上两项标准于 2009 年 9 月 1 日起实施。

2009 年 8 月 14 – 15 日

全国安全防范报警系统标准化技术委员会在京召开了“《我国安全技术防范标准体系研究》工作启动会议”。国家标准委工业标准二部刘霜秋主任、王莉处长，SAC/TC100 副主任委员靳秀凤、陈朝武、李明甫，公安部科技信息化局张浩调研员，SAC/TC100 的部分顾问、专家、委员等共 30 余人出席了会议。

2009 年 8 月 18 日

全国安全防范报警系统标准化技术委员会在京召开了国家标准《安全防范监控数字视音频编解码（SVAC）技术要求》送审稿（2. 0 版）论证会，来自 29 家科研机构、大学和企业的代表共 60 余人参加了会议。陈朝武副主任委员出席会议。会议听取了标准起草组的有关工作介绍，对与会单位会前提交的 43 条修改意见进行了逐条讨论，会议要求起草组根据本次会议形成的意见尽快对标准送审稿（2. 0 版）进行修改，形成送审稿（终稿），提交 TC100 秘书处组织专家审查。

2009 年 8 月 21 日

首届“中国轨道交通安防发展论坛”在北京成功举办。此次论坛旨在探讨轨道交通产业安防系统的投入、建设、发展情况，培养轨道交通安防文化，大力推进中国轨道交通安防事业的发展。

2009 年 8 月 28

中国安全防范产品行业协会专家委员会委员会议在吉林市召开。会议由柳晓川主任委员主持，与会代表听取并通过了李建平常务副主任关于专家委 2009 年上半年工作汇报和下半年工作计划的报告。公安部科技信息化局马晓冬总工程师，李明甫处长到会指导。出席会议的有司同军、靳秀凤、陈朝武副主任委员等专家委领导，还有各组专业副组长及部分特邀专家、列席代表等共计 20 余人。公安厅贺电副厅长到会并讲话。吉林省社会公共安全产品协会理事长邓瑞予，副理事长兼秘书长赵顺仁也应邀参加了本次会议。

2009 年 8 月 28 日

安徽省安全技术防范行业协会召开了二届六次常务理事（扩大）会议。会议通报了安徽省安全技术防范行业协会第三次会员代表大会筹备情况，征求了对技防工程从业单位资信等级评定办法修订稿的意见。省安防协会副理事长范厚本到会并讲话，秘书长江燕、副秘书长张军及常务理事单位代表共 26 人参加了会议，理事单位代表 12 人应邀列席了会议。江燕秘书长首先向会议通报了《协会第三次会员代表大会筹备方案》，并作了《协会章程》修订草案的说明。张军副秘书长作了关于《安徽省安全技术防范行业资信等级评定办法（修订稿）》的说明。

2009 年 9 月

湖北省安防协会采取市场化运作模式，委托湖北省人民政府采购办指定招投标公司，面向全国公开招标安防展承办单位，并按照投标程序确定北京四星展览服务有限公司为安防展承办单位。

2009 年 9 月 8 日

北京安全防范行业协会召开了第一届理事会第二次会员代表大会。本次大会共进行 6 个议程，主要内容是：总结第一届理事会工作；表决协会新章程修改草案；投票选举第二届理事会、监事会；同时召开第二届理事会一次会议，选举产生新一届理事会领导。

2009 年 9 月 10 日

全国安全防范报警系统标准化技术委员会秘书处将中国银监会办公厅关于国家标准《银行安全防范报警监控联

网系统技术要求》（报批稿）的反馈意见函转发标准起草组进行研究。

2009 年 9 月 10 日

全国安全防范报警系统标准化技术委员会秘书处完成了行业标准清理工作，并向部科技信息化局上报了清理结果。根据清理结果，TC100 现行的 72 项行业标准中，确定有效的行业标准 35 项；有效但需修订的行业标准 24 项；拟废止的行业标准 13 项。

2009 年 9 月 11 日

国家安全防范报警系统产品质量监督检验中心（北京）接受国家认监委派出检查组进行专项监督检查，此次检查主要针对组织机构的适宜性、检测工作的能力与技术水平、检测质量、管理水平、承担的社会责任等进行了监督检查，该中心通过了此次检查。

2009 年 9 月 14 - 27 日

国家安全防范报警系统产品质量监督检验中心（北京）派出四名工程师赴美国 UL 实验室总部参加美国国家安全标准 UL294、UL639、UL2058 等新标准测试方法培训。通过培训，该中心已具备 UL 美国国家安全标准四类产品的委托检测资质。

2009 年 9 月 15 日

全国安全防范报警系统标准化技术委员会秘书处召开国际标准“电子出入口控制系统”我国专家组会议，施巨岭秘书长及相关专家参加了会议。会议针对“电子出入口控制系统”国际标准和工作组工作情况，进一步提出了我国意见和建议，并通过电子邮件发送工作组召集人和各国专家。

2009 年 9 月 16 日

陕西省安全防范产品行业协会召开了“陕西安防网”开通三周年工作座谈会。协会领导和特约通讯员共 50 人出席会议。会上，陕西安协给特约通讯员颁发聘书。

2009 年 9 月 17 日

广东省公共安全技术防范协会第一届理事大会第七次会议和第一届会员代表大会第四次会议暨第二届会员代表大会第一次会议在广州召开。广东省公安厅科技处处长宁惠军、副处长王诗军；广东省安防协会会长李育兴、秘书长邱小栓；中国安全防范产品行业协会秘书长靳秀凤；深圳市安全防范行业协会理事长杨金才等领导出席了会议并发表讲话。大会还邀请到省民政法制办、省监狱管理局等政府主管部门领导，海南省、贵州省等地安防协会代表，省教育厅、省文物局等安防用户单位代表，广东省房地产协会等跨行业协会代表以及会员单位代表共近 400 人出席。

2009 年 9 月 17 日

公安部技术监督委员会审批发布了由全国安全防范报警系统标准化技术委员会组织起草并报批的 GA848 - 2009《爆破作业单位民用爆炸物品储存安全评价导则》，该标准于 2009 年 12 月 1 日起实施。

2009 年 9 月 21 日

全国安全防范报警系统标准化技术委员会陈朝武副主任委员和施巨岭秘书长前往国家标准委工业标准二部，就TC100 申报的《视频监控联网系统信息传输、交换、控制技术要求》国标计划项目等事宜与相关领导进行沟通和交流，并取得了一致意见，即将标准名称调整为《视频安防监控联网系统信息传输、交换、控制技术要求》，纳入 2009 年第二批国标项目进行公示。

2009 年 9 月 22 日

北京安防协会首次举办了以“推动行业发展、唱响和谐旋律”为主题的北京安防行业首届歌唱比赛。歌唱比赛分别于 9 月 16 日和 9 月 22 日进行了预赛和决赛。

2009 年 9 月 24 日

北京安全防范行业协会受市公安局内保局委托，组织起草了《北京大中型商市场安全风险等级和安全防范标准》。并派员参加了市局内保局组织的标准修改调研会。

2009 年 9 月

国家安全防范报警系统产品质量监督检验中心（北京）完成了北京市公安局的警用装备招标检验工作。本次检验涉及防弹衣、防弹头盔、防暴服、防暴警棍、防暴头盔、防刺靴、防暴盾牌共 7 大类产品。此次中标的产品将用做建国 60 年大庆所需的安保器材。

2009 年 9 月

国家安全防范报警系统产品质量监督检验中心（北京）完成了公安部装备财务局《关于下达防弹防刺服战术技术指标的通知》中规定的产品检测实施细则的编写。

2009 年 9 月 30 日

全国安全防范报警系统标准化技术委员会组织完成了两项行业标准《微剂量货运 X 射线安全检查设备通用技术要求》和《银行业务库安全防范的规定》的送审稿，并拟定于 11 月份召开标准送审稿审查会。

2009 年 9 月

中国安全技术防范认证中心颁发首批防盗锁具产品自愿性认证证书。

2009 年 9 月

国家安全防范报警系统产品质量监督检验中心（上海）通过了由中国合格评定国家认可委会委所派专家进行的实验室现场评审。通过这次评审，该中心首次获得 A 类检查机构的资质，同时扩大了部分检验项目。

2009 年 10 月 13 日

公安部科技信息化局下发了《关于下达 2009 年度公共安全行业标准制修订项目计划的通知》，其中，由 TC100 归口的项目共 21 项。

2009 年 10 月 13 - 16 日

为修订 GB/T16571《文物系统博物馆安全防范工程设计规范》，TC100 秘书处派员会同国家文物局、北京联视神盾公司专家赴湖北对当地的文博场馆进行调研。

2009 年 10 月 16 日

全国安全防范报警系统标准化技术委员会委员会在京召开了国家标准《安全防范监控数字视音频编解码技术要求》送审稿审查会。由中国工程院院士吴佑寿教授等 15 名专家组成的专家组一致通过了该标准送审稿。

2009 年 10 月 20－22 日

“城市监控报警联网系统系列标准宣贯师资培训班”在四川成都举办了。本次培训班由 TC100 秘书处和四川省公安厅技防办承办。科技信息化局马晓东总工，四川省公安厅王光辉副厅长，公安部第一研究所陈朝武副所长等领导出席培训班开班仪式。培训期间，由 9 名授课教师对 14 项标准进行了讲解。全国各省、自治区、直辖市公安厅局共选派 150 名技防人员参加了培训班，并全部考试合格，获得了城市监控报警联网系统系列标准“授课教师”证书。

2009 年 10 月 23 日

中国安全防范产品行业协会专家委员会根据国家商务部反垄断局协助进行反垄断调查的要求，在北京召开了“防盗安全门产品反垄断调查研讨会”。国内各主要防盗安全门生产企业和天津、深圳、湖北协会的代表，以及国家安防质检中心（北京）、（上海）、全国安防标委会的专家参加了会议。参会代表从不同的角度发表了对跨国公司拟收购国内防盗安全门产品领军企业事件的看法和意见，共同探讨了我国防盗安全门行业未来的发展趋势和方向。会后，协会专家委员会根据相关会员单位的诉求，形成了专题报告，报送反垄断局。

2009 年 10 月 26 日－11 月 6 日

中国安全防范产品行业协会组织了部分地方安防协会专家赴美国参观美国东部安防展，并进行相关考察活动。

2009 年 10 月 31 日－11 月 2 日

贵州省安全技术防范协会举办了贵州省安防行业第四期工程企业技术员培训班。

2009 年 11 月 1－4 日

2009 年第十二届中国国际公共安全博览会在深圳会展中心隆重开幕。来自全球近 40 个国家和地区的 1333 家厂商以及 40 余家世界 500 强企业速写为近 6 万种先进的安防技术产品亮相此次安博会。同期举办了第九届中国安防论坛。

2009 年 11 月 3 日

公安部检测中心和美国安全检测试验室在深圳会展中心共同主办 UL 标准交流研讨会。会议由检测中心常务副主任胡志昂先生主持。来自全国安防业内 50 余家知名企业的负责人及技术专家齐聚研讨会现场，了解和听取检测中心资深工程师对 UL294（门禁控制系统）、UL639（入侵探测器）及 UL2058（高性能电子锁）等标准的要点解析，并就 UL 标准与国内相关产品标准的异同现场展开了交流。

2009 年 11 月 6 日

全国安全防范报警系统标准化技术委员会组织召开了《货物运输微剂量 X 射线安全检查设备通用技术要求》审查会，专家组一致通过了该标准送审稿，并即将向主管部门报批。

2009 年 11 月 6 日

广东省茂名市安防企业工作会议暨广东省公共安全技术防范协会茂名片会在广东省茂名市召开。广东省公共安全技术防范协会邱小栓秘书长、茂名市公安局技防部门负责同志出席会议并讲话。会议期间，参会代表与技防部门领导以及安防企业代表进行面对面沟通与交流。

2009 年 11 月 9 日

海南省安全技术防范行业协会（筹备组）在海南政法职业学院召开拟任协会理事以上职务单位代表座谈会。出席会议的领导有海南政法职业学院党委书记张耕、省公安厅警令保障部副部长龙章安、省公安厅科技通信处副处长吴灵昌、省公安厅技防办主任李洪宾。拟任协会理事以上职务的 60 家单位的法人、负责人共 70 余人参加了会议。

2009 年 11 月 12 日

中国安全防范产品行业协会组织开展的为“平安城市”建设推荐优秀安防工程企业活动结束，179 家全国优秀安防工程企业获得推荐。

2009 年 11 月 14 日

全国安全防范报警系统标准化技术委员会秘书处组织召开了国家标准《安全防范系统供电技术要求》标准报批稿审定会，标准起草小组根据专家的意见，对报批稿进行了进一步修改和完善。

2009 年 11 月 14 日

11 月 26 日，全国安全防范报警系统标准化技术委员会组织召开了行业标准《银行业务库安全防范的规定》送审稿审查会，专家组一致通过标准送审稿。

2009 年 11 月

受国家民航总局公安局委托，国家安全防范报警系统产品质量监督检验中心（北京）对民航系统在用的 400 余台爆炸物探测仪进行了质量复检。

2009 年 12 月 9－11 日

受公安部信息化局安全技术防范工作指导处的委托，国家安全防范报警系统产品质量监督检验中心（北京）举办 2009 年“安全防范工程检测机构培训班”，对各地的检测机构负责人、技术人员进行了安防知识培训。

2009 年 11 月 18 日

湖北省安全技术防范行业专家委员会成立大会在武昌召开。省厅科技处副处长庞晓洪、省厅技防办主任余连清，省安防协会会长李克才、常务副会长兼秘书长陈元开，及来自武汉大学、省电子产品质量监督检验院、省质量技术监督局、省公安厅信通处、省公安厅网监总队等部门的高级工程师、教授，共二十余人出席会议。会议宣读了专家委员会管理办法和专家委员会专家、专家委员会领导成员推荐名单，并选举产生了专家委员会领导成员。

2009 年 11 月 19 日

中国安全防范产业行业协会接受了民政部民间组织管理局派出的全国性行业协会商会评估组的实地评估考察。经现场考察，评估组专家一致认为，协会管理机制健全、开展活动规范、工作业绩突出且富有成效，并在行业制度系统化建设、加强对外宣传等方面提出了改进意见。

2009 年 11 月 22 日

中国安全防范产品行业协会专家委员会在北京召开了“申报企业自主创新项目研讨咨询会”。出席会议的科技部、和协会专家委的专家与来自北京、天津、上海、广东等地的企业代表就申报我国科技创新项目问题深入讨论，并回答了企业代表提出的问题。

2009 年 11 月 25 日

北京市公安局、北京安全防范行业协会联合召开了 2009 年全市安防系统工作总结表彰大会。全市安防战线的优秀代表、先进集体和个人以及安防企业、内保单位和政府主管部门各级领导参加了此次会议。公安部科技信息化局副局长谭晓准、北京市公安局副局长高煜、公安部科技信息化局安全技术防范指导处处长李明甫、北京市经济与信息化委员会副处长孙志谊、北京市公安局内部单位保局局长刘松、副局长赵志民、中国安防协会秘书长靳秀凤、北京安防协会秘书长栗萍等领导莅临会议。

2009 年 11 月 27 日

全国安全防范报警系统标准化技术委员会秘书处完成了国家标准《安全防范监控数字视音频编解码技术标准第 1 部分：视频编解码技术要求》和《安全防范监控数字视音频编解码技术标准第 2 部分：音频编解码技术要求》的报批工作。

2009 年 11 月 27 日

贵州省厅技防办向在贵州省境内各安防企业下发了《关于积极加入贵州省安全技术防范行业协会的通知》（黔公科［2009］70 号）。

2009 年 12 月 8 日

湖北省安全技术防范行业协会第二届第三次理事会在武昌召开。会议内容为：回顾协会成立六周年工作、总结 2009 年工作、讨论 2010 年工作要点。审议通过了新增补协会副会长单位、常务理事单位的议案。

2009 年 12 月 8 日

湖北安防协会理事会上公布七家企业获得“AAA”级诚信企业称号并颁发证书。

2009 年 12 月

贵州省安全技术防范协会建立会员单位年度考核制度，加强安防行业自律管理。

2009 年 12 月 12 日－14 日

吉林省安防协会举办了安全技术防范标准宣贯培训会议。会议由吉林省社会公共安全产品行业协会秘书长赵顺仁主持，省公安厅科技处处长刘敏同志到会并讲话。同时，举办了安防标准宣贯培训班，这次参加会议及培训的有全省的安防行业从业单位的技术管理人员以及各市、州公安机关主管城市报警监控系统建设和技防管理工作的同志，共计 200 余人。

2009 年 12 月 15 日

全国安全防范报警系统标准化技术委员会在京召开了行业标准《冶金钢铁企业治安保卫重要部位风险等级和安全防护级别的规定》送审稿审查会。会议一致通过了该标准送审稿。

2009 年 12 月 20－31 日

国家安全防范报警系统产品质量监督检验中心（北京）完成了对安防电子产品（球机）、安防实体产品（提款箱）的行业监督抽查工作。

2009 年 12 月 18

海南省安防协会筹办组召开了拟任协会副理事长单位代表座谈会（26 家代表）。会议主要议题：一是应部分企业的要求，商议在协会章程中增加常务理事长职务若干名；二是商讨确定协会会徽（设计样本）；三是审议海南安防网站建设，招聘网站管理人员一名；四是通报协会延期成立的原因；五是介绍中国安全防范产品行业协会对海南省资质等级评定的有关情况。

2009 年 12 月 29 日

公安部技术监督委员会审批发布了由全国安全防范报警系统标准化技术委员会组织起草并报批的 GA857－2009《货物运输微剂量 X 射线安全检查设备通用技术要求》，该标准于 2010 年 5 月 1 日起实施。

2009 年 12 月

由 TC100 组织起草的行业标准《银行业务库安全防范要求》已完成报批稿并上报主管部门审批发布。

2009 年 12 月

全国安全防范报警系统标准化技术委员会秘书处按照公安部科技信息化局标准规范工作处要求，统计并上报了 TC100 在 2005～2009 年期间完成国家标准情况。

2009 年 12 月

由 TC100 组织起草的行业标准《微剂量 X 射线人体检查设备通用技术要求》完成征求意见稿，并由 TC100 秘书处已转发有关单位征求意见。

2009 年 12 月

年内，湖北省安防协会全年继续推进安防工程企业资质评定试点工作，完成 833 名专业技术人员培训考试，完成 72 名全国工程造价员（电子）培训考试；颁发一、二、三级资质企业 92 家，至今全省共颁证 264 家。

2009 年 12 月 30 日

云南省安全技术防范协会召开云南省安全技术防范协会第二次会员代表大会暨换届大会。大会对协会第一届理事会期间的工作进行了总结，选举产生了第二届理事会的成员，通过了修改的《云南省安全技术防范协会章程》、《云南省安全技术防范协会财务管理办法》。

第十八章　公安技防管理部门及相关行业组织机构

第一节　公安部及各省、自治区、直辖市技防管理部门

机构名称	通信地址	电　话
公安部科技信息化局技防管理工作指导处	北京市东城区东长安街14号	010－66261720
北京市公安局内部单位保卫局保安和技术防范管理处	北京市西城区大玉胡同3号	010－83577418
上海市公安局安全技术防范办公室	上海市福州路185号	021－22023302
天津市公安局安全技术防范管理办公室	天津市和平区鞍山道41号	022－27205681
重庆市公安局社会公共安全行业管理办公室	重庆市渝北区黄泥塝黄龙路555号	023－63962202
河北省公安厅安全技术防范管理办公室	河北省石家庄市中山西路469号	0311－66622302
山西省公安厅安全技术防范管理办公室	山西省太原市五一路36号	0351－3659679
内蒙古自治区公安厅公共安全技术防范管理办公室	内蒙古呼和浩特市海拉尔大街15号	0471－6550392
辽宁省公安厅科技处	辽宁省沈阳市歧山中路2号	024－86992224
吉林省公安厅安全技术管理办公室	吉林省长春市新发路806号	0431－82098381
黑龙江省公安厅科技信息化处技防科	哈尔滨市南岗区中山路145号	0451－82696028
江苏省公安厅技术防范管理办公室	南京市扬州路1号	025－83526921
浙江省公安厅安全技术防范管理办公室	杭州市民生路66号	0571－87286613
安徽省公安厅安全技术防范管理办公室	安徽省合肥市安庆路282号	0551－2801093
福建省公安厅安全技术防范管理办公室	福建省福州市华林路12号	0591－87093582
江西省公安厅技防办	南昌市阳明路133号	0791－7288326
湖北省公安厅安全技术防范管理办公室	武汉市武昌区雄楚大街181号	027－67122202
湖南省公安厅技防管理工作办公室	长沙市八一路110号	0731－84597089
山东省公安厅科技处	济南市经二路185号	0531－85123126
河南省公安厅安全技术防范管理办公室	郑州市金水路9号	0371－65882119
广东省公安厅安全防范管理办公室	广州市白云区新广从路嘉禾联边村尖彭路388号	020－36220033－26809
海南省公安厅技防办	海口市国兴大道海南广场3号	0898－65312936
广西壮族自治区安全技术防范管理办公室	南宁市新民路34号	0771－2893989
四川省公安厅安全技术防范管理办公室	四川省成都市青羊区文翁路159号	028－86301651
贵州省公安厅科技处	贵阳市宝山北路82号	0851－5904569
云南省公安厅科技信息化处	云南省昆明市广福路中段	0871－3051345
陕西省公安厅安全技术防范管理办公室	陕西省西安市未央区未央路120号	029－86165300
甘肃省公安厅科技处安全技术监督科（技防办）	兰州市庆阳路98号	0931－8536703
青海省公安厅安全技术防范管理办公室	青海省西宁市八一中路50号	0971－8293164
宁夏公安厅安全技术防范管理办公室	银川市北京中路86号	0951－6136290
新疆维吾尔自治区公安厅治安管理总队基层基础处（技防办）	乌鲁木齐市黄河路58号	0991－5586133
兵团公安局科技信通处	新疆乌鲁木齐市光明路106号	0991－5988530

第二节 安防协会

2.1 中国安全防范产品行业协会

中国安全防范产品行业协会，于1992年12月8日，在北京成立（英文名称 CHINA SECURITY & PROTECTION INDUSTRY ASSOCIATION，缩写为 CSPIA）。

本协会吸纳在中国境内从事防爆安全检查设备、安全报警器材、社区安全防范系统、车辆防盗防劫联网报警系统、出入口控制系统、视频监控防范系统、防盗锁门柜及防弹运钞车、人体安全防护装备等安全防范产品的研发、经营，或承接安全技术防范系统工程设计施工、报警运营服务以及中介技术服务的从业单位、团体或个人参加。

中国安全防范产品行业协会开展调查研究，制定行业发展规划；推进行业标准化工作和安防行业市场建设；推动中国名牌产品战略；培训安防企业和专业技术人员；开展国内外技术、贸易交流合作；加强行业信息化建设，做好行业资讯服务；组织订立行规行约，建立诚信体系，创造公平竞争的良好氛围；承担政府主管部门委托的其它任务。

本协会的分支机构，中国安全防范产品行业协会专家委员会，从事安全防范领域的专业技术咨询和专业技术评定等服务工作。

中国安全技术防范认证中心，实施社会公共安全产品的认证工作。

本协会下设秘书处、展览部、资质管理中心、职业资格培训中心、编辑部、网站等部业务门。

本协会公开出版发行《中国安防》杂志（月刊），并向会员单位和相关部门免费赠阅；每年还正式出版发行《中国安全防范行业年鉴》，为各界人士提供详实的行业信息；协会相关信息同时公布在“中国安防行业网”（www.21csp.com.cn）上。

中国安全防范产品行业协会将努力加强自身建设，抓住机遇，开拓创新，为中国安防行业的长期健康发展，为建设小康、和谐、平安社会做出应有的贡献。

地　　址：北京市海淀区西三环北路87号国际财经中心C座1401
联 系 人：何　滨
电　　话：010－68730588
传　　真：010－68730788
邮　　编：100089
网　　址：www.21csp.com.cn
电子信箱：cspia@21csp.com.cn、cspia@263.net

中国安全防范产品行业协会专家委员会

中国安全防范产品行业协会专家委员会（以下简称“专家委员会”）是经公安部和民政部批准成立的中国安全防范产品行业协会分支机构。专家委员会受公安部主管部门指导，在协会领导下，从事安全防范领域的专业技术服务工作。其宗旨是：“为政府决策服务、为行业发展服务、为社会治安稳定服务”，坚持“面向社会、服务社会、促进社会公共安全防范事业健康发展”的方针。

专家委员会遵守公正、公平、公开的原则，其主要任务是：跟踪国内外安全防范科学技术与应用的发展动态，受政府主管部门委托研究制定行业发展战略和规划；协助政府主管部门制定行政法规和技术标准，组织实施安全防范科技项目研究，制定并发布相关技术指导性文件；积极推广安全防范新技术、新产品；开展安全防范理论研究，普及安全防范技术知识；在行业内积极推进相关认证、评定和信用体系建设等监督与自律制度；开展业内培训及技术咨询、交流等活动；协助主管部门对重点或示范工程项目进行技术指导、咨询、评价等工作。

专家委员会设主任1人、副主任若干人（其中一名副主任主持日常工作）、秘书长1人。专家委员会设置日常办事机构。

专家委员会根据工作需要设置专业组（已设立了战略组、技术组、标准化组、培训组、防爆安检组共五个专业组），专家成员由安全防范技术及相关领域具有较高理论水平和较丰富实践经验的知名技术专家和管理专家组成。

地　　址：北京市海淀区西三环北路87号国际财经中心C座1401
邮　　编：100089
电　　话：010－68730588转52、56
传　　真：010－68730788
网　　站：www.21csp.com.cn
电子邮箱：cspia2009@163.com

2.2 地方安防协会

2.2.1 北京安全防范行业协会

北京安全防范行业协会是经北京市民政局社团办核准登记的非营利性社会团体组织，自2005年8月成立以来，坚持为会员服务，为行业服务，为政府服务，为社会服务的宗旨，发展迅猛，现有会员企业900多家。协会下设七个职能部门即办公室、行业发展部、技术交流部、培训部、专家委员会、职业培训学校、《北京安防》编辑部。

地　　址：北京西城区大玉胡同3号
邮　　编：100034
负 责 人：栗　萍
电　　话：010－83577301
联 系 人：吴昭勇
电　　话：010－83577307
网　　址：www. bspia. com

2.2.2 上海安全防范报警协会

上海安全防范报警协会成立于1992年，经上海市民政局正式登记注册，其上级业务主管机关是上海市公安局。

目前协会共有团体会员250余家。

2002年4月，协会召开第三次会员代表大会，与会代表根据上海市政府2002年1月发布的《上海市行业协会暂行办法》及《关于本市促进行业协会发展的指导意见》两个文件，对协会原章程进行了重大修改。新章程确定协会的宗旨有四项职能即：行业服务、行业自律、行业代表、行业协调。并划定了协会新时期的业务范围。选举产生了新一届理事会。理事会设有正副理事长12人，常务理事11人，理事30人。

上海安全防范报警协会是上海地区社会公共安全技术防范行业带有行业管理性质的专业性社会团体。

上海安全防范报警协会由本市行政区域内从事安全技术防范产品管理、科研、开发、生产、经营、推广应用、技术培训、信息服务，安全技术防范工程设计、施工、维修等技术服务和安全技术防范行业宣传教育、出版、印刷等的企事业单位，以及相关的高、中等教育机构等单位自愿组成的非赢利性的社会团体，是社团法人。

上海安全防范报警协会的宗旨是：遵守宪法，贯彻执行国家的法律、法规和政策，协助政府从事安全技术防范行业管理、维护会员的合法权益，发挥协会行业服务、行业自律、行业代表、行业协调功能，团结和组织会员单位为上海地区安全技术防范行业的健康发展，促进社会稳定，保障人民生命财产安全做出贡献。

上海安全防范报警协会的业务范围是：行业培训、咨询交流、合作、考察、会展招商、产品推介；行业政策决策论证、听证；参与行业标准制定；行业统计、调查、协调、资质审核；方案论证、工程评估等。

理 事 长：孙廷华
副理事长：赵渊明

秘 书 长：彭兴宝
副秘书长：陶焱升
副秘书长：吴元生
主编杂志：《上海技防》

办公电话：021－62769760
地　　址：上海市常德路1256号7楼
邮　　编：200060
网　　址：www. sh－anfang. org

2.2.3 天津市公共安全技术防范行业协会

天津市公共安全技术防范行业协会是为了适应社会形势发展的需要，提高我市安防行业自我规范、自我管理的能力，由本市安防行业业内人士发起，于2004年12月31日正式获得批准。协会英文名称为：Tianjin Profession Association for Public Security Technology and Protection。缩写为：TPAPSTP。

协会是由从事公共安全技术防范产品管理、科研、开发、生产、经营、推广应用、技术培训、信息服务，安全技术防范工程设计、施工、维修等技术服务和安防行业宣传教育、出版、印刷的企事业单位自愿组成的行业性、非营利性的社会团体。协会接受业务主管单位天津市公安局和社团登记管理机关天津市社会团体管理局的业务指导和监督管理。

协会的宗旨是：遵守宪法、法律、法规和国家政策，遵守社会道德风尚。在市公安局的指导下，依靠行业集体的力量积极推进全市公共安全技术防范行业的发展，为会员的共同利益服务，维护会员及全行业的合法权益；发挥政府部门实施行业管理的助手作用，为政府部门和社会服务；发展与国内外相关企业、组织的经济技术往来，加强经济技术交流与合作，促进行业管理水平和经济效益的不断提高，为维护社会稳定和社会公共安全事业的发展作出贡献。

天津市公共安全技术防范行业协会是天津安防行业实现自我约束、自我管理的社会组织，是密切政府与企业之间的桥梁和纽带，它的成立对深化行政审批制度改革、规范本市安防行业市场经营秩序，维护业内企业和广大消费者的合法权益，促进本市安防行业的发展具有重要意义。

地　　址：天津市和平区鞍山道41号
负 责 人：李庆生
电　　话：022－27316621
联 系 人：王雯君
电　　话：022－27316621
网　　址：www. tjaf. com. cn
电子信箱：tjafxh@126. com

2.2.4 河北省安全技术防范学会

本团体的名称为河北省安全技术防范学会。其英文译名：HEBEI SECURITY TECHNOLOGY&PROTECTION ASSOCIATION，缩写为HBSTPA。

河北省安全技术防范学会的性质是从事安全检查、防盗报警、出入口控制、建筑与道路交通安全防范、电视监控及其系统工程等产品的研制开发、生产、经营、维修、技术咨询及承接设计、安装、维修安全技术防范系统工程的企事业单位自愿参加的全省性行业组织，是社团法人。

河北省安全技术防范学会的宗旨是遵守宪法、法律、法规和国家政策，遵守社会道德风尚。在政府有关部门的指导下，依靠行业的集体力量加速我省安全防范产品的发展，为会员单位的共同利益服务，维护全行业与会员单位的合法权益。发挥政府部门实施行业管理的助手作用；发展与省内外相关组织的经济技术往来，以促进全行业经济技术管理水平和经济效益的不断提高；推进我省安全防范产品的发展；为社会安定和全社会的公共安全事业做出贡献。

河北省安全技术防范学会接受河北省公安厅、河北省民政厅的业务指导和监督管理。

河北省安全技术防范学会的驻所在河北省石家庄市。

地　　址：河北省石家庄市中山西路469号
负 责 人：张建儒
电　　话：0311－66622302
联 系 人：闫兵杰、杨小宁
电　　话：0311－83052206
网　　址：www. hbga. net
电子信箱：webmaster@af110. net

2.2.5 内蒙古自治区公共安全技术防范行业协会

内蒙古自治区公共安全技术防范行业协会于2006年12月28日成立。在“自愿发起，自筹经费，自聘人员，自主会务”的原则基础上，经内蒙古自治区社会团体登记管理机关核准登记的行业性非营利性社会团体。凡是在内蒙古自治区内从事防入侵、防抢劫、防盗窃、防破坏、防爆炸、防伪等活动的产品开发、生产、销售；技术防范系统工程、施工、维修、使用等；以及相关的管理、教育培训、信息服务等企事业单位，只要遵守并旅行协会章程，均可以申请加入。

内蒙古自治区安全防范行业的成立，将积极发挥本行业的职能，严格遵守国家法律法规，以协调和监督为己任，为政府服务，为会员服务，为全行业服务，为广大用户服务，为其提供一个沟通与发展的平台，起到纽带的作用，大力推进内蒙古自治区安全防范行业的健康和可持续发展。

协会的成立后，将继续在内蒙古自治区公安厅的指导下，举办一系列活动，扩大过内过外技术交流；并开设业务培训班，为相关行业培养一批技术骨干；编制传达行业规划，提出行业发展长远目标；制定行规行约，强化行业自律和行业规范管理。

截止2009年协会会员数量已达到249家，内蒙古自治区公共安全技术防范行业协会将继续努力，不断扩大国际国内及区内的交往与合作，愿与业界朋友共同为安防产品行业的发展和社会公共安全事业贡献力量。

地　　址：内蒙古自治区呼和浩特市赛罕区乌兰察布西路三十五中东巷内蒙古安防协会201室
邮　　编：010010
负 责 人：孙秀峰（理事长）郝晓敏（秘书长）
电　　话：0471－4915331
联 系 人：李文林
电　　话：0471－4915331
网　　址：www.nmgafxh.com
电子信箱：nmgafxh@163.com

2.2.6 辽宁省社会公共安全产品行业协会

辽宁省社会公共安全产品行业协会自1999年成立以来，在主管部门辽宁省公安厅的领导下，备案登记部门辽宁省民政厅的支持下，广大会员单位的积极配合下，始终坚持以邓小平理论和“三个代表”重要思想为指针，深入贯彻落实科学发展观，紧密围绕“团结、服务、创新、发展”的办会宗旨，积极广泛的开展各项工作，协会得到了较快的发展。会员单位的数量从成立初期的100来家，发展到目前的近840家，已成为国内同行业中会员单位较多、涵盖面较广的协会之一。2004年国家行政许可法颁布实施以后，经主管部门批准，协会理事会同意，开始颁发《辽宁省安全技术防范设施设计、施工资质证》。几年来，资质证已得到社会各界的广泛认可，在辽宁“3111”工程建设、城市报警与监控系统建设中发挥了很好的作用。目前，省内已有832家安防企业获得了资质证书。其中，壹级资质企业72家，贰级资质企业151家，叁级资质企业608家。自协会成立以来，由协会主办，大连长城展览公司承办的“东北国际公共安全防范产品博览会”已成功举办了11届。展会规模、参展范围都在逐年扩大，目前展位规模已超过1万平方米，参展单位300余家，参展内容涵盖了当前国内外最先进的视频监控防范系统；安全报警器材；楼宇防范及小区智能管理系统；车辆防盗劳劫报警系统；人体安全防护装备；指纹、虹膜等生物识别技术及产品；电子巡更管理系统；反恐装备及器材；智能交通产品及交通安全设施等。从第九届展会起，博览会增加了工程商大会暨研讨会的内容。展会的成功举办得到省内外同行和社会各界的普遍好评，也对辽宁及东北地区安防行业的发展起到了积极的推动作用。

地　　址：辽宁省沈阳市皇姑区细河街5号
邮　　编：110032
负 责 人：陈　雷
电　　话：024－86992444
联 系 人：张东升
电　　话：024－86991266
网　　址：www.Lnafxh.cn
电子信箱：Lnafxh@163.com

2.2.7 吉林省社会公共安全产品行业协会

吉林省社会公共安全产品行业协会是由全省从事消防、道路交通管理、刑事技术、警用装具、防伪技术、安全防范及其系统工程等领域中有关产品研制、开发、生产、维修、经营、技术咨询以及承接系统工程设计、施工的企业单位，自愿参加的全省性行业组织。协会的宗旨是：在政府有关部门的指导下为本行业企业、科研单位、大专院校服务，促进企业发展，维护企业的权益。在政府和企业之间发挥桥梁和纽带作用，反映企业的愿望和要求，传达贯彻政府的方针、政策和法令，协助政府做好行业管理工作，推进科技进步，提高综合经济效益，积极开展与国内外同行业相关的各项交往活动，推动全行业的发展。

地　　址：吉林省长春市人民大街7457号
邮　　编：130022
电　　话：0431－85829538
会　　长：邓瑞予
副 会 长：刘　敏、赵顺仁、亓峒和、顾国矛、张立民、张　文、艾　飞、蒋继先
秘 书 长：赵顺仁

2.2.8 黑龙江省社会公共安全产品行业协会

黑龙江省社会公共安全产品行业协会是经黑龙江省公安厅按照中华人民共和国国务院250号令规定的程序申请注册的社会法人；是以安全技术防范行业为主要内容的自律性组织；是具有独立承担民事责任的社会团体。

凡是在黑龙江省内从事防爆安全检查设备、安全报警器材、车辆防盗联网系统、社区安全防范系统、出入口控制系统、防盗门、锁、柜、人体防护装备、运钞车等生产经营、设计施工的企、事业单位，只要遵守本协议章程均可申请加入。协会现有会员单位384家，其中副理事长单位3家、常务理事单位6家、理事单位49家、会员单位326家。

黑龙江省社会公共安全产品行业协会严格遵守国家法规、法令，认真履行承上启下、协调、监督的职责，努力为政府服务，为会员服务，为全行业服务，为广大用户服务，在政府与会员及广大用户之间搭建起畅通的桥梁，维系起紧密的纽带，不断推动安全防范产品行业的健康发展。

近年来，伴随着国民经济的持续增长，越来越多具有一定实力的国内安防企业开始寻求开拓国际市场，争取参与国际竞争的机会。协会借助与俄罗斯得天独后的地缘优、势，在中国安全防范产品行业协会和主管部门的指导下，成功地举办了五届行业博览会，特别是07年承办的“中国——俄罗斯国际社会公共安全产品博览会暨俄罗斯现代安全系统反恐博览会。”推动了安防行业国际间的技术交流与合作，并取得了丰硕的成果。

为了更好的宣传国家有关方针、政策及本行业的重大活动情况，收集、传播国内外同行业的科技信息，及时推广同行业的新产品、新成果，改建了“黑龙江省安防协会网”，并筹建俄文版面以中俄文的形式扩大宣传范围，报道最新动态；充分开展各项网络服务；进一步推动国际行业之间、会员之间的联系。

安防行业的发展任重道远，黑龙江省社会公共安全产品行业协会愿在广大会员的共同努力和支持下，共创黑龙江安防行业的美好明天。

地　　址：黑龙江省南岗区中宣街5号6楼
邮　　编：150001
负 责 人：张东来
电　　话：0451－82696596
联 系 人：张庆栋
电　　话：0451－82696187
网　　址：www. hljps. com
电子信箱：hljps88@ yahoo. com. cn

2.2.9 浙江省安全技术防范行业协会

浙江省安全技术防范行业协会是经浙江省民政厅注册登记，省公安厅业务指导，从事安全技术防范产品生产、承接安全技术防范系统工程设计施工，以及相关的企事业单位自愿参加的地方性行业组织。浙江省安全技术防范行业协会成立于2003年2月28日，现有会员单位763家，其中理事单位141家，常务理事单位42家，会址设于杭州。

协会的宗旨是：遵守宪法、法律、法规和国家政策，在政府有关部门的指导下，依靠行业的集体力量，促进安全技术防范事业的发展，为会员单位的共同利益服务；维护行业与会员单位的合法权益，加强行业自律，发挥政府部门的助手作用；发展与国内外相关组织的经济技术交流，以促进全行业技术、管理水平和经济效益的不断提高；推进安全防范工作的发展，为社会安定和社会公共安全事业做出应有的贡献。

针对近年来我省安全技术防范行业发展迅速，安防产品生产初具规模，安防工程队伍迅速扩大，已经形成了跨部门、跨地区的特殊行业的特点，协会努力发挥政府主管部门与安防行业企事业单位之间桥梁和纽带的作用，向政府部门反映行业愿望与要求，同时向行业传达政府部门政策意图；组织企业制定行规行约，建立健全协调与约束机制，实行自律自治；强调职业道德，爱国守法，公平竞争，互补互济，共同发展，促进浙江安防行业健康有序快速发展。

协会集中了全行业的骨干企业和主要的技术力量，代表了浙江省安防行业的现状，拥有较强的技术力量和经济实力。协会理事长领导下的秘书处为日常办事机构，在国际互联网（INTERNET）上建有浙江省安全技术防范行业协会网站，为行业和社会各界提供服务。

协会将始终本着团结、服务、求实的精神，竭诚为会员单位及全行业服务，为维护社会公共安全和社会稳定贡献力量。

地　　址：杭州市民生路58号庆华饭店2203、2204、2205室
邮　　编：310009
负 责 人：王长依
电　　话：0571－85810701
联 系 人：方丽敏
电　　话：0571－87808586
网　　址：www. zjaf. net
电子信箱：zjafxh@126. com

2.2.10 安徽省安全技术防范行业协会

安徽省安全技术防范行业协会于2002年6月26日经省民政厅批准正式登记成立。本协会是由安徽省内从事安全技术防范产品研制、开发、生产经营和承接安全技术防范工程的企事业单位，以及安全技术防范工程使用、管理单位等自愿组成的全省性非赢利性社会组织。业务主管单位是安徽省公安厅。

地　　址：安徽省合肥市安庆路282号
邮　　编：230061
负 责 人：范厚本
电　　话：0551－2801093
联 系 人：张　军、高　啸
电　　话：0551－2801347
网　　址：www. aspia cn

2.2.11 福建省安全技术防范行业协会

福建省安全技术防范行业协会属行业类社团组织，2007年12月在福州成立，2008年2月经福建省民政厅登记注册，业务上接受福建省公安厅指导。协会发起单位由福建省福耀玻璃工业集团股份有限公司、宝龙集团发展有限公司、（中国电信）福建省电信有限公司、中国联通福建分公司、福建冠林电子有限公司、厦门万安实业有限公司、福建天马电子有限公司等7家企业组成，协会现有会员257名。

福建省安全技术防范行业协会首任理事长、法人代表由福建省公安厅党委委员、副厅长施志强兼任。福建省福耀玻璃工业集团股份有限公司董事局主席曹德旺为协会首届名誉理事长。福建省公安厅科技处处长、技防办主任林华美兼任协会常务副理事长、秘书长。

福建省安全技术防范行业协会的宗旨是：团结和组织本协会会员，遵守宪法、法律、法规和国家政策，遵守社会公共道德，遵守行业规范和相关技术标准；通过政策研究、行业自律、知识产权保护等工作，维护会员及行业的合法权益；在政府主管部门的指导下，依靠行业集体力量，通过开展安防知识普及，成果推广与应用，国内外交流与合作，提高福建省安全防范工作的整体水平；积极发挥行业协会与政府管理部门之间的桥梁与纽带作用；发挥协会的社会公正性、中介协调性、联系广泛性和专业权威性作用，为福建的“科技创安”，建设“平安福建”，构建和谐社会做出更大的贡献。

海西安防网为协会唯一互联网网站（网址：www. hxaf. org或www. fjspia com）。

地　　址：福建省福州市华林路18号（省公安厅指挥大楼18层）
邮　　编：350003
负 责 人：施志强
电　　话：0591－87093010
联 系 人：林华美
电　　话：0591－87093582
网　　址：www. hxaf. org
电子信箱：guoyunlelə@ hotmail. com

2.2.12 江西省安全技术防范行业协会

江西省安全技术防范行业协会原名江西省社会公共安全产品行业协会，成立于1994年12月12日。主要由江西省境内从事安全技术防范工程设计、施工、维护的工程公司组成，拥有会员单位280余个。现任理事长杨宏庆，副理事长兼秘书长张文钧。协会定期举办安防人员业务培训班，积极开展企业资信等级评定工作，组织行业交流，促进江西省安防行业健康发展。

协会内设综合办公室，负责协会日常文秘档案管理、行政财务以及会员管理等工作。内设安防专家委员会，从事本省安全防范领域的专业技术咨询和专业技术评定等服务工作。内设安防工程质量监督管理委员会，负责本省安防项目（尤其是重点项目）的设计审核和技术论证。内设安防资质及信用评估委员会，负责行业内工程商企业资质评定管理。内设“江西安防网”（www. jxafw. org），成为江西省安防行业信息、技术交流的门户网站。

江西省安全技术防范行业协会将将继续加强自身建设，服务企业，服务政府，服务社会，致力于江西省安防行业的长期健康发展，为江西省经济繁荣，社会和谐做出应有的贡献。

地　　址：南昌市西湖区桃苑大街2号金源大厦815室
邮　　编：330025
负 责 人：杨宏庆
电　　话：0791－6651345

联 系 人：张　亮、梅小艳
电　　话：0791－6651243
网　　址：www.jxafw.org
电子信箱：jxafxh@163.com

2.2.13 河南省社会公共安全防范行业协会

河南省社会公共安全防范行业协会（以下简称豫安协）成立于1995年12月26日，是经河南省民政厅核准登记的全省性行业组织，是非赢利性的社会团体，在业务上接受河南省公安厅的指导。目前，协会拥有团体会员800余家。

豫安协成立十四年来，在各级党委、政府的领导下，在河南省公安厅技防办的指导下，通过全体会员单位的共同努力，各项工作有了明显的进展，取得了显著的成绩。

豫安协是联系政府和企业的桥梁、纽带，在行业内发挥服务、协调、监督作用。充分发挥高科技优势，积极探索河南安防行业的发展途径，培育和规范行业市场。维护会员单位和本行业的合法权益，向政府反映会员的意愿，并提供制定本行业政策的建议，加快河南省安防事业又好又快发展。

豫安协宗旨是：遵守宪法、法律、法规，贯彻执行国家制定的有关方针、政策，遵守社会道德风尚，在政府有关部门指导下，依靠本行业的集体力量，积极发展与省内外相关组织的技术交流，促进全行业技术、管理水平和经济效益的不断提高，加速河南省社会公共安全防范事业的发展。

豫安协作为市场经济的中介组织，积极发展与省内外相关组织的经济交流、技术合作和信息沟通，还适时开展形式多样，内容丰富的安防行业活动；开设业务培训班，开展咨询和信息服务，促进河南省行业整体经济、技术、管理水平的提高。豫安协还充分利用行业管理优势，主办神州安防网，为会员和广大安防企业提供信息服务，受到社会各界的一致好评。成功参与主办的郑州国际社会公共安全产品博览会，在国内外拥有较高的知名度。

2008年4月17日，豫安协召开了第三次会员代表大会，选举产生了第三届理事会。选举王锡崇同志为协会理事长；经协会理事会表决通过，任命刘保国同志为秘书长。理事会副理事长2人，副理事长单位9家，常务理事单位14家，理事单位19家。

豫安协在新一届协会领导班子的领导下，继续深入贯彻落实科学发展观，落实胡锦涛总书记“健全社会治安防控体系，加强社会治安综合治理，改革和加强城乡社区警务工作，依法防控和打击违法犯罪活动，保障人命生命财产安全”的重要精神，推进河南安防工作又好又快发展，为打造平安河南，构建社会主义和谐社会做出应有的更大的贡献。

理 事 长：王锡崇（河南省公安厅科技处处长）
副理事长：李东辉（河南省公安厅科技处副处长）
邵　　军（河南省公安厅科技处副处长）
秘 书 长：刘保国
联 系 人：周同玺
电　　话：0371－65882650
地　　址：河南省郑州市金水路9号
邮　　编：450003
网　　址：www.anfang.net.cn
电子信箱：yuanxie650@126.com

2.2.14 湖北省安全技术防范行业协会

湖北省安全技术防范行业协会是经湖北省公安厅批准，湖北省民政厅登记注册，于2003年12月6日在武汉成立。现有个人和团体会员439个。协会具有独立法人资格，是由安防工程企业、安防工程使用单位、安防产品生产、销售厂商及其它热爱安防事业的企、事业单位自愿组成的非营利性社会团体。

湖北省安全技术防范行业协会宗旨：服务、保护、协调、进步

湖北省安全技术防范行业协会依照政府要求推动企业进步，反映企业情况，为政府决策提供参考，发挥政府与企业之间的桥梁和纽带作用。

湖北省安全技术防范行业协会高举邓小平理论伟大旗帜，努力实践“三个代表”重要思想，认真履行协会宗旨。目前，本协会遵照公安部科技信息化局的指示，按照中国安全防范产品行业协会的统一部署，正在开展湖北省安防工程企业资质评定工作。

湖北省安全技术防范行业协会主办的楚天安防网（www.ctafw.cn/com）、安防商铺网（www.afspw.com）网站，是协会重要宣传媒体，也是为会员企业服务的最有效载体。本协会竭诚为会员企业及广大安防企业服务，已收到显著效果，受到社会各界好评。

地　　址：湖北省武汉市武昌区傅家坡1路33号
邮　　编：430070
秘 书 长：陈元开
电　　话：027－67122219
联 系 人：苏运梅
电　　话：027－67122581、87324910
网　　址：www.ctafw.cn/com

2.2.15 湖南省安全技术防范协会

湖南省安全技术防范协会1996年9月26日经湖南省民政厅批准成立，属于不盈利的纯社会团体，业务范围包括研究、交流、咨询等，注册资金6万元，会长由省公安厅科技处处长或由主管科技处的副主任兼任，它的行政主管单位是湖南省民政厅、业务主管单位是湖南省公安厅。

地　　址：长沙市八一路110号
邮　　编：410001
负 责 人：李承毅
电　　话：0731－84590678
联 系 人：符建中
电　　话：0731－84597470
网　　址：www. secu. hn. cn
电子信箱：hnsafxh@163. com

2.2.16 广东省公共安全技术防范协会

广东省公共安全技术防范协会于2006年9月26日正式成立，广东省公共安全技术防范协会是在“自愿发起，自选会长，自筹经费，自聘人员，自主会务”的原则基础上，实行无行政级别、无行政事业编制，并在行政业务主管部门的指导下，真正实现民间化和自治化的非营利性行业组织、省一级社团法人组织。凡是在广东省内从事防入侵、防抢劫、防盗窃、防破坏、防爆炸、防伪等活动的产品开发、生产、销售；技防系统工程设计、防伪工程设计、施工、维修、使用等；以及相关的管理、教育培训、咨询服务、信息服务等企事业单位，只要遵守协会章程，均可申请加入。

作为社会中介组织，广东省公共安全技术防范协会严格遵守国家法规、法令，担负着承上启下、协调和监督的重任，为政府服务，为会员服务，为全行业服务，为广大用户服务，在政府与会员及广大用户之间搭建起畅通的桥梁，维系起紧密的纽带，推动安全防范产品行业健康发展。

广东安防协会成立之后，将在广东省公安厅科技处的指导下，在广东省民政厅民间组织管理局的监督管理下，举行一系列的活动，更有利于扩大国内、国际安防产品技术交流；并开设业务培训班，培养一批行业业务骨干；开展咨询服务，加强各企业事业单位间的信息沟通；引进并推广先进技术，为企业参与市场竞争创造条件；编制行业规划，提出安防产品行业发展的长远目标；制定行规行约，强化行业自律和行业规范管理。

为宣传国家有关方针、政策及刊出本行业的重大活动情况，收集、传播国内外的科技信息和有关企业开发、生产的新型安防产品情况，广东安防协会创办了《广东安防》期刊，免费发送给会员单位和相关部门；并且建立了“广东安防网”，行业内的政策法规以及协会的最新动态都可以得到全面报道，协会利用网络开展各项工作，为各界人士提供更全面的行业信息，有利于提高行业管理效率，加快各种信息的传递；使信息在会员之间的交流，并进一步增进协会与会员的联系。

广东省公共安全技术防范协会将不断地扩大国际、国内、广东省内同行间的交往与合作，愿与业界朋友共同为安防产品行业的发展和社会公共安全事业贡献力量。

地　　址：广东省广州市越秀区原道路7号三楼
邮　　编：510095
负 责 人：许敏
电　　话：020－87322101
联 系 人：李绮霞
电　　话：020－87322101
网　　址：www. gdafxh. org
电子信箱：gdafxh@126. com

2.2.17 四川省社会公共安全行业协会

四川省社会公共安全行业协会成立于2002年，是经四川省民政厅注册登记，省公安厅业务指导，安全技术防范行业从业单位自愿参加的地方性行业组织。协会依据《四川省公共安全技术防范管理办法》和《四川省公共安全技术防范管理办法实施细则》加强对我省公共安全技术防范的管理工作，发挥公共安全技术防范措施在预防和查处违法犯罪活动中的作用，有力地保护了国家、集体财产和公民生命财产安全。

协会的宗旨是：遵守宪法、法律、法规和国家政策，为政府职能部门管理社会公共安全行业提供积极服务，推动会员之间的协调自律，规范从业行为，维护市场秩序，促进社会公共安全行业进步，依法维护会员的合法权益，反映企业情况，为增进政府职能部门与企业之间的联系起好桥梁纽带作用。

协会的主要任务：开展对安全技术防范工作情况的调查研究，掌握行业基本情况，制定行业中长期发展规划。为政府有关部门制定政策、法规、管理办法提出建议；推广新产品、新技术、新材料；积极加强横向经济联合和技术合作，制定并监督执行行规行约；组织人才交流，加强专业技术人员培训；举办展示展销会、讲座、讲学；发布安防行业信息，加强安防行业宣传，编辑出版协会会刊；建立法律咨询机制，积极为协会会员单位提供法律咨询服务，努力保障会员单位合法权益。

协会聘请从事相关领域工作并具有高级职称或同等专业水平、本行业的知名专家、学者组成专家委员会，为社会公共安全行业的发展服务，为从业单位（会员单位）提供行业领域的学术研究、技术咨询和顾问服务工作。

协会将严格遵守宪法、法律、法规和国家政策，本着为政府服务、为行业服务、为广大人民群众服务的宗旨，竭诚为会员单位及全行业服务，为维护社会公共安全和社会稳定贡献力量。

地　　址：成都市文翁路159号306、307室
邮　　编：610041
负 责 人：徐学元
电　　话：028－86301658
联 系 人：王洪
电　　话：028－86303169
网　　址：www.scafxh.org
电子信箱：scafxh@163.com

2.2.18 贵州省安全技术防范行业协会

贵州省安全技术防范行业协会成立于2007年3月15日。

贵州省安全技术防范行业协会是经贵州省民政厅登记注册的省一级社团法人。是贵州省境内跨部门、跨地区的地方性行业组织。接受贵州省公安厅和贵州省民政厅的业务指导和监督管理。

协会的宗旨是：遵守宪法、法律、法规和国家政策，为政府职能部门的管理提供积极服务，推动会员之间的协调自律，规范从业行为，维护市场秩序，促进贵州省安全技术防范行业的健康进步，依法维护会员的合法权益；搭建行业互动平台，协调企业资源，促成会员之间技术、产品、销售的交流与合作，形成良好的行业发展体系和市场竞争机制；反映企业诉求，为增进政府职能部门与企业之间的联系起好桥梁纽带作用。

凡是在贵州省境内从事安全技术防范产品研制、开发、生产、承接安全技术防范系统工程设计、施工，以及相关的企事业单位和个人，都可以自愿参加贵州省安全技术防范行业协会。协会现有会员单位198余家。协会业务范围：行业调研、内部自律、内外协调、论证评估、交流合作、咨询服务、行业培训。

会　　长：杨广生
副会长兼秘书长：郭海水
副会长兼常务副秘书长：高松森
地　　址：贵州省贵阳市宝山北路76号（省公安厅招待所附楼6楼）
邮　　编：550001
负 责 人：高松森
电　　话：0851－5904591
联 系 人：王文明
电　　话：0851－5904592
网　　址：www.gzsaf.com
电子信箱：787205139@qq.com

2.2.19 云南省安全技术防范协会

云南省安全技术防范协会成立于2005年7月28日，协会的业务主管机关是云南省公安厅，行政主管机关是云南省民政厅。协会设立理事会，理事会由会长、副会长、常务理事、秘书长和理事组成，聘请了名誉会长。协会成立时，制订了《云南省安全技术防范协会章程》、《云南省安全技术防范协会财务管理办法》。根据《云南省安全技术防范协会章程》，协会的宗旨是：遵守宪法，贯彻执行国家法律、法规和政策，协助政府从事安全技术防范的管理，维护会员的合法权益，发挥协会服务、自律、协调的功能。

协会成立以来，在业务主管机关的领导、支持下，在行政主管机关的监督、指导下，在全体会员单位的积极参与和努力下，协会的各项工作都获得较大的发展。目前，协会从成立之初的92家会员单位扩展到了272家会员单位。同时，为促进社会对协会的认可，也为规范协会会员的经营行为，协会还出台了《云南省安全技术防范行业资信等级评定管理办法》，积极组织技术培训、技术交流、新产品推荐，举办安防产品博览会，通过各种活动增强协会的凝聚力，为云南省安全技术防范行业的健康发展做出贡献。

地　　址：云南省昆明市五一路131号
邮　　编：650031
负 责 人：李文宏
联 系 人：经苏南
电　　话：0871－3052789

2.2.20 陕西省安全防范产品行业协会

陕西省安全防范产品行业协会于2003年11月3日在西安成立。

陕西省安全防范产品行业协会是经陕西省民政厅登记注册的省一级社团法人。本协会在业务上受陕西省公安厅指导，是跨部门、跨地区的全省性行业组织。凡是在陕西省境内从事安全技术防范产品的研制、开发、经营、维修、技术培训、信息服务、安全防范报警系统工程设计、施工、监理、监测、运营、保险的单位和广大用户单位、个人均可申请加入本协会，现有副理事长单位14个，理事单位30个，会员单位近500个，并在不断扩大。

陕西省安全防范产品行业协会严格遵守国家法律、法规，强化行业自律，秉承服务于政府、企业、用户之间搭建起桥梁和纽带，以推动本省安全技术防范行业的健康发展。

陕西省安全防范产品行业协会为会员、社会和政府适时开展了形式多样、内容丰富的活动，组织社会公共安全产品展览和技术交流、开设业务培训班、开展咨询和信息服务、引进先进技术，不断扩大行业间的交流与合作，与业界广大朋友共同为陕西社会公共安全事业的发展贡献力量。

陕西省安全防范产品行业协会在中国安全防范产品行业协会全面指导下，近期开展了纵横向交流学习活动，进一步建立完善了本协会章程等一系列规章制度，注册了陕西安防网，编辑了陕西安防企业录，成功举办了2007、2008、2009年中国（西安）国际社会公共安全产品暨警察反恐技术装备博览会，以及“平安陕西”第一届、第二届、第三届西部安防行业工程商大会，其“平安城市”建设方案，知名品牌推荐活动。有力地促进了“平安陕西”建设，有效发挥了行业组织的职能和作用。博览会的规模逐年扩大，并已产生品牌效应，社会反响强烈，达到了展示科技强警、“平安陕西”、维护社会稳定的目的，我们还会继续努力，争取每年都上新台阶。

陕西安防网是陕西地区大型的针对安防行业的专业网站，隶属于陕西省安全防范产品行业协会，正式开通三周年。作为西部安防专业性网站，本着“开拓进取、创新求益、诚恳务实”的建网精神，以“服务社会、服务企业、相互交流、相互发展”为指导思想，为社会提供了解安防行业的信息平台，为企业提供风采展示、产品发布、招标信息、人才招聘等相关的咨询服务，为行业经营提供最新行业动态，法律法规、创新技术、解决方案。至目前总点击量已超过150万人次，网站日平均点击率达到1000次/日。

陕西省安全防范产品行业协会近年来一直把行业自律，诚信服务放在首位，给会员单位强调和灌输诚信经营的理念，对不正当竞争的企业给与警告和适当处理。把签订诚信公约作为入会的必备条件。利用网上公示等手段开展对优秀企业进行宣传和表彰，并作为一个制度执行。协会从2007年开始每年开展诚信企业评价工作，至目前已连续开展了三年，会员单位踊跃参加并给于积极评价。

近年来，陕西安防协会坚持以邓小平理论和“三个代表”重要思想为指导，积极参加新社会组织深入学习实践科学发展观活动；在省公安厅的业务指导和民政厅的监督管理下勇于创新，积极进取；向兄弟省行业协会学习，取长补短；全心全意为会员单位服务，充分发挥协会在政府与企业之间的的桥梁和纽带作用。我们将再接再厉，继往开来，为中国的安防事业健康快速发展而努力奋斗。

地　　址：陕西省西安市未央路120号省公安厅1502室
邮　　编：710018
负 责 人：陈　里
电　　话：029－86166006
联 系 人：王克静
电　　话：029－86165297
网　　址：www. sxafxch. cn
电子信箱：sxafxh@126. com

2.2.21 甘肃省安全技术防范学会

学会宗旨：遵循党的基本路线，遵守国家法律法规和政府主管部门的决策，团结和组织全体会员单位为发展我省的社会公共安全防范技术，促进社会稳定、保障人民生命财产安全做出贡献。依照政府和主管上级的要求，推动企业进步，反映企业情况，为政府决策作参谋，发挥政府与企业之间的桥梁和纽带作用。在全省行业内实行自律性管理，具有协调、指导、服务和监督的功能。坚持民间性和自律性，内部实行民主管理，重大问题协商解决。

学会业务范围：

1. 按照政府和主管上级的要求，对全省安全防范技术行业进行宏观指导、纵向联系、规范业务、加强监督，反映企事业单位对政府的意见和要求；

2. 促进横向经济联合和技术合作，协调企业之间的相互联系，创造公平竞争的良好氛围；

3. 交流生产、科研、经营管理经验、安防信息，促进科技进步和全行业的健康发展；

4. 培训专业技术人员，提高业务素质，交流人才信息，举办展览、展销、讲座、讲学，组织出国考察，开展国际技术交流；

5. 编辑出版本学会的会刊及快讯。组织企业订立行规、行约并监督遵守。组织发展本行业的公益事业，维护会员的合法权益；

6. 完成上级业务部门（有批准业务权限的部门）授权的有关业务事项。

地　　址：兰州大学飞云楼124室
电　　话：0931－8914260
联 系 人：司云文

2.2.22 重庆市公共安全技术防范协会

重庆市公共安全技术防范协会于2009年3月经重庆市民政局民间组织管理局批准正式成立。重庆市公共安全技术防范协会的上级主管单位是重庆市公安局，具体工作指导部门是重庆市公安局社会公共安全行业管理办公室。

协会的宗旨是：团结和组织协会会员，遵守宪法、法律、法规和国家政策，遵守社会公共道德，遵守行业规范和相关技术标准；通过政策研究、行业自律、知识产权保护等工作，维护会员及行业的合法权益；在政府主管部门的指导下，依靠该领域集体力量，通过开展安防知识普及，成果推广与应用，国内外交流与合作，提高全市安全防范工作的整体水平。其主要业务范围是：在政府主管部门的指导下，推行安防工程及产品的专家评审和鉴定制度，参与制定本行业相关产品、工程的质量规范和服务标准；办理安防工程设计、安装、维修资质等级证书，办理安防产品的准产、准销证和外地企业登记备案；出版相关刊物，运行安防网站，统计、调查、分析和汇总行业资料，组织安防培训，为会员单位提供技术、信息咨询服务。

已发展会员单位75个，其中副理事长单位4个，常务理事单位11个，理事单位18个，团体会员单位42个。

地　　址：重庆市渝北区龙溪街道紫园路116号鼎泰公寓1栋4－5－2
邮　　编：401147
负 责 人：李光伟
电　　话：13908350068
联 系 人：郭　蔚
电　　话：13983361701
网　　址：www. cqaf. com. cn
电子信箱：cqafxh@163. com

第三节　全国安全防范报警系统标准化技术委员会

3.1 全国安全防范报警系统标准化技术委员会（SAC/TC100）机构简介

全国安全防范报警系统标准化技术委员会（简称全国安防标委会，代号为SAC/TC100），是经国家标准化管理委员会批准成立的全国性专业标准化技术工作组织，成立于1987年，负责我国安全防范技术领域的标准化工作。

SAC/TC100的主要工作任务是：向国家标准化管理委员会和公安部科技信息化局提出安全防范技术领域的标准化工作的方针、政策和技术措施的建议；按照国家标准化工作的方针、政策，制定安全防范技术领域的标准体系和标准制修订规划、计划草案；按照国家和行业下达的标准制、修订年度计划组织制定和审查国家标准草案和行业标准草案；对经批准、发布的国家标准、行业标准，组织宣贯、培训和定期复审、修订；为企业标准化工作提供咨询和服务；对口国际电工委员会/报警系统技术委员会（IEC/TC79）的工作，参加IEC/TC79国际标准草案的审查和投票表决。

2008年6月，经国家标准化管理委员会和公安部科技信息化局批准，SAC/TC100第五届委员会正式成立，共有委员65名、顾问3名。SAC/TC100第五届委员会还聘任了20名特聘专家及近百名通讯委员。截至2009年12月底，SAC/TC100已完成的现行国家标准和行业标准共109项。这些标准涉及入侵和反劫报警、视频监控、出入口控制、实体防护、防爆安检、安防工程等多个专业技术领域。

SAC/TC100积极参加国际标准化工作，向IEC/TC79主席提交了多项合理化工作建议，并派出多名委员和技术专家作为IEC/TC79国际标准项目组成员。

全国安防标委会的常设工作机构为SAC/TC100秘书处，下设五个职能部门：办公室、计划信息部、技术发展部、成果应用推广部、国际合作部。秘书处办公地点设在公安部第一研究所。

根据工作需要，经国家标准化管理委员会批准，SAC/TC100于2000年成立了实体防护设备分技术委员会（SAC/TC100/SC1），秘书处设在公安部第三研究所；2007年成立了人体生物特征识别应用分技术委员会（SAC/TC100/SC2），秘书处设在公安部第一研究所。

SAC/TC100第五届委员会领导成员：
主任委员：谭晓准（公安部科技信息化局副局长）

副主任委员：欧阳满（公安部科技信息化局副局长、高工）
副主任委员：李明甫（公安部科技信息化局处长）
副主任委员：马维亚（公安部治安管理局副局长）
副主任委员：陈朝武（公安部第一研究所副所长、研究员）
副主任委员：周左鹰（公安部第三研究所副所长）
副主任委员：靳秀凤（中国安全防范产品行业协会秘书长、高工）

委员兼秘书长：施巨岭（公安部第一研究所副研究员）
委员兼副秘书长：张　跃（公安部第一研究所副研究员）
TC100 秘书处地址：北京市海淀区首都体育馆南路一号公安部第一研究所 11 号楼 4 层
电　　话：010－88513420、88513913、88512998
传　　真：010－88513960
通讯地址：北京 2808 信箱 51 分箱
邮　　编：100048
网　　址：www. tc100. org. cn

3.2 SAC/TC100 第五届委员会委员名单

序号	姓名	委员会职务	工作单位	职称/职务
1	刘希清	顾　问	公安部第一研究所	研究员
2	向维良	顾　问	中国电子技术标准化研究所	高工
3	王金玉	顾　问	国家标准化研究院标准化理论与战略研究所	研究员 所长
4	谭晓准	主任委员	公安部科技信息化局	副局长
5	李明甫	副主任委员	公安部科技信息化局	处长 工程师
6	马维亚	副主任委员	公安部治安管理局	副局长
7	欧阳满	副主任委员	公安部信息通信局	副局长 高工
8	陈朝武	副主任委员	公安部第一研究所	副所长 研究员
9	周左鹰	副主任委员	公安部第三研究所	副所长
10	靳秀凤	副主任委员	中国安全防范产品行业协会	秘书长 高工
11	施巨岭	委员兼秘书长	公安部第一研究所	副研究员
12	张　跃	委员兼副秘书长	公安部第一研究所	副研究员
13	李宝林	委　员	公安部公共信息网络安全监察局	副处级 副研
14	顾　岩	委　员	公安部治安管理局八处	副处长
15	何　钢	委　员	北京市公安局内部单位保卫局	副处长
16	刘晓新	委　员	上海市公安局技术防范办公室	工程师
17	金　尔	委　员	江苏省公安厅科技处	科长
18	蒋乐中	委　员	浙江省公安厅科技通信管理局	副所长 工程师
19	黄伟群	委　员	广东省公安厅科技处	调研员 高工
20	张凡夫	委　员	广西壮族自治区公安厅科技处	副处长 高工
21	刘铭威	委　员	国家文物局政策法规司	处长
22	郄　锐	委　员	铁道部公安局	处长
23	刘人刚	委　员	中国民用航空总局公安局	处长
24	刘朝晖	委　员	中国人民解放军总政治部保卫部	干事 高工
25	王　静	委　员	中国人民银行反洗钱局	副处长 助研
26	姜吉庆	委　员	中国人寿（保险）集团公司监察部	高级经理级 工程师

序号	姓名	委员会职务	工作单位	职称/职务
27	胡志昂	委　员	国家安全防范报警系统产品质量监督检验中心（北京）	研究员 常务副主任
28	牟晓生	委　员	国家安全防范报警系统产品质量监督检验中心（上海）	副研 常务副主任
29	白幸园	委　员	山东省电子产品监督检验所	高工 副总工程师
30	章俊华	委　员	贵州省电子产品监督检验所	高工 总工程师
31	刘剑锋	委　员	中国安全技术防范认证中心	副研 副主任
32	许耀伟	委　员	中国人民解放军军用安全技术防范产品安全认证中心	高工 实验室主任
33	洪卫军	委　员	中国人民公安大学安全防范系	教授 系主任
34	陈　军	委　员	国家多媒体软件工程技术研究中心	副研 副主任
35	李瑞云	委　员	公安部第一研究所安检技术事业部	研究员
36	房子河	委　员	公安部第一研究所安信事业部	副研 主任
37	高　林	委　员	中国电子技术标准化研究所	高工 主任
38	孙　兰	委　员	中国建筑标准设计研究院	教授级高工 副总工程师
39	郑泽民	委　员	中国电信股份有限公司上海研究院	系统架构高工
40	朱　峰	委　员	北京艾克塞斯科技发展有限责任公司	高工 总经理
41	杨国胜	委　员	北京联视神盾安防技术有限公司	副研 总工
42	聂　蓉	委　员	北京声迅电子有限公司	高工 副总经理
43	张　莹	委　员	北京蓝盾世安信息咨询有限公司	高工 总经理
44	秦嘉黎	委　员	北京国通创安信息技术有限公司	工程师 董事长
45	李晓峰	委　员	北京中盾安全技术开发公司	技术部经理 博士
46	陆福明	委　员	北京先进视讯科技有限公司	总经理 高工
47	彭　华	委　员	同方威视技术股份有限公司	研发本部总经理
48	孙贞文	委　员	天津天地伟业数码科技有限公司	副总经理 硕士
49	叶　晨	委　员	天津市亚安科技电子有限公司	高工 首席执行官
50	顾国矛	委　员	吉林一夫智能科技有限公司	董事长
51	沈伟斌	委　员	上海三盾智能系统有限公司	工程师 总经理
52	王　峻	委　员	上海格瑞特科技实业有限公司	总工程师
53	金兆玮	委　员	江苏中星微电子有限公司	总裁
54	傅利泉	委　员	浙江大华技术股份有限公司	工程师 董事长
55	王伟平	委　员	浙江红苹果电子有限公司	总经理
56	庞志刚	委　员	浙江大立科技股份有限公司	工程师 副总经理
57	蒋海青	委　员	杭州海康威视数字技术有限公司	高工 副总裁
58	杨柱勇	委　员	厦门市万安实业有限公司	高工 副总经理
59	汤光耀	委　员	厦门立林科技有限公司	工程师 总工程师
60	李民英	委　员	广东志成冠军集团有限公司	高工 总工程师
61	李子岩	委　员	广州天昱通信技术有限公司	高工 总经理
62	邱亮南	委　员	广州天网安防科技有限公司	工程师 总经理

序号	姓名	委员会职务	工作单位	职称/职务
63	吴洪进	委　员	深圳洪迪实业有限公司	董事长
64	周　斌	委　员	深圳市艾立克电子有限公司	工程师 董事长
65	张雪林	委　员	深圳中兴力维技术有限公司	工程师 副总经理
66	王东生	委　员	广西地凯科技有限公司	董事长
67	倪建中	委　员	成都亚光电子股份有限公司保安设备厂	高工 厂长助理
68	李天銮	委　员	西安北方信息产业有限公司	副研 总工

3.3 SAC/TC100 第五届委员会特聘专家名单

1. 中国安全防范产品行业协会专家委员会 刘辛 顾问
2. 公安部信息通讯局 张小萍 高工
3. 公安部第一研究所 李仲男 研究员
4. 公安部第一研究所 崔玉华 研究员
5. 公安部第三研究所 鲍世隆 高工
6. 公安部技术监督情报室 李振华 高工
7. 中国科学院自动化研究所 陈龙 研究员
8. 中国人民解放军63961部队 田竞 高工
9. 中国建筑标准设计研究院 李雪佩 教授级高工
10. 中国建筑业协会智能建筑专业委员会专家委 毛剑瑛 教授
11. 中国矿业大学 王汝琳 教授
12. 武汉大学 胡瑞敏 教授
13. 中国传媒大学 杨磊 教授
14. 浙江大学 赵问道 教授
15. 国家安全防范报警系统产品质量监督检验中心（北京）李秀林 副研究员
16. 北京市公安局内保局 徐晓波 高工
17. 北京市公安局特警总队防爆安检支队 朱冰 副大队长
18. 原辽宁省公安厅科技处 刘健 处长
19. 北京蓝盾世安信息咨询有限公司 李加洪 高工
20. 北京联视神盾安防技术公司 史彦林 研究员
21. 中国民用航空总局航空安全技术中心 赵悦 高工

3.4 SAC/TC100 第五届委员会通讯委员名单

（统计日期截至2009年12月23日，按注册顺序排列）

证书序号	姓　名	通讯委员所在单位
1	张晓峰	上海浦盾新材料有限公司
2	魏　一	金鹏电子信息机器有限公司
3	季　刚	深圳市迪威视讯股份有限公司
4	杨晓东	天津三星电子有限公司
5	赵　东	广州市伟昊科技电子有限公司
6	林　冬	杭州恒生数字设备科技有限公司
7	牛元杰	威海市卡尔电气研究所
8	冯恩佑	美国安全检测实验室
9	杨伟强	金三立视频科技（深圳）有限公司
10	吴乐南	江苏东奇信息科技有限公司
11	贺　昉	北京达明平安科技有限公司
12	吴　方	阿德利亚科技（北京）有限责任公司
13	罗　安	成都三泰电子实业股份有限公司
14	殷福亮	大连理工大学电子与信息工程学院

证书序号	姓　名	通讯委员所在单位
15	高福友	浙江警官职业学院
16	李向阳	海湾安全技术有限公司
17	王索云	伟毅得安全防范技术（北京）有限公司
18	杨　洋	成都索贝数码科技股份有限公司
19	赵　顺	北京富盛星电子有限公司
20	许志斌	北京蓝色星际软件技术发展有限公司
21	郑永庆	英格索兰（上海）贸易有限公司
22	戴志杰	常州市维多视频科技有限公司
23	张鹏国	杭州华三通信技术有限公司
24	王　炜	创新科存储技术有限公司（IUT）
25	陈文华	上海圣桥信息科技有限公司
26	丁　刚	德州仪器半导体技术（上海）有限公司
27	訾云峰	北京智安邦科技有限公司
28	李　晶	华为技术有限公司
29	丰继明	北京中视里程科技有限公司
30	叶志锋	上海联腾信息技术有限公司
31	郭　平	宁波艾利特科技发展有限公司
32	薛建勋	华迪计算机集团有限公司
33	沈　彤	广州创吉安防科技有限公司
34	沈　彤	广州秋亮科技有限公司
35	王文杰	宁波舜宇光电信息有限公司
36	孙云辉	杭州天视智能系统有限公司
37	郑泽胜	天讯瑞达通信技术有限公司
38	吴国营	北京东誉达科技有限公司
39	赖志斌	北京北大千方科技有限公司
40	刘　光	北京东方网力科技有限公司
41	张海峰	北京汉邦高科数字技术有限公司
42	杨卫民	深圳市同洲电子股份有限公司
43	方　良	浙江广信智能建筑研究院有限公司
44	吴沛殷	霍尼韦尔安防（中国）有限公司
45	景志辉	新太科技股份有限公司
46	梁仁泽	北京迈特安技术发展有限公司
47	万希忠	融汇通网络服务有限公司
48	江新文	上海爱谱华顿安防科技股份有限公司
49	孙笑地	沈阳产品质量监督检验院
50	刘　沂	北京鼎安科技发展有限公司
51	高又强	北京华纬讯电信技术有限公司
52	缪文辉	成都科力电子研究所
53	赵　翔	广西桂华网络安防工程有限公司
54	孙金铃	兰州市城关区技术防范安全管理服务中心

证书序号	姓 名	通讯委员所在单位
55	仇锦滔	中山市奥敏电子有限公司
56	郑孙满	广州美电贝尔电业科技有限公司
57	许红薇	深圳市视得安罗格朗电子股份有限公司
58	施卫华	北京赛尔汇力安全科技有限公司
59	张仰鹏	厦门市振威安全技术发展有限公司
60	文 军	索尼（中国）有限公司
61	刘 星	深圳市海思半导体有限公司
62	王剑法	厦门市韩通数码科技有限公司
63	姜 甜	数维科技（北京）有限公司
64	袁 辉	厦门市万安实业有限公司
65	仇 强	杭州捷尚视觉科技有限公司
66	陈小群	北京互信互通信息技术有限公司
67	李 钢	北京黄金视讯科技有限公司
68	吕殿伟	中星电子股份有限公司
69	刘 云	北京世纪超讯科技发展有限公司

3.5 全国安全防范报警系统标准化技术委员会实体防护设备分技术委员会

SAC/TC100/SC1 第二届委员会领导成员名单

主任委员：李明甫（公安部科技信息化局工程师/处长）
副主任委员：周左鹰（公安部第三研究所助研/副所长）
秘 书 长：牟晓生（国家安全防范报警系统产品质量监督检验中心（上海）副研/副主任）
TC100/SC1 秘书处联系地电话：021－64745197、64336810－1201
传 真：021－64334877、64745197
通信地址：上海市岳阳路 76 号
邮 编：200031

SAC/TC100/SC1 第二届委员会委员、顾问名单

序号	姓名	分技委职务	职称/职务	工作单位
1	李明甫	主任委员	副研/处长	公安部科技信息化局
2	周左鹰	副主任委员	副研/副所长	公安部第三研究所
3	牟晓生	委员兼秘书长	副研/常务副主任	国家安全防范报警系统产品质量监督检验中心（上海）
4	陆曙蓉	委员兼副秘书长	助研/管理部主任	国家安全防范报警系统产品质量监督检验中心（上海）
5	卢鑫法	委员	高工/检测部主任	国家安全防范报警系统产品质量监督检验中心（上海）
6	邹继生	委员	工程师	国家安全防范报警系统产品质量监督检验中心（北京）
7	马铭宇	委员	助工	国家安全防范报警系统产品质量监督检验中心（北京）
8	孔金荣	委员	工程师	北京市公安局内保局保安与技防管理处

序号	姓名	分技委职务	职称/职务	工作单位
9	刘晓新	委员	工程师	上海市公安局技防办
10	黄伟群	委员	高工	广东省公安厅技防办
11	王维彬	委员	助工/总经理助理	辽宁盼盼集团公司
12	舒昌治	委员	高工/总工程师	深圳市蛇口龙电保安设备厂
13	徐志伟	委员	经济师/董事长	上海迪堡安防设备有限公司
14	胡小良	委员	经济师/总经理	宁波永发集团有限公司
15	罗雍进	委员	工程师	浙江保德安锁业有限公司
16	初扬军	委员	工程师	山东三环制锁集团
17	顾菊兴	委员	工程师	上海杰宝大王企业发展有限公司
18	王海丰	委员	副厂长/总工程师	中国工商银行山东省分行专用工具实验厂
19	史奇中	委员	高工	中国人民银行保卫局
20	王军	委员	工程师	重庆美心麦森门业有限公司
21	王斌坚	委员	工程师/总工程师	王力集团有限公司
22	马志刚	顾问	研究员	原国家安全防范报警系统产品质量监督检验中心（上海）
23	时毓馨	顾问	研究员	原国家安全防范报警系统产品质量监督检验中心（上海）

3.6 全国安全防范报警系统标准化技术委员会人体生物特征识别应用分技术委员会

全国安全防范报警系统标准化技术委员会人体生物特征识别应用分技术委员会（代号：SAC/TC100/SC2），是经国家标准化管理委员会批准成立的全国性专业化技术工作组织，成立于二〇〇七年九月十一日。

SAC/TC100/SC2 以维护社会公共安全为目的，研究、制修订安全防范系统中以人体生物特征识别应用为主要内容的应用基础标准、产品标准、系统标准以及测试检验标准等；引进、吸收、应用、推广国内外生物特征识别技术领域的最新科技成果，建立公共安全领域生物特征识别应用的标准体系。

SAC/TC100/SC2 的主要工作任务是结合证卡、视频安防监控、出入口控制、入侵报警等需求，陆续开展基于指纹、虹膜、人脸、声纹识别等人体生物特征识别产品标准、系统标准、测试检验标准和管理标准等，以形成全面、科学、先进、实用、且与工程密切相关的、公共安全领域人体生物特征识别应用的标准体系。

SAC/TC100/SC2 的常设工作机构 TC100/SC2 秘书处办公地点在公安部第一研究所。

SAC/TC100/SC2 第一届委员会领导成员名单

主 任 委 员　厉　剑（北京中盾安全技术开发公司 董事长/研究员）
副主任委员　李明甫（公安部科技信息化局 处长/工程师）
副主任委员　陈朝武（公安部第一研究所 副所长/研究员）
副主任委员　李子青（中国科学院自动化所 室主任/研究员）
副主任委员　郑　方（清华大学信息技术研究院 副院长/研究员）
秘　书　长　张怡清（公安部第一研究所 研究员）
副 秘 书 长　田　青（公安部第一研究所 副研究员）
副 秘 书 长　李勇平（中国科学院上海物理研究所 室主任/研究员）

TC100/SC2 第二届委员会委员、顾问名单

序号	姓名	委员会职务	职称/职务	工作单位
1	厉　剑	主任委员	董事长/研究员	北京中盾安全技术开发公司
2	李明甫	副主任委员	处长/工程师	公安部科技信息化局
3	陈朝武	副主任委员	副所长/研究员	公安部第一研究所
4	李子青	副主任委员	室主任/研究员	中国科学院自动化所
5	郑　方	副主任委员	副院长/研究员	清华大学信息技术研究院
6	张怡清	秘书长	室主任/研究员	公安部第一研究所
7	田　青	副秘书长	副研究员	公安部第一研究所
8	李勇平	副秘书长	室主任/研究员	中国科学院上海物理所
9	刘　琳	委员	副室主任/研究员	北京中盾安全技术开发公司
10	马　昕	委员	总裁	北京行者多媒体公司
11	王　欣	委员	董事长/高工	长春鸿达高技术集团有限公司
12	胡　光	委员	董事长/高工	长春当代信息产业集团有限公司
13	张　青	委员	董事长/高工	上海银晨智能识别科技有限公司
14	景晓峰	委员	首席执行官	上海道肯奇科技有限公司
15	邵　宇	委员	总经理	深圳亚略特科技有限公司
16	陈　黎	委员	部门经理/副教授	湖北东润科技有限公司
17	王生进	委员	所长/教授	清华大学电子工程系图像所
18	吴玺宏	委员	副院长/教授	北京大学信息科学技术学院
19	山世光	委员	中心副主任/副研究员	中国科学院计算所
20	杨建军	委员	副主任/高工	中国电子技术标准化研究所
21	艾康云	委员	处长/副研究员	公安部第二研究所
22	王瑛玮	委员	处长	公安部五局
23	李东生	委员		公安部六局
24	刘琳（女）	委员	部门主任/副研究员	国家安全防范报警系统产品质量监督检验中心（北京）
25	戎　玲	委员	副研究员	国家安全防范报警系统产品质监督检验中心（上海）
26	刘希清	顾问委员	研究员	公安部第一研究所
27	苏光大	顾问委员	教授	清华大学电子工程系
28	于　锐	顾问委员	处长/研究员	公安部第一研究所
29	刘迎建	顾问委员	董事长/研究员	汉王科技股份有限公司
30	刘志镜	顾问委员	副院长/教授	西安电子科技大学计算机学院

SAC/TC100/SC2 秘书处

地　　址：北京市 首都体育馆南路一号 公安部第一研究所

邮　　编：100048
通信地址：北京2808信箱76分箱
电　　话：010－88513872、88513842
传　　真：010－88513872
电子邮箱：tc100－sc2@163.com

第四节　公安部特种警用装备标准化技术委员会

4.1 公安部特种警用装备标准化技术委员会

公安部特种警用装备标准化技术委员会（简称公安部警标委），是经公安部批准成立的公安部特种警用装备专业标准化技术工作组织，负责警用武器、特种警用车辆、警用械具、警员防护装备和警服专业技术领域的标准化归口工作和本专业国家标准、行业标准的制、修订工作。

按公安部标准化归口管理要求，公安部警标委受公安部科技信息化局领导，在具体业务工作上接受公安部装备财务局、公安部治安局、公安部监所管理局等的指导。

公安部警标委的常设工作机构警标委秘书处设在公安部第一研究所。

公安部警标委的主要工作任务是：遵循国家有关标准化工作的方针政策，开展特种警用装备技术领域的标准化工作，制定本专业标准体系和标准制、修订计划，按照本专业标准制、修订年度计划组织制定国家及行业标准；组织对所制定的标准进行宣贯实施和定期复审、修订，为公安部特种警用装备主管部门进行规范化管理提供有力的技术依据。

公安部警标委第三届委员会现有委员115名，特聘专家19名，通讯委员85名，组成结构涵盖了国内公安装备管理部门、公安装备使用部门、特种警用装备生产销售单位、检测单位、研发单位的领导、权威专家和骨干技术力量。成立十三年来，在各方面及秘书处挂靠单位公安部第一研究所的大力支持下，已制修订完成行业标准198项，在制订标准60余项，完成部级科研项目2项，在研项目2项。完成的这些技术标准和项目，在公安部特种警用装备规范化管理工作中正发挥着积极的基础支撑作用。

公安部警标委第三届委员会领导成员：
主任委员：公安部装备财务局陶军生副局长
副主任委员：公安部第一研究所陈建南副所长
副主任委员：公安部装备财务局装备处谭保东处长
副主任委员：公安部治安局二处钱熊飞处长
副主任委员：公安部装备财务局被装处孙莉莉处长
副主任委员兼秘书长：公安部第一研究所孙非副研究员

公安部警标委秘书处联系电话：010－88513422、88513423
地　　址：北京市2808信箱65分箱
邮　　编：100048
网　　址：www.gajbw.gov.cn

4.2 公安部特种警用装备标准化技术委员会行业技术标准目录

（1994年—2009年12月）

序号	标准编号	标准名称	发布日期	实施日期	备注
01	GA 68－2008	防刺服	2008－02－01	2008－04－01	
02	GA 69－2007	防爆毯	2007－04－03	2007－06－01	
03	GA 141－2001	警用防弹衣通用技术条件	2001－08－21	2002－02－01	
04	GA/T 172－2005	金属手铐	2005－11－14	2006－01－01	
05	GA/T 217－1999	橡胶警棍	1999－01－11	1999－05－01	
06	GA 236－2000	公务用枪报废技术规范	2000－01－10	2000－07－01	
07	GA/T 237－2005	金属脚镣	2005－11－14	2006－01－01	
08	GA 244－2000	人民警察警徽技术标准	2000－04－10	2000－04－10	

序号	标准编号	标准名称	发布日期	实施日期	备注
09	GA 250 - 2000	警服号型	2000 - 09 - 20	2000 - 10 - 20	
10	GA 251 - 2000	警服标志	2000 - 09 - 20	2000 - 10 - 20	
11	GA 252 - 2000	警服包装	2000 - 09 - 20	2000 - 10 - 20	
12	GA 253 - 2000	警服检验	2000 - 09 - 20	2000 - 10 - 20	
13	GA 254 - 2009	警服 衬衣	2009 - 03 - 23	2009 - 05 - 01	
14	GA 255 - 2009	警服 长袖制式衬衣	2009 - 03 - 23	2009 - 05 - 01	
15	GA 257 - 2009	警服 裙子	2009 - 03 - 23	2009 - 05 - 01	
16	GA 258 - 2009	警服 单裤	2009 - 03 - 23	2009 - 05 - 01	
17	GA 260 - 2009	警服 多功能服	2009 - 03 - 23	2009 - 05 - 01	
18	GA 261 - 2009	警服 男春秋、冬常服	2009 - 03 - 23	2009 - 05 - 01	
19	GA 262 - 2009	警服 女春秋、冬常服	2009 - 03 - 23	2009 - 05 - 01	
20	GA/T 263 - 2000	警服推档	2000 - 09 - 20	2000 - 10 - 20	
21	GA 270 - 2009	警用服饰 帽徽	2009 - 07 - 06	2009 - 09 - 01	
22	GA 271 - 2001	警用服饰 帽钉	2001 - 01 - 22	2001 - 07 - 01	
23	GA 272 - 2001	警用服饰 胸徽	2001 - 01 - 22	2001 - 07 - 01	
24	GA 273 - 2001	警用服饰 总警监徽、副总警监徽	2001 - 01 - 22	2001 - 07 - 01	
25	GA 274 - 2001	警用服饰 星徽	2001 - 01 - 22	2001 - 07 - 01	
26	GA 275 - 2001	警用服饰 橄榄枝	2001 - 01 - 22	2001 - 07 - 01	
27	GA 276 - 2001	警用服饰 警号	2001 - 01 - 22	2001 - 07 - 01	
28	GA 277 - 2001	警用服饰 领花	2001 - 01 - 22	2001 - 07 - 01	
29	GA 278 - 2001	警用服饰 横杠	2001 - 01 - 22	2001 - 07 - 01	
30	GA 279 - 2001	警用服饰 人字杠	2001 - 01 - 22	2001 - 07 - 01	
31	GA 280 - 2001	警用服饰 铜质镀镍扣	2001 - 01 - 22	2001 - 07 - 01	
32	GA 281 - 2009	警用服饰 四件按扣	2009 - 07 - 06	2009 - 09 - 01	
33	GA 282 - 2009	警用服饰 领带	2009 - 07 - 06	2009 - 09 - 01	
34	GA 283 - 2001	警用服饰 领带夹	2001 - 01 - 22	2001 - 07 - 01	
35	GA 284 - 2009	警用服饰 肩扣	2009 - 07 - 06	2009 - 09 - 01	
36	GA 285 - 2001	警用服饰 臂章	2001 - 01 - 22	2001 - 07 - 01	
37	GA 286 - 2001	警用服饰 套式肩章	2001 - 01 - 22	2001 - 07 - 01	
38	GA 287 - 2001	警用服饰 软肩章	2001 - 01 - 22	2001 - 07 - 01	
39	GA 288 - 2001	警用服饰 硬肩章	2001 - 01 - 22	2001 - 07 - 01	
40	GA 289 - 2009	警用服饰 弹簧卡扣	2009 - 07 - 06	2009 - 09 - 01	
41	GA 290 - 2001	警用服饰 内腰带	2001 - 01 - 22	2001 - 07 - 01	
42	GA 291 - 2001	警用服饰 外腰带	2001 - 01 - 22	2001 - 07 - 01	
43	GA 293 - 2001	警用防弹头盔及面罩	2001 - 02 - 15	2001 - 08 - 01	
44	GA 294 - 2001	警用防暴头盔	2001 - 02 - 15	2001 - 08 - 01	
45	GA 295 - 2001	警用摩托车头盔	2001 - 02 - 15	2001 - 08 - 01	
46	GA 296 - 2001	警用勤务头盔	2001 - 02 - 15	2001 - 08 - 01	
47	GA 309 - 2001	警鞋 男皮鞋	2001 - 10 - 15	2002 - 04 - 01	
48	GA 310 - 2001	警鞋 女皮鞋	2001 - 10 - 15	2002 - 04 - 01	

序号	标准编号	标准名称	发布日期	实施日期	备注
49	GA 311－2001	警鞋 男棉皮鞋	2001－10－15	2002－04－01	
50	GA 312－2001	警鞋 女棉皮鞋	2001－10－15	2002－04－01	
51	GA 313－2001	警鞋 男毛皮鞋	2001－10－15	2002－04－01	
52	GA 314－2001	警鞋 女毛皮鞋	2001－10－15	2002－04－01	
53	GA 315－2001	警鞋 胶靴	2001－10－15	2002－04－01	
54	GA 316－2001	警鞋 胶鞋	2001－10－15	2002－04－01	
55	GA 317－2001	警帽 大檐帽	2001－10－15	2002－04－01	
56	GA 318－2001	警帽 栽绒帽	2001－10－15	2002－04－01	
57	GA 319－2001	警帽 女布帽	2001－10－15	2002－04－01	
58	GA 320－2001	警帽 女呢帽	2001－10－15	2002－04－01	
59	GA 321－2005	警帽 大檐凉帽	2005－11－15	2006－03－01	
60	GA 322－2001	警帽 便帽	2001－10－15	2002－04－01	
61	GA 323－2001	警帽 大檐帽罩	2001－10－15	2002－04－01	
62	GA/T 333－2001	警用械具、警用武器、警服、警员防护装具产品分类与代码	2001－12－10	2002－03－01	
63	GA 340－2007	警服材料 裙带钎子	2007－11－14	2007－12－01	
64	GA 341－2001	警服材料 帽顶圈	2001－12－10	2002－06－01	
65	GA 342－2001	警服材料 帽檐	2001－12－10	2002－06－01	
66	GA 343－2001	警服材料 帽墙衬	2001－12－10	2002－06－01	
67	GA 344－2001	警服材料 帽前瓦衬托	2001－12－10	2002－06－01	
68	GA 345－2001	警服材料 腰围调节扣	2001－12－10	2002－06－01	
69	GA 346－2001	警服材料 帽墙带	2001－12－10	2002－06－01	
70	GA 347－2001	警服材料 凉帽帽墙衬	2001－12－10	2002－06－01	
71	GA 348－2007	警服材料 垫肩	2007－11－14	2007－12－01	
72	GA 349－2001	警服材料 领底呢	2001－12－10	2002－06－01	
73	GA 350－2001	警服材料 热封胶带	2001－12－10	2002－06－01	
74	GA 351－2001	警服材料 帽饰带	2001－12－10	2002－06－01	
75	GA 352－2007	警服材料 胸绒	2007－12－17	2008－02－01	
76	GA 353－2008	警服材料 保暖絮片（代替：GA353－2001）（代替：GA354－2001）	2008－04－07	2008－06－01	
77	GA 355－2007	警服材料 平剪绒	2007－11－14	2007－12－01	
78	GA 356－2001	警服材料 长毛绒	2001－12－10	2002－06－01	
79	GA 357－2009	警服材料 聚氨酯湿法涂层雨衣布	2009－04－02	2009－05－01	
80	GA 358－2007	警服材料 口袋布	2007－11－14	2007－12－01	
81	GA 359－2007	警服材料 涤纶长丝绸	2007－11－14	2007－12－01	
82	GA 360－2009	警服材料 精梳毛涤混纺织品	2009－04－02	2009－05－01	
83	GA 361－2007	警服材料 锦纶绳	2007－11－14	2007－12－01	
84	GA 362－2009	警服材料 防水透湿复合布	2009－01－02	2009－05－01	

序号	标准编号	标准名称	发布日期	实施日期	备注
85	GA 363－2007	警服材料 防滑腰里	2007－12－17	2008－02－01	
86	GA 364－2001	警服材料 精梳棉涤、涤棉麻混纺染色府绸	2001－12－10	2002－06－01	
87	GA 365－2009	警服材料 交织绸	2009－04－02	2009－05－01	
88	GA 375－2001	警戒带	2001－12－24	2002－06－01	
89	GA 392－2009	警服 雨衣	2009－03－23	2009－05－01	
90	GA 420－2008	防暴服	2008－02－01	2008－04－01	
91	GA/T 421－2003	穿刺放气式路障	2003－05－28	2003－10－01	
92	GA 422－2008	防暴盾牌	2008－07－07	2008－10－01	
93	GA 423－2003	防弹盾牌	2003－03－21	2003－09－01	
94	GA/T 429－2003	伸缩警棍	2003－05－28	2003－10－01	
95	GA 443－2003	电子脚扣	2003－11－24	2004－06－01	
96	GA 446－2003	警服　反光背心	2003－12－22	2004－06－01	
97	GA 447－2003	警服材料　精梳涤棉混纺格子布	2003－12－22	2004－06－01	
98	GA 466－2009	警服　训练服	2009－03－23	2009－05－01	
99	GA 510－2004	警用抓捕网	2004－08－06	2004－12－01	
100	GA 522－2004	警车车徽	2004－12－27	2005－01－01	
101	GA 523－2004	警车外观制式涂装用定色漆	2004－12－27	2005－01－01	
102	GA 524－2004	2004 式警车汽车类外观制式涂装规范	2004－12－27	2005－01－01	第 1 号修改通知单
103	GA 525－2004	2004 式警车摩托车类外观制式涂装规范	2004－12－27	2005－01－01	第 1 号修改通知单
104	GA 544－2005	多道心理测试系统通用技术规范	2005－06－10	2005－08－01	
105	GA 563－2009	警服 春秋执勤服	2009－03－23	2009－05－01	
106	GA 564－2005	警服 交巡警春秋执勤服	2005－11－15	2006－03－01	
107	GA 565－2009	警服 冬执勤服	2009－03－23	2009－05－01	
108	GA 566－2005	警服 交巡警冬执勤服	2005－11－15	2006－03－01	
109	GA 567－2009	警服 高级警官执勤服	2009－03－23	2009－05－01	
110	GA 568－2009	警服 夏执勤服	2009－03－23	2009－05－01	
111	GA 569－2005	警服 交巡警夏执勤服	2005－11－15	2006－03－01	
112	GA 570－2005	警鞋 男皮凉鞋	2005－11－15	2006－03－01	
113	GA 571－2005	警鞋 女皮凉鞋	2005－11－15	2006－03－01	
114	GA 572－2005	警服材料 抗静电仿毛华达呢	2005－11－15	2006－03－01	
115	GA 573－2009	警服材料 精梳棉涤混纺染色斜纹布	2009－04－02	2009－05－01	
116	GA 574－2005	警服材料 中空组合式大檐帽架	2005－11－15	2006－03－01	
117	GA 575－2005	警用催泪喷射器	2005－12－08	2006－02－01	
118	GA 595－2006	公安奖章	2006－01－11	2006－02－01	
119	GA 596－2006	公安奖励证书	2006－01－11	2006－02－01	
120	GA 613.1－2006	公安机关人民警察证 第 1 部分：专用皮夹	2006－04－27	2006－06－01	密级

序号	标准编号	标准名称	发布日期	实施日期	备注
121	GA 614－2006	警用防割手套	2006－04－27	2006－08－01	
122	GA 664－2006	公安奖匾	2006－11－10	2007－01－01	
123	GA 665－2006	公安奖状	2006－11－10	2007－01－01	
124	GA 668－2006	警用防暴车通用技术条件	2006－12－14	2007－01－01	
125	GA 673－2007	警帽 女凉帽	2007－01－18	2007－05－01	
126	GA 674－2007	警用服饰 丝织胸徽	2007－01－18	2007－05－01	
127	GA 675－2007	警用服饰 丝织警号	2007－01－18	2007－05－01	
128	GA 676－2007	警用服饰 刺绣软肩章	2007－01－18	2007－05－01	
129	GA 677－2007	警用服饰 刺绣套式肩章	2007－01－18	2007－05－01	
130	GA 679－2007	警用防暴水炮车	2007－01－26	2007－04－01	
131	GA 702－2007	囚车	2007－05－17	2007－07－01	
132	GA/T717－2007	摩托车安全气囊服	2007－10－22	2007－12－01	
133	GA 719－2007	警用航空器直升机类外观制式涂装规范	2007－11－06	2007－12－01	
134	GA 729－2007	警服材料 拉链	2007－11－14	2007－12－01	
135	GA 730－2007	警服材料 四件裤钩	2007－11－14	2007－12－01	
136	GA 731－2007	警服材料 不饱和聚酯树脂钮扣	2007－11－14	2007－12－01	
137	GA 732－2007	警服材料 锦丝搭扣带	2007－11－14	2007－12－01	
138	GA 733－2007	警服材料 羊绒大衣呢	2007－11－14	2007－12－01	
139	GA 734－2007	警服材料 抗静电仿毛哔叽	2007－11－14	2007－12－01	
140	GA 735－2007	警服材料 针织罗纹布	2007－11－14	2007－12－01	
141	GA 736－2007	警服材料 涤纶网眼布	2007－11－14	2007－12－01	
142	GA 740－2007	警服材料 机织热熔粘合衬布	2007－12－17	2008－02－01	
143	GA 741－2007	警服材料 机织树脂黑炭衬布	2007－12－17	2008－02－01	
144	GA 758－2008	9mm 警用转轮手枪	2008－03－24	2008－03－24	内部发行
145	GA 762－2008	警服 高级警官大衣	2008－04－07	2008－06－01	
146	GA 763－2008	警服 V 领、半高领毛针织套服	2008－04－07	2008－06－01	
147	GA 764－2008	警服 圆领针织 T 恤衫	2008－04－07	2008－06－01	
	GA 771－2008	警用武器与弹药命名及代号编制规则	2008－06－16	2008－07－01	内部发行
149	GA 806－2008	《9mm 警用转轮手枪装弹具》	2008－11－10	2008－12－01	内部发行
	GA 807－2008	《9mm 警用转轮手枪擦枪工具》	2008－11－10	2008－12－01	内部发行
151	GA 808－2008	《9mm 警用转轮手枪防抢枪套》	2008－11－10	2008－12－01	内部发行
	GA 809－2008	《9mm 警用转轮手枪普通枪套》	2008－11－10	2008－12－01	内部发行
153	GA 810－2008	《自由伸缩式枪纲》	2008－11－10	2008－12－01	内部发行
154	GA 814－2009	《警用约束带》	2009－01－21	2009－03－01	
155	GA 816－2009	《警用阻截网》	2009－02－10	2009－03－01	
156	GA/T 840－2009	《警用交通事故勘察车》	2009－07－13	2009－10－01	

第五节 中国安全技术防范认证中心

中国安全技术防范认证中心（以下简称 CSP）是依据《中华人民共和国产品质量法》、《中华人民共和国认证认可条例》等相关法律、法规，由中国国家认证认可监督管理委员会（以下简称 CNCA）和中华人民共和国公安部批准成立，实施合格评定的认证运作实体。

CSP 依据 CNCA 批准的认证业务范围，开展安全技术防范产品、道路交通安全产品、刑事技术产品等社会公共安全产品的认证工作。

CSP 依据 CNAS－CC21（ISO/IEC 导则 65）建立了完整的质量体系，并严格执行。承担的全部强制性产品认证及部分自愿性产品认证业务，已通过国家认可。

CSP 具备开展上述范围内认证工作所必需的资源条件。工作人员由基础理论知识扎实、实践经验丰富、长期从事社会公共安全产品质量、标准、检验等工作的中高级技术、管理人员组成；拥有一批经培训合格并取得国家权威机构资格注册的工厂检查员；主要分包实验室已通过国家认可，能满足认证检测分包的要求；具备在经批准的认证范围内，实施技术规范制定、产品检验、工厂检查的能力。

CSP 的宗旨是：遵守国家法律、法规，遵循国际惯例，坚持客观、独立、公正的原则，维护相关方合法权益；不以营利为目的，独立核算，自负盈亏；竭诚为国内外客户提供认证服务。

地　　址：北京市海淀区西三环北路 89 号中国外文大厦（花园桥北）三层
邮　　编：100089
负 责 人：赵锡廷
电　　话：010－63345488
联 系 人：田志刚
联系方式：010－51651890（总机）转 880
网　　址：www. csp. gov. cn
电子信箱：cspc@ vip. 163. com

第六节 安防产品检测机构

公安部授权的安全技术防范产品检测机构

单位名称	通讯地址	邮编	法人代表	联系电话
公安部安全与警用电子产品质量检测中心（国家安全防范报警系统产品质量监督检验中心（北京））	北京首体南路 1 号	100044	严　明	010－88513375
公安部安全防范报警系统产品质量监督检验测试中心（国家安全防范报警系统产品质量监督检验中心（北京））	上海市岳阳路 76 号	200031	程　琳	021－64336810
吉林省消防与公共安全技术产品质检站	吉林省长春市西郊路 74 号	130062	亓峒和	0431－4991307
河南省建筑工程质量检验测试中心站	河南省郑州市金水区丰乐路 4 号	450053		0371－3824271
广东省产品质量监督检验中心	广东省广州市海珠区新港东路海诚东街 6 号	510330	张理中	020－89232806
四川省公安厅社会公共安全产品质量监督检验站	四川省成都市金盾路 9 号	610041		028－86301656
陕西省产品质量监督检验所	陕西省西安市雁塔路南段 129	710054	毕志发	029－85528400
新疆维吾尔自治区产品质量监督检验研究院	乌鲁木齐市新华南路 32 号	830002	鹿　毅	0991－2822346

6.1 国家安全防范报警系统产品质量监督检验中心（北京）

公安部安全与警用电子产品质量检测中心、公安部特种警用装备质量监督检验中心分别成立于 1987 年 2 月、1999 年。是公安部政治部批准的、通过国家实验室认可委员会认可、国家质检总局计量认证合格的、具有第三方公证地位的社会中介机构，是社会公益型非盈利技术服务部门。

2005 年 9 月 28 日，由中国国家认证认可监督管理委员会授权为“国家安全防范报警系统产品质量监督检验中心（北京）”国家级检验机构。

检验中心行政上隶属于公安部第一研究所，业务工作直接受国家质量监督检验检疫总局和公安部科技信息化局等相关业务部门的领导和指导。中心始终坚持“科学、公正、高效、廉洁”的工作方针，经过近二十年的建设，已成为业内最具有权威性的监督检验机构。特别是近几年来，中心的实验室规模、检测业务都有了较大的扩展。中心具有固定检测实验室面积 3800 多平方米；各种仪器设备 600 多台套，固定资产 7000 多万元。内设有综合管理部、技术标准部、国际合作部及安防电子产品、信息安全技术部、软件测评部、实体防护警用装备、警用服饰等五个检测部，在广州、深圳设有工作站。中心现建有十个试验室：电性能试验室、安全性试验室、EMC 试验室、环境试验室、防护性能试验室、警用服装服饰试验室、警用装备试验室、信息安全及软件测试试验室、防弹性能试验室、UL 标准试验室，在北京近郊设有靶场。

我中心是中国国家认证认可监督管理委员指定的安全防范产品国家强制性认证（CCC）指定的检验机构，指定的强制性认证业务范围包括了四大类十一种产品，是国内唯一可以进行全部十一种安防产品强制性认证检测的检验机构。

检验中心现有人员 80 人，其中博士 5 人，硕士 15 人，专业技术人员占职工总数的 95%，具有高级技术职称占技术人员的 30%。

检验中心多年来承接了安全防范、警用装备产品的国家、行业监督抽查检验、仲裁检验、鉴定检验和委托检验等多种形式的业务，由于行为公正、数据准确、服务规范，多次得到了国家质量监督检验检疫总局和公安部的好评。

近年来，检测中心密切关注新技术发展，致力于标准的制定、修订和检测方法的研究。中心发挥人才优势，始终站在技术发展的前沿，承担国家“十一五”科技支撑项目、公安部及研究所的科研项目十余项，其中等级化信息系统安全建设实验环境与检测平台、V50 防弹性能专家评估系统等项目，在没有任何继承性的情况下，取得了突破性的进展和成果。

目前经国家实验室认可委员会认可所具备的检验能力范围达 185 项，检测项目主要有：

安防电子类产品

主动红外入侵探测器、室内用被动红外探测器、室内用微波多普勒探测器、微波和被动红外复合入侵探测器、振动入侵探测器、室内用被动式玻璃破碎探测器、磁开关入侵探测器、防盗报警控制器、汽车防盗报警系统、超声波入侵探测器、超声和被动红外复合入侵探测器、遮挡式微波入侵探测器、摩托车防盗器、GPS 定位系统（终端）、楼宇对讲系统、巡更系统、黑白摄像机（网络）、彩色摄像机（网络）、黑白监视器、彩色监视器、视频矩阵主机、画面分割器、分配器、云台、监室用高压电网等；

通信类产品

常规通信车手台、集群手台、集群车台、集群信令系统、集群转信系统等；

实体防护类产品

金库门、活动金库、便携式防盗安全箱、楼宇对讲电控防盗门、防尾随电控门、监室门、运钞车、运钞箱、外装门锁、弹子插芯门锁、叶片插芯门锁、球形门锁、自行车锁、弹子家具锁、弹子挂锁、磁性卡片门锁、防盗安全门、保险枪弹柜等；

安全防暴类产品

手持式金属探测器、爆炸物销毁器、便携式 X 射线安全检查设备、微剂量 X 射线安全检查设备、通过式金属探测门、便携式炸药箱、防刺背心、防爆毯、防爆服、防暴幕帘、警用防暴头盔、警用摩托车头盔、警用勤务头盔、警用防割手套、手铐、脚镣、捕网器、路障、手持式警用强光器、防暴车、警用自卫喷射器等；

防弹类产品

防弹运钞车、防弹背心、防弹钢板、防弹玻璃、防弹轮胎、警用防弹衣、警用防弹头盔及面罩等；

证类产品

第二代居民身份证人像采集系统、生物特征识别仪、第二代居民身份证台式阅读机、IC 卡芯片、电子护照等；

警用服装、鞋帽、服饰类、材料产品

软件测试

各级公安机关“金盾工程”项目及其它信息化产品的委托测试；警用地理信息系统、旅馆业治安管理信息系统等公共安全领域的软件产品委托测试；公安机关“三台合一”接处警系统委托测试；指纹、人像等生物特征识别系统委托测试；计算机信息系统集成项目的验收测试；计算机信息安全类产品委托检测等；

工程检测

承接各类安全防范工程包括：视频安防监控系统、入侵报警系统、出入口控制系统、电子巡查系统、停车库（场）管理系统等。

地　　址：北京首都体育馆南路 1 号
邮　　编：100048
负 责 人：胡志昂
联系方式：010－88513301
联 系 人：李秀林、李笃
联系方式：010－88513375、88513380、88513446
传　　真：010－68420993
网　　址：www.tcspbj.com
电子邮箱：Xiulin－lee@ga.net.cn、Lidu－99@sohu.com

6.2 国家安全防范报警系统产品质量监督检验中心（上海）

“公安部安全防范报警系统产品质量监督检验测试中心”是公安部根据国家经委和前国家标准局“七五”规划设立的部级检测中心，于1988年4月20日成立。2005年3月经国家认证认可监督管理委员会授权，在“公安部安全防范报警系统产品质量监督检验测试中心”的基础上组建了“国家安全防范报警系统产品质量监督检验中心（上海）”，是经公安部政治部批准、经过国家认证认可监督管理委员会计量认证合格的、通过国家实验室认可委员会认可的、具有第三方公证地位的检验机构，是一个面向社会的公益性非营利技术服务部门。

检测中心业务上受国家质量监督检验检疫总局和公安部相关业务局的领导和指导，行政上隶属于公安部第三研究所。现有工作人员80余名，95%为专业技术人员，其中60%的技术人员具有中、高级职称，有博士、硕士40余名。中心在上海和北京有实验及办公场地4600平方米，固定资产7100万元，检测用主要仪器设备1100台（套）。建有电磁兼容（EMC）、视频图像处理、电性能、安全性、实体防护、锁具检测、环境试验、信息安全、信息系统安全评估等实验室。

检测中心成立以来，在公安部科技信息化局和相关业务局、各省公安厅领导和帮助下，在国家认证认可监督管理委员会、国家质量监督检验检疫总局指导、关心下，中心的业务得到了飞速的发展，特别是近几年来，中心的实验室规模、检验业务都有了很大的扩展，新建了非传统防爆安检、消音室、锁具试验室、实体防护试验室、视频图像试验室、跌落试验室、阻燃试验室、信息系统安全评估等实验室。主要从事安全防范产品及系统、信息安全产品及系统的检验工作，检验能力涵盖了红外、微波、超声、视频、声光、机械、机电、光电、压敏、防弹材料、防暴材料、防刺材料、有线和无线通讯、高压电网、信息安全、计算机等级保护系统评估等各类安全产品及系统。

目前经国家实验室认可委员会认可的检验能力有164项。检验项目主要有：入侵探测器，防盗报警控制器（系统），汽车防盗报警器（系统），楼寓对讲系统，出入口控制系统，车辆定位监控系统（GPS），停车场管理系统，监所周界高压电网装置，硬盘录像机、摄像机、监视器等视频设备，汽车行驶记录仪、车用电子警报器、机动车测速仪等道路交通安全设备，防盗安全门、防盗保险箱、防盗保险柜、机械防盗锁、电子防盗锁、金库门、专用运钞车、防弹玻璃等实体防护类产品，警用防护类产品，各类民用锁具，安全技术防范工程系统，防火墙产品，入侵检测系统（IDS），安全扫描产品（SCANNER），物理隔离及逻辑隔离，网闸类产品，身份鉴别类，完整性鉴别类，不可否认性鉴别类及密钥管理类产品，反垃圾邮件产品，信息过滤产品，入侵防御产品，远程主机监测产品，网络安全审计产品，安全管理平台产品，旅馆业治安管理系统，看守所信息管理系统，网吧管理系统，证券网上委托系统安全方案评估，信息系统安全等级保护评估等。

主要业务范围有：

1. 承担国家指定的各类安全防范与信息安全产品及系统的质量监督抽查检验。

2. 承担国内生产、销售的安全防范产品进行认证检验工作和重点产品的生产许可证发证检验。

3. 承担国内生产销售和境外生产国内销售的“计算机信息系统安全专用产品”进行销售许可证的发证检验。

4. 承担安全防范产品的型式检验和境内外产品的委托检验。

5. 承担安全防范报警系统的工程质量检验和信息安全系统的测评。

6. 承担安全防范产品和信息安全产品质量验证、鉴定检验、仲裁检验。

7. 承担信息安全产品及系统的验收测试、选型测试、入网委托测试、委托检测、委托测评。

8. 承担信息安全产品的第三方公正检测、符合性测试、软件功能测试、软件性能测试等。

9. 承担中国安全技术防范认证中心、中国质量认证中心和中国信息安全认证中心委托的安全防范产品和信息安全产品强制性认证的产品检验。

10. 主持或参与安全防范产品和信息安全产品的国家标准、行业标准和地方标准的制订、修订工作和有关标准的试验验证。

11. 开展产品质量监督检验方面的国际、国内合作、评审和技术交流等活动。

12. 研究开发安全防范产品和信息安全产品的检验技术和方法，并对各地承担同类产品质量监督检验机构进行技术指导及技术交流。

13. 承担国家进行商品检验局认可实验室对安全防范产品的商检。

二十年来中心完成型式检验及委托检验等任务一万多项，完成国家质量监督抽查170多项，公安部行业质量监督抽查60多项，完成上海市质量监督抽查80多项。监督抽查中未发生任何差错，得到了国家质量监督检验检疫总局和公安部科技信息化局的好评。

检测中心是中国质量认证中心、中国安全技术防范认证中心和中国信息安全认证中心的签约实验室，目前中心已有12位3C认证工厂检查员，承担其委托的安全防范产品强制性认证和自愿性认证的检验工作和工厂检查任务。

全国安全防范报警系统标准化技术委员会实体防护设备分技术委员会秘书处、公安部信息安全标准化工作委员会第一工作组均设在检测中心，多年来承担了几十项国家标准、行业标准的制/修订工作。

近年来，检测中心密切关注新技术发展，始终站在行业技术发展的前沿，致力于标准的制定、修订和检测方法的研究，培养和吸收了大批高素质的检验人员，2009 年 9 月我们又一次性通过了检查机构的现场评审，成为公安系统内第一家通过评审的 A 类检查机构。今后，面对激烈的市场竞争，我们将始终坚持“行为公正、数据准确、方法科学、服务规范”的质量方针，确保了检测的工作质量，为公共安全和信息安全行业提供优质的技术支撑，协助行业主管部门把好质量关，努力为企业提供优质、快速的服务，为“科技强警”、“平安城市”建设做好技术后盾，为我国的安全防范和信息安全行业的质量技术监督做出更大贡献。

常务副主任：鲍逸明
电　　话：021－64335070、64745197
传　　真：021－64335838
地　　址：上海市岳阳路 76 号
邮　　编：200031
电子信箱：lushurong@ mctc. gov. cn
网　　站：www. mctc. gov. cn、www. china－infosec. org. cn

第七节　公安部授权的安防工程检验机构

单位名称	通讯地址	邮编	法人代表	联系电话
公安部安全与警用电子产品质量检测中心	北京首体南路 1 号	100044	严　明	010－88513375
公安部安全防范报警系统产品质量监督检验测试中心	上海市岳阳路 76 号	200031	程　琳	021－64336810
北京市电子产品质量检测中心	北京市崇文区广渠门内大街 9 号	100062	左春英	010－65120236
天津市质量监督检测站第 39 站	天津市和平区保定路 21 号	300400	赵振枢	022－23314829
河北省工业产品质量监督检验院	河北省石家庄市工农路 368 号	050051	谭　立	0311－83031537
山西省信息网络工程质量监督检测站	山西太原市长治路 222 号	030012	于尚仁	0351－7241952
辽宁省公共安全技术防范设施质量检测站	沈阳市皇姑区蒲河街七号	110031	宋希伟	024－86806788
吉林省消防与公共安全技术产品质检站	吉林省长春市西郊路 74 号	130062	亓峒和	0431－7673434
黑龙江省社会公共安全产品（工程）质检站	黑龙江省哈尔滨市南岗区中宣街 5 号	150001	陈永才	0451－86402577
信息产业部微波光电产品质量检测中心（江苏）	江苏省南京市中山东路 524 号	210016	何汉成	025－86858132
浙江省安全技术质量检验中心	杭州市天目山路 222 号	310013	施存国	0571－85026216
安徽省电子产品监督检验所	安徽省合肥市大西门赵岗 12 号	230061	王爱华	0551－2823168
福建省中心检验所	福建省福州市杨桥西路山头角 121 号	350002	刘绍文	0591－83710690
江西省电子信息产品监督检测院	江西省南昌市福州路 235 号	330077	罗　勇	0791－6379590
山东省电子产品监督检验所	山东省济南市山大路 185 号	250014	李建华	0531－86462412
河南省电子产品质量监督检验所	河南省郑州市花园路 2 号	450003	翁祖孟	0371－65952567
湖北省电子产品质量监督检验院	湖北省武汉市武昌区前进路四清村 51 号	430061	陈建伟	027－88220764
湖南省产品质量监督检验所	湖南省长沙市雨花亭新建西路 41 号	410007	成益民	0731－5352774
广东省产品质量监督检验中心	广州市海珠区新港东路海诚东街 6 号	510330	张理中	020－89232806
广西产品质量监督检验院	南宁市新竹路 12 号	530022	胡振洲	0771－5869795
重庆井汇安全防范工程质量检测站	重庆江北区五里店 36 号华新都市花园 1 号楼	400023	黄志章	023－61899777
贵州省电子产品监督检验所	贵阳市花溪大道北段 128 号灵达新村 B 栋 5 楼	550002	张书峰	0851－5970575
云南省电子产品检验所	云南省昆明市人民西路 145 号	650031	张川生	0871－5327406
陕西省安全技术防范工程检测中心	陕西省西安市咸宁西路 30 号	710048	石国庆	029－82214505
甘肃省产品质量监督检验中心	甘肃省兰州市城关区金南昌路 208 号	730030	魏华光	0931－8466709
宁夏电子产品监督检验所	宁夏银川银湖巷 15 号	750001	卫建秀	0951－5041369

单位名称	通讯地址	邮编	法人代表	联系电话
青海省产品质量监督检验所	西宁市冷湖路6号	810008	孔祥棣	0971－6308792
新疆维吾尔自治区产品质量监督检验研究院	乌鲁木齐市新华南路32号	830002	鹿　毅	0991－2822346
浙江中浩工程检测有限公司	浙江省杭州市甘王路20号	310016	周林霞	0571－86067966
浙江省宁波市产品质量监督检验所	浙江省宁波市江东区王隘路28号	315041	干伟民	0574－87878626
广东省广州市盛通建设工程质量检测有限公司	广东省广州市天河区中山大道89号B644房	510075	刘　明	020－38320055
陕西省信息系统工程评测中心有限公司	陕西省西安市西五路62号	710004	王文钊	029－87294371
大连万衡检测有限公司	辽宁省大连市沙河口区南松路8－5－7号	116021	韩　震	0411－86837526
重庆市计量质量检测研究院	重庆市渝北区高新园云杉北路50号	401121	王　承	023－89232099/67950413
内蒙古安防中心	内蒙古呼和浩特赛罕区乌兰察布西路三十五中东巷	010010	张爱民	0471－8932028
山东省科学院公共安全技术防范系统检测中心	中国济南科院路19号	250014	孔凡萍	0531－82605472
河南省安协安防技术咨询有限公司	郑州市纬二路16号府苑公寓一单元	450002	刘立迅	0371－65909527
湖南省电子产品检测分析所	湖南省长沙市解放东路51号	410001	王广大	0731－84129444
四川省电子产品监督检测所	四川省成都市龙泉驿区龙泉镇文明东街45号	610100	张良龙	028－84852586
四川法斯特消防安全性能评估有限公司	四川都江堰市学府路中段公安部四川消防研究所	611830	钱建民	028－87125330

第十九章　中国安全防范产品行业协会公开性文件

第一节　中国安全防范产品行业协会第四届理事会第六次会议工作报告

——站在新的起点 开创安防协会工作新局面
（2010 年 1 月 8 日）

理事长　柳晓川

第一部分　中国安全防范行业三十年奋斗历程

自 1979 年在石家庄召开“刑事技术预防专业工作会议”以来，中国安防行业发展整整走过了 30 年的发展历程。30 年来，伴随我国改革开放的步伐，在主管部门的正确领导和推动下，在全行业共同努力下，“安全防范”从一个单纯技术概念，经过了“起步、发展、壮大”三个阶段的跨越式发展，成长为一个初具规模的国民经济朝阳产业，谱写了我国行业发展史上一段辉煌篇章。

经过 30 年发展，我国安防行业几乎是从无到有，从小到大，形成了集研发、生产、销售、工程与系统集成、报警运营与中介服务等完整的产业链体系；产生了实体防护、防盗报警、视频监控、防爆安检、出入口控制、社区安防等众多专业领域；形成了“珠三角”、“长三角”、“环渤海”地区三大产业集群。据初步统计，目前我国具有一定条件和规模的安防企业近 3 万家，从业人员超过了 100 万人，行业总产值达到 2000 亿元左右。

经过 30 年发展，安防应用由传统的文博、金融、机关等重点单位起步，快速向各行业领域、社会层面普及发展。目前，已广泛应用于交通、医疗、房地产、教育、文化、体育、电信、石油、电力、水利、邮电、通讯、工矿企业、森林防火等社会、经济领域，并扩大到“平安城市”、“数字城市”、“应急管理”、“防恐反恐”，甚至国家安全等领域。近年来，防盗报警、智能家居等安防产品已越来越多地进入普通百姓家庭，初步形成了“大安防”的格局。

纵观我国安防产品、技术 30 年的发展，各电子安防领域基本上都经过了由经销代理国外产品起步，到模仿制造，再到自主创新的过程。30 年的发展，新技术、新产品层出不穷，实现了质的飞跃，形成了具有行业特点的较为完整的技术产品体系。安防电子产品逐步从模拟产品快速地向数字化、网络化、智能化过渡；机械类产品也向着机电一体化、自动化和信息化方向迅速发展。目前，随着现代计算机、通信、电子、生物等众多学科技术和其他相关工业技术的进步，安全防范产品技术在此基础上，将更加向着高技术、多元化的方向发展。

我国安防企业绝大多数为民营企业，起步时条件简陋，规模很小。经过 30 年的发展，企业整体实力远非昔日可比，一批骨干企业脱颖而出，成为企业发展的“龙头”。初步统计，2008 年总收入超过 1 亿元的企业多达 100 多家。许多安防企业建立了现代企业制度，有的企业已初具现代化企业集团雏形，经营管理、综合素质等方面都有了较大提高，已逐步走向成熟。部分企业开始与资本市场结缘，依靠资本运作、联合、兼并等方式来快速发展壮大自己，市场经营模式也不断创新提高。越来越多的企业着力创建符合本企业发展的企业文化，意识到了承担社会责任的重要性和必要性，主动承担起对员工、社会和环境的社会责任。

行业成长壮大的 30 年，也是行业管理不断改革发展的三十年。在公安部科技局等有关部门领导和支持下，逐步构建了我国安防行业自律管理体系、合格评定体系和中介服务平台，先后成立了中国安全防范产品行业协会及各省市安防协会、全国安全防范报警系统标准化技术委员会、公安部安全与警用电子产品质量检测北京和上海中心、中国安全技术防范认证中心等，对行业的健康、规范、快速发展都起到重要的作用。

各位理事，各位代表：

回顾安防 30 年，是一部辉煌的行业发展史。今天的巨大成绩，是政府主管部门、行业组织、企业单位共同努力下而获得的，是一代代安防人开拓进取、顽强拼搏所取得的成果。

在这个历程中，政府管理部门发挥了重要的领导、推动作用。一方面通过制定政策，规划引导行业方向，依法对行业进行管理，保障了市场产品质量和用户利益，规范了市场秩序；另一方面，通过政府决策，促进市场需求的形成。如进入新世纪以来，国家构建“和谐社会”、“应急体系建设”、“平安建设”等一系列重大决策，为安防企业带来了巨大商机，为安防行业长期发展打下了良好基础。

在这个历程中，协会和中介组织协助政府部门，发挥了重要的行业自律管理及桥梁、纽带作用。

安防三十年也是一部安防企业的创业史，广大企业是安防事业建设者和主力军。多少企业白手起家、艰苦创业，创造了一个个成功发展的神话；多少科技人员几十年如一日，孜孜不倦研发创新，攀登了一个个新的高峰；多少市场人员不辞辛苦，行万里路，服务千万家；多少默默无闻的建设者，夜以继日，努力工作，留下了可歌可泣的动人事迹！

回首过去，我们为创业之精彩而自豪！为“平安社会”建设所取得的巨大成就而欣喜！更为我们中国安防人在和谐社会建设中发挥的重要作用而骄傲！在此，我们向所有为安防事业做出贡献的开拓者表示崇高敬意和真诚感谢！

展望行业发展的未来，我们更加信心满怀：

在国内政治稳定、社会经济快速发展的大好背景下，在党和国家推动和谐社会建设的伟大进程中，许多政府部门都将“平安建设”、“应急体系”、“数字化城市”建设等列入了重要议事日程，这必将成为推动产业发展的持久动力。

大安防时代的到来，将进一步扩大安防市场需求。安防应用通过横向扩大及纵向延伸，将从传统的要害部门、公共场所、行业用户、企业用户等，进一步扩大至平安城市、数字城市、应急管理、环境安全、信息安全、社区家居安全等领域，形成了“大安防”、“大需求”的概念，加上与IT企业、电信企业、家电企业的交融发展及技术进步，将极大地扩充安防的内涵和应用领域。

安防产业和企业将进一步快速壮大、成熟。预计在未来5年内，产业增长将保持在15% -20%的速度，规模将扩大一倍以上，向着国民经济中等行业的规模迈进；产业结构调整步伐加快，企业自主创新核心技术将有更大的作为，品牌战略进一步取得显著成效，市场秩序逐步走向规范；随着企业的快速发展和更加注重联合、兼并、上市等运作模式，将会有更多的企业进入大型企业的行列，并形成一批现代化企业集团。

行业管理体系更加健全、管理方式更加科学。在新的历史阶段，将进一步形成政府管宏观，行业社团、中介管中观，企业管微观的安防行业管理架构。相应的法律、法规将得到进一步完善，政府管理将在依法管理与监督检查相结合、宏观调控与行业指导相结合的原则下更加科学规范；中介机构和行业组织自律管理的作用将得到更好发挥。

总之，在可以预见的未来10年内，我国社会经济将持续快速发展的势头，加上全球经济一体化的影响，我国安防行业仍然处于难得的“发展机遇期”，呈现了更加广阔的发展前景。让我们携起手来，为推进安全技术防范行业深入持续发展，为维护社会稳定、促进社会和谐做出新的更大的贡献，以优异成绩迎接更加辉煌灿烂的明天！

第二部分　关于行业协会2009年的工作

2009年对世界和我国经济来讲都是极为不平凡的一年。世界金融危机始于2008年，世界经济经受了上世纪经济危机及大萧条以来最为严峻的挑战。我国经济也遭受了巨大的冲击，各项重要经济指标均明显下滑，2009年一季度GDP增长率降到了最低点6.1%。为应对危机，党和政府果断采取应对措施，推出了4万亿投资及“十大产业振兴”规划等政策，下半年经济增长明显呈现了复苏势头，预计全年增长在8.5%左右。我国安防行业也同全国趋势一样，上半年呈现出了“断崖”式下降，行业经济景气度也一下降到了多年最低点，增长率首次降到了20%以下。尤其是出口业务下降较快，初步估计，2009年全行业减少出口贸易额约在数十亿元，致使一些以出口为主的企业生产陷入了停滞，有的甚至濒临破产。下半年，在“平安建设”等重大工程项目带动下，安防行业应用市场开始有所恢复，但面临的问题依然不少。

在此背景下，中国安全防范产品行业协会在主管部门正确领导下，在广大会员单位积极配合与支持下，认真贯彻国家“保增长、保民生、保稳定”战略部署，围绕年初确定的中心工作和各项计划，尽可能帮助企业减少危机带来的损失，在“帮助企业牵线搭桥，寻找市场机遇，增强为企业服务能力，深化和完善行业自律管理”等方面着力开展工作，基本完成了年初确定的各项任务目标。

一、帮助企业寻找新的市场机遇、度过难关

组织洽谈会和专题论坛活动，为贸易交流搭建平台。2009年7月，组织了“2009中外安防产品采购洽谈会”，邀请来自加拿大、俄罗斯、印度、伊朗、巴基斯坦等23个国家和地区的25家国际知名采购商来华参加。带来的采购意向包括了视频监控、入侵报警、出入口控制、楼宇对讲、防爆安检、锁具、保险柜（门）等20余类安防产品和设备。国内供应商也表现了极大的参与热情，60多家企业带来自己最新产品和最尖端技术。本次采购洽谈会意向合同约2500万元人民币。5月，与“2009军事物流信息化高峰论坛暨交流展”主办方，共同策划组织了“2009军事物流安全防范技术论坛”，邀请总后、总装、空军、海军、二炮、军工集团等部队后勤、装备等方面的领导及各兵种后方仓库主任代表到会，提出采购意向，听取企业产品介绍，为安防企业与军队国防用户搭建了供需平台。8月，《中国安防》杂志社与《轨道交通》杂志社共同举办了首届“中国轨道交通安防发展论坛”。大会探讨了有关轨道交通安防事业发展的趋势、市场应用、标准规范等，受到了与会企业的好评。9月，与上海市公安局、上海市防灾策略研究中心共同举办“上海城市安防与危机管理论坛”，引领安防企业进入城市危机与应急系统建设领域。

组织企业参加自主创新项目研讨咨询活动。近年来，

我国对科技自主创新投入支持越来越大，为了使安防企业尽快了解我国科技研发计划支持体系，使更多企业能够申请科技部、发改委、工信部等部门负责的产业化项目、企业发展建设项目等，协会于11月召开了“申报企业自主创新项目研讨咨询会”，国家科技部、中国技术市场协会的专家介绍了相关政策情况，并对参会企业关心的问题做了详细解答。

二、强化为企业服务能力

发挥政府与企业之间桥梁作用，推荐优秀安防工程企业。2005－2007年，公安部开展了报警与监控系统“平安城市”建设试点工作。为积极配合该项工作的开展，发挥协会在政府、企业、用户之间的桥梁与纽带作用，经科技局批准，协会组织开展了为“平安城市”建设推荐优秀安防产品及工程企业的活动。2009年8月，在各省（市）协会（公安技防部门）大力推荐、支持下，又对提出申请的安防工程企业组织专家评审，共提出了推荐企业179家。推荐企业名单将通报给各级公安技防主管单位，并以多种渠道向全社会发布，向全国安防工程建设单位进行推荐。

开展统计调查，为企业提供信息服务。为了真实反映行业发展情况，协会组织开展了行业统计调查工作，主要调查了2007年、2008年发展情况，调查内容包括企业人员、资产、规模、企业经营、科技创新等。在调查基础上，撰写了2008年我国安防发展统计报告，发布在《中国安防》杂志，并收录在《走向辉煌》一书中。此外，《中国安防》市场版每季度都组织行业发展景气问卷调查，撰写行业景气调查报告，使企业尽快了解市场动态、市场趋势，为经营决策提供参考依据。

此外，协会配合商务部反垄断局开展涉及我国安防行业的两项反垄断调查工作，组织相关专家进行了调研，编写了反馈意见文字材料，并以公文形式提交该局，及时反映了相关会员单位诉求。

三、深化和完善自律管理工作

积极组织资质评定试点，推动建立全国统一的安防工程企业资质评价体系。在公安部科技局正确指导之下，安防工程企业资质评定试点工作于2006年月正式启动，迄今已有三年多时间。2009年，中安协资质管理中心在组织资质评定试点、推动建立全国统一资质评价体系方面，取得了新的进展。继续在北京、福建等六个试点地区坚持按照“五个统一”原则，积极组织为企业提供资质评定和年审服务。充分利用当地资源，在江苏省开展的中安协直接受理资质评定新模式，得到广大工程企业的欢迎。2009年新增获证（资质证书）企业395家，514家企业通过年审。

安防从业人员职业培训各项准备工作已基本就绪。2009年，《安防系统安装维护员－基础知识》一书（约40万字）已开始审校，即将进入排版阶段；《安全防范系统安装维护员教程（国家五级）》一书（约30万字）已编辑成稿并交出版社，将于2010年出版发行。安全防范设计评估师职业技能鉴定试题库的编写工作已基本完成。这为即将开展的从业人员职业培训和技能鉴定工作奠定了良好基础。

四、科技攻关项目取得显著成果

公安部重点科研攻关项目《防爆技术标准体系研究》，是协会首次承担的部级重点科研项目。专家委员会带领参与攻关的各企事业单位和全体参研人员，克服了工作基础薄弱、参与单位多、协调难度大、信息资料少、内容涉及面广、科学归纳困难等诸多方面难点，采取准确定位、集思广益的方法，解决主要技术难点，实现了项目合同书规定的科研目标。公安部科技信息化局已批准该项目结题，并同意在该成果得到一定推广、应用，在条件相对成熟时，将申报部级科技进步奖。

继续完成安防“十一五”科技支撑项目中的课题。协会以国家“十一五”科技支撑项目主要承担单位公安部第一研究所等单位为依托，组织业内专家继续针对全国“城市报警与监控联网系统”和“平安城市”建设中的关键技术，继续深入开展项目研究。参研专家按照“统一目标、分类实施、交叉促进、突出优势”的原则，重点突破了《安防“十一五”科技支撑项目中的技术创新》；《数字智能视频技术发展与应用创新》；《风险评估技术及应用的发展趋势》等课题，取得了显著的研究成果。目前，该项目进展情况良好，自验收已完成，7个子项目正在陆续通过国家验收。

五、加强媒体宣传，弘扬行业文化

经过几年不懈努力，《中国安防》杂志已成为了行业公认的主流媒体。2009年，《中国安防》在政策、市场、产业等方面的宣传、报道力度进一步加强，迈上了一个新的台阶。一是紧密围绕“平安城市”建设、“农村技防”等公安部科技信息化局中心工作，开辟了《“安防征文”—实践科学发展观，为安全技术防范工作献计策》专栏，对优秀文章进行刊发；二是通过深入策划专题，加强重大事件的宣传报道，提升杂志品质以及在行业中的影响力，其中不少研究文章带有前瞻性、创新性，发挥了舆论导向作用，受到了行业各方面好评；三是加强了杂志市场版的采编力量，全面调整栏目架构，减少一般性资讯内容，增加了“安防服务商”、“专家专栏”、“决策信息”等栏目，按季度进行的“行业景气调查”报告也愈来愈受到企业的关注和好评。

2009年，协会对网站栏目进行全方位评估，新增了部分与行业发展相关的栏目，提高了栏目深度及可读性，并重新设计了协会板块、资讯板块、产品板块以及职业培训板块等内容。目前，职业培训板块已经上线运行；增强了网站英文平台的服务功能；增添了全球优质采购商、供应商名录、《中国安防产品采购指南》等内容，全面增强对国内外安防企业和采购商的服务功能。

2009年是建国60周年，也是安防行业快速发展30周年。为推动行业文化建设，协会组织杂志社、网站等有关人员，编辑出版了《走向辉煌—献给中国安防行业蓬勃发展30年》一书。该书共50余万字，分为“回顾、产业、企业”三篇，全面反映了30年来我国安防事业发展的巨大成就，回顾了我国安防产业发展、行业管理、产品技术、市场需求等演变轨迹及未来趋势。该书拟于今天下午举办新书首发式，正式与大家见面。为丰富安防行业的文化生活，协会举办了安防行业“和谐杯”歌唱比赛和摄影作品征集和展示活动。这两项活动得到了广大会员单位和各地方安防协会的积极响应和支持，相关活动也将在今天会议同期举行。

六、完善协会组织建设，强化内部管理

2009年，有80多家安防企业加入了协会，相继有25家企业提交了申请理事、常务理事及副理事长单位资料。经过理事会通讯表决通过，增补副理事长单位4家，常务理事单位12家，理事单位9家。

2009年，经慎重研究，协会确定了日常工作机构的三级体系，明确了各业务部门职能和工作任务，初步形成了任务导向型的组织架构体系。各部门根据业务发展需要，积极吸收、培养人才，为顺利完成今年各项工作奠定了基础。同时，协会重视内部管理建章立制工作，修订了包括会议制度、人事管理制度、财务制度等10多项规章制度。这些管理制度的贯彻实施，提高了协会各部门工作规范性，工作效率得到明显提高。

2009年8月，民政部启动了全国性行业协会商会评估工作。为了保证协会持续、健康发展，提高协会整体工作水平和自我管理能力，协会高度重视并积极参与此项评估工作，主动接受来自上级领导机关的监督。经审核申报材料，并实地考察后，民政部评估组一致认为，协会的管理机制健全、开展活动规范、工作业绩突出且富有成效。

第三部分　关于2010年的工作要点

2010年对安防行业和协会来讲都是十分重要和关键的一年。2010年是我国实施“十一五”规划以及安防行业“十一五”规划最后一年，同时也是“十二五”规划编制年。因此，2010年工作情况不仅直接影响到行业“十一五”规划目标的实现，也将影响到“十二五”规划的开局。从全国经济形势看，2010年虽然整体情况将更加朝着好的方向转变，但金融危机的影响还会在一定程度上存在，对部分行业企业影响还比较大，有的还可能出现了产能过剩等许多新情况和新问题。刚刚结束的中央经济工作会议确定2010年我国经济建设工作的基本方针为：“保持宏观经济政策的连续性和稳定性，继续实施积极的财政政策和适度宽松的货币政策”，“特别是要更加注重提高经济质量和效益，更加注重推动经济发展方式和经济结构调整”。

为此，协会应紧紧围绕党和国家经济发展的总体要求，贯彻落实公安部郑州会议精神，更加务实、创新、努力工作，为主管部门，为行业、为企业做好服务，重点落实以下工作：

一、加强调研工作，编制好“十二五”规划

编制“十二五”规划是行业发展中的大事，应加强调研工作，加强行业统计工作，搞准基础数据，认真研究行业发展中存在的问题及对策，提出切实可行、科学的发展方向与目标，尤其是针对不同专业领域做出较为详细的规划设计，使其真正成为行业未来五年发展的指导性文件，并在此基础上完成产业发展研究报告。

二、努力促进增长方式转变和结构调整，引导行业良性发展

促进增长方式转变。要加强科技创新工作的规划、组织、协调和管理，组织企业尽量避免重复开发活动，从而将有限的资源组织起来，起到“事半功倍”的效果；千方百计帮助企业多渠道申报科研项目，取得国家科技部、发改委、工信部及各地政府部门的支持，加大科研经费投入力度，提高自主创新能力，实现增长方式由外延扩大为主到内涵扩大为主的转变。

促进产业结构调整。与有关部门联合，加大产业结构调整的力度，在政策、项目、资金等方面给予倾斜，促进报警运营服务、风险评估、施工监理、效能评估以及各类中介、咨询、培训、维修、维护等安防服务业的发展。其中，尤其是借助《保安服务管理条例》出台的时机，积极推动报警运营服务业的发展，逐步提高在产业中的比重。

三、开拓市场领域、培育新的市场增长点

2010年，要与各行业的政府管理部门、行业协会广泛联系，密切合作，通过协调促进、宣传推广等手段共同开拓新的安防应用领域。一是要在“平安城市”建设、“数字化城市”改造活动中帮助企业寻求商机；二是要注重推进安防产品和技术在轨道交通、体育场馆和大型活动场所、工业生产、医疗、教育、航运等领域的应用；三是积极引导促进社区、家居安防发展，进一步培育形成“大安防”概念，拉动长期需求。

四、扶持骨干企业，促进行业做大做强

近年来，许多安防企业成长进步较快，有的通过联合、兼并、上市等手段，使综合实力在较短的时间内获得了很大提升。这有利于行业快速做大做强，有利于企业与国外大企业竞争，在国际市场谋取更大发展。为此，协会要加强并做好扶优推荐工作，积极支持、协助企业进行兼并重组，通过与国际相关组织的合作，帮助并促进民族安防企业走上国际大舞台，壮大中国安防产业。

五、练好内功，进一步增强协会服务能力

办好2010年中国国际社会公共安全产品博览会。展会是协会为行业企业服务的最大平台，要在策划设计、活动组织、观众邀请、专业服务等方面积极创新，努力提高展会品质，同时办好相关论坛、推介及贸易洽谈会等活动，使参展企业通过参展有更大收获。加强协会媒体建设，充分发挥媒体导向作用。《中国安防》杂志要更加深入贴近企业，创新栏目内容，提升杂志品质；中国安全防范行业网要全面提升资讯服务能力，尤其是完善与扩大国际资讯平台，扩大对国外的影响。加强资质评定中心工作。加大资质评定的宣传力度，扩大资质证书的影响力和适用性，积极准备，争取将资质评定工作逐步推向全国。

六、加强协会内部管理和组织建设

进一步完善协会建章立制工作。在已完成各项制度的基础上，进一步将制度建设深化到业务工作层面，明确相应岗位的责任、权利、义务，规范各项业务流程，提高工作效率。完善会议制度，尤其是完善办公会议制度，通过集体研究提高决策科学性和执行力，同时注重科学管理，注重提高管理艺术和方法，以获得最佳管理效果。加强组织和人才队伍建设。各业务板块要加强人才培养与引进，全面提高人员素质。加强专家委员会组织建设。随着业务发展及行业内外形势的需要，2010 年拟设立实体防护和防爆安检两个专业委员会。

各位理事，各位代表：

2009 年，中国安全防范产品行业协会在主管部门正确领导下，在各位理事、会员单位大力支持下，做了一些开拓性工作，也取得了一定成绩，比较圆满地完成了年初制定的各项任务。2010 年，我们面对的任务更复杂、更艰巨。随着国家经济形势的好转，安防市场虽有了逐步回暖的势头，但市场需求有许多新领域需下大力气进行培育，金融危机的影响也并未远去，尤其是国际市场前景尚不容乐观，应该说这是一个既充满了光明又非常具有挑战的一年。中国安全防范行业协会将与广大安防企业一道团结协作，迎接挑战，为全面完成“十一五”规划的任务目标，为下一个五年打下良好基础而努力拼搏奋斗！中国安防行业的明天大有希望！我们的未来也一定更加美好！

谢谢大家！

第二节　中国安全防范产品行业协会章程

（2005 年 1 月 12 日中国安全防范产品行业协会第四次会员代表大会审议通过）

第一章　总　则

第一条　协会名称：中国安全防范产品行业协会（以下简称本协会）。其英文译名为 CHINA SECURITY & PROTECTION INDUSTRY ASSOCIATION，缩写为 CSPIA。

第二条　本协会由中国安全防范产品行业从业单位、团体及个人自愿组成，是唯一代表中国安全防范产品行业的、非赢利性的、自律性的社会团体。

中国安全防范产品行业包括从事与防盗、防破坏、防恐怖等活动有关的产品（包括：防爆安全检查器材；安全报警器材；社区安全防范系统；车辆防盗防劫联网报警系统；出入口控制系统；视频监控防范系统；防盗锁、门、柜及防弹运钞车；人体安全防护装备以及其它社会公共安全产品）开发、生产、销售；系统工程设计施工；报警服务的单位以及相关的管理、教育培训、咨询服务、信息服务的单位。

本协会是政府与企业之间的社会中介组织，依照政府要求推动企业进步，反映企业情况为政府决策提供参考，发挥政府与企业之间的桥梁与纽带作用。

第三条　本协会遵守宪法、国家法律法规和政府主管部门的有关规定，遵守社会道德风尚，团结和组织全体会员及全行业同仁，为发展我国安防事业，建设规范的安防市场，推进对内、对外开放，促进安防行业在全国范围有序充分的竞争，发挥安防产品在“科技创安”和“打防控”一体化建设中的作用。

本协会通过市场调查、信息交流、咨询、评估、行业自律、知识产权保护、政策研究等方面的工作，保护会员的利益。

第四条　本协会的业务主管部门是公安部，社团登记管理部门是民政部。本协会自愿接受公安部和民政部的业务指导和监督管理。

第五条　本协会会址设在北京。

第二章　业务范围

第六条　本协会的业务范围是：

（一）开展调查研究，掌握行业情况，向政府提出行业规划和制订有关经济政策、经济法规的建议。经政府主管部门同意和授权进行行业统计、收集、分析、发布行业信息。

（二）根据政府主管部门的授权，参与质量管理和监督工作。参与制定、修订国家标准和行业标准，并组织贯彻实施。

（三）受政府主管部门委托，组织科技成果鉴定和推广应用。

（四）反映会员意见和要求，协调会员关系，维护会员合法权益。

（五）推行名牌产品战略，指导帮助企业改善经营管理，促进科技进步和全行业的健康发展。

（六）培训专业技术人员，交流生产、科研、经营、管理经验，不断提高本行业职工队伍的素质。

（七）举办展览、展销、讲座、讲学，组织出国考察，开展国际技术交流，推出有竞争力的民族工业产品逐步打入国际市场。

（八）编辑出版本协会的会刊及快讯。运行行业网站，促进本行业相关宣传媒体的交流与合作，加强本行业信息化建设。

（九）组织订立行规行约，规范行业行为，并监督遵守。协调企业之间的纠纷，创造公平竞争的良好氛围。

（十）组织发展本行业的公益事业，参与安防行业市场建设。

（十一）承担政府主管部门委托的其他任务。

第三章　会　员

第七条　本协会会员分单位会员、团体会员、个人会员和名誉会员。

单位会员指符合本协会会员条件的企业、事业等经批准入会的单位。

团体会员指符合本协会会员条件的地方安全防范产品行业协会、学会等经批准入会的社会团体。

个人会员指符合本协会会员条件的专家、学者，经批准入会的个人。

名誉会员指经理事会决定聘请的本行业的知名人士（包括海外知名人士）。

第八条　申请加入本协会的会员应具备以下条件：

（一）拥护本协会章程；

（二）有加入本协会的意愿；

（三）在本协会所属领域内具有一定的影响；

（四）诚实守信，无不良记录；

（五）遵守中国安全防范产品行业行为规则。

第九条　会员入会的程序是：

（一）提交入会申请书，填写入会申请表，递交入会企业遵守行规行约的承诺书；

（二）单位会员交验工商营业执照（复印件），团体会员交验社会团体登记证（复印件）；

（三）经行业协会秘书处审核；

（四）经理事长或理事长授权的秘书长批准；

（五）由秘书处发给会员证书。

第十条　会员享有下列权利：

（一）选举权、被选举权和对协会决议事项的表决权；

（二）对本协会各项工作的建议权、批评权和监督权；

（三）享受本协会组织交流、转让的科研成果、经济信息和技术资料的权利；

（四）享受本协会提供的各项咨询服务的权利；

（五）取得本协会提供的资料及刊物的权利；

（六）参加本协会举办的各项活动并享受优惠的权利；

（七）入会自愿，退会自由；

（八）其他应予享受的权利。

第十一条　本协会会员必须履行下列义务：

（一）遵守协会章程，执行协会决议；

（二）积极参加协会组织的各项活动，完成协会委托的工作；

（三）积极向协会反映情况、提供有关资料和提出发展本行业的建议；

（四）遵守共同商定的行规行约；

（五）按时按规定缴纳会费。

第十二条　会员退会应书面通知本协会，并交回会员证书。

无故二年以上不履行会员义务的视为自动退会。

第十三条　会员如有严重违反本章程的行为，经理事会或常务理事会表决通过，予以除名。

第四章　组织机构和负责人产生、罢免

第十四条　本协会的最高权力机构是会员代表大会。会员代表大会的职权是：

（一）制定和修改协会章程；

（二）选举和罢免理事；

（三）审查理事会的工作报告和财务报告；

（四）决定终止事宜；

（五）讨论并决定本协会的其他重大事项。

第十五条　会员代表大会须有三分之二以上的会员代表出席方能召开，其决议须经到会会员代表半数以上表决通过方能生效。

第十六条　会员代表大会每5年召开一次。因特殊情况需提前或延期换届的，须由理事会表决通过，报业务主管部门审查并经社团登记管理部门批准同意。但延期换届最长不超过1年。

第十七条　理事会是会员代表大会的执行机构，在闭会期间领导本协会开展日常工作，对会员代表大会负责。

第十八条　理事会的职责是：

（一）执行会员代表大会的决议；

（二）选举和罢免理事长、副理事长、秘书长；

（三）筹备召开会员代表大会；

（四）向会员代表大会报告工作和财务状况；

（五）决定会员的除名；

（六）决定设立办事机构、分支机构、代表机构和实体机构；

（七）决定副秘书长、各机构主要负责人的聘任；

（八）领导本协会各机构开展工作；

（九）制定内部管理制度；

（十）决定其他重大事项。

第十九条　理事会须有三分之二以上的理事出席方能召开，其决议须经到会理事三分之二以上表决通过方能生效。

第二十条 理事会每年至少召开一次会议；情况特殊的，也可采用通讯形式召开。

第二十一条 本协会设立常务理事会。常务理事会由理事会选举产生，在理事会闭会期间行使第十八条第一、三、五、六、七、八、九项的职权，对理事会负责。

第二十二条 常务理事会须有三分之二以上常务理事出席方能召开，其决议须经到会常务理事三分之二以上表决通过方能生效。

第二十三条 常务理事会至少半年召开一次会议；情况特殊的也可采用通讯形式召开。

第二十四条 本协会的理事长、副理事长、秘书长必须具备下列条件：

（一）遵守宪法、遵守国家法律、法令，有较高的领导才能和政治素养；

（二）在本协会业务领域内有较大影响；

（三）理事长、副理事长最高任职年龄不超过70周岁，秘书长为专职；

（四）身体健康，能坚持正常工作。

第二十五条 本协会理事长、副理事长如超过最高任职年龄的，须经理事会表决通过，报业务主管部门审查并社团管理部门批准同意后，方可任职。

第二十六条 本协会理事长、副理事长、秘书长每届任期5年。（理事长、副理事长、秘书长任期最长不得超过两届）因特殊原因需延长任期的，须经会员代表大会三分之二以上会员代表表决通过，报业务主管部门审查并社团管理部门批准同意后，方可任职。

第二十七条 本协会理事长为本协会法定代表人。本协会法定代表人不兼任其他团体的法定代表人。

第二十八条 本协会理事长行使下列职权：

（一）召集和主持理事会或常务理事会；

（二）检查会员代表大会、理事会和常务理事会决议的落实情况；

（三）代表本协会签署有关重要文件。

第二十九条 本协会秘书长行使下列职权：

（一）主持办事机构开展日常工作，组织实施年度工作计划；

（二）协调各分支机构、代表机构、实体机构开展工作；

（三）提名副秘书长以及各办事机构、分支机构、代表机构和实体机构主要负责人，交理事会或常务理事会决定；

（四）决定办事机构、代表机构、实体机构专职工作人员的聘用；

（五）处理其他日常事务。

第五章 资产管理、使用原则

第三十条 本协会经费来源：

（一）会费；

（二）捐赠；

（三）政府资助；

（四）在核准的业务范围内开展活动或服务的收入；

（五）其他合法收入。

第三十一条 本协会按照国家有关规定收取会员会费。

会费标准的制定和修改须经会员代表大会讨论，表决通过方能生效。

第三十二条 本协会经费必须用于本章程规定的业务范围和事业的发展，不得在会员中分配。

第三十三条 本协会建立严格的财务管理制度；保证会计资料合法、真实、准确、完整。

第三十四条 本协会配备具有专业资格的会计人员。会计不得兼任出纳。会计人员必须进行会计核算，实行会计监督。会计人员调动工作或离职时，必须与接管人员办清交接手续。

第三十五条 本协会的资产管理必须执行国家规定的财务管理制度，接受会员代表大会和财政部门的监督。资产来源属于国家拨款或者社会捐赠、资助的，必须接受审计机关的监督，并将有关情况以适当方式向社会公布。

第三十六条 本协会换届或更换法定代表人之前必须接受社团登记管理部门和业务主管部门组织的财务审计。

第三十七条 本协会的资产，任何单位、个人不得侵占、私分和挪用。

第三十八条 本协会专职工作人员的工资和保险、福利待遇，按照国家的有关规定执行。

第六章 章程的修改程序

第三十九条 对本协会章程的修改，须经理事会或常务理事会表决通过后报会员代表大会审议。

第四十条 本协会修改的章程，须在会员代表大会通过后15日内，经业务主管部门审查同意，并报社团登记管理部门核准后生效。

第七章 终止程序及终止后的财产处理

第四十一条 本协会完成宗旨或自行解散或由于分立、合并等原因需要注销的，由理事会或常务理事会提出终止动议。

第四十二条 本协会终止动议须经会员代表大会表决通过，并报业务主管部门审查同意。

第四十三条 本协会终止前，须在业务主管部门及有关机关指导下成立清算组织，清理债权债务，处理善后事宜。清算期间，不开展清算以外的活动。

第四十四条 本协会经社团登记管理部门办理注销登记手续后即为终止。

第四十五条 本协会终止后的剩余财产，在业务主管部门和社团登记管理部门的监督下，按照国家有关规定，用于发展与本协会宗旨相关的事业。

第八章　附　则

第四十六条　本章程经2005年1月12日会员代表大会表决通过。

第四十七条　本章程的解释权属本协会的理事会。

第四十八条　本章程自社团登记管理部门核准之日起生效。

第三节　中国安全防范产品行业协会专家委员会章程

第一章　总　则

第一条　根据中华人民共和国民政部、公安部的有关管理规定和《中国安全防范产品行业协会章程》的有关规定，制定本章程。

第二条　为促进中国安全防范事业的健康发展，充分发挥安全防范行业内各方面专家的作用，经公安部主管部门和民政部批准，由中国安全防范产品行业协会（以下简称中国安防协会）组建《中国安全防范产品行业协会专家委员会》（以下简称专家委员会），英文缩写为：CSPIA-CE。

第三条　专家委员会是中国安防协会下属的分支机构，是经中华人民共和国民政部登记注册的民间社团，是全国性非赢利的顾问咨询性社团组织。

第四条　专家委员会在业务上受中华人民共和国公安部指导，在中国安防协会领导下，从事安全防范领域的业务技术咨询和顾问服务工作。专家委员会坚持“为政府决策服务、为行业发展服务、为社会治安稳定服务”的宗旨和“面向社会、服务社会、促进社会公共安全防范事业健康发展”的方针。

第五条　专家委员会是为了推进安全技术防范行业科学发展而建立的全国统一授权和管理的专家平台，在指导思想上提倡服务意识、市场意识、法治意识和改革意识，通过开展多方面的专家服务工作，成为按市场经济规律运行的专家服务机构。

第二章　工作任务

第六条遵循国家的法律法规和社会公共安全的管理规定，结合本行业发展的实际，向公安部主管部门提出社会公共安全行业的行业发展战略规划的建议；有关行业发展的方针、政策和技术措施的建议；充分发挥专家委员会在政府决策中的顾问、参谋作用。

第七条　根据中国安防协会的安排和授权，代表中国安防协会制定本行业的发展战略和发展规划；开展与本行业发展密切相关的重大理论课题和实践课题的研究；代表中国安防协会制定本行业的相关管理文件和技术文件，充分发挥专家委员会在本行业科学决策中的重要作用。

第八条　接受公安部主管部门的委托，协助中国安防协会在行业内组织实施“人才战略、专利战略和技术标准战略”；协助业内相关技术机构，建立和完善本行业的技术标准体系、技术法规体系和合格评定体系，充分发挥专家委员会在行业标准化、产品质量认证与检验、安防工程验收与评估等方面的顾问咨询作用。

第九条　根据国家相关行政主管部门的管理规定和公安部主管部门的要求，结合本行业的实际，建立和完善本行业的继续教育培训体系，组织开展相关业务、技术的职业培训和专业培训，促进全行业整体素质的提高。

第十条　继续保持并不断拓展中国安防协会和业内相关技术机构的对外交流渠道，开展国际合作与交流。充分发挥专家委员会在行业内的整体优势，形成智力合力，为提高本行业的整体竞争力服务。

第十一条　在完成上述任务的前提下，专家委员会可面向社会开展技术服务工作，接受国内外有关社会团体、企业、用户的委托，承担相关业务、技术的顾问、咨询工作。

第三章　组织机构

第十二条　专家委员会的组成应以中国安防协会会员单位、业内相关技术机构、中介组织中的科技人员为主体，相关行政管理机构的科技管理人员应有代表参加。

专家委员会成员由委员和专家两部分人员组成，每届任期三年。

专家委员会的组成方案，由中国安防协会秘书处提出，安防协会常务理事会批准。

第十三条　专家委员会一般设委员20人左右，其中主任委员1人，副主任委员3－5人，秘书长1人。聘请在本行业享有盛誉的专家学者担任专家委员会顾问、名誉主任委员。

第十四条　专家委员会根据行业发展的需要，设置若干个专业组，分别负责相关专业领域的学术技术研究和咨询服务工作。专业组的具体划分详见《专家委员会专家管理办法》。

第十五条　专家委员会下设秘书处，是专家委员会的常设办事机构。秘书处设在中国安防协会，秘书处的工作应纳入中国安防协会的工作计划。秘书处在主任委员和秘书长领导下，负责处理专家委员会的日常工作。

第十六条　专家委员会主任委员由中国安防协会理事长担任。副主任委员由主任委员提名，专家委员会全体委员会议2/3以上票表决通过后聘任。

秘书长由中国安防协会秘书长担任或由主任委员提名、主任委员办公会议通过后聘任；副秘书长由秘书长提名，主任委员批准后聘任。

专家委员会委员由秘书长提名，主任委员批准后聘任。

专家委员会专家由本人申请或委员、专家推荐，秘书处审核，主任委员或副主任委员批准后聘任。

第十七条 专家委员会委员应由中国安防协会和业内相关技术机构、中介组织中具有较高理论水平和较丰富实践经验，熟悉本行业业务，热心公益事业，有良好职业道德和创新精神，有参政、议政能力，具有高级技术职称（或相应业务水平）的科技人员或管理人员担任。

专家委员会专家应由本行业产品研发、系统集成、工程服务、报警运营、教育培训、顾问咨询等领域中具有较高理论水平和较丰富实践经验，熟悉相关领域业务技术，业绩突出，能积极参加专家委员会相关活动，具有高级技术职称（或相应业务水平）的科技人员或管理人员担任。

第十八条 专家委员会主任委员、副主任委员、秘书长、副秘书长、委员、专家由中国安防协会聘任并颁发聘书。接受聘任的委员、专家，自动成为中国安防协会的个人会员。

专家委员会委员中，不履行委员职责，经常无故不参加委员会活动；或因其他原因不适宜继续担任委员者，可由秘书长提名，主任委员批准，予以解聘。

专家委员会专家中，不履行专家职责，或因其他原因不适宜继续担任专家者，可由秘书长提名，主任委员批准，予以解聘。

第四章　工作程序

第十九条 专家委员会全体委员会议一般每年召开两次，年初制订年度工作计划，年末检查、总结年度工作。主任委员认为必要时，可临时召开全体委员会议。主任委员可随时召开主任委员办公会议。

第廿条 专家委员会讨论重要事项、做出重大决定时，应召开全体委员会议，必要时可邀请有关专家参加讨论，以便决策。

第廿一条 专家委员会委员或专家根据专家委员会年度工作计划的安排或专家委员会的授权，可组织相关专家组成专项工作组，承办相关事务。

第廿二条 专家委员会起草的重要管理文件或技术文件，应提交全体委员进行审查（可用会议审查、也可用函审的方式），必要时应在专家范围内广泛征求意见。秘书处应在会议前一个月或投票前两个月，将文件送审稿（包括附件）提交给审查者。审查时原则上应协商一致。如需表决，必须有全体委员的2/3以上同意，方为通过。（会审时未出席会议，也未说明意见者，以及函审时未按规定时间投票者，按弃权计票）。

第五章　经　费

第廿三条 专家委员会的活动经费按照专款专用的原则筹集和开支。专家委员会的活动经费由中国安防协会的财务统一管理，按中国安防协会财务管理办法执行。

第廿四条 专家委员会的活动经费由以下几方面提供：

1. 由中国安防协会年度预算中专项拨款；
2. 社会、企业的资助；
3. 专家委员会承接相关研究课题的项目拨款；
4. 专家委员会承接咨询、服务的收入。

第廿五条 专家委员会的经费用于以下几个方面：

1. 专家委员会会议等活动费用；
2. 向委员、专家提供资料所需费用；
3. 委员、专家的劳务费支出。

第廿六条 专家委员会经费的预、决算由秘书处提出，委员会审定。秘书处每年向全体委员做经费收支情况报告，并书面报告中国安防协会。

第六章　附　则

第廿七条 本章程自专家委员全体委员会议讨论通过后，发布实施。

第廿八条 本章程由中国安防协会负责解释。

第四节　中国安全防范产品行业行为规则

（2005年1月12日中国安全防范产品行业协会第四次会员代表大会审议通过）

第一章　总　则

第一条 为保证安全防范行业健康发展，根据《中国安全防范产品行业协会章程》，制定《中国安全防范产品行业行为规则》（以下简称本规则）。

第二条 本规则适用于在中华人民共和国境内从事安全防范行业的一切单位和个人。

第三条 本规则的基本原则是：守法、诚信。

第四条 本规则以宪法、法律、法令为依据，以“三个代表”重要思想为指针，是行业自律的基本环节和制度体现，是向社会和消费者作出的郑重承诺。它代表全行业的共同利益，全行业必须自觉遵守。

第二章　公平竞争

第五条　重合同、守信誉，公平竞争，诚实守信。遵守市场规则，反对不正当竞争，维护社会经济秩序。

第六条　在市场交易中，遵循自愿、平等、公平、诚实信用的原则，严格遵守价格政策，不以抬价、压价，拒售、倾销等不正当竞争手段损害同行和用户利益。在商品购销和项目投标活动中杜绝行贿和欺诈行为。

第七条　必须全面真实地介绍商品的产地、性能、规格、使用方法及注意事项，努力创建自主知识产权的品牌，不进行假冒伪劣产品的生产、销售，不剽窃同行的技术和专利。

第三章　保证质量提供服务

第八条　遵守《中华人民共和国产品质量法》和国家质量监督检验检疫总局、公安部有关加强安全防范产品质量监督管理的规定，建立并完善质量管理体系。

第九条 提供优质产品和优质服务。建立并完善质量投诉处理程序和理赔机制。

第四章　守法经营 依法纳税

第十条　遵守经济贸易法律法规，自觉遵守市场经济秩序。

第十一条　遵守税法和海关管理法规。不偷逃税款，不开虚假发票，不购销走私物品。

第十二条　遵守国家保密法，建立健全保密制度，对从事工程设计和施工人员进行保密教育，并向甲方做出保密承诺。

第十三条　遵守有关劳动安全、卫生和环境保护法规，做到文明生产，保护环境。

第十四条　遵守《中华人民共和国劳动法》，保护劳动者的合法权益。

第五章　监督执行

第十五条　中国安全防范产品行业协会常务理事、理事单位及常设机构，必须遵守本规则。中国安全防范产品行业协会理事会负责监督执行。本规则接受用户监督和社会公众舆论监督。

第十六条　中国安全防范产品行业协会理事会对执行本规则有突出表现的单位和个人给予表彰，定期评选自律模范若干名，发给证书和奖牌。任何单位和个人发现有违背本规则的情况都有权力向协会秘书处举报。对违背规则的行为分为四项措施予以处理：进行说服教育；发出整改通知书；公示；最终予以除名。触犯法律的协助执法部门进行处理。

第六章　附　则

第十七条　本规则于2005年1月12日，经中国安全防范产品行业协会第四次会员代表大会审议通过，并施行。

第十八条　本规则的解释权属于中国安全防范产品行业协会理事会。

第五节　中国安全防范产品行业协会理事会名录

（截止日期：2009年12月31日）

理 事 长　柳晓川

副理事长　廖晓村　司同军　程　琳　陈朝武　靳秀凤

秘 书 长　靳秀凤（兼）

副秘书长　李建平　何　滨

中国安全防范产品行业协会副理事长单位（45家）

序号	企业名称	地区	联系人	电话
1	北京安全防范行业协会	北京市	韩锦坤	010－62020816
2	公安部第一研究所	北京市	肖　科	010－88513111

序号	企业名称	地区	联系人	电话
3	北京慧聪国际资讯有限公司	北京市	王健姝	010－62298043
4	北京声迅电子有限公司	北京市	范丽敏	010－62988833
5	北京科进天龙控制系统有限公司	北京市	何培重	010－84896145
6	北京富高经贸有限责任公司	北京市	孙晓丽	010－65812640－12
7	中国电子科技集团公司第十五研究所	北京市	王　慧	010－51615150
8	北京蓝色星际软件技术发展有限公司	北京市	唐　进	010－82255855－611
9	北京冠林盈科智能系统集成有限公司	北京市	朱　琳	010－82861238
10	北京汉邦高科数字技术有限公司	北京市	范新院	010－82649611－601
11	北京蓝盾世安信息咨询有限公司	北京市	王亚文	010－62016842
12	北京国通创安报警网络技术有限公司	北京市	张泽怀	010－82897788
13	厦门立林科技有限公司	福建省	汤美华	0592－6299678
14	广州美电贝尔电业科技有限公司	广东省	陈楚君	020－61088288－539
15	广东铁将军防盗设备有限公司	广东省	宋　宣	0757－28808995
16	广东安居宝数码科技股份有限公司	广东省	刘丽辉	020－82086935
17	深圳市慧锐通电器制造有限公司	广东省	罗　强	0755－29576110
18	深圳市艾立克电子有限公司	广东省	付琳琳	0755－88309436
19	TCL 新技术（惠州）有限公司	广东省	杜　伟	0755－33311086
20	广州市伟昊科技电子有限公司	广东省	肖　科	020－83888688
21	深圳市视得安罗格朗电子股份有限公司	广东省	陈　莉	0755－86096756
22	深圳市创维群欣安防科技有限公司	广东省	胡朝晖	0755－29673918
23	深圳洪迪实业有限公司	广东省	吴洪进	0755－83799503
24	恒业国际控股集团有限公司	广东省	范映霞	0755－82916469
25	金三立视频科技（深圳）有限公司	广东省	李　姿	0755－83152217
26	中国公共安全杂志社	广东省	魏卫华	0755－88309119
27	安防科技（中国）有限公司	广东省	孔　敏	0755－83510888
28	深圳海湾安防技术有限公司	广东省	吴光俭	13923778971
29	常州市明景电子有限公司	江苏省	王清寒	0519－86699916
30	南京南自信息技术有限公司	江苏省	陈一兵	025－86939355
31	江苏天诚线缆集团有限公司	江苏省	赵万富	0514－87538241
32	上海道肯奇科技有限公司	上海市	刘　欣	021－62270000－8061
33	上海爱谱华顿电子工业有限公司	上海市	华建刚	021－58145601
34	公安部第三研究所	上海市	赵　戈	021－64336810－1805
35	成都亚光电子股份有限公司	四川省	杨和声	028－84749810
36	四川兴事发门窗有限责任公司	四川省	冯玫玫	0816－2296366
37	天津市亚安科技电子有限公司	天津市	刘春玲	022－27682999
38	浙江红苹果电子有限公司	浙江省	胡利军	0571－28021836
39	浙江大华技术股份有限公司	浙江省	楼琼宇	0571－28933163
40	浙江大立科技股份有限公司	浙江省	许淑燕	0571－86695609
41	杭州海康威视数字技术有限公司	浙江省	刘宝林	0571－88075998－8063
42	宁波永发集团有限公司	浙江省	张主任	0574－86727052

序号	企业名称	地区	联系人	电话
43	星际控股集团有限公司	浙江省	陈时升	0577－88606060
44	群升集团有限公司	浙江省	胡德忠	0579－87125888
45	王力集团有限公司	浙江省	王有金	0579－87228998

中国安全防范产品行业协会常务理事单位名录（100家）

序号	企业名称	地区	联系人	电话
1	中国扬子集团滁州扬子门业有限公司	安徽省	毛志群	0550－3161888
2	北京航天天盾安防工程有限公司	北京市	黄唯平	010－68386545－8008
3	北京伟毅得科技有限公司	北京市	郝慧琴	010－62076647
4	北京联视神盾安防技术有限公司	北京市	刘　兴	010－68425130
5	中国京安信用担保有限公司	北京市	王　涛	010－64969314
6	北京龙博电子工程有限公司	北京市	陈　静	010－83131116
7	北京中盾安全技术开发公司	北京市	孙宝龄	010－68454096－808
8	北京艾克塞斯科技发展有限责任公司	北京市	孙丽萍	010－84120748
9	北京宝盾门业技术有限公司	北京市	温　滨	010－67877766－150
10	中安保实业有限公司	北京市	夏跃兵	010－85120052
11	北京汉邦伟业科技发展有限公司	北京市	安　婷	010－65533710
12	北京东方新一科技开发有限公司	北京市	高　鹏	010－64351325
13	北京海湾威尔电子工程有限公司	北京市	冯小舟	010－82487777
14	英格索兰（中国）投资有限公司	北京市	王　华	010－65998878
15	北京富盛星电子有限公司	北京市	曹秀红	010－84623913
16	北京凯凯通达科贸发展有限公司	北京市	周　磊	15901017885
17	北京市门吉利磁电工程研究所	北京市	赵良平	010－64853366－122
18	Tyco Fire & Security Co. 泰科消防保安公司	北京市	刘　璟	010－85200888
19	太极计算机股份有限公司	北京市	郑激运	010－51616093
20	北京中盛益华科技有限公司	北京市	张　霆	010－51616118
21	北京明望格鲁勃福智能系统工程有限公司	北京市	邬　君	010－68700808－866
22	汉王科技股份有限公司	北京市	高　宇	010－82786515
23	北京蛙视通信技术有限责任公司	北京市	张瀚元	010－88850606－605
24	北京中视里程科技有限公司	北京市	王亚茹	010－82773103
25	北京金瑞智科技有限责任公司	北京市	陈倩菱	010－82731133－211
26	中星微电子有限公司	北京市	赵　婧	010－68948888－7155
27	北京东方网力科技有限公司	北京市	郑小倩	010－82325566－193
28	北京深蓝华岳防范技术有限公司	北京市	赵瑞廷	13901365488
29	北京达明平安科技有限公司	北京市	刘立平	010－82861199
30	北京先进视讯科技有限公司	北京市	韩　伟	010－58930606－1030
31	北京马斯康电子有限公司	北京市	于海洋	010－68578658
32	福建省冠林电子有限公司	福建省	曾　静	0591－38131902
33	福建国通信息科技有限公司	福建省	陈振星	0591－－83325858
34	泉州市科立信安防电子有限公司	福建省	张惠岳	0595－22418867

序号	企业名称	地区	联系人	电话
35	厦门市振威安全技术发展有限公司	福建省	谢　芳	0592－2959045
36	厦门柏事特信息科技有限公司	福建省	王颖颖	0592－2273292
37	厦门市万安实业有限公司	福建省	祁彩霞	0592－5669050
38	珠海石头电子有限公司	广东省	李育兴	0756－8665118
39	深圳市金积嘉电子工业有限公司	广东省	彭定军	0755－28808558
40	深圳市保千里电子有限公司	广东省	宋峪萍	0755－29672875
41	深圳市朗驰欣创科技有限公司	广东省	刘爱莲	0755－86171473
42	深圳市景阳数码技术有限公司	广东省	乔须要	0755－86026372
43	金鹏电子信息机器有限公司	广东省	刘亚妮	020－85571601－8126
44	广东志成冠军集团有限公司	广东省	杨会举	0769－87722374－8068
45	广州市浩云安防科技工程有限公司	广东省	龙中胜	020－84616339
46	广州市番禺协安机电安装实业有限公司	广东省	石玉清	020－84898544
47	台山平安五金制品有限公司	广东省	朱颂青	0750－5438226
48	中山市奥敏电子有限公司	广东省	麦丽霞	0760－8929888
49	天讯瑞达通信技术有限公司第一分公司	广东省	赵　云	020－37585350
50	联视电子工程（深圳）有限公司	广东省	尤水标	0755－27416898
51	深圳市万佳安实业有限公司	广东省	陈茂芝	010－82125611
52	深圳市秋叶原实业有限公司	广东省	孙利敬	0755－27512800
53	深圳市同为数码科技有限公司	广东省	刘渊明	13911130755
54	安防制造（中国）有限公司	广东省	薛　嵩	0755－33265268
55	深圳市三山科技股份有限公司	广东省	高英涛	0755－26415789
56	深圳高崎电子科技发展有限公司	广东省	李银姬	0755－86092710
57	广东盈动资讯广告有限公司	广东省	黄伟莲	0755－88318451－808
58	深圳英飞拓科技股份有限公司	广东省	袁　媛	0755－86095859
59	深圳市通宝莱科技有限公司	广东省	李　庆	0755－82979571
60	河北安防报警网络有限公司	河北省	张艳丽	0310－3105110
61	湖北省安全技术防范行业协会	湖北省	郭志刚	027－87324910
62	湖北永和安门业有限公司	湖北省	周国中	0712－8386288
63	湖北鱼鹤制衣有限公司	湖北省	喻少华	010－88408292
64	湖北东润科技有限公司	湖北省	赵嘉斌	027－59333710
65	武汉恒亿电子科技发展有限公司	湖北省	杜世红	027－87452733－8116
66	常州裕华电子设备制造有限公司	江苏省	周金良	0519－3973188
67	靖江市旭飞安防工程有限公司	江苏省	曹　凌	0523－84803033
68	盼盼安居股份有限公司	辽宁省	王维彬	0417－5179009
69	内蒙古自治区公共安全技术防范行业协会	内蒙古自治区	郝晓敏	0471－6550392
70	宁夏奥德电子科技有限公司	宁夏回族自治区	许万秀	0951－6727660
71	济南市社会公共安全防范协会	山东省	林　洋	0531－85081530
72	青岛市社会公共安全防范行业协会	山东省	赵　俭	0532－66570818
73	山西省三关保险产品工业公司	山西省	李月桂	0351－3933369
74	陕西兴苑广电信息科技有限责任公司	陕西省	张　娜	029－85251802

序号	企业名称	地区	联系人	电话
75	陕西省安全防范产品行业协会	陕西省	王克静	029－86165297
76	陕西大华保全电子有限公司	陕西省	王　烨	029－88221606
77	上海三盾智能系统有限公司	上海市	沈伟斌	021－58350672
78	上海迪堡安防设备有限公司	上海市	祁德华	021－64801118
79	上海广拓信息技术有限公司	上海市	李沁芯	010－51293018
80	上海杰宝大王企业发展有限公司	上海市	顾　杰	021－59951123
81	上海格瑞特科技实业有限公司	上海市	王奕飞	021－63030016
82	上海冠林西科姆智能科技有限公司	上海市	许　猛	021－66300870－161
83	上海防灾安全策略研究中心	上海市	王建东	021－54094633
84	三洋电机国际贸易有限公司	上海市	潘慧敏	021－64726178－178
85	博世安防系统	上海市	孔　磊	021－63172155－141
86	上海申得安科技有限公司	上海市	胡倩雯	021－61279751
87	上海网视数码科技有限公司	上海市	吕　明	021－58353365
88	成都科力电子研究所	四川省	刘　文	028－85192195
89	天津天地伟业数码科技有限公司	天津市	孙贞文	022－58596000
90	诶比控股集团有限公司	浙江省	童昌鸿	0571－88262365
91	杭州晟汗电子技术有限公司	浙江省	黄美燕	0571－56305666
92	浙江星望视讯技术有限公司	浙江省	贺云宝	0571－87209068
93	杭州中威电子技术有限公司	浙江省	何珊珊	0571－88390905
94	杭州中正生物认证技术有限公司	浙江省	严玉财	0571－81951610
95	宁波艾谱实业有限公司	浙江省	於贤波	0574－86769018
96	宁波双九箱柜有限公司	浙江省	黄伟明	0574－86050997
97	浙江一舟电子科技股份有限公司	浙江省	谭小敢	0574－88098029
98	万嘉集团有限公司	浙江省	崔　磊	0579－87712779
99	步阳集团有限公司	浙江省	张照增	0579－87271999
100	重庆盾之王实业有限公司	重庆市	吴　献	023－41480190

中国安全防范产品行业协会理事单位名录（125家）

序号	企业名称	地区	联系人	电话
1	北京中天锋安全防护技术有限公司	北京市	滕　晶	010－88513707
2	北京市德天电子技术工程有限公司	北京市	刘天兵	010－51662998
3	北京兰德华电子技术有限公司	北京市	张韶虞	010－84724360
4	北京银星天源科技有限公司	北京市	王燕飞	010－88151559－810
5	北京赛尔汇力安全科技有限公司	北京市	杨凌茹	010－62603960
6	北京兴业亚讯数码科技有限公司	北京市	张天惠	010－88579260－302
7	华美工程有限公司	北京市	王军役	13801155269
8	西科姆（中国）有限公司	北京市	邹燕旸	010－85865994
9	迪卫智能系统有限公司	北京市	张英勇	13901327275
10	北京集宝保安系统工程有限公司	北京市	郭　萍	010－65919718

序号	企业名称	地区	联系人	电话
11	北京中警安技术开发中心	北京市	武艳林	010－67703314
12	北京迈科电子系统工程有限公司	北京市	赵红文	010－64981062
13	北京金一安华科技发展有限公司	北京市	刘　刚	010－80331479
14	北京科亚达新材料有限公司	北京市	吴　祥	010－68382856
15	航天海鹰安全技术工程有限公司	北京市	黄振华	010－83682238
16	北京海鑫科金高科技股份有限公司	北京市	黄旭然	010－63269992
17	北京北大青鸟安全系统工程技术有限公司	北京市	丁　洁	010－82615888
18	东方视信（北京）数字技术有限公司	北京市	肖炳程	010－88864401
19	北京同业兴创控制技术有限公司	北京市	杨立静	010－62968071
20	北京蓝卡软件技术有限公司	北京市	平　原	010－58859090－852
21	敏通企业股份有限公司	北京市	林家明	010－68912576－15
22	北京民安达安防技术有限责任公司	北京市	戴桂香	010－88472386
23	同方股份有限公司	北京市	韩艳丽	010－82399320
24	北京黄金视讯科技有限公司	北京市	吕晓明	010－62985511
25	北京明亚科技有限公司	北京市	师文勇	010－51266836
26	北京君安泰防护科技有限公司	北京市	高铁夫	010－88511633
27	天津市东荣电子有限公司	北京市	王云禄	022－26308237
28	北京神州同正科技有限公司	北京市	张志贤	010－51661016
29	北京格盾科技发展有限责任公司	北京市	甘在京	010－84852325
30	北京晓东顺安防工程有限公司	北京市	刘　涛	010－81485423
31	北京韦驮安全工程有限责任公司	北京市	沈　冰	010－83139651
32	北京市北方电器实业公司	北京市	苏玉秋	010－64063161
33	北京市中铁益安电子技术公司	北京市	杨　梦	010－51688393
34	中科软科技股份有限公司	北京市	曾　平	010－82523236
35	福州南源电子科技开发有限公司	福建省	林春敏	0591－87600169
36	泉州时刻防盗电子有限公司	福建省	郭进发	0595－22560968
37	泉州佳乐电器有限公司	福建省	许景忠	0595－22997952
38	泉州安达电子有限公司	福建省	张奕平	0595－22350832
39	泉州市海成电子有限公司	福建省	李清香	0595－22125728
40	厦门凯迪空间电子有限公司	福建省	占金文	0592－2522399
41	兰州威宏电气智能科技有限公司	甘肃省	裴　洁	0931－2168608
42	佛山市顺德区安能保险柜制造有限公司	广东省	张海平	0757－22308232
43	广东金腾电子有限公司	广东省	魏洪波	020－85591508
44	惠州市中鑫电子工程技术有限公司	广东省	袁　丽	0752－2533130
45	广东华昌伟业工贸有限公司	广东省	陈素梅	020－82528818
46	广州明佑电子有限公司（利凌电子）	广东省	冯筱羽	020－82264785
47	深圳市安格视科技有限公司	广东省	唐　刚	0755－89392688
48	广州市汇安泰电子科技有限公司	广东省	雷志亮	020－84356128/38
49	深圳市驰通达电子有限公司	广东省	莫　蓉	0755－27804116
50	深圳市永华电子系统股份有限公司	广东省	黄金源	0755－83551492

序号	企业名称	地区	联系人	电话
51	深圳市英特安防实业有限公司	广东省	孙　瑜	0755－82715036
52	深圳市中西华特科技发展有限公司	广东省	王月丽	0755－82267619
53	深圳市天盈隆科技有限公司	广东省	刘长宇	0755－83436166
54	深圳市松本先天下科技发展有限公司	广东省	曹江江	0755－83995320
55	深圳市安源电子科技有限公司	广东省	陈　亮	13316936808
56	深圳市圣威尔电子有限公司	广东省	黎维铿	0755－89983218
57	深圳市亚光银联科技有限公司	广东省	张亚华	0755－82407971
58	深圳中兴力维技术有限公司	广东省	黄　兰	0755－26525680－8506
59	深圳市富士智能系统有限公司	广东省	贾　新	0755－86020912
60	深圳丽泽智能科技有限公司	广东省	陈旭斌	0755－83706893
61	广西桂华网络安防工程有限公司	广西壮族自治区	陈国祯	0771－5551556
62	河北虎牌集团柜业有限公司	河北省	马　浩	0318－5738779
63	石家庄永华城市防盗防劫联网报警有限公司	河北省	刘思明	0311－87798163
64	洛阳花都金柜集团有限公司	河南省	贾京龙	0379－67508888
65	哈尔滨飞云实业有限公司	黑龙江省	赵永鹏	13904505222
66	黑龙江省社会公共安全产品行业协会	黑龙江省	张东来	0451－82696596
67	武汉宇恒信息技术有限责任公司	湖北省	薛　伟	027－50534108
68	湖南国栋电子实业有限公司	湖南省	莫胜春	0731－2253079
69	常州宏本数码科技有限公司	江苏省	叶　薇	0519－88137070
70	南京硕帆智能科技有限公司	江苏省	耿　忠	025－84854860
71	南京新索奇科技有限公司	江苏省	冯慕华	025－84840081
72	江苏金陵科技集团公司	江苏省	张荣生	025－83332901
73	江苏安通安全防范科技研究所	江苏省	候重异	0513－85281893
74	创斯达（南通）机电有限公司	江苏省	褚国荣	0513－86557280
75	宜兴市普天视电子有限公司	江苏省	徐　伟	0510－87569525
76	扬州市赛格电线电缆厂	江苏省	孙　凯	0514－87520309
77	江西金虎保险设备集团有限公司	江西省	熊根林	13970536327
78	辽宁锦州杉艾爱安防实业有限公司	辽宁省	常英斌	0416－7197322
79	内蒙古华祺科技有限公司	内蒙古自治区	刘永强	0471－6553901
80	山东鼎讯信息产业有限公司	山东省	陈　贞	0531－83531955
81	山东鲁光信息工程有限公司	山东省	王毅彬	0531－86416226
82	山东神戎电子股份有限公司	山东省	刘　豪	0531－88390297
83	山东众海公共安全器材有限公司	山东省	牟　辉	0531－88695007
84	济南晨光安防用品市场	山东省	吴建军	0531－88321780
85	山东优视通信技术有限公司	山东省	刘和芳	0538－6286336
86	山西长城监控防盗技术开发有限公司	山西省	张雪松	0351－7675191
87	太原市警鹰保险柜制造有限公司	山西省	阎全虎	0351－3352360
88	陕西基隆山电子科技有限公司	陕西省	张志铖	029－88645788

序号	企业名称	地区	联系人	电话
89	西安北方信息产业有限公司	陕西省	徐　丰	029－88156400
90	上海长臣智能系统有限公司	上海市	吴安琪	021－62134966
91	上海因特尔安全技术工程公司	上海市	朱增谷	021－60821300
92	上海平安报警系统有限公司	上海市	史铭祥	021－63602988
93	深圳市博康科技发展有限公司	上海市	吴浩俊	021－53880671
94	上海市保安服务总公司	上海市	陈其玮	021－24025321
95	上海浦盾新材料有限公司	上海市	王艳霞	021－50948278
96	上海市浦东新区保安服务总公司	上海市	姚润凯	021－58397952
97	上海卓奥智能电子科技有限公司	上海市	朱继同	021－54852678－215
98	上海淳洲电子科技有限公司	上海市	程应保	021－64836195
99	上海公共安全器材厂	上海市	隋国顺	021－65326749
100	上海亨特电子有限公司	上海市	阮绿娅	021－55238390
101	弗曼科斯（上海）电子有限公司	上海市	吴瑞彪	021－64659292　－262
102	上海擎天电子科技有限公司	上海市	贺　芳	021－51172894
103	上海安防电子有限公司	上海市	朱良辅	021－65440440－52
104	成都西物信安智能系统有限公司	四川省	刘菊芳	13308013897
105	成都市安防科技有限公司	四川省	薛　华	028－82909222
106	四川德成佳际实业有限公司	四川省	吴　芳	028－87796388
107	四川九洲电器集团有限责任公司	四川省	许　烨	0816－2469374
108	天津市天下数码视频有限公司	天津市	刘新萍	022－83712226
109	浙江维尔电子有限公司	浙江省	朱华锋	0571－88992755
110	金华中安信息科技有限公司	浙江省	许玉玲	0579－82372508
111	海宁市海神电子有限公司	浙江省	孙郁良	0573－7760688
112	杭州美伦信号技术有限公司	浙江省	翁　晶	0571－56860633
113	浙江银江电子股份有限公司	浙江省	孔桦桦	0571－89930327
114	杭州钜警佰源信息技术有限公司	浙江省	王彩红	0571－88932502
115	杭州经纬智能网络有限公司	浙江省	周　炯	0571－82780069
116	浙江宏泰电子设备有限公司	浙江省	孔主任	0577－62516815
117	宁波大榭开发区书一保险箱有限公司	浙江省	吴志贤	0574－86769918/4588
118	宁波三维技术有限公司	浙江省	朱云海	0574－87902801
119	保德安保安制品有限公司台州分公司	浙江省	罗文玲	0576－82875808
120	温州奥乐安全器材有限公司	浙江省	周联杰	0577－88636556
121	浙江星月门业有限公司	浙江省	赵勇胜	13967926139/87517901
122	新多集团有限公司	浙江省	程新贵	0579－87253670
123	浙江华安安全设备有限公司	浙江省	戴志良	0577－86528888
124	重庆金冠新技术开发有限公司	重庆市	李以金	023－68621331
125	重庆美心．麦森门业有限公司	重庆市	苏文香	023－62763889

第六节 中国安全防范产品行业协会会员名录

（截止日期：2009年12月31日）

个人会员（16人）

序号	企业名称	地区	联系人	电话
1	中国人民革命军事博物馆	北京市	魏福连	13661021402
2	香港克罗凯特亚太国际有限公司上海代表处	北京市	侯 宇	13501250237
3	湖南省常德市金盾创安科技有限公司	湖南省	谢瑞源	15873683000
4	福建信息职业技术学院	福建省		13123177848
5	沧州市新动力安防科技有限公司	河北省	李 强	13803170912
6	沧州市新动力安防科技有限公司	河北省	刘洪博	15076786460
7	沧州市新动力安防科技有限公司	河北省	邵介林	15100849656
8	创斯达（南通）机电有限公司	江苏省		13328092776
9	江西景德镇市虹泰科技有限公司	江西省	詹庆钢	13907981606
10	江西景德镇市虹泰科技有限公司	江西省	喻 景	13707986967
11	香港克罗凯特亚太国际有限公司上海代表处	上海市	David L. S	13801763452
12	香港克罗凯特亚太国际有限公司上海代表处	上海市	王 旭	13917999862
13	香港克罗凯特亚太国际有限公司上海代表处	上海市	蒋洪涛	13601716512
14	重庆市富奇科技有限公司	四川省	赵 鹏	13808371192
15	杭州易龙防雷科技有限公司	浙江省	易秀成	0571－87669696
16	杭州易龙防雷科技有限公司	浙江省	易志刚	0571－87669696

普通会员单位（546家）

序号	企业名称	地区	联系人	电话
1	黄山市友发保险箱有限公司	安徽省	徐 军	0559－6752687
2	安徽创世科技有限公司	安徽省	翁世华	13309695750
3	中国电子科技集团公司第三十八研究所	安徽省	黄昭华	0551－5163866
4	安徽省安全技术防范行业协会	安徽省	江 燕	0551－2801137
5	中国航天科工防御技术研究院	北京市	张 鸿	010－68385814
6	公安部科学技术信息研究所	北京市	张金山	010－88513552
7	北京华淼京安新科技有限公司	北京市	于晓满	010－88449888
8	北京龙图三诺电子有限公司	北京市	魏志刚	010－87726794
9	北京嘉盛达科技发展有限公司	北京市	王晓轩	010－58700609
10	北京捷信安通科技有限公司	北京市	张 卫	010－58203338
11	北京沐洋熠科技有限公司	北京市	唐振博	13501036326
12	第二炮兵工程设计研究院	北京市	田庆龙	010－66339620

序号	企业名称	地区	联系人	电话
13	北京嘉德宝业科技发展有限公司	北京市	王　蕾	13520770385
14	北京索斯克科技开发有限公司	北京市	李　燕	010－63256377－602
15	北京美斌管理咨询有限公司	北京市	李美斌	010－65347986
16	北京鹰瑞达科贸有限公司	北京市	田　胜	13311576904
17	北京天川科技发展有限公司	北京市	李洪霞	010－88473038
18	北京中科飞鸿科技有限公司	北京市	王茂辉	010－62407407
19	北京清大维森科技有限责任公司	北京市	马　力	15811392312
20	北京安警技术工程有限公司	北京市	唐振兴	010－82884100　－8801
21	北京四方亚明安防工程有限公司	北京市	林　亚	010－88135455
22	北京方园安创科技发展有限公司	北京市	罗彦峰	010－62968215
23	北京耐威创新科技有限公司	北京市	李　珊	010－62975566－162
24	北京安拓伟业科技发展有限公司	北京市	徐玉龙	010－59713610
25	北京环宇蓝博科技有限公司	北京市	刘政科	13001081288
26	同方威视技术股份有限公司	北京市	于华伟	010－62780909
27	北京威视数据系统有限公司	北京市	叶　辉	010－58722288－392
28	北京中广润通电子技术有限公司	北京市	张书军	010－62252605
29	北京天海航天电子科技有限公司	北京市	李　伟	010－88820070
30	北京大唐高鸿数据网络技术有限公司	北京市	韩晓红	010－62302865
31	北京紫光华宇软件股份有限公司	北京市	遇　晗	010－82622288
32	北京图景佳科技有限公司	北京市	李　莎	13911368678
33	北京尚朴信嘉科技发展有限公司	北京市	曹　方	010－82563278
34	中国机动车辆安全鉴定检测中心	北京市	程砚春	010－67805607
35	北京威斯盾国际商贸有限责任公司	北京市	张稼增	010－63331603
36	北京国科技贸公司	北京市	孔雪川	010－62056261
37	瑞中天明（北京）门业有限公司	北京市	王保云	010－62979583
38	深圳市科达监控系统发展有限公司	北京市	刘寿安	010－62151972
39	研祥智能科技股份有限公司	北京市	于　凡	010－82027878
40	北京市良马州科贸有限公司	北京市	彭汉波	010－80755906
41	北京龙汇达安全技术有限公司	北京市	王春晓	010－64803194
42	北京柏利德科技发展有限公司	北京市	李　黎	010－82843868
43	北京智敏科技发展有限公司	北京市	安　琪	010－84840471
44	深圳市克耐克科技有限公司	北京市	尹兰忠	010－64453168
45	北京真彩科创电子技术有限公司	北京市	孙爱武	010－84929273
46	中海智（北京）科技有限公司	北京市	杨笑熳	010－84417399
47	北京中海弘安安防科技有限公司	北京市	曹晋云	010－87664460
48	华安天网（北京）信息技术有限公司	北京市	赵玉军	010－85869288
49	北京永保金业安全防范技术有限公司	北京市	张航通	010－51397106
50	北京悦君炜科技发展有限公司	北京市	王少军	13311122801
51	北京乾智创安科技有限公司	北京市	马　良	010－87732987
52	北京恒致通创科技有限公司	北京市	孙海英	010－64808067

序号	企业名称	地区	联系人	电话
53	北京中科飞迅科技有限公司	北京市	张燕清	010－65772680
54	北京比特伟业科技有限公司	北京市	高树海	010－58696032
55	北京华特恒信科技发展有限公司	北京市	史晓娜	010－84799998
56	北京科林杰伟世电子系统工程有限公司	北京市	孙燕薇	010－64348838
57	北京兆维泰奇科技有限公司	北京市	周君生	010－64831168
58	北京银晶玻璃有限公司	北京市	宋　林	010－84337780
59	颐信科技有限公司	北京市	黄天龙	13581749095
60	北京腾达高智能科技发展有限公司	北京市	孙　维	010－84631287
61	北京腾广音视开发有限责任公司	北京市	任紫萍	010－84721788
62	北京讯德电子有限公司	北京市	孙微微	010－87798715
63	北京大正视讯机电设备有限公司	北京市	项　改	13681396302
64	北京华视悦达电子科技有限公司	北京市	张金山	15116912536
65	北京朗铭海川科技有限公司	北京市	王　霞	010－51668106
66	北京安龙联合科贸有限公司	北京市	王同臻	010－67192266
67	北京东方上宇科技发展有限公司	北京市	张振民	010－60272227
68	北京北方煜林安全防范技术服务有限公司	北京市	李　涛	010－85496826
69	北京奥力盾机电设备有限公司	北京市	樊立宏	13901025556
70	北京仟僖科技有限公司	北京市	马悦辉	13501207784
71	北京博迪安盾科技开发有限公司	北京市	樊自华	13661129657
72	上海安达泰报警网络服务有限公司北京分公司	北京市	牛竹梅	010－85200888
73	北京澎湃杰豹安防技术开发有限公司	北京市	隗永兵	13801056114
74	北京欣卓越技术开发有限责任公司	北京市	吴红娟	010－63743751
75	北京方升辉科贸有限责任公司	北京市	刘义亮	13811190118
76	北京帆迪斯系统集成有限公司	北京市	陶艳宇	010－66715533
77	北京鸿明长飞国际信息科技有限公司	北京市	蔡建新	13051562638
78	杭州杰逊电子有限公司	北京市	陈民杨	010－83626475
79	北京中联通达科技发展有限公司	北京市	韩东婷	010－67537828
80	北京创鑫汇智科技发展有限责任公司	北京市	肖冬品	010－83682186
81	北京金城恒泰安防科技有限公司	北京市	赵保顺	010－63972090
82	北京高博电气设备制造有限公司	北京市	汪秋平	010－51661783
83	安创安科贸（北京）有限公司	北京市	李美斌	010－65347986
84	百源永泰国际科贸（北京）有限公司	北京市	董毓慧	13621200995
85	北京四海伟业电子有限公司	北京市	冯菊华	010－68159500－811
86	北京浩普诚华科技有限公司	北京市	兰　标	010－82888223
87	北京通美达科技发展有限公司	北京市	靳洪伟	13601084881
88	北京实开瑞德科技发展有限公司	北京市	黄晓燕	010－62193773－12
89	北京迈特安技术发展有限公司	北京市	李文营	010－62195200－38
90	北京黄金眼信息技术有限公司	北京市	佟子健	010－82005983
91	北京安博欣科技有限公司	北京市	李立华	13693624717
92	北京丰林博雅科技有限公司	北京市	纪有军	13051275632

序号	企业名称	地区	联系人	电话
93	北京快鱼科技有限公司	北京市	刘　庄	010－82001010
94	北京美福科技有限公司	北京市	唐海龙	010－82562357
95	北京市帝曙科技发展有限公司	北京市	王红丽	010－82561052
96	北京索腾科技有限公司	北京市	马丽萍	010－68717176
97	北京万星富视科技有限公司	北京市	李林超	13141336966
98	北京定安信电子技术有限公司	北京市	靳　洁	010－88517882－338
99	北京华苹创业信息技术有限公司	北京市	刘翠苹	010－62191326
100	北京世安立天科技发展有限公司	北京市	李　波	010－62144371
101	宏霸数码科技（北京）有限公司	北京市	王伯川	13911092684
102	北京联创明远瑞诚科技有限公司	北京市	王田田	010－82292528
103	北京毕舟商务调查中心	北京市	程野宁	010－68371943
104	北京赛维之星科技有限公司	北京市	孔敏如	13301130248
105	北京惠智光达科技有限公司	北京市	韩立涛	010－62048127
106	北京阳光耀华光通讯技术有限公司	北京市	温　富	010－51650989
107	北京舜天龙兴信息技术有限公司	北京市	罗志强	010－88891051
108	北京金视天行科技有限公司	北京市	葛　正	010－51288654
109	北京兴盛电视天线厂	北京市	贾宗云	13911831076
110	北京清华紫光电子公司	北京市	张利娟	010－88680848
111	北京瑞拓电子技术发展有限公司	北京市	贺东胜	010－88083818
112	天地阳光通信科技（北京）有限公司	北京市	郜宇翔	010－51552288－8109
113	北京市智鑫安盾科技发展有限公司	北京市	张小玉	010－62965766
114	北京高智自动化控制工程有限公司	北京市	葛　帅	010－87751160
115	北京邦诺存储科技有限公司	北京市	廖　原	010－51269921－8011
116	北京华纬讯电信技术有限公司	北京市	王育英	010－82894196
117	北京煜煌荣达科技发展有限公司	北京市	郭爱群	010－88871126
118	北京京金吾高科技有限公司	北京市	王俊岭	010－88473737
119	北京智安邦科技有限公司	北京市	陈　红	010－68790919－8925
120	北京富特伟业科技发展有限公司	北京市	李　华	13501282348
121	江苏西贝电子网络有限公司	北京市	田长兵	010－62116136
122	北京天键瑞德科技有限公司	北京市	刘花军	010－82611322
123	北京程工展望科技有限公司	北京市	牛淑萍	010－51953075
124	北京目光科技有限公司	北京市	刘　伟	010－62935073
125	北京埃比瑞斯科技有限责任公司	北京市	张　键	010－68450688－813
126	北京世纪科娃科技发展有限公司	北京市	赵林刚	13331022582
127	北京三阳智能化系统集成有限责任公司	北京市	李阳春	010－62839003
128	北京富尼泰克安防科技有限公司	北京市	孙伯健	010－62917551
129	北京恒源科昊科技有限公司	北京市	欧　洋	010－62250538
130	北京中电兴发科技有限公司	北京市	张立平	13261288869
131	北京冠华尔创科技有限公司	北京市	顾　兵	010－51606012
132	北京松川艾礼富科技发展有限公司	北京市	刘炎相	13301190717

序号	企业名称	地区	联系人	电话
133	北京诚信视讯数码科技有限公司	北京市	崔　硕	010－62106358/59
134	北京天壬护卫信息技术股份有限公司	北京市	卢中江	010－82359996
135	北京海恩世纪科技有限责任公司	北京市	陈子强	010－51736569
136	北京视通飞骥科技有限公司	北京市	丁丽平	010－51735883
137	北京中科安胜信息技术有限公司	北京市	姚　娟	010－58734680
138	北京源易中芯数码电子市场有限公司	北京市	陈　艺	010－51722488
139	北京睿智升华科技发展有限公司	北京市	黄杏芳	010－62129001
140	北京文安科技发展有限公司	北京市	周　立	13466393097
141	北京中控科技发展有限公司	北京市	刘　鹏	13811494956
142	北京银河伟业数字技术有限公司	北京市	范新院	010－82649611－601
143	北京中联安科技发展有限公司	北京市	饶伟华	13501052222
144	北京安智恒达科技有限责任公司	北京市	李明春	13641191564
145	北京鼎电创安科技有限公司	北京市	谭　君	010－88512878
146	龙浩通信公司	北京市	何　芳	010－58830090
147	北京枫松苑商社	北京市	戴　军	13701139503
148	北京紫晶视讯电子技术有限公司	北京市	鲍文丽	010－88470008－811
149	北京优恩国际信息技术有限公司	北京市	刘建敏	010－87462071
150	北京创威都保保安技术服务有限公司	北京市	李金辉	13552901818
151	北京盛泽欣安科技发展有限公司	北京市	裴晓艳	010－81547075
152	北京机械工业自动化研究所	北京市	张福清	010－62018028
153	北京鼎安科技发展有限公司	北京市	刘　沂	010－62016688
154	北京互信互通信息技术有限公司	北京市	蔡婷然	13426428034
155	北京首都开发股份有限公司	北京市	王占友	13601009638
156	北京慧朗伟业科技发展有限公司	北京市	张春华	010－58565988
157	杭州华三通信技术有限公司	北京市	焦广宇	13701365275
158	北京华天星辰科技有限公司	北京市	袁斯炜	010－63580177
159	北京红讯精迅科技发展有限公司	北京市	孙志斌	010－69100802－805
160	北京大众在线网络技术有限公司	北京市	白　玲	010－69469629－19
161	北京明创开元信息技术有限公司	北京市	周家慧	13811266540
162	福建冠威智能科技有限公司	福建省	严育林	0591－85271556
163	福州创高电子有限公司	福建省	李　晨	0591－22290811
164	福州飞华光电技术有限公司	福建省	林　峰	0591－87899146
165	福建省泉州市海滨玻璃钢制品厂	福建省	侯方晓	0595－22103598
166	泉州市远通电子设备有限公司	福建省	倪世传	0595－22550278
167	泉州市宏泰科技电子有限公司	福建省	黄　斌	0595－22392468
168	泉州市隆泰电子科技有限公司	福建省	张玲玲	0595－22471234
169	泉州市鲤城区鲤中电讯器材厂	福建省	陈荣川	0595－22386664
170	泉州市荀浯军教器材有限公司	福建省	傅星晓	13581669622
171	厦门狄耐克电子科技有限公司	福建省	林晨辉	0592－5993842
172	厦门市卫联电子系统工程有限公司	福建省	林素萍	0592－5528211

序号	企业名称	地区	联系人	电话
173	厦门誉诚科威安全技术开发有限责任公司	福建省	王海清	0592－3181070
174	厦门市韩通数码科技有限公司	福建省	柯祥彬	0592－8066766
175	厦门家居宝科技有限公司	福建省	叶德枉	13860179603
176	漳州市东方智能仪表有限公司	福建省	卢永和	0596－2161705
177	厦门新岛电子系统有限公司	福建省	宋景光	0592－6039350
178	厦门宝利铭科技发展有限公司	福建省	王　瑞	0592－5310273
179	福建泉州环宇通电子有限公司	福建省	魏雄凌	0595－22501488
180	厦门市罗普特科技有限公司	福建省	苏捍卫	0592－6768135
181	甘肃省安全技术防范学会	甘肃省	司云文	0931－8914260
182	广州朗欣通电子科技有限公司	广东省	吴　艳	020－86183960
183	广州中朗润业数码科技有限公司	广东省	胡　团	020－38492300
184	广东领域集团有限公司	广东省	李哲浩	0755－83263599
185	东莞市守门神电子科技有限公司	广东省	孟　豪	0769－22308768
186	东莞市高强信实业有限公司	广东省	唐　澧	0769－88942238
187	广东明家科技股份有限公司	广东省	谢　娴	0769－83376088
188	佛山市中联安科技发展有限公司	广东省	谢国雄	0757－82277888
189	佛山市华宝电子厂	广东省	尤建国	0757－3353452
190	佛山市顺德区金护卫金属探测器制造有限公司	广东省	辛丽萍	0757－28300793
191	佛山市新东方电子技术工程有限公司	广东省	关剑铭	0757－3352018
192	广州兴华玻璃工业有限公司	广东省	张　琛	020－86442678
193	广州市爱递思电子科技有限公司	广东省	廖振雄	020－34706665
194	广东王牌网络科技有限公司	广东省	张丽丽	020－87108586
195	广州市澳视光电子技术有限公司	广东省	唐　莲	020－22323507
196	广州市迪士普音响科技有限公司	广东省	曾　光	13922748231
197	广东金关安保系统工程有限公司	广东省	高　伟	020－87380268
198	新太科技股份有限公司	广东省	雷秀萍	13719018586
199	广州市诚讯电子有限公司	广东省	杜明丽	13316261619
200	广东保尔安智能技术有限公司	广东省	杨　栋	020－61079992
201	广州长视电子有限公司	广东省	蔡宏云	020－82524201－808
202	广州市艾勒普司电子科技发展有限公司	广东省	肖毅峰	020－28850068
203	广州市明希电子工程有限公司	广东省	姜明华	020－87358030
204	广东省公共安全技术防范协会	广东省	邱小栓	020－87322101
205	广州创想科技股份有限公司	广东省	邱晓霞	020－85565658－311
206	惠州市德赛电线有限公司	广东省	张　涛	13059566816
207	惠州市德赛金融电子有限公司	广东省	王　媛	0752－2833666
208	佛山市南海区骏达经济实业有限公司	广东省	胡　晓	0757－86795886
209	汕头经济特区金信电子设备有限公司	广东省	郑育轩	0754－8894723
210	汕头市大视野电子有限公司	广东省	郑乐春	0754－88366178
211	汕头市蓝鹏防盗监控服务有限公司	广东省	李志敏	0754－88851702
212	深圳市金凯科技有限公司	广东省	曾梦韬	0755－88299003

序号	企业名称	地区	联系人	电话
213	深圳市金目电子有限公司	广东省	郭　进	13751069723
214	深圳市迪威泰实业有限公司	广东省	李大洪	0755－25892436
215	深圳至安科技有限公司	广东省	张　莉	0755－86372319
216	深圳市汇生通科技发展有限公司	广东省	林　榕	0755－29746601
217	深圳市来邦电子有限公司	广东省	佘美生	0755－82873366
218	中山市佐敦音响防盗设备有限公司	广东省	陈慧芳	0760－2829582
219	中山利堡科技有限公司	广东省	肖　华	0760－86211651
220	固力保安制品有限公司	广东省	骆惠梅	0760－22102326
221	中山市安防锁业有限公司	广东省	杨富斌	0760－22232771
222	中山市小榄镇阳光制锁厂	广东省	杨官贵	0760－2117259
223	珠海市方安电器有限公司	广东省	张必兴	0756－6181322
224	珠海市安科电子有限公司	广东省	魏永强	0756－3336816
225	珠海市太川电子企业有限公司	广东省	莫志文	0756－8665566－824
226	珠海安联锐视科技有限公司	广东省	曾亚军	0756－8598285
227	珠海市柔乐电器有限公司	广东省	杨　洋	0756－8818120
228	珠海市竞争电子科技有限公司	广东省	肖冬梅	0756－3369555
229	珠海金联安警用技术研究发展中心有限公司	广东省	王　婷	0756－3324059
230	广州关键光电子技术有限公司	广东省	张　波	13600076891
231	广州市雄兵汽车电器有限公司	广东省	李昌玉	020－86073608
232	广州市番禺韩昌电子有限公司	广东省	黄　燕	020－34517968
233	广州市番禺腾高电子电器厂	广东省	赵　宇	020－22888008
234	广州瀚祺电子科技有限公司	广东省	张燕虹	13922106017
235	英特韦特门禁系统（中山）有限公司	广东省	何玉珊	0760－85318968
236	广州天网安防科技有限公司	广东省	周寒秋	020－37599764
237	深圳富泰尔投资有限公司	广东省	刘　恒	0755－28117475
238	深圳达实智能股份有限公司	广东省	黄志勇	0755－26639961
239	深圳市黑猫卫士电子有限公司	广东省	付本元	0755－25235432
240	深圳市龙洋数控技术有限公司	广东省	宋　颖	0755－23449990
241	深圳市秉宏电子有限公司	广东省	戈　敏	0755－27309011
242	深圳市豪威未来科技有限公司	广东省	李成凤	0755－83993976
243	深圳市金诺特电子科技有限公司	广东省	张　强	0755－29737366
244	深圳市东视电子有限公司	广东省	张锡海	0755－29500181
245	深圳市翔飞科技有限公司	广东省	钟金海	0755－27340859
246	深圳市三田电子有限公司	广东省	齐香田	0755－84182356
247	深圳市丛文科技有限公司	广东省	吴　琰	0755－83849618　－309
248	深圳市卡默莱电子科技有限公司	广东省	陈蕾宇	0755－25927771
249	深圳市明日实业有限公司	广东省	房婉锋	0755－82867859
250	深圳市中联创新自控系统有限公司	广东省	刘根生	0755－89801234
251	深圳市飞思广告有限公司	广东省	关玉娟	0755－82994989－102
252	深圳市泽博实业发展有限公司	广东省	吴志军	13925230520

序号	企业名称	地区	联系人	电话
253	深圳市安顺祥科技有限公司	广东省	蔡育利	0755－83217873
254	深圳市智敏科技有限公司	广东省	袁东妮	0755－83126326
255	深圳市联嘉祥科技股份有限公司	广东省	张莹玖	0755－83490016
256	深圳市飞铃智能系统集成有限公司	广东省	王协长	0755－83755874
257	深圳市博思高科技有限公司	广东省	钟艳红	0755－83121266
258	深圳市普惠实业有限公司	广东省	李科赛	0755－82977199
259	深圳市卓展实业有限公司	广东省	郭建仁	13809886207
260	深圳市尚吉电子有限公司	广东省	李小姐	0755－83476301
261	恩讯数码科技（深圳）有限公司	广东省	李双春	0755－83562168
262	深圳市创捷科技有限公司	广东省	秦　方	0755－82931004
263	深圳市波粒智能科技开发有限公司	广东省	毛忠彪	0755－83676190
264	深圳市麦驰安防技术有限公司	广东省	王永利	0755－86028687
265	深圳市精华隆安防设备有限公司	广东省	欧阳志娟	0755－27991619
266	深圳市亚迪克数码科技有限公司	广东省	吴昌隆	0755－83790918
267	深圳市大普激光科技有限公司	广东省	张俊杰	0755－84195280
268	深圳市安固电子科技有限公司	广东省	郑秀凤	0755－28896787
269	深圳思达光电通信技术有限公司	广东省	谭翠莺	0755－89926365
270	深圳市红门科技股份有限公司	广东省	肖治富	0755－89580235
271	深圳市深视音电子技术有限公司	广东省	金锐锋	0755－84715999
272	深圳视达信鹰科技有限公司	广东省	宋振东	0755－89511026
273	深圳市缔佳视频实业有限公司	广东省	刘　斌	0755－25575134
274	深圳市信义科技有限公司	广东省	汤亭亭	0755－25135995
275	深圳市法特力实业有限公司	广东省	郭瑞芳	0755－82260151
276	深圳市同洲电子股份有限公司	广东省	王　丽	0755－26990000－6780
277	动力盈科实业（深圳）有限公司	广东省	易来勇	13823711777
278	深圳市鑫隆宏方科技有限公司	广东省	郑克明	0755－83220137
279	深圳市诺龙实业有限公司	广东省	周　丽	0755－25887995
280	深圳市科安信实业有限公司	广东省	高　洁	0755－26951098
281	深圳市欣横纵数码科技有限公司	广东省	薛祖均	0755－82096448
282	深圳市精工科技有限公司	广东省	张　辉	0755－26782910－221
283	深圳市华贝尔电子有限公司	广东省	李前山	0755－26120602
284	深圳市乐可利电子有限公司	广东省	寇翠萍	0755－83220531
285	深圳市南山区蛇口保安服务公司	广东省	高耀荣	0755－26833096
286	深圳市乐视视频技术有限公司	广东省	汪艺鹰	0755－26839577
287	深圳市黄河数字技术有限公司	广东省	陆丽霞	0755－26650934
288	深圳市车安科技发展有限公司	广东省	刘绍航	0755－86238850
289	深圳市安宝信息技术有限公司	广东省	陈旭钰	0755－26583520
290	深圳市矽感识别技术有限公司	广东省	赵　文	0755－83522835
291	深圳市华际电子系统有限公司	广东省	余　刚	010－88091805
292	深圳市中安创新智能技术有限公司	广东省	王莉娟	0755－82197789

序号	企业名称	地区	联系人	电话
293	安防运营服务（中国）有限公司	广东省	李　静	0755－82861199－6071
294	桂林市泛亚电子有限公司	广西壮族自治区	吕文勇	13977310000
295	广西智宇技防有限公司	广西壮族自治区	黄燕瑜	0771－5638434
296	南宁奥特数码科技有限公司	广西壮族自治区	杨卫红	0771－5523311
297	广西天岳科技发展有限公司	广西壮族自治区	韦婷婷	0771－5766266
298	海南恒信电讯工程有限公司	海南省	戚莉莉	0898－66766188
299	海南福网科技有限公司	海南省	黄火明	13876704292
300	海口海旭电子系统工程有限公司	海南省	谢召平	0898－68559213
301	海南经保科技实业有限公司	海南省	韩　建	0898－66755393－318
302	三亚鸿伟智能工程有限公司	海南省	孙　伟	13876459222
303	海南中发智能科技有限公司	海南省	何文刚	0898－38232222
304	沧州市新动力安防科技有限公司	河北省	李　强	0317－2058649
305	沧州市振华电子有限公司	河北省	王兰和	0317－5305936
306	承德荣视电子技术有限责任公司	河北省	刘延东	0314－2139524
307	中国船舶重工集团公司第七一八研究所	河北省	冯晓丽	0310－5100718
308	廊坊开发区新华视声科技有限公司	河北省	陈双菊	0316－6085888－832
309	石家庄市蓝盾电子有限公司	河北省	梁春花	0311－88837128
310	石家庄市华正电子有限公司	河北省	訾佳佳	0311－85230878
311	河北省安全技术防范学会	河北省	钱从军	0311－83052206
312	张家口市瑞科自动化技术有限责任公司	河北省	吕成刚	13784542168
313	河北天立实业有限公司	河北省	宋生波	0312－3702808－808
314	河北达安安全技术有限公司	河北省	陈红燕	0311－5886119
315	石家庄市建银电子工程有限公司	河北省	吴跃山	0311－83813913
316	平顶山市金昌电子有限公司	河南省	吴　杰	0375－2965578
317	河南威达威警用设备有限公司	河南省	李慧敏	0393－8680345
318	商丘市梁园区诚诺安全防范产品技术服务中心	河南省	崔保安	18937030597
319	项城市科安达电子有限公司	河南省	时一平	0394－4266543
320	河南银峰金融设备有限公司	河南省	张瑞甫	0371－68887530
321	河南省社会公共安全产品行业协会	河南省	刘保国	0371－65881067
322	河南华安保全智能发展有限公司	河南省	虎　彬	0371－65707788
323	河南瑞捷科技发展有限公司	河南省	常　瑜	0371－69123971
324	河南省美一电子科技有限公司	河南省	师　丽	0371－66986970
325	上海恒天特种电缆有限公司	河南省	张军峰	13837182888
326	河南恒天特种电缆有限公司	河南省	张军峰	0371－69972000
327	郑州兰盾电子有限公司	河南省	李爱华	0371－66031293
328	龙江金盾安防产品经营中心	黑龙江省	杨忠良	0467－2132110
329	牡丹江市天隆科技有限公司	黑龙江省	潘云鹏	0453－6259898
330	黑龙江百安智能科技有限责任公司	黑龙江省	金淑丽	0453－8936890
331	湖北视神软件科技有限公司	湖北省	张建宇	13517267422
332	艾维通信集团有限公司	湖北省	张　蕾	027－87568666

序号	企业名称	地区	联系人	电话
333	武汉兴图新科电子有限公司	湖北省	陈爱民	13986058137
334	湖北三江航天楚航电子科技有限公司	湖北省	余冬丽	0712－2951258
335	湖北省钟祥市警安器械厂	湖北省	李胜梅	027－84803056
336	武汉微创光电股份有限公司	湖北省	高慧蓉	027－87461827
337	湖南华南光电科技股份有限公司	湖南省	黄　英	0736－7725801
338	湖南省银安工具设备厂有限公司	湖南省	段　刚	0730－5690178
339	长春鸿达光电子与生物统计识别技术有限公司	吉林省	王　莉	0431－85165828
340	吉林市江机特种装备有限公司	吉林省	王兴全	0432－3044623
341	靖江市永太保安器材厂	江苏省	陆林森	0523－84885655
342	昆山赛格电子市场经营管理有限公司	江苏省	刘文斌	0512－57600987
343	南京江安智能控制系统工程有限公司	江苏省	吴永明	025－52124009
344	南京创琦高新技术实业有限公司	江苏省	陈碧玉	025－83357210－803
345	江苏安保技术工程有限公司	江苏省	沈　琦	025－86229847
346	常熟华东汽车有限公司	江苏省	王建平	0512－52265010
347	常州华龙通信科技有限公司	江苏省	韩　静	0519－86625255
348	常州市吉安电子有限公司	江苏省	王小环	0519－3217186
349	常州市盛和电子有限公司	江苏省	张　玮	0519－85353815
350	江都市鑫来装饰有限公司	江苏省	李　萍	0514－6916639
351	靖江市金安警用器材制造有限公司	江苏省	夏卫华	0523－84824177
352	江苏顺达警用器材制造有限公司	江苏省	施　君	0523－84195855
353	靖江市柯林电子器材厂	江苏省	叶　波	0523－84890820
354	江苏无畏警用器材制造有限公司	江苏省	吴和平	0523－82956666
355	靖江市恒卫防护器材制造有限公司	江苏省	赵　琳	0523－84659222
356	靖江市安顺保安器材厂	江苏省	陆南松	0523－84833531
357	靖江市靖城富达保安器材厂	江苏省	季荣庆	0523－85156959
358	昆山市健和电子工程有限公司	江苏省	李　健	0512－57301712
359	南京普之联科技有限公司	江苏省	张　娟	025－86980923
360	南京振讯电子科技有限公司	江苏省	丁　玲	13338608900
361	南京和财电子科技有限公司	江苏省	施　勇	025－86607338
362	南京莱斯信息技术股份有限公司	江苏省	叶　新	025－84288355
363	南京汇晟科技有限公司	江苏省	姜　荣	025－52339296
364	南京讯恒数码科技有限公司	江苏省	石　磊	025－84605542
365	江苏省兴宇智能科技有限公司	江苏省	段惠民	13338125578
366	南京冠之林电子有限公司	江苏省	鲁　明	13851603268
367	南京恒钊科技有限公司	江苏省	刘永康	13905181802
368	南京塘门人科技有限公司	江苏省	姜爱良	15951966222
369	南京南自华瑞自动化有限公司	江苏省	赵淑林	025－83918377
370	南京太空高压清洗设备有限公司	江苏省	杨永平	025－52338434
371	南京荣飞科技有限公司	江苏省	邵力斌	13805158159
372	江苏新创光电通信有限公司	江苏省	曹玉江	025－86883495

序号	企业名称	地区	联系人	电话
373	南京振谷光电科技有限公司	江苏省	张晨媛	025－84466920－833
374	南通华航科工贸有限公司	江苏省	冯李军	0513－82913100－8186
375	苏州汉马电工设备有限公司	江苏省	潘献荣	0512－66654838
376	台科视讯系统（苏州）有限公司	江苏省	田小芳	0512－62838598－281
377	昆山市安全防范行业协会	江苏省	郑新矩	13906269127
378	苏州市东亚电脑监控工程有限公司	江苏省	翟蒙燕	13861314366
379	苏州华亿安防科技有限公司	江苏省	冷　沁	0512－62725250
380	苏州市金陵消防监控工程有限公司	江苏省	徐　英	0512－65186959
381	无锡雅观科技有限公司	江苏省	周　忠	0510－83398258
382	无锡永视通安防器材有限公司	江苏省	张建中	13093087889
383	无锡市新区蓝深科技有限公司	江苏省	谈正义	0510－82690028
384	无锡市恒博电子有限公司	江苏省	金红斌	013901652809
385	无锡市申新工程技术有限公司	江苏省	李光伟	0510－82758569
386	无锡市赛福特科技有限公司	江苏省	俞　强	13961710168
387	江苏恒博电子科技发展有限公司	江苏省	王　蕾	0516－80378777
388	江苏奥云智能科技有限公司	江苏省	严祝信	0515－8155388
389	扬州联通线缆电器有限公司	江苏省	赵万富	0514－87609994
390	扬州创新科技有限公司	江苏省	唐文栋	0514－87332173
391	扬州大为电子系统有限公司	江苏省	周　剑	0514－87692553
392	张家港固耐特围栏系统有限公司	江苏省	陈阿凤	0512－56915999
393	无锡市协安科技有限公司	江苏省	钱元喜	0510－5109306
394	江苏银大科技有限公司	江苏省	刘广建	0514－8186072
395	景德镇市虹泰科技有限公司	江西省	詹庆钢	0798－8231838
396	江西省安全技术防范行业协会	江西省	张文钧	0791－6651243
397	大连京连保安电子发展有限公司	辽宁省	刘增盛	0411－84622038
398	盘锦锦鹤门业有限公司	辽宁省	张西亮	0427－5816888
399	沈阳地泰检测设备有限公司	辽宁省	赵秉军	024－83681183
400	中国移动通信集团辽宁有限公司	辽宁省	张　春	13516032673
401	内蒙古鼎升安防科技有限公司	内蒙古自治区	普晓东	0475－2202110
402	宁夏恒信远科贸有限公司	宁夏回族自治区	周　巍	13909520699
403	宁夏嘉宁科技实业有限公司	宁夏回族自治区	张东辉	0951－6085384
404	银川市鸿星电子有限公司	宁夏回族自治区	刘　冰	0951－6091687－88
405	青海省公共安全技术防范协会	青海省	王　雁	0971－8465076
406	青岛韩昌电子有限公司	山东省	金红日	0532－7874121/2
407	山东省庆元电子有限公司	山东省	刘喜艳	13305345287
408	济南金华鹏科技有限公司	山东省	齐　燕	0531－88876060
409	济南迅航科贸有限公司	山东省	李惠杰	0531－88167528
410	济南展鹏经贸发展有限公司	山东省	王丽丽	0531－82238008
411	临沂仕安电子发展有限公司	山东省	刘传荣	13905390133
412	青岛文达通科技发展有限公司	山东省	佟　华	0532－86106788

序号	企业名称	地区	联系人	电话
413	青岛先锋科技发展有限公司	山东省	贺　秀	0532－5835187
414	青岛安华监控设备有限公司	山东省	谭美树	13589387446
415	烟台宏凯电子有限公司	山东省	张伟福	0535－6375831
416	烟台天讯信息技术有限责任公司	山东省	王吉会	13906380414
417	烟台东晓安全防范器材有限公司	山东省	席菲菲	13964523056
418	山东中盾警用装备有限公司	山东省	张万清	13792403990
419	大同市新新音像报警器材公司	山西省	李　军	0352－2061982
420	大同市华立科技有限责任公司	山西省	郭建军	0352－2099573
421	太原山康电子有限公司	山西省	张　玉	0351－5653990
422	山西金城保险柜制造有限公司	山西省	赵保顺	010－63972090
423	阳泉市亿万达安全防范技术咨询有限公司	山西省	史建国	0353－2013211
424	宝鸡市金盾安全器材物资有限公司	陕西省	张　鑫	0917－3515028
425	宝鸡中盛银行安全专业有限公司	陕西省	崔巧莉	0917－3366688
426	西安超码复合材料公司	陕西省	赵文浩	029－83603043
427	上海廿一世纪电子设备有限公司	上海市	郭　亨	021－62169469
428	上海海视电子有限公司	上海市	周海令	021－66838038
429	上海欧意机电五金有限公司	上海市	张致维	021－57407301
430	通用电气（上海）贸易有限公司	上海市	甘志军	13916820891
431	上海振兴铝业有限公司	上海市	王建营	021－54821618－332
432	上海永安保全报警系统有限公司	上海市	肖公亮	021－58902028
433	上海聚亚电子有限公司	上海市	付盛刚	021－64601005
434	上海云瑞电子工程技术有限公司	上海市	张子杨	021－67640214－807
435	上海羽卫防护用品有限公司	上海市	王忠岩	021－51688966
436	加创安防系统（中国）有限公司	上海市	孙思渊	021－66309098
437	上海八运水科技发展有限公司	上海市	吕忠岩	021－56776022－18
438	上海华平信息技术股份有限公司	上海市	张　萍	021－55666588－537
439	上海安寨电子门控设备有限公司	上海市	项益民	021－56536455
440	上海晨舟智能科技发展有限公司	上海市	华炳晨	021－56558343
441	上海睿网电子有限公司	上海市	羊　磊	021－64392206
442	上海中原电子技术工程有限公司	上海市	刘崎峰	021－53066771
443	腾龙光学（上海）有限公司	上海市	褚文子	021－54660225
444	上海凯黎索科技投资有限公司	上海市	张　峰	021－52790711－212
445	上海立迈电子科技有限公司	上海市	潘柏军	021－54303681－15
446	上海稳普智能科技有限公司	上海市	武建钢	021－51098028
447	汉军智能系统（上海）有限公司	上海市	高哲志	021－54885010
448	上海防特贸易有限公司	上海市	张　梅	021－62394013
449	上海尉恩安防设备有限公司	上海市	陆建忠	021－68310919
450	苏州 UL 美华认证有限公司	上海市	吴忠炜	021－52929520
451	上海日来计算机科技有限公司	上海市	黄筱青	021－58200772－13
452	上海乐金广电电子有限公司	上海市	姜海燕	021－58545500－3401

序号	企业名称	地区	联系人	电话
453	上海亦源智能科技有限公司	上海市	王　文	021－58969199
454	上海技世信息技术有限公司	上海市	周俊杰	13651907608
455	香港克罗凯特亚太国际有限公司上海代表处	上海市	樊　蓉	13818416772
456	希特普电子（上海）有限公司	上海市	朱冠华	021－22113600
457	上海诚丰数码科技有限公司	上海市	张少华	021－6495 8787
458	克立司帝控制系统（上海）有限公司	上海市	黄　静	021－57743398
459	上海安盾电子有限公司	上海市	李　松	021－64697729
460	上海申达自动防范系统工程有限公司	上海市	俞惠琴	62575427－8023
461	上海三利数字技术有限公司	上海市	岳建丽	021－55239016
462	上海广电通信技术有限公司	上海市	陶静华	021－64756248－126
463	宁波玺玛克智能科技有限公司	上海市	廖湘英	021－51087123
464	中以联科电子安装工程（北京）有限公司	上海市	袁盈盈	021－61281299－730
465	上海汉盾安全防范技术有限公司	上海市	李昆明	13916470268
466	上海国际技贸联合有限公司	上海市	王巧林	021－64378818
467	上海上船机电综合经营部	上海市	张岳芳	021－65419094
468	上海精科电子有限公司	上海市	郭大伟	021－64959090－111
469	上海新世纪科技有限公司	上海市	胡淳玮	021－53829911
470	上海要博实业有限公司	上海市	周　健	021－63635759
471	上海美赞美数码科技有限公司	上海市	唐海峰	13370087098
472	艾礼富电子（深圳）有限公司	上海市	李　松	021－64697729
473	四川省冠林电子有限责任公司	四川省	杨　桢	028－85459160
474	成都理想科技开发有限公司	四川省	毛兴芜	028－87868880
475	成都哈雷光电科技有限公司	四川省	李春来	028－87601724
476	成都三泰电子实业股份有限公司	四川省	楼　伽	028－87506869
477	德加拉（成都）数码科技发展有限公司	四川省	喻　翔	028－85925306
478	四川省永亨实业有限责任公司	四川省	赵　刚	028－85737100
479	成都美盾警用器材有限公司	四川省	赖小小	13408660996
480	成都中警威贸易有限公司	四川省	邓　建	13980962012
481	四川中跃科技有限责任公司	四川省	兰　鸿	028－85373577
482	四川省社会公共安全行业协会	四川省	王　洪	028－86301658
483	成都威图晟科技有限公司	四川省	陈仲育	028－88832325
484	成都国邦电子技术有限公司	四川省	周如意	028－85373101
485	四川省德阳天网智能安全防护系统有限公司	四川省	汪世勇	0838－2507938
486	四川长虹电子系统有限公司	四川省	雷　红	0816－2418276
487	重庆国力天龙控制系统有限责任公司	四川省	杨　涛	13896044999
488	天津市嘉杰电子有限公司	天津市	吴东坡	022－27681466
489	天津市公共安全技术防范行业协会	天津市	王　洋	022－27316621
490	天津市哈雷电子工程技术开发有限公司	天津市	李雪梅	022－23249503
491	天津市华硕系统工程有限公司	天津市	何晓楠	022－60264016
492	天津市正通电子有限公司	天津市	朱　岩	022－83712630

序号	企业名称	地区	联系人	电话
493	天津市津南建达电子器材厂	天津市	谯光志	022－28617195
494	天津吉安达电子科技有限公司	天津市	高贺军	13920464151
495	天津市嘉安电子技术有限公司	天津市	鲍巨标	022－83712526
496	天津盛世恒业科技有限公司	天津市	李　强	022－87891654
497	天津市龙甲门业有限公司	天津市	张学礼	022－82124040
498	西藏昭杨电脑网络设备有限公司	西藏自治区	任少用	0891－6343991
499	中国网络安全有限公司	香港特别行政区	王颂芳	13902596909
500	云南圣诺科技有限公司	云南省	张文超	0871－5113686
501	成都麦通网络科技有限公司	云南省	屠静宏	0871－3641368
502	昆明华利远洋科技有限公司	云南省	邓晓梅	0871－3641368
503	杭州易龙防雷科技有限公司	浙江省	吴月娥	0571－87666007
504	杭州数尔电子有限公司	浙江省	傅清丽	0571－88097075
505	杭州青鸟电子有限公司	浙江省	陈　莉	0571－87878783－112
506	浙江省安全技术防范行业协会	浙江省	王长依	0571－85810701
507	杭州天视智能系统有限公司	浙江省	朱　兵	0571－85359990
508	浙江精密仪器研究所	浙江省	周武邦	0571－85077726
509	浙江德成电子有限公司	浙江省	胡飞进	0571－88868333
510	杭州明易安全技术有限公司	浙江省	胡　洁	0571－87381243
511	杭州思源科技有限公司	浙江省	周秀标	0571－88262111－8008
512	杭州安尼自动化装备有限公司	浙江省	聂胜国	0571－88614816
513	宁波大榭开发区金盾保险箱制造有限公司	浙江省	陈维依	0574－86768405
514	宁波大榭开发区威伦司保险箱有限公司	浙江省	曹旭辉	0574－86762589
515	宁波大榭开发区威盾斯保险箱有限公司	浙江省	曹剑平	0574－86768693
516	宁波大榭开发区振兴保险箱工贸有限公司	浙江省	周态宏	0574－86768639
517	宁波大榭开发区恒发保险箱有限公司	浙江省	竺岳秀	0574－86763018
518	能士智能港科技发展有限公司	浙江省	胡海忠	0574－27781210
519	宁波市北仑明大箱柜有限公司	浙江省	张勇君	0574－86068066
520	宁波市北仑东海箱柜厂	浙江省	胡祖义	0574－86062129
521	宁波大榭开发区保险箱（柜）行业协会	浙江省	黄伟明	13706845130
522	宁波市康华保险箱制造有限公司	浙江省	梅永康	0574－86763564
523	宁波虎王保险箱有限公司	浙江省	孙依芳	0574－86765088
524	平阳县锐意保安器材有限公司	浙江省	黄荣锋	0577－63855358
525	温州市宏大警示设备有限公司	浙江省	杜进盛	0577－65435555
526	浙江快讯电子有限公司	浙江省	杨　帆	0576－88208999
527	温州市宏正警安设备有限公司	浙江省	陈光龙	0577－86086788
528	温州市黄河实业有限公司	浙江省	叶雪燕	0577－88591998
529	温州市蓝盾安全器材厂	浙江省	吴国浩	0577－88916338
530	温州市旭视智能安防有限公司	浙江省	黎增平	0755－61339786
531	温州市波讯电子安防有限公司	浙江省	李　宇	0577－88992258
532	温州市鹿城保安器材厂	浙江省	王锡龙	0577－8621328

序号	企业名称	地区	联系人	电话
533	浙江神将门业有限公司	浙江省	黄志全	0579－87968181
534	浙江富新集团有限公司	浙江省	楼志明	0579－87292266
535	春天集团有限公司	浙江省	庄衍东	15068099686
536	浙江金大门业有限公司	浙江省	应清华	0579－7229993
537	浙江佳家利保险箱制造有限公司	浙江省	李远平	0576－87506217
538	浙江春天门业有限公司	浙江省	胡振妙	0579－87718661
539	余姚市久安保安设备厂	浙江省	孙宇杰	0574－62465068
540	浙江凯拓机电有限公司	浙江省	陈王锋	0576－ 87356202
541	重庆杰视电子科技有限公司	重庆市	冯红鸽	023－68629808
542	重庆迅捷特电子系统有限公司	重庆市	孙　劲	023－68594000
543	重庆科丰系统工程有限公司	重庆市	彭永碧	023－66640616
544	重庆金鹏警用器械有限公司	重庆市	唐玉莲	023－65486098
545	重庆市富奇科技有限公司	重庆市	赵　川	023－65106971
546	重庆后来科技发展有限公司	重庆市	吴　东	023－86720609

第七节　中国安全防范产品行业协会专家委员会委员名单

（2009 年 12 月）

名誉主任委员：李润森、王　俭
顾　　　　问：傅　森、刘　辛
主 任 委 员：柳晓川
副主任委员：司同军、靳秀凤、李建平（常务）、陈朝武
委　　　　员：马晓东、陈惠民、李进发、李明甫、李　彤、胡晓敏、刘希清、张金山、刘剑锋、胡志昂、牟晓生、丁　辉、何培重、戴　林、张　莹、罗　云、郑　健、彭　华

中国安全防范产品行业协会专家委员会秘书处和各组负责人名单

（2009 年 12 月）

秘　书　长：靳秀凤
常务副秘书长：李建平
秘　　　书：马英山

战 略 组 长：靳秀凤（兼）
战略组副组长：刘存信

技 术 组 长：陈朝武（兼）
技术组副组长：史彦林、郑　健、戴 林

标 准 化 组 长：李建平（兼）
标准化组副组长：施巨岭、孙　非、聂蓉

培　训　组　长：司同军（兼）
培训组副组长：安福东

防　爆　安　检　组：李建平（兼）
防爆安检组副组长：彭　华、王兴全

中国安全防范产品行业协会专家委员会全体成员名单

（2009 年 12 月）

专家共 118 人（顾问 2 人）
（按姓氏笔画排序）
丁　辉、万新宇、于长波、马　昕、马晓东、方　力、王　梅、王仁奎、王兴全、王同臻、王汝林、王俊岭、王衍德、代建国、卢　云、卢井林、史彦林、叶　晨、司同军、田　竞、田庆龙、田宝中、刘　辛、刘　刚、刘以农、刘立平、刘存信、刘希清、刘剑锋、刘晓新、刘朝辉、孙　非、安福东、巩宪国、朱　峰、朱俊云、朱益军、牟晓生、祁　金、何培重、余凌云、吴云龙、吴洪进、吴轶轩、张　波、张　莹、张　敏、张金山、张恩伟、李　彤、李加洪、李龙杰、李仲男、李秀林、李学全、李建平、李明甫、杨　英、杨和声、杨学军、沈　蒙、沈伟斌、辛丽萍、陆建忠、陈　龙、陈宏乔、陈家友、陈惠民、陈朝武、周　嵩、周　群、周左鹰、周金良、庞惠民、林江峰、罗　云、郑　晖、郑　文、郑　健、金　山、施巨岭、柳晓川、洪卫军、胡传平、胡志昂、胡晓敏、胡瑞敏、赵　刚、赵秉军、徐志伟、徐晓波、聂　蓉、袁振声、高长德、高常青、崔玉华、曹　榆、曹东翔、黄校垣、傅　森、傅利泉、强　毅、彭　华、彭宁嵩、彭喜东、景小峰、程建功、童新轮、谢福元、韩锦坤、鲁品琦、雷家荣、靳秀凤、鲍逸明、谭　政、滕　旭、戴　林、魏福连

中国安全防范产品行业协会专家委员会分组名单

（2009 年 12 月）

（按姓氏笔画排序）
战略组
丁　辉、马　昕、王汝林、刘存信、刘剑锋、牟晓生、祁　金、余凌云、张　波、张　敏、张金山、李　彤、李仲男、李明甫、杨　英、陈　龙、陈家友、罗　云、胡志昂、胡晓敏、徐晓波、曹东翔、曹国辉、韩锦坤、靳秀凤、郑　健

技术组
万新宇、方　力、王衍德、代建国、史彦林、叶　晨、田庆龙、刘立平、刘朝辉、巩宪国、朱　峰、何培重、吴云龙、吴洪进、张　波、李加洪、杨学军、沈　蒙、沈伟斌、陈宏乔、陈朝武、周金良、庞惠民、林江峰、郑　晖、徐志伟、曹　榆、傅利泉、强　毅、景小峰、童新轮、谢福元、谭　政、戴　林、魏福连

标准组
马　昕、王衍德、田　竞、刘希清、孙　非、朱　峰、牟晓生、何培重、吴洪进、李秀林、李建平、杨学军、沈伟斌、施巨岭、胡志昂、胡瑞敏、聂　蓉、景小峰、谭　政、戴　林

培训组
司同军、安福东、余凌云、张 莹、李 彤、李仲男、李明甫、罗 云、洪卫军、彭喜东

防爆安检组
王　梅、王仁奎、王兴全、王同臻、王俊岭、卢　云、卢井林、刘　刚、刘　辛、刘晓新、朱俊云、朱益军、吴轶轩、

张恩伟、李龙杰、李学全、李建平、辛丽萍、陆建忠、陈惠民、周　嵩、周　群、周左鹰、郑　文、金　山、胡传平、赵秉军、聂　蓉、袁振生、高长德、高常青、崔玉华、黄校垣、彭　华、彭宁嵩、程建功、鲁品琦、雷家荣、滕　旭

第八节　中国安全防范产品行业协会会费缴纳标准与收费办法

（2005年1月12日中国安全防范产品行业协会第四次会员代表大会审议通过）

根据《中国安全防范产品行业协会章程》和《民政部、财政部关于调整社会团体会费政策等有关问题的通知》，并贯彻党中央十六届三中全会提出的“按市场化原则规范和发展各类行业协会、商会等自律性组织”的精神，特制定本协会会费分类标准及方法。

一、分类标准

1. 副理事长单位20000元/年以上；
2. 常务理事单位6000元/年以上；
3. 理事单位2000元/年；
4. 单位会员、团体会员800元/年；
5. 个人会员30元/年。

二、交费办法

（一）方式：

1. 通过银行汇款；

开户银行：交通银行北京西三环支行

账号：110061307018010020150

收款单位：中国安全防范产品行业协会

2. 直接到协会秘书处交款；

3. 协会行业网站代理收费。

（二）时间

1. 每年第一季度为统一缴纳会费时间，各单位须在3月31日前缴纳年费；

2. 经批准新加入协会的会员，应缴纳当年会费和入会手续费500元，个人会员免交入会手续费。7月1日以后入会的，按年费50%缴纳。

三、违章处理

会员逾期未缴纳会费将在行业网上公布名单。两年未缴纳会费作自动退会处理，并通过行业网和协会会刊公诸于众。

理事长、副理事长、常务理事、理事是协会的领导层，更应该按时缴纳会费。逾期未交会费，劝其退出原有席位，增补新成员进入协会领导集体。

第九节　中国安全防范产品行业协会专家委员会专家管理办法

第一条　中国安全防范产品行业协会专家委员会是中国安全防范产品行业协会的下属分支机构（以下简称专家委员会）。为规范专家委员会的工作，充分发挥技术咨询机构的作用，促进安全技术防范事业科学发展，制定本管理办法。

第二条　专家委员会根据行业发展的需要，下设战略、技术和培训三个专业组，分别负责相应领域的学术技术研究和咨询服务工作。

其中，战略组负责有关安防行业发展战略、行业管理、国内外相关行业的合作与协调等领域的政策研究、实践研究和咨询服务工作；技术组负责安全防范相关应用技术系统（如视频监控、出入口控制、入侵报警、电子巡查、防爆安全检查、系统集成等领域）的学术技术研究和咨询服务工作；培训组负责利用业内外相关资源，建立行业培训体系，组织开展安全防范技术的执业培训、业务培训与资质培训咨询服务工作。

专业组的组长在专家委员会委员中产生，负责落实本专业组的各项具体工作。

第三条　专家委员会成员的任务与职责：

1. 跟踪分析国内外安全防范领域科学技术与应用的发展动态，研究制定安全防范行业发展规划，撰写安防行业发展报告。

2. 组织企业开展安全防范科技项目的研究与开发，提高安全防范科技应用水平，促进安全防范产业发展能力。

3. 协助政府有关部门制定行政法规，组织企业研究制定行业规范和标准。

4. 积极推广安全防范技术与产品，促进行业和社会应用的有效结合。举办培训、研讨、技术讲座、管理科学讲座等活动，以适应各种不同的需求，推进安全防范科学技术的发展。

5. 开展安全防范理论研究，普及安全防范技术知识，提高社会安全防范意识，开发应用市场，规范行业发展。

6. 开展安全防范和相关技术领域的国内外技术交流活动，促进国内外安全防范企业间的合作，收集和掌握有关

信息，开展行业技术、经济、贸易咨询活动，并通过各种渠道及媒体为社会提供资讯服务。

7. 积极推进建立行业认证、评定和企业信用制度，开展企业培训、社会用户培训和行业技术咨询。

8. 协助政府部门对重点工程和示范工程项目进行技术指导和咨询，参与安防工程项目技术评价工作。

第四条 专家委员会成员应具备的条件：

1. 遵章守法、有良好的学术道德、开拓创新、敬业求真。

2. 密切关注安全防范行业的发展，愿意并热心为安全防范行业服务。

3. 具有高级职称或相应业务能力，在安全防范及相关专业有较高的学术或技术水平，熟悉本学科、本专业领域国内外科技发展动态；具有较强的调研、分析和综合能力。

4. 本人自愿，所在单位同意，遵守专家委员会有关规定，并能保证按要求承担与完成所委托的工作，按时参加专家委员会组织的各类审核咨询会议及评审工作。

5. 身体健康，专家年龄一般不超过65岁。

第五条 专家委员会成员享有的权利：

1. 向专家委员会提出工作意见和建议。

2. 在参与决策咨询过程中充分发表个人意见，并可保留个人意见和建议。

3. 优先获取安全防范行业所属机构的相关科技资料。

4. 可自愿退出专家委员会。

第六条 专家委员会成员应承担的义务

1. 遵守国家有关法律、法规和专家委员会章程、管理办法。

2. 积极参加专家委员会的各项活动，对确有特殊情况不能履行事先承诺的工作时，应及时向专家委员会秘书处通告，并做好妥善安排。

3. 向专家委员会提供相关专业的科技信息，推荐研究、开发、推广应用先进技术成果。

4. 积极为专家委员会刊物投稿，加强与社会各行业间的交流与沟通。

5. 在咨询活动中应保持严谨的科学态度，解放思想，实事求是，坚持公平、公正的原则。

6. 严格遵守和维护国家安全保密制度和职业道德规范。不得泄露委托方的商业秘密。

7. 专家个人未经授权不得以专家委员会的名义或专家委员会的专家身份，从事商业活动或有损专家委员会声誉的活动。

8. 专家个人经授权在以专家委员会的名义或专家委员会的专家身份开展工作时，不得超越政策规定谋求非法利益。

第七条 聘任

1. 本人向专家委员会秘书处提出申请和社会推荐，并填写《中国安全防范产品行业协会专家委员会专家登记表》。

2. 由专家委员会审核批准后颁发聘书，即被聘为专家委员会特聘专家，同时成为中国安全防范产品行业协会个人会员。

3. 专家聘任实行任期制，任期三年，可以连聘连任。不实行坐班制。

4. 专家委员会将专家名单和部分信息在协会网站和刊物上公布。

第八条 解聘

1. 专家聘期内不能履行专家的职责，或因其他原因不适宜继续担任专家者，可由秘书长提名，主任委员批准，予以解聘。

2. 对违反国家法律、法规及专家委员会章程和本管理办法的专家，予以解聘。

第九条 本办法由中国安全防范产品行业协会专家委员会负责解释。

第二十章 2009 年中国安全防范产品行业协会为“平安城市”建设推荐优秀工程企业名录

北京

北京中盾安全技术开发公司
北京中科创新园高新技术有限公司
泛华建设集团有限公司
北京国铁华晨通信信息技术公司
太极计算机股份有限公司
北京银河伟业数字技术有限公司
北京易华录信息技术股份有限公司
北京国安电气总公司
中科软科技股份有限公司
北京欣卓越技术开发有限责任公司
中国软件与技术服务股份有限公司
北京大恒创新技术有限公司
北京瑞华赢科技发展有限公司
北京长信泰康通信技术有限公司
北京声迅电子有限公司
北京达明平安科技有限公司
长峰科技工业集团公司
中国核工业中原建设公司
北京富盛星电子有限公司
北京实创上地科技有限公司
北京泰豪智能工程有限公司
中兴智能交通系统（北京）有限公司
中国电信集团系统集成有限责任公司
北京联信永益信息技术有限公司
北京玛斯特系统工程有限公司
北京方法科技发展有限公司
北京恒业世纪科技股份有限公司
北京北大青鸟安全系统工程技术有限公司
中信国安信息科技有限公司
北京市怀恩电子有限责任公司
北京世纪先锋科技有限公司
北京中电瑞达电子技术有限公司
联通系统集成有限公司
泰尔文特布鲁盾高新技术（北京）有限公司
北京市电信工程局有限公司
北京市门吉利磁电工程研究所
北京中科软件有限公司
北京市保安服务总公司
北京蓝色星际软件技术发展有限公司
北京四通智能建筑系统集成工程有限公司
北京鼎安科技发展有限公司
北京龙博电子工程有限公司
北京冠林盈科智能系统集成有限公司
北京中加集成智能系统工程有限公司
北京万集科技有限责任公司
北京天川科技发展有限公司
北京联视神盾安防技术有限公司
同方泰德国际科技（北京）有限公司
北京竞业达数码科技有限公司

江苏

南京南自信息技术有限公司
苏州天亿达科技有限公司
江苏东大金智建筑智能化系统工程有限公司
苏州荣诚建筑安装有限公司
江苏三棱科技发展有限公司
江苏富润电子工程有限公司

浙江

浙江银江电子股份有限公司
杭州亿视电子系统工程有限公司
宁波三维技术有限公司
浙江广信智能建筑研究院有限公司
宁波洛兹科翔智能技术有限公司
浙江贝特电子科技有限公司
浙江嘉科电子有限公司
宁波恒通世纪建设有限公司
杭州青鸟电子有限公司
浙江华创智能工程有限公司
浙江浙大华是科技有限公司

重庆

重庆天网高新技术有限公司
重庆富伦麦柯信息技术有限公司

安徽

安徽安兴高科技有限责任公司
合肥极光科技有限责任公司
安徽讯飞智元信息科技有限公司

湖北

中铁电气化局集团第二工程有限公司
武汉达明科技有限公司
武汉一安高新技术有限公司
武汉市武控系统工程有限公司
武汉安通科技产业发展有限公司
湖北华奥电子有限公司
武汉市博海无线电有限公司
武汉长软华成系统有限公司
湖北东润科技有限公司
武汉钢铁工程技术集团有限责任公司节能分公司
湖北泰信科技信息发展有限责任公司

湖南

湖南华南光电科技股份有限公司

四川

成都亚光电子股份有限公司
成都曙光光纤网络有限责任公司
成都三泰电子实业股份有限公司
成都西物信安智能系统有限公司
四川川大金键信息产业有限责任公司

贵州

贵州山河水科技发展有限公司

云南

云南东蒲科技有限公司
昆明启创科技有限公司
云南恒创科技实业有限公司

青海

西宁成联电子科技发展有限公司
青海省新中安消防工程有限公司

山东

中国电子科技集团公司第二十二研究所天博信息系统工程公司
青岛大荣实业有限公司
山东衍博智能化工程有限公司
山东省庆元电子有限公司
青岛海信网络科技股份有限公司
青岛海尔家居集成股份有限公司
山东中安科技有限公司
山东鲁光信息工程有限公司
山东科威达信息科技有限公司

天津

天津天财天地科技有限公司
天津敏德科技发展有限公司
天津市冠林智能系统集成有限公司

上海

上海市保安服务总公司
上海三盾智能系统有限公司
上海慧谷多高信息工程有限公司
上海国际技贸联合有限公司
上海安保设备开发工程有限公司
上海擎天电子科技有限公司

江西

泰豪科技股份有限公司
江西省宇创网络科技开发有限公司

广东

深圳达实智能股份有限公司
新太科技股份有限公司
金鹏电子信息机器有限公司

安防科技（中国）有限公司
深圳市博康系统工程有限公司
深圳市博康科技发展有限公司
深圳市通宝莱科技有限公司
广州杰赛科技股份有限公司
广东亿迅科技有限公司
深圳市天盈隆科技有限公司
广州市浩云安防科技工程有限公司
深圳市星火电子工程公司
天讯瑞达通信技术有限公司
深圳市创冠智能网络技术有限公司
深圳市三山科技股份有限公司
深圳市东方智能科技有限公司

广西

广西桂华网络安防工程有限公司
广西智宇技防有限公司
广西思创电子有限公司
广西达科建筑智能工程有限公司

海南

航天海鹰安全技术工程有限公司
海口海旭电子系统工程有限公司
海南清方高新科技有限公司

福建

厦门市万安实业有限公司
福建省冠林电子有限公司
厦门柏事特信息科技有限公司
厦门市罗普特科技有限公司
厦门凯迪空间电子有限公司
福建天马电子有限公司
厦门国际航空港机电工程有限公司
福建平安报警网络有限公司
厦门求实智能网络设备有限公司
福建泉州消防安全工程公司
福建龙源智能科技有限公司
泉州市视达电子工程有限公司

河北

河北昂克电子工程技术有限公司
承德荣视电子技术有限责任公司
河北达安安全技术有限公司
河北安防报警网络有限公司
中国联合网络通信有限公司保定市分公司

太原新四通技术产业有限公司
山西斯科达电子有限公司

内蒙古

包头钢铁设计研究总院有限公司
内蒙古华祺科技有限公司

辽宁

辽宁华夏天通安防工程有限公司
沈阳欣天辰系统集成有限公司

吉林

吉林一夫智能科技有限公司
长春嘉诚网络工程有限公司
延边巨龙信息技术有限公司

黑龙江

哈尔滨全新中联电子有限责任公司
大庆力鹏智能建筑工程有限公司

河南

河南九洲计算机有限公司
河南华安保全智能发展有限公司

新疆

乌鲁木齐市吉安技防有限公司
新疆怡林实业有限公司
新疆迅安电子有限责任公司
新疆蓝达安科信息技术有限公司

新疆泰克软件开发有限公司

宁夏

宁夏奥德电子科技有限公司

陕西

西安核仪器厂（国营二六二厂）

陕西大华保全电子有限公司

陕西兴苑广电信息科技有限责任公司

陕西华南电子有限公司

甘肃

兰州亚太电子工程有限公司

兰州万桥智能科技有限责任公司

第二十一章　公安部重点攻关项目《防爆技术标准体系研究》成果介绍

中国安全防范产品行业协会专家委员会防爆安检专家组　李建平　朱俊云　黄校垣　马英山

第一：概　述

一、项目研究成果总体概述

《防爆技术标准体系研究》科研项目的研究成果由四个部分组成：第一部分是《防爆技术标准体系研究综合调研报告》及四个附件；第二部分是《防爆技术标准体系》及编制说明；第三部分是《防爆产品合格评定的通用技术规则》和《微剂量X射线安全检查设备检测实施细则》及《离子迁移谱技术的痕量炸药探测仪检测实施细则》；第四部分是《防爆产品信息数据库》网络运行平台等科研成果。

（一）《防爆技术标准体系研究综合调研报告》

此报告从管理、技术、产品、标准化等方面在国内首次较全面、系统、科学地分析了国内外的现状与发展趋势，对我国防爆技术及产品今后发展方向将具有重要的指导意义。这个调研报告包括四个附件：

1.《防爆技术现状及发展趋势》，对现有防爆技术进行了较为科学评价和合理的分类较为全面详细地描述了各种防爆探测、防护和处置技术的原理、优缺点、现状和存在的主要问题等。

2.《防爆产品现状》，统计分析了国内防爆研发企业的分布情况，列举了当前国内外广泛使用的多种防爆探测、防护、处置技术的代表性产品及主要性能指标，对比了目前国内外产品存在的差异，描述了部分产品现状。

3.《防爆技术标准化与合格评定现状》，收集和整理了目前国内外防爆相关标准，总结了现有国内外防爆合格评定概况，有助于我国防爆标准化工作的完善。

4.《防爆安检技术论文集》，收集了2008年以来部分专家的论文，从不同角度反映了我国防爆安检行业在技术研发、产品制造和应用服务等方面所取得的进展，提出了业内制造与服务如何适应市场需求的各种见解。该论文集已另发。

（二）《防爆技术标准体系》

以树状结构表的形式较科学地描述了防爆技术标准的基本结构，覆盖了目前尚能收集到的防爆技术与产品，初步绘出了我国社会公共安全领域防爆技术标准化的发展蓝图，这个研究成果将可用于规范和指导防爆技术与产品标准的制修订工作。

（三）《防爆产品合格评定通用准则》

以技术标准的形式给出了以第三方合格评定的通用准则，能对防爆产品的第三方合格评定起到规范和指导作用，为防爆产品的遴选提供依据。

《微剂量X射线安全检查设备检测实施细则》和《离子迁移谱技术的痕量炸药探测仪检测实施细则》，是2008年以来认为相对成熟的两个检测实施细则，为开展这两类产品的检测工作提供了作业指导文件，同时也对今后制订类似检测细则起到示范作用。

（四）《防爆产品信息数据库》

利用互联网构建国内外防爆产品的数据库，较全面地设定了相关栏目，其中包括防爆产品的研制单位、防爆产品、防爆产品介绍，并给出了相应的数据项，为用户查询跟踪防爆技术发展、具体产品的概况等提供了信息平台。

二、成果的组合与关系

上述四部分科研成果有机结合，相互依存，浑然一体，组成了较为完整的成果体系。其中，《防爆技术标准体系研究综合调研报告》是基础；《防爆技术标准体系》是核心；《防爆产品合格评定通用准则》、《微剂量X射线安全检查设备检测实施细则》和《离子迁移谱技术的痕量炸药探测仪检测实施细则》是验证措施；《防爆产品信息数据库》网络运行平台是信息支撑。

三、科研成果应用建议

（一）《防爆技术标准体系研究》成果为政府部门更好地制定相关政策法规，履行决策和监管等职能提供参考依据。

（二）《防爆技术标准体系研究》成果对中介机构的服务将起到规范和引导作用。

（三）《防爆技术标准体系研究》成果对行业企业的发展将起到引领和规范作用。

第二：成果主要内容

第一部分：防爆技术标准体系研究综合调研报告主要内容

一、防爆行业现状

我国防爆行业发展较早，发展至今已取得了可喜成绩。国内的防爆企业逐步成长，已能生产基本满足国内需要的防爆产品，并有一定的研发能力，国内的供需市场已初具规模。企业对标准化的重视程度逐步提高，积极参与标准制修订工作。但是，在管理、技术、产品和标准化等方面还存在一些亟待解决的问题。

（一）管理方面

1. 行业监管已分别起步，但缺乏归口与协调

防爆行业涉及到研发、生产、评价、销售、使用等多个环节，就用户方而言也涉及到治安、边防、民航、公路、铁路和轨道交通等多个部门，这些部门一般只对各自管辖的领域进行管理，分别制定了一些规章制度和发展规划，初步形成了实施行业监管的态势。但由此带来了政出多门，缺乏归口管理的问题，各部门之间缺乏协调，导致缺乏对整个行业的长远的规划，一些制度法规的制定也缺乏牵头部门，这些在一定程度上制约了防爆行业的发展。

2. 相关法规已初步形成，但尚不够健全

防爆相关法规已初步形成，随着近年来国内大型活动的举办，一些新的防爆法规正在逐步建立并颁布实施，如国务院《大型群众性活动安全管理条例》、《北京市大型社会活动安全管理条例》、《中国民用航空安全检查规则》等。这些法规对于我国防爆行业的发展起到了重要的规范和引导作用。

这些法规还主要侧重于应用管理层面，对于防爆技术和产品还缺少相关技术性法规，政府对防爆行业发展的指导性规章尚不健全，特别是缺乏产品技术标准和市场准入规范。

国内对防爆行业企业尚无明确的从业资质要求，对于防爆安检产品通常只要有用户认可就能应用。由于制度的缺失导致一些信誉度低的企业夸大宣传、非正当竞争、欺骗用户等手段将劣质产品推向用户，影响防爆行业的健康发展。

国内防爆安检法规体系尚在逐步构建之中，目前只有民航系统制定了一些涉及安全检查的规章；此外，大型的活动管理所需要的防爆安检规章制度尚需进一步细化，特别是风险等级的评估及相应对策机制的构建尚需要加强。这些问题都不利于防爆企业对产品研发方向的把握，造成企业对产品的研发投入产生犹豫，不利于产品技术创新发展和应用规范。

3. 行业市场与发展已初具规模，但需加大引导和扶持力度

我国较大规模并系统的开展防爆安检工作始于民用航空的机场安全检查。随着国际反恐形势的发展以及我国举办奥运会期间安保需求的增加，在大型活动场所和重要交通地段都开展并实施安全检查工作，逐步为广大群众认识并接受。

目前，国内大型活动的安保工作已广泛使用一些国产的常规防爆产品，国内产品的市场占有率逐步增加，但产品种类和性能方面还有待提高。

近年来，进入防爆行业的中小型企业逐渐增多，已发展成为国有、民营、外资等类型企业共存竞争的局面。目前，涉及防爆行业管理的政府职能部门尚未出台对国内自主创新型防爆企业的引导和扶持政策。因此，这类企业迫于市场压力，基本上都是研发一些“短平快”产品，缺乏对投资大、见效慢的高新技术产品的研发热情，特别是对一些关键元器件的科研攻关积极性不高。

（二）技术方面

1. 常规技术的应用已占主流，但需要进一步攻克技术难点

常规防爆探测技术主要包括：生物探测、双/单能 X 射线成像、光学成像、金属探测、谐波探测等技术。其中，X 射线、金属探测技术成为目前应用最广泛的防爆探测技术，其相关产品在机场、轨道交通、码头、大型活动等场所被大量使用，对探测爆炸物和引爆装置起到了不可低估的作用。常规的防护和处置技术包括防（排）爆服、防爆罐/毯和排爆机器人等，相关产品也得到了广泛应用。

目前，常用技术还存在一些明显的局限性，还不能完全满足用户需求。作为防爆探测设备的使用者，最关心的是该设备用于探测爆炸物为目的的有效性和安全性。从技术上说，爆炸物探测最核心的指标：一是漏报率为零，误报率在可接受的范围内；二是检查速度能满足使用场合要求；三是对被检测对象和操作人员所造成的伤害程度以及给环境带来的影响，应是安全的。

综上所述，一方面需要不断地总结常规技术的应用经验，且持续改进提高产品质量；另一方面特别是针对探测器材的漏报率和误报率方面的技术难点，努力科研攻关，提高现有技术水平，形成多技术的互补和综合应用。

2. 国内已掌握多种技术，但与国际先进水平存在差距

目前国际上新出现的，如毫米波、太赫兹等具有远距离探测功能的技术，国内尚在研究阶段。

3. 国内企业有创新研发的积极性，但对高端技术研发能力不足

国内防爆企业正在从以代理国外产品为主向自主研发转型，一些规模较大的企业，近年来积极投入自主研发，已研制出一批贴近实战需求的新装备。但这些企业研发的方向大都还是一些较成熟的技术，主要是扩展产品功能和

应用范围，如X射线从双能量发展到CT成像、金属探测从金属探测门发展到鞋底金属探测仪等。大多数企业对一些新的高端技术研发实力不足，主要原因是这些技术牵涉到的学科门类多，技术难度大，研发周期长，所需投入高。

综上所述，国内对防爆技术的研发与国外的差距主要表现在对高新技术的攻关能力方面，特别是远距离快速探测类技术，包括太赫兹成像、毫米波成像、激光拉曼等，它们都能远距离探测，且探测速度快，有可能识别物质种类。国内在这类技术上还处在元器件基础研究阶段，研究单位还主要依靠国有科研院所。

（三）产品方面

目前，防爆产品可归纳为三大门类四十余种。从应用情况看，国内最常用产品主要为X射线探测、金属探测、防爆罐/防爆毯等；在近几年开始得到应用的是排爆机器人、炸药探测仪等；新产品如激光拉曼炸药探测仪、X射线背散安检设备等，只在少数场合得到应用。

据不完全统计，目前国内共有防爆企业百余家，其中自主研发型企业仅有50余家，其产品类型、地域分布很不均匀。从企业类型上看，自主研制探测类产品的企业居多，达到30家左右；防护类与处置类产品企业数量基本持平，各为10余家，而目前专门从事产品售后服务的企业仅有1家。从产品种类上看，研制金属探测门、手持式金属探测器、X射线安检设备等设备的企业比例最大，均已达到10余家；炸药探测器近年来开始投入使用，其自主研发生产企业不到10家；防爆毯、防爆罐、搜排爆服研发生产企业都达到10余家。从地域分布来看，防爆行业的企业北京地区居多，基本占了研发型防爆企业的一半，上海与广东各10余家，而西部地区从事防爆产品研发的企业甚少。

1. 国内产品能基本满足市场需求，但种类还需多样、性能还需提高

经过近年来的发展，防爆所需的常规产品大都能实现国产化，一些产品的性能和质量均已能与进口产品媲美。加之进口产品过于昂贵，在国内大型活动中采购国产化设备越来越多，对国产化产品的认可度逐步提高。

同时也应看到，防爆一线对产品种类和产品性能的要求越来越高，国内研制常规防爆产品的企业虽然比较多，但其产品主要集中在金属探测和X射线探测类，其他类别产品的研制相对较少；产品在漏报率及误报率等方面性能还需提高。

2. 新技术产品已得到应用，但需与常规技术产品协调发展

除常规的X射线、金属探测类技术产品被广泛使用外，一些新技术产品也逐渐投入应用，与常规技术产品的应用形成了多技术产品的互补、融合，促进共同发展的局面，这是近年来的产品发展趋势。炸药探测设备等一些新技术产品在大型活动和公共场所中逐渐得到应用，作为一种有效的安检手段，在实际应用中取得了一定的效果。

尽管这些新的防爆技术与产品不断推出，但常规产品的作用仍不能被轻视，因此既要不断完善和改进常规产品，又要不断研发高新技术产品，使两者能相互配合，为防爆一线提供有效的技术支撑与保障。

3. 产品供需市场已初具规模，但服务市场尚需拓展。（内容略）

（四）标准化方面

近年来标准化工作在防爆行业内逐步得到重视，标准制修订速度加快，与贯彻标准相关的合格评定工作已经逐步展开，但相对于新技术、新产品的不断推出，相应的产品标准的制修订滞后；管理和服务的相关标准的制订尚未起步，防爆行业的标准化体系正在构建之中。

1. 国内标准化工作已开展，但尚未形成体系

目前公安系统的相关标准化技术委员会已制定了主要涉及X射线检查、金属探测器、防爆毯等十几个防爆标准。此外，中国民航总局也制定了包括安检设备准入制度在内的几个民用航空防爆安检的相关技术规范和标准。但相对于近年来逐步推出的防爆产品，相应的标准制修订工作尚不能满足规范产品研发、应用的需要，特别是涉及防爆技术与产品的基础类、通用类标准的制修订工作正处于起步阶段，因此现已发布实施的防爆类技术标准还不足以构成完整的标准体系。

2. 标准制修订工作已有突破，但需急用先立

近年来，国内制修订标准的速度加快，企业参与标准制定的积极性明显提高。一批新标准和修订标准正在立项或报批中，如《基于离子迁移原理的痕量毒品/爆炸物检查仪》、《X射线透视人体藏物（毒）检查设备通用规范》、《爆炸物销毁器技术条件》、《货运（大通道）X射线安全检查设备技术要求》等标准。总的看，防爆技术标准的制修订工作已经开始突破被动的局面，呈现较好的发展势头。

但面对防爆行业的标准化资源与发展需求的矛盾，应当加强调研与识别，对急用的标准，应采取“急用先立，急用先订，急用先推”的办法；把有限的资源集中使用在急需的标准项目上。此外，一些产品标准的标龄超期，已经出现明显的不适宜，急需修订。与贯彻标准相关合格评定工作已启动，但需要更新观念并加快步伐。

目前，用户方和管理方都逐步重视产品的评价，一些产品的合格评定工作已经开展。但由于相关法规、标准不够健全，特别是上述关键性性能指标的国家标准和行业标准尚未制订，因此产品评价大多为依据企标或企业提供的技术文件进行委托检测，且检测项目的实施也受到企业委托权限的限定，很难保证检测结果的科学性、权威性。

二、防爆行业发展建议

（一）完善行业监管，扶持行业发展

防爆行业涉及的部门多，目前还没有一个牵头部门来统一规划和引导行业发展。因此，有必要形成防爆行业的归口管理，以便于统一规划、健全制度、引导发展。

（二）明确主管部门，实施归口管理

建议指定一个适宜的管理部门，牵头主管，实施归口

管理。该部门可充分利用行业协会等中介资源，发挥专家作用，调动企业积极性，通过广泛调研、实地考察、情况汇报等形式，理清行业现状，为制定规划奠定科学基础。在此基础上，借鉴国外经验，结合国内实际，制定我国防爆行业的近期和中远期规划，为行业发展指明方向。

（三）健全制度，实行第三方评价和市场准入

防爆行业是涉及社会公共安全的特殊行业，它的管理应该比一般的行业要求更高、制度更严，防爆产品不合格将导致严重后果，社会影响恶劣。目前国内对防爆行业的准入没有明确规定，应借鉴国外经验，根据我国基本国情制定防爆行业准入规范，并对第三方评价进行制度化管理。建议采取强制性与自愿相结合的认证制度，设置防爆产品市场准入门槛，以利于打假保真、扶优治劣，确保防爆产品质量。

（四）制定引导政策，规范行业发展

我国防爆行业的发展已取得长足的进步，但从总体上看，相关技术还与发达国家存在着差距，尤其是自主创新能力还有待提高。其原因主要在于防爆行业的发展首先需要政府主管部门的规划引导，更需要大量人力物力的投入。因此，有待于政府主管部门构建相应的法规体系，予以规范和引导，并在研发方向、研发费用、企业税收、市场推广等方面给予优惠政策，以引导行业健康有序的发展。

（五）加快标准化进程，健全和完善行业规范

目前防爆行业中的一些不规范现象主要源于相关法规体系和标准化体系的不健全和不完善。目前国内防爆行业标准化尚未形成体系，需要加快相应的标准化进程，根据轻重缓急分阶段制定相关标准，同时重视标准的贯彻实施。

（六）规划标准化建设，建立标准体系

现有防爆标准主要集中在技术产品标准上，相关的管理和服务标准几乎是空白，因此要充分调研需求，从管理、产品、服务等方面对标准进行规划，形成全方位的标准化体系。

一方面要根据产品的成熟度和应用情况，将目前广泛使用的产品作为近期产品类标准化工作的重点，迅速推出一批产品标准；另一方面要根据行业发展的需要，开展管理、服务等相关标准的立项起草工作；从而分阶段、分步骤完善标准化体系。

（七）提高企业参与程度，加快标准化进程

标准化工作离不开企业的积极支持和参与，应充分利用现有的企业标准，加快标准制修订进程。目前防爆企业大都有自身研发产品的企业标准，一些用户部门（如民航）还有内控标准，国外也有一些相关标准可供参考。应充分利用这些标准化资源，在较快时间内建立完善我国的标准化体系。

（八）加强资源配置，推进合格评定制度建设

要将标准化工作落到实处，合格评定是重要措施。它既需要软件的支持，又需要硬件条件的支撑。因此，一方面要加强评定规则与方法的研究，另一方面要加强评定的硬件基础建设。对合格评定实验平台的建设也是一项需要较大投入的工作，合格评定采用的仪器设备一般比较昂贵或者没有可以直接采购的设备，还需要进行加强非标检测设备的研制，应充分利用国家相关行业的专业资源，尽快为防爆行业合格评定体系的构建创造条件。

（九）发挥中介组织作用，促进行业交流与自律

充分利用中介组织的桥梁纽带作用，为企业技术交流、人才建设等方面牵线搭桥。加强行业企业间的相互监督，形成企业间互动机制，倡导企业自我声明，形成行业自律的良性局面。

行业协会、标准化技术委员会、认证与检验机构等行业中介应与企业加强沟通，树立服务意识，为政府监管和企业发展服务。可通过组织学术交流、产品展示、成果推荐、企业座谈等多种形式，充分了解用户所需、企业所想，形成一种畅通的交流渠道，促进包括行业诚信建设在内的自律体系的构建，使防爆行业进入可持续发展的轨道。

结束语

我国防爆行业正在发展，与发达国家的技术水平差距正在缩小，社会公共安全防范的应用需求逐步扩大，政府监管与行业自律势在必行，健全法规体系与产品标准化是行业可持续发展的关键。

附件一：防爆技术现状及发展趋势

一、概述

（一）术语约定

本文中术语约定如下：

1. 爆炸：是特指人为的，有意或无意违反法规的，在有限的受到关注的空间内引起的爆炸，不包括正常生产过程或以科学试验为目的所产生的爆炸。

2. 爆炸物：指由炸药和引爆装置及包裹填充物等构成的具有爆炸破坏作用的综合体。（详见图1）

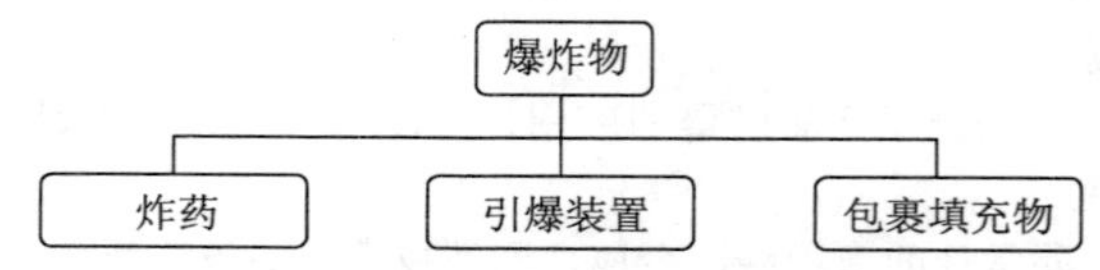

图1 爆炸物与炸药、引爆装置、包裹填充物的关系图

3. 易燃易爆物：通常是指在一定条件下容易引起爆炸或燃烧的固体或液体物质。

4. 防爆：指利用一定的技术手段探测、防护、处置爆炸物或易燃易爆物的过程。

5. 炸药探测：指利用一定技术手段对炸药（包括易燃易爆物）本身固有属性的探测，比如等效原子序数、密度、荷质比、炸药中 N 含量、N 和 O 比例等。

6. 引爆装置探测：指利用技术手段对爆炸物中引爆装置的探测。

7. 防爆技术可分为探测、防护和处置三大类，每类具体的细分如下图：

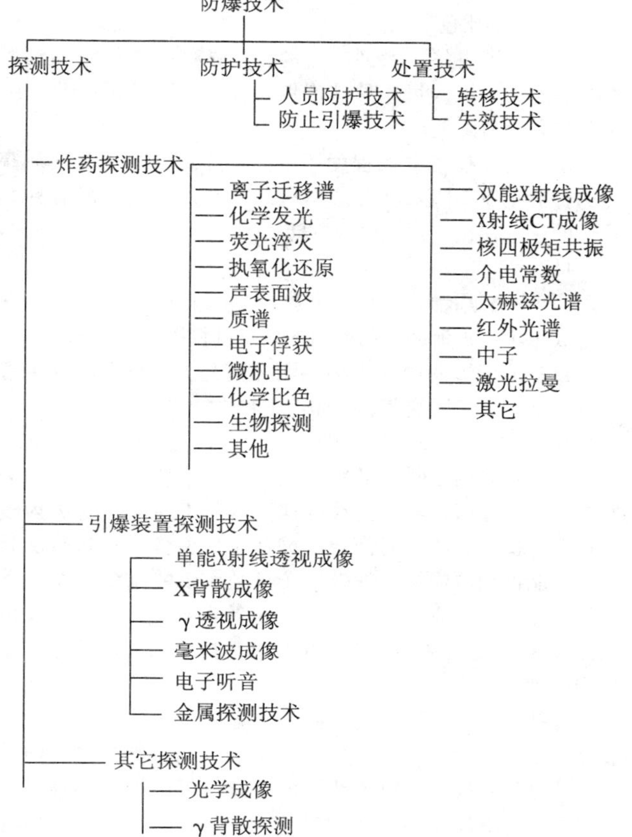

上述的这种划分方式，旨在从技术角度阐述不同技术之间的差异，突出技术的核心实质，并不意味着在防爆过程的不同阶段能将这些技术截然分开。因此，这种划分方式重在突出技术的本质，将具有共性较多的技术归纳在一起，便于理解技术实质，也便于标准体系框架构建。

（二）爆炸物的特点

爆炸物是防爆的对象，其特点决定了探测技术的发展。

1. 炸药

在我国的实际案例中，从已发生的爆炸案件和查出的炸药来分析，使用的炸药有多种化学成分，最常见的是硝酸铵、硝酸钾、氯酸钾、硝化甘油等几十种易燃易爆的化学物质，但总体上讲可以归纳为以下几种系列：

（1）以黑索今为主体的各类混合炸药，如各种塑性炸药。

（2）以硝化甘油为主体的各类混合炸药，如胶质炸药。

（3）以 TNT 或 TNT 为主体的各类混合炸药。

（4）以硝酸铵为主体的各类混合炸药。

（5）黑火药及焰火药。

从炸药种类可以看出，大多数炸药由 C、N、H、O 元素组成，物质的组成成分确定了，其等效原子序数也就确定了，相关探测技术通常针对上述物质属性进行探测。

2. 引爆装置

主要分机械类、延时类、电触发类、气压触发类、温控触发、光电触发、化学触发、磁感应触发、遥控触发。这些触发装置通常有弹簧、电池、导线、闹钟、磁铁、无线电接收天线、遥控玩具、手机等。这些引爆装置的一些特定部件可以成为探测对象。

二、爆炸物探测技术

爆炸物探测技术通常是指通过技术手段发现某部位、某区域或某方位中的可疑爆炸物，是防爆技术中的首要环节。根据探测目标的特点，探测技术可分为炸药探测、引爆装置探测和其它探测三类。其中，炸药探测技术是对炸药本身的固有属性进行探测。引爆装置探测技术是通过探测引爆装置中的金属或电子器件以及引爆装置的形状、结构等特点对爆炸物的引爆装置进行探测。其它探测技术是指不适宜归纳在前两类技术内的探测技术，通常是指发现在正常情况下不应有的可疑物，是否是爆炸物还需要进一步确认。

需要说明的是，本部分提到的某些探测技术在应用中可达到多种探测目的。

（一）炸药探测技术

目前很多文献对炸药探测根据探测所需的炸药量分为微量（Trace）探测和常量（Bulk）探测两类。这种分类方式中的炸药量指实际被仪器分析的量，与实际炸药存在的多少无直接关联。

本文对此观点仅限于介绍，并未按此观点进行划分，而是将上述探测技术统称为炸药探测技术，列举如下：

1. 离子迁移谱（IMS）

原理：炸药分子被电离后的离子在电场中运动，其到达收集极的渡越时间不同来进行区分．被检物的渡越时间与各种炸药预置数据库标定的时间进行比对、识别。

离子迁移谱是目前国际上探测微量炸药使用最广泛的技术之一。该技术得到国内外广泛重视，已经从单纯的离子迁移谱发展到灵敏度更高的相关技术，并与气相色谱技术结合以提高分辨率。不同的物质可能因为离子尺寸和质量相似而表现出相同的迁移率。为了解决这个问题，国外已经将气相色谱和离子迁移谱联用。

2. 非线性离子迁移谱（DMS 或 NLDM）

原理：是 IMS 的扩展技术，原理相似，区别在于 DMS 是靠离子在收集极上的位置来区分物质。

相对于 IMS，国内外研究都还比较少，相关的产品也很少。利用该技术能做到设备体积小、无需预热启动快。

3. 荧光淬灭

原理：当有 TNT 炸药分子与聚合物分子结合时，聚合物发射的荧光瞬间改变，通过检测聚合物的荧光强度即可知道周围环境中是否有TNT等爆炸物分子出现。

该项技术先由国外开发，并得到初步应用，目前国内已有科研机构从事该技术研究。利用该技术探测更多种类炸药的可行性正在研究中。

4. 化合发光

原理：化合发光（CL）指生成产物和发射光作为化学反应的产物出现，如公式所示：A + B → 生成物 + 光。

化学发光技术很少单独使用，一般也与气相色谱联用。在试验研究和法医鉴定中得到普遍应用。国外已开发了多款相关产品，而目前国内还未见到相关报道。

5. 热氧化还原

原理：一种电气化学技术，基于爆炸物分子的热分解，而后氧化还原成NO2基，NO2分子可使用特殊技术探测出来。

国外已开发了相关的手持式产品，但生产厂家还较少，国内还没有见该技术研制的报道

6. 声表面波（SWA）

原理：探测系统由多个探测单元组成，每个探测单元又由振荡器、压电晶片、敏感界面膜材料和振荡电路组成，通过化学物质在晶片压电盘表面的吸附量，引起表面波频率的变化来实现检测，按照每个探测单元频率变化的排比来判断属何物质。

GC/SWA联用：当气体从气相色谱（GC）中出来，它们被SAW检测器选择性的捕获，此时的频率变化可以和爆炸物的聚集相联系。频率的变化决定于被聚集的物质的属性、SAW石英晶片的温度和晶片表面的化学本性。

一般不单独使用，都是与气相色谱联用。国外已有应用，国内也有单位开始研究。

7. 质谱（MS）

原理：待测物质的原子或分子首先被电离，再经扫描得到一张反映其物质荷/质比强度的谱图，来测量物质的原子量或分子量，从而确认是何种化合物，具有唯一性。

该技术国内一些单位进行了多年的攻关，但掌握还不够，没有产品。国外已从单纯的质谱发展到高次质谱分析技术，与液相、气相色谱联用成为主流。已由实验室内应用向防爆安检应用发展。

GC/MS联用：大多数用于炸药探测的质谱系统都通过前置气相色谱联用。气质联用使得通过质谱分离出不同的分子后再通过特定的气相色谱保持时间作进一步的确定。

国内还未掌握该技术，国外已利用该技术开发出炸药探测产品。

8. 电子俘获

原理：吸入的炸药分子被电离后与同腔体内的气体发生碰撞，被正极收集，使持续电流减少，从而探测出气体中含有炸药。

该技术较为成熟，目前国外已有相关产品，国内未见应用。

9. 微机电

原理：采用灵敏度较高的硅梁作为敏感器件，硅梁与炸药分子直接接触，通过热激励或光激励，使炸药发生反应，引起硅梁的温度、位移、应力、谐振频率等物理量发生变化，并用光学或电学方法进行检测。根据被测硅梁的物理量的不同，将其分为测温法、位移法、压阻法、谐振法四种。

目前国外可实用化的相关产品还很少，国内还处于对基础原理研究阶段。

10. 化学比色

原理：通过将一系列特定的化学试剂按顺序添加到爆炸物样本中，根据每一种试剂加入样本后颜色的变化情况来判定是否有炸药。

国内对该技术掌握程度还不高，开发出的相关试剂探测的种类很少；国外已有成熟产品，开发能判定所有种类炸药的化学比色技术是研究方向。

11. 生物

原理：利用动物、植物和微生物接触到空气的炸药挥发物或土壤中的泄漏物而发出的信息进行探测的技术。

目前最广泛使用的生物探测主要是犬，也有研究用蜜蜂、细菌、转基因油菜、抗体等生物进行炸药探测。

12. 双能X射线

原理：利用不同能量的X射线对同一物质有不同的衰减效应。采用两种不同的线阵探测器对不同能量的X射线进行成像探测，然后对两幅不同能量成像信号进行算法处理，就能得到被检物的等效原子序数。双能量信号是与等效原子序数相对应的，但不能同时得到密度。只有多视角双能量X射线成像系统才能同时求得被检物的等效原子序数和密度。

该技术已被广泛应用，目前主流的X射线类探测设备就是基于此技术。目前该技术是朝着自动智能识别方向发展。关键核心技术是射线能谱的优化，可以更准确地区分被捡物的等效原子序数和自动判别的软件算法，以达到自动识别炸药。该技术属双能量X射线升级型技术，国际上称之为AT型设备。

13. X射线CT成像

原理：CT的全称是X射线断层扫描计算机图像重建技术。它可更细致地观察到物体内部的三维图像，而透射成像是把三维图像压缩成两维的模糊图像。X射线围绕被检物的一个断面作旋转扫描探测，计算机根据采集到的360°投影信号再反算出扫描断面像素的线衰减系数。对能量较高被捡物原子序数较低时可反算出扫描断面像素的密度。

该技术已开始应用于防爆安检，国内企业推出的大螺距扫描产品具有低成本、高通过率、高精度的特点，是我国具有自主知识产权的一项创新技术；能够算出扫描断面像素的等效原子序数和密度的双能量CT检查设备的研制工作基本完成，产品已经问世。

14. 核四极矩共振

原理：炸药中的N原子在不同的化学环境中具有不同的核四极共振频率。测出其共振频率，与已知炸药的核四

极共振图谱相对照，从而检测出不同的炸药。

国外公司目前已推出相关产品，国内有的科研单位已经开始此方面的研究。

15. 介电常数

原理：使用低能微波照射物体，测量物体的电介质和损失系数，与炸药数据库中标定的介电性能参数相比较，从而辨别炸药。

现在国外已经开发出手持式和门式两种，国内已开发出手持式，门式还正在研发中，手持式在大型活动中开始用来检查危险液体。

16. 太赫兹光谱（Thz）

原理：炸药在 Thz 频率范围内具有很强的吸收和色散，为分子的构像提供了唯一的标识信息（指纹谱），因此通过它可以实现物质成分的鉴别。。

国外已经有产品，还未真正在防爆领域中应用；国内对核心器件还主要依靠进口，相关设备只在科研单位应用于试验研究。该技术的发展前景被业界看好。

17. 红外光谱

原理：利用炸药对红外光谱的吸收特性进行检测，确定炸药的种类，目前主要用于实验室。

18. 中子

原理：利用不同能量的中子与炸药中 C、N、O、H 元素的核子相互作用，释放出特定的伽玛射线，对释放出的特定伽玛射线进行探测，确认物质元素的相对含量。

目前已经探索出的技术方案主要有（A）热中子法、（B）快中子法、（C）脉冲快中子束法、（D）脉冲快中子与热中子法等。在国内，中子探测炸药的技术只有少数科研机构掌握，在防爆领域的应用还处于探索阶段。

19. 激光拉曼

原理：不同物质在激光激发的情况下，能够散射出不同特征光谱，利用这种特征进行炸药探测。

国外已有具有使用该技术进行自动识别的小型化设备；国内研究机构已基本掌握了该项技术，并有产品。

20. 其它

除上述以外，还有一些技术虽然没有被应用，但已经在实验室得到的有效论证，并且具有较好的发展前景，如 X 荧光、激光诱导击穿、紫外光谱、光声、表面增强拉曼等技术。

（二）引爆装置探测技术

1. 单能 X 射线透视成像

原理：基于 X 射线与物质相互作用而形成的 X 射线透视图像。图像的灰度与被检物的等效原子序数、密度和厚度有关。它不能探测炸药本身固有属性，但显示出被检物的外部轮廓和内部形状。有经验的安检员可以借助透视图像辨别是否有可疑的引爆装置。

该技术已普遍使用。

2. X 射线背散图像

原理：该技术是利用飞点 X 射线束，对被检物扫描时接收反向散射回来的信号构成图像，每个像素的信号在一定条件下，信号与被检物的等效原子序数、厚度、密度有关。

目前国外已有产品，但是使用并不广泛。国内也有产品，并逐步开始使用。

3. γ 射线透视成像

原理：利用 γ 射线穿透不同厚度不同密度物体后的衰减而形成的灰度图像。

国内企业拥有这项技术的全部自主知识产权，并于 2009 年在全球首次实现了产品销售。

4. 毫米波（亚毫米波成像）

毫米波成像分主动和被动，区别在于主动方式需要有毫米波发生源，而被动方式则只需要毫米波接收器。

（1）被动毫米波

原理：通过分析所接收的由被检对象自然发出的毫米波进行探测。

（2）主动毫米波

原理：由探测器发出高频信号，通过接收反射能信号进行探测。

国外已有相关的成像检测产品，国内已开展此技术研究。

5. 电子听音

原理：将钟表、定时器等声音低频放大，通过滤波器滤掉高频，把人耳难以听到的频率转换成可听频率，实现探测目的，主要用于对定时爆炸物的探测。

已被广泛使用，国内已掌握了该项技术，并有相关产品在市场上销售。

6. 金属探测

原理：利用发射线圈发射连续波或脉冲波在检测区建立一个稳定的交变磁场。当有金属物进入检测区时，由于磁感应，接收线圈就接收到这个磁感应电流，经放大、自适应电路和运算逻辑电路处理，实现报警。

是一种被广泛使用的探测技术，国内相关产品包括金属探测门、手持式金属探测器、鞋底金属探测仪，在机场、码头、车站、大型场馆等场所应用广泛。

（三）其它探测技术

1. 光学成像

原理：利用几何光学反射或通过摄像机成像。

目前该技术已从简单的几何光学成像发展到基于红外照明的窥镜探测。用于水下的产品还有激光等光源主动照明。国外发达国家的内窥镜产品技术先进，品种齐全，功能强大，但其价格昂贵。国内在内窥镜研究方面起步较晚，技术水平较国际先进水平还有较大差距。

2. γ 射线背散

原理：利用 γ 射线康普顿散射的原理进行探测。

国内已有成熟产品。

三、爆炸物防护技术

该技术主要是指为减少或避免爆炸物爆炸时的冲击波和破片对人员造成伤害而采取的一种保护措施，主要有人员防护技术和防止引爆技术两类。前一类主要指在爆炸时通过削弱或减轻爆炸冲击波和爆炸破片的杀伤作用，技术核心在于防护材料和结构，目前已从金属化向非金属化发展，以提高产品的灵活性和舒适性。国内已经掌握了大部分相关技术，已有相关产品面市。后一类主要是通过频率干扰和电子屏蔽技术使得以无线遥控方式起爆的爆炸物不能起爆，达到防护效果。频率干扰技术成熟，国内产品多。

（一）防护技术

原理：主要是通过一些特制的衣物、头盔、网、毯、挡板等形式来减少爆炸物所产生的伤害和破坏。

防护技术产品最基本要求包括抗穿透能力和抗非贯穿性伤害两大部分。如对人员的防护，如防爆服、搜爆服、防爆头盔、防爆靴、防爆挡板等器材，除基本性能外，还要考虑穿戴的便携性、舒适性。另外，防爆毯、防爆罐都是基于通过对爆炸能量的吸收和对破片的阻挡来减少爆炸造成的伤害和破坏。

该类技术的核心在于防护材料和结构的优化。在防护材料方面，如迪尼玛聚乙烯纤维、纳米科技的液体防护技术都在实践中得到应用，明显提高防护设备的有效性和适应性。

国内已经成熟掌握了大部分相关技术，国产器材已广泛使用。

（二）防止引爆技术

相对于使用遥控起爆装置的爆炸物，防止引爆技术最主要的手段是频率干扰和电磁屏蔽。

1. 频率干扰原理：通过干扰遥控信号使引爆装置失效而采取的一种技术手段。

干扰频率范围为引爆遥控器使用的频段。

该技术已广泛使用，对遥控类爆炸物效果明显，技术相对成熟，国内产品较多。

2. 电磁屏蔽原理：利用屏蔽体，隔离遥控引爆的信号，使引爆装置失效。

性能：屏蔽体对引爆信号隔离的有效性，是这类技术的关键问题，实现方式上可分为涂敷型和结构复合型。

国内已有相关产品，已在一些大型活动场所和重要场合使用。

四、爆炸物处置技术

该技术也称为排爆技术，是采用一定技术手段和措施实现爆炸装置的失效或销毁。根据爆炸物所处的场所和结构特点，一般采用两种处置技术，分别是转移和失效技术。

（一）转移技术

当爆炸物位于重要场所或者装有反拆卸装置又没有把握进行失效处理时，将爆炸物转移到安全地点再作相应处理。

该技术通常是使用排爆机器人或遥控机械臂的夹持功能，将可疑物位移或放置在防爆罐（球）等容器内转移到安全地点，以便进行后续处置。

（二）失效技术

通常是用于将爆炸装置失效时所采取的相关技术，例如采取拆除或破坏引爆装置，切割或击碎爆炸装置以及使用超低温浸泡等技术。

目前国内外应用较多的排爆手段是在机器人上装备高压水炮。水炮的形式主要有两种：一种为电脉冲超高压水炮，一种是弹药爆炸式水弹。水炮排爆在某些特定场合尚有一定的局限性，因此近年来研究开发一种高压水射流切割技术，用于爆炸物解体。

目前国内广泛使用的相关产品主要有：高压脉冲射流切割、液氮浸泡、爆炸物解体器（水炮枪）等。

附件二：防爆产品现状

一、爆炸物探测类设备

探测类设备主要分为炸药探测、引爆装置探测和其它探测设备三类。

（一）炸药探测设备

1. 基于离子迁移谱技术的探测设备（IMS）

离子迁移谱炸药探测器是目前国内外研究最多的炸药探测器，既有单独采用 IMS 技术的产品，也有采用 IMS 的扩展技术如 ITMS（离子捕获迁移谱）、DMS（非线性离子迁移谱）、双 IMS、GC/IMS 技术的产品。产品形式上有便携式、台式和门式三种类型。国际上美国、俄罗斯、英国、日本、加拿大等国家生产了多种型号和不同模式的离子迁移谱仪。目前国内也有一些研究机构如公安部第三研究所、北京同方威视、北京声迅电子有限公司等研制出便携式和台式产品。

2. 基于荧光淬灭的探测设备

该类炸药探测器是从国外军警探雷技术发展而来，目前主要探测 TNT 类炸药。

3. 基于化学发光的探测设备

国际上美国和加拿大等国家生产了化合发光（CL）炸药探测器，国内尚无相关产品。

4. 基于热氧化还原技术的探测设备

热氧化还原炸药探测器生产厂商较少，国内无研发企业，国外也主要是 Scintrex Trace 公司生产，有便携式产品。

5. 基于声表面波技术的探测设备

声表面波仪（SAW）一般很少单独使用，都是与 GC 结合，构成 GC/SAW，但生产该类设备的厂家很少，在爆炸物探测领域没有得到成熟应用。

6. 基于质谱技术的探测设备

色谱仪（MS）和质谱仪（MS）是两种常见的化学分析仪器。色谱与质谱联用可以有很多种组合方式。

7. 基于电子俘获技术的探测设备

国际上美国、加拿大等国家生产了不同类型的电子捕获炸药探测设备，其产品都与GC技术与进行了联用，国内尚无相关产品。

8. 化学比色剂

化学比色剂使用方便，无需进行预热处理。主要制造国家为英国和美国。目前国内已研发出两种比色剂，即TNT喷显剂和RDX及硝酸酯类喷显剂。

9. 基于双能X射线技术的探测设备

双能X射线检查仪是在传统单能X射线检查仪的基础上发展起来的一类防爆安检设备，是目前应用最广泛的安检设备之一，它已应用于世界上主要的机场、火车站、各种大型场馆等。

10. 基于X射线CT技术的探测设备

X射线CT技术设备目前在防爆安检领域属于高端产品，价格昂贵，使用数量还不大。美国和其它发达国家相继装备了不少的CT设备。鉴于技术的难度，CT设备的生产厂商较少，著名的有美国L3通信公司、美国GE公司、美国Reveal Imaging公司等。美国GE公司有多个系列的CT产品，主要应用在美国和欧洲国家。我国香港、台湾、广州、北京等机场相继安装了GE公司和Reveal公司的CT设备。

11. 基于中子分析技术的探测设备

国际上中子探测炸药技术至今发展了20多年，但产品并不多，国内掌握该技术的单位也主要是研究所和大学，无相关产品问世。

国际上Ancor Corporation的TNA设备于车辆扫描、小的货船扫描、行李检查、未爆炸武器的探测，但不能对所有炸药探测。

12. 基于核四极矩共振技术的探测设备

俄罗斯较早开始了核四极矩共振炸药探测器的研究，于1998年研制出样机，可测RDX。但因为还不能测TNT，并没有被推广。最近，德国（在俄国专家的参与下）、斯洛文尼亚等也在实验室条件下解决了TNT的探测问题，即将研制实用仪器，波兰也开始了研究。

13. 基于激光拉曼光谱技术的探测设备

激光拉曼技术本身是一项成熟技术，在防爆领域的应用正在兴起，它在液体炸弹的检测防范中正扮演着越来越重的角色。目前，相关设备厂商还比较少，著名的有美国Ahura公司、OceanOptics公司等；国内研发起步较晚，公安部第三研究所已经研制出相关产品。

14. 基于介电常数测量技术的探测设备

其探测种类主要为易燃易爆液体，比如硝化甘油、硝基甲烷、各种酒精。国内外都有企业在研发该类产品，并有产品面市。

（二）引爆装置探测设备

引爆装置探测设备主要有两类，一类是通过图像的方式观看从形状上观察是否有引爆器件，另一类是从引爆器件的一些特定器件的特征来判别，如电子听音设备就是通过探测是否有定时装置来实现对引爆装置的探测。

1. 基于单能X射线技术的探测设备

单能X射线检查仪因技术相对简单，是比较常用的X射线检查仪，只能提供简单的图像信息。

2. 基于背散X射线技术的探测设备

X射线背散成像技术是一个热门技术，越来越多的国内外厂商投身其中进行相关设备的开发。该类设备在前端硬件开发正逐渐走向成熟。这类设备已经开发出人体扫描和货物车辆扫描等几种应用形式。

目前，对于行李扫描的背散X射线检查仪正越来越多的得到在机场、火车站等场合的应用；对于人体扫描，由于涉及到人体隐私问题，在应用中尚有争议，某些国外大型机场已经使用了人体背散X射线检查仪。目前，公安部第一、三研究所和国外都有相关产品。

3. 基于γ射线透视成形技术的探测设备

基于γ射线透视的探测设备的生产商国内为数很少。

4. 基于毫米波技术的探测设备

（1）毫米波

该类产品能够实现对人体夹藏物品的判别。此类产品研究起步较晚，但已经有数家公司研制出了产品。国际厂商主要包括：美国Brijot成像系统公司、View系统公司以及Smiths探测公司。目前，国内已有单位研究并有代理商开始销售国外该类产品。

（2）太赫兹（亚毫米波）

在防爆安检成像应用领域，THz成像技术受到人们的密切关注。相关设备的研制受限于技术的成熟度，远未达到普及的程度。但基于被动太赫兹技术原理的产品已经面市，英国ThruVision公司已经研制成功了两款产品，分别适用于室内和室外。

5. 基于谐波技术的探测设备

国内无相关产品，主要是美国与俄罗斯的产品

6. 电子听音设备

该设备是为探测可疑物品中的爆炸装置设计的一种探测仪器。使用时通过便携式的接触和非接触探头，透过一定厚度的不同材质的障碍物，检探具有机械、石英、电子等定时装置和由手机等控制的引爆装置。

7. 金属探测设备

（1）金属门

目前，国内市场上有众多家国内外厂家的产品销售。国内金属门技术水平与国际上的差别主要表现在定位、工作频率、抗干扰、金属种类等方面。

发展趋势：多区位----定位准确;多频率----相互干扰小、多台同时使用、距离近,抗干扰强;与其它探测技术融合----放射性探测与金属探测一体化等。

（2）手持式金属探测器

手持式金属探测器主要用于对人体或者行包内是否有违禁金属品进行检查的工具，现已被广泛使用。

（3）鞋底金属探测器

鞋底金属探测器可探测鞋内及身体较低部位的金属物

品。该设备可在机场、火车站、监狱、体育场和重要人物驻地等地使用。国内主要产品是京金吾公司的JW8020鞋内安全检测仪。

（三）其它探测类设备

1. 基于γ背散射技术的探测设备

用γ射线具有强穿透能力的原理来进行探测，可穿透金属、橡胶、木质、纤维等材料，对车辆等夹层内隐蔽部位隐藏爆炸物等违禁物品进行有效探测。

2. 光学成像探测设备

（1）检查镜

检查镜原理简单，国内外产品较多。它应用于安检人员不易检查到的地方如车底、车顶、夹缝、房梁等处。根据成像方式，可分为光学检查镜和视频检查镜。

视频检查镜采用高清晰CCD视频成像技术，自带光源，电动驱动镜头可大角度转动，最大限度减小视角盲区，是检查镜的发展趋势。公安部第三研究所、龙汇达公司均生产此类设备。

（2）内窥镜

内窥镜采用光纤传递图像，可与照相机、摄像机或电子计算机连接，实现照相、摄像。国外发达国家的内窥镜产品技术先进，品种齐全，功能强大。国内在内窥镜研究方面起步较晚，技术水平较国际先进水平还有较大差距。

（3）车底视频检查仪

车底视频检查仪从形式分类主要有固定式和手持式两种。国内外产品较多，国内的有公安部第一和第三研究所、龙汇达科技公司、北京金一安华技术有限公司等。目前国内多使用固定式车底视频检查仪，将其安装在车辆入口，主要技术指标是分辨率与通过速度。

二、爆炸物防护设备

（一）人员防护设备

1. 排（搜）爆服

人体防护装备按用途可分为排爆服和搜爆服。排爆服是一种多功能人体防护装置，用于排除可疑爆炸物时对排爆人员的防护。通常情况下，搜爆服是指其防护等级低于排爆服的一种防护服。

国外排、搜爆服生产商多，规模大。加拿大的MED－ENG公司是世界最大的排爆服制造商，约120多个国家装备了其产品。国内的排爆服生产商主要有北京君安泰防护科技有限公司、广州卫富科技开发有限公司和重庆盾之王实业有限公司等。

2. 防爆球（罐）

国内外均有多种产品。国内地铁、火车站、机场等公共场所已大量装备防爆罐/球。防爆罐/球的应用在于将可疑爆炸物暂存在罐/球内，防止在转运可疑爆炸物时发生爆炸，因而也可列为处置类产品。

3. 鼓形防爆筒

鼓形防爆筒是一种上下连通（或单向）并可上下（或单向）泄爆的用于转移危险物品的特种装备，适用于紧急转移爆炸物品和野外作业，不适合安放在室内或室外狭小空间。

4. 防爆毯

防爆毯与防爆围栏国内生产较早，行业标准于1994年已制定，并于2007年修订。

5. 防爆水墙

防爆水墙国内无产品。目前有“箱体”型、“六边型”、“开口六边型”和“三角型”防爆水墙。

（二）防止引爆产品

1. 频率干扰仪

频率干扰仪和屏蔽毯等通常是用于干扰无线遥控的爆炸装置或阻断无线遥控信号的器材。国内频率干扰仪生产商多，从技术指标看与国外差别不大。

2. 电磁屏蔽袋

国产此类设备能有效屏蔽各种电磁信号，用于防止依靠遥控电磁信号起爆的爆炸物起爆，如北京君安泰防护科技有限公司生产的排爆电磁屏蔽袋。

三、爆炸物处置设备

（一）移动装置

1. 排爆机器人

国内外产品较多。国外产品在行走、传感器、信息处理与控制、通信、导航和定位技术、执行与搭载等方面性能有一定优势。

国外公司多将行走机构模块化，以适应多种应用需求，并配备多种不同功能传感器。在信息控制方面，国内产品通常采用遥控方式，而国外产品已经可依靠自身的智能自主导航，躲避障碍物，独立完成各种排爆任务。

2. 排爆杆

排爆杆是用于抓取转移爆炸物品的特种装备，杆的长度可以调节，用它排除危险品时，排爆人员与危险品保持了一定的距离，避免或减少了爆炸对人体的伤害，一般与防护板配合使用。配套的防护板是一种由弧形钢板、支架和脚轮组成的可移动防护装置。这种产品可折叠，移动灵活，便于运输，可以防止爆炸后产生的碎片和冲击波，为排爆人员提供安全保护。

3. 球形防爆储运罐

球形防爆储运罐（也称为防爆罐），是一种密封的用于暂存和转运爆炸物的特种装备。具有特定的抗爆能力。在特定的防护等级内，如果储存在罐内的爆炸物发生爆炸，罐体能有效地阻挡爆炸碎片，同时还可以阻止冲击波。

（二）失效装置

1. 水切割设备

2. 液氮冷却设备

3. 爆炸物解体设备

该设备是通过发射药筒中的发射药被点燃后的爆轰力瞬间将水推出而产生的高速、高压水流击毁爆炸物的特种装备，用于对疑似爆炸物的销毁。

4. 引爆电路摧毁设备

利用高能量、定向发射的微波，在极短时间内产生强大的微波电磁脉冲，在被摧毁的导体或半导体上产生数千伏的电场，从而造成“不可逆转的破坏”而达到直接摧毁电子设备的目的。

5. 引信拆除设备

包括火药扳手在内的引信拆除设备通常在对疑似爆炸物进行处置时，用于拆毁管状炸弹或制式型引信炸弹引信时使用的一种工具。

6. 排爆专业小型工具组

该类工具组与普通工具相比，在拆除爆炸物时不会产生火花、静电及磁感应现象，也称为无磁工具组。

附件三：防爆技术标准化与合格评定现状

一、概述

目前我国防爆行业相关法规体系正在逐步健全，行业标准化工作也得到一定的进展。但是由于归口管理尚不够明确，标准化工作存在滞后，缺乏有效的合格评定与市场准入制度，影响了防爆行业的规范和可持续发展。

二、国内外防爆标准化概况

（一）防爆标准化组织概况

1. 国内

目前我国涉及防爆标准化的行业主要有公安、民航、轨道交通等，公安系统与防爆相关的标准化组织主要是全国安全防范报警系统标准化委员会、公安部特种警用装备技术标准化委员会。截止2008年底，公安系统的上述两个标准化技术委员会已制定出涉及X射线检查、金属探测器、防爆毯在内的十余个产品标准。据了解，国内民航系统的相关标准化组织已制定出了一批与民用航空防爆相关的技术标准和技术规范，其中包括一部分该行业的内控标准。国内轨道交通行业制定的与安全相关的技术标准中也已经包含了相关的防爆安检技术要求。国内的其它相关行业也有制定与防爆相关的技术标准或技术规范的意向。

2. 国外

国外相关标准化组织中已经开展了防爆技术标准化工作，主要有美国的国土安全标准小组、法律强制标准办公室（OLES）、标准化和互操作性机构间理事会（IAB）、材料试验协会（ASTM）E54委员会、北约标准化协议等。其中，美国国土安全标准小组是专门负责组织国土安全标准制定的组织。

（1）美国国家标准学会国土安全标准小组（ANSI Homeland Security Standards Panel－－HSSP）

（2）美国司法部司法研究所（NIJ）的法律强制标准办公室（OLES）

（3）标准化和互操作性机构间理事会（IAB）

（4）美国材料试验协会（ASTM）E54委员会

（5）北约标准化协议（NATO STANAG）

（6）欧洲CEN BT WG 126排雷标准化工作组

（二）标准制修订与应用概况

1. 国内

目前国内已制定的标准主要集中在具体产品上，且主要是X射线检查与金属探测等探测类标准以及为数不多的防护与处置类标准；管理和服务类标准尚未制定。已有标准中，有些标准标龄过长，亟待修订。表1为现有国内部分标准目录，表2列举了可参考的国内标准。

表1 国内现有防爆相关标准

标准号	名称	发布机关	实施日期
探测类			
GB12899－2003	手持式金属探测器通用技术规范	国家质检总局	2004－06－01
GB15210－2003	通过式金属探测门通用技术规范	国家质检总局	2004－06－01
GB15208.1－2005	微剂量X射线安全检查设备第1部分：通用技术要求	国家质检总局	2006－06－01
GB/T 15208.2－2006	微剂量X射线安全检查设备第2部分：测试体	国家质检总局	2006－09－01
GB 12664－2003	便携式X射线安全检查设备通用规范	国家质检总局	2004－02－01
MD－SB－2006－001	民用航空液态物品安全检查设备内控标准	民航总局公安局	2006
MD－SB－2007－002	民航旅客行李X射线安全检查设备内控标准	民航总局公安局	2007
MH7012－2004	民用航空通过式金属探测门	民航总局	2004
MH7011－2003	民用航空微剂量X射线安全检查设备	民航总局	2004

标准号	名称	发布机关	实施日期
GA60 －93	便携式炸药检测箱技术条件	公安部	1994 －01 －01
GA/T71 －94	机械钟控定时引爆装置探测器	公安部	1994 －07 －01
防护类			
GA69 －2007	防爆毯	公安部	2007 －06 －01
GA667 －2006	防爆炸复合玻璃	公安部	2007 －01 －01
处置类			
GA/T142 －1996	排爆机器人通用技术条件	公安部	1996 －10 －01
GB12662 －2008	爆炸物解体器	国家质检总局	2009 －08 －01
管理类			
	民用航空安全检查设备的使用许可程序规定	民航总局公安局	2004

表 2　可供参考的相关标准

标准号	名称	发布机关	发布日期
GA423 －2003	防弹盾牌	公安部	2003 －09 －01
GA293 －2001	警用防弹头盔及面罩	公安部	2001 －08 －01
GA420 －2008	警用防暴服	公安部	2008 －04 －01
GA422 －2003	防暴盾牌	公安部	2003 －09 －01
GB/T2812 －2006	安全帽测试方法	国家质检总局	2007 －07 －01
GB/T20991 －2007	个体防护装备 －－鞋的测试方法	国家质检总局	2007
GB/T20097 －2006	防护服 －－一般要求	国家质检总局	2006
GB6722 － 2003	爆破安全规程		
JB/T 10351 －2002	超高压水切割机产品标准		2002

2. 国外

美国的 HSSP 正在建立国土安全标准体系，防爆标准为其中的一部分。根据查询检索，国外标准以防护与处置类居多，如北约标准与美国军标中有很多涉及未爆炸军火处置和排爆防护设备的标准，其中 STANAG 2920 和 MIL－STD－662F 是目前国际上防护用品抵抗爆炸冲击性能测试中主要采用的标准。国外涉及检查类的标准较多，而有关炸药探测的标准相对较少。HSRC 的《2007 Homeland Security Equipment and Software Standards Review》报告有与防爆相关的标准 58 个（目录见附表），如图 1 所示，微量炸药探测标准 2 个，X 检查标准 15 个，金属检查标准 3 个，爆炸装置处置与防护类标准 34 个（主要是美国军标和 NATO STANAG），DHS 强制标准 4 个。

除 HSRC 报告中列出的标准外，其它组织制定的标准如 NIJ 制定的相关标准及技术指南对我国防爆标准制定有重要参考价值，如表 3 所示。

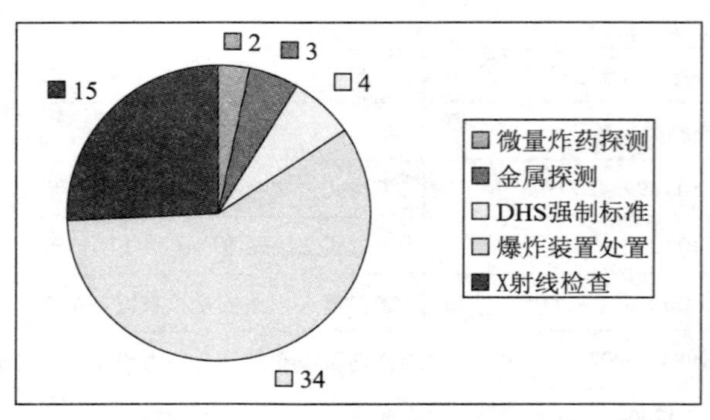

图 1　HSRC 报告中的防爆标准分布

表3　其它国外相关标准及技术指南

类别	文件号	名称	说明
微量炸药探测	NIJ Guide 100－99，1999	Guide for the Selection of Commercial Explosives Detection Systems for Law Enforcement Applications	给出了微量炸药探测设备的试验方法和确定探测下限、漏报率、误报率、通过速率等参数的程序
X 射线检查	NIJ Standard 0603.01，2007	Portable X－Ray Systems for Use in Bomb Identification	代替 1975.7 的 NILECJ STD 0603.00
成像探测	NIJ Guide 602 － 00，2001	Guide to the Technologies of Concealed Weapon and Contraband Imaging and Detection	针对包括毫米波成像在内的多种技术
金属探测器	NIJ Standard 0602.02，2003	Hand－Held Metal Detectors for Use in Concealed Weapon and Contraband Detection	代替 2000 年 9 月 NIJ Standard － 0602.01 和 1974 年 10 月 NILECJ － STD － 0602.00，国外产品多采用
	NIJ Standard 0601.02，2003	Walk － Through Metal Detectors for Use in Concealed Weapon and Contraband Detection,	代替 2000 年 9 月 NIJ Standard － 0601.01 和 1974 年 10 月 NILECJ － STD － 0601.00，国外产品多采用
防护服	NIJ Standard 0101.06，2008	Ballistic Resistance of Body Armor	代替 NIJ 2005 Interim Requirements 和 2001 年 NIJ Standard － 0101.04 Rev. A
防护服	STANAG 2920	BALLISTIC TEST METHOD FOR PERSONAL ARMOUR MATERIALS AND COMBAT CLOTHING，2003	国外产品采用最多的标准
	MIL－STD－662F：国防部试验方法标准	V50 BALLISTIC TEST FOR ARMOR	国外产品多采用
	UK/SC/4697	The Ballistic Testing of Fragment Protective Personnel Armours and Materials ［S］.	英国产品采用
处置类	STANAG 2897：AEODP －7，2004	EOD EQUIPMENT REQUIREMENTS AND EQUIPMENT	
机器人	DHS 和 NIST	STATEMENT OF REQUIREMENTS FOR URBAN SEARCH AND RESCUE ROBOT PERFORMANCE STANDARDS，PRELIMINARY VERSION MAY 13，2005	排爆机器人可参考

3. 国内外新标准制定情况

国内，公安系统的标准化技术委员会已制定出《基于离子迁移原理的痕量毒品/爆炸物检查仪》、《X 射线透视人体藏物（毒）检查设备通用规范》标准，并正在准备制定“排爆服”等相关防护标准；此外还修订了《爆炸物解体器技术条件》标准，涉及货运（大通道）X 射线安全检查设备技术要求的相关标准也已列入立项范围。

国外相关标准在不断更新与完善，以适应技术与产品的发展。如近年来炸药探测技术发展迅速，新设备不断出现，国外加强了相关标准的研究，有关排爆机器人、X 射线 CT 爆炸物探测设备、人体 X 射线安检设备等的标准在制定中。

目前 OLES 研究中的防爆相关标准包括排爆机器人标准、排爆机器人人机界面标准、排爆服标准、非接触探测设备标准、临时爆炸装置失效技术标准、液体炸药探测设备标准、微量炸药探测设备标准、可疑粉末采样标准、爆炸物探测设备校准标准、防弹服标准和设备用户指南与选择/维护指南；ASTM 正制定有关城市搜救机器人和炸药探测方面的标准；制定中的 ANSI 标准包括《ANSI N42.44 X 射线成像行李安检系统的性能与评价》、《ANSI N42.45 X－CT 安检系统图像质量评价》、《ANSI N42.46 车辆/货物射线成像安检系统性能测量》、《ANSI N42.47 人员射线成像安检系统性能测量》。

三、防爆产品的相关合格评定概况

我国目前对防爆产品的合格评定工作尚在起步和探索

阶段，尚未形成以第三方合格评定为技术支撑的市场准入制度。因此，需要尽快制定我国的防爆产品合格评定标准，研究相关评定方法，提高防爆产品的检测能力，建立防爆探测类产品检验样品库和检测平台。

（一）相关机构概况

1. 国内防爆产品检验机构

目前国内已通过国家实验室认可且有一定权威性的机构有：

（1）国家安全防范报警系统产品质量监督检验测试中心（北京）

（2）国家安全防范报警系统产品质量监督检验测试中心（上海）

（3）中国民用航空总局航空安全技术中心

（4）中国兵器工业防弹器材质量监督检测中心

还有一些国家法定检验机构也具备了与防爆产品检验相关的一定业务能力，如：

（1）国家民用爆破器材质量监督检验中心

（2）国家安全生产淮北民用爆破器材检测检验中心（煤炭工业淮北爆破器材产品质量监督检验中心）

（3）国家安全生产徐州劳动防护用品检测检验中心

（4）国家安全生产武汉劳动防护用品检测检验中心

（5）国家安全生产劳动保护检测技术中心

（6）国家安全生产上海劳动防护用品检测检验中心

2. 国外防爆产品检验机构

目前，一些发达国家都设有与防爆产品相关的技术评价机构，负责相应的产品评价工作。最著名的合格评定机构是原属美国 FAA、现属于国土安全部（DHS）交通安全局（TSA）的技术中心（TSL），负责进入美国市场的所有炸药探测设备的检测认证和相关标准的制订。公安部一所的 AT 真实双能量自动探测设备就通过了美国 TSL 的检测。

（二）合格评定工作开展现状

1. 国内

目前，国内用户方和管理方都越来越重视防爆产品的检测和评价，主要的生产商也大都将产品送到相应的检测机构进行检验。但由于相关的法规和标准不够健全和完善，目前仅有民航总局的检验机构对该行业所使用的防爆安检设备进行了较为有效的合格评定。包括公安系统在内的其它相关检验机构已开展的大多数检测均为委托性检验，采用的标准也多为企标或企业提供的技术文件，检测项目大都由企业委托指定，因此出具的检测报告不能完全满足用户的有效采纳及其获得充分信任的需求。

目前，国家和相关行业的产品质量主管部门都未将防爆产品列入强制性产品认证目录和自愿性产品认证目录。

2. 国外

美国政府将防爆产品纳入反恐法规规范的范畴，于 2002 年发布扶持有效技术支持反恐法案（安全法案），为合格的反恐技术（无论是产品还是服务）供应者提供了重要的法律保障。安全法案的目的是通过提供法律保护鼓励新的、创新的反恐产品与服务的发展和应用，范围包括产品、服务、软件及其它智力产品形式，供应者可通过指定与认证两种形式获益。

第二部分：《防爆技术标准体系》

一、防爆技术标准体系（图）

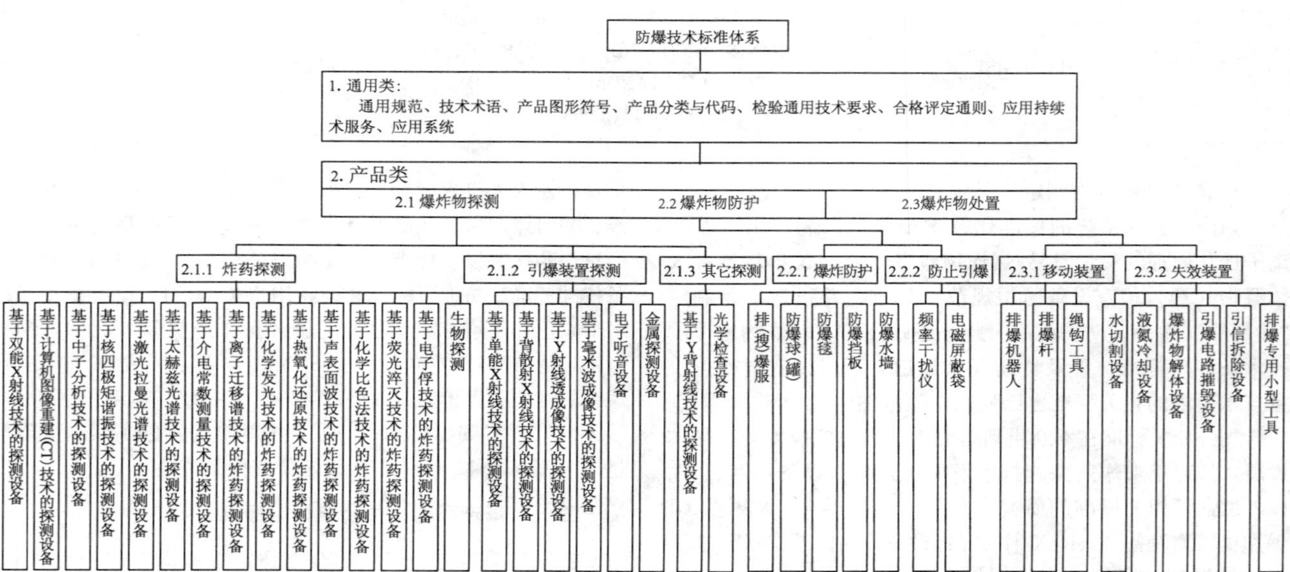

二、防爆技术标准体系编制有关问题说明

（一）基本情况

防爆技术标准体系研究这一科研课题是由中国安全防范产品行业协会承担的公安部重点攻关计划项目。项目立足于充分调查研究基础，编制了《防爆技术标准体系》（以下简称“标准体系”）。

《防爆技术标准体系》的3个层面中，第一层为通用基础类层面，主要由通用规范、技术术语、产品图形符号、产品分类与代码、检验通用技术要求、合格评定通则、应用技术服务、应用系统8大部分构成；第二层为产品门类层，这一层又再分为大门类与小门类，大门类分为爆炸物探测、爆炸物防护、爆炸物处置三个部分，小门类由炸药探测、引爆装置探测、其他探测、爆炸防护、防止引爆、移动装置、失效装置7部分构成；第三层是细目类层，由相关产品类别标准及相应的检测细则构成。

（二）编制原则及相关问题处理

根据GB/T 13016《标准体系表编制原则和要求》的要求，在对行业技术现状和未来发展进行调查研究的基础上，参考国内有关行业标准体系表，对防爆专业现行技术标准进行了归纳和整理。通过查阅美、德、英、俄、日、加等国防爆安检产品的相关标准以及合格评定规则等资讯，结合我国对防爆安检产品应用实际，按照“全面成套、层次恰当、划分明确、科学合理”原则，对防爆专业分门类、分细目地确定了我国防爆技术标准体系的基本框架和具体内容。

我国防爆技术标准体系研究，重点突破了以下几个主要难点：

一是解决了标准体系的整合问题；

二是确认了标准体系横向分类和纵向层次划分的问题；

三是在标准体系构建中给出了一批标准明细。

（三）标准体系的框架结构、层次和明细表

防爆技术标准划分为：防爆技术标准中通用类标准、防爆产品类标准。

1. 通用类标准：此类标准为防爆行业基础类通用标准，也是当前实际工作中急需的标准。它包括：对通用规范、防爆行业术语、图形符号、产品分类与代码等标准；对产品安全性、电磁兼容性、环境适应性、功能性能等的基本要求与试验检测方法；对防爆产品生产管理、质量管理、市场准入管理及应用管理的要求；防爆安检系统工程的管理程序；应用场所多种手段的系统运用规范；系统检测、验收以及运营的规范；根据防爆安检产品的特点，又特别增加了对试验用标准样品的管理标准。

2. 防爆产品类标准：此类标准是防爆技术标准体系中的主要组成部分。它包括：爆炸物探测、爆炸物防护、爆炸物处置三类产品。在爆炸物探测类中又分为炸药、引爆装置和其它探测三类；爆炸物防护类分为爆炸防护和防护引爆装置两类；爆炸物处置类分为移动装置和失效装置两类。在上述分类基础上，各自构成产品标准及检测细则。

（四）需要说明的问题：

1. 本体系中给出的标准明细主要是从防爆应用的角度考虑的，在今后制定具体标准时，要综合考虑其综合探测能力，再确定如何制定。

2. 本体系中的“应用系统”是指为了满足某种特定的防爆需求而形成的相关防爆产品的有机集成。

3. 本体系的门类层中“其它探测”是指以探测外形、包装物和填充物等为主的技术方法或手段。

4. 本体系细目类层列出的为该类产品的类称，不特指具体产品的实际名称。

第三部分：《防爆产品合格评定的通用技术规则》和两种产品检测实施细则

一、防爆产品合格评定的通用技术规则

1. 范围

本标准规定了防爆产品在合格评定工作中应遵循通用要求及评定模式。

本标准适用于第三方对防爆产品的合格评定。

2. 规范性引用文件

下列文件中的条款通过本标准的引用而成为本标准的条款。凡是注日期的引用文件，其随后所有的修改单（不包括勘误的内容）或修订版均不适用于本标准，然而，鼓励根据本标准达成协议的各方研究是否可使用这些文件的最新版本。凡是不注日期的引用文件，其最新版本适用于本标准。

GB/T 27000—2006 合格评定 词汇和通用原则（ISO/IEC 17000：2004，IDT）

GB/T 27050.1—2006 合格评定 供方的符合性声明 第1部分：通用要求（ISO/IEC 17050：2004，IDT）

3. 术语及定义

GB/T 27000－2006确立的以及下列术语和定义适用于本标准。

3.1

防爆产品 prevent exploding product

利用一定的技术手段探测、防护、处置爆炸物的设备。

3.2

对象 object

符合性声明中所特指的产品。

4. 合格评定目的

合格评定至少应达到下列目的：

a）使用者能够在市场上更好地选择；

b）提供者能够通过证实符合性更有效地获得市场的认可；

c）为行业管理者提供更有效的技术支持。

5. 评定对象

评定的对象为防爆产品。

6. 基本原则

6.1 评定实施主体

评定实施主体应是有国家相应认可资质的第三方检验机构或认证机构。

6.2 评定模式

宜采用“供方符合性声明 + 型式试验 + 市场（工厂）抽样检验”模式，也可以根据实际情况选择采用其它模式。

6.3 评定依据

相关法律、法规、技术标准（规范）及合同或相关约定中的技术条款等。

6.3.1 合格评定对象应满足相关的国家或行业标准所规定的环境适应性技术要求。

6.3.2 含有电子部件或电子装置的合格评定对象，至少应满足国家或行业相关标准规定的电器安全性、电磁兼容性、电源适应性等技术要求。

6.3.3 含有辐射源、放射源及激光的合格评定对象，应该满足国家或行业相关标准规定的辐射、放射剂量及激光的安全技术要求。

6.3.4 合格评定对象涉及机械结构和外观要求的应满足国家或行业机械产品标准中的通用性要求。

6.3.5 合格评定对象涉及易燃、难燃、阻燃材料的应满足相应的国家或行业标准中的通用性要求。

6.3.6 合格评定对象涉及防腐、防潮、防锈蚀、防霉变等要求应满足相应的国家或行业标准中的通用性要求。

6.3.7 合格评定对象的外观、铭牌、标识等要求应满足相应的国家或行业标准中的通用性要求。

6.3.8 合格评定对象包含火工品的部件或装置应满足国家或行业标准中的相应技术要求。

6.3.9 合格评定对象包含化学物质的部件或装置应符合国家或行业标准中的相应技术要求。

6.3.10 合格评定对象的本体和配套使用的技术文件涉及图形符号或计量单位的应满足相应的国家或行业标准中的通用性要求。

6.3.11 合格评定对象的包装、储存、运输等要求应满足相应的国家或行业标准中的通用性要求。

6.3.12 其它涉及国家或行业有强制性规定的评定项。

6.4 评定方式

委托方可以委托第三方检验机构或认证机构进行合格评定。委托方应与第三方检验机构或认证机构签订相关合同，并经双方达成共识后方可开展合格评定工作。评定过程应按照合格评定实施主体或委托方指定的评定模式实施。评定结果应以规定的形式给出。

7. 符合性声明基本要求

7.1 责任

在符合性声明中，供方可以引用第一方、第二方或第三方出具的评定结果作为支持性文件，也可以引用政府相关文件作为支持，但不应作为减少供方责任的解释，也不能减免供方对声明对象符合规定要求所承担的责任。

7.2 内容

符合性声明的出具方应确保声明包含足够的信息，使符合性声明的接受者能够识别该声明的出具方、符合的标准或其他规定要求，以及代表出具方签署声明的人员。

符合性声明至少应包含以下内容：

a）符合性声明的唯一标识；

b）符合性声明出具方的名称和联系地址；

c）符合性声明对象的识别特征（例如：产品名称、型号、类型、生产日期或其他的附加信息）；

d）对符合性的陈述；

e）符合性声明对象应满足国家或行业强制性标准，在没有国家标准或行业强制性标准的条件下，符合性声明的提供方应根据国家或行业相关的法律、法规、委托方的需求及行业管理技术文件制定相应的企业标准；

f）出具符合性声明方代表的姓名、职务、签字以及日期和地点；

g）所涉及的管理体系的引用信息；

h）所涉及的合格评定机构的认可文件的引用信息；

i）已获得的证书、注册或标志的附加信息；

j）符合性声明有效性的任何限制条件。

符合性声明中应对声明对象的符合范围进行界定，对合格评定结果文件的引用不应错误表达结果的实用性，也不应误导符合性声明的接受者。

7.3 标记

如果在产品上施加标记以表明具有符合性声明，出具方应对该标志负相关责任，且该标记的式样或格式不应使该标记与其他标志混淆。该标记应能追溯到符合性声明。

7.4 合格评定结果的持续有效性

合格评定结果的持续有效性应符合 GB/T 27050.1—2006 中第10章的规定。

8. 型式试验基本要求

8.1 目的

为了验证符合性声明对象是否满足符合性声明中引用的相应技术标准的要求。

8.2 检验机构资质

实施型式试验的检验机构应具备国家实验室能力认可资质。

8.3 检验依据

应以符合性声明中引用的相关技术标准（规范）为型式试验依据。

8.4 检验结果

在完成型式试验后，应出具书面检验报告。

9. 市场（工厂）抽样检验

9.1 目的

为验证符合性声明对象是否持续满足符合性声明中引用的相应技术标准的要求。

9.2 方式

合格评定主体按照约定，到市场（工厂）实施抽样。抽样样品的检验应由合格评定实施主体指定的检验机构实施型式试验。

9.3 评价

在完成型式试验后，应出具书面的抽样检验报告。

10. 综合评定

合格评定主体应根据本标准规定的评价模式和约定条款，给出证明其符合或不符合的证明文件。

二、微剂量X射线安全检查设备检测实施细则（内容略）

三、离子迁移谱技术的痕量炸药探测仪检测实施细则（内容略）

第四部分：《防爆产品信息数据库》及网络运行平台

一、防爆产品数据库设计说明

（一）任务概述

收集掌握国内外防爆产品相关情况，建立产品数据库。

（二）系统简介

1. 系统基本构架

该数据库平台为基于社会公共网的B/S结构系统，在服务器端采用微软的SQL数据库及IIS信息发布服务器，程序方面采用ASP编写。

用户随时随地可以通过互联网登录该平台，进行数据查询信息交流不受地域和时间的限制。数据库及Web服务器采用独立IP地址的方式接入互联网。

数据库组成

该数据库的数据信息以产品和供方信息为主，还包括政策法规、行业动态、国内外新产品新技术、供求信息、合作信息、专家信息等与防爆产品相关的行业信息。

2. 系统功能

包括以下功能：所有信息的增、删、改、查；产品和供方信息的统计、报表；产品分类管理；专家信息管理；用户分级授权；管理员的角色和权限分配；数据安全管理；其它基本信息设定；交流平台

3. 系统用户

系统对用户采用严格的分级授权机制，确保信息的安全和保密性。

用户分为两大类：使用型用户和管理型用户。

使用型用户包括：普通用户、供方用户、内部用户。

注：各用户类型定义见《用户手册》。

管理型用户：超级管理用户、普通管理员、信息录入人员等。

根据用户分类不同，具有不同的操作、浏览权限。

使用型用户与其相应的浏览权限表（内容略）

管理型用户与其相应的操作权限权限表（内容略）

管理型用户可以被同时赋予多个角色，同时具有多个角色的操作权限。比如，可以为某一用户同时指定“产品和供方信息录入人员”和“行业相关信息录入人员”，则此用户既可以录入和维护产品、供方信息，又可以录入和维护行业相关信息。

超级管理员可为用户设置不同的角色及权限，实现了功能控制权限。

（三）数据库设计

数据库采用MS SQL SERVER设计制作。主要包含的表及其关系如下（具体表结构请参考“DataDictionary. xls”）：供方信息表、产品信息表、产品类别表、文献信息表、文献类别信息表、专家信息表、用户信息表、管理员信息表、角色信息表、权限信息表

其中，产品、供方、产品类别之间的关系如下：

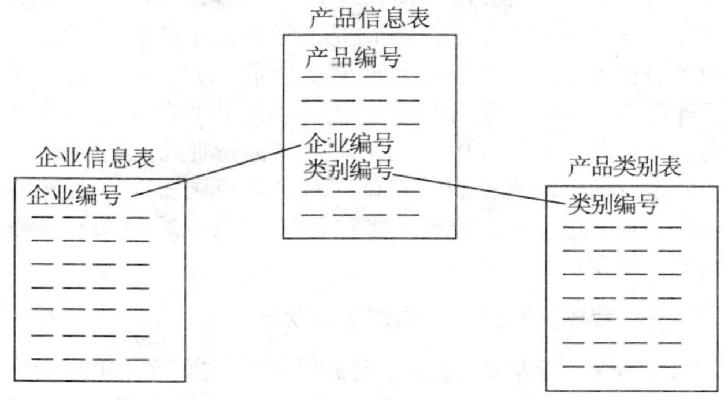

各表之间通过相应的对应关系联系在一起，可以实现各种查询、统计功能。

（四）前台页面结构

1. 主要结构如下图：

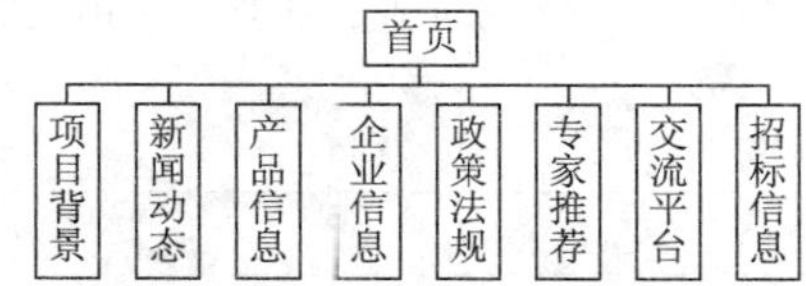

2. 信息搜索

提供了产品信息查询、供方信息查询、文献查询、专家信息查询等功能。

其中，产品信息可以按类别、制造商、商标、规格、型号、地域等项查询。

供方信息，可以按照供方名称、商标、国家（地区）、地域、供方性质等属性查询。

文献信息可以按照标题、简介、关键字、作者等信息进行查询。

专家信息可以按照姓名、职称、专业、单位等信息进行查询。

3. 信息限制

可以根据用户级别不同显示不同的内容。

（五）后台管理

除了信息的增\删\改，还具有丰富的查询统计功能。具有完善的权限控制机制。

二、防爆产品数据库使用手册（略）

第二十二章　当前我国安防产业发展现状、问题及对策

中国安全防范产品行业协会战略组

近年来，伴随着国民经济的持续快速发展和社会的进步，在政府“平安建设”、“奥运会”、“世博会”等重大工程项目的带动下，我国安防市场需求旺盛，安防产业发展明显提速，生产企业、工程企业、服务企业等都有了长足的发展和进步，但由于受到世界金融危机的影响，也出现了外销急剧滑坡、业内竞争加剧、部分中小企业生存状况恶化等问题。下面以中国安全防范产品行业协会近几年开展的企业抽样调查资料为基础，对目前我国安防产业发展现状、问题进行初步分析，并对2010年及今后的发展趋势提出展望和几点对策建议。

一、我国安防产业发展的主要状况

我国安防行业发展快速，已初具规模。据2008年初步统计，目前我国安防企业[①]达到近3万家，从业人员超过了100万人。一是产品生产企业，约达到10000多家，从业人员约40万人；二是具有一定规模的工程设计、安装、集成企业，约12000家，从业人员约30万人；三是报警运营服务，约3000家企业，从业人员约20余万人；四是各种经销商、代理商、中介服务，约5000家企业，从业人员10万人左右。

2008年行业总产值达到2000亿元左右，比2005年增长1.5倍，年均增长26%。其中，2006年、2007年分别达到了1050和1400亿元，增长率为30%以上；2008年达到了1700亿元，增长率为22%左右；2009年预计达到2000亿元，增长率为18%左右。其中，视频监控系统产品发展最快，年增长率为30%左右，在电子类安防产品中占据了约1/2的份额。

从调查的555家企业（下同）来看，2008年与2007年相比，主营业收入增长率为22%。其中，生产企业增长23%，工程企业增长20%，销售企业增长8%，软件及系统集成企业增长25%。

企业实力不断增强，企业资产达到了一定的规模和水平。2008年被调查企业中，拥有总资产平均为6916万元，比2007年增长18%。其中固定资产为1495万元，增长16%，流动资产5045万元，增长22%。在调查企业中，软件及系统集成企业规模最大，平均总资产达到了1亿元以上；其次为生产制造企业，平均达到了8980万元；再次为工程企业，平均达到4280万元；最后为销售企业，平均为1590万元（见表1）。

表1　调查企业资产统计表

		2007年平均值（万元）	2008年平均值（万元）	增长
调查企业	资产总计	5889	6916	18%
	其中固定资产	1290	1495	16%
	流动资产	4108	5045	22%
生产企业	总资产	7530	8980	19%
	其中固定资产	1984	2305	16%
	流动资产	5250	6430	22%
工程企业	总资产	3608	4280	19%
	其中固定资产	528	610	16%
	流动资产	2930	3460	18%
销售企业	总资产	1350	1590	18%
	其中固定资产	187	229	22%
	流动资产	1160	1360	17%
软件及系统集成企业	总资产	9530	10750	13%
	其中固定资产	2300	2640	15%
	流动资产	6360	7280	15%

[①]：包括视频监控、防盗报警、可视对讲、出入口控制、防爆安检、实体防护、报警运营及其他。

经济效益稳定增长，利润率止跌企稳。调查资料显示，2008年企业实现了利润与收入同步增长，与2007年相比，毛利润额增长了24%，高于收入增长2个百分点。其中，生产企业毛利润增长了25%，占总收入的比重为24.4%，与2007年基本持平；工程企业毛利润增长了27%，占总收入的比重为24.5%，与2007年相比略有提高；销售企业毛利润增长了6%，占总收入的比重为15%，略低于2007年水平。利润率止跌企稳，说明近年来安防行业经济效益不断下滑的状况开始有所好转，但销售企业由于市场渠道受到多方挤压，经济效益情况不够理想，市场份额仍在逐步萎缩。

一批龙头企业迅速崛起，产业集中度快速提高。近年来，一批骨干企业脱颖而出，成为了行业龙头，有的通过上市、联合、并购等运作手段迅速发展壮大，形成了大型现代化企业集团的雏形。2005年除了少部分实体防护企业规模较大外，其他安防企业总收入很少能超过1亿元，而目前超过1亿元的企业已达到了100多家，有的达到了10亿甚至20亿元以上，此外还有大量的成长性企业跨入了5千万到1亿元的中等规模行列，产业集中度有了较大提高。在2008年调查企业中，总收入超过1亿元企业所占比重为17%，而获得的收入却占了80%的比重。

企业人员素质提高，科技创新投入力度大。在市场需求不断提升、产品技术更新步伐加快的大背景下，安防企业普遍重视人员队伍的建设与培养，从2008年被调查企业看，从业人员中拥有本科以上学历的占了34%，拥有高级职称的占了5%。科技研发投入一直保持较大力度，2008年技术开发费用占总收入的比重（R&D）达到了3.6%。其中生产企业为5.1%，高于全国平均水平，总体达到了国家高新技术企业（R&D）4%~6%的要求。企业发明及专利数量也较前几年有了较大的增长。

产品出口继续保持增长，比重有所下降。2008年调查企业产品出口额达到了43亿元，比2007年增长23%；在出口企业中，2008年出口产品交货值占总收入比重为20%，比2007年下降2个百分点。

市场应用范围愈来愈广泛，政府（部门）、金融等传统领域应用仍保持较大比重。一是应用较早的传统领域如政府（部门）及公共场所、金融、文博等市场规模进一步扩大；二是近年来交通、社区家庭、文化、教育、医疗、军队、体育、能源、工矿企业等迅速升温并形成了一定规模；三是“平安城市”建设项目开始往二、三级城市延伸发展。据2008年资料，调查的10大领域市场比重为：金融22%，政府部门21%，交通13%，社区13%，公共场所8%，工矿企业7%，教育7%，能源4%，文博3%，卫生医疗2%（见图1）。

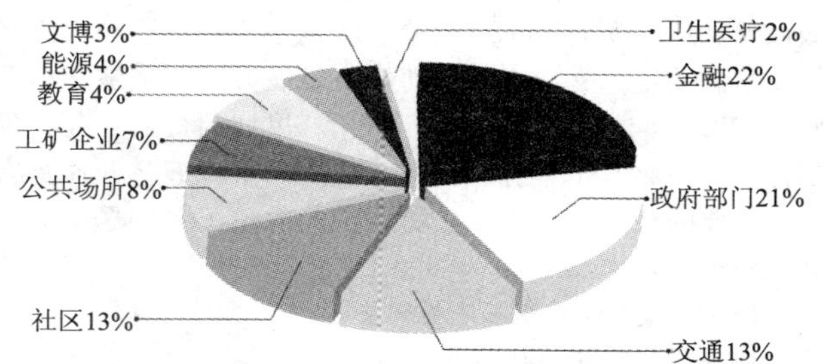

图1　2008年10大领域市场比重

二、存在的主要问题

2008年以来，我国安防产业经历了一个不规则的U字型发展过程。2008年上半年仍然延续了2006~2007年快速发展的态势，保持了约25%的发展速度；下半年由于金融危机爆发，行业发展速度下滑，但由于经济、项目发展的延续性，许多订单在上半年就已经签定，总起来看2008年金融危机对行业的影响程度不大。而进入2009年以后，情况就发生了显著的变化，上半年呈现出了“断崖”式的下降，行业经济景气度一下降到了多年的最低点，尤其是出口业务下降较快，初步估计2009年全行业减少出口贸易额约在30亿~50亿元，致使一些以出口为主的企业生产陷入了停滞甚至到了破产的边缘，这一状况在2009年下半年才开始逐步有所好转。从今后行业发展情况分析，面临的主要问题有：

（一）安防行业发展在一定程度上仍将受到金融危机的影响

由于世界经济形势刚刚开始好转，在我国危机的影响也未能完全消除，因此安防产业与全国经济情况一样，还需要一段恢复发展的过程。其中，尤其是对外出口贸易还需要艰难爬坡，预计2010年出口市场将能够从“负”转“正”，但增长率不会太高。从目前情况看，出口贸易要完成行业“十一五”规划的任务目标，具有较大难度。

（二）市场增速趋缓，热点不足

目前，影响行业快速发展的“平安城市”试点建设、北京奥运项目等已经结束，上海也即将进入“后世博”时代。因此，总体来看，今后安防市场增长将由短期“热点”带动转变为“长线”需求增长为主，尤其是在市场规模较大的情况下，实现较高的增速难度加大，可以说30%以上的增速时代将一去不复返了。对此，行业上下应有清醒的认识。

（三）行业竞争将会更加激烈

近年来，行业竞争主要表现为争夺不断扩大的市场“蛋糕”份额，随着产业要素的变化，今后竞争内容和方式将发生一些重要转变。第一，随着行业内大型企业集团的增加，市场集中程度不断提高，不仅对新增市场争夺激烈，而且整个市场格局都存在重新划分的可能，中小企业市场余地越来越小；第二，行业中存在大量模仿和跟进的情况，重复项目上马太多，产品质量参差不齐，将会加重行业性的恶性竞争，甚至导致重新“洗牌”。

三、对策建议

为巩固和增强经济回升向好的势头，刚刚结束的中央经济工作会议确定2010年我国经济建设工作的基本方针为：“保持宏观经济政策的连续性和稳定性，继续实施积极的财政政策和适度宽松的货币政策，特别是要更加注重提高经济质量和效益，更加注重推动经济发展方式和经济结构调整"。2010年是实施行业"十一五"规划的最后一年，发展情况对完成"十一五"任务、做好"十二五"开局具有十分重要的意义。下面结合安防行业的情况和问题，提出几点对策建议：

（一）大力推进产业结构调整

目前我国安防设施正处于推广、普及及大规模建设阶段，对于设施的效能、应用往往重视不够，安防服务业成为了"短腿"。因此应加大产业结构调整的力度，在政策、项目、资金等方面给予倾斜，促进报警运营服务、风险评估、施工监理、效能评估以及各类中介、咨询、培训、维修、维护等安防服务业的发展。其中，尤其是借助《保安服务管理条例》出台的时机，积极推动报警运营服务业的发展，逐步提高在产业中的比例。可喜的是，经过多年的摸索，河南、湖南、陕西等中西部地区在为行业、商铺、居民等报警运营服务方面开辟了很好的经验，如能总结推广，意义十分重大。

（二）培育新的市场增长点

在现阶段，国家相关政策、市场需求因素、企业技术产品等都在不断发生变化，因此应随着各种环境条件的改变，不断发掘和培育新的市场增长点。一是对国家重点投资建设发展快的领域如交通、房地产、能源、水利、电信等要重点跟进；二是继续在全国性"平安城市"建设活动、"数字化城市"改造中有针对地提出解决方案，寻求商机；三是积极引导社区、家居安防发展，在社会形成"消费安防"的概念，形成"大安防"的概念，培育长期需求；四是注重结合国家安全生产的要求，在工矿等生产企业中大力推广和普及安防应用。

（三）促进增长方式的转变

对安防行业来讲，促进增长方式的转变主要指促进由外延扩大为主到内涵扩大为主、由粗放经营到集约经营方式的转变。一是要长期牢固树立起转变增长方式的理念，增加紧迫感，不能再走依靠简单外延扩张实现增长的老路；二是要加强自主创新，尤其是加强制约行业发展的关键技术的创新，要加强科技创新的规划、组织、协调和管理，避免出现大量重复跟进式的所谓"创新"活动，从而将有限的资源组织起来，起到"事半功倍"的效果；三是要尽快了解、熟悉和纳入国家科技创新支持体系，有条件的企业争取在政策、资金、项目等方面获得国家科技部、发改委、工信部及各地政府部门的支持。

（四）坚定不移地开展国际合作与扩大对外贸易

开展国际合作与贸易，对我国安防企业学习借鉴发达国家先进技术与经验、提升壮大自己实力等都发挥着十分重要的作用。虽然从目前情况看，不少外向型企业暂时遇到了一些挫折，有的甚至造成了较大的损失，但对已经具有良好开端的开展国际合作及开拓国际市场之路绝不能轻言放弃。随着世界经济的企稳回暖，国外市场将逐步恢复，世界市场格局也将面临新的调整，总体来讲随着"中国制造"产品质量的提高，国际需求将朝着有利于中国企业的方向转变，出口将呈现由恢复性增长到加快发展的趋势。需要注意的是，在今后出口贸易中，不要仅仅追求简单的市场恢复和扩大，还要加强产品品牌意识，在总结经验的基础上重新进行市场定位，逐步扩大品牌产品市场份额，减少 OEM 产品的比重。

恒亿电子

专业音视频编解码设备制造商

共享安防科技，引领技术创新

恒亿公司简介

恒亿电子是中国安防技术有限公司（英文简称CSST，是一家同时在纽约证券交易所和纳斯达克迪拜上市的公司。股票交易代码：CSR。）旗下安防制造板块的全资子公司，是专业从事音视频编解码技术研发及产品制造的高新技术企业。

恒亿电子一直奉行“稳定压倒一切”的原则，长期致力于数字图像处理、音视频编解码技术的研究创新，不仅享有完全自主知识产权的核心算法，还拥有近十年为国内外客户提供音视频处理方案的丰富经验,其自主研发视频合路转换芯片已经取得国家发明专利。现在恒亿电子已经建立了包括嵌入式硬盘录像机、网络视频服务器、视音频压缩卡、解码卡等全数字视频监控产品在内的完整的视频产品体系，是集研发制造批量生产为一体的安防主流应用产品优质设备供应商。

恒亿系列音视频编解码产品广泛应用于国内外金融、电力、邮政、军队、公安、交通、水利、监狱、商场、宾馆、码头、车站等行业及场所，其质量深受用户好评，市场占有率位居国内同行业前茅。连年入选“中国安防知名品牌”、“中国安防企业五十强”、“中国国家社会公共安全产品博览会金鼎奖”、“平安城市建设推荐品牌”、“中国安防企业百强”、“中国行业十大民族品牌”、“中国安防十大新锐产品”、“CPS编辑推荐奖”等。

作为安防制造（中国）有限公司恒亿事业总部，恒亿电子将以“共享安防科技，引领技术创新”为己任，服务社会，回馈社会， 为平安中国、和平世界做出自己应有的贡献。

地址：武汉市东湖高新技术开发区关山一路1号
光谷软件园企业公馆A2栋

电话：027-87452733　传真：027-87809172
邮箱：hy-service@csst.com
技术支持：027-87408637 、400-6019-566
邮编：430033

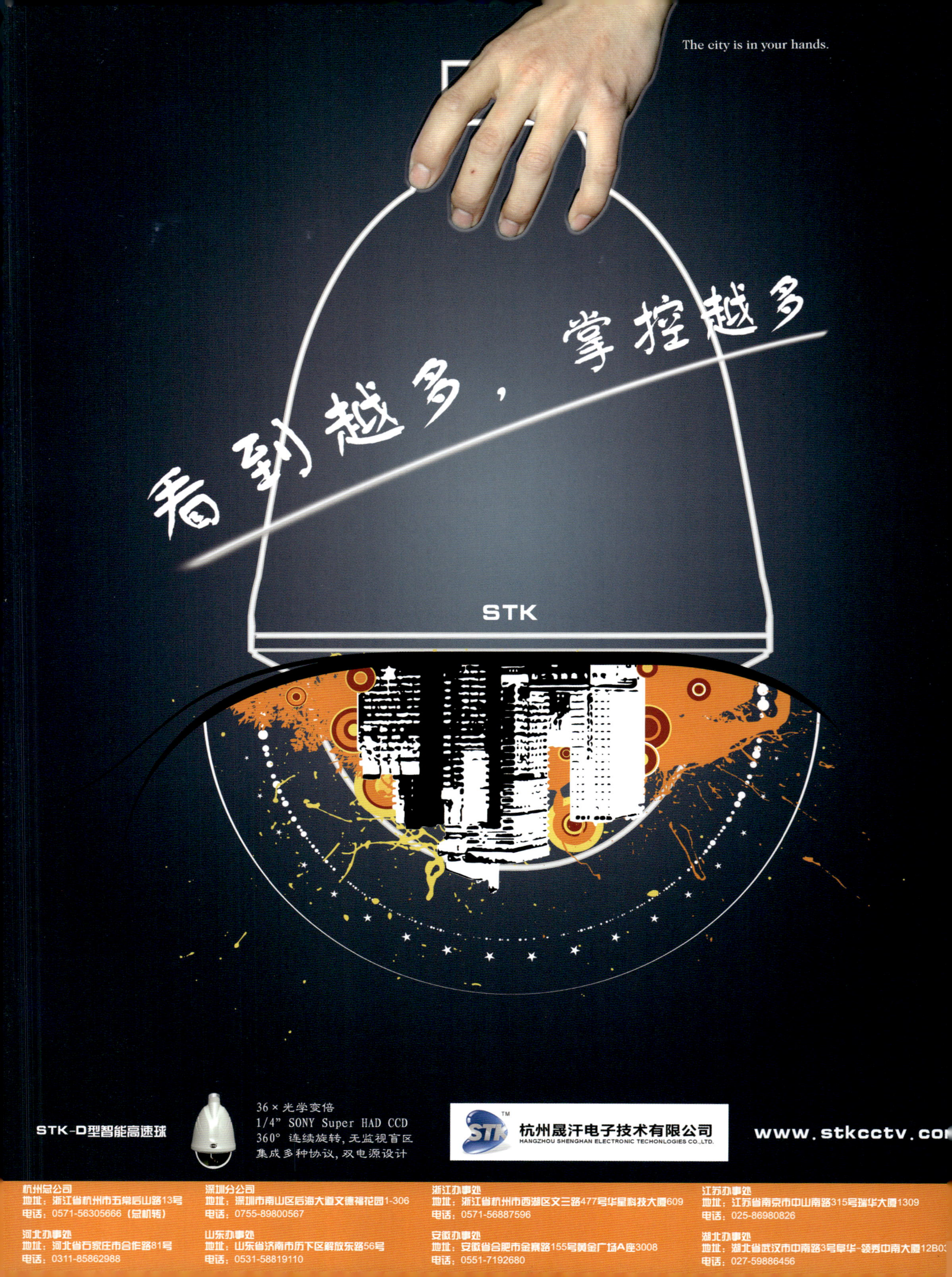

BOCOM
博康科技

南宁奥特数码科技有限公司

数字矩阵管理系统提供商

前端单元

从前端到中心一切皆是嵌入式

PTZ半球型网络摄像机 ANC-701

结构紧凑的PTZ摄像机，可提供全景画面和超快速PTZ控制，并始终保持高分辨率，不包含任何活动部件

- ◆基于高质量300万像素传感器及广角镜头的全景画面
- ◆超快速PTZ控制，3x数字快速变焦
- ◆无活动部件，告别机械磨损
- ◆采用逐行扫描，可获得更清晰的图像
- ◆支持M-JPEG和MPEG-4图像格式，最高帧速30帧/秒
- ◆支持以太网供电PoE(IEEE802.3af)
- ◆支持双向语音对讲，内置麦克风及音频侦测报警功能

固定网络摄像机 ANC-702

百万像素专业级网络摄像机，具有高品质图像质量

- ◆130万像素
- ◆在所有分辨率（最高可达640 x 480）条件下，帧速均可达到30帧/秒
- ◆可变焦DC光圈镜头
- ◆采用逐行扫描，可获得更清晰的图像
- ◆同时支持M-JPEG和MPEG-4
- ◆支持以太网供电(IEEE 802.3af)
- ◆具备1路报警输入和1路报警输出，可连接门禁传感器和继电器等外部设备

网络视频服务器 AT-6000M

AT-6000M系列是为高靠性和网络应用而研发的数字硬盘录像系统，它采用了先进的H.264视频压缩算法，以及业界少有的嵌入式ROTS操作系统平台，支持最多24路实时编码及录像；适合金融、交通、电信、公安等对可靠性以及网络性能有要求较高的行业使用

功能特性

- ◆采用嵌入式ROTS操作系统平台，系统资源占用极低，稳定可靠
- ◆采用H.264算法纯硬件压缩，支持最高可达D1的视频分辨率
- ◆具备多级权限管理机制和操作员交接班机制
- ◆完善的系统日志功能
- ◆完善的报警联动功能
- ◆系统采用固化电子存储介质，具有极高的可靠性
- ◆不受病毒威胁

服务单元

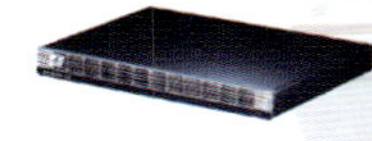

从前端到中心一切皆是嵌入式

网络存储服务器 AT-6000NVR

基于以太网的iSCSI/NAS的海量存储设备，为企业提供高性能经济的网络存储方案

功能特性

- ◆支持多种视频格式
- ◆支持QCIF/CIF/DCIF/4CIF/D1等多种分辨率
- ◆支持主流厂商的视频编码设备
- ◆采用高性能工业级硬件平台，优化的控制程序，具备强大的IO处理能力
- ◆单模块支持6T存储空间，可动态扩展存储容量

管理服务器 AT-6000MS

管理服务器(Management Server)，主要实现对系统进行数字流量控制、命令转发、系统调度等功能

功能特性

- ◆采用嵌入式Linux操作系统平台，稳定可靠
- ◆采用工业级硬件结构设计，适合长时间运行
- ◆无端口漏口，不会受病毒攻击
- ◆强大的系统管理功能
- ◆支持最大级联数，横向32级、纵向8级
- ◆RS-232控制接口

媒体处理服务器 AT-6000MP

媒体处理服务器(MCU)，主要的功能是对数字视频流进行控制、转发以及在管理服务器的协调下进行网络负载均衡

功能特性

- ◆采用嵌入式Linux操作系统平台
- ◆支持H.264(MPEG-4 Part 10)
- ◆支持QCIF/CIF/DCIF/4CIF/D1分辨率
- ◆支持视频压缩码率16K~6M可调
- ◆运用多线程技术，并发和吞吐能力强大
- ◆具备优秀的网络负载均衡性能
- ◆单台MCU支持128路DCIF格式的视频同步转发
- ◆支持横向32级，纵向8级的MCU级联
- ◆单路图像最多可并发1024路

WEB服务器 AT-6000WB

WEB服务器(Web Server)的功能是为分布广泛的用户提供更友好的浏览器界面

功能特性

- ◆支持多操作系统
- ◆可定制的用户界面
- ◆与认证服务器一起配合使用，具有完善的安全管理及用户权限认证功能
- ◆支持单点登陆功能
- ◆支持多种浏览器

控制单元

从前端到中心一切皆是嵌入式

主控终端 AT-6000CT

主控终端(Control Terminal)，主要的功能是系统配置、数字矩阵输出控制等

功能特性

- ◆采用嵌入式Embedded XP操作系统平台，稳定可靠
- ◆支持对128台解码终端的管理和配置，可配置4608个画面(128*36)输出
- ◆支持QCIF/CIF/DCIF/4CIF/D1分辨率
- ◆支持多种画面分割形式：1/4/6/9/12/16/25/36
- ◆支持16：9宽屏模式
- ◆支持远程录像、远程回放、远程下载功能
- ◆支持语音对讲功能，同时支持对讲队列
- ◆支持远程录像、网络PTZ控制、图像与报警信息联动
- ◆支持同一设备多画面或多台设备多画面轮巡显示

GIS及报警工作站 AT-6000GS

地理信息及报警工作站(GIS And Alarm Workstation)，主要的功能是提供图像、报警点与地理信息的联动

功能特性

- ◆采用嵌入式Embedded XP操作系统平台，稳定可靠
- ◆支持地图多级矢量放大
- ◆完善的报警日志功能
- ◆支持与报警点建立可视语音双向对讲
- ◆支持对报警点的图像进行放大和远程PTZ控制
- ◆提供编辑模块，方便用户自定义地图及报警点
- ◆支持同时最多1024个报警量
- ◆支持同时36路报警图像显示和对多个报警视频图像进行切换

输出单元

从前端到中心一切皆是嵌入式

解码终端 AT-6000MD

解码终端(Matrix Decode Terminal)，主要的功能是对基于网络数字视频流进行解码后输出至显示设备

功能特性

- ◆采用嵌入式Embedded Xp操作系统平台，稳定可靠
- ◆支持H.264视频流格式的解码输出
- ◆支持多种画面分割模式：1/4/9/12/16/25/36
- ◆支持16：9宽屏模式
- ◆支持多种编码分辨率：QCIF、CIF、DCIF、4CIF、D1
- ◆采用VGA或者RGB端口输出，保真度高，输出分辨率最高可达1080i
- ◆支持多达128台的解码终端级联

南宁奥特数码科技有限公司
地址：南宁市桂春路6号广西人民出版社三楼
电话：0771-5523300　5523311
传真：0771-5523488
邮箱：autok21@sina.com
网址：www.Avbus.com.cn

深圳公司
地址：深圳市益田路6009号新世界商务中心910室
电话：0755-23982582
传真：0755-23982583

广州公司
地址：广州市天河软件园建中路66号佳都商大厦东塔603A
电话：020-85525571
传真：020-85571056

济南晨光安防用品市场

济南晨光安防用品市场是由济南晨光纸业有限公司主办，有济南晨安商贸有限公司经营管理，投资800万元兴建的专业安防用品市场。由济南市公安局、济南市质量技术监督局、天桥区工商局监管的目前全国规模最大的安防市场。是济南市安防协会副理事长单位，国家安防协会理事单位。2007年被中国质量万里行山东市场调查部确定为调查、调研基地。

济南安防用品市场于2000年创建以来，经过多年的艰苦创业和不懈的努力，目前已有盼盼、飞云、铸诚、飞乐、美心、王力、新多、群升、开喜、盛富来、金大、星月神、飞鹰、立林、赛克新威等100多家知名品牌的产品入住市场。市场凭借其规范的管理，使入住市场的生产商和经销商在此获得了良好的经济效益和社会效益，赢得了广大消费者的认可。是山东省安防产品的主要集散地，在华东地区和全国都有一定的影响。

济南晨光安防用品市场自开业以来在省公安厅、市公安局技防办、市质量技术监督局、市工商局和中国安防协会的指导下，市场得到了健康快速的发展。在全国安防行业有较大的影响。中国安防协会的两任理事长曾多次到济南晨光安防用品市场视察指导工作，对市场所取得的成绩给予了充分的肯定。2003年以来晨光安防用品市场先后五次被评为济南市规范化文明市场，2007年被山东省精神文明办公室、山东省工商管理局评为山东省规范化文明市场。2008年济南晨安商贸有限公司被山东省消费者协会等十四家单位评为山东省消费者满意单位。

济南晨光安防用品市场现有营业面积5000多平方米，仓储面积7000多平方米，市场总占地面积30000多平方米。市场南侧是晨光物流市场周边是成熟的商业群。北邻济南长途汽车总站，南距火车站不足一公里，地理位置十分优越。今年市场扩建改造新增3000平方米营业房即将俊工,正在火热招商。

欢迎全国各地的防盗门、电子监控、楼宇对讲、锁具、保险柜、消防器材等安防产品的生产商、经销商入住本市场，共图事业的发展。

地址：山东省济南市济洛路158号　邮编：250031　电话：0531—88321781

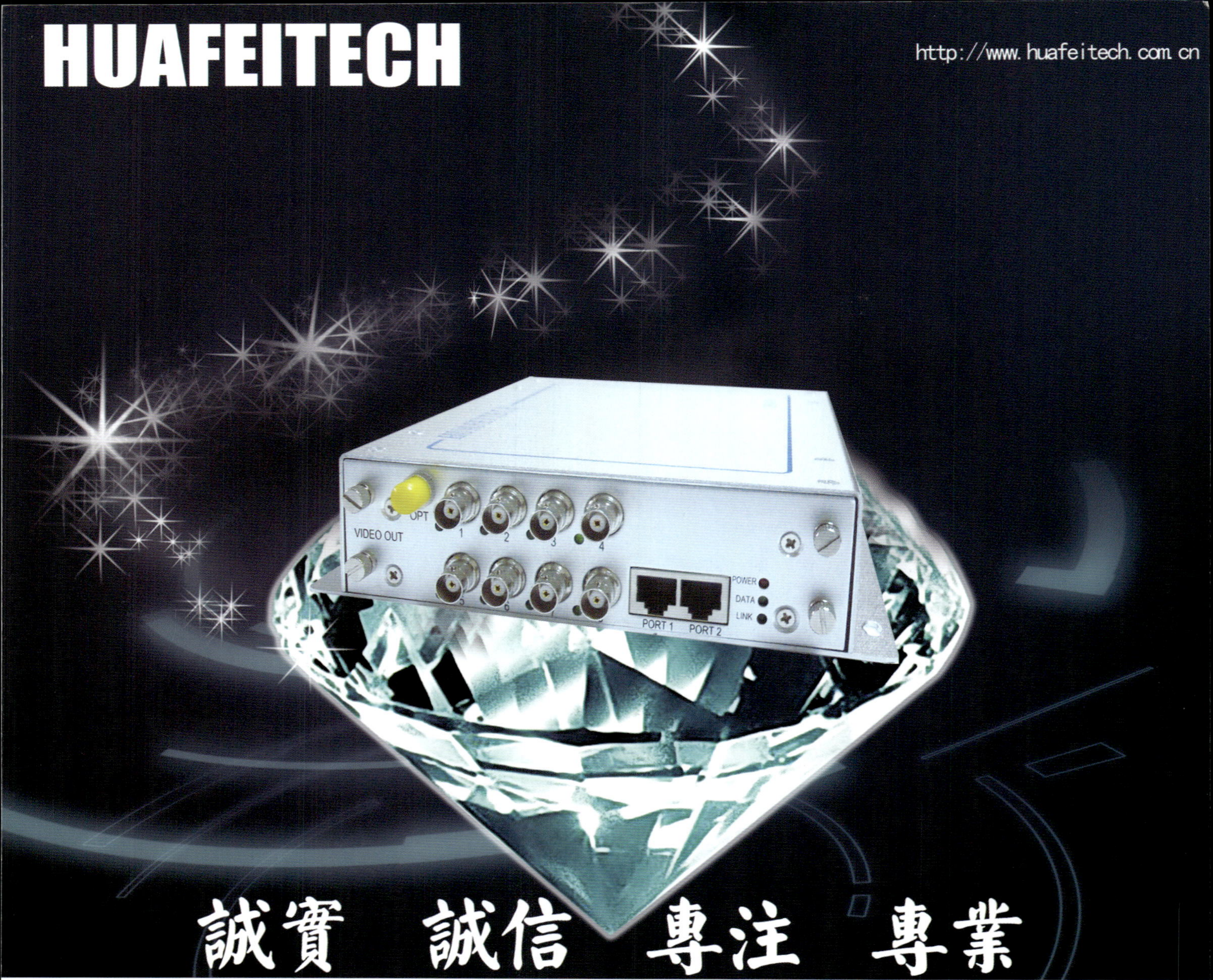

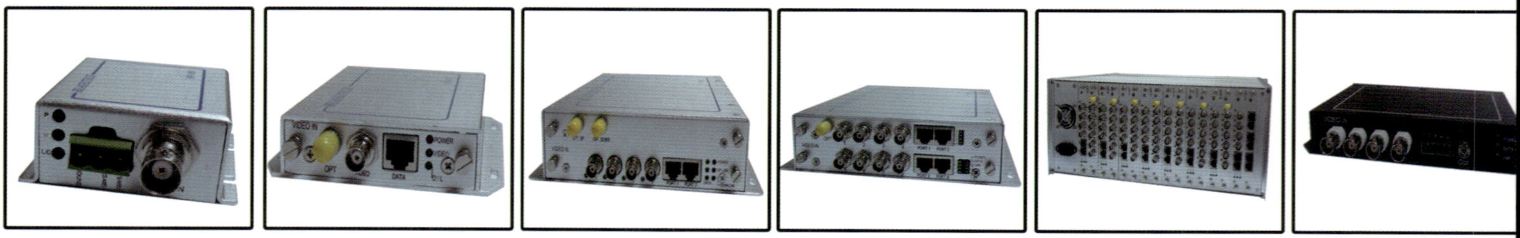

微波系列

TC-10系列微波入侵探测器

TC-10系列微波入侵探测器采用现代最先进平面微带阵列式天线，微带型双向平衡混频器等技术构成其核心。运用可靠性电路设计和电磁兼容设计，使整机性能、技术都达到国际上同类产品的先进水平，具有工作稳定可靠，无升温、无频漂、耗电低、误报率低、性能无褪变等特点。

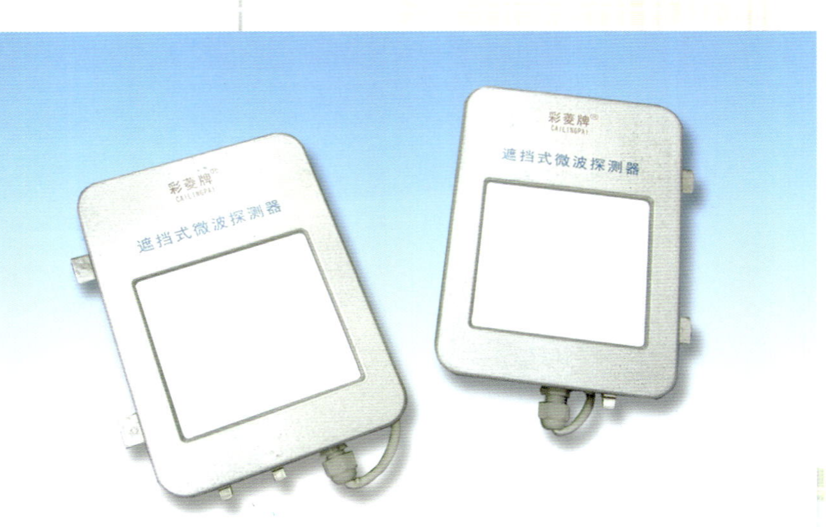

ZD-76系列防遮挡微波探测器

该装置采用平面微带及平面陈列天线技术，场效应管介质振荡器，环境自适应控制电路，经过严密的线路设计，严格的防雨防潮防震动设计和严格的工艺处理，不仅可用于室外，也可用于室内通道或周边防范。

ROISCOK

中国防盗 深圳汇沣

我们不仅仅提供智能防盗，
更是提供一种与时俱进的文化，
一种崭新、高雅、科学的生活方式

为您提供专业的设计方案，优质的售后服务

超长质保期解决您的后顾之忧

最长可达6年

深圳市汇沣电子有限公司

地址：深圳市宝安区龙华民治第三工业区4栋5楼

电话：0755-81753600 传真：0755-81753630 网址：www.roiscok.com

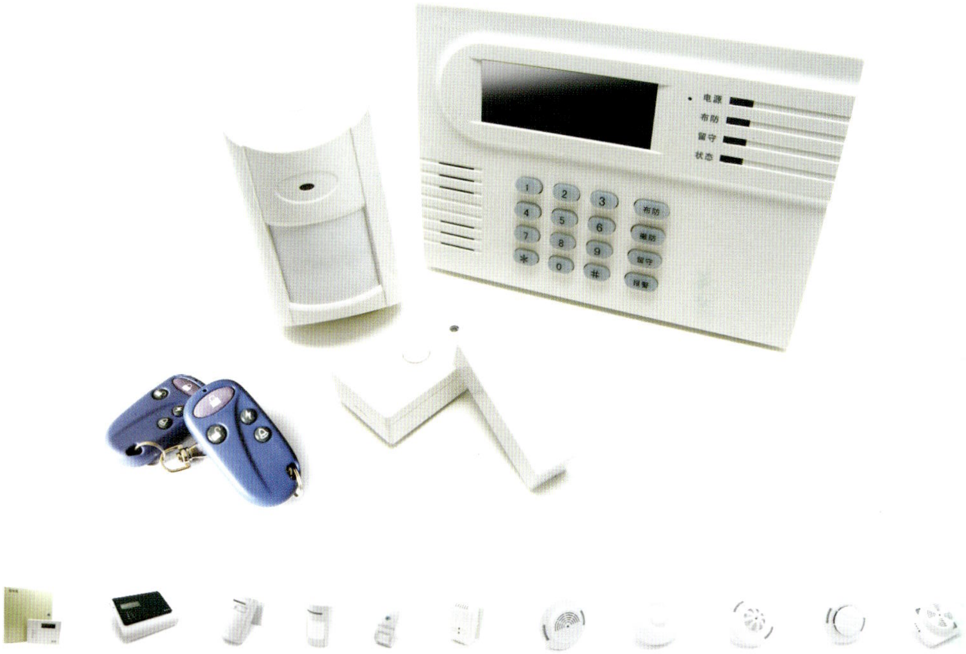

成都理想科技开发有限公司

Chengdu Ideal Technology Development Co., Ltd.

成都理想科技开发有限公司是一家以安全技术产业为发展方向，集安防产品研发、生产、销售以及联网报警运营服务为一体的高新技术企业。公司在安全技术产品研发制造方面的技术沉淀已经有近二十年历史，主持起草了中国公共安全行业标准《城市监控报警联网系统管理标准》，是目前中国少数具有完全自主知识产权的报警系统专业制造企业之一。

公司的"神眼"牌产品以联网报警系统为主线，包括联网接警中心机、接警中心软件、报警控制器和入侵探测器系列产品。这些产品可与国外品牌兼容，具有良好的互换性。产品通过了国家"3C"强制性产品认证、通过了CE认证、通过了ISO9001国际质量体系认证。

公司位于成都现代工业港占地面积17亩。公司以"让社会更安全"为使命，秉承"发展现代民族保安产业、打造联网报警中国特色"的经营理念，致力于"打造中国联网报警第一品牌"。长期以来通过潜心研究和实践积累，已经形成了一整套可操作的联网报警运营服务的理念、思路、方法和技巧。公司自己直接经营三家联网报警运营服务公司，目前在全国使用"神眼" 牌产品的报警中心有五百多家，取得了良好的经济和社会效益。

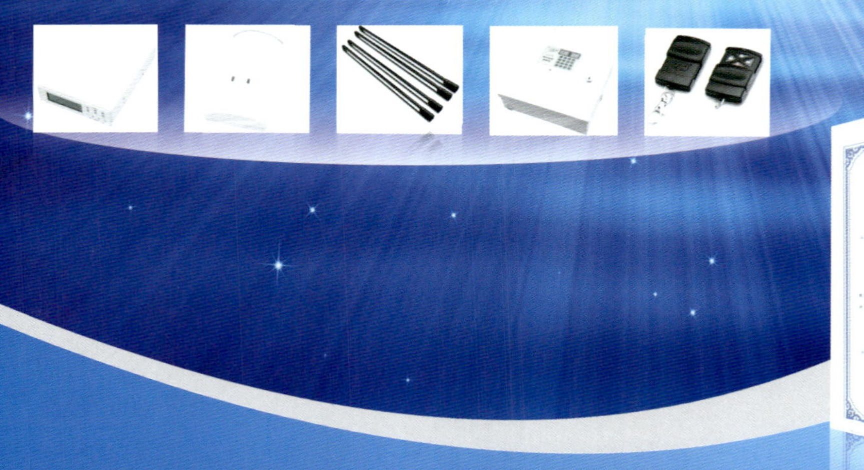

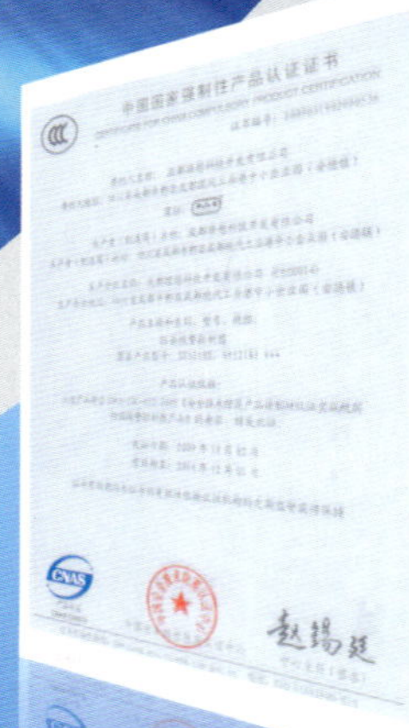

公司地址：成都现代工业港安德镇永兴西路180号
邮编：611732　　电话：028-87868880
传真：028-87868881　　Http://www.cdlxkj.com

协安机电

XIE AN JI DIAN

广州市番禺协安机电安装实业有限公司是一家专业的安防、智能化系统工程公司。公司成立于1996年，注册资本510万元，现有员工100多人，其中大专以上专业技术人员及开发人员60多人，公司自有办公场地1600多平方米。现拥有壹级《广东省安全技术防范系统设计、施工、维修资格证》，是中国安全防范产品行业协会常务理事单位、广东省公共安全技术防范协会理事单位，并通过ISO9001:2008质量体系认证。

公司拥有众多优秀的工程设计及技术人员为客户提供最优的工程方案；我们选用的产品技术先进，性能稳定，质量可靠；施工队伍素质精良，工作认真严谨；我们的工程及产品均提供良好的售后服务及技术支持，免除了客户的后顾之忧。因此，赢得了广大客户的信赖与支持，客户遍布省内、外各地。

我们秉承诚信可靠的优良传统，始终坚持顾客至上的服务宗旨，以团结、实干、开拓、进取的精神，不断谋求更大的发展。

公司面貌：

公司大堂

公司一角

公司业务部

公司演示厅

工程项目：

黄埔军校旧址

系统包括：闭路监控、防盗报警、声音复核、通讯、报警联动灯光。

广汽本田汽车有限公司

系统包括：闭路监控；防盗报警；巡更管理系统。

广州市南沙中华总商会大厦

系统包括：监控、防盗、门禁管理、停车场管理、巡更管理、可视对讲、智能楼宇集成管理、楼宇自控、办公自动化、有线电视、综合布线、计算机网络、机房工程。

番禺中银大厦

系统包括：监控、防盗、巡更管理、门禁管理系统。

地址：广东省广州市番禺区市桥禺山大道233号　邮编：511400

电话：020-84898544　传真：84808508　E-Mail：pyxiean@163.com

专业提升品质　品质创造价值

山东中安科技有限公司位于山东的硅谷——济南高新技术产业开发区的齐鲁软件园内，是一家致力于为工业与民用建筑及智能交通等行业提供数字化、智能化、信息化等全方位建设与服务的高新技术企业。

公司与国内多所大学的实验室开展密切合作，本着创新、实用的原则，不断成功的推出了多项科研成果，并承担了政府的多个科研项目。公司凭借雄厚的研发力量、技术优势以及丰富的工程施工经验为智能建筑、智能交通、市政建设、环境保护等行业提供工程项目的规划、设计、概算、及工程的实施、维护等一系列系统集成服务，具有安防工程设计、施工（一级）等相关资质。公司业务涉及公、检、法等政府机关以及金融、交通、教育、电信、电力、邮政、房地产等诸多领域。

业务范围

系统集成事业部

1、 综合布线及计算机网路系统工程
2、 电视监控系统工程
3、 安全防范系统工程
4、 通信系统工程
5、 广播会议系统工程
6、 灯光音响、舞台设施系统工程
7、 智能卡系统工程
8、 车库管理系统工程
9、 物业管理综合信息系统工程
10、信息显示发布系统工程
11、智能化系统机房工程
12、智能化系统集成工程

智能交通事业部

1、闯红灯抓拍系统
2、高清道路卡口抓拍系统
3、移动测速抓拍系统
4、动态交通违法取证系统

近期部分精品工程

1、 山东潍坊市平安城市安防工程
2、 山东临清平安城市安防工程
3、 山东商河温泉度假基地综合安防工程
4、 山东济青高速公路综合车辆管理工程
5、 济南市血液供保中心安全防范报警系统工程
6、 山东日照机动车检测监控项目
7、 山东省法院法庭监控项目
8、 中国邮政集团公司山东省分公司监控工程
9、 中国邮政储蓄银行山东省分行监控工程
10、中国农业银行山东省分行监控工程
11、山东经济学院校园综合治安监控工程
12、山东省农科院会议系统

地　址：济南高新开发区齐鲁软件园大厦1012室　　电话：0531-88870688/988　　网址：www.zazn.net

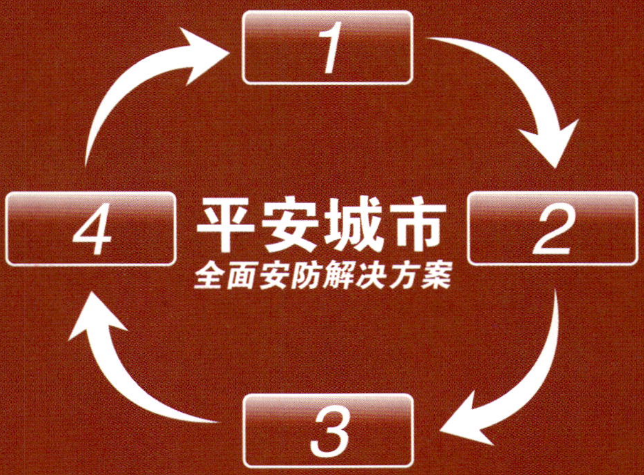

北京国铁华晨通信信息技术有限公司

北京国铁华晨通信信息技术有限公司(即中国铁路通信信号集团公司通信信息事业部)是中国铁路通信信号集团公司全资子公司，公司注册于北京中关村高科技园区，是2008年度园区优秀企业之一。为国家批准的、拥有信息产业部系统集成一级资质认证的高新技术企业,通过GB/T9001认证、GB/T1400认证、GB/T28001认证,还通过了CMMI3的认证。并获得安防工程一级资质证书；国家保密局颁发的涉及国家秘密的计算机信息系统集成(安防监控单项)证书。公司产业定位在通信、信息领域，致力于发展铁路、地铁轻轨、运营商、专网、大型企业集团等领域的通信信息技术，主营通信信息系统集成、系统研发以及相关的产品提供和技术服务。目标市场分为：铁路、城市轨道交通、铁通、卫通及其他专网和集团企业。公司具有大型通信信息网络项目系统设计、软硬件开发、工程实施及网络维护的丰富经验。主营产品有铁路线路视频监控系统、高速铁路综合视频监控系统、应急救援指挥系统、铁路电务信息管理系统、铁路GSM-R短信系统、铁路GSM-R SIM卡管理系统、IP智能通信系统、列车移动补票系统、号线资源管理系统、OA系统、铁路财务会计管理信息系统、铁路资金结算信息系统、项目管理系统、铁路资源监控系统等。公司发展的指导思想：按照集团公司的统筹考虑，在轨道交通领域发挥公司在通信及信息系统方面的技术优势。致力于轨道交通，在铁路地铁轻轨等领域的专业通信系统、运输信息系统、计算机通信信息化产品进行研究，以安全、可靠、精湛的技术带动公司的发展，为顾客提供优质产品，不断增强顾客满意，不断创新不断进步。公司近几年承担并完成的项目有：新建青藏铁路格尔木至拉萨段线路视频监控系统集成；新建铁路北京至天津城际轨道交通通信、信号及牵引供电系统集成工程；沪汉蓉通道合武铁路通信信号牵引供电和电力供电系统集成工程总承包通信设备分包工程；20多个编组站视频监控工程。正在实施的项目有南京地铁一号线南延线工程通信系统集成项目；新建铁路武汉至广州客运专线通信、信号、牵引供电子系统集成分包集成项目。并与国内知名高校开展了广泛的技术合作,建立了"北大 - 华晨数字视频实验室"和"铁路视频监控技术规范验证实验室"。

公司80%员工具备大学本科以上学历，奉行"以人为本，尊重人才"的用人信念，通过组建高效、精干、务实的团队，并以现代高科技企业的经营理念和机制为基石，以人才为根本，以科技为基础，系统自主，开放联合，务求把最先进的技术和最完善的应用产品以最快的速度传递给客户，提供给客户最满意的应用，并与之共同分享成功的喜悦。

项目名称	项目性质
新建青藏铁路 格拉段线路视频监控系统	世界首次大规模铁路线路 视频应用
北京地铁四号线通信系统	通信系统集成，含视频 监控系统
编组站货运视频监控系统	国内首个全路性视频网络
客运站视频监控系统改造	国内首个全路性系统
北京南至天津高速铁路 通信系统	国内首条350Km/h 客运专线系统
武汉至合肥客运专线 通信系统	250Km/h客运专线 视频监控系统
武汉至广州客运专线 综合视频监控系统	350Km/h客运专线视频 监控系统

资质证书有：

高新技术企业证书；

北京中关村企业会员证书；

质量管理体系认证证书；

计算机信息系统集成一级企业资质；

安防工程企业一级资质证书；

AAA诚信优秀企业证书；

涉及国家机密的计算机信息系统集成 单项（保密安防监控）资质证书

CMMI DEV v1.2成熟度 等级三级

公司地址：北京市丰台区丰台东路11号　办公室电话：51877066　销售一部电话：51877078　销售二部电话：51877099
传真：51877199　邮编：100070　公司网址：http://www.gthccn.com　http://www.huachencn.com

北京市保安服务总公司

企業简介

北京市保安服务总公司（BSS）组建于1986年4月，是中国成立最早、规模最大的专业化保安服务公司之一，是首届全国“十佳”保安服务公司，曾荣获全国“五一”劳动奖状和首都劳动奖状，全国保安职业技能大赛团体第一名，北京安防行业AAA级诚信优秀企业，通过ISO9000质量管理体系认证，具备国家安防工程企业一级资质。作为政府指定的北京奥运会保安服务提供商，北京保安总公司配合公安机关圆满完成了奥运安保工作，并于2009年圆满完成国庆60周年安保任务。

经过20年发展，北京保安总公司构建了覆盖北京全市、人防与技防紧密结合的多元化保安服务体系，现有33家保安分公司，以及保安培训中心、保安装备器材销售中心，拥有员工8万余人，服务于人防客户6000余家、技防客户近13000家，业绩位居中国综合实力最强的保安服务企业前列。

BSS将安全技术防范服务作为优先发展的保安业务，不断提高保安服务的科技含量和管理水平，建立了与公安机关“110”报警中心联网的、全市规模最大的保安技防报警服务平台，充分发挥覆盖全市的人防力量优势，探索完善人防与技防有机结合的保安服务模式。

BSS致力于企业的规范化、信息化和现代化建设，构建面向世界、具有中国特色和首都特点的发展格局，努力为首都社会安全和经济发展做出更大贡献。

北京市委书记刘淇看望奥运安保保安员

北京市委常委、市公安局局长马振川接见全国劳动模范、首都十佳保安员谢海宝

北京市公安局副局长高煜为国庆安保保安员授旗

企业文化

技防工程人员精益求精

安检服务

接警指挥

回访客户

河北安防报警网络有限公司

简介

河北安防报警网络有限公司是从事安防工程设计、施工和报警监测服务的专业公司，拥有国内先进的网络报警监控平台、专业队伍和完善的服务体系。

公司2002年通过ISO9001：2008国际质量管理体系认证，具有建设部建筑智能化专业承包资质，河北省公安厅安防工程设计施工维修一级许可单位。

中国安全防范产品行业协会常务理事，河北省安全技术防范学会副理事长、深圳市安全防范行业协会副会长。

荣获2009年中国平安城市建设优秀安防工程企业。

荣获河北省2009年安防系统设计施工维修优秀工程商。

展示

报警监测

安装与维护

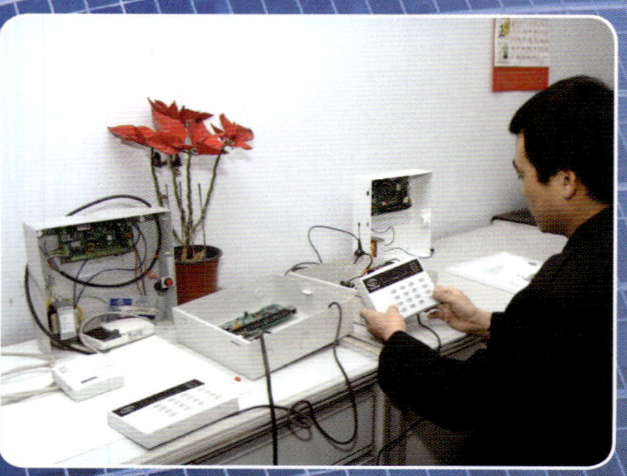

设备质检

客服中心

地址：河北省邯郸市邯山区黎明街12号　客服热线：4007079110　传真：0310-8273836　网址：www.hb-anfang.net　邮箱：hbanfang@163.com

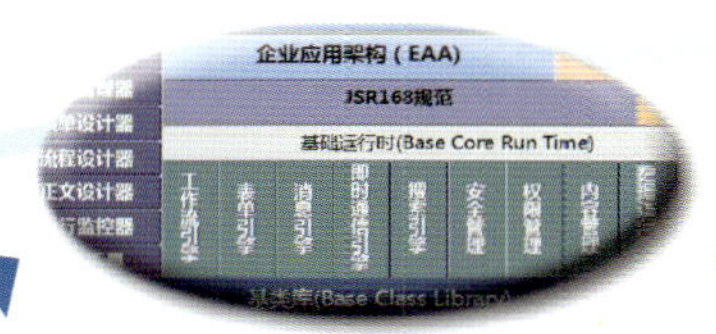

智能照明

智能数字安防

建筑智能化

智能交通

山东鲁光信息工程有限公司

SHANDONG LUGUANG COMMUNICATION ENGINEERING CO.,LTD

智能科技领航者　全运会场馆系统承建商

山东鲁光信息工程有限公司建于1989年，是集建筑智能化、软件开发与系统集成、智能数字安防、智能交通、智能照明等综合业务于一体的军转民高新技术企业,公司具有建筑智能化工程设计与施工一体化壹级和安全技术防范工程设计施工壹级资质，并通过ISO9001国际质量体系认证，是首批获得认定的高新技术企业和软件企业，现为中国安防协会理事单位，先后荣获安防行业十年开拓奖、3111工程推荐优秀工程企业、中国十大安防工程及服务商和平安城市建设推荐优秀安防工程企业、智能化金奖等多个奖项。

近年来承接大型智能化综合项目百余项，并成功承建了济南奥体中心智能化系统，为十一届全运会赛事的圆满进行起到了保驾护航的作用，公司也因此被授予“第十一届全运会重点工程建设特别贡献奖”。

典型工程

1 济南奥体中心
2 山东省博物馆
3 济南国际会展中心
4 山东省高速公路
5 中国银行山东省分行
6 山东大学
7 山东电力集团公司
8 铁道部中铁快运
9 济南市城市道路
10 济南市消防局

地址：济南市高新区伯乐路117号鲁光科技园
电话：0531- 81217888　81217666
邮编：250100
传真：0531-86519818
网址：www.sdluguang.com.cn
客户服务热线：0531-86519800　86519900

内蒙古华祺

科技有限公司

内蒙古华祺科技有限公司是专门从事消防设备、建筑智能化及安防工程施工的专业化公司，注册资金1000万元人民币，现有自治区建设厅核发的消防设施施工工程专业承包二级资质，内蒙公安厅颁发的安防工程设计施工资质二级，同时是中国安防协会的理事单位及内蒙安防协会常务理事单位、呼市安防协会的理事长单位。公司拥有经验丰富的工程设计、施工技术人员，具有先进的生产设备和施工技术管理水平，可为客户提供系统咨询、项目设计、施工技术培训、售后服务等全方位的服务。

自公司建立以来每年承揽多项报警监控系统工程、消防设施工程、建筑智能化系统工程等施工任务。积累了丰富的设计和施工安装管理经验，是内蒙古自治区消防设施、建筑智能化和安防工程专业承包类大型企业之一。多年来，公司以艰苦创业、开拓进取、团结奋进为宗旨，已发展成为一个经营规范化、人才专业化、产业多元化的高科技公司。

内蒙古华祺科技有限公司将本着“信誉第一、服务第一、用户至上”的理念，以高水平的设计、高质量的施工和完善的售后服务，与时俱进与社会各界同仁携手共创美好未来。

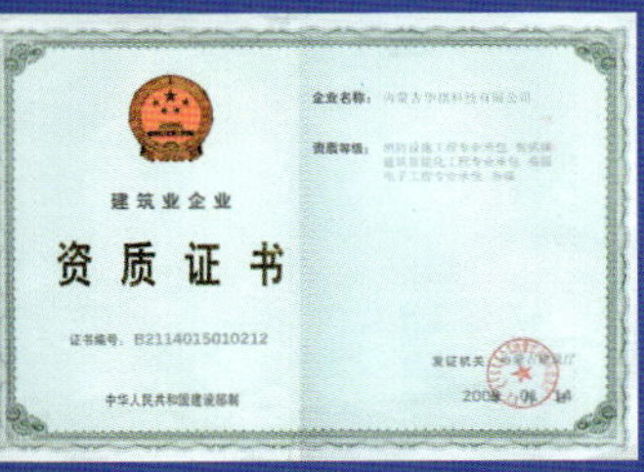

建筑业企业

资质证书

安全生产许可证

中国安全防范产品行业协会

理事证书

会员证书

经我会批准，你单位为我协会会员。

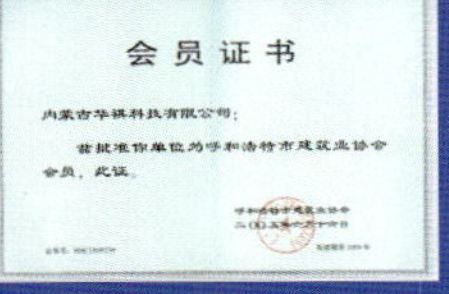

会员证书

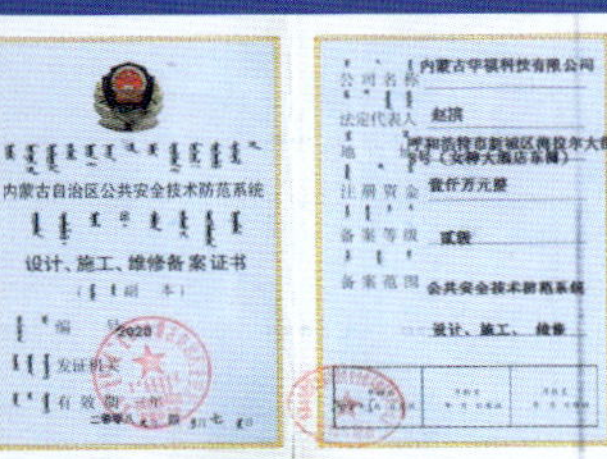

内蒙古自治区公共安全技术防范系统设计、施工、维修备案证书

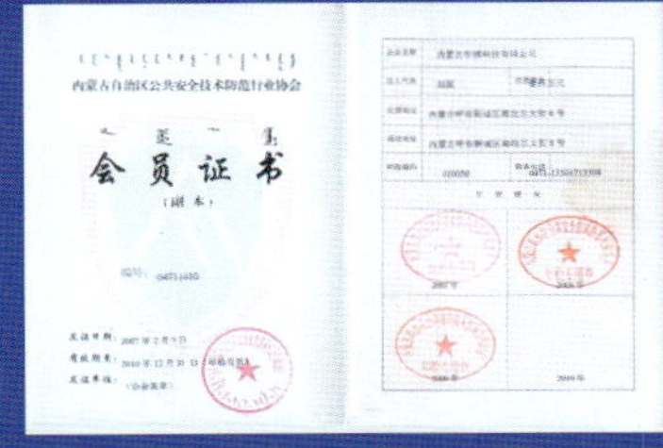

会员证书

金融机构营业场所和金库安全防范设施设计企业

登记证书

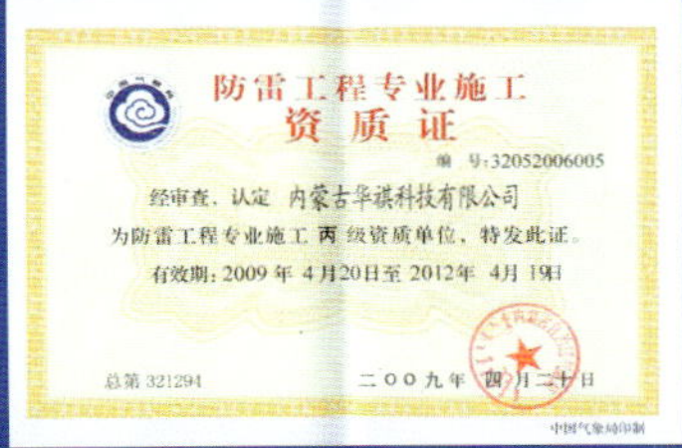

防雷工程专业施工

资质证

经审查，认定 内蒙古华祺科技有限公司

为防雷工程专业施工 丙 级资质单位，特发此证。

有效期：2009年4月20日至2012年4月19日

二〇〇九年四月二十日

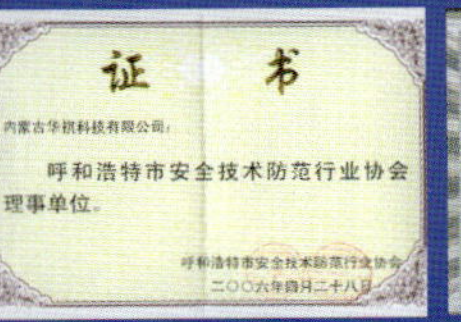

证书

呼和浩特市安全技术防范行业协会理事单位

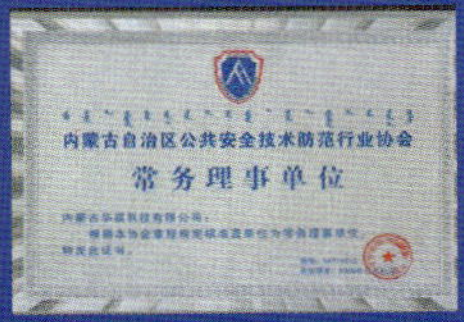

内蒙古自治区公共安全技术防范行业协会

常务理事单位

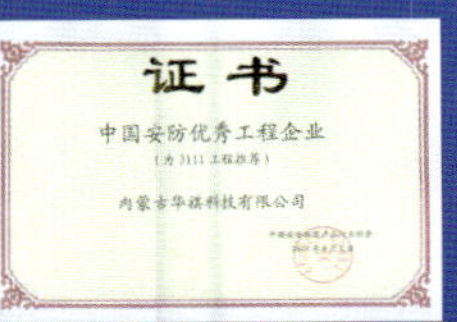

证书

中国安防优秀工程企业

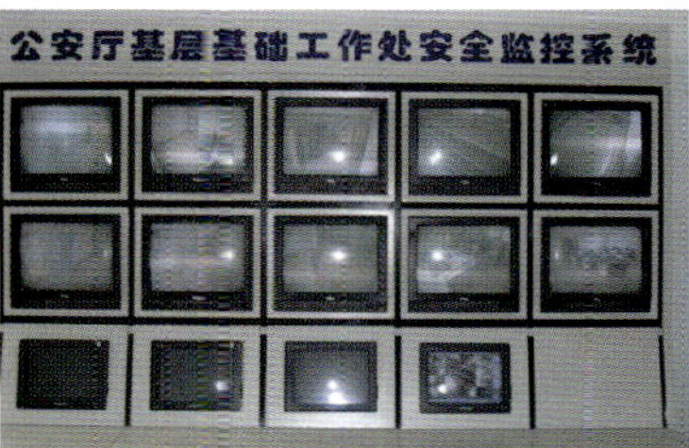

地址:呼和浩特市海拉尔大街8号　邮编:010051　电话:0471-6553901-7　传真:0471-6553910

创冠智能 深圳市创冠智能网络技术有限公司

深圳市创冠智能网络技术有限公司是专业从事计算机系统集成、智能化建筑为主的综合性系统集成商。经过不懈的努力，公司通过了ISO9001：2000质量认证体系，GB/T28001：2001职业健康安全管理体系认证，ISO14001：2004环境管理体系认证，并获得：国家建设部《建筑智能化工程专业承包壹级》资质、国家建设部《建筑智能化系统集成专项设计甲级》资质、国家信息产业部颁《计算机信息系统集成资质贰级》资质、国家保密局颁《涉及国家秘密的计算机信息系统集成资质》及《广东省安全技术防范工程设计、施工、维修资格证书（壹级）》资质。本公司以“创新为本、专业至冠”显经营理念，先后承担了多项国家大型系统集成项目，成为国家内重大信息系统总体设计和工程建设的主要承担者。

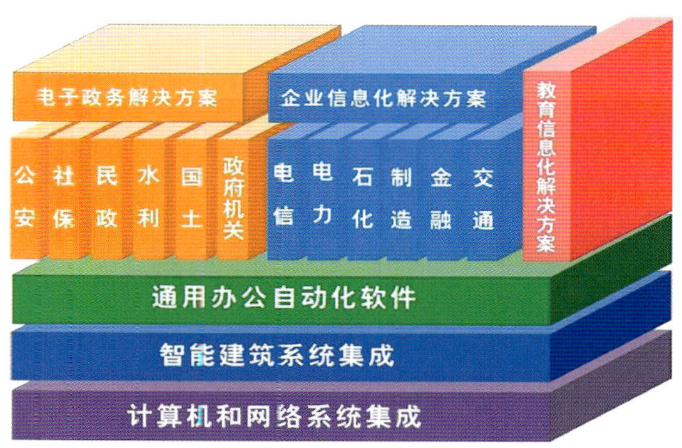

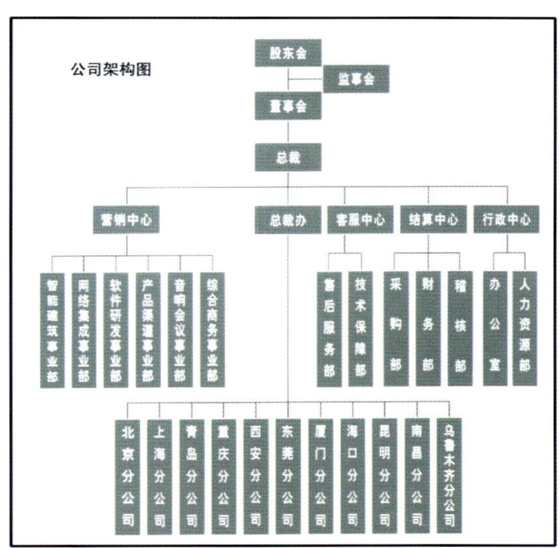

公司办公区一角

公司近年来主要业绩

青州市公安局

青州市城区治安监控及道路监控建设工程

城区治安及交通监控

中国移动通信集团公司北京培训中心

中国移动通信集团公司北京培训中心综合教学与会议楼房智能化系统工程

综合布线、计算机网络、楼宇自控、安全防范、酒店门锁、公共广播、信息发布与多媒体查询、多媒体会议系统、VOD系统、一卡通系统、酒店管理、计算机系统集成、卫星电视与有线电视、机房工程、预埋工程与公共线槽桥架、电话系统

东莞市城建工程管理中心

东莞玉兰大剧院智能化系统工程

楼宇自动化系统、安保自动化系统、通信自动化系统、办公自动化系统、机房系统、系统集成

中建三局二公司玉林体育馆项目部

玉林体育馆弱电系统

综合布线系统、建筑设备监控系统、智能照明系统、建筑集成管理系统、有线电视系统、安防系统、停车场管理系统、机房工程、网络工程、会议系统

深圳市致盈科技产业投资有限公司

德州凯元山庄智能化系统

网络安全系统、计算机网络系统、综合布线系统等

胶南市公安局

胶南市社会治安动态监控系统租赁服务项目

智能化设备软件，建筑设备监控系统、电话系统等

青岛市新城市广场实业有限公司

青岛市新城市广场信息系统集成工程

机房工程、社区保安监控系统、停车场管理系统等

东莞市城建工程管理局

东莞市区人民检察院办案技术楼弱电及智能化工程项目

楼宇自动化系统、安保自动化系统、通信自动化系统、办公自动化系统、机房系统、系统集成

天津市中环系统工程有限责任公司

天宾商务中心弱电工程

含综合布线、闭路监控、有线电视、门禁系统、网络、弱电系统等

天津城投建设有限公司

天津站交通枢纽工程通信系统集成项目

综合布线、计算机网络、楼宇自控、安全防范系统

江苏中国烟草总公司

江苏省公司 江苏烟草科技信息物流中心

网络安全系统、计算机网络系统、综合布线系统等

地址：深圳市深南大道深圳报业大厦39层　邮编：518034　手机　13715276334

北京恒业世纪科技股份有限公司

公司总部　深交所三版上市（证券代码430014）

北京恒业世纪科技股份有限公司创建于1992年12月，经过17年不懈努力，公司利润连续十余年稳定增长，注册资金从最早的30万元发展到现在的5000余万元。公司自成立之日起，一贯坚持“技术创新、营造信誉”的经营理念，现已成为规模化、规范化、标准化的“高新技术企业”，“中关村高新技术企业”，“海淀创新企业”；成为拥有软件著作权的软件企业。

恒业公司以新产品研发为龙头，集生产、销售、安装调试为一体，产品涉及消防应急广播系统、智能建筑分布控制系统、铁路专用通信系统及铁路防灾安全监控系统等领域，并占有重要地位。产品销售和服务网络不仅遍布全国而且走出国门。恒业公司多次参与多项国家标准和行业标准的制订编写。

恒业公司拥有设计开发、生产制造、销售服务、技术支持、工程实施等部门，并受质量体系的严格管控。在为用户提供百余种自主研发生产产品的同时，还提供全方位延伸服务。企业现有员工200余人，囊括金融、管理、通信、自动化、计算机、机械制造工艺等专业。在“以人为本”的企业文化和创新机制下，组成了一支高素质、高效率、经验丰富的团队，这支兢业精干的队伍是公司得以持续发展的宝贵财富。

恒业公司通过了GB/T19001-2000质量管理体系认证、GB/T28001-2001职业健康安全管理体系认证及GB/T24001-2004环境管理体系认证。公司取得“建筑智能化工程设计与施工一级资质”、“安防工程企业施工一级资质、计算机信息系统集成三级资质”等多项资质证书，取得实用型专利（ZL98205390.8）、外观设计专利(ZL98302794.3)、软件著作权版权登记8项。公司可视对讲产品通过公安部安全技术防范产品生产登记批准。“天津国贸大厦”和“天津塘沽欧美风情小镇”工程项目荣获 2005年度全国百项建筑智能化经典项目。“大连医科大学附属第一医院第一、二部”和“中国井冈山干部学院”楼宇智能化系统工程获得建设部颁发的“鲁班奖”。

2006年11月15日恒业公司完成改制，2007年6月15日在深交所进入代办股份转让系统进行报价转让，证券简称：恒业世纪。证券代码：430014。

典型项目：

天津国贸大厦

天津空港服务中心

中国井冈山干部学院

天津赛顿大厦

刘燕生 董事长 致辞：

君子德行润泽万物，万物亦润泽君子。恒业科技不敢自称君子，惟信守承诺，竭诚为客户提供真诚的服务而已。

同时，恒业科技如一个新生命，亦望朋友及时献策，不吝赐教，用真心润泽恒业。愿我们能和我们的客户，也就是我们永远的朋友一同成长。

HY 恒业科技 Technology
公司：北京恒业世纪科技股份有限公司　地址：北京.丰台区西罗园南里甲35号　电话：86-010-67218877
传真：86-010-67282879　网址：http://www.hy5000.com　邮箱：hy5000@hy5000.com

北京京金吾高科技有限公司

BEIJING JINGJINWU HIGH-TECH., LTD

JW-902(第五代)排爆机器人

北京京金吾高科技有限公司自行设计、制造的产品(专利号200420077979 4)排爆机器人,是国家科技部863计划项目。可广泛应用于搜索、排爆、放射性物质的排除,代替人去完成有危险的工作。JW-902机器人的主要功能一抓取,优于国内外同类的各种机器人。本着服务于公安的原则,此款机器人是唯一能把爆炸装置放入车载罐,并从车载罐中取出的器材,因此它能确保排爆员的生命安全。

、机械臂最高伸展3.2m。可将可疑物轻轻地放置于高1.8m 的车载防爆罐中,可灵活地将物品从防爆罐之中取出;

、机械臂最低可水平伸出距地面0.2m。可伸入车底拆弹或抓取可疑物品;

、抓取器纵向旋转360° 横向旋转90°;

、抓取器最大张开距离:50cm;

、机械手可卡装工具:爆炸物销毁器、X 光机。

JW-40 系列车载防爆罐

JW-401、402、403为北京京金吾高科技有限公司的专利产品,专利号为:(03236645·0),它主要适合公安、武警等部门使用。除具有普通防爆罐的优点外,其独到的优点是:机动性强,适合于各类大型活动和重要警卫场所使用。并可及时地将发现的爆炸装置运往安全地区,以便对其进行妥善处置。它是公安、武警部门首选的排爆装备。

三重结构为:外罐、花罐、填充层(使用年限需五年进行更换);四种抗爆材料为:特种抗爆、抗老化、耐火抗爆胶、特制蓬松层。耐火PVC 片、特制钢板。

JW-2500 型宽带频率干扰仪

JW-2500 便携式频率干扰仪主要用途是抑制无线遥控设备正常工作;阻断移动电话、传呼机或其他无线通信设备的信号;干扰无线遥控爆炸物使其不能起爆等。主要用于排爆人员转移或处置可疑爆炸物品。

主要功能

JW-2500 是采用电子数字调制加扰的干扰方式,以达到干扰、截断无线信号。加扰载波采用:梳状谱、扫频、点频相结合方式,使干扰阻断更可靠;在有效控制范围内的无线接收机不能正确解析到发射机发出的信息而无法正常使用和工作。

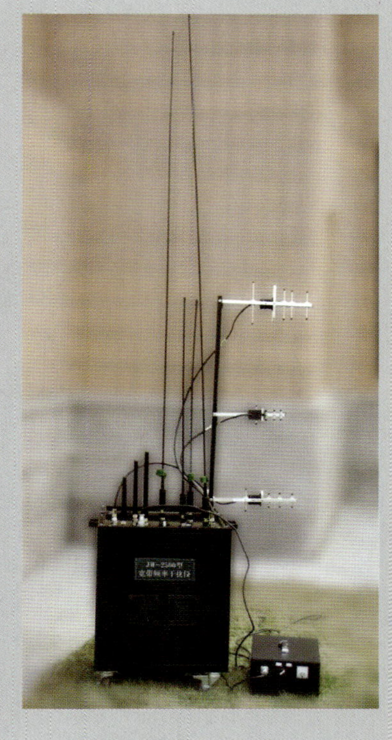

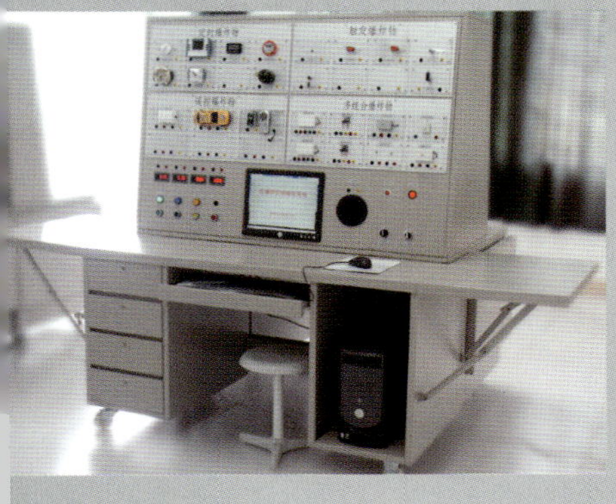

WJ-JWZZX002 型反爆炸模拟实验台

概述

反爆炸实验台是根据防排爆专业技术要求。为了满足公安、武警排爆手学习和培训任务的需要,广泛吸收其他专业的培训经验,为防爆专业训练和培训提供一个模拟操作平台。

实验内容

本实验台能满足防排爆专业进行排爆实验、训练需要,并为培训任务、排爆手初期训练提供一个良好的平台。

1、模拟爆炸物制作 2、模拟排爆 3、使用排爆模拟数据库

防爆炸膜

防爆炸抗冲击安全膜PROFILON® ER1/AXA1/FF，德国HAVERKAMP公司尖端科技欧洲同类产品领军生产商。

PROFILON®曾经在爆炸、汽油弹、投掷物体、打、砸、抢等恐怖分子和极端主义分子袭击中拯救许多生命，是一种专门为生命安全和安保用途特殊需要而研制的产品。

PROFILON® 是世界上唯一一个完全通过美国、欧洲和德国安全保护标准的产品；即使在3mm厚的普通浮法单层玻璃上使用也是如此。

PROFILON® 是唯一通过美国保险商实验所UL 972标准认证的薄膜，该标准也是唯一经批准的防止破窗入室盗窃的安全玻璃和安防薄膜测试的标准。

PROFILON® ER1 是第一个也是唯一一个在德国尔斯特马赫研究院（Ernst Mach Institute）按照欧洲标准进行测试而成功通过防炸弹爆炸试验的安防级薄膜。

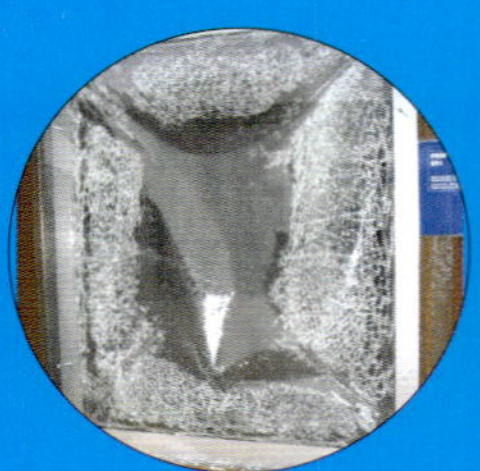

120公斤爆炸测试后的膜
依然牢固粘接破碎的玻璃

用于防爆炸膜

电磁屏蔽膜

防电磁泄漏安全膜PROFILON® SD100/101 250/251，这项创新的SD技术是通过与美国国防部紧密合作而开发出来的。

电子产品的高速发展，便捷了人类的生活，但同时几乎所有的电子设备都会传导RF信号，这是它们技术上不可避免的副作用；无论信息是否加密，都存在一条宽敞的“开放”路径，通过这条路径，信息可以轻易地“逃出”建筑并抵达窃听者的手中。

这层透明的安全薄膜PROFILON® SD有效地阻止了无线频率及其他自由传导电子资料通过玻璃传播进出建筑物，有效地避免了无线电频率（RF）、红外线（IR）和紫外线（UV）射线的穿透，增强了建筑外部玻璃针对“无形”袭击的有效“全面”保护。

北京银晶玻璃有限公司——成立于1993年，位于北京市朝阳区。

十多年来，在玻璃深加工工艺技术、新产品运行等方面具备行业领先能力。

公司在近年完成了包括人民大会堂外窗玻璃改造、长安街中环世贸大厦、长安街中国妇女博物馆，以及中国疾控中心、北师大游泳馆等多项奥运会新建改扩建工程。

银晶公司在2008年引进德国HAVERKAMP公司具有世界级技术领先的产品——防爆炸安全膜 与 电磁屏蔽膜；其中还包括高档汽车、特殊功能车的风挡玻璃防爆炸、防冲击膜。

防爆炸膜产品的着眼点在于提高建筑外立面幕墙玻璃、门窗玻璃的防爆炸抵抗能力，以及提高各种车辆抵御爆炸、冲击的能力。

电磁屏蔽膜的重点解决方向是建筑外围玻璃结构造成的电磁信号外泄失密。

北京银晶公司作为该产品的中国总经销商，希望与同行一道为中国的安防事业做出贡献。

北京银晶玻璃有限公司

地址：北京朝阳区金盏乡长店
邮编：100018
电话：010-84338758/84337780
网址：www.yinjingglass.com
E-mail:yjhvkp@yahoo.cn

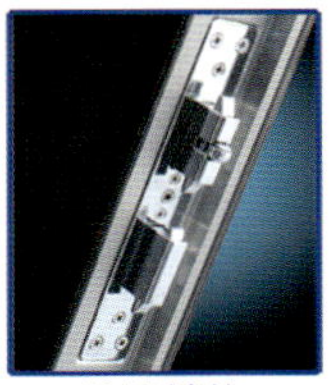

盼盼安居股份有限公司

PANPANSECURITY INDUSTRIES CO.,LTD

★★★盼盼安居股份有限公司是以生产安居产品为主业，以新型建筑材料开发与制造为主导的股份制企业，总部座落在风光秀丽的海滨城市辽宁营口市。公司目前拥有20多家企业成员，员工10000多人、占地100万平方米、建筑面积45万平方米。

多年来，公司坚持走自主创新之路，不断加大原始创新、集成创新和引进创新力度。先后开发生产盼盼牌防盗安全门、防火门、钢木门、卷帘门、套装门、不锈钢门、实木门、铜门、铝门、防护窗、全自动车库门、散热器、彩色钢质夹层墙体板、隔音屏、不锈钢厨具等10余种，100多个系列新产品，获得40多项国家专利。近年又开发出盼盼晶晶高档精品门、新世纪组和框安全门、带黑匣子安全门、金属木雕门，氯化镁、氯化镁、氟化镁、硫化锌、碘化钠系列产品。

★★★为提高产品品质，增强核心竞争实力，1999年初至今，公司共投资6亿多元从德国、意大利、韩国、台湾等国家和地区引进国际先进的门类及保温板、车库门、彩板及镀锌板生产线，使产品生产达到了国际同行业先进水平，实现了小作坊式生产向现代化大生产转变，产品低附加值向高附加值转变。目前，公司具有现代化门业生产企业十家，盼盼产品年生产能力防撬门达300万樘，防护窗达25万平方米，彩色硬质夹层墙体板达130万平方米，自动车库门达20万套，散热器片100万片，彩色涂层钢板6万吨，热镀镀锌薄板20万吨。同时，盼盼不断进行全国经营战略布局，先后在湖南、湖北、河北、四川建立生产基地，最终实现品牌属地化。

为更好的开发市场，公司坚持营销创新。制定了科学的营销战略，采取"以商制商"策略，在全国省会及重要城市实行市场管理首席代表制度，建立"盼盼"旗舰店，通过旗舰店建设带动市地级样品店建设，辐射所辖区域市场，由此形成了有600多个经销处、5000多人组成的全国营销网络。盼盼产品覆盖全国，销量和市场占有率连续多年位居同行业前列，同时出口40多个国家和地区，并同20多个国家签订了代理协议。

★★★为增强企业发展后劲，公司实施"外引为辅，内部提高为主，全面打造盼盼产业工人"的人才战略，建立了"赛马不相马"的用人机制。为全面提高员工素质，强化培训，成立了职工学校，每年举办各类学习班，同时还组织生产骨干到韩国及国内先进企业学习。目前，公司管理人员200多人，技术人员300多人，三家科研机构。

★★★公司是国际门类协会会员、全国重合同、守信用单位、荣获全国"五一"劳动奖状、全国"优秀企业"称号，被辽宁省政府确定为省44户重点保护企业，辽宁省高新技术企业。公司通过了ISO9001：2000质量体系认证，ISO14000环境认证，CE认证；并在同行业率先通过了志愿性认证。盼盼商标是中国驰名商标，产品是中国名牌及国家免检产品，辽宁省名牌及十大轻工名牌产品，国家商务部出口名牌产品。公司党委连续多年被评为省、市先进党委，省"思想政治工作先进单位"、省"国防教育模范单位"等诸多荣誉称号。董事长韩召善同志是全国劳动模范，十、十一届人大代表，全国优秀乡镇企业家。盼盼多年来的发展得到了党和国家、各级党委政府的热心关怀和支持，胡锦涛总书记等党和国家领导人曾到企业视察工作，对企业发展予以肯定，并对企业今后发展建设寄予厚望。

★★★盼盼将始终如一的坚持科学发展观，走自主创新，名牌兴企，以质取胜，质量效益型的工业化道路，致力于构建和谐社会，打造节约型社会，建设绿色环保型社会，以"优化安居环境，造福人类生活"为宗旨，以研制生产安防系列产品为主业，以新型建材产品开发与制造为主导，积极打造新型建材产品生产和出口两个基地。努力实施品牌战略，打造百年企业，服务国内市场，面向国际市场，向现代化、国际化公司迈进，为振兴民族工业做贡献。

盼盼安居股份有限公司安全门生产线

长沙盼盼安全门制造有限公司

廊坊盼盼门业制造有限公司

盼盼西南产业基地奠基仪式

四川兴事发门窗有限责任公司
SICHUAN XINGSHIFA DOOR&WINDOW CO.,LTD

企业简介

在中国科技之城绵阳，有着一个国内大型门窗生产销售企业--四川兴事发门窗有限责任公司。从1993年成立以来，公司秉承“为社会创造效益，员工创造机会”的企业宗旨，坚持以“和谐发展”为第一要务，逐步形成以门窗生产销售为主、房产开发、能源科技、新型建材、建筑施工等多元产业为一体大型企业集团。

实力成就品牌：近年来，公司制定了周密的名牌战略，先后聘请著名歌手尹相杰、著名表演艺术家唐国强作为“兴事发”品牌代言人，并以每年近3000万元的投入，先后在中央电视台1套、2套、3套、4套、7套、湖南卫视、四川卫视黄金时间宣传“兴事发”品牌和产品，并在全国二十余个城市的高速公路投放式广告、看板广告、墙体广告，还并通过报纸、网络等媒介投放广告。目前“搬新家、装新门、兴事发牌安全门”的品牌思想已经家喻户晓。公司计划在未来三年投放广告费达8000万元，为市场持续增长注入强大的活力。

技术占领市场：兴事发人坚持“诚信、和谐、创新、高效”的经营理念，依靠自身强大的技术研发团队，积极投身新品研发、设备改造和工艺改进。公司开发生产各类防盗门、防火门、钢质门、室内门、互锁联动门、楼寓对讲门、卷帘门、非标门等十大系列，100余个门窗品种。逐步形成以独有技术的大边锁门为代表的门业先锋地位，填补了中国西部市场无高档门产品的空白。2007年公司被认定为绵阳市企业技术中心。公司在全国30多个省、市、自治区建立了销售网络，产品还远销俄罗斯、东南亚和中东等20多个国家和地区，国内各大城市均设有专销形象店。产品种类齐全、品质上乘、服务周到，使得兴事发工程产品广泛运用于万科、鲁能、阳光100、万达等全国大型房产公司项目中。透过全国各地的形象楼盘，兴事发美誉度不断提高，销售增长速度每年翻番。

荣誉赢得未来：公司自主品牌“兴事发”经过十多年的市场历练，在2007年被认定为“中国驰名商标”。“兴事发”牌防盗门、钢质门、防火门连年荣获“四川省名牌产品”。公司不断进行技术创新，先后获得了五十余项门窗专利技术，企业还通过了ISO9001国际质量管理体系认证、ISO14001环境管理体系认证。作为一个对社会、对未来负责的企业，公司主动进行生产环评打造，各项指标均达到环保要求，生产的防盗门、钢质门、防火门、室内门等产品被授予“中国环境标志产品”称号。公司诚信经营，多年被授予中国农行“AAA”信用企业、四川省守合同重信用企业等荣誉。

服务保证信誉：我公司坚持“凡兴事发用户的问题，就是兴事发人的责任”为服务理念，在全国范围内开通4008-815-111服务平台，一批敬业、热情的服务人员，24小时恭候服务。确保每件兴事发产品的使用者享受到安心购买、放心实用和贴心的服务。

兴事发安全门

公司致力于“安全、环保、绿色生活”的研发理念，开发生产了70钢质门、80大边锁防盗门、90和100扣边防盗门、120拼装防盗门等高档产品引导市场。

1、表面处理：产品表面采用金属漆工艺、特殊蚀刻工艺、套纹漆工艺、造型漆工艺、仿古铜门工艺、静电喷漆工艺和热转印工艺等工艺，均通过防腐处理，涂层表面无气泡和杂质；

2、密封：使用多重气囊式密封条及仿形密封条，充分达到保温及隔声效果；

3、加强型可调式铰链：铰链在49N拉力作用下可灵活转动90度，门铰链轴线位移≤3mm，表面采用镀镍拉丝工艺处理，使铰链强度及表面质量都得到充分保证；

4、大边框设计：制作钢板厚度达2mm，公差范围≤3mm，花边宽度达110mm，产品外观简洁大气；

5、门槛：纯不锈钢材料制作，具有高强度及耐磨损等功效，天、地锁孔加不锈钢罩，与门扇及锁“舌”相“吻”合，更显人性化设计；

6、门扇厚度：厚度分别可达68、90、100、120mm，有独特的多重防撬结构，具有超强的防撬性能；

7、内置防盗钢网：门扇内加有防盗钢网，保证在规定的破坏条件及时间范围内在其最薄弱环节能抵抗非正常开启；

8、侧锁：多锁点锁边锁结构，使整体防撬功能达到极致；

9、上、下锁点：增加四个锁点，以“严防死守”确保居家安全；

10、勾芯锁：主锁舌为勾芯结构，使门扇与门框合为一体，保证防盗性能；

11、专用门镜：独有专门按企业标识设计仿形组合门镜，表面金属效果处理，彰显企业风范。

和谐门 拼装门系列 | 君凯 蚀刻门系列 | 君悦 蚀刻门系列 | 春之花 珐琅门系列 | 金锈 珐琅门系列

招财进宝 仿古铜门系列 | 金荷盛典 金玉门系列 | 吉宇 防盗门系列 | 吉锐 防盗门系列 | 吉杰 钢质门系列

兴事发室内门

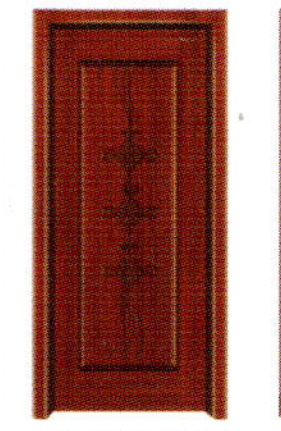

XSF-ZG-101 尊贵系列 | XSF-XH-102 祥和系列 | XSF-XH-104 祥和系列 | XSF-DY-102 典雅系列 | XSF-DY-104 典雅系列 | XSF-SG- 时尚系列 | 福荣 钢木室内门系列 | 福明 钢木室内门系列 | 福信 钢木室内门系列

“兴事发”实木复合门

产品采用木材、人造板等多种材料制加工制作，能真实地体现木材的纹理与木材特征，给人以接近自然、回归自然的清新感觉。兴事发实木复合门恒久稳定、不变形不开裂，还具有保温、耐冲击等特性，且隔效果良好。

“兴事发”钢木室内门

产品执行企业标准，产品由门套、钢门扇、锁具、铰链等部分组成，门套采用进的高分子板表面处理技术加工制作，也可配用钢门套，门扇采用钢木嵌合结表面热转印，花型及拼色多样，亮丽大方

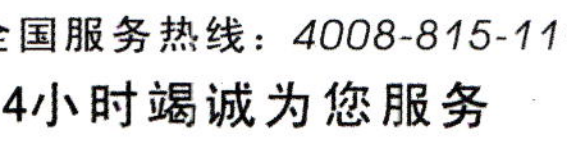

全国服务热线：4008-815-111
24小时竭诚为您服务

业务咨询电话：0816-6282888
货源查询电话：0816-2295373
售后服务电话：0816-6282666

公司地址：四川省绵阳市游仙东路89号
传　真：0816-6282688
集团网址：Http://www.xsfjt.com
公司网址：Http://www.xsfmc.cn
E-mail: xsfmc@xsfjt.com

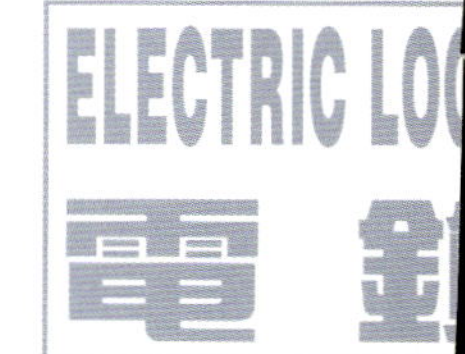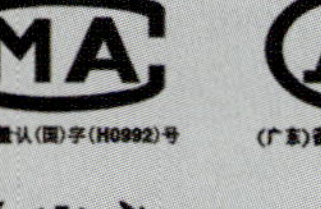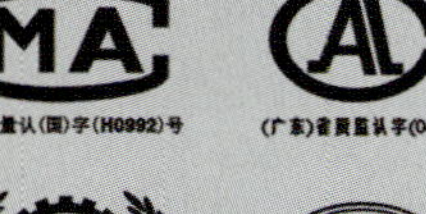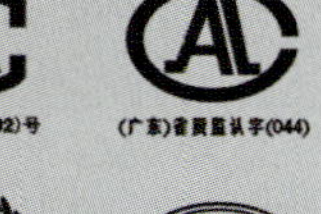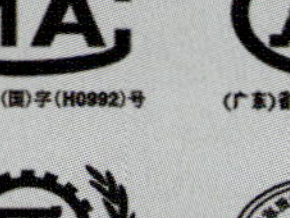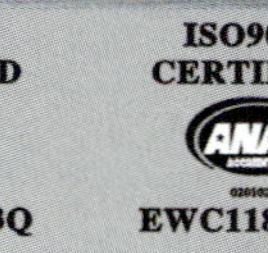